le Guide du routard

Directeur de collection et auteur
Philippe GLOAGUEN

Cofondateurs
Philippe GLOAGUEN et Michel DUVAL

Rédacteur en chef
Pierre JOSSE

Rédacteurs en chef adjoints
Amanda KERAVEL et Benoît LUCCHINI

Directrice de la coordination
Florence CHARMETANT

Directrice administrative
Bénédicte GLOAGUEN

Rédaction
Olivier PAGE, Véronique de CHARDON,
Isabelle AL SUBAIHI, Anne-Caroline DUMAS,
Carole BORDES, André PONCELET,
Marie BURIN des ROZIERS, Thierry BROUARD,
Géraldine LEMAUF-BEAUVOIS,
Anne POINSOT, Mathilde de BOISGROLLIER,
Alain PALLIER, Gavin's CLEMENTE-RUÏZ
et Fiona DEBRABANDER

BRÉSI

W0386844

2009

Hachette

Avis aux hôteliers et aux restaurateurs

Les enquêteurs du *Guide du routard* travaillent dans le plus strict anonymat. Aucune réduction, aucun avantage quelconque, aucune rétribution n'est jamais demandé en contrepartie. Face aux aigrefins, la loi autorise les hôteliers et restaurateurs à porter plainte.

Hors-d'œuvre

Le *Guide du routard,* ce n'est pas comme le bon vin, il vieillit mal. On ne veut pas pousser à la consommation, mais évitez de partir avec une édition ancienne. Les modifications sont souvent importantes.

routard.com dépasse 1 million de visiteurs uniques par mois !

• ***routard.com*** • Sur notre site, tout pour préparer votre périple. Des fiches pratiques sur plus de 180 destinations, de nombreuses informations et des services : photos, cartes, météo, dossiers, agenda, itinéraires, billets d'avion, réservation d'hôtels, location de voitures, visas... Et aussi un vaste forum pour échanger ses bons plans, partager ses photos ou trouver son compagnon de voyage. Sans oublier *routard mag,* ses reportages, ses carnets de route et ses infos pour bien voyager. La boîte à outils indispensable du routard.

Petits restos des grands chefs

Ce qui est bon n'est pas forcément cher ! Partout en France, nous avons dégoté de bonnes petites tables de grands chefs aux prix aussi raisonnables que la cuisine est fameuse. Évidemment, tous les grands chefs n'ont pas été retenus : certains font payer cher leur nom pour une petite table qu'ils ne fréquentent guère. Au total, plus de 700 adresses réactualisées, retenues pour le plaisir des papilles sans pour autant ruiner votre portefeuille. À proximité des restaurants sélectionnés, 280 hôtels de charme pour prolonger la fête.

Nos meilleurs campings en France

Se réveiller au milieu des prés, dormir au bord de l'eau ou dans une hutte, voici nos 1 700 meilleures adresses en pleine nature. Du camping à la ferme aux équipements les plus sophistiqués, nous avons sélectionné les plus beaux emplacements : mer, montagne, campagne ou lac. Sans oublier les balades à proximité, les jeux pour enfants... Des centaines de réductions pour nos lecteurs.

Avis aux lecteurs

Les réductions accordées à nos lecteurs ne sont jamais demandées par nos rédacteurs afin de préserver leur indépendance. Les hôteliers et restaurateurs sont sollicités par une société de mailing, totalement indépendante de la rédaction, qui reste donc libre de ses choix. De même pour les autocollants et plaques émaillées.

Pour que votre pub voyage autant que nos lecteurs,
contactez nos régies publicitaires :
• fbrunel@hachette-livre.fr •
• veronique@routard.com •

Le contenu des annonces publicitaires insérées dans ce guide n'engage en rien la responsabilité de l'éditeur.

Mille excuses, on ne peut plus répondre individuellement aux centaines de CV reçus chaque année.

© HACHETTE LIVRE (Hachette Tourisme), 2009

Tous droits de traduction, de reproduction
et d'adaptation réservés pour tous pays.

© **Cartographie** Hachette Tourisme.

TABLE DES MATIÈRES

COMMENT Y ALLER ?

BRÉSIL UTILE

HOMMES, CULTURE ET ENVIRONNEMENT

LE SUD-EST

L'ÉTAT DE RIO

DE RIO À SÃO PAULO : LA COSTA VERDE ET LE LITTORAL PAULISTE

AU NORD DE RIO ET DE SÃO PAULO : LE MINAS GERAIS

LE CENTRE-OUEST

GOIÁS VELHA ET L'ÉTAT DE GOIÁS

LE MATO GROSSO ET LE MATO GROSSO DO SUL

Le Pantanal

Le Pantanal Sud

Le Pantanal Nord

LE SUD

CURITIBA, LA SERRA DA GRACIOSA, PARANAGUÁ ET ILHA DO MEL

LE SANTA CATARINA

LE RIO GRANDE DO SUL

LE NORD, L'AMAZONIE

LE NORDESTE

LA CÔTE NORDESTE DU PERNAMBUCO AU SERGIPE

L'ÉTAT DE BAHIA

LES GUIDES DU ROUTARD 2009-2010

(dates de parution sur **routard.com**)

France

Nationaux

- Nos meilleures chambres d'hôtes en France
- Nos meilleurs campings en France
- Nos meilleurs hôtels et restos en France
- Petits restos des grands chefs
- Tables à la ferme et boutiques du terroir

Régions françaises

- Alpes
- Alsace
- Aquitaine
- Ardèche, Drôme
- **Auvergne (octobre 2008)**
- Bourgogne
- Bretagne Nord
- Bretagne Sud
- Châteaux de la Loire
- Corse
- Côte d'Azur
- Franche-Comté
- Languedoc-Roussillon
- **Limousin (octobre 2008)**
- Lorraine
- Lot, Aveyron, Tarn
- Nord-Pas-de-Calais
- Normandie
- Pays basque (France, Espagne), Béarn
- Pays de la Loire
- **Picardie (avril 2009)**
- Poitou-Charentes
- Provence
- Pyrénées, Gascogne

Villes françaises

- Bordeaux
- Lille
- Lyon
- Marseille
- Montpellier
- Nice
- Strasbourg
- Toulouse

Paris

- Environs de Paris
- Junior à Paris et ses environs
- Paris
- Paris balades
- Paris exotique
- Paris la nuit
- Paris, ouvert le dimanche
- Paris sportif
- Paris à vélo
- Paris zen
- Restos et bistrots de Paris
- Le Routard des amoureux à Paris
- Week-ends autour de Paris

Europe

Pays européens

- Allemagne
- Andalousie
- Angleterre, Pays de Galles
- Autriche
- Baléares
- Belgique
- Catalogne, Andorre
- Crète
- Croatie
- Danemark, Suède
- Écosse
- Espagne du Nord-Ouest (Galice, Asturies, Cantabrie)
- Finlande
- Grèce continentale
- Hongrie, République tchèque, Slovaquie
- Îles grecques et Athènes
- Irlande
- Islande
- Italie du Nord
- Italie du Sud
- Lacs italiens
- Madrid, Castille (Aragon et Estrémadure)
- Malte
- Norvège
- Pologne et capitales baltes
- Portugal
- Roumanie, Bulgarie
- Sicile
- Suisse
- Toscane, Ombrie

LES GUIDES DU ROUTARD 2009-2010 (suite)

(dates de parution sur **routard.com**)

Villes européennes

- Amsterdam
- Barcelone
- Berlin
- Florence
- Lisbonne
- Londres
- Moscou, Saint-Pétersbourg
- Prague
- Rome
- Venise

Amériques

- Argentine
- Brésil
- Californie
- Canada Ouest et Ontario
- Chili et île de Pâques
- Cuba
- Équateur
- États-Unis côte Est
- Floride
- Guadeloupe, Saint-Martin, Saint-Barth
- Guatemala, Yucatán et Chiapas
- Louisiane et les villes du Sud
- Martinique
- Mexique
- New York
- Parcs nationaux de l'Ouest américain et Las Vegas
- Pérou, Bolivie
- Québec et Provinces maritimes
- République dominicaine (Saint-Domingue)

Asie

- Bali, Lombok
- Birmanie (Myanmar)
- Cambodge, Laos
- Chine (Sud, Pékin, Yunnan)
- Inde du Nord
- Inde du Sud
- Istanbul
- Jordanie, Syrie
- Malaisie, Singapour
- Népal, Tibet
- Sri Lanka (Ceylan)
- Thaïlande
- Tokyo-Kyoto
- Turquie
- Vietnam

Afrique

- Afrique de l'Ouest
- Afrique du Sud
- Égypte
- Île Maurice, Rodrigues
- Kenya, Tanzanie et Zanzibar
- Madagascar
- Maroc
- Marrakech
- Réunion
- Sénégal, Gambie
- Tunisie

Guides de conversation

- Allemand
- Anglais
- Arabe du Maghreb
- Arabe du Proche-Orient
- Chinois
- Croate
- Espagnol
- Grec
- Italien
- Japonais
- Portugais
- Russe

Et aussi...

- Le Guide de l'humanitaire
- G'palémo

NOS NOUVEAUTÉS

LIMOUSIN (octobre 2008)

Du vert, du vert, toujours du vert... bienvenue dans le Limousin ! Ici, l'herbe pousse à foison et fait le régal des vaches réputées pour leur viande savoureuse. Mais la richesse du Limousin ne s'arrête pas là. En plus de ses merveilles de bouche, vous serez étonné, au fil de votre balade, de découvrir des richesses insoupçonnées. L'artisanat y connaît un vrai succès. La porcelaine continue de faire la fierté des Limougeauds et, si on pousse un peu plus loin, on découvre tanneries, ganteries, moulins à papier... Eh oui, la forêt, qui couvre une bonne partie de la région, ne ravit pas que les promeneurs mais aussi les imprimeurs. Et puis, voici le Limousin citadin : Limoges, Brive-la-Gaillarde ou encore Guéret, qui sont des villes chargées d'histoire.

AUVERGNE (octobre 2008)

Ah les monts d'Auvergne ! Les amoureux de la rando trouveront plus que leur compte en visitant le cœur de la France. Attention, ouvrez grand les yeux : ici, un volcan, un massif, une réserve, un lac ; là-bas une vallée, des thermes... Voici l'Auvergne ! Une nature verdoyante que les bougnats ont su préserver. En suivant les courbes voluptueuses de ses volcans, vous atteindrez la capitale, Clermont-Ferrand. Il y fait bon vivre, à en croire tous les étudiants qui animent la ville. Sur les terres de Vercingétorix, vous découvrirez une région qui porte encore les traces de son histoire, les vendeurs de charbon, l'exode, Vichy... Enfin, pour finir, sachez qu'il existe une vraie tradition culinaire dont seuls les Auvergnats ont le secret.

Nous tenons à remercier tout particulièrement Loup-Maëlle Besançon, Thierry Bessou, Gérard Bouchu, Grégory Dalex, Fabrice Doumergue, Fabrice de Lestang, Cédric Fischer, Carole Fouque, Michelle Georget, David Giason, Lucien Jedwab, Emmanuel Juste, Pierre Mitrano, Jean-Sébastien Petitdemange, Thomas Rivallain, Claudio Tombari et Solange Vivier pour leur collaboration régulière.

Et pour cette nouvelle collection, nous remercions aussi :

David Alon et Andréa Valouchova
Ariadna Barroso Calderon
Jean-Jacques Bordier-Chêne
Déborah Bueche
Stéphanie Campeaux
Nathalie Capiez
Louise Carcopino
Raymond Chabaud
Alain Chaplais
Bénédicte Charmetant
François Chauvin
Cécile Chavent
Stéphanie Condis
Agnès de Couesnongle
Agnès Debiage
Isabelle Delpière Revéret
Jérôme Denoix
Solenne Deschamps
Tovi et Ahmet Diler
Céline Druon
Nicolas Dubost
Clélie Dudon
Aurélie Dugelay
Sophie Duval
Alain Fisch
Aurélie Gaillot
Adrien et Clément Gloaguen
Angela Gosmann
Romuald Goujon
Stéphane Gourmelen
Claudine de Gubernatis
Xavier Haudiquet
Claude Hervé-Bazin
Bernard Hilaire
Sébastien Jauffret
François et Sylvie Jouffa
Hélène Labriet
Francis Lecompte
Jacques Lemoine
Sacha Lenormand
Amélie Lepley
Valérie Loth
Béatrice Marchand
Amanda de Martino
Kristell Menez
Delphine Meudic
Éric Milet
Jacques Muller
Anaïs Nectoux
Hélène Odoux
Caroline Ollion
Nicolas Pallier
Martine Partrat
Odile Paugam et Didier Jehanno
Mathilde Pilon
Xavier Ramon
Dominique Roland et Stéphanie Déro
Corinne Russo
Caroline Sabljak
Prakit Saiporn
Jean-Luc et Antigone Schilling
Julien Vitry
Céline Vo
Fabian Zegowitz

Direction : Nathalie Pujo
Contrôle de gestion : Joséphine Veyres, Vincent Leav et Héloïse Morel d'Arleux
Responsable éditoriale : Catherine Julhe
Édition : Matthieu Devaux, Marine Barbier-Blin, Géraldine Péron, Jean Tiffon, Olga Krokhina, Vanessa Di Domenico, Julie Dupré, Gaëlle Leguéné, Gia-Quy Tran et Laura Gélie
Secrétariat : Catherine Maîtrepierre
Préparation-lecture : Agnès Petit
Cartographie : Frédéric Clémençon et Aurélie Huot
Fabrication : Nathalie Lautout et Audrey Detournay
Couverture : Seenk
Direction marketing : Dominique Nouvel, Lydie Firmin et Juliette Caillaud
Responsable des partenariats : André Magniez
Édition des partenariats : Juliette Neveux et Raphaële Wauquiez
Informatique éditoriale : Lionel Barth
Relations presse France : COM'PROD, Fred Papet. ☎ 01-56-43-36-38. • info@comprod.fr •
Relations presse : Martine Levens (Belgique) et Maureen Browne (Suisse)
Régie publicitaire : Florence Brunel

NOS NOUVEAUTÉS

G'PALÉMO (paru)

Un dictionnaire visuel universel qui permet de se faire comprendre aux 4 coins de la planète et DANS TOUTES LES LANGUES (y compris le langage des signes), il suffisait d'y penser !... Que vous partiez trekker dans les Andes, visiter les temples d'Angkor ou faire du shopping à Saint-Pétersbourg, ce petit guide vous permettra d'entrer en contact avec n'importe qui. Compagnon de route indispensable, véritable tour de Babel... Drôle et amusant, *G'palémo* vous fera dépasser toutes les frontières linguistiques. Pointez simplement le dessin voulu et montrez-le à votre interlocuteur... Vous verrez, il comprendra ! Tout le vocabulaire utile et indispensable en voyage y figure : de la boîte de pansements au gel douche, du train-couchettes au pousse-pousse, du dentiste au distributeur de billets, de la carafe d'eau à l'arrêt de bus, du lit *king size* à l'œuf sur le plat... Plus de 200 dessins, déclinés en 5 grands thèmes (transports, hébergement, restauration, pratique, loisirs) pour se faire comprendre DANS TOUTES LES LANGUES. Et parce que le *Guide du routard* pense à tout, et pour que les langues se délient, plusieurs pages pour faire de vous un(e) séducteur(trice)...

TOKYO-KYOTO (paru)

On en avait marre de se faire malmener par nos chers lecteurs ! Enfin un *Guide du routard* sur le Japon ! Voilà l'empire du Soleil-Levant accessible aux voyageurs à petit budget. On disait l'archipel nippon trop loin, trop cher, trop incompréhensible. Voici notre constat : avec quelques astuces, on peut y voyager agréablement et sans se ruiner. Dormir dans une auberge de jeunesse ou sur le tatami d'un *ryokan* (chambres chez l'habitant), manger sur le pouce des sushis ou une soupe *ramen,* prendre des bus ou acheter un *pass* ferroviaire pour circuler à bord du *shinkansen* (le TGV nippon)... ainsi sommes-nous allés à la découverte d'un Japon accueillant, authentique mais à prix sages ! Du mythique mont Fuji aux temples millénaires de Kyoto, de la splendeur de Nara à la modernité d'Osaka, des volcans majestueux aux cerisiers en fleur, de la tradition à l'innovation, le Japon surprend. Les Japonais étonnent par leur raffinement et leur courtoisie. Tous à Tokyo ! Cette mégapole électrique et fascinante est le symbole du Japon du IIIe millénaire, le rendez-vous exaltant de la haute technologie, de la mode et du design. Et que dire des nuits passées dans les bars et les discothèques de Shinjuku et de Ropponggi, les plus folles d'Asie ?

Remerciements

Pour ce guide, nous remercions tout particulièrement :

– Erika Campelo et Emilie Sobac, du festival « Brésil en mouvements », pour leurs conseils sur le chapitre « Cinéma » ;

– Roseli Viana, du service d'Information touristique de Foz do Iguaçu ;

– Francis et Gerliane, pour leur gentillesse ;

– Julien Leroy à São Luís do Maranhão, pour ses conseils et bonnes adresses ;

– Alexandre et Nicolas Tiphagne, pour leur aide précieuse ;

– Gérard Meloni, pour ses conseils avisés ;

– Philippe Melul, parce que !

– Les Alliances françaises de tout le pays, rien que ça ;

– Antônio Carlos « Tom » Jobim pour sa musique...

PICARDIE (avril 2009)

Beaucoup de lecteurs s'extasient sur la beauté de la cathédrale de Beauvais, le musée du château de Chantilly ou le charme de Gerberoy, véritable village d'opérette à 100 km de Paris, sans savoir qu'ils ont déjà les pieds en pays picard ! La Picardie, c'est l'une des dernières *terrae incognita* de France. Outre le fabuleux parc de Marquenterre et la magie des hortillonnages d'Amiens, elle offre d'autres sites naturels totalement préservés (la forêt d'Halatte, la verte Thiérache), des cathédrales d'anthologie, comme celle d'Amiens évidemment, mais aussi celles de Laon et de Saint-Quentin (choisie par Patrice Chéreau pour y tourner la *Reine Margot*) et nombre de coutumes encore bien vivantes, tel le parler picard. Émotion garantie lors de la visite des champs de bataille de la Somme de 1916 où soldats des deux côtés payèrent un si lourd tribut... Quant aux lecteurs utopistes, ils rendront un vibrant hommage, à Guise, au vieux père Godin, qui ne se contenta pas de chauffer les corps, mais aussi les cœurs. Allez, laissez-vous surprendre par cette région discrète mais riche, et bienvenue chez les Picards !

LES QUESTIONS QU'ON SE POSE LE PLUS SOUVENT

➤ Quels sont les papiers indispensables pour se rendre au Brésil ?
Un passeport valable 6 mois après la date de retour pour les Français (et un visa pour un séjour de plus de 3 mois).

➤ Quelle est la meilleure saison pour aller au Brésil ?
Cela dépend des régions : l'été brésilien, de décembre à mars, est en fait relativement étouffant. Pour l'Amazonie, la meilleure période (la moins arrosée) s'étend de juin à décembre. Et globalement, pour l'ensemble du pays, on peut conseiller de début septembre à mi-décembre.

➤ Quels sont les vaccins indispensables ?
Vaccins vivement recommandés : contre la fièvre jaune (obligatoire dans le Pantanal), la typhoïde, les hépatites A et B et, pour les longs séjours, vaccins contre les méningites A et C, et la rage.

➤ Et le paludisme dans tout ça ?
Un risque réel, surtout en Amazonie, donc prévoir un traitement préventif. Attention aussi à la dengue, également transmise par les moustiques. Elle s'est fortement développée dans les grandes villes, notamment à Rio.

➤ Quel est le décalage horaire ?
Variable, car le Brésil a quatre fuseaux horaires ! Pour simplifier, 3h de décalage entre Brasília et Paris l'hiver, 5h l'été.

➤ La vie est-elle chère ?
Sans que ce soit une destination « très bon marché », les prix restent abordables : à partir de 20 € pour deux, vous logerez dans de petites *pousadas* correctes et sympathiques.

➤ Quel est le meilleur moyen de se déplacer dans le pays ?
Les bus (ou les bateaux en Amazonie !), sans conteste, moyen économique et disposant d'un bon réseau. Mais, vu la taille du pays, l'avion peut s'avérer intéressant (gain de temps et économie de grosse fatigue). En revanche, conduire dans les mégalopoles relève de l'aventure !

➤ Le pays est-il dangereux ?
La sécurité s'est beaucoup améliorée ces dernières années grâce, notamment, à la création de polices touristiques. Et avec quelques précautions élémentaires (éviter par exemple d'étaler ostensiblement les fameux « signes extérieurs de richesse »), on peut passer un séjour tout à fait tranquille.

➤ Les plages brésiliennes, mythe ou réalité ?
Réalité ! C'est dans le Nordeste qu'on trouve les plages les plus réputées : cocotiers, sable fin et soleil quasiment toute l'année. Chaleur assurée, dans tous les sens du terme...

➤ Où profiter de la fièvre d'un carnaval ?
À Rio, bien sûr. Mais sortons des clichés. Au Brésil, il y a d'autres carnavals, certes moins connus mais tout aussi colorés : à Salvador, à Recife, entre autres.

➤ L'Amazonie, comment ça marche ?
Les Indiens sont regroupés dans des parcs ou des réserves dont l'accès est interdit afin de préserver au mieux leur culture. On se contentera donc d'une escapade de quelques jours, organisée par une agence. Sans se prendre pour Indiana Jones, passer une nuit dans un hamac, s'enfoncer le long d'un *igarapé*... constituent déjà une expérience fort dépaysante !

LES COUPS DE CŒUR DU ROUTARD

- Monter, descendre. Monter, descendre... les ruelles de **Santa Teresa,** quartier bohème du vieux **Rio.** Vieilles demeures et panorama de choix sur la ville.

- Jouer les mondains sur les plages de **Copacabana** et **Ipanema,** véritables « salons » des Cariocas, et papoter avec votre voisin(e) de serviette tout en dégustant une **cerveja** bien glacée.

- Marre de la ville ? Si vous aimez la forêt, la plage, les cascades et la tranquillité, prenez vite le premier bateau pour **Ilha Grande** ! Un petit coin de paradis, une île tropicale préservée et riche d'activités...

- Explorer les petites villes coloniales du Minas Gerais, **Ouro Preto,** le must, mais aussi **Diamantina.**

- Choisir sa manière de *pular* (sauter) au **Carnaval** : défiler avec une *escola do samba* à Rio, suivre un *trio eletrico* à Salvador, se déguiser et se mêler à la foule à Olinda...

- Séjourner à **Jericoacoara,** l'une des plus belles plages du pays, et se promener sur le sable blanc entre les dunes et les voiles blanches des *jangadas* voguant sur un océan bleu-vert.

- Flâner dans les ruelles pavées de **Paraty,** petite ville du XVIIIe s qui transpire l'histoire. Sous la pluie ou sous le soleil, n'importe quand et avec n'importe qui, c'est toujours aussi beau.

- Se frotter aux milliers de caïmans et s'en mettre plein les mirettes face au spectacle des innombrables oiseaux qui peuplent le **Pantanal,** immense et magnifique réserve naturelle.

- Goûter aux joies du farniente à **Mangue Seco,** site naturel protégé de toute beauté. Immenses dunes de sable blanc, plages désertes et cocotiers...

- Découvrir la palpitante **São Paulo,** véritable capitale de l'Amérique latine, entre architecture avant-gardiste, restos internationaux et musées, pour conjurer sa réputation de ville d'affaires sans intérêt.

- Faire le tour à pied de **Ilha do Mel,** belle île préservée qui recèle de superbes plages vierges dans ses baies encerclées de *Mata Atlântica,* la végétation endémique du littoral sud.

- En prendre plein la vue aux **chutes d'Iguaçu,** haut lieu touristique mais vraiment spectaculaire.

- De septembre à février, la nuit venue, **festoyer dans le centre historique de Salvador** (le fameux Pelourinho), au rythme endiablé des petites formations musicales qui se produisent à tous les coins de rue.

- Dans le Nordeste, s'offrir quelques jours de farniente sur les plages désertes de la **minuscule île d'Algodoal,** où l'on se déplace encore en charrette à cheval.

- Depuis Belém, **remonter peinard l'Amazone** jusqu'à Manaus.

- Non loin de Santarém, se prélasser sur les étendues de sable blanc, bordées d'eau turquoise (en saison sèche), à **Alter do Chão.**

- Partir quelques jours en forêt dans les **environs de Manaus** et découvrir, en dormant dans un hamac sous des abris de feuilles, la magie de la forêt amazonienne.

COMMENT Y ALLER ?

LES LIGNES RÉGULIÈRES

▲ AIR FRANCE

Rens et résa : ☎ 36-54 (0,34 €/mn, tlj 24h/24), sur • airfrance.fr •, dans les agences Air France et dans ttes les agences de voyages (fermées dim). Au Brésil (Rio) : ☎ (21) 40-03-99-55.

– São Paulo : av. Chedid Jafet, bloc B, 1955, 2nd floor, vila Olímpia.

– Rio : Maison de France, av. Presidente Antônio Carlos, 58, 9th floor.

➢ Air France dessert Rio de Janeiro avec 1 vol/j. et 1 vol supplémentaire les lun, mar, jeu et dim, et São Paulo avec 2 vols/j. au départ de l'aéroport Roissy-Charles-de-Gaulle, terminal 2E (Rio) et terminal 2F (São Paulo).

Air France propose une gamme de tarifs accessibles à tous : du *Tempo 1* (le plus souple) au *Tempo 5* (le moins cher), selon les destinations. Pour les moins de 25 ans, Air France offre des tarifs très attractifs *(Tempo Jeunes)*, ainsi qu'une carte de fidélité *(Fréquence Jeune)* gratuite et valable sur l'ensemble des compagnies membres de *Skyteam*. Cette carte permet d'accumuler des miles.

Tous les mercredis dès minuit, sur • airfrance.fr •, Air France propose les tarifs « Coup de cœur », une sélection de destinations en France pour des départs de dernière minute.

Sur Internet, possibilité de consulter les meilleurs tarifs du moment, rubrique « Offres spéciales », « Promotions ».

▲ TAM BRAZILIAN AIRLINES

– Paris : 50 ter, rue de Malte, 75011. ☎ 01-53-53-80-00. • tam.com.br • Ⓜ République. Lun-ven 9h-17h (jusqu'à 17h30 par téléphone).

➢ Cette compagnie brésilienne propose 2 vols directs/j. vers São Paulo et 1 vol direct/j. vers Rio de Janeiro, au départ de Roissy-Charles-de-Gaulle, terminal 2A. Également 1 vol direct le dim à destination de Recife (le ven dans le sens Recife-Paris) et 1 vol direct le jeu vers Salvador da Bahia. Les vols s'effectuent de nuit. Au Brésil, TAM dessert 42 villes.

Le *Brésil Airpass Tam* est composé de 4 à 9 coupons utilisables dans tout le pays pendant les 30 jours qui suivent la première utilisation (à se procurer en France, avant le départ ; pour plus de détails, voir la rubrique « Transports » dans « Brésil utile »).

Au départ de l'aéroport international de São Paulo (Guarulhos), TAM propose des connexions quotidiennes et immédiates vers les principales villes d'Amérique du Sud : Buenos Aires (Argentine), Caracas (Venezuela), Santa Cruz de la Sierra (Bolivie), Santiago du Chili (Chili), Ciudad del Este et Asuncion (Paraguay), Montevideo (Uruguay) et Lima (Pérou).

▲ AIR EUROPA

– Paris : 174, bd Haussmann, 75008. ☎ 01-42-65-08-00. Ⓜ Saint-Philippe-du-Roule. • air-europa.com •

➢ 3 vols/sem vers Salvador da Bahia, depuis Paris. En partage de code avec Air France, la compagnie assure aussi des départs depuis Lyon via Madrid à destination de Salvador.

AIR FRANCE
faire du ciel le plus bel endroit de la terre

AIR FRANCE KLM
www.airfrance.fr

DEPUIS LA GUYANE FRANÇAISE

En avion

Une compagnie aérienne assure des liaisons entre Cayenne (Rochambeau) et Belém.

▲ **TAF**
● *voetaf.com.br* ●
– Cayenne : ☎ 05-94-30-70-00.
– Brésil : à Belém au ☎ (91) 32-10-65-01 ; à Macapá au ☎ (96) 32-23-53-60 ; à Fortaleza au ☎ (85) 32-77-80-00 ; à São Luis au ☎ (98) 32-44-28-63.
➢ La compagnie assure une rotation Cayenne-Macapá-Belém-São Luis-Fortaleza 3 fois/sem. Une remarque toutefois : si Cayenne reste, de manière à peu près constante, desservie aussi par une compagnie brésilienne, la compagnie à laquelle est accordée la concession change assez souvent... vérifiez donc avant votre départ !

En bus

Il est désormais également possible de faire le trajet en bus, mais on ne vous le conseille pas, la route est plus que défoncée du côté brésilien !

LES ORGANISMES DE VOYAGES

– Ne pas croire que les vols à tarif réduit sont tous au même prix pour une même destination à une même époque : loin de là. On a déjà vu, dans un même avion partagé par deux organismes, des passagers qui avaient payé 40 % plus cher que les autres. De plus, une agence bon marché ne l'est pas forcément toute l'année (elle peut n'être compétitive qu'à certaines dates bien précises). Donc, contactez tous les organismes et jugez vous-même.
– Les organismes cités sont classés par ordre alphabétique, pour éviter les jalousies et les grincements de dents.

EN FRANCE

▲ **AVENTURIA**
– Lyon : 42, rue de l'Université, 69002. ☎ 04-78-69-35-06 (agence et siège).
– Paris Raspail : 213, bd Raspail, 75014. ☎ 01-44-10-50-50.
– Paris Opéra : 20, rue des Pyramides, 75001. ☎ 01-44-50-58-40.
– Bordeaux : 9, rue Ravez, 33000. ☎ 05-56-90-90-22.
– Lille : 21, rue des Ponts-de-Comines, 59800. ☎ 03-20-06-33-77.
– Marseille : 2, rue Edmond-Rostand, 13006. ☎ 04-96-10-24-70.
– Nantes : 2, allée de l'Erdre, cours des 50-Otages, 44000. ☎ 02-40-35-10-12.
– Strasbourg : 13 A, bd du Président-Wilson, 67000. ☎ 03-88-22-08-09.
Brochure sur demande par téléphone ou sur ● aventuria.com ●
Spécialiste des raids en buggy sur les plages du Nordeste brésilien, ce tour-opérateur crée et propose des programmes originaux qu'il distribue exclusivement dans ses propres agences. Avec l'aide de conseillers en voyage expérimentés, il est possible de construire son itinéraire idéal et de personnaliser son voyage grâce à une sélection d'étapes de charme et d'escapades très dépaysantes.

▲ **CLUBAVENTURE**
– Paris : 18, rue Séguier, 75006. ☎ 0826-88-20-80 (0,15 €/mn). ● clubaventure.fr ●
Ⓜ Saint-Michel ou Odéon. Lun-sam 10h30-19h.
– Lyon : 2, rue Vaubecour, 69002. Lun-sam 10h30-13h, 14h-18h30.

Brésil • Brésil • Brésil • Brésil • Brésil
Le spécialiste français des raids en buggy au Brésil. Du séjour découverte en famille aux raids sportifs.
AVENTURIA
Un monde qui vous va bien
Brochures disponibles dans nos agences et sur www.aventuria.com
LYON (Siège social) - 42 r. de l'Université - 69007
04 78 69 35 06 - lyon@aventuria.com
MARSEILLE - 2 rue Edmond Rostand - 13006
04 96 10 24 70 - marseille@aventuria.com
PARIS RASPAIL - 213 Bd Raspail - 75014
01 44 10 50 50 - paris@aventuria.com
PARIS OPÉRA - 20 rue des Pyramides - 75001
01 44 50 58 40 - parisopera@aventuria.com
LILLE - 21 rue des Ponts de Comines - 59800
03 20 06 33 77 - lille@aventuria.com
STRASBOURG - 13A, Bd Pdt Wilson - 67000
03 88 22 08 09 - strasbourg@aventuria.com
BORDEAUX - 9 rue Ravez - 33000
05 56 90 90 22 - bordeaux@aventuria.com
NANTES - 2 allée de l'Erdre - 44000
02 40 35 10 12 - nantes@aventuria.com

Spécialiste du voyage d'aventure depuis près de 30 ans, Clubaventure privilégie la randonnée en petits groupes, en famille ou entre amis pour parcourir le monde hors des sentiers battus. Le catalogue offre un choix de 600 voyages dans 90 pays différents à pied, en 4x4, en pirogue ou à dos de chameau. Ces voyages sont encadrés par des guides accompagnateurs locaux et professionnels.

▲ COMPAGNIE DE L'AMÉRIQUE LATINE & DES CARAÏBES

• *ameriquelatine@compagniesdumonde.com* •
– Paris : 82, bd Raspail (angle rue de Vaugirard), 75006. ☎ 01-53-63-15-35. Fax : 01-42-22-20-15. Ⓜ Rennes ou Saint-Placide. Lun-ven 9h-19h ; sam 10h-19h.
– Paris : 3, av. de l'Opéra, 75001. ☎ 01-55-35-33-57. Fax : 01-42-61-00-96. Ⓜ Palais-Royal-Musée-du-Louvre. Mêmes horaires.
Fort de plus de 20 années d'expérience, Jean-Alexis Pougatch, après avoir ouvert un centre de voyages spécialisé sur l'Amérique du Nord (Compagnie des États-Unis & du Canada), décide d'ouvrir Compagnie de l'Amérique latine & des Caraïbes pour, là aussi, proposer dans une brochure des voyages individuels sur mesure du Mexique à la Patagonie chilienne et argentine, sans oublier des croisières dans l'Antarctique.
Compagnie de l'Amérique latine & des Caraïbes propose de bons tarifs sur le transport aérien en vols réguliers.
Compagnie de l'Amérique latine & des Caraïbes fait partie du groupe Compagnies du Monde.

▲ COMPTOIR DU BRÉSIL

– Paris : 6, rue Saint-Victor, 75005. ☎ 0892-234-231 (0,34 €/mn). • *comptoir.fr* • *Ⓜ Cardinal-Lemoine. Lun-ven 9h30-18h30 ; sam 10h-18h30.*
– Toulouse : 43, rue Peyrolières, 31000. ☎ 0892-232-236 (0,34 €/mn). Ⓜ Esquirol. Lun-sam 10h-18h30.
– Lyon : 10, quai de Tilsitt, 69002. Ouverture en nov 2008.
Les couleurs, les parfums et l'ambiance animée du Brésil ne sont jamais bien loin lorsque leurs conseillers vous aident à bâtir un voyage. Comptoir du Brésil propose un grand choix d'hébergements de charme, des idées de voyages originales, et bien d'autres suggestions à combiner selon son budget, ses envies et son humeur. Chaque Comptoir est spécialiste d'une ou plusieurs destinations : Afrique, Brésil, États-Unis, Canada, Déserts, Italie, Islande, Groenland, Maroc, Pays celtes, Égypte, Pays scandinaves, pays du Mékong, Pays andins et Grèce.

▲ COMPTOIRS DU MONDE (LES)

– Paris : 22, rue Saint-Paul, 75004. ☎ 01-44-54-84-54. • *comptoirsdumonde.fr* • *Ⓜ Saint-Paul ou Pont-Marie. Lun-ven 10h-19h ; sam 11h-18h.*
C'est en plein cœur du Marais, dans une atmosphère chaleureuse, que l'équipe des Comptoirs du Monde traitera personnellement tous vos désirs d'évasion : vols à prix réduits mais aussi circuits et prestations à la carte pour tous les budgets sur toute l'Asie, le Proche-Orient, les Amériques, les Antilles, Madagascar et l'Italie. Vous pouvez aussi réserver par téléphone et régler par carte de paiement, sans vous déplacer.

▲ FLEUVES DU MONDE

– Paris : 28, bd de la Bastille, 75012. ☎ 01-44-32-12-85. • *fleuves-du-monde.com* • *Ⓜ Bastille. Lun-ven 9h-18h30 ; sam 9h-18h.*
Fleuves du Monde défend l'élément naturel du voyage. Appréhender l'histoire d'un pays, pénétrer le cœur d'une civilisation, toucher l'intimité d'une culture et savourer le silence de la nature constituent l'objet de ces voyages au fil de l'eau. « Voguer » et « explorer » sont les deux thèmes de Fleuves du Monde. Le premier savoure l'exotisme et le confort d'une embarcation traditionnelle, pour aborder les coutumes de lointaines destinations. Le second éveille l'esprit et l'œil en touchant des cultures à peine déflorées, rencontrées en felouques, pirogues, sampans ou canots.

CIE AMÉRIQUE LATINE

L'excellence du voyage sur-mesure

SOUS LE SOLEIL DU NORDESTE BRÉSILIEN

*À partir de 3 990 € TTC**

Circuit de 13 Jours/11 Nuits.

*Au départ de Paris ou Province sur vol régulier, taxes incluses, hébergement hôtels de charme style pousadas *** ou ****, petits-déjeuners, transport en 4x4 privé.*

Découvrez un Brésil authentique et d'une grande diversité. Olinda et Sao Luis classées au Patrimoine Mondial de l'Unesco sont des petits joyaux du Brésil colonial. Trésor naturel, le Parc National de Lencois Maranhenes, mer de dunes qui s'étend sur 1 550km^2 est un éblouissement. Jericoacoara, charmant village de pêcheurs au pied de dunes imposantes est entouré des plus belles plages du monde.

LA DIVINE MUSIQUE DU PANTANAL !

*À partir de 3 520 € TTC**

Séjour de 9 Jours/7 Nuits.

Au départ de Paris ou de Province sur vol régulier, taxes incluses, pension complète et excursions incluses au Pantanal, visites privées à Rio.

Paysage unique de la plus grande zone humide au monde où chaque promenade en bateau, à cheval ou à pied est un véritable tableau vivant pour observer la vie animale. Séjour à l'Araras Eco Lodge ***sup, aux allures de grand ranch construit en harmonie avec l'environement. Fin de séjour glamour à Rio de Janeiro au mythique Copacabana Palace***** qui se détache sur l'époustouflante beauté de la Nature en toile de fond.

82, bd Raspail 75006 Paris *(angle Vaugirard)*
Tél. : 01 53 63 15 35
isabelle@compagniesdumonde.com
3, av. de l'Opéra 75001 Paris
Tél. : 01 55 35 33 55
lina@compagniesdumonde.com

CIE AMÉRIQUE LATINE

GDR Brésil 09/10 Li 075 01 0012 Compagnies du Monde - 2009/10 - *Prix par personne en chambre double

Consultez nos experts de l'Amérique Latine et nos sites www.compagniesdumonde.com et www.mondeetcroisieres.com

▲ FRANCE AMÉRIQUE LATINE

– Paris : 37, bd Saint-Jacques, 75014. ☎ 01-45-88-20-00. Lun-jeu 9h15-18h ; ven 9h15-16h. • franceameriquelatine.fr • Ⓜ Saint-Jacques.

Présente depuis 1970 en France et en Amérique latine sur les terrains de la culture, de la solidarité et de la défense des Droits de l'homme, FAL propose des voyages classiques ou des activités de brigades et chantiers internationaux dans de nombreux pays avec plusieurs associations et organisations de jeunesse. Elles ont déjà permis à des centaines de Français de partager la vie et le travail de jeunes dans des coopératives agricoles, des écoles, dans des quartiers défavorisés des grandes métropoles d'Amérique latine. Sur place, ils pourront remettre eux-mêmes les médicaments et le matériel scolaire qu'ils auront réunis avant leur départ.

▲ JETSET-EQUINOXIALES

Rens : ☎ 01-53-67-13-00, • jetset.to • et dans les agences de voyages.

Jetset-Equinoxiales est l'un des spécialistes des Amériques. Dans sa brochure sur l'Amérique latine, Jetset-Equinoxiales propose un vaste choix d'itinéraires au Brésil comme la découverte de l'Amazonie en bateau, le Nordeste en Land Rover, l'architecture baroque coloniale ou des *lodges* dans le Pantanal, la Chapada Diamantina, espaces préservés et paradis écologiques.

Enfin une partie importante est consacrée aux voyages à la carte.

▲ JEUNESSE ET RECONSTRUCTION

– Paris : 10, rue de Trévise, 75009. ☎ 01-47-70-15-88. • volontariat.org • Ⓜ Cadet ou Grands-Boulevards. Lun-ven 9h-13h, 14h-18h.

Jeunesse et Reconstruction propose des activités dont le but est l'échange culturel dans le cadre d'un engagement volontaire. Chaque année, des centaines de jeunes bénévoles âgés de 17 à 30 ans participent à des chantiers internationaux en France ou à l'étranger (Europe, Asie, Afrique et Amérique), s'engagent dans le programme de volontariat à long terme (6 mois ou un an), s'inscrivent à des cours de langue en immersion au Costa Rica, Guatemala et Maroc, à des stages de danse traditionnelle, percussions, poterie, art culinaire, artisanat africain.

Dans le cadre des chantiers internationaux, les volontaires se retrouvent autour d'un projet d'intérêt collectif (1 à 4 semaines) et participent à la restauration du patrimoine bâti, à la protection de l'environnement, à l'organisation logistique d'un festival ou à l'animation et l'aide à la vie quotidienne auprès d'enfants ou de personnes handicapées.

▲ LASTMINUTE.COM

Leurs offres sont accessibles au ☎ 0899-785-000 (1,34 € l'appel TTC puis 0,34 €/mn), sur • lastminute.com • et dans 9 agences de voyages situées à Paris, Nice, Toulouse, Bordeaux, Montpellier, Aix-en-Provence et Lyon.

Lastminute.com propose une vaste palette de voyages et de loisirs : billets d'avion, séjours sur mesure ou clé en main, week-ends, hôtels, location de voitures... pour penser ses vacances selon ses envies et ses disponibilités.

▲ MARSANS INTERNATIONAL

– Paris : 49, av. de l'Opéra, 75002. ☎ 0825-031-031 (0,15 €/mn). • clients@marsans.fr • marsans.fr • Ⓜ Opéra. Lun-ven 9h-18h30 ; sam 10h-17h30.

Marsans International est spécialiste sur de nombreuses destinations, ce qui en fait l'un des principaux tour-opérateurs français. Sur chacune de ses destinations, de nombreuses formules sont proposées, répondant ainsi aux désirs de voyage de chacun et à tous les budgets.

C'est l'un des spécialistes du Brésil qui propose plusieurs formules :

– *Escapades « en liberté » :* Marsans vous réserve tous les éléments pour organiser votre voyage comme vous l'entendez – billets d'avion, réservations d'hôtel, transferts...

– *Découvertes « organisées » :* idéales pour tous ceux qui aiment voyager sans souci. Profitez des circuits où tout est organisé pour découvrir la destination en compagnie d'un guide francophone expérimenté.

COMPTOIR DES VOYAGES

LE BRÉSIL sur mesure @ tout prix

LE BRÉSIL SUR MESURE
Construisez avec nos spécialistes vos propres itinéraires
De l'exubérante Salvador de Bahia à la jungle amazonienne
Des immenses plages du Nordeste à la baie de Rio

LE BRÉSIL EN LIGNE
Idées, suggestions de voyages sur www.comptoir.fr
Devis Web personnalisé sous 48h

LE BRÉSIL À TOUT PRIX
Bons plans et large choix d'offres adaptées à votre budget
Pousadas de charme, hébergements chez l'habitant

Lic075960144 © M. Osmont

COMPTOIR DU BRESIL
2, rue Saint-Victor 75005 Paris ✆ : 0892 230 466 (0,34€/ttc mn)
43, rue Peyrolières 31000 Toulouse ✆ : 0892 232 236 (0,34€/ttc mn)
10, quai Tilsitt 69002 Lyon (ouverture novembre 2008)

www.comptoir.fr

– *Découverte « combinés » :* Marsans vous propose de bénéficier d'une approche plus complète d'un pays en alternant deux lieux de séjours complémentaires.
– *Séjour « farniente » :* pour décompresser en douceur, un large choix de séjours balnéaires est proposé sur les plages de la région de Salvador de Bahia...

▲ NOMADE

– Paris : 40, rue de la Montagne-Sainte-Geneviève, 75005. ☎ et fax : 0825-701-702 (0,34 €/mn). • nomade-aventure.com • Ⓜ Maubert-Mutualité. Lun-ven 9h30-18h30 ; sam 9h30-18h.
– Toulouse : 43, rue Peyrolières, 31000. ☎ 0825-701-702 (0,34 €/mn). Lun-ven 10h-18h30 ; sam 10h-18h.
Loin des voyages préfabriqués, Nomade propose des circuits inédits partout dans le monde à réaliser en famille, entre amis, avec ou sans guide. Également la possibilité d'organiser, lors de groupes constitués, un séjour libre en toute autonomie. Spécialiste de l'aventure avec plus de 400 itinéraires (de niveau tranquille, dynamique ou sportif) qui vont à la rencontre des pays et de leurs habitants, Nomade donne la priorité aux expériences authentiques à pied, à cheval, à dos de chameau, en bateau ou en 4x4.

▲ NOSTALATINA

– Paris : 19, rue Damesme, 75013. ☎ 01-43-13-29-29. • ann.fr • Ⓜ Tolbiac. Sur rdv. Permanence : lun-ven 10h-13h, 15h-18h.
Parce qu'il n'est pas toujours aisé de partir seul, Nostalatina propose des voyages sur mesure en Amérique latine, notamment au Brésil, du séjour classique jusqu'aux contrées les plus reculées, en individuel ou en groupe déjà constitué. Plusieurs formules au choix, dont deux qui sont devenues des formules de référence depuis quelques années pour les voyageurs indépendants : *Les Estampes* avec billets d'avion, logement, transferts entre les étapes en mixant avec astuces avion, bus, train, ou *Les Aquarelles* avec en plus un guide et un chauffeur privé à chaque étape. Les itinéraires ne sont que suggérés, ils sont modifiables à souhait sur ces formules à la carte.

▲ NOUVELLES FRONTIÈRES

Rens et résa dans tte la France : ☎ 0825-000-825 (0,15 €/mn). • nouvelles-frontieres.fr • Les brochures Nouvelles Frontières sont disponibles gratuitement dans les 240 agences du réseau, par téléphone et sur Internet.
Plus de 40 ans d'existence, 1 000 000 clients par an, 250 destinations, deux chaînes d'hôtels-clubs *Paladien* et *Koudou* et une compagnie aérienne, *Corsairfly*. Pas étonnant que Nouvelles Frontières soit devenu une référence incontournable, notamment en matière de tarifs. Le fait de réduire au maximum les intermédiaires permet d'offrir des prix « super-serrés ». Un choix illimité de formules vous est proposé : des vols sur la compagnie aérienne de Nouvelles Frontières au départ de Paris et de province, en classe « Horizon » ou « Grand Large », et sur toutes les compagnies aériennes régulières, avec une gamme de tarifs selon votre budget. Sont également proposés toutes sortes de circuits, aventure ou organisés ; des séjours en hôtels, en hôtels-clubs et en résidences ; des week-ends, des formules à la carte (vol, nuits d'hôtel, excursions, location de voitures...), des séjours neige, des croisières, des séjours thématiques plongée, thalasso.
Avant le départ, des réunions d'information sont organisées. Intéressant : des brochures thématiques (plongée, aventure, rando, trek et sport).

▲ PLEIN VENT VOYAGES

Résa et brochures dans les agences du Sud-Est et du Rhône-Alpes, ainsi que sur • pleinvent-voyages.com •
Premier tour-opérateur du Sud-Est, Plein Vent assure toutes ses prestations (circuits et séjours) au départ de Lyon, Marseille et Nice. Parmi ses destinations phares, le Brésil. Nouveautés : l'Afrique du Sud et le Japon. Plein Vent garantit ses départs et propose un système de « garantie annulation » performant.

marsans

Réalisation : Fenêtre sur cour - 08/150- Crédit photo : Hemis.fr/B.Gardel/OT Brésil - RCS Paris B 303 782 189 - Licence 075950512

Consultez nos catalogues dans votre agence de voyages

Réservation au
0825 031 031 (0.15€/mn)
www.marsans.fr

N'en rêvez plus... Partez !

marsans international

▲ PROMOVACANCES.FR

Les offres Promovacances sont accessibles par téléphone au ☎ 0899-654-850 (1,35 €/appel puis 0,34 €/mn), sur le site • promovacances.com •, et dans 10 agences situées à Paris (Bonne-Nouvelle, Chaussée d'Antin, Voltaire, Forum des Halles...) et à Lyon.

N° 1 français de la vente de séjours sur Internet, Promovacances a fait voyager plus de 2 millions de clients en 10 ans. Le site propose plus de 10 000 voyages actualisés chaque jour sur 300 destinations : séjours, circuits, week-ends, thalasso, plongée, golf, voyages de noces, locations, vols secs... L'ambition du voyagiste : prouver chaque jour que le petit prix est compatible avec des vacances de qualité. Grâce aux avis des clients publiés sur le site et aux visites virtuelles des hôtels, vous réservez vos vacances en toute tranquillité.

▲ ROOTS TRAVEL

– Paris : 17, rue de l'Arsenal, 75004. ☎ 01-42-74-07-07. • rootstravel.com • Ⓜ Bastille. Lun 10h-13h, 14h-18h ; mar-ven 10h-13h, 14h-19h ; sam 11h-13h, 14h-19h.

Roots Travel propose des séjours qui permettent de visiter la région de Salvador de Bahia et de Rio de Janeiro avec un choix original d'hébergements en *pousadas*, appartements et hôtels de charme. Sur leur site internet, des promos et un module de voyages à la carte pour constituer soi-même son itinéraire d'Itacaré à Morro de São Paulo en passant par Paraty ou Ilha Grande et le Minas Gerais. Roots Travel est aussi spécialisé sur Cuba, le Cap Vert, New York, la République dominicaine, le Maroc, l'Islande et Madagascar.

▲ ROUTE DES VOYAGES (LA)

• route-voyages.com •
– Aix-en-Provence : 6, rue Jaubert, 13100. ☎ 04-42-12-32-94.
– Annecy : 2 bis, av. de Brogny, 74000. ☎ 04-50-45-60-20. Lun-jeu 9h-19h, ven 9h-18h.
– Bordeaux : 10, rue du Parlement-Saint-Pierre, 33000. ☎ 05-56-90-11-20.
– Lyon : 59, rue Franklin, 69002. ☎ 04-78-42-53-58.
– Toulouse : 9, rue Saint-Antoine-du-T, 31000. ☎ 05-62-27-00-68.

Spécialiste du voyage sur mesure ayant une grande connaissance du terrain. Une équipe spécialisée par destination travaille en direct avec des prestataires locaux et construit des voyages personnalisés. Leur site internet très détaillé vous donnera un aperçu de leur programmation. Quelle que soit la destination, elle privilégie les voyages hors des sentiers battus.

▲ ROUTES SOLIDAIRES

– Toulouse : 9, rue Saint-Antoine-du-T, 31000. ☎ 05-62-27-00-68. • routes-solidaires.com •

Spécialiste du voyage sur mesure et solidaire, Routes Solidaires propose une formule innovante. Des séjours solidaires au cœur de projets locaux gérés de manière collective sont insérés dans les itinéraires de découverte individuelle. Une manière de comprendre un pays de l'intérieur, de partager des expériences fortes, dans le respect des hommes et de leur environnement.

▲ TERRES D'AVENTURE

N° Indigo : ☎ 0825-700-825 (0,15 €/mn). • terdav.com • terdav-haute-montagne.com •
– Paris : 30, rue Saint-Augustin, 75002. • infos@terdav.com • Ⓜ Opéra ou Quatre-Septembre. Lun-sam 10h-19h.
– Agences également à Bordeaux, Caen, Chamonix, Grenoble, Lille, Lyon, Marseille, Montpellier, Nantes, Nice, Rennes, Rouen, Strasbourg et Toulouse.

Depuis 1976, Terres d'Aventure, spécialiste du voyage à pied, propose aux voyageurs passionnés de marche et de rencontres des randonnées hors des sentiers battus à la découverte des grands espaces de notre planète. Voyages à pied, à cheval, en 4x4, en bateau, en raquettes... Sur tous les continents, des aventures en petits groupes ou en individuel encadrés par des professionnels expéri-

NOUVELLES FRONTIERES

australie - Nanterre B 378 899 363 - Levallois-Perret. Crédit Photo: Joël Sartore

CIRCUIT

1880€ TTC (1)

BRÉSIL FELICIDADE

9 JOURS / 7 NUITS

(1) Prix TTC, à partir de, par personne, au départ de Paris, à certaines dates, sous réserve de disponibilité. Base chambre double, avion et transferts compris. Conditions du circuit dans la brochure « Les voyages Amériques & Caraïbes ». Taxes et redevances susceptibles de modifications sans préavis.

300 AGENCES EN FRANCE

POUR RESERVER : 0825 000 825 (0,15€ la minute) - www.nouvelles-frontieres.fr

mentés. Les hébergements dépendent des sites explorés : camps d'altitude, bivouac, refuges ou petits hôtels. Les voyages sont conçus par niveaux de difficulté : de la simple balade en plaine à l'expédition sportive, en passant par la course en haute montagne.
En province, leurs agences sont de véritables *Cités des Voyageurs*. Tout y rappelle le voyage : librairies spécialisées, boutiques d'accessoires de voyage, expositions-vente d'artisanat et cocktails-conférences. Consultez le programme des manifestations sur leur site internet.

▲ **TERRE BRÉSIL**
– Paris : 28, bd de la Bastille, 75012. ☎ 01-44-32-12-81. • terre-bresil.com • Ⓜ Bastille. Lun-ven 9h-18h30 ; sam 10h-18h.
Spécialiste avertie, l'équipe de Terre Brésil cherche à dévoiler les trésors cachés de cet immense pays et répond à toutes les demandes, des plus classiques aux plus originales, avec des itinéraires variés, où le plaisir de la rencontre avec les Brésiliens est aussi fort que le spectacle de sa formidable nature. Présentés par thèmes en brochure ou réalisés sur mesure, utilisant tous les modes de transport possibles, de la goélette au *buggy*, leurs voyages s'adressent aux individuels comme aux groupes.

▲ **VOYAGES-SNCF.COM**
Voyages-sncf.com, première agence de voyages sur Internet, propose des billets de train, d'avion, des chambres d'hôtel, des locations de voitures et des séjours clés en main ou Alacarte® sur plus de 600 destinations et à des tarifs avantageux. Leur site • voyages-sncf.com • permet d'accéder tous les jours 24h/24 à plusieurs services : envoi gratuit des billets à domicile, Alerte Résa pour être informé de l'ouverture des réservations et profiter du plus grand choix, calendrier des meilleurs prix (TTC), mais aussi des offres de dernière minute et des promotions... Et grâce à l'écocomparateur, en exclusivité sur • voyages-sncf.com •, possibilité de comparer le prix, le temps de trajet et l'indice de pollution pour un même trajet en train, en avion ou en voiture.

▲ **VOYAGEURS AU BRÉSIL**
Le grand spécialiste du voyage en individuel sur mesure. • vdm.com •
– Paris : La Cité des Voyageurs, 55, rue Sainte-Anne, 75002. ☎ 0892-23-65-65 (0,34 €/mn). Ⓜ Pyramides ou 4-Septembre. Lun-sam 9h30-19h.
– Agences également à Bordeaux, Caen, Grenoble, Lille, Lyon, Marseille, Montpellier, Nantes, Nice, Rennes, Rouen, Strasbourg et Toulouse.
Sur les conseils d'un spécialiste de chaque pays, chacun peut construire un voyage à sa mesure...
Pour partir à la découverte de plus de 150 pays, des conseillers-voyageurs, de près de 30 nationalités et grands spécialistes des destinations, donnent des conseils, étape par étape et à travers une collection de 30 brochures, pour élaborer son propre voyage en individuel.
Voyageurs du Monde propose également une large gamme de circuits accompagnés (famille, aventure, routard...). Voyageurs du Monde a développé une politique de « vente directe » à ses clients, sans intermédiaire.
Dans chacune des *Cités des Voyageurs*, tout rappelle le voyage : librairies spécialisées, boutiques d'accessoires de voyage, expositions-vente d'artisanat ou encore cocktails-conférences. Toute l'actualité de VDM à consulter sur leur site internet.

EN BELGIQUE

▲ **ARGENTINA TOURS – ICT**
– Bruxelles : rue de la Montagne, 52, 1000. ☎ et fax : 02-219-65-44. • argentina-tours.com •
Fondé en 1999 par l'Argentin Carlos Gerzanich, Argentina Tours s'est spécialisé dans le tourisme réceptif en Argentine, au Chili et au Pérou. Leur équipe a une très

D 211
LOSSE
-EN-GELAISSE
HEUREUSEMENT,
ON NE VOUS PROPOSE
PAS QUE LE TRAIN.
Voyages-sncf.com, première agence de voyage sur Internet avec plus de 600 destinations dans le monde, vous propose ses meilleurs prix sur les billets d'avion et de train, les chambres d'hôtel, les séjours et la location de voiture. Accessible 24h/24, 7j/7.
LOS ANGELES,
TOUTE L'AMERIQUE
ET LE RESTE DU MONDE.
Voyages-sncf.com

bonne connaissance du terrain. Nouveautés : la Bolivie, le Brésil, le Venezuela, la Colombie, le Costa Rica, le Guatemala, le Panama, le Honduras et le Mexique.

▲ CONNECTIONS

Rens et résa au ☎ 070-233-313. • connections.be • Lun-ven 9h30-21h ; sam 10h-17h.

Spécialiste du voyage pour les étudiants, les jeunes et les *independent travellers*. Le voyageur peut y trouver informations et conseils, aide et assistance (revalidation, routing...) dans 27 points de vente en Belgique et auprès de bon nombre de correspondants de par le monde.

Connections propose une gamme complète de produits : des tarifs aériens spécialement négociés pour sa clientèle (licence IATA), une très large offre de « last minutes », toutes les possibilités d'arrangement terrestre (hébergement, locations de voitures, *self-drive tours,* vacances sportives, expéditions) ; de nombreux services aux voyageurs comme l'assurance voyage « Protections » ou les cartes internationales de réductions (carte internationale d'étudiant ISIC).

▲ CONTINENTS INSOLITES

• continentsinsolites.com •

– Bruxelles : rue César-Franck, 44 A, 1050. ☎ 02-218-24-84. Lun-ven 10h-18h ; sam 10h-13h.

Continents Insolites, organisateur de voyages lointains sans intermédiaire, propose une gamme étendue de formules de voyages détaillée dans leur brochure gratuite sur demande.

– Voyages découverte taillés sur mesure : à partir de 2 personnes. Un grand choix d'hébergements soigneusement sélectionnés : du petit hôtel simple à l'établissement luxueux et de charme.

– Circuits découverte en mini-groupes : de la grande expédition au circuit accessible à tous. Des circuits à dates fixes dans plus de 60 pays en petits groupes francophones de 7 à 12 personnes. Avant chaque départ, une réunion est organisée. Voyages encadrés par des guides francophones, spécialistes des régions visitées.

De plus, Continents Insolites propose un cycle de diaporamas-conférences à Bruxelles. Ces conférences se déroulent à l'espace Senghor, place Jourdan, 1040 Etterbeek (dates dans leur brochure).

▲ FAIRWAY TRAVEL

– Bruxelles : rue Abbé-Heymans, 2, 1200. ☎ 02-762-78-78. • fairwaytravel.be •

Spécialiste de l'Amérique latine du Mexique au Chili en passant par les fjords de Patagonie et la Cordillère des Andes. Au programme, des croisières en Amazonie, en Antarctique, aux Galápagos et en Terre de Feu, des randonnées sur le chemin de l'Inca, les plus beaux trains d'Amérique latine.

▲ NOUVELLES FRONTIÈRES

– Bruxelles (siège) : bd Lemonnier, 2, 1000. ☎ 02-547-44-22. • nouvelles-frontieres.be •

– Également d'autres agences à Bruxelles, Charleroi, Liège, Mons, Namur, Waterloo, Wavre et au Luxembourg.

Voir le texte dans la partie « en France ».

▲ PAMPA EXPLOR

– Bruxelles : av. Brugmann, 250, 1180. ☎ 02-340-09-09. • info@pampa.be • Lun-ven 9h-19h ; sam 10h-17h. Également sur rdv, dans leurs locaux ou à votre domicile. CB acceptées. Sur demande, envoi gratuit de documents de voyages.

Spécialiste des vrais voyages « à la carte », Pampa Explor propose plus de 70 % de la « planète bleue », selon les goûts, attentes, centres d'intérêt et budgets de chacun. Du Costa Rica à l'Indonésie, de l'Afrique australe à l'Afrique du Nord, de l'Amérique du Sud aux plus belles croisières, Pampa Explor tourne le dos au

Location de voitures au Brésil

50% de remise sur l'option franchise remboursable*

EN INDIQUANT LE NUMÉRO DE PAGE DE CETTE ANNONCE

Réservez au meilleur prix votre location de voiture auprès d'un spécialiste. Toutes nos offres sont simples, claires et flexibles, sans supplément caché :

- Kilométrage illimité
- Assurances et taxes obligatoires incluses
- Modification annulation sans frais
- Le meilleur service client avant, pendant et après la location
- Des conseillers téléphoniques disponibles sur simple appel

autoescape.com 0 820 150 300 0,12€/min

partout dans le monde

www.antidote-design.com - Crédit photos : Fotolia

* Offre non cumulable hors camping car et promotions.

tourisme de masse pour privilégier des découvertes authentiques et originales, pleines d'air pur et de chaleur humaine. Pour ceux qui apprécient la jungle et les Pataugas ou ceux qui préfèrent les cocktails en bord de piscine et les fastes des voyages de luxe. En individuel ou en petits groupes, mais toujours « sur mesure ».

▲ SERVICE VOYAGES ULB

• *servicevoyages.be* • *Lun-ven 9h-17h.*
– Bruxelles : campus ULB, av. Paul-Héger, 22, CP 166, 1000. ☎ *02-648-96-58.*
– Bruxelles : rue Abbé-de-l'Épée, 1, Woluwe, 1200. ☎ *02-742-28-80.*
– Bruxelles : hôpital universitaire Érasme, route de Lennik, 808, 1070. ☎ *02-555-38-49.*
– Bruxelles : chaussée d'Alsemberg, 815, 1180. ☎ *02-332-29-60.*
– Ciney : rue du Centre, 46, 5590. ☎ *083-216-711.*
– Marche : av. de la Toison-d'Or, 4, 6900. ☎ *084-31-40-33.*
– Wepion : chaussée de Dinant, 1137, 5100. ☎ *081-46-14-37.*
Service Voyages ULB, c'est le voyage à l'université. L'accueil est donc très sympa. Billets d'avion sur vols charters et sur compagnies régulières à des prix hyper-compétitifs.

▲ SUDAMERICA TOURS

Brochures disponibles dans les agences de voyages en Belgique et au Luxembourg, ou au ☎ *02-772-15-34 (Bruxelles).* • *sudamericatours.be* •
Tour-opérateur belge spécialisé depuis 17 ans sur l'Amérique latine, Sudamerica Tours propose une brochure comprenant les « Circuits et séjours individuels » et les « Circuits en groupes accompagnés avec départs garantis de Bruxelles à Bruxelles ».
Réalise également des circuits à la carte avec location de voitures, des séjours plage, des safaris et écotourisme, des croisières en Amazonie, Galápagos, sur le lac Titicaca... Logement en haciendas et hôtels de charme. Propose le Brésil notamment.

▲ TERRES D'AVENTURE

– Bruxelles : Vitamin Travel, rue Van-Artevelde, 48, 1000. ☎ *02-512-74-64.* • *info@vitamintravel.be* •
Voir le texte dans la partie « En France ».

▲ VOYAGEURS DU MONDE

– Bruxelles : chaussée de Charleroi, 23, 1060. ☎ *09-004-45-00 (0,45 €/mn).* • *vdm.com* •
Le grand spécialiste du voyage en individuel sur mesure.
Voir texte dans la partie « en France ».

EN SUISSE

▲ JERRYCAN

– Genève : rue Sautter, 11, 1205. ☎ *022-346-92-82.* • *jerrycan-travel.ch* •
Tour-opérateur de la Suisse francophone spécialisé dans l'Afrique, l'Asie et l'Amérique latine. Trois belles brochures proposent des circuits traditionnels et hors des sentiers battus. L'équipe connaît bien son sujet et peut vous construire un voyage à la carte.
En Amérique latine, Jerrycan propose des voyages à partir de deux personnes notamment au Brésil. Voyages privés et à la carte possibles.

▲ NOUVEAUX MONDES

– Mies : route Suisse, 7, 1295. ☎ *022-950-96-60.* • *nouveauxmondes.com* •
Spécialiste de l'Amérique du Sud en Suisse romande depuis plus de 15 ans, Nouveaux Mondes propose des circuits originaux et des voyages à la carte dans toute

LES COMPTOIRS DU MONDE

De grands voyages pour tout le monde

Billet A/R **PARIS/RIO/SAO PAULO** à partir de **545 € HT**

Billet A/R **PARIS/SAN SALVADOR** à partir de **675 € HT**

Billet A/R **PARIS/FORTALEZZA** à partir de **675 € HT**

Circuits personnalisés

pour groupes ou individuels, guides francophones, réservations d'hôtel, location de voitures.

- Billets toutes destinations
- Réservation et paiement par téléphone

Brochures des circuits sur demande

LES COMPTOIRS DU MONDE

22, RUE SAINT-PAUL - 75004 PARIS

TÉL. : 01 44 54 84 54 - FAX : 01 44 54 84 50 - LICENCE 075 950 218

www.comptoirsdumonde.fr • E-Mail : cdm@comptoirsdumonde.fr

WWW.ANN.FR

Véritable voyage sur mesure

Les meilleures astuces pour aller en Amérique latine, dans les meilleures conditions.

Sur rendez-vous :
NostaLatina - NostalAsie,
19, rue Damesme, Paris 13è
Métro : Tolbiac
Tél. : 01.43.13.29.29
Fax : 01 43 13 30 60

NostaLatina

www.ann.fr
courriel : infos@ann.fr

l'Amérique latine, ainsi qu'à l'île de Pâques, aux îles Malouines et sur le continent Antarctique. Nouveaux Mondes mise sur le logement de charme et sur des excursions hors des circuits touristiques traditionnels.

▲ TUI – NOUVELLES FRONTIÈRES

– Genève : rue Chantepoulet, 25, 1201. ☎ 022-716-15-70.
– Lausanne : bd de Grancy, 19, 1006. ☎ 021-321-41-11.
Voir le texte dans la partie « En France ».

▲ STA TRAVEL

– Fribourg : rue de Lausanne, 24, 1701. ☎ 058-450-49-80.
– Genève : rue de Rive, 10, 1204. ☎ 058-450-48-00.
– Genève : rue Vignier, 3, 1205. ☎ 058-450-48-30.
– Lausanne : bd de Grancy, 20, 1006. ☎ 058-450-48-50.
– Lausanne : à l'université, Anthropole, 1015. ☎ 058-450-49-20.
Agences spécialisées notamment dans les voyages pour jeunes et étudiants. Gros avantage en cas de problème : 150 bureaux STA et plus de 700 agents du même groupe répartis dans le monde entier sont là pour donner un coup de main *(Travel Help).*
STA propose des voyages très avantageux : vols secs *(Skybreaker),* billets Euro Train, hôtels, écoles de langues, voitures de location, etc. Délivre la carte internationale d'étudiant et la carte Jeune Go 25.
STA est membre du fonds de garantie de la branche suisse du voyage ; les montants versés par les clients pour les voyages forfaitaires sont assurés.

▲ TERRES D'AVENTURE

– Genève : Néos Voyages, rue des Bains, 50, 1205. ☎ 022-320-66-35. • geneve@neos.ch •
– Lausanne : Néos Voyages, rue Simplon, 11, 1006. ☎ 021-612-66-00. • lausanne@neos.ch •
Voir le texte dans la partie « En France ».

AU QUÉBEC

▲ EXOTIK TOURS

Rens sur • exotiktours.com • ou auprès de votre agence de voyages.
La Méditerranée, l'Europe, l'Asie et les grands voyages : Exotik Tours offre une importante programmation en été comme en hiver, notamment au Brésil. Dans la rubrique « Grands voyages », le voyagiste suggère des périples en petits groupes ou en individuel. Exotik Tours est membre du groupe *Intair* comme Intair Vacances.

▲ EXPLORATEUR VOYAGES

Rens : ☎ (514) 847-1177. • explorateur.qc.ca •
Cette agence de voyages montréalaise propose une intéressante production maison, axée sur les voyages d'aventures en petits groupes (5 à 12 personnes) ou en individuel. Ses itinéraires originaux, en Amérique latine, en Asie, en Afrique et au Moyen-Orient, se veulent toujours respectueux des peuples et des écosystèmes. Au programme : treks, camping et découvertes authentiques, guidés par un accompagnateur de l'agence. Intéressant pour se familiariser avec ces différents circuits : les soirées Explorateur (gratuites), avec présentation audiovisuelle, organisées à Montréal et à Québec.

▲ TOURS CHANTECLERC

• tourschanteclerc.com •
Tours Chanteclerc est un tour-opérateur qui publie différentes brochures de voyages : Europe, Amérique du Nord, Amérique du Sud, Asie et Pacifique Sud, Afrique et Bassin méditerranéen en circuits ou en séjours.

Au rythme du **Brésil**

la Route des voyages

Le voyage sur mesure

www.route-voyages.com

TERRE BRESIL

un pays,
une agence spécialisée,
une brochure et
une déclinaison de voyages...

en voiture, en goëlette, à cheval, en buggy,
à pied, avec ou sans palmes,
pour satisfaire vos demandes avec souplesse,
rigueur, diversité et originalité !

01.44.32.12.81
www. terre-bresil.com

Des services et conditions en direct pour des voyages innovants
en individuel, en groupe... ou sur mesure

Brochures sur simple demande à
Terre Voyages - 28 boulevard de la Bastille 75012 Paris
Fax : 01 44 32 12 89

Licence N°075950130

▲ VOYAGES CAMPUS – TRAVEL CUTS

Pour contacter l'agence la plus proche : • voyagescampus.com •

Voyages Campus – Travel Cuts est un réseau national d'agences de voyages qui propose des tarifs aériens sur une multitude de destinations pour tous et plus particulièrement en classe étudiante, jeunesse, enseignant. Il diffuse la carte internationale d'étudiant (ISIC), la carte jeunesse (IYTC) et la carte d'enseignant (ITIC). Voyages Campus publie 4 fois par an le *Müv,* le magazine du nomade (• muvmag.com •). Voyages Campus propose un programme de vacances-travail (SWAP), son programme de volontariat *(Volunteer Abroad)* et plusieurs circuits au Québec et à l'étranger. Le réseau compte quelque 70 agences à travers le Canada, dont neuf au Québec.

ASSOCIATION CONTRE LA PROSTITUTION DES ENFANTS
Abusez d'un enfant au soleil et vous passerez 10 ans à l'ombre
La Loi d'extraterritorialité votée en 1994, révisée en 1998, permet de juger un résident et/ou un ressortissant français ayant commis des abus sexuels en France ou à l'étranger. Les peines pour un abus commis sur un enfant sont sévères : jusqu'à 10 ans d'emprisonnement et 150 000 € d'amende.
www.acpe-asso.org
A C P E - 14, rue Mondétour - 75001 Paris
Tél. : 01 40 26 91 51 - acpe@acpe-asso.org
a c p e
ASSOCIATION CONTRE LA PROSTITUTION DES ENFANTS
oké - Espace offert par le Guide du Routard

BRÉSIL UTILE

Pour la carte du Brésil, se reporter au cahier couleur.

ABC DU BRÉSIL

- ***Nom officiel :*** République fédérale du Brésil.
- ***Capitale :*** Brasília.
- ***Superficie :*** 8 511 965 km², divisés en 26 États et un District Fédéral.
- ***Population :*** 190 millions d'habitants.
- ***Densité de la population :*** 22,3 hab./km² (avec 81 % de population urbaine et 70 % des Brésiliens vivant à moins de 100 km de la mer).
- ***Monnaie :*** real (pluriel *reais*). 1 Rl = 0,40 €.
- ***Langue officielle :*** portugais du Brésil.
- ***Religion principale :*** catholique (74 % de la population).
- ***Régime :*** démocratie constitutionnelle. Régime présidentiel.
- ***Chef de l'État :*** Luiz Inácio Lula da Silva (dit « Lula »).

AVANT LE DÉPART

Adresses utiles

En France

Office du tourisme du Brésil : *34, cours Albert-Ier, 75008 Paris. ☎ 01-45-61-63-18 ou 76. • braziltour.com • turismo.gov.br • Ⓜ Alma-Marceau. Dans les locaux de l'ambassade. Lun-ven 9h30-13h, 14h30-17h30.* Brochures, entre autres, et surtout un personnel accueillant.

■ ***Ambassade du Brésil :*** *34, cours Albert-Ier, 75008 Paris. ☎ 01-45-61-63-00. • bresil.org • Ⓜ Alma-Marceau.*

■ ***Service consulaire :*** *34 bis, cours Albert-Ier, 75008 Paris. Fax : 01-43-59-03-26. • consulat-bresil.org • Ⓜ Alma-Marceau. Pas d'info par tél, surfez sur leur site internet ou envoyez-leur un fax. Lun-ven 9h-15h.* Pour les visas.

■ ***RTCE*** *(ex-Representour) : 1, sq. Théodore-Judlin, 75015 Paris. ☎ 01-43-06-43-83. • rtce@noos.fr • Ⓜ Cambronne. Reçoit sur rdv.* Réceptif, possédant un correspondant au Brésil (voir « Adresses utiles » à Foz do Iguaçu) qui réserve chambres d'hôtel, voitures, etc.

■ ***Brésil Tourisme :*** *6, rue Louis-Armand, 74000 Annecy. ☎ 04-50-46-41-55. • bresiltourisme.net •* Cette association peut vous envoyer gratuitement de la documentation. Mariana, une Brésilienne qui connaît bien son pays, pourra vous conseiller pour préparer votre séjour. Organise également des voyages sur mesure (vols, hôtels, excursions...), avec extensions possibles vers d'autres pays d'Amérique du Sud (Argentine, Chili, etc.).

En Belgique

■ ***Ambassade du Brésil :*** *av. Louise, 350, boîte 5, Bruxelles 1050. ☎ 02-640-20-15 ou 17-17. • brasbruxelas@beon.be • brasbruxelas.be •* Consulat dans les mêmes locaux.

En Suisse

■ ***Ambassade du Brésil :*** *Monbijoustrasse 68, 3007 Berne. ☎ 031-371-85-15. • info@brasbern.ch • brasbern.ch • Lun-ven 9h-13h, 14h30-17h.* Pas de service consulaire à Berne, consulats à Zürich *(Bürglistrasse 6-8, ☎ 044-206-90-20, • consuladobrasil.ch •)* et Genève *(54, rue de Lausanne, 3e étage, ☎ 022-906-94-20, • consulado.ch •).*

Au Canada

■ ***Ambassade de la République fédérale du Brésil :*** *450 Wilbrod Street, Ottawa (Ontario) K1N-6M8. ☎ 613-237-1090 ou 755-5160. • brasembottawa.org • Service des visas lun-ven 9h30-11h30.* Prévoir 8 j. de délai et 72 $Ca pour les citoyens canadiens. Également des consulats généraux à Montréal *(☎ 514-499-0968 ou 0969 ; • consbrasmontreal.org •)* et Toronto *(☎ 416-922-2503 ; • consbrastoronto.org •)*, et des consulats honoraires à Vancouver *(☎ 604-601-5001)* et Halifax *(☎ 902-462-0714).*

Formalités

– ***Passeport :*** valable au moins 6 mois après la date de retour pour les Français, les Belges et les Suisses.
– ***Visa :*** il n'est plus obligatoire pour les Français, les Belges et les Suisses si le séjour touristique ne dépasse pas 3 mois. Par contre, visa de tourisme ***obligatoire pour les Canadiens*** (billet d'avion aller-retour nécessaire pour l'obtenir), valable 5 ans (renseignements au service consulaire – voir ci-dessus).
– Lorsque vous entrez sur le territoire, la douane vous remet un ***cartão de entrada/saída.*** Conservez-le, il vous sera peut-être demandé à votre départ.

Avoir un passeport européen, ça peut être utile !

L'Union européenne a organisé une assistance consulaire mutuelle pour les ressortissants de l'UE en cas de problème en voyage.
Vous pouvez y faire appel lorsque la France (c'est rare) ou la Belgique (c'est plus fréquent) ne disposent pas d'une représentation dans le pays où vous vous trouvez. Concrètement, elle vous permet de demander assistance à l'ambassade ou au consulat (pas à un consulat honoraire) de n'importe quel état membre de l'UE. Leurs services vous indiqueront s'ils peuvent directement vous aider ou vous préciseront ce qu'il faut faire.
Leur assistance est, bien entendu, limitée aux situations d'urgence : décès, accidents ayant entraîné des blessures ou des lésions, maladie grave, rapatriement pour raison médicale, arrestation ou détention. En cas de ***perte ou de vol de votre passeport,*** ils pourront également vous procurer un ***document provisoire*** de voyage.
Cette entraide consulaire entre les 27 états membres de l'UE ne peut, bien entendu, vous garantir un accueil dans votre langue. En général, une langue européenne courante sera pratiquée.

Assurances voyage

■ ***Routard Assistance :*** *c/o AVI International, 28, rue de Mogador, 75009 Paris.* ☎ *01-44-63-51-00.* Depuis 1995, *Routard Assistance*, en collaboration avec *AVI International*, spécialiste de l'assurance voyage, propose aux routards un tarif à la semaine qui inclut une assurance bagages de 1 000 € et appareils photo de 300 €. Pour les séjours longs (2 mois à 1 an), il existe le *Plan Marco Polo. Routard Assistance* est aussi disponible en version *light* (durée adaptée aux week-ends et courts séjours en Europe). Vous trouverez un bulletin de souscription dans les dernières pages de chaque guide.

■ ***AVA :*** *25, rue de Maubeuge, 75009 Paris.* ☎ *01-53-20-44-20.* Un autre courtier fiable qui propose un contrat *Snowcool* pour les vacances d'hiver, *Capital* pour ceux qui souhaitent s'assurer en cas de décès, d'invalidité ou d'accident lors d'un voyage à l'étranger. Attention, franchises pour leurs contrats d'assurance voyage.

■ ***Pixel Assur :*** *18, rue des Plantes, 78600 Maisons-Laffitte.* ☎ *01-39-62-28-63.* Assurance de matériel photo et vidéo tous risques dans le monde entier. Devis basé sur le prix d'achat de votre matériel. Garantie à l'année.

Vaccinations

– ***Vaccins obligatoires :*** même si le Brésil n'exige, en pratique, quasi jamais la vaccination contre la fièvre jaune à l'entrée sur son territoire pour les voyageurs en provenance d'Europe (sauf pour la visite du Pantanal, dans le Mato Grosso), il est extrêmement recommandé de se faire vacciner contre cette maladie : une très grave épidémie a éclaté début 2008, y compris dans des endroits touristiques. De même, si vous venez d'autres pays d'Amérique du Sud, ce vaccin est exigé pour entrer au Brésil.
– ***Vaccins universels :*** déjà recommandés aux Européens non voyageurs, ils sont évidemment encore plus utiles dans ce pays chaud, humide, à l'hygiène souvent déficiente et au système de santé encore bien défaillant en certains endroits. Vérifiez donc si vous êtes à jour de vos vaccins contre le tétanos, la poliomyélite, la diphtérie – dTP – (rappel adulte : Revaxis®) ou mieux dTPCoq (Repevax®) et l'hépatite B.
– ***Autres vaccins :*** l'hygiène alimentaire étant souvent défectueuse, les vaccinations contre la fièvre typhoïde (Typhim Vi) et l'hépatite A (Avaxim ou Havrix 1440) sont hautement recommandées pour tout séjour hors des grands hôtels internationaux. Vaccin contre les méningites A et C : séjours prolongés, contacts étroits avec la population, en particulier pour les enfants et les jeunes adultes. Vaccin préventif contre la rage : expatriés, séjours ruraux ou prolongés.

Centres de vaccinations

Pour les centres de vaccinations partout en France, consulter notre site internet :
• *routard.com/guide_voyage_page/66/les_vaccinations.htm* •

Carte internationale d'étudiant (carte ISIC)

Elle prouve le statut d'étudiant dans le monde entier et permet de bénéficier de tous les avantages, services et réductions étudiants du monde, soit plus de 37 000 avantages concernant les transports, les hébergements, la culture, les loisirs... C'est la clé de la mobilité étudiante !

La carte ISIC donne aussi accès à des avantages exclusifs sur le voyage (billets d'avion spéciaux, assurances de voyage, cartes de téléphone internationales, cartes SIM, locations de voitures, navettes aéroport, etc.). Sachez cependant qu'au Brésil, une carte d'étudiant française, pourvu qu'elle mentionne une date d'expiration, vous permettra déjà d'obtenir pas mal de réductions, notamment sur les activités culturelles (concerts, etc.).
Pour plus d'informations sur la carte ISIC et pour la commander en ligne, rendez-vous sur les sites internet propres à chaque pays.

Pour l'obtenir en France

Pour localiser un point de vente proche de vous : • isic.fr • ou ☎ 01-49-96-96-49.
Se présenter au point de vente avec :
– une preuve du statut d'étudiant (carte d'étudiant, certificat de scolarité ou autre) ;
– une photo d'identité ;
– 12 € (ou 13 € par correspondance, incluant les frais d'envoi des documents d'information sur la carte).
Émission immédiate.

En Belgique

La carte coûte 9 € et s'obtient sur présentation de la carte d'identité, de la carte d'étudiant et d'une photo auprès de :

■ ***Connections :** rens au ☎ 02-550-01-00. • isic.be •*

En Suisse

La carte s'obtient dans toutes les agences *STA Travel* (☎ 058-450-40-00), sur présentation de la carte d'étudiant, d'une photo et de 20 Fs. Commande de la carte en ligne : • isic.ch • ou • statravel.ch •

Au Canada

La carte coûte 16 $Ca. Elle est disponible dans les agences *TravelCuts/Voyages Campus,* les gares *VIA Rail,* et les bureaux d'associations d'étudiants. Pour plus d'infos : • viacampus.ca •

Carte FUAJ internationale des auberges de jeunesse

Cette carte, valable dans plus de 80 pays, vous ouvre les portes des 4 200 AJ du réseau *Hostelling International* réparties dans le monde entier. Les périodes d'ouverture varient selon les pays et les AJ. À noter, la carte est souvent obligatoire pour séjourner en AJ, donc nous vous conseillons de vous la procurer avant votre départ. En effet, adhérer en France vous reviendra moins cher qu'à l'étranger.

Pour tous renseignements et réservations en France

Sur place

■ ***Fédération unie des auberges de jeunesse (FUAJ) :** 27, rue Pajol, 75018 Paris. ☎ 01-44-89-87-27. • fuaj.org • Ⓜ Marx-Dormoy ou La Chapelle. Lun 10h-17h, mar-ven 10h-18h.* Montant de l'adhésion : 11 € pour les personnes de moins de 26 ans et 16 € pour les plus de 26 ans (tarifs 2008). Munissez-vous de votre pièce d'identité lors de l'inscription. Pour les mineurs, une autorisation

des parents leur permettant de séjourner seul(e) en auberge de jeunesse est nécessaire (une photocopie de la carte d'identité du parent qui autorise le mineur est obligatoire).
– Adhésion possible également dans toutes les AJ, points d'information et de réservation FUAJ en France.

Par correspondance

Envoyer une photocopie recto verso d'une pièce d'identité et un chèque, à l'ordre de « FUAJ », correspondant au montant de l'adhésion (ajouter 2 € pour les frais d'envoi). Vous recevrez votre carte sous 15 jours.

– La FUAJ propose aussi une ***carte d'adhésion « Famille »,*** valable pour un ou deux adultes ayant un ou plusieurs enfants âgés de moins de 14 ans. Fournir une copie du livret de famille. Elle coûte 23 € (tarif 2008). Une seule carte est délivrée pour toute la famille, mais les parents peuvent l'utiliser lorsqu'ils voyagent seuls. Les enfants de moins de 14 ans peuvent figurer sur cette carte. Les enfants de plus de 14 ans devront acquérir une carte individuelle.
– La carte FUAJ donne également droit à des réductions sur les transports, les musées et les attractions touristiques de plus de 80 pays ; ces avantages varient d'un pays à l'autre, ce qui n'empêche pas de la présenter à chaque occasion. Liste de ces réductions disponible sur • hihostels.com •
– La FUAJ offre à ses adhérents la possibilité de réserver en ligne depuis la France, grâce à son système de réservation international • hihostels.com •, jusqu'à 6 nuits maximum (parfois plus) et jusqu'à 12 mois à l'avance, dans plus de 800 auberges de jeunesse situées en France et à l'étranger (le réseau *Hostelling International* couvre plus de 80 pays). Gros avantage, les AJ étant souvent complètes, votre lit (généralement en dortoir) est réservé à la date souhaitée. Et si vous prévoyez un séjour itinérant, vous pouvez réserver plusieurs auberges en une fois.
L'intérêt, c'est que tout cela se passe avant le départ, en français, et en euros donc sans frais de change ! Vous versez simplement un acompte de 5 % et des frais de réservation de 2,25 € (non remboursables).
Vous recevrez en échange un reçu de réservation que vous présenterez à l'AJ une fois sur place. Ce service permet aussi d'annuler et d'être remboursé selon le délai d'annulation, qui varie d'une AJ à l'autre. Le système de réservation international accessible sur le site • hihostels.com • permet d'obtenir toutes les informations utiles sur les auberges reliées au système, de vérifier les disponibilités, de réserver et de payer en ligne, de visiter virtuellement une auberge et bien d'autres astuces !

En Belgique

Le prix de la carte varie selon l'âge : entre 3 et 15 ans, 3 € ; entre 16 et 25 ans, 9 € ; après 25 ans, 15 €.

Renseignements et inscriptions

- ***À Bruxelles :*** LAJ, *rue de la Sablonnière, 28, 1000.* ☎ *02-219-56-76.* • *info@laj.be* • *laj.be* •
- ***À Anvers :*** Vlaamse Jeugdherbergcentrale (VJH), *Van Stralenstraat, 40, Antwerpen B 2060.* ☎ *03-232-72-18.* • *info@vjh.be* • *vjh.be* •

Votre carte de membre vous permet d'obtenir 5 à 9 € de réduction sur votre première nuit dans les réseaux LAJ, VJH et CAJL (Luxembourg), ainsi que des réductions auprès de nombreux partenaires en Belgique.

En Suisse

Le prix de la carte dépend de l'âge : 22 Fs pour les moins de 18 ans, 33 Fs pour les adultes et 44 Fs pour une famille avec des enfants de moins de 18 ans.

Renseignements et inscriptions

■ ***Schweizer Jugendherbergen (SJH) :*** *service des membres, Schaffhauserstr. 14, Postfach 161, 8042 Zürich.* ☎ *01-360-14-14.* ● *bookingoffice@youthhostel.ch* ● *youthhostel.ch* ●

Au Canada

La carte coûte 35 $Ca pour une durée de 16 à 26 mois et 175 $Ca à vie (tarifs 2008). Gratuit pour les enfants de moins de 18 ans qui accompagnent leurs parents. Pour les juniors voyageant seuls, la carte est gratuite, mais la nuitée est payante (moindre coût). Ajouter systématiquement les taxes.

Renseignements et inscriptions

■ ***Auberges de Jeunesse du Saint-Laurent/Saint Laurent Youth Hostels :***
– À Montréal : 3514 av. Lacombe, Montréal (Québec) H3T-1M1. ☎ *(514) 731-10-15. N° gratuit (au Canada) :* ☎ *1-866-754-10-15.*
– À Québec : 94 bd René-Lévesque Ouest, Québec (Québec) G1R-2A4. ☎ *(418) 522-25-52.*

■ ***Canadian Hostelling Association :*** *205 Catherine Street, office 400, Ottawa (Ontario) K2P-1C3.* ☎ *(613) 237-78-84.* ● *info@hihostels.ca* ● *hihostels.ca* ●

■ ***Voyages Campus :*** ● *voyagescampus.ca* ● 7 agences à travers le Québec, où l'on vend aussi la carte de membre.

ARGENT, BANQUES, CHANGE

L'unité monétaire du Brésil est le *real* (*reais* au pluriel). Son taux est assez fluctuant, mais à l'heure où nous écrivons, cela donne à peu près : 1 Rl = 0,40 € ou 1 € = 2,50 Rls.

Pour disposer de reais, deux solutions : le change ou le retrait par carte aux distributeurs de billets, très nombreux dans le pays.

– Pour le ***change,*** on conseille vivement de se rendre dans les *câmbios* (bureaux de change), présents dans toutes les villes un peu importantes, plutôt que dans les agences de *Banco do Brasil,* qui prennent une forte commission. Ils sont généralement ouverts du lundi au vendredi de 8h30-9h à 17h-18h, ainsi que le samedi matin. On y change les euros en espèces à un cours pas moins avantageux que le dollar. Attention, ils ne changent pas les *travellers.* Pour ça, il faut aller au *Banco do Brasil,* où la commission sur ces derniers est encore plus forte que pour les espèces ! Mieux vaut donc partir avec des euros en liquide et une carte *Visa* ou *MasterCard.*

– ***Cartes Visa et MasterCard :*** acceptées par les principales banques du pays *(Banco Meridional, Banco do Brasil, Bradesco),* ainsi que par les grands groupes internationaux *(HSBC* ou *Citybank).* Prévoir une commission (variable selon les banques et proportionnelle au retrait : compter par exemple autour de 7 € pour un débit de 2 000 Rls). Cela reste malgré tout la solution la plus pratique et la plus économique si l'on compare avec les taxes perçues sur les chèques de voyage. Pensez à relever le plafond de votre carte de paiement avant de partir : en cas de pépin, vous ne serez pas bloqué.

Les cartes de paiement sont aussi acceptées dans la plupart des hôtels et restos d'une certaine catégorie, ainsi que dans pas mal de magasins et boutiques. N'hésitez pas à les utiliser pour régler vos notes, la transaction est sûre et s'effectue au taux officiel du jour.

Sinon, le Brésil est bien équipé en ***distributeurs automatiques*** acceptant les grandes cartes de paiement *(Visa, MasterCard, Cirrus, Maestro...).* D'une manière générale, cherchez les distributeurs *Bradesco* ou *HSBC,* ce sont ceux qui acceptent le

plus de cartes (seul *HSBC* cependant accepte la carte *American Express*). Ils sont habituellement accessibles entre 6h et 22h, mais certains le sont 24h/24 (on vous déconseille toutefois de retirer de l'argent en pleine nuit !).
– ***Important :*** si vous prévoyez un périple de plusieurs jours loin des principales villes, assurez-vous d'avoir suffisamment de réserves, car il vous sera parfois difficile, voire impossible, de changer ou de retirer de l'argent avec une carte de paiement. Dans ces endroits, mieux vaut aussi emporter des petites coupures.
– ***En partant :*** les *reais* restants peuvent être reconvertis à la banque, dans les bureaux de change à l'aéroport.

Cartes de paiement

Quelle que soit la carte que vous possédez, chaque banque gère elle-même le processus d'opposition et le numéro de téléphone correspondant ! Avant de partir, notez donc bien le numéro d'opposition propre à votre banque en France (il figure souvent au dos des tickets de retrait, sur votre contrat, ou à côté des distributeurs de billets), ainsi que le numéro à seize chiffres de votre carte. Bien entendu, conservez ces informations en lieu sûr et séparément de votre carte. Par ailleurs, l'assistance médicale se limite aux 90 premiers jours du voyage.
– ***Carte MasterCard :*** *numéro d'urgence assistance médicale,* ☎ *(00-33) 1-45-16-65-65.* • *mastercardfrance.com* • *Assistance médicale incluse. En cas de perte ou de vol (24h/24), composez le numéro communiqué par votre banque ou à défaut le numéro général pour faire opposition :* ☎ *(00-33) 8-92-69-92-92 ; numéro également valable pour les autres cartes de paiement émises par le* Crédit Agricole *et le* Crédit Mutuel.
– ***Carte Bleue Visa :*** *numéro d'urgence assistance médicale (Europ Assistance) :* ☎ *(00-33) 1-45-85-88-81.* • *carte-bleue.fr* • *Pour faire opposition, contactez le numéro communiqué par votre banque.*
– *Pour la carte* ***American Express,*** *téléphonez en cas de pépin au :* ☎ *(00-33) 1-47-77-72-00. Numéro accessible tlj 24h/24 ; PCV accepté en cas de perte ou de vol.* • *americanexpress.fr* •
– *Pour toutes les cartes émises par* ***La Banque Postale,*** *composez le* ☎ *0825-809-803 (0,15 €/mn) et, depuis l'étranger, le* ☎ *(00-33) 5-55-42-51-96.*

Besoin urgent d'argent liquide

En cas de besoin urgent d'argent liquide (perte ou vol de billets, chèques de voyage, cartes de paiement), vous pouvez être dépanné en quelques minutes grâce au système ***Western Union Money Transfer.*** Pour cela, demandez à quelqu'un de vous déposer de l'argent en euros dans l'un des bureaux *Western Union* ; les correspondants en France de *Western Union* sont *La Banque Postale (fermée le sam ap-m, n'oubliez pas !* ☎ *0825-00-98-98)* et *Travelex* en collaboration avec la *Société Financière de Paiement (SFDP ;* ☎ *0825-825-842 ; à Rio :* ☎ *0800-785-678).* L'argent vous est transféré en moins de 15 mn (présentez-vous muni d'une pièce d'identité pour le retirer). La commission, assez élevée, est payée par l'expéditeur. Possibilité d'effectuer un transfert en ligne 24h/24 par carte de paiement (*Visa* ou *MasterCard* émise en France). • westernunion.com •

ACHATS

Artisanat, vêtements et autres souvenirs...

Au Brésil, il y a toujours la possibilité de faire quelques bons achats à prix sages. Dans le genre chic et authentique, on trouve d'abord les pierres précieuses, mais il faut savoir acheter (voir plus loin la rubrique « Pierres précieuses » dans « Hommes, culture et environnement »).

– ***Dans le Nord (Manaus, Belém, Macapá...) :*** de nombreux hamacs et sacs tissés remplissent certains étals et magasins. On trouve aussi de belles céramiques en grès, spécialités de la région, et les fameuses poteries de l'île de Marajó, ornées de motifs géométriques. La vannerie représente aussi une part importante de l'artisanat indien, mais c'est parfois encombrant ! On peut être séduit par les colliers aux multiples graines. C'est original et pas cher ! Naturellement, on déconseille d'acheter des objets faits à partir d'animaux sauvages (rapaces, félins, perroquets, tortues, tatous, etc.) : il s'agit souvent d'espèces protégées, donc, d'une part vous encourez des sanctions aux frontières (brésilienne comme française), d'autre part cela favorise l'extermination d'espèces locales... De façon générale, on vous conseille d'acheter l'artisanat indien dans des boutiques tenues par la *FUNAI* (Fondation nationale des Indiens).

– ***Dans le Pernambuco :*** vous trouverez les fameuses figurines en terre cuite peintes de couleurs vives, représentant des scènes de la vie quotidienne. Fabriquées à l'origine à Caruaru, elles sont vendues un peu partout dans le Nordeste mais aussi dans les boutiques d'artisanat des grandes villes du pays.

– ***À Salvador et dans l'État de Bahia :*** survêtements de capoeira. Préférer la marque officielle *Afro Bahia,* les autres sont des copies. Pour les amateurs de tee-shirts ou pantalons bariolés, les « blocs » de carnaval Olodum et Ilê Aiyé vendent des vêtements sympas à leurs couleurs (rastas pour Olodum et afro pour Ilê). Également les fameuses tongs *Havaianas,* de toutes les couleurs, de toutes les formes et ultra-résistantes, et les *fitas de Nosso Senhor do Bomfin,* petits bracelets porte-bonheur.

– ***Sur le littoral, de Rio à Salvador :*** ne manquez pas d'explorer une des boutiques de bikinis brésiliens, proposant une variété considérable de modèles, avec trois tailles, petite, moyenne et grande, cette dernière équivalant au 38-40 européen... En tout cas, sachez que la mode n'est plus au « fil dentaire » *(dixit !)* mais à la toute petite culotte. Et pour les hommes, le *shorty* en lycra version années 1950 est un must (!).

– ***Dans le Minas Gerais :*** de beaux objets fabriqués en « pierre à savon », une pierre lisse et marbrée. Également des pierres semi-précieuses, notamment l'améthyste, à acheter dans les boutiques délivrant un certificat d'authenticité.

– ***De Fortaleza à Recife :*** de jolis napperons et de multiples dentelles. Quelques belles couvertures également très colorées.

– ***La région de Natal*** est connue pour ses plages au sable de différentes couleurs. Si vous n'avez pas la chance de les admirer, vous pourrez toujours en ramener dans les petites bouteilles en verre renfermant des paysages exotiques.

– ***La région du Pantanal*** est réputée pour son artisanat local (céramiques, objets en bois, tissus). Mieux vaut faire ses achats dans les *centros* (ou *casas*) *de artesanato,* qui reversent directement les bénéfices aux petits artisans.

– ***Côté gastronomie :*** à Belém, de gros bonbons à base de pâte de fruits enrobée de chocolat. Ou encore à Salvador, la pâte de goyaves et la *cocadinha da Bahia,* délicieuse confiserie à base de noix de coco. Si votre sac n'est pas trop chargé au retour, vous pourrez aussi ramener quelques mangues ou fruits exotiques, rien de tel pour s'offrir un parfum d'exotisme.

– Sans oublier la fameuse ***cachaça,*** eau-de-feu nationale que l'on trouve à tous les prix et dans l'ensemble du pays. Plutôt sympa de rapporter une bonne bouteille artisanale achetée dans une distillerie.

– Plus anecdotique, un truc rigolo à rapporter, qu'on ne trouve pas en France : de l'***édulcorant liquide*** ! Très chic sur la table pour le café (mais pas fameux !)...

BUDGET

Avec la hausse du cours du *real* depuis quelque temps, le Brésil est devenu un pays assez cher pour les routards. Dans certaines grandes villes comme Rio ou Salva-

dor, le coût de la vie est même assez proche de ce qu'il est chez nous. Même les villes de l'Amazonie, comme Belém et Manaus, ne sont pas si bon marché. En revanche, les régions intérieures de São Paulo, du Minas Gerais, de Goiás, le Tocantins, le Centre-Ouest en général, où la vie traditionnelle est plus forte que la société de consommation, demeurent, elles, très abordables.
On vous indique des catégories de prix pour l'hébergement et la restauration mais, comme d'habitude, elles ne sont qu'indicatives, les fourchettes pouvant varier d'une région ou d'une ville à l'autre, du fait, justement, de la disparité du coût de la vie dans le pays.

Hébergement

Sur la côte, et notamment dans le Nordeste, de nombreux hôtels et *pousadas* pratiquent des tarifs haute saison, grosso modo de mi-décembre jusqu'au carnaval. En juillet et août (parfois même septembre), les prix connaissent aussi une fièvre inflationniste (logique... les Brésiliens du Sud partent à la quête du soleil dans le Nord). En basse saison, vous pouvez compter sur une baisse des tarifs variant de 10 à 25 %.
Savoir aussi que dans les villes où se déroule un carnaval réputé, pendant la Semaine sainte (précédant Pâques) ou lors de certains week-ends fériés, les hôtels imposent souvent des ***pacotes obligatoires*** : il s'agit d'un séjour minimum de trois à cinq nuits (tout dépend de la durée des festivités), à prix nettement gonflés. Restent quelques cas particuliers comme Brasília, où les nuitées sont bradées le week-end, lorsque congressistes et hommes d'affaires désertent la capitale.
– Dans la grande majorité des cas, le petit déj est compris dans le prix de la chambre, c'est pourquoi nous ne le précisons pas dans le cours du guide. Il arrive que certains établissements (catégorie « Chic ») ajoutent une taxe de 10 % ; c'est légal, mais n'oubliez pas de le vérifier (nos indications de prix en tiennent compte). Enfin, sachez que vous pourrez parfois bénéficier de remises (10 à 20 %) en payant cash, ou si vous restez plus d'une nuit.
Les prix ci-dessous s'entendent pour une ***chambre double*** (avec petit déj). Les voyageurs solo peuvent s'attendre à payer un peu moins cher.
– ***Bon marché :*** de 10 à 30 Rls (4 à 12 €) par personne (en dortoir), et jusqu'à 60 Rls (24 €) pour 2 personnes.
– ***Prix moyens :*** de 60 à 90 Rls (24 à 36 €).
– ***Plus chic :*** de 90 à 150 Rls (36 à 60 €).
– ***Chic :*** de 150 à 250 Rls (60 à 100 €).
– ***Très chic :*** plus de 250 Rls (100 €).

Restaurants

Les prix que nous vous donnons sont ceux d'un repas complet, à savoir essentiellement un plat, mais celui-ci est généralement bien assez copieux pour qu'on n'ait plus envie d'autre chose. Le plus souvent même, les plats à la carte sont pour deux personnes (c'est l'inverse qui fait figure d'exception), et servis avec riz, haricots et parfois frites. Donc nul besoin de commander un accompagnement. Les restaurants dits *ao kilo* où l'on paie au poids (en général 20 à 30 Rls/kg) sont aussi très répandus et avantageux.
– ***Bon marché :*** moins de 15 Rls (6 €).
– ***Prix moyens :*** de 15 à 30 Rls (6 à 12 €).
– ***Plus chic :*** de 30 à 50 Rls (12 à 20 €).
– ***Chic :*** plus de 50 Rls (20 €).

CLIMAT

L'immensité du Brésil ne permet évidemment pas de désigner une saison idéale de voyage. Rappelons que le pays se situant dans l'hémisphère austral, les saisons sont à l'inverse de chez nous.

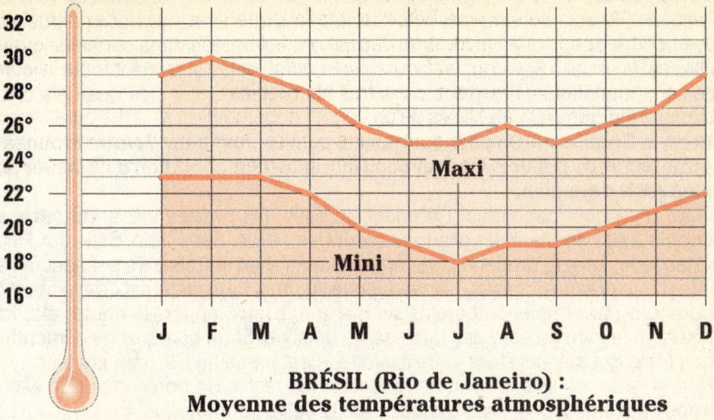

BRÉSIL (Rio de Janeiro) :
Moyenne des températures atmosphériques

Dans le sud du pays, l'***été*** va de décembre à mars. Il est très chaud, voire étouffant à Rio et à São Paulo. Il n'est pas exempt de pluies tropicales, soudaines et parfois diluviennes. L'***hiver*** va de juin à septembre, mais les températures restent agréables, de 12 °C la nuit à 25 °C le jour (grosso modo).

Au sud du Brésil, la côte offre un climat quasi méditerranéen : hiver doux, été chaud.

– Dans les États du Nordeste – Bahia et Pernambuco – proches de l'équateur, la chaleur, parfois un peu lourde de décembre à mars, est ponctuée de fréquentes mais brèves averses. Préférez la période de septembre à mi-décembre pour visiter cette région.

– Le Mato Grosso et le Mato Grosso do Sul connaissent aussi, pendant l'été brésilien, une saison des pluies qui inonde les grandes plaines du Pantanal. La ville de Cuiabá, dans le Mato Grosso, est réputée pour être une des plus chaudes du Brésil, avec des températures proches de 40 °C toute l'année.

– L'Amazonie est une région chaude, humide et pluvieuse. Dans la forêt, le taux d'humidité atteint les 100 %. On distingue deux périodes : celle de la *chuva,* qui s'étend de janvier à juin (pluies parfois torrentielles), et celle qui va de juin à décembre (la saison « sèche »), période la plus propice pour voyager en Amazonie, certaines journées échappant aux pluies !

DANGERS ET ENQUIQUINEMENTS

Les images de violence sociale et urbaine ont de quoi inquiéter et, pourtant, les Brésiliens vaquent à leurs occupations quotidiennes comme si tout était normal. Le jour, les plages sont bondées et la rue est agitée d'une foule de badauds. Le soir, terrasses et bistrots restent animés fort tard. Chaque année, certains de nos lecteurs nous reprochent d'être trop alarmistes, alors que d'autres, au contraire, nous remercient pour nos recommandations... Pour la plupart des visiteurs, le voyage se déroule sans problème aucun, mais il arrive de temps en temps que d'autres aient moins de chance.

Alors, le Brésil est-il un pays violent ? Oui, certes, avec plus de 55 000 assassinats par an (!). Mais cette violence spectaculaire et sanglante concerne très peu l'univers du voyageur et du touriste. 77 % des crimes sont le fruit des conflits entre une police corrompue et une jeunesse pauvre et désespérée ; ils ont lieu dans les quartiers misérables des périphéries. 9 % sont des crimes interpersonnels (jalousie, querelles, rivalité). 10 % ont pour cibles de riches objectifs définis par des truands professionnels (rapts, attaques de villas ou d'immeubles, meurtres de P.-D.G...). Restent 4 % qui concernent la rue, l'attaque qui tourne mal, la balle perdue, etc. Des polices spécifiques ***(polícia turística)*** ont été créées dans certaines grandes villes (à Belém et à Salvador, par exemple). Leurs agents sillonnent toute la journée les lieux touristiques (les plages, centres historiques, etc.). Des quartiers ont été sécurisés, comme *Santa Teresa* à Rio.

Alors, le Brésil est-il un pays dangereux pour un voyageur ? Notre réponse est formelle : vous pouvez voyager sans inquiétude, à condition d'observer quelques règles simples.

Il faut distinguer cependant l'intérieur du pays, ***les petites villes, où cette violence n'a pas cours,*** et les ***grandes capitales*** : à Rio, São Paulo, Salvador, Recife, Natal ou Fortaleza, prudence, car une concentration de misère s'est accumulée à côté d'une grande richesse. Conséquence logique, tout ce qui est convoité est bon à prendre : baskets et vêtements de marque, bijoux, appareils photo, etc. Ici, la misère et la faim ne sont pas des figures de style. Si un gamin vous demande les trois frites qui traînent dans votre assiette, c'est parce qu'il a vraiment faim.

Pour le reste, en ville, il suffit de respecter les règles de bon sens et de sécurité rappelées ci-dessous, sans tomber dans le délire paranoïaque.

Précautions élémentaires

– ***Faites des photocopies*** en plusieurs exemplaires de tous vos papiers avant de partir : passeport, permis de conduire, billets d'avion, etc. En cas de perte ou de vol, vous galérerez moins pour vous les faire refaire ! Laissez tous les originaux au coffre de l'hôtel ou dans un endroit sûr.

– En plus des photocopies, conservez à l'écart le reçu de vos chèques de voyage, indispensable pour vous faire rembourser en cas de problème.

– Il n'est jamais superflu de conserver au chaud une ***petite liste de numéros utiles,*** au cas où toutes vos affaires seraient volées : numéros de passeport, de carte de paiement, de Sécu, numéros à appeler en cas de vol (consulats, banques, éventuels amis sur place), références de votre assurance-assistance, etc. Glissez cette liste dans une ceinture antivol ou dans une pochette « près du corps », avec quelques coupures pour pouvoir téléphoner.

Conseils pratiques

– ***Tenue vestimentaire :*** règle numéro un, ***évitez de ressembler à un touriste !*** Habillez-vous simplement, sans ostentation. Évitez les vêtements et accessoires aux marques publicitaires trop voyantes (lunettes, joggings, baskets...). Observez le style du Brésilien moyen de la rue. Votre meilleur prêt-à-porter pour partir, c'est en gros : pantalon de toile ou jean, chemisette ou T-shirt sobre, sandalettes, tongs ou baskets bon marché...

– ***Sortez avec le strict minimum.*** Évitez de vous promener avec un élégant sac manifestement rempli d'appareils et de gadgets dernier cri. Généralement, les Brésiliens gardent tout simplement leurs affaires (clés de voiture, lunettes, cigarettes...) à la main. Si vous ne pouvez vous passer de votre sac, choisissez-en un banal, et assurez-le solidement, en bandoulière. Mais à notre avis, pour passer inaperçu, le mieux est encore de mettre ses affaires dans ses poches...

– ***Évitez les signes extérieurs de richesse :*** montres luxueuses, chaînes en or, gourmettes, bagues et autres bijoux clinquants, appareils photo, caméscopes, etc. Tous ces attributs du « Premier Monde » sont une provocation ambulante. Pour un Brésilien de 19 ans qui gagne l'équivalent de 30 € par mois, une paire de baskets de marque représente trois mois de salaire.

– ***Photos :*** si vous prévoyez de faire des photos, un petit appareil qui tient dans la poche vaut mieux qu'une sacoche remplie d'objectifs sophistiqués. Si vous ne pouvez vous en passer, procédez à un repérage préalable, comme un vrai pro, et en

général évitez de trimbaler ces accessoires, même dans un sac, en tout lieu et à toute heure ; ça vous évitera, en prime, d'être obsédé par les risques de vol. La règle : voyager léger.
– ***À la plage,*** utilisez un banal sac en plastique et n'emportez que le strict minimum. Serviette ou paréo, crème solaire, et juste trois sous pour les boissons ou le *picolé.* Si vous devez emporter plus d'affaires, veillez à ce que votre sac soit toujours sous bonne garde (ami ou voisin de plage) pendant que vous faites trempette.
– ***La nuit :*** dans les grandes villes (comme Rio, São Paulo, Salvador, Belém...), évitez de vous balader à pied une fois ***la nuit tombée,*** déplacez-vous plutôt en taxi, en demandant qu'on vienne vous chercher à l'hôtel. Si vous avez une voiture, faites comme les autres automobilistes et ne vous arrêtez aux feux rouges qu'en cas de nécessité.

Conseils pour l'argent

C'est évidemment la cible première.
– ***Effectuez toujours le change*** dans des officines spécialisées, fortement protégées.
– ***Ne changez jamais avec un inconnu*** qui vous propose un taux intéressant, c'est un coup à se faire détrousser. Moins violent : on vous demande vos euros en vous disant qu'on vous ramène la somme changée dans 5 mn (ne riez pas, ça arrive).
– La sortie du bureau de change est un endroit où le braquage est tentant et courant. Ne traînez pas après avoir changé et, avant de sortir, rangez le principal de façon difficilement accessible (slip, pochette à l'intérieur du pantalon, etc.) pour ne garder en poche que l'argent immédiatement nécessaire.
– En général, ***ne gardez sur vous que l'argent indispensable*** et laissez le reste au coffre de l'hôtel ou correctement caché dans vos bagages (fermés avec un cadenas).
– Le coup des ceintures-porte-billets de banque, c'est éculé. Dites-vous que, si vous êtes braqué, une ceinture d'aussi belle qualité apparente vous sera réclamée avec le reste. Par contre, les ***ceintures avec zip intérieur*** ou à fixer sous votre pantalon sont une bonne solution, à condition de prendre un modèle discret (en tissu) et, bien sûr, d'éviter de s'en servir comme d'un portefeuille en y mettant tout son argent et en l'ouvrant en public !
– ***Évitez d'avoir des grosses coupures,*** supérieures à l'équivalent de 20 €. Si vous avez des euros sur vous, sortez-les discrètement et non par liasse.
– ***Évitez, bien sûr, de laisser votre portefeuille ou vos papiers dans la poche arrière de votre pantalon !*** Une combine qui a déjà fait ses preuves : garder les grosses coupures dans un endroit discret (poche ventrale intérieure, etc.) et les petites dans une poche de pantalon. En plus, c'est plus pratique ; ça évite de sortir des liasses de gros billets pour payer le bus ! En cas de braquage, le voleur pressé se contentera (peut-être) des petites coupures en croyant que vous n'avez rien d'autre...
– ***Pendant le carnaval*** à Salvador, à Recife ou à Rio, respectez toutes les consignes précédentes. Le mieux est de sortir chaussé de vieilles baskets et vêtu d'un short léger (muni d'une pochette intérieure). Les nombreux pickpockets qui sévissent ne pourront rien vous voler. Pensez aussi à faire une photocopie plastifiée de votre passeport.

Ultime conseil

Si, malgré toutes vos précautions (et nos recommandations !), vous vous faites braquer, surtout, ne résistez pas et videz vos poches. Que votre agresseur soit armé d'un simple cutter ou d'une arme à feu, ne prenez en aucun cas le risque de le provoquer en lui refusant ce qu'il exige.

DÉCALAGE HORAIRE

– Quand il est 12h en France, il est 9h à Brasília entre octobre et février et 7h entre mars et septembre.
– Ne demandez pas à un Brésilien de Rio de vous dire l'heure qu'il est à Manaus ou à Belém (et vice versa), il aura toutes les difficultés du monde à vous répondre ! Il est vrai que c'est compliqué et qu'on s'y perd facilement. Essayons de faire simple !
Le Brésil est découpé en quatre fuseaux horaires, avec 1h de décalage pour chacun d'eux (de février à octobre) :
– le fuseau de l'île de Fernando de Noronha, située à 400 km dans l'océan Atlantique, au large de Natal ;
– le fuseau de Brasília, regroupant les régions du Nordeste, du Sudeste, du Sud, ainsi que les États du Goiás, de l'Amapá, et la moitié est du Pará ;
– le fuseau de Manaus avec les États du Roraima, de l'Amazonas, du Mato Grosso, du Rondônia, du Mato Grosso do Sul, du Tocantins et la moitié ouest du Pará (dont Santarém) ;
– le fuseau de l'État de l'Acre.
Seul le fuseau horaire de Brasília change d'heure en octobre (+ 1h) et en février (- 1h), mais attention (et c'est là où tout se complique !), certaines villes de ce même fuseau ne changent pas (Belém conserve par exemple la même heure toute l'année), à moins que, l'année suivante, les autorités n'en décident tout autrement ! Vous suivez ?

DROGUES

On propose rarement de la drogue aux voyageurs ou aux touristes. Néanmoins, c'est une réalité quotidienne au Brésil. C'est un pays où se rencontrent de grandes quantités de drogues illicites à bas prix ; principalement marijuana *(maconha)* et cocaïne. Leur consommation est fréquente : *maconha* dans les classes populaires et la jeunesse, cocaïne dans les classes aisées et intellectuelles. Contrairement à ce que l'on croit souvent, la répression de leur possession, transport, usage ou trafic, est extrêmement sévère, quelle qu'en soit la quantité. La corruption globale de la police et son implication généralisée dans le trafic ne font qu'aggraver son arbitraire. Aussi, ne vous laissez pas griser par le sentiment d'exotisme et évitez toute imprudence dans ce domaine.

Mystérieux *ayahuasca*

Il existe au Brésil d'autres substances psychotropes, tenues pour sacrées par les Indiens d'Amazonie. Non soumises à législation, elles ne sont accessibles qu'au travers des communautés qui en pratiquent l'usage et ne peuvent être consommées que dans leur convivialité. La plus célèbre est l'*ayahuasca,* aussi nommée *santo daime.*
« Avec un peu de *cawa,* tu plonges dans la nuit ; mais c'est en y ajoutant *nichi-paeu* que tu pourras voir des boas et des maisons avec de grandes fenêtres. » Tel est le discours d'un Indien pano de la forêt amazonienne. *Nichi-paeu :* une liane, dont la tige sarmenteuse grimpe jusqu'au sommet de la grande forêt ; quant à *cawa,* ce sont les feuilles d'un arbuste. Utilisées ensemble, elles forment une substance fortement hallucinogène, l'*ayahuasca,* très répandue dans tout l'ouest de l'Amazonie. Elle redonne, dit-on, la virilité aux vieillards ; elle aide à démasquer les jeteurs de sorts ; elle fait revenir les morts. C'est pourquoi elle est souvent présente au moment des funérailles. Mais elle aurait aussi des propriétés médicinales et des vertus psychothérapeutiques importantes. En général, elle se consomme en groupe lors de cérémonies guidées par un chaman.

ÉLECTRICITÉ

Le sujet peut paraître simple mais, comme pour le décalage horaire, il n'en est rien ! D'une région à l'autre, les prises sont alimentées soit en 110 V, soit en 220 V, avec des prises à deux fiches. L'idéal est donc de prévoir un adaptateur, à acheter de préférence avant votre départ, car on ne les trouve pas si facilement que ça sur place.

FÊTES ET JOURS FÉRIÉS

Carnavals

Le Brésil est un pays de fêtes... ce n'est pas un scoop ! Le carnaval de Rio, bien sûr, avec ses jours de folie... un mythe ! Mais il ne faut pas perdre de vue que de nombreuses autres villes ont leurs propres carnavals, parfois organisés hors saison, comme le *Carnatal* à Natal, le *Fortal* à Fortaleza... Les costumes éblouissent, les couleurs claquent, la musique percute, les corps chaloupent tout autant... On ne va évidemment pas les énumérer ici, comme on ne va pas citer non plus l'ensemble des fêtes locales, trop nombreuses. Au Brésil, chaque ville a son jour anniversaire, ainsi qu'un jour consacré à la célébration de son (sa) saint(e) patron(ne). C'est alors férié, et l'occasion est bien belle pour faire la fête ! Les principales manifestations sont mentionnées au niveau de chacune des villes dans le guide.

Fêtes nationales

– ***1er janvier :*** Jour de l'an.
– ***Février ou mars*** (4 jours avant le mercredi des Cendres) ***:*** le carnaval ! En 2009, le mercredi des Cendres tombe le 25 février.
– ***Avril :*** Vendredi saint et lundi de Pâques (en 2009, 10 et 13 avril).
– ***21 avril :*** jour honorant la mémoire de Tiradentes.
– ***1er mai :*** fête du Travail.
– ***Juin :*** de nombreuses villes célèbrent les *festas junimas.* Feux de joie et pétards à tout va pour célébrer les saints du mois.
– ***Fin juin-fin août :*** fêtes traditionnelles de *bumba-meu-boi,* célébrée dans le Nordeste et le Maranhao. Elle a pour thème l'histoire d'un bœuf tué et ressuscité et prend, selon les régions du Brésil, des noms différents.
– ***7 septembre :*** commémoration de l'indépendance du Brésil.
– ***12 octobre :*** le pays célèbre Nossa Senhora da Aparecida, sa sainte patronne.
– ***2 novembre :*** jour des Morts.
– ***15 novembre :*** jour anniversaire de la proclamation de la République en 1889.
– ***25 décembre :*** Noël.
– ***31 décembre :*** le réveillon du Nouvel An est aussi l'occasion de célébrer Yemanja, déesse de la mer dans le culte Umbanda. Particulièrement fêtée à Rio et Salvador, les fidèles du culte afro-brésilien jettent à la mer – à minuit – des offrandes et des fleurs.

HÉBERGEMENT

– ***Rappel important :*** en période de fêtes (Nouvel An, carnaval, célébration de Tirandentes, Semaine sainte parfois, etc.) et pour certains week-ends prolongés par des jours fériés, la plupart des hôtels et *pousadas* imposent des *pacotes,* c'est-à-dire des séjours minimum de trois, cinq ou même sept jours, à des tarifs forfaitaires élevés. Tenez-en compte dans l'organisation de votre voyage !

– ***Les auberges de jeunesse*** *(albergues da juventude)* **:** le réseau d'auberges est très complet (environ 80 AJ dans tout le pays). Elles sont pour la plupart assez propres et situées dans les quartiers sûrs des villes à intérêt touristique. Elles offrent de surcroît de nombreux services, comme le libre accès à la cuisine, la location de vélos, la connexion à Internet et le petit déj. De plus, les « aubergistes » connaissent bien leur ville et sauront vous donner de bonnes adresses.
Il n'y a pas de limite d'âge pour séjourner en AJ. De même, il n'est pas nécessaire d'être membre du réseau *Hostelling International,* mais vous paierez quelques *reais* de plus si vous ne l'êtes pas. Vous pourrez toutefois devenir membre au fil de votre séjour car à chaque nuitée payée avec ce supplément, vous recevrez un cachet sur une fiche. Quand la fiche, qui contient 6 cases, est remplie, on est membre. Pour obtenir toutes les adresses et infos sur les AJ brésiliennes : • hostel.org.br • ou • alberguesp.com.br • (le site du siège, à São Paulo).
Sinon, sachez que la FUAJ *(Fédération unie des auberges de jeunesse)* offre à ses adhérents la possibilité de réserver en ligne depuis la France, grâce à son système de réservation international • hihostels.com •, 6 nuits maximum, jusqu'à 12 mois à l'avance, dans plus de 800 auberges dans le monde. Avantage, les AJ étant parfois complètes, votre lit (généralement en dortoir) est réservé à la date souhaitée. Et si vous prévoyez un séjour itinérant, vous pouvez réserver plusieurs auberges en une fois. De plus, cela se passe avant le départ, en français et en euros. Vous versez simplement un acompte de 5 % et des frais de réservation de 2,25 € (non remboursables). Vous recevrez en échange un reçu de réservation que vous présenterez à l'AJ une fois sur place. Ce service permet aussi d'annuler et d'être remboursé selon le délai d'annulation, qui varie d'une AJ à l'autre.
– ***Les pousadas :*** au Portugal, une *pousada* est un hôtel de luxe, souvent classé monument historique. Au Brésil, ce n'est pas ça du tout ! En général, ce sont des petites structures pas trop chères, à l'atmosphère plus ou moins conviviale. Mais on a vu, sous le nom de *pousada,* de véritables demeures de charme aux tarifs élevés ! Bref, le terme « *pousada* » est assez élastique, d'autant que, pour ne rien simplifier, certains établissements que l'on serait tenté d'appeler *pousada* (grande maison familiale avec des chambres) se nomment... hôtel.
– ***Les hôtels :*** terme flou lui aussi, puisqu'il peut tout aussi bien désigner une demeure aux allures de *pousada* qu'une structure hôtelière classique. Toutefois, un bâtiment fonctionnel doté d'une façade tout en hauteur, d'une réception au rez-de-chaussée et de chambres numérotées aux étages s'appellera toujours « hôtel » et non « pousada ». Comme celles-ci, ils peuvent être de toutes les catégories, de bon marché à très chic. Ils sont souvent sans grand caractère mais généralement bien tenus et confortables, avec, dès la catégorie « Prix moyens », l'AC dans la chambre, une salle de bains privée, un frigo et la TV. Sachez que dans certaines régions, *um quarto* désigne une chambre individuelle, parfois avec douche à l'étage, et *apartamento* une chambre pour deux avec salle de bains privée. L'*apartamento* est donc un peu plus cher.
– ***Les motels :*** attention, ce sont des hôtels essentiellement destinés aux plaisirs galants. Nullement réservés à la prostitution, ils offrent, pour pas bien cher et quelques heures, un décor hollywoodien d'alcôve, équipé et adapté à toutes sortes de fantasmes, et un confort discret. Si vous êtes du genre coquin, ne ratez pas l'expérience. Les plus kitsch sont dans les zones périphériques, repérables à leur nom évocateur... En fait, le motel correspond à une nécessité sociologique : comme il y a beaucoup de familles nombreuses au Brésil, les couples n'ont pas forcément d'endroits où faire des câlins. Le motel répond à ce besoin et, finalement, la morale est sauve !
– ***La location d'appartements :*** une solution en plein développement dans le pays, en général via des agences. Le problème est le même que partout ailleurs : il faut vraiment faire confiance à l'agence pour réserver en toute quiétude ! Nous en avons sélectionné quelques-unes, qui travaillent souvent uniquement sur une ville et que vous trouverez dans les lieux concernés.

HORAIRES

Dans les villes, les commerces sont généralement ouverts de 9h à 18h du lundi au vendredi et le samedi matin ; les grands centres commerciaux restent ouverts jusqu'à 22h.
– ***Banques et poste :*** voir les rubriques « Argent, banques, change » et « Poste ».
– ***Musées, sites et monuments :*** voir la rubrique qui leur est consacrée, plus loin.

LANGUE

La prononciation

– *ão* se prononce « an » ou « on » ;
– *au :* « ao » ;
– *e :* « i » ;
– *l* après une voyelle s'avale comme pour Brasil, soit « Brasiou » ;
– *d :* « dj » (sauf dans le grand Sud) ;
– *t :* « tch » (sauf dans le grand Sud) ;
– *nh :* « gne » ;
– *lh :* « lie » ;
– *x :* « che » ;
– *r* en début de mot se prononce souvent à peine et devient une sorte de « h » aspiré.
Lorsque les mots comportent un accent, il faut justement mettre l'accent sur la syllabe concernée. Ainsi *coco* (noix de coco) doit être dit avec l'accent tonique sur la première syllabe. Prononcé comme en français, avec l'accent sur la deuxième syllabe, ce mot signifie malencontreusement « caca » !
Pour vous aider à communiquer, n'oubliez pas notre ***Guide de conversation du routard* en portugais**... sachez quand même que le portugais du Brésil diffère un peu de celui du Portugal !

Vocabulaire de base utilisé au Brésil

Oui, non	*Sim, não*

Politesse

Merci (dit par un homme)	*Obrigado*
Merci (dit par une femme)	*Obrigada*
Merci beaucoup	*Muito obrigado(a)*
Bonjour (le matin)	*Bom dia*
Bonjour (l'après-midi)	*Boa tarde*
Bonsoir, bonne nuit	*Boa noite*
Salut	*Oi*
À bientôt	*Até logo*
S'il vous plaît	*Por favor* ou *me faz um favor*
Excusez-moi	*Desculpa, me desculpe*

Vie pratique, argent

Ville	*Cidade*
Centre	*Centro*
Poste	*Correio*
Téléphone	*Telefone*
Banque	*Banco*
Faire, changer la monnaie	*Trocar*
Combien coûte ?	*Quanto è ? Quanto custa ?*
Payer	*Pagar*
Prix	*Preço*

Transports

Gare	*Estação*
Train	*Trem*
Gare routière	*Rodoviária*
Autobus	*Onibus*
Billet	*Bilhete*
À quelle heure ?	*A que horas ?*

À l'hôtel et au restaurant

Lit double	*Cama de casal*
Chambre simple, double	*Quarto de solteiro, de casal*
Chambre avec salle de bains	*Quarto com banheiro, apartamento*
Dortoir	*Dormitório*
L'addition	*A conta*
Petit déjeuner	*Café da manhã*
Déjeuner	*Almoço*
Dîner	*Jantar*

Chiffres et nombres

1	*um* (*uma* au fém.)	12	*doze*
2	*dois* (*duas* au fem.)	13	*treze*
3	*três*	14	*quatorze*
4	*quatro*	15	*quinze*
5	*cinco*	16	*dezesseis*
6	*seis* ou *meia* (moitié d'une douzaine, le plus utilisé)	17	*dezessete*
7	*sete*	18	*dezoito*
8	*oito*	19	*dezenove*
9	*nove*	20	*vinte*
10	*dez*	50	*cinquënta*
11	*onze*	100	*cem*

Quelques phrases types

Ça va ? Ça va !	*Tudo bem ? Tudo bem !*
Je ne comprends pas	*Não entendo*
Parlez-vous anglais (français) ?	*Você fala inglês (francês) ?*
Je m'appelle...	*O meu nome é...*
Nous avons réservé une chambre	*Reservámos um apartamento*
Pourriez-vous me réveiller à... ?	*Pode acordar-me ás... ?*
Un billet d'autobus pour...	*Uma passagem de ónibus para...*
Pouvez-vous... ? Oui, bien sûr	*Pode... ? Posso*
Je voudrais... Nous voudrions...	*Queria... Queriamos...*
Je veux aller...	*Quero ir para...*
Je voudrais changer...	*Queria trocar...*

LIVRES DE ROUTE

– ***Le Brésil, terre d'avenir,*** de Stefan Zweig (LGF, Le Livre de Poche, 2002). En 1940, l'écrivain de langue allemande le plus lu dans le monde doit fuir l'Europe piétinée par les nazis. Il se réfugie au Brésil, pays jeune et libre, qui le fascine et l'envoûte. Il voit dans cette terre et son peuple une raison de ne pas désespérer de l'humanité. Écrit comme ses autres journaux de voyage dans un style enthousiaste, ce livre constitue un bel hommage à ce pays, une sorte de testament spirituel et artistique, avant sa fin tragique à Petrópolis en 1942.

– ***Tristes Tropiques*** *(1955),* de Claude Lévi-Strauss (Pocket, Terre humaine, 2001). Récit ethnographique. Le plus connu des livres d'anthropologie se déroule en majeure partie parmi les tribus indiennes du Mato Grosso, dont l'éminent académicien étudia longtemps les mœurs et les usages. Évitant tout didactisme, tout jargon, cet ouvrage fondateur pose une question essentielle : que peut-on connaître des hommes ?

– ***Maîtres et Esclaves*** *(Casa grande e senzala)*, de Gilberto Freyre (Gallimard, 1963). Le grand sociologue (et iconoclaste) brésilien analyse la formation de la culture et de la société brésiliennes à la lumière de l'histoire des étranges relations entre colons, Indiens natifs et esclaves noirs. Au centre de l'étude, évidemment : la bouffe et la couche. Le livre choqua le Brésil à sa parution, dans les années 1930 ; à sa énième édition, revue, enrichie et confirmée, c'est aujourd'hui LA référence.

– ***Rouge Brésil*** *(2001)*, de Jean-Christophe Rufin (Gallimard, Folio, 2003). Prix Goncourt en 2001, ce roman d'aventures mêle habilement l'histoire réelle de la conquête française du Brésil au XVIIe s, par le chevalier de Villegagnon, à l'épopée romanesque de Colombe et Just, deux jeunes frère et sœur embarqués dans l'expédition pour servir de *truchements* (traducteurs). Les périls de la traversée maritime, l'émotion face à la découverte d'une terre inconnue et d'une nature sauvage, dans la baie de Rio. Mais surtout, l'auteur évoque, avec une plume alerte et un regard ironique, la confrontation de deux civilisations, celle des Européens face aux Indiens, et la rigueur de l'Église opposée aux lois ancestrales de la nature.

– ***L'Aliéniste*** *(1881)*, de Joaquim-Maria Machado de Assis (Métailié, 2005). L'un des plus grands écrivains brésiliens de la fin du XIXe s et moderniste avant l'heure. Dans une petite ville de l'intérieur du Brésil, un psychiatre prend ses concitoyens comme objet de ses théories sur la folie et la société. Satire acide du « Brésil profond » à la charnière du temps colonial et du monde moderne.

– ***Orisha*** *(Les Dieux yorouba en Afrique et au Nouveau Monde)*, de Pierre Fatumbi Verger (Métailié, 1983). Magnifique présentation des cultes africains, au Nigeria, au Brésil et à Cuba, par le plus grand spécialiste de la question, décédé en 1996, ethnologue, photographe et, surtout, lui-même *babalorixá* d'un des plus beaux *terreiros* de Bahia.

– ***Bahia de tous les saints*** *(1938)*, de Jorge Amado (Gallimard, Folio n° 1299, 1999). Traduit par M. Berveiller et P. Hourcade. Bahia la Noire et ses mauvais garçons, ses mulâtresses torrides, ses mendiants, ses rites, ses délires... Au travers de la vie d'António Balduino, un Noir laissé-pour-compte, l'auteur chante sa ville et sa foi en l'homme. Un roman d'Amado « première manière », d'inspiration marxiste, mais baroque, joyeux et flamboyant. Autres « classiques » incontournables d'Amado : *Dona Flor et ses deux maris* (Stock, 2005) et *Gabriella, girofle et cannelle* (Stock, 1983).

– ***Diadorim*** *(1965)*, de João Guimarães Rosa (10/18 n° 2609, 2005). Traduit par Maryvonne Lapouge-Pettorelli. Roman épique écrit par un diplomate érudit, *Diadorim* nous plonge dans le Brésil méconnu du Sertão, terre mythique et violente où l'homme dévoile son âme. Un hallucinant pavé de 630 pages, au style tantôt lyrique, tantôt paillard, considéré non seulement comme l'un des chefs-d'œuvre de la littérature brésilienne, mais aussi sud-américaine.

– ***L'Exposition coloniale*** *(1988)*, d'Érik Orsenna (Le Seuil, Points-Roman n° 30, 2006). On pourrait raconter l'histoire de la famille de Marguerite, grande admiratrice de l'Empire, dont le voyage s'arrêta aux portes de Levallois-Perret. Mais la trame romanesque n'est, en fait, que le prétexte à une satire sociale. Le roman qui révéla Orsenna, prix Goncourt 1989.

– ***Équinoxiales*** *(1977)*, de Gilles Lapouge (Flammarion, 1998). 25 ans après avoir quitté São Paulo où il fut journaliste, l'auteur revient dans ce pays aimé. Il déambule seul dans les provinces du Nordeste, les plus pauvres du pays. En barque ou en autocar, débarrassé de ses oripeaux d'Européen policé, le journaliste et romancier ne suit que son inspiration et sa fantaisie. Voilà le résultat : un très beau récit de voyage dans la tradition française, qui mêle observation critique et méditation intérieure. Un petit chef-d'œuvre pour qui veut sentir l'atmosphère si particulière du Brésil.

– ***La Nuit obscure et Moi,*** de Lygia Fagundes Telles (Rivages, 1998). Traduit par Maryvonne Lapouge-Pettorelli. Très beau recueil de nouvelles faites de réflexions de personnages pris eux-mêmes dans des conflits insolubles. Le remords qui s'installe les pousse vers la folie, au milieu d'une société marquée par la peur, la violence, mais aussi la solidarité.
– ***Enfer*** *(2001),* de Patrícia Melo (Actes Sud, 2004). À l'image d'un Poil de Carotte exotique, entre une mère qui ne sait l'aimer qu'au travers des coups qu'elle lui porte et l'absence d'un père idéalisé, Petit Roi explore les grandeurs et décadences de la favela, d'amours en trahisons, jusqu'à devenir, à son tour, le caïd de cette butte de Rio. Au bout de cette route, qu'est-ce qui l'attend ? Une véritable épopée, portée par un style haut en couleur et dynamique, entre le roman initiatique et la fresque, avec en toile de fond ce Rio inaccessible et cette misère de la favela, qui colle à la peau de tous ceux et celles qui tentent d'y échapper.
– ***Les Carnets de voyage de Jano – Rio de Janeiro,*** de Jano (éd. Vents des Savanes, 2001). Une planche par page, des dessins truculents et colorés qui dépeignent avec un œil avisé et ironique la vie quotidienne de Rio, quartier par quartier. Les amoureux du Brésil retrouveront l'ambiance typique de cette ville.

Sur l'Amazonie et les Amérindiens

– ***Amazonie, rencontre avec un géant,*** de Marc Trillard (éd. du Rocher, La Fantaisie du Voyageur, 2006) : très beau récit de voyage en Amazonie par un écrivain qui pratique la littérature avec constance et talent. Directeur de la revue *Le Journal des lointains,* Marc Trillard (prix Interallié 1994) voyage en solitaire de Macapá à Santarém, de Manaus à Coari, en bateau lent sur les fleuves, en moto-taxi sur les pistes, mais toujours en dehors des clichés et des lieux communs. Qui n'a pas voyagé sur l'Amazone et ses affluents ne connaît pas le bonheur de voyager !
– ***Le Rêve amazonien,*** de Michel Braudeau (Gallimard, 2004). Publiés d'abord sous forme de reportage dans *Le Monde,* les six chapitres de ce tout petit livre déclinent « en grand » le rêve amazonien, fait de fantasmes et de mirages, à travers des histoires parfois méconnues, souvent extraordinaires, dans les pas de rêveurs éveillés : Candido Rondon, colon et philanthrope, Henry Ford et Fordlandia, Daniel Ludwig et son usine pharaonique de pâte à papier, la Transamazonienne – autoroute de l'amertume –, l'incroyable mine d'or de la Serra Pelada et l'aventure technologique des avions-espions du Sivam qui surveillent l'Amazonie du haut du ciel !
– ***Court voyage équinoxial*** *(Carnets brésiliens),* de Sébastien Lapaque (Sabine Wespieser, 2005). L'auteur suit la route transamazonienne, d'Altamira à São Luís do Maranhao et même jusqu'à Salvador da Bahia, pour essayer de savoir ce que cette voie « utopique » a vraiment apporté aux gens. Un reportage littéraire, écrit avec passion et un bon sens de l'observation ; de la vraie littérature de voyage, portée par un regard personnel et une investigation sérieuse.
– ***Amazonie, ventre de l'Amérique,*** de Gaspar de Carvajal (Jérôme Millon, 1994). « Relation de la première descente de l'Amazone » effectuée en 1542 par le conquistador espagnol Francisco de Orellana et ses 57 hommes, depuis sa source jusqu'à son embouchure. L'auteur, un moine dominicain, perdit un œil dans une bataille contre les Indiens, mais il rédigea jusqu'au bout la chronique de l'expédition. Témoignage unique de cette prodigieuse aventure humaine dans le « ventre » inconnu du Nouveau Monde.
– ***Histoire de l'Amazonie,*** de Jean Soublin (Payot, 2000). Un livre indispensable. Patrie des Amazones, Eldorado, royaume du caoutchouc, enfer vert, poumon menacé de la planète : ces images captivent ou déroutent. Leur succession forme pourtant l'histoire et le destin de l'Amazonie, que l'auteur, romancier à l'origine et grand connaisseur du Brésil, raconte dans un style enjoué avec la rigueur d'un historien.
– ***L'Amazone, un géant blessé*** *(1988),* d'Alain Gheerbrant (Gallimard, Découvertes, 2005). L'histoire de ce pays à part, mais aussi sa population, sa faune, ses

enjeux et les dangers qui le menacent. Bref, un panorama complet, magnifiquement illustré, par un poète spécialiste de la question, qui se fit connaître en dirigeant en 1949 l'expédition Orénoque-Amazone.
– ***Le Chant du Silbaco*** *(1969),* de Jacques Meunier et Anne-Marie Savarin (Hébus, 1991). À la fois récit d'aventures, essai ethnologique et chronique inspirée à la gloire de l'Amazonie menacée. Écrit en 1968 après un long séjour sur place, ce livre constitue le premier récit en français (avec Lucien Bodard) alertant l'opinion sur le génocide indien.
– ***Help !*** *(1988),* de Redmond O'Hanlon (Payot, 1993). Traduit par G. Piloquet. Récit de voyage. On avait déjà suivi en frissonnant les aventures burlesques du sympathique O'Hanlon au cœur de Bornéo. Le voici en pleine Amazonie, bien décidé à remonter des cours d'eau encore inexplorés et à rencontrer les Indiens yanomamis. Il retrouve les joies et surtout les calamités de la forêt tropicale. Mais sous sa plume flegmatique, les frayeurs se métamorphosent en situations cocasses. L'humour est donc omniprésent et l'érudition de l'auteur n'est jamais en reste.
– ***Chronique des Indiens guayakis*** *(1972),* de Pierre Clastres (Pocket n° 3019, 1988). Les Guayakis, « rats féroces », sont une tribu indienne qui vit dans la forêt tropicale, à l'est du Paraguay (et non au Brésil, c'est vrai !). L'ethnologue Pierre Clastres a passé un an avec eux, en véritable osmose, puisqu'il a appris leur langue. Ce témoignage, illustré par les photos de l'auteur, se lit comme un roman.
– ***Forêt vierge*** *(1938),* de Ferreira de Castro (Grasset, Cahiers Rouges n° 95, 1990). Traduit par Blaise Cendrars. Originaire du Portugal, Ferreira de Castro s'embarqua dans sa jeunesse pour l'Amazonie, où il vécut plusieurs années dans une plantation de caoutchouc du rio Madeira. De ce séjour, il rapporta ce témoignage âpre et vrai sur la vie des colons. Un classique du genre, encensé à juste titre par Stefan Zweig.

Beaux livres

– ***Sebastião Salgado :*** Salgado est un photographe brésilien connu pour ses clichés planétaires. Reporter à l'agence *Magnum,* il s'est exilé à la fin des années 1960 en raison de ses engagements politiques. Il vit à Paris. Spécialiste du noir et blanc, Salgado produit essentiellement des photos sur l'homme confronté aux grandes catastrophes, qu'elles soient sociales, économiques ou naturelles. Il se dégage souvent de ses personnages une grande dignité. Souvent primé, il a publié plusieurs albums, dont le superbe (et onéreux) *Une certaine grâce* (Nathan/Image). Les photos des mines à ciel ouvert du Brésil sont incroyables. Il a aussi publié *La Main de l'homme* et *Terra,* en 1997, sur les Sans-Terre du Brésil, avec des poèmes de Chico Buarque, aux éditions de La Martinière. Pas donnés non plus... On peut néanmoins se procurer un *Photo Poche* sur le photographe, édité par Nathan (Photo Poche n° 55).
– ***Brésil : les premiers photographes d'un empire sous les tropiques,*** de Bia et Pedro Corrêa do Lago (Gallimard, 2005). Un beau livre de photographies noir et blanc du XIXe s. Des clichés étonnants d'un pays sous domination portugaise.

MUSÉES, SITES ET MONUMENTS

Les musées et les églises sont en général fermés pendant le carnaval, et parfois également entre Noël et le Jour de l'an. Hormis pour les grands musées, les périodes d'ouverture sont souvent variables, en fonction du temps ou de l'humeur du gardien... L'entrée tourne autour de 2-3 Rls (parfois jusqu'à 10 Rls). Des réductions (voire la gratuité) sont fréquemment accordées avec la carte internationale d'étudiant. Petit rappel : pour visiter la plupart des édifices religieux, une tenue correcte (jambes et épaules couvertes) est exigée !

PHOTOS

Au Brésil, les sujets à photographier ne manquent pas. Cela dit, il n'est pas sans risque de se promener en ville avec son matériel : on vous en a parlé précédemment dans « Dangers et enquiquinements ». Dans l'arrière-pays et en Amazonie, en principe, pas de problème, si ce n'est celui de l'humidité : prévoir des sacs plastique étanches, voire des petits sachets de silicate. Pour les photos numériques, emporter suffisamment de mémoire : en dehors des grandes villes, difficile de graver des CD.

POSTE

En principe, ouverture des bureaux de poste du lundi au vendredi de 8h à 16h ou 17h (voire 18h), selon les régions et l'importance des villes, et le samedi de 8h à 12h (ou 13h). Deux tarifs : *simples* ou *preferencial,* ce dernier étant plus cher mais plus rapide. Comptez minimum dix jours pour que votre courrier parvienne à destination. Postées dans les boîtes aux lettres traditionnelles, les lettres mettent un peu plus longtemps pour arriver en Europe.

SANTÉ

La situation de la santé publique au Brésil s'améliore malgré l'existence de secteurs géographiques difficiles, et quelques cas isolés de choléra et de méningite. La dengue est en progression régulière. Peu de risques pour un voyageur hors épidémie de dengue ; et en dehors des favelas et des zones rurales, si toutefois vous faites attention à l'eau (voir « Boissons » dans « Hommes, culture et environnement »). Si vous choisissez de vous rendre dans un hôpital privé, sachez que les prix des soins sont très élevés. Il est donc conseillé de prendre une assurance de voyage avant le départ.

En Amazonie

Pour les séjours en forêt amazonienne, une consultation médicale dans un centre de vaccinations internationales et de conseils aux voyageurs est indispensable, ne serait-ce que pour évaluer les risques de ***paludisme*** (c'est également là qu'un traitement contre ce dernier vous sera prescrit). Vaccination contre la ***fièvre jaune*** impérative. Pensez aussi à emporter des systèmes de purification de l'***eau*** : selon les cas, comprimés pour désinfection chimique, filtres microbiens type *Katadyn.*

Les moustiques

Le principal risque de maladies vient des moustiques. En forêt, c'est le palu, la fièvre jaune, la leishmaniose, la dengue... Conseil : préservez-vous, autant que possible, des piqûres ! Et ce, à toute heure, de nuit (paludisme) comme de jour (dengue, etc.). En forêt, dans les zones infestées de moustiques, couvrez-vous, aspergez-vous de répulsifs efficaces et, à défaut de clim', ne dormez pas sans une bonne moustiquaire imprégnée d'insecticide... Pensez aussi à en imprégner vos vêtements.

Pour la plupart, les répulsifs antimoustiques/arthropodes vendus en grande surface ou en pharmacie sont peu ou insuffisamment efficaces. Il existe néanmoins une gamme fiable et conforme aux recommandations du ministère français de la Santé : *Insect Ecran* (adulte, enfant, spray et trempage pour tissus).

En Amazonie, le paludisme étant résistant à la Nivaquine, on conseille la Malarone ou, à défaut, le Lariam ou la Doxycyline. Attention, ce dernier est photosensi-

bilisant. Dans tous les cas, demandez l'avis de votre médecin ; de toutes façons, ces médicaments ne sont délivrés que sur ordonnance.
Ces divers produits et matériels utiles aux voyageurs dans les zones tropicales, parfois difficiles à trouver dans le commerce, sont disponibles à la vente par correspondance, fax ou sur Internet :

• ***sante-voyages.com*** • ☎ *01-45-86-41-91 (lun-ven 14h-19h).* Téléchargement gratuit du catalogue sur la page d'accueil du site. Infos complètes pour toutes destinations, boutique en ligne (paiement sécurisé), expéditions Colissimo Expert sur l'Europe, les DOM-TOM et les autres pays desservis par Colissimo ou Chronopost.
– Espace de dépôt-vente : 30, av. de la Grande-Armée, 75017 Paris. Ⓜ *Argentine. Lun-sam 10h-19h30.*

Quelques recommandations

– Risque permanent pour les touristes : le ***soleil.*** N'oubliez pas casquette ou chapeau contre les insolations, de bonnes lunettes de soleil et une crème solaire, indispensable sous ces latitudes ! Faites surtout attention les premiers jours et ne traînez pas trop longtemps sur les plages... Buvez beaucoup d'eau (minérale ou purifiée par vos soins) pour éviter les coups de chaleur et la déshydratation. En Amazonie, méfiez-vous pendant les balades en pirogue : on ne sent pas toujours la chaleur à cause du vent (et des nuages qui arrêtent la chaleur mais pas les UV), mais on cuit à une vitesse folle !
– Autre problème possible : les ***parasites,*** qui pullulent dans la campagne brésilienne et sur les plages. Ne marchez pas pieds nus (tungose, larva migrans) et évitez de vous baigner dans les eaux douces (leptospirose, bilharziose). À Bahia en particulier, mais sur toutes les plages en général, attention au *bicho de pé* (larva migrans), un parasite qui vit dans le sable et pénètre dans le pied. Pour l'éviter, une seule solution : porter des chaussures – ou des tongs – sur la plage et s'allonger sur une natte !
– Se méfier également des ***punaises,*** notamment en Amazonie : l'une d'elles (rouge et noir) transmet la maladie de Chagas, rare mais grave. Quant aux serpents, scorpions et autres araignées, pas de panique : les accidents sont rares. Il suffit de regarder où l'on marche et de ne pas mettre ses mains n'importe où... En forêt, on dort dans des hamacs pour éviter ces désagréments, recouverts d'une moustiquaire imprégnée. Et on inspecte ses chaussures avant de les enfiler si on est prudent.
– Il faut également savoir que les consultations dans un cabinet médical sont très chères (de 45 à 75 €). C'est également le cas pour les médicaments.
– ***Pharmacies :*** dans les grandes villes, aucune difficulté pour en trouver ouvertes nuit et jour. Attention, les employés à blouse blanche ne sont pas... pharmaciens (le pharmacien vient en général un jour par semaine). Dans le doute, faites-vous conseiller par un médecin avant de vous ruer à la pharmacie.
– Enfin, n'oubliez pas de vous protéger contre le sida en utilisant des ***préservatifs.*** Il est à noter que le Brésil est précurseur dans le traitement du sida et que le ministère de la Santé brésilien a l'obligation de prendre en charge financièrement le traitement de cette maladie et d'assurer, le cas échéant, la retraite des personnes contaminées.

SITES INTERNET

• ***routard.com*** • Tout pour préparer votre périple. Des fiches pratiques sur plus de 180 destinations, de nombreuses informations et des services : photos, cartes, météo, dossiers, agenda, itinéraires, billets d'avion, réservation d'hôtels, location de voitures, visas... Et aussi un espace communautaire pour échanger ses bons plans, partager ses photos ou trouver son compagnon de voyage. Sans oublier *routard mag,* ses reportages, ses carnets de route et ses infos pour bien voyager. La boîte à outils indispensable du routard.

- ***aobrasil.com*** • LE site complet sur le Brésil. Très riche, avec des dizaines de rubriques actualisées pour découvrir ce « pays-continent » (histoire, arts, sport, musique, etc.). Également toute l'actualité économique, politique et culturelle. À visiter impérativement. En français.
- ***capoeira-france.com*** • Un site très complet et joliment conçu pour tout connaître sur cet art martial brésilien.
- ***autresbresils.net*** • Ce site a pour vocation de faire découvrir la société brésilienne à un public francophone. Dossiers thématiques, infos, reportages, analyses et témoignages sur le Brésil en provenance d'un réseau de partenaires français et brésiliens.
- ***cinemabrasil.org.br*** • Ce site très complet fait partie du projet *Cinema Brasil na Internet,* qui a lancé en 1995 la première banque de films brésiliens sur la toile. Tout sur le cinéma brésilien. En portugais.
- ***abc-latina.com/bresil*** • Très nombreuses rubriques sur ce site dédié à l'Amérique latine. Infos générales sur le Brésil, l'histoire, l'économie, l'environnement, la culture, la gastronomie, etc. Mais aussi des tas de photos, de cartes et de conseils pour sillonner le pays.
- ***thebml.com*** • LE site ultra-complet sur la musique brésilienne. Tous les liens vers les sites officiels d'artistes nationaux, toutes générations confondues.
- ***aubresil.net*** • Un voyage au cœur du Brésil créé par quelques étudiants en géographie, passionnés d'Internet... En français.
- ***brazilmax.com*** • Avis aux routards anglophones. Ce site recèle de bons plans sur le pays. Destinations, cartes, culture, festivals, plages, écotourisme, cuisine, sports, etc.
- ***http://dcc.unilat.org/mirabilia*** • Ce site, très bien fait, sorte de musée virtuel conçu par l'Union latine, au graphisme soigné, nous fait découvrir l'art baroque au Brésil. En français.
- ***aliancafrancesa.org.br*** • Le site officiel des Alliances françaises installées au Brésil, en portugais ou en français.
- ***http://br.cade.yahoo.com*** • Moteur de recherche brésilien.

TÉLÉPHONE, TÉLÉCOMMUNICATIONS

Téléphone

Il existe plusieurs opérateurs privés. Le 021 marche dans tout le pays ; on peut aussi utiliser le 023 ou 031. Ainsi, de Rio vers São Paulo (indicatif 11) : 021 (ou 023 ou 031) + 11 + le numéro du correspondant. Bon, l'arrivée de ces compagnies privées oblige parfois (souvent) à certains tâtonnements avant d'arriver à joindre le numéro désiré... Le mieux est encore de vous renseigner auprès des gens qui vous entourent. La numérotation locale est à huit chiffres (après l'indicatif).
Si vous avez un doute, tentez les annuaires internet suivants (attention, certains ne concernent que quelques États, c'est la joie des privatisations...) : • via102.com.br • telelistas.net • listaonline.com.br •

– ***Brésil → France :*** 00 + un n° d'opérateur (021 par exemple) + 33 + n° du correspondant sans le 0 initial.
– ***France → Brésil :*** 00 + 55 + indicatif de la ville (sans le 0 initial) + n° du correspondant.
– ***Brésil → Brésil :*** *d'une ville à l'autre,* théoriquement, il faut composer le n° d'un opérateur (021 par exemple) + indicatif de la ville (sans le 0 initial) + n° du correspondant. *En appel urbain,* théoriquement toujours, il faut composer directement le n° du correspondant.
– ***Renseignements téléphoniques au Brésil :*** indicatif de la ville d'où l'on appelle suivi du 102.

Indicatifs des villes principales

Belém	091	Florianópolis	048	Salvador	071
Belo Horizonte	031	Manaus	092	São Paulo	011
Brasília	061	Recife	081	Teresópolis	021
Fortaleza	085	Rio de Janeiro	021	Vitória	027

Cartes téléphoniques et appels en PCV

On peut téléphoner des « grosses oreilles » (*orelhão* en brésilien), qui sont les téléphones publics. Certains permettent uniquement de passer des appels nationaux ; ils portent la mention *CDD.* Pour les appels internationaux, il faut un téléphone *CDI* (c'est écrit dessus), en principe pas trop difficile à trouver. Ils fonctionnent avec des cartes (*cartão* – prononcez « carton »), les cartes *Ol,* en vente dans les bureaux de poste, certains kiosques à journaux ou les centres téléphoniques. Compter 7,50 Rls (3 €) pour 60 unités, qui permettent de communiquer environ 5 mn avec la France. Sinon, il y a aussi des cartes à code *pin,* style *Embratel Longa* ou *Fale Brasil,* en fait plus avantageuses pour l'étranger que les cartes *Ol,* et qu'on peut acheter en principe aux mêmes endroits. Enfin, il existe des centres téléphoniques avec cabines dans la plupart des grandes villes, d'où on peut évidemment appeler, directement ou après avoir acheté une carte au comptoir. Réduction le soir (à partir de 18h) et le dimanche. Prix à la minute. Éviter d'appeler depuis les hôtels, c'est toujours (beaucoup) plus cher.

Pour les appels en PCV *(a cobrar/collect call),* on peut utiliser les services d'*Embratel* (en portugais ou en anglais), ☎ *0800-703-21-11* (fonctionne aussi depuis une cabine). Mais attention, pour appeler certains pays, il vous faudra composer un autre numéro que l'opératrice vous communiquera. Un truc qui peut être utile : pour la plupart, les centres de téléphone international disposent d'annuaires téléphoniques, par région ou État, mais aussi par grande ville. Ces derniers sont particulièrement intéressants pour le touriste : attractions touristiques, moyens de transport (lignes de bus et adresses de gares routières, stations de taxis, etc.), plan très détaillé de la ville...

Téléphones portables

Normalement, les téléphones portables récents fonctionnent dans le pays. Assurez-vous simplement auprès de votre opérateur que vous avez bien activé l'option « monde » et renseignez-vous sur les tarifs (qui peuvent réserver de mauvaises surprises !). Une autre option, moins coûteuse, est d'acheter une carte Sim dans un kiosque ou une agence de télécom et de l'insérer dans son téléphone.

Au Brésil, les numéros de portable commencent généralement par un « 9 » ou un « 8 » et comportent 8 chiffres.

Internet

On trouve des endroits où surfer un peu partout, y compris dans certaines petites villes. Ils sont ouverts toute la journée (parfois jusqu'à minuit). Compter de 2 à 5 Rls (0,80 à 2 €) pour 1h, en fonction des villes et des cybercafés eux-mêmes. À noter qu'il est parfois possible de se connecter gratuitement, notamment dans certaines Alliances françaises et certains bureaux de poste.

TRANSPORTS

L'avion

Si vous ne disposez que de trois semaines pour voyager et que vous désirez en voir le maximum, l'avion se révèle l'unique moyen de transport pour réaliser votre

programme. Les compagnies sont sûres et efficaces, mais la ponctualité n'est pas la règle au Brésil. N'hésitez pas à reconfirmer vos vols. Il arrive aussi qu'il y ait des annulations mais, pas de panique, les compagnies proposent alors en général un autre vol chez un concurrent.
La compagnie aérienne intérieure *Tam Airlines* propose plusieurs forfaits de 30 jours très intéressants : le *Brasil Air Pass.* Ils sont uniquement destinés aux touristes étrangers. Le premier *pass,* le moins cher (529 $), comprend 4 coupons ; d'autres versions sont disponibles, jusqu'à 9 coupons (soit 9 vols intérieurs, pour 1 259 $), mais toujours en 30 jours. Attention, le *Brasil Air Pass* ne peut être acheté qu'en France et dans certains pays d'Europe.
Important aussi : vous devrez réserver vos vols en France bien avant le départ, quitte à modifier votre parcours sur place (mais chaque modification coûte 100 $). En décembre, janvier et en juillet surtout, les Brésiliens sont en vacances et de nombreux vols sont complets. Les attentes dans les aéroports peuvent alors être très longues. Il faut également s'acquitter d'une taxe d'aéroport à chaque fois que l'on quitte un État (elle est souvent incluse dans le billet).
Tam et Gol sont les compagnies qui assurent la plupart des vols dans le pays. Elles ont toutes deux des centres de réservation par téléphone, joignables depuis le Brésil. En principe, *Gol* est moins chère que *Tam,* mais il vaut toujours mieux comparer leurs tarifs respectifs car *Tam* propose aussi des promos. À propos d'ailleurs de compagnies à bas coût, il en existe d'autres au Brésil, nouvellement créées, comme *Ocean Air* et *Web Jet.* Là encore, ne pas négliger de comparer les prix, on a parfois de très bonnes surprises !

■ ***Tam Brazilian Airlines :*** *depuis São Paulo, ☎ (11) 40-02-57-00 ; depuis le reste du pays, ☎ 0800-570-57-00.* • *tam.com.br* •
■ ***Gol :*** *☎ 0300-115-21-21.* • *voegol.com.br* •
■ ***Ocean Air :*** *☎ 0300-789-81-60.* • *oceanair.com.br* •
■ ***Web Jet :*** *☎ 0300-210-12-34.* • *webjet.com.br* •

Enfin, il existe aussi des compagnies locales, qui desservent les villes moins importantes des régions où elles opèrent, comme *Taf, Rico* ou *Trip* en Amazonie.

Le bus

Propre, confortable, sûr, ponctuel... le réseau des bus au Brésil est vraiment bien organisé et reste un excellent mode de transport. C'est le moyen idéal pour « sentir » le pays et rencontrer sa population. Les bus sont surtout pratiques pour les voyages à l'intérieur d'un État, car ils permettent d'aller partout. En revanche, pour les très longues distances, genre Rio-Belém (52h de route !), ils rivalisent difficilement avec l'avion, pas vraiment plus cher et... 20 fois plus rapide. De même, en Amazonie, il faut parfois faire des détours de plusieurs jours pour atteindre la destination. Là encore, entre le bus et l'avion, le choix est généralement vite fait. Mais pour les distances moins longues, le bus reste souvent la meilleure solution. Beaucoup de trajets se font de nuit aussi, ce qui permet d'économiser sur le budget hébergement.
Chaque ville possède sa ***rodoviária*** (gare routière, ou *terminal rodoviário*). Ces gares sont de véritables nœuds névralgiques, à l'activité débordante. On y trouve des *lanchonetes* pour manger, des w-c (parfois avec douches), des téléphones, des consignes automatiques *(guarda volumes),* souvent des distributeurs de billets et parfois l'accès à Internet. Certaines abritent aussi un petit bureau d'infos touristiques. Il existe une multitude de compagnies de bus privées, mais la plupart du temps, toutes partent du même endroit.
– ***Un inconvénient :*** on ne peut réserver ses voyages à l'avance que depuis la ville où l'on se trouve ; il faut donc attendre d'être dans la ville-étape pour réserver le trajet suivant.

Distances entre les villes (en km)	BELÉM	BELO HORIZONTE	BRASÍLIA	FOZ DO IGUAÇU	PORTO ALEGRE	RECIFE	RIO DE JANEIRO	SALVADOR	SÃO PAULO
Aracaju	2 079	1 578	1 737	3 089	3 296	501	1 855	356	2 177
Belém	–	2 824	2 120	3 381	3 854	2 074	3 250	2 100	2 933
Belo Horizonte	2 824	–	716	1 508	1 712	2 061	434	1 372	586
Brasília	2 120	716	–	1 573	2 027	2 220	1 148	1 531	1 015
Campo Grande	2 942	1 453	1 134	776	1 518	3 332	1 444	2 653	1 014
Cuiabá	2 941	1 594	1 133	1 464	2 206	3 341	2 017	2 652	1 614
Curitiba	3 193	1 004	1 366	637	711	3 078	852	2 385	408
Florianópolis	3 500	1 301	1 673	944	476	3 375	1 144	2 682	705
Fortaleza	1 571	2 528	2 285	3 846	4 242	800	2 805	1 389	3 127
Goiânia	2 017	906	209	1 374	1 847	2 417	1 338	1 728	926
João Pessoa	2 161	2 171	2 330	3 682	3 889	120	2 448	949	2 770
Maceió	2 173	1 854	2 013	3 365	3 572	285	2 131	632	2 453
Natal	2 106	2 348	2 507	3 859	4 066	297	2 625	1 126	2 947
Palmas	1 223	1 690	973	2 298	2 747	2 538	2 124	2 505	1 776
Porto Alegre	3 854	1 712	2 027	986	–	3 779	1 553	3 090	1 109
Porto Velho	4 397	3 050	2 589	2 920	3 662	4 797	3 473	4 108	3 070
Recife	2 074	2 061	2 220	3 572	3 779	–	2 338	839	2 660
Rio Branco	4 931	3 584	3 123	3 454	4 196	5 328	4 007	4 642	3 604
Rio de Janeiro	3 250	434	1 148	1 472	1 553	2 338	–	1 649	429
Salvador	2 100	1 372	1 531	2 885	3 090	839	1 649	–	1 962
São Luis	806	2 738	2 157	3 418	3 891	1 573	3 015	1 599	2 970
São Paulo	2 933	586	1 015	1 047	1 109	2 660	429	1 962	–
Teresina	947	2 302	1 789	3 350	3 804	1 137	2 579	1 163	2 792
Vitória	3 108	524	1 238	1 925	2 001	1 891	521	1 202	882

– ***Un conseil :*** réservez vos billets de bus dès l'arrivée dans votre ville-étape. Toutefois les billets ne sont ni échangeables ni remboursables. La seule solution, si vous changez d'avis, est de trouver quelqu'un à qui le revendre. Les places sont numérotées, vous pourrez choisir un siège « fenêtre » ou « couloir ». Évitez les sièges près des w-c...
– Sur moyennes et grandes distances, ***trois types de bus,*** selon le confort : ***convencional*** (pas d'AC ni de w-c), ***executivo*** (avec AC, w-c, sièges inclinables et distributeurs de café et d'eau) et ***leito*** (sièges semi-couchettes, quasi à l'horizontale, avec oreillers et couvertures, aussi confortables que des *business* en avion). Évidemment, le *leito,* plus spacieux, est le plus confortable pour les longs trajets, mais aussi environ deux fois plus cher que le *convencional*.
Les bus s'arrêtent toutes les 2 ou 4h pour 15 à 45 mn, ce qui permet de casser la croûte et de se dégourdir les jambes.
Les grandes compagnies nationales ont leur site internet, en voici quelques-uns :
– ***Pour le territoire national :*** • itapemirim.com.br • saogeraldoonline.com.br • viacaoaguiabranca.com.br • realexpresso.com.br •
– ***Pour l'international (Argentine, Chili, Paraguay, Uruguay) :*** • pluma.com.br •

Le train

À vrai dire, ce moyen de transport n'existe pratiquement pas, sauf comme curiosité locale, pour desservir la banlieue de Rio ou pour explorer une petite sierra au sud, dans le Santa Catarina.

La voiture

Dans beaucoup de régions, la voiture est le moyen d'excursion le plus agréable. Attendez-vous toutefois à de très longs trajets. En théorie, ***on ne roule pas vite*** au Brésil (80 km/h), et les nombreux camions ne sont pas faciles à doubler sur les routes étroites, souvent très fréquentées. Alors ne comptez pas les distances en kilomètres, mais en heures... et apprenez à rester zen !
– Achetez la carte routière *GVA Rodoviário* la plus récente. On peut en principe se la procurer partout, en particulier dans les kiosques.
– ***Les routes*** sont correctes dans l'ensemble, surtout dans le Sud et le Sudeste, mais méfiez-vous des chaussées défoncées, sur les axes secondaires et dans les zones un peu reculées (on peut vite crever un pneu, surtout la nuit). Les routes bitumées peuvent aussi être parsemées de nombreux nids-de-poule, à repérer pour éviter la casse !
– ***Les autoroutes*** et voies rapides sont plutôt rares, ainsi que les stations-service dans certaines régions. En Amazonie, les routes peu goudronnées ne sont parfois utilisables qu'à la saison sèche. Quant à la *transamazonnienne* ou la *BR 319* (entre Manaus et Porto Velho), elles contiennent désormais, faute d'entretien, des tronçons impraticables toute l'année. Mieux vaut le savoir si vous aviez en tête de traverser la grande forêt à moto !
– ***Rouler la nuit :*** à éviter si vous ne connaissez pas la route, et de façon générale pour des questions de sécurité. La signalisation déficiente dans la journée (car peu efficace) devient nulle une fois la nuit tombée. La nuit, dans certains quartiers des grandes villes, les Brésiliens ne s'arrêtent pas au feu rouge de peur des agressions ; faites comme eux et verrouillez bien vos portes.
– ***Attention aux camions,*** qui roulent vite, et à la conduite brésilienne, parfois... étonnante, dans des véhicules pas toujours en bon état.
– ***Signalisation :*** les virages sont rarement indiqués, et les dos-d'âne (plutôt raides) systématiques aux entrées des villages.
– ***Essence et álcool :*** les agrocarburants sont distribués dans toutes les stations-service sous le nom d'*álcool*. On en trouve de plusieurs qualités et ils coûtent entre 1,30 et 2,30 Rls (0,50 à 0,90 €) le litre. L'essence ordinaire *(gasolina comun),* en

revanche, revient presque aussi cher que chez nous. Si votre voiture de location accepte les deux, le choix sera vite fait !
– ***Limitations de vitesse :*** en principe, jusqu'à 80 km/h (de 40 à 60 km/h en ville), vous êtes dans votre droit... Évitez de dépasser ces limitations, les radars existent aussi au Brésil, certaines routes en sont d'ailleurs truffées, et les amendes sont salées ! On trouve même des radars automatiques à l'entrée de certaines villes et sur les périphériques (autour de Rio, São Paulo, etc.). Apprenez, à ce sujet, à repérer les boîtiers, de couleur blanche en général ou posés sur des portiques qui surplombent la route... Redoutables !
– ***Le port de la ceinture de sécurité*** est obligatoire et l'amende, en cas d'oubli, tourne autour de 150 Rls (60 €).
– ***Location de voitures :*** les agences de location ont toutes leur comptoir dans les aéroports, certaines parfois un deuxième dans le centre-ville. L'agence nationale la plus répandue est *Localiza (☎ 0800-979-20-00, • localiza.com.br •)* mais attention, elle n'est pas toujours moins chère que ses concurrents internationaux comme *Hertz* ou *Avis,* présents aussi sur tout le territoire brésilien. Les tarifs, en tenant compte des promos et week-ends, tournent autour de 30 à 40 € la journée, minimum. Permis de conduire international exigé dans certains États, dans d'autres un permis national suffit : renseignez-vous auprès de votre loueur.
Si vous préférez réserver une voiture depuis la France, avant votre départ, vous pouvez vous adresser aux agences internationales classiques comme, mentionnées plus haut, *Hertz (☎ 01-41-919-525)* ou *Avis (☎ 0820-050-505 ; 0,12 €/mn).* Ou, moins classique mais tout aussi efficace :

■ ***Auto Escape :*** *☎ 0800-920-940 (appel gratuit) ou 04-90-09-28-28. Fax : 04-90-09-51-87. • autoescape.com • Il est recommandé de réserver à l'avance. Réduc de 5 % aux lecteurs de ce guide sur l'ensemble des destinations (non cumulable avec une autre promotion).* Cette agence réserve auprès des loueurs de gros volumes de location, ce qui garantit des tarifs très compétitifs. Vous trouverez également les services d'Auto Escape sur • routard.com •

URGENCES

Numéros d'urgences

– ***Police :*** *☎ 190 (civile ou militaire, selon les régions).*
– ***Ambulance :*** *☎ 192.*
– ***Pompiers :*** *☎ 193.*
Les autres numéros d'urgences varient d'un État à l'autre.
– En cas de vol ou d'agression, porter plainte au commissariat le plus proche ou auprès des services de police touristique lorsqu'ils existent, et ne pas hésiter non plus à le signaler au consulat le plus proche.
– En cas de gros pépin, contacter évidemment le consulat général de France le plus proche :

■ ***Consulat général à São Paulo :*** *☎ (011) 33-71-54-00 durant les heures ouvrables. En cas d'urgence hors des heures ouvrables : 📱 (011) 99-83-19-08.*
■ ***Consulat général à Rio de Janeiro :*** *☎ (021) 39-74-66-99.*
■ ***Consulat général à Recife :*** *☎ (081) 34-65-32-90. En cas d'urgence : 📱 (081) 92-12-12-50.*
■ ***Ambassade de France à Brasília :*** *☎ (061) 33-12-91-00.*

Ou, à défaut, les petites agences consulaires ; leurs services pourront vous orienter vers les médecins, cliniques ou avocats les plus à même de vous assister.

HOMMES, CULTURE ET ENVIRONNEMENT

Pour la carte du Brésil, se reporter au cahier couleur.

Plus qu'un pays en Amérique du Sud, le Brésil est un continent dans le continent : près de 8 512 000 km², 286 fois la Belgique, près de 16 fois la France ! « Terre de contrastes », a dit l'anthropologue Roger Bastide dans une formule qui fit succès : matérialisme brutal contre mysticisme exacerbé, splendeur fastueuse du carnaval contre misère quotidienne, baroque colonial contre délires futuristes de Brasília, ardente ferveur chrétienne et transes de possession des dieux d'Afrique, fortunes colossales contre sous-alimentation endémique... on ne finirait pas d'en dresser la liste.

De l'Amazone infini aux colossales chutes d'Iguaçu, du quadrilatère de la sécheresse au territoire marécageux du Pantanal, ici, la nature atteint les extrêmes de la démesure, et la démesure est peut-être la clé du Brésil. Une civilisation qui se construit, se défait, renaît avec des craquements, des explosions et une énergie incroyable. Alors, venez au Brésil pour ses plages, pour son soleil, pour sa musique, pour la folie unique au monde de son carnaval, pour ses forêts tropicales et la jungle de ses villes... et surtout pour ébranler vos certitudes, pour vous laisser dévorer, délicatement, sans résister, par les « Indiens » et les « Indiennes » natifs de ces terres... Le Brésil, une frontière culturelle à franchir.

UNE SOCIÉTÉ « DÉVORANTE » DE VITALITÉ

Qu'est-ce que la culture brésilienne ? C'est Oswald de Andrade, père du modernisme brésilien, qui la définit en deux mots : l'« anthropophagie culturelle ». « Seule l'anthropophagie nous unit. Socialement. Économiquement. Philosophiquement. Une conscience participante, une rythmique religieuse... Toutes les religions. Aucune église. Et surtout, beaucoup de sorcellerie. La joie est la preuve par neuf. Tupi or not tupi, that is the question. » *Tupi, ce sont les Indiens cannibales, qui dévorèrent les premiers jésuites pour s'en approprier les vertus !*

BOISSONS

Il fait chaud ! Alors on boit beaucoup. En règle générale, évitez impérativement de boire l'***eau du robinet,*** ou alors filtrez-la. On peut également utiliser les pastilles de purification de type *Micropur*®, très efficaces et distribuées dans toutes les pharmacies dignes de ce nom. À l'extérieur, buvez de l'*água mineral sem gas* (non gazeuse) ou *com gas* (gazeuse), en bouteille bien scellée. Le Brésil possède une infinité d'excellentes sources naturelles.

Boissons alcoolisées

– ***Cachaça :*** appelée aussi *pinga* ou *aguardente.* Sans aucun doute, la boisson nationale numéro un. C'est un rhum blanc agricole assez fort (environ 40°). Ce qui porte le nom de « rhum » ou *ron* au Brésil n'est que le rhum brun vieilli, lui aussi remarquable. Il existe autant de variétés de *cachaças* que d'alambics. Parmi les plus commercialisées, nous vous recommandons la *Velho Barreiro* ou la *Rochinha,* facilement trouvables en supermarché ; ou l'*Ypioca,* vendue en bouteille tressée de palme. Pour la *caïpirinha*, préférer une *cachaça* bon marché et pas trop goûteuse, afin d'éviter la collision avec le citron. Mais les vrais amateurs du cru ne jurent que par les *cachaças* artisanales, à boire pures, surtout lorsqu'elles sont macérées avec des fruits ou plantes censés leur conférer goût et vertus « thérapeutiques ».

– ***Caïpirinha :*** littéralement, la « petite provinciale ». Un succulent cocktail à base de *cachaça,* largement adoucie de glace pilée, de citron vert écrasé et de sucre de canne. C'est un rituel obligatoire, rafraîchissant et vite euphorisant. Se boit bien glacée mais, de manière générale, on trouve autant de recettes que d'amateurs. À chacun son petit secret ! La *caïpiroska* – ou *caïpivodka* – est une variante à base de vodka, très répandue.

– ***Batidas :*** ce sont toutes sortes de boissons obtenues en battant des jus de fruits avec de la *cachaça* et du sucre. Certaines *batidas* incluent jaune d'œuf, crème de coco ou de fruit de la passion... À boire bien glacées.

– ***Les bières :*** LA boisson nationale, que les Brésiliens ont le don de servir givrée, même dans les endroits les plus chauds. De faible teneur en alcool, l'*Antarctica,* la *Brahma,* la *Bohemia* et la *Skol* se partagent les faveurs du public, ainsi que la *Serpa* dans le Nord et la *Buddelweiss* dans le Sud. Selon nous, l'*Antarctica Original* (à ne pas confondre avec l'*Antarctica* générique) est l'une des meilleures, si l'on excepte l'*Amazon beer,* une bière fabriquée à Belém, qu'on a vraiment adorée. La bière – *cerveja* – est servie en bouteille grand ou petit format, mais on peut aussi la consommer en canette *(lata)* ou à la pression (*chopp,* prononcer « choppi »). Les solides buveurs l'allongent d'un verre de *cachaça* !

– ***Le vin :*** il existe des vins de plus en plus intéressants qui proviennent principalement du Sud, de cépage cabernet franc. Mais ils sont loin d'égaler la qualité des vins argentins, malgré les efforts consentis pour développer la technologie et le savoir-faire de la filière vinicole. En grande distribution, *Le Forestier* et le *Mielo* sont parmi les marques les plus acceptables.

Boissons non alcoolisées

– ***Cafezinho** (« petit café ») :* une institution nationale. Partout, à l'agence, au magasin s'il vous faut attendre, on vous l'offre. Mais aussi dans la plupart des restos au kilo *(ao kilo),* où la Thermos de café est à disposition. Dans l'administration, les commerces, la moindre entreprise, on trouve un employé dont la fonction consiste à préparer et à servir le *cafezinho,* fait « à la chaussette », très fort et bien sucré. Dans les bars, c'est le percolateur, toujours étincelant et pourvu d'antiques robinetteries. Dans les rues du Nordeste, les enfants le vendent à la Thermos, dans des gobelets en plastique. Dans le centre des villes, les bars proposent aussi l'*espresso,* plus cher.

– ***Guaraná :*** le soda national. Préparé à partir du fruit du *guaraná,* plante amazonienne exclusivement brésilienne, mais cette version *soft drink* du *guaraná* n'a rien à voir avec la version originale des Indiens, assez amère, qui est un véritable stimulant ! *Brahma, Antarctica* et *Coca Cola* se partagent le marché. Agréable et rafraîchissant, mais très sucré.

– ***Guaraná em pô :*** un breuvage traditionnel des Indiens, aux incontestables vertus énergétiques, équilibrantes et tonifiantes. On mélange une cuillerée de cette poudre fine et brune dans un verre d'eau et on avale vite car, primo, cela forme une suspension qui se dépose rapidement et, deuzio, le goût terreux, légèrement amer, est spécial. Pour obtenir cette poudre, les Indiens concassent des graines de *guaraná* et les mélangent à un mortier de résine pour façonner un bâton d'environ 20 cm, dur comme une pierre luisante. Traditionnellement, ce bâton est râpé sur la langue du *pirarucu,* immense poisson d'Amazonie, et donne la fameuse poudre.

On en trouve, déjà en poudre, dans les pharmacies, herboristeries et partout dans le Nord et le Nordeste. Le *guaraná em pô* connaît une puissante vogue écolo, en particulier sur les plages et dans les villes du Nordeste. On en extrait maintenant un sirop de *guaraná (xarope)* que de nombreux préparateurs ajoutent aux *vitaminas* de fruits servies dans les bars. Il est aussi très consommé au moment du carnaval, pour ses vertus énergisantes.

– ***Sucos et vitaminas :*** dans n'importe quel bar ou *lanchonete,* on boit des jus de fruits frais préparés au mixeur. On les consomme *natural* (pur), *com açúcar* (sucré) ou *com gelo* (avec glaçons). C'est une véritable drogue de santé ; l'*acerola* (petit fruit rouge qui ressemble à une prune), par exemple, aurait une teneur en vitamine C... 140 fois plus élevée que l'orange. On trouve aussi les fruits sous forme de petits cubes de pulpe congelée, mixée avec de l'eau (filtrée). Lorsqu'on les mélange avec du lait, on obtient une *vitamina.* Certains ne se préparent d'ailleurs qu'en *vitamina* : banane, papaye... Idéal par grosse chaleur, on vous conseille de les essayer tous ! D'ailleurs, beaucoup d'échoppes dans les grandes villes en ont fait leur spécialité : la composition des cocktails est déclinée à l'infini, avec des résultats parfois aussi extravagants qu'euphorisants.

– ***Maté :*** la boisson coloniale traditionnelle par excellence. C'est une infusion de l'herbe *maté,* d'origine indienne, dont l'usage a été généralisé par les jésuites. Plante à la fois tonifiante et équilibrante, le *maté* se consomme sous deux formes, très différentes :

– *Le chá maté :* infusion de l'herbe grillée, qui donne une tisane brun foncé, presque noire, à boire glacée, avec ou sans sucre, avec ou sans citron. Très rafraîchissante, vendue au coin des rues à Rio, São Paulo, Belo Horizonte... ou sur les plages, en boîte ou en berlingot bien frais. On peut l'acheter en sachet ou en paquet. La marque la plus populaire : *Maté Leão* (avec un beau lion sur l'étiquette). Bien souvent, le *chá maté* remplace le thé au petit déj.

– *Le maté de chimarão :* c'est LA boisson nationale du sud du Brésil, en particulier des gauchos du Rio Grande do Sul. Se consomme en tout lieu, à toute heure, même en conduisant dans les embouteillages. Il s'agit de l'herbe verte, séchée et hachée, préparée en infusion dans une petite calebasse individuelle, à goulet cintré, la *cuya,* que l'on cale sous le coude. On le boit brûlant, en tirant sur une pipe d'argent à l'extrémité en passoire (pour filtrer l'herbe). L'objet est déjà exotique, et la boisson surprenante : âpre, amère mais extraordinairement tonifiante.

– ***Caldo de cana :*** jus de la canne à sucre directement broyée et pressée dans des machines impressionnantes. Épais jus fruité et sucré, parfois agrémenté de citron vert (c'est meilleur !) : de la dynamite vitaminée pour trois fois rien. Partout dans les rues populaires, sur les marchés, etc.

– ***Coco verde :*** partout aussi, dans les rues, sur les plages ou au bord des routes, de solides gaillards armés de terribles machettes décollent comme un scalp le crâne de noix de coco vertes dont on boit l'eau avec une paille. On peut également l'acheter en bouteille dans les grandes surfaces.

– ***Picolé :*** il ne s'agit pas à proprement parler d'une boisson mais de sorbets artisanaux, qu'on suce sur un bâton comme un Esquimau, vendus dans les rues ou sur les plages.

CINÉMA

L'histoire du cinéma brésilien n'est pas un long fleuve tranquille. D'abord composé de films de carnaval, populaires, entrecoupés de scènes comiques, il faut attendre les années 1950 pour qu'apparaisse le *cinema novo,* néoréalisme brésilien marchant dans les pas des cinéastes Humberto Mauro et Nelson Pereira dos Santos. Avec la dictature et la domination culturelle américaine, dans les années 1960 et 1970, la production et la création connurent un nouveau coup dur. Le cinéaste Glauber Rocha s'exila tout en réalisant certains films de compromis, mais toujours dans la continuité du *cinema novo.* Citons *António das Mortes,* coproduit avec la France pour la TV. Les années 1980 et 1990 furent justement celles de la TV et de l'explosion des *telenovelas.* Nouveau coup dur. Durant cette période, seul un cinéaste comme Hector Babenco est parvenu jusqu'à nous, avec des films comme *Pixote* et *Le Baiser de la femme araignée.* En 1991, le Brésil n'a produit aucun film, un seul en 1992. En 1998, pourtant, l'Ours d'or de Berlin est attribué à *Central do Brasil.* Premier film et révélation de Walter Salles, auteur également de superbes documentaires (et, en 2003, de *Carnets de voyage,* une mise en images du périple du jeune Ernesto Guevara à travers l'Amérique latine). En 2004, *De l'autre côté de la rue* a été primé dans plusieurs festivals. Son réalisateur n'est autre que le coscénariste de *Central do Brasil,* Marcos Bernstein. Ce polar a également été sélectionné au Festival du film de Berlin dans la section Panorama (il a obtenu le prix CICAE remis par le réseau des salles d'Art et d'Essai). Un festival qui réussit au cinéma brésilien car le premier film de Jose Padilha, *Tropa de elite,* sur les groupes d'intervention spécialisés dans la répression du trafic de drogue dans les favelas de Rio, a remporté l'Ours d'or de Berlin en 2008. Un film controversé pour sa vision très violente, sa musique omniprésente et son style saccadé, tourné caméra à l'épaule.

Filmographie

– ***Rio, 40°*** *(Brésil, 1955)* **:** de Nelson Pereira dos Santos. Mélange de mélodrame et d'humour, raillant les mœurs bourgeoises, le film relate la vie de cinq vendeurs de rue qui se partagent les points touristiques de Rio, Copacabana, Pain de Sucre, Corcovado, Quinta da Boa Vista et Maracanã. Ce film bouleverse les principes de production de l'époque, employant des acteurs non professionnels et tournant en décors naturels. Il tombe sous le coup de la censure en septembre 1955, accusé de donner une image négative et diffamante de la vie au Brésil. Une interdiction qui entraîne une campagne de solidarité menée par des intellectuels et artistes, jusqu'au verdict du tribunal qui autorise finalement sa diffusion. Le second film du réalisateur, *Rio zone nord,* se concentre sur le destin tragique d'Espírito, habitant noir des favelas et compositeur de sambas.

– ***Orfeu Negro*** *(France, 1959)* **:** de Marcel Camus. D'après Vinícius de Moraes, musique de Tom Jobim. Palme d'or à Cannes en 1959. Eurydice, une jeune paysanne innocente, arrive chez sa cousine de Rio. Orphée, conducteur de tramway bon vivant et don Juan notoire, est fiancé à la jalouse Mira. Durant les préparatifs du carnaval, Orphée s'éprend sérieusement d'Eurydice, tandis que celle-ci semble craindre une mystérieuse présence... Transposition noire du célèbre mythe, sur fond de carnaval de Rio, *Orfeu Negro* est resté dans les annales cinématographiques comme un petit bijou baroque. C'est ce qu'il est. Le samba, omniprésent, donne une tension au film. Certains lui reprochent d'être une carte postale pour touristes. On s'en fiche, il se laisse revoir avec plaisir !

– ***O Pagador de Promessas*** *(La Parole donnée, Brésil, 1961)* **:** d'Anselmo Duarte. Palme d'or à Cannes en 1962. Un film tiré du célèbre roman de Dias Gomes. Le film mêle le parcours de nombreux personnages et relate en particulier l'histoire de Zé, un paysan qui fait une promesse à Santa Barbara pour la guérison de son âne, en effectuant un chemin de croix jusqu'à Salvador. On peut y voir une scène d'anthologie de capoeira au pied des marches de l'église do Carmo. Un film très académique à l'opposé du *cinema novo* de l'époque, qui soulève la question du rapport entre l'Église et le peuple.

– ***Pixote, la loi du plus faible*** *(Brésil, 1981)* **:** d'Hector Babenco, cinéaste d'origine argentine. Une œuvre remarquable, six fois primée, sur la terrible réalité des bas-fonds brésiliens. Film cru, au réalisme parfois violent, *Pixote* raconte le parcours hallucinant d'un enfant dans un orphelinat, où les brimades succèdent aux viols et aux meurtres, au sein d'une administration corrompue, hypocrite, aveugle... La seconde partie du film se passe dans la rue, dans un monde de délinquance forgé par la drogue, la prostitution et le racket, et où l'enfant devient un tueur. São Paulo et Rio, où fut tourné le film, sont les responsables emblématiques d'une société impitoyable et injuste, dénoncée par Babenco. À voir absolument.

– ***Le Baiser de la femme araignée*** *(coproduction américano-brésilienne, 1985)* **:** deuxième film de Hector Babenco ayant fait le tour du monde. Dans une prison sud-américaine, sous la dictature, Molina (William Hurt), un homosexuel, partage une cellule avec Arregui (Raul Julia), un prisonnier politique. Chaque jour, Molina raconte un passage d'un film à l'eau de rose déviant sur de la propagande nazie, afin, dit-il, de réconforter Arregui qui attend l'heure fatidique. Celui-ci est révolté par la lâcheté de Molina, mais peu à peu des liens se tissent entre eux. Leurs souffrances finissent par se ressembler. Des thèmes incontournables pour cette partie du monde : la dictature et l'homosexualité. Un film remarquablement interprété, pour lequel Hurt a reçu un oscar.

– ***Opera do Malandro*** *(France-Brésil, 1986)* **:** de Ruy Guerra. Dialogues, musique et paroles de Chico Buarque, d'après son livret. Produit par le Français Marin Karmitz. Pendant la Seconde Guerre mondiale, le Brésil soutient le nazisme. Max, un truand proxénète, voit sa protégée virée par Otto Strüdell, tenancier d'un bordel. Max, par esprit de revanche, séduit sa fille, mais Strüdell empêche leur mariage et Max annonce alors son départ au front. Quand il revient, le Brésil change de camp... Illustré par des scènes de danse, agrémenté par la musique de Chico Buarque, le film n'est pas un chef-d'œuvre, mais il se laisse regarder pour ses séquences musicales.

– ***Mission*** *(États-Unis, 1986)* **:** de Roland Joffé. Palme d'or 1986 et oscar pour la meilleure photographie. L'ouverture sur les chutes d'Iguaçu est célèbre ! Elle a été tournée à la frontière du Brésil, de l'Argentine et du Paraguay. À la fin du XVIIe s, le père jésuite Gabriel (Jeremy Irons) reprend le flambeau d'une mission vouée à l'évangélisation des Indiens. Face à lui, Mendoza (Robert De Niro), un *bandeirante* chasseur d'esclaves. Tout les oppose. Mais la vie de Mendoza bascule lorsqu'il tue son propre frère par jalousie. Une lutte autour du sort des Indiens s'organise, avec pour protagonistes les royaumes d'Espagne et du Portugal. L'autre personnage du film, c'est la nature, superbe et omniprésente. Grand écran obligatoire !

– ***Tieta do Brasil*** *(Brésil, 1996)* **:** de Carlos Diegues. Dans le petit village de Mangue Seco (Bahia), Tieta (son rôle est tenu par la belle Sonia Braga) est de retour après 26 ans d'absence. Devenue à São Paulo une femme riche et respectée, elle revient la tête haute, généreuse pour ceux qu'elle aime, attachée à sa liberté. Animée d'un tempérament de feu, elle va bousculer la vie et les habitudes provinciales des habitants. Adapté du roman de Jorge Amado (voir à Mangue Seco, où fut tourné le film), ce film nous fait entrer dans l'univers picaresque d'Amado, qui mêle sensualité et réalisme, humour et gravité. Superbe musique de Caetano Veloso.

– ***Central do Brasil*** *(Brésil, 1998)* **:** de Walter Salles. Film symbole du renouveau d'un cinéma brésilien qui se penche sur la question de l'identité nationale, avec les aides financières du gouvernement Cardoso. Josué, récent orphelin, part de la gare routière de Rio à la recherche de son père. Dora, qui rédige des lettres pour des migrants illettrés, l'accompagne. Des acteurs parfaits, notamment la sublime Fernanda Montenegro, impitoyable et juste. Film presque classique de la quête du père pour un pays qui se cherche, témoignage d'une époque. Si Walter Salles sombre parfois dans le pathos, il nous fait aussi découvrir un Brésil peu représenté dans les brochures touristiques. *Central do Brasil* a décroché l'Ours d'or à Berlin en 1998 et un prix du festival de Sundance.

– ***La Vie peu ordinaire de Dona Linhares*** *(Brésil, 2000)* **:** d'Andrucha Waddington. Mention spéciale « Un certain regard » au Festival de Cannes. Meilleur film au Festival de Carthagène et meilleure actrice au grand prix Brazilian Cinema. Au cœur du plateau semi-désertique du Sertão, dans un paysage d'épineux et de cactus, où la terre brûlée par le soleil reste craquelée de longs mois dans l'année, Darlene, une femme pleine de vie et de sensualité, s'entoure de trois amants dotés chacun de qualités différentes. La jalousie affleure, mais le charme de Darlene exerce un pouvoir trop fort, sans parler des trois enfants nés de chacune des unions... Ce film inattendu et touchant relate l'histoire vraie d'une femme qui bouscule les bases d'une société quelque peu patriarcale. Et tant qu'on parle d'Andrucha Waddington, signalons son film ***La Maison de sable*** (*Casa de Areia*, 2006), tourné dans les superbes paysages du parc national dos Lençóis.

– ***Madame Satã*** *(France, Brésil, 2001)* **:** de Karim Aïnouz. Le film s'inspire librement de la vraie vie de João Francisco dos Santos (1900-1976), plus connu sous le nom de « Madame Satã ». Orphelin de père, vendu par sa mère, ce Carioca noir bâti comme un athlète passa l'essentiel de son existence dans les rues chaudes de Lapa, à Rio de Janeiro. « Madame Satã » fut travesti et père adoptif de sept enfants, cuisinier et voyou, héros et taulard. Portrait d'un personnage complexe dans une ville hors normes.

– ***Cidade de Deus*** *(La Cité de Dieu, Brésil, 2003)* **:** de Fernando Meirelles. Un très bon film, adapté de l'excellent roman du même nom (de Paulo Lins, édité par Gallimard, pour les amateurs de littérature). Traité comme un documentaire (très sanglant ; âmes sensibles, s'abstenir), le film illustre le quotidien d'une favela de Rio entre 1960 et 1980 à travers le parcours et le regard d'un adolescent qui veut s'en sortir. Absolue misère financière, affective et sociale qui conduit enfants et adolescents à toutes les violences, entre guerres des gangs et trafics de drogue, pour accéder à des rêves qui resteront fantasmes...

– ***Moro no Brasil*** *(Je vis au Brésil ; Allemagne, Finlande, Brésil, 2003)* **:** de Mika Kaurismaki (documentaire musical). Un voyage initiatique au cœur de la musique brésilienne, de Rio à Bahia en passant par le Pernambuco. Plutôt que de s'attarder sur les stars de renom, le réalisateur s'est attaché aux pas des artistes de la rue, chanteurs et danseurs rencontrés au cours d'un périple de 4 000 km à travers le pays.

– ***Avril brisé*** *(Brésil, 2003)* **:** de Walter Salles. En avril 1910, dans le Nord-Est pauvre du Brésil, un enfant est contraint par son père de venger la mort de son frère aîné, victime d'une lutte ancestrale entre clans familiaux. S'il remplit sa mission, il sera à son tour anéanti par le code de l'honneur et de la vengeance. Sa rencontre avec un cirque itinérant lui permet de sortir du cercle vicieux de la violence. Adapté d'un roman éponyme d'Ismail Kadaré, le film de Walter Salles transpose le récit (qui se passe en Albanie) au Brésil.

– ***Favela Rising*** *(Brésil, 2005)* **:** de Jeff Zimbalist et Matt Mochary. Un admirable documentaire réalisé dans le style d'un grand film de fiction. L'histoire étonnante d'Anderson Sa, un jeune homme né à Vigario Geral, une des favelas les plus violentes de Rio. Il échappe à un destin tout tracé de délinquant en devenant musicien et fondateur du groupe *AfroReggae*. Entre les policiers corrompus et les gangs qui règnent en maître sur le trafic de drogue, il prend des risques énormes, prône la non-violence, le respect de l'autre, l'action culturelle concrète auprès des jeunes défavorisés. Le rayonnement d'*AfroReggae* sur les autres favelas de Rio a réussi à transformer les mentalités, redonnant un sens à la vie des plus démunis. « Sa musique prône la paix, son message combat la violence. ».

– Et aussi : ***Carandiru*** d'Hector Babenco (2004), ***Bahia, ville basse*** de Sergio Machado (2006).

– On ne peut pas parler du cinéma brésilien sans mentionner la production de documentaires, qui est la plus développée, avec notamment son grand maître, Eduardo Coutinho (***Cabra Marcado para morrer*** – Un homme à abattre). Avis à nos lecteurs franciliens, ne pas manquer le festival de documentaires « Brésil en mouvements », cycle de projections et débats autour d'intéressants documentaires. Infos sur : ● autresbresils.net ●

CUISINE

La cuisine brésilienne résulte de l'étonnant mariage des traditions culinaires portugaises, indiennes et africaines, avec des apports italiens, slaves et arabes au

passage. À part Bahia, où l'influence africaine prédomine, et Belém (influence indienne), il est impossible de démêler les diverses influences au sein de la cuisine de ce vaste pays métissé. Les calebasses sont africaines, les marmites portugaises, les tamis indiens...
L'histoire du Brésil a fait, par décret royal, des femmes indiennes les épouses obligatoires des premiers conquérants et colons portugais. La vie coloniale et l'esclavage ont destiné les femmes africaines à devenir les cuisinières et les nourrices de ces familles. Enfin, l'économie esclavagiste a fait que ce sont les comptables et administrateurs portugais qui définirent minutieusement le régime alimentaire des esclaves. Le résultat est la cuisine brésilienne, très variée, très particulière et savoureuse.
La nourriture de base des Brésiliens est le riz *(arroz)* et les haricots *(feijão)*. Noirs, rouges, bruns, *fradinho, tropeiro, careteiro,* etc., il en existe une très grande variété, prédominants selon les régions. Quoi qu'il arrive, il y aura toujours de l'*arroz com feijão,* du riz aux haricots (léger !). Selon les moyens et selon les traditions locales, les haricots seront préparés de diverses manières, avec différentes salaisons.
À cela s'ajouteront, pour aider à la matière, de la farine de manioc, en *farofa* revenue à l'huile douce ou de palme, en *pirão* ou en *aïpim* (purée), et une viande ou un poisson, rôtis ou cuits avec des légumes d'accompagnement : courgettes, gombos, chou vert ou blanc, potiron. Les fruits aussi entreront dans la composition des plats. Ainsi, de *churrasco* en bananes, s'élabore la diversité de la cuisine brésilienne.

Plats typiques

– ***Feijoada :*** c'est LE plat national brésilien. Fameux quand il est bien préparé ! *Carioca* ou *paulista,* on en retrouve des variantes dans de nombreux plats. Dans les restos, il est traditionnellement servi le samedi midi, mais plus rarement pendant la saison chaude. Les haricots sont mijotés avec des pieds, queues et oreilles de porc salé, de la poitrine et des saucisses fumées, de la viande de bœuf boucanée *(charque),* le tout bien aromatisé à l'ail et aux oignons revenus à l'huile de palme. On sert les viandes et les haricots avec du riz blanc arrosé de sauce obtenue à partir du jus de cuisson, à l'ail et aux piments, que l'on accompagne de chou vert cuit à l'étouffée *(couve),* de *farofa* (farine de manioc) et de quartiers d'orange. Le chou vert est destiné à absorber le sel, et l'orange à absorber la graisse. On peut s'aider de *caïpirinha* et de bière pour faire descendre. Certains soutiennent que ce plat décline les différentes couleurs symboliques du pays : le riz blanc (les Portugais), les haricots noirs ou rouges (Africains et Indiens), le chou vert et l'orange représentant, quant à eux, le vert et or du drapeau national.
– ***Virada a paulista ou mineira :*** le haricot est transformé en purée. Accompagné de riz, de chou vert et servi avec des côtelettes de porc, des couennes rôties, des bananes panées et, parfois, un œuf à cheval.
– ***Carne do sol*** (appelée aussi *carne seca*) **:** c'est de la viande de bœuf salée et boucanée. Ses parties nobles, à la saveur inimitable, sont préparées, après dessalage dans du lait, en grillades, ou sautées avec de la *farofa,* tandis que les autres morceaux sont cuits avec des haricots et divers légumes, notamment potiron ou gombos. Délicieux, accompagné de purée de manioc *(aïpim),* c'est la vedette de la gastronomie du Nordeste.
– ***Paçoca :*** *carne do sol* rôtie ou frite en petits morceaux, puis écrasée au mortier avec de la farine de manioc et des petits oignons.
– ***Moqueca de peixe ou de camarão :*** on fait revenir le poisson ou les crustacés avec oignon, ail, coriandre et tomates dans du lait de coco et on achève la cuisson avec de l'huile de palme. Servi avec du riz et un *pirão.* Délicieux ! Toute la côte est, de Bahia à Santa Catarina, prépare différentes sortes de *moquecas* (crabe, langouste, crevettes, moules, etc.). Une version « allégée » est proposée sans huile de palme.

– ***Empadão :*** grande tarte fourrée aux crevettes ou à la viande, avec des cœurs de palmier et divers légumes. Autant de recettes que de maisons. On se dispute son origine, portugaise, italienne ou russe. En tout cas paulista, mineira et bahianaise.
– ***Cuscus :*** le couscous brésilien. Rien à voir avec celui du Maghreb, il s'agit d'un gâteau de semoule de maïs, fourré aux crevettes et aux sardines, avec des morceaux de légumes, etc. Il existe deux types de *cuscus* prédominants : le *cuscus paulista* et le *cuscus bahiano*.
– ***Vatapá :*** l'un des plats les plus réputés de la cuisine bahianaise, mais reconnu dans tout le Brésil. De l'avis des gastronomes brésiliens les plus autorisés, le *vatapá* suffirait à lui seul à la gloire du pays. Voir le paragraphe « La cuisine bahianaise » à Salvador da Bahia.
– ***Buchada de carneiro :*** un triomphe de la cuisine du Pernambuco. Panse de mouton farcie aux tripes et abats, préparée en ragoût aux herbes ou cuite au court-bouillon.
– ***Churrasco :*** c'est l'un des grands « sports » brésiliens. Sa réputation vient du pays gaucho, mais il se pratique dans tout le pays. C'est la grillade de bœuf, mais la grillade-délire. Les pièces de viande, taillées dans les meilleurs morceaux, sont marinées et grillées à la broche, avec du gros sel, sur les braises. On y ajoute toujours, pour faire bonne mesure, quelques saucisses et poulet grillés, parfois aussi du porc et de l'agneau. La plupart du temps, le tout est servi à volonté.
– ***Pernil assado :*** le jambon entier, frais et rôti, avec *farofa* et couennes grillées *(torresmo)*. Tradition paulista et mineira.
– ***Pão de queijo :*** on en trouve dans tout le pays. Une sorte de petit chou au fromage, parfois fourré avec différentes sauces. Amuse-gueule à savourer au petit déj ou à grignoter à l'apéro.
– ***Salgados :*** c'est ici une institution. Petits en-cas vendus pour trois fois rien dans de nombreux bars, *padarias* et *lanchonetes,* sous forme de beignets salés à la viande, au poisson, au fromage ou aux légumes. Il faut goûter aux *pasteís, coxinha, kibe, bolinho de peixe*... À grignoter sur place ou à emporter.
– ***Pudim :*** en dessert, d'excellents petits flans laiteux et sucrés à souhait.
– ***Pé de Moleque :*** une sucrerie à base de cacahuètes et de caramel, sorte de nougatine irrésistible mais dévastatrice pour les dents ! Vendue partout sur les stands à Salvador, qui proposent aussi le ***bolo do estudante,*** délicieux gâteau gélatineux à base de noix de coco, enrobé de noix de cajou.
– ***Romeo e Julieta :*** de la pâte de goyave qui se déguste avec un fromage mineiro (genre « La vache qui rit »). Tout le monde n'aime pas ce goût étrange... Très populaire au Brésil.
– Pour les amateurs d'exotisme, il existe des plats composés de viande de singe, de caïman, de serpent ou encore de chair de requin. Et aussi une grande variété de plats de poissons exotiques, cuisinés dans le Mato Grosso et les États d'Amazonie.

Les fruits

À l'image du pays, il en existe une grande variété de formes et de saveurs. Faites le plein de vitamines et consommez des jus de fruits.
– ***Le caju (cajou) :*** la plus ancienne description du *caju* remonte au voyageur français André Thevet (1558). La noix de *caju* provient d'un fruit de couleur orangée, au goût aigre-doux. Elle se mange crue, souvent en apéritif, tandis que le liquide contenu dans le reste du fruit sert à confectionner le jus de *caju.*
– ***L'açai :*** prononcez « asahi ». Originaire de l'estuaire de l'Amazone, l'açai est un palmier qui donne un des fruits les plus énergétiques du Brésil. Depuis toujours, les baies d'açai font partie de l'alimentation traditionnelle des Indiens d'Amazonie. Selon un dicton du Pará, ceux qui vont au Pará et mangent de l'açai y restent. De couleur pourpre sombre, il est connu pour ses vertus antioxydantes et se consomme sous forme de jus épais, souvent servi avec des céréales (très nourrissant) ou même en confiture.

– ***L'acerola :*** appelé aussi la cerise des Barbades ou cerise des Antilles, ce petit fruit rouge, assez amer, est surtout consommé sous forme de jus. L'*acerola* aurait une teneur en vitamine C 140 fois plus élevée que l'orange !
– ***Le caja :*** fruit de couleur verte, vendu sur tous les marchés et qui donne un jus délicieux.
– ***Le graviola :*** appelé « corossol » ou « sapotille » dans d'autres pays, le *graviola* est un fruit à la chair fibreuse douce-acide, enveloppé d'une écorce hérissée d'épines.
– ***Le jaca :*** appelé le « jacque » en Europe, fruit du jacquier.
– ***La mangaba :*** petit fruit rond et vert provenant d'un arbre dont les fleurs ressemblent à celles du jasmin.
– ***Le maracujá :*** ou fruit de la passion. Se consomme surtout en jus de fruits. L'arbre qui le porte est aussi connu sous le nom de passiflore. Contrairement à ce qu'indique son nom, le jus est reconnu pour ses vertus apaisantes, consommé en fin de journée pour faciliter le sommeil.
– ***Le pinha :*** protégé par une sorte de carapace à alvéoles, ce fruit possède une chair consistante et laiteuse.
– ***Le pitanga :*** son nom signifie « rouge » en tupi-guarani. Appelée aussi « cerise de Cayenne », le *pitanga* renferme un liquide doux.
– ***Le saputi :*** assez pâteux, ce fruit du Brésil a donné naissance à une chanson d'une célèbre école de samba de Rio. Elle raconte l'histoire de ce fruit, importé par un roi du Portugal et aujourd'hui exporté aux États-Unis. Le *saputi* entre dans la composition de certains chewing-gums.
– ***Le sériguela :*** sorte de prune de couleur jaune, de forme ovale, ce fruit à noyau contient une pulpe juteuse et savoureuse.
– Et bien sûr les classiques *ananas (abacaxí), mangues (mangua)* et *bananes (banana),* vraiment délicieux et sucrés en saison.

Restos, *rodizios* et autres *lanchonetes*

– ***Les restos « normaux » :*** il en existe de différentes sortes, familiaux, classiques, chic, touristiques, ça dépend. Dans les plus chers, attendez-vous à payer une taxe de 10 % sur le montant total. Le plus important : les portions sont le plus souvent très copieuses. Un plat est généralement servi avec plusieurs accompagnements, riz, haricots et parfois frites, donc largement suffisant pour deux, voire trois personnes !
Les Brésiliens affectionnent également deux autres types de restos :
– ***Option économique :*** les ***restaurants ao kilo.*** Buffet où l'on se sert à volonté des divers plats, puis on paie au poids. C'est généralement excellent, imbattable niveau prix, ça évite de payer pour ce qu'on ne mangera pas et ça permet de côtoyer les Brésiliens !
– ***Option copieuse et à prix sages :*** le ***rodizio.*** C'est le principe de la nourriture à volonté à prix fixe. Immense buffet de hors-d'œuvre et légumes les plus divers, et garçons qui tournent en salle et vous remplissent l'assiette des différents plats principaux, à mesure qu'elle se vide. Les *rodizios* les plus classiques sont les *rodizios de churrasco,* avec quantité de viandes grillées. Il existe aussi des *rodizios* de pizzas, de pâtes, et des *rodizios* de fruits de mer. Attention, dans ces restos, aux petits extras (apéritifs, amuse-gueules et desserts), systématiquement proposés mais jamais gratuits ! Les grands restaurants sur les routes et autoroutes sont la plupart du temps de bonne qualité et proposent souvent le *rodizio.*
– Au Brésil, nul besoin de s'attabler pour manger. On mange partout, dans la rue, dans les ***lanchonetes*** ou les boulangeries ***(padarias),*** où l'on peut consommer sur place, au comptoir. Rien de meilleur qu'une *coxinha de frango,* avec ou sans *catupiri,* dégustée au comptoir avec un café au percolateur !

Petit lexique culinaire

Eau	*Agua*
Frais	*Fresco*
Vin (rouge/blanc)	*Vinho (tinto/branco)*
Bière	*Cerveja*
Thé, infusion	*Chá*
Jus de fruits sans lait	*Suco*
Avec lait (milk-shake)	*Vitamina*
Pain	*Pão*
Haricots	*Feijão*
Pomme de terre	*Batata*
Riz	*Arroz*
Sauce	*Molho*
Poivre, sel	*Pimenta, sal*
Huile de table	*Azeite*
Fruits de mer	*Mariscos*
Crevettes	*Camarões*
Homard	*Lavagante*
Poisson	*Peixe*
Palourde	*Amêijoa*
Langouste	*Lagosta*
Viande	*Carne*
Porc	*Porco*
Poulet	*Frango*
Bœuf	*Boi, bife*
Entrecôte	*Bisteca*
Rôti	*Assado*
Revenu à la casserole	*Refogado*
Fromage	*Queijo*
Desserts	*Doces*
Crème glacée	*Sorvete*
Goyave	*Goiaba*
Fruit de la passion	*Maracujá*
Ananas	*Abacaxi*
Papaye	*Mamão*
Raisins	*Uvas*
Pomme	*Maçã* (prononcer « massin »)
Fraise	*Morango*

DROITS DE L'HOMME

Chaque année, près de 50 000 personnes meurent des suites de violences au Brésil, la plupart du temps dans les quartiers les plus pauvres. Violence et pauvreté sont en effet les fléaux préoccupants du Brésil. Aujourd'hui, 12,4 millions de Brésiliens habitent dans les favelas, soit plus de 14 % de la population. Ils font partie de ceux qui sont le plus directement touchés par la crise alimentaire mondiale, mais aussi par la criminalité organisée, comme à São Paulo. Le gouvernement brésilien, qui a établi ce recensement dans le but de stopper la création de ces habitats sommaires, doit parfois faire face à de véritables guérillas urbaines. Les victimes de « balles perdues » lors de conflits entre gangs et forces de l'ordre ne se comptent plus, et l'attitude de la police est d'ailleurs fortement contestée par l'ONG de défense des Droits de l'homme. Assassinats extrajudiciaires, « balles perdues », la gachette facile des policiers brésiliens fait chaque année des centaines de victimes (près de 700 morts pour le seul premier semestre 2007), et pas seulement dans les milieux criminels. Les forces de l'ordre se rendent par ailleurs encore trop souvent coupables de torture. Selon les ONG, la surpopulation carcérale particulièrement inquiétante (420 000 prisonniers pour 220 000 places) est à l'origine là encore de nombreuses violences. Dans les campagnes également, en dépit des programmes

gouvernementaux, les conflits ruraux ne cessent chaque année de faire des victimes. Les militants du mouvement des Sans-Terre – qui continuent d'occuper les terres de grands propriétaires – ou les défenseurs des droits des indigènes sont l'objet de pressions et de harcèlement, voire d'assassinats de la part des grands propriétaires terriens, même si la justice ne semble plus désormais aller dans le seul sens de ces derniers.
Pour en savoir plus, n'hésitez pas à contacter :

■ ***Fédération internationale des Droits de l'homme (FIDH) :*** *17, passage de la Main-d'Or, 75011 Paris. ☎ 01-43-55-25-18. Fax : 01-43-55-18-80. • fidh.org • Ⓜ Ledru-Rollin.*

■ ***Amnesty International*** *(section française) : 76, bd de la Villette, 75940 Paris Cedex 19. ☎ 01-53-38-65-65. Fax : 01-53-38-55-00. • amnesty.fr • Ⓜ Belleville ou Colonel-Fabien.*

ÉCONOMIE

« J'ai regardé les statistiques, et je peux dire que ce pays est en marche et qu'il sera une des grandes puissances du XXIe s », déclarait au *Times* (fin 2006) l'économiste Jeffrey Sachs, l'un des dix experts les plus influents et écoutés dans le monde. Treizième économie mondiale, cinquième pays du monde par sa population, le Brésil est indépendant en matières premières et en ressources minérales, et il se dirige vers une autosuffisance énergétique. Ce n'est pas encore assez pour obtenir un taux de croissance annuel à deux chiffres comme la Chine, mais c'est déjà beaucoup.

Agriculture

Le Brésil se place parmi les premiers producteurs agroalimentaires et agroindustriels du monde : café, canne à sucre, soja, coton, cacao, agrumes, pâte à papier et cellulose, viandes porcines et bovines...
L'agriculture joue un rôle de premier plan dans l'économie du pays, bien qu'elle ne représente que 5 % du PIB. Environ 90 % des domaines agricoles font moins de 100 ha et 1 % ont une surface supérieure à 1 000 ha. L'immense étendue des terres, la bonne productivité et le faible coût de la main-d'œuvre en font une agriculture compétitive qui exporte bien.
– ***Sucre :*** le Brésil est le premier producteur mondial de sucre (sucre de canne), avec des rendements étonnants. La production d'une tonne de canne à sucre coûte 335 $, contre 700 $ pour une tonne de betterave à sucre en Europe.
– ***Café :*** premier producteur et exportateur mondial de café depuis 1840, le Brésil fournit aujourd'hui le quart de la production mondiale. São Paulo et Minas Gerais, mais aussi Paraná et Espírito Santo sont les quatre principaux États producteurs (98 % du revenu total).
– ***Soja :*** deuxième producteur mondial après les États-Unis avec une productivité égale à celle de ce pays. 200 variétés de soja sont cultivées au Brésil. Premier client : la Chine. L'extension de la culture du soja entraîne un déboisement important au Mato Grosso et en Amazonie, ce qui constitue une menace pour l'environnement.
– ***Orange et cacao :*** le Brésil est le deuxième producteur mondial de ces produits.
– ***Maïs :*** troisième producteur mondial.
– ***Tabac, manioc, coton :*** importante production.
– ***Viande :*** troisième pays du monde pour l'élevage, le Brésil concentre sa production dans les États du Sud (Mato Grosso en particulier). La Russie est le premier acheteur de viande brésilienne.

L'économie de la forêt brésilienne

La forêt recèle des richesses comme l'huile de tung, l'huile de carnaúba, la fibre de caroá, le caoutchouc (latex de l'hévéa), mais aussi des huiles végétales, des résines, sans même parler de l'immense richesse des plantes médicinales (plus de détails plus loin dans le chapitre « Environnement » puis dans la partie « Le Nord, l'Amazonie »). Les États forestiers du Nord sont touchés par la croissance de la bio-industrie.

Les mines et l'industrie

Plus d'un tiers du PNB du pays provient des industries et des mines.
L'industrie minière est d'abord représentée par le fer (premier producteur mondial). Les mines de fer d'Itabira, dans le Minas Gerais, sont parmi les plus importantes du monde. Puis viennent l'étain (deuxième producteur mondial), la bauxite (troisième), mais aussi l'or, l'argent, le manganèse, l'aluminium, les pierres précieuses (dont les diamants). Le complexe minéro-industriel de Carajás, au sud de Belém, abrite les plus importantes réserves du monde en minerais, pierres précieuses et semi-précieuses.
Dans l'État de Pará se trouve également la plus grande réserve de sel gemme au monde et l'une des plus grandes mines d'or au monde, juste à côté de l'ancienne Serra Pelada (qui avait fait l'objet d'un livre étonnant de Sebastião Salgado). La ruée vers l'or continue dans l'État du Pará.
– ***Industrie automobile :*** dixième parc automobile du monde. Premières marques : Fiat et Volkswagen.

Ressources énergétiques : le Brésil à l'avant-garde

– ***Électricité :*** 86 % de la production électrique est assurée par des barrages hydroélectriques dont la plupart se trouvent dans les États de Paraná (comme le barrage d'Itaipu, que vous pourrez visiter) et de São Paulo (sud). Une énergie propre, qui ne produit aucun gaz carbonique et n'a donc aucun effet sur le réchauffement climatique.
– ***Nucléaire :*** ne représente que 3 % de la consommation énergétique du Brésil. Le pays possède des mines d'uranium, qui est enrichi dans une centrale nucléaire près de Rio.
– Le Brésil ne possède aucune mine de charbon (anthracite) mais, en revanche, il est le premier producteur mondial de ***charbon de bois.*** 67 % de la production est destinée au secteur sidérurgique situé dans le Minas Gerais.
– ***Pétrole :*** depuis avril 2006, le Brésil est autosuffisant en pétrole. C'est un événement qui est passé inaperçu, mais qui rend admiratifs les experts de la planète. En 1975, 90 % du pétrole consommé au Brésil était acheté à l'étranger. Aujourd'hui, avec la production d'éthanol et d'agrocarburants, le Brésil est autosuffisant et ne consomme que son propre pétrole. Celui-ci provient essentiellement de forages au large des côtes mais aussi en Amazonie et au Mato Grosso. En outre, deux nouveaux gisements de pétrole ont été récemment décelés par la compagnie nationale *Petrobras. Tupi,* en novembre 2007, gisement sous-marin qui s'étend de l'État de l'Espirito Santo à Santa Catarina sur 800 km de long et 200 km de large, et *Carioca,* en avril 2008, situé dans le bassin de Santos, au large des côtes de São Paulo. D'après les premières estimations, le champ pétrolier pourrait constituer au niveau mondial le troisième plus important en termes d'activité. Ces découvertes majeures permettraient au Brésil d'augmenter ses réserves de 50 % et d'entrer dans le cercle des grands pays exportateurs, membres de l'OPEP. À plus grande échelle, cela pourrait avoir des conséquences non négligeables sur l'économie mondiale.
– ***Gaz naturel :*** au Brésil, de nombreux véhicules roulent aussi au gaz naturel. Celui-ci est importé de Bolivie et du Venezuela. Des projets de gazoducs sont à l'étude entre la région de São Paulo et ces deux producteurs voisins du Brésil.
– ***Éthanol*** (alcool de canne à sucre) ***:*** en 1975, le gouvernement militaire a lancé le premier programme de production d'éthanol. Il a accordé des subventions aux

producteurs et obligé les stations-service de toutes les villes de plus de 1 500 habitants à installer des pompes à éthanol. Au Brésil, cet agrocarburant est appelé *álcool comun*. Au début des années 1980 déjà, la plupart des voitures neuves vendues au Brésil roulaient exclusivement à l'éthanol. À la fin de la dictature, les subventions ont diminué, ce qui a entraîné une désaffection pour l'éthanol. Aujourd'hui, l'éthanol est redevenu rentable. À la pompe, un litre coûte autour de 0,60 € contre 1 € pour le litre d'essence. Les deux carburants se mettent dans le même réservoir et se consument dans le même moteur, lequel fonctionne de manière hybride, les constructeurs automobiles comme Volkswagen et Ford ayant mis sur le marché en 2003 les premiers modèles de voiture à moteur bicarburant. La consommation d'éthanol augmente si vite que le gouvernement a dû créer quarante à cinquante nouveaux sites de production pour compléter les 340 sites déjà existants. Et le Brésil exporte même de l'éthanol vers certains États des États-Unis.
– ***Les autres agrocarburants et énergies renouvelables :*** depuis juin 2006, le Brésil produit d'une manière industrielle un nouveau carburant (breveté par *Petrobras*) appelé le ***H-Bio Diesel.*** C'est un mélange d'huile de soja et de pétrole raffiné. La construction de centrales à biomasse, usines capables de recycler les déchets organiques en les transformant en énergie, est une nouvelle piste « propre » que le gouvernement brésilien entend bien poursuivre. Une révolution énergétique toutefois très controversée car synonyme de monoculture de soja transgénique...

Un Brésil à plusieurs vitesses

– ***Le Brésil pauvre :*** il représente un tiers de la population, c'est-à-dire neuf États du Nordeste (Alagoas, Bahia, Ceará, Maranhão, Paraíba, Pernambuco, Piauí, Rio Grande, Sergipe) et les trois États amazoniens les plus défavorisés (Acre, Pará et Tocantins).
– ***Le Brésil émergent :*** soit environ un Brésilien sur dix. Ce n'est plus le tiers monde et pas encore le monde développé. Concerne les États situés de la frontière vénézuélienne au Minas Gerais (Roraima, Amazonas, Rondônia, Mato Grosso, Goiás, Minas Gerais) et l'Amapá (État qui jouxte la Guyane française).
– ***Le Brésil développé :*** représente environ la moitié de la population brésilienne, soit les sept grands États du Sud : Rio Grande do Sul, Santa Catarina, Paraná, São Paulo, Mato Grosso do Sul, Rio de Janeiro, Espírito Santo et Brasília (Distrito federal).

Mieux redistribuer la richesse

« Le Brésil n'est pourtant pas un pays sous-développé mais un pays injuste », selon l'expression de l'ancien président Fernando Henrique Cardoso. On estime aujourd'hui que les 20 % de Brésiliens les plus pauvres ne bénéficient que de 2 % des revenus du pays. 80 millions de Brésiliens sont rejetés hors des réalités mêmes de l'économie, avec un revenu inférieur à 200 € par mois ; parmi ces derniers, 54 millions appartiennent à un foyer où le revenu par tête est inférieur à 32 € par mois. Sachant que, théoriquement, le salaire minimum légal est de 350 Rls (environ 140 €) par mois.

Bilan économique des années Lula

À la fin du premier mandat du président Lula (réélu en novembre 2006), le bilan est mitigé. Côté positif : croissance avoisinant les 4 %, félicitations du FMI au Brésil pour sa conduite économique ; deux millions d'emplois créés, ainsi que le plan « Faim Zéro » qui permet de nourrir six millions de familles ; mise en place de programmes d'alphabétisation, de formation professionnelle, d'aide à l'agriculture familiale, de microcrédit, etc. ; et le salaire minimum (SM) est passé de 260 à 350 Rls.

Côté négatif : les plus démunis (et notamment les paysans du Mouvement des Sans-Terre) sont déçus par la réalité des réformes économiques et sociales promises lors de la campagne électorale. La moindre mesure semble dérisoire face à cent millions de pauvres. On le voit, Lula n'avait pas promis la lune, mais la lenteur des réalisations en a désenchanté plus d'un... mais pas au point de ne pas le reconduire à la présidence !

ÉGLISES BAROQUES

Du Nordeste au Minas Gerais en passant par Rio, les églises baroques sont incontournables ! Elles témoignent du mouvement architectural et artistique que connut le Brésil à partir du XVIIe s et sont l'œuvre d'une société naissante et de communautés multiples qui ont trouvé là un formidable terrain d'expression.

Elles suscitent la contemplation, l'admiration, et l'on peut difficilement rester indifférent face à une telle théâtralité, une telle mise en scène de la foi, mais aussi à une telle manifestation de l'art, tout simplement. Il y a de fortes chances pour que l'enthousiasme s'empare même des plus réfractaires !

Depuis le parvis, il est bien souvent difficile d'imaginer ce qui attend le visiteur à l'intérieur. Les façades sont en général sobres, avec de simples murs blancs ou gris (plus rarement bleus ou jaunes), ornés de quelques chaînages de pierres sombres ou de linteaux et de chambranles aux courbes et volutes élégantes. Dès que l'on franchit le seuil, tout se précipite. L'œil hésite, titube. C'est un foisonnement de sculptures sur bois *(talha)*, de dorures, de colonnes et de pilastres. Les plafonds se parent de fresques, les retables trônent dans le chœur. Parfois, des azulejos recouvrent les murs de l'église et du cloître. Dans le Minas Gerais, l'intérieur de certains édifices est même entièrement recouvert d'une pellicule d'or...

Au XVIIe s, les Portugais bâtirent les premières églises sur la côte. Au début du XVIIIe s, l'essor économique du Brésil favorisa l'avènement du baroque. C'est alors à ***Recife*** et à ***Olinda*** que cet art s'exprima dans toute sa splendeur. Puis, la découverte d'or et de pierres précieuses dans le Minas Gerais suscita la multiplication d'églises ; le baroque se répandit à l'intérieur des terres, avec l'apport et la créativité de chaque communauté de la mosaïque brésilienne. En construisant leurs propres églises, les esclaves noirs gagnèrent ainsi, selon l'universitaire Angelo Oswaldo de Araújo Santos, « leur première victoire sur le chemin de la reconquête de la liberté ». On assista bientôt à l'émergence d'une nouvelle société, formée par les descendants des esclaves affranchis et les enfants issus de mariages mixtes. Beaucoup sont devenus des artistes de grand talent, dont le travail révèle la sensibilité transcendée par leurs origines. La seconde moitié du XVIIIe s reste d'ailleurs incontestablement marquée par le métisse Antônio Francisco Lisboa, dit « l'Aleijadinho » (l'Estropié), appelé encore le « Michel-Ange » du Minas Gerais. Atteint d'une grave maladie, ce sculpteur, qui devait attacher ses outils à ses poignets, a illustré son talent et son génie avec les célèbres douze prophètes au pied de l'église Bom Jesus de Matozinhos à Congonhas do Campo. La façade de l'***église São Francisco de Assis à Ouro Preto*** est considérée également comme l'un de ses chefs-d'œuvre.

PLEIN LES YEUX !

Le baroque latino-américain se traduit par une architecture fastueuse et monumentale, aux décors exubérants. Pourquoi donc tant de ferveur apparente ? Pourquoi s'attacher et s'efforcer à une telle démonstration de la puissance divine ? Tout simplement pour amener les Indiens qui peuplaient ces terres à se convertir au christianisme. Une seule solution : impressionner, émerveiller et persuader, afin que s'éveille durablement la foi.

ENVIRONNEMENT

Associez les mots « environnement » et « Brésil », et on pense d'abord et avant tout à l'Amazonie, « poumon de la planète ».

L'Amazonie menacée

N'hésitez pas à vous reporter, plus loin, à l'introduction du chapitre sur l'Amazonie. Ce vaste bassin hydrographique, parcouru de milliers de cours d'eau qui serpentent en d'innombrables lacets parmi des terres restées vierges et se perdent en ignorant les limites de leurs lits, est un sanctuaire de biodiversité unique au monde. L'Amazonie compte près de 20 000 espèces de végétaux endémiques (qui ne poussent nulle part ailleurs) ! Avec 23 % de l'ensemble des espèces de la planète, le Brésil est le premier pays au monde en terme de biodiversité ! Des milliers d'autres restent encore à découvrir... Une richesse inestimable pour l'humanité ! L'Amazonie est un véritable gisement d'or vert... Ce n'est pas un hasard si la conférence des Nations unies sur l'environnement et le développement s'est tenue à Rio en 1992. Cette réunion a consacré le concept de ***développement durable.*** Les pays membres signèrent à cette occasion des conventions sur la diversité biologique et les changements climatiques. Sachez à ce propos que plus l'on déboise l'Amazonie, plus l'on participe au ***réchauffement climatique*** de la planète. Pourquoi ? Parce que les arbres d'Amazonie « se nourrissent » de gaz carbonique (CO_2). En l'absorbant, ils l'empêchent donc de monter dans l'atmosphère, où il contribue en ne se désintégrant que très lentement au phénomène dit d'effet de serre.
L'Amazonie est gravement menacée depuis plus d'un quart de siècle, notamment à cause de l'extension des surfaces agricoles. Pour désenclaver cet espace immense, le gouvernement brésilien a décidé, en 1975, après l'échec de la route Transamazonienne, de créer des pôles de développement, et a ainsi distribué des milliers d'hectares aux grands propriétaires terriens pour trois fois rien. Résultat : les défoliants, les bulldozers et le feu ont libéré le terrain pour créer des pôles agropastoraux (élevage intensif) et des pôles agrominiers (gisements de fer, de bauxite ou de manganèse, par exemple). Comme souvent, ce sont les entreprises multinationales qui tirent tous les bénéfices de ces opérations, et les ouvriers, trimbalés de chantier en chantier, ainsi que les Indiens, chassés de leurs terres, qui paient les pots cassés.
Mais il y a aussi les cultures à grande échelle, comme celle du soja, de plus en plus « selvivore ». Quoi qu'il en soit, l'Amazonie subit ainsi un désastre écologique : des milliers d'hectares de forêt sont anéantis chaque jour (plusieurs terrains de football à chaque seconde), et les organismes internationaux tardent à intervenir. En trente ans, ce serait plus de 700 000 km^2 (la France et deux fois le Portugal) qui auraient été détruits. Cela peut sembler peu au regard de ce qu'est encore la forêt (près de six millions de km^2), mais cette déforestation n'a pas eu lieu en un seul et même endroit : elle est au contraire fort disséminée, ce qui fait qu'on trouve désormais des zones déboisées sur l'ensemble du territoire amazonien, et comme une zone défrichée en appelle généralement une autre, on peut craindre le pire pour l'avenir de la région.
– Site du ministère de l'Environnement du Brésil : • ibama.gov.br •

Le projet *Avança Brasil*

Dans le cadre du projet *Avança Brasil* lancé par les autorités, plusieurs routes doivent être ouvertes ou asphaltées au cours de la décennie 2000-2010 : les tronçons Marabá-Altamira, Humaitá-Lábrea, Sapezal-Comodoro. Objectif : réduire les coûts de transports. Par ailleurs, l'axe Manaus-Boa Vista (route qui mène au Venezuela) est déjà asphalté, de même que le tronçon Rurópolis-Santarém.

Ce projet *Avança Brasil* provoque une levée de boucliers des ONG qui pointent du doigt le manque de concertation et redoutent les conséquences catastrophiques de ces infrastructures. La bataille des chiffres fait rage ; les autorités estiment que le taux de destruction de la forêt serait porté à 22 %, les défenseurs de l'Amazonie sont beaucoup plus pessimistes... En tout cas, c'est un projet qui repoussera encore plus loin les limites de la déforestation et, avec elle, toutes les conséquences sur l'écosystème et les populations amérindiennes. Et c'est sans compter sur les multinationales (industries pharmaceutiques, agroalimentaires et chimiques) qui se tournent vers l'essor des biotechnologies (sur ce point particulier, voir aussi l'introduction au chapitre sur l'Amazonie) en convoitant les trésors de gènes que recèlent plantes et animaux... en l'absence de toute législation adaptée.

Les plages et la Mata Atlântica

L'environnement au Brésil, ce sont aussi des kilomètres de plages, dont certaines polluées, en particulier autour des grandes villes comme Rio, Recife, etc. Ce sont encore des dizaines de petits paysans qui, derrière les collines de Rio, pratiquent le brûlis sur leurs champs, sans protéger les sous-bois atlantiques (la Mata Atlântica) tout proches. Ou les citadins qui se construisent une résidence secondaire en bord de mer, sur des aires protégées, détruisant là aussi la forêt atlantique. Celle-ci couvrait 1,2 million de kilomètres carrés du territoire brésilien lors de l'arrivée des Portugais au XVIe s ; 93 % de cette forêt ont aujourd'hui disparu.
Comme le souligne l'historien Geraldo Prado : « l'histoire du déboisement de la Mata Atlântica, c'est l'histoire économique du Brésil. À chaque cycle de croissance a correspondu la destruction d'une partie de la forêt. » Visiblement, on peut maintenant faire la même constatation au sujet de toutes les forêts brésiliennes...

Les agrocarburants, une source d'énergie propre ?

L'éthanol (alcool de canne à sucre) est un agrocarburant dont le Brésil est le premier producteur. Il ne dégage aucun CO_2 ni aucun gaz à effet de serre et n'a donc aucune conséquence sur le réchauffement climatique de la planète. Résultat : cette politique d'avant-garde devrait, à terme, faire baisser d'un quart le taux d'émissions nocives (dioxyde de carbone) généré par les anciens moteurs à essence.
Les constructeurs automobiles ont adapté leurs véhicules aux besoins du marché, créant des carburateurs « bicarburant » fonctionnant à l'essence classique ou à l'alcool de canne à sucre, selon les besoins (voir aussi plus haut la rubrique « Économie »).
Cependant, l'augmentation des besoins en éthanol entraîne une extension de la surface des terres cultivées et, malgré l'immensité du Brésil, cela se fait au détriment de la forêt. C'est l'exemple (à ne pas suivre) que nous donnent l'Indonésie et la Malaisie, où les plantations de palmiers à huile sont responsables du remplacement des écosystèmes naturels (forêt, pâturages) par des cultures destinées à la production d'énergie.

FAVELAS

Partie intégrante de l'âpre réalité du Brésil, la favela signifie l'exclusion sociale. Alors que, dans la plupart des grandes villes, les favelas s'étendent dans les quartiers périphériques, à Rio ou à Salvador, elles sont établies sur les *morros* qui surplombent la ville du nord au sud, au-dessus de chacun des quartiers résidentiels. Leur croissance est à la mesure de la crise sociale : en 1964, un habitant sur quatorze, dans l'État de Rio, vivait en favela ; aujourd'hui, c'est un sur trois (ou quatre) qui connaît cette condition ! La ville de Rio compte 578 favelas, celle de São Paulo plus de 1 200. Inutile de dire que les conditions sanitaires y sont très aléatoires.

POURQUOI FAVELA ?

Le terme favela *vient de* fave *(« fève »). Il a été emprunté à l'insurrection des « Canudos », dans l'État de Bahia, à la fin du XIX*e *s.* Favela *était le nom d'une des collines du haut desquelles ces exclus de l'époque, guidés par Antônio Conselheiro, résistèrent aux trois premières expéditions militaires chargées de les écraser. Quand la révolte fut matée en 1897, les soldats démobilisés, de retour à Rio, s'établirent « sauvagement » sur les collines, les* morros*, en récompense du service qu'ils avaient rendu à la République. Ils nommèrent* favela *leur quartier, en souvenir de la guerre de pacification à laquelle ils avaient participé.*

Une histoire difficile

Au début des années 1980, les autorités de Rio, en quête de terrains spéculatifs, tentèrent à plusieurs reprises de repousser les favelas vers les lointaines périphéries, mais elles se heurtèrent à la résistance farouche des habitants. Soutenues par l'Église progressiste, des associations d'habitants se formèrent, exigeant une politique d'équipement, de citoyenneté et de prise en charge par les pouvoirs publics. Un extraordinaire réseau d'organisations de solidarité populaire (centres communautaires, foyers d'éducation, jardins d'enfants, ateliers d'apprentissage, sans compter les traditionnelles écoles de samba) se mit ainsi à encadrer la vie communautaire des favelas de Rio.
À partir de 1990, l'administration travailliste de l'État opta pour la reconnaissance de ces associations et pour un programme d'urbanisation des favelas. Politique bien intentionnée, mais qui resta à la surface des choses (électricité, eau, parfois canalisations, construction d'écoles, fourniture de matériel de construction, briques et parpaings), tandis que la disparition de toutes les industries à Rio et l'aggravation de la crise économique renforçaient la barrière sociale, raciale, culturelle et psychologique entre les deux mondes : *asphalte* (comme on nomme les quartiers résidentiels) et favelas.

Drogue, gangs et violence

Dans les favelas, le pouvoir caché est aux mains des gangs qui vivent du trafic de drogue. S'il y a de la drogue, c'est qu'il y a aussi des consommateurs. La consommation de cocaïne dans les classes aisées ayant connu un boom spectaculaire dans les années 1980, ce furent des bandes de jeunes délinquants qui en assurèrent le commerce de détail à partir des favelas. Peu à peu, le trafic devint l'activité la plus valorisante pour une jeunesse exclue de la société, tandis que les bénéfices qu'il assurait leur conféraient prestige et autorité. On vit même des chefs de bande, dont la moyenne d'âge n'excédait pas 23 ans, offrir des équipements sportifs ou sociaux à leur communauté.
Dans ce monde où l'État de droit s'arrête, c'est l'arbitraire de la police, militaire ou civile, détentrice du monopole sur le trafic de cocaïne « en gros » et sur le trafic d'armes, qui fait loi. La concurrence entre bandes, aiguillonnées et armées par la police, aggravée par la saturation du « marché » de la cocaïne et la chute des prix, a abouti à une situation explosive où chaque favela se trouve sous la coupe d'une « quadrille » de jeunes adolescents, organisés et lourdement équipés d'armes de guerre fournies par les trafiquants de la police elle-même.
La population des favelas est prise en otage entre les bandes policières, qui se livrent à des incursions et à des massacres aveugles d'une sauvagerie inouïe, et les « bandits » qui, sous une telle pression, accroissent leur pouvoir et leur armement. Ces guerres entre groupes de « bandits » et policiers ripoux causent à elles seules plusieurs centaines de morts par an dans les favelas de Rio, descendant réguliè-

rement jusqu'au centre des villes, Rio en particulier, dans le but de faire pression sur les pouvoirs publics, ou à São Paulo, avec attaques de commissariats, de banques, etc.

Que faire ?

Les mouvements communautaires et les associations d'habitants, qui avaient permis des progrès et une démocratisation importante dans les favelas, se trouvent fragilisés par cette double pression bandits/police, tandis que sur l'*asphalte,* campagnes de presse et mouvements d'opinion des classes aisées en appellent à la liquidation des favelas.
Si les favelas de Rio font figure de symbole, pour la plupart, les grandes capitales du Sud-Est, du Centre ou du Nordeste connaissent une situation comparable, chacune avec ses particularités locales, et une croissance inquiétante des favelas qui abritent une part de plus en plus grande de la population.

Visiter une favela peut être un acte altruiste et utile

– ***Un conseil :*** n'essayez en aucun cas d'aller vous promener tout seul, le nez en l'air, dans les favelas. Si vous tenez à y aller, sachez que des visites guidées sont organisées par des petites agences impliquées dans un processus d'aide sociale et humanitaire. Contactez une agence spécialisée (voir « Adresses utiles » à Rio).
– ***Films à voir :*** dans la rubrique « Cinéma », nous indiquons l'excellent ***La Cité de Dieu,*** de Walter Salles (qui se passe dans la favela de Cidade de Deus à Rio), ***Tropa de elite,*** de Jose Padilha, primé au festival de Berlin en 2008, et ***Favela Rising,*** un documentaire exceptionnel de Jeff Zimbalist et Matt Mochary. Ces films font pénétrer dans l'univers violent des favelas, entre policiers corrompus et gangs maîtres du trafic de drogue. Fruit d'une approche différente, ***Le Miracle de Candeal,*** documentaire de Fernando Trueba, dresse le portrait de la favela de Candeal, à Salvador da Bahia, que Carlinhos Brown, musicien surdoué, a transformé en pépinière d'artistes et modèle d'insertion sociale.

GÉOGRAPHIE

Le Brésil a la forme d'une harpe (quel beau symbole !) et sa ligne de frontière reproduit globalement (et étrangement) la silhouette entière de l'Amérique du Sud.
C'est une république fédérative divisée en 26 États, un District Fédéral et cinq grandes régions administratives : Nord, Nordeste, Centre-Ouest, Sud-Est et Sud. Il est peuplé de 190 millions d'habitants, dont 63 % vivent dans le Sud-Est et le Sud.
– ***Le Nord*** comprend sept États : ***Pará, Amapá, Roraima, Amazonas, Acre, Rondônia et Tocantins.*** C'est la plus vaste région du pays et la moins peuplée (le seul État du Pará est grand comme 2,5 fois la France pour cinq millions d'habitants). Avec une bonne partie du Centre-Ouest, le Nord forme l'Amazonie légale. Presque entièrement couvert de forêts, il abrite des milliers d'espèces d'oiseaux, de poissons d'eau douce et saumâtre, de reptiles et de mammifères uniques au monde. Les deux principaux points d'accès en sont Belém, capitale du Pará, à l'embouchure de l'Amazone, et Manaus, en plein cœur du continent, des forêts et du fleuve, points de départ de fabuleuses excursions. Le Nord abrite des dizaines de nations indiennes (Bororo, Javaé, Karaja, Xingu, Yanomami, etc.) qui perpétuent leurs civilisations sylvestres et réclament la délimitation de leurs territoires. C'est aussi le théâtre de l'actuelle « conquête de l'Ouest » qui provoque la destruction rapide de la plus grande réserve de forêts, d'eau et d'oxygène de la planète.
– ***Le Nordeste*** comprend neuf États : ***Maranhão, Piauí, Ceará, Rio Grande do Norte, Paraíba, Pernambuco, Alagoas, Sergipe et Bahia.*** C'est ici et dans le Nord que se concentrent les *latifundia,* immenses domaines privés de plusieurs dizaines de milliers d'hectares, sur lesquels règnent de grands propriétaires ter-

riens, les *coroneis* (colonels), qui font la pluie et le beau temps dans leurs États. C'est de là que viennent les millions de paysans privés de terre qui se bousculent autour des capitales du Sud-Est, ou vont former les fronts de colonisation et de déboisement dans le Nord et le Centre-Ouest. Terre de grandes richesses et de traditions culturelles, c'est aussi une région aujourd'hui ravagée par la plus terrible misère sociale.

– ***Le Centre-Ouest*** est formé des États de ***Goiás, District Fédéral, Mato Grosso et Mato Grosso do Sul.*** C'est le socle continental du pays, au centre géographique duquel est édifiée la capitale : Brasília. Il se partage entre les hauts plateaux arides, couverts de la végétation du *cerrado,* et la région de marais et forêts tropicales, qui, à l'est du rio Araguaia, continue l'univers exubérant de l'Amazonie. Très peu peuplé, le Centre-Ouest est aussi, dans sa partie occidentale, une terre de colonisation des paysans venus du Sud et du Nordeste, et un lieu de conflits pour la possession de la terre. Le *cerrado* est essentiellement consacré à l'élevage extensif.

– ***Le Sud-Est,*** qui constitue à peine 10 % du territoire national, abrite 40 % des Brésiliens, dans les États de ***Minas Gerais, Espírito Santo, Rio de Janeiro et São Paulo.*** Cœur du Brésil développé, de sa vitalité et de ses fièvres économiques, cette région, où l'agriculture de haut rendement d'origine coloniale – lait, café, canne à sucre et agrumes – s'est combinée avec la concentration industrielle, est symbolisée par la puissance de São Paulo et le rayonnement de Rio. Pays de végétation et de climat tropicaux, de côtes splendides et de montagnes couvertes de forêts, parsemé de sources thermales et de lacs intérieurs, on y trouve aussi nombre de sites historiques d'une grande beauté, notamment dans le Minas Gerais.

– ***Le Sud*** est une région subtropicale et tempérée à mesure que l'on parcourt les trois États de ***Paraná, Santa Catarina et Rio Grande do Sul*** jusqu'aux frontières argentine et uruguayenne. C'est la terre des gauchos (prononcer « gaOUcho »), les cow-boys brésiliens des rodéos et des *churrascos* (quartiers de bœuf grillés). Beauté des sites naturels (chutes d'Iguaçu, île de Florianópolis), mais aussi patrie de l'homme qui a sans doute laissé la marque la plus profonde dans la formation du Brésil moderne : Getúlio Vargas. Bien que bénéficiant d'un climat moins chaud, surtout en hiver dans l'extrême Sud, c'est une terre chaleureuse, où les racines noires et indiennes, les utopies des jésuites et les traditions d'immigrants d'Europe centrale ont formé un mélange étonnant. Une terre où l'équilibre social, mis ici aussi à rude épreuve, ne connaît pourtant pas le naufrage du reste du pays.

HISTOIRE

L'arrivée des Portugais

Le 22 avril 1500, découverte du Brésil par le Portugais *Pedro Álvares Cabral.* Puis implantation de la colonie et développement de la culture de la canne à sucre, qui créera les premières richesses. Salvador devient capitale en 1549. Les Hollandais, après une brève occupation de la côte nord-est autour de 1630, sont chassés définitivement en 1654 par les Portugais. À la fin du XVIIe s, colonisation de l'intérieur par les *bandeirantes* (aventuriers). Découverte vers 1700 de l'or du Minas Gerais et, un peu plus tard, de mines de diamants. Rio, port d'embarquement des nouvelles richesses, supplante Salvador et devient capitale en 1763. Révolte contre l'administration coloniale et les injustices dans le Minas Gerais, et création de l'*Inconfidência,* mouvement révolutionnaire indépendantiste directement influencé par la Révolution française. L'âme de la révolte, Joaquim José da Silva Xavier, dit *Tiradentes,* est arrêté et exécuté, la conjuration écrasée.

XIXe s : indépendance et abolition de l'esclavage noir

À l'arrivée des troupes de Napoléon au Portugal, en 1807, la famille royale fuit à Rio de Janeiro, qui devient une vraie petite capitale européenne, se couvrant de monuments et possédant une grande richesse culturelle. Après le retour du roi Jean VI au Portugal en 1820, son fils Pierre, le prince régent, proclame l'indépendance du Brésil. Il abdique en 1831, et son fils Pierre II régnera de 1840 à 1889 (date où il sera renversé lors d'un coup d'État militaire). Cette période sera marquée par un essor économique. Le café devient la production nationale, suivie à partir de 1870 de celle du caoutchouc.

À la suite de l'abolition de l'esclavage noir en 1888, Pierre II perd le soutien des riches. Ce monarque moderne est renversé en 1889 et la République est proclamée.

La République : 1889-1930

Le Brésil s'industrialise, les capitaux accumulés sur le café, le sucre, le caoutchouc s'investissent à São Paulo et à Rio. L'immigration venue d'Europe amène des artisans, des intellectuels, des ouvriers qualifiés, dotés de savoir-faire moderne. Le Brésil regarde vers Paris, Vienne et Milan. Le rêve d'une nouvelle Amérique, sans le puritanisme, s'empare des classes montantes. Mais pays et institutions restent aux mains des familles coloniales et le *latifundio* demeure la base du pouvoir. Les idées sociales, modernistes et révolutionnaires se développent dans l'intelligentsia comme chez les ouvriers du Sud-Est et les paysans du Nordeste.

L'exposition de 1924 fait apparaître une nouvelle vague intellectuelle radicale : Villa-Lobos en musique, Tarsila do Amaral en peinture, Mário de Andrade en poésie et, surtout, Oswald de Andrade, qui lance le mouvement anthropophagique. L'avant-garde internationale les reconnaît : Stravinski, Blaise Cendrars, Sonia Delaunay, Nijinski, de Falla... En 1927, la tentative d'insurrection dirigée par le leader communiste Luís Carlos Prestes – « le chevalier de l'espérance » – échoue après une longue marche de trois ans du nord au sud du pays. La crise mondiale de 1929 essore les cours du café et provoque la chute du gouvernement. En 1930, le leader libéral du Sud, Getúlio Vargas, inspiré par la marche sur Rome de Mussolini, déclenche un coup d'État et s'empare du pouvoir.

L'ère getúliste : 1930-1964

S'inspirant des conceptions mussoliniennes et du « New Deal », Getúlio Vargas va imposer l'unité du pays aux diverses factions de la bourgeoisie, en commençant par briser les velléités indépendantistes de la bourgeoisie pauliste. C'est l'« État nouveau » : dissolution des armées de chaque État au service des oligarchies locales, centralisation administrative, grands travaux d'équipement, système syndical corporatiste et obligatoire, livret ouvrier, police politique et sociale secrète (le *DOPS*) omniprésente ; création du salaire minimum et école publique obligatoire, vote des femmes, système de prévoyance des fonctionnaires, etc. S'appuyant sur une organisation totalitaire, il écrase les dernières tentatives de soulèvement populaire : les communistes en 1935, puis les *cangaceiros* de Lampião et Maria Bonita dans le Nordeste. L'État subventionne les grandes cultures industrielles, donnant au *latifundio* une place prépondérante dans le système : caoutchouc, café, coton et canne. En 1942, après une longue hésitation, le Brésil entre en guerre aux côtés des États-Unis, ce qui favorise une forte croissance sous l'aile américaine.

Vargas est déposé par les militaires en 1945, après la victoire. Son passé faisait désordre. L'aide américaine favorise la mutation industrielle, et le parti communiste est légalisé. Mais en 1950, Getúlio Vargas est réélu triomphalement, avec l'appui de la gauche, sur un programme nationaliste et social de réforme agraire, de développement économique, de nationalisations. Il institue la Sécurité sociale, le système de retraite, nationalise le pétrole, la sidérurgie, lance la réforme agraire... et se heurte à l'opposition intransigeante des grands propriétaires fonciers, de l'armée et des Américains. Plutôt que de renoncer ou de reculer, Vargas se suicide dans une ambiance de crise dramatique, le 24 août 1954, léguant un testament « à la classe ouvrière brésilienne » : « Le peuple dont j'ai été esclave ne sera plus esclave de personne... je sors de la vie pour entrer dans l'histoire. » Il laisse son empreinte à l'État, aux institutions et à la société brésilienne moderne dont il est le véritable fondateur, avec toutes ses ambiguïtés et ses limites.

En 1956, le président Juscelino Kubitschek, « J. K. », assume l'héritage politique et le style Vargas, mais en évitant la réforme agraire et en créant un code des investissements favorable aux Américains. C'est le boom de l'automobile, la construction de Brasília, le « miracle brésilien ».

C'est aussi une nouvelle explosion d'avant-garde artistique qui rayonne dans le monde entier, inspirée par le modernisme des années 1920 : bossa-nova en musique, cinéma *novo* de Glauber Rocha et Nelson Pereira dos Santos, Helio Oiticica dans les arts plastiques, mises en scène avant-gardistes du *Teatro Oficina*. En 1962, dans le Nordeste, sous l'impulsion de Miguel Arraes, le « gouverneur rouge » du Pernambuco, un fort mouvement pour la réforme agraire converge avec une intense agitation ouvrière dans le Sud-Est, que le jeune président, João Goulart (dit « Jango »), ex-ministre du Travail de Getúlio Vargas, semble soutenir.

Le coup d'État militaire du 1er avril 1964, appuyé par une classe moyenne effrayée à l'idée de perdre ses privilèges, met fin brutalement et définitivement aux modèles de développement inspirés de Getúlio Vargas.

Vingt ans de dictature militaire : 1964-1985

Pendant vingt ans, le pays sera sous la coupe des généraux qui se succèdent par cooptations et complots en comité restreint. La répression, impitoyable, va d'abord briser les mouvements paysans du Nordeste et les secteurs syndicalistes radicaux. Le pays est ouvert sans restriction aux capitaux internationaux qui affluent, et les industries multinationales prolifèrent. C'est le deuxième miracle économique, qui voit São Paulo devenir l'actuelle mégalopole de l'Amérique du Sud. Deux partis seulement sont autorisés : la « situation » et l'« opposition », représentées par le *MDB* (Mouvement démocratique brésilien, modéré).

En 1968, face à la révolte étudiante et à la reprise d'une agitation sociale, le système se durcit, tandis que l'Église s'engage aux côtés de la résistance illégale. Suspension des garanties constitutionnelles, dissolution du Parlement, pleins pouvoirs aux organes de sécurité, tortures, disparitions, exécutions, escadrons de la mort, etc. forment un régime de terreur. Intellectuels et artistes, les uns après les autres, sont emprisonnés ou contraints à l'exil, comme le Carioca Chico Buarque, et sa célèbre chanson, *Samba de Orly*, écrite en exil à Paris.

La croissance économique s'accompagne d'exode rural massif et accumule une énorme et nouvelle classe ouvrière dans le Sud-Est, tandis qu'à partir de 1975, la condition des classes populaires commence à s'aggraver. En 1978, estimant avoir éradiqué les dangers de subversion, les militaires préparent leur retrait progressif du pouvoir, en désignant le général Figueiredo à la présidence. C'est l'« ouverture graduelle ». Mais l'apparition d'un puissant mouvement syndical indépendant et les manifestations populaires démocratiques montrent que la société civile ne se contente pas du rôle de spectateur du changement politique. Le miracle économique a pris fin. La dette extérieure est astronomique. La misère et l'exclusion commencent à faire leur apparition. L'inflation prend un rythme obsessionnel. En 1982, tous les partis politiques sont autorisés.

Le retour des civils : 1985-1995

Le retour à la démocratie civile, en 1985, ne sera qu'une suite d'espoirs déçus. En 1985, malgré une mobilisation populaire sans précédent pour l'élection directe du président, les militaires imposent que le premier président civil soit désigné par un collège restreint. L'élu est quand même Tancredo Neves, le candidat souhaité par la rue, mais il meurt le jour de son investiture.

Le pays sera dirigé par le vice-président, José Sarney, qui avait été imposé sur le « ticket » de Tancredo Neves par les militaires. Celui-ci, outre son manque de légi-

timité, doit faire face à la crise économique... sans succès. Le parti de l'ancienne opposition légale à la dictature, le *MDB*, s'empare du Parlement et de tous les rouages institutionnels, et tombe vite dans la corruption, les lobbies et la préservation des privilèges, tandis que le pays s'enfonce dans le tourbillon inflationniste. En 1989, Sarney laisse le pays éreinté, atteint par une misère montante, une inflation galopante et une déconsidération de la classe politique.
Son successeur, Fernando Collor de Mello, play-boy issu d'une famille de *coroneis* du Nordeste, ne fera pas mieux. Élu de justesse après une campagne très démago, il sera destitué en 1992 par un mouvement d'indignation nationale contre les affaires de corruption révélées sur son compte, et traduit en justice. Une fois de plus, c'est le vice-président, Itamar Franco, terne et sans projet, qui gouverne jusqu'en 1995.

Le Parti des travailleurs et Lula

Mais le phénomène le plus important et le plus original qui émerge de vingt ans de dictature, c'est la naissance et l'essor du Parti des travailleurs (PT). Né de l'opposition syndicale clandestine et des grandes grèves de 1979-1981, formé d'ouvriers du rang et de cadres syndicaux, il se constitue en 1980 et attire très vite tous les courants de la gauche radicale qui avaient été écrasés sous la dictature. Son leader, Luiz Inácio Lula da Silva, dit Lula, ouvrier tourneur nordestin immigré à São Paulo, acquiert rapidement une popularité considérable. On le surnomme alors le « Lech Walesa brésilien ».
L'essor du PT, dès 1981, donne naissance à la plus puissante centrale syndicale unitaire du monde, la CUT (Centrale unique des travailleurs), avec vingt millions d'affiliés. En 1988 est fondée la CUT rurale qui, avec neuf millions de membres, s'attaque au pouvoir latifundiaire. C'est la figure d'un de ses leaders, Chico Mendes, assassiné en 1988, qui symbolisera un aspect de la lutte des peuples d'Amazonie.
En 1989, Lula réunit 14 % des suffrages au premier tour de la présidentielle et échoue au second tour, contre Collor. Sans filiation avec le mouvement communiste, le PT se réclame du socialisme, prône une politique de désengagement vis-à-vis du FMI et de la dette, une politique de réforme agraire, de développement du marché intérieur, d'aide aux industries nationales, de démocratisation radicale de l'État, de refonte des services publics.
En 1992, le PT prend la tête du mouvement de renversement du président Fernando Collor de Mello et gagne de nouvelles capitales aux municipales suivantes (Salvador, Florianópolis, Goiânia, Rio Branco, etc.).

1992-1998 : polarisation de la vie politique

La croissance régulière du PT polarise la vie politique à partir de 1993, sous la vice-présidence d'Itamar Franco. L'inflation atteint des sommets (2 500 %) ; la décomposition sociale, la misère, la violence semblent entraîner le pays vers le naufrage ; le FMI exige le démantèlement des dernières structures de protection sociale héritées de l'ère Vargas ; la corruption généralisée de l'appareil de l'État déconsidère la classe politique traditionnelle. À la veille de l'élection présidentielle de 1995, la mise en œuvre du plan Real, conçu par le sociologue et candidat gouvernemental Fernando Henrique Cardoso, bloque l'inflation en pleine campagne électorale et inverse les courbes d'opinion. Cardoso, soutenu par la classe politique traditionnelle et par les partis du grand *latifundio,* gagne au premier tour. Lula est battu avec 27 % des voix, mais le PT gouverne cinq États et prend la tête d'un fort groupe parlementaire d'opposition sans concession.
Le président Cardoso, « FHC » comme on l'appelle, vient pourtant d'un petit parti de centre gauche (le PSDB, Parti social démocrate brésilien), qui fut longtemps allié du PT, et revendique un important programme de réformes sociales. Mais,

prisonnier de l'alliance conservatrice qui l'a soutenu, il semble incapable d'imposer ses vues. Le plan Real lui-même, après les premiers succès, se traduit par un effondrement du pouvoir d'achat des classes populaires et reste à la merci d'une tempête monétaire, phénomène fréquent sous ces climats. À l'élection présidentielle de 1998, Fernando Henrique Cardoso est largement réélu dès le premier tour, avec 53 % des suffrages contre 32 % à son principal rival Lula, pendant que son parti, le PSDB, conforte sa majorité au Parlement et au Sénat. En revanche, le PT parvient à conquérir l'État de Rio aux dépens du parti présidentiel et s'impose dans le Rio Grande do Sul. C'est d'ailleurs à Porto Alegre que s'est déroulé le premier forum social mondial en janvier 2001, en opposition au forum mondial du commerce organisé à Davos, en Suisse. Ce rassemblement réunit depuis, tous les ans, les grands mouvements syndicalistes et non gouvernementaux qui luttent pour un monde plus égalitaire et contre toutes les formes d'exclusion.
En 1999, le pays est affaibli par dix ans de discrédit politique, de promesses non tenues, mais surtout d'appauvrissement de la population. Les systèmes de santé publique, d'enseignement, de protection sociale, de logement populaire sont en ruine. La violence, corollaire de l'exclusion, prend dans certaines grandes villes des proportions alarmantes. À peine huit mois après sa réélection, « FHC » doit affronter la « marche des 100 000 ». Ce mouvement, soutenu par la gauche, vise à infléchir la politique néolibérale de Cardoso et son plan d'investissements vanté par le slogan « Avance Brésil ». Les scandales financiers se multiplient pour Cardoso, et Lula se prépare en mobilisant une gauche dispersée. C'est l'heure des choix pour un Brésil en plein renouveau, qui fête en 2000 ses 500 ans d'existence par des célébrations somptueuses, réveillant ainsi les frustrations de nombreux laissés-pour-compte.

2002 : Lula président, un nouvel espoir ?

Le 27 octobre 2002, après trois échecs aux élections présidentielles, Luiz Inácio Lula da Silva accède à la plus haute fonction du gouvernement avec 63 % des voix au second tour. Un profond bouleversement dans l'histoire politique du pays, car c'est le premier homme de gauche élu à la tête de l'État. Cette élection, qui suscite d'immenses espoirs dans la classe populaire est l'occasion de fêtes démesurées dans la plupart des grandes villes. Son programme de lutte contre les inégalités sociales est ambitieux : éradication de la faim (programme « Faim Zéro »), qui touche 54 millions de Brésiliens, augmentation du salaire minimum, soutien aux industries nationales et à l'exportation, restructuration de la police et de l'éducation, etc.
Mais le gouvernement de Lula doit composer avec une situation très fragile et se heurte à la crise économique et monétaire, sans parler des exigences et restrictions imposées par le FMI. La problématique consiste donc à respecter les engagements pris à la fois envers le peuple brésilien, mais aussi avec les institutions économiques internationales (Banque mondiale, FMI). Il doit aussi régler le problème agraire en poursuivant la réforme engagée par le président Cardoso et contenter le MST (Mouvement des Sans-Terre), très influent dans le pays, qui attend beaucoup de ce gouvernement.

2006 : confirmation de Lula...

Les premiers bilans à l'issue de quatre années de pouvoir ont été avant tout positifs pour les plus pauvres : en quatre ans, la pauvreté a reculé de 20 % et sept millions de personnes sont sorties de la misère. L'inflation est maîtrisée (moins de 3 % par an), le déficit commercial fortement réduit, les investissements colossaux, mais évidemment ce sont désormais les grandes multinationales internationales qui semblent dicter les règles du jeu... C'est, pour l'équipe de Lula, le prix à payer pour hisser le Brésil sur le devant de la scène mondiale. Paradoxe : avec un *real* trop fort par rapport au dollar, les produits brésiliens exportés sont devenus moins compétitifs, notamment par rapport à la Chine. D'où grogne des classes moyennes. En outre, autre problème : la corruption, qui n'a pas manqué de toucher, hélas, le PT. Corruption financière classique et achat de votes au Parlement. Le PT fit le ménage et vira les politiciens les plus impliqués. Malgré cela, une partie de l'électorat traditionnel resta choquée par cette situation et ses voix manquèrent au premier tour des élections présidentielles d'octobre 2006. Deux dissidents de l'aile gauche du PT firent presque 10 %, ce qui empêcha Lula (alors grand favori) de passer dès le premier tour. Cela fit même craindre, au second tour, une victoire du social-démocrate Geraldo Alkmin, gouverneur de l'État de São Paulo.

Heureusement, le vote du premier tour fut en quelque sorte un vote d'avertissement (ou de mauvaise humeur électorale) et Lula recueillit 60,8 % des voix au second (pas loin des 63 % de l'élection précédente), démontrant qu'il gardait la confiance de la grande majorité du peuple. Dans le même temps, le PT gagnait la presque totalité des sièges de gouverneurs dans les États du Nordeste (dont le très important et emblématique État de Bahia). Ouf ! À noter que, contrairement à 2002, les places boursières et autres milieux économiques ne marquèrent aucun affolement à l'idée d'une réélection de Lula. Enfin, en janvier 2007, le président réaffirma qu'il continuerait sa politique donnant la priorité aux pauvres, tout en développant les grandes infrastructures du pays (transports, réseaux routiers, richesses pétrolières, etc.).

MÉDIAS

Programmes en français sur TV5

TV5MONDE est reçue dans le pays par câble, satellite et sur Internet. Retrouvez sur votre télévision : films, fictions, divertissements, documentaires – qui témoignent de la diversité de la production audiovisuelle en langue française – et informations internationales.

Le site • tv5.org • propose de nombreux services pratiques aux voyageurs (• tv5.org/voyageurs •) et vous permet de partager vos souvenirs de voyage sur • tv5.org/blogosphere •

Pensez à demander dans votre hôtel sur quel canal vous pouvez recevoir TV5MONDE et n'hésitez pas à faire vos remarques sur le site • tv5.org/contact •

Journaux

Après vingt années de dictature militaire, le Brésil a effectué son retour à la démocratie au milieu des années 1980. À la censure a succédé la liberté de parole et de la presse. Aujourd'hui, cette dernière est florissante et diverse. Si peu de médias parviennent à couvrir l'ensemble du territoire (plus de 8 500 000 km^2 !), il existe en revanche une multitude de stations de radio et de journaux au plan régional ou local. C'est d'ailleurs la presse locale qui est encore parfois l'objet de pressions et d'agressions.

Pays immense, le Brésil connaît une profusion de journaux. Pas moins de 465 quotidiens ont été recensés. Parmi eux, cinq titres diffusés dans tout le pays se distinguent particulièrement. Le traditionnel « groupe des quatre » *(A Folha de São Paulo, O Estado de São Paulo, O Globo, O Jornal do Brasil),* auquel il faut ajouter, pour l'actualité économique, *A Gazeta Mercantil. O Estado* et *O Globo* sont à ranger parmi les journaux conservateurs, au contraire de *A Folha de São Paulo*. Quant au *Jornal do Brasil,* il semble avoir perdu de son brio ces dernières années. Si l'actualité économique vous passionne, sachez que *A Gazeta Mercantil* dispose d'excellentes analyses et pages internationales. Le quotidien doit cependant faire face à des problèmes financiers et à son concurrent : *Valor.*

Télévision

C'est incontestablement le média le plus populaire. Sur les onze chaînes, dont cinq régionales, deux se taillent la part du lion : *TV Globo*, longtemps présidée par le magnat de la presse Roberto Marinho (décédé en 2003, à 98 ans !), et *SBT (Sistema Brasileiro de Televisão)*, entre les mains du roi des jeux et des loteries, Silvio Santos. Le puissant groupe Rede Globo contrôle à lui seul plusieurs chaînes de TV, huit stations de radio, un quotidien national, des éditions de disques et de livres, des régies publicitaires et des studios de cinéma. *TV Globo* caracole en tête des sondages d'audience, avec tous les soirs presque 50 % de l'audimat pour ses fameuses *telenovelas*.

En effet, côté programmation, il ne faut pas oublier que, avec le Mexique et le Venezuela, le Brésil est l'un des trois plus gros producteurs de *telenovelas* du continent (*TV Globo* a exporté ses productions dans 123 pays à travers le monde !). Ces feuilletons mettent en scène des héros qui doivent surmonter d'innombrables obstacles pour survivre aux coups du destin, le tout se terminant par un (inévitable) *happy end* où triomphent l'amour et la justice. Les plus célèbres ont tenu en haleine tout le pays. Programmées à partir de 18h, elles sont regardées quotidiennement par 80 millions de téléspectateurs. Or une *telenovela* compte en moyenne... 160 épisodes ! On a assisté à un renouvellement du genre dans les années 1990 au profit des *telenovelas* traitant des mœurs politiques ou de sujets de société, comme dans *Rei do Gado* (Le Roi du Bétail), qui évoquait un conflit entre des propriétaires terriens et des paysans sans terre.

Rassurez-vous, si les *telenovelas* ne sont pas votre tasse de thé, le Brésil compte ce qu'il faut de chaînes par satellite ou par câble pour satisfaire tous les goûts... Dans un autre registre, les Églises évangélistes contrôlent notamment les chaînes *Record* et *Rede TV*. La diffusion de la messe à 6h30 est aussi un événement du paysage audiovisuel brésilien. La célébration du populaire Padre Marcelo, diffusée le dimanche matin (à 6h30 également) sur *TV Globo*, est la plus célèbre.

Côté information, *Globo News* (toujours le groupe Rede Globo...), disponible sur le câble, est une bonne chaîne d'information en continu. Le journal de Boris Casoy, à 19h30 sur *Record*, est également une référence. Le présentateur est devenu populaire auprès des classes moyennes pour le ton didactique de son journal et ses petits commentaires parfois sarcastiques sur l'actualité...

Liberté de la presse

Héritée de la dictature militaire mais contredite dans ses principes par la Constitution démocratique de 1988, la loi du 9 février 1967, qui punissait d'emprisonnement les délits de presse, servait encore, localement, à faire taire des journalistes un peu trop curieux. Cette entrave à la liberté d'expression est promise à tomber aux oubliettes depuis qu'un député fédéral, Miro Teixeira, a déposé, en décembre 2007, un avant-projet de loi destiné à abolir celle en vigueur. Devançant le vote du Congrès de Brasilia, encore à venir, le tribunal Suprême fédéral – la plus haute juridiction du pays – a suspendu, en février 2008, les trois-quarts des dispositions de la loi de 1967.

Malgré ces avancées juridiques, le Brésil demeure un pays à risque pour les journalistes locaux ou free-lance. Traiter de thèmes tels que la corruption, la déforestation à grande échelle ou le trafic de drogue, peut encore coûter cher, et pas seulement dans les États du Nordeste. Au cours de l'année 2007, deux journalistes ont été assassinés dans les États de Rio et São Paulo. Un employé d'une télévision publique de l'État d'Alagoas est également tombé sous les balles d'un tueur, apparemment victime d'une vengeance personnelle. L'enquête sur la mort de Luiz Carlos Barbon Filho, collaborateur de l'hebdomadaire *Jornal do Porto* et du quotidien *JC Regional*, abattu le 5 mai 2007 à Porto Ferreira (État de São Paulo), a abouti au placement en détention de quatre policiers militaires, révélant la persistance d'un danger au sein même des forces de l'ordre. Luiz Barbon Filho avait osé dénoncer

des abus sexuels sur mineurs par des fonctionnaires et des chefs d'entreprise en vue dans sa région. Cousin germain de Geraldo Alckmin, rival malheureux de Lula à la dernière élection présidentielle de 2006, le présentateur de radio João Alckmin a réchappé d'un attentat, le 22 novembre 2007, toujours dans l'État de São Paulo. Il s'était risqué à enquêter sur la mafia des machines à sous...
Ce texte a été réalisé en collaboration avec *Reporters sans frontières.* Pour plus d'informations sur les atteintes aux libertés de la presse, n'hésitez pas à les contacter :

■ ***Reporters sans frontières :*** *47, rue Vivienne, 75002 Paris.* ☎ *01-44-83-84-84.* • *rsf.org* • Ⓜ *Grands-Boulevards.*

MUSIQUE

Découvrir le Brésil, c'est rencontrer les musiques qui accompagnent la vie de chaque Brésilien, dans toutes les régions et à toute heure de la journée. Ici, la musique est une façon de vivre, gaie ou triste ; peu de peuples l'expriment aussi intensément comme un « art de vivre ». La langue portugaise elle-même, ici, a changé de ton pour la porter, et le son des mots, déjà, fait onduler le corps.
C'est le ***samba*** d'abord, bien sûr. Ici, on dit LE samba, « Sa Majesté » qui « naît dans le cœur ». Le samba peut être lent, chanson habillée par une voix toujours chaude, alors *samba canção,* ou hymne, au rythme roulant et saccadé du défilé de carnaval, *samba de enredo,* ou même marche entraînant l'enthousiasme collectif, *marcha rancha...* Surtout, il est toujours composé au détour d'un jeu de mots, d'un désir, du souvenir d'un amour passé. Musique avant tout populaire, elle court le quartier, la ville, les ondes radio et, d'un jour à l'autre, est sur toutes les lèvres et dans toutes les mémoires. Allez écouter Paulinho da Viola ou Beth Carvalho à Rio, Nelson Sargento ou Martinho da Vila... vous comprendrez. Le samba vit son apogée au moment du carnaval, mais il remplit la vie de chaque Brésilien, en particulier à Rio, avec les multiples écoles comme les prestigieuses Mangueira, Beija-Flor et Portela, qui rassemblent des centaines de personnes par quartier. La concurrence est sévère ; chaque année, on rivalise de talent pour créer le plus beau défilé, composer et choisir le samba qui deviendra un tube, préparer les costumes, répéter avec les musiciens et les danseurs... Le carnaval n'est que la partie émergée de l'iceberg, car le samba coule chaque jour dans le sang des Brésiliens, en particulier dans les quartiers populaires.
La musique brésilienne saisit aussi les multiples influences du reste du monde, africaines surtout, mais aussi latines et occidentales, métissant différents styles pour les réinventer, entre la pop, le jazz et les rythmes africains. Avec souvent ce sentiment intraduisible de *saudade* (nostalgie, mélancolie), qui est peut-être le secret de cette musique que l'on retrouve à Cuba, en Angola ou au Cap-Vert.
La *saudade* se traduit aussi à merveille dans la ***bossa-nova,*** née d'une fusion harmonieuse entre la guitare sèche et la douceur de vivre des plages bahianaises, avec Vinícius de Moraes, ou cariocas, avec *Mestre* Tom Jobim, disparu fin 1994, qui composa plus de 500 musiques, d'*Orfeu Negro* à *Girl of Ipanema* ou *Desafinado,* appartenant désormais à la mémoire populaire, ou encore celle de João Gilberto et les mélodies de Caetano Veloso, troublant poète et musicien. Écoutez aussi la voix de Gal Costa, « la voix qui maintient toute la pureté de la nature, où il n'y a ni péché ni pardon », ou de Marisa Monte, Carioca à la voix rauque et sensuelle, qui mêle habilement pop et percussions afros. Gilberto Gil, Bahianais au rythme ensorcelant et séducteur, promu ministre de la Culture au sein du gouvernement Lula, et puis Chico Buarque, le Carioca à la fois habité par la veine populaire du samba du coin de la rue et intellectuel rigoureux à la grammaire mathématique. Chaque Brésilien peut fredonner ces textes, et leurs douces mélodies font à jamais partie de la culture du pays. Dans le Minas Gerais, la voix de Milton Nascimento habite la mon-

tagne tropicale, et, dans un tout autre genre, le ***hard rock*** du groupe Sepultura, adulé par un autre public en Europe et aux États-Unis...
Les nouveaux courants s'affirment. Comme le ***rap,*** que le Brésil digère à sa façon, avec un retour au réel « nu et cru », pourtant swing et festif. Celui des Racionais ou de Raça Negra, à São Paulo, remue des foules de 50 000 jeunes sur les stades et les places. Le rap carioca de Marcelo D2, la star montante, mélange allègrement samba, bossa et reggae pour créer l'événement. Et puis toutes les musiques dérivées du carnaval, comme l'***axé-music*** de Daniela Mercury ou Chiclete, qui attirent toute la jeunesse bahianaise ; ou le ***pagode,*** très populaire de Rio à Salvador, sorte de samba en formation réduite, chanté notamment par le Carioca Zeca Pagodinho. Et la musique afro des blocs de carnaval à Salvador da Bahia, Ilê Ayé en tête, Olodum et la Timbalada, Carlinhos Brown, percussionniste et compositeur virtuose, digne représentant du métissage de la musique brésilienne. Écoutez aussi Raul Seixas, décédé en 1992, qui chante la rage et le désir d'une jeunesse exclue, et dont tout « bandit » de 19 ans fredonne les paroles.
Et puis il y a les musiques du Nordeste : le ***forró*** à l'énergie chaleureuse, avec ses rythmes syncopés d'accordéon *(sanfona),* rendu célèbre dans les années 1940 avec la chanson *Asa Branca* de Luiz Gonzaga ; le ***brega*** de la région de Belém et de l'île de Marajó, qui signifie « ringard » (sic !) et attire des couples de danseurs appliqués au bal du vendredi soir ; ou encore la langueur ***sertaneja*** et le ***frevo*** de Recife.
Au Brésil, il y a des concerts partout, souvent et pas chers... et c'est rare qu'on s'y ennuie. Et puis, ici, on n'a pas honte, et souvent le soir, la musique vient toute seule, entre amis, il suffit d'une guitare, d'une percussion, ou... d'inspiration.
Sans oublier, bien sûr, la fameuse ***MPB,*** Musica Popular do Brasil, que vous rencontrerez à tous les coins de rue et dans de nombreux bars ou restos. Une sorte de bossa-nova revisitée dans les années 1960 par les grands de l'époque (Jorge Ben, Chico Buarque ou Milton Nascimento, tous originaires de la côte entre São Paulo et Rio), et qui sera suivie, à partir de 1968, de l'apparition du « tropicalisme », avec le maître Gilberto Gil.
En cours de route, jetez dans votre sac à dos les CD des anciens, ceux que vous ne pourrez plus écouter *ao vivo* (live) : Luiz Gonzaga, à la voix dorée, le compositeur et chanteur des *forrós* les plus émouvants du Nordeste, le grand Cartola, compositeur de l'école de samba de Mangueira, Nelson Cavaquinho, Elis Regina, dont la voix et la rage se sont brutalement interrompues en 1982, l'album mythique *Tropicália,* qui regroupe toute la famille de ce courant musical des années 1970, Gal Costa, Caetano Veloso, Maria Bethânia, Djavan, Gilberto Gil... et puis le reste, le renouveau incarné par les talentueuses Marisa Monte, Adriana Calcanhoto, Maria Rita (fille d'Elis Regina), Cassia Eller, Bebel Gilberto et les non moins doués Arnaldo Antunes, Tom Zé, Lenine, Marcio Faraco...
Un site internet incontournable à consulter pour retrouver tous les liens officiels d'artistes brésiliens : • thebml.com •

PERSONNAGES

Les littéraires

– ***José de Anchieta*** *(1534-1597)* **:** né aux Canaries, mais arrivé à 19 ans au Brésil, ce père jésuite est considéré comme le premier véritable écrivain de la colonie portugaise. Grammairien, poète et dramaturge, auteur d'une grammaire tupi, il a élaboré la *lingua geral,* qui devint le moyen de communication linguistique entre Indiens et Portugais. L'une des autoroutes qui descendent de São Paulo vers le littoral porte son nom.
– ***Joaquim Machado de Assis*** *(1839-1908)* **:** né à Rio d'un père mulâtre, il a édifié l'œuvre littéraire brésilienne la plus importante du XIXe s. Chez lui, aucun exotisme de pacotille, aucune effusion romantique ; c'est un classique, un ironiste, qui pose son regard acéré et souvent amusé sur la société de son temps. Il a par ailleurs

fondé et présidé l'Académie brésilienne des lettres. À lire : *Dom Casmurro, L'Aliéniste, Mémoires posthumes de Brás Cubas.*

– ***Oswald de Andrade** (1890-1954) :* « *Tupi or not tupi, that is the question* », proclamait le poète iconoclaste, promoteur de la Semaine d'art moderne à São Paulo en 1922. Il est l'auteur du manifeste poétique *Pau-Brasil*, emblématique du « modernisme ». Pour lui, le Brésil est fondamentalement anthropophage. Donc laissez-vous manger, vous en ressortirez brésilien !

– ***João Guimarães Rosa** (1908-1967) :* d'abord médecin dans son Minas Gerais natal, puis diplomate et surtout romancier, son œuvre est toujours située dans les paysages desséchés du *sertão,* qu'il transfigure par un usage démiurgique de la langue. Une inventivité folle. La complexité et la richesse de son univers romanesque l'ont fait comparer à James Joyce, rien de moins (mais c'est justifié, y compris pour la difficulté de lecture). *Diadorim* est son grand roman (voir « Livres de route »), mais on peut se replier sur *Sagarana, Corpo de baile* ou *Mon oncle le jaguar.*

– ***Jorge Amado** (1912-2001) :* fils de planteur, né à Salvador da Bahia, il se passionne très tôt pour la littérature et les luttes sociales. Militant de gauche, ses premiers romans portent la marque de son engagement communiste : *Cacao, Sueur, Bahia de tous les saints, Capitaines des sables.* Après la guerre, sans renoncer à ses préoccupations politiques, il chante la joie et l'énergie du petit peuple de Bahia, dans des romans comme *Dona Flor et ses deux maris, Gabriela, La Boutique aux miracles.* « La tristesse, disait-il, est le seul péché mortel, car c'est le seul qui offense la vie. » Comment lui donner tort ?

– ***Paulo Coelho** (né en 1947 à Rio de Janeiro) :* on aime ou pas les livres de Paulo Coelho, classé aujourd'hui comme le deuxième auteur le plus lu dans le monde (75 millions de livres vendus, soit 62 traductions dans 140 pays). À 17 ans, son père le fait interner dans un asile psychiatrique : premier traumatisme de la vie. Dans les années 1970, hippie brésilien, Paulo voyage, fricote avec la drogue et le nihilisme, devient journaliste de TV, dramaturge, metteur en scène, musicien rebelle (il est le parolier de Raul Seixas). Il est emprisonné pour hostilité à la dictature, et subit même la torture. En 1978, à 30 ans, il quitte femme et travail, et, visitant le camp de concentration de Dachau, reçoit la révélation de la littérature. Son premier roman, *L'Alchimiste,* est un immense succès. Le livre a souvent été comparé au *Petit Prince* de Saint-Exupéry ou au *Prophète* de Khalil Gibran. Son écriture simple et accessible, ses intrigues faciles ont conduit la critique à le classer parmi les romanciers populaires mineurs, mais ses lecteurs le suivent pour la richesse du contenu philosophique et spirituel de son œuvre, capable de toucher les gens quels que soient leur âge, leur condition ou leur culture. Figure internationale de la scène littéraire, il s'est vu décerner une place à l'Académie des Lettres (l'équivalent de notre Académie française). Il vit aujourd'hui à Tarbes (France) et s'investit dans de nombreux programmes humanitaires, notamment une fondation créée pour soutenir les défavorisés au Brésil. • paulocoelho.com •

Les politiques

– ***Luís Carlos Prestes** (1898-1990) :* militaire et homme de gauche (ça existe !), il participa à la révolte des *tenentes,* dans les années 1920. Il est célèbre pour l'épisode dit de la « colonne Prestes » : une espèce de longue marche de 27 mois à travers le Brésil, 25 000 km à travers quatorze États avec une foule d'opposants, tout en évitant les troupes gouvernementales et les bandits qui voulaient sa peau ! Figure historique du parti communiste brésilien, sa mémoire est révérée même par ses adversaires politiques.

– ***Juscelino Kubitschek** (1902-1976) :* c'est l'homme de Brasília. « J. K. », pour les intimes, s'est d'abord fait connaître sur la scène politique en tant que maire de Belo Horizonte, où il avait déjà fait appel à Niemeyer pour dynamiser l'architecture d'un quartier de la ville. Il s'agissait en somme d'un laboratoire, avant de se lancer, en 1956, suite à son élection à la présidence en 1955, dans la formidable aventure de cette nouvelle capitale née de rien, dans une contrée oubliée. En fuite pendant une partie de la dictature, il ne sera autorisé à rentrer dans son pays qu'en 1976. Un retour qui ne devait pas plaire à tout le monde, puisque aujourd'hui encore le mystère entoure les circonstances exactes de sa mort, survenue lors d'un accident de voiture jugé douteux en août 1976.

– ***Dom Helder Câmara** (1909-1999)* **:** l'ancien évêque de Recife qui a connu une grande popularité, du fait de son engagement en faveur des Brésiliens les plus pauvres. Figure emblématique de la « théologie de la libération », il fut souvent inquiété par le pouvoir politique brésilien (condamné à sept ans d'exil intérieur en 1970). Mais c'est Jean-Paul II qui le remplaça en 1985 par un évêque beaucoup plus conservateur. La théologie de la libération n'avait pas bonne presse au Vatican...

– ***Chico Mendes** (1944-1988)* **:** leader des ouvriers *seringueiros* de l'Acre, en pleine Amazonie, et militant écologiste, il a été de ceux qui ont fait prendre conscience à la communauté internationale qu'il fallait protéger la forêt, ses habitants et ses ressources. Comme il gênait pas mal de monde dans la région, il a été assassiné par les hommes de main d'un grand propriétaire terrien. À ce jour, le crime est resté impuni. Un film, avec Raul Julia dans le rôle, lui a été consacré.

– ***Luiz Inácio Lula da Silva, dit Lula* :** né en 1945 dans le Nordeste (Pernambuco) et issu d'une famille pauvre de huit enfants, Lula – mot qui veut dire « calamar » en portugais ! – fut d'abord vendeur ambulant, puis ouvrier tourneur à São Paulo. Il se lance dans le syndicalisme et la lutte contre les inégalités sociales à la fin des années 1960. En 1980, il fonde le PT, Parti des travailleurs, qui constitue aujourd'hui le parti politique le plus structuré du Brésil. Son élection à la présidentielle en octobre 2002 suscita de nombreux espoirs dans la classe populaire. L'électorat ne fit pas l'amalgame entre son honnêteté reconnue et des affaires de corruption révélées durant son premier mandat, et il a été reconduit à la présidence de la République brésilienne au second tour en octobre 2006.

Les artistes

– ***Aleijadinho** (Antônio Francisco Lisboa, dit)* **:** né dans le Minas Gerais vers 1730, celui qu'on a appelé le « Michel-Ange brésilien » n'est jamais allé en Europe pour étudier les œuvres de la statuaire classique. Mulâtre, enfant naturel, pauvre, ça partait plutôt mal pour lui. Il a pourtant édifié une œuvre très personnelle, unanimement reconnue, d'architecte et de sculpteur. Fils d'un architecte portugais et d'une esclave noire, le jeune Antônio se consacra à la sculpture et, quoiqu'il n'ait jamais quitté Ouro Preto et sa région, il acquit une renommée dans tout le pays. Il créa et sculpta avec passion des œuvres religieuses en bois et en pierre à savon d'une qualité et d'une richesse extraordinaires. La plupart des églises du Minas lui doivent quelque chose, en particulier l'extraordinaire ensemble de Congonhas do Campo. Vers 1777, défiguré et mutilé par une terrible lèpre qui lui ronge peu à peu les articulations, alors surnommé « Aleijadinho » (le Petit Estropié), il continue à travailler, au besoin en se faisant fixer marteau et burin au bout de ses moignons, et trouve au contraire dans ce supplice une nouvelle force pour exalter son œuvre. Un poète disait de lui : « Cet homme n'avait rien de petit ni de faible ; il était prodigieux jusque dans sa difformité. Ni son physique, ni son moral, ni son art ne révélèrent une quelconque faiblesse sentimentale. » C'est cette énergie incroyable qui transpire dans toute son œuvre. Il est mort misérablement en 1814.

– ***Heitor Villa-Lobos** (1887-1959)* **:** né à Rio, il étudie la musique en autodidacte et commence peu à peu à mêler la tradition savante occidentale aux musiques populaires du Brésil. Dans les années 1920, il séjourne longtemps à Paris et fréquente l'avant-garde européenne. Son œuvre foisonnante (près de 2 000 titres à son actif) en fait le principal musicien brésilien contemporain, tendance classique. À écouter : les *Choros,* les *Bachianas brasileiras et La Découverte du Brésil,* vastes compositions à la gloire de la terre et des hommes du pays.

– ***Vinícius de Moraes*** *(1913-1980)* **:** né à Rio, il débute comme poète tout ce qu'il y a de plus traditionnel, puis se tourne vers la musique populaire et la bossa-nova, écrivant les paroles de milliers de chansons, dont *Garota de Ipanema, Samba da benção, Tarde em Itapuã, Consolação,* et on en passe. La musique, l'alcool (whisky de préférence), les jolies femmes (il fut marié neuf fois !) formaient l'essentiel de son hédonisme.

– ***Antônio Carlos « Tom » Jobim*** *(1927-1994)* **:** carioca et fier de l'être, c'est le compositeur célébré de très nombreux morceaux de bossa-nova *(Chega de saudade, Garota de Ipanema, Aguas de Marzo, Corcovado, Desafinado, Meditação, Água de beber, Insensatez...).* L'aéroport de Rio porte son nom. Normal pour qui écrivit *Samba do Avião.* Cherchez bien parmi les mélodies que vous fredonnez : il y en a sûrement une de « Tom » Jobim.

– ***Baden Powell*** *(1937-2000)* **:** non, ce n'est pas le chef scout ! Roberto B. P. de Aquino a cependant été baptisé ainsi par son père, en souvenir de l'autre, justement. Sacrés Brésiliens ! Né à Rio, l'enfant prodige de la guitare a vécu dans de nombreux pays, notamment la France et l'Allemagne. Rythmicien hors pair, mélodiste parfait, ouvert sur les expériences avec d'autres musiques (jazz, classique), Baden Powell était un grand, un très grand de la six cordes. À écouter : *Afro-sambas* ou *Rio das valsas.*

– ***Sebastião Salgado*** *(né en 1944)* **:** fils d'un éleveur du Minas Gerais, le jeune homme suit une formation d'économiste (au Brésil, puis à Paris) et travaille quelque temps à Londres avant de se tourner vers la photographie en 1973, au cours d'un voyage. Il fait clairement partie de ces photographes engagés qui, au travers de leur art, entendent témoigner. L'homme, sa dignité et ses activités restent au cœur de son travail, et c'est cette vision humaniste qui lui a valu de nombreuses récompenses dans le monde entier depuis une vingtaine d'années. Un beau regard en noir et blanc sur notre monde.

– ***Miguel Rio Branco*** *(né en 1946)* **:** de père diplomate, ce photographe inventif doit son œil à ses nombreux voyages. Correspondant de l'agence *Magnum,* il décortique les différentes facettes du Brésil avec des partis pris radicaux. Prostitution, douleur se mêlent à la religion, sublimant la cruauté par une beauté parfois violente.

Les novateurs

– ***Cândido Rondon*** *(1865-1958)* **:** militaire positiviste, passionné par le progrès, il fut un infatigable arpenteur de l'Amazonie. Il bâtit des postes avancés en pleine jungle, fit passer le télégraphe et prit contact avec des tribus indiennes farouches, envers lesquelles il se refusait à faire usage des armes (sa devise : « Mourir s'il le faut, mais ne jamais tuer »). Très proche des Indiens, Rondon était considéré par certains chefs de tribus comme un des leurs. Il fonda en 1910 le Service de protection des Indiens. C'est en sa mémoire que l'État de Rondônia a été ainsi baptisé.

– ***Alberto Santos-Dumont*** *(1873-1932)* **:** un des pionniers de l'aéronautique. Fort apprécié du public français de la Belle Époque ; il faut dire qu'une branche de sa famille était française et qu'il vécut à Paris. En 1904, il construit des prototypes d'aéroplane, et ça vole ! En 1906, il effectue deux vols rentrés dans l'histoire : 60 m en octobre et 220 m en novembre. Il réalise ensuite un exploit avec les célèbres « Demoiselles » en survolant Paris et en passant sous la tour Eiffel. Il termina sa vie à Petrópolis, près de Rio.

– ***Oscar Niemeyer*** *(né à Rio en 1907)* **:** influencé par l'esthétique du Bauhaus et surtout par Le Corbusier, c'est l'architecte de Brasília et, tout simplement, un des plus grands architectes contemporains. À ses yeux, l'ennemi, c'est la ligne droite ; l'architecture doit être ondoyante, audacieuse, accordée aux courbes des plages et à celles de la femme aimée. Aux dernières nouvelles, il se portait plutôt bien, merci pour lui. En 2005, cet infatigable créateur signait l'auditorium de São Paulo, petit tour de chauffe avant d'assister, en avril 2006, à l'inauguration de la bibliothèque et du musée d'Histoire de Brasília.

Les sportifs

– ***Pelé** (Edson Arantes do Nascimento, dit)* **:** footballeur qu'on ne présente plus. Né dans le Minas Gerais en 1941, mais étoile du club de Santos dès l'âge de 16 ans, il mène le Brésil à la victoire lors de la Coupe du monde de 1958 en Suède, ainsi qu'en 1962 et 1970. L'homme aux mille buts se retire en 1972 (un vrai jour de deuil pour les supporters !). L'enfant pauvre des favelas est devenu par la suite ministre des Sports, mais sans connaître, semble-t-il, les mêmes succès que sur le terrain.
– ***Ayrton Senna** (1960-1994)* **:** surdoué du sport automobile, il batifole dès l'âge de 4 ans sur les circuits de karting. Devenu pilote professionnel, il est triple champion du monde, avec 41 victoires en Grand Prix et 65 pôles positions. Jusqu'à ce funeste 1er mai 1994 à Imola, où il fit sa dernière sortie de piste... Le deuil national fut alors décrété au Brésil, et un tunnel urbain de São Paulo porte désormais le nom de l'enfant du pays.
– ***Ronaldo** (Luiz Nazario de Lima, dit)* **:** né dans le quartier ouvrier de Bento Ribeiro à Rio, en 1976, Ronaldo fait ses débuts à 16 ans. Appelé dès 1994 dans l'équipe nationale, il arrive très vite en Europe, pour se retrouver, après un passage au PSV Eindhoven, au FC Barcelone et à l'Inter Milan, parmi les étoiles du galactique Real Madrid. Le petit prodige du football brésilien va traverser cependant une période très noire, marquée de multiples problèmes de genoux, et d'une curieuse crise de convulsions lors du Mondial 1998, avant de triompher au Mondial 2002 et de dépasser Pelé en 2006, son aîné, avec quinze buts marqués en Coupe du monde (quatre en 1998, huit en 2002 et trois en 2006). Il joue actuellement au Milan AC.
– ***Ronaldinho Gaucho de Assis Moreira* :** né dans une favela de Porto Alegre en 1980 et intégré à l'équipe de football du FC Barcelone en 2003, l'année 2005 lui fut on ne peut plus favorable. Élu joueur de l'année par la FIFA, il reçut également le Ballon d'or. L'avenir semble sourire à cet exceptionnel joueur de foot : en 2006, champion d'Espagne et d'Europe (Ligue des champions) avec le FC Barcelone, il est désigné meilleur joueur du monde par la FIFPro 2006 et meilleur joueur de la Ligue des champions. Il poursuit sa carrière au Milan AC. Quel palmarès !

PIERRES PRÉCIEUSES

Attention, terrain miné. C'était votre plus beau souvenir de voyage, votre exceptionnelle pierre de couleur, celle à nulle autre pareille... Mais le rêve s'arrête où la science commence : les marchés sont truffés de pierres « made in Occident »... À la différence des imitations, les pierres synthétiques ont, pour certaines depuis la fin du XIXe s, les mêmes caractéristiques physiques et optiques que les naturelles. Que de « bagues de grand-mères » en sont serties souvent à l'insu de leurs propriétaires successives...
Certaines gemmes naturelles sont artificiellement modifiées par irradiation (topaze bleue, saphir jaune), huilage, teinture, remplissage des givres et fractures (rubis, émeraude, lapis-lazuli), traitements thermiques (corindons, béryls), diffusion (saphir), imprégnation (turquoise, opale), laser (diamant), pour ne citer que quelques-unes des pratiques devenues courantes mais peu avouées. Les fausses pierres, c'est bien connu, sont chez les autres...
Impossible au néophyte de prétendre se débrouiller dans tout cela, entre les progrès de la technologie et les chausse-trappes naturelles, mais pas de panique : microscopes à balayage et à transmission, microsondes et autres spectrophotomètres ne laissent, en laboratoires, aucune chance aux supercheries, fussent-elles de haute technicité.
Mythe et fatalité, vous achetez et continuerez d'acheter des pierres sur les lieux-dits de production. Alors, tentez d'éviter le pire... Voici ce que l'on vous proposera : *citrine* ou *smoky topaze* pour topaze, *water saphir* (cordiérite) et *spinelle bleu synthétique* pour saphir, *serpentine* et *néphrite* pour jadéite, *rubis synthétiques* et

grenats (mais si, mais si) pour rubis, *béryl vert pierreux* sans valeur pour émeraude et *aigues* sans aucune nuance marine. Origine principale : Brésil ; distribution... : planétaire. Les pierres sont taillées en soucoupe, sans vie, culassées en obus pour garder du poids. Toutefois, la palme revient sans conteste à l'*alexandrite du Caire,* un saphir synthétique changeant de couleur suivant le type d'éclairage. Pour tout achat important, restez de marbre, exigez un certificat d'analyse émanant d'un laboratoire de gemmologie reconnu et non un certificat exotique bidon.
Sachez aussi que, pour avoir la valeur d'une partie de vos économies, une pierre doit avoir un marché. Combien de gemmes naturelles de qualité collent aux tiroirs parce qu'elles ne sont pas recherchées dans cette couleur, cette nuance, ce poids ou cette forme ? En juger est un métier.
Glissée dans la poche, serrée sur le cœur ou cachée dans les chaussettes, la pierre que l'on rapporte vaut sûrement une fortune à l'achat, trois fois rien quand on passe la douane (« 22 % de TVA ? Elle est sûrement fausse, monsieur le douanier... »), pour renaître comme un trophée, quoi qu'il en soit précieux, au moment du cadeau. Souvenir ou placement, impossible de faire d'une pierre deux coups. Achetez au coup de cœur et non au coup de fric.

POPULATION

Le Brésil est une société multiraciale. Dès le début de la colonisation, contrairement aux Anglais, les Portugais ne réprimèrent pas les relations interraciales. De plus, le manque de femmes favorisa les unions entre ethnies. Le Brésil présente donc toute la gamme de métissage, du *caboclo* (métis de Blanc et d'Indien) au *mulato* (métis de Noir et de Blanc), en passant par le *cafuso* (métis de Noir et d'Indien). Plus de quarante adjectifs, en brésilien, désignent les différentes nuances de couleur de l'épiderme. Cela ne doit cependant pas faire illusion. Tous les leviers de commande politiques et économiques sont aux mains des Blancs. La publicité, les médias ne présentent en général que l'image du Blanc. Sur les chaînes de TV, la grande majorité des journalistes sont blancs et les animatrices les plus en vue sont de blondes poupées aux yeux bleus ! Même si le symbole du Brésil, provoquant tous les fantasmes des touristes, est la belle *mulata,* devenue une sorte d'image de marque, un dicton précise : « Au Brésil on se marie avec plus blanc que soi, mais on fait l'amour avec plus noir que soi. » Il n'y a rien de plus vrai, aujourd'hui encore...

Les Noirs

Si rien n'institutionnalise le racisme, la ségrégation s'effectue cependant à partir de la couleur de la peau. Après l'abolition de l'esclavage, les Noirs se retrouvèrent libres, mais libres d'être pauvres, sans avenir ni perspectives. Ils furent destinés aux plus basses besognes et à l'entassement dans les bidonvilles des grandes villes.
Plus d'un siècle après l'abolition de l'esclavage, le racisme est encore une donnée présente dans la vie de tous les jours. Dans les immeubles chic, les Noirs sont parfois invités à utiliser l'ascenseur de service (car identifiés comme employés de maison), et les chances de grimper l'échelle sociale sont directement liées à la couleur de la peau ou aux cheveux (frisés ou non). Ne dit-on pas : « Le Brésil n'est pas raciste, mais un Noir ne pourra réussir qu'en devenant footballeur ou danseur de samba » ?
Aujourd'hui, avec la crise sociale et l'exode rural, la figure du Nordestin, paysan libre *caboclo* (métis de Blanc et d'Indien), se confond avec celle du Noir dans l'image des bannis de la société dans les grandes villes. La population s'est encore plus métissée. Les Noirs d'ascendance purement africaine ne forment plus que 6 % de la population, la grande majorité étant métisse, et une autre minorité, de 12 %, à l'autre bout, est uniquement blanche. Il n'en reste pas moins que dans ce

métissage, la culture africaine – par la musique, la cuisine, par les pratiques religieuses également – rencontrant celle, native, de l'héritage indien, a pénétré tous les pores de la société brésilienne, tant et si bien que le culte des *orixás* africains est largement pratiqué jusque dans les quartiers populaires du Rio Grande do Sul (voir la rubrique suivante, « Religions et croyances »). C'est à Bahia que vous rencontrerez avec le plus de force cette présence de la culture africaine.

Les *caboclos*

À côté de la voix noire résonne la voix indienne du Brésil. Celle bien sûr des nations non acculturées d'Amazonie (moins de 300 000 Indiens aujourd'hui, alors qu'ils étaient cinq à huit millions avant la conquête), mais aussi celle du peuple *caboclo* du Nordeste et du Nord. Le Ceará, le Pernambuco, l'Alagoas et l'Amazonie sont les régions où vivent les *caboclos,* dont l'histoire est jalonnée d'illuminations prophétiques et de révoltes à connotations mystiques : les *canudos* d'Antônio Conselheiro, le mouvement du *padre* Cicero, le *cangaço* de Virgulino Ferreira, dit Lampião, et Maria Bonita... Légendes entretenues par la littérature des *cordeis* (petits livrets populaires vendus dans les rues) et par les chansons des *repentistas* (improvisées par deux guitaristes). Peuple dont la musique est le *forró,* où l'accordéon et les percussions lancent les rythmes haletants du *baião* ou du *xote*.

Noirs et *caboclos* se mêlent pour occuper les grandes capitales du Sud-Est : Rio, São Paulo sont les plus grandes villes noires et nordestines du pays.

À côté de ces grandes influences, l'envoûtante Belém vous fera sentir l'importante présence des Indiens d'Amazonie, ainsi que Manaus, tandis qu'au sud l'héritage indien, longtemps valorisé par les jésuites, se mêle aux cultures apportées par les émigrants du Vieux Monde : Italiens, Russes, juifs, Polonais, Allemands... Le Brésil, c'est Babel.

Les Indiens du Brésil

Il est difficile d'obtenir des informations précises et concordantes sur les Indiens. Immensité du territoire avec des zones encore inexplorées, relatif désintérêt du gouvernement durant des années, ou bien volonté de contrôle au travers de la FUNAI (Fondation nationale de l'Indien) pour sauvegarder ou masquer ce qui reste ! La FUNAI, qui dépend du ministère de l'Intérieur, doit porter assistance aux Indiens en leur donnant des soins médicaux, une scolarité, etc. Cela dans le but de les intégrer petit à petit à la civilisation, tout en essayant de conserver leur mode de vie et leurs traditions et de les prémunir contre les méfaits de cette même civilisation. Des trois à quatre millions d'Indiens estimés au début du XVIe s, il n'en resterait plus aujourd'hui qu'entre 150 000 et (moins de) 500 000.

– ***Combien d'Indiens au Brésil ?*** Les chiffres varient d'une source à l'autre. Les ONG (Survival International, Greenpeace) donnent leurs chiffres. La presse brésilienne et le dernier recensement donnent un autre chiffre : environ 350 000 Indiens vivent dans leurs territoires ancestraux (délimités et protégés par le gouvernement brésilien), soit 0,2 % de la population totale brésilienne. La FUNAI avance encore un chiffre différent. Selon le dernier *Pibão,* une étude réalisée par l'*Instituto socioambiental* (Institut socio-environnemental, un organisme de référence très respecté en la matière), certaines ethnies connaîtraient même actuellement une forte augmentation. Et c'est sans parler de l'apparition d'une nouvelle *ethnie,* celle des Indiens *émergents*. Effet de mode ou véritable phénomène de société, mais force est de constater que de plus en plus de Brésiliens revendiquent une identité indienne.

Une partie des Indiens recensés est regroupée dans près de 230 réserves ou parcs nationaux à l'accès interdit. Les cinq parcs les plus importants se trouvent dans le Mato Grosso (parcs d'Aripuaná et de Xingu), dans le Pará (parc de Tumucumaque sur la frontière guyanaise), dans le Tocantins (parc d'Araguaia sur l'îlha do Bananal) et enfin dans l'État de Roraima (parc des Yanomamis à la frontière vénézuélienne). Mais c'est dans le Mato Grosso et le Mato Grosso do Sul que se trouve la plus grande concentration d'Indiens, avec une estimation tournant autour de 100 000 individus. Pour plus de détails sur les Indiens d'Amazonie, voir plus loin l'introduction au chapitre « L'Amazonie ».

– ***Combien de nations indiennes ?*** Difficile aussi de dire combien il existe de nations (la FUNAI en recense près de 200, mais l'ONG Survival International en compte plus). Selon le *Pibão,* les Indiens se répartissent en 225 nations dont une cinquantaine n'auraient jamais eu de contact avec le monde « blanc ». Le rapport ajoute que douze ethnies comptent moins de quarante individus et sont menacées d'extinction imminente. Sur les 180 langues indiennes d'aujourd'hui, la plupart sont parlées par moins de 200 individus.

Pour y voir plus clair, des ethnologues ont essayé de les classer par familles, suivant les ethnies et les régions. Elles sont au nombre de cinq : la famille des Arawaks, la famille des Karibs, la famille des Tupis-Guaranis, la famille des Panos et la famille des Gés.

– ***Les Arawaks*** (exception faite des Yanomamis), en voie de disparition ou clochardisés, sont concentrés dans le nord du Brésil (Roraima et Amazonie). Ils sont représentés aujourd'hui par une centaine de tribus, chacune possédant sa langue. C'est dans le domaine religieux qu'ils se caractérisent, avec un culte particulier pour d'énormes trompes sacrées, sortes d'instruments à vent, qui doivent toujours être cachées aux yeux des femmes.

– ***Les Karibs,*** regroupés dans les régions de Roraima, Amapá et nord du Pará, étaient d'habiles guerriers ; ils volaient régulièrement des femmes arawaks pour en faire leurs épouses et étaient religieusement cannibales. Ces pratiques, combattues par le catholicisme, n'existent plus aujourd'hui, mais les hommes ont tout de même gardé une de leurs croyances, celle de la *couvade,* qui consiste en une espèce de pantomime des douleurs qui accablent l'homme lorsque sa femme accouche d'un garçon.

– ***Les Tupis-Guaranis,*** situés dans le Centre et la côte sud-est, ont été les premiers Indiens à entrer en contact avec les explorateurs européens. Seuls quelques-uns de leurs mythes ont survécu au choc de la colonisation, comme celui de la Terre-sans-mal, paradis terrestre qui offrirait à l'Indien tout ce dont il rêve. En outre, le chamanisme et les croyances qui l'entourent restent peut-être encore aujourd'hui la plus forte des identités des Tupis et des Guaranis.

– ***Les Gés*** vivent dans l'ouest et le centre du Brésil. La pauvreté de leur culture matérielle en a fait des parias. Ils couchent à même la terre, se disent vivre en ne connaissant que la faim, mais possèdent en revanche une organisation sociale extrêmement complexe, sorte de club politique, véritable casse-tête ethnologique.

– ***Les Panos*** sont disséminés, quant à eux, dans l'ouest du Bassin amazonien (principalement la région de Rondônia), où ils vivent de la chasse et d'une agriculture semi-sédentaire à base de maïs, d'arachide, de banane, de patate douce, de canne à sucre, de piment, etc. Leur existence est difficile, mais ils savent encore profiter de la jungle et se créer cette vie paisible, harmonieuse, aux désirs immédiatement satisfaits, qu'avaient pu remarquer les premiers explorateurs.

Les problèmes des Indiens ont du mal à évoluer, car ils subissent un état de faits qui les emprisonne depuis des siècles et se perpétue à chaque nouvelle découverte. Leur dilemme est soit de périr sous la brutalité des colonisateurs (aujourd'hui occupation des territoires à des fins d'exploitation minière ou forestière), soit de se laisser prendre en charge, protéger, éduquer, « digérer » par toutes sortes d'organismes d'État, comme la FUNAI, « humanitaires » ou religieux.

À moins d'accéder aux réserves, ce qui est impossible sans autorisation spéciale préalable, le voyageur curieux d'aujourd'hui ne pourra rencontrer que les vestiges de ce qu'ont été les différentes populations amérindiennes avant le choc provoqué par la rencontre, la conquête et un certain développement économique amazonien. Dans les centres urbains, le voyageur sera souvent témoin d'Indiens faisant commerce de leurs traditions et de leur savoir-faire technique, transformé en artisanat.

RELIGIONS ET CROYANCES

Le Brésil noir et mystique

Juste retour des choses, les Noirs brésiliens, à qui leurs maîtres esclavagistes tentèrent d'imposer leurs valeurs et leurs règles de vie, ont pris depuis longtemps leur revanche sur le terrain de la spiritualité. Si le Brésil est le plus grand pays catholique du monde, il n'en demeure pas moins que c'est aussi le plus grand pays de religion africaine *yoruba,* qu'on désigne sous le terme global de *candomblé.* On compte sûrement plus de dévots du *candomblé* au Brésil qu'en Afrique ; à peu près autant que de catholiques brésiliens. Toute la subtilité et l'ambivalence du style brésilien résident là. Le dimanche matin, à la messe, tout le monde est catholique, mais le lundi soir, ou n'importe quel autre soir de la semaine, les mêmes iront au *terreiro de candomblé* se laisser posséder par les dieux africains ou leur sacrifier un animal avec la même ferveur que lors de l'eucharistie.

L'héritage religieux des Yorubas

Le terme de *candomblé* désigne la religion africaine du peuple yoruba, perpétuée au Brésil par les esclaves et leurs descendants, et vigoureusement pratiquée du nord au sud du pays, mais principalement à Salvador, ainsi qu'à Belo Horizonte, São Paulo et Rio.
Arrivés au Brésil en provenance de régions et de nations africaines dispersées, de langues différentes, les esclaves noirs d'Afrique furent soumis à un processus de destruction de leur identité culturelle : nations, ethnies, tribus, familles dispersées ; interdiction de perpétuer coutumes et croyances, de parler leur langue... Minoritaires parmi les esclaves brésiliens, originaires du delta du Niger, les Yorubas, porteurs d'une des civilisations les plus florissantes et complexes d'Afrique, communiquèrent leur héritage religieux et culturel à tous les Noirs du Brésil. Ils enterrèrent les fondements magiques de leur peuple, secrètement transportés d'Afrique, comme ce fut aussi le cas à Cuba, faisant du Nigeria, du Brésil et de Cuba les trois terres sacrées du peuple yoruba dans le monde.
Les dieux de cette religion, dont le nombre est considérable, représentent des forces bien précises qui trouvent leurs origines dans les éléments du terroir africain et de la nature : tempêtes, rivières, forêts, brousse, foudre, mer... Mais ils ont aussi et surtout la faculté d'habiter l'esprit et le corps des humains dans ce qu'on appelle la possession, ou transe. Ainsi, chacun est habité par un dieu, un *orixá* (prononcer « oricha »), qui donne une valeur sacrée aux traits profonds de sa personnalité : penchant érotique, caractère coléreux, amour de son prochain...
Oxum (Oschoum), par exemple, divinité des eaux de rivières, de fleuves et de sources, est aussi la divinité de la sensualité féminine, de l'érotisme, de l'or et du champagne. Redoutablement jalouse, elle est également dépensière, infiniment douce et immorale. Elle séduit le pouvoir. Son jour est le samedi, sa couleur l'or, son habitat le cours des rivières.
Ogum (Ogoum), dieu du fer, de la forge et de la guerre, est également celui de l'industrie. Coléreux et brutal, ombrageux et conquérant, il est aussi intrépide et courageux. Son jour est le lundi, sa couleur le bleu marine, son habitat les objets de fer, les routes, les rails...

Le candomblé

Religion où la beauté des rituels fait partie de la fête, le *candomblé* caractérise chaque *orixá* par une foultitude d'attributs : objets, matières, jours de la semaine, parures, bijoux, plantes, couleurs, chants, tambours, préparations culinaires et

sacrifices spécifiques, lieu qui l'abrite... toutes choses qui manifestent sa présence, mais peuvent varier selon les régions du Brésil.
En sacralisant toute la gamme des penchants humains, le *candomblé* ne fait pas seulement œuvre d'infinie tolérance morale. Les cérémonies et fêtes ont pour but de faire se manifester ces divinités parmi les vivants, par la transe. Au dieu physiquement présent dans le corps du fidèle possédé, on pourra demander d'user de toute la force de ses pouvoirs pour aider à résoudre les problèmes de la vie : amour, santé, argent, conflits, projets, voisinage, etc. En retour, on s'informera des offrandes et fêtes qu'il souhaite pour accomplir son « travail ».
En dehors de ces cérémonies et fêtes, toute une série de pratiques entretiennent une convivialité permanente avec les dieux : faculté de faire appel à leur aide pour toutes sortes de questions, en consultant les *búzios,* l'oracle des seize coquillages, pour élucider un problème ou en réalisant des « travaux » *(trabalhos),* c'est-à-dire offrandes, sacrifices, bricolages et actes spécifiques, exigés par un *orixá* sollicité pour résoudre un problème, débloquer une situation... Ne souriez pas, peu de Brésiliens, même des plus rationalistes, peuvent prétendre ne jamais y avoir eu recours, et la vie comme l'histoire brésiliennes foisonnent d'histoires étranges et impressionnantes qui incitent à la prudence sur le sujet.

Les terreiros de candomblé

Le culte des *orixás,* au Nigeria, hormis les grandes fêtes communautaires, est essentiellement domestique. Les conditions de survie des cultures africaines au Brésil ont fait naître les *terreiros de candomblé* comme véritables lieux de culte communautaire au milieu d'un quartier.
C'est une petite maison paroissiale, dirigée par un *babalorixá* ou par une *yalorixá,* qu'on appelle aussi « père » ou « mère de saint » (*pai* ou *mãe de santo*), entouré(e) d'une petite communauté d'assistants directs, et qui fait appel à ses initiés quand il (elle) a besoin d'eux pour un rituel important. Le *terreiro* assure l'assistance à tout le quartier.
Véritable curé de paroisse, le *babalorixá* (ou la *yalorixá*) rend les oracles, dirige les *trabalhos,* accomplit les sacrifices, procède à l'initiation des adeptes qui le désirent ou en ont besoin et, bien sûr, organise les fêtes et cérémonies rituelles indispensables.
Le *candomblé,* dont les rituels font appel à une riche mythologie, à des règles d'une grande précision, à des secrets et à des savoirs soumis à l'initiation, ne professe aucune doctrine, aucun message, aucune révélation. Sachez aussi que le *candomblé* n'a aucune institution unifiée, du genre Église, et ne repose que sur le prestige et l'autorité de chaque *terreiro,* la beauté de ses fêtes et la réputation des *trabalhos* qui y sont accomplis.
L'initiation n'est nullement nécessaire pour fréquenter un *terreiro,* interroger l'oracle, assister à une cérémonie. Les fêtes de *candomblé* sont parmi les expériences les plus belles et les plus saisissantes que vous puissiez vivre au Brésil, tant par la fièvre des rythmes et des chants, la beauté des costumes, la douceur et la séduction qui y règnent, les parfums et la saveur des cuisines sacrées, que par la puissance sans violence des transes qui s'y manifestent.
Le *candomblé* n'entretient pas un rapport moral à l'argent. Aussi ne cache-t-il pas que les divinités ne « travaillent » pas gratis. Mais sachez aussi que s'il demande de l'argent, ou une forme concrète de rétribution, c'est pour faire face à des frais de fonctionnement assez élevés.

Le syncrétisme

Religion des signes et non du verbe, longtemps soumis à de dures persécutions, réprimé par la *loi des Tambours* qui interdisait de battre les tambours la nuit, pourchassé, clandestin, le *candomblé* dut user de pseudonymes : au lieu de nommer et de représenter les *orixás* à la façon yoruba, les *terreiros* et leurs adeptes les recou-

vrirent de l'image des saints de la mythologie chrétienne, trouvant dans ces images pieuses un détail, une couleur, un objet qui manifestaient la présence de l'*orixá*. Ainsi, la représentation de flèches dans les images de saint Sébastien fit adopter ce dernier pour représenter *Oxóssi* (Ochossi), le dieu de la chasse et de la brousse ; *Exu* (Echou), dieu des carrefours, de la communication et des entourloupes, dieu, aussi, des pulsions sexuelles, fut ainsi vêtu des habits du diable ; *Ogum,* déjà cité, devint saint Georges ; *Oxum* s'appelle aussi Notre Dame de la Chandeleur ; *Yemanjá,* déesse de la mer, mais aussi de la sensualité possessive et maternelle, est Notre Dame de l'Immaculée Conception ; quant à *Oxalá* (Oschala), dieu du ciel, de l'esprit de création, de l'ouverture des chemins, il dut porter la croix du Christ... et ainsi de suite.
La fusion s'est faite dans l'imaginaire brésilien. Cela a fini par créer une espèce de syncrétisme brésilien où l'on ne sait plus toujours quel saint on honore, chrétien ou yoruba. C'est ainsi qu'à Salvador, où le *candomblé* est fortement présent dans la vie sociale, toutes les fêtes catholiques sont marquées par de grandes manifestations du *candomblé*.

L'umbanda

Dans les régions, villes ou milieux où les communautés noires étaient moins cohésives, ce masque chrétien des *orixás* du *candomblé* évolua vers les diverses formes de syncrétisme qui se regroupent sous le terme d'*umbanda.* Les caractéristiques des saints chrétiens furent plus profondément intégrées, tandis que d'autres influences, surtout indiennes et *caboclos,* avec les savoirs herboristes des chamans indiens, furent incorporées. Des *orixás caboclos* apparurent. Les pratiques ou doctrines spirites, apportées par les immigrants européens du début du XXe s, furent aussi introduites dans la cuisine, démontrant une fois de plus la nature anthropophagique de la culture brésilienne. Enfin, consciente de l'altération des traditions et de la dispersion des communautés, l'*umbanda* chercha à rassembler « le peuple des saints » en une bande *(uma banda)* ; à la différence du *candomblé* qui se transmet par une longue initiation, l'*umbanda* est organisée en une fédération brésilienne d'*umbanda,* qui accorde sa reconnaissance aux maisons d'*umbanda.*
La matrice des rituels reste pourtant celle du *candomblé* : les *orixás,* les *búzios,* les *trabalhos* et les sacrifices, et le même appel à la transe de possession. Simplement, les chants et les rituels sont en portugais, les autels ressemblent aux autels d'églises catholiques, avec quelques teintes de paganisme, les rythmes sont plus proches du samba que des rythmes yorubas, les transes souvent plus sauvagement théâtrales. Les *yaos* s'appellent *médiums* ; les *babalorixás* et *yalorixás* sont connus comme *pais* ou *mães de santo* ; et on ne mange pas. Puis, il y a d'autres figures, telles que les *pombas-giras, caboclos* et *crianças* (enfants). Il existe de grandes différences d'une maison d'*umbanda* à l'autre, selon le degré de préservation des pratiques du *candomblé.*
Les cérémonies d'*umbanda* sont plus faciles d'accès que celles du *candomblé,* car on trouve fréquemment des *terreiros* et *casas* jusque dans le centre des villes. Très saisissantes aussi, elles sont parfois un peu décevantes par rapport aux cérémonies de *candomblé.*
– Voir aussi les chapitres sur São Paulo, Recife et Salvador da Bahia.

Sectes diverses et évangélisme

« Combien y a-t-il de religions au Brésil ? Dieu seul le sait... et encore ! », a-t-on coutume de dire. À côté du catholicisme, du *candomblé* et de l'*umbanda,* il existe toutes sortes de religions, depuis les plus classiques (chrétiens orthodoxes, réformés de divers courants, juifs, musulmans, bouddhistes, shintoïstes) jusqu'aux plus exotiques, en passant par les sectes de génération locale les plus extravagantes. En 1994, le mouvement *Viva Rio* organisa une immense veillée œcuménique sur

l'Aterro du Flamengo pour protester contre la violence et appeler à la lutte contre l'exclusion : pas moins de 54 religions s'y manifestèrent !
Différente et préoccupante, en revanche, la montée en puissance dans les quartiers pauvres d'un phénomène nouveau qui dépasse le simple penchant brésilien pour les religions ébouriffantes : la percée des sectes en général, et des évangélistes pentecôtistes en particulier. Il en existe plusieurs : Adventistes du septième jour, Église triangulaire ou quadrangulaire, Assemblée du Sang de Jésus-Christ, etc. Leurs discours, au contenu intégriste et fanatique, extrêmement durs, convergent, de même que leur organisation qui a tendance à s'unifier autour de deux grands centres : l'Église universelle du Règne de Dieu et l'Assemblée de Dieu. En rupture totale avec la tolérance religieuse brésilienne, engagées dans une « guerre contre l'œuvre du diable » qui serait la cause des malheurs sociaux, elles enrégimentent dans une mobilisation permanente les gens les plus désespérés des quartiers pauvres, en prenant ouvertement pour cible les traditions culturelles et spirituelles africaines, la liberté morale et sexuelle, la médecine, l'école, les mouvements progressistes et syndicaux.
Leur succès impressionnant et leur grande richesse (l'Église universelle du Règne de Dieu possède 1 800 églises dans le pays, 3 quotidiens, 34 chaînes de radio et la grande chaîne de TV, *Record*) trahissent sans doute les cassures du tissu social et culturel comme le désarroi spirituel du peuple dans l'extrême gravité de la crise qui l'atteint. Nul ne peut dire s'il s'agit d'un engouement éphémère ou des premiers signes d'un intégrisme chrétien à volonté politique, de même nature, au fond, que l'intégrisme islamiste qui se développe dans certains pays de tradition musulmane touchés par une profonde crise économique, sociale et morale.

Le chamanisme

Dans un univers hostile et riche, où le sacré se mêle au profane, le chaman (sorcier) est l'un des personnages les plus importants des communautés indiennes. Si l'on excepte les Indiens guayakis et les Gés, chez qui l'on n'en trouve nulle trace, le chamanisme est bien l'un des traits de culture communs à tout le Bassin amazonien. Mais qui se cache derrière ce personnage, à la fois homme, médecin, sorcier, trait d'union entre le monde des hommes et celui des esprits, porte-parole de la surnature ? Un homme le plus souvent, une femme rarement. Énormément de talent, un certain goût pour la mise en scène, mais surtout un apprentissage très long qui le mettra à l'épreuve et lui révélera – ou non – ses talents. On lui fera ingurgiter des brouets bizarres, des décoctions de jus de tabac, des infusions d'écorces et des drogues hallucinogènes (l'*ayahuasca* notamment, chez certains Indiens d'Amazonie) qui le feront vomir. Vomir pour se purifier afin que l'âme devenue légère puisse rejoindre les esprits, tandis que le corps libéré pourra être « visité ». Le chaman fait profession de communiquer avec les esprits et parfois d'en être possédé. Si un homme est malade, que potions et onguents n'ont pu le guérir, c'est que la maladie est due à une puissance malfaisante qui a réussi à introduire dans le corps du patient un sort, qui peut, au pire, emprisonner son âme. Un sort que seul le chaman peut conjurer. Après chants, massages, psalmodies, le chaman va, par succion et lors d'un magistral tour de passe-passe, extraire un objet ensanglanté, cause du mal. Potions et onguents clôturent la cérémonie et parachèvent le traitement.
Capable de guérir, le chaman peut également nuire à un ennemi en lui transmettant une maladie, voire en le tuant à distance. Il est indispensable à la communauté car, outre ses dons de guérisseur, il sait prédire l'avenir, faire tomber la pluie. Il est aussi le conseiller militaire, le grand maître des cérémonies magico-religieuses, le détenteur des secrets des pistes giboyeuses. Mais son pouvoir ne tient qu'à un fil, très mince, car sa magie n'est efficace que pour autant que l'on croit qu'elle l'est. Or, les chamans ont vu une partie de leurs pouvoirs thérapeutiques mis en échec par la médecine occidentale, dont les médicaments s'avèrent plus efficaces que les exorcismes et pour laquelle les nouvelles maladies ne sont pas inconnues.

SAVOIR-VIVRE ET COUTUMES

Voici quelques astuces et éléments de la vie quotidienne, en sachant que ce vaste pays offre évidemment des spécificités bien régionales.

Quelques règles de vie

Si l'on devait retenir une caractéristique commune au peuple brésilien, c'est bien la chaleur des contacts humains. Si vous demandez votre chemin ou un renseignement à un Brésilien, vous êtes presque sûr que votre interlocuteur se mettra en quatre pour vous aider, et on vous gratifiera systématiquement d'un *Tudo bem, Beleza* ou *Valeu* lancé le pouce levé, signifiant à la fois « OK », « Bonne route » et « Salut ». Ce geste de lever le pouce est d'ailleurs utilisé à toutes les sauces, pour saluer, marquer son accord, remercier, féliciter...
Très démonstratifs, les Brésiliens se touchent fréquemment, pour se saluer ou au cours d'une discussion, en famille, entre amis ou simplement avec une connaissance. On se donne aussi l'*abraço* (l'accolade) ; c'est d'ailleurs un mot employé pour dire au revoir. Le rapport au corps est très libre le long des côtes, le climat tropical et la plage incitant à se vêtir légèrement, donc à montrer son corps. Petit, gros, sexy, jeune ou vieux, le Brésilien est rarement complexé et s'exhibe naturellement, voire fièrement après une opération chirurgicale coûteuse ou des semaines d'efforts dans un club de musculation ! Rien de provoquant, donc, à se promener torse nu pour les hommes et en minishort avec un haut de maillot pour les filles. En revanche, le topless sur les plages reste tabou.
Comme vous aurez souvent à utiliser le langage des mains pour communiquer avec vos interlocuteurs, sachez que pour désigner le chiffre 1, on ne lève pas le pouce (ce qui est réservé à l'expression de *tudo bem,* voir plus haut) mais l'index. Quant à 2 et 3, ce sont le majeur et l'annulaire que vous dresserez aussi, en gardant le pouce à l'intérieur de la main. Voilà pour éviter les malentendus !

Ponctualité

Concernant les transports en bus, les horaires sont souvent respectés, sauf en cas de fortes pluies, de panne ou d'accident. En revanche, si vous fixez un rendez-vous avec un chauffeur de taxi brésilien, confirmez-le plusieurs fois et prévoyez une certaine marge de retard ; la ponctualité n'est pas une spécialité locale ! Une précision importante : la patience est une des grandes vertus de chaque Brésilien, indispensable pour affronter les files d'attente qui se forment aux arrêts de bus, à la poste, dans les banques et devant chaque guichet « officiel ».

Pourboire

Dans les restaurants, le service est compris dans l'addition (taxe de 10 % dans les plus chers). Si vous êtes satisfait du serveur, il convient de rajouter l'équivalent, même si ce n'est pas obligatoire. En taxi, on arrondit la somme si le chauffeur s'est montré sympa ou lors de trajets courts, peu onéreux. On donne aussi entre 2 et 5 Rls aux portiers dans les hôtels, aux pompistes s'ils nettoient les vitres ou vérifient la pression.
Si vous circulez au Brésil en voiture, vous remarquerez à chaque stationnement dans la rue des personnes qui se chargent de vous aider dans la manœuvre et de garder un œil sur votre voiture. La fonction de ces « gardiens » n'est pas officielle mais elle est reconnue par tous. Que ce soit un gamin ou une personne âgée, ce n'est pas du racket ; on laisse donc toujours 1 ou 2 Rls (ça dépend de la durée de l'absence) à son retour. Idem pour un autre petit travail : gardien de parapluie... On en trouve à l'entrée des magasins dès qu'une averse survient !

Marchandage

En règle générale, il est assez mal vu de marchander un prix dans une boutique d'artisanat ou même sur les marchés. À la rigueur, on obtiendra une ristourne de 5 à 10 % en insistant bien, mais jamais au-delà. Toutefois, sur les marchés très touristiques comme à Fortaleza ou Salvador, n'hésitez pas à négocier les prix.
Par ailleurs, on peut demander plus facilement une réduction sur le prix des chambres dans les hôtels et *pousadas,* pour les excursions et parfois pour la location de voitures. Des remises sont souvent accordées pour un paiement en espèces, pour des séjours en basse saison ou de longue durée (certains établissements les concèdent à partir de deux ou trois jours). On peut aussi faire baisser les prix en demandant la chambre au confort le plus simple, sans AC ni TV. Mais ça, ce n'est pas du marchandage nous direz-vous...

Hygiène

On voit partout dans la rue, à l'entrée des maisons, des paniers en bois ou en métal, surélevés comme des cabanes à oiseaux, où sont perchées les poubelles pour éviter qu'elles soient éventrées par les animaux.
Partout dans le pays, que ce soit dans un boui-boui ou un hôtel de luxe, on jette le papier toilette dans une poubelle et non dans les w-c, car le système d'évacuation des eaux usées et les égouts sont encore loin d'être au point, formant parfois dans les grandes villes des canaux d'eau fétide à ciel ouvert, se jetant directement dans la mer.

SITES INSCRITS AU PATRIMOINE MONDIAL DE L'UNESCO

Organisation des Nations Unies pour l'éducation, la science et la culture

En coopération avec le centre du patrimoine mondial de l'UNESCO

Pour figurer sur la Liste du patrimoine mondial, les sites doivent avoir une valeur universelle exceptionnelle et satisfaire à au moins un des dix critères de sélection. La protection, la gestion, l'authenticité et l'intégrité des biens sont également des considérations importantes.
Le patrimoine est l'héritage du passé dont nous profitons aujourd'hui et que nous transmettons aux générations à venir. Nos patrimoines culturel et naturel sont deux sources irremplaçables de vie et d'inspiration. Ces sites appartiennent à tous les peuples du monde, sans tenir compte du territoire sur lequel ils sont situés. Pour plus d'informations • http://whc.unesco.org •
Les sites traités dans le guide sont :
- Brasília ;
- Centre historique de la ville d'Olinda ;
- Centre historique de la ville de Diamantina ;
- Centre historique de la ville de Goiás ;
- Centre historique de Salvador da Bahia ;
- Centre historique de São Luis ;
- Sanctuaire du Bom Jesus à Congonhas ;
- Ville historique d'Ouro Preto ;
- Aire de conservation du Pantanal ;
- Complexe de conservation de l'Amazonie centrale ;
- Côte de la découverte – Réserves de la forêt atlantique (États de Bahia et de l'Espirito Santo) ;
- Forêt atlantique – Réserves du Sud-Est (États du Paraná et de São Paulo) ;
- Îles atlantiques brésiliennes : la réserve de Fernando de Noronha ;
- Parc national d'Iguaçu.

SPORTS ET LOISIRS

Ballons, balles, petites voitures, etc.

Quand on parle de sport au Brésil, on pense évidemment au ***football,*** élevé au rang de religion populaire par l'ensemble des Brésiliens et pratiqué dans toutes les villes et villages du pays, sur une plage, un chemin de terre ou un terrain aménagé en plein air. Les gamins des favelas s'entraînent même dans les *ladeiras,* et, à les observer jouer pieds nus dans ces rues en pente, on comprend la réputation de virtuoses du ballon des joueurs brésiliens. L'équipe nationale est d'ailleurs la seule à avoir emporté cinq Coupes du monde, en 1958, 1962, 1970, 1994 et enfin en 2002. Le nombre et la taille des stades de football dans les villes brésiliennes témoignent bien de l'engouement pour ce sport, les plus célèbres étant le Maracanã de Rio et le Morumbi à São Paulo. Chaque grande métropole possède au moins deux équipes, donc deux stades, une équipe soutenue par la classe populaire et une autre supportée par la classe bourgeoise.
Pour vivre l'ambiance effervescente des matchs et se plonger dans cette folie toute brésilienne, vous pouvez aller au stade, en général tous les mercredi et dimanche. Pour les grandes rencontres, TOUT s'arrête. La ville est déserte, silencieuse... et, à chaque but, fusées et pétards retentissent à faire trembler les rues. Chacun ici a SON équipe, *Flamengo* (rouge et noir) ou *Fluminense* (vert et blanc) à Rio, *Corinthians* (noir et blanc) à São Paulo... Les grands champions – Ronaldo, Garrincha, le « roi » Pelé, Socrates ou Romario – sont adulés à l'égal des dieux. Et l'ambiance tient du délire collectif lors d'un « Fla-Flu » (*Flamengo* contre *Fluminense*).
Le Brésil compte environ 8 000 clubs sportifs qui démontrent l'engouement des Brésiliens pour le sport. Après le foot, le ***volley-ball*** et le ***beach-volley,*** pratiqué sur les plages du littoral, sont très populaires et appréciés des hommes et des femmes, avec des équipes plusieurs fois championnes du monde et championnes olympiques. Tout comme le ***basket-ball,*** qui a vu naître des joueurs de haut niveau, plusieurs fois vainqueurs des championnats internationaux. La classe moyenne apprécie particulièrement le ***tennis,*** avec de célèbres joueurs comme Maria Ester Bueno, qui a remporté trois fois le tournoi de Wimbledon dans les années 1960 et, bien plus récemment, la star « Guga », Gustavo Kuerten qui a pris sa retraite sportive en mai 2008. Sans oublier la ***formule 1,*** popularisée par les pilotes mythiques du sport automobile, Nelson Piquet dans les années 1980 et Ayrton Senna (voir « Personnages »).
Sur le littoral du Nordeste, d'août à septembre, le ***kitesurf*** a le vent en poupe ! La petite ville de Paracuru, à une centaine de kilomètres au nord de Fortaleza, est devenue, en quelques années, l'un des spots mondiaux de ce sport.
Sinon, il y a une activité méconnue en Europe mais pratiquée par une majorité de Brésiliens, la ***marche tonique*** (!). En effet, cette activité nécessite des conditions bien spécifiques à ces contrées, car elle se pratique de préférence dans un cadre idyllique, le long des plages du littoral, Copacabana, pour ne citer que la plus célèbre... Tôt le matin ou en fin de journée, une foule homogène, vêtue d'un caleçon moulant, de baskets futuristes et généralement équipée d'un walkman, arpente d'un pas énergique les quelques kilomètres qui longent ces immenses plages de sable fin. Une activité démocratique, pratiquée seul ou à plusieurs, de 7 à 77 ans, qui offre parfois un spectacle insolite sur les plages de Rio, de l'Espírito Santo ou de Bahia.

La capoeira

Autre particularité, et non la moindre, la ***capoeira,*** pratiquée dans de nombreuses villes du Brésil, l'après-midi ou le soir, sur une place ou en bord de mer. Au son de chants africains et de trois instruments de musique – le *berimbau* (en forme d'arc),

le *pandeiro* (tambourin) et l'*atabaque* (sorte de tam-tam) –, d'étonnants danseurs, souvent vêtus de blanc, rivalisent deux à deux au milieu d'un cercle (la *roda*) formé par les participants. Le rythme particulier, la vibration de la corde d'acier des *berimbaus,* le chœur à l'évidence truculent et profane mais en même temps psalmodié comme un chant religieux, tout cela ne peut qu'attirer votre attention. Et les figures acrobatiques de ces « danseurs-combattants », généralement des hommes, vous feront penser à un moment donné qu'il pourrait s'agir d'un véritable ballet aux allures tragiques et assassines. C'est de la capoeira qu'il s'agit, et, sous ses allures de danse, c'est bien l'un des plus redoutables sports de combat qui soient. Emprunté aux techniques martiales de diverses nations africaines, on y retrouve des figures de la boule sénégalaise, autant que des feintes et passes pratiquées en Angola et chez les Zoulous ; d'ailleurs, la capoeira a emprunté sa rythmique et sa ligne musicale à l'Angola.
La capoeira remonte à la fin du XVIIIe s et était pratiquée en secret par les esclaves, qui exprimaient ainsi leurs révoltes et camouflaient sous des apparences musicales ces activités qui leur étaient interdites. Les maîtres craignaient que ces groupes de combat organisent un mouvement de révolte. Malgré cette opposition, la capoeira acquit peu à peu une grande popularité et se répandit dans de nombreuses régions au Brésil. Mais cet art martial restait entaché d'une mauvaise réputation, d'autant que les capoeiristes étaient organisés en bandes et n'hésitaient pas à servir d'hommes de main pour le compte des diverses autorités ; et dans le langage brésilien blanc du XIXe s, *capoeira* signifiait « bandit, brigand ». Avec l'abolition de l'esclavage noir en 1888 et la proclamation de la république en 1890, la répression se durcit à l'encontre des manifestations de la culture afro-brésilienne, y compris la capoeira. Sa pratique fut donc interdite dès 1890, et ce jusqu'en 1932, lorsque le gouvernement de Getúlio Vargas officialisa cet art martial comme « sport national ».
Car depuis le début du XXe s, des maîtres virtuoses de capoeira, personnellement engagés dans les luttes contre la ségrégation raciale envers les Noirs, avaient fait définitivement reconnaître la capoeira comme un art digne de respect. C'est à Salvador da Bahia que s'ouvrirent les premières académies officielles. Deux « écoles » se distinguent : la *capoeira régionale,* créée par Mestre Bimba (première académie ouverte en 1932), plus acrobatique et proche des arts martiaux, et la *capoeira angola,* pratiquée par l'académie de Mestre Pastinha (ouverte en 1941), qui revendique le style traditionnel. La capoeira est aujourd'hui pratiquée dans tout le Brésil, avec des championnats et une fédération sportive (dont les meilleures académies sont évidemment à Bahia). Elle sert d'étendard culturel aux divers mouvements de conscience noire.

Le « jeu des animaux »

Concernant les jeux populaires, vous pourrez observer à de nombreux coins de rue du centre-ville des hommes assis sur des chaises, stylo et carnet en main, dans l'attente de clients pour le ***jogo do bicho.*** Le « jeu des animaux » consiste en paris parallèles (et illégaux) que l'on fait sur des animaux, sur le même principe que la Loterie nationale. Il fut inventé dans les années 1870 pour récolter des fonds afin de réaménager le zoo de la ville. L'idée fut reprise clandestinement. Riches ou pauvres, tout le monde joue. C'est une véritable institution au Brésil, que la police ne cherche nullement à interdire. En effet, les riches personnages à la tête de ces paris clandestins graissent les plus hautes paluches policières et politiques. De plus, ils financent très largement le carnaval, et ça, c'est sacré !

UNITAID

Les Nations unies ont voté en 2000 un plan, appelé « Objectifs du Millénaire », visant à diviser par deux l'extrême pauvreté dans le monde (plus d'un milliard de personnes vivent avec moins d'1 dollar par jour), à soigner tous les êtres humains du sida, du paludisme et de la tuberculose et à mettre à l'école primaire tous les enfants du monde d'ici à 2015. Les États ne fourniront que la moitié des besoins requis, c'est-à-dire 40 des 80 milliards de dollars nécessaires. C'est dans cette perspective qu'a été créée, en 2006, UNITAID, qui permet l'achat de médicaments contre le sida, la tuberculose et le paludisme. Aujourd'hui, plus de 30 pays se sont engagés à mettre en œuvre une contribution de solidarité sur les billets d'avion afin de financer UNITAID. Cette taxe obligatoire est de l'ordre de 1 à 4 € par billet d'avion en classe économique et s'applique à tous les trajets au départ de la France depuis 2006. Les frais de gestion sont réduits à 3 % des sommes collectées grâce à l'hébergement de l'OMS et une organisation particulièrement efficace. Grâce aux 300 millions de dollars récoltés en 2007, UNITAID a déjà engagé des actions en faveur de 100 000 enfants séropositifs en Afrique et en Asie, 65 000 malades du sida, 150 000 enfants touchés par la tuberculose, et fournira 12 millions de traitements contre le paludisme.

Le *Guide du routard* soutient, bien entendu, la réalisation des objectifs du millénaire et tous les outils qui permettront de les atteindre ! Pour en savoir plus : • unitaid.eu •

LE SUD-EST

« São Paulo da café, Minas da leite,
e a Vila Isabel da samba... »

« São Paulo donne du café, Minas Gerais donne du lait, et Vila Isabel donne du *samba*... », dit Feitiço da Vila, le grand *samba* populaire. On ne saurait mieux résumer le Sud-Est.

L'ÉTAT DE RIO

RIO DE JANEIRO

5 850 000 hab. IND. TÉL. : 021

Pour les plans de Rio, se reporter au cahier couleur.

Si vous avez la chance d'avoir un hublot du bon côté de l'avion en arrivant, vous comprendrez tout de suite ce qui fait la beauté de Rio et pourquoi elle dépasse en réalité tout ce que vous aviez imaginé. Aucune ville au monde n'aligne une telle succession de baies, de plages superbes, un tel bouleversement de reliefs, un tel puzzle géographique.
Omniprésents à Rio, les *morros,* collines pointues où s'accrochent bon nombre de favelas, ponctuent la ville jusqu'à la mer, la découpant en quartiers différents : Lapa, Flamengo, Botafogo, Copacabana...
« La seule grande ville de l'univers où le simple fait d'exister est un véritable bonheur », a écrit Blaise Cendrars, dont l'existence a été transformée par la découverte de Rio et du Brésil. Rio, c'est la mer à la montagne, la jungle urbaine à l'orée de la forêt tropicale, avec la plage pour horizon. Les Cariocas (habitants de la ville de Rio) l'ont de toute façon dans la tête, sur la peau, et, même à des kilomètres de l'eau, le *short tend* au maillot de bain et la jupe se fait mini. Rio est une ville où la plage sert de podium, on s'y montre mais tout le monde peut se pavaner en bikini : il suffit de savoir marcher, onduler et parler. On vous conseille donc vivement d'apprendre le portugais (l'espagnol peut cependant vous aider un peu) et de ne pas vous laisser intimider par les questions de sécurité : à Rio, parler est un art, un plaisir, une façon de vivre.
La chaleur des mots ne doit cependant pas tromper. Les Cariocas, extrêmement accueillants, sont des adeptes notoires du « chacun fait ce qui lui plaît ». L'individualisme forcené gagne du terrain et la société moderne a tendance à éclipser le traditionnel savoir-vivre des Cariocas et leur rythme de vie indolent. Car, depuis qu'en 1960 Rio cessa d'être la capitale, les habitants luttent contre le sentiment d'une certaine décadence : pas question pour eux que Rio devienne une grande ville comme les autres !

UN PEU D'HISTOIRE

Si le site de Rio fut découvert le 1er janvier 1502 par les Portugais (ils croyaient avoir découvert un grand fleuve, d'où Rio de Janeiro : « rivière de janvier »), ce sont les Français qui s'y installèrent en 1555, avant d'être chassés par les Portugais quelques années plus tard. La petite ville prospéra grâce à la canne à sucre, mais surtout grâce à la découverte de l'or du Minas Gerais au XVIIIe s. En 1808, l'arrivée du roi du Portugal en exil provoqua une grande ouverture sur l'Europe.
Au début du XXe s, de grands travaux devaient modeler son visage actuel. De larges avenues furent tracées, des *morros* rasés. La baie de Copacabana connut un grand développement dans les années 1930, lorsque les villas cossues cédèrent le pas aux grands immeubles du type Côte d'Azur et que la promenade fut aménagée, en rognant largement sur la mer. La ville est en perpétuel mouvement, s'étendant sans cesse vers le sud.

1930-1960 : l'âge d'or

Rio connut son heure de gloire entre les années 1930 et 1960. Capitale de ce qui s'appelait alors les États-Unis du Brésil, elle vit se développer, dans une croissance euphorique, une classe moyenne aisée de fonctionnaires et de rentiers, entourée d'un petit peuple qui passait des fonctions ancillaires au statut de travailleurs de l'industrie et des services. Entre les *morros* et la ville, durant cette période, l'héritage culturel des anciennes classes de maîtres se mêla aux traditions populaires chargées d'influences africaines. Le mélange se fit dans un sentiment de bonheur et d'optimisme.
Ville fétiche pour de nombreux artistes, Rio attira dans les années 1930 et 1940 des écrivains comme Blaise Cendrars et Stefan Zweig qui en firent l'éloge dans leurs livres. Pour le second, « il n'y a pas de ville plus belle au monde ». Dans les années 1950 et 1960, bossa-nova, *cinema novo,* puis « tropicalisme » furent les signes éblouissants de cette ville unique en son genre. Ipanema est alors un repaire de bohèmes qui, pour la première fois dans l'histoire du pays, célèbrent la jeune fille, la *garota* de la fameuse ballade : bronzée, elle ondule sur le chemin de la plage. C'en est fini de la femme adultère et forcément fatale qui régnait sur l'univers de la chanson. Le Brésil se découvre jeune et plein d'espoir dans le futur.
En réalité, un certain déclin du prestige de Rio s'est amorcé avec la perte du statut de capitale fédérale, au profit de la toute nouvelle Brasília. Le coup d'État militaire de 1964 n'arrangea pas les choses. Les militaires réprimèrent particulièrement Rio, traditionnellement la ville la plus à gauche du Brésil. Enfin, la crise économique des années 1980 emporta une bonne part de l'industrie. Pendant ce temps, l'hyperinflation plongea les pauvres plus encore dans la misère et les riches dans l'opulence de la spéculation. Les favelas, bidonvilles abritant les plus démunis, s'étendirent plus vite que la ville elle-même.

Rio, une ville inépuisable faite de contradictions

Aujourd'hui, Rio continue d'être cette ville « merveilleuse » qui enchante les visiteurs ; mais toujours sous pression, tiraillée par des contradictions économiques et sociales qu'il convient de connaître avant d'y débarquer.
La misère envahit l'espace même des classes aisées, avec des SDF qui campent sur les trottoirs d'Ipanema, de Copacabana et Leblon. On estime que 37 % de la population vit dans la misère et à peu près autant dans une certaine pauvreté. La délinquance et les problèmes d'insécurité découlent directement de cette pauvreté. Aujourd'hui, 20 % des Cariocas vivent dans les favelas, et, contrairement aux idées reçues, la majorité d'entre eux sont des travailleurs que l'on croise tous les jours : vendeurs de glace sur la plage, caissier(ère)s de supermarchés, gardiens d'immeubles...

Chaque quartier riche est flanqué de sa favela, *Dona Marta* au-dessus de Botafogo, *São João* et *Cantagalo* au-dessus de Copacabana, *Pavão* et *Pavãozinho* au-dessus d'Ipanema, *Vidigal* au-dessus de Leblon et l'immense *Rocinha* (150 000 habitants) au-dessus de la Barra da Tijuca et de São Conrado (on peut s'y rendre accompagné d'un guide – voir plus loin au paragraphe « Agences de voyages » dans la partie « Adresses utiles »).
La corruption a pourtant atteint tous les niveaux des institutions publiques, à commencer par la police. Les riches se retranchent derrière grilles et systèmes de sécurité sophistiqués. La peur (des pauvres, des Noirs, des milliers d'enfants vagabonds) obsède les classes moyennes. La violence extrême, qui s'exerce d'abord contre les jeunes des favelas (74 % des victimes d'homicides), a abouti à une quasi-coupure des ponts entre les classes sociales.
En 1995, pour la première fois dans l'histoire de la ville, sous la pression d'une forte campagne de presse et de *TV Globo,* le gouvernement fit appel pendant cinq mois à l'armée pour quadriller spectaculairement les favelas et rassurer les classes moyennes. Même scénario en février 2003, où l'armée fut dépêchée en urgence pour faire régner le calme pendant le carnaval, suite à des incidents provoqués par les trafiquants.
Malgré ces fléaux, Rio reste une expérience unique. La capitale déchue n'en finit pas d'irriter le pays par son narcissisme, par sa manière provocante de vivre ses contradictions et par sa façon indolente et souriante de prolonger son passé. D'ailleurs, personne n'aurait songé à une plus belle scène pour les Rolling Stones lorsqu'ils donnèrent leur fameux concert gratuit à Copacabana en février 2006...

QUAND ALLER À RIO ?

En juin, juillet et août, qui sont les mois d'hiver, on observe une température de 15 à 25 °C, avec des nuits plutôt fraîches qui tombent vite (vers 17h30) et un ciel souvent couvert. Si la plage est praticable pour la bronzette, les vagues, en revanche, sont souvent hargneuses et l'eau reste assez fraîche en raison des courants polaires qui remontent vers la ligne du tropique.
À partir de janvier, la ville tout entière chauffe et se prépare pour le carnaval. La musique surgit sur les places, les blocs de rues agitent les quartiers, la plage fait le plein. C'est l'été qui brûle (souvent 35 °C et plus). Pour ceux qui supportent la chaleur humide et quelques brefs orages tropicaux (parfois violents, comme celui de janvier 2006 qui provoqua une inondation partielle de la ville et le décès de onze habitants), c'est le meilleur moment.
Octobre et novembre sont aussi une bonne option : il fait déjà chaud mais pas trop, et l'ambiance est déjà estivale.

LES CARIOCAS

Attention, ne tombez pas dans l'erreur commune : le Carioca (qui signifie « maison de l'homme blanc » en indien) est l'habitant de la ville de Rio ; l'habitant de l'État de Rio est le Fluminense.
Avec le foot et la « tchatche », le carnaval et le samba sont les sujets de gloire de Rio. Durant la semaine de carnaval, la moitié de la ville part en vacances pour échapper au chaos, un quart participe mollement, pendant que le dernier quart s'éclate. Pour autant, à partir du mois de janvier, toute la ville devient frénétique et le samba coule à flots. Il reste aujourd'hui encore la base culturelle des Cariocas.
Au quotidien, la jeunesse préfère le *pagode,* cousin simplifié du samba. La base rythmique est similaire mais électronique, et les paroles sont d'une concupiscence sans imagination : « Je te veux, je vais t'attraper, remue tes fesses » reviennent dans la plupart des rengaines. Quant à la jeunesse du *morro,* elle vibre aujourd'hui au son du rap. Hors période de carnaval, le samba a donc un peu quitté le *morro* et

la rue, pour se produire essentiellement dans les shows et les bars de la classe moyenne, à Copacabana, Botafogo, Santa Teresa ou dans le Centro.

LE CARNAVAL

Quand on pense Rio, on pense carnaval tout naturellement. Et il reste une fête hors du commun... pour ceux qui y participent. Quatre jours de folie qui bouleversent la ville, où tout le monde oublie ses problèmes de survie. Tout paraît permis, les classes sociales semblent se diluer dans un immense défoulement collectif. Dans leur livre, *Le Brésil,* Mirtes Magalhães et Sergio Ortiz décrivent ainsi le carnaval : « La ville engloutit ses lumières, ses mythes et ses misères, elle devient une scène gigantesque où la tragédie humaine éclate en farce aux mille visages. »

Le carnaval est une institution relativement récente, née du choc de deux cultures : celle des Noirs d'Afrique et celle des Portugais. Les Noirs possédaient une musique et des rythmes très dansants, les Portugais avaient apporté dans leurs bagages une de leurs fêtes, l'*Entrudo,* où ils s'éclataient pendant quelques jours chaque année. Les colons portugais s'amusaient dans leurs beaux salons, les Noirs avaient déjà pris possession de la rue lors des processions religieuses. À partir de 1870, tout le monde prend donc l'habitude de descendre dans la rue une fois l'an sur des rythmes et des thèmes au début assez disparates (marches et polka pour les Blancs, folklore africain pour les Noirs), qui vont progressivement fusionner. Ce n'est qu'en 1917 que naquit le premier *samba,* produit des amours de la musique des colonisateurs et des esclaves, et que fut enregistré le premier disque. Cette innovation devait par la suite susciter maintes vocations de compositeurs et la création d'une véritable industrie. Les années 1920 voient naître les écoles de samba, et les premiers concours ont lieu en 1933.

Le déroulement

Le calendrier du carnaval est fixé en fonction de la date de Pâques. Il se déroule du vendredi au mardi précédant le mercredi des Cendres, soit une quarantaine de jours avant Pâques ; le mercredi, tout le monde va dormir. En 2009, il aura lieu du 20 au 24 février.

Si vous voulez défiler, ce que nous vous recommandons chaudement, il faut arriver une semaine avant le carnaval pour avoir le temps d'acheter votre costume (que vous pourrez conserver) et apprendre les paroles de votre samba. Pour les « grandes écoles », comptez entre 100 et 200 € le costume.

Déroulement du carnaval, en règle générale :

– ***le vendredi soir :*** défilé des enfants au sambodrome ; c'est adorable et vraiment pas cher ;

– ***le samedi :*** défilé des *blocos,* petits ensembles musicaux de quartiers, dans les rues (voir le programme du *Jornal do Brasil* le vendredi) et défilé dans le sambodrome toute la nuit des écoles de « seconde division » (groupe d'accès A), dont une accédera au groupe des « grandes » (écoles du groupe spécial). C'est beaucoup moins luxueux que les jours suivants, mais c'est une bonne option pour ceux qui veulent défiler à bon prix (moins de 100 €). On s'amuse tout autant, voire plus, car c'est très décontracté ;

– ***le dimanche :*** défilé de sept écoles de samba du groupe spécial. Il a lieu sur l'avenida Marquês de Sapucai (au niveau de la praça Onze), dans le sambodrome construit dans les années 1980 par Niemeyer. Les places sont payantes : environ 400 € dans les loges privées *(camarotes),* généralement réservées aux entreprises. Pour une soirée confortable, achetez vos places avant, en vous renseignant à votre hôtel, auprès d'une agence de voyages ou au *Riotur*. Sinon, on vous suggère les tribunes populaires *(arquibancadas).* Un conseil : faites un bon dîner avant ; la nuit est longue et éprouvante. Évitez les secteurs 13 et 6, où la visibilité est vraiment mauvaise. Moins cher et déjà sympa, le secteur 1 (où les écoles se préparent). Les meilleurs sont les secteurs 5, 7 et 9, qui offrent une bonne perspective (le 9 est

réservé aux touristes). Compter environ 35 € pour les *arquibancadas* (tribunes), 90 € pour les *cadeiras individuais* (chaises individuelles : les meilleures places, au-dessous des tribunes et tout près du passage des chars). Pour les fauchés, il vaut mieux arriver vers 23h, les revendeurs sont fatigués et bradent les entrées mais, après, il faudra vous faufiler dans la foule pour trouver une place ;
– ***le lundi :*** même programme que le dimanche, avec les sept écoles du groupe spécial restantes ;
– ***le samedi suivant :*** défilé des écoles qui ont gagné. Près de 200 000 personnes assisteront au défilé des écoles du groupe spécial.

Les écoles de samba

Il y a beaucoup d'écoles de samba à Rio. De la plus petite, groupant 15 personnes, à la plus prestigieuse en réunissant 6 000. Une petite école de samba peut devenir grande en s'alliant à d'autres, et se transformer en *bloco,* avec plus de moyens, des costumes plus riches, plus élaborés. Si un *bloco* remporte du succès, il peut prétendre entrer dans le groupe des écoles de samba E, puis grimper la hiérarchie jusqu'au groupe A. Chaque école possède ses propres couleurs. Actuellement, dans le groupe spécial (ex-premier groupe) évoluent quatorze écoles : de la plus appréciée, *Mangueira* (née en 1928, couleurs rose et vert), dix fois championne du carnaval, à l'une des plus récentes, *Beija Flor* (née en 1948, couleurs bleu et blanc), en passant par celle ayant le plus de participants, *Salgueiro* (6 000 personnes).
Pour le grand défilé des écoles du groupe spécial, chacune choisit un thème (l'*enredo*) tiré du folklore ou de l'histoire du Brésil (les Dix Commandements, le Brésil champion du monde de foot cinq fois, etc.), illustré par les paroles d'une chanson composée à cet effet, par les costumes, les danses, les chars, etc. En période électorale, les thèmes sont souvent très politiques (les réfugiés du Nordeste, la santé, l'éducation...). Mais dans les petits défilés de quartiers, le thème le plus populaire est... le carnaval lui-même, la fête, le samba.

L'attente et le jugement

Les juges vont avoir à noter un certain nombre de choses : l'homogénéité de chaque école (lorsque celle-ci comprend 2 000 à 3 000 participants et qu'elle exprime plusieurs thèmes, il faut éviter l'impression de pagaille, de rupture de ton et unifier le groupe). La musique : un samba de qualité repris en chœur par la foule marque beaucoup de points. De même, une école qui évolue pendant 70 à 85 mn doit éviter la cacophonie de sa musique, car le samba chanté en tête prend du retard, « se décale » au fur et à mesure qu'il remonte le cortège. Éviter cet effet s'appelle l'*harmonie.* Seront notés aussi la *bateria,* l'orchestre, parfois composé de plusieurs centaines de musiciens, les costumes, d'une époustouflante richesse, les *passistas,* danseurs inventant de nouveaux pas de danse, les superbes mulâtresses habillées de 10 cm^2 de tissu dans les sambas les plus fous, les chars, les *porta bandeiras* (couples arborant le drapeau de l'école), etc.
L'ordre de passage des écoles est tiré au sort. La meilleure école peut très bien passer en dernier. Il n'est pas rare que, le défilé prenant du retard, la dernière école ne démarre que vers 9h ou 10h. On imagine les participants tentant de ne pas relâcher leur influx et de rester sous pression alors qu'ils sont sur place depuis la veille.
La construction du sambodrome, dans les années 1980, a un peu séparé le carnaval de la rue. D'affreux gradins sont loués des sommes exorbitantes pour assister à la meilleure partie du défilé. Une manière de commercialiser toujours plus la fête, d'exacerber les inégalités sociales et surtout de vendre plus de places au marché noir.
Tous les soirs, des bals sont organisés dans les grands hôtels (dont le *Copacabana Palace*). L'entrée est en général assez chère ou sur invitation, mais l'atmosphère souvent démente. Dans ces autocuiseurs en ébullition, les costumes apparaissent

comme des monuments dont la magnificence n'appelle plus de superlatifs ou sont plus naturellement... réduits à leur plus simple expression ! En marge du défilé, des écoles tentent de perpétuer tant bien que mal le carnaval de rue ; certains quartiers de Rio (Lapa, Cinelândia, Copacabana, Ipanema, Santa Teresa...) sont envahis de *blocos,* tout le monde s'agglutine, danse et suit les cortèges. Voir les horaires et lieux de passage dans la presse locale.

L'âme du carnaval

En plus des défilés et des bals, le carnaval est présent partout sous la forme d'orchestres de quartier (les *bandas*) jouant en fin d'après-midi les sambas à la mode. C'est à cette occasion que revit l'âme du vrai carnaval. Car il faut bien reconnaître que le carnaval de Rio est devenu une gigantesque opération commerciale qui menace d'étouffer le caractère populaire de la manifestation. De plus, dans les mois de préparation du carnaval, les gens finissent par y investir toute leur énergie, oublier les problèmes du quotidien, céder à une forme d'obsession subtile, voire traîtresse. Car si le droit à la fête est légitime, il prend ici le pas sur toutes les autres préoccupations.
Pour participer au défilé de son école, le Carioca dépensera entre un tiers et la moitié de son salaire pour son costume. Paillettes, plumes, colliers, fanfreluches, rubans, strass, tout est cher. Ensuite, la famille se relaiera des jours et des jours pour faire la queue aux guichets de vente des tickets de défilé, car les places du petit peuple, les moins chères, sont en quantité limitée. Restera toujours la solution d'en acheter au marché noir, où même les moins chères verront leur prix multiplié par dix ! Pour les places des tribunes, inutile d'y songer, plusieurs mois de salaire y passeraient. Quant aux loges les plus chères, n'en parlons pas. L'entrée des bals et des clubs privés est également exorbitante. Dernière possibilité : s'éclater dans la rue pendant quatre jours, s'enivrer de danse et de musique, se libérer des tensions de longs mois de labeur et de fatigue... en attendant le prochain match de foot !

Durant l'année

Pendant le mois qui précède le carnaval, vous pouvez assister chaque samedi soir aux répétitions *(ensaios)* des écoles de samba. Liste dans les journaux à la page des spectacles. Très peu cher.
En dehors de cette période, possibilité d'assister aux répétitions des grandes écoles de samba (surtout à partir d'octobre), pour pas cher du tout. C'est un spectacle à ne pas manquer, surtout si vous êtes à Rio à l'approche du carnaval. Difficile d'oublier les couleurs, la rumeur et l'exaltation de ces foules fortes de milliers de personnes chaloupant au rythme des batteries déchaînées... Les moments propices sont les soirs de fin de semaine, et particulièrement le samedi. L'unique inconvénient est que les écoles sont en général loin du centre. Voir plus loin dans « Adresses utiles. Les écoles de Samba ».
Enfin, Rio a ouvert une cité du samba : 130 000 m^2 dans le quartier de Gamboa. On y trouve 14 écoles, s'affrontant chaque année au cours du Carnaval.
Il y a également des boîtes, surtout à Ipanema ou à Leblon, qui présentent toute l'année des danses et costumes du carnaval. Touristique, bien sûr, mais ça en donne une idée quand même intéressante.

RIO MYSTIQUE, NOIR ET INDIEN

Ancienne capitale, ville qui vit affluer les Noirs du pays tout entier, Rio est évidemment un haut lieu des traditions africaines et du *candomblé* (voir la rubrique « Religions et croyances » dans « Hommes, culture et environnement » en début de guide).
Si vous souhaitez entrer en contact avec le monde des *orixás* (prononcer « orichas », les « dieux africains ») et des pratiques religieuses d'origine yoruba, sachez

qu'avant toute chose il convient de consulter l'oracle, l'*ifà* (prononcer « ifan »), que l'on tire à l'aide de seize coquillages (les *búzios*) ou, beaucoup plus rarement, à l'aide de l'*opelé*, une chaînette de huit écorces d'une plante sacrée.
C'est l'*ifà* qui dira le sens sacré de votre démarche, définira quel *orixá* ou groupe d'*orixás* vous accompagne et, éventuellement, répondra aux questions que vous vous posez. Les amateurs de divination ne manqueront pas une telle consultation, dont la sophistication et la finesse les surprendront. L'*ifà* est sans doute le plus complexe des systèmes de divination. Il repose sur 256 figures de base, dont chacune répond à une légende mythologique spécifique. Le « père » ou la « mère de saint » (*babalorixá* ou *yalorixá*) qui le tire, avec plusieurs lancers complexes, mettra en relation les figures qui sortent de façon à cerner avec une minutieuse finesse le problème qu'il s'agit d'élucider. C'est donc un jeu qui réclame une extrême connaissance et pratique du *candomblé* et de la culture africaine, et nécessite, outre une grande acuité intuitive, une longue et sérieuse initiation.
Orunmila, l'*orixá* maître de l'*ifà*, est « un dieu qui ne travaille pas pour rien », dit la légende, aussi la consultation est-elle payante, obligatoirement. C'est donc la source de revenus réguliers de nombreuses personnes et, la crise aidant, il se trouve qu'on tire les *búzios* jusque sur les places et les trottoirs. Dans ce domaine, arnaque et jeux de bas niveau ont donc aussi envahi cette pratique et, sauf par simple curiosité sans portée, nous vous déconseillons de consulter les innombrables *macumbeiros*, vagabonds qui offrent leurs services sur les trottoirs ou par petites annonces.

Arrivée à l'aéroport

✈ ***Aéroport international Galeão – Antônio Carlos Jobim*** *(plan couleur I, A1)* **:** raccourci usuellement en « Tom Jobim », en hommage au père de la bossa-nova.

i *Kiosques d'informations Riotur :* pour obtenir un plan de la ville et le guide de Rio émis par *Riotur* (programmes des activités, lignes de bus, etc.). Possibilité de réserver une chambre (dispose d'une large sélection d'hôtels). Efficaces.
– Dans le secteur bleu du terminal 1 (arrivées internationales) : ☎ 33-98-40-77. Tlj 6h-23h.
– Dans le secteur vert du terminal 1 (arrivées des vols domestiques) : ☎ 33-98-30-34. Tlj 7h-23h.
– Aux arrivées internationales du terminal 2 : ☎ 33-98-22-45. Tlj 6h-23h.
■ ***Distributeurs automatiques*** *(HSBC, Banco do Brasil...) : à l'étage du terminal 2, au fond à gauche, ainsi qu'au 3e étage, à côté de la* ***poste*** *et des* ***cybercafés.***
■ Également une ***Banco do Brasil*** *(terminal 1, 3e étage ; tlj en fonction des vols pour le change),* à ne pas manquer si vous arrivez un week-end ou un jour férié sans avoir changé d'argent !

Pour rejoindre le centre

– ***Bus :*** sortie « B », au rez-de-chaussée du terminal 2 ou au 1er étage du terminal 1. La compagnie *Real* assure les transferts pour le centre. Liaisons ttes les 30 mn, 5h30-minuit : env 3,20 Rls pour le centre, 6 Rls pour les plages. Selon le trafic, trajet 1h-2h. Bus confortables (climatisés et dotés de soutes à bagages) qui desservent les principales zones touristiques : Flamengo, Botafogo, Copacabana, Ipanema... Un agent d'accueil est souvent posté près du panneau de départ pour vendre les billets. Si vous êtes perdu, indiquez le nom de la rue ou d'un site connu au chauffeur ; il vous préviendra au moment de descendre. Attention, dans le sens centre-ville/aéroport, il n'y a pas d'arrêt défini. Guettez le bus : les conducteurs s'arrêtent à la demande.

– Si vous avez une **correspondance à l'aéroport de Santos-Dumont** (vols intérieurs), navette de minibus (2 fois moins chers) ttes les 20 mn, 5h30-20h30. Attention, de nombreux vols nationaux partent de l'aéroport international.
– ***Taxis :*** à la sortie de l'aéroport, nombreuses compagnies de taxis. Prenez toujours un taxi jaune (taxis « communs »), beaucoup moins cher. De jour, env 50 Rls pour la zone sud (et min 45 mn de transport). Plus cher de nuit. Mais la meilleure solution, pour les anxieux, consiste à acheter un billet de taxi prépayé auprès des caisses *(Cootramo, Transcoopass),* dans le hall d'arrivée de l'aéroport. Le tarif de la course est fixé selon la destination (55 Rls pour Catete-Flamengo, 72 Rls pour Copacabana-Ipanema) et ne risque pas de changer au cours du voyage...

Les quartiers de Rio

Du nord au sud, au pied des *morros* où les favelas dominent la ville, Rio décline l'histoire de sa splendeur et de ses blessures. Plus on va vers le sud, plus c'est riche. Plus on va au nord, plus le dénuement se fait visible. Et du nord au sud, la pauvreté, elle, est en haut, sur le *morro.*

Zone nord *(plan couleur II, C-D-E4 et plan couleur I, A-B2)*

La zone nord commence au nord de l'avenida Presidente Vargas, inclut la zone portuaire, le quartier de la gare routière et remonte vers l'avenida Brasil et vers l'île du Gouverneur. Quartiers Estácio de Sá, São Cristóvão, Maracanã, Bonsuccesso... surplombés des grands *morros* et favelas de Sumaré, Central do Brasil, Mangueira, Complexo do Alemão, Penha, Portela, sièges des plus célèbres écoles de samba du Brésil. C'est ici que vivent la majorité des Cariocas.
Évitez impérativement de visiter seul une favela. En revanche, vous ne risquez rien si vous êtes accompagné d'une personne connaissant et connue de la favela, ou dans le cadre d'une association humanitaire, d'une agence... Renseignez-vous auprès d'eux auparavant (voir plus loin « Agences de voyages » dans « Adresses utiles »).

Le Centro *(plan couleur II)*

Autour de l'avenida Rio Branco, qui va de la zone portuaire au Parque do Flamengo, traçant une espèce de cinquième avenue de gratte-ciel administratifs et bancaires, c'est l'énorme quartier des affaires. Dans la journée, la circulation est intense. Les ruelles ressemblent à des galeries au fond d'un couloir où se bouscule une foule animée. Mais au ras du sol, les milliers de camelots et les centaines de restos, bistrots *(lanchonetes)* et comptoirs à jus de fruits rendent cette ambiance savoureuse. La nuit et le week-end, cette zone devient tout simplement dangereuse.
À la lisière du quartier d'affaires, de l'autre côté de l'avenida Rio Branco, commence le vrai centre humain et populaire.
Seul le ***quartier de Lapa*** rassemble toujours la bohème de Rio dans les bars mi-déglingués, mi-branchés où règne une ambiance chaleureuse le soir.

Glória, Catete *(plan couleur III)*

Quartier qui fait la liaison entre le centre populaire, Santa Teresa et le début de la zone sud. C'est aussi un lieu qui garde l'ambiance animée et mélangée du vieux Rio. Les immeubles présentent en général une architecture des années 1960, d'où ce je-ne-sais-quoi de « vieux riche » dans le style du quartier.

Zone sud

***Flamengo** (plan couleur III)*

C'est le début de la zone sud. La fièvre immobilière a laissé subsister de beaux vestiges de ce quartier bourgeois et classe moyenne : de belles maisons, des édifices Art déco, des bouts de rues résidentielles bordées de palmiers géants (dits « impériaux »).

***Botafogo** (plan couleur III)*

Longtemps le quartier le plus élégant de la ville, aujourd'hui dépassé en richesse par les quartiers du sud (Ipanema, Leblon). On y trouve néanmoins de vieux immeubles de style Belle Époque, patinés par le temps, et des rues bordées de villas cossues. Peu de possibilités de logement. C'est de la baie de Botafogo que le *Christ du Corcovado* offre son meilleur aspect, de face.

***Urca** (plan couleur III)*

C'est le petit quartier qui se trouve au pied du *Pain de Sucre.* Quartier résidentiel (et zone en partie militaire).

***Copacabana** (plan couleur IV)*

À la sortie du *tunnel Cintra* apparaît enfin la plage dont le nom, mythique et poétique, fut sans doute l'un de vos premiers mots de brésilien. Très à la mode dans les années 1940 et 1950, elle a été dépassée en élégance (et en richesse) par Ipanema et Leblon.

Jardim Botânico et Lagoa

Situés au nord du Lagoa Rodrigo de Freitas, coincés contre les *morros,* deux quartiers résidentiels tranquilles et verdoyants, avec une tendance branché-sophistiqué pour ce qui est des cafés et restos.

***Ipanema et Leblon** (plan couleur IV)*

Quartiers riches et commerçants qui possèdent la plus belle plage de Rio, Ipanema et Leblon se trouvent entre la mer et la lagoa Rodrigo de Freitas, et sont séparés par le canal du *jardim de Ala* (le long duquel il est hasardeux de traîner la nuit...).
Plus à l'ouest, Rio lance encore un tentacule : les terres n'étant plus limitées par les *morros,* ça bâtit à tout-va... *Gávea, São Conrado, Barra da Tijuca, Recreio dos Bandeirantes* continuent encore à surgir de terre. C'est le royaume des centres commerciaux de grand luxe et des condominiums, ces résidences surprotégées où vivent les familles aisées, et qui sont parfois équipées comme des villes en miniature : boutiques, écoles, etc.

Transports

– Attention : de 6h30 à 10h, la circulation en bord de mer (bus, automobiles, deux-roues, etc.) s'effectue uniquement dans le sens Zona sul-Centro.

Le métro

Pour le plan du métro, se reporter au cahier couleur.

Deux lignes. La première commence à Copacabana (« Cantagalo »), dessert les quartiers de Botafogo, Flamengo, Catete, Glória et le Centro et poursuit vers les secteurs résidentiels de Tijuca. Le prolongement de la ligne vers Ipanema et Leblon est en cours : la première station d'Ipanema devrait ouvrir courant 2010 sur la praça

General Osório. Et ce, malgré l'opposition de certains habitants du quartier, qui craignent de voir débarquer des masses trop populaires à leur goût. La station Cantagalo est pour l'heure reliée à Ipanema et à Leblon par une navette de bus. Si vous souhaitez utiliser cette navette, le spécifier au moment d'acheter votre billet. Le prix ne change pas, juste le code du ticket, car il vous sera restitué lorsque vous passerez les tourniquets du métro afin de pouvoir prendre le bus par la suite (ordinairement, le ticket est avalé). La seconde ligne part de la station « Estácio », dessert les quartiers populaires de São Cristóvão, Maracanã et monte vers les banlieues nord de Pavuna. La propreté du métro est frappante.
Fonctionne de 5h à minuit en semaine et de 7h à 23h le dimanche. Très pratique (les stations sont annoncées en portugais et en anglais), sécurisé, peu cher (2,50 Rls le ticket) et rapide compte tenu du trafic en surface. Pour plus d'infos : • metrorio.com.br • Objets perdus dans le métro : ☎ 0800-595-1111.

Le bus

Bon marché (2-3 Rls selon les compagnies) et hyper-pratique. Vous apprécierez sa fréquence, surtout la nuit. La destination est inscrite sur le fronton et son circuit indiqué à l'avant à gauche. Peu de stations à proprement parler, mais il s'arrête à la demande, d'un signe de la main ou plutôt du bras. Pas de ticket, on règle la somme au contrôleur puis on passe le tourniquet (dans certains minibus, on paie directement au chauffeur). Pour descendre, appuyez sur la sonnette ou sifflez le chauffeur (oui, ça se fait !). Émotions garanties quand les conducteurs se prennent pour des coureurs automobiles et martyrisent la pédale d'accélérateur. Accrochez-vous dès que vous montez. Ayez de la monnaie sur vous pour éviter de sortir votre liasse de grosses coupures aux yeux de tous. De nuit, on trouve des bus reliant Copacabana et le Centro toutes les 15-20 mn.
– L'office du tourisme distribue un plan des transports ainsi que les numéros et horaires des principales lignes de bus.

Les taxis

Relativement bon marché et nombreux. Les chauffeurs mettent le compteur d'eux-mêmes. Deux tarifs : le « 1 » en journée et le « 2 » entre 20h et 6h. Attention : au mois de décembre, c'est le tarif « 2 » qui s'applique, même en pleine journée ! Il existe deux types de taxis : les taxis communs, collectifs (jaunes, avec taximètre) et les taxis dits spéciaux, individuels (blancs, rouges... qui opèrent avec des prix préfixés, plus chers mais très sûrs).
Préférez les ***taxis jaunes*** avec la plaque d'immatriculation rouge et le logo de la compagnie sur le côté. Généralement, les Brésiliens s'assoient à côté du chauffeur. Comme partout, certains chauffeurs sont roublards. Ils pourront vous présenter une table de réajustement des prix... Vérifiez qu'elle est bien imprimée sur un papier officiel, et ne vous laissez pas abuser. À titre indicatif : pour un trajet de jour Ipanema-Centro, il vous faudra débourser environ 20 à 25 Rls. Pour être sûr de ne pas vous faire arnaquer, demandez une grille de tarifs à l'office du tourisme.
– Quelques compagnies de taxis communs : ***Central de Táxi*** *(☎ 25-93-25-98)*, ***Cooparioca*** *(☎ 25-18-18-18)* ou encore ***Coop Taxi RJ*** *(☎ 32-95-96-06)*, spécialisé dans le transport de personnes à mobilité réduite ; compagnies de taxis spéciaux : ***Coopertramo*** *(☎ 25-60-20-22)*, ***Transcoopass*** *(☎ 25-90-23-00)*. Si vous faites attendre un taxi, il vous comptera un supplément à l'heure.

La location de voitures

Ce n'est ni la solution la plus économique, ni la plus pratique, à moins d'être un as du volant. Les tarifs sont assez élevés, 110-150 Rls/j. (44-60 €), kilométrage illimité et AC, pour une catégorie B 4 portes, type *Gol* (la sœur jumelle de la Golf), l'essence

en plus ! Taxe de 10 % sur les locations effectuées depuis l'aéroport (négociable), contre 5 % depuis Copacabana (là où se trouvent la plupart des agences). Prix plus intéressants à la semaine.
Si, en ville même, la voiture sera plutôt un boulet, elle pourra s'avérer utile si vous voulez vous balader dans le grand Rio, dans le parc national de Tijuca ou sur le littoral proche (Niterói, Paraty, Búzios).
Faites attention aux excès de vitesse, nombreux radars automatiques sur les axes principaux (linha Vermelha, avenida Brasil), notamment la BR 101 reliant Rio à Paraty.

■ ***Avis*** *(plan couleur IV, N10,* ***6****) : av. Princesa Isabel, 350 (Copacabana).* ☎ *25-43-84-81 ou 0800-725-28-47.* • *avis.com.br* • *Lun-sam 8h-20h ; dim 8h-18h. Aussi à l'aéroport international (1er étage, secteur vert).* ☎ *33-98-50-60 ou 12. Env 130 Rls/j. pour une catégorie A (sans AC).*
■ ***Localiza*** *(plan couleur IV, N10,* ***1****) : av. Princesa Isabel, 150 (Copacabana).* ☎ *22-75-33-40.* • *localiza.com.br* • *Lun-sam 8h-20h ; dim et j. fériés 8h-14h. Min 130 Rls/j.* Possède un excellent réseau (national et sur le continent sud-américain).
■ ***VGNi rent-a-car*** *(plan couleur IV, N10,* ***11****) : av. Princesa Isabel, 293 (Copacabana).* ☎ *22-75-42-50.* • *vgn-group.com.br* • *À partir de 100 Rls/j. env.* L'une des agences les moins chères, tout en restant sérieuse.

Adresses utiles

Informations touristiques

ℹ ***Riotur*** *(plan couleur IV, N10) : av. Princesa Isabel, 183 (Copacabana).* ☎ *25-41-75-22.* • *rio.rj.gov.br/riotur* • *riodejaneiro-turismo.com.br* • *Lun-ven 9h-18h.* Office du tourisme de la ville de Rio. Le centre le plus efficace. Cleo parle parfaitement le français. L'accueil des touristes se fait à Copacabana, mais vous pouvez aussi vous rendre au ***siège social*** *(praça Pio X, 119/9°, Centro ;* ☎ *22-71-70-00 ; mêmes horaires).* Personnel compétent, anglophone. Le week-end, téléphoner aux bureaux de l'aéroport (voir « Arrivée à l'aéroport »). *Autre bureau à la* ***rodoviária*** *(gare routière), aux arrivées : tlj 8h-20h.* ☎ *22-63-48-57.*
ℹ *Également un petit* ***bureau d'infos touristiques*** *à Copacabana (plan couleur IV, M11), à l'angle de l'av. Rainha Elizabete et de l'av. N.S. da Copacabana.* ☎ *25-13-00-77. Ouv lun-ven 9h-17h.* Attention, l'entrée est discrète, 1re porte à droite de l'entrée de la *Prefeitura*. On vous l'indique pour la forme, car il ne sert strictement à rien. Ah, si ! Il donne un plan de la ville...
ℹ ***Alô Rio :*** ☎ *0800-285-05-55 (gratuit) ou 25-42-80-80. Opérationnel en sem 9h-18h.* Renseignements (téléphoniques) sur Rio et ses environs, en portugais et... en anglais (ça peut aider).

Location d'appartements

■ ***Alex Rio Flats :*** ☎ *22-87-76-58.* 📱 *87-15-28-33.* • *alexrioflats@terra.com.br* • *alexrioflats.com* • *Studios 2 pers 80-130 Rls la nuit selon saison, min 3 nuits. Tarifs dégressifs. À partir de 5 nuits, transfert offert depuis l'aéroport. Réduc de 5 % à partir de 10 nuits sur présentation de ce guide.* Une agence sérieuse dirigée par Alexandre, un jeune Brésilien qui parle bien le français. Loue des studios et des appartements, proches des plages de Copacabana et d'Ipanema, tous meublés et équipés : literie (draps et serviettes), cuisine, ventilo.
■ ***Apartur Imóveis*** *(plan couleur IV, L11,* ***10****) : rua Visconde de Pirajá, 371, loja 204 (Ipanema).* ☎ *22-87-57-97 ou 22-67-11-91.* • *apartur@globo.com* • *L'entrée se fait par la galerie Paranhos. Env 80 Rls/j. hors saison (hors carnaval, fin d'année et juil-août).* Propose de

bons appartements (Copacabana, Ipanema et Leblon), loués à la semaine ou au mois, pour des prix honnêtes.

■ Également auprès de la ***pousada da Margarida Carneiro*** (voir « Rio quartier par quartier. Ipanema. Où dormir ? »).

– Il est possible de louer des appartements directement à l'aéroport Tom Jobim, sortie porte B. Voir aussi les annonces dans les journaux locaux *O Globo, Jornal do Brasil,* dans la rubrique « Temporada ».
– Et pour les chambres d'hôtes, voir dans « Rio quartier par quartier. Santa Teresa ».

Poste, téléphone

✉ ***Postes :*** *ouv généralement lun-ven 9h-17h ; sam 9h-13h.*
– Poste centrale (Centro ; plan couleur II, E4) : rua Primeiro de Março, 64 (fermé sam). Fait poste restante, payant. Autre adresse : av. Presidente Vargas, 3077.
– À Botafogo : praia de Botafogo, 324. Fermé sam.
– À Copacabana : av. N.S. da Copacabana, plusieurs agences aux n°s 540 A, 1059 A et 1298 AB.
– À Ipanema : rua Visconde de Pirajá, 414 (ouv sam) et 452.
– À Leblon : rua Ataulfo de Paiva, 822.
– À l'aéroport international Tom Jobim (secteur 3, bleu) : tlj 7h-20h.

■ ***Téléphones internationaux, régionaux et locaux :***
– dans la rue, avec les ***orelhões*** (cabines téléphoniques bleues). Cartes téléphoniques auprès des kiosques à journaux.
– ***Central Fone*** *(plan couleur IV, M11) : rua Vinícius de Moraes, 129, loja B (Ipanema).* ☎ *25-22-64-44. À côté de la boutique* Toca do Vinícius. *Lun-ven 9h30-20h ; w-e 11h-18h.* Appels internationaux et Internet. Bon marché.
– Également ***Phone Serv*** (voir plus loin « Adresses utiles » dans « Rio quartier par quartier. Le Centro et Lapa »). Pour l'international, des cabines individuelles climatisées (s'il vous plaît !). Plus cher.

Accès Internet

Pas mal de cybercafés affichant, pour la plupart, à peu près les mêmes tarifs. Voir plus loin dans « Rio quartier par quartier. Adresses utiles ».

Argent, change

Beaucoup de banques, mais les cartes de paiement internationales ne sont pas acceptées partout (excepté *HSBC*, qui accepte tous les types de cartes).

■ ***CitiBank :*** *guichets automatiques accessibles tlj, 24h/24. Succursales dans les quartiers Centro (rua Assembléia, 100), Ipanema (rua Visconde de Pirajá, 459), Copacabana (av. N.S. da Copacabana, 619) et Botafogo (rua Voluntários da Pátria, 450).* Là, vous êtes sûr de pouvoir retirer des *reais* avec vos cartes *Visa, Cirrus, MasterCard.*

■ ***Banco do Brasil*** *(plan couleur II, E5, 3) : rua Senador Dantas, 105, 11e étage. Lun-ven 10h-15h. Autres adresses : rua do Acre, 15 (Centro) ; av. N.S. da Copacabana, 594 (Copacabana) ; rua Visconde de Pirajá, 174, et Joana Angélica, 124 (Ipanema) ; av. Bartolomeu Mittre, 438 (Leblon) ; et bien sûr à l'aéroport international.* Possibilité d'obtenir des *reais* avec un passeport et une carte *Visa.* Chèques de voyage et dollars acceptés uniquement dans l'agence du centre.

■ ***HSBC*** *(plan couleur IV, M11) : rua Visconde de Pirajá, 259 et 608 (Ipanema) ; av. N.S. da Copacabana, 817 (Copacabana) ; av. Rio Branco, 156 (Centro) ; et au Rio Sul Shopping Center* à Botafogo (voir « Achats »). Accepte toutes les cartes, y compris *American Express.*

■ ***American Express :*** *Copacabana Palace, av. Atlântica, 1702, loja 1 (Copacabana).* ☎ *25-48-21-48 (lun-ven 9h-15h). Un n° général :* ☎ *0800-702-07-77.* Pour effectuer des retraits avec votre carte et, en situation d'urgence, recevoir du cash via transfert international à l'*aéroport international (T2, au 1er étage. ☎ 33-98-23-40 ou 50-50. Tlj 6h30-22h30).*

■ Possibilité aussi de changer des euros, dollars, etc., auprès des bureaux de change *(casas de cambio)*, présents un peu partout, et dans les nombreuses agences de voyages.

Représentations diplomatiques

■ ***Consulat de France*** *(plan couleur II, F5,* ***2****) : av. Presidente Antônio Carlos, 58, 8e étage (Centro). ☎ 39-74-66-99. Fax : 39-74-68-64. • ambafrance.org.br • Lun-ven 8h30-12h30 (rens par tél jusqu'à 16h30).* Venir avec une pièce d'identité (ou une copie). Permanence de médecins français (payant).

■ ***Alliance française :*** *rua Duvivier, 43, salle 102 (Copacabana). ☎ 25-41-94-97. • rioaliancafrancesa.com.br • Lun-ven 8h-20h ; sam 8h-12h. Des filiales dans le Centro (plan couleur II, F5,* ***2*** *; même adresse que le consulat, 3e étage ; ☎ 22-15-85-22), à Ipanema (rua Garcia d'Ávila, 72), à Botafogo (rua Muniz Barreto, 730) et à Barra da Tijuca (av. Érico Veríssimo, 805).*

■ ***Consulat de Belgique :*** *rua Lauro Müller, 116, 39e étage, salle 3904 (Botafogo). ☎ 25-43-85-58 ou 88-78. • consulbelrio@sky.com.br • Dans le centre commercial* Rio Sul. *Lun-ven 9h-13h.*

■ ***Consulat général de Suisse :*** *rua Cândido Mendes, 157, 11e étage (Glória). ☎ 22-21-18-67. • vertretung@rio.rep.admin.ch • Lun-ven 9h-12h.*

■ ***Consulat du Canada :*** *av. Atlântica, 1130, 5e étage (Copacabana). ☎ 25-43-30-04. • rio@international.gc.ca • Lun-jeu 8h30-13h,14h-17h ; ven 8h30-14h.*

■ Également **consulats de l'Argentine** *(praia de Botafogo, 228/201, ☎ 25-51-04-18),* ***de la Bolivie*** *(av. Rui Barbosa, 664/101, Flamengo, ☎ 25-52-54-90),* ***du Paraguay*** *(praia de Botafogo, 242, 2e étage, ☎ 25-53-22-94) ou* ***de l'Uruguay*** *(praia de Botafogo, 242, 6e étage, ☎ 25-53-60-30).*

Transport aérien

✈ ***Aéroports :*** *aeroporto internacional do Rio de Janeiro/Antônio Carlos Jobim, ilha do Governador (plan couleur I, A1). ☎ 33-98-22-88, 21-55 ou 0800-99-90-99.* Également des vols domestiques. *Aeroporto Santos-Dumont Castelo/Centro (plan couleur I, B2 ; plan couleur II, F5). ☎ 38-14-72-46 (boîte vocale en portugais ; taper « 9 » pour accéder aux infos).* Pont aérien Rio-São Paulo toutes les 30 mn, ainsi que d'autres vols domestiques tels que Brasília, Belo Horizonte. Un conseil : pour les vols domestiques depuis et vers l'aéroport Santos-Dumont, essayez d'avoir un siège côté hublot, la vue sur Rio est vraiment superbe.

■ ***Air France*** *(plan couleur II, F5,* ***2****) : av. Presidente Antônio Carlos, 58, 9e étage (Centro). ☎ 32-12-18-00 ou 18 (résas), ou 40-03-99-55 (vente). Fax : 32-12-18-45. Dans le même immeuble que le consulat de France. Lun-ven 9h-18h. À l'aéroport : ☎ 33-98-34-90 ou 88. À Copacabana, av. Atlântica, 2364.* Un vol quotidien pour Paris.

■ ***Varig*** *(plan couleur II, E5,* ***5****) : av. Rio Branco, 277 G (Centro). ☎ 0300-788-70-00. • varig.com.br • Lun-ven 9h-18h. À Ipanema, rua Visconde de Pirajá, 351 ; à Copacabana, rua Rodolfo Dantas, 16 A.*

■ ***Tam :*** *av. Rio Branco, 245 (Centro). ☎ 32-12-93-00. • tam.com.br •*

■ ***Gol :*** *☎ 0300-115-21-21. • voegol.com.br •* CB internationales refusées. Unique représentation à l'aéroport. Des prix défiant toute concurrence...

Agences de voyages

Les agences de voyages pratiquant toutes les mêmes tarifs (imposés par les organismes de tourisme officiels), leur différence se fait essentiellement sur la qualité des prestations.

Le mieux est de téléphoner à l'*ABAV* (Association des bonnes agences de voyages !), qui vous aiguillera : *rua Senador Dantas, 76 (Centro, même rue que la* Banco do Brasil*)*. ☎ *22-20-18-46.*

■ ***Rio by Jeep :*** *☎ 78-11-59-12. 📱 96-93-88-00. • riobyjeep.com •* Agence dynamique et sérieuse qui organise des excursions en jeep : tour de Rio (4h30, 135 Rls, soit 54 €), forêt de Tijuca (environ 3h, 105 Rls/personne, soit 42 €). Un excellent moyen de découvrir la ville et d'avoir un bon aperçu des lieux, sans se perdre. La jeep (toit ouvert) peut transporter 8 pers max. Le tour de Rio inclut la visite des quartiers du centre, Lapa, Santa Tereza, le Corcovado et le parc national de Tijuca (forêt). À faire le 1er jour. Superbe ! Demandez Ricardo Hamond, qui parle l'anglais et apprend le français.

■ ***Favela Tour :*** *☎ 33-22-27-27. 📱 99-89-00-74 ou 97-72-11-33. • favelatour.com.br • Compter 65 Rls (26 €).* Marcelo Amstrong organise la visite des favelas (Rocinha) dans le quartier de São Conrado. La visite dure 3h (départs à 9h ou 14h) et est vraiment très instructive. Pas de voyeurisme, une visite au cœur d'un univers défavorisé mais humain, celui des favelas, qui permet de mieux comprendre Rio et ses contradictions sociales. Vous y découvrirez comment vivent et s'organisent ces communautés, leurs origines, les programmes sociaux mis en place. On visite aussi une école et un petit centre d'artisanat financé en partie par *Favela Tour.* Les visites se font généralement en anglais, mais aussi en français s'il y a un minimum de trois Français dans le groupe.

■ ***Exotic Tours (Rocinha Tourism Workshop) :*** *☎ 24-22-20-31, 32 ou 33. 📱 88-31-20-31 ou 88-32-20-32. • exotictours.com.br •* Une agence un peu particulière, puisque Rejane Reis (francophone) forme des jeunes des favelas aux métiers du tourisme. Visite de favelas de 15h à 18h (85 Rls ou 34 €/pers), mais aussi découverte des écoles de samba et des cérémonies de *candomblé.* Guides parlant le portugais, l'espagnol et l'anglais. Les visites en français se font en tour privé (2 pers minimum) et sont donc un peu plus chères (95 Rls, soit 38 €).

■ ***Bon Voyage Turismo :*** *av. Presidente Antônio Carlos, 58, 10e étage (Centro). ☎ 25-32-28-66. 📱 99-82-21-07. • tourismebresil.com.br • Dans le même immeuble que le consulat de France.* Une des plus vieilles agences de voyages françaises de Rio, tenue par la dynamique et sympathique Dominique Picavet. Une adresse fiable et pro.

■ ***Welcome Tour :*** *rua Visconde de Pirajá, 550 (Ipanema). ☎ 25-11-26-96 et 52-36. • welcome-tour.com • Ouv 9h-18h.* Agence expérimentée tenue par des Français. Ils vous concocteront un programme à la carte, quelle que soit la région que vous souhaitez visiter au Brésil. Très gentils et efficaces.

Librairies et journaux français

Les quotidiens hexagonaux sont introuvables à Rio. De toutes façons, vous aurez des infos bien plus fraîches via Internet. En revanche, on trouve sans trop de souci la presse magazine française et les principaux quotidiens américains, anglais et espagnols, en particulier dans les librairies citées dans chaque quartier (« Rio quartier par quartier. Adresses utiles »).

Urgences

■ ***Delegacia especial de atendimento ao turista*** *(plan couleur IV, K11, **7**) : av. Afrânio de Melo Franco, 159 (Leblon). ☎ 33-99-71-70. Ouv 24h/24.* Pour enregistrer les vols de documents et en cas d'agression.

■ ***Pompiers :*** *☎ 193.*

■ ***Hôpitaux :***

– Hôpitaux publics d'urgence : ***Hospital Souza Aguiar,*** *praça República, 111 (Centro), ☎ 31-11-26-29.* ***Hospital Miguel Couto,*** *av. Bartolomeu Mitre, 1108 (Leblon ; plan couleur IV, K11, **9**), ☎ 31-11-38-00 ou 36-85.* Recommandé pour les urgences et soins intensifs.

– Hôpitaux privés d'urgence : ***Clinica São Vicente,*** *rua João Borges, 204*

(Gávea). ☎ *25-29-44-22.*

■ ***Pharmacies ouvertes 24h/24 :*** *beaucoup sont ouv pdt le w-e.*

– À Catete : ***Drogaria Pacheco,*** *rua do Catete, 248.* ☎ *25-56-67-92.*

– À Copacabana : ***Drogaria Pacheco,*** *av. N.S. da Copacabana, 115 A (☎ 22-95-75-55) et 534 A-B (☎ 25-48-15-25) ;* ***Farmácia do Leme,*** *av. Prado Júnior, 237 A (☎ 22-75-38-47).*

– À Ipanema : ***Drogaria Pacheco,*** *rua Visconde de Pirajá, 588.*

Les écoles de samba

On vous donne les deux meilleures, proches du centre, dans des quartiers sûrs. Le moyen le plus pratique, et le plus sûr, est de s'y rendre et d'en repartir en taxi (ils attendent à la sortie).

■ ***Salgueiro :*** *rua Silvia Teles, 104, Andaraí (près de Tijuca).* ☎ *22-38-92-26.* • *salgueiro.com.br* • *Entrée : 15 Rls (homme), 10 Rls (femme), sans les consos.* Fondée en 1953, c'est l'école de samba qui collectionne les premières : première à graver un disque, première à accepter des femmes dans l'orchestre, première à se produire à l'étranger... La plus proche du centre de Rio, elle est connue pour offrir les plus extraordinaires répétitions de la ville. Dès fin octobre, tard le samedi (à partir de minuit), la batterie, composée d'une cinquantaine de percussionnistes, se lance dans une démonstration de force tandis que la foule « roule » littéralement dans le samba. La sueur dégouline, les tympans explosent, mais c'est une expérience incontournable.

■ ***Estação Primeira da Mangueira :*** *rua Visconde de Niterói, 1072.* ☎ *38-72-67-86 et 87 (quadra).* • *mangueira.com.br* • *Du côté de São Cristovão et pas très loin de* Salgueiro. *Entrée : 15 Rls, sans la boisson.* La plus célèbre de toutes les écoles de samba de Rio, maintes fois championne du carnaval. Ses couleurs, rose et vert, font partie de l'histoire de la ville. Les bals dits de répétition, durant lesquels la batterie joue en boucle le samba qui sera présenté lors du carnaval, se déroulent en général le samedi à partir de 23h (vérifier par téléphone). L'immense salle de l'école est au Buraco Quente, en bas de la favela. Ce n'est pas dangereux, mais il faut venir léger : sans argent, et à peine vêtu (!) à cause de la chaleur dégagée par les milliers de danseurs. Impressionnant et assourdissant !

– Autre solution : plusieurs agences organisent des visites d'écoles de samba. Ce sont des visites « participatives ». Les intéressés embarquent dans un minibus qui s'arrête aux différents hôtels pour prendre les clients. Une fois sur place, on passe une partie de la nuit à danser, mêlé aux Cariocas, dans une ambiance enfiévrée de grand bal tropical. On trouve sur place des buvettes et des vendeurs d'en-cas et de gâteaux (simples et pas chers). Au retour, le minibus dépose à nouveau chaque participant à son hôtel. On recommande ***Brazil Expedition,*** dirigée par Wilson Neves Jr. *(📱 99-98-29-07 ; • brazilexpedition.com •).* Surf, foot, samba... Wilson organise des expéditions dans différents domaines. Compter environ 50 Rls par personne pour une soirée samba avec transfert en minibus (aller-retour), entrée à l'école incluse. On réserve par téléphone, et le sympathique Wilson passe vous prendre à votre hôtel. L'agence ***Angramar Turismo*** *(☎ 22-35-19-89 ; • riobrazilapartments.com.br •)* est également efficace.

Loisirs et spectacles

Pour toutes les informations que nous donnons quartier par quartier, il est prudent de passer un coup de fil pour vérifier si le spectacle a bien lieu. Les quotidiens *Jornal do Brasil* (*JB* pour les intimes) et *O Globo* offrent, dans leurs pages culturelles, de bons plans pour le soir même (liste des spectacles). Le *JB* édite une revue spéciale le vendredi *(Programa)* avec tous les programmes de sorties, théâtre, ciné et concerts. Même chose pour *O Globo (Rio Show)*. L'hebdomadaire *Veja,* quant à lui, annonce la couleur le dimanche.

Divers

– Attention, pour la plupart, les boutiques ferment à 14h le samedi (sauf les centres commerciaux). Faites donc vos achats en semaine si vous souhaitez rapporter des babioles.

■ ***Objets trouvés :*** *Empresa brasileira de Correios e Telégrafos, av. Presidente Vargas, 3077, au rez-de-chaussée (Centro).* ☎ *0800-570-01-00 ou 22-73-59-98. Ouv 8h-18h.* Personne ici ne parle de langues étrangères. Aussi est-il recommandé de se rendre plutôt à la *Delegacia especial de atendimento ao turista* (voir plus haut « Urgences ») ou carrément au consulat.

■ ***Laveries automatiques*** *(lavanderias) : en général, lun-sam 8h-22h.* En payant un peu plus cher, ils s'occuperont de tout (lavage, séchage, éventuellement repassage), dans la journée ou pour le lendemain.

– *À Copacabana : av. Prado Júnior, 63 B ; rua Barata Ribeiro, 369 A et 707 D ; av. N.S. da Copacabana, 1226 (chaîne* ***Laundromat****).*

– *À Ipanema : rua Farme de Amoedo, 55 A (tout près de l'hôtel* Vermont*) et rua Teixeira de Melo, 31, loja 1.* ***Wash-club Europeia*** *(Visconde de Piraja, 12 ;* ☎ *25-21-69-88)* collecte et rapporte le linge à votre hôtel. On y trouve également un café internet.

– *À Flamengo : rua Marquês de Abrantes, 82 (ouv aussi dim 10h-18h) et au 178 A.*

– *À Botafogo : rua Voluntários da Pátria, 274.*

– *À Catete : rua Arthur Bernardes, 14.*

RIO QUARTIER PAR QUARTIER

Hôtels et restos à Rio

Il ne manque pas d'hôtels à Rio. Les moins chers se situent dans le Centro, mais à partir de 20h et le week-end, les rues sont désertes et peu sûres. Aussi, préférez les autres quartiers, comme Glória et Flamengo, qui possèdent une vie sociale active et colorée.

À Catete et Flamengo, les hôtels sont concentrés sur trois ou quatre rues. Peu d'hébergements à Santa Teresa, ou alors de qualité plutôt médiocre (mais il y a cependant des exceptions : voir nos belles adresses de chambres d'hôtes). Ceux qui veulent dormir non loin des plages iront à Copacabana, mais il faudra se résoudre à payer plus cher.

À Rio plus encore que dans les autres villes, les prix des hôtels ont tendance à grimper rapidement sans que le service suive, et en particulier pendant la période du carnaval et des fêtes (Noël et Jour de l'an). En outre, dans la majorité des établissements, les prix sont majorés d'une taxe de service (10 %)...

Quant aux restos et snacks, on en compte des milliers à Rio. Vous avez l'embarras du choix. On vous en cite quelques-uns qui ont des caractéristiques intéressantes, mais on ne doute pas que vous ne trouviez vous-même, par hasard, le petit resto génial. Dans les restos, on peut très bien demander un plat pour deux lorsqu'ils sont copieux. Sans compter les innombrables restos *ao kilo,* souvent la meilleure formule pour un déjeuner complet et bon marché. Les *rodizios* de pâtes ou de viandes sont extrêmement économiques également. Tradition oblige, le samedi est le jour de la *feijoada,* et la majorité des établissements la proposent ce jour-là. Pourquoi le samedi ? Parce que, après l'avoir savourée, accompagnée de quelques *caïpirinhas,* on a tout le dimanche pour s'en remettre !

LE CENTRO ET LAPA (plan couleur II)

Le Centro, cet énorme quartier des affaires et de l'administration, est aussi un quartier éminemment populaire, du moins en semaine, lorsqu'il est assidûment arpenté par tous les employés qui y travaillent. Mais c'est aussi le quartier historique, qui abrite nobles demeures anciennes et bâtisses coloniales. Déserté le week-end et en soirée, il devient zone morte et dangereuse, on vous le rappelle. Au bas de Rio Branco, le quartier *Cinelândia.* Entre les marches du théâtre municipal et celles du conseil municipal, sur le trottoir et aux terrasses des cafés se rencontrent l'intelligentsia et la bureaucratie. Le troisième aspect du centre, plus glauque, plus décrépi aussi, nous mène, depuis Cinelândia, à travers Lapa et Fátima, vers la praça Cruz Vermelha par l'avenida Mem de Sá. La nuit y est plus agitée, ou arrosée, autour des bars populaires. Enfin, Lapa reste fidèle à sa chaleureuse réputation fêtarde (voir « Où assister à un spectacle ? Où danser ? » et « Où écouter de la musique brésilienne ? »).

Adresses utiles

Accès Internet

@ **Phone Serv** *(plan couleur II, E5)* **:** *station de métro Cinelândia, loja 3 ; accès par l'av. Rio Branco (Centro).* ☎ *22-40-76-35. Tlj 9h-21h (14h sam). Autres filiales à Copacabana (av. N.S. da Copacabana, 454, loja B) et Ipanema (rua Prudente de Morais, 167).* Une poignée d'ordinateurs pour pianoter à prix sage.

Librairies et journaux français

■ **Livraria da Travessa** *(plan couleur II, E4)* **:** *travessa do Ouvidor, 17 (Centro).* ☎ *32-31-80-15. Et av. Rio Branco, 44. Lun-ven 9h-20h, sam 10h-13h.*

Où dormir ?

Nombreux petits hôtels dans les rues du Centro, mais on ne vous les conseille pas. On se répète : c'est désert et dangereux le soir et le dimanche. Par contre, on ne dort pas à Lapa : on y sort !

Prix moyens (70-120 Rls / 28-48 €)

Hôtel Belas Artes *(plan couleur II, D5,* **20***)* **:** *rua Visconde do Rio Branco, 52.* ☎ *et fax : 22-52-63-36.* • *hotelbelasartes.com.br* • *À 200 m de la place Tiradentes, d'où partent de nombreux bus. Doubles 75 Rls avec AC, TV et petit déj, sans frigo-bar.* Pour ceux qui ont besoin de loger dans le centre. Hôtel assez agréable, presque élégant, dans un quartier populaire. Chambres simples et sans prétention, bon rapport qualité-prix. Excellent accueil d'une dame joviale qui aime la France et adore les lecteurs du *Guide du routard* ! Parking à l'arrière.

Où manger ?

Dans le Centro

Dans le centre des affaires, entre l'aéroport et l'avenue Rio Branco, la plupart des innombrables restaurants sont ouverts le midi seulement et souvent fermés le dimanche. Mais le centre est plus vaste que ce petit morceau de quartier déserté la nuit et le dimanche.

Bon marché (moins de 20 Rls / 8 €)

|●| ***Coliseu das Massas*** *(plan couleur II, D5,* ***60****) : rua 7 de Setembro, 171. ☎ 22-42-42-06. Près du largo São Francisco de Paula. Tlj sf dim 11h-21h30 (15h30 sam).* Petit resto de quartier avec une salle tout en longueur, bien situé au cœur de l'animation, qui sert surtout des spécialités italiennes : pâtes et quelques plats du genre pizzas, excellent *rodizio* et *rizotto de bacalhau*. Climatisé. Prix raisonnables pour la qualité.

|●| ***Bistro do Paço*** *(plan couleur II, E4,* ***61****) : praça 15 de Novembro, 48. ☎ 22-62-36-13. Dans le patio du palais impérial (Paço imperial). Tlj 11h30-19h30.* Tables en granit poli, sous des arches anciennes, voilà un bistrot-salon de thé des plus engageant, qui sert des petits plats variés d'une belle fraîcheur et à prix raisonnables, ce qui attire une clientèle régulière. Une oasis de calme au cœur du centre agité.

|●| ***Undergrill*** *(plan couleur II, E4,* ***64****) : rua do Rosário, 108 A. ☎ 22-21-99-73. Lun-ven, le midi slt.* Un honnête resto *ao kilo* (environ 26 Rls le kilo) proposant plusieurs plats régionaux.

Prix moyens (20-35 Rls / 8-14 €)

|●| ***Confeitaria Colombo*** *(plan couleur II, E4,* ***65****) : rua Gonçalves Dias, 32. ☎ 22-32-23-00. Dans une petite rue piétonne du centre. Tlj sf dim 8h30-20h (sam et j. fériés 9h30-17h). Au rez-de-chaussée, prix fort abordables. À partir de 12h, au 1er étage, somptueux buffet (45 Rls). Carte : plats env 40 Rls.* Créé en 1894, cet immense salon de thé rappelle le style des cafés viennois 1900 avec son haut plafond coiffé d'une verrière, ses volutes, ses moulures extravagantes et ses boiseries sombres aux rayonnages remplis de bouteilles. C'est une institution de Rio, un témoin de l'élégance bourgeoise du XIXe s dans ce quartier aujourd'hui déserté par les classes aisées. Les plats portent le nom de célébrités, comme l'*escalopinho de filé à la bouquetière de Villa Lobos* ou le *filé de frango à florista de Santos Dumont*. Les sandwichs et salades y sont copieux, les douceurs salées et sucrées appétissantes. Au 1er étage, calme mezzanine avec vue plongeante. À ne pas manquer donc si l'on souhaite déjeuner ou goûter dans un cadre magnifique (voir également « Où boire un verre ? »). Allez-y au moins pour le plaisir des yeux !

|●| ***Bar Luiz*** *(plan couleur II, D5,* ***63****) : rua da Carioca, 39. ☎ 22-62-69-00. À deux pas de la place Tiradentes. Tlj, sf dim, jusqu'à 23h.* Spectateurs et comédiens du théâtre João Caetano viennent souvent s'y requinquer après le spectacle. Fondé en 1887, c'est un des hauts lieux survivants du Rio du XIXe s. Autrefois, ce fut une brasserie allemande, qui s'appelait *Café Adolfo*. Hasard malheureux des noms, en 1943, on préféra le renommer *Bar Luiz*. Vénérables photos, serveurs en veste blanche. Au moins 150 plats, dont beaucoup d'origine allemande.

|●| ***Mr Ôpi*** *(plan couleur II, E4,* ***67****) : rua da Quitanda, 51, et rua da Alfândega, 91 D. ☎ 25-07-38-59. En sem slt 11h-16h.* Très bon buffet *ao kilo*. Un peu plus cher que d'autres, mais la différence de prix est justifiée : fraîcheur et qualité des produits, déco sobre et élégante, et même un buffet de salades (avec indications de la teneur en calories).

|●| ***Galeto Castelo*** *(plan couleur II, F5,* ***69****) : av. Franklin-Roosevelt, 84. ☎ 25-32-41-69. Lun-ven 11h-22h.* Dans une cour intérieure du secteur du Castelo (quartier d'affaires), derrière le consulat de France, cette grande auberge, espagnole à l'origine, est devenue brésilienne par osmose. Boiseries, nappes rouge et blanc, serveurs en nœud pap' gentils comme tout (et là depuis longtemps pour certains), véranda sur la cour et huile d'olive sur la table : on y sert des plats copieux et savoureux dans une joyeuse ambiance de grande cantine populaire. Cafetière sur la table.

Plus chic (35-70 Rls / 14-28 €)

Restaurante Albamar *(plan couleur II, F4,* ***66****) : près de praça 15 de Novembro et, plus précisément, praça Marechal Âncora, 186. ☎ 22-40-83-78. Face à l'ilha Fiscal, en bord de mer, tt près des docks. Tlj.* Cet étrange édifice octogonal coiffé d'un petit dôme, avec ses nombreuses fenêtres, fut d'abord un marché municipal, avant d'être reconverti en restaurant. Au 1er étage. Cadre relativement banal. Les fruits de mer sont sa spécialité. Plutôt une adresse pour le soir, bien qu'il n'y ait qu'à l'heure du déjeuner (en plein jour, donc) qu'on profite de la vue à 360°.

Cais do Oriente *(plan couleur II, E4,* ***58****) : rua Visconde de Itaborai, 8. ☎ 22-03-01-78. Lun slt midi, mar-sam 12h-minuit. Plats env 50 Rls. Concerts sam (25 Rls de participation).* Une belle adresse retirée dans une rue paisible cache ses atours derrière un paravent de bois sculpté. Mais passé cette défense, on découvre une vaste salle en pierre apparente, drapée de belles tentures qui montent à l'assaut des hauts plafonds. Service sans faille, au diapason d'une cuisine métisse intéressante mêlant les saveurs d'Orient et d'Occident.

RIO DE JANEIRO

À Lapa *(plan couleur II)*

L'avantage de dîner dans le quartier, c'est que vous n'êtes plus qu'à quelques pas des nombreux bars et boîtes musicales dont il regorge. Pour bien commencer la soirée, en somme !

Prix moyens (20-35 Rls / 8-14 €)

Nova Capela *(plan couleur II, D5,* ***104****) : av. Mem de Sá, 96, anexo 98. ☎ 22-52-62-28. Tlj midi et soir jusqu'à 23h.* En plein quartier de Lapa, voici un petit resto patiné par les ans qui a retrouvé sa popularité grâce à son rapport qualité-prix. Plus de 100 ans et 100 plats proposés (sans compter les desserts). Grande salle carrelée, cadre chaleureux aux murs couverts de souvenirs et articles de journaux, serveurs en veste blanche, plats cariocas copieux (le meilleur *cabrito* de la ville, *frutos de mar, javalai a moda*) et vin de la maison.

Adega Flor de Coimbra *(plan couleur II, E6,* ***62****) : rua Teotónio Regadas, 34. ☎ 22-24-45-82. Tlj midi et soir jusqu'à 23h30.* Au pied des escaliers de Santa Teresa et des arches de l'aqueduc, une petite auberge portugaise fondée en 1938, servant des plats traditionnels du Portugal, dont une excellente *bacalhau* (morue). Une trentaine de plats de poisson, autant de viande. Les prix des plats sont donnés pour 2 personnes.

Pizzeria Encontros *(plan couleur II, D6,* ***68****) : av. Mem de Sá, 77. ☎ 39-70-12-81. Au 1er étage, au bout du long escalier, de quoi vous mettre en appétit. Ouv jusqu'à minuit (4h le w-e). Menu dégustation 23 Rls.* Grande salle où trône le four à bois. Atmosphère rugissante (surtout le week-end) pour de savoureuses pizzas. Goûter à la *portuguesa* ou à la *calabresa*, vous nous en donnerez des nouvelles.

Restaurante Brasil *(plan couleur II, D5,* ***59****) : av. Mem de Sá, 90. ☎ 25-09-59-43. Tlj sf dim 11h30-23h (sam jusqu'à 16h).* Un des derniers authentiques bistrots de Rio. On aime bien son côté désuet et patiné. Un resto de *Deutsche Küche* aux accents cariocas. Pour les amateurs, énorme jarret de porc avec ses légumes servis copieusement.

Où boire un verre ?

Dans le Centro

Lors de votre exploration du centre-ville, n'oubliez pas de vous arrêter pour prendre un verre sur la *praça Floriano* (ou *Cinelândia*). En fin d'après-midi, sur le largo de Lapa, la vaste terrasse du bar ***Amarelinho*** *(plan couleur II, E5,* ***134****)* est le rendez-vous des employés du centre-ville, tout comme celle de son voisin le ***Bar Ernesto.*** Emplacement stratégique pour détailler sans effort les monuments de la place.

🍷 ***Confeitaria Colombo*** *(plan couleur II, E4,* ***65****)* ***:*** *rua Gonçalves Dias, 32.* ☎ *22-32-23-00. Voir également « Où manger ? ». Dans une petite rue piétonne du centre. Fermé à 20h (17h sam).* Un des plus beaux cafés-salons de thé de Rio, dans le style Vienne 1900.

🍷 ***Casa Cavé*** *(plan couleur II, E4-5,* ***128****)* ***:*** *rua 7 de Setembro, 137, à l'angle de la rua Uruguiana.* Plus petit, plus discret que la *Confeitaria Colombo* mais tout aussi ancien (azulejos sur un mur). Ce charmant salon de thé sert aussi du café et, bien sûr, de savoureuses pâtisseries appréciées des gens du quartier.

🍷 ***Adega do Timão*** *(plan couleur II, E4,* ***135****)* ***:*** *rua Visconde de Itaborai, 10.* ☎ *22-24-96-16. Mar-dim 16h-minuit.* Dans un genre plus rugueux, cette taverne à matelots patinée par le temps et les bourrasques fera le bonheur des poètes urbains. Dallage grossier, souvenirs marins et comptoir fréquenté par les habitués composent une scène de genre digne des photos sépia. « Authentique » n'est pas un vain mot !

RIO DE JANEIRO

À Lapa *(plan couleur II, E6)*

🍷 🍽 ***Cosmopolita*** *(plan couleur II, E6,* ***138****)* ***:*** *travessa do Mosqueira, 4.* ☎ *22-24-78-20. Tlj jusqu'à minuit lun-ven ; jusqu'au dernier client le w-e.* Un des plus anciens bars-restos de Lapa (date de 1926). Porte à battants façon western, cadre vieillot à souhait. Possibilité de se restaurer comme en beaucoup de ces lieux. Le jeudi, c'est *carne seca tutu à mineira* et le vendredi la *bacalhau grão de bico.*

🍷 🍽 ***Ernesto*** *(plan couleur II, E6,* ***137****)* ***:*** *largo de Lapa, 41.* ☎ *25-09-64-55. Lun-sam 12h-minuit.* Immense café avec mezzanine où les spectateurs du théâtre à côté ont leurs habitudes. On vient y boire une bière bien fraîche ou grignoter un *Paris* (un gros steak en sandwich), l'un des nombreux petits plats simples et servis généreusement ou quelques spécialités allemandes.

Où danser la *gafieira*... et autres danses brésiliennes ?

Une *gafieira* est une sorte de boîte de nuit brésilienne, un dancing convivial sans spot ni coin sombre. D'origine très populaire et à la mode dans les classes moyennes. On n'y danse pas le disco mais la *gafieira,* qui se rapproche du samba et se danse à deux. Quand on connaît la difficulté de bien danser le samba (le buste, le bassin et les jambes doivent être désolidarisés tout en conservant une harmonie d'ensemble), on imagine la dextérité et le sens du rythme qu'il faut pour la danser à deux.

Les *gafieiras* sont donc fréquentées par de vrais amoureux de la danse de tous âges et sont ouvertes à tous. On y fait de nombreuses rencontres, et nul doute qu'on vous prendra par la main pour vous initier.

– *Un conseil :* allez-y le vendredi ou le samedi soir mais évitez le dimanche (l'animation est faible).

♫ ***Estudantina*** *(plan couleur II, D5,* ***129****)* ***:*** *praça Tiradentes, 79 (Centro).* ☎ *22-52-51-13 ou 22-32-11-49. Salle au 1er étage. Prix modique.* Il s'agit d'une école de danse, dans une vaste pièce toute simple. Le programme varie selon les jours de la semaine (téléphonez avant) : *forró,* samba, salsa, *dança de salao.* Généralement, il faut y être entre 18h30 et 20h30 pour les cours, mais la danse ouverte au public continue tard dans la soirée. Beaucoup d'habitués et atmosphère conviviale.

♫ ***Casa da Mãe Joana** (plan couleur II, D5, **133**) : av. Gomes Freire, 547 (Centro). ☎ 22-24-40-71. Mar-ven à partir de 20h, sam 22h. Prix moyens.* Vaste bâtisse où des monstres sacrés du samba – moyenne d'âge 60 ans – se produisent et sont l'attraction de soirées typiquement cariocas. Sur la piste, les danseurs s'agitent frénétiquement avec le sourire halluciné qu'une heure de samba allume sur tous les visages. Les autres conversent autour d'une bière en grignotant du manioc frit ou de la viande séchée au soleil. Très bonne adresse.

♫ ***Asa Branca** (plan couleur II, E6, **130**) : av. Mem de Sá, 17 (Lapa). ☎ 22-24-23-42. Dans le quartier de Lapa, près de l'aqueduc. Mer-dim à partir de 22h. Forró, pagode,* samba, voici un autre antre de la musique populaire brésilienne, version grand public. Populaire oui, très peu glamour, mais authentique et animé.

Où écouter de la musique brésilienne ?

♩ ***Rio Scenarium** (plan couleur II, D5, **131**) : rua do Lavradio, 20 (Centro). ☎ 31-47-90-00. • rioscenarium.com.br • Mar-sam 18h30 (19h ven et sam)-1h30.* Un immeuble ancien occupé sur 3 étages par un magasin d'antiquités, avec à chaque niveau des collections incroyables d'objets de tous les styles. Des balustrades en bois bordent un patio intérieur (piste de danse). Musique live avec de bons groupes. Plus on monte, plus on s'entend facilement pour parler. Une excellente adresse.

♩ ***Comuna do Semente** (plan couleur II, E6, **127**) : rua Joaquim Silva, 138, à l'angle avec la rua Evaristo da Vega (Lapa). ☎ 25-09-35-91. Jeu et sam 22h-3h ; dim 17h-23h.* Petit immeuble à l'enseigne de la « Commune de Semente », au pied des arches blanches de l'aqueduc de Lapa, au cœur d'un quartier populaire renaissant et alternatif. Une bonne adresse qui a lancé bien des talents du samba et du *choro*, et même des violonistes comme Zé Paulo Becker et Nicholas Krassik.

♩ ***Carioca da Gema** (plan couleur II, D6, **132**) : rua Mem de Sá, 79 (Lapa). ☎ 22-21-00-43. • barcariocadagema.com.br • Lun-ven dès 18h, sam 21h.* Une référence pour les amateurs de musique live. Programmation dans un joli décor fait de brique et... de bois (pas de broc' ici). Si vous y allez essentiellement dans l'optique d'écouter de la musique, évitez le week-end (bondé et très bruyant). Possibilité de se restaurer, cuisine très correcte et copieuse.

♩ ***Sacrilegio** (plan couleur II, D6, **132**) : av. Mem de Sá, 81 (Lapa). ☎ 22-22-73-45. • sacrilegio.com.br • Mer-ven à partir de 19h, sam 20h30. Tarif selon le groupe.* Un bar aux couleurs du Brésil, c'est déjà bon signe, mais, s'il est doté d'une scène, c'est la garantie d'une bonne soirée. Les excellentes formations font d'ailleurs rapidement monter la pression... que la terrasse dans la cour permet de faire baisser entre deux morceaux. Salutaire !

♩ ***Circo Voador** (plan couleur II, D5) : rua dos Arcos (Lapa). ☎ 25-33-03-54. • circovoador.com.br •* Au pied des fameuses arches de Lapa, un genre de centre culturel proposant de nombreuses animations thématiques, poésie, musique, théâtre, cinéma et divers performances. Superbe programmation !

À voir

Le Centro (plan couleur II)

Un quartier à découvrir à pied. Comme disait l'écrivain Stefan Zweig : « Mon vieux penchant de flâneur est devenu un vice à Rio. » La marche est la meilleure solution pour découvrir les petites rues commerçantes animées, les vieilles demeures des XVIIIe et XIXe s et les églises coloniales.

Le livre vendu par Riotur, *Rio Antigo* (en portugais), représente un bon investissement culturel et historique, et permet de dénicher des coins charmants insoupçonnés.
Les horaires d'ouverture des musées et des églises sont indicatifs. Sachez aussi que plusieurs monuments peuvent être en rénovation et donc en partie fermés à tour de rôle.
On vous suggère de téléphoner avant de vous rendre sur les lieux, si vous avez un but bien précis. Vous pouvez aussi appeler l'office du tourisme pour avoir des renseignements sur les musées et le *palácio São Joaquim* pour les églises (☎ 22-92-31-32).
Attention : on vous rappelle que le quartier est à éviter une fois la nuit tombée, ainsi que le dimanche, car, désert, il devient dangereux.

Mosteiro de São Bento (hors plan couleur II par E4) : rua Dom Gerardo, 68. ☎ 25-16-22-86. • osb.org.br • Près de la praça Mauá, un quartier populaire à la pointe nord du Centro. Accès à pied ou en ascenseur : on le prend dans le hall au n° 40 de la rue Dom Gerardo et on monte au 5e étage. Église ouv tlj 7h-17h30. Chants grégoriens tlj à 7h (c'est la messe), dim à 10h.* On parvient sur un parvis où se dresse la petite église, une des plus belles de la ville, de ce couvent fondé en 1641 par les moines bénédictins. La simplicité de la façade tranche avec l'exubérance et la richesse des boiseries à l'intérieur. La nef, tout en rouge et or, est remarquable.

Tout près de São Bento, de l'autre côté de la place Mauá, le ***morro da Conceição*** rappelle l'histoire des premiers colons qui surveillaient la baie depuis la butte. Quelques édifices historiques ont subsisté, dont le *palácio da Conceição* (petit musée à visiter, mais c'est plutôt pour la balade dans le quartier). C'est maintenant une zone populaire relativement sûre dans la journée. C'est dans la favela da Conceição, à l'arrière de ce quartier et en haut de la colline, que fut tourné le film *Orfeu Negro* de Marcel Camus.

Igreja de Nossa Senhora da Candelária *(plan couleur II, E4) : praça Pio X, au tout début de l'avenida Presidente Vargas (longtemps la plus vaste d'Amérique du Sud). ☎ 22-33-23-24. Lun-ven 7h30-16h, sam 8h-12h, dim 9h-13h.* Une des églises les plus luxueuses de Rio. L'édifice actuel date de 1775 et a été achevé bien plus tard. Il présente des éléments baroques et Renaissance. Intérieur couvert de marbre polychrome, contrairement à la tradition portugaise où les ornements principaux sont souvent en bois. Belle sacristie, sculptures en jacaranda (bois recherché). Elle est devenue tristement célèbre depuis le massacre, en 1991, de huit gamins des rues par les escadrons de la mort (policiers payés par les commerçants pour « nettoyer » le quartier).

➢ En continuant l'avenida Presidente Vargas vers la mer, on parvient au ***Centro cultural Banco do Brasil*** *(CCBB ; plan couleur II, E4,* ***141*** *; mar-dim 10h-21h).* Dans un imposant édifice, siège de la *Banco do Brasil* jusqu'en 1986. Le hall, formé de gigantesques colonnes de marbre et d'une coupole de verre, est superbe. Bonne librairie, projections de vidéos, concerts gratuits, petites expos, cela vaut le coup d'y passer.
En face, la ***Casa França-Brasil*** *(plan couleur II, E4 ; mar-dim 12h-20h),* qui date de 1820, hébergea la première mission artistique française au Brésil. De style néoclassique, cette belle bâtisse, qui servit par la suite de douane, abrite régulièrement des expositions temporaires souvent très intéressantes (photos, artisanat local...).

➢ Entre la *Banco do Brasil* et la praça 15 de Novembro, on entre là dans un carré de rues pavées, les plus anciennes de la ville, avec leurs lampadaires qui font le grand écart entre les maisonnettes rescapées du XIXe s. Très animé le vendredi en fin d'après-midi et le samedi soir. Au bout de la travessa do Comércio, on aperçoit l'*arco do Teles,* ancien passage qui mène à la praça 15 de Novembro.

Praça 15 de Novembro *(plan couleur II, E4)* **:** appelée plus communément *praça 15 (praça kinns').* En 1590, les pères carmélites y fondèrent un premier couvent, dont le terrain fut ensuite acquis en 1700 par le gouverneur de Rio. Cette place est toujours très animée. Dans la journée, beaucoup d'employés du centre. Le week-end, sympathique brocante (9h-19h).

Paço imperial *(palais impérial)* **:** *praça 15 de Novembro, 48. Mar-dim 12h-18h. Gratuit.* C'est l'ancien palais du vice-roi du Brésil. En réalité, cet édifice colonial fut édifié en 1743 pour être la résidence du gouverneur. Lorsque le roi du Portugal, João VI (et sa cour) se réfugia au Brésil le 8 mars 1808, après l'invasion du Portugal par les troupes de Napoléon, il en fit sa demeure. C'est aussi ici que la princesse Isabel signa en 1888 l'abolition de l'esclavage au Brésil. Après l'instauration de la république en 1889, le palais servit aux postes. Aujourd'hui, il abrite un cinéma alternatif, une bibliothèque, un café design où il fait bon se reposer et qui propose des expositions au 2e étage. Halte très agréable, avant de replonger dans l'agitation du centre.

Palácio Tiradentes *(plan couleur II, E4)* **:** *rua Primeiro de Março. ☎ 25-88-14-11. Lun-sam 10h-17h, dim 12h-17h.* Derrière le *Paço,* voici la chambre des députés de l'État de Rio, construite en 1992, et, juste devant, une statue du martyr Tiradentes. Celui-ci prit la tête du mouvement révolutionnaire *Inconfidência* en rébellion contre le pouvoir colonial. Il finit écartelé, et ses membres furent exhibés dans différentes villes afin de bien montrer au peuple où mène la révolte !
À sa droite, l'*igreja São José,* une des plus anciennes églises de Rio. Son carillon est considéré comme l'un des plus puissants de la ville.

Mais revenons praça 15 de Novembro : de l'autre côté de la rua 1ero de Março, on trouve l'ancienne cathédrale ***N.S. do Carmo da Antiga Sé*** (*sé* signifie « cathédrale » en portugais !). C'est là, le 12 octobre 1822, que dom Pedro Primeiro fut couronné empereur du Brésil. Construite en 1761, elle servit de chapelle royale pendant tout le XIXe s, puis de cathédrale jusqu'à une date très récente. Bel exemple de baroque portugais transplanté au Brésil.
On trouve également le ***convento do Carmo,*** le plus vieux couvent de Rio (1590), qui abrite aujourd'hui une faculté.

Les ruas do Ouvidor, Rosário et alentours *(plan couleur II, E4)* **:** voici le cœur de Rio. C'est dans ce lacis de rues piétonnes (à éviter le week-end, désert, *bis repetita*), aux petits commerces colorés, que le Carioca prouve que la plage n'est pas sa seule occupation. Bienvenue au « Saara », royaume du brouhaha et du bric-à-brac : vêtements pas chers, alimentation, disques, etc. On prendra, au coin des rues, un verre de *chá maté,* ou on sirotera des jus de fruits au comptoir d'une *lanchonete.* Là, de vieux salons de thé ou boutiques rappellent l'ancienne identité bourgeoise de ce quartier, comme en témoigne l'étonnante décoration de la ***Confeitaria Colombo,*** rue Gonçalves Dias, 32, fondée en 1894 et toujours en service depuis (voir aussi « Où manger ? »).
Les rues do Ouvidor et Rosário sont piétonnes et symbolisent le Rio élégant du XIXe s. Rendez-vous de la mode française, en 1862 la rua do Ouvidor comptait 91 magasins appartenant à des Français ! Laissez-vous guider par votre humeur dans ce dédale de rues où la foule se presse tous les après-midi. Empruntez les rues de *Beco das Cancelas,* la plus étroite de Rio, *Beco dos Barbeiros,* où quelques vieux immeubles s'accrochent à leur destin. Au bout de la rua do Ouvidor (au no 35), la très belle *igreja N.S. da Lapa dos Mercadores (en général, ouv 8h-14h),* dotée de douze cloches.

Largo da Carioca *(plan couleur II, E5)* **:** *vaste place, un peu mal fichue, située entre la rua da Carioca et l'av. Almirante Barroso.* Ⓜ *Carioca.* L'après-midi, vendeurs et artistes de rue s'y donnent rendez-vous. À la sortie du métro, beaucoup de boutiques d'artisanat, notamment de sacs en cuir. Nombreuses attractions foraines et... des pickpockets. Aux abords immédiats, sur la gauche de la place en

RIO DE JANEIRO

regardant la ***igreja e convento Santo Antônio*** (voir ci-dessous). Le quartier est composé d'une série de grands buildings, dont ceux de la ***Banco do Brasil,*** de ***Pétrobras*** et de la ***banque de Développement du Sud-Est.*** Ces trois établissements sont surnommés « le Triangle des Bermudes » : c'est là que disparaît une bonne partie de l'argent du pays...

Igreja et le convento de Santo Antônio : *largo da Carioca.* ☎ *22-62-01-29. Lun-ven 7h30-18h, sam 7h30-11h.* Une des plus anciennes églises de Rio, construite entre 1609 et 1620. Chœur très ouvragé recouvert de feuilles d'or. Une salle du couvent attenant accueille les sépultures de la famille impériale du Brésil. Dans la sacristie, sol en marbre de Carrare, remarquable meuble à tiroirs en jacaranda, murs couverts d'azulejos et beau plafond avec tableaux enchâssés dans des caissons dorés.

Igreja de São Francisco da Penitência *(plan couleur II, D5)* ***:*** *largo da Carioca, 5, à côté de l'église de Santo Antônio. Mar-ven 9h-12h, 13h-16h.* Un des joyaux du baroque brésilien, d'une richesse époustouflante. Couverte d'or de pied en cap, l'église fut construite entre 1653 et 1657, et l'intérieur terminé entre 1726 et 1739. Sur le plafond du chœur et de la nef centrale, premières peintures en perspective du Brésil. Belles chaires latérales couvertes d'or. La taille modeste de l'église accentue la lourdeur de l'ensemble. Jetez également un œil à la sacristie. Petit *musée d'Art religieux.*

Rua da Carioca *(plan couleur II, D-E5)* ***:*** *commence au largo da Carioca et se termine praça Tiradentes.* Rue très commerçante, possédant de vieilles maisons aux façades décorées de moulures, petits balcons... Plusieurs boutiques d'instruments et de partitions de musique brésiliens (*bérimbau, cavaquinho,* percus en tout genre). C'est ici que, tous les ans, en novembre, le *rei Momo* (roi du carnaval) est choisi : il doit être le plus gros possible, le plus gai et le plus sympa. Parfois, cette rue voit passer un groupe de joyeux fêtards avec orchestre et danseurs. C'est là également que l'on trouve le *Bar Luiz* (n° 39), la plus ancienne brasserie de Rio, ouverte en 1887 (voir « Où manger ? »). Plus loin, sur le même trottoir, en vous dirigeant sur la gauche vers la praça Tiradentes, jetez un œil au cinéma *Iris* (construit en 1909), à la décoration très élégante (escalier central et galeries intérieures en fer forgé), dorénavant reconverti en ciné porno le jour et discothèque la nuit (premier samedi du mois) !

➢ Entre la rua da Carioca et la rua da Alfândega, on traverse un vieux quartier en pleine renaissance (et ce n'est pas fini !), abritant de nombreuses églises intéressantes, dont ***Nossa Senhora do Rosário*** (1639). Située au n° 77 rua Uruguaiana, elle abrite le ***museu do Negro*** *(musée des Noirs ; lun-ven 7h-19h).* Également l'***igreja S. Francisco de Paula,*** sur la place du même nom, construite à partir de 1756 et terminée officiellement... en 1865. Vous êtes aussi tout près de la *Confeitaria Colombo* (voir « Où manger ? » et « Où boire un verre ? »).

Praça Floriano *(plan couleur II, E5)* ***:*** plus communément appelée *praça Cinelândia,* cette grande place au cœur du quartier des théâtres et des cinémas est décorée de statues d'hommes illustres, dont celle du maréchal Floriano Peixoto, le deuxième président de la République. Super animation en fin d'après-midi. Terrasses de cafés bondées. Prendre une *caïpirinha* à celle de l'*Amarelinho,* elle est réputée. Sur la place, on remarque le ***Teatro municipal*** *(lun-ven 13h-17h, visite guidée très intéressante),* construit en 1906 dans le style de l'Opéra de Paris. Au début du XXe s, il constituait l'un des édifices les plus extravagants de la ville. L'escalier qui mène à l'étage est richement décoré par de grands noms de la peinture brésilienne de la fin du XIXe et du début du XXe s, notamment Henrique Bernardelli et Eliseu Visconti. Sur la même place, le ***palácio Pedro Ernesto,*** de style néoclassique et, en face, la Bibliothèque nationale.

Biblioteca nacional : *av. Rio Branco, 219.* ☎ *22-20-94-84. Mar-ven 9h-20h, sam 9h-15h. Trois visites guidées/j. (durée : 30 mn). Entrée : 2 Rls.* Bâtiment de 1910 aux lignes néoclassiques. On y trouve près de quinze millions de documents et livres rares comme une édition originale (1572) des *Lusiades (Os Lusiadas)* de Luís de Camões. À côté, le ***Museu nacional de Belas Artes*** (voir ci-après). Plus au sud, vous rencontrerez le ***parc Passeio Público,*** le plus ancien jardin public de Rio (1783).

Museu nacional de Belas Artes *(Musée national des Beaux-Arts ; plan couleur II, E5)* **:** *av. Rio Branco, 199. ☎ 22-40-00-68. • mnba.gov.br • Mar-ven 10h-18h, w-e 14h-18h. Attention, les horaires changent souvent. Entrée : 4 Rls ; gratuit dim.* L'un des meilleurs musées de Rio. Construit au début du XXe s dans le style Renaissance français. Organisation chronologique des salles. Œuvres brésiliennes du XVIIe au XXe s.

Le Castelo *(plan couleur II, F5)* **:** quartier datant de la seconde moitié du XXe s, à proximité de l'aéroport Santos-Dumont, élevé à la place d'un *morro* rasé en 1922. On y trouve :

– ***Museu histórico nacional :*** *praça Marechal Ancora (tt près de la praça 15 de Novembro). ☎ 25-50-92-20. • museuhistoriconacional.com.br • Mar-ven 10h-17h30, w-e 14h-18h. Entrée : 6 Rls.* Situé dans un splendide édifice, construit sur l'emplacement d'un vieux fort (1603) dont les souterrains étaient utilisés comme prison militaire. Différentes constructions rajoutées aux XVIIe et XVIIIe s, lorsqu'il servit tour à tour d'arsenal militaire puis de fabrique d'armes, lui ont donné son charmant visage actuel. Panorama de l'histoire et des traditions du Brésil, notamment armes, peintures, vaisselle de toutes les époques, mobilier (dont, dans les salles de Pedro II, le « bonheur-du-jour » ayant appartenu à la princesse Isabel). Superbe carrosse de dom Pedro II, avec amortisseurs avant et arrière. Visite intéressante.

– Non loin, la petite ***igreja Santa Luzia,*** toute bleue, contraste fort avec les grands buildings modernes qui l'entourent. À l'origine chapelle pour les pêcheurs en 1582, elle subit diverses transformations en 1752 et 1872. Notez, rua Santa Luzia, l'***hôpital Santa Casa da Misericórdia,*** fondé en 1592 mais reconstruit au XIXe s. Belle architecture de l'entrée et dallage de marbre.

– Pour ceux qui sont intéressés par l'histoire de Rio, le ***museu da Imagem et do Som*** *(musée de l'Image et du Son ; plan couleur II, F4-5) : praça Rui Barbosa, 1. ☎ 22-62-03-09. Lun-ven 11h-17h. Gratuit.* Quantité de documents, films et près de 100 000 photos sur la ville avant les grands bouleversements architecturaux des années 1940.

Aterro désigne tout le terrain gagné sur la mer pour constituer le *parc de Flamengo.*

Museu de Arte moderna *(plan couleur II, F6)* **:** *av. Infante Dom Henrique, 85. ☎ 22-40-49-44. • mamrio.org.br • Mar-ven 12h-18h, w-e 12h-19h. Entrée : 8 Rls.* Abrite des collections d'artistes brésiliens contemporains (essentiellement des peintres, tel Gilberto Chateaubriand) et des expos temporaires. À côté du musée, le *monumento aos Mortes da Segunda Guerra* (1960). Profitez-en pour aller flâner dans le parc de Flamengo (voir plus loin « À voir » dans les quartiers Glória, Catete et Flamengo) et admirer la baie.

Lapa *(plan couleur II, D-E5-6)*

Ce vieux quartier est composé de ruelles pavées et de petits escaliers pleins de charme encadrés de vieilles baraques patinées par les ans où vit une population assez pauvre. C'est pourtant l'un des plus authentiques quartiers de Rio et un lieu important de la vie nocturne. Son aspect se transforme d'année en année, mais la tendance est de conserver l'ancien et de réhabiliter ce qui existe, sans trop détruire. Malgré l'évolution, Lapa garde son caractère populaire et sa mauvaise réputation de quartier de beuverie et de prostitution (beaucoup de travestis, en fait).

La ***rua da Lapa*** (qui commence au largo da Lapa et finit rua da Glória) est bordée de belles maisons des XVIIIe et XIXe s avec portes à arcade, façades ouvragées dans les tons bleus, verts, orange et balcons en fer forgé. Au bout, l'***igreja N. Sáda do Carmo da Lapa*** recouverte d'azulejos (carreaux de faïence bleue de tradition portugaise).
Aujourd'hui, l'***aqueduc de Carioca*** semble isolé au milieu des terrains vagues dus à la « rénovation urbaine ». Le soir pourtant, le coin reprend vie avec le ballet des travestis, des voyeurs, des branchés de moins en moins fauchés évoluant en ombres frôlantes dans la lumière blafarde des vieux réverbères.
La ***rua Francisco Muratori,*** perpendiculaire à la rua do Riachuelo, est bordée de belles et hautes bâtisses de pierre. Dans la journée, il fait bon fouiner là, autour des arcades de l'aqueduc, pour trouver de tout à très petits prix. Le soir, les habitants prennent le frais sur le pas de leur porte. À propos, ne pas rater l'*escalier en céramique* de la rua Manuel Carneiro, perpendiculaire à Joaquim Silva *(plan couleur zoom, D6)*. Œuvre de l'artiste qui réalisa les caricatures murales assez originales au pied des Arcos. Il utilisa une centaine de sortes de céramiques venant de tous les pays du monde, dont certaines fort anciennes. Comme ce superbe « cavalier de Bagdad », sur la droite, à hauteur d'yeux, juste avant l'escalier. D'ailleurs, il demande souvent à ses visiteurs de lui envoyer des carreaux de céramique originaux pour continuer son œuvre (et ainsi, d'une certaine façon, d'y participer aussi !).
Situé entre l'aqueduc de Carioca, la praça Paris et la rue Mem de Sá, le ***convento Ladeira da Santa Teresa*** a donné son nom à ce petit quartier. On vous déconseille toutefois d'entreprendre la balade le soir.
– ***Marché des antiquaires,*** *rua do Lavradio (plan couleur II, D5-6). Le 1er sam du mois.* On y vend meubles et bibelots dans une ambiance relax.

Catedral Metropolitana *(plan couleur II, D5)* **:** *av. República do Chile, 245. ☎ 22-40-26-69. Ⓜ Carioca. Tlj 7h30-18h. Messe dim à 10h.* Construit entre 1964 et 1976, cet immense édifice en béton évoque une pyramide maya futuriste : il aurait peut-être été plus à sa place à Brasília. Mais il faut voir l'intérieur pour ses immenses vitraux. Seuls les quatre beaux vitraux tout en hauteur présentent un intérêt. Ils symbolisent respectivement l'Église unique (vert), sainte (rouge), catholique (bleu) et apostolique (jaune). Quelques chiffres : la cathédrale est haute de 86 m, a un diamètre interne de 96 m et peut contenir 20 000 personnes. Au sous-sol, petit *musée d'Art sacré.*

Le Bonde *(le tramway pour Santa Teresa)* **:** *tlj 7h-20h30, billet : 0,60 Rls. On le prend près de l'av. República do Chile (plan couleur II, E5,* ***140****), au croisement de la rua Senador Dantas avec une petite impasse, la rua Prof. Lélio Gama (juste derrière le building de la* Banco do Brasil). *Ⓜ Carioca ou Cinelândia. Départ ttes les 15-30 mn.* Appelé aussi *Bondinho,* c'est l'antique tramway en bois qui passe par l'*aqueduto da Carioca.* À ne pas manquer ! Il relie le centre-ville au quartier de Santa Teresa. C'est une très belle balade.

L'aqueduc de Carioca : appelé aussi *arcos da Lapa,* l'aqueduc fut construit en 1750. Avec ses élégantes arcades à deux niveaux, il rappelle un ouvrage romain. Avant 1896 et le passage du Bonde (tramway), il servait à canaliser les eaux du rio da Carioca. Du haut de l'aqueduc, on domine une bonne partie de la ville. Impressionnant.

Achats

CD, bouquins

Livrarias da Travessa : *dans le Centro. Lun-sam 9h-minuit, dim 11h-minuit.* Jolies librairies où vous dénicherez sans peine CD et superbes bouquins sur le Brésil.

Kuarup *(plan couleur II, E5)* **:** *rua*

México, 3/2e (Centro). ☎ *22-20-16-23.* Maison de disques indépendante aux collections introuvables ailleurs : du vrai *forró,* venu du fin fond du Nordeste, du *choro* de première qualité, du samba à la musique érudite, tout Villa-Lobos... Les directeurs parlent le français.

SANTA TERESA *(plan couleur II, C-D6 et plan couleur zoom)*

Voici un quartier qu'on adore. Un genre de Montmartre luxuriant, le côté touristique en moins. À Santa Teresa, on se sent loin du bruit et de l'agitation du Centro, sans pour autant se trouver dans les quartiers riches du sud de la ville. Les artistes bohèmes ont envahi les vastes demeures cossues abandonnées depuis que le quartier est cerné par les favelas. Les villas se succèdent, diverses, surprenantes, comme ce château « disneylandien » perché en haut de Santa Teresa, avec des tourelles au toit vert (visible du Bonde, dans la rue Almirante Alexandrino). Il faut errer au gré des ruelles pavées au charme tranquille, pratiquement sans voitures, des escaliers musardant entre des jardins.
Prenez impérativement un taxi pour rentrer une fois la nuit tombée, mais ne vous privez surtout pas de cette visite inoubliable.

Où dormir ?

Les chambres d'hôtes de charme se multiplient sur la colline de Santa Teresa. Le mieux est de voir avec l'agence ***Cama e Café*** (voir ci-dessous). Pour accéder à la colline, prendre les bus nos 206 et 214 depuis l'avenida Nilo Pecanha (Centro), ou utiliser le fameux *Bonde* qui parvient toujours, coûte que coûte, à hisser sa carcasse sur les pentes abruptes de Santa Teresa.

■ ***Cama e Café*** *(plan couleur zoom, C6, **8**) : à l'angle des rues Paschoal Carlos magno et monte Alegre (Santa Teresa).* ☎ *et fax : 22-21-76-35 ou 22-24-56-89.* 📱 *96-38-48-50 (demander Carlos).* • *camaecafe.com.br* • *Doubles 90-200 Rls, petit déj compris.* Une des plus grosses sociétés de location de chambres d'hôtes de charme à Rio. Surtout concentrées sur la colline de Santa Teresa et dans toutes les catégories, des plus simples aux plus luxueuses. Généralement situées dans de vénérables demeures au milieu de beaux jardins. Propose aussi des chambres dans d'autres quartiers moins cotés, et dans des styles très différents.

De bon marché à prix moyens (70-120 Rls / 28-48 €)

🏠 ***Rio Hostel*** *(plan couleur zoom, D6, **60**) : rua Joaquim Murtinho, 361.* ☎ *38-52-08-27 ou 22-24-69-03.* • *riohostel.com* • *Nuitée 37 Rls/pers, doubles 100-120 Rls.* Haut perchée sur la colline de Santa Teresa, cette auberge conviviale embrasse un large panorama sur les toits de Rio. La grimpette sera par ailleurs récompensée par des dortoirs bien tenus (4-8 lits), un salon TV (câble) semé de coussins et de tapis, une cuisine et Internet à disposition, coffres, consigne à bagages, laverie... Mais la vraie bonne surprise, c'est sa terrasse dotée d'une petite piscine, d'un bar et d'une poignée de hamacs pour se consoler d'être éloigné des plages. Cela dit, il suffit d'attraper le *Bonde* au pied de la maison pour rallier le métro et la route de Copacabana.

🏠 ***Trip Hostel*** *(plan couleur zoom, D6, **61**) : rua Joaquim Murtinho, 514.* ☎ *25-07-09-16.* • *triphostel.com* • *Nuit en dortoir 30-35 Rls/pers, doubles 100 Rls.* Cette belle et récente *hostel* installée dans une bâtisse victorienne surplombe le centre de Rio, en particulier le petit quartier de Lapa. En plus des deux chambres doubles et des dortoirs (6-7 pers) propres et climatisés, on y trouve tout le nécessaire : cuisine, billard, TV, Internet... Cette auberge de taille raisonnable conviendra aux routards peinards qui recherchent à la fois une atmosphère sympa et une certaine intimité.

■ ***Chambres d'hôtes Wanderley Figueiredo*** *(plan couleur zoom, C6,* ***62****) : rua Oriente, 5/202. Résa par* Cama e Café *(voir plus haut). Doubles 90-95 Rls.* Petit immeuble moderne dans un coin tranquille. L'accueillant proprio, artiste sculpteur, offre dans son appartement deux chambres correctes avec salle de bains commune. Petite cuisine à disposition et belle vue sur Rio. Un des hôtes, artiste lui-même, laissa une jolie fresque sur le mur extérieur.

Plus chic (120-200 Rls / 48-80 €)

■ ***Casa da Renata*** *(plan couleur zoom, C6,* ***63****) : rua Almirante Alexandrino, 1086. Résa auprès de* Cama e Café. *Chambres 2-3 pers 125-190 Rls.* Une adresse de moyenne gamme, très sympathique. Charmante maison peuplée de chats, de tortues, tenue par une hôtesse adorable, disponible et, cerise sur le gâteau, qui parle le français. Une chambre possède sa propre salle de bains, les deux autres l'ont à l'extérieur. Petit jardin. Internet.

Chic (autour de 200 Rls / 80 €)

■ ***Casa da Ana Maria*** *(plan couleur zoom, C6,* ***64****) : rua Pintora Janeira, 86. Résa auprès de* Cama e Café. *Doubles 180-190 Rls avec petit déj très complet.* Cachée aux regards extérieurs, cette demeure de la fin XIXe s, tout habillée de rose et de vert, propose une chambre superbement aménagée. Des bungalows sont en projet dans le jardin afin d'accueillir des hôtes plus nombreux. Décoration très classe, beau mobilier, verdure tout autour et piscine... On est loin de certains hôtels d'Ipanema qui vous demanderont 200 Rls pour un cagibi ! De plus, votre hôtesse – psychologue de son métier – vous accueillera chaleureusement et sera ravie de vous donner de bons conseils.

Où manger ?

Prix moyens (20-35 Rls / 8-14 €)

|●| ***Sobrenatural*** *(plan couleur zoom, D6,* ***108****) : rua Almirante Alexandrino, 432. ☎ 22-24-10-03. Tlj 11h30-minuit.* Bon resto de poisson, avantagé par un cadre mi-chic mi-rustique. Reconnaissable à sa porte en forme de « *bonde* ». Rien de surnaturel ici, la qualité des plats obéissant aux lois de la nature et au professionnalisme des cuistots. Et comme la maison possède sa propre embarcation, la fraîcheur du poisson est plus que garantie ! Voir aussi « Où boire un verre ? ».

|●| ***Espirito Santa*** *(plan couleur zoom, D6,* ***57****) : rua Almirante Alexandrino, 264. ☎ 25-08-70-95. Mar-mer 11h30-18h, jeu-sam 11h-minuit, dim 11h-19h.* Avec un chef originaire du Nord derrière les fourneaux, il ne fallait pas trop miser sur les classiques cariocas. Certains figurent pourtant à la carte, mais se font largement voler la vedette par les délicieuses spécialités sucrées-salées fleurant bon l'Amazonie. La cerise sur le gâteau, c'est l'irrésistible véranda qui domine les toits du quartier. Romantique à souhait ! Accueil et service soignés.

|●| ***Taberna Diferente*** *(plan couleur zoom, C6,* ***79****) : rua Oriente, 437. ☎ 22-32-44-77. Tlj sf mar, midi et soir jusqu'à 22h30. Spécialité de* picanha *(env 30 Rls pour 2 pers) et* feijoada *(25 Rls pour 2 pers).* Vieille taverne traditionnelle de quartier, bien patinée. Murs de brique, carrelage usé jusqu'à la corde.

|●| 🍷 ***Bar do Arnaudo*** *(plan couleur*

*zoom, D6, **109**) : rua Almirante Alexandrino, 316 (loja B). ☎ 22-52-72-46. Mar-ven 12h-23h, w-e et j. fériés 12h-20h.* Là aussi, une vénérable taverne ayant la réputation d'offrir toutes les variétés de *cachaças* existantes. Faut dire qu'il y en a des bouteilles au mur ! Bonne cuisine nordestine : *sarapatel, carne del sol, cabrito*, etc. Prix modérés, possibilité de petites portions.

Où boire un verre ?

Ce quartier populaire à flanc de colline abrite une communauté d'artistes, et la bohème de Rio aime à s'y retrouver. Le soir, public jeune dans les bars et dehors, la canette de bière à la main ! Mais la plupart de ces adresses sont également ouvertes à midi.

Armazen São Thiago *(plan couleur zoom, C6, **136**) : rua Áurea, 26. ☎ 22-32-08-22. Tlj.* Une des dernières véritables *botequim*. Date de 1919, il est connu aussi sous le nom de *Bar do Gomez*, du nom du proprio. Beau décor de bois tropical, surtout la superbe armoire à bouteilles au fond. Comptoir de marbre pour déguster la bonne bière maison. Clientèle de quartier et touristes harmonieusement mélangés. Possibilité de grignoter les bons petits *petiscos* (snacks) confectionnés par la patronne (*pastels* et autres), de copieux sandwichs et un choix de *lombinho suíno* et *lingüiça* (saucisses). On peut faire son choix parmi les 60 meilleures *cachaças* du Brésil. Une authentique tranche de vie térésienne !

Bar do Mineiro *(plan couleur zoom, D6, **140**) : rua Paschoal Carlos Magno, 99. ☎ 22-21-92-27. Tlj jusqu'à 2h (20h dim).* Bar de quartier où l'on sert des *petiscos* de qualité. Les murs carrelés de blanc portent les photos des grands noms de la *MPB*. Clientèle d'artistes, notamment. Beaucoup de monde le soir en fin de semaine.

Sobrenatural *(plan couleur zoom, D6, **108**) : rua Almirante Alexandrino, 432. Tlj 11h-minuit.* Murs de brique rehaussés de toiles contemporaines, foule hétéroclite d'artistes-peintres, d'intellos et d'étudiants, musique brésilienne, apéritifs en pagaille. Confusion chaleureuse. Concerts certains soirs. Fait aussi resto : on y déjeune très bien (voir « Où manger ? »).

Jasmin Manga *(plan couleur zoom, D6, **139**) : largo dos Guimarães, 143. ☎ 22-42-26-05. Tlj jusqu'à 23h.* Cybercafé et salon de thé sympa avec une terrasse reposante et de bons gâteaux. Plats du jour pas trop chers.

À voir

➢ *Pour s'y rendre : bus n° 214 depuis la praça Floriano dans le Centro (plan couleur II, E5 ; ticket combiné avec le métro), ou escalade haute en couleur à bord du fameux Bonde (voir plus haut).*

On vous conseille, entre autres, la ***rua Aprazivel*** *(plan couleur zoom, D6)* et les impasses qui s'en échappent sur la droite : belles maisons, arbres fleuris, oiseaux en concert. Et la lumière de la tombée du jour lui donne des allures surréalistes. Le parcours jusqu'au ***museu Chácara do Céu*** (voir ci-dessous) est aussi superbe, avec point de vue sur la baie de Copacabana. Enfin, le petit ***largo das Neves*** *(plan couleur zoom, C6)* rassemble quelques bars qui ouvrent de manière fantaisiste.

Museu Chácara do Céu *(plan couleur zoom, D6) : rua Murtinho Nobre, 93. ☎ 25-07-19-32. Descendre à la station du Bonde, largo do Corvelo. Prendre la rampe sur la gauche, c'est au bout de la rue. Tlj, sf mar et j. fériés, 12h-17h. Entrée : 2 Rls.* Au sommet d'une colline, entouré d'un agréable jardin d'où l'on a une vue unique sur Rio, voilà un endroit à ne pas manquer. Les collections sont exposées dans une très belle maison ayant appartenu à l'industriel et mécène Raymundo Ottoni de Castro Maya, un Brésilien qui avait passé son enfance en France. Ce cadre familial et intime donne un côté humain à la visite. Y sont exposés de grands

peintres brésiliens : Visconti et surtout Portinari. Également des artistes modernes comme Matisse, Dalí, Vlaminck, Picasso, Monet, Modigliani. Dans la grande bibliothèque, notez les œuvres complètes de Gide et les nombreux ouvrages en français. Dans l'escalier, deux superbes toiles de Portinari et, dans la salle d'à côté, la série de Don Quichotte, 21 beaux dessins rehaussés de couleurs, exposés dans de minces tiroirs que l'on tire pour en admirer le contenu. Intéressant mobilier des XVIIe et XIXe s et petite collection d'art asiatique.
En sortant de la maison, prenez la passerelle et allez admirer le *parque das Ruínas*, bâtisse de brique et de métal en cours de restauration, d'où la vue, là aussi, est superbe sur la baie de Rio et le Pain de Sucre.

Achats

Artisanat

La Vereda *(plan couleur zoom, D6) : rua Almirante Alexandrino, 428.* ☎ *25-07-03-17. Tlj.* Une jolie petite boutique, nichée au cœur de ce quartier bohème, proposant de l'artisanat brésilien : peintures, poteries, meubles faits de bois de récupération, luminaires, vêtements et plein d'objets de déco aux couleurs chaudes du pays. T-shirts sympas aux couleurs de Santa Teresa.

Trilhos Urbanos *(plan couleur zoom, D6) : rua Almirante Alexandrino, 402 A.* ☎ *22-42-36-32. À côté de* La Vereda. Artisanat brésilien, quelques objets plus « touristiques » également.

GLÓRIA, CATETE ET FLAMENGO *(plan couleur III I7-8)*

Si Glória et Catete gardent, comme quartiers de transition, des airs d'autrefois, à Flamengo, introduction à la zone sud, le chic s'affiche déjà sur le front de mer, où les loyers sont exorbitants, mais, à l'intérieur, on trouve de nombreuses rues populaires. De la station de métro Glória à celle de Largo do Machado, cafés, snacks et restos se succèdent et les secteurs des hôtels restent animés tard dans la nuit. Cela en fait un des quartiers les plus pratiques et abordables pour le logement des touristes, à mi-chemin entre le Centro et Copacabana.

Adresse utile

À Flamengo *(plan couleur III)*

Accès Internet

@ **Café.com** *(plan couleur III, I7) : rua Buarque de Macedo, 68.* ☎ *25-56-40-66. Lun-sam 10h-21h (19h sam).* Agréable petit cybercafé aux tons fluo.

Où dormir ?

À Glória *(plan couleur III)*

Prix moyens (70-120 Rls / 28-48 €)

Turístico Hotel *(plan couleur III, I7, 22) : Ladeira da Glória, 30.* ☎ *25-57-76-98. Fax : 25-58-93-88.* Ⓜ *Glória. Doubles env 120 Rls.* Une adresse classique pour routards, d'un bon rapport qualité-prix. L'hôtel a gardé un peu de son charme suranné, mais autour, ce ne sont que des immeubles des années 1950. Les chambres de la partie ancienne sont vieillottes mais relativement propres, hautes de plafond et équipées de l'AC. À l'arrière, adossés à un flanc de colline, de petits pavillons en dur abritent des chambres plus modernes et un peu plus calmes.

À Catete et Flamengo (plan couleur III)

Plein de petits hôtels à prix moyens dans ces quartiers populaires et assez sûrs, notamment près du largo do Machado *(Flamengo ; Ⓜ Catete).* Pour les routards qui n'ont pas froid aux yeux, pas mal de petites pensions entre les rues Glória et do Catete, vraiment très simples mais pas chères (environ 20 Rls). Un bon plan pour faire connaissance avec les Cariocas qui y vivent.

Bon marché (moins de 70 Rls / 28 €)

- ***Hotel Caxambu*** *(plan couleur III, I7, **24**) : rua Corrêa Dutra, 22 (Catete). ☎ 22-65-94-96. Fax : 25-57-00-90. À 50 m du parc de Flamengo. Doubles 65 Rls.* Des chambres très simples, un peu petites, certaines avec frigo-bar. Elles sont plutôt bien tenues et calmes car elles donnent sur le côté et non sur la rue. Dans cette catégorie, bon rapport qualité-prix.
- ***Hotel Hispano Brasileiro*** *(plan couleur III, I7, **30**) : rua Silveira Martins, 135 (Catete). ☎ 22-65-59-90. Dans une rue tranquille du centre, à côté de la plage de Flamengo. Doubles 50-60 Rls avec douche et w-c, AC et TV.* Petit hôtel à la façade beige, calme et propre. Chambres simples mais correctes pour le prix. Bon accueil.

Prix moyens (70-120 Rls / 28-48 €)

- ***Hotel Inglês*** *(plan couleur III, I7, **27**) : rua Silveira Martins, 20 (Flamengo). ☎ 25-58-30-52. • hotelingles.com.br • À deux pas de la plage de Flamengo, en face du parc du musée de la Republica. Doubles 125-130 Rls.* Dans un petit immeuble chic, style ancien hôtel particulier reconverti, avec des colonnes et des murs saumon. Chambres assez grandes, très propres, mais peu décorées. Demandez-en une avec vue sur le parc. Celles à l'arrière sont plus calmes mais sans vue. Bon rapport qualité-prix. Ne prend pas de taxe de service.
- ***Hotel Ferreira Viana*** *(plan couleur III, I7, **23**) : rua Ferreira Viana, 58 (Flamengo). ☎ 22-05-73-96. Fax : 22-05-78-40. Doubles 70 Rls.* Chambres propres et acceptables, avec frigo, AC et TV, et un solide petit déj le matin. La plupart donnent sur la rue, les autres sur l'arrière.
- ***Hotel Rio Claro*** *(plan couleur III, I7, **25**) : rua do Catete, 233 (Catete). ☎ 25-58-51-80 ou 22-05-51-05. Doubles 75-90 Rls, avec AC.* Petit hôtel sans prétention au 1er étage d'une vieille maison. La propreté y est impeccable, l'accueil sympathique, et la maison fait des promos en période creuse. Chambres un peu bruyantes côté rue.
- ***Hotel Beija-Flor*** *(plan couleur III, I7, **31**) : rua Ferreira Viana, 20 (Flamengo). ☎ 22-85-24-92 ou 22-65-60-70. Fax : 22-05-27-55. À côté d'un bel immeuble cossu de style néoroman. Doubles 105 Rls, chambres 5 lits 150 Rls.* Garage. Chambres correctes, avec AC, frigo-bar, TV. Attention, demandez à en voir plusieurs, certaines sont d'étroites cellules sans fenêtre. Accueil médiocre. On viendra vous chercher à l'aéroport si vous l'informez à l'avance.

Plus chic (120-200 Rls / 48-80 €)

- ***Hotel Paysandú*** *(plan couleur III, I7, **28**) : rua Paissandú, 23 (Flamengo). ☎ 25-58-72-70. • paysanduhotel.com.br • Doubles env 130 Rls,* café da manhã *compris*. Dans une rue bordée de très hauts palmiers impériaux. Une belle réception et des chambres correctes avec salle de bains carrelée, TV, AC et frigo-bar. Coffres payants. Réception routinière.

Hotel Imperial *(plan couleur III, I7, **29**) : rua do Catete, 186 (Catete). ☎ 25-56-52-12. • imperialhotel.com.br • Doubles min 150 Rls (pas de taxe de service). Réduc w-e et j. fériés, hors carnaval, bien sûr.* Dans une belle maison coloniale, dont la façade (classée Monument historique) évoque certains immeubles de Lisbonne. La réception fait presque croire à un grand hôtel. Les chambres sont spacieuses et confortables (TV, AC et frigo-bar). Jacuzzi pour les plus chères. Le petit déj est copieux et il y a une belle piscine, un sauna et une salle de gym ! C'est la meilleure adresse de la rue, juste un peu plus chère que les autres.

Regina Hotel *(plan couleur III, I7, **26**) : rua Ferreira Viana, 29 (Flamengo). ☎ 32-89-99-99. • hotelregina.com.br • Doubles 180-200 Rls.* Dans cette petite rue tranquille qui cache plusieurs hôtels, voici un 2-étoiles dans une maison coloniale. L'intérieur n'est pas dans le style de l'époque, mais c'est impeccable et confortable (TV câblée, frigo et AC). Demander une des chambres du 6e étage, plus claires et plus calmes. Certaines avec balcons à balustre. Copieux petit déj de qualité. Très bon accueil. Une de nos adresses préférées.

Mengo Palace Hotel *(plan couleur III, I7, **19**) : rua Corrêa Dutra, 31 (Flamengo). ☎ 32-62-16-16. • mengopalace.com • Doubles 175-190 Rls.* Pas loin de la plage. Pas de charme particulier, fonctionnel. Chambres derrière bien sûr sans vue, mais plus calmes. Salle de gym, Internet, etc.

Très chic (plus de 250 Rls / 100 €)

Hotel Florida *(plan couleur III, I7, **32**) : rua Ferreira Viana, 71/81 (Flamengo). ☎ 21-95-68-00. • windsorhoteis.com.br • Derrière le Palácio do Catete et proche de la plage. Doubles min 330 Rls (taxes incluses).* Un grand hôtel de catégorie supérieure (voire de petit luxe), avec des chambres standard (AC, TV) et, surprise, une terrasse sur le toit où se cachent une petite piscine, un sauna, une salle de gym et un bar.

Hotel Novo Mundo *(plan couleur III, I7, **33**) : praia do Flamengo, 20 (Flamengo). ☎ 21-05-70-00 ou 0800-25-33-55 (appel gratuit). • hotelnovomundo-rio.com.br • Doubles standard sans vue 266 Rls, avec vue sur mer 372 Rls (executive floor) ; réduc intéressantes le w-e.* Imposante bâtisse de 230 chambres, qui a accueilli certains chefs d'État lors de la Coupe du monde de 1950. Typique de l'architecture de cette époque. Cadre cossu, ambiance feutrée et raffinée, et tous les services d'un grand hôtel. Si le bruit ne vous dérange pas (aéroport Santos-Dumont tout près et boulevard à vos pieds), prenez une chambre avec vue, le spectacle est grandiose : la baie de Flamengo et le Pain de Sucre, rien que pour vous. *Coffee shop* et resto avec beau buffet.

Où manger ?

À Flamengo *(plan couleur III)*

Bon marché (moins de 20 Rls / 8 €)

Café Lamas *(plan couleur III, I7, **70**) : rua Marquês de Abrantes, 18 (Flamengo). ☎ 25-56-07-99. Ouv jusqu'à une heure avancée de la nuit.* Fondé en 1874, *Lamas* est devenu un classique. Durant les années 1980, les intellectuels, syndicalistes et professeurs s'y réunissaient. Depuis, le quartier s'est un peu endormi. Mais si le cadre est sobre, il a gardé son caractère. Grande salle au fond avec serveurs en veste blanche. Cuisine genre steak-frites mais avec un grand choix de viandes et d'un bon rapport qualité-prix.

Quelques spécialités comme le *strogonoff de camaraões*. On peut aussi se contenter de sandwichs au comptoir ou d'y boire un verre.

Catete Grill *(plan couleur III, I7, **78**) : rua do Catete, 239 (Catete). ☎ 22-85-34-42. Tlj 12h-minuit. 2h de parking gratuit. Churrascaria ao kilo.* Cadre quelconque, mais beau buffet de salades, d'accompagnements et de desserts. Viandes et sushis de qualité.

Prix moyens (20-35 Rls / 8-14 €)

Majórica *(plan couleur III, I7, **75**) : rua Senador Vergueiro, 11 (Flamengo). ☎ 22-05-68-20. Tlj jusqu'à minuit.* Une des meilleures adresses de viande de Rio, dit-on. Ici, pas de *rodizio,* on choisit sa pièce de bœuf et on la déguste dans un cadre climatisé en bois verni, avec décor d'assiettes. À l'entrée, fresque en céramique évoquant les gauchos. Nappes blanches et garçons sérieux comme des papes. Comme c'est copieux, un plat suffit pour deux.

Garota do Flamengo *(plan couleur III, I7, **74**) : rua Senador Vergueiro, 35. Tout près de l'hôtel* Paysandú. Un resto bien connu, fréquenté par des habitués et des employés du quartier. À l'angle d'une rue et d'un boulevard, une salle aérée, avec des serveurs aimables, qui servent, comme dans toutes les *garota,* de bonnes viandes à prix raisonnables et toutes sortes de spécialités brésiliennes. Un classique ! D'autres établissements à Urca et à Ipanema (voir plus loin).

Plus chic (35-70 Rls / 14-28 €)

Churrascaria Porcão Rio *(plan couleur III, I7, **76**) : av. Infante Dom Henrique, Aterro do Flamengo. ☎ 34-61-90-20 ou 33-89-89-89.* Le seul resto sur la plage de Flamengo. Sans conteste la meilleure adresse de Rio pour les amateurs de viandes. Chic, certes, mais pas du tout luxueux, ni triste ou compassé, au contraire ! Il est très apprécié des Cariocas, qui y viennent seuls, en couple ou en famille. Salles immenses. On y parle fort, on y chante parfois et souvent on y festoie. Spécialité : un excellent *rodizio* de viandes, soit une dizaine de morceaux différents, que des serveurs rapides et aimables détachent par tranches au moyen d'une sorte d'épée, en passant régulièrement à chaque table. Et comme tout est à volonté, on s'efforcera de sélectionner les plus belles pièces et de ne pas craquer devant le buffet, pourtant fabuleux (crudités, légumes, sushis, huîtres, fruits de mer, jambons, fromages...). Réservez et demandez une table près de la fenêtre, pour profiter de la superbe vue sur le Pain de Sucre, au crépuscule. Belle carte des vins.

RIO DE JANEIRO

À voir

Entre le Centro et Copacabana, étalés entre la montagne et la mer, Glória, Catet et Flamengo cachent une mixture bizarre de rues, mélange d'immeubles anciens et modernes (années 1950 en général), comme le très bétonné *largo do Machado.* Encore un quartier à découvrir à pied.

Parque do Flamengo *(plan couleur III, I7-8) : au sud de Glória et au nord de Botafogo, le long de la mer jusqu'au port de plaisance de Glória.* Ce parc est couvert de jardins qui communiquent par diverses passerelles. Jardins suspendus, terrains de sport, « village des enfants », théâtre de marionnettes et piste cyclable. Il fait bon s'y promener et s'y amuser. Envahi par les Cariocas en fin d'après-midi et le week-end, dans une ambiance chaleureuse. Mais attention la nuit.

Igreja N.S. da Glória do Outeiro *(plan couleur III, I7) : praça da Glória, sur une petite colline derrière la plage de Flamengo, dans le quartier de Glória. ☎ 25-57-46-00. Mar-ven 9h-12h, 13h-17h ; w-e 9h-12h.* On entre par la charmante sacristie décorée d'azulejos, sur le côté gauche derrière l'église, après avoir gravi quelques marches. Les flancs de l'église sont également ornés d'azulejos. Décoration intérieure assez dépouillée, typique de l'époque coloniale. Belle vue sur la baie. Poursuivre ensuite la ***ladeira de Nossa Senhora,*** jusqu'à trouver des escaliers sur la droite. Permet de rejoindre la ***rua do Catete*** en passant par des rues calmes, bordées de belles demeures. Si l'on prend à gauche, escalier ou ruelle, retour sur la ***plage de Flamengo,*** à côté de l'*hôtel da Glória.*

Palácio do Catete *(museu da República ; plan couleur III, I7)* **:** *rua do Catete, 153. ☎ 25-58-63-50. Mar-ven 12h-17h, w-e 14h-18h. Entrée : 5 Rls ; gratuit mer.* Ancien siège du gouvernement fédéral, construit en 1867, il servit de 1897 à 1960 de résidence aux présidents de la République. À présent, abrite le *musée de la République* : meubles, objets, portraits, documents, etc. Vous verrez la pièce où le président Getúlio Vargas (celui qui a une grande avenue, là-haut) mit fin à ses jours en 1954.

Juste à côté, le ***museu de Folclore Edison Carneiro :*** *rua do Catete, 179. ☎ 22-85-04-41. Mar-ven 11h-18h, w-e 15h-18h. Gratuit.* Corridor étroit et sombre : on s'attend à en faire le tour en 10 mn top-chrono. Trois étages grouillants de merveilles. Ceux qui aiment les pièces d'art brésilien, les figurines naïves en bois coloré, les costumes de fêtes, les délicates poteries... seront enchantés. Balade initiatique au cœur des traditions de ce peuple mixte sur les thèmes de la vie, la religion, la mort, la cuisine... Seul bémol : l'absence d'informations ou d'explications sur certaines œuvres (même en portugais).

URCA, BOTAFOGO, LARANJEIRAS ET LE PARQUE NACIONAL DA TIJUCA (plan III)

Depuis la mer à la pointe de Urca jusqu'à la forêt, cette large bande transversale, plutôt populaire, vaut surtout pour ses deux visites incontournables : le Pain de Sucre et le Christ du Corcovado, véritables emblèmes de la ville. Mais aussi pour prendre un vrai bol d'air dans le parc de Tijuca (attention quand même à ne pas vous y retrouver à la tombée du jour : lire plus loin « À voir »).

Où dormir ?

À Botafogo *(plan couleur III)*

Vieux quartier populaire aux vénérables demeures, souvent avec des petits jardins.

Rio Hostel *(plan couleur III, I8,* ***18*****) :** *praia de Botafogo, 462, casa 5. ☎ 22-26-04-61. 96-32-67-97. • sunriohostel.com.br • Ⓜ Botafogo. À quelques minutes du métro, entre les rues São Clemente et Voluntarios de Patria. Nuit en dortoir 35 Rls ; doubles 100-120 Rls.* Toutes sortes de chambres : doubles « en suite » ou normales (avec ou sans salle de bains), et mini-dortoirs de 4 à 9 lits. Propre et atmosphère familiale. Cuisine équipée, location de vélos et organisation d'excursions. Prix très raisonnables.

Où manger ?

À Urca *(plan couleur III)*

Prix moyens (20-35 Rls / 8-14 €)

Garota da Urca *(plan couleur III, J8,* ***73*****) :** *av. João Luís Alves, 56. ☎ 25-41-50-40 ou 99-90. Tlj midi et soir jusqu'à 3h.* Restaurant surplombant la petite plage d'Urca et offrant une vue sur la baie de Botafogo et le Corcovado. Clientèle de classe moyenne, un poil plus cher, assez touristique. Bons poissons et viandes servis sur des plaques à déguster à deux, car c'est copieux. Goûter aussi au *strogonoff de camaraões* et à la *bacalhau gomès de sá*. L'occasion d'une balade très agréable au pied du Pain de Sucre. La *Garota* fait partie du même groupe que celle d'Ipanema.

|●| ***Praia Vermelha*** *(plan couleur III, J9,* ***77****) : circuito militar da Praia Vermelha, praça General Tibúrcio.* ☎ *22-75-75-92 ou 64-34. Au bord de la plage, à gauche de l'entrée du téléphérique qui mène au sommet du Pain de Sucre. Tlj jusqu'à minuit en sem, 1h le w-e.* Le midi, buffet *ao kilo*. Le soir, après 18h, musique *ao vivo*. C'est la cantine des officiers de marine. On y va plus pour la vue unique sur la plage et les *morros* que pour sa cuisine (qui reste cependant correcte). Quelques spécialités : *pizza no forno* (au feu de bois), *picanha gaúcha* pour deux, *cordero assado* (agneau grillé) ou plus simplement sandwichs et steak. Préférez la terrasse, où vous pourrez prendre un verre.

À Botafogo *(plan couleur III)*

Ce vieux quartier aux accents populaires abrite de nombreux restos où les plats sont copieux et les prix très doux. On trouve quelques adresses autour de la station de métro Botafogo et dans le quartier compris entre la rua Voluntários da Pátria et le *morro* da Saudade.

Bon marché (moins de 20-35 Rls / 8-14 €)

|●| ***Aurora*** *(plan couleur III, H9,* ***71****) : rua Capitão Salomão, 43.* ☎ *25-27-88-80. Tlj de 11h jusque tard dans la nuit (20h dim).* Créé en 1898. Clientèle populaire en diable qui s'attable en rangs serrés dans un cadre un peu vieillot et dénudé pour déguster une bonne cuisine portugaise. Tous les grands classiques sur un tableau noir. Terrasse.

|●| ***Botequim*** *(plan couleur III, H9,* ***72****) : rua Visconde de Caravelas, 184.* ☎ *22-86-33-91. Tlj 11h30-minuit (2h le w-e).* Bonne cuisine lusitano-brésilienne servie dans une petite maison verte. Déco agréable, beaucoup de bois. On aime bien la salle du bas avec ses murs de brique et ses belles expos de tableaux. Ambiance décontractée, clientèle un brin chic et sage. Beaucoup de salades et viandes, mon tout particulièrement copieux. Au moins 10 façons d'accommoder le poulet. Excellente *bacalhau*. Le samedi, c'est *feijoada completa* et le dimanche *carne do sol*.

Où boire un verre ?

À Botafogo *(plan couleur III)*

🍸 ***Rua Farani*** *(plan couleur III, I8,* ***109****) : dans la partie qui se trouve près de la faculté et près de la plage de Botafogo.* Cette petite rue au trottoir sous arcades rassemble une série de bars-restaurants en terrasse, ouverts fort tard le soir et fréquentés par un public de bons vivants. Des groupes de samba se produisent souvent en terrasse.

🍸 ***O Plebeu*** *: rua Capitão Salomão, 50, face au resto* Aurora. ☎ *22-86-06-99.* Clientèle jeune, étudiante et plutôt animée. Ici, on écluse les bières et on se fiche du cadre. Salle au 1er étage pour les amoureux. Ambiance au rez-de-chaussée. Plats plutôt à éviter, ou alors juste pour se nourrir.

À Laranjeiras, Machado (plan couleur III)

Mercado São José das Artes (plan couleur III, I7, **113**) : *rua das Laranjeiras, 90. À l'angle des rues Gago Coutinho et das Laranjeiras, pas très loin du largo do Machado.* Cet ancien marché couvert a été sauvé des promoteurs par une mobilisation des écolos. Plusieurs restos et boutiques organisés en coopérative se partagent l'espace. Tout autour, sous les arcades, on boit, on mange, on tchatche et on drague. À ne pas manquer.

Où écouter de la musique brésilienne ?

Canecão (plan couleur III, I9, **110**) : *av. Venceslau Brás, 215 (Botafogo).* ☎ *25-43-12-41.* • *canecao.com.br* • *Tout près du centre commercial* Rio Sul *(voir plus loin « Achats »).* Salle de concerts où de grands artistes brésiliens viennent se produire. Vérifier la programmation. On peut également y dîner, juste avant la représentation.

RIO DE JANEIRO

À voir

Le Pain de Sucre (Pão de Açúcar ; plan couleur III, J8)

L'une des visites obligatoires, même si l'idée de vous retrouver dans une foule de touristes vous déplaît.
Av. Pasteur, 520, praça General Tiburcio, praia Vermelha. Rens : ☎ 24-61-27-00. • *bondinho.com.br* • *Pour s'y rendre en bus, depuis le Centro (rua Senador Dantas), Flamengo (praia de Flamengo) et Botafogo (praia de Botafogo), prendre le n° 107 ; de Copacabana (av. N.S. de Copacabana), d'Ipanema (rua Visconde de Pirajá) et de Leblon (av. Ataulfo de Paiva), le n° 511. Tlj 8h-21h (19h50 pour la billetterie). Entrée : 35 Rls ; réduc ; gratuit jusqu'à 6 ans. Départ des téléphériques ttes les 20-30 mn ou lorsqu'ils sont pleins.*
Le meilleur moment de la visite est tôt le matin ou 1h avant le coucher du soleil. Éviter bien sûr les jours trop nuageux : impossible dans ces conditions d'apercevoir le Christ du Corcovado.
➢ On y accède, en deux étapes, par deux téléphériques rénovés et sûrs. À noter qu'il est possible d'accéder à pied au premier niveau, où un aller-retour pour le Pain de Sucre est vendu moitié prix à la buvette. Mieux vaut toutefois être en forme et éviter les heures les plus chaudes de la journée.
– Le premier téléphérique vous mène, en 3 mn, au *morro da Urca* (217 m) où l'on peut voir les vestiges de l'ancien téléphérique en bois (en service de 1912 à 1972) et le siège du plus luxueux bal du carnaval. Les amateurs dénicheront ici le souvenir le plus kitsch qui soit : sa propre photo gravée sur une assiette avec le Pain de Sucre en arrière-plan.
– Depuis le *morro da Urca*, un second téléphérique mène au Pain de Sucre proprement dit (396 m). Le parcours total est de 1 400 m et s'effectue en 6 mn.
S'il est communément admis que le nom de cette montagne provient de sa ressemblance avec un pain de sucre, une autre théorie veut que *pão de açúcar* soit une déformation du nom indien *Pau-nh-Acuqua* qui signifierait « montagne haute, pointue et isolée ». Les marins normands qui s'installèrent dans la baie de Guanabara en 1555 surnommèrent ce morne exceptionnel le « pot de beurre ».
D'en haut, la vue est grandiose et permet d'avoir une vision très différente de celle obtenue depuis le Corcovado. Au sud, le regard porte très loin et permet de voir tout d'abord la *praia Vermelha* (petite plage recroquevillée au pied de la monta-

gne), puis l'harmonieuse *baie de Copacabana,* comme une lame de faux posée sur la mer, les *morros dos Cabritos* et *do Cantagalo* qui annoncent la *plage d'Ipanema,* la *plage de Flamengo* et son parc (tout ce qui est vert a été gagné sur la mer en 1965). On voit très bien également l'*aéroport Santos-Dumont* (les avions volent plus bas que le Pain de Sucre), le *Centro* hérissé de tours et de gratte-ciel, la *nouvelle cathédrale,* etc., et, bien sûr, plein ouest, le *Christ du Corcovado.* Par beau temps, possibilité de voir *Niterói,* de l'autre côté de la baie, et le pont de 14,5 km de long (il donne l'impression d'être beaucoup plus court) qui évite un détour de 150 km. Plusieurs lunettes (payantes) permettent de mieux détailler ces beaux paysages, avant d'aller s'offrir une *caïpirinha* ou un café au bar. Inoubliable à l'heure de l'apéro ! Enfin, le joli jardin accessible derrière les boutiques se prête parfaitement aux pique-niques, avec ses sentiers ombragés qui dégringolent le long de la montagne. Beaux points de vue, mais gare aux singes chapardeurs !

« RIVIÈRE DE JANVIER »

Sur la pointe de terre la plus proche, à l'entrée de la baie de Guanabara, on note une forteresse construite par les Portugais. C'est là que les vaillants navigateurs se sont fièrement engagés le 1er janvier 1502 et, pensant avoir affaire à un fleuve, baptisèrent le site Rio de Janeiro.

Urca *(plan couleur III, J8)*

Au pied du Pain de Sucre, le quartier d'Urca est un agréable lieu de promenade situé le long de la baie de Botafogo. Le quartier est calme, sûr... et riche. Il rassemble quelques superbes demeures et immeubles de style Art déco. Il y a même quelques toutes petites plages, çà et là, conférant à l'ensemble une touche balnéaire agréable, mais mieux vaut ne pas s'y baigner (pollution, pollution !). On voit la ville d'en face, déjà un peu au large.

Botafogo *(plan couleur III, I8)*

Pas grand-chose à visiter dans ce quartier, mais de nombreux restos.

Museu do Indio *(plan couleur III, H8-9) : rua das Palmeiras, 55.* ☎ *22-86-88-99.* • *museudoindio.org.br* • *Mar-ven 10h-17h30, w-e 13h-17h. Entrée : 3 Rls.* Dans un immeuble de 1880, représentatif de l'architecture de Botafogo à cette époque, ce musée administré par la FUNAI (Fundação nacional do Índio – Fondation nationale des Indiens) abrite de riches collections relatives à la vie des Indiens de l'Amazonie, du Pará, du Maranhão : instruments de musique, céramiques, armes, photographies. Sympa à visiter avec les enfants. Belle boutique d'artisanat indien.

Le Christ rédempteur du Corcovado *(plan couleur III, G8-9)*

Deuxième visite indispensable à Rio pour comprendre la topographie de la ville (à n'effectuer que par beau temps). La grande statue du Christ rédempteur (« *Cristo Redentor* ») du Corcovado domine Rio du haut de ses 704 m. Elle ouvre d'autres points de vue et en perd quelques-uns (la plage de Copacabana, entre autres). « Corcovado » est le nom donné à la montagne. Pour les lettrés, *corcovado* est une déformation du mot « bossu » en portugais *(corcova).* • *corcovado.com.br* •

– *Conseil :* n'oubliez pas, en juin, juillet et août, d'emporter une petite laine (en haut, il peut faire frais) et, en toute saison, il faut rentrer avant la tombée de la nuit (toujours pour des raisons de sécurité).

Comment y aller ?

➢ ***En voiture :*** trois routes permettent l'accès jusqu'en haut. Soit depuis le *largo do Machado* par les ruas das Laranjeiras et Cosme Velho, soit par *Santa Teresa,* soit de *São Conrado* ou d'*Alto de Boavista* par le parc national de Tijuca (balade splendide). Ces trois routes se rejoignent avant d'arriver au Christ. En semaine, il est moins difficile de se garer que le week-end. Prévoyez de redescendre avant la tombée de la nuit.

➢ ***En taxi à plusieurs :*** il est intéressant aussi de faire l'excursion aller-retour en taxi pour environ 100 Rls la course (depuis le centre). Ce forfait de 2h environ est négociable. Cela permet ainsi de passer par le *mirador de Dona Marta,* d'où l'on fait les plus belles photos du Pain de Sucre. En cas de ciel bas et couvert, si du Corcovado on ne voit strictement rien, en revanche, de Dona Marta la vue est toujours dégagée (on sauve le voyage !). À noter que de nombreux taxis patientent également à la gare du funiculaire, où ils proposent alors leurs services pour le même prix que le billet du funiculaire.

➢ ***En bus :*** attention, les bus ne montent pas au sommet du Corcovado mais vous déposent à la station du funiculaire. Depuis le Centro (av. Rio Branco) et Flamengo (av. Augusto Severo), prendre le n° 180 ou le n° 184 ; depuis Botafogo (praia de Botafogo), Copacabana (av. N.S. da Copacabana, rua Barata Ribeiro), Ipanema (rua Visconde de Pirajá) ou Leblon (rua Ataulfo de Paiva), prendre le n° 583 ou le n° 584. Ou, de manière plus générale, prendre n'importe quel bus ayant *Cosme Velho* comme destination.

➢ ***En funiculaire :*** pour s'y rendre, il faut d'abord prendre un taxi ou un bus jusqu'à la station du funiculaire appelée Estrada de Ferro Corcovado et située à Cosme Velho. Fonctionne 8h-18h (parfois 8h30-18h30). Départs ttes les 30 mn en hte saison, ttes les heures hors saison. Trajet : env 20 mn. Billet : env 40 Rls l'aller-retour, gratuit jusqu'à 5 ans. Rens : ☎ 25-58-13-29. Bon à savoir : le billet de funiculaire vous donne droit à 50 % de réduction au *Musée international d'Art naïf* situé juste à côté (voir plus loin). Inauguré par dom Pedro II en 1884, le funiculaire permet de faire une délicieuse balade à travers la forêt de Tijuca, jusqu'au sommet du Corcovado. Charmant, mais les horaires un peu trop compressés ne permettent pas d'apprécier le coucher de soleil.

Visite du site

La construction du Christ rédempteur fut projetée par l'ingénieur brésilien Heitor Silva Costa et exécuté grâce au ciseau du sculpteur français Paul Landowski. Elle nécessita cinq ans de travail et fut achevée en 1931. Ce Christ mesure 30 m de haut, repose sur un piédestal de 8 m et pèse 700 t ! Chacune des mains mesure 3,20 m et pèse 8 t. La vue est inoubliable (si ce n'est plus !). Une boutade populaire assure que si le Christ a les bras ouverts, c'est qu'il attend que les Cariocas se mettent à travailler pour applaudir. Depuis début 2003, escaliers roulants et ascenseurs facilitent l'accès au pied de la statue.

De droite à gauche, on peut voir le *morro dos Dois Irmãos* qui sépare Leblon de São Conrado et, par-delà la montagne, les derniers étages de l'*hôtel Nacional* sur la plage de Gávea. Puis la *lagoa Rodrigo de Freitas,* ancien lac naturel vidé et rempli d'eau de mer pour supprimer les moustiques (et la malaria). Le *canal Jardim de Ala* le relie à la mer et fait la « frontière » entre Ipanema et Leblon. La grande tache brune du *champ de courses* et du jockey-club et le *jardim botânico* apparaissent bien à droite de la lagune. En continuant, sur la gauche, on devine la *plage de Copacabana* cachée par un *morro,* puis on distingue nettement tous les quartiers de la baie : *Botafogo, Flamengo, Glória, la colline de Santa Teresa, le Centro.* Vers l'aéroport Santos-Dumont, vous noterez, dans le prolongement du Corcovado, le *mirador de Dona Marta* (362 m) et la grande favela sur son flanc gauche (rappel : c'est de Dona Marta que l'on a le plus beau point de vue sur le Pain de Sucre). En bouclant le tour de 360° vers la gauche, on aperçoit le *quartier*

de Cristóvão, partiellement le *stade du Maracanã* et, juste derrière le Christ, la *montagne de Soumaré* couverte d'antennes.
– Enfin, avant de regagner le centre, faites un saut au ***largo do Boticário*** *(plan couleur III, H8).* Ce n'est pas loin du départ du funiculaire. Cette petite impasse est accessible par le n° 822 de la rua Cosme Velho. Elle débouche sur une charmante placette coloniale, entourée de maisons colorées composant un ensemble homogène et typique, aménagée en 1831 et restaurée par Lucio Costa, un des auteurs de Brasília (mais là, rien à voir !), pour la famille Bittencourt, propriétaire, entre autres, du journal *Correio da Manhã*. Très élégant.

🙋🙋 ***Le Musée international d'Art naïf du Brésil*** *(MIAN ; plan couleur III, H8)* **:** *rua Cosme Velho, 561.* ☎ *22-05-86-12.* • *museunaif.com.br* • *À la descente du funiculaire du Corcovado, prendre à gauche, c'est à 200 m. Mar-ven 10h-18h, w-e et j. fériés 12h-18h. Entrée : 20 Rls ; réduc.* Dans une propriété coloniale appartenant à un collectionneur privé, ce musée rassemble plus de 8 000 œuvres de 1 500 artistes, ce qui en fait la plus grande collection d'art naïf du monde (mais on ne peut en voir qu'une centaine). Si la production brésilienne est bien sûr la plus importante, pas moins de 150 nations sont ici représentées. À l'entrée, une toile gigantesque de Rio version naïve.

Le parc et la forêt de Tijuca (plan couleur III, G8)

🙋🙋🙋 Le parc national de Tijuca, à la végétation luxuriante, est situé sur les hauteurs de Rio, à une trentaine de kilomètres dans les terres (depuis le Centro). Au centre du parc se trouve la forêt de Tijuca *(floresta da Tijuca)*, considérée comme la plus grande forêt urbaine du monde. En serpentant sur les petites routes de la forêt, au sortir d'un virage ou au sommet d'une colline, on découvre de superbes points de vue sur Rio. Le Christ du Corcovado se situant sur une de ces routes d'accès, il est judicieux d'en profiter pour y monter. Cela dit, en fonction de votre point d'attache, il n'y a pas moins de sept façons de pénétrer cette jungle. La route qui part du centre-ville et qui rejoint Tijuca par Maracanã est à éviter. On traverse des banlieues dangereuses.
– *Entrée :* 5 Rls par personne et 5 Rls par voiture.
– *Conseils :* ce parc est plus facile à découvrir en voiture. Pour des raisons de sécurité, effectuez ces visites de préférence le week-end (vous serez moins isolé) et évitez impérativement de vous y promener à la nuit tombée. Une bonne option (ce n'est pas la plus économique) consiste à passer par une des agences qui organisent des tours en jeep (voir plus haut, dans l'introduction sur Rio dans « Adresses utiles, Agences de voyages »).
Voici deux circuits intéressants :
➢ *Par Cosme Velho :* si vous séjournez à Copacabana, Flamengo ou Botafogo, c'est la route que vous emprunterez. Belle chaussée. Profitez-en d'ailleurs pour visiter le coin. Un peu avant, vous traverserez le quartier de *Laranjeiras*, très plaisant, plein de verdure, où les « barons du café » firent bâtir de somptueuses demeures. À Cosme Velho, allez admirer le *largo do Boticário* (voir plus haut). En grimpant par cette route, on passe à proximité du Christ du Corcovado. Si vous comptez redescendre par une autre route (ce que nous vous conseillons), faites la visite du Christ en montant. La route sinue au travers d'une luxuriante forêt pour atteindre l'Alto da Boa Vista, qui est indiqué, et l'entrée de la forêt de Tijuca (voir ci-dessous la suite du parcours). La route est fermée aux véhicules le week-end et devient alors le rendez-vous de nombreux promeneurs. Pour redescendre, prendre la route qui se dirige vers le Jardim botânico en passant par le Mesa do Imperador et la Vista Chinesa qui offrent de superbes panoramas.
➢ *Par le Jardim botânico :* ceux qui résident à Ipanema ou Leblon (veinards) emprunteront la route du *Jardim botânico* à l'aller. Faites-en la visite (entrée : 3 Rls), intéressant si vous souhaitez vous initier aux richesses de la flore brésilienne. Puis

prenez l'entrada dos Macacos avant de rejoindre l'Alto da Boa Vista (voir ci-dessous la suite du parcours). Redescendez par la route qui mène au Christ du Corcovado. On regagne la ville par les quartiers de Cosme Velho et Laranjeiras.

***L'Alto da Boa Vista** (plan couleur I, A3) : quartier situé à l'entrée de la* floresta da Tijuca. *Si vous n'avez pas la possibilité de louer une voiture, un bus part également de la praça 15 de Novembro et se dirige vers l'Alto da Boa Vista. De là, marchez jusqu'à la forêt. Ouv 8h-18h.* Renseignez-vous cependant sur les conditions de sécurité. Un peu plus haut que la place Afonso Viseu, on parvient à la *cascatinha Taunay,* une gentille petite cascade qui jaillit d'une masse rocheuse. Sur le parking du petit resto attenant aux chutes, une plaque de céramique indique les différentes routes de la forêt ainsi que tous les chemins de balades. Le départ des sentiers se trouve encore un peu plus haut sur la route. Le plus intéressant, le *caminho do pico da Tijuca,* mène au pico da Tijuca (1 082 m). Il faut 1h30 pour s'y rendre (ça monte pas mal, mais ça reste accessible au grand public, pas besoin d'équipement). Cela vaut la peine : vue impressionnante au sommet.
– *Conseils :* emportez de l'eau. Ne commencez jamais la balade l'après-midi, car la lumière tombe vite. Si vous aimez marcher, la plus belle ascension, la *Pierre de Gávea* (Pedra da Gávea) peut se faire (4h pour l'ascension, 2h pour la descente), mais il est recommandé de prendre un guide. Superbe montée et vue extraordinaire sur les baies de Rio.

RIO DE JANEIRO

Achats

Artisanat

***Pé de Boi** (plan couleur III, I7) : rua Ipiranga, 55 (Laranjeiras).* ☎ *22-85-43-95. Lun-ven 9h-19h, sam 9h-13h.* Dans une jolie petite rue aux maisons colorées, *Pé de Boi* vous propose de l'art populaire brésilien, avec des pièces provenant de tout le pays.

Divers

***Rio Sul Shopping Center** (plan couleur III, I9) : rua Laura Müller, 116 (Botafogo). Lun-sam 10h-22h, dim 15h-21h.* Un des plus grands centres commerciaux de la Zona sul carioca. Des boutiques à gogo (fringues, maillots, CD), une profusion de restos, pour les allergiques aux petites boutiques !

LAGOA ET JARDIM BOTÂNICO *(plan IV K-L10-11)*

L'axe principal en est la rua *Jardim Botânico*. Toutes les rues, ruelles et impasses qui lui sont perpendiculaires sont bordées d'adorables petites demeures datant du XIXe s et de la première moitié du XXe s. Elles abritent souvent des cafés et restos branchés. « Branché résidentiel » on dirait, contrairement à Lapa, « branché populaire »...

Où manger ?

De bon marché à prix moyens (moins de 35 Rls / 14 €)

***Fazendola** (plan couleur IV, K10, 103) : rua Visconde da Graça, 51 (angle Jardim Botânico).* ☎ *25-12-60-62. Tlj 11h30-16h30 (18h dim). Ao kilo, env 25 Rls/pers.* Dans une rue peu passante et pas d'enseigne... Et pourtant, c'est plein comme un œuf, surtout le week-end. Grand choix des mets, fraîcheur des produits, bons desserts, oui, ça doit être ça ! Cadre égayé de quelques toiles. Terrasse protégée.

Nanquim *(plan couleur IV, K10, **103**) : rua Jardim Botânico, 644. ☎ 38-74-00-15. Tlj 12h-16h* ao kilo. *Le soir, de 18h au dernier client, carte (et pizza au feu de bois).* À deux pas et même genre que le *Fazendola,* mais en plus chic et branché. Décor minimaliste, grande salle ventilée.

Stands de la Lagoa *(plan couleur IV, K11, **91**) : av. Borges de Medeiros, du 1400 au 2000, dans le parque dos Patins (ou parque Brigadeiro Faria Lima).* Sur une esplanade, une quinzaine de kiosques (japonais, arabe, nordestin, bahianais, italien, et tout et tout...) proposent une cuisine honnête dans un cadre vraiment agréable, dehors, au bord de la lagune. À partir du jeudi, musique dans plusieurs kiosques, dont du *chorinho* qui chante l'âme de Rio, salsa, jazz, *MPB,* il y en a pour tous les goûts. En cas de pluie, les kiosques restent ouverts, mais pas de musique...

RIO DE JANEIRO

Où boire un verre ?

À Jardim Botânico *(plan couleur IV, K10)*

Caroline Café *(plan couleur IV, K10, **114**) : rua J. J. Seabra, 10. ☎ 25-40-07-05. Tlj de 12h à très tard la nuit.* Le royaume des cocktails servis sur un long comptoir en bois. On peut aussi y dîner, sur le balcon (bon *peixe à brasileira*). Lumières tamisées, décor de publicités sur glaces, ambiance *lounge* et bons sushis. Un des rendez-vous branchés cariocas (25-40 ans). Rue animée les vendredi et samedi soir. Terrasse. Le **De Vassa,** au coin de la rue, même genre, fabrique sa propre bière.

Da Graça *(plan couleur IV, K10, **113**) : rua Pacheco Leão (au coin de Abreu Fialho), 780. ☎ 22-49-54-84. Tlj, sf lun, 11h-2h.* Dans un cadre hyper-coloré d'une belle fraîcheur, là aussi un des populaires rendez-vous des branchés du coin. Longues tables de bois ou en marbre conviviales. Terrasse. Bonne cuisine servie généreusement. Beaucoup de monde la nuit.

À voir

Jardim Botânico *(plan couleur IV, K10)*

C'est le quartier très résidentiel et tranquille compris entre la lagoa Rodrigo de Freitas et les *morros.*

Jardim botânico *(plan couleur IV, K10) : rua Jardim Botânico, 920 (pour les piétons), 1008 (pour les véhicules). ☎ 22-94-93-49. Pour s'y rendre, utiliser les bus marqués « Gávea » ou « Leblon via Joquei ». Ne pas descendre au terminus Jardim botânico-Horto, l'entrée principale est bien avt. Tlj 8h-17h. Entrée : 4 Rls (+ parking si vous êtes en voiture).* Grand parc de 140 ha, où poussent des milliers d'arbres et de plantes tropicaux (plus de 8 000 espèces). Merci à João VI, qui, en 1808, lorsque la Couronne portugaise arriva au Brésil, eut la bonne idée de créer un parc d'acclimatation abritant des plantes des quatre coins de la planète. On pénètre dans le jardin par une allée bordée de splendides palmiers impériaux de plus de 30 m de haut, au centre de laquelle trône une jolie fontaine. On prend un réel plaisir à découvrir le nom des fleurs dans une fraîcheur bien agréable. Visite à ne pas manquer, en particulier entre septembre et décembre, quand tout est en fleurs. Superbes orchidées. Cette visite peut être couplée avec celle de la forêt de Tijuca, c'est le même chemin.

Vous pouvez également, quelques kilomètres plus loin, vous rendre au ***parque Lage*** *(plan couleur IV, L10) : rua Jardim Botânico, 414.* ☎ *25-38-18-79. Tlj 8h-17h. Gratuit.* La vieille demeure de la famille Lage abrite aujourd'hui l'école des beaux-arts (*Escola de Artes Visuais* ou *Instituto nacional de Belas Artes*). Nombreuses expos, soirées et, parfois, pièces de théâtre. N'hésitez pas à entrer dans cette belle bâtisse : au fond de la cour à gauche, un très mignon petit salon de thé. Les activités sportives sont interdites, mais les 52 ha de jardin et forêt offrent de superbes balades.

LES PLAGES : COPACABANA ET LEME, ARPOADOR, IPANEMA ET LEBLON (plan couleur IV K-L-M11-12 et N10)

Aujourd'hui, la mythique Copacabana est un quartier populaire où subsistent quelques vestiges du luxe d'antan. Mais c'est Ipanema et Leblon qui tiennent aujourd'hui le haut du pavé. Rendue célèbre par la chanson de Tom Jobim et Vinícius de Moraes *(Garota de Ipanema)*, Ipanema attire aussi bien les lécheurs de vitrines que les intellectuels qui hantent ses cafés. On vient admirer les corps sains et délicatement bronzés sur les plages où les postes *(postos)* de maîtres nageurs permettent de se donner rendez-vous. Leblon se compose essentiellement de magasins chic et de restos-bars branchés. Le quartier a peu d'intérêt pour le visiteur étranger, si ce n'est son ambiance sympa le soir.
À Ipanema et à Leblon, les dimanche et jours fériés, la route du bord de mer est fermée à la circulation (dans un sens uniquement) et c'est un défilé de marcheurs, joggeurs, patineurs, dragueurs, flambeurs, belles fleurs...

Adresses utiles

Accès Internet

À Copacabana

@ ***Tudo é Fácil*** *(plan couleur IV, M11) : rua Xavier da Silveira, 19.* ☎ *25-22-39-70. Et av. Prado Júnior, 78.* ☎ *25-43-72-29. Lun-sam 8h-minuit, dim 10h-22h.* Tarifs dégressifs. Nombreux postes disponibles.

@ ***All The Best*** *(plan couleur IV, M11) : av. N.S. de Copacabana, 978 ; boutique 115, au sous-sol de la galerie commerciale.* ☎ *25-13-20-30. Lun-ven 10h-19h, sam 14h-19h.* Bon marché mais horaires restreints.

À Ipanema

@ ***Letras & Expressões*** *(plan couleur IV, L11) : rua Visconde de Pirajá, 276 ; au 1er étage de la librairie (voir « Librairies et journaux français »).* Vraiment cher, on paie le cadre. Minimum 30 mn.

@ ***Central Fone*** *(plan couleur IV, L11) : rua Vinícius de Moraes, 129, loja B.* ☎ *25-22-64-44. Lun-ven 9h30-20h, w-e 11h-18h.* Beaucoup moins cher qu'à la librairie *Letras & Expressões* !

À Leblon

@ ***Café com Letras*** *(plan couleur IV, K11) : av. Bartolomeu Mitre, 297 ; quasi à l'angle de l'av. Ataulfo de Paiva.* ☎ *22-49-30-79. Lun-sam 8h-minuit.* Cybercafé aux couleurs acidulées, qui fait aussi *whiskaria*, librairie et petit resto (goûtez à la délicieuse *salada da casa*...). Peu cher et très relax.

@ ***Bureau de poste*** (Correio ; *plan couleur IV, K11) : av. Ataulfo de Paiva, 822. Consultation gratuite (si, si, c'est vrai !) limitée à 15 mn.* On vous remettra une carte où figure un code d'accès, et hop, le tour est joué. Vaut le coup quand il n'y a pas une trop longue file d'attente, car il n'y a qu'un seul poste.

Librairies et journaux français

À Copacabana

■ ***A Jornaleira*** *(plan couleur IV, N10)* **:** *av. N.S. da Copacabana, 95 ; à l'angle de Prado Júnior.* Marchand de journaux bien fourni en quotidiens internationaux.

À Leblon et Ipanema

■ ***Letras & Expressões*** *(plan couleur IV, L11)* **:** *rua Visconde de Pirajá, 276 (Ipanema). Librairie : tlj 8h-2h (jusqu'à minuit ven-dim).* Café *Ubaldo* à l'étage avec accès Internet (voir « Accès Internet ») et bonne pâtisserie à côté. Achetez donc un magazine au rez-de-chaussée et feuilletez-le tranquillou devant un café, à l'étage, au frais. Quelques hebdos français. *Une filiale à Leblon, av. Ataulfo de Paiva, 1292 C (plan couleur IV, K11 ; tlj 24h/24), et une autre entrée sur la rua Dias Ferreira (en face du magasin* Horti Fruti). Avec accès Internet, entre autres.

■ ***Livraria da Travessa*** *(plan couleur IV, L11)* **:** *rua Visconde de Pirajá, 462 A (Ipanema).* ☎ *22-87-51-57. Tlj 10h-20h (18h sam).* Élégante petite librairie (un peu chère) tout de bois vêtue, où siroter un café (mezzanine). Pas de presse, mais des beaux livres. Quelques mètres plus loin, après le gigantesque *Top Centre,* sa jeune sœur exhibe fièrement 650 m^2 de livres (nationaux et étrangers) et CD (à l'étage), ainsi qu'un café branché : ***Café B,*** *rua Visconde de Pirajá, 572 ;* ☎ *32-05-90-02 ; lun-sam 9h-minuit, dim et j. fériés 11h-minuit.* Un peu cher là aussi.

Sports et loisirs

– Possibilité de louer des ***vélos,*** le dimanche, lorsque les bords de mer sont ouverts aux piétons et cyclistes, à Ipanema (au niveau du Ceasar Park) et à divers endroits sur la plage de Copacabana. Également à la Lagoa, au niveau du parque do Cantagalo. Sinon, s'adresser au magasin ***Bike & Lazer*** **:** *rua Visconde de Pirajá, 135 (Ipanema).* ☎ *25-21-26-86.* • *bikelazer.com.br* • *Près de la praça General Osório.*
– Pour louer une ***planche de surf,*** rendez-vous rua F. Otaviano, 67, à Arpoador (voir plus loin « Achats. Surf »).

Où dormir ?

À Copacabana *(plan couleur IV)*

Pour ceux qui aiment le footing et les bains matinaux... ou qui veulent dire à leurs amis : « J'y suis allé. » Si vous choisissez un hôtel sur l'avenida Atlântica, demandez une chambre avec vue sur mer, bien sûr, mais ce n'est pas du tout pour les petits budgets. Plus vous vous éloignez de la plage, plus les prix deviennent abordables.

De bon marché à prix moyens (30-120 Rls / 12-48 €)

Che Lagarto Hostel *(plan couleur IV, M10,* ***46****)* **:** *rua Anita Garibaldi, 87.* ☎ *22-56-27-76.* • *chelagarto.com* • *Nuitée 34-40 Rls/pers avec petit déj.* Peut-être l'AJ la plus propre et la mieux organisée de Rio. Dortoirs de 4 à 10 lits, certains avec salle de bains. Salle TV, billard, cuisine, Internet, petit bar... comme d'hab' ! C'est surtout le calme et la bonne ambiance de cette maison verte qui font la différence par rapport à la plupart de ses consœurs.

Copa Hostel *(plan couleur IV, M11,* ***37****)* **:** *av. Nossa Senhora de Copaca-*

RIO DE JANEIRO

bana, 1077. ☎ *25-21-19-52.* • *copahos tel.com.br* • *Nuitée 35-55 Rls/pers en dortoir, doubles 70-120 Rls, petit déj compris.* Belle AJ privée, genre auberge 4-étoiles pour routards branchés... On entre par le cybercafé. Au fond, le bar (ouvert jusqu'à 2h). Passons à l'étage, où se trouvent les chambres : dortoirs de 6 à 14 lits, doubles climatisées, le tout hyper-propre. Pour le prix, on aurait pu espérer une salle de bains privée, mais ce n'est pas le cas. Toute petite piscine, cuisine bien équipée, barbecue, laverie, *lockers*, etc. Projection de films, concerts le week-end, billard... Accueil excellent.

▲ ***Rio Backpackers*** *(plan couleur IV, M11,* ***44****) : travessa Santa Leocádia, 38.* ☎ *22-36-38-03.* • *riobackpackers.com.br* • *À l'angle de la rua Pompeu Loureiro (nº 78). Nuitée env 35 Rls/pers en dortoir, doubles 100 Rls.* Cette auberge aurait tout pour plaire, mais pèche par un certain laxisme dans l'organisation. Côté bons points, elle est située dans une adorable petite impasse pavée (et ça grimpe dur !), par conséquent très tranquille, et propose aux résidents les services habituels : Internet, salle commune colorée avec billard, TV et bar, balcon avec hamacs et mini-cuisine pour faire son frichti. Dommage que l'entretien des dortoirs soit aléatoire. On évitera par ailleurs les deux chambres doubles, franchement nulles pour le prix. Bonne ambiance tout de même.

▲ ***Mellow Yellow Backpackers*** *(plan couleur IV, N10,* ***51****) : rua Barbosa Lima, 51.* ☎ *25-47-19-93.* • *mellowyellow.com.br* • Ⓜ *Arcoverde. À quelques enjambées du métro, dans une impasse reliée à la rua Barata Ribeiro par la rua Gen. Az. Pimentes (en sortant du métro, tourner à droite dans Ribeiro, puis 1re à gauche). Lit en dortoir (4-24 pers) 30-45 Rls ; doubles avec balcon et hamac 100-120 Rls.* Ambiance très festive et services innombrables : transfert depuis l'aéroport, cours de surf (planches prêtées), de yoga ou de portugais, prêt de vélos, Internet gratuit... Jacuzzi et barbecue sur la terrasse ; vaste bar coloré, impeccable pour se faire des amis. Pas trop mal entretenu compte tenu du nombre de routards qui affluent. Mais il faut bien avouer que parfois, ça devient un peu l'usine !

▲ ***Edifício Jucati*** *(plan couleur IV, M10,* ***34****) : rua Tenente Marones de Gusmão, 85 (plus connue sous le nom de praça do Bairro Peixoto – prononcer « baïro péchoto »).* ☎ *25-47-54-22.* • *edificiojucati.com.br* • *Doubles 120 Rls, triples et quadruples pour 20 Rls par lit supplémentaire, sans petit déj. CB refusées (accepte les chèques de voyage).* Sur une placette animée (manèges, marché aux fruits), ce bâtiment a tout pour plaire. Appartements spacieux avec séjour, cuisine équipée et salle de bains à des prix défiant toute concurrence, en tout cas celle des hôtels ! Accueil agréable, patio intérieur calme, ensemble tranquille et bien tenu. Accès Internet.

▲ ***Brazuca's Hostel*** *(plan couleur IV, M11,* ***56****) : av. Nossa Senhora de Copacabana, 1102, casa (maison) 7.* ☎ *22-47-26-23.* • *brazucashostel.com* • *Sur la ravissante praça Sarah Kubitschek, à 1 bloc de la plage. Nuitée 35-55 Rls/pers selon saison, petit déj compris.* Une vraie maison familiale proposant une vingtaine de lits en dortoir (6 à 9 lits), ainsi qu'une chambre double. Cuisine, salon avec bouquins et TV, Internet et location de vélos. Accueil nature, situation centrale et calme malgré tout. Cela peut-il compenser un confort rudimentaire et des prix un poil élevés ? À vous de voir.

▲ ***Stone of a Beach*** *(plan couleur IV, N10,* ***53****) : rua Barata Ribeiro, 111.* ☎ *32-09-03-48.* • *stoneofabeach.com.br* • Ⓜ *Arcoverde. À deux pas du métro. Nuitée en dortoir de 35 Rls (18 lits) à 40 Rls (6 lits), petit déj inclus. Quelques doubles 80-120 Rls.* Une AJ privée particulièrement active, une vraie ruche ! Bonne ambiance et pas mal de services : Internet gratuit, jacuzzi sur le toit, cuisine à disposition, location de surfs et de vélos, et même transfert depuis et vers l'aéroport. Plutôt pour les routards jeunes et pas farouches.

Plus chic (120-200 Rls / 28-80 €)

▲ ***Hotel Santa Clara*** *(plan couleur IV, M10,* ***49****) : rua Décio Vilares, 316.* ☎ *22-56-26-50.* • *hotelsantaclara.com.br* • *Dans une rue calme, à un peu plus de*

1 km de la plage. Doubles 140 Rls tt compris, majorés pdt les vac scol. Joli petit 2-étoiles à la façade blanche et aux volets bleus. Chambres chaleureuses, décorées à l'ancienne avec mobilier suranné et petites fleurs bleues sur la tapisserie... AC, TV. Très bien entretenu. Accueil délicat. Notre meilleure adresse dans ce quartier et dans cette catégorie. Faute de salle de resto, le petit déj est servi dans la chambre.

Pousada Girassol *(plan couleur IV, M10, **50**) : travessa Angrense, 25 A. ☎ 22-56-69-51. • girassolpousada.com.br • Au bout d'une impasse parallèle à la rua Santa Clara et perpendiculaire à l'av. N.S. da Copacabana. Résa en hte saison. Doubles avec sdb env 140 Rls avec taxes et petit déj, négociable selon durée du séjour.* Largement en retrait de l'avenue, cette maisonnette colorée garantit à ses hôtes des nuits relativement calmes. Ses chambres basiques (1 à 4 pers) s'organisent autour d'une courette ou à l'étage. L'accueil sympa est tout à fait dans l'esprit d'une pension pour routards. Évitez juste la chambre qui donne sur la terrasse du petit déj si vous comptez sur les grasses matinées !

Chambres d'hôtes de Tanya Doyle *(plan couleur IV, N10, **55**) : rua Ministro Viveiros de Castro, 72 (5e étage). ☎ 25-42-63-00. 📱 21-81-33-09. • doyle.tanya@hotmail.com • Résa obligatoire. Doubles avec sdb 150-175 Rls, avec petit déj compris. Table d'hôtes 20-60 € selon repas et vins choisis.* Les chambres d'hôtes sont encore un concept peu courant au Brésil. Mais nous sommes certains qu'un séjour chez Tanya vous laissera un bon souvenir. Deux chambres impeccables, pour 3 et 4 personnes. Votre chaleureuse hôtesse, une ancienne critique gastronomique qui a vécu 15 ans en France, adore recevoir et régaler ses invités en se mettant elle-même aux fourneaux.

Augusto's Copacabana *(plan couleur IV, M11, **42**) : rua Bolívar, 119. ☎ 25-47-18-00. • augustoshotel.com.br • Doubles min 210 Rls.* Si l'extérieur peut paraître kitsch (et que dire de la réception ?), les chambres se révèlent très fonctionnelles et confortables. Personnel compétent et... cerise sur le gâteau, piscine sur le toit pour profiter des couchers de soleil en sirotant une bonne *caïpirinha*. L'hôtel jouxte une école, aussi peut-il être un tantinet bruyant pendant la récré mais, à cette heure-là, vous serez certainement sur la plage...

RIO DE JANEIRO

Chic (plus de 200 Rls / 80 €)

Acapulco Copacabana *(plan couleur IV, N10, **39**) : rua Gustavo Sampaio, 854. ☎ 30-77-20-00. • acapulcohotel.com.br • Derrière le* Méridien, *à 100 m de la plage de Leme. Doubles confortables (TV, AC, frigo, téléphone) 200-245 Rls.* Les « deluxe » disposent d'un petit balcon (demandez alors une chambre à partir du 8e étage, afin de bénéficier de la vue sur la mer). Bon accueil. Prêt de serviettes de plage et de parasols. Internet gratuit. Une bonne adresse dans son genre.

Premier Copacabana Hotel *(plan couleur IV, M10, **43**) : rua Tonelero, 205. ☎ 38-16-90-90. • premier.com.br • Ⓜ Siqueira Campos. Doubles 210 Rls.* Hôtel frappé du sceau de l'élégance. Raffiné du sol au plafond, et pourvu d'une petite piscine avec vue panoramique.

Hotel Martinique *(plan couleur IV, M11, **48**) : rua Sa Ferreira, 30. ☎ 21-95-52-00. • reservas.martinique@windsorhoteis.com.br • Doubles 212-243 Rls avec petit déj mais sans les taxes.* Grand hôtel à taille humaine, à deux pas de la plage (mais pas de vue). Excellent confort, rien qui dépasse. Petite particularité : symbole aussi des contradictions de Rio... à 100 m, dans la même rue, on trouve l'entrée d'une favela. Pour amateurs d'environnement pas mièvre !

À Arpoador *(plan couleur IV)*

Arpoador, c'est le coude qui relie Copacabana et Ipanema. Un quartier serein, proche des plages et bien fourni en restaurants.

De chic à très chic (plus de 200 Rls / 80 €)

🏠 ***Atlantis Copacabana Hotel*** *(plan couleur IV, M11, **54**) : rua Bulhoes de Carvalho, 61. ☎ 25-21-11-42. • atlantishotel.com.br • À 3 blocs de la plage. Doubles 180-210 Rls.* Agréable hôtel de standing offrant tout le confort possible. À notre avis, la meilleure affaire de tout le quartier. Chambres plaisantes et assez spacieuses. *Coffee shop*, bar, terrasse panoramique, piscine, sauna, *deck* pour bronzer... Bon accueil, de surcroît.

🏠 ***Copacabana Praia Hotel*** *(plan couleur IV, M11, **47**) : rua Francisco Otaviano, 30. ☎ 25-22-56-46. • copacabanapraiahotel.com.br • Doubles 230 Rls, petit déj compris.* Grand hôtel moderne sans surprise et sans charme, mais c'est sa bonne localisation qui justifie avant tout une halte, au point de jonction entre Copacabana et Ipanema. Il faudra toutefois exiger une chambre dans les derniers étages pour espérer profiter d'une vue à peu près dégagée sur l'océan. Déco standardisée, bon confort et piscine-sauna sur les toits pour se délasser entre deux balades.

🏠 ***Hotel Arpoador Inn*** *(plan couleur IV, M12, **38**) : rua Francisco Otaviano, 177. ☎ 22-74-69-95 ou 25-23-00-60. • arpoadorinn.com.br • Tarifs très divers : doubles 150-400 Rls selon vue et saison.* C'est le seul hôtel du secteur les pieds quasiment dans l'eau... et par ailleurs sans voitures sous ses fenêtres. Un privilège qui vaut de l'or, à en juger par les tarifs cosmiques pratiqués par la direction. Mais ceux qui ont quelque chose à fêter ou un portefeuille bien rembourré apprécieront la vue fantastique sur l'océan, le ronronnement des vagues se fracassant en contrebas, les petits déjeuners soignés et l'atmosphère agréable de cet établissement à taille humaine. On regrette toutefois le manque de personnalité de l'ensemble, et des chambres un peu petites à notre goût. Oubliez d'ailleurs celles qui donnent sur la rue, bruyantes et sans intérêt.

À Ipanema (plan couleur IV)

De bon marché à prix moyens (30-120 Rls / 12-48 €)

Pour les adresses ci-dessous, de la gare routière, prendre le bus *Real* jusqu'à l'arrêt « Farme de Amoedo », c'est tout près. Avec le temps, la rua Barão da Torre est devenue une vraie curiosité, un genre de village pour routards où chaque maison individuelle a été aménagée en AJ privée. Deux avantages : on y trouve théoriquement toujours de la place, et la rue piétonne devient en soirée un lieu de rencontre très international.

🏠 ***Mango Tree*** *(plan couleur IV, L11, **57**) : rua Prudente de Morais, 594. ☎ 22-87-92-55. • mangotreehostel.com • Nuitée 35-45 Rls/pers ou doubles 140-160 Rls, petit déj inclus.* Une auberge toute récente et hyper-discrète (pas de panneau), dont le nom se chuchote de bouche à oreille. On est loin des hordes de *backpackers* de la rua Barão da Torre ! Plusieurs chambres doubles avec ou sans salle de bains, ainsi que 4 dortoirs de 6-8 lits. Clim' dans toutes les chambres et dans 2 dortoirs. Tout est impeccable. Cuisine à dispo, Internet gratuit, salon avec musique et DVD. Un petit bar ouvre en soirée. Jardin aéré et relaxant. Certainement la plus calme des *hosteles* du quartier !

🏠 ***Casa6ipanema*** *(plan couleur IV, L11, **41**) : rua Barão da Torre, 175, casa 6. ☎ 22-47-13-84. • casa6ipanema.com • En plein cœur d'Ipanema, dans cette fameuse impasse bordée de maisonnettes. Nuitée 40 Rls/pers en dortoir, doubles 120 Rls, petit déj inclus.* Sympathique AJ tenue par Stéphane et Sebastião. Chambres et dortoirs sont répartis dans deux maisons voisines, mais la cuisine et la terrasse sont évidemment accessibles à tous. Assez bien entretenue malgré le bazar ambiant.

🏠 ***Harmonia*** *(plan couleur IV, L11, **41**) : rua Barão da Torre, 175, casa 18. ☎ 25-*

23-49-04. • *hostelharmonia.com* • *Situé à 3 blocs de la plage (posto 9) et à mi-chemin de la lagune. Nuitée 45 Rls/pers avec petit déj. Également 1 double (90 Rls) et 1 appart pour 2 pers.* Harmonia ? Mieux vaut effectivement avoir le sens de la communauté avant de poser ses valises. Car cette charmante maisonnette convertie en AJ par des Suédois dynamiques n'est pas extensible : on a tendance à s'entasser un peu dans les 3 dortoirs, et il faut souvent prendre son tour pour les douches (deux) et la petite cuisine. Mais l'atmosphère conviviale sauve le tout, d'autant plus que la jolie rue piétonne fait office de salle commune en cas de trop-plein.

Karisma *(plan couleur IV, L11, **41**) : rua Barão da Torre, 177.* ☎ *22-47-72-69 ou 25-23-13-72.* • *karismahostel.com* • *Nuitée 40-45 Rls/pers, petit déj compris.* *Karisma* n'est sans doute pas la plus charismatique des auberges du coin, mais ses dortoirs répartis dans plusieurs maisonnettes sont convenables : bon entretien, cuisine, Internet et location de vélos. Accueil souriant. Mais le petit plus de la maison, c'est la possibilité de s'envoyer en l'air... à l'occasion d'une sortie en deltaplane organisée par l'agence du proprio !

Adventure Hostel *(plan couleur IV, L11, **52**) : rua Vinicius de Moraes, 174.* ☎ *38-13-27-26.* • *adventurehostel.com.br* • *À deux pas de la lagune. Nuitée en dortoir env 50 Rls sans la carte de membre, 40 Rls avec. Doubles climatisées 160 Rls. Petit déj inclus.* Cette petite AJ officielle, récente et sans fard, cherche à faire son trou dans un quartier où la concurrence est rude. Ses dortoirs propres et un peu riquiqui ont le mérite de dépanner ceux qui n'auront rien déniché dans la rua Barão da Torre, mais qui souhaitent malgré tout résider dans ce coin sympa. Petite cuisine et Internet à disposition.

Pousada da Margarida Carneiro *(plan couleur IV, L11, **45**) : rua Barão da Torre, 600.* ☎ *22-39-18-40.* • *margaridacarneiro@hotmail.com* • *Doubles 120 Rls, petit déj inclus (servi sur la terrasse ou dans la chambre).* Jouxtant le resto *Esplanada Grill,* cette fameuse petite *pousada* dispose d'une dizaine de chambres à la déco simple et aux salles de bains impeccables. Un rapport qualité-prix sans équivalent dans ce quartier très chic. Vous serez reçu comme un prince dans cette maison au cœur d'Ipanema, à deux pas de la plage et tout près des meilleurs restos, boutiques et bars branchés. On peut également y louer un appartement *cobertura* (dernier étage) à la semaine ou au mois. Prix à discuter avec Margarida.

Plus chic (120-200 Rls / 48-80 €)

Hotel Vermont *(plan couleur IV, L11, **35**) : rua Visconde de Pirajá, 254.* ☎ *32-02-55-00.* • *hotelvermont.com.br* • *Doubles standard env 190 Rls, petit déj inclus.* Hôtel central et de bonne tenue. Très propre, et tant pis si les salles de bains commencent à vieillir un peu. Un peu plus cher que le *San Marco,* mais la différence est justifiée. AC, frigo, TV, téléphone, coffre, etc.

Hotel San Marco *(plan couleur IV, L11, **36**) : rua Visconde de Pirajá, 524.* ☎ *25-40-50-32 ou 22-59-19-32.* • *sanmarcohotel.net* • *Doubles 140-170 Rls (+ 20 % janv-mars).* Hôtel sans charme aucun, mais refait à neuf et correctement équipé. Chambres un peu exiguës. Plutôt en dépannage.

Chic (plus de 200 Rls / 80 €)

Hotel Ipanema Inn *(plan couleur IV, L11, **40**) : rua Maria Quitéria, 27.* ☎ *25-23-60-92.* • *ipanemainn.com.br* • *À quelques mètres de la plage. Doubles 275-310 Rls petit déj compris.* Des chambres *frente,* on aperçoit un tout petit bout de mer. Pas très convaincant... Un peu bruyant, comme tous les hôtels de ce quartier, mais confortable et bien placé. Jouxte une jolie boutique d'artisanat.

Hotel Praia Ipanema *(plan couleur IV, L11, **58**) : av. Vieira Souto, 706.* ☎ *21-41-49-49.* • *praiaipanema.com* • *Doubles min 390 Rls (156 €).* Quitte à mettre la main à la poche pour se payer un hôtel à Ipanema, autant le prendre avec vue sur l'océan ! Le *Praia Ipanema* est l'un des moins onéreux dans la catégorie « front de mer », et s'il n'offre rien d'exceptionnel derrière sa façade grise et froide, la vue depuis le balcon de votre chambre ne pourra vous laisser insensible.

Où manger ?

À Copacabana et Leme (plan couleur IV)

Les adresses de ce quartier sont, dans l'ensemble, très basiques. Il s'agit souvent de petits restos où les employés du coin viennent se restaurer à moindres frais le midi. Mais il existe tout de même quelques tables de renom.

Bon marché (moins de 20 Rls / 8 €)

Papo de Anjo *(plan couleur IV, M-N10,* ***80****) : rua Barata Ribeiro, 349. ☎ 22-36-78-03. Tlj 11h-23h.* Sur la rue, petit comptoir pour déguster sur le pouce un *salgado,* ces petits chaussons à la viande ou au fromage. Dans la petite salle climatisée, excellente cuisine brésilienne *ao kilo* (goûtez et fondez pour la *batata corada*), un peu moins chère en semaine que le week-end. Petit havre de paix dans cette rue agitée, fréquenté par une clientèle d'habitués qui ne se lassent pas de le recommander.

Buteskina *(plan couleur IV, M10,* ***105****) : rua Santa Clara, 145. Tlj de 8h à tard le soir.* Le petit bistrot du coin, où les habitués viennent en voisins profiter des plats du jour pas chers, sans chichis et de bonne tenue. Mais le samedi, tout le monde sacrifie à la tradition et goûte la *feijoada* de la maison, vraiment goûteuse avec ses quartiers d'orange et son *couve* aillé. Ambiance débonnaire. Rien que du bon, surtout les tarifs !

Mala e Cuia *(plan couleur IV, M10,* ***82****) : rua Barata Ribeiro, 638. ☎ 22-56-02-38. Tlj 12h-23h (jusqu'à 18h dim).* Formule de buffet très bon marché le midi. Chaîne de bons restos spécialisés dans la cuisine du Minas Gerais. D'abord implantée à Belo Horizonte, elle a ouvert d'autres établissements à Rio, notamment dans le Centro *(av. Presidente Wilson, 123).* Cadre rustique d'auberge traditionnelle, enrichi comme il se doit de boiseries et de faïences sur les murs.

Big Nectar *(plan couleur IV, M11,* ***87****) : av. N.S. da Copacabana, 985. ☎ 25-23-26-62.* Une petite faim intempestive ? Faites donc comme les Cariocas : à n'importe quelle heure du jour comme de la nuit, on les retrouve accoudés aux comptoirs de ces *lanchonetes,* débits de boissons et de petits plats préparés à la minute (*pasteis,* sandwichs...). Et celui-ci se distingue par ses dizaines de jus de fruits, parfois délirants, comme le *super bomba.* Hyper-vitaminé !

Prix moyens (20-35 Rls / 8-14 €)

Cervantes *(plan couleur IV, N10,* ***81****) : av. Prado Júnior, 335 (à l'angle de Barata Ribeiro). ☎ 22-75-61-47. Mar-dim 12h-4h.* Une institution carioca, souvent citée par la presse locale comme l'un des meilleurs *botequim* de la ville. Toujours plein de monde, surtout la nuit. Allez-y pour goûter les sandwichs à l'ananas et au cuissot de porc.

Churrascaria Carretão Lido *(plan couleur IV, N10,* ***94****) : rua Ronald de Carvalho, 55 (au niveau du posto 2). ☎ 25-43-26-66. Tlj 11h30-minuit.* Rodizio *env 30 Rls.* Très bon *rodizio* aux viandes succulentes. Les vendredi et samedi midi, *feijoada* comprise dans le forfait.

Colombo do Forte *(plan couleur IV, M11,* ***106****) : praça Coronel Eugênio Franco, 1. ☎ 32-01-40-49. Mar-dim 10h-20h.* Tout au bout de la plage de Copacabana, après la communauté des pêcheurs, vous trouverez le *Forte.*

Les militaires demandent une petite participation pour l'entrée de leur très chic caserne... Ils y ont même ouvert un café ! À quelques pas de leur guérite, la terrasse du *Colombo* vous ouvre les bras, au-dessus de la mer, sous les arbres, loin des voitures, avec vue panoramique sur Copacabana. Bref, rien de militaire là-dedans, d'autant que les plats honorables n'ont rien d'une ration de survie !

Sindicato do Chopp *(plan couleur IV, N10,* ***102****) : av. Atlântica, 514A (Leme).* ☎ *25-23-46-44. Face au posto 1. Tlj 11h-3h.* Grande terrasse face à la mer, carte variée, mais on peut aussi y siroter une bière. Une filiale à Ipanema *(rua Farme de Amoedo, 85)* et une autre à l'autre bout de la plage de Copacabana, dans le coin du *Sofitel*.

Manoel & Juaquim *(plan couleur IV, N10,* ***89****) : rua Siqueira Campos, 12.* ☎ *25-49-35-50. Plat du jour très bon marché (12h-16h) et* feijoada *le sam.* Taverne portugaise typique, appréciée pour ses plats tout à fait convenables à partager dans une ambiance décontractée. L'établissement rencontre un tel succès que de nombreuses filiales ont vu le jour un peu partout, à Ipanema *(rua Barão da Torre, 162)*, Lapa *(praça João Pessoa, 7)*, Catete *(rua Almirante Tamandaré, 77)*. Bonnes adresses, souvent avec des terrasses agréables (pas ici, malheureusement).

Plus chic (35-70 Rls / 14-28 €)

Marius Degustare Carnes *(plan couleur IV, N10,* ***83****) : av. Atlântica, 290 B (Leme).* ☎ *21-04-90-00. Tlj 12h-minuit (fermé 16h-18h lun-ven). Formule env 75 Rls avec superbe buffet salades/ accompagnements, quelques fruits de mer et viandes... à volonté.* Assez touristique, mais c'est un must. On y sert des viandes *ao rodizio* de très bonne qualité, provenant de filières bio brésiliennes. N'hésitez pas à manger à votre rythme pour profiter de la profusion et du choix des viandes. Toujours la foule... Se faire préciser le prix et le fonctionnement en arrivant, car rien n'est indiqué à l'entrée. Belle déco.

Très, très chic (plus de 130 Rls / 52 €)

Marius Degustare Crustáceos *(plan couleur IV, N10,* ***83****) : av. Atlântica, 290 (Leme).* ☎ *21-04-90-02. Mêmes horaires que* le Marius Degustare Carnes, *mais beaucoup plus cher : min 130 Rls.* Même principe, mais là, ce sont les plateaux de coquillages et crustacés qui virevoltent. Adresse incontournable pour les amateurs de fruits de mer, dans un décor donnant l'impression de se restaurer dans un véritable musée de la Mer. À croire qu'ils ont dévalisé tous les brocs de Rio. On embarque donc pour le plus somptueux buffet de fruits de mer de la ville. Certes, on pourrait lui reprocher une atmosphère un tantinet trop touristique, mais ça reste vivant et joyeux en diable (une cloche de bord annonce les anniversaires)... On est vite rassasié. Trop, c'est trop ! Les queues de langouste et les huîtres gratinées repassant plusieurs fois, on finit par les repousser d'un geste las...

À Ipanema *(plan couleur IV)*

Ipanema est un quartier tendance, et qu'y a-t-il de plus tendance qu'un « pôle gastronomique » ? Vous en trouverez un dans la rua Jangadeiros *(plan couleur IV, M11)*, côté est de la praça General Osório (où se tient la *Feira hippie*). Une demi-douzaine de restos à la cuisine spécialisée (tex-mex, italien, etc.), dans des styles et à des tarifs très variés. Le soir, les tables envahissent la place et l'ambiance monte.

Prix moyens (20-35 Rls / 8-14 €)

Restaurante New Natural *(plan couleur IV, L11,* ***84****) : rua Barão da Torre, 173.* ☎ *22-87-03-01. Tlj 7h-23h. Formule* ao kilo *bon marché.* Bon restau-

RIO DE JANEIRO

rant bio niché dans une jolie taverne, avec lanternes, tables épaisses en bois, mezzanine ventilée. À côté de la salle principale, une petite boutique de produits naturels, ainsi qu'une pâtisserie servant de délicieuses tartes ou des chaussons aux fruits de mer, aux épinards, au poulet...

Gula-Gula *(plan couleur IV, L11, **86**) : av. Henrique Dumont, 57. ☎ 22-59-30-84. Tlj 12h-minuit. Plats du jour midi et soir 20-25 Rls.* Dans une maison basse, toute crépie de blanc, qui semble avoir atterri par miracle entre ces vilains immeubles. *Gula-Gula* est une chaîne à succès qui compte 12 restos à Rio. Leur credo : la qualité des produits et du service, tout en gardant des prix serrés. Pour manger léger, goûter aux quiches, salades et tartes salées. Sinon, *pratos especiais* copieux et succulents, *picadinho,* grillades, etc. Le midi, on se bat pour une table car l'adresse est littéralement prise d'assaut. Le soir, on peut encore choisir le plat du jour pour s'en tirer à moindres frais. Avec en prime les flammes des bougies qui ondulent sur la terrasse intimiste.

Churrascaria Carretão *(plan couleur IV, M11, **95**) : rua Visconde de Pirajá, 112. ☎ 22-67-39-65. Tlj (même les j. fériés) 12h-minuit.* Excellent *rodizio* de viandes, un des meilleurs rapports qualité-prix de la ville. En témoigne la file d'attente le week-end, dès la fin de l'après-midi. Allez vous y régaler avant ou après le marché de la *Feira hippie,* le dimanche (voir plus loin « Marchés et foires »).

Da Silva *(plan couleur IV, L11, **96**) : rua Barão da Torre, 340. ☎ 25-21-12-89. Face au parc. Tlj, sf lun midi.* Excellente *comida ao kilo* (jusqu'à 17h) *made in Portugal,* où beaucoup viennent se régaler pendant la pause-déjeuner. *Feijoada* le week-end. Le soir, c'est à la carte et c'est plus cher... mais ça reste très bon et très copieux ! De plus, avec un débit pareil, la fraîcheur est garantie.

Casa da Feijoada *(plan couleur IV, M11, **90**) : rua Prudente de Morais, 10 B. ☎ 25-23-49-94. Tlj midi et soir.* Pour qui veut affronter le plat typique de Rio, ce mélange savoureux de haricots noirs, riz, choux, manioc et porc (queue, langue, oreilles, pied, demi-sel) composé par les esclaves avec les restes de dîner des maîtres. Pas de panique, vous pouvez choisir vos morceaux de viande (ouf...). C'est bon, lourd et demande un après-midi entier (pour la commander, la manger, la digérer), mais c'est le programme du samedi par excellence et LE restaurant de référence en matière de *feijoada.*

Forneria *(plan couleur IV, L11, **104**) : rua Aníbal de Mendonça, 112. ☎ 25-40-80-45. Tlj midi et soir.* Un resto raffiné et décontracté à la fois. Carte longue comme le bras de spécialités italiennes pour toutes les faims, du carpaccio rafraîchissant au risotto plus roboratif. Exquis. La salle ne manquera pas de vous étonner : tout en longueur, haute de plafond, avec une cuisine entièrement vitrée qui s'offre au regard des clients. Déco chaleureuse (mélange de bois et de moderne), lumières douces, *grissini* qui vous attendent sur la table... Le tout complété par un service attentif. Rien à redire, d'autant que les prix restent très raisonnables.

Bar Lagoa *(plan couleur IV, L11, **85**) : av. Epitácio Pessoa, 1674. ☎ 25-23-11-35. Face au lac Rodrigo de Freitas. Lun-ven 18h-2h, w-e 12h-2h.* Quand on pense que des promoteurs ont voulu le détruire... Les riverains se sont mobilisés ! Le *Lagoa* est une institution depuis 1934, connue notamment pour la mauvaise humeur de ses serveurs (qui n'est parfois qu'une légende). Sorte de vieux bistrot rénové où l'on peut prendre une bonne viande à deux en observant la gentille animation qui ne discontinue pas. Agréable, même si la terrasse donne sur la six-voies plutôt que sur le lac ! Voir aussi plus loin « Où boire un verre ? ».

Cafeína *(plan couleur IV, L11, **97**) : rua Farme de Amoedo, 43. ☎ 25-21-21-94. Dim et lun 9h-20h, mar-sam 8h-23h30.* Dans un genre de fournil avec murs de brique et boiseries à gogo. Jolies salades, sandwichs dont vous pouvez choisir le pain, et bien sûr une foule de gâteaux du jour... Au fond, boulangerie-épicerie fine. Brunchs à déguster en terrasse. Filiales à Copacabana *(rua Constante Ramos, 44 et Barata Ribeiro, 507 – face au disquaire Modern Sound).*

Alessandro & Frederico *(plan couleur IV, L11, **98**) : rua Garcia d'Ávila, 134.*

☎ *25-21-08-28. Tlj 9h-1h.* Adresse classe et design. Dans la rue des magasins *Cartier* et *Vuitton* : c'est dire si le coin est populaire ! On peut déguster en terrasse de bonnes salades et grillades ou encore bruncher le week-end. Bonne carte des vins. Souvent plein. Tenter sa chance, car c'est bon, pas trop cher, et le pain y est délicieux (ce qui est rare à Rio).

Plus chic (35-70 Rls / 14-28 €)

I●I ***Churrascaria Porcão*** *(plan couleur IV, L11, **107**) : rua Barão da Torre, 218.* ☎ *33-89-89-89. Tlj midi et soir. Env 65 Rls le* rodizio *(hors boissons et desserts).* La plus célèbre *churrascaria* de tout Rio : chère, bruyante, déco banale, mais incontournable pour les amateurs de viande. Des serveurs empressés tournoient autour de vous en proposant toutes sortes de viandes, laissant bien sûr les meilleures pièces pour la fin, puisque, ici, on mange à volonté. Il faut donc refuser saucisses et poulet pour se concentrer sur le filet mignon, la *picanha* et enfin, summum, la *picanha nobre,* noisette fondante, ou la *fraldinha.* Ceux qui commencent à voir rouge peuvent diversifier les plaisirs avec le buffet de poissons crus, crevettes grillées, salades diverses. Méfiez-vous quand même des plateaux d'alcool et de desserts... ces « pousse-conso » ne sont pas compris dans le forfait et peuvent plomber l'addition !

I●I ***Zaza Bistro Tropical*** *(plan couleur IV, L11, **88**) : rua Joana Angélica, 40.* ☎ *22-47-91-01. Ouv slt le soir dès 19h30.* C'est d'abord la jolie petite maison vert pâle qui retient l'attention, toute mignonne dans cet environnement sévère. Puis la carte bien montée confirme cette première bonne impression... La cuisine de *Zaza* mélange les délices du Brésil avec les saveurs de l'Orient. Vous pourrez ainsi découvrir la *sakécaïpirinha* ou le délicieux thon aux fruits de la passion... Les végétariens seront aussi de la fête avec un menu spécial. La petite terrasse aux loupiottes colorées ou l'étage aux tables basses, bougies et poufs en cuir attirent une foule éclectique et sympathique. Charmant et original.

Très chic (plus de 70 Rls / 28 €)

I●I ***Olivier Cozan*** *(plan couleur IV, L11, **108**) : rua Vinícius de Moraes, 130.* ☎ *22-47-88-32. Tlj midi et soir. Menu midi env 35 Rls ; carte 80-100 Rls.* Cuisine de chef servie dans un cadre de bistrot. Installé au Brésil, marié à une Brésilienne, Olivier Cozan propose un grand éventail de plats bretons influencés par la cuisine locale, depuis le brick de canard confit jusqu'à la cotriade. Service impeccable. Superbe cave et carte des vins.

À Leblon *(plan couleur IV)*

Bon marché (moins de 20 Rls / 8 €)

I●I ***Cantinha do Leblon*** *(plan couleur IV, K11, **92**) : rua Dias Ferreira, 482.* ☎ *22-94-09-46. Tlj 11h-2h.* Feijoada *le sam (30 Rls pour 2 pers).* Cela fait plus de trente ans que les Cariocas se régalent pour trois fois rien dans cet établissement typique. Ambiance décontractée, plats copieux (souvent pour deux) et corrects, qui font oublier la simplicité du décor.

Prix moyens (20-35 Rls / 8-14 €)

I●I ***Fellini*** *(plan couleur IV, K11, **99**) : rua General Urquiza, 104.* ☎ *25-11-36-00. Tlj 11h30-16h (17h le w-e), 19h30-minuit.* L'un des meilleurs dans la catégorie *ao kilo*, en termes de qualité et de diversité des produits. Souvent plein, mais ne pas hésiter à attendre son tour, car on y vient uniquement pour se régaler, et les tables tournent assez vite.

Vegetariano Social Club *(plan couleur IV, K11, **100**) : rua Conde de Bernardote, 26. ☎ 22-94-52-00. À côté de l'*Academia Cachaça. *Lun-sam 12h-16h, 19h-23h ; dim 12h-18h.* Menus et plats à prix très doux servis dans une petite salle aux tons apaisants. Pour se purger du régime brésilien – assez viandard il faut le reconnaître ! –, le *Veg'Club* propose une cuisine légère et inventive, qui lorgne du côté de l'Asie et des associations sucré-salé. Riz complet, tofu bio et pousses de bambou sont de la partie. Bon et varié.

Plus chic (35-70 Rls / 14-28 €)

Jobi *(plan couleur IV, K11, **93**) : av. Ataulfo de Paiva, 1166. ☎ 22-74-05-47. Ouv tlj. Repas 30-45 Rls.* Troquet à l'ancienne : quelques tables sur une terrasse, des nappes à carreaux, sans oublier les serveurs engoncés dans leur gilet noir. Les *bolinhos* et sandwichs sont délicieux. Goûtez la *picanha* (bœuf) au beurre fondu : fondante ! Propose la fameuse *feijoada* du samedi. Réputé également pour sa bière pression. Souvent plein, on y fait la queue le week-end. Vénéré par les habitants de la *zona sul.*

Celeiro *(plan couleur IV, K11, **101**) : rua Dias Ferreira, 199. ☎ 22-74-78-43. Mar-sam 11h-17h.* Ao kilo *env 45 Rls/kg.* Élu meilleur buffet de salades (bio) de Rio, la formule est chère mais *ao kilo,* donc on peut s'en sortir pas trop mal si on reste raisonnable. Artistes, intellectuels, cadres sup', branchés et autres se rencontrent fréquemment ici. Revers de la médaille : trouver une place relève de l'exploit !

Plein de restos sympathiques ***rua Dias Ferreira.*** Des branchés plutôt chers et des « débranchés » à prix moyens.

Où boire un verre ?

À Copacabana *(plan couleur IV)*

Bip-Bip *(plan couleur IV, M11, **120**) : rua Almirante Gonçalves, 50. ☎ 22-67-96-96. Tlj 18h-1h.* Petit bar sans allure, comptoir en inox... mais samba le dimanche et *chorinho* le mardi. Car ce troquet est une véritable institution à Rio, un rendez-vous quasi obligé pour les artistes de passage qui y improvisent des bœufs. En général, il faut rester debout sur le trottoir car l'intérieur, minuscule, est pris d'assaut par les musiciens et les habitués. On danse, on chante, excellente ambiance populaire ! Hip bip-bip... hourra !

Copa Café *(plan couleur IV, M11, **118**) : av. Atlântica, 3056. ☎ 22-35-29-47. Tlj jusqu'à 1h (2h le w-e).* Un des bars à la mode. Cadre résolument contemporain (donc pas spécialement chaleureux !). Tamisé, climatisé, pas donné. Une clientèle assez *trendy*. Excellent jazz et, bien entendu, possibilité de se restaurer d'une fraîche cuisine de brasserie (sandwichs, salades, quelques plats consistants, etc.).

À Ipanema *(plan couleur IV)*

Botequim Informal *(plan couleur IV, L11, **119**) : rua Barão da Torre, 348. ☎ 22-47-67-12. Sur la jolie place Nossa Senhora da Paz. Tlj dès 12h.* L'endroit idéal pour faire une pause après un après-midi de shopping fiévreux, ou, pour une tout autre ambiance, un apéro typique de la zone sud de Rio. La clientèle envahit le trottoir quand il n'y a plus de places assises. Les *petiscos,* tapas locales, sont délicieux et changent des invariables beignets au fromage ou à la viande. Une douzaine de succursales à Rio.

Garota de Ipanema *(plan couleur IV, L11, **112**) : rua Vinícius de Moraes, 49. ☎ 25-23-37-87. Tlj jusqu'à 2h.* Bar archi-touristique, devenu un lieu de pèlerinage pour tous les fans de Vinícius de Moraes et Tom Jobim. C'est ici qu'ils écrivirent la célèbre chanson du même nom, monument incontournable de la bossa-nova. Sa terrasse également fréquentée par de nombreux Cariocas demeure l'une des plus sympas du coin, pour boire un verre ou même grignoter un morceau (plats pour toutes les bourses). La *Garota* a ouvert d'autres établissements (voir aussi « Où manger ? » à Urca et Flamengo).

Bar Lagoa *(plan couleur IV, L11, **85**) : av. Epitácio Pessoa, 1674. En face du lac Rodrigo de Freitas. Lun-ven 18h-2h, w-e 12h-2h.* Voir « Où manger ? ». Agréable pour y boire un verre... quand il y a de la place. Vous donnera envie d'y retourner pour y manger.

Bofetada *(plan couleur IV, L11, **111**) : rua Farme de Amoedo, 87 A. Tlj jusque très tard.* Ambiance décontractée dans ce bar fréquenté jadis par Tom Jobim. Ses tables à plateau de marbre et ses râteliers chargés de bouteilles entretiennent son apparence de *botequim* à l'ancienne, mais sa fréquentation est nettement plus moderne. Haut lieu de rencontre des GL's *(Gays & Lesbians).*

Empório *(plan couleur IV, L11, **115**) : rua Maria Quitéria, 37. ☎ 22-67-79-92. Tlj de 19h à 3-4h.* Vieille taverne branchée, toujours très animée le soir en fin de semaine. Jeunesses carioca et internationale fusionnent sur fond de rock indépendant et de *caïpirinha.* Toujours la foule agglutinée dehors, un verre à la main.

À Leblon *(plan couleur IV)*

Academia da Cachaça *(plan couleur IV, K11, **116**) : rua Conde de Bernardote, 26. ☎ 25-29-26-80. Ferme à 1h (2h le w-e).* Les nombreuses terrasses de cette rue rivalisent de charme. Mais c'est sur celle-ci que vous trouverez une centaine de marques de *cachaça,* un spécialiste de la *caïpirinha* et des *batidas.* La nourriture, du Sertão (intérieur du Nordeste), est savoureuse. Il faut essayer le *caldo de feijão* (soupe de haricot rouge) en toute saison !

Bracarense *(plan couleur IV, K11, **122**) : rua José Linhares, 85 B, à l'angle d'Ataulfo de Paiva. ☎ 22-94-35-49. Tlj jusqu'à minuit (22h dim).* Autre bar historique de Rio, quoique d'apparence assez banale. Les tables et chaises de bois qui ont poussé sur le trottoir sous l'auvent moderne viennent remplacer les chaises de plage que l'on avait coutume de traîner jusque-là. Mais les sujets de conversation n'ont, en revanche, pas changé : commentaires sur le foot et les filles ! Blindé le week-end.

Guapo Loco *(plan couleur IV, K11, **124**) : rua Rainha Guilhermina, 48, à l'angle de l'av. General San Martin. ☎ 24-95-29-95. Tlj dès 19h.* Bar-resto tex mex où *margarita* fait de la concurrence à *caïpirinha.* Les générations se mélangent. Bonne ambiance derrière cette façade, la plus bariolée du quartier.

Où assister à un spectacle folklorique ?

Voici un endroit où sont généralement présentés des shows folkloriques de qualité, bien que touristiques et chers. Un peu le *Moulin Rouge* de Rio.

Plataforma 1 *(plan couleur IV, K11, **117**) : rua Adalberto Ferreira, 32 (Leblon). ☎ 22-74-40-22. • plataforma.com • Tlj 22h. Spectacle : env 1h30 pour 100 Rls.* Intéressant, surtout lorsque les écoles de samba ferment (fin du carnaval, début septembre). En revanche, éviter le resto. Show de métis, qui inclut aussi de la capoeira. Possibilité d'entendre jouer de l'instrument traditionnel africain, l'*arc bérimbau.* Très touristique, cela va sans dire.

Où écouter de la musique brésilienne et du bon jazz ?

Souvent des concerts de musique brésilienne (gratuits) en été, sur les ***plages de Copacabana et d'Ipanema.*** Se renseigner dans la presse locale.

♩ ***Vinícius*** *(plan couleur IV, L11, **125**) : rua Vinícius de Moraes, 39 (Ipanema).* ☎ *22-87-14-97. Tlj à partir de 21h.* Situé à côté du bar *Garota de Ipanema*, ce petit club très cosy niché à l'étage propose une excellente sélection de musique live, *MPB* et bossa-nova.

♩ ***Mistura Fina*** *(plan couleur IV, M11, **126**) : av. Rainha Elisabeth, 769 (entre Ipanema et Arpoador).* ☎ *25-23-17-03.* • *misturafina.com.br* • Dans un registre un peu plus chic (et plus cher), à deux pas de la plage, cet établissement reçoit de grands noms du jazz, de la bossa-nova, de la *MPB*. Resto de cuisine internationale et brésilienne, piano-bar et *casa de show* (salle de spectacle) au 2e étage.

♩ Ne pas rater également les excellents concerts organisés par la fameuse boutique ***Toca do Vinicius*** d'Ipanema (voir plus loin « Achats »). Chaque dimanche soir en saison (un dimanche par mois le reste de l'année), des artistes de renom honorent les grands maîtres en faisant partager leur passion gratuitement.

À voir

Copacabana *(plan couleur IV, M10-11, N10)*

Un quartier balnéaire au nom légendaire ! Longue de près de 4,5 km, la plage de Copacabana s'étire entre une pointe de terre qui porte le Pain de Sucre au nord et la pointe d'Arpoador au sud. En langue quechua, *copa* signifie « endroit lumineux » et *caguana* « eaux bleues ».

À l'origine, il n'y avait qu'un petit village de pêcheurs (Sacopenapa) où les Cariocas venaient en pèlerinage rendre hommage à Notre-Dame de Copa Caguana, le nom d'un sanctuaire construit par les Espagnols au bord du lac Titicaca, en Bolivie. Au cours des siècles, le nom se déforma pour devenir Copacabana, mais ce n'est qu'au début du XXe s qu'il devint mythique avec la construction du *Copacabana Palace*, un des premiers hôtels de luxe en Amérique du Sud, devenu un palace de légende. En 1924, un raz-de-marée emporta la chaussée devant l'hôtel. Une broutille !

> **UN PRESTIGIEUX *GUEST BOOK***
>
> *Des années 1930 à 1950, et jusqu'à aujourd'hui, le Copacabana Palace a hébergé les vedettes et les célébrités du monde entier : des hommes politiques comme Eisenhower, Vaclav Havel, Mario Soares et Bill Clinton, mais aussi des écrivains et des artistes tels Blaise Cendrars, Stefan Zweig, Jean-Paul Sartre et Simone de Beauvoir, V. S. Naipaul, Francis Ford Coppola ou Robert De Niro.*

Au fil des ans, ce paisible quartier résidentiel prit de l'ampleur. On y construisit une série d'immeubles s'ordonnant autour de deux axes : l'avenida Atlântica, gagnée sur la mer, et l'avenida Nossa Senhora de Copacabana, très animée, mais polluée et bruyante aux heures de pointe. Les habitants de Copacabana appartiennent à la classe moyenne (professions libérales, enseignants, etc.), et de plus en plus à la classe populaire. Ajoutez les marchands ambulants venus des favelas voisines, quelques poignées de mendiants, et vous obtenez le cocktail le plus singulier de

RIO DE JANEIRO

toute la zone sud. Le bord de mer aligne les bars à touristes, les prostituées et les pickpockets. Aujourd'hui, Copacabana a un peu perdu de son glamour, mais reste un lieu incontournable.
Tous les matins, jusqu'à midi, à l'extrémité de la plage en face du *Sofitel*, la communauté des pêcheurs de Copa vend la pêche du jour pour une poignée de *reais* sur des paillasses de carrelage blanc. On y croise des mamies qui négocient ferme ou les coureurs du matin qui y font leur pause. Chouette ambiance.
– *Bon à savoir :* pour éviter les embouteillages, jusqu'à 10h l'avenida Atlântica n'est ouverte à la circulation que dans le sens Copacabana-centre de Rio, pour permettre aux employés allant travailler dans le centre d'affaires d'arriver plus vite au bureau. Après 10h, la circulation redevient à double sens. En outre, cette même avenue est fermée à la circulation (dans un sens) les dimanche et jours fériés.
– En « hiver » (juin-août), la vie nocturne se cantonne autour des restos et des boîtes, et dans certaines rues.
– *Attention :* la partie la moins sûre de Copacabana se situe entre le *posto 2* et le *posto 3* (secteur autour de la discothèque *Help* et des bars à striptease) et à l'approche des hôtels de luxe. L'heure la moins sûre est le crépuscule.

Les plages

Peu de grandes métropoles sont capables d'aligner de telles plages de sable fin dans leur centre *(plan couleur I, A-B1-2-3, plan couleur IV et hors plan).* Cependant, certaines sont très polluées et la baignade y est exclue. Sur celle de *Flamengo,* il vaut mieux regarder les matchs de foot sur les terrains en bord de plage, et sur celles de *Botafogo* et d'*Urca* l'évolution des voiliers. Ne pas se baigner non plus sur les plages de l'île de *Paquetá* et de *Niterói,* de l'autre côté de la baie.
– *Quelques rappels :* à la plage, n'emportez que le minimum d'argent, ni bijoux ni passeport, bien sûr. Copacabana est tristement célèbre pour ses pickpockets et ses *malendros* (« filous »), mais ne cédez pas à la paranoïa. La règle d'or reste le bon sens (ne pas faire confiance à n'importe qui, ne pas laisser ses affaires sans surveillance) et juste un peu de vigilance.
– *Un tuyau :* des minibus *Rio-Orla* et *Lagoa-Orla* effectuent la navette le long des plages. Les arrêts sont fantaisistes. Il faut faire signe au chauffeur. Un arrêt se trouve à proximité du *Méridien.* Abordable et excellent pour avoir une vue d'ensemble des plages de Copacabana, Ipanema et Leblon.
– *Pour se baigner :* préférer les plages à quelques kilomètres du centre. Prendre le bus du centre de Niterói pour aller à *Itacoatiara,* petites plages superbes, et *Itaipu,* petit village de pêcheurs. L'eau de mer n'offre pas partout la même qualité, certaines plages étant victimes de pollution chronique. Commencez par scruter le haut des vagues qui s'écrasent sur la plage. En cas de doute sur la couleur de l'eau, renseignez-vous auprès des différents *postos* ou feuilletez le quotidien *O Globo.*
– *Pour se donner rendez-vous :* on se repère sur les postes de secours *(postos)* numérotés qui ponctuent la plage (douches disponibles). Copacabana va du n° 1 au n° 6, Ipanema du n° 7 au n° 10 et Leblon du n° 11 au n° 12. On peut aussi donner le nom de la rue perpendiculaire la plus proche, ou encore se retrouver devant un loueur de chaises précis. Il y en a tout le long de la plage, et ces derniers peignent leurs noms en lettres rouges sur leur tente blanche.

Leme et Copacabana : Leme est une plage tranquille, et Copacabana celle qui continue à faire rêver des millions de gens dans le monde. C'est la plus longue : près de 4,5 km. La mer peut parfois être dangereuse. Si le drapeau rouge est hissé, il signale la présence de lames de fond. Certains jours, notamment les lendemains de pluie, le sable y est sale. Devant les grands hôtels, certaines filles guettent le *gringo* qui pourrait les emmener dans leur pays. Le week-end, la plage est plutôt familiale. Sur la promenade ou les pieds dans le sable, la balade reste très agréable, égayée par les joueurs de volley ou de foot, ou encore par les prouesses des sculpteurs sur sable.

Arpoador : le coin favori des surfeurs, situé à l'extrémité nord-est d'Ipanema. Depuis les rochers, belle vue sur la baie. Parfois de grosses vagues, mais on peut quand même s'y baigner.

Ipanema est nettement plus chic que Copacabana, et les gens y sont plus attentifs à leur look. Si, pour les femmes, les surfaces de tissu se calculent en décimètres carrés, tant pour le haut que pour le bas, ne vous avisez pas, mesdemoiselles, de mettre bas le haut... ou le bas. Vous risquez de provoquer une émeute. Au Brésil, se promener les seins nus caractérisait les esclaves. Depuis, le monokini a mauvaise réputation. Vous pouvez porter les strings les plus étroits de la terre, mais gardez le haut !
Ipanema est la plage la plus snob et la plus sophistiquée, mais aussi la plus propre, avec son beau sable blond. Au niveau du *posto 9,* on trouve les Cariocas les plus branchés, les forcenés du foot-volley et les gays. N'oubliez pas d'aller également boire un coup au bar *A Garota de Ipanema,* du nom de la célèbre chanson de Vinícius de Moraes et Tom Jobim. La rue elle-même, qui s'appelait auparavant *Montenegro,* prit le nom de *Vinícius de Moraes* après sa mort, comme aujourd'hui l'avenida Tom Jobim. De fin février à avril, la mer est plus calme et souvent propice à la baignade.

Leblon est clairement plus familiale, moins animée. Le week-end, championnat de volley-ball ou de foot-volley. Eau polluée. Pas de mort subite en cas de baignade, mais douche conseillée. Au bout de la plage, remontez le début de l'avenida Niemeyer jusqu'au *Mirante do Leblon (hors plan couleur IV par K12),* joli point de vue, un petit peu en hauteur. Possibilité d'y boire un verre (se faire préciser les prix avant, car c'est parfois à la tête du client ; évitez aussi de garder votre appareil photo en bandoulière... on ne sait jamais).

Achats

Café

Armazém do Café *(plan couleur IV, L11 et K11) **:** rua Visconde de Pirajá, 261, Maria Quitéria, 77 (Ipanema), et rua Rita Ludolf, 87 B (Leblon).* A obtenu le prix décerné par la presse brésilienne du « meilleur café de Rio ». On peut les déguster sur place, dans un cadre fort agréable, et en rapporter quelques paquets dans sa valise.

CD, bouquins

Toca do Vinícius *(plan couleur IV, L11) **:** rua Vinícius de Moraes, 129 C (Ipanema).* ☎ *22-47-52-27.* • *tocadovinicius.com.br* • *Tlj 9h-22h (10h-18h dim). Autre boutique rua Duvivier, 37 A, à Copacabana :* ***Beco das Garrafas.*** Plus qu'une boutique, il s'agit en réalité d'un centre culturel hors normes. Ouvert dans les années 1980 à l'initiative d'un admirateur du talentueux Vinícius de Moraes, cet antre musical recèle des trésors où bossa-nova, *choro,* samba et *MPB* côtoient tropicalistes et autres grands de la musique brésilienne. Mais si les disques et les bouquins constituent bien sûr la base de la collection, c'est le petit musée niché à l'étage et les nombreux concerts gratuits organisés devant la boutique qui lui donnent toute son âme (voir aussi « Où écouter de la musique brésilienne et du bon jazz ? »). Adresse incontournable tenue par un homme jovial, toujours prêt à se lancer dans un historique complet du samba... et en français s'il vous plaît !

Modern Sound *(plan couleur IV, M10) **:** rua Barata Ribeiro, 502-D (Copacabana). Lun-ven 9h-21h, sam 9h-20h.* Temple de la *MPB,* ce disquaire propose l'un des plus larges choix de CD de la ville. Petits concerts *ao vivo* au bar du magasin.

Livrarias da Travessa *(plan couleur IV, L11) **:** rua Visconde de Pirajá, 462 A à*

Ipanema (voir « Librairies, journaux français » dans « Adresses utiles »). Lun-sam 9h-minuit, dim 11h-minuit. Jolies librairies où vous dénicherez sans peine CD et superbes bouquins sur le Brésil.

Maillots de bain, paréos, vêtements, accessoires de mode...

Sur la plage *(Ipanema, Copacabana)* **:** les jours de beau temps (et surtout le week-end), sont exposés de jolis paréos, des bijoux et plein de babioles pas chères. Négociez toujours le prix.

Bum-Bum *(plan couleur IV, L11)* **:** *rua Visconde de Pirajá, 351 (Ipanema). Tlj sf dim 10h-20h.* Pour vous donner un petit aperçu, *bum-bum* signifie... « fesses ». Bienvenue au temple du maillot de bain mini-mini mais très tendance.

Santa Clara *(plan couleur IV, M10)* **:** *rua Santa Clara, 33 (Copacabana). Tlj, sf sam ap-m et dim.* Le temple des bonnes affaires : 12 étages de petites boutiques proposant maillots de bain, sous-vêtements, T-shirts, paréos, la plupart à prix d'usine.

Gilson Martins *(plan couleur IV, L11)* **:** *rua Visconde de Pirajá, 462 (Ipanema). ☎ 22-27-61-78.* Une belle boutique de sacs design, plus originaux les uns que les autres (en forme de Pain de Sucre ou arborant fièrement les couleurs brésiliennes, etc.), créés par le talentueux designer carioca Gilson Martins. Ça vaut la peine d'y jeter un œil.

Osklen *(plan couleur IV, L11)* **:** *rua Maria Quitéria, 77, en face de la praça Nossa Senhora da Paz (Ipanema). ☎ 22-27-29-11.* Marque brésilienne de *sportwear* ultra-branchée qui fait fureur. Pour rapporter d'originaux T-shirts, bermudas et maillots, mais un peu cher.

Bijoux, pierres précieuses

Les joailliers H. Stern et Amsterdam Sauer *(plan couleur IV, L11)* **:** *rua Garcia d'Ávila, 105 (Ipanema). ☎ 25-12-11-32. • hstern.net • amsterdamsauer.com • Visite gratuite des ateliers de fabrication : lun-ven 9h-19h, sam 9h-16h.* Taille des pierres et confection des bijoux n'auront plus de secrets pour vous. Entre ascenseurs silencieux, hôtesses polyglottes et vigiles souriants, le parcours a des petits airs de vieux James Bond. L'idée est bien sûr très commerciale, mais d'un coup ces bijoux précieux deviennent tout proches... Les filles peuvent essayer bagues de luxe et colliers de princesses sans aucune gêne. Les vendeurs ont tout leur temps et insistent pour assouvir votre curiosité, sans vous obliger à acheter. Pour les plus en fonds, les prix sont avantageux et détaxés. L'histoire de **Hans Stern** vaut le détour. Allemand chassé par le nazisme, il se réfugie en 1939 avec ses parents au Brésil, où il commence comme dactylo chez un courtier en pierres précieuses, avant de se mettre à son compte avec 200 $ en poche. À 30 ans, il trouve une aigue-marine de 35 kg et la monte en collier : le dictateur Somoza du Nicaragua la lui achète... 20 000 $! À présent, Hans Stern est le 1er groupe joaillier d'Amérique, un empire employant 3 700 personnes avec 170 magasins dans le monde, qui domine 70 % du marché des aigues-marines, émeraudes, améthystes, tourmalines et topazes. La maison glisse même des invitations dans les chambres d'hôtel : taxis aller-retour payés par la société et visite gratuite du siège de l'entreprise à Ipanema.

Surf

Galeria River *(plan couleur IV, M11)* **:** *rua Francisco Otaviano, 67, Arpoador (Ipanema). Tout près de l'*Atlantis Copacabana Hotel. Ensemble de *surfshops* et de magasins de fringues de plage. Si vous souhaitez rapporter un souvenir un peu encombrant, vous trouverez certainement ici LA planche de vos rêves. Certaines boutiques louent des planches *(Ocean Surfshop, Spirit Surf Board).*

RIO DE JANEIRO

Marchés et foires

– ***Feira hippie*** *(plan couleur IV, M11)* ***:*** *ts les dim, jusqu'à 18h env, praça General Osório, tout au début de la plage d'Ipanema.* Bijoux, vêtements, instruments de musique, objets en bois. Ambiance sympa, très touristique.
– ***Feira de Copacabana*** *(plan couleur IV, M11)* ***:*** *av. Atlântica, plus ou moins entre la rua Miguel Lemos et la rua Bolívar. Lun-sam 18h-minuit.* Tableaux kitsch à souhait, paréos, bijoux, pierres ou pantalons de capoeira : idéal pour ramener des souvenirs ! Évidemment très touristique, donc de qualité... médiocre !

AILLEURS À RIO

Adresse utile

Librairie et journaux français

À Barra da Tijuca

■ ***FNAC :*** *Barrashopping, av. das Américas, 4666, loja 101. Lun-sam 10h-22h, dim 15h-21h.* Pour les inconditionnels. C'est comme à la maison ! Choix énorme.

Où dormir ?

Camping

Voiture indispensable !

Camping Clube do Brasil : *estrada do Pontal, 5900, à Recreio dos Bandeirantes. ☎ 24-90-34-00. Dans le prolongement de Barra da Tijuca, à env 40 km du centre, au sud-ouest de la ville. Env 16 Rls/pers.* Immense camping de 1 000 places, situé en bord de mer. Très fréquenté pendant les périodes de vacances.

À voir

Dans la zona norte *(plan couleur I, A2-3 et plan couleur II, C4-5)*

Les quartiers nord de Rio n'ont pas d'intérêt touristique en soi, si ce n'est du point de vue sociologique, car c'est là que survit la grande masse des défavorisés de la ville. Cependant, dans *São Cristovão,* quelques points d'intérêt :

Museu nacional *(plan couleur I, A2)* ***:*** *dans le parc de Quinta da Boa Vista, av. Dom Pedro II. ☎ 22-54-43-20. Ⓜ São Cristovão. Tlj sf lun 10h-16h.*
Superbes jardins dans lesquels se trouve l'ancienne demeure de dom João VI, où a été installé le Musée national. Visite vraiment conseillée (3 Rls). Le plus grand musée d'Histoire naturelle du Brésil, réunissant d'impressionnantes collections zoologiques, archéologiques, ethnologiques, botaniques.
La famille impériale y séjourna pendant huit décennies, jusqu'à la proclamation de la république en 1889. Assez difficile de décrire par le menu les richesses de ce musée. Pour vous donner la mesure de la qualité des collections présentées, sachez qu'il renferme la plus grande météorite tombée en Amérique du Sud, le *Bendego,* d'un poids supérieur à 5 t.

Dans le parc, un très beau zoo tropical, avec une colonie impressionnante de singes. Évitez d'y aller le week-end si vous aimez le calme, car le parc se transforme alors en zone de pique-nique populaire, bruyante et légèrement crasseuse.

NI BLANC, NI NOIR, NI ROUGE...

Si vous avez la chance d'assister à un derby Flamingo-Fluminense au stade de Maracanã, évitez le rouge et le noir, ainsi que le noir et le blanc : vous pourriez être assimilé à un supporter et vous attirer des ennuis !

Le stade du Maracanã – Estádio Mário Filho *(plan couleur I, A2) : rua professor Enrico Rabelo et av. Maracanã ☎ 22-99-29-41 • suderj.rj.gov.br./maracana.asp • Ⓜ Maracanã. Visite guidée du stade, tlj 9h-17h ; fermeture 5h avant les jours de match. 20 Rls ; Réducs.* Même si vous n'êtes pas un fana de foot, essayez quand même d'assister à un match dans ce stade mythique, l'un des plus grands du monde avec ses 108 000 places. L'expérience est fabuleuse : un vrai moment d'émotion populaire et atmosphère indescriptible d'exaltation démente des supporters. Toute approche de la culture brésilienne passe obligatoirement par le foot. Bref, un happening inoubliable. Renseignez-vous avec précision, car le stade doit être assez plein (à partir de 90 000 spectateurs) pour produire l'effet maximum.

En principe, les matchs ont lieu le dimanche à 17h ou le mercredi soir. S'y rendre 1h à l'avance. Les fauchés arriveront à la mi-temps et économiseront sur le prix du billet. Les hôtels chic et certaines agences touristiques proposent des forfaits aller-retour pour Maracanã. C'est plus cher (60 Rls) et on se coupe un peu de la masse vibrante des spectateurs, mais c'est plus sûr pour ceux qui ont peur de mal supporter 2h debout dans des tribunes surpeuplées (10-15 Rls, selon les matchs et l'emplacement).

On vous conseille pourtant cette dernière expérience. Le meilleur moyen de transport reste le métro (station Maracanã). Le bus n° 464 vous y mènera également. Pour les grands matchs très disputés, si vous voulez éviter la cohue, sortez 5 mn avant la fin (ça fait mal au cœur, mais c'est prudent, car c'est souvent après le match que les choses dégénèrent).

– Également possibilité de visiter le *museo de Esportes Mané Garrincha : même adresse, portão 18.*

Recreio dos Bandeirantes *(hors plan couleur I par A3)*

Museu Casa do Pontal – Arte Popular Brasileira : *estrada do Pontal, 3295. ☎ 24-90-32-78 ou 40-13. • museucasadopontal.com.br • Mar-dim 9h30-17h. Entrée : 8 Rls.* Comme ce musée est loin et d'accès peu pratique, on vous conseille d'en combiner la visite avec une escapade aux plages de Prainha et Grumari. En voiture, compter au moins 45 mn (quand ça roule bien) depuis Copacabana. La signalisation est bonne. Quant à venir en bus, oubliez, c'est galère. Cela dit, le musée en soi, les pièces présentées, le cadre sont vraiment beaux. La collection, fruit de quarante années de recherche d'un designer français, Jacques van de Beuque, comprend 5 000 œuvres de plus de 200 artistes de tout le pays, mais vous n'en verrez qu'une petite partie car la collection tourne. Une des plus belles et vastes visions de la culture et du folklore brésiliens au travers de scènes de la vie brésilienne (le quotidien, les professions, la religion, les fêtes, etc.).

Les plages

São Conrado, toujours plus au sud d'Ipanema, est prisée par les surfeurs, mais l'eau est polluée et la mer plus violente, n'étant plus domestiquée par les *morros.*

Barra da Tijuca : *de Copacabana, bus n° 523 ; de São Conrado, bus n*[os] *175, 179 ou 523 ou bus climatisés de la compagnie* Real. Plage de près de 20 km de long, de plus en plus fréquentée malgré une mer parfois très dangereuse. Nombreuses boîtes, restos, bars et motels à *Recreio dos Bandeirantes.* L'endroit qui monte malgré l'éloignement, surtout fréquenté par les Cariocas aisés, donc très différent du Centro ou des quartiers plus populaires. Eau pure à partir de Recreio. Puis viennent les plus belles plages, situées dans une réserve ; le sable borde les collines à la végétation luxuriante : *Prainha, Grumari.* Accessibles en voiture.

Marchés

– ***Marché du Nordeste :*** *dans le pavillon de São Cristovão (plan I, A2). Bus n° 474 de Copacabana ou n° 311 depuis la praça Floriano. Du sam ap-m au dim jusque vers 16h.* C'est un genre de grande foire populaire où les « immigrés » du Nordeste, qui ont le mal du pays, se retrouvent et vendent les spécialités de leurs régions : artisanat, hamacs (les moins chers de Rio), plats cuisinés, viandes fumées. On y voit également des camelots et jeux de hasard, etc. Dès le jeudi après-midi, les marchands installent leurs stands et, le soir, des bars de plein air proposent du *forró.* Depuis quelques années, le marché a gagné en propreté car tout est bétonné. Cela n'enlève rien à l'authenticité du lieu ! Une bonne idée du folklore du Nordeste, pour ceux qui ne monteront pas à Recife et à Fortaleza.

LES FÊTES DE RIO

– ***Hommage à Iemanjá*** *(déesse africaine de la Mer) : la nuit du 31 déc.* Comme les Cariocas veulent entretenir de bonnes relations avec tous les dieux, ils profitent du réveillon pour rendre hommage à *Iemanjá.* C'est donc vêtus de blanc, la couleur de la déesse de la Mer, qu'ils se rendent sur la plage de Copacabana par milliers pour assister aux feux d'artifice, mais aussi pour jeter des fleurs dans l'eau. Si elles franchissent la barre des 7 vagues, elles seront reçues par la déesse, et les vœux seront exaucés. L'ambiance est familiale, apaisée, mais loin d'être recueillie. Les vraies cérémonies du *candomblé* ont lieu ailleurs, dans les *terreiros.* À minuit, le sable est déjà jonché de fleurs mouillées revenues sur la grève lorsque les bouchons de mousseux sautent et que les concerts commencent. Le gros de la foule s'évapore dans des fêtes privées, et le reste danse sur la plage. C'est la fête la plus importante de Rio avec le carnaval.
– ***Fête des Rois mages :*** *6 janv.* Correspond à la *fête du Reisado* dans le Nordeste.
– ***Saint-Jean, Saint-Pierre et Saint-Antoine*** *(en juin)* sont l'occasion pour les Cariocas de se réunir.

À FAIRE À RIO

– ***Le survol de Rio en hélicoptère :*** cher, bien sûr, mais inoubliable. Au Pain de Sucre, au 1er niveau du téléphérique, un petit stand *Helisight* et un héliport vous attendent. Vous éviterez ainsi le transfert jusque-là avec les autres sociétés. Vous pouvez aussi vous rendre directement à l'héliport de la Lagoa *(av. Borges de Medeiros),* ou Mirante Dona Marta, près du Corcovado. *De 150 à 500 Rls/pers (60-200 €), pour 7 à 30 mn de vol. Résas : ☎ 25-11-21-41 ou 22-59-69-95, et 25-42-78-95 w-e et j. fériés. • helisight.com.br • Attention, vols garantis à partir de 3 pers min.* Ajoutons un nom plébiscité par nos lecteurs : *Jaime Fontes Sampaio Filho* est un guide compétent qui organise des tours de 30 mn en hélico, à des prix attractifs. *☎ 25-48-00-17. 📱 92-08-80-91. • jaimefilhohrz@yahoo.com.br •*

– ***Une balade en voilier*** dans la baie de Guanabara. Balade de 2h, autour des plages d'Urca, de Copacabana, d'Arpoador, de Niterói, de l'île de Villegaignon, pour découvrir la ville sous un autre angle... *Avec **Saveiros Tour,** av. Infante Dom Henrique s/n, lojas 13-14, dans la marina de Glória.* ☎ *22-25-60-64.* 📱 *94-48-75-51.* • *saveiros.com.br* • *Départ tlj à 9h30. Achat des billets (30 Rls/pers) 15 mn avt.* Organise aussi des excursions en voilier à Ilha Grande ou Búzios.

– ***Le survol de Rio en parapente et en deltaplane :*** *env 240 Rls (96 €). Vous pouvez tenter de négocier. Réduc de 20 % pour les groupes. Durée du vol : 10-30 mn, selon le vent.* Cher également, mais sans doute inoubliable. Les vols se font en tandem, mais il faut ne pas dépasser un poids de 100 kg par personne ! Les envols se font d'un pain de sucre *(morro)* appelé Pedra Bonita (altitude 520 m) en bordure de la forêt de Tijuca, et l'atterrissage a lieu sur la plage de São Conrado. Si vous en avez les moyens, n'hésitez pas à survoler l'une des plus belles villes du monde (« LA plus belle », disent les Cariocas !). En général, on passe vous prendre à votre hôtel et on vous y reconduit. Vous pouvez contacter les organismes suivants :

■ ***Delta Flight :*** ☎ *33-22-57-50.* 📱 *96-93-88-00.* • *deltaflight.com.br* • *Départ vers 7h, retour vers 14h-15h.* Demandez le dynamique et sympathique Ricardo Hamond, qui parle l'anglais (et un peu le français). Instructeur breveté et expérimenté.

■ ***Just Fly Hang Gliding :*** ☎ *22-68-05-65.* 📱 *99-85-75-40.* • *justfly.com.br* • Paulo dispose d'une longue expérience en matière de vol libre.

■ ***Rio Adventures :*** ☎ *22-42-57-05.* 📱 *97-19-37-48.* Propose des vols en deltaplane, parapente...

■ ***São Conrado Eco-Aventura :*** ☎ *25-22-55-86.* Trekking, deltaplane, parapente, jeep...

■ ***Association de vol libre de Rio :*** *praia do Pepino, São Conrado.* ☎ *33-22-02-66 ou 24-22-64-98.*

■ ***Cours de Miguel Tavares :*** ☎ *24-93-43-24.* 📱 *99-88-27-32.*

– ***Randonnées, escalade, alpinisme :*** *Centro Excursionista Brasileiro.* ☎ *22-52-98-44.*

– ***Pour les surfeurs :*** les meilleurs endroits sont *Arpoador* et *Praia do Diabo* (Ipanema), vagues entre 1 et 2 m, la *plage de Barra da Tijuca* (Quebra-Mar, Postinho, Pepê), *Barra Meio* (en face de l'avenida Lucio Costa), où se déroulent les championnats de surf, *Macumba Ponta,* après Récreio, pas loin du camping. Vagues jusqu'à 3 m. *Prainha,* superbe crique, vagues de 1 à 3 m, et enfin *Grumari,* la plage suivante en allant toujours vers le sud.
Ceux qui souhaitent prendre des cours s'adresseront à *Paulo Donella (*☎ *22-59-23-20, à Ipanema)* ou à *Rico de Souza (*☎ *33-28-30-16, à Barra da Tijuca).*

– ***Plongée : Deep Blue,*** *rua Marquês de Olinda, 18 (Botafogo).* ☎ *25-54-80-31.* On plonge vers Búzios. Le fond n'est pas extraordinaire, mais... ça fait une balade ! *Également **Dive Point,** av. Ataulfo de Paiva, 1174/ss4.* ☎ *38-13-03-12.*
À Rio, les meilleurs spots de plongée se situent dans l'archipel des Cagarras (en face d'Ipanema) et dans les îles Tijucas (Barra da Tijuca).

➤ DANS LES ENVIRONS DE RIO DE JANEIRO

Cela n'intéressera pas ceux qui n'ont que quatre ou cinq jours pour visiter Rio.

👍👍 ***Palácio da ilha Fiscal :*** *sur une île, face à l'espace culturel de la Marine (av. Alfredo Agache ; plan couleur II, E4), d'où vous prendrez le bateau (tlj, sf lun et mer, à 13h et 16h).* ☎ *22-33-91-65. Visites guidées.* Ce petit palais vert amande à l'allure gothique abrita le premier et dernier bal de l'empire, en novembre 1889, puisque quelques jours plus tard fut proclamée la république. Notez les superbes vitraux représentant dom Pedro II et la princesse Isabel. Agréable visite et très belle perspective sur les gratte-ciel de Rio.

L'île de Paquetá : *prendre le bateau régulier (1h de trajet ; tlj 7h-23h, départ ttes les 2h env en sem, ttes les 3h les w-e et j. fériés), ou l'aéroglisseur (20 mn ; en sem : tlj 10h-14h, ttes les 2h ; w-e : 8h-17h, ttes les heures), beaucoup plus cher, de la praça 15 de Novembro.* L'une des promenades favorites des Cariocas. Île sans voitures ni motos. Parc agréable. Location de vélos. Plages polluées et quelques restos. Laissez-vous tenter par une petite balade en calèche pour faire le tour de l'île, les guides qui le proposent ont souvent de bonnes anecdotes à raconter.

Niterói : ville d'environ 477 000 habitants, à une vingtaine de kilomètres de Rio, de l'autre côté de la baie. La ville en soi n'a pas d'intérêt, et plusieurs plages sont polluées. C'est la balade pour s'y rendre qui est très chouette, soit en empruntant le pont de 14,5 km (péage) qui court sur la mer – économisant un détour de 150 km –, soit le bateau *(ferry : 1,80 Rls l'aller ; ou catamaran : 2 Rls l'aller)* en fin d'après-midi. *Navette de la praça 15 de Novembro, ttes les 15 mn en sem et ttes les heures les w-e et j. fériés.* Le retour en bateau offre une arrivée splendide sur Rio. À voir quand même, si vous y allez :
– ***Le musée d'Art contemporain (MAC) :*** *mirante da Boa Viagem. ☎ (021) 26-20-24-00. ● macniteroi.com.br ● Mar-dim 10h-18h. Entrée : 5 Rls.* Sorte de soucoupe volante géante construite sur des plans de Niemeyer, il abrite une collection d'œuvres d'artistes brésiliens contemporains réputés. Toutefois, on y va essentiellement pour la vue sur la baie de Rio et pour son étonnante architecture.
– ***Fortaleza de Santa Cruz :*** *estrada Gal Eurico Gaspar Dutra. ☎ (021) 27-11-04-62. Visites guidées mar-dim 9h-17h.* Un des premiers forts érigés sur la baie de Guanabara (1555), avec une superbe vue sur la baie.

Les plages d'Itaipu et Itacoatiara, après la *lagoa de Itaipu.* Les plus belles et plus propres de Niterói. Les eaux y sont limpides. Itacoatiara enchantera les amoureux de la nature et du surf, tandis qu'Itaipu séduira les amateurs de fruits de mer et de couchers de soleil romantiques. À faire si vous avez une voiture, car elles sont un peu loin (45 mn environ du centre de Rio).

Le long du ***vale do Paraíba,*** au nord-ouest de Rio, entre les villes de Três Rios et Volta Redonda, possibilité de visiter quelques *fazendas* datant du XIXe s, lorsque la culture du café était à son apogée. Un nouvel itinéraire touristique est peu à peu mis en place autour de ce patrimoine architectural, mêlant randonnées ou balades à cheval et découverte des produits artisanaux traditionnels et des outils de production du café. *Rens auprès de l'**Instituto de Preservação e Desenvolvimento do vale do Paraíba** : ● preservale.com.br ●*

QUITTER RIO DE JANEIRO

En bus

Rodoviária Novo Rio *(plan couleur I, A-B2) : av. Francisco Bicalho, 1 (entre Santo Cristo et São Cristovão). ☎ 32-13-18-00 (insister !).* Pour s'y rendre, depuis le Centro : bus n° 127, 128 ou 239 ; depuis Flamengo, Catete, Botafogo : bus nos 170, 172, 178 ; depuis Copacabana : bus nos 126, 127, 128 ou le frescão (av. N.S. da Copacabana) ; depuis Ipanema : bus nos 128, 474, 485 ou le frescão (av. Ataulfo de Paiva) ; depuis Leblon : bus n° 128, 172 ou 178. À noter qu'il n'est pas inintéressant d'acheter ses billets dans une agence de voyages spécialisée, ceci afin d'éviter un aller-retour fastidieux, de longues queues et une atmosphère parfois un peu lourde. *Quelques adresses : **Guanatur,** rua Dias da Rocha, 16, à Copacabana (plan couleur IV, M10 ; ☎ 25-48-32-75) ; **Paxtur,** rua Visconde de Pirajá, 303 (salle 114), à Ipanema (plan couleur IV, L-M11 ; ☎ 25-23-10-00) ; **Dantur,** largo do Machado, 29 (salle 134), à Catete (plan couleur III, I7 ; ☎ 22-05-11-44).*
➢ Bus ***pour São Paulo*** ttes les 15 mn (6h de trajet) et pour toutes les villes importantes et touristiques. ***Angra dos Reis :*** 3h *(Costa Verde, ☎ 25-16-24-37)* ; ***Búzios :*** 3h30, 7 bus/j. *(Cie 1001, ☎ 0300-313-10-01)* ; ***Paraty :*** 4h *(Costa Verde)* ; ***Ouro***

Preto : 7h *(Útil)* ; ***Foz de Iguaçu :*** 22h *(Expresso Kaiowa)* ; ***Curitiba :*** 11h ; ***Salvador :*** 28h *(Águia Branca)* ; ***Recife :*** 38h ; ***Vitória :*** 8h.
➢ ***Pour l'étranger :*** *Argentine* (Buenos Aires, 46h), *Paraguay* (25h), *Chili* (Santiago, 74h), *Uruguay* (Montevideo, 39h)...

Rodoviária Menezes Cortes : *rua São José, 35 (Centro). ☎ 25-44-66-67.* Cette gare routière est abritée dans l'*Edificio Garagem TGMC*.
➢ Pour ***Petrópolis*** (12 Rls), ***Novo Friburgo, Teresópolis*** et ***Cachoeiras de Macacu.***

Rodoviária Mariana Procópio *(hors plan couleur II par D4) : praça Mauá, 5 (Centro). ☎ 25-16-48-02.*
➢ Pour la *baixada* et les banlieues nord.

En avion

– Les *bus Real* font le tour des plages et passent toutes les 30-40 mn sur tout le littoral. Ils n'ont pas de numéro, mais à l'avant est marqué « Aeroporto ». Horaires peu précis.
– Il n'y a plus de taxes d'aéroport, elles sont généralement incluses dans les billets.
➢ Liaisons aériennes avec tout le pays ou presque...

AUTOUR DE RIO

Pour ceux qui disposent de temps, il existe, dans un rayon de 200 km autour de Rio, de magnifiques excursions à réaliser : des villes coloniales splendides, des plages de rêve désertes avec du sable blanc et fin, de beaux paysages... Possibilité de s'y rendre en bus (*rodoviária* Novo Rio), bien sûr, mais avec une voiture c'est évidemment plus intéressant pour l'autonomie qu'elle permet, notamment pour les balades en montagne.

TERESÓPOLIS ET PETRÓPOLIS

Si vous ne disposez que d'une journée de visite, nous vous conseillons de partir de très bonne heure pour pouvoir effectuer la visite des deux villes. Il est préférable de commencer par Teresópolis, plus éloignée, car vous réserverez ainsi votre après-midi au musée de Petrópolis, qui n'ouvre qu'à ce moment-là. Mais ces deux villes présentent chacune de nombreux attraits qui mériteraient un séjour prolongé : randonnées aux alentours de Teresópolis, richesses architecturales et culturelles à Petrópolis.

TERESÓPOLIS

138 000 hab. IND. TÉL. : 021

Région montagneuse la plus haute de l'État de Rio, Teresópolis culmine à 910 m d'altitude. Son fameux pic *Dedo de Deus* (le doigt de Dieu) est impressionnant. Formation rocheuse de 1 692 m d'altitude, il a vraiment la forme d'une main à l'index tendu vers le ciel. Le parque nacional da serra dos Órgãos, niché entre Teresópolis et Petrópolis, s'étend sur 118 km^2 et offre de nombreuses possibilités de randonnées pour tous les niveaux. Les grimpeurs et les cavaliers y trouveront également leur bonheur.

Arriver – Quitter

Rodoviária (gare routière) : dans le centre, rua 1ero de Maio. ☎ 27-42-26-76.
➢ Bus ttes les 30 mn depuis la *rodoviária* Novo Rio de Rio. Trajet : 1h15.
➢ Liaisons régulières avec Petrópolis (env 1h30 de trajet).

Adresses utiles

Informations touristiques : *praça Olímpica. ☎ 27-42-91-49. • teresopolison.com. • Lun-sam 8h-18h.*
Bureau du parc national de la serra dos Órgãos : *av. Rotariana, s/n. ☎ 21-52-11-00. • ibama.gov.br/parnaso • Situé à 3 km du centre-ville, à l'entrée du parc.* Nombreuses possibilités d'excursions et de randonnées. Toutes les infos sur les activités et les possibilités d'hébergement et de camping dans le parc. Infos complètes également (en portugais) sur le site internet.

Où dormir ? Où manger ?

Varzea Palace Hotel : *rua Prefeito Sebastião Teixeira, 41. ☎ 27-42-08-78. Doubles 65-70 Rls.* Belle et vaste bâtisse blanche au charme désuet, digne mais décatie.
Taberna Alpina : *rua Duque de Caxias, 131. ☎ 27-42-01-23. Repas 16-30 Rls.* De tradition allemande, ce petit resto propose une carte bien montagnarde à prix raisonnables. La salle *escondidinho* (« cachette ») porte bien son nom, avec ses airs de refuge. Profitez également de votre passage pour découvrir les fromages de chèvre locaux.

PETRÓPOLIS

287 000 hab. IND. TÉL. : 024

À 68 km au nord-est de Rio, Petrópolis est l'ancienne résidence d'été de l'empereur dom Pedro II (d'où son nom, Petrópolis, « la ville de Pedro »). On peut y arriver de Rio par une route nationale sinueuse ou par la superbe route de Teresópolis, bordée d'impatiens, qui traverse le massif de la Serra dos Órgãos. Ville d'altitude nichée dans les montagnes, son climat particulièrement vivifiant en détermina l'histoire. Voilà un lieu de villégiature apprécié des Cariocas pour sa fraîcheur (quand Rio est écrasée par la chaleur estivale) et sa végétation abondante.
D'agréables places ombragées, de jolis ponts rouges qui enjambent les rivières des grandes avenues, de vieux palais et des villas du XIXe s, à la façade colorée et aux vérandas en fer forgé ainsi que plusieurs monuments et sites à visiter.

Arriver – Quitter

Rodoviária (gare routière) : rua Dr Porciúncula.
➢ **Pour Rio :** 20 bus/j., 5h-23h (compagnie *Única Fácil*), 30-40 mn de trajet.
➢ **Pour São Paulo :** 1 bus/j. à 23h (compagnie *Salutaris* : ☎ 22-42-78-90).

Adresses utiles

Fundação de Cultura e Turismo de Petrópolis *(infos touristiques) : av. Ayrton Senna, à l'entrée de la ville sur la droite en venant de Rio. ☎ 22-46-93-*

77. • *petropolis.rj.gov.br* • *Tlj 8h-18h (19h sam et 17h dim).* Petits bureaux aussi à la gare routière de la rua Dr Porciúncula et, en saison, dans le centre historique, praça Expedicionários, ainsi qu'au palais de Cristal.

✉ ***Poste centrale :*** *rua do Imperador, 350. Ouv 9h30-17h.*

■ ***Banco do Brasil :*** *rua Paulo Barbosa, 89.* ☎ *33-71-12-93. Proche de la rodoviária.* Guichets automatiques (cartes *Visa* et *MasterCard*) accessibles 6h-22h.

■ ***Urgences médicales : hospital Beneficência Portuguesa,*** *av. Portugal, 236 (quartier Valparaíso).* ☎ *22-37-62-62.*

Où dormir ?

De prix moyens à plus chic (de 40 à plus de 80 Rls / 16-32 €)

🏠 ***Hotel Comércio :*** *rua Dr Porciúncula, 56.* ☎ *22-42-35-00. Face à la gare routière. Doubles 40-80 Rls selon confort, avec petit déj.* Une cinquantaine de chambres au confort suffisant : c'est simple mais propre. Préférer celles donnant sur l'arrière, moins bruyantes.

🏠 ***Pousada 14 Bis :*** *rua Buenos Ayres, 192.* ☎ *22-31-09-46.* • *pousada14bis.com.br* • *À 150 m de la gare routière. Doubles 80-150 Rls, petit déj compris.* Superbe petite demeure coloniale offrant des chambres très agréables et bien tenues. Beau parquet ancien et déco avec photos et tableaux retraçant la vie de l'aviateur Santos-Dumont. Accueil très chaleureux d'un couple franco-brésilien. Le sous-sol aménagé abrite un billard et un petit bar.

🏠 ***Hotel Casablanca Palace :*** *rua 16 de Março, 123.* ☎ *22-31-08-18.* • *casablancahotel.com.br* • *Proche de la praça Dom Pedro II et du palais impérial. Doubles env 130 Rls, petit déj inclus.* Un hôtel rétro de 7 étages, avec un vieil ascenseur en bois. Chambres spacieuses, confortables et propres.

Où manger ?

De bon marché à prix moyens (moins de 40 Rls / 16 €)

|●| ***Paladar Restaurante :*** *rua Teresa, 181.* ☎ *22-31-58-12.* Pièces hautes de plafond, planchers patinés, buffet *ao kilo* et self-service : voilà une bonne cuisine locale à prix sages.

|●| ***Fuka's Lanchonete :*** *rua do Imperador, 474 ; autre entrée rua Nilo Peçanha, 23.* ☎ *22-42-78-99. Près de la gare routière.* Un self-service très fréquenté le midi. Grande salle agréable. Choix de plats typiques, viandes, poissons et pizzas. Service efficace.

|●| ***Bistrô Petit Palais :*** *rua da Imperatriz, 220.* ☎ *22-37-80-00. À gauche en entrant dans le parc du Palais impérial (voir ci-après). Tlj à partir de 12h, jusqu'à 19h mar, mer et dim, 20h jeu et ven, et minuit sam.* Petit bistrot-resto joliment décoré, donnant sur une courette. On ne sert que des plats à la mode au XIXe s, comme la *bacalhau imperial.* Original et charmant.

À voir

👀 ***Catedral de São Pedro de Alcântara :*** *rua S. P. de Alcântara, 60.* ☎ *22-42-43-00. Lun 8h-12h, mar-sam 8h-12h, 14h-18h ; dim 8h-13h, 15h-18h. Gratuit.* Construite entre 1884 et 1925 dans le style néogothique. Impressionnante flèche de 62 m de haut. Entourée de flamboyants et d'arbres exotiques, la cathédrale (de

L'ÉTAT DE RIO

style néogothique français) abrite les tombeaux de dom Pedro II et de la famille impériale. Juste en face, statue de l'architecte de Petrópolis, Julio Koeller.

Museu imperial *(musée du Palais impérial)* **:** *rua da Imperatriz, 220. ☎ 22-37-80-00. • museuimperial.gov.br • Mar-dim 11h-18h (dernier billet à 17h30). Entrée : 8 Rls. Audioguide 3 Rls. Accès au parc 8h-17h ; gratuit.* Une visite à ne pas manquer : c'est superbe ! L'ancienne résidence d'été de la famille impériale, construite à partir de 1845, abrite depuis 1940 un musée rempli des trésors du règne impérial (1822-1889) : tableaux, porcelaines, tapisseries, meubles, bijoux... On doit troquer ses chaussures pour des chaussons spéciaux, à garder durant toute la visite. Le palais est entouré d'un magnifique jardin aux arbres centenaires, bien agréable pour faire une pause à l'ombre et au calme.

La maison de Santos-Dumont : *rua do Encanto, 22. ☎ 22-47-31-58. Visites guidées (en portugais, anglais et espagnol) ou libres, mar-dim 9h30-17h. Entrée : 5 Rls.* Le célèbre pionnier de l'aviation y vécut pendant la Première Guerre mondiale. Alberto Santos-Dumont vécut surtout en France. C'est dans ce pays qu'il étonna le monde en inventant en 1906 un des premiers avions, la *Demoiselle.* Il construisit aussi des dirigeables et réalisa le premier record du monde de vitesse. Une expo de photos et de gravures anciennes retrace ses principaux exploits. Quelques objets insolites comme le « bureau-lit », la douche avant-gardiste (la première douche avec eau chaude du Brésil), l'observatoire aménagé sur le toit...

Palácio do Cristal *(palais de Cristal)* **:** *rua Alfredo Pachá, s/n. ☎ 22-47-37-21. Mar-dim 9h-18h30.* Vaste serre qui abrita des expos botaniques et accueille désormais un centre culturel (expos, spectacles, concerts, etc.). Sa structure métallique conçue en 1884, en France, fut importée par cargo jusqu'au Brésil.

La maison et la tombe de Stefan Zweig : *rua Gonçalvez Diaz, 34 (quartier Valparaíso). Habitée par une famille, elle se visite pas.* Adossée à une petite colline, au bout d'un chemin en pente, voici la maison où l'écrivain autrichien Stefan Zweig passa les dernières années de son exil. On voit une stèle dans le jardin et la grande véranda où Zweig écrivit notamment son dernier livre, *Le Joueur d'échecs.* Bouleversé par la conquête de l'Europe par Hitler, l'auteur de *Brésil, terre d'avenir* se suicida en 1942. Au cimetière de Petrópolis, sa tombe, en pierre sombre, et celle de son épouse Lotte (à côté). En descendant la rua Fabrizio de Matos, qui coupe le cimetière en deux parties, prendre l'entrée de droite, la tombe est à 20 m de cette entrée. Le gardien vous y conduira en échange d'un petit pourboire.

VERS LE NORD-EST : BÚZIOS

À 180 km de Rio, on trouve les plus belles plages du Brésil, dit-on. Du turquoise transparent à l'indigo profond, le dégradé de couleur de la mer est saisissant. Quant au sable, il est si fin, si blanc qu'on dirait de la poudre de riz ! L'endroit connaît un fort développement touristique. Compter 3h30 de bus pour rallier Búzios, charmante petite ville à l'architecture soignée. En chemin, vous pouvez faire une halte à Arraial do Cabo (connu pour ses spots de plongée) ou à Cabo Frío, aux jolies plages mais aux centres-villes nettement moins agréables que Búzios.

BÚZIOS

20 000 hab. — IND. TÉL. : 022

C'est une des destinations phares du littoral brésilien. Ses boutiques flambant neuves mais jolies, ses quelque 200 *pousadas* et hôtels et sa cinquan-

taine de restos donnent à cette station balnéaire un côté Saint-Tropez qui peut séduire les uns, excéder les autres... On dit que, de 20 000 habitants en temps normal, la ville passe à 100 000 résidents en haute saison ! C'est-à-dire entre Noël et mi-mars environ (en été, bien sûr), les jours fériés et pendant les week-ends ensoleillés. Pour les routards, il vaut mieux éviter cette période : les prix doublent, la ville devient suffocante. Si vous aimez baigner dans une véritable marée humaine envahissant chaque nuit l'espace réduit de la rua das Pedras, tout occupée à danser, boire et draguer jusqu'au petit matin, alors vous serez heureux ici ! Et si Búzios est chère l'été, elle est loin d'être désagréable en basse saison, mais ce n'est pas la même ambiance. Tant mieux, diront certains, d'autres la trouveront presque trop calme...

> **ET BB CRÉA BÚZIOS...**
>
> *La légende raconte que Búzios a été « découverte » par Brigitte Bardot, dans les années 1960. Une des rues principales de la ville porte d'ailleurs son nom, et une statue lui rend hommage, sise face à cette mer turquoise qu'elle appelait « champagne bleu ». Depuis son passage, ce tranquille village de pêcheurs a connu une véritable ruée vers l'or touristique, tendance chic et branchée.*

Nous, on a apprécié le côté village branché mais pas défiguré. Et Búzios, c'est aussi et surtout une péninsule très découpée, sauvage à l'intérieur et composée de 26 plages, toutes plus différentes et plus mignonnes les unes que les autres, à choisir selon les envies de chacun : familles ou surfeurs, amoureux ou aventuriers. Ici, pas de constructions hideuses et désordonnées (les buildings sont interdits). Les *pousadas* rivalisent de charme et d'hospitalité, et ce n'est pas pour rien qu'on y trouve plus de 70 nationalités, dont pas mal d'Européens, installées à l'année...

Arriver – Quitter

En bus

🚌 ***Rodoviária** (gare routière ; plan B2) : estrada da Usina.* ☎ *26-23-20-50. Juste avt le centre.*

➢ ***Rio :*** 7 liaisons/j. dans les 2 sens (à Rio, départs depuis la *rodoviária Novo Rio* ; voir « Quitter Rio »). Liaisons avec la *Cie Auto Viação 1001*. • *autoviacao1001.com.br* • Trajet : 3h30.

➢ ***São Paulo :*** 1 liaison/sem avec la *Cie Auto Viação 1001*, départ ven soir depuis São Paulo ; trajet retour dim soir.

En voiture

➢ Depuis Rio, prendre la BR 101, direction Campos ; bifurquer sur la RJ 124 vers Cabo Frío, puis suivre Búzios. Bien indiqué. Compter 2h30 de route. Attention aux embouteillages lors des week-ends ensoleillés et des jours fériés.

Comment circuler ?

La ville est composée de quartiers assez disséminés, à peu près tous situés, malgré tout, sur la route menant au centre-ville (le *Centro*). Un petit détail : la rua José Bento Ribeiro Dantas, qui borde le centre, est plus connue comme la « rua das Pedras » quand elle fait face à la Praia do Canto et la « rua Orla Bardot » face à la praia da Armação. Si vous arrivez en bus, vous pouvez demander qu'on vous dépose en chemin dans l'un ou l'autre de ces quartiers, selon l'endroit où vous souhaitez loger.

Adresses utiles

- 1 Ponto de informaçoes turísticas
- 2 Interbúzios
- Rodoviária
- Poste
- 3 Buzios@Internet
- 4 Malizia Tours
- 5 Banco do Brasil

Où dormir ?

- 10 Albergue Praia dos Amores
- 11 Pousada Buziana
- 12 Chez Nice
- 13 Pousada Canto do Mar
- 16 Location d'appartements
- 17 Bella Búzios

➢ ***En bus :*** des bus *La Salineira* font le tour des plages. Ils portent l'inscription « Praia ». Pas chers. Également les vans, sortes de taxis collectifs de 6-10 places ; 1,50-2,50 Rls selon la distance et la saison.

➢ ***En taxi aquatique (!) :*** des embarcations vous emmènent d'une plage à l'autre pour à peine plus cher que le bus. Sympa et pratique.

➢ ***À deux-roues :*** pas mal de possibilités de location, surtout en été, où les prix doublent. Pas de motos à cause de l'état des routes, mais des buggys : bien pratique pour rejoindre les plages les plus éloignées, même si c'est polluant.

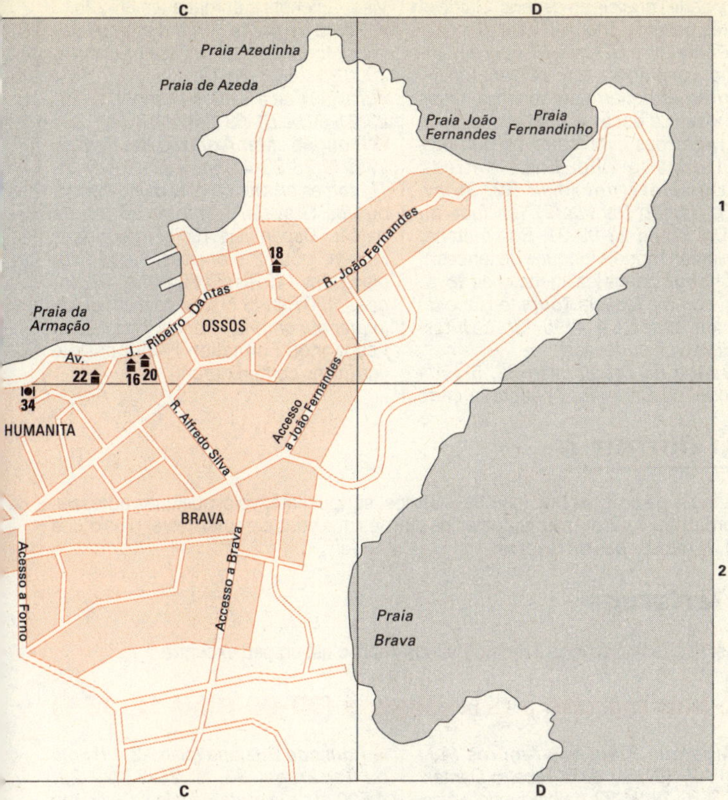

BÚZIOS

18 Pousada La Chimère	**31** Bananaland
19 Le Palmier	**32** Estância Don Juan
20 Hospedaria Solar do Peixe Vivo	**33** Parvati
21 Chez Marine	**34** Satyricon
22 Casas Brancas Hotel & Spa	**Où boire un verre ?**
Où manger ?	**41** Patio Havana
30 Restaurante David	**42** Anexo Bar

L'ÉTAT DE RIO

Adresses utiles

Ponto de informaçoes turísticas *(plan B2,* ***1****) : petit kiosque en bois au milieu de la place Santos-Dumont.* ☎ *26-23-20-99. Tlj 9h-22h.* Infos succinctes. Par contre beaucoup d'infos pratiques et actualisées sur les sites : • *buziosonline.com.br* • et • *buziosturismo.com* •

Les agences de voyages donnent aussi des infos, comme ***Interbúzios*** *(plan B2,* ***2****) : rua Manoel Turíbio de Farias, 203.* ☎ *26-23-64-54. Tlj 9h-22h.*

On y parle l'anglais en général. Guide et cartes payants. Tours en bateau.

✉ **Poste** *(plan B2) : rua Manoel de Carvalho. Lun-ven 9h-17h, sam 9h-13h.*

@ **Internet :** quasiment tous les hôtels disposent d'accès à Internet, et vous trouverez des cybercafés un peu partout dans la ville. Entre autres : **Buzios@Internet** *(plan B2, **3**), av. J. B. Ribeiro Dantas, 97 (en face du McDo). ☎ 26-23-92-91. Bon marché.* Également appels longues distances.

■ **Change :** dans les agences de voyages, comme **Malizia Tours** *(en face du ponton ; plan B2, **4** ; tlj 9h-13h)* ou **Interbúzios** (voir ci-dessus).

■ **Banco do Brasil** *(plan B2, **5**) : rua Manoel de Carvalho.* Accepte la carte *Visa.* Guichets automatiques 6h-22h.

■ **Poste de santé :** *urgences et pédiatrie, 24h/24 ; av. J. B. Ribeiro Dantas, 2000. ☎ 26-23-24-19.*

■ **Taxis :** *praça Santos-Dumont. ☎ 26-23-21-60 ou 61-69 (24h/24).*

■ **Plongée : Mar Azul,** *rua das Pedras, 275. ☎ 26-23-43-54. 📱 99-17-26-14. Tlj, sorties en mer du côté d'ilha Ancora ou ilha Gravata. Compter 50 mn de bateau. Départ vers 10h et retour dans l'ap-m, pour 2 plongées. Repas sur place. Env 140 Rls (56 €) pour les 2 plongées, 120 Rls (48 €) si on paie en liquide (matériel compris).* Parlent l'anglais et l'espagnol. Formation PADI possible (les initiés comprendront).

Où dormir ?

Pas facile de se loger bon marché à Búzios, surtout l'été. Voici quelques adresses abordables. Vous pouvez négocier les prix dès que vous comptez rester plus d'une nuit. N'oubliez pas de réserver.

À Tartaruga

C'est là que l'on se loge à moindres frais, mais c'est un peu excentré.

De bon marché à prix moyens (30-90 Rls / 12-36 €)

🏠 **Albergue Praia dos Amores** *(AJ ; plan A2, **10**) : av. J. B. Ribeiro Dantas, 92. ☎ 26-23-24-22. • alberguedebuzios.com.br • Dans la rue principale de Tartaruga, celle par où vous arrivez en allant vers le Centro. Env 30-35 Rls/pers, avec petit déj. Capacité : 46 pers.* Dortoir de 2 à 8 lits avec ventilo et salles de bains commune ou privée. Assez cher pour une AJ, mais bien tenu. Cuisine à dispo, accès Internet, salon TV, laverie. Également une annexe à Geribá.

🏠 **Pousada Buziana** *(plan A2, **11**) : rua da Tartaruga, 33. ☎ 26-23-29-22. À 500 m de la route principale, à 10 mn à pied de la praia Tartaruga. Doubles 60-80 Rls, petit déj compris.* Dans une maison agréable, tenue par une famille d'Argentins accueillante. Ambiance familiale et chambres simples mais propres. Bien sympa d'emprunter le chemin de terre rouge pour atteindre une des plages les plus isolées de Búzios.

Dans le Centro

De plus chic à chic (90 à plus de 150 Rls / 36-60 €)

🏠 **Pousada Canto do Mar** *(plan B2, **13**) : rua Rui Barbosa, 407. ☎ 26-23-24-90 ou 75-58. Doubles à partir de 150 Rls, petit déj compris ; plus cher en été, négociable à partir de 4 nuits.* Jolie maison toute pimpante et très agréable. Chambres impeccables, déco marine (jaune, bleu, blanc). Copieux petit déj à savourer sous une jolie véranda fleurie. Une adresse sympa et d'un bon rapport qualité-prix.

🏠 **Bella Búzios** *(plan B2, **17**) : rua Luiz Joaquim Pereira, 294. ☎ 26-23-15-11. • buziosturismo.com/bellabuzios •*

Doubles 90-120 Rls, petit déj inclus. Négociable hors saison. Maison moderne, avec chambres à l'étage donnant sur une terrasse en bois ; petite piscine, AC, TV et frigo... Certaines chambres sont plus agréables que d'autres, demander à les visiter.

🏠 ***Chez Nice*** *(plan B2,* ***12****) : rua Luiz Joaquim Pereira, 94. ☎ 26-23-40-35. • cheznice@mar.com.br • Doubles 90-220 Rls selon confort et saison, petit déj compris.* La *guesthouse* typique dans une maison basse coloniale, au cœur d'un jardin très fleuri et plein de charme, avec véranda. Un petit havre de paix à deux pas de la rua das Pedras. Chambres basiques ou plus confortables, selon vos moyens : TV et AC, frigo dans les plus grandes. Petite piscine, prêt de livres, jeux, petites tables disposées dehors... Les proprios, très chaleureux, parlent un peu le français. Parking.

Autour de la plage d'Armação

C'est en fait un petit port, Porto Velheiro, à 5 mn à pied du centre.

De prix moyens à très chic (60-250 Rls / 24-100 €)

🏠 ***Location d'appartements*** *(plan C1,* ***16****) : av. J. B. Ribeiro Dantas, 974. ☎ et fax : 26-23-13-49. • cesarbuzios.com • Sur le chemin qui longe la mer, panneau « Alugam-se apartamentos vista para o mar ». Appartements à partir de 100 Rls/j., 180 Rls déc-fév. Suites 50 Rls qu'on soit un, deux ou trois.* Marcela et César gèrent les 4 appartements et les 3 suites très bien aménagés de cette résidence au bord de l'eau et proche du centre. Les 2 appartements pour 4 personnes ont vue sur la mer, les autres donnent sur une cour. Ce sont des doubles pièces très agréables et joliment décorées. Les suites sont moins chères. À vous de faire votre petit déj, bien sûr. Une bonne alternative, à deux pas du joli port d'Armação.

🏠 ***Hospedaria Solar do Peixe Vivo*** *(plan C1,* ***20****) : av. J. B. Ribeiro Dantas, 994. ☎ et fax : 26-23-18-50. • solardopeixevivo.com.br • À 5 mn du centre. Doubles min 180 Rls hors saison, 210 Rls en hte saison, petit déj inclus.* Une adresse rare et de charme. C'est la plus ancienne demeure de Búzios, datant de la fin du XVIIe s. Superbe ! Face à la mer, avec un vaste jardin et une petite piscine ombragée. Uniquement des bungalows : grandes chambres aux couleurs vives, décorées sobrement avec beaucoup de goût, salle de bains avec azulejos et terrasse intime où l'on peut se faire servir le petit déj. Bar et resto sur place. En prime, l'accueil franc et chaleureux de Leonardo, un Italo-Brésilien amoureux des belles choses.

🏠 ***Pousada La Chimère*** *(plan C1,* ***18****) : praça Eugênio Honold, 36. ☎ 26-23-14-60. • lachimere.com.br • Doubles à partir de 160-180 Rls avec le petit déj.* On reconnaît de loin cette superbe *pousada* aux murs jaunes sur la place derrière la praia de Armação et sur la route pour dos Ossos. Quelque 25 appartements décorés avec goût. Très beau patio avec de nombreuses plantes et une piscine à remous. Luxe, calme et volupté... Tout près des adorables plages d'Azeda et d'Azedinha. Très chic et confortable, mais tarifs en conséquence (encore plus cher de Noël à mars).

Ultra chic ! (plus de 450 Rls / 171 €)

🏠 ***Casas Brancas Hotel & Spa*** *(plan C1-2,* ***22****) : morro do Humaitá, 10. ☎ 26-23-14-58. • casasbrancas.com.br • Doubles 450-600 Rls env selon confort et saison.* Un nid d'aigle idéalement placé, surplombant la mer, au niveau de la statue de la gloire locale, Brigitte Bardot. Cette maison particulière, blanche comme son nom l'indique, à l'architecture méditerranéenne, est un exemple de bon goût. Décoration raffinée et épurée. Une trentaine de chambres avec vue (extraordinaire) sur mer ou jardin, petite terrasse et hamac pour certaines, patio pour d'autres. Évidemment, excellent confort et service (AC, frigo, TV, prises antimoustiques, rideaux immaculés, coffre-fort). Petite piscine sur la terrasse et chaises longues où il fait bon se prélasser devant la mer, sous un parasol ou à l'ombre de la tonnelle. Merveilleux coucher de soleil ! Petit déj servi face à la mer. Également spa et restaurant.

À Ferradura

Le Palmier *(plan A2,* ***19****) : rua J. VI, 14. ☎ 26-23-20-32. Fax : 26-22-13-39. Avt le centre de Búzios, sur la droite au début de la route de Ferradura. Doubles 170 Rls, petit déj inclus (jusqu'à 225 Rls de mi-déc à fin fév). Gratuit jusqu'à 6 ans.* Tenue par Vilma, une Brésilienne qui parle couramment le français, cette *pousada* est située dans un luxuriant jardin tropical de 3 000 m² ! Pas de vue sur la mer, mais à l'écart de l'agitation du centre sans en être très éloigné. Bungalows en bois avec chacun un thème (les Indiens, l'Égypte, etc.), tous décorés d'objets rapportés de voyages. Chouettes salons avec une bibliothèque remplie de livres en français et en anglais, agréable véranda pour le petit déj et grande piscine. Très belle adresse et accueil chaleureux.

À Aldeia de Geribá

Chez Marine *(hors plan par A2,* ***21****) : aldeia de Geribá, 18. ☎ 26-23-62-99. • chezmarine.com • Doubles 130-150 Rls hors saison, 150-180 Rls hte saison. On peut même payer en euros.* Marine, française expatriée, reçoit « comme à la maison ». Elle a décoré ses chambres (avec AC ou ventilo) par thème : coquillage, dauphins, bambou... Au rez-de-chaussée, la plus grande chambre, avec deux salles de bains, est réservée aux familles. Également une petite piscine. Les romantiques choisiront, pour un poil plus cher, la chambre spéciale avec lit rond et toit en bois amovible : ils dormiront ainsi sous les étoiles... En bonus, ce qui justifie le prix un peu élevé, prêt de vélos, kayaks, sorties en bateau ou à cheval...

Où manger ?

Dans le Centro

De bon marché à prix moyens (moins de 15 à 30 Rls / 6-12 €)

Restaurante David *(plan B2,* ***30****) : rua Manoel Turíbio de Farias, 260. ☎ 26-23-29-81.* Une cuisine brésilienne de qualité, des plats copieux et bon marché pour ce restaurant très fréquenté en soirée. Énorme choix de poissons comme de viandes, importées d'Argentine pour ces dernières. Le proprio, Jesus, saura vous faire patienter en offrant une bonne *caïpirinha* maison. Trente ans que ça dure, et ça tourne bien !

Bananaland *(plan B2,* ***31****) : rua Manoel Turíbio de Farias, 50. ☎ 26-23-26-66. Tlj.* Un petit *ao kilo* (35 Rls/kg) moins spacieux et offrant moins de choix que le célèbre *Buzin* voisin (lequel propose des sushis par exemple), mais plus convivial. Du coup, on a moins l'impression d'une ruée vers l'or à l'approche du buffet ! Variété et accueil soignés.

Estância Don Juan *(plan B2,* ***32****) : rua das Pedras, 178. ☎ 26-23-21-69.* Au cœur de la rua das Pedras, très bel espace tout en bois sur plusieurs niveaux. Cette *churrascaria* propose différentes pièces de viande argentine à tomber par terre. Tous les mardis, spectacle de tango *ao vivo.* Accueil très chaleureux.

Chic (plus de 50 Rls / 20 €)

Parvati *(plan B2, **33**) : rua das Pedras, 144. ☎ 26-23-13-75. Tlj. Petites pizzas (pour 2 pers) env 20 Rls, grandes (3-4 pers) env 40 Rls.* Resto italien spacieux et animé, tenu par un... Français ! De généreuses pizzas à la pâte fine et moelleuse qui portent les noms des plages de Búzios, et que l'on enfourne avec gourmandise sous le regard de personnalités hétéroclites comme l'incontournable Brigitte Bardot, Gandhi ou Pelé. Carte riche et variée laissant la part belle aux spécialités transalpines.

Satyricon *(plan C1-2, **34**) : av. J. R. Dantas, 500. ☎ 26-23-15-95. Juste en face de la plage d'Armação.* Ce resto remporte la palme du chic et cher. C'est là que les personnalités et autres stars du show-business, *brasileiros* ou étrangers, vont déguster une cuisine italienne raffinée et des spécialités de fruits de mer. Un must : le pain maison ; comble du snobisme, on dit que c'est le meilleur de la ville !

Où boire un verre ?

Une flopée de bars pour festoyer à Búzios. Une constante, la rua das Pedras, animée le soir en toute saison. Selon l'ambiance, l'heure et l'humeur de la nuit, quelques points de repère :

Anexo Bar *(plan B1-2, **42**) : Orla Bardot, 392. ☎ 26-23-68-37.* Il ne faut pas arriver trop tard (le mieux, c'est au coucher du soleil) pour s'installer sur l'un des confortables canapés blancs en terrasse, quasiment les pieds dans l'eau... Idéal pour siroter une petite *caïpirinha* et regarder passer les *gatos* et *gatinhas* (jolis gars et jolies filles) de Búzios.

Patio Havana *(plan B2, **41**) : rua das Pedras, 101. ☎ 26-23-21-69.* Superbe endroit. Belle grille en fer forgé, haut plafond, ventilos bucoliques agitant leurs palmes comme des grandes feuilles tropicales, du bois partout, de la musique cuivrée, vue sur la mer... Salle de billard à l'étage, cadre intime et atmosphère feutrée.

Également le ***Deep,*** pour une clientèle jeune et fêtarde. Entrée dans une galerie, au niveau de la crêperie en plein air *Chez Michou*. En étage. Pour se chauffer un peu avant d'aller danser.

Où danser ?

Privilège *: Orla Bardot, 50. ☎ 26-23-01-50. • privilegebuzios.com.br • Ven-dim. Entrée : 50 Rls pour les hommes, 25 Rls pour les* minas. Si vous arrivez avant minuit, la moitié de votre ticket peut être convertie en consos ; autrement, boissons en sus. Sur les deux grandes pistes de LA boîte de Búzios s'agite une jeunesse branchée, amatrice de musique électronique. L'ambiance ne décolle pas avant 1h30, alors la promo d'avant minuit sert surtout à meubler l'endroit ou à étancher votre soif au bar...

Les plages

On en compte 26, dont une quinzaine facilement accessibles. Elles sont toutes très différentes. Les bus *La Salineira* portant l'inscription « Praia » en font le tour. Nous aussi. Le parking est systématiquement payant (3 Rls environ).

L'ÉTAT DE RIO

Praia da Armação : *juste à côté du centre.* C'est en fait un charmant petit port, Porto Velheiro, qui offre une belle vue sur la baie. On ne s'y baigne pas. Les bateaux-taxis partent de là.

Praia dos Ossos : soit, littéralement, la « plage des os »... On en a retrouvé beaucoup ici. Búzios était en effet une plaque tournante de la piraterie et du commerce des esclaves. Le quartier des pêcheurs aujourd'hui. Mieux vaut ne pas s'y baigner non plus. Prisée des étrangers installés à Búzios.

Azeda et Azedinha : quasiment des criques, absolument adorables mais très prisées et vite bondées ! Vu la température idéale de l'eau, on comprend vite pourquoi. Amusant de voir tout ce petit monde repoussé en haut de la plage quand la marée monte. Azedinha est plus souvent à l'ombre. Baignade possible, location de masques et palmes. Accès interdit aux voitures.

Praia João Fernandes et praia Fernandinho : aussi fréquentées l'une que l'autre. Eau très bonne, presque tiède. La première est assez étendue. La seconde était la préférée de Brigitte Bardot, au point qu'elle porte aussi son nom. Sans doute l'une des plus belles plages de Búzios.

Praia Brava : plage sauvage, sans constructions, excepté deux bars. Quand la mer monte, le nageur n'a plus qu'à suivre le mouvement et à se cramponner aux rochers en haut de la plage. Idéale pour les surfeurs. Non loin de là, la *praia Olho de Boi* (œil-de-bœuf) pour les nudistes.

Praia do Forno : une petite plage préservée, sans guitounes. Location de kayaks. Mer calme mais pas bien chaude. Et ***praia da Foca,*** encore plus sauvage. La mer y est agitée, voire dangereuse. Attention aux rochers.

Praia da Ferradura : elle aussi semble tirer son nom du passé esclavagiste de la région. C'est ici qu'on enlevait les fers des esclaves. À moins que ça ne soit dû à sa forme en fer à cheval ? Aujourd'hui, c'est une grande plage assez familiale. Mer calme. Plus loin, vers Geribá, la petite ***praia de Ferradurinha.***

Praia de Geribá : grande plage de l'autre côté du centre. On y accède par des ruelles étroites. Moins fréquentée que les précédentes. Faut dire que l'eau y est un peu frisquette ! Parfaite pour se baigner et idéale pour les surfeurs (possibilité de louer des planches). Nombreux kiosques sur le sable, dont le *kiosque do Mineiro,* qui concocte de savoureux *pasteis* et *bolinhos de aïpim.* Un chemin mène en quelques dizaines de mètres à la plage de *Ferradurinha* : crique adorable et petite plage entre les rochers.

Praia da Tartaruga : la plus proche des *pousadas* bon marché. Les tours en bateau s'y arrêtent souvent. Très sympathique. Les nuits de pleine lune, il ne faut pas y manquer les *luaus,* sorte de *rave parties* sur la plage.

À faire

Se baigner, se montrer et faire la fête essentiellement ! Mais si vous souhaitez voir Búzios « de l'autre côté », prenez un des bateaux (comme le *Queen Mary*) qui longent les côtes et les îles environnantes. Tous les hôtels et les *pousadas* vous y inviteront. Les tours durent 3 ou 4h hors saison et 2h en été (pour un prix plus élevé !). Vous passerez près de l'*ilha Feia,* une réserve naturelle ; près de l'*ilha Rasa,* où se trouve l'hôtel 5 étoiles *Nas Rocas* ; vous aurez théoriquement le temps de vous baigner et de déjeuner à Tartaruga ou à João Fernandes (déjeuner à votre charge).
L'office du tourisme organise aussi ses propres tours sur des *escunas,* un peu moins chers.

DE RIO À SÃO PAULO : LA COSTA VERDE ET LE LITTORAL PAULISTE

Le chemin des écoliers entre Rio et São Paulo. C'est celui des côtes montagneuses à la végétation luxuriante, des belles routes en lacet, des vastes criques aux plages de rêve cernées par la forêt atlantique dégringolant des pics de la *serra do Mar.*
La BR 101, appelée Rio-Santos, est le chemin le plus long (600 km au lieu de 400 km), mais si merveilleux qu'on peut y consacrer quelques jours en s'arrêtant pour une randonnée de montagne, sur une île, dans l'une de ces petites villes du temps de la première colonisation *(Angra dos Reis, Paraty)* ou dans les villages de montagne du *vale* de Paraíba.
La Costa Verde, qui se prolonge par le littoral pauliste, forme l'ourlet maritime du sud de Rio. C'est d'abord l'immense *baie de Sepetiba,* suivie de la *baie d'Angra dos Reis,* fermée par Paraty, qui forme les 250 premiers kilomètres de cette côte bordée par plus de 300 petites îles montagneuses couvertes de cocoteraies. Elles font face au décor somptueux de la *serra da Bocaïna,* descendant vers l'océan depuis des sommets de 1 500 à 1 700 m d'altitude.
Après Paraty, la montagne se fait encore plus proche au moment d'entrer dans l'État de São Paulo, puis on aborde les villes balnéaires du littoral pauliste. Lieux de vacances et de week-end pour les classes moyennes de la métropole, elles dégradent le paysage à mesure qu'on s'approche de São Paulo.
On n'attendra pas cette déception pour quitter la côte et explorer la montagne. Ascension fantastique qui nous transporte dans un autre monde traversé d'immenses lacs artificiels, couvert de forêts d'eucalyptus. La région du *vale* de Paraíba est parsemée de petites villes montagnardes peuplées de *Caïpiras* (la célèbre *caïpirinha* est leur boisson favorite), des ruraux, artisans du bois et petits propriétaires, cultivateurs de café ou de canne.
C'est par ce chemin *caïpira* du café qu'on entrera dans l'univers urbain de São Paulo, une façon, peut-être, de mieux comprendre cette métropole des capitales du Brésil.

Comment se déplacer ?

➢ ***En bus :*** facile au départ de Rio ou, en sens inverse, de São Paulo. À chaque étape, on retrouvera aisément un bus dans chaque sens.
➢ ***En voiture :*** c'est quand même le moyen le plus agréable en 2-3 jours (ou plus pour les flâneurs). On peut camper en chemin, ce qui compense les frais de location. Au départ de Rio : prendre l'av. Brasil (bien indiquée) et aller toujours tout droit ; suivre la direction de São Paulo puis, au Trevo das Margaridas, continuer en direction de São João de Meriti, Itaguai, Angra ; on contourne Rio par le nord-ouest et, au bout de quelques dizaines de kilomètres, on retrouve à Itaguai la BR 101, en direction d'Angra dos Reis.
Possibilité également de longer la côte depuis Rio, en prenant par la plage de Barra, Recreio, puis direction Mangaratiba : il y a encore moins de chances de se perdre !

MANGARATIBA

30 000 hab. IND. TÉL. : 024

Petite ville endormie autour d'un port.

➢ ***Pour s'y rendre :*** 4 bus/j. depuis la *rodoviária* de Rio avec la Cie *Costa Verde* (trajet 2h30). Entre Angra dos Reis et Mangaratiba, bus ttes les 20 mn. *Rens :* ☎ *33-65-38-09.*

De Mangaritiba, bateau pour Vila do Abraão sur *Ilha Grande* (départ à 8h et retour de l'île à 17h30 ; trajet : 1h30-1h45 ; horaires variables en fonction des vacances).

ANGRA DOS REIS

144 000 hab. IND. TÉL. : 024

À 170 km de Rio. Ville historique qui doit son nom au fait qu'elle a été découverte le jour de la fête des Rois. Aujourd'hui, elle est plutôt enlaidie à cause des chantiers navals voisins de Verolme. Ce fut longtemps un port caféier. Subsistent quelques constructions coloniales comme l'*igreja Matriz Nossa Senhora da Conceição* (1625) et le *convento do Carmo* (1620). La ville est animée, et toute la population se retrouve le soir sur le port et dans les ruelles avoisinantes pour bavarder en terrasse en dégustant des fruits de mer. Mais l'intérêt, c'est surtout de quitter Angra à bord du premier bateau pour Ilha Grande !

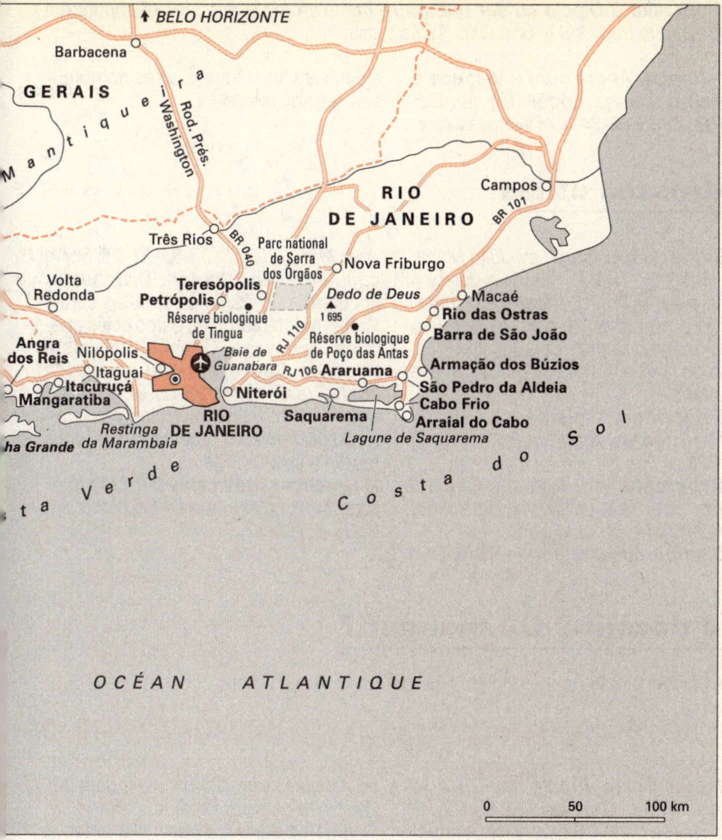

LE LITTORAL DE RIO À SÃO PAULO

Arriver – Quitter

En bus

🚌 ***Rodoviária :*** *un peu excentrée, sur les quais, près de praia da Chácara.* ☎ *33-65-20-41.*

➢ ***Rio :*** en gros, 1 bus/h dans les 2 sens, avec la *Cie Costa Verde* (☎ *33-65-17-50).* Dernier bus vers 21h pour Angra, 22h30 pour Rio. Trajet : 2h30.

➢ ***São Paulo :*** 3-4 liaisons/j. dans les 2 sens (slt 4 le sam depuis Angra), compagnie *Reunidas Paulista* (☎ *33-65-05-65).* Trajet : env 7h.

➢ ***Paraty :*** bus ttes les 30 mn, 5h-22h30, dans les 2 sens.

➢ Et 1 départ chaque soir de et vers ***Belo Horizonte,*** compagnie *Útil* (☎ *33-65-05-65).* Trajet : 10-11h.

En bateau

➢ ***Pour Ilha Grande :*** voir « Arriver – Quitter » à Ilha Grande, plus loin.

➢ ***Pour aller à Gipoia ou sur une autre île :*** s'arranger avec les pêcheurs qui proposent le trajet sur le port Cais Santa Luzia.

Jofama Angra.com – Viagens e Turismo : *praça Lopes Trovão, 52, loja 03.* ☎ *33-65-24-55.* Diverses excursions vers Ilha Grande et les nombreuses îles aux alentours.

Adresses utiles

Office du tourisme : *av. Júlio Maria, 10.* ☎ *33-67-78-26.* • *angra.rj.gov.br* • *Sur le port. Tlj 8h-20h.* Possède un catalogue d'hôtels et de *pousadas* à Ilha Grande avec photos et tarifs. Bien fait. Plan de la ville, horaires des bus et des bateaux.

Téléphone : Telemar, *à côté de l'hôtel* Londres, *rua Paul Pompeia. Tlj 7h-22h.*

Cybercafé : *sur la praça General Osório, derrière l'office du tourisme. Ouv 24h/24.*

Distributeur et change : HSBC, *rua Júlio Maria, 206.* ☎ *33-65-21-25. Sur le quai. Lun-ven 10h-15h. Distributeur accessible 6h-22h.* Accepte les cartes *Visa* et *Mastercard,* les euros et les chèques de voyage. Change possible à l'agence ***Califórnia-Sul :*** *travessa Santa Luzia, 43.* ☎ *33-65-37-67. Lun-sam 9h-17h.* Faites attention à emporter suffisamment d'argent avant de vous rendre à Ilha Grande.

Urgences médicales 24h/24 : hospital Santa Casa, *rua Dr Coutinho, 84.* ☎ *33-65-84-32.*

Où dormir ? Où manger ?

Pas terrible et pas donné non plus. En dépannage seulement.

De bon marché à prix moyens (50-120 Rls / 20-48 €)

Hotel Porto Rico : *rua Coronel Carvalho, 54.* ☎ *et fax : 33-65-09-92. Dans la rue principale, parallèle au quai. Doubles sans ou avec AC 60 Rls max.* Hôtel correct et central. Basique et terne, mais propreté acceptable.

Hotel Kuxixo : *rua Prefeito João Galindo, 142.* ☎ *33-65-03-46. Doubles 50-60 Rls. Un peu plus loin que l'hôtel* Porto Rico. Ne respire pas la joie, mais suffisamment propre pour dépanner.

Palace Hotel : *rua Coronel Carvalho, 275.* ☎ *33-65-00-32. Fax : 33-65-26-56. Doubles env 120 Rls avec petit déj.* De loin le plus agréable au centre-ville. Chambres bien équipées, élégantes et boisées. Parking, TV, AC...

Restaurante Verde Mar : *praça Lopes Trovão, 35.* ☎ *33-65-20-65. Sur le port, à côté de l'arrêt de bus. Plats du jour 20 Rls max ; un peu plus cher à la carte.* Le seul resto avec vue sur les bateaux, donc le plus agréable. Accueil super aimable et nourriture correcte. Priorité aux poissons frits et crustacés.

EXCURSIONS À PARTIR D'ANGRA

La baie d'Angra est l'une des plus belles de la côte, avec ses îles innombrables. C'est aussi un haut lieu de plongée et de chasse sous-marine pour les amateurs. On peut se rendre sur l'une de ces îles et y séjourner en camping sauvage.

L'île de Gipoia est parfaite... si vous évitez de pénétrer dans la partie qui est propriété privée de la famille Marinho, puissant propriétaire de *TV Globo* ! Mais il n'y a pas moins de neuf plages accessibles à pied !
Pour les puristes, la nature offre toute la nourriture nécessaire. Oursins et moules de roches, poisson très abondant et jacquiers sauvages dont les fruits, de plusieurs kilos, sont extrêmement nutritifs. Pour les autres, il y a un excellent barbuvette au débarcadère de Gipoia.

ILHA GRANDE

3 500 hab. IND. TÉL. : 024

« Oh Dieu, s'il y a un paradis sur terre, il n'est pas loin d'ici ! », se serait écrié Amerigo Vespucci en contemplant la baie d'Ilha Grande. Splendide île tropicale de 193 km² en face d'Angra, dont le pénitencier situé sur la plage de Parnaioca n'a fermé qu'en 1994. C'est aujourd'hui un site protégé, entouré d'eaux turquoise. Pas de voitures et beaucoup d'authenticité, même si le secteur touristique s'est considérablement développé. Heureusement, pour préserver l'île, les structures hôtelières sont limitées en nombre et en taille. On parle même de restreindre l'accès à l'île aux seuls touristes qui ont fait une réservation préalable, mais ce n'est pour l'instant qu'un projet. En tout cas, la bétonnisation à outrance ne passera pas par ici ! On vous recommande vivement de passer 3 ou 4 nuits sur place. C'est reposant, verdoyant, riche en émotions. C'est également l'un des rares endroits où vous pourrez faire seul de belles balades à pied pour découvrir des plages presque désertes, des forêts épaisses peuplées de singes hurleurs, ainsi que des cascades rafraîchissantes où vous pourrez tremper votre corps encore suintant de moiteur tropicale.

Arriver – Quitter

En bateau

➢ ***Mangaratiba :*** départ à 8h de Mangaratiba ; retour à 17h30 d'Ilha Grande. Trajet : 1h30-1h45.
➢ ***Angra :*** départ d'Angra lun-ven à 15h30, w-e et j. fériés à 10h ou 13h30. Traversée bon marché en semaine (env 6 Rls), mais nettement plus chère le week-end (15 Rls). Si vous avez loupé la liaison régulière, il reste les bateaux de pêcheurs. Adressez-vous à l'office du tourisme pour connaître tarif et lieu d'embarquement. Traversée 1h30. Débarquement à *Vila do Abraão,* situé sur la côte nord face à Angra dos Reis, le seul vrai village de l'île, où sont installées les *pousadas.* Penser à réserver en haute saison. Au retour, départ de Vila do Abraão vers Angra tlj à 10h.

Adresses utiles

■ ***Change :*** possible au magasin *Amazonia,* situé sur le front de mer après l'église. Ne pas s'attendre à des taux d'ami ! Faites vos réserves de liquide avant de quitter le continent.
@ Que ceux qui s'inquiètent de ne pouvoir se connecter au monde se rassurent : il existe plusieurs ***cybercafés*** sur l'île.
■ ***Sudoeste Turismo :*** *rua da Praia do Abraão, 647, casa 5.* ☎ *33-61-55-16.* • *sudoestesw.com.br* • L'une des agences qui organisent des excursions sur l'île et alentour. Dans une impasse qui longe le resto *O Pescador*.

Où dormir à Vila do Abraão ?

Attention, certaines *pousadas* n'acceptent pas les cartes de paiement. Si vous cherchez le calme, évitez à tout prix les hébergements les plus centraux.

Bon marché (moins de 70 Rls / 28 €)

Nombreux ***campings*** sur place, généralement rudimentaires question confort. *Compter 15 Rls/pers.*

***Holandês Hostel e Camping :** rua da Assembléia, s/n. ☎ 33-61-50-34. • holandeshostel.com.br • Après la rua dos Flores, à l'écart du centre. Nuitée 30 Rls/pers, petit déj compris. Chalets 2 pers 65 Rls. Réduc avec la carte HI.* Dortoirs avec salle de bains propre, casiers et draps fournis. Également d'adorables chalets. Possibilité de camper. Cuisine à dispo. Bonne ambiance. De toutes les AJ de l'île, sans doute la plus sympa.

Prix moyens (70-120 Rls / 28-48 €)

***Pousada Albatroz :** rua das Flores, 108. ☎ 33-61-55-98. • albatroz.ilhagrande@uol.com.br • Accès par une jolie rue fleurie. Chalets individuels ou appart 2 pers 50-80 Rls avec petit déj.* Dans un jardin arboré. Rudimentaire mais très correct. Accueil chaleureux.

***Pousada Oriental :** rua do Cemitério, s/n. ☎ 33-61-50-73. • oriental.ilhagrande.org • Doubles 110-130 Rls en hte saison, petit déj compris. En dortoir avec sdb 35-40 Rls/pers.* Dans une maison nichée sur les contreforts de la *serra* verdoyante, cette *pousada* assez *roots*, tenue par des Français, se situe à l'écart de l'agitation, dans un véritable havre de paix. Dortoir de 6 lits, chambres (2 à 4 personnes) et aussi une maisonnette avec jardin pour 4 personnes. Il existe en outre une chambre perchée, genre nid d'aigle, ouverte sur l'extérieur. Hors saison, on peut utiliser la cuisine. Très relax.

***Pousada Mata Nativa :** rua das Flores, 44. ☎ 33-61-58-52 ou 53-97. • pousadamatanativa.com • En hte saison, bungalows 2 pers 120-140 Rls avec petit déj. Prix très attractifs hors saison.* Dans une rue calme, en pente et arborée. Les bungalows ont un faux air de chalets suisses, jusque dans le confort : clim' et ventilo, TV, salle de bains. Accueil souriant.

Plus chic (120-200 Rls / 48-80 €)

***Pousada da Cachoeira :** rua do Bicão, 50. ☎ 33-61-95-21. • cachoeira.com • Doubles 120-160 Rls selon confort ; hors saison, moitié moins cher.* Une maison perdue dans la végétation, sur les hauteurs de l'île. Une dizaine de chambres confortables et charmantes, tout en pierre et bois. Au fond du jardin luxuriant coule une rivière où l'on peut se baigner. Klaus le patron est très accueillant. Tient aussi un resto (voir « Où manger ? »).

***Pousada Tropicana :** rua da Praia, 28. ☎ 33-61-50-47. • ilha-grande.net • Proche du débarcadère. Doubles 150-170 Rls déc-fév, 100-120 Rls le reste de l'année.* Elle est vraiment charmante cette *pousada*, avec sa poignée de chambres confortables et parfaitement tenues. Le proprio français et sa femme pourront vous guider dans votre découverte de l'île. Petit déj en plein air, face à la mer. Bon resto à prix moyens spécialisé notamment dans les grillades.

***Pousada Manaca :** praia do Abraão, 333. ☎ 33-61-54-04, 📱 96-31-23-74. • manaca.ilhagrande.org • Au bout du village, à droite en regardant la mer. Doubles 130-200 Rls selon saison et vue.* Le patron, Gérard, vit depuis plus de trente ans au Brésil. Il vous montrera avec plaisir sa collection d'objets traditionnels. Propose aussi – et c'est pour ça que vous êtes là ! – une poignée de chambres bien plaisantes, dont quatre font face à la mer. Chacune possède AC et ventilo, téléphone et minibar, eau chauffée au solaire. Pas de TV. Cour commune avec un sauna. Très sympa.

Pousada Naturalia : *praia do Abraão, 149. ☎ 33-61-95-84, 98-25-03-16.* • *pousadanaturalia.net* • *Après la* Pousada Manaca, *presque en bout de plage. Doubles env 150 Rls (200 Rls en déc-janv), petit déj inclus.* Pousada récente et très agréable, tenue par un Français. Douze chambres réparties dans deux bâtiments rouges adossés à la forêt. Toutes sont de bon confort (AC, ventilo, terrasse avec hamac) et ont vue sur la mer. L'eau est chauffée par énergie solaire. Ici encore, pas de TV : on n'est pas là pour ça ! Idéal pour un séjour vraiment au calme. De plus, Laurent saura vous donner tous les conseils pour que vous profitiez au mieux des ressources de l'île.

Pousada Solar da Praia : *rua da Praia, 32. ☎ 33-61-51-54 ou 53-68.* • *solardapraia.com.br* • *Doubles 150-200 Rls en hte saison, 100-150 Rls sinon, petit déj compris.* Dans une maison coquette et colorée. Les chambres latérales donnent sur un beau jardin fleuri, et celles à l'étage sur la mer (avec hamac sur le balcon). Bon accueil, confortable, propre et petit déj sous une paillote entourée de fleurs tropicales...

Où manger ?

Bon marché (moins de 20 Rls / 8 €)

Dom Pepe : *au coin de Vargas et Felício da Souza. ☎ 33-61-52-95.* Ne paie pas de mine, avec ses chaises en plastique jaune. Mais les locaux adorent : quelle meilleure garantie ? Cuisine hyper-basique, copieuse et vraiment pas chère.

Biergarten : *rua Getúlio Vargas, 161. ☎ 33-61-55-83. Dans la rue principale, parallèle à la plage. Repas 10-15 Rls.* Des restos *ao kilo* à Ilha Grande, il n'y en a pas des tonnes. Ce self-service est tenu avec sérieux par Klaus, de la *Pousada da Cachoeira*. Toujours un bon choix, notamment en aliments végétariens, et comme d'hab' on ne paie que ce qu'on mange. Fait également des sortes de *tapas* et possède une cave à vins qui laisse présager de bonnes soirées dans cette courette conviviale...

Toca do Guaiamum : *rua Getúlio Vargas, 351. ☎ 33-61-53-14.* Ambiance populaire pour une nourriture simple, bon marché et reconstituante, dans un cadre quelconque. Plutôt pour le déjeuner.

De prix moyens à plus chic (20-70 Rls / 8-28 €)

O Pescador : *rua da Praia, s/n. ☎ 33-61-51-14. Env 40 Rls/pers.* L'un des meilleurs restos de l'île, installé sur la plage. Cuisine de la mer absolument excellente, la *moqueca* par exemple, et bon service. Le tout dans un joli cadre bien romantique.

Restaurante Lua e Mar : *praia do Abraão. ☎ 33-61-51-13. Au bout de la plage. Repas 30-40 Rls.* Spécialités de poisson et crustacés, parmi lesquelles nous retiendrons le *bobo de camarão* (crevettes sauce manioc). Agréable à midi, à l'ombre des flamboyants, ou le soir à la lueur des bougies. Terrasse les pieds dans le sable. Service parfois un peu long.

À faire

➢ **Balades à pied :** nombreux sentiers, tous depuis Vila do Abraão. Cascades, forêt, piscines naturelles ne manquent pas ! Le *must* de l'île, c'est la superbe et sauvage ***praia de Lopes Mendes,*** considérée comme l'une des plus belles du monde. Une bonne solution est de s'y rendre à pied (environ 2h30 de marche) et de revenir en bateau (retour en milieu d'après-midi). Ne pas se baigner trop loin, courants dangereux. Pour les randonneurs, tenter l'ascension jusqu'au ***pic Papagaio*** (982 m d'altitude ; compter 5-6h), qui offre une superbe vue panoramique sur l'île. On peut encore citer la ***praia de Dois Rios,*** enserrée dans un cirque de montagnes : c'est là que se situait la prison, dont il ne reste que des ruines. Compter 5h aller-retour, le prix de l'infinie solitude...

– Nombreuses autres activités comme le ***kayak de mer*** ou la ***plongée*** (plusieurs clubs).

– ***Le tour de l'île en bateau rapide :*** cher (environ 150 Rls par personne) et durant une journée entière, mais passionnant. S'adresser à une agence, par exemple *Sudoeste Turismo* (voir ci-dessus « Adresses utiles »).

D'ANGRA À PARATY

VILA HISTÓRICA DE MAMBUCABA *(ind. tél. : 024)*

En contrebas de la route, au kilomètre 140 de la BR 101, après Praia Brava, le village historique de Mambucaba éparpille ses vieilles maisons autour de sa charmante église du XVIe s, au bord d'une belle petite plage de sable fin. De l'autre côté de la route s'élève la montagne du ***parque nacional de la serra da Bocaïna*** : plage, forêt atlantique et montagne.

Camping e Chalé Guaiamum : *à 200 m du centre (fléché depuis l'entrée du village). ☎ 33-62-22-44. • guaiacamping.com • Camping 20 Rls/pers. Chalets 2 pers 60 Rls avec petit déj.* « Chalets » pour 2 à 4 personnes, basiques mais corrects, avec des salles d'eau rustiques. Une adresse familiale, idéale pour rencontrer des Brésiliens. On peut goûter sur demande à la cuisine maison.

Pousada Vila Historica : *rua das Flores, 900. ☎ 33-62-20-91. • pousadavilahistorica.com.br • Dans le centre, à 100 m de l'église. Doubles 120 Rls avec* café da manha. Chambres confortables (AC, TV) installées dans une ancienne *casarão.* Bois à profusion et couleurs gaies rendent cette adresse très agréable, sans oublier l'accueil chaleureux de Neco.

TARITUBA *(ind. tél. : 024)*

À 30 km au nord de Paraty, dans une petite crique cernée par la *serra da Bocaïna,* Tarituba est un très paisible et charmant petit village de pêcheurs au bord d'une magnifique plage de sable. Deux îles en face paraissent si proches qu'on a envie d'y aller à la nage. Le *parc national de la serra da Bocaïna* borde le village et permet aussi des randonnées et des douches salvatrices sous les torrents d'eau claire. Des gargotes permettent de faire une pause-déjeuner sur la plage.

PARATY

30 000 hab. — IND. TÉL. : 024

Petite ville coloniale intacte, à 280 km de Rio, Paraty (du nom d'un poisson) est un des hauts lieux du tourisme historique brésilien. À la différence des autres villes coloniales, l'architecture forme ici un ensemble cohérent du XVIIIe s. Paraty était l'escale maritime et terrestre entre le Portugal et le Minas Gerais. Par ici passaient or, pierres précieuses, soies et épices, faisant de son port le plus important du XVIIIe s. Plus tard, avec l'abolition de l'esclavage et la

PARATY

Adresses utiles

- Centro de informações turísticas
- Rodoviária
- Poste
- 1 Distributeur automatique
- 2 Atrium – change
- 3 Stand de balades en bateau
- 4 Paraty Tours
- 5 Paraty Adventure
- 6 Laverie Paraty Wash

Où dormir ?

- 10 Camping Clube do Brasil
- 11 Pousada Miramar
- 12 Historic Centre Hostel
- 13 Paraty Hostel – Casa do Rio
- 14 Pousada Sonho Meu
- 15 Pousada Silotel
- 16 Pousada do Principe
- 17 Hôtel Solar dos Gerânios
- 18 Estalagem Colonial
- 19 Pousada Agua Viva
- 20 Pousada do Cais
- 21 Pousada Morro do Forte
- 22 Pousada da Marquesa

Où manger ?

- 30 Galeria do Engenho
- 32 Restaurante Sabor da Terra
- 33 Restaurante Chafariz
- 34 Bar Miracolo
- 35 Restaurante Casa do Fogo
- 36 Bistro Porto da Pinga
- 37 Bartholomeu
- 38 Margarida Café

Où boire un verre ?

- 41 Buenos Aires Café
- 42 Café Paraty
- 43 Café do Mercador

À voir

- 50 Casa da Cultura

construction de la voie ferrée entre Rio et São Paulo, Paraty entama son déclin... Son abandon fut un cadeau du ciel pour la conservation du site. Chaussées irrégulières, pavées de pierres dites *pé de moleque* (« pieds de garnements »), inégales et glissantes – chaussures fragiles fortement déconseillées –, vieilles demeures coloniales aux balcons de fer forgé, et le port exhibant ses canons du XVIIIe s. Impeccablement restaurée, la ville ressemble à un musée à ciel ouvert, accueillant une foule de visiteurs tout au long de l'année. C'est peut-être l'unique point négatif de ce charmant village. Alors venez en dehors des week-ends, lorsqu'il revient à son rythme indolent.
Puis, une fois les ruelles explorées, une promenade en bateau permettra de se baigner, faire un peu de plongée, découvrir une superbe vue d'ensemble sur la ville lors du retour vers le port.

Arriver – Quitter

En bus

Rodoviária *(plan A2).*
➢ ***Angra :*** ttes les 30 mn avec *Colitur (☎ 33-71-12-24).* Trajet : 2h.
➢ ***Rio :*** 8 bus/j. avec *Costa Verde (☎ 33-71-13-26).* Le dernier part vers 21h (dans les 2 sens). Trajet : 4h.
➢ ***São Paulo :*** 5 bus/j. (4 bus dim), avec *Reunidas Paulista (☎ 33-71-20-90).* Trajet : 6h.

Adresses utiles

Centro de informações turísticas *(plan A2) : av. Roberto Silveira, 1. ☎ 33-71-12-22. • paraty.com.br • paraty.com • Tlj 9h-21h.* Peu efficace, mais donne un plan de Paraty avec un topo sur les églises et une brochure sur les transports autour de la ville, notamment vers les îles.

Poste *(plan A1) : rua Domingos G. de Abreu. Lun-ven 9h-17h, sam 9h-13h.*

Distributeur automatique *(plan A1, **1**) : av. Roberto Silveira, proche du resto* Sabor da Terra. *Accessible 24h/24.* Le seul qui fonctionne avec certitude.

Change *(plan A2, **2**) : rua da Lapa. À la boutique **Atrium,** tlj 9h-18h.* Taux corrects.

Bornes Internet partout, dans des restos, des magasins, etc., dans le centre historique comme en dehors. Nombreux cybercafés dotés de ***cabines téléphoniques*** internationales.

Urgences médicales : *Santa Casa da Misericórdia, hôpital municipal de São Pedro de Alcântara, av. D. Pedro de Alcântara. ☎ 33-71-16-23 ou 13-77.*

Paraty Tours *(plan A2, **4**) : av. Roberto Silveira, 11. ☎ 33-71-13-27. • paratytours.com.br • Tlj 8h-21h.* Infos sur la plongée et les sorties en bateau dans les îles voisines. Organise de nombreuses excursions : en bateau, à cheval, écologiques, visites des distilleries (*alambiques* en brésilien), route de l'or... Location de vélos. Accueil souriant.

Paraty Adventure *(plan A2, **5**) : praça do Chafariz. ☎ 33-71-61-35. • paratyadventure.com • Proche de l'office du tourisme. Tlj 8h-21h.* Une autre agence sérieuse qui propose des programmes originaux, axés entre autres sur l'écotourisme.

Laverie Paraty Wash *(plan A1, **6**) : Shopping Martins, loja 15. ☎ 33-71-30-27.* Service à domicile également.

Où dormir ?

Camping

Camping Clube do Brasil *(hors plan par B1, **10**) : à Praia do Pontal. ☎ 33-71-10-50. Un peu excentré, à 1 km du centre en coupant par le pont. Nuitée 15-25 Rls/pers selon saison.* De l'herbe et pas mal d'ombre. Équipé de façon modeste mais suffisante et situé face à la plage.

Bon marché (moins de 80 Rls / 32 €)

Pousada Miramar *(plan A2, **11**) : rua Abel de Oliveira, 19 (Patitiba). ☎ 33-71-28-98. Doubles 50 Rls avec petit déj.* Chambres simples, au confort modeste, mais propres. On vient surtout pour l'accueil chaleureux et souriant des propriétaires. On peut même utiliser leur cuisine, faire une sieste sous la véranda et, si on le souhaite, pêcher un poisson pour ensuite le déguster « en famille ».

Historic Centre Hostel *(plan B2, **12**) : rua Dona Geralda, 211. ☎ 33-71-22-36. • historiccentrehostel.com • Nuitée 25 Rls/pers en dortoir de 4-9 pers ; doubles 50-60 Rls.* L'adresse idéale pour se loger pas cher dans le vieux centre. Chambres avec bains privés ou à partager, et dortoirs. Tout neuf, tout propre ! Tenu par des Anglais. Ambiance jeune et sympa. Location de vélos, Internet gratuit.

Paraty Hostel – Casa do Rio *(plan A1, **13**) : rua Antonio de Oliveira Vidal, 120. ☎ 33-71-22-23. • paratyhostel.com • En dortoir, 35 Rls/pers (30 Rls avec la FUAJ).* AJ officielle située en bordure de rivière. Partie commune très bohème, avec même une mini-piscine. Internet gratos, balades en buggy et en kayak... Animé et convivial.

Pousada Sonho Meu *(plan A2, **14**) : rua João Luis do Rosario (Patitiba). ☎ 33-71-20-69. • paraty.com.br/sonhomeu • À 300 m de la gare routière et 300 m du centre, facile d'accès. Doubles 60 Rls avec ventilo, 80 Rls avec AC (+ 20 % pdt vac de Noël), petit déj inclus.* Une jolie *pousada* récente et impeccable, qui propose une quinzaine de chambres sobres (dont 5 dans une annexe à 150 m, dans une impasse très calme).

Pousada Silotel *(plan A1, **15**) : rua Presidente Pedreira, 548. ☎ 33-71-13-20. • silotel.com.br • Près de l'entrée de la vieille ville. Doubles avec sdb, AC ou ventilo 65-75 Rls avec petit déj.* Petite piscine et agréable terrasse avec la vue sur les montagnes. Confortable et propre. Très bon accueil, de surcroît. Parking.

De prix moyens à plus chic (80-120 Rls / 32-48 €)

Pousada Agua Viva *(plan A2, **19**) : rua José Vieira Ramos, 13. ☎ et fax : 33-71-15-11. Doubles avec sdb, TV, frigo et AC 90 Rls, petit déj inclus.* Jolie maison aux chambres claires et très propres, bien équipées. Petit déj servi dans les chambres. Familial.

Hôtel Solar dos Gerânios *(plan B2, **17**) : praça da Matriz. ☎ et fax : 33-71-15-50. • paraty.com.br/geranio • Doubles 100 Rls, petit déj inclus.* Beaucoup de cachet pour cette vieille maison coloniale. Imposant escalier en bois et pierre au centre du patio, nombreuses plantes, plusieurs chats... Une dizaine de chambres au confort simple, mais toutes avec salle de bains et un petit balcon donnant sur la praça da Matriz, très agréable en fin de journée.

Pousada do Principe *(plan A1, **16**) : av. Roberto Silveira, 289. ☎ 33-71-22-66. • pousadadoprincipe.com.br • Doubles 115-145 Rls (+ 20 % de fin déc à mi-fév).* Une trentaine de chambres très confortables autour d'un jardin avec piscine. Pour un tel standing, vous paieriez deux fois plus cher au centre historique ! Une bonne affaire.

Estalagem Colonial *(plan B2, **18**) : rua da Matriz, 9. ☎ 33-71-16-26. • paraty.com.br/estalagemcolonial • Doubles 100-160 Rls, petit déj compris.* Dans une maison ancienne organisée autour d'un jardin tropical. Une adresse de charme, où le temps semble s'être arrêté. L'entretien aussi, si l'on regarde dans les coins. Certaines chambres ont douche et w-c à l'extérieur. Demander la n° 4, plus agréable (spacieuse, beaux meubles anciens...), ou bien la n° 5, qui surplombe les toits avec une belle vue sur la *serra*.

Plus chic (plus de 150 Rls / 60 €)

Pousada do Cais *(plan A2, **20**) : travessa Santa Rita, 20. ☎ 33-71-12-00. • pousadadocais.com.br • Au sud du centre historique. Doubles avec ou sans*

AC 150-220 Rls selon saison et vue, petit déj compris. Situation idéale. Splendide vue des chambres n°s 2, 3, 7, 8 et 9, où s'engouffre l'air frais de la mer. Évitez celles qui donnent sur la réception, bruyantes. Possibilité de balade en voilier. Bon accueil d'Amelia et Patrice, sympathique couple franco-brésilien.

Pousada Morro do Forte *(hors plan par B1,* ***21****) : rua Orlando Carpinelli, 21 (Pontal). ☎ 33-71-12-11. • pousadamorrodoforte.com.br • Doubles 150-200 Rls selon saison.* Un environnement magnifique pour cette *pousada* perchée en haut de Paraty. Chambres confortables avec mezzanine, pour 2 à 4 personnes, réparties autour d'une superbe terrasse en acajou. Piscine entourée d'un jardin tropical. En face, une piste mène au vieux fort portugais.

Très chic (autour de 300 Rls / 120 €)

Pousada da Marquesa *(plan B2,* ***22****) : rua Dona Geralda, 69. ☎ 33-71-12-63. • pousadamarquesa.com.br • Doubles 330-375 Rls selon saison, avec petit déj.* Dans un cadre splendide, une demeure coloniale marquée par les siècles. Meubles et objets d'époque. Piscine au cœur d'un jardin tropical. Petit déj servi dans une salle lumineuse. Salle TV, bar en soirée, parking. Et pour ne rien gâcher, un accueil extra.

Où manger ?

La meilleure façon de manger bon marché, c'est d'aller dans les *lanchonetes* de l'avenida Roberto Silveira, l'artère principale. Mais aussi dans les *padarias* (boulangeries), qui proposent de savoureux *petiscos.*

Bon marché (moins de 20 Rls / 8 €)

Restaurante Sabor da Terra *(plan A1,* ***32****) : av. Roberto Silveira, 180. ☎ 33-71-23-84. Tlj 11h-22h.* Élu meilleur self-service *ao kilo* de la ville depuis 1999 ! Donc très prisé des habitants. Formule économique de qualité avec un choix de 3 plats, une grande variété de légumes et de crudités, viandes ou poissons cuits sur le grill à votre goût à la commande, et la thermos de café à disposition.

Restaurante Chafariz *(plan A2,* ***33****) : rua Dr. Derly Ellena, 2. ☎ 33-71-23-16. À côté de l'office du tourisme. Tlj.* Moins cher que dans le centre historique, pourtant à deux pas ! Idéal pour déguster la *picanha* (délicieuse viande de bœuf) ou de bons poissons à la brésilienne.

Bar Miracolo *(plan B2,* ***34****) : praça da Matriz, 8. ☎ 33-71-10-45. Tlj.* Ce glacier sert également des plats italiens très corrects, à des tarifs sages. Lasagnes, sandwichs toastés, etc. à déguster en terrasse sur cette mignonne placette.

Prix moyens (20-40 Rls / 8-16 €)

Galeria do Engenho *(plan A2,* ***30****) : rua da Lapa, 18. ☎ 33-71-16-80. Tlj. Plats env 15 Rls, formules 2 pers avantageuses.* Une cuisine fort convenable à des prix très doux, eu égard à la qualité des plats et au service impeccable. Spécialités de viandes et fruits de mer.

Restaurante Casa do Fogo *(plan A2,* ***35****) : rua Comendador José Luiz, 390. ☎ 98-19-51-11. Ouv slt le soir.* Une adresse originale : tous les plats sont flambés avec des *cachaças* artisanales où ont macéré épices et fruits. Les hautes flammes du *fogo* font écho à la lumière tremblante des bougies.

Bistro Porto da Pinga *(plan B2,* ***36****) : rua da Matriz, 12. ☎ 33-71-15-63. Tlj. Plats min 20 Rls.* Fruits de mer, *moquecas*, crêpes, etc. Mais surtout, on goûte ici l'une des meilleures *caïpirinhas* de la ville. Une variété de plus de 300 *pingas* (!) exposées sur les murs du restaurant, éclairé à la bougie. Service attentionné et bonne ambiance.

Plus chic (40-70 Rls / 20-28 €)

Bartholomeu *(plan B2, **37**) : rua Dr Samuel Costa, 176. ☎ 33-71-50-32. Tlj. Plats 25-50 Rls.* Parmi les spécialités de cet excellent resto, citons le *ceviche*, le *picanha do roquefort* ou les calamars provençale. Superbe sélection de vins argentins. Raffiné et romantique, que ce soit en salle ou dans le jardin aux éclairages diffus. De plus, l'ensemble du personnel est très sympa.

Margarida Café *(plan A2, **38**) : praça do Chafariz. ☎ 33-71-24-41. Tlj 12h-1h. Plats 25-50 Rls ; menus à prix variables.* Dans un cadre idyllique, avec profusion d'œuvres d'art et de plantes vertes, vous goûterez à la cuisine la plus fine qui soit : poissons et viandes fondants, légumes croquants, sauces délicieuses, présentation inventive... Service aux petits soins. Les soirs de concert, « couvert musical » demandé (pas trop cher).

Où boire un verre ?

Buenos Aires Café *(plan B2, **41**) : rua Dona Geralda, 44. Ouv jusqu'à env 22h.* Tenu par une Argentine haute en couleur. Plus qu'un café, un vrai lieu de vie ! Bonne musique, grignotage d'*empanadas* (chaussons à la viande) ou autres petits délices, livres et jeux à disposition, ainsi que de nombreuses boissons maison originales.

Café Paraty *(plan A2, **42**) : rua do Comércio, 2533. ☎ 33-71-01-28. « Couvert musical » 7-35 Rls/pers.* Point de rendez-vous pour écluser des bières. Bien, mais assez cher, car il y a un orchestre live tous les soirs et on paie le « couvert musical », variable suivant la notoriété du chanteur.

Café do Mercador *(plan A2, **43**) : rua Domingos Gonçalves de Abreu, s/n.* Dans la tradition des *botecos* cariocas. Le patron sert des pressions et prépare à la demande des petits en-cas. Il ne reste plus qu'à s'asseoir sur les bancs de pierre qui donnent sur la place et à regarder passer les voitures...

À voir. À faire

Casa da Cultura *(plan B2, **50**) : rua Dona Geralda, 177. ☎ 33-71-23-25. • casadaculturaparaty.org.br • Tlj sf mar 10h-19h30 (18h30 hors saison). Entrée : 5 Rls.* Incontournable. Au 1er étage, une passionnante expo permanente retrace l'histoire locale. Une foule d'infos accessibles sur ordinateur, ainsi que des documents originaux glissés dans des tiroirs. Aux murs, vaste trombinoscope audio et vidéo où des locaux évoquent leurs souvenirs et leur vie quotidienne.

Fazenda Murycana *: à env 5 km de Paraty. ☎ 33-71-11-53. Depuis la route Rio-São Paulo, prendre direction Cunha, passer le Ponte Branco et continuer. Entrée : 5 Rls.* Visite d'une distillerie *(alambique)* et dégustation de *cachaça*. Modeste musée d'objets agricoles et domestiques anciens : on n'apprend pas grand-chose. Cela dit, le coin est plaisant, avec ses cascades, ses paons en liberté, son parcours dans les arbres. Resto dans un joli cadre.

➢ ***Balades en bateau :*** faire un de ces tours à bord des *escunas* et des *saveiros*. On vous en proposera partout. Il y a un ***stand*** *(plan B2-3, **3**)* sur le port. Durée : 5h. Possibilité aussi de louer un bateau de pêcheur le long de la jetée. Tarif à l'heure. Économique si vous êtes plusieurs. N'oubliez pas que vous aurez le bruit du moteur... En tout cas, ne manquez pas d'aller voir la baie, ses îles, ses propriétés...

➢ La montée au ***fort portugais*** constitue une bonne petite promenade digestive, mais n'a guère d'intérêt en soi. Panorama bouché par la végétation. Le fort abrite une humble exposition d'objets locaux.

➢ Quelques jolies ***cascades*** autour de la ville. Le mieux est de se procurer un plan à l'office du tourisme et de louer un vélo pour partir en vadrouille.

Visite et achats : dans toutes les rues du vieux quartier. Nombreux ateliers d'artistes et échoppes d'artisanat local : objets en bois peint, toiles, hamacs, chapeaux de paille... à tous les prix.

Fêtes

– ***Fête du Divino :*** *10 j. pdt la Pentecôte.* Feux d'artifice, grandes distributions de pain et de viande, les attributs du gouvernement sont donnés au peuple.
– ***Saint-Pierre et Saint-Paul :*** *1er-2 juil.* La fête a lieu dans l'île d'Araújo, de jour, avec de grandes processions de barques, suivies, la nuit, de réjouissances.
– ***Festival da Pinga :*** *1 w-e (ven-dim) en août.* Pour savourer la meilleure cachaça du Brésil !

VERS SÃO PAULO PAR LE VALE DO PARAÍBA

On quitte la baie d'Angra et on entre dans l'État de São Paulo en traversant le cap de Trindade.
Le littoral pauliste est tout à fait différent des baies souriantes de Paraty ou d'Angra. Ce sont d'immenses plages de sable blanc battues par l'océan qui déferle sans obstacle à la lisière des cocotiers. Après *Ubatuba* et à partir de *Caraguatatuba* (plage immense et agréable) commence vraiment l'enfer des côtes à touristes, du commerce balnéaire et des complexes hôteliers. Cela ne fera qu'empirer jusqu'à Santos, avec embouteillages et pollution croissante. Il est temps de changer de route.
À Caraguatatuba, prendre la direction de São José dos Campos par la SP 99. Ensuite commence l'ascension des montagnes du *vale do Paraíba* et de l'intérieur pauliste. Route excellente et paysages somptueux. On découvre une terre de café, de canne à sucre, d'élevage laitier, de bananes, de *fazendas* et d'alambics. Ménagez-vous une courte halte à Paraíbuna, bourgade de 6 000 habitants perchée au cœur de la montagne. Une atmosphère paisible et authentique : quelques placettes où il fait bon flâner, un vieux kiosque et l'*igreja Matriz de Santo Antônio,* avec une belle façade d'azulejos portugais représentant les *bandeirantes.* À l'intérieur, de grandes fresques turquoise de l'artiste Alvaro Pereira ornent les plafonds. Jeter aussi un œil aux *halles* de la fin XIXe s, sur la praça do Mercado.
La réserve d'eau voisine, qui régule la rivière Paraíba (en tupi, « eaux sombres ») et fournit l'électricité à la région, forme sur 206 km un magnifique lac de montagne (artificiel), aménagé pour la promenade, ce qui le rend populaire auprès des familles paulistas. Un bateau assure des excursions sur le lac. Activités nautiques, équestres et pédestres possibles.

SÃO PAULO

11 millions d'hab. IND. TÉL. : 011

***Paulista* : habitant de l'État de São Paulo, soit un quart de la population du Brésil et autant que celle de l'Argentine. *Paulistano* : habitant de la capitale, qui comptait plus de 11 millions d'habitants en 2006, sans oublier un total de plus de 19 millions de personnes pour l'ensemble de la région métropolitaine. Ces chiffres font de São Paulo la deuxième agglomération urbaine d'Amérique latine (après Mexico) et la cinquième du monde. Immense concentration humaine, donc, où plus de 10 % des Brésiliens se compriment les uns contre les autres sur bien moins d'un millième de la surface du pays !... Ville à l'échelle**

de celui-ci, capitale économique du Brésil (avec plus d'un tiers de l'activité industrielle) et son principal centre financier. « Est-elle humaine ? », se demande-t-on lorsqu'on y débarque...

Évidemment, une telle densité de population soulève des problèmes de tous ordres. L'électricité provient du barrage d'Itaipu, tout près des chutes d'Iguaçu. Plus de 15 000 t d'ordures par jour, dont le traitement devient de plus en plus cher et difficile. Lors des fortes pluies d'été, la rivière Tietê et ses affluents débordent régulièrement, malgré de très importants travaux d'aménagement : bien des quartiers sont alors paralysés. Les cinq millions de voitures produisent des encombrements monstres, avec plus de 150 km de rues engorgées et des vitesses moyennes dignes d'un tilbury ; en hiver, la pollution due aux émissions des gaz des voitures fait apparaître la ville, vue de loin, comme surmontée d'une calotte nuageuse, rouge sous le soleil ; elle plombe la ville en noir, blanc et gris, comme le montrent magnifiquement les photos de Sebastião Salgado. Le Paulistano en rigole : il dit jouir du rare privilège de voir l'air qu'il respire. Du coup, selon le chiffre final de leur plaque d'immatriculation, les voitures doivent rester au garage un jour par semaine, de 7h à 10h et de 17h à 20h. Enfin, le relief a imposé l'aménagement de nombreux échangeurs à différents niveaux et des tunnels urbains. Bien souvent les distances sont énormes, sauf pour les riches businessmen qui se déplacent à bord d'une flotte d'hélicoptères, sillonnant sans cesse le ciel de la ville.

Ville paradoxale ? Le mot est faible, tant les constructions sont incontrôlées et souvent hideuses, dans cette ville où bon nombre de vieux bâtiments ont été rasés pour faire place aux buildings. Mais la ville comporte aussi de très beaux bâtiments, aussi bien modernes que du début du XXe et même du XIXe s !

São Paulo est une ville « dehors », qui pullule de vendeurs de camelote (souvent des contrefaçons ou des produits entrés en contrebande du Paraguay), proposant leurs articles aux foules d'employés circulant dans les rues du centre, au milieu des sans-abri. Rua Barão de Itapetininga, une véritable armée d'hommes-sandwichs présente des offres d'emploi à des files de candidats hésitants. Tout ce monde vit à l'extérieur, tandis qu'un autre univers se presse dans les buildings : fonctionnaires, employés, prestataires de petits boulots en tout genre – liftiers, porteurs de café, nettoyeurs de carreaux, coursiers... Paradoxalement, si vous arrivez un week-end, vous aurez l'étrange sensation d'un centre-ville presque vide, car nombre de Paulistanos rentrent alors chez eux... dans les lointaines banlieues : en effet, au contraire de Rio, où favelas et quartiers résidentiels se côtoient, les exclus ont été ici repoussés hors de la ville. Les gens aisés, de leur côté, ont sauté dans un avion, et les classes moyennes dans une voiture, pour prendre un peu l'air à la plage ou à la campagne.

Après un tel tableau, vous vous demanderez sûrement : « Vais-je aimer São Paulo ? » Un conseil : si vous décidez de la comprendre, de découvrir ses havres d'humanité, ses excellents restos, bars, boîtes, théâtres, musées et parcs, arpentez ses avenues, empruntez son métro, ses bus et, surtout, cherchez à rencontrer les Paulistanos. C'est la ville idéale pour découvrir le Brésil sans être vu comme un touriste et sans voir des foules de touristes. São Paulo est également la capitale culturelle et gastronomique du pays et elle ne veut recevoir de leçon de personne.

Dernier point : les distances sont souvent démesurées. Alors, avis aux budgets serrés : si vous ne logez pas près d'une bouche de métro, il vous faudra rentrer en taxi le soir ou la nuit. Il faut dire encore que la crise économique est la grande responsable de la très nette détérioration de la sécurité que l'on constate depuis quinze ans, et ce malgré les efforts croissants des forces de l'ordre, dont la présence est très visible au centre de la ville. Maintenant, c'est à vous de décider de partir (ou pas) à la découverte de ce « western » urbain, de vous lancer (ou non) dans le trekking culturel et gastronomique de la ville tentaculaire du Brésil...

UN PEU D'HISTOIRE

À 750 m d'altitude, avec un temps plus doux et plus frais qu'à Rio, sur un plateau largement sillonné par des cours d'eau, les jésuites trouvèrent ici l'endroit idéal pour construire, en 1554, leur mission Saint-Paul, qui donnera son nom à la ville. Au XVIIe s, la découverte de l'or du Minas Gerais provoqua un brutal développement de la ville. Elle devint le camp de base des orpailleurs, des *bandeirantes* et autres aventuriers, sans pour autant en profiter : l'or était centralisé à Rio pour être exporté au Portugal. C'est le café, au XIXe s, qui fit entrer São Paulo dans le monde moderne et industriel, en bouleversant la vieille société coloniale. L'émancipation progressive des esclaves, qui s'acheva en 1888, entraîna l'arrivée en masse d'immigrants européens venus travailler dans les *cafezais*. Au début du XXe s, São Paulo est déjà une métropole, une place boursière mondiale et un centre industriel complexe. Dès les premières grandes crises économiques européennes, Italiens, Allemands, Polonais, Russes, Espagnols, soit des millions d'Européens, ainsi que des sujets de l'ancien Empire ottoman fuient vers les Amériques. En 1908, ce sont les Japonais qui arrivent. Plus que tout autre, plus que paulista, le Paulistano est d'abord et avant tout un émigré. De la première, deuxième ou dixième génération. Il est un peu nordestin, un peu carioca, un peu bahianais, un peu gaucho, un peu... de tout. Il est donc un type universel de Brésilien...

São Paulo se développe au rythme des grandes vagues migratoires mais n'échappe pas à la crise mondiale de 1929 : on brûle alors le café dans les locomotives pour empêcher les cours de s'effondrer.

L'établissement de la dictature de Getúlio Vargas, en 1930, réoriente toute l'économie du pays vers le développement industriel, avec l'idée de transformer le Brésil en nouvelle puissance. São Paulo est le centre de cette conversion. Un moment, la bourgeoisie paulista entrevoit le rêve de diriger le pays. Mais la « révolution de 1932 » échoue et São Paulo doit se résigner à céder son rôle politique. Jusqu'en 1995, aucun président de la République, aucun général important, aucun dirigeant d'une grande institution fédérale ne sera un Paulistano...

Les grandes vagues d'immigration européenne taries, le « miracle brésilien » des années 1950 va mobiliser l'immigration intérieure du Minas Gerais, puis du Nordeste. La population de la ville passe de 2,2 millions en 1950 à 8,5 millions en 1980, et São Paulo devient la plus grande ville nordestine du pays. Mais les crises monétaires des deux dernières décennies du XXe s aidant, la demande de main-d'œuvre diminue : au début du XXIe s, un Paulistano sur cinq est sans travail, et nombre d'immigrants reprennent la route pour poser leurs valises ailleurs.

Pourtant, quoique sans aucun titre officiel, São Paulo est la ville qui entraîne le pays dans ses transformations sociales, sa modernisation culturelle et l'évolution des mœurs politiques : c'est de là qu'est parti le renouveau du mouvement politique et syndical en 1980-1985, avec la création du Parti des travailleurs ; c'est encore la mobilisation de São Paulo qui a donné le signal du mouvement populaire qui allait destituer le président Collor de Mello en 1992.

Pour la première fois, en 1994, comme une revanche, ce sont deux « vrais » Paulistanos – « Lula », né dans le Pernambuco, et F. H. Cardoso, natif de Rio – qui se sont disputé la présidence du pays. En 1998, Cardoso est reconduit au pouvoir, et Lula y arrive en 2002 (et persiste en 2006), après avoir vaincu un autre Paulistano, celui-ci authentique (et fils d'un immigrant italien), José Serra.

Arrivée à São Paulo

En avion

✈ Tous les vols internationaux, ainsi qu'une partie des vols intérieurs, atterrissent à l'***aéroport de Guarulhos*** (dit aussi *Cumbica*), à 25 km du centre-ville. Il y a 2 terminaux (T1 et T2), côte à côte. ☎ *64-45-29-45.*

ℹ ***Comptoirs d'infos touristiques :*** *à la sortie de chaque terminal ; celui du T2 est un peu éloigné, sur la gauche. Tlj 6h-22h.* À chaque comptoir, deux servi-

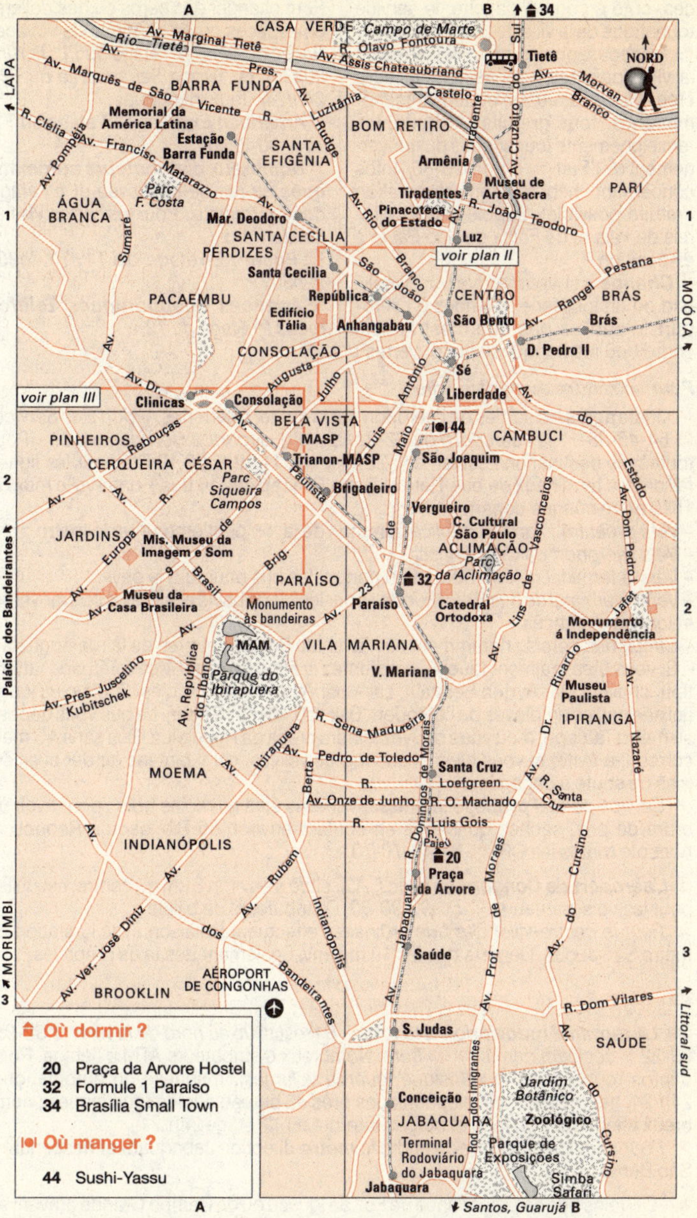

SÃO PAULO – ENSEMBLE (PLAN I)

ces, côte à côte. À gauche, le service touristique de la ville de São Paulo *(CIT ; • cidadedesaopaulo.com •)*. Cartes de la ville (pas très bonnes, la meilleure étant *Mapa das Artes*) et dépliants thématiques, tous gratuits. À droite, les renseignements touristiques du gouvernement de l'État *(☎ 64-45-23-80)*. Infos concernant l'hébergement (réservation gratuite possible). Suppléments culturels de *Veja* et de *Folha de São Paulo* à disposition.

■ ***Change :*** si vous arrivez un week-end ou un jour férié, changez à l'aéroport, n'oubliez pas que c'est le seul endroit où les banques sont ouvertes ! Pour changer des euros ou des dollars, en espèces ou en chèques de voyage, *Banco do Brasil (1er étage du T1 ; tlj 10h-20h30)*, ou *Banco Safra (sortie du T2 ; 24h/24)*. Taux identiques.

■ ***American Express :*** *1er étage du T1. Tlj 6h30-22h30.*

■ ***Nombreux distributeurs automatiques*** *au rez-de-chaussée et à l'étage des 2 terminaux.* Pour les cartes *Visa* et *MasterCard*.

✉ ***Poste :*** *2e étage du T1. Tlj 7h30-22h30.*

■ ***Agences téléphoniques Telefónica :*** *2e étage du T2.*

Pour se rendre au centre-ville

➢ Juste après les sorties de l'aéroport sur la droite, billetteries *Airport Bus Service. ☎ 64-45-38-11 (à l'aéroport) ou 62-21-02-44. • airportbusservice.com.br •* Pour toutes les destinations suivantes : 28 Rls, soit 11,20 € (29,10 Rls pour les lignes ralliant les terminaux de bus Tietê et Barra Funda). Env 16 bus/j., intervalle max de 1h10 entre chaque départ.
– *Vers le centre :* ligne *República,* directe ; de là, on peut emprunter le métro.
– *Vers l'aéroport de Congonhas.*
– *Vers le terminal de bus Tietê,* d'où partent les bus pour tout le pays.
– *Vers le terminal de bus Barra Funda :* pour les bus urbains et certains bus moyenne et longue distances.
– *Circuit des hôtels :* notamment sur l'avenida Paulista et près de la rua Augusta.
– Si vous êtes vraiment fauché, empruntez la ligne *Terminal Metrô Tatuapé* (attention, choisir « par Ayrton Senna », car « par Assis Ribeiro », c'est 2 fois plus long), utilisée par les employés de l'aéroport. Billet : 3,40 Rls ; 9 bus/j. Le bus vous dépose au métro Tatuapé, d'où vous pouvez joindre praça da República. Bus sans AC mais correct ; à éviter si vous avez beaucoup de valises, car il faut les garder avec soi (pas de soute à bagages).

➢ Service de ***taxi prépayé*** intéressant si vous êtes au moins trois ; pour avoir un ordre de prix, sachez qu'il vous en coûtera environ 65 Rls jusqu'à República. Accepte toutes les CB. ☎ 64-40-70-70.

✈ ***L'aéroport de Congonhas*** *(plan I, A3)*, situé à environ 8 km du centre, est utilisé pour les vols intérieurs. ☎ *50-90-90-00.* Distributeurs de billets.

➢ *Pour le centre-ville,* des **bus** ordinaires effectuent la liaison avec la station de métro São Judas. Départs ttes les 10 mn env. Également des taxis prépayés.

En bus

Le terminal rodoviário Tietê *(plan I, B1) est situé au nord de la ville. ☎ 32-35-03-22. • socicam.com.br •* Ⓜ *Tietê.* Nombreux distributeurs ATM à l'étage. Point d'infos touristiques et consigne *(guarda volumes),* manuelle ou automatique, 24h/24. Vente de cartes téléphoniques près du bureau d'infos touristiques ; nombreux téléphones en face et bureau Internet au 1er étage 24h/24.

➢ *Pour rejoindre le centre,* prendre le ***métro*** direction Jabaquara et descendre à São Bento ou Sé.

Certains bus en provenance de Foz de Iguaçu ou de Campo Grande arrivent au ***terminal rodoviário Barra Funda.*** ☎ *33-92-21-10.* Ⓜ *Barra Funda.* Nombreux distributeurs ATM, téléphones, consignes, etc.

➢ *Pour rejoindre le centre,* prendre le ***métro*** direction Itaquera et descendre à República.

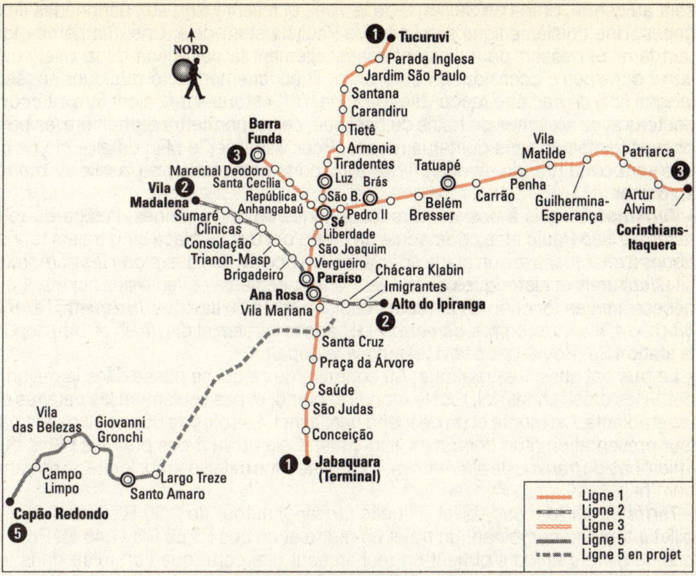

LE MÉTRO DE SÃO PAULO

Les différents quartiers

La ville s'est tout d'abord érigée sur l'espace de collines et de vals situés dans le confluent du fleuve Tietê et de la rivière Pinheiros qui la délimitaient au nord et à l'ouest.
Le centre s'est établi de part et d'autre d'un petit affluent sud-nord du Tietê, qui formait le *vale do Anhangabaú* (prononcer « Aniangabaou », « vallée du Diable » en guarani), aujourd'hui couvert mais toujours enjambé par le viaduc du Chá, qui relie le quartier de la *praça da Sé* (place de la Cathédrale), à l'est, à celui de la *praça da República,* à l'ouest de l'Anhangabaú.
Partant de cette croix, la ville s'est étendue par collines et vallons successifs vers les quatre points cardinaux, en fonction des vagues d'immigration et des stratifications sociales.
L'axe de l'Anhangabaú se prolonge au nord par l'*avenida Tiradentes* vers les quartiers populaires nord, au-delà du Tietê. Au sud, par les *avenidas 23 de Maio* et *9 de Julho,* deux voies rapides, on croise l'*avenida Paulista,* qui surplombe la ville sur une ligne de crête de 2,8 km, sud-est/nord-ouest. Et l'on redescend vers le sud et l'ouest, jusqu'aux marges du rio Pinheiros, où s'étalent des quartiers aisés.
Il faut noter que les quartiers « cossus » se sont déplacés au fil du temps : d'anciens endroits chics sont devenus commerciaux (tels que l'avenida Brasil), ou même des zones pauvres aux maisons délabrées (tel Campos Elíseos).

Comment se déplacer ?

En métro et en bus

– ***Le métro*** est plus développé et plus pratique qu'à Rio ; ouvert tous les jours de l'aube à minuit. Deux lignes principales, l'une nord-sud et l'autre est-ouest, se croisent au centre, praça da Sé (km 0 de la ville), et relient jusqu'aux périphéries éloignées. Une troisième ligne suit l'avenue Paulista et au-delà. Une quatrième (portant le n° 5) dessert pour l'instant essentiellement la périphérie de la ville, vous aurez donc peu d'occasion de l'emprunter. Théoriquement, d'ici quelques années, la ligne n° 5 devrait être raccordée à la ligne n° 1, et toutes devraient être interconnectées avec six lignes de trains de banlieue, ce qui permettra d'atteindre les périphéries lointaines sans quitter le réseau. Pour visualiser le plan détaillé et voir ce que sera cette grande révolution des transports en commun de la ville : • metro.sp.gov.br •

– ***Turismetrô :*** avis à nos lecteurs lusophones ou anglophones, l'office du tourisme de São Paulo et la compagnie de métro ont mis en place cinq trajets touristiques à effectuer avec un guide spécialisé. Un bon moyen d'explorer les nombreux sites culturels et historiques de la ville. Renseignements et vente des tickets (1 à 3 nécessaires en fonction du parcours choisi) auprès du kiosque *Turismetrô.* ☎ *69-58-37-14.* • *spturis.com/turismetro* • Départs ts les sam et dim (à 9h et 14h) depuis la station Sé. Rdv au plus tard 20 mn avt le départ.

– ***Le bus*** est aussi très pratique. Au contraire de ce qui se passe dans la majorité des villes brésiliennes, ici, tout le monde le prend, et pas seulement les pauvres ou les étudiants. On monte et on descend par l'avant. Les plus de 65 ans ne paient pas (sur présentation d'un document d'identité). Cela ne vaut pas pour les petits bus (*microbus* ou *transporte alternativo*). Toutes les infos détaillées sur le site : • sptrans.com.br •

– ***Tarifs :*** pour le métro, billet à l'unité *(unitário)* autour de 2,30 Rls (env 0,90 €) ; billet *integrado* combinant un trajet en métro et en bus : 3,65 Rls (1,45 €). Pour le bus, le *bilhete único* s'obtient en rechargeant une carte que l'on retire dans les *lotéricas* ou dans les kiosques *SPTrans* (dans toutes les stations de métro). Ce *bilhete único* permet de prendre jusqu'à 4 bus dans un délai de 2h, en ne payant qu'un trajet.

En taxi

Ils fonctionnent au compteur. La taxe de départ est plus élevée qu'à Rio (3,20 Rls, soit 1,30 €). Compter de 10 à 20 Rls pour les petites et moyennes courses. Bon à savoir : si la circulation est encombrée, on peut essayer de négocier un prix fixe, surtout les jours un peu calmes pour les taxis, comme le dimanche (par exemple, 50 Rls du centre à l'aéroport de Guarulhos).

En voiture

La circulation est assez compliquée, surtout du fait que, dans les rues à double sens, on ne peut pas tourner à gauche ; par ailleurs, il faut faire attention aux échangeurs d'avenue sur plusieurs niveaux. Le Paulistano n'est pas un conducteur agressif, mais la conduite n'est pas une partie de plaisir... La priorité à droite existe... théoriquement ! Ne pas oublier que, chaque jour ouvrable, 20 % des voitures ne sont pas autorisées à circuler entre 7h et 10h ni entre 17h et 20h. Se renseigner sur le site • cetsp.com.br • Et garer sa voiture n'est pas toujours aisé ni bon marché. Pour résumer : sauf pour les grandes distances ou les endroits mal desservis, mieux vaut prendre le métro, le bus ou... le taxi (surtout le soir).

Adresses et infos utiles

Informations touristiques

ℹ ***Offices du tourisme :*** les services d'info de la ville (*CIT,* • cidadedesaopaulo.com •) sont tous tenus par de jeunes gens fort sympas qui feront de leur mieux pour vous aider. En général, ils se débrouillent en anglais, parfois en espagnol, rarement en français. Cartes de la ville et dépliants touristiques.

– *Au terminal rodoviário Tietê : au rez-*

de-chaussée, lun-ven 6h-22h, w-e 8h-20h.
– Plusieurs kiosques en ville : praça da República (plan II, D5), av. São João, 473 (plan II, D5), av. Paulista, face au parque Trianon (plan III, J7). Tlj 9h-18h. On y parle l'anglais.
■ ***Associação paulista de albergues de juventude (APAJ) :*** *rua 7 de Abril, 386, 2ᵉ étage.* ☎ *32-58-03-88.* • *albergesp.com.br* • *(en portugais).* Ⓜ *República.* Une seule AJ en ville, hors du centre (à 10 mn à pied du métro). Les allergiques à la pollution pourront dormir à l'AJ du Pico do Jaragua, à 25 km du centre (1h de bus) ; mais c'est un très mauvais choix pour visiter la ville. Résa obligatoire à l'association. Catalogue gratuit de toutes les AJ du pays, avec photos et description précise des moyens de transport pour les atteindre. Carte *Hostelling International* à 40 Rls environ. Pas de critère d'âge.
■ ***ABPC – Associação brasileira de pousadas e campings :*** *rua Barão de Mauá, 630, Centro Guarulhos.* ☎ *64-68-81-91.* • *acamp.com.br* • Très loin, mais pas besoin d'y aller, car leur site donne des informations sur les campings de l'État de São Paulo.

Poste et télécommunications

✉ ***Poste centrale*** *(plan II, E5)* ***:*** *rua Líbero Badaró, 595. Lun-ven 9h-17h, sam 8h-18h. Rens au* ☎ *0800-570-01-00.* Poste restante et fax.
■ ***Telefônica*** *(plan II, D5,* ***2****)* ***:*** *rua 7 de Abril, 295. Dans le centre ; accès par la praça da República. Lun-ven, sf j. fériés, 9h-17h30.* Appels internationaux au 1ᵉʳ étage. Vente de cartes au rez-de-chaussée. Prendre celles de 75 unités (2 mn avec l'Europe), difficiles à trouver en kiosques.
– Sinon, nombreux téléphones publics dans les rues. En principe, vous en trouverez toujours un dans un rayon de 300 m.
@ ***Servnet*** *(plan II, D4,* ***4****)* ***:*** *rua Vieira de Carvalho, 203 (Arouche).* ☎ *33-62-86-62. Tlj 10h-5h.*

Argent, change

Quelques conseils et rappels : changez dans les banques. Les week-end et jours fériés, si vous n'avez pas de carte *Visa* ou *MasterCard* et que vous n'avez pas été

■ Adresses utiles

- ℹ Kiosques touristiques
- ✉ Poste centrale
- **2** Telefônica
- **3** Banco do Brasil
- @ **4** Servnet
- **6** Varig
- **9** Localiza
- **10** Livraria francesa
- **11** Laverie

Où dormir ?

- **21** Hotel São Sebastião
- **22** Hotel Joamar
- **23** Hotel da Praça
- **24** Hotel Rivoli
- **25** São Francisco Plazza Hotel
- **26** O Nosso Hotel
- **27** Hotel Paulicéia
- **28** Hotel Galeão
- **29** Formule 1 São João

Où manger ?

- **40** Almanara
- **41** Sujinho
- **42** Churrascaria Boi na Brasa
- **43** La Casserole
- **45** Bakery Itiriki
- **46** Gigetto
- **47** Cantina Montechiaro
- **48** Il Cacciatore
- **49** Churrascaria Bassi

Où boire un verre ? Où écouter de la musique ? Où danser ?

- **62** Café Piu-Piu

À voir. À faire

- **71** Faculté de droit et igreja de São Francisco
- **72** Largo de São Bento
- **73** Viaduc du Chá
- **75** Tour Itália
- **76** Mercado municipal
- **77** Teatro Oficina
- **78** Igreja de São Gonçalo

C
D
4
5
6
PRAÇA PRINCESA ISABEL
Glete
Al.
Avenida
Helvétia
R. Barão
Al. Barão
R.
R. de Caxias
Avenida
R. Osório
Rua dos Gusmões
28
3
R. das Palmeiras
Rua
Cintra
Santa Cecília
Rua Ana
de
Duque de
Cons.
General
SANTA EFIGÊNIA
R. Santa
dos
Rio
Aurora
LG. STA. CECÍLIA
São
R. Dr. Frederico Steidel
Campinas
R. Limeira
R.
Guaianazes
26
27
R. Sebastião Pereira
R. F. Abranches
Avenida
João
29
Vitória
Nébias
Branco
43
4
PRAÇA JÚLIO MESQUITA
23
11
Av. V. de Carvalho
REPÚBLICA
dos
Rua
Avenida
41
R.
LG. DO AROUCHE
R. P. Américo
R. Jaguaribe
Rua
Freitas
Freitas
Rua do Arouche
Rua
Avenida
do Boticário
R.
Rua
Santa
Sabel
Rua
PRAÇA DA REPÚBLICA
Rua 24 de Maio
de Barros
Dr.
República
Rua
Marquês
de
Itú
25
42
Bento
Ipiranga
R. Barão de Itapetininga
22
10
R. Dom José
Rua
General
Rego
Jardim
21
Crispiniano
PRAÇA ROTARY
Mota
Artur da Costa e Silva
Araújo
40
R. Sete de Abril
24
Rua
Major
Sertório
75
Av. São Luís
R. Marconi
2
R. Conselheiro
Via Elev. Pres.
Rua
Avenida
Xavier de Toledo
R. Maria Antônia
Junior
Rua
Rua
PRAÇA D. JOSÉ GASPAR
ANHANGABAÚ
Consolação
6
R. Cel.
da
R. O. de Andrade
Formosa
PRAÇA FRANKLIN ROOSEVELT
9
PRAÇA DES. MÁRIO PIRES
R.
Anhangabaú
Rua
Rua
R. João Guimarães Rosa
R. Nestor Pestana
Vd. Nove de Julho
R. J. Adolfo
Julho
Stevaux
Carvalho
de
Vd. Eus.
Rua Marquês de Paranaguá
Caio
Fontes
R. Martins
Rua
R. Major Quedinho
Pass.
PRAÇA DA BANDEIRA
dos Piques
Augusta
Av. Radail Leste-Oeste
Vd. M. Prado
Avanhandava
46
de
PRAÇA GEN. CRAVEIRO LOPES
Antônio
Prado
Vd. Jacareí
Amaro
R. Jacareí
Rua
Rua
Prado
Rua
Santo
R. Major Diogo
Rua
Rua Japurá
Rua Maria
Rua Frei Caneca
Nove
PRAÇA ÁLVARO DE CARVALHO ARANHA
Rua Abolição
Santo
Rua Genegra
47
48
Rua São Domingos
Miquelina
R. Del. Everton
R. Louis Porrio
Rua
R. Treze de Maio
PRAÇA ITALO BAGNOLI
Rua Quatorze de Julho
R. Aguiar de Barros
Francisca
Rua
R. do Bixiga
Rua
62
Avenida
Vd. Júlio de Mesquita
Rua
Av. Brigadeiro
Paim
BELA VISTA
Rua Manuel Dutra
77
Rua
49

SÃO PAULO – CENTRE (PLAN II)

■ **Adresses utiles**

- 🛈 Kiosque touristique
- **1** Banco do Brasil
- **5** Consulat de France
- **7** Consulat de Belgique
- **8** Consulat de Suisse
- **12** Tam

Où dormir ?

- **30** Formule 1 Jardins
- **31** Formule 1 Paraíso
- **33** Pousada Dona Ziláh

Où manger ?

- **50** Sujinho
- **51** Shintori
- **52** Frevo
- **53** Z-Deli
- **54** Galeria dos Pães
- **55** Alfama dos Marinheiros

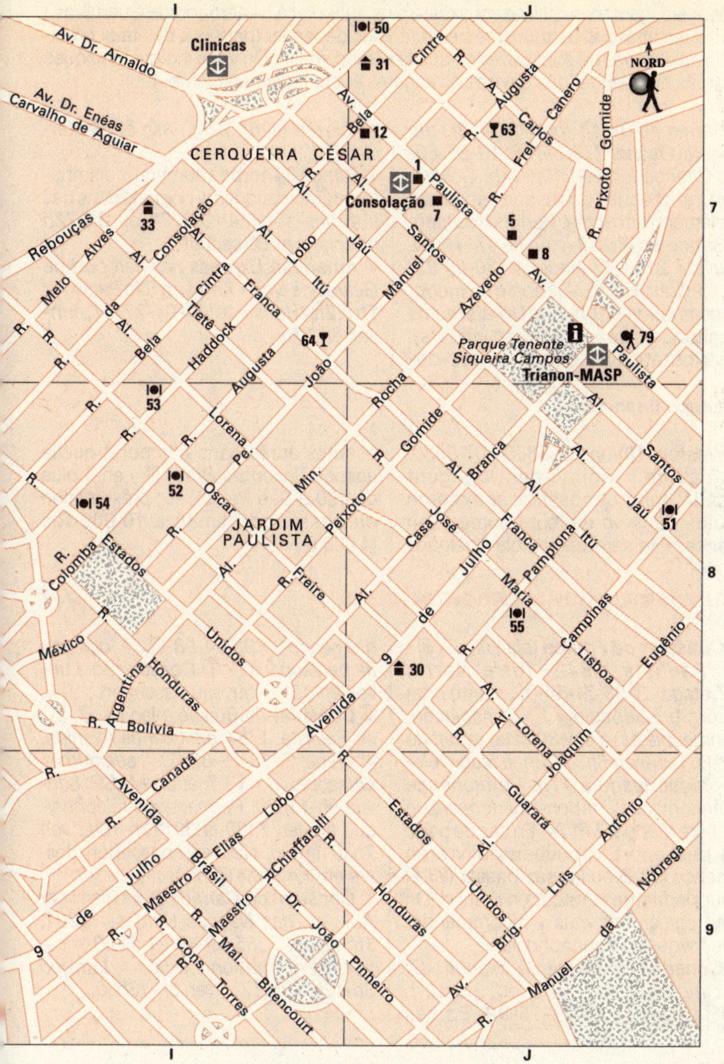

SÃO PAULO (PLAN III)

56 Consulado Mineiro
57 Andrade
58 Purpurina - Oficina de Pizzas
64 Ritz Bar e Lanches
65 Bar das Batidas
66 Conexión Caribe
67 Carioca Club

Où boire un verre ? Où écouter de la musique ? Où danser ?

57 Andrade
63 Espaços Unibanco de Cinema

À voir. À faire

56 Feira de artes, cultura e lazer da Praza Benedito Calixto
79 Museu de Arte de São Paulo (MASP) et Feira de antiguidades

prévoyant, gare à vous ! Il ne vous reste plus qu'à aller à... l'aéroport de Guarulhos ! Quelques agences de tourisme peuvent vous dépanner (parfois à des taux prohibitifs), mais elles ne sont ouvertes que le samedi matin. On vous indique quelques endroits où changer des devises étrangères et où trouver un distributeur.

■ ***Banco do Brasil*** *(plan II, D4, **3**) : rua General Osório, 273/277.* ☎ *21-07-60-00. Change lun-ven 10h-14h.* Dollars, euros et chèques de voyage (en dollars seulement) acceptés. Parfois très long.
■ ***Banco do Brasil*** *(plan III, J7, **1**) : av. Paulista, 2163 (1er étage).* ☎ *30-66-93-22.* Ⓜ *Consolação. À la sortie du métro. Change lun-ven 10h-13h.* Dollars, euros et chèques de voyage (en dollars). Distributeurs de billets au rez-de-chaussée *(tlj 6h-22h), Visa* et *MasterCard.*
■ ***Banco 24 horas :*** nombreux distributeurs automatiques, y compris dans des stations-service *(24h/24 ou 6h-22h pour raisons de sécurité).*
■ ***American Express :*** *à l'aéroport de Guarulhos (voir « Arrivée à São Paulo ») ; 7h-22h. Rens :* ☎ *40-04-77-97, lun-ven 8h-17h.*

Urgence financière

■ ***Western Union :*** ☎ *0800-707-9330.* En cas de besoin urgent d'argent liquide, faire déposer la somme en liquide dans un de leurs bureaux en France. Elle sera disponible quelques minutes après dans n'importe quelle agence *Banco do Brasil* (il y en a plus de 130 à São Paulo), sur présentation du passeport ; limité à 10 000 Rls (4 000 €).

SÃO PAULO

Représentations diplomatiques

■ ***Consulat de France*** *(plan III, J7, **5**) : av. Paulista, 1842, Torre Norte, 14e étage.* ☎ *33-71-54-00.* • *ambafrance.org.br/saopaulo* • Ⓜ *Consolação. L'immeuble est à env 80 m en retrait de la rue. Lun-ven 8h30-12h, accueil téléphonique jusqu'à 17h. Permanence téléphonique tlj : répondeur donnant un numéro d'appel 24h/24.* En cas de perte du passeport : nouveau délivré en urgence (30 €) ou laissez-passer (23 €) pour permettre le retour en France. On peut également vous y recommander des médecins francophones.
■ ***Consulat de Belgique*** *(plan III, J7, **7**) : av. Paulista, 2073, ed. Horsa I, 13e étage.* ☎ *31-71-15-99. En cas d'urgence :* 📱 *92-24-98-66.* • *diplomatie.be/saopaulo* • Ⓜ *Consolação. Lun-ven 9h-13h.* Nouveau passeport : 10 €.
■ ***Consulat de Suisse*** *(plan III, J7, **8**) : av. Paulista, 1754, ed. Grande Avenida, 4e étage.* ☎ *33-72-82-00.* • *eda.admin.ch/saopaulo* • Ⓜ *Trianon-MASP. Lun-ven 9h-11h30. Permanence téléphonique lun-jeu 7h30-8h30, 13h-16h ; ven 7h30-11h30.* Nouveau passeport délivré en 1 journée (70 Fs).
■ ***Consulat du Canada*** *(hors plan I par A3) : av. das Nações Unidas, 12901, 16e étage.* ☎ *55-09-43-21 ou 43.* • *cs-spalo@international.gc.ca* • *Lun-jeu 8h-12h, 13h-17h ; ven 8h-13h30.*

Urgences

■ ***Ambulances :*** ☎ *192. 24h/24.*
■ ***Pharmacie São Paulo :*** *av. Paulista, 2073. 24h/24.*
■ ***Médecins francophones :*** *appeler le consulat,* ☎ *33-71-54-00 (voir « Représentations diplomatiques »).*
■ ***Hospital São Paulo :*** *rua Napoleão de Barros, 615.* ☎ *55-76-45-22.* Hôpital de la faculté de médecine. Très bon service. Gratuit.
■ ***Hospital das Clínicas*** *(plan III, I7) : av. Dr Enéas Carvalho de Aguiar, 255.* ☎ *30-69-60-00.* Ⓜ *Clínicas.* Énorme centre hospitalier en état de faire face aux urgences graves. Gratuit.
■ ***Santa Casa de Misericórdia*** *(plan II, C5) : rua Dr Cesário Mota Junior, 112 (Vila Buarque-Centro).* ☎ *21-76-70-00.*

Hôpital public des sœurs. Efficace et gratuit.
■ ***Hospital Sírio Libanês :*** *rua Dona Adma Jafet, 91 (Bela Vista).* ☎ *31-55-02-00.* Établissement privé de très haut niveau, et cher ; à n'utiliser que pour des urgences vraiment critiques.
■ ***Police touristique Deatur*** *(plan II, D5) : av. São Luís, 91.* ☎ *31-20-67-82 ou 32-14-02-09. Lun-ven 8h-20h ; w-e 13h-18h.* On y parle l'anglais et l'espagnol. *Autre poste rua 15 de Novembro, 347.* ☎ *31-07-56-42. Également aux aéroports.*
■ ***Police civile :*** ☎ *32-91-65-30.*

Transports aériens

■ ***Air France*** *(hors plan III par H9)* ***:*** *av. Chedid Jafet, 222, bloco B, 2e étage. Résa :* ☎ *40-03-99-55. Fax : 30-49-09-38. Tlj 9h-18h. À l'aéroport de Guarulhos, terminal 1 :* ☎ *40-03-99-55. Fax : 64-45-37-97. Tlj 14h30-20h40.* Billet remplacé en cas de perte, après vérification auprès de l'agence émettrice.
■ ***Varig*** *(plan II, D5,* ***6****) à l'aéroport de* ***Guarulhos*** *:* ☎ *64-45-31-17, tlj 5h-23h30. À l'aéroport de* ***Congonhas*** *:* ☎ *50-91-25-72, tlj 5h-23h. Numéro central :* ☎ *40-03-70-00, tlj 8h-20h.*
■ ***Tam*** *(plan III, J7,* ***12****)* ***:*** *rua Bela Cintra, 1157, à l'angle de l'av. Paulista.* ☎ *40-02-57-00 (central de résa). Lun-ven 9h-18h, sam 9h-11h30. À l'aéroport de* ***Guarulhos*** *:* ☎ *64-45-41-95. À l'aéroport de* ***Congonhas*** *:* ☎ *50-90-93-38 ou 39.*
■ ***Gol :*** *à l'aéroport de Congonhas. Rens et résa :* ☎ *0300-115-21-21.* • *voegol.com.br* •

Location de voitures

■ ***Localiza*** *(plan II, C5,* ***9****)* ***:*** *rua da Consolação, 419.* ☎ *32-31-30-55. Lun-sam 8h-20h, dim et j. fériés 8h-14h. Résa :* ☎ *0800-979-20-00.*
– ***À Guarulhos :*** ☎ *64-45-21-33 ou 20-97.*
– ***À Congonhas :*** ☎ *55-33-25-24 ou 35-35.*
■ D'autres loueurs, comme ***Unidas*** *: rua da Consolação, 345.* ☎ *31-55-57-10, 11 ou 09. Lun-ven 7h-20h, sam 8h-18h.*
– ***À Guarulhos :*** ☎ *64-45-21-13.*
– ***À Congonhas :*** ☎ *55-36-35-84. Résa :* ☎ *0800-12-11-21.*

Journaux et culture

La presse française se trouve sans difficulté dans les grands kiosques de la praça da República (avenida Ipiranga) et aussi avenida Paulista. Compter deux ou trois jours de décalage. C'est aussi là que vous pourrez acheter les guides et les cartes routières. Dans les aéroports, journaux et magazines français dans les librairies *Laselva.*

■ ***Livraria francesa*** *(Librairie française ; plan II, D5,* ***10****) : rua Barão de Itapetininga, 275.* ☎ *32-31-45-55. Rue piétonne en face de la praça da República. Lun-ven 9h30-18h30, sam 9h-13h.*
■ ***Alliance française*** *(plan II, C5)* ***:*** *rua General Jardim, 182.* ☎ *30-17-56-76.* • *aliancafrancesa.com.br* • Ⓜ *República. Café, expositions, bibliothèque. Nombreuses unités dans les quartiers. Numéro central :* ☎ *0800-55-00-00.*
■ ***Fnac*** *(plan III, J7-8) : av. Paulista, 901.* ☎ *21-23-20-00.* Ⓜ *Trianon-MASP. Tlj 10h-22h.* Journaux et revues. Cafétéria. Événements culturels presque tous les jours. Vente de billets de théâtre jusqu'à 20h. Deux autres magasins dans la ville.
■ ***Agendas culturels :***
– *São Paulo This Month* : ce petit guide fait le tour des activités culturelles de la ville. *Turismo e hotelaria* donne aussi des infos, ainsi qu'un plan du métro. *Cultura* est un guide complet des activités culturelles liées à la mairie de la ville. Ces trois publications mensuelles et gratuites peuvent être trouvées en kiosques.
– Achetez le journal *Folha de São*

Paulo ou l'hebdo *Veja* ; le premier a un supplément journalier *(Ilustrada)* et un supplément hebdomadaire (*Guia da Folha*, le vendredi), et *Veja* a un cahier (hebdo aussi, *Veja São Paulo*). Ils ont beaucoup d'infos sur l'actualité culturelle et gastronomique. Leurs sites internet : • *folha.uol.com.br* • *vejasaopaulo.abril.com.br* •

– *Guia Quatro Rodas de São Paulo :* en vente dans tous les kiosques de la ville. Énorme et assez cher (autour de 30 Rls, soit 12 €) ; indices des rues de São Paulo et de quelques villes de l'agglomération, bus, métro, etc. C'est un vrai annuaire des lieux culturels et gastronomiques de la ville.

Divers

■ **Laverie** (plan II, D4, **11**) *: praça Júlio Mesquita, 13. À l'angle de la rua Aurora. Tlj sf dim 8h-20h.*

Où dormir ?

Les hôtels les plus économiques sont situés dans le centre, non loin de la praça da República, d'où partent les bus pour l'aéroport ; les plus bas prix correspondent au quartier de Santa Efigênia, mais il faut savoir que si cette zone est à peu près sûre le jour, elle l'est nettement moins à partir de la tombée de la nuit. Cela concerne essentiellement le carré derrière la praça Júlio Mesquita jusqu'à la gare de Luz, très commerçant le jour et lieu de prostitution et de trafic de drogue le soir (rien que ça !). Donc, à vous de voir s'il vaut mieux ou non prendre un hôtel un peu plus cher dans un quartier plus agréable et ne pas vous sentir menacé, ni obligé de rentrer en taxi. Cela étant, si vous décidez de vous éloigner un peu de votre hôtel (ce qui va très vite, quel qu'il soit !), vous pourrez de toute façon être obligé de prendre un taxi pour rentrer... Alors, investissez un peu plus ou faites preuve de la prudence la plus élémentaire.

Auberge de jeunesse

Praça da Arvore Hostel *(plan I, B3,* **20***) : rua Pageú, 266. Résa : ☎ 55-84-53-19 ou 50-71-51-48. • spalbergue.com.br • Ⓜ Praça da Árvore (sortie Bosque da Saúde ave), puis 10 mn à pied. Nuitée 31-47 Rls/pers selon chambres, draps et petit déj inclus. CB Visa acceptées.* On y parle l'anglais et l'espagnol. À disposition des résidents : cuisine, laverie, Internet, salon TV, etc. Horaires d'entrée et de sortie libres. Diverses soirées à thème.

À República

Prix moyens (40-70 Rls / 16-28 €)

Hotel São Sebastião *(plan II, D5,* **21***) : rua 7 de Abril, 364. ☎ 32-57-49-88. Ⓜ República. À deux pas de la praça da República, dans la rue (et tout près) du centre téléphonique (Telefônica) et proche des bus pour l'aéroport. Doubles 55 Rls.* Il faut payer cash. Propre et refait à neuf. TV, téléphone et frigo-bar dans les chambres. Rue animée la journée (éviter les chambres sur rue, bruyantes le matin), mais très calme le soir. Bon accueil.

Hotel Joamar *(plan II, D5,* **22***) : rua Dom José de Barros, 187. ☎ 32-21-36-11. • hoteljoamar.com.br • Dans le quartier piéton du centre, proche de l'animation et de la place. Doubles 64 Rls avec petit déj.* TV, ventilo et téléphone dans des chambres bien tenues. Impeccable.

Hotel da Praça *(plan II, D4,* **23***) : praça Júlio Mesquita, 90. ☎ 32-23-66-99. • hoteldapracasp.hpg.com.br • Doubles env 55-60 Rls.* Garage. Sur une petite place plutôt charmante, bien que bruyante et polluée, car en plein trafic de l'avenida São João. La façade et la réception ont un petit cachet sympathique, mais mieux vaut demander une chambre à l'arrière et avec *piso* (parquet ou carrelage), TV, frigo-bar et téléphone. Simple, mais une valeur sûre du quartier.

Hotel Rivoli *(plan II, D5,* ***24****) : rua Dom José de Barros, 28. ☎ 32-31-56-33. Dans une rue piétonne. Doubles env 45 Rls, petit déj compris.* Chambres plutôt petites mais claires et bien ventilées, avec TV, frigo-bar et téléphone. Pas d'ascenseur. Accueil sympa.

São Francisco Plazza Hotel *(plan II, C5,* ***25****) : rua Marquês de Itú, 271. ☎ 32-21-70-01 ou 75-03. Près de la praça da República. Doubles 60 Rls avec petit déj.* Hôtel correct, à prix moyens : téléphone, TV. Propre et clair.

À Santa Efigênia

Quartier très central, mais franchement peu sûr le soir. Donc, taxi quasi obligatoire si vous rentrez après la tombée de la nuit.

De bon marché à prix moyens (30-70 Rls / 12-28 €)

O Nosso Hotel *(plan II, D4,* ***26****) : rua Aurora, 459. ☎ 33-31-78-99. Non loin de la sympathique praça Júlio Mesquita. Doubles 30 Rls sans sdb, apartamento avec sdb 45 Rls, petit déj compris.* TV et téléphone dans toutes les chambres. Très convenable et propre. Bon accueil.

Hotel Paulicéia *(plan II, D4,* ***27****) : rua dos Timbiras, 216. ☎ 33-31-97-33. Non loin de l'av. Ipiranga. Chambres très sommaires mais prix bas : 20 Rls sans sdb, 25 Rls avec. Pas de petit déj.* Des hôtes y habitent depuis des années ; accepte aussi des couples pour rencontres rapides, vous voilà prévenu. Accueil sympa.

Hotel Galeão *(plan II, D4,* ***28****) : rua dos Gusmões, 394. ☎ 33-31-82-11. • hotelgaleo.com.br • Doubles 45 Rls sans sdb, 60 Rls avec, petit déj inclus. CB refusées.* Chambres propres, de style colonial. Correct, certainement le plus agréable du quartier. Bon accueil.

Ailleurs

Prix moyens (60-90 Rls / 24-36 €)

Formule 1 : il n'est pas dans nos habitudes d'indiquer des hôtels de chaîne, mais, à São Paulo, ça peut dépanner. Évidemment, confort très standardisé... mais garantie de ne pas vous retrouver dans un hôtel de passe... *Infos et résas : • accorhotels.com.br • Apparts logeant jusqu'à 3 pers (un lit simple et un double) env 90 Rls ; petit déj 5 Rls/pers. Quatre adresses encore centrales :*

– Formule 1 São João : av. São João, 1140 (Centro ; plan II, D4, ***29****). ☎ 68-78-64-00.*

– Formule 1 Jardins : av. 9 de Julho, 3597 (Jardim Paulista ; plan III, J8, ***30****). ☎ 38-86-46-00.*

– Formule 1 Paulista : rua da Consolação, 2303 (Cerqueira César ; plan III, J7, ***31****). ☎ 31-23-77-55.*

– Formule 1 Paraíso : rua Vergueiro, 1571 (Paraíso, plan I, B2, ***32****). ☎ 50-85-56-99.*

Chic (150-250 Rls / 60-100 €)

Pousada Dona Ziláh *(plan III, I7,* ***33****) : alameda Franca, 1621-1633 (Jardim Paulista). ☎ 30-62-14-44. • zilah.com • Ⓜ Clínicas. Rue calme et agréable près des av. Rebouças et Paulista. Doubles env 140 Rls, petit déj inclus. Réduc le w-e.* Établissement agréable et accueillant, proposant de belles cham-

SÃO PAULO

bres doubles avec salle de bains, TV et ventilo.

Brasília Small Town *(hors plan I par B1,* ***34****) : rua Dr Olavo Egídio, 420 (Santana).* ☎ *62-81-33-55.* • *brasiliasmalltown.com.br* • Ⓜ *Santana. À 5 mn à pied du métro, proche de la gare routière Tietê. Prendre la rue Leite de Moraes, puis à gauche la rue Dr Zuquim ; ensuite, à 3 blocs sur la droite. Compter 165-200 Rls pour 2 à 3 pers, petit déj compris ; réduc le w-e : 120 Rls pour 2 pers au lieu de 165 Rls.* Apparts plutôt classes de 55 m², tout confort : AC, frigo-bar, énorme baignoire et belle vue ; pas de cuisine. Piscine, sauna, salle de gym, tennis et resto. Un bon plan pour des familles, d'autant que les enfants de moins de 7 ans ne paient pas. Excellent rapport qualité-prix.

Où manger ?

S'il est connu pour son goût du *churrasco* – gaucho à l'origine mais devenu une véritable institution paulista – et ses poulets grillés et rôtis, le Paulista a une cuisine très variée où l'on sent un bon fond paysan. La *feijoada paulista* aux haricots rouges n'a rien à envier à sa collègue noire de Rio.
À São Paulo, on mange beaucoup et bien, toutes sortes de cuisines. De tout le Brésil, mais aussi du monde entier avec, toujours, une adaptation aux palais brésiliens : cuisines italienne, japonaise, portugaise, arabe, russe, espagnole, chinoise, hongroise, française, allemande, scandinave, argentine, grecque, juive, indienne...
Sachez que dans bien des restaurants populaires, le plat du jour le midi est à peu près fixe. Le mardi : *ensopado* ; les mercredi et samedi : *feijoada* ; les lundi et jeudi : *virado à paulista* (ça vous tient au corps !) ; le vendredi : *bacalhau* (morue).
On n'indique pas de catégories de prix pour les restos de São Paulo, pour deux raisons : d'une part, on ne mange vraiment très bon marché que dans les *lanchonetes* et les selfs. Par ailleurs, il est difficile de classer un resto qui propose, par exemple, une *picanha* à 25 Rls (ce qui correspond à un prix moyen, et à 300 ou 400 g de viande minimum) : si vous la partagez, l'addition entre du même coup dans la catégorie « Bon marché ». Cela dit, on précise quand il est possible ou non de demander une assiette supplémentaire.
Enfin, on classe les restos et les bars par quartiers, car, étant donné les distances souvent impressionnantes entre les adresses, il est plus judicieux de passer une soirée par quartier, surtout si l'on a un budget serré.

Dans le centre

Entre la praça da Sé et le viaduto do Chá, *ruas Líbero Badaró* et *São Bento,* vous trouverez quantité de bars et de restos populaires où l'on mange d'excellents plats du jour, ainsi qu'une multitude de *salgados,* de délicieux jus de fruits et des amuse-gueules nourrissants. Même chose dans et aux alentours de la *rua 7 de Abril,* entre la praça da República et le viaduto do Chá.

Cuisine arabe

Almanara *(plan II, D5,* ***40****) : rua Basílio da Gama, 70.* ☎ *32-57-75-80. Une ruelle qui finit en galerie et se prend sur la praça da República, presque à l'angle de l'av. São Luís.* Plusieurs autres adresses à São Paulo, surtout dans des centres commerciaux. Qualité excellente et prix très honnêtes. Celui-ci est le plus ancien : déco typique des années 1950, avec miroirs, boiseries et un beau bar. À gauche, plus chic, on a droit au luxe oriental, on mange une copieuse formule ; à droite, c'est à la bonne franquette (*kibe*, taboulé et autres *mezze*), mais à la carte. Si vous êtes seul, allez côté chic ; à plusieurs, préférez à droite, commandez un plat par personne et dégustez-les tous !

SÃO PAULO

Cuisine paulista

Sujinho *(plan II, D4,* ***41****) : av. Ipiranga, 1058. ☎ 32-29-99-86. À l'angle de l'av. Rio Branco. Tlj 11h-1h.* Un incontournable de la cuisine paulista. Les restos d'origine sont situés rua da Consolação (lire plus loin). Celui-ci est plus classe que les autres. Les murs sont jaunes et le mobilier fleure bon le standing un peu haut de gamme, quoique dans un style un peu vieillot. Pourtant, les prix sont les mêmes. Préférez la terrasse, protégée par une bâche, plus décontractée, avec la vue sur l'animation de l'avenue. On peut aussi partager d'excellents poissons grillés. Pour plus de détails, voir plus loin le texte sur l'établissement de la rua da Consolação.

Churrascaria Boi na Brasa *(plan II, C5,* ***42****) : rua Marquês de Itú, 139. ☎ 32-22-94-79. Ouv jusqu'à 5h (!). Prix très honnêtes.* Encore une institution locale, établie depuis plus de 40 ans. *Churrasco* garni respectable, de même que le poisson *(pintado)*. La *feijoada* des mercredi et samedi midi vaut aussi le détour. Vin ordinaire servi au verre.

Cuisine française

La Casserole *(plan II, C4,* ***43****) : largo do Arouche, 346. ☎ 33-31-62-83. Faire le tour de la place : c'est en face du marché aux fleurs. Tlj sf lun. Mar-ven, formule déj à prix abordable.* Tenu par une famille belge depuis près de 50 ans. C'est tout à fait à la hauteur, si l'on pense que la cuisine française est un département du quai d'Orsay. Étiquette, gigot rosé et escargots au beurre. Mais quelle ambiance élitiste ! Comme les prix... Toutefois, la formule en semaine le midi est très correcte. Vins servis au verre ; goûtez au *miolo shiraz*, un vin de... Bahia (eh oui !) qui descend tout rond et ne pèse pas sur l'addition.

À Liberdade

Quartier japonais où l'on peut manger partout. Les restaurants se succèdent presque de porte en porte. Mais gare à vos économies. C'est souvent hors de prix si l'on entre dans un resto digne de ce nom. Les « paquebots » de sushis grèvent vite un budget ! Vous êtes prévenu...

Cuisine japonaise

Sushi-Yassu *(plan I, B2,* ***44****) : rua Tomaz Gonzaga, 98. ☎ 32-09-66-22. Ⓜ Liberdade. Prix raisonnables.* Excellent petit restaurant japonais fréquenté par la diaspora nippone de São Paulo. L'adresse est aussi prise d'assaut le dimanche midi avant une balade sur le marché de Liberdade. Au menu, des sushis, mais aussi des soupes, des *noodles*, de délicieux raviolis *gyoza* et autres calamars sautés.

Bakery Itiriki *(plan II, E6,* ***45****) : rua dos Estudantes, 24. ☎ 32-77-49-39. Ⓜ Liberdade. À côté de la praça Liberdade. Tlj 8h-19h.* On se sert (avec des pinces) toutes sortes de sandwichs et *delicatessen* japonais, brésiliens et même... allemands ; on passe à la caisse et on va manger à l'étage. Sympa, bon marché, très propre, nourrissant et appétissant. Bref, une très bonne adresse, surtout pour les en-cas.

À Bela Vista

Cuisine italienne

Les restaurants italiens sont à Bela Vista, bien sûr ! Nombreux et d'excellente qualité.

Gigetto *(plan II, C-D6, 46) : rua Avanhandava, 63. ☎ 32-56-98-04. Une petite rue entre les rues Martins Fontes et Martinho Prado. Tlj jusqu'à 3h.* L'endroit a fêté ses 70 ans d'existence en 2008 ! Très fréquenté par les gens de théâtre de São Paulo, surtout tard le samedi. Carte longue comme le bras proposant une cuisine très soignée et des portions dignes de Gargantua ; si vous venez seul, demandez une demi-portion, que vous n'arriverez pas à finir ! Accueil sympa (beaucoup d'habitués), service efficace. Bon rapport qualité-prix. Seul bémol : pas de vin au verre et carte des vins moyenne et chère.

Cantina Montechiaro *(plan II, C6, 47) : rua Santo Antônio, 844-846. ☎ 32-59-27-27. Tlj 11h30-3h30.* Plus de trente ans d'existence pour ce resto italien familial. Grande salle au décor presque nu, mais à l'ambiance chaleureuse quand il y a du monde. Goûteuses pâtes et sauces maison, servies copieusement. Parmi les spécialités : excellent chevreau rôti servi avec pommes de terre au four et brocolis, raviolis farcis à la mozzarella et aux champignons... Bon choix de vins brésiliens, y compris celui « du patron », débités au verre et en carafe. Service sympa. Un peu cher quand même à la carte. Y venir le midi en semaine pour la formule déjeuner, avec antipasti, carpaccio, salade mixte et plat au choix.

Il Cacciatore *(plan II, C6, 48) : rua Santo Antônio, 855. ☎ 31-20-51-19 et 32-56-13-90. Face à la* Cantina Montechiaro. Ouvert en 1952, il est aujourd'hui tenu par le fils du fondateur et sa femme, qui assurent un service attentionné. Cuisine très soignée de Lombardie et du Piémont, servie dans un cadre simple mais raffiné. Quelques tables dans le petit jardin d'hiver. Portions copieuses à partager. Large choix de desserts. Bons vins brésiliens débités au verre. Bien sûr, ce n'est pas donné, mais le rapport qualité-prix est intéressant ; quoiqu'un peu cher, c'est notre meilleure adresse dans ce coin.

Nombreuses ***pizzerias*** de bonne qualité dans les ruas 13 de Maio et Rui Barbosa *(plan II, C6)*. L'accueil y est toujours chaleureux et, bien souvent, de petits groupes musicaux jouent le soir. On prend généralement une pizza pour deux. Vous le constaterez, elles n'ont rien à voir avec les pizzas européennes : ici, on n'a pas l'habitude de les asperger d'huile d'olive ou de les relever de poivre.

Cuisine paulista

Churrascaria Bassi *(hors plan II par C6, 49) : rua 13 de Maio, 668. ☎ 32-53-43-07.* Une fois n'est pas coutume, voici une *churrascaria* à Bela Vista, et digne de ce nom. Plusieurs succursales pour ce resto qui connaît un succès grandissant. Ambiance très chic. Files d'attente éventuelles. Toutes les parties de la viande sont disséquées, expliquées, pratiquement analysées... Bon, les prix ne sont pas ce qu'il y a de plus économique... Surtout si on se laisse faire et qu'on accepte les « couverts », la salade et tout le reste. Mais certaines viandes sont plus abordables, surtout si l'on partage, vu qu'il est difficile d'avaler tout seul un pavé de 600 g... En tout cas, la viande est excellente.

À Consolação, Cerqueira César et Jardim Paulista

Les quartiers riches. Parfois chers, donc, mais ce serait dommage de ne pas passer au moins une soirée dans cet univers de restos et de bars rivalisant d'efforts pour vous attirer dans leur antre. On indique quelques adresses où l'on peut dépenser moins.

Cuisine paulista

Sujinho *(plan III, J7, 50) : rua da Consolação, 2063, 2068 et 2078. ☎ 32-31-52-07. Trois restos, dont deux dos à dos et l'autre en face. Jusque tard dans* *la nuit (5h pour l'un d'eux !).* Le plus ancien, au coin de la rue Maceió, a l'air plutôt populaire, mais, en fait, les prix sont les mêmes partout. Vous ne connaîtrez jamais São Paulo si vous n'allez pas au moins un soir chez *Sujinho,* qu'on appelait jadis *Bar das Putas,* car c'était, paraît-il, leur quartier de prédilection. *Churrascaria* principalement, mais aussi du poisson. Les rôtisseurs font griller les morceaux derrière les comptoirs. Public composé d'oiseaux de nuit : journalistes, chauffeurs de taxi, comédiens, bambocheurs, racoleuses en pause, musiciens, etc. C'est la meilleure et la moins chère des viandes de *churrasco* de São Paulo. Le secret du délice résiderait dans le gros sel. Les rôtisseurs cuisent à point, saignant ou bleu, sans faute, à la demande (qui doit être explicite !). Le morceau de roi est la *picanha* et le morceau de baron la *bisteca.* On vous en sert 500 g dans l'assiette, accompagné soit de manioc frit, de polenta frite ou de frites ! *Sujinho* a une autre adresse dans le centre (voir plus haut).

Cuisine japonaise

|●| ***Shintori** (plan III, J8, **51**) : alameda Campinas, 600.* ☎ *32-83-24-55.* Ⓜ *Trianon-MASP. À 500 m du métro. Tlj sf dim soir. Formules abordables le midi en sem.* Branche d'une chaîne internationale (succursale à Paris) établie dans un immeuble spécialement construit, avec jardin japonais et plusieurs salles où l'on sert toutes les spécialités. Très raffiné. Cuisine de grande qualité et prix en conséquence.

Sandwicheries, salons de thé, etc.

|●| ***Frevo** (plan III, I8, **52**) : rua Oscar Freire, 603.* ☎ *30-82-34-34. Tlj sf dim midi et soir.* Appelé *Frevinho* par les amoureux (nombreux) de ce joli snack à la cuisine arabisante. Style *lanchonete* un peu haut de gamme. On y sert de célèbres *beirutes,* du pain arabe *(pita)* que l'on ouvre pour y mettre un tas de bonnes choses, après quoi on chauffe... Ambiance de classe moyenne aux manches relevées, cravate dénouée... Décontracté donc.

|●| ***Z-Deli*** **:** trois adresses pour ce *delicatessen* (spécialités juives d'Europe orientale). Le plus ancien *(rua Haddock Lobo, 1386 ; plan III, I8, **53** ;* ☎ *30-83-00-21)* n'a que 5 petites tables, mais un autre se situe juste au coin d'*Alameda Lorena, 1689 (plan III, I8,* ☎ *30-88-56-44),* la cuisine étant commune aux deux. Un troisième, plus éloigné, se trouve *al. Gabriel Monteiro da Silva, 1350 (plan III, H8-9, **53**). Pour ts : lun-ven 8h-18h30, sam 8h-16h.* Décor assez simple et moderne. On peut déjeuner ou seulement goûter à toute heure aux sandwichs de *pastrame* avec leur *coleslaw,* salades, quiches et superbes gâteaux, dix mille fois plus appétissants qu'ailleurs. Prix raisonnables et accueil fort sympathique. Vin au verre.

|●| ***Galeria dos Pães** (plan III, I8, **54**) : rua Estados Unidos, 1645.* ☎ *30-64-59-00. À l'angle de la rua Haddock Lôbo. Ouv 24h/24.* Petit déj, salon de thé, grande épicerie variée, snacks, buffet à volonté *(12h-15h, 15 Rls/pers),* buffet de soupes au petit matin. À emporter ou à déguster sur la mezzanine. Toujours très animé.

Cuisine portugaise

|●| ***Alfama dos Marinheiros** (plan III, J8, **55**) : rua Pamplona, 1285.* ☎ *38-84-92-03.* Une institution ouverte en 1969. Petit resto au bon accueil, ambiance luxueuse et paisible, tables discrètes. Excellent *bacalhau,* LA spécialité maison, servie par des garçons attentifs, mais addition très salée. Les autres plats sont plus abordables, surtout si l'on partage. Par contre, la carte des vins est un vrai coup d'assommoir, et on ne débite pas au verre ! Sinon, irréprochable dans sa catégorie.

À Pinheiros

Pinheiros est devenu le quartier du soir, avec ses petites rues qui communiquent par des cours intérieures, ses maisons basses, sa foire artisanale du samedi, sa population de classes moyennes estudiantines et son air vaguement californien. Le quartier a détrôné Bixiga comme lieu des nuits bohèmes de São Paulo. Les restos et bars ferment très tard, de nombreux groupes musicaux animent les bistrots et, bien souvent, l'écho de réjouissances retentit longtemps après la fermeture.

Cuisine brésilienne

|●| ***Consulado Mineiro*** *(plan III, H7, **56**) : praça Benedito Calixto, 74. ☎ 30-64-38-82 et 30-88-60-55. Fermé lun. Plats à la carte et une dizaine de formules déj intéressantes, à 17 Rls.* Y aller le samedi pour déjeuner au milieu de la foire artisanale. Ambiance grosse foule à partir de 13h. Arriver avant pour avoir une table. Sinon, faire la queue comme tout le monde ! Spécialités du Minas Gerais, bonne cuisine paysanne aux portions généreuses : *feijão tropeiro, boi ralado, frango, tutu,* etc. Bien aussi pour boire un verre sur une table du trottoir. L'adresse est réputée pour sa sélection de cachaça, une centaine de crus différents. Une autre adresse dans le même quartier : *rua Cônego Eugênio Leite, 504.*

|●| ***Andrade*** *(plan III, H7, **57**) : rua Artur de Azevedo, 874. ☎ 30-85-05-89. Fermé dim soir et lun.* Restaurant typique du Nordeste, où l'on joue de la musique forró le soir et le dimanche midi (« couvert artistique »). Ambiance sympa. Excellente cuisine régionale servie en portions incroyables : la moitié d'une peut suffire pour deux. Parmi les spécialités, savoureux *carne do sol, moqueica, bobó de camarão*. Oubliez le vin, trop cher. Prix pas donnés quand même. Voir aussi « Où boire un verre ? Où écouter de la musique ? Où danser ? ».

Cuisine italienne

|●| ***Purpurina – Oficina de Pizzas*** *(hors plan III par G7, **58**) : rua Purpurina, 517 (Vila Madalena). ☎ 30-32-55-44 et 00-51. Lun-ven 12h-minuit, w-e 16h-2h.* Très joli petit resto avec ses plantes tropicales qui poussent à l'intérieur. Le proprio est un architecte fan de Gaudí, dont l'esprit plane dans les poutres, la décoration et les pancartes. Les Paulistanos aiment regarder la fabrication de ces pizzas originales dans deux fours en brique ouverts sur les salles. Commandez une pizza pour deux et faites faire des mélanges. Très bonnes et joliment présentées. *Une autre adresse dans le quartier : rua Inácio Pereira da Rocha, 15 (plan III, G7).*

Où boire un verre ? Où écouter de la musique ? Où danser ?

À Bixiga

On vient ici pour se rencontrer. Les jeunes s'y retrouvent nombreux les soirs de week-end, passant d'un bar à un autre. Une ambiance de village s'en dégage. Nombreux restos agréables et bars décontractés. Le week-end, nombre d'entre eux présentent un petit groupe. Beaucoup sont fermés le lundi.

🍷 ♩ ♫ ***Café Piu-Piu*** *(plan II, C6, **62**) : rua 13 de Maio, 134. ☎ 32-58-80-66. • cafepiupiu.com.br • Fermé lun. Entrée payante.* Café-concert. Des groupes différents (dont certains confirmés) jouent chaque soir. Programmation éclectique : rock, blues, *MPB, chorinho*... Cadre et déco conviviale, étagères jusqu'au plafond garnies de bouteilles, murs de brique et néons colorés. Bières, *caïpirinhas* et cocktails pas trop chers.

À Consolação, Cerqueira César et Jardim Paulista

Espaços Unibanco de Cinema *(plan III, J7,* ***63****) : rua Augusta, 1475.* ☎ *32-88-67-80.* Ⓜ *Consolação. Non loin de l'av. Paulista.* Cinq cinémas très prisés par la classe moyenne intello de São Paulo. Souvent la grosse foule. Fait aussi librairie et café. Agréable d'y boire un verre.

Ritz Bar e Lanches *(plan III, I7,* ***64****) : alameda Franca, 1088.* ☎ *30-82-91-17.* Ⓜ *Consolação.* En passant, on ne voit qu'une façade toute rouge et deux vitrines avec des objets parfois bizarres ; de plus, pas de pancarte, mais c'est bien là. Joli petit bar tout en bois, aux murs laqués, avec pas mal de couleur rouge, dans l'esprit bistrot parisien branché. Le soir, point de rendez-vous homosexuel. Boissons (et petite cuisine) un peu chères, mais l'endroit est agréable.

À Pinheiros

Dans les rues Pinheiros, Henrique Schaumann, Fradique Coutinho, Mourato Coelho et autres Arapiraca, vous trouverez mille bars et terrasses où faire halte, de l'après-midi jusqu'à tard dans la nuit.

Bar das Batidas *(hors plan III par G8,* ***65****) : derrière l'église de Pinheiros, rua Padre Carvalho, 799. Mar-sam 12h-1h (3h ven et sam), dim 18h-23h.* Coin assez désert le soir, mais le bar est d'autant plus plein. Il ne paie pas de mine, avec 4 petites tables, un comptoir, une terrasse et une forêt de fromages et bouteilles de *cachaça,* noircis par la fumée, suspendus au plafond. Depuis 1954, Narciso Moreno, son vieux patron, est maître dans l'art de préparer des *batidas* sans *cachaça,* à base de vodka et vin blanc. Public universitaire jeune, surtout du jeudi au samedi. Pas du tout le genre de bar des beaux quartiers. Du reste, il doit à sa situation (derrière l'église) ce surnom très popu : *Cú do Padre...*

♫ **Conexión Caribe** *(plan III, G7,* ***66****) : rua Belmiro Braga, 200.* ☎ *38-13-52-29.* • *barconexioncaribe.com.br* • *Mar-sam slt soir. Entrée payante. Leçons de salsa mer et jeu mat.* Ancienne maison reconvertie en bar et resto cubain, où l'on vient danser salsa et *merengue,* au son de CD. Public de 25 à 40 ans. Plein de photos de Cuba et d'autres pays latinos.

♫ **Andrade** *(plan III, H7,* ***57****) : rua Artur de Azevedo, 874.* ☎ *30-64-86-44.* Dans ce restaurant typique du Nordeste (voir « Où manger ? »), on danse sur des airs de *forró* du mardi au samedi soir et le dimanche midi, mais il faut commander un plat et payer le « couvert artistique ». Public d'âge mûr mais plein d'entrain.

♫ **Carioca Club** *(hors plan III par G8,* ***67****) : rua Cardeal Arcoverde, 2899.* ☎ *38-13-85-98 et 45-24.* • *cariocaclub.com.br* • *Mer-sam. Entrée payante. Leçons de danse à partir de 20h.* Très grand salon bien popu où l'on danse samba, *pagode, gafieira,* rock, salsa, *merengue,* etc. (selon les soirs). Groupes confirmés 3 fois par mois. Public de 18 à 80 ans.

À voir : les quartiers de São Paulo

São Paulo est la cinquième plus grande ville du monde. Impression d'être perdu dans une gigantesque « métropolis », on l'a dit... Comment s'y retrouver ? On vous

propose plusieurs promenades : dans le centre et vers l'ouest. On vous déconseille de visiter les périphéries pour des raisons de sécurité, mais aussi parce que les plus sûres d'entre elles, situées près des lignes du métro, se sont couvertes de tours et ne présentent plus guère d'intérêt. Toutefois, on vous donne un itinéraire dans la zone est, à suivre si vous tenez absolument à avoir une idée de ce qu'étaient ces quartiers avant l'arrivée du métro.
– ***À savoir :*** pour les musées, les horaires sont donnés à titre indicatif. Ils changent si souvent qu'il est préférable de consulter les revues culturelles citées dans « Adresses utiles », ou de téléphoner. Les droits d'entrée sont modestes (autour de 5 Rls en général), voire nuls ; certains jours de la semaine, l'accès est libre et il y a des réductions (ou gratuité) pour les enfants, les ados et les plus de 60 ou 65 ans.

LE CENTRE

Praça da Sé *(plan II, E6)* et du largo de São Francisco au largo de São Bento

Avant toute autre chose, il faut dire que, depuis le milieu des années 1990, le centre-ville fait l'objet de très sérieux efforts, poursuivis avec décision, de la part des autorités, permettant de récupérer bon nombre de constructions. Le cœur de la ville est la praça da Sé (Ⓜ Sé) qui, à l'époque de la fondation de la ville, au XVIe s, était entourée de fortifications. Devant la ***catedral metropolitana*** *(Sé)*, construite en style gothique (terminée en 1954 et restaurée en 2002), le km 0 de l'État de São Paulo. Ici, 365 jours par an, se retrouvent tous les immigrés de la métropole entre les baraques de camelots, quêtant la dîme, écoutant des prédicateurs exaltés ; des enfants vagabonds, des pickpockets, des montreurs d'animaux étranges, des lutteurs de capoeira, des guérisseurs *caboclos,* le tout sous le regard constant des policiers...
Descendez, côté gauche, vers la partie basse de la place ; passez devant l'immeuble du n° 111 (*centro cultural da Caixa Econômica Federal,* 3e et 4e étages) et tournez à droite dans la rue Floriano Peixoto pour avoir accès au ***pátio do Colégio*** *(plan II, E5),* lieu de naissance de la ville. Magnifique place où l'ancien collège des jésuites fait face à des immeubles publics aux styles rococo et néoclassique, avec une belle colonne au milieu ; et, depuis le 35e étage du grand immeuble Banespa, une vue imprenable.
Tout autour de la *praça da Sé,* le quartier des affaires et des banques descend la pente du vallon du Anhangabaú, dans des ruelles étroites encadrées de gratte-ciel immenses, datant pour la plupart des années 1920 et 1930, où se presse la foule la plus hétéroclite. En descendant depuis la cathédrale, vers la gauche, vous vous engagerez dans d'étroites rues piétonnes, pour arriver au ***largo de São Francisco,*** siège de la ***faculté de droit*** *(plan II, E6, **71**).* Belle architecture néoclassique, méritant une visite.
À droite de la faculté, la ***igreja de São Francisco*** *(plan II, E6, **71**),* de 1644, conserve de belles peintures portugaises.
C'est dans ce quartier que s'est édifié depuis le début du XXe s, et surtout dans les années 1920 à 1940, le São Paulo financier et industriel moderne. Et c'est ici qu'il continue de vibrer, dans la multitude qui, par ces rues étroites et fourmillantes, vaque aux activités les plus invraisemblables.
Voici quelques exemples de cette période. Rua Alvares Penteado, au n° 112, le bel immeuble Art déco du *centro cultural Banco do Brasil,* construit en 1901 pour sa première agence à São Paulo, magnifiquement restauré *(mar-dim 10h-21h ; expos temporaires, cafés, resto).* Rua São Bento, 405, l'*edifício Martinelli,* premier gratte-ciel paulistano (1929), bâti par l'ingénieur et comte Martinelli, qui y avait sa résidence du 26e au 29e étage *(en sem, visite possible de la belle terrasse ; gratuit, sur rdv slt, ☎ 31-04-24-77).* Rua João Brícola, au n° 24, l'*edifício Banespa* (1947),

cousin germain tropical de l'Empire State Building et bien plus haut que le *Martinelli* ; accès possible, et gratuit, au mirador *(lun-ven 10h-16h)* ; belle vue de la jungle de béton et des « fourmis humaines » dans les rues.
Le ***largo de São Bento*** *(plan II, E5, **72**)* est une place au bout de la rue du même nom, avec une école et un monastère (constructions des années 1920 ; chants grégoriens deux fois par jour). Les façades des vieilles maisons au fond ont été restaurées. Partout, d'innombrables bistrots, bars, *lanchonetes.* L'escalier en courbe du métro São Bento mène à un bel espace avec des *lanchonetes,* une librairie et, surtout, le *resto Efigênia,* situé en dessous des arches métalliques du viaduc Santa Efigênia, au milieu d'une étonnante verdure. Incroyable havre de repos en plein centre !

Anhangabaú et le viaduto do Chá *(plan II, E5)*

Tout ce quartier est au flanc de la colline qui borde le Anhangabaú, qu'enjambe le ***viaduc du Chá*** *(plan II, E5, **73**),* sous lequel coulait jadis un ruisseau d'eau claire. Aujourd'hui, c'est une immense agora aménagée par la municipalité, sous laquelle coule le flot des voitures par l'avenida Tiradentes. Ce gigantesque espace public, au-dessus duquel s'élève l'image de la puissance du capital, forme un des paysages urbains les plus saisissants de São Paulo. Du *viaduto do Chá,* vous en verrez un autre, métallique, dit de Santa Efigênia, transporté de Belgique en 1913.
L'immeuble carré du *Banespa* évoque les constructions totalitaires et en effet, cet édifice, terminé en 1940 au temps de l'apogée de Mussolini, est dû à un architecte italien embauché par le comte Matarazzo. Destiné à devenir le siège de la mairie, il est doté, au dernier étage, d'un beau jardin, et même d'arbres.
D'autres passerelles, tout aussi peuplées, traversent le Anhangabaú, dans la partie sud, où le fleuve souterrain des automobiles refait surface.

Vers la praça da República *(plan II, D5)*

Sur la rive opposée du viaduc du Chá commence l'autre centre, à peine plus ancien. Avec la ***place du Teatro municipal*** *(ou praça Ramos de Azevedo ; plan II, D-E5),* construit en 1911 dans le style de l'opéra Garnier de Paris *(visite guidée gratuite mar et jeu sur résa, ☎ 32-23-30-22),* entouré de palmiers impériaux. Les rues étroites qui s'engagent derrière étaient jadis celles des plus belles boutiques de São Paulo. Le style s'est démocratisé, est devenu hétéroclite, bariolé et pas toujours joli. La zone piétonne des ruas Barão de Itapetininga, 7 de Abril et autres, regorge d'hommes-sandwichs transformés en « agence pour l'emploi » locale, affichant diverses annonces d'emplois ; d'autres vous proposent de racheter de l'or, ou de réaliser votre CV pour quelques *reais.* Tout un monde de vendeurs de rues vous propose des produits issus de la contrebande ou piratés. Méfiez-vous avant de faire des achats !
À la périphérie de ce quartier, la paisible ***praça D. José Gaspar*** abrite la ***bibliothèque municipale*** où l'on peut admirer l'original du poème de Blaise Cendrars, *Transsibérien,* illustré par Sonia Delaunay. Non loin de là, la librairie française (voir « Adresses utiles »).
Puis on débouche sur la ***praça da República,*** symétrique à la praça da Sé par rapport au Anhangabaú. Une des plus belles places de São Paulo, autour de son parc tropical, malheureusement quelque peu décharné par la pollution. Semi-résidentiel, semi-professionnel et pas mal peuplé de vagabonds, le quartier vit jour et nuit. Dans les jardins, le dimanche, se tient une foire de colifichets, de pierres semi-précieuses, de tissus et hamacs *sertanejos.* Ça vaut le coup.
Quatre immeubles retiennent l'attention sur la place. La ***tour Itália*** *(plan II, D5, **75**),* la plus haute de São Paulo, à l'angle des avenues São Luís et Ipiranga. Du 41e étage,

on a la vue la plus saisissante de la ville, particulièrement le soir *(accès : 15 Rls/ pers, gratuit si l'on mange ou consomme au bar).* Juste derrière, avenida Ipiranga, l'***immeuble Copan,*** ondulé comme un drapeau au vent, est une œuvre de Niemeyer. Sur la place, au n° 177, à gauche de la rue Marquês de Itú, un immeuble plus modeste des années 1950, lui aussi signé Niemeyer, l'***édifice Eiffel,*** dit « L'Armoire », de seulement 23 étages. Collée à sa gauche, une double tour entièrement couverte de verre noir. Et, en face, de l'autre côté de la rue Marquês de Itú, un ***immeuble de la banque Banespa,*** dont la façade en verre fumé reflète le ciel, modèle de l'architecture bancaire paulistana des dernières années.

Quand Ipiranga rencontre l'avenida São João *(plan II, D5)*

L'avenida Ipiranga longe la praça da República. La prendre vers la droite quand on regarde la place. Cinémas, restaurants aux entrecôtes rabelaisiennes, foule parfaitement hétérogène où se côtoie tout le genre humain… et « quelque chose se passe dans mon cœur, quand l'Ipiranga rencontre l'avenue São João », pour reprendre les célèbres vers de Caetano Veloso.
Vers la droite, l'avenida São João descend vers le vale do Anhangabaú, en une large voie piétonne sympa, offrant une vue spectaculaire de la colline da Sé, notamment des immeubles *Banespa* et *Martinelli.* Ici, quelques vieilles façades sont peu à peu repeintes.
Prendre la São João vers la gauche. On entre alors dans un quartier où la ville survit à sa propre décadence et décomposition, ***Santa Efigênia,*** quartier des hôtels douteux mais bon marché, centre du crack et de la prostitution le soir. Où et qui que vous soyez à São Paulo, si vous avez besoin d'une prise de courant, d'un transformateur, d'une râpe à bois, d'une poêle à frire ou d'une antenne parabolique, c'est à Santa Efigênia qu'il faut aller, et chaque rue ou presque a sa spécialité.
Encore plus au nord, deux musées :

Memorial da América latina (plan I, A1) *: av. Auro Soares de Moura Andrade, 664. ☎ 38-23-46-00. • memorial.org.br • Ⓜ Barra Funda. Mar-dim 9h-18h.* Espace multiculturel avec salles d'exposition, bibliothèque et auditorium. L'architecture est signée Niemeyer, mais l'entretien laisse à désirer. On se sent tout petit au milieu de ces grands espaces bétonnés, avec une énorme main sanglante (7 m de haut) au milieu. Nombreuses activités. Voir notamment le pavillon de la Créativité (artisanat et folklore latino) et le salon Tiradentes, avec un énorme tableau de Portinari et de très hauts panneaux de bas-reliefs de Caribé et Poty.

Memorial do Imigrante *(hors plan I par B1) : rua Visconde de Parnaíba, 1316 (Mooca). ☎ 66-92-18-66. • memorialdoimigrante.sp.gov.br • Ⓜ Bresser, d'où vous pouvez rejoindre le mémorial (500 m) par un ancien tramway remis en service à l'usage touristique (tarif : 2 Rls). Mar-dim 10h-17h. Entrée : 4 Rls.* Ici sont arrivés la majorité des immigrants débarqués au port de Santos pour s'installer à São Paulo : Italiens, Allemands, Libanais, Suisses, Japonais, Français, Russes. L'ancienne gare de chemin de fer est préservée, ainsi qu'un petit train, à bord duquel on peut faire une courte promenade. À l'extérieur, une maison d'immigrants reconstituée (presque une case) ; à l'intérieur, des objets leur ayant appartenu, les métiers qu'ils exerçaient, des photos, des témoignages et une étonnante pièce remplie de photos et papiers d'identité, qui donne une idée de la diversité de tous ces immigrants. Vu également, un « certificat de bonne vie et mœurs » délivré par une municipalité française ! Eh oui, les temps changent finalement peu. Possibilité d'effectuer une recherche sur l'origine d'un nom, pourvu que l'immigrant ait débarqué au port de Santos. Sur place, cinéma, bibliothèque, boutique de souvenirs et cafétéria.

Estação Júlio Prestes et estação da Luz (plan II, E4)

Lorsqu'on découvre la ***estação Júlio Prestes** (hors plan II par D4),* toute blanche, avec sa haute tour horloge, on se demande si l'on n'est pas devant Grand Central Station de New York. Ses murs blancs vous réservent une surprise : la magnifique *sala São Paulo,* inaugurée en 1999 en lieu et place d'une cour intérieure de la gare, et où se produit l'orchestre symphonique de l'État de São Paulo. Avec près de 1 000 m^2, son plafond est composé de quinze panneaux mobiles, dont la hauteur est réglée en fonction des morceaux. Son étonnante acoustique, sa taille (1 500 spectateurs) et sa beauté justifient une visite *(slt sur résa : ☎ 32-23-39-66 ; • salasaopaulo.art.br •)* ou même d'assister à un concert, d'autant que les prix sont très abordables.
Le bâtiment en brique, à la sortie (à gauche) de la *sala São Paulo,* est celui de l'ancienne police politique, où de nombreux opposants furent torturés pendant le régime militaire. Il abrite le ***memorial da Liberdade** (largo general Osório, 66 ; ☎ 32-23-52-17).* De grands panneaux illustrent les luttes contre la dictature et la torture. Expositions permanentes de photos et arts plastiques sur le thème des Droits de l'homme et de la démocratie.
Si l'on continue, on aperçoit une tour horloge qui ressemble à Big Ben ; mais on n'est pas à Londres, et elle appartient à la ***estação da Luz*** (la gare ferroviaire, cette fois-ci), copie de son homologue de Sydney, bâtie en 1901 par les Anglais en brique rouge. En face, le *parque da Luz* et ses statues, ainsi qu'un autre immeuble de brique : la pinacothèque de l'État. Plus au nord, on peut rejoindre le *musée d'Art sacré.*

*** Pinacoteca do Estado** (plan I, B1) : praça da Luz, 2. ☎ 33-24-10-00. • pinacoteca.org.br • Ⓜ Tiradentes. Mar-dim 10h-18h. Entrée : 4Rls ; gratuit sam. Billet combiné avec la Estação Pinacoteca, à la même adresse que le memorial da Liberdade (voir plus haut).* Installée il y a un siècle dans un immeuble en brique modernisé dans les années 1990, son architecture a un côté surréaliste. C'est le premier musée d'art de la ville. Collection permanente de peinture brésilienne, surtout du XIXe s. Travaux d'artistes européens ayant visité le Brésil (Debret, Rugendas, Taunay et autres). Sculptures de Rodin, Bourdelle, Maillol. Expos temporaires très importantes (dans le passé, on a vu Rodin, Camille Claudel, Bourdelle et Maillol). Belle cafétéria Art déco au sous-sol. Sculptures en plein air dans le parque da Luz, à côté.

*** Museu de Arte sacra** (plan I, B1) : av. Tiradentes, 676, quartier de Luz. ☎ 33-26-13-73. • artesacra.sarasa.com.br • Ⓜ Tiradentes. Mar-ven 11h-18h, w-e et j. fériés 10h-19h. Entrée : 4 Rls.* Installé dans le *mosteiro da Imaculada Conceição da Luz,* un ancien monastère construit en 1774. Le plus important musée d'art religieux du Brésil. Des pièces d'orfèvrerie somptueuses, des autels et retables baroques du XVIIe au XXe s, des icônes, des sculptures des plus grands maîtres brésiliens. Les païens perdraient beaucoup à snober cette visite.

***Bela Vista et Bixiga** (plan II, C-D6)*

Dans la partie basse de la rue Consolação, on trouve la praça Roosevelt *(plan II, C5)* avec sa petite église, ***Nossa Senhora da Consolação,*** construite au début du XXe s, et qui fut sous la dictature militaire le siège de bien des actes de solidarité contre l'arbitraire.
Un peu plus loin commence un ancien quartier populaire italien : ***Bela Vista.*** C'est ici qu'est vraiment né le théâtre brésilien, importé par les Italiens qui s'installèrent dès le début du XXe s.

SÃO PAULO

Le cœur de Bela Vista est le petit quartier ***Bixiga*** (qu'on écrit aussi ***Bexiga*** et qu'on prononce « Bechiga », qui signifie « la vessie »). C'est un grand village de maisons basses et parfois de taudis, qui s'étend sur les pentes d'un vallon entre la rua Augusta (*plan II, C6* ; derrière la praça Roosevelt) et l'avenida Brigadeiro Luís Antônio *(plan II, D-E6)*. De jour comme de nuit, les petites rues et ruelles en pente débordent d'animation : Santo Antônio, 13 de Maio, Major Diogo, Conselheiro Ramalho... Innombrables bars et cafés où se rencontrent artistes, acteurs, chômeurs, ouvriers, vagabonds ; restaurants italiens où des tablées entières commémorent le passé ou discutent ardemment. Dans ce quartier, chacun est un homme libre et un intellectuel, même s'il lui arrive de tirer une charrette. Et de bar en bar, de bière en *pinga*, il est probable que vous fassiez une de ces rencontres qui ouvrent l'amitié. La nuit, beaucoup de musique dans les cafés ou les restaurants. Les terrasses s'étirent dans la rue, surtout du côté de la 13 de Maio.

C'est à Bixiga que se situe, entre autres théâtres, le célèbre ***teatro Oficina*** (veut dire « atelier » ; *plan II, D6, **77***) qui incarne depuis 1958 les successives avant-gardes artistiques du Brésil, avec son directeur et fondateur Zé Celso Martínes Correia ; un peu comme la Taganka avec Lioubimov à Moscou ou, en son temps, le TNP de Jean Vilar. Son répertoire est impressionnant et son architecture déconcertante : c'est la dernière œuvre de Lina Bo Bardi, architecte du MASP (voir plus loin « Rua Augusta, avenida Paulista »). Les mises en scène d'Oficina et de Zé Celso s'inscrivent dans les grandes créations reconnues au niveau international. Les billets sont bon marché et, malgré l'obstacle de la langue, vous ne risquez pas de perdre votre soirée. Infos : • teatroficina.com.br •

Mais il ne faut pas oublier que l'identité de Bixiga est autant noire qu'italienne. Son école de samba, *Vai-Vai*, une des grandes de São Paulo, est très présente dans le quartier. Rua 13 de Maio et dans les rues adjacentes, vous trouverez des *casas de samba* et de *pagode*, où l'on fait également du rap aujourd'hui. Et un peu partout, des *casas de umbanda* vendant les produits nécessaires aux cérémonies.

Liberdade *(plan II, E-F6)*

Derrière Bixiga, en traversant l'avenida Brigadeiro Luís Antônio, puis le viaduc qui enjambe la 23 de Maio, autre immigration, autre quartier, autre ambiance. Vous entrez à *Liberdade*, le quartier japonais ou plus généralement asiatique. Il n'offre pas de grandes curiosités architecturales, si ce n'est les arches rouges, de style japonais, avec leurs lampadaires, qui enjambent les rues Galvão Bueno et da Glória. Ne manquez pas de visiter les petits commerces et épiceries de produits asiatiques. Partout, bien sûr, restaurants japonais et *sushis bars* où l'on peut manger, devant un comptoir ou dans de petites cabines particulières sur un tatami, une infinité de poissons crus. Et déjà, les Japonais ont ajouté aux classiques poissons de mer la riche variété des poissons de rivière brésiliens : *pintados, namorados, pirarucus*, etc. Bars de karaoké. Saké (servi tiède dans de petits flacons en porcelaine ou glacé dans des coupes en bois à section carrée) pour embrumer l'esprit dans les ruelles obscures. Ici aussi, la nuit est animée et la rue étonnante.

Praça João Mendes, parque Dom Pedro II, mercado municipal *(plan II, E-F5-6)*

Au bout de l'avenue Liberdade, la ***praça João Mendes*** *(plan II, E6)* nous fait nous retrouver au centre, derrière la cathédrale *(Sé)*. Si vous cherchez des plantes médicinales, des cigarettes traditionnelles de tabac rustique roulées dans des feuilles de maïs *(fumo de rolo)*, ou diverses variétés de poudre ou bâtonnets de *guaraná*, la graine énergétique des Indiens, vous trouverez votre bonheur place João Mendes,

dans les herboristeries ou les bureaux de tabac. La belle façade de l'***igreja de São Gonçalo*** *(plan II, E6, **78**)*, datant de 1756, sur la droite de la place, lui donne un air éternellement assoupi.
Au nord du *parque Dom Pedro II (plan II, F5-6)*, près de la station São Bento, le ***vieux marché couvert municipal*** *(☎ 32-27-68-79 ; lun-sam 7h-18h, dim 7h-16h)*, à la belle architecture néoclassique de 1933, où fruits, légumes, viandes et poissons côtoient des produits méditerranéens. A été entièrement restauré en 2004. Sur la mezzanine de 2 000 m^2, restos espagnols, portugais, italiens, japonais, brésiliens et arabes. Vous êtes d'ailleurs dans le quartier arabe, syro-libanais, autre communauté importante à São Paulo. Restos et bistrots grecs, turcs, arméniens et, bien sûr, arabes. On y trouve des endroits où se pratique la danse du ventre... à la brésilienne.

VERS L'OUEST

À partir du centre, vers l'ouest, ce sont essentiellement les quartiers des classes moyennes ou privilégiées qui forment ce qu'on appelle la partie noble de la ville.

Rua Augusta, avenida Paulista *(plan III, J7)*

SÃO PAULO

Derrière la praça Roosevelt monte, vers la droite, la ***rua Augusta,*** parallèle à Bela Vista. C'est l'ancien lieu de promenade des jeunes gens chic et, dans les années 1960, des dragues vespérales en cabriolet décapotable. Cette époque étant révolue, la rua Augusta aligne les signes de décadence : façades abîmées, massages et saunas le jour, cabarets et trottoirs racoleurs la nuit avec, de-ci, de-là, quelques vestiges des lustres d'antan : hôtels de luxe comme le *Ca'd'Oro* ou le *Brasilton* et, près de l'avenida Paulista, le *Caesar Park* ; vers la rue Antônia de Queiroz, des boutiques ultrachic de mobilier anglais.
On entre ensuite sur l'***avenida Paulista*** : conçue une fois pour toutes par un cerveau unique à la fin du XIXe s, elle est devenue la traduction architectonique la plus monumentalement exacte du chaos violent et de l'exubérance de la croissance économique du Brésil – peut-être même plus que Brasília. On l'a qualifiée de « Champs-Élysées paulistes » ou d'une sorte de « 5th Avenue », mais elle n'imite rien car elle est inimitable et colossale ! Sur près de 3 km de long, les plus grands maîtres des avant-gardes brésiliennes y ont laissé leur marque dans des projets réalisés à bourse déliée pour le luxe ou pour la gloire des puissances économiques du pays. À noter, quelques rares maisons anciennes, construites en général par les « barons du café », qui sont devenues des banques, bars ou centres culturels. Plus personne n'y réside !
Il est intéressant d'observer, dans les projets récents, l'inflation impressionnante de l'architecture bancaire. L'avenue est sans aucun doute un exemple de cette beauté particulière de São Paulo qui fait que, malgré l'absolutisme du béton, la ville ne manque jamais d'espace. Le ***musée d'Art de São Paulo – MASP,*** construit en 1968 sur un projet de Lina Bo Bardi, est peut-être l'endroit d'où l'on peut le mieux saisir l'audace de cette architecture, associée à une grande liberté spatiale.

Museu de Arte de São Paulo – MASP *(plan III, J7, **79**) **:** av. Paulista, 1578 (Cerqueira César). ☎ 32-51-56-44. • masp.art.br • Ⓜ Trianon-MASP. Mar-dim 11h-18h (billetterie fermée 1h avt). Entrée : 15 Rls ; réduc ; gratuit pour les moins de 10 ans et plus de 60 ans ; gratuit pour tous mar.*
Installé dans un immeuble construit en 1968, à l'architecture audacieusement imaginée, afin, paraît-il, de préserver la vue sur Bela Vista... On aime ou on n'aime pas. Ce musée, sans aucun doute un des plus intéressants d'Amérique latine, regroupe une collection rassemblée dans les années d'après-guerre par Assis Chateaubriand Bandeira de Mello, un journaliste. Peintures, sculptures, dessins, photographies, arts africains et asiatiques, archéologie, etc. La collection comprend plus de

5 000 œuvres et objets, y compris des centaines de tableaux de grands artistes européens, d'une extraordinaire qualité. On y trouve : Jérôme Bosch, Van Dyck, Holbein le Jeune, Lucas Cranach, Frans Hals, Rembrandt, Botticelli, Modigliani, Mantegna, Bellini, Titien, Raphaël, Le Greco, Vélasquez, Goya, Gainsborough, Constable, Reynolds, Turner et bien d'autres. L'école française est très bien représentée : François Clouet, Boucher, Delacroix, Corot, treize splendides Renoir, Van Gogh, Gauguin, Monet, Manet, Degas (y compris ses danseuses), Cézanne, Lautrec (dont son tout dernier tableau), Picasso, Léger, Matisse, Chagall, Max Ernst, Bonnard... L'école brésilienne est richement représentée également, entre autres par Portinari, ses paysans pauvres et son réalisme puissant. Faute de place, les tableaux ne sont pas tous présentés en même temps ! Grandes expos temporaires assez régulièrement. Cinémathèque, cafétéria et librairie-boutique. Le dimanche, marché des antiquités à l'extérieur (voir « Marchés et foires » plus loin) et une foire artisanale en face.

Cerqueira César, Jardim Paulista, Jardim América, Jardim Europa, Ibirapuera et Morumbi *(plan I et II)*

En face du MASP descendent les ***jardins Siqueira Campos*** (fermeture à 18h), verdure sombre et touffue, tout en pente, sentiers et ravins où l'ombre est accueillante... Ce sont des restes de la forêt tropicale humide. Avec un peu de chance, vous pourrez voir quelques animaux qui y vivent en liberté. Mais attention : il y a aussi des satyres... et parfois des braqueurs !

La douce colline redescend sur les vrais quartiers chic : ***Jardim Paulista,*** le « faubourg Saint-Honoré » de la ville, avec ses restaurants bourgeois, confiseries fines, agences de voitures de luxe importées, *lanchonetes* de bon goût. *Alamedas Santos, Jaú, Itú.* Ruas Oscar Freire, *Haddock Lôbo, Bela Cintra* et *Consolação...* Des quartiers toujours plus chic à mesure qu'on descend vers le rio Pinheiros : ***Jardim América, Jardim Europa,*** monde de villas somptueuses entourées de jardins où, derrière les grilles dissuasives et les systèmes de sécurité, patrouillent des gardes privés armés jusqu'aux dents. Ici, ceux qui ont gagné la guerre économique ont perdu la paix et la liberté. Les gigantesques centres commerciaux *Eldorado* et *Iguatemi,* sur les avenues Eusebio Matoso et Faria Lima, et, plus au sud, le *shopping center Ibirapuera* sur l'avenue du même nom sont des temples de la consommation des « élites » et des classes moyennes paulistanas.

En descendant vers le sud-ouest, par l'avenida Europa et Cidade Jardim, on franchit le rio Pinheiros ; derrière, le *Joquei Clube.* Là, au milieu de la colline du Morumbi, dans un fort joli parc, se dresse le ***palácio dos Bandeirantes,*** le palais du gouverneur.

C'est dans le ***cimetière de Morumbi*** que repose le plus célèbre et le plus vénéré des Paulistanos, Ayrton Senna. Depuis mai 1994, des fans viennent se recueillir devant la tombe du triple champion du monde, une simple plaque d'acier érigée au centre du cimetière.

En descendant la colline vers le sud, par l'avenida Brigadeiro Luís Antônio, on débouche dans le très beau ***parque do Ibirapuera.*** Aménagé par Niemeyer pour le quatrième centenaire de São Paulo (1954) et amélioré récemment, ce parc de 160 ha constitue l'un des plus agréables lieux de promenade de São Paulo. Il abrite le pavillon de la Biennale, le planétarium *(entièrement restauré et rouvert fin 2006 ; visites sur résa ☎ 55-75-54-25),* la *OCA* (un gigantesque igloo, projet de Niemeyer, destiné à d'importantes expos temporaires), le musée Afrobrasil et le *musée d'Art moderne (MAM).* De Niemeyer également, l'auditorium, inauguré en 2006, qui ressemble à une tranche de gâteau. Le parc abrite aussi le pavillon de la biennale internationale d'Arts, (28e édition de fin octobre à début décembre 2008). On y trouve également un jardin pour non-voyants avec les noms des plantes écrits en braille, un grand lac et une maison typiquement japonaise (visite le week-end). C'est aussi le lieu de concerts géants et gratuits donnés le dimanche, *praça da Paz.* En face du parc, un grand obélisque rappelle les héros de la révolution de 1932 ; tout près, le *palácio Nove de-Julho,* siège de l'assemblée législative de l'État ; à l'angle des avenidas Brasil et Brigadeiro Luís Antônio se dresse l'imposant monument aux *Bandeirantes,* de Brecheret ; statique mais plein de force, il est le symbole de la ville.

Le musée Afrobrasil *(plan I, A2) : rua Pedro Álvares Cabral, pavilhão Manoel da Nóbrega, parque do Ibirapuera, portão 10.* ☎ *55-79-85-42.* • *museoafrobrasil.com.br* • *Mar-dim 10h-17h. Entrée : 5,5 Rls.* Très bel espace moderne consacré à la culture afro-brésilienne. Créé à l'initiative d'Emanoel Araujo, artiste plasticien, il présente plus de 5 000 œuvres de choix, peintures, sculptures, photographies, artisanat, folklore, etc. Collection classique et contemporaine d'une grande richesse, belle muséographie. Également diverses expos temporaires au cours de l'année, une bibliothèque, un théâtre et des événements culturels.

Le musée d'Art moderne – MAM *(plan I, A2) : rua Pedro Álvares Cabral, parque do Ibirapuera, portão 3.* ☎ *55-49-96-88.* • *mam.org.br* • *Mar-dim 10h-18h. Entrée : 5,5 Rls ; gratuit dim et jeu après 17h.* Surtout des expos temporaires ; pour les passionnés de la peinture brésilienne.

Higienópolis et Consolação *(plan I, A1)*

La rua da Consolação, parallèle à l'étroite rua Augusta, forme l'axe principal s'élevant à l'ouest en venant du centre ; de la praça Roosevelt en bas de la Consolação, par la rua Maria Antônia, on s'enfonce petit à petit vers un autre genre de quartiers résidentiels bourgeois : ***Higienópolis, Consolação, Pacaembu.*** C'est à Higienópolis que l'ancien président Cardoso – ici, on dit Fernando Henrique ou « F.H.C. » – a ses appartements privés. Quartiers paisibles et cossus, aux gratte-ciel confortables, toujours cernés de grilles et de systèmes de surveillance, aux rues ombragées d'eucalyptus, d'amandiers tropicaux ou de manguiers. Mais Higienópolis est aussi un quartier de bonne vie estudiantine, avec terrasses, cafés, *lanchonetes,* petits bistrots où l'on mange au comptoir. Coins de rue et bars animés à la nuit tombée ne manquent pas, notamment dans les petites rues entre la Dona Veridiana et l'avenida Angelica, autour de l'avenue Higienópolis, qui, elle, est déserte. Ne manquez pas de voir la petite *praça Villaboim,* avec ses restos et bars, située tout près du musée d'art brésilien *FAAP.*
En arrivant sur l'avenida Paulista, le cinéma *Belas Artes* et la galerie souterraine du même nom (qui permet de traverser l'avenida Consolação) sont des lieux de rendez-vous des universitaires et des intellectuels. Sur le trottoir, quelques bouquinistes, à côté des librairies de l'avenida Paulista, ouvertes jusqu'à 1h ou 2h.

Pinheiros *(plan III, G7-8, H7)*

L'axe de la Consolação vers l'ouest se prolonge, après sa rencontre avec la Paulista, par l'avenida Rebouças qui descend jusqu'au ***rio Pinheiros,*** tandis que la Paulista se poursuit vers le nord-ouest par l'*avenida Dr Arnaldo.* Dans le triangle formé par les avenidas Dr Arnaldo et Rebouças s'étend, en collines qui descendent vers la rivière, le secteur de Pinheiros, avec ses quartiers aux jolis noms : *Jardim das Rosas, Pinheiros, Vila Beatriz, Vila Madalena, Jardim das Bandeiras...* Longtemps lieu de résidence des classes moyennes aisées, avec ses ruelles bordées de petites maisons entourées de jardins, aux allures de cottages, Pinheiros est peu à peu devenu le quartier d'habitation et de rencontre de la jeunesse universitaire, mi-dorée, mi-hippie (bobo quoi !). Communautés, bistrots latino-américains, fêtes de rues et soirées guitare y sont de rigueur. La mode de Pinheiros a pris, mais le

quartier n'a pourtant rien perdu de son caractère, un peu « californien », notamment dans le bas de Pinheiros. Le quartier qui va de Vila Beatriz jusqu'à la Rebouças, entre la rua Fradique Coutinho et l'avenida Pedroso de Moraes, a gardé ce charme jeune, à la fois insouciant, intellectuel et oisif, avec vie de bohème nocturne et terrasses bruyantes et joyeuses.
De l'autre côté du rio Pinheiros, c'est l'immense campus de la *cité universitaire* et le magnifique ***parque de l'instituto Butantan***, le long des avenidas Vital Brasil et Coriféu de Azevedo Marquês.

🎈🎈 ***Museu de Arte contemporânea – MAC/USP*** *(hors plan I par A2) : campus de l'université (USP), rua da Reitoria, 160.* ☎ *30-91-30-39.* • *mac.usp.br* • *Bus n° 7725 (Rio Pequeno) depuis le métro Vila Madalena. Mar-ven 10h-18h, w-e 10h-16h. Gratuit.* Magnifique immeuble moderne, très bien éclairé, où, faute de place, ne sont présentées que quelques centaines d'œuvres sur un fonds de 8 000 oeuvres. Des artistes brésiliens très connus, mais aussi les plus grands maîtres : Picasso, Modigliani, De Chirico, Braque, Chagall, Miró, Kandinsky, Léger, Dufy, Matisse, Alechinsky...

SÃO PAULO

Encore plus à l'ouest

🎈 ***L'institut Butantan*** *(hors plan I par A2) : av. Dr Vital Brasil, 1500.* ☎ *37-26-72-22.* • *butantan.gov.br* • *À l'ouest, dans le quartier de Butantã. Bus n° 778J (Jd. Arpoador) depuis le terminal Barra Funda. Mar-dim 9h-16h30. Entrée : 5 Rls ; réduc.* Fondé en 1901, c'est l'un des centres spécialisés dans l'étude des serpents les plus réputés du monde. Musée historique, et intéressant musée biologique présentant de nombreuses espèces de reptiles et insectes (araignées géantes, scorpions, etc.). Dans le magnifique et énorme jardin (idéal pour s'oxygéner), des serpents roupillent dans de grandes fosses...

VERS LE SUD *(plan I, A-B3)*

Loin au sud, les condominiums luxueux s'entourent de systèmes de sécurité d'autant plus militarisés qu'ils se noient peu à peu dans l'immensité des quartiers pauvres qui enserrent São Paulo, où beaucoup crèvent vraiment de faim avec moins de 1 € par jour. Ces immenses quartiers pauvres et favelas de la zone sud sont contrôlés par des bandes qui font le commerce de drogue, s'affrontent violemment entre elles et sèment terreur et violence. C'est très loin du centre et la vie y est cruelle, incertaine et infiniment difficile. On vous déconseille franchement de vous y aventurer.

LA ZONE EST *(plan I, B1, et hors plan I par B1)*

Elle s'étend le long du fleuve Tietê et de l'avenida Radial Leste, et forme, depuis le début du XXe s, l'espace d'installation des classes pauvres, noires, immigrantes, nordestines, travailleuses. La ligne du métro Corinthians-Itaquera y mène, ainsi que les autobus du parque Dom Pedro II. Ce sont les quartiers de *Brás, Mooca, Tatuapé, Vila Guilherme, Vila Matilde, Ermelino Matarazzo...* Si vous tenez à vous aventurer dans des quartiers qui rappellent encore ce que cette zone était avant le métro, descendez à *Vila Matilde* et prenez le bus n° 2767 *(Cid. Pedro José Nunes)* jusqu'à l'église de la rua Miguel Rachid, à Ermelino Matarazzo ; cela vous permettra de voir des quartiers populaires. Mais attention : comme toujours, évitez de ressembler à une publicité pour agence de voyages ; habillez-vous comme tout le monde et n'ayez sur vous ni grosses sommes d'argent ni documents importants !

Marchés et foires

– ***Feira de Artes, Cultura e Lazer da Praça Benedito Calixto*** *(plan III, H7,* ***56****) : praça Benedito Calixto, sam 9h-19h.* ● *pracabeneditocalixto.com.br* ● Peu connu des touristes. Bibelots, disques, artisanat, vraies et fausses puces, quoi qu'il en soit, c'est toujours animé, bon enfant. Musique traditionnelle l'après-midi dans la partie derrière les grilles, où l'on peut casser la croûte ; goûtez aux douceurs d'*Obeny.* Le resto *Consulado Mineiro* est là (voir « Où manger ? À Pinheiros »).
– ***Feira de Artes e Antiguidades do Bixiga*** *(hors plan II par C6) : praça Dom Orione (Bela Vista). Dim 8h-18h.* Semblable au marché de Pinheiros, avec la nourriture et la musique en moins. De bonnes affaires de temps en temps.
– ***Feira de antiguidades do MASP*** *(plan III, J7,* ***79****) : Arte e Cultura do Trianon, av. Paulista, 1578, sous le MASP. Dim 10h-17h.* C'est le plus important marché d'antiquités, mais les bonnes affaires sont rares. En traversant l'avenida Paulista, foire d'artisanat.
– ***Feira da República*** *(plan II, D5) : praça da República. Dim 10h-17h.* Artisanat, minéraux, timbres et pièces de collection.
– ***Feira Oriental*** *(plan II, E6) : praça da Liberdade (Ⓜ Liberdade). Dim ap-m.* Artisanat et produits orientaux. On peut y manger.
– ***Mercado municipal*** *(plan II, F4,* ***76****) : rua da Cantareira, 306 (Centro). Tlj, mais le dim certains stands sont fermés.* Les amateurs de *cachaça* trouveront les meilleures bouteilles du Brésil à l'*Emporio Chiappetta,* dont les prix ne sont pas donnés !

SÃO PAULO

Événements culturels

São Paulo est le plus important centre culturel d'Amérique du Sud. Biennales, grandes expositions se succèdent, ainsi qu'une foule d'événements concernant le cinéma, le théâtre, la poésie, la musique, les arts plastiques, la mode, etc. On le répète : le journal *Folha de São Paulo* a un supplément culturel quotidien *(Folha Ilustrada),* et l'hebdomadaire *Veja* un supplément *São Paulo* (voir plus haut la rubrique « Journaux et culture » dans « Adresses et infos utiles »).

■ ***SESC Pompeia*** *(plan I, A1) : rua Clélia, 93 (Pompeia).* ☎ *38-71-77-00. Mar-sam 9h-22h, dim jusqu'à 21h. Programmation :* ● *sescsp.com.br* ● *Non loin du Memorial da America latina.* Grand centre culturel installé dans une usine du début du XXe s, rénovée. C'est souvent autour du cinéma qu'ont lieu les manifestations. Cafétéria. Tous les SESC, répartis un peu partout dans la ville, sont des viviers de culture, d'animations, d'expositions. Certains sont installés dans d'anciennes usines en brique, d'autres sont flambant neufs et d'architecture contemporaine. Tous sont passionnants et très fréquentés.

■ ***Centro cultural São Paulo*** *(plan I, B2) : rua Vergueiro, 1000.* ☎ *32-77-36-11.* ● *centrocultural.sp.gov.br* ● *Ⓜ Vergueiro. Mar-dim 9h-22h.* Expositions, cinéma, théâtre, débats, événements.

Parcs, balades

Pas mal d'espaces verts, finalement. Heureusement pour la ville et pour le touriste. À part le très beau jardin tropical du Trianon, près du MASP, le parc de la gare de Luz, sympa et plein de sculptures, mais dans un quartier douteux, et ce qu'il reste du jardin de la praça da República (tous desservis par le métro), il faut aller plus au sud, dans les quartiers aisés, pour se rassasier de verdure.

Parque do Ibirapuera *(plan I, A2) : av. Pedro Álvares Cabral. Pas de métro direct, mais bien desservi par des bus, dont le n° 408 (Jd. das Rosas) depuis le terminal à côté du métro Vila Mariana. Tlj 6h-20h.* Le plus connu ; immense parc où se trouvent le palais de la Biennale et le MAM. Le week-end, foule de joggers, cyclistes, familles en goguette. Un peu le Central Park de São Paulo ! Vendeurs de jus de canne à sucre... Certains dimanches, des concerts gratuits en plein air en face du parc (près de l'obélisque).

Dans le ***quartier de Morumbi*** *(hors plan I par A3),* résidentiel et fortuné, trois parcs, dont deux assez proches l'un de l'autre. Le mieux, c'est que quelqu'un vous y emmène, pour éviter l'addition salée d'un taxi. Notre préféré : le ***parque Burle Marx,*** *av. Dona Helena Pereira de Moraes, 200. Bus n° 217 (Vila Gilda) depuis le métro Ana Rosa. Tlj 7h-19h.* Ensemble de jardins, sculptures et plans d'eau signés du célèbre paysagiste Burle Marx. Ambiance très calme. Belles perspectives.

Le jardin zoologique *(plan I, B3)* **:** *av. Miguel Estéfano, 4241.* Ⓜ *São Judas, puis bus n° 4742 (Jd. Climax). Mar-dim 9h-17h.* Un des plus beaux de la planète, avec beaucoup d'animaux et de verdure. Navette (payante) pour *Zoo Safari,* que l'on visite sans descendre de voiture (bon, on aime ou pas...). Singes et girafes en liberté viennent jusqu'à la voiture.

Fêtes

SÃO PAULO

– ***25 janvier :*** fondation de São Paulo.
– ***Février-mars :*** le carnaval. Le défilé des écoles de samba a lieu dans un « sambodrome », sur l'avenida Olavo Fontoura *(plan I, A-B1).* Les meilleures écoles *(grupo especial)* se produisent les vendredi et samedi soir (7 par soirée ; il faut de l'endurance pour tenir le coup pendant 10h !). Le défilé, quoique moins délirant que celui de Rio, reste très spectaculaire et obéit exactement aux mêmes règles. *Pour acheter des billets : ☎ 62-24-05-47 ou 04-55.*
– ***8 août :*** la communauté japonaise commémore la fin de la Seconde Guerre mondiale et les bombardements d'Hiroshima et de Nagasaki.
– ***31 décembre :*** la *corrida* de la Saint-Sylvestre, traditionnelle course marathon à pied, prétexte à une grande fête populaire. Rien à voir avec une corrida de taureaux.

São Paulo africaine et mystique

São Paulo a subi, également, l'influence culturelle africaine. Et ce dès l'origine de sa croissance, par l'afflux des esclaves émancipés dans l'État de São Paulo, puis par le mouvement d'émigration intérieure, surtout en provenance de Bahia.
Dans les innombrables périphéries, mais aussi dans les quartiers populaires du centre, à Bixiga, à Santa Efigênia, dans le Brás, prolifèrent les *terreiros de umbanda* et *candomblé,* ainsi que les *centros espíritas kardecistas* (dans le sillage du spirite Allan Kardec). Tous ces *terreiros* cohabitent avec un nombre croissant d'églises évangélistes, baptistes, pentecôtistes, néopentecôtistes, universelles, du royaume de Dieu... souvent installées dans d'anciens cinémas ou des *galpões* (hangars). Le fond commun au *candomblé* et à l'*umbanda* est la manifestation des dieux dans le corps des médiums, lors de transes amenées par des percussions très rythmées, ce qui permet à l'assistance de parler (directement ou indirectement) avec les dieux. Quoique plus « brésilianisé » que celui de Salvador, le *candomblé* paulista est resté plus proche de l'Afrique que l'*umbanda.* Dans ses *terreiros,* ni autel ni saints chrétiens ; les cérémonies sont réservées aux initiés et vous ne pourrez voir que la fête qui a lieu après. On y danse, on y chante (en langues africaines) et on mange des plats succulents. Le *babalorixá* ou la *yalorixá* qui dirigent le *terreiro* sont secondés par des *mães pequenhas* et *ogans,* et des *yaos,* les initiés qui « reçoivent » les divinités par la transe.
Le tout se déroule en deux temps. D'abord la fête, avec des cantiques, tambours et danses. Puis les divinités se manifestent : la transe s'empare des médiums et des initiés présents dans le public. On emmène alors les médiums en transe et c'est la pause, autour d'un buffet de plats semblables aux offrandes. Ensuite la cérémonie

reprend, bien plus forte et solennelle qu'au début ; les initiés, toujours en transe, réapparaissent, vêtus des costumes de leurs *orixás,* les divinités qui les habitent. Ce sont alors les *saints* eux-mêmes, utilisant le corps de l'initié *(yao),* qui viennent danser au milieu des humains. C'est le moment de venir les honorer, les prier, les inviter, les saluer, pour obtenir leur aide. Les danses se succèdent, on salue les divinités avant de leur faire des offrandes.
Après la fête ou dans les jours qui suivent, la *yalorixá* ou le *babalorixá* reçoivent en particulier ceux qui en font la demande : vous pourrez consulter l'oracle des *búzios* (« coquillages ») ou vous engager dans la réalisation d'un *trabalho* pour une ou plusieurs divinités, afin d'obtenir leur aide. Mais dans ce cas, sachez que vous devrez participer à la confection et à la remise de l'offrande selon les règles que l'on vous énoncera. Une expérience unique ! Tenez jusqu'au bout, car interrompre un *trabalho,* c'est blesser la divinité et la retourner contre soi.
L'*umbanda,* bien que d'origine africaine aussi, est plus syncrétique et très répandue à São Paulo. En gros, la cérémonie se déroule de la même façon, sauf que les divinités y sont plus « christianisées », ou issues des traditions indiennes, que la langue employée est le portugais, que l'on n'y mange pas et que certaines figures n'y portent pas le même nom : les *yaos* se nomment ici *mediums,* par exemple. Petit détail très révélateur de l'expansion de l'*umbanda* à São Paulo : on y trouve des *pais de santo* d'origine libanaise, et même un *templo* dont tous les membres sont d'origine japonaise.
Voici quelques tuyaux pour assister à une fête *(candomblé)* ou à une cérémonie *(umbanda)* ; ou encore, pour aller voir une *casa de umbanda.*

■ ***Axé Ilé Oba*** *(candomblé ; hors plan I par B3)* ***:*** *rua Azor Silva, 77, Vila Facchini (zone sud).* ☎ *55-88-24-37.* • *aguaforte.com/axeileoba* • Ⓜ *Jabaquara, puis bus n° 5760 (Vila Guaraci) ou 5791 (Eldorado).* Vous pouvez y aller afin de satisfaire votre curiosité et assister à une fête ; ou pour tirer les *búzios...*

■ ***Casa de velas Santa Rita*** *(plan II, E6)* ***:*** *praça da Liberdade, à côté de l'église Santa Rita.* Boutique de produits rituels, journaux gratuits sur l'*umbanda* et le *candomblé.*

■ ***La Fédération umbandista :*** ☎ *(016) 39-64-63-61.* • *fietreca.org.br* • Pour vous indiquer où aller voir une cérémonie. Son siège est à Ribeirão Preto, dans l'État de São Paulo.

QUITTER SÃO PAULO

En avion

➢ ***Pour l'aéroport de Congonhas*** *(vols intérieurs)* ***:*** bus de la praça da República, en face de l'office du tourisme. Départ ttes les 20 mn. Compter 30 mn de trajet, mais cela peut durer bien plus en cas d'encombrement. Ou prendre le métro jusqu'à São Judas, puis le bus « Aeroporto ».
➢ ***Pour l'aéroport de Guarulhos*** *(30 km)* ***:*** bus de la praça da República ttes les 30 mn, 5h30-23h (à vérifier, en cas de changement inopiné...). Compter 45 mn de trajet, si la circulation automobile le permet. Très pratique. Sinon, bus également de la *rodoviária* Tietê. Ou, bien moins cher, bus à côté du métro Bresser (30 mn par « Ayrton Senna »).

En bus

Presque tous les bus se prennent au ***terminal de Tietê*** *(plan I, B1).* Ⓜ *Tietê.*
➢ ***Pour Santos :*** pour la plupart, les bus partent d'une autre gare routière, près du métro Jabaquara *(plan I, B ;* ☎ *50-12-22-56).* Tlj 5h45-23h45, départs ttes les 45 mn, par le *Rápido Brasil* (☎ *50-11-42-01 ;* • *rapidobrasil.com.br* •). Trajet : 1h30. Une autre compagnie au départ de Tietê ; moins de départs et plus long.
➢ ***Pour Rio :*** à 430 km ; 6h de trajet. Env 40 bus/j., avec un écart de 40 mn max entre chaque bus, au départ de Tietê.

➢ ***Pour Belo Horizonte*** *(correspondance pour Ouro Preto)* **:** à 590 km ; 8h de trajet, par la *Viação Cometa* ; 12 bus, 7h45-23h45. Départs du Tietê. • *viacaocometa.com.br* •
➢ ***Pour Foz do Iguaçu*** *(les chutes)* **:** à 1 070 km. Départ du terminal Tietê, par la *Pluma* (☎ *0800-6460-300* ; • *pluma.com.br* •), départs à 14h30, 18h et 20h. Trajet : 14h.
➢ ***Pour Salvador :*** à 1 966 km ; 33h de trajet ; 2 départs/j. depuis Tietê, à 9h30 et 21h, avec *São Geraldo* (• saogeraldo.com.br •). Bon courage !
➢ ***Pour Brasília :*** à 1 100 km ; 16h de trajet, avec *Real Expresso.* • *realexpresso.com.br* • Départs de Tietê à 13h, 17h30, 18h15, 20h, 22h.
➢ ***Pour l'Argentine, le Chili :*** avec la Cie *Pluma* (☎ *0800-6460-300* ; • *pluma.com.br* •). Départs de Tietê.

AU NORD DE RIO ET DE SÃO PAULO : LE MINAS GERAIS

BELO HORIZONTE

2 350 000 hab. IND. TÉL. : 031

Fondée en 1897 pour succéder à Ouro Preto, à l'étroit dans son carcan de montagnes, la capitale du Minas Gerais a connu une ascension fulgurante jusqu'à occuper le rang de quatrième ville du Brésil. Elle fut créée de toutes pièces selon un plan inspiré de celui de Washington, avec des rues à angle droit disposées comme un vaste échiquier. Cependant, le projet se limita au centre-ville, et les faubourgs se construisirent de façon anarchique, poussés par les impératifs du développement. En effet, le Minas Gerais (les « mines générales ») est la première région productrice de fer et de pierres précieuses du Brésil.
Belo Horizonte, plus communément appelée « BH » (prononcer « Bé-Haga »), n'a pas contrôlé sa croissance. Elle a atteint un degré de pollution important et ne possède, au premier abord, aucun charme particulier. Pourtant, elle est bien plus humaine que la dantesque São Paulo ou l'extra-terrestre Brasília... Par sa taille, mais aussi par l'effort accordé au développement culturel et touristique. La grande provinciale entend bien tirer son épingle du jeu face à Ouro Preto, aux charmes indiscutables et indiscutés ! Les deux rivales ne jouent toutefois pas dans la même catégorie.
Étape (presque) incontournable sur la route des villes coloniales, carrefour de communications oblige, Belo Horizonte affine ses charmes, plutôt intellectuels : manifestations, musées, expositions rivalisent de fréquence et de variété, même si São Paulo et Brasília la devancent largement. Au détour des grandes avenues, on découvre aussi quelques beaux bâtiments datant du début du XXe s et des églises à la façade colorée. Pour s'éloigner de l'exubérance de la ville, il suffit de se balader dans le parc municipal, en plein centre, rempli d'arbres tropicaux ; ou, mieux encore, de s'échapper autour du lac de Pampulha, immense parc de verdure dédié à l'œuvre de l'architecte Niemeyer. Car c'est ici même, dans les années 1940, que le couple mythique Kubitschek-Niemeyer s'associa pour le meilleur et pour le pire. Le premier, alors maire de la ville, offrit au second une vitrine pour réaliser ses premiers projets d'envergure et se faire connaître sur la scène internationale. Les idées visionnaires du futur président du Brésil annonçaient l'aventure fantastique de Brasília...
Bref, même si nos yeux se tournent inévitablement vers les joyaux de la région, Ouro Preto et ses petites voisines, Belo Horizonte joue intelligemment le rôle de la grande sœur accueillante et organisée.

Arriver – Quitter

En bus

***Rodoviária** (gare routière ; plan B1) : praça Rio Branco, 100. ☎ 32-71-30-00. En plein centre-ville, avec tous les hôtels autour.*
➢ ***Ouro Preto :*** env 15 bus/j., 6h-23h, dans les 2 sens. Compter 2h de route. Résa impérative en haute saison au guichet de la compagnie *Viação Passaro Verde. Infos : ☎ 32-80-94-10 ou 0300-789-44-00.*
➢ ***Congonhas :*** 3-4 allers-retours/j. Cie *Viação Sandra, ☎ 32-01-29-27.*
➢ ***Diamantina :*** 5-6 allers-retours/j. Cie *Viação Passaro Verde, ☎ 32-80-94-10 ou 0300-789-44-00.*
➢ Bus également depuis et vers ***Mariana, Sabará, Caeté...***
➢ ***Bus longues distances :*** pour **Rio,** 6-8 bus/j. avec *Viação Util (☎ 39-07-96-00)* ; pour **São Paulo,** env 12 bus/j. avec *Viação Gontijo (☎ 21-04-63-00)* ; pour **Salvador** (*Viação Gontijo* et *São Geraldo*), **Brasília** *(Itapemirim ; ☎ 0800-723-21-21)*, **Recife** (*Viação Gontijo* et *Itapemirim*) ou **Belém** (*Itapemirim* et *Transbrasiliana*) : au moins 1 départ/j.

En avion

✈ La ville dispose de 2 aéroports. Le petit ***aeroporto da Pampulha*** *(☎ 34-90-20-01)*, proche du centre, est toutefois largement distancé en fréquentation par l'***aéroport international Confins*** *(ou Tancredo Neves ; ☎ 36-89-27-00 ou 02)*. Il est malheureusement situé à 40 km ! Moderne, il possède une excellente infrastructure : on y trouve un office du tourisme *Belotur (tlj 8h-21h30)* où l'on parle plus ou moins l'anglais. Prenez leur excellent guide. Également une *Banco do Brasil* et différents distributeurs *(HSBC, Banco do Brasil...)* acceptant les cartes de paiement internationales. Téléphone, poste, *Varig, Tam,* etc.
➢ Liaisons directes et quotidiennes avec les principales villes du pays : ***Rio, Brasília, São Paulo, Vitória, Recife*** et ***Salvador.***
– ***Pour gagner le centre-ville :*** les bus *executive* assurent des liaisons ttes les 25 mn, 6h-minuit env (4h30-22h du centre-ville vers l'aéroport). Env 15 Rls. Moitié moins chers mais plus lents, les bus *convencional* proposent leurs services plus ou moins toutes les heures, 6h-23h (4h45-22h45 en direction de l'aéroport). Les bus passent également par Pampulha et, en ville, s'arrêtent à la gare routière.

Adresses utiles

Informations touristiques

ℹ ***Office du tourisme Belotur** (plan B2) : av. Afonso Pena, 1055, mercado das Flores (Parque municípal). ☎ 32-77-76-66. • belotur.com.br • Lun-ven 8h-19h, w-e 8h-15h. Autre point d'info à la **rodoviária** (plan B1), tlj 8h-22h. ☎ 32-77-69-07.* Dans les deux, très bon guide sur la ville (en anglais et espagnol), guide de l'État, plan du centre, etc. On trouve également différents stands disséminés dans la ville (comme au marché central), moins fournis en brochures mais utiles en dépannage.
– Un site très complet (en portugais) sur l'État du Minas : *• descubraminas.com.br •*

Poste et télécommunications

✉ ***Postes** (plan B2) : av. Afonso Pena, 1270. Lun-ven 9h-18h, sam 9h-12h. Autre bureau de poste à la gare routière (plan B1), ouv lun-ven jusqu'à 19h.*
■ ***Téléphone** (plan B2, **1**) : **Telemar,** rua dos Tamoios, 311 (Centro). Tlj 7h-22h.*
@ ***Pro-Terra Cybercafé** (plan B2) : av. Augusto de Lima, 134. Lun-ven 8h-23h, sam 9h-22h et dim à partir de 12h.* Nombreux postes, bon débit.

Argent, change

■ ***Banco do Brasil*** *(plan B2, **2**) : rua Rio de Janeiro, 750 (entre la rua dos Tamoios et la rua dos Tupis), 4e étage.* ☎ *32-17-30-00.* Carte Visa, dollars et chèques de voyage acceptés.

■ ***American Express :*** *rua Paraíba, 626 (Savassi).* ☎ *32-61-26-01. Lun-ven 9h-15h.*

Représentations diplomatiques

■ ***Consulat de France*** *(hors plan par B3) : av. do Contorno, 5417, 2e étage (Cruzeiro).* ☎ *45-01-36-49. Fax : 45-01-36-01.* • *consulat.belohorizonte@yahoo.fr* • *Lun-ven 9h-11h, rens par tél jusqu'à 17h.* En cas d'absence, prendre contact avec le consulat général de Rio de Janeiro (voir « Adresses utiles » dans le chapitre consacré à Rio).

■ ***Consulat de Belgique :*** *av. Carandai, 1115, 25e étage (Centro).* ☎ *32-19-14-83. Fax : 32-22-38-80. Lun, mer et ven 10h30-12h.*

■ ***Consulat de Suisse :*** *rua Paraíba, 476 (Funcionários), salle 1002.* ☎ *32-61-77-32. Fax : 32-62-11-63. Slt mar et jeu 9h-12h.*

Urgences

■ ***Pharmacies ouvertes 24h/24*** *(plan B1 et B2, **6**) : **Araújo,** praça Rio Branco da Rodoviária (rua Curitiba, 327) ; ou **Araújo,** rua da Bahia, 1070. Dans le centre.*

■ ***Urgences médicales : Pronto Secorro,*** ☎ *192.*

■ ***Hospital João XXIII :*** *av. Alfredo Balena, 400 (Santa Efigênia).* ☎ *32-39-92-00.* Spécialisé dans les urgences.

■ ***Médecin :*** *Dr José Olimpios Dias, rua Gonçalves Dias, 2904 (Santo Agostinho).* ☎ *33-37-73-06. Consultations lun-ven 14h-18h.* Accrédité par le consulat de France.

Transports aériens

■ ***Air France*** *(plan B2, **3**) : rua da Bahia, 1345, 16e étage.* ☎ *32-74-37-77. Lun-ven 9h-12h, 14h-18h30.*

■ ***Varig*** *à l'aéroport Tancredo Neves :* ☎ *36-89-23-51.*

■ ***Tam*** *(plan A3) : rua Marília de Dirceu, 162.* ☎ *33-49-55-00. À l'aéroport Tancredo Neves :* ☎ *36-89-22-31.*

■ Adresses utiles

- ℹ Office du tourisme Belotur
- Rodoviária
- ✉ Postes
- @ Pro-Terra Cybercafé
- 1 Téléphone
- 2 Banco do Brasil
- 3 Air France
- 6 Pharmacies ouvertes 24h/24

Où dormir ?

- **10** Pousadinha Mineira
- **11** Hotel São Salvador
- **12** Chalé Mineiro
- **13** Hôtel Wimbledon
- **15** Hotel Magnata
- **16** Hôtel São Bento

Où manger ? Où boire un verre ?

- **20** Marché central
- **21** La Greppia
- **23** Dona Lucinha
- **24** Livraria da Travessa
- **25** Café Cultura

À voir

- **30** Igreja São Francisco de Assis et lac artificiel de Pampulha
- **31** Parque municípal

Achats

- **40** Centro mineiro do artesanato
- **41** Gemas de Minas

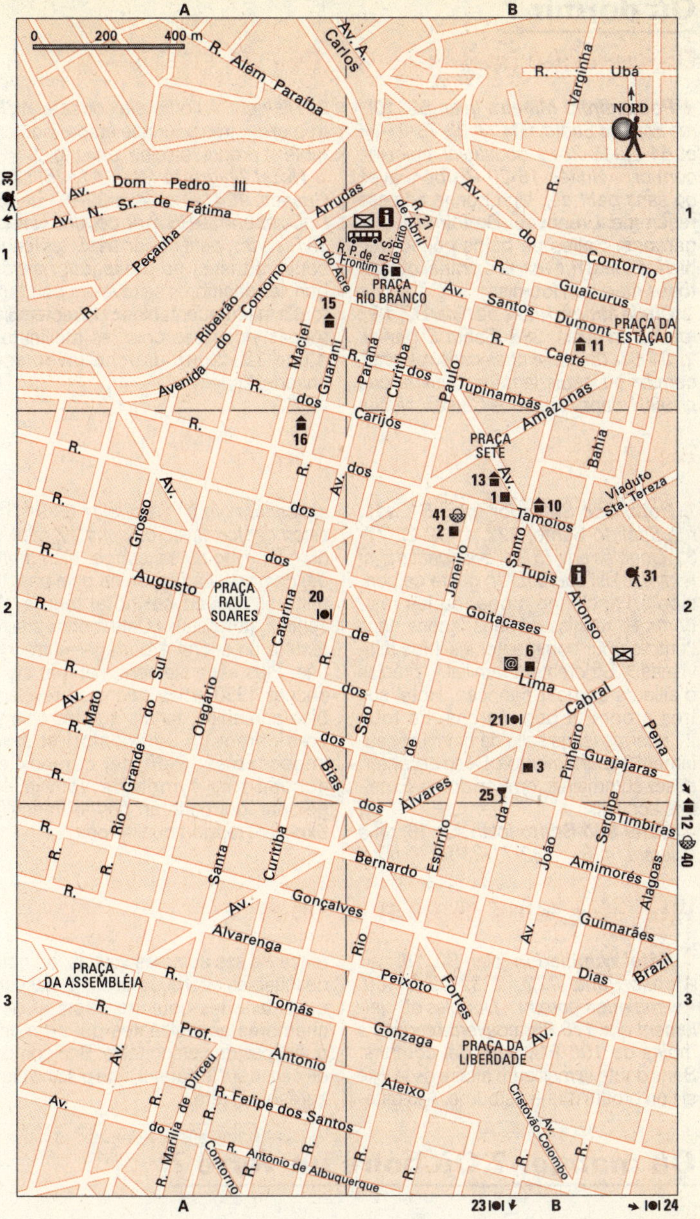

BELO HORIZONTE

Où dormir ?

Bon marché (moins de 60 Rls / 24 €)

Pousadinha Mineira *(plan B2,* ***10****) : rua Espírito Santo, 604. ☎ 32-73-81-56 et 34-23-15-23. • pousadinhamineira.com.br • Nuitée 16-20 Rls/pers avec ou sans petit déj.* Une bonne adresse récemment rénovée. Dortoirs filles et garçons. Salles de bains collectives bien tenues. Prévoir des draps, obligatoires mais non fournis.

Chalé Mineiro *(hors plan par B2,* ***12****) : rua Santa Luzia, 288 (Santa Efigênia). ☎ 34-67-15-76. • chalemineirohostel.com.br • Depuis la gare routière, bus n° 9801 dans la rua dos Caetés. Nuitée 21 Rls/pers.* AJ officielle correcte, mais trop excentrée pour une étape. Confortable et propre, piscine, parking...

Hotel Magnata *(plan A1,* ***15****) : rua Guarani, 124. ☎ et fax : 32-01-53-68. Doubles env 50 Rls avec douche et w-c, 35 Rls sans, petit déj inclus.* Si les longs couloirs tristes ne présagent rien de bon, les chambres se révèlent pourtant tout à fait fréquentables : correctement tenues et dotées pour les meilleures d'une TV, d'une douche (avec eau chaude) et de w-c.

Prix moyens (60-90 Rls / 24-36 €)

Hotel São Salvador *(plan B1,* ***11****) : rua Espírito Santo, 227. ☎ 32-22-77-31. Doubles env 75 Rls, avec petit déj (sf le dim, c'est sacré !).* Un genre de pension à l'ancienne mode, où les résidents se réunissent sans façons dans l'entrée pour commenter les infos télévisées. « Strictement familial », précise d'ailleurs un petit panneau. Hôtel sûr, très propre et bon marché. En tout, 27 *quartos* (sans salle de bains) et seulement 3 *apartamentos.* Déco et confort assez sommaires, on s'en doute. Excellent accueil.

Hôtel São Bento *(plan A2,* ***16****) : rua Guarani, 438. ☎ 32-71-33-99. • hotelsaobento.com.br • Doubles 69-91 Rls selon confort (avec ou sans TV, câblée ou non, avec ou sans frigo, etc.), petit déj compris.* La façade ne paie pas de mine et dessert cet hôtel tenu avec sérieux. Tant mieux ! Cette bonne affaire restera un secret à partager entre initiés. Plus sérieusement, l'entrée style années 1930 et les salons se révèlent bien agréables, tandis que les chambres offrent un bon confort et sont impeccables. Petit déj copieux et accueil très sympa de Valeria, la gérante, qui parle un peu le français. Excellent rapport qualité-prix.

Plus chic (plus de 90 Rls / 36 €)

Hôtel Wimbledon *(plan B2,* ***13****) : av. Afonso Pena, 772. ☎ 32-22-61-60. • wimbledon.com.br • Doubles officiellement env 170 Rls, souvent bradées à moins de 100 Rls, petit déj compris.* Sans doute la meilleure affaire de la ville si l'on profite d'une ristourne. À la différence de ses austères voisins, on note de louables efforts de déco : beau parquet dans les couloirs, tapis et des chambres accueillantes qui ne manquent pas de personnalité. Bon confort et, cerise sur le gâteau, une piscine bien agréable en été.

Où manger ? Où boire un verre ?

Les restaurants et bars ne manquent pas à Belo Horizonte, notamment dans le secteur à l'angle des ruas de Bahia et dos Guajajaras *(plan B2)*, ou encore dans la zone très animée autour de la praça da Savassi *(hors plan par B3)*. C'est là que les étudiants fêtards, les trentenaires et les quadras bien dans leur peau affluent en fin de semaine, attirés par les nombreuses enseignes (des sushis aux hamburgers !) et les terrasses. La cuisine du Minas Gerais comporte par ailleurs quelques plats typiques hérités des *bandeirantes* : gibier préparé avec le *tutu* ou *feijão tropeiro,* haricots rouges cuits dans la farine de manioc avec des petits morceaux de saucisses.

De bon marché à prix moyens (5-30 Rls / 2-12 €)

Marché central *(plan A2,* ***20****) : à l'angle des ruas Lima et Curitiba. Ferme à 18h.* Le marché en lui-même se révèle pittoresque : épices, odeurs fortes, fruits exotiques, jus de fruits tropicaux... ce qui ne manque pas de mettre en appétit ! Ici, la spécialité, ce sont les viandes au poids cuisinées à feu vif. On trouve aux quatre coins des halles des gargotes plus ou moins simples (certaines disposent de tables et de chaises), où les passants s'accoudent au comptoir le temps d'avaler une assiette de poulet ou de bœuf grillé... à faire glisser comme il se doit avec une bière locale.

Livraria da Travessa *(hors plan par B3,* ***24****) : av. Getúlio Vargas, 1405 (Savassi).* ☎ *32-23-80-92. Lun-ven 9h-23h, sam 9h-18h. Plats 8-15 Rls.* Plus que les bouquins, qui servent principalement d'alibi à une clientèle gentiment branchée, c'est la terrasse très agréable de ce resto-librairie qui retient l'attention. Et, quitte à bien faire, ses pizzas et plats de bistrot se révèlent de la meilleure qualité. Alors on fait comme les autres, on prend racine...

La Greppia *(plan B2,* ***21****) : rua da Bahia, 1196.* ☎ *32-73-20-55. Tlj jusqu'à tard dans la nuit. Buffet env 10 Rls/pers et plats au poids env 25 Rls/kg.* Malgré la vaste salle et un turn-over rapide, il n'est pas rare de devoir patienter un peu avant de dénicher une table. La recette d'un tel succès : un buffet basique de pâtes à volonté à prix sacrifié, à enrichir d'une kyrielle de viandes, cochonnailles et légumes en tout genre au poids. La formule a bien évidemment les faveurs de la communauté étudiante...

Dona Lucinha *(hors plan par B3,* ***23****) : rua Sergipe, 811 (Funcionários).* ☎ *32-61-59-30. Formule à volonté pour env 30 Rls.* Dans un cadre plutôt agréable d'auberge coquette (pas mal de boiseries), les habitués apprécient les nombreuses spécialités mineiras préparées avec des produits frais. Entrées, plats, desserts, tout y est très honnête et contentera les gourmets comme les gros appétits ! Ce vieil établissement est toutefois distancé par la nouvelle génération des restaurants de Savassi.

Café Cultura *(plan B2,* ***25****) : rua da Bahia, 1416.* ☎ *32-22-13-47.* Niché dans une ancienne bâtisse qui ne manque pas de charme, ce bar accueillant rassemble sur sa terrasse une clientèle aussi éclectique que décontractée. Bons concerts en fin de semaine, mais, pour apercevoir les musiciens, il faudra lever la tête vers le mini-balcon suspendu au-dessus du comptoir. Roméo serait contrarié !

À voir

Igreja São Francisco de Assis *(hors plan par A1,* ***30****) : av. Otacílio Negrão de Lima.* ☎ *34-91-23-19. Dans le quartier résidentiel et touristique de Pampulha (près du lac du même nom), à env 10 km du centre. Lun-sam 9h-17h, dim 9h-13h.* Conçue par Niemeyer dans les années 1940, cette église moderne, controversée lors de son inauguration, est aujourd'hui une référence dans le milieu de l'architecture. Curiosité surprenante : sa façade (quand on tourne le dos au lac) est en forme de faucille et de marteau. Façade de verre, peintures de Portinari et clocher séparé de l'église.

Autour du lac artificiel de Pampulha *(hors plan par A1,* ***30****)* : d'autres constructions de Niemeyer, dont l'ancien casino inspiré du style de Le Corbusier (maintenant *musée d'Art moderne* dédié aux expositions temporaires ; *tlj sf lun*), ou la *Casa* *do Baile,* salle de bal ronde reconnaissable à sa galerie serpentine, où l'on peut voir une exposition d'urbanisme *(mar-dim 9h-19h).* Également un immense stade : le *Magalhães,* d'une capacité de 130 000 places, plus communément appelé « mineirão ». À part ça, cafés et restos à la mode complètent ce tableau très chic, où les villas cossues alternent avec le club de golf et toutes sortes d'institutions de la bourgeoisie locale. Attention, les édifices sont distants les uns des autres, ce n'est pas une balade à faire à pied !

Grande animation dans le ***quartier de la rodoviária*** *(plan A-B1),* notamment rua dos Carijós : nombreux commerces et marché de rue. En sortant de la gare routière, juste en face, rua Sartunino do Brito, le marché de la viande et du café *(Armazén do Grito),* impressionnant. Tout est vendu en vrac par les paysans de la région.

Dans le même esprit, mais en plus séduisant, on ne manquera pas de s'imprégner de la symphonie des couleurs et des odeurs composée par le ***marché central*** *(plan A2 ; angle des ruas Lima et Curitiba ; ferme à 18h* ; voir « Où manger ? »). On y trouve de tout, comme des échoppes spécialisées dans la *cachaça.* Si vous avez des cadeaux à rapporter...

Parque municípal *(plan B2,* ***31****) : à gauche de l'av. Afonso Pena en venant de la rodoviária. Tlj sf lun 6h-18h.* C'est un lieu de promenade agréable (éviter toutefois de s'y enfoncer, pour des raisons de sécurité). Encore une œuvre de Niemeyer, le *palácio das Artes,* qui se visite *(mar-ven ; ☎ 32-37-72-10).*

Achats

Feira de Arte artesanato *(plan B2) : av. Afonso Pena, entre la rua da Bahia et la rua Guajajaras (Centro). Dim 8h-14h.* Impressionnante foire regroupant environ 3 000 artisans qui exposent et vendent une grande variété de produits mineiros de qualité : cuir, métal, verre, céramique, bois, textiles... Un des marchés artisanaux les plus prisés du pays, étalé sur plus de 1 km. Sympa aussi de déguster un *salgado* et de boire son *caldo de cana* dans un des nombreux kiosques.

On retrouve ces différents objets dans les boutiques plus chic du ***Centro mineiro do artesanato*** *(hors plan par B2-3,* ***40****) : av. Afonso Pena, 1537 (Centro). ☎ 32-72-95-13. Lun 13h-19h, mar-ven 9h-19h, w-e 9h-14h.* Prix un peu plus élevés, mais bonne qualité.

Gemas de Minas *(plan B2,* ***41****) : rua Rio de Janeiro, 430 (Centro). ☎ 32-01-81-29.* L'endroit idéal pour se procurer les pierres semi-précieuses ou précieuses de cette région, 1re productrice de minerais au Brésil. Plusieurs boutiques de bonne réputation proposent ici un large éventail de pierres brutes ou taillées et des bijoux à prix intéressants.

➤ DANS LES ENVIRONS DE BELO HORIZONTE

Sabará *: à 27 km à l'est.* Charmante ville coloniale accessible en bus, 7h-19h, avec la compagnie *Viação Cisne (☎ 36-72-12-55).* À noter la présence d'un petit ***office du tourisme*** à l'entrée de la ville *(☎ 36-72-76-90 ; 8h-18h),* où l'on distribue un plan bien fait avec les différents monuments et leurs horaires d'ouverture *(généralement 8h-17h ; prévoir de modiques entrées).*

N'ayant jamais fait partie du circuit touristique classique du Minas Gerais, Sabará a conservé son âme et présente le visage paisible d'une bourgade rurale pittoresque. À l'inverse de ses célèbres consœurs comme Ouro Preto, aucune boutique tape-à-l'œil ne dénature ses jolies ruelles pavées et ses placettes ourlées de troquets populaires.

Pourtant, trois *églises* étonnantes méritent largement le détour : ***N.S. da Conceição,*** bel exemple d'architecture baroque achevé vers 1720 pour le compte des

jésuites, ***N.S. do Carmo,*** connue pour ses magnifiques statues sculptées par l'Aleijadinho, et ***N.S. do Ó,*** adorable chapelle à la très curieuse décoration chinoise.
À voir, également, le ***museu do Ouro,*** aménagé dans la belle demeure de l'ancien intendant des mines. Soigneusement restaurées, ses nombreuses salles sont meublées comme autrefois ou abritent toutes sortes d'objets historiques (coffres blindés pour le transport de l'or, vaisselle, statues...), ultimes témoins du passé glorieux d'une ville déchue.

Pico da Piedale : *à 60 km.* C'est la route la plus haute du Brésil. Il s'y déroule le 15 août un ***pèlerinage*** très important. Point de vue superbe. Pour y aller : bus à la *rodoviária* pour Caeté. S'arrêter 5 km avant Caeté, à la bifurcation qui mène au sommet. Il reste 4 km de montée.

À ***Caeté,*** visiter l'église *N.S. do Bom Sucesso,* œuvre de l'Aleijadinho.
Possibilité de dormir à Caeté. Voir avec l'office du tourisme de Belo Horizonte ou, sur place, *praça João Pinheiro.* ☎ *36-51-18-55.*

➢ Pas mal d'autres excursions possibles : grottes (à ***Lapinha*** par exemple), chutes d'eau, etc. Voir avec l'office du tourisme de Belo Horizonte.

OURO PRETO

66 300 hab. IND. TÉL. : 031

Située à une centaine de kilomètres de Belo Horizonte, cette délicieuse bourgade est un joyau baroque qu'il serait regrettable de manquer. Ouro Preto fut fondée vers la fin du XVIIe s par les *bandeirantes* qui y découvrirent, une dizaine d'années plus tard, d'importants gisements d'or – 1 200 t !

> **NOIR, C'EST NOIR...**
> *La caractéristique de l'or découvert à Ouro Preto résidait dans la pellicule noire d'oxyde de fer qui entourait les pépites et qui lui donna son nom :* ouro preto *(« or noir »).*

La ville connut un développement rapide, se couvrit d'églises à la décoration somptueuse, de riches demeures seigneuriales, de fontaines sculptées, et prit le nom de *Vila Rica* (« ville riche »), puis au XIXe s celui d'Ouro Preto. La ville entière a été classée Monument historique et Patrimoine culturel par l'Unesco ; et, hormis un hôtel moderne pas très réussi, erreur de jeunesse de Niemeyer, on plonge réellement deux siècles en arrière. Rues aux pavés ronds et polis, qui grimpent sec, bordées de maisons coloniales à l'architecture simple. Façades blanches aux encadrements de fenêtres colorés, portails de pierre, balcons de fer forgé et toits de tuile rouge patinée tombant en cascade. Ouro Preto s'enorgueillit aussi d'avoir accueilli un grand de l'histoire artistique du pays : Antônio Francisco Lisboa, dit *l'Aleijadinho* (1730-1814 – voir aussi la rubrique « Personnages » dans « Hommes, culture et environnement »).
Ouro Preto déclina à la fin du XIXe s, avec l'épuisement des filons d'or et l'impossibilité d'extension, et fut détrônée par Belo Horizonte comme capitale de l'État. Néanmoins, c'est resté une ville très vivante et étudiante (son université est reconnue dans la région), qui regorge de richesses touristiques. On vous conseille vraiment d'y passer au moins deux nuits pour profiter de la beauté des lieux, aussi bien le jour que la nuit, lorsque les faibles lumières projettent des couleurs nouvelles, des ombres mystérieuses, et que toute la ville apparaît fascinante, offrant le maximum de son vieux charme colonial...

UN PEU D'HISTOIRE

Ouro Preto fut le théâtre de la première lutte pour l'indépendance du Brésil. Pour protester contre les impôts trop lourds et l'arrogance du pouvoir colonial portugais se créa, vers 1790, le *Movimento dos inconfidêntes* (Mouvement des infidèles). Surtout composé d'intellectuels et d'officiers, il organisa des réunions et débats clandestins qui connurent de plus en plus de succès. La révolte populaire grondait, mais la conjuration, la *Inconfidência*, fut découverte et démantelée avant que l'insurrection ne se produise. Son chef, Tiradentes, fut pendu en 1792 sur la place principale d'Ouro Preto, puis écartelé. Il reste pour les Brésiliens le symbole du premier cri pour la liberté et l'indépendance du pays.

CHICO REI

Vous remarquerez que plusieurs endroits portent ce nom ici. Au début du XVIIIe s, le roi africain Chico Rei fut enlevé, avec toute sa famille, afin d'être vendu comme esclave au Brésil. Sa femme et certains de ses enfants périrent pendant la traversée. Chico Rei fut emmené avec son dernier fils dans les mines d'Ouro Preto, où il dut se mettre à travailler dur, comme tous ses compagnons de captivité. Il obtint cette mine qui ne donnait rien à la mort de son propriétaire, et... y trouva de l'or. Tant d'or qu'il racheta sa liberté, celle de son fils et de tout son clan... Depuis, Chico Rei est un mythe, à Ouro Preto et au-delà.

Arriver – Quitter

En bus

*La **rodoviária** (gare routière ; plan A1), minuscule, est située à 10 mn du centre, rua Padre Rolim, 661. ☎ 35-59-32-52.*

➢ ***Belo Horizonte :*** env 15 allers-retours/j., 6h-20h (plus tard dim). Env 15 Rls pour 2h de trajet.

➢ ***Rio :*** 2 bus le mat, 1 bus de nuit dans les 2 sens. Durée : env 6h et 60 Rls.

Adresses utiles

- Secretaria municipal de Turismo
- Rodoviária
- Poste
- 2 Bus pour Mariana
- 3 Banco do Brasil
- 4 Bradesco
- 5 Pharmacie Tiradentes
- 6 Hôpital Santa Casa de Misericórdia
- 7 Cyberhouse

Où dormir ?

- 10 Hotel Colonial
- 11 Pousada Luxor
- 12 Pousada Vila Rica
- 13 Pousada São Francisco de Paula
- 15 Pousada Nello Nuno
- 16 Hotel Solar das Lajes
- 17 Pouso do Chico Rei
- 18 Pousada Gabriela
- 19 Casa Grande Pousada

Où manger ?

- 20 Consola's Pizzaria e Restaurante
- 21 Restaurante Chafariz
- 22 Café & Cia
- 23 Chocolates Ouro Preto
- 24 Casa do Ouvidor

Où boire un verre ?

- 30 Bardobeco Cachaçaria
- 31 Café Gerães

À voir

- 40 Igreja São Francisco de Assis
- 41 Matriz de Nossa Senhora da Conceição de Antônio Dias et museu de l'Aleijadinho
- 42 Igreja Nossa Senhora do Carmo et museu do Oratorio
- 43 Igreja Nossa Senhora do Pilar et museu de Arte sacra
- 44 Casa dos Contos
- 45 Igreja Nossa Senhora das Mercês e Perdões
- 46 Museu de l'Inconfidência
- 47 Museu de Ciência e Técnica
- 48 Capela do Padre Faria
- 49 Casa da Ópera
- 50 Igreja Santa Efigênia
- 51 Mina do Chico Rei

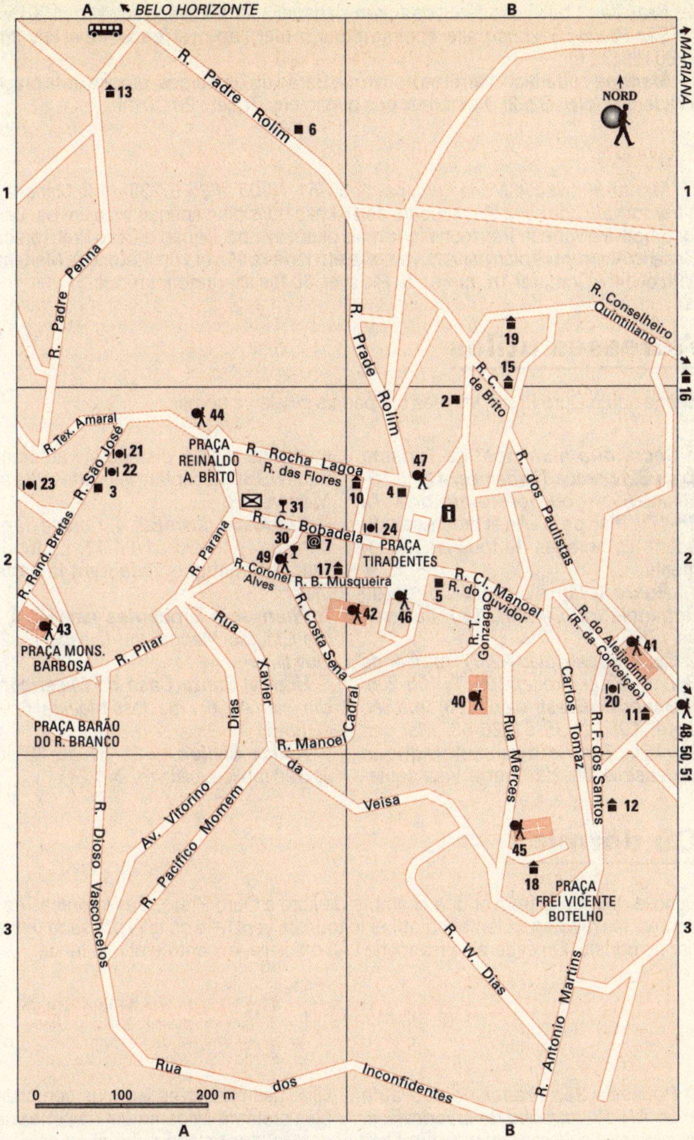
A
BELO HORIZONTE
B
MARIANA
NORD
R. Padre Rolim
13
6
1
R. Padre Penna
R. Prade Rolim
R. Conselheiro Quintiliano
19
15
R. C. de Brito
16
2
R. Tex. Amaral
44
R. São José
21
22
23
3
PRAÇA REINALDO A. BRITO
R. Rocha Lagoa
R. das Flores
47
10
4
R. dos Paulistas
31
R. C. Bobadela
30
24
7
PRAÇA TIRADENTES
49
17
R. Rand. Bretas
R. Parana
R. Coronel Alves
R. B. Musqueira
R. Cl. Manoel
R. do Ouvidor
5
46
42
R. Costa Sena
R. T. Gonzaga
R. do Aleijadinho (R. da Conceição)
41
43
PRAÇA MONS. BARBOSA
R. Pilar
Rua Xavier
Dias
Carlos Tomaz
20
40
11
48, 50, 51
PRAÇA BARÃO DO R. BRANCO
R. Manoel Cadral
da Veisa
Rua Merces
R. F. dos Santos
12
Av. Vitorino
R. Pacifico Momem
R. Dioso Vasconcelos
45
18
PRAÇA FREI VICENTE BOTELHO
3
R. W. Dias
R. Antonio Martins
Rua dos Inconfidentes
0
100
200 m

OURO PRETO

➢ ***Brasília :*** 1 bus/j., en début de soirée, dans les 2 sens. Durée : env 11h ; 100 Rls.
➢ ***São Paulo :*** 3-4 bus/j. aller comme retour, le mat, l'ap-m et le soir. Trajet env 12h et 80 Rls (32 €).
➢ ***Mariana :*** attention, l'arrêt se trouve rua Barão de Camargos, proche de la praça Tiradentes *(plan B2, **2**)*. Nombreux bus quotidiens. Trajet : 20-30 mn.

En train

➢ ***Mariana :*** avec *le Maria Fumaça. ☎ 35-51-77-05 et 35-57-38-44 (à Mariana).* • *tremdavale.com.br* • Un parcours de 18 km à bord d'un antique train tiré par une locomotive à vapeur. Très touristique mais plutôt sympa. Départ d'Ouro Preto praça Cesário Alvim *(hors plan par A1)*, ven, w-e et j. fériés à 11h et 16h. Retour de Mariana à 9h et 14h. Compter 1h. Tarifs : 18 Rls aller, 30 Rls aller-retour ; réduc.

Adresses utiles

Sachez qu'à Ouro Preto, les rues ont parfois plusieurs noms.

ℹ ***Secretaria municipal de Turismo*** *(plan B2) : praça Tiradentes, 41. ☎ 35-59-32-69.* • *ouropreto.org.br* • *Tlj 8h-17h.* Plan de la ville et brochure indiquant les horaires de tous les monuments.
✉ ***Poste*** *(plan A2) : rua Conde de Bobadela (ou Direita), 180. Lun-ven 9h-17h.*
@ ***Cyberhouse*** *(plan A2, **7**) : rua Conde Bobadela (ou Direita), 109. Tlj 10h-20h.*
■ ***Banco do Brasil*** *(plan A2, **3**) : rua São José, 195. ☎ 35-51-26-63. Mar-ven 9h-15h.* Distributeur automatique accessible 6h-22h (carte *Visa* seulement). *Au n° 201,* distributeur automatique **HSBC** acceptant les cartes *Visa* et *MasterCard*.
■ ***Bradesco*** *(plan B2, **4**) : praça Tiradentes, 44. ☎ 35-51-24-11.* Distributeur automatique acceptant la carte *Visa*.
■ ***Pharmacie Tiradentes*** *(plan B2, **5**) : rua Cláudio Manoel (ou Ouvidor), 32. Ouv tjl.*
■ ***Hôpital Santa Casa de Misericórdia*** *(plan A1, **6**) : rua José Moinga, 620. ☎ 35-51-11-33.*
■ ***Police civile :*** *☎ 35-51-32-22 ou ☎ 190 (police militaire, 24h/24).*

Où dormir ?

Difficile de ne pas trouver une chambre de libre à Ouro Preto. Dès la praça Tiradentes, les rabatteurs tentent d'attirer le touriste vers telle ou telle *pousada* tenue par un cousin. On évitera en revanche l'AJ officielle, excentrée et mal tenue.

De bon marché à prix moyens (moins de 90 Rls / 36 €)

⌂ ***Pousada São Francisco de Paula*** *(plan A1, **13**) : proche de la rodoviária, au pied de l'église du même nom ; suivre les panneaux. ☎ 35-51-34-56.* • *pousadasaofranciscodepaula.com.br* • *Dortoirs 30 Rls/pers, doubles 70-90 Rls selon vue ; petit déj compris.* Construite à flanc de colline et nichée en pleine forêt tropicale, cette *pousada* toute simple jouit d'une vue imprenable sur la ville. Les chambres les plus confortables profitent évidemment de cette vue depuis leur balcon privé avec hamac. À l'inverse, les dortoirs basiques n'ont pas de vue du tout ! Accueil très chaleureux de Vinício, authentique routard polyglotte.
⌂ ***Pousada Vila Rica*** *(plan B3, **12**) : rua Felipe dos Santos, 165. ☎ 35-51-47-29. Doubles env 50 Rls, petit déj inclus.*

L'immense *Vila Rica* se distingue par une très jolie façade d'azulejos et une réception pleine de charme aux poutres et pierres apparentes. À l'intérieur, c'est un vrai dédale d'escaliers tortueux et de couloirs aux parquets grinçants. Pas mal d'atmosphère en définitive, mais il est tout de même regrettable que les chambres aient également hérité d'un mobilier et d'un confort d'époque... pour ne pas dire vétuste. Idéal pour un groupe (réduc). D'ailleurs, c'était un internat jusqu'en 1982.

Hotel Colonial *(plan B2,* ***10****) : travessa Pe. Camilo Veloso, 26. ☎ 35-51-31-33. • hotelcolonial.com.br • Doubles env 90 Rls, petit déj compris.* À deux enjambées de la place principale, ce petit hôtel retranché dans une ruelle a l'avantage d'échapper à l'essentiel du tintamarre nocturne. Quant à l'appellation « colonial », elle désigne essentiellement le bâtiment : les chambres, bien tenues et confortables, sont tout à fait contemporaines. Accueil souriant.

Plus chic (90-150 Rls / 36-60 €)

Pousada Nello Nuno *(plan B1-2,* ***15****) : rua Camilo de Brito, 59. ☎ 35-51-33-75. • pousadanelbruno.com.br • Doubles 95-120 Rls selon saison, avec petit déj.* De la rue, on ne devine pas l'enchaînement de cours intérieures, dont la dernière est une terrasse au calme surplombant la vieille ville. Un charme irrésistible renforcé par la coquetterie des chambres, décorées de couvre-lits colorés et d'œuvres de la délicieuse propriétaire. Petit déj autour d'une grande table commune. Une excellente adresse, confortable et familiale.

Pousada Gabriela *(plan B3,* ***18****) : largo Musicista José dos Anjos Costa, 58. ☎ et fax : 35-51-47-34. Dans un quartier un peu excentré, très calme. Doubles 70-100 Rls avec le petit déj ; prix négociables.* Une maison moderne, construite à flanc de colline, face au pic d'Itacolomi et répartie sur plusieurs niveaux en terrasses. Autant dire que la vue depuis les chambres mérite à elle seule une mention spéciale. Celles-ci se révèlent d'ailleurs confortables (TV, clim', frigo), très propres et par conséquent d'un bon rapport qualité-prix. Petit balcon avec hamac bien agréable. Bon accueil familial.

Hotel Soiar das Lajes *(hors plan par B1,* ***16****) : rua Conselheiro Quintiliano, 604. ☎ 35-51-33-88. • solardaslajes.com.br • Doubles env 100 Rls, petit déj inclus.* Le patron parle parfaitement le français, sculpte la pierre et adore les plantes, c'est un passionné ! Sa *pousada* présente du coup un aspect un peu insolite, avec un jardin fleuri étagé où l'on devine certaines de ses œuvres. Elle offre par ailleurs une vue imprenable sur la ville (dont elle est un peu éloignée, puisque en hauteur) et possède une belle piscine gardée par une énorme grenouille... en pierre. Les chambres ne déparent pas, simples, confortables et très agréables, réparties dans des bâtiments nichés en pleine verdure. Également quelques chambres dans la maison principale, moins chères car sans salle d'eau privée. Une belle adresse, à l'image de l'accueil chaleureux du propriétaire.

Casa Grande Pousada *(plan B1,* ***19****) : rua Conselheiro Quintiliano, 96. ☎ 35-51-43-14. • hotelpousadacasagrande.com.br • À 200 m de la praça Tiradentes. Doubles 120-140 Rls, petit déj compris.* Très belle demeure coloniale : vieux parquets cirés, meubles en bois précieux, jolie façade bleu et blanc... On choisira toutefois les chambres les plus chères (faible différence de prix), pour profiter des balcons et de leur superbe vue sur la ville et le pic d'Itacolomi. Agréable salle de petit déj avec de larges baies vitrées. Excellent accueil et service élégant.

Pouso do Chico Rei *(plan A2,* ***17****) : rua Brigadeiro Musqueira, 90. ☎ 35-51-12-74. • pousodochicorei.com.br • Selon chambre et saison, doubles 110-165 Rls, avec le petit déj.* Attention, chef-d'œuvre de *pousada* et lieu d'histoire. Ce *pouso*, c'est-à-dire une auberge pour faire étape, accueillit en son temps Pablo Neruda et Vinícius de Moraes. Du bien beau linge pour une auberge somme toute très rustique, mais si attachante avec son mobilier ancien et sa foultitude de vieux objets... qui en font un véritable musée ! À peine 8 chambres qui sont à l'avenant, à la fois simples et pleines d'atmosphère (douches et w-c communs pour trois d'entre elles). Superbe salle de petit déj et salon TV cosy en diable.

Chic (plus de 150 Rls / 60 €)

Pousada Luxor *(plan B2,* ***11****) : rua Dr Alfredo Baeta, 16. ☎ 24-68-89-98. • luxor-hotels.com • Doubles 180-250 Rls, petit déj inclus.* Moins prestigieuse que la célèbre *Pousada do Mondego,* la *Pousada Luxor* doit se contenter de tarifs sages alors qu'elle propose un service sensiblement équivalent. Une injustice dont on profitera sans remords ! Car cette belle demeure historique ne manque pas de ressources : un salon cosy avec cheminée d'angle et tables de jeux, des chambres confortables meublées à l'ancienne, quelques jolis points de vue sur la vieille ville et l'église voisine, et une bonne table sur place. Signalons toutefois que la différence de prix entre les *standard* et les *superior* se justifie uniquement par l'attribution ou non de bains à hydromassage. Pas vraiment indispensable...

Où manger ?

De bon marché à prix moyens (5-30 Rls / 2-12 €)

Chocolates Ouro Preto *(plan A2,* ***23****) : rua Getúlio Vargas, 66. ☎ 35-51-73-30. Ouv 9h-21h.* Tous les gourmands d'Ouro Preto sauront vous indiquer l'adresse de cette maison familiale, connue de longue date pour son chocolat de qualité. Palets ou truffes ? Glacé ou bien chaud ? Chacun y trouvera son petit plaisir, à déguster dans le charmant salon de thé attenant. Également toutes sortes de petits plats pour les becs salés.

Café & Cia *(plan A2,* ***22****) : rua São José, 187. ☎ 35-51-67-86. Formule* ao kilo *avec un large choix d'entrées et de plats chauds ; desserts et boissons en supplément.* Un cadre de grande brasserie colorée, ouverte par une large baie vitrée donnant sur la rivière. Prix et cuisine corrects.

Consola's Pizzaria e Restaurante *(plan B2,* ***20****) : rua da Conceição, 18 (Bairro Antônio Dias). ☎ 35-51-41-75. Ts les soirs sf mar, et à midi le w-e.* Ne pas se fier à son apparence des plus ordinaire, ce bistrot de quartier vieillot est une vraie référence dans le coin. On y vient volontiers en famille ou en couple, pour profiter en toute simplicité des excellentes pizzas et des spécialités du Minas concoctées dans un vieux four à bois. Typique.

Plus chic (moins de 30 Rls / 12 €)

Restaurante Chafariz *(plan A2,* ***21****) : rua São José, 167. ☎ 35-51-28-28. Ouv slt le midi ; fermé lun.* Un « resto-musée » au cadre harmonieux et soigné : murs colorés, photos d'époque, figures pieuses, bibelots... Idéal pour déguster de savoureuses spécialités du Minas préparées par d'authentiques *mamas* expertes. Repas très copieux. La maison offre le café et la liqueur pour aider à faire passer le tout. Comme des coqs en pâte ! Service élégant et souriant.

Casa do Ouvidor *(plan B2,* ***24****) : rua Conde Bobadela, 42. ☎ 35-51-21-41.* Cette vieille enseigne du centre-ville a repris du poil de la bête depuis que la patronne est retournée derrière les fourneaux. Les plats traditionnels du pays sont goûteux et ont les faveurs des fidèles. Pour essayer la cuisine bourgeoise à la brésilienne, dans un cadre d'auberge classique et cossue.

Où boire un verre ?

Bardobeco Cachaçaria *(plan A2, **30**) : travessa do Arieira, 15. Dans une ruelle à gauche en descendant la rua Direita (ou Conde Bobadela) depuis la praça Tiradentes.* Intimiste et chaleureux, ce bar coquet cumule les avantages : ses 60 variétés de *cachaças* feront le bonheur des initiés comme des néophytes, tandis que ses concerts de musique brésilienne, toute de miel et de sucre (les vendredi et samedi), en font un lieu idéal pour conclure la soirée en beauté !

Café Gerães *(plan A2, **31**) : rua Conde Bobadela, 122. ☎ 35-51-50-97.* Petit bar à la déco assez étudiée, comme partout ici. Tomettes, meubles et parquet en acajou, service élégant... Bonne ambiance en soirée.

À voir

Ouro Preto peut s'enorgueillir d'un nombre impressionnant d'églises à visiter, toutes plus belles les unes que les autres et chargées d'histoire. Et ce n'est qu'un prélude ! Car ce patrimoine déjà unique en son genre est encore enrichi par de somptueuses demeures seigneuriales abritant quelques musées. Attention, pensez à vérifier les horaires car ils changent régulièrement.

Explorer toute la ville à pied à partir de la magnifique ***praça Tiradentes,*** qui en est le cœur palpitant. Sur cette place, l'ancien hôtel de ville, transformé en ***museu de l'Inconfidência*** *(plan B2, **46** ; mar-dim 12h-18h ; entrée : 5 Rls).* Sur deux étages, il présente des souvenirs de la conjuration (dont un fragment du pilori sur lequel le héros fut supplicié), ainsi que des objets et œuvres d'art en rapport avec l'histoire de la région (mobilier, art sacré...). Au milieu de la place, un monument dédié à Tiradentes.

Igreja São Francisco de Assis *(plan B2, **40**) : en dessous de la praça Tiradentes. Mar-dim 8h30-12h, 13h30-17h. Entrée : 5 Rls. Le billet inclut la visite de la matriz N.S. da Conceição et du museu de l'Aleijadinho.* La plus belle église de la ville (construite entre 1766 et 1812) réunit les talents des deux principaux maîtres de l'époque, l'Aleijadinho et Ataíde. Mais ce bijou baroque est surtout considéré comme un chef-d'œuvre de l'Aleijadinho. Il en dessina les plans, en suivit la construction et réalisa presque toute la décoration (la façade complète, dont le fameux médaillon de saint François recevant les stigmates, le retable du maître-autel, les chaires, le lavabo de la sacristie). Passé le porche altier entièrement sculpté en pierre à savon, on est frappé par la beauté du plafond de la nef, réalisé par le peintre Manoel da Costa Ataíde (minutieusement restauré en 1992). Cette peinture baroque aux couleurs chatoyantes représente le triomphe de la Vierge, ici sous les traits d'une femme noire. On découvre aussi un exemple étonnant de tableaux peints sur bois, autour du maître-autel, créant un bel effet de relief.

Matriz de Nossa Senhora da Conceição de Antônio Dias *(plan B2, **41**) : praça Antônio Dias, tout en bas, dans le prolongement de la rua Ouvidor. Mar-sam 10h-12h, 13h30-17h ; dim 13h-17h. Même ticket que pour São Francisco de Assis.* Encore une somptueuse église, réalisée cette fois par le père de l'Aleijadinho, Manuel Francisco Lisboa. La décoration est un exemple parfait de l'art baroque rococo, dans un style ostentatoire, avec des colonnes et des arches surchargées d'anges, d'arabesques et de frises florales. C'est ici que se trouve le tombeau de l'Aleijadinho, inhumé sous son vrai nom Antônio Francisco Lisboa.
La sacristie abrite d'ailleurs le petit ***museu de l'Aleijadinho,*** qui renferme quelques belles pièces, comme ces quatre « lions » sculptés en bois, utilisés pour soutenir le cercueil des personnages illustres d'Ouro Preto représentés sous des traits diaboliques, avec une tête de singe, des oreilles de cochon et un sexe imposant ! La crypte, plus sage, rassemble une collection d'objets liturgiques.

Igreja Santa Efigênia *(hors plan par B2, **50**) : continuer la route après le musée de l'Aleijadinho, passer le pont, puis grimper la rue pentue en face, ardue par grosse chaleur. Mar-dim 8h30-16h30. Petit droit d'entrée.* C'est un peu loin mais l'effort est superbement récompensé par le point de vue sur les environs. À l'extérieur, la plus ancienne horloge de la ville (1762). À l'intérieur, magnifique plafond peint et remarquables sculptures sur bois. L'autel est signé par le maître de l'Aleijadinho, Francisco Xavier de Brito. On y reconnaît Santa Efigênia, reine de Nubie choisie à l'époque comme patronne de l'église par la communauté noire d'Ouro Preto.

Enfin, la petite ***capela do Padre Faria*** *(hors plan par B2, **48**) : au pied de la colline de Santa Efigênia, sur le versant opposé au centre-ville. Tlj sf lun, 8h30-16h30.* Édifiée entre 1701 et 1704, elle mérite le détour. Le plus vieil édifice religieux de la ville serait également celui qui détiendrait l'autel le plus richement doté. Son chœur présente de belles boiseries. Là aussi, abondance de peintures baroques, comme une œuvre admirable figurant le couronnement de Notre-Dame du Rosaire. En cas de grosse fatigue, possibilité d'attraper sur la placette voisine le minibus local pour regagner la praça Tiradentes.

Igreja Nossa Senhora do Carmo *(plan A-B2, **42**) : tlj 9h (10h dim)-17h. Petit droit d'entrée.* Elle date de 1766. On découvre ici un beau portail en pierre à savon et les remarquables sculptures sur bois de la chaire et des balustrades. L'église se démarque toutefois par ses azulejos portugais, rares dans la région, et sa belle sacristie richement décorée. Peintures du plafond intéressantes.

Sur le flanc droit de l'église N.S. do Carmo, le petit ***museu do Oratorio*** *: tlj 9h30-17h30. Petit droit d'entrée.* Mérite une halte pour ses collections bien mises en valeur. Les trois niveaux d'une vieille demeure restaurée rassemblent toutes sortes d'oratoires, plus ou moins imposants et décorés en fonction du rang social du propriétaire. On s'attarde avec plaisir sur quelques curiosités, comme ce modèle incrusté dans une balle de fusil ou cet autre logé dans un œuf d'autruche. Sans doute un Fabergé local !

Et tout proche, au bout de la rua Brigadeiro Musqueira, la ***Casa da Ópera*** *(plan A2, **49** ; visites tlj 12h-17h30),* en fait le théâtre municipal, érigé dans les années 1770. C'est le plus vieux théâtre d'Amérique latine à être toujours en activité, avec ses trois étages de balcons et ses 350 sièges.

En se laissant guider par les charmantes ruelles pentues, on finit par déboucher sur la superbe ***igreja Nossa Senhora do Pilar*** *(plan A2, **43**). Ouv 9h-10h45, 12h-16h45. Ticket combiné avec le musée à env 5 Rls.* Inaugurée en 1733, cette église surprend dans un premier temps par sa forme curieusement décagonale. Mais elle est surtout célèbre pour ses riches décorations, parmi les plus fastueuses de tout le Brésil. Ses sculptures et ses autels croulant sous les matériaux précieux auraient nécessité plus de 430 kg d'or !
Pour faire bonne mesure, le ***museu de Arte sacra*** veille sur un autre trésor, dans la crypte : crosses, calices et ostensoirs rappellent la richesse de la ville à l'époque.

Beaucoup d'autres églises à voir (près d'une quinzaine en tout à Ouro Preto). Elles ont chacune leurs caractéristiques et intérêt propres, mais vos jambes risquent de ne plus vous porter. S'il vous reste un peu de souffle, allez tout de même visiter encore la belle ***igreja Nossa Senhora das Mercês e Perdões*** *(plan B3, **45**).* Longtemps délaissée par les touristes, elle renferme pourtant les toutes dernières œuvres de l'Aleijadinho. Les horaires d'ouverture sont toutefois très aléatoires. Mais le point de vue depuis le parvis est sublime : face au mystérieux *pico do Itacolomi,* sorte de menhir penché en équilibre au sommet de la montagne, qui servait de point de repère pour les aventuriers chercheurs d'or aux XVIIe et XVIIIe s, on embrasse le quartier populaire Antônio Dias, l'*église des esclaves Santa Efigênia* et l'*église Matriz de Nossa Senhora da Conceição.* À vos appareils photo ! Dans un tout autre genre, l'***igreja do Rosário dos Pretos*** *(hors plan par A2)* intrigue avec son plan étonnant en forme d'ellipse. La décoration intérieure est nettement moins marquante, même si l'on appréciera une statue de sainte Hélène attribuée à l'Aleijadinho.

Casa dos Contos *(plan A2, **44**) : rua São José, 12. Lun-sam 10h (14h lun)-18h, dim 10h-16h. Entrée : 3 Rls.* L'une des plus belles maisons baroques de la ville, dotée d'un splendide portail de pierre et hérissée de balcons en fer forgé bien dans l'esprit de la fin du XVIIIe s. Son histoire n'est pas des plus reluisante. Le percepteur de l'époque, Macedo, en difficulté financière, loua sa maison aux troupes chargées de réprimer la révolte connue sous le nom de *Inconfidência Mineira.* C'était en... 1789. Du coup, la maison devint une prison pour les chefs de la « conspiration ». Toujours endetté, Macedo perdit pour de bon sa demeure, qui fut transformée en fonderie d'or et trésorerie royale (le *conto* est une ancienne monnaie). Elle abrite dans ses beaux salons un petit musée de la Monnaie et une bibliothèque, doublés d'une collection d'objets de la vie quotidienne exposée dans les caves.

Mina do Chico Rei *(hors plan par B2, **51**) : rua Dom Silvério, 108. Dans la rue à gauche, juste après l'église N.S. da Conceição. Tlj 8h-17h. Entrée : 5 Rls.* Creusée au XVIIe s, cette mine fut, selon la légende, cédée à Chico Rei et aux esclaves par le Portugais Henrique Lopes de Araújo. La visite, courte, est nettement moins intéressante (aucun historique ou commentaire technique) et « confortable » que celle des mines de Passagem *(mina de Ouro)*, près de Mariana : boyaux étroits et boueux que l'on traverse souvent courbé. S'habiller en conséquence et ne pas être claustrophobe !

Museu de Ciência e Técnica *(musée des Sciences et Techniques ; plan B2, **47**) : praça Tiradentes, 20. Mar-dim 12h-17h. Entrée : 5 Rls.* L'ancien palais des gouverneurs, vaste citadelle dessinée par Manuel Francisco Lisboa en 1741, est connu comme l'un des plus grands musées de minéralogie au monde. Mais pas seulement ! Les amateurs s'enthousiasmeront pour les collections de minéraux et de pierres précieuses présentées dans une semi-pénombre, mais le grand public appréciera les salles consacrées à l'histoire naturelle (fossiles...), la métallurgie (maquettes, outils...) et bien sûr à la mine. Il y a même une section de galerie reconstituée ! Éclectique et divertissant, mais ce sont sans doute les soirées astronomie organisées le samedi (de 20h à 22h) qui laisseront les plus beaux souvenirs.

Achats

Ouro Preto est réputée pour son commerce de pierres précieuses. On trouve pas mal de boutiques autour de la praça Tiradentes, qui se valent toutes. Comparez et, surtout, exigez un certificat de garantie.

Pour acheter de beaux objets et de la vaisselle artisanale réalisés en pierre à savon, nous vous conseillons la boutique ***Milagre de Minas,*** *rua Antônio de Albuquerque, 16.* Située à l'écart du centre touristique et proche de l'église N.S. do Pilar, on y trouve de belles pièces façonnées par les artisans de Cachoeira do Brumado (à 25 km) pour un prix très honnête, ainsi qu'une variété de plus de 100 *pingas*.

– Devant l'église São Francisco de Assis, petit ***marché*** très touristique. Pas très intéressant à notre avis.

Festival

– ***Festival do Inverno e Semana da Cidade :*** *en juil.* C'est la plus grande fête d'Ouro Preto et certainement du Minas. Nombreux concerts sur la praça Tiradentes et dans toute la ville, avec des pointures de la musique régionale et quelques stars de la pop brésilienne. Spectacles de rue, démonstrations de capoeira, de *batucada*... Pendant un mois, toute la ville s'anime et devient un pôle artistique bouillonnant, très prisé des artistes et de la jeunesse mineira.

➤ DANS LES ENVIRONS D'OURO PRETO

MARIANA *(47 000 hab. ; ind. tél. : 031)*

Située à 14 km au sud d'Ouro Preto (nombreux bus ou train touristique – voir plus haut « Arriver – Quitter »), cette charmante ville coloniale recèle quelques belles demeures et plusieurs églises dignes d'intérêt. Forcément ! C'est par ici que fut découverte la première pépite d'or, ce qui conduisit tout naturellement les colons à choisir le site pour y fonder la toute première capitale de l'état. Elle est aujourd'hui un peu oubliée et peu visitée : il fait bon flâner dans ses rues tranquilles, réveillées en fin de journée lorsque la jeunesse afflue vers les troquets de la place Gomes Freire.

– Vous y trouverez un petit ***office du tourisme*** *(sur la place, à la descente du bus ; ouv lun-ven et sam mat),* ainsi qu'une poste et des distributeurs d'argent, sur la place de la cathédrale.

Où dormir ? Où manger ?

On peut y faire une étape, mais on ne séjourne pas à Mariana... ce que démontre la faiblesse de l'offre hôtelière.

De bon marché à prix moyens

■ ***Hôtel Central :*** *rua Frei Durão, 8. ☎ 35-57-16-30. Doubles 50 Rls, petit déj compris.* Stratégiquement localisée sur la jolie place Gomes Freire, cette petite pension sans fard profite d'une situation de quasi-monopole dans une ville pauvre en infrastructures hôtelières. C'est pourquoi ses chambres vraiment sommaires (équipées toutefois d'une douche, de w-c et de la TV), mais assez bon marché, sont souvent prises d'assaut par les employés des firmes locales ; le week-end, c'est plus facile.

■ ***Pousada Gamarano :*** *rua Raimundo Gamarano, 1. ☎ et fax : 35-57-18-35. • gamarano30@hotmail.com • Doubles env 80 Rls.* Agrippée à flanc de colline, cette villa coquette profite d'une vue dégagée sur la vieille ville et les environs. De quoi récompenser les opiniâtres après les 15 à 20 mn de marche depuis le centre ! Les chambres sont par ailleurs une autre bonne surprise, confortables (douche, TV, frigo...) et meublées avec un brin de personnalité.

■ ***Hôtel Providencia :*** *rua Dom Silvério, 233. ☎ et fax : 35-57-14-44. • hotelprovidencia.com.br • Doubles à partir de 70 Rls, petit déj inclus.* Ce beau bâtiment à la façade bleu et blanc abritait jadis un couvent. Il en reste quelque chose dans l'atmosphère sereine et la grande chapelle briquée avec soin, mais les chambres n'ont plus rien de l'austérité monacale. Réaménagées de façon confortable, elles sont équipées d'un ventilo, de la TV, de douche et de w-c. Piscine... providentielle en été !

|●| ***Chocolates Ouro Preto :*** *rua Dom Viçoso, 9. ☎ 35-57-45-87. Ouv 9h30-19h30.* Ceux qui connaissent déjà la fameuse maison familiale d'Ouro Preto retrouveront avec plaisir cette succursale. Cadre tout aussi coquet, impeccable pour savourer une tarte au chocolat et un bon café.

À voir

🚶🚶 ***Le musée de l'Archidiocèse :*** *rua Frei Durão. ☎ 35-57-25-16. Lun-ven 9h-12h, 13h30-17h ; w-e 9h-14h.* Situé dans une jolie bâtisse de 1756. L'un des plus riches musées d'art sacré du Minas Gerais : mobilier, peintures (Ataíde), sculptures (Aleijadinho)...

Catedral de Sé : *praça D. Cláudio Manoel. Mar-dim 7h-18h.* La plus belle et la plus ancienne église de la ville (érigée entre 1709 et 1760) combine les trois grandes périodes du baroque. On y distingue notamment les travaux de l'Aleijadinho, venu en voisin, et de Manuel da Costa Ataíde, natif de la ville. Chaque vendredi à 11h et le dimanche à 12h15, l'admirable orgue baroque de fabrication allemande revit pour des concerts ouverts à tous (petite participation).

Igreja São Francisco de Assis : *praça Minas Gerais. Mar-dim 9h-12h, 13h30-17h. Petit droit d'entrée.* L'église possède une façade remarquable inspirée de l'Aleijadinho (1777). C'est ici que le grand maître Manuel da Costa Ataíde est enterré. En sortant de l'église, remarquez, au centre de cette jolie place, le triste pilori (ou *pelourinho*, vestige des temps esclavagistes) ; il n'en reste plus que deux encore debout dans le pays.

LES MINES D'OR DE PASSAGEM

À 4 km de Mariana, sur la route d'Ouro Preto (nombreux bus locaux entre les deux localités). ☎ *35-57-50-00. Tlj 9h-17h30 (17h lun et mar). Entrée : 17 Rls, donc (trop) cher.* L'activité de cette mine d'or légendaire s'est arrêtée en 1985. Considérée comme la plus ancienne et la plus riche du Minas. On estime officiellement à 35 t l'or extrait depuis le début du XVIIIe s... mais, si l'on tient compte des prélèvements officieux, il s'agirait peut-être du double ! Courte visite (30 mn environ) d'une petite partie des galeries, avec arrêt photo devant un oratoire pour les mineurs et un lac souterrain, le tout agrémenté de commentaires détaillant les étapes du procédé d'extraction. Intéressant, à condition d'avoir quelques notions de portugais. Dans le cas contraire, c'est la descente insolite en funiculaire qui sauve les meubles. Difficile de résister à cette balade dans un wagonnet en bois bringuebalant, qui descend jusqu'à 130 m de profondeur ; ambiance à la *Indiana Jones...*

CONGONHAS

44 000 hab. IND. TÉL. : 031

Petite ville coloniale présentant uniquement un intérêt pour les amoureux des œuvres de l'Aleijadinho (voir « Personnages » dans « Hommes, culture et environnement » au début de ce guide). Elle puise son origine, non dans la ruée vers l'or, comme Ouro Preto, mais dans le vœu d'un riche diamantaire malade qui y fit construire un sanctuaire sur une colline, aujourd'hui lieu d'un pèlerinage très fervent et populaire dans tout le Brésil, la deuxième semaine de septembre. Le sanctuaire est inscrit au Patrimoine mondial par l'Unesco.

Arriver – Quitter

➢ **Belo Horizonte :** 3-4 bus/j. avec *Viação Sandra* (☎ *32-01-29-27*). À noter qu'il est possible de faire l'aller-retour dans la journée, Congonhas n'étant qu'à 60 km env de Belo Horizonte (1h de trajet).

Où dormir ? Où manger ?

Colonial Hotel : *praça da Basílica, 76.* ☎ *37-31-18-34. Doubles 80-110 Rls, avec le petit déj. Côté resto, 15-30 Rls pour 2 pers.* Si vous passez par hasard la nuit à Congonhas, profitez des charmes de cette vieille demeure coloniale, simple mais bien tenue. Le bâtiment est très lumineux, et de nombreuses chambres donnent directement sur la basilique. La maison fait aussi restaurant, avec des plats très copieux servis dans une agréable salle antique.

À voir

Igreja de Bom Jesus de Matozinhos : *église fermée lun, mais tout le site (parvis, etc.) reste accessible.* Située au sommet d'une colline, elle fut élevée en 1758, et l'Aleijadinho acheva sa décoration extérieure de 1795 à 1805. Elle comprend de splendides peintures, mais son intérêt véritable réside dans le travail du sculpteur qui y investit ses dernières forces avec une passion dévorante. Sur l'*adro,* le parvis de l'église, l'Aleijadinho a exécuté douze statues, en pierre à savon, représentant les prophètes qui annoncent la venue du Christ. Le travail de l'artiste est prodigieux, notamment dans le modelé des chevelures et le détail des vêtements. Un peu plus bas se succèdent six chapelles symbolisant les six étapes, ou *passos,* de la Passion du Christ. On visite le site en remontant un chemin pavé qui mène solennellement jusqu'à l'église entourée des douze prophètes, dominant le paysage. On ne peut visiter les chapelles, mais l'intérieur est parfaitement visible à travers les vastes portes à croisées. Dans la première, on admire la représentation de la Cène : grandeur nature, on y voit le Christ entouré des douze apôtres. Les visages, les gestes sont graves, dramatiques, devant la révélation que l'un d'entre eux va trahir. La deuxième chapelle renferme la scène du jardin des Oliviers, où l'on peut admirer la statue imposante, accrochée au mur, de l'ange tenant le calice des amertumes. Dans la troisième, on découvre l'arrestation de Jésus par les Romains, ces derniers caricaturés. La quatrième chapelle illustre les scènes de la flagellation et du couronnement d'épines, la cinquième, le chemin de croix. Les statues de la dernière chapelle représentent véritablement le chant du cygne de l'artiste et l'apogée de son génie. Les souffrances endurées pour leur exécution sont perceptibles dans le rayonnement tragique des visages et des attitudes. Son style s'est ostensiblement éloigné du baroque pour tendre vers l'expressionnisme. Les traits disproportionnés des soldats sculptés traduisent la haine de l'Aleijadinho vis-à-vis des Portugais. Chacune des postures est une critique sournoise des colonialistes. Le « Petit Estropié » ne sculpta plus après ce dernier message. Il mourut dix ans plus tard, aveugle et paralysé, après avoir donné à l'Amérique latine une de ses œuvres les plus grandioses. Visiter aussi la *salle des miracles,* qui contient les centaines d'ex-voto déposés chaque année, à l'occasion du pèlerinage, l'un des plus importants du Brésil.

DIAMANTINA

44 000 hab. IND. TÉL. : 038

Isolé à près de 300 km au nord de Belo Horizonte, Diamantina donne l'impression d'un village du bout du monde déposé comme par mégarde au milieu de sévères montagnes. Le hasard n'y est évidemment pas pour grand-chose... Au début du XVIIIe s, la découverte d'importantes mines de diamants a conduit les Portugais à s'implanter en force et à développer la région. Ce sera l'âge d'or de Diamantina. Aujourd'hui oubliée du grand public, malgré un formidable coup de projecteur lorsque l'enfant du pays, Juscelino Kubitschek, fut élu président de la République, cette séduisante cité n'a rien perdu de son charme colonial. Ses ruelles encaissées sont toujours grossièrement dallées, bordées de maisons étroitement serrées qui ne cèdent la place qu'aux adorables églises. C'est ce qui lui a valu d'être inscrite au Patrimoine mondial de l'humanité, sans perdre au change la tranquillité et l'authenticité qui la caractérisent. À la différence d'autres cités historiques du Minas...

– Un événement à ne pas manquer de mars à octobre, un ou deux samedis par mois, la ***vesperata*** : les musiciens de la ville se postent aux fenêtres des maisons de la *rua da Quintada* et jouent des morceaux populaires, dirigés par leur chef d'orchestre au pied des maisons. Immense foule et ambiance du tonnerre. Tout le monde chante et danse en chœur !

Arriver – Quitter

En bus

*La **gare routière** est située à moins de 10 mn du centre, largo Dom João, 134. ☎ 35-31-91-76.*

➢ **Belo Horizonte :** env 6 bus/j. directs, 6h-1h, avec la *Cie Viação Passaro Verde (☎ 35-31-14-71).* Trajet : 6h.

➢ ***Rio :*** la *Cie Transnorte (☎ 91-16-03-30)* garantit 1 bus, via Curvelo, les mar, jeu, ven et dim. Départ en soirée. Trajet : 10h.

➢ ***Brasília :*** pas évident. Gagner d'abord Curvelo, pour y attraper une correspondance.

➢ ***São Paulo :*** 1 bus/j., en fin de journée, avec *Gontijo (☎ 35-31-14-30).* Trajet : env 13h.

Adresses utiles

Secretaria de Cultura e Turismo : *praça Antônio Eulálio, 53, dans une rue parallèle à la place du vieux marché couvert. ☎ 35-31-95-32. • diamantina.com.br • Lun-ven 9h-18h, sam 9h-17h, dim 9h-12h.* Plan de la ville et horaires des monuments.

✉ ***Poste :*** *rua do Bonfim, 59 A, en face de l'église du même nom.*

Distributeurs Banco do Brasil *accessibles 24h/24 sur la place de la cathédrale (derrière le chevet).*

Où dormir ?

Bon marché

Pousada Gameleira : *rua do Rosário, 209. ☎ 35-31-19-00. Env 30 Rls/pers, petit déj inclus.* C'est d'abord la belle situation de cette vieille maison qui retient l'attention : à quelques enjambées à peine de la place principale, mais face à la charmante et paisible praça do Rosário. Puis la qualité de l'accueil et des prestations confirme cette première bonne impression. Le jardin de curé est impeccable à l'heure de l'apéro, tandis que les chambres vieille école s'avèrent bien entretenues.

Plus chic (90-150 Rls / 36-60 €)

Reliquias do Tempo : *rua Macau de Baixo, 104. ☎ 35-31-16-27. • pousadareliquiasdotempo.com.br • Doubles 110 Rls, petit déj compris.* Attention les yeux ! Plus qu'une simple *pousada*, cette superbe adresse ressuscite le charme des vieilles demeures coloniales et l'atmosphère des jours anciens. Ici, chaque détail semble raconter une histoire, comme le gramophone et les vieilles valises dans l'entrée, les tables de jeu dans le salon cosy, ou la chapelle attenante à la salle à manger rustique... Et pour en savoir plus, direction le petit musée privé. Du coup, les chambres pourtant agréables paraissent presque trop simples. Un comble !

Pousada do Garimpo : *av. da Saudade, 265. ☎ 35-31-10-44. • pousadadogarimpo.com.br • Doubles à partir de 145 Rls, jusqu'à 220 Rls la chambre avec vue panoramique en hte saison.* Retirée à la lisière de la vieille ville, cette belle demeure a curieusement choisi l'option de la modernité à celle du charme de l'ancien. Si les chambres, confortables mais très neutres, peuvent décevoir, on se consolera avec la piscine, le sauna et la très jolie vue sur les montagnes. Excellent accueil.

Où manger ? Où boire un verre ?

Grupiara : *rua Campos Carvalho, 12. ☎ 35-31-38-87. Tlj sf lun soir.* Cette vieille enseigne a les faveurs des Mineiras depuis ses débuts. Ses plats régionaux tout simples se dégustent sans plus de façons dans une petite salle de bistrot.

O Garimpeiro : *av. da Saudade, 265. ☎ 35-31-10-44. Slt le soir lun-ven, midi et soir le w-e.* La meilleure adresse de la ville si l'on a quelque chose à fêter. Les plats à base de produits locaux sont parfaitement maîtrisés et servis avec la manière dans une vaste salle très classique.

Les troquets à l'ancienne mode rencontrés au hasard de vos pérégrinations vous donneront certainement envie de faire une pause, mais c'est la placette piétonne à l'angle de la rua Carvalho et de la rua Quitanda (juste derrière la place de la cathédrale) qui rassemble le plus d'animation. Chaque soir, les jeunes de Diamantina investissent les terrasses et picorent différents petits plats jusqu'à une heure tardive. L'***Apocalypse Point*** est généralement le plus apprécié du lot.

À voir

Comme toute ville ancienne qui se respecte, Diamantina s'organise à partir de sa place principale, d'où rayonne un maillage étroit de ruelles pittoresques. La *catedral Metropolitana* occupe bien sûr la place d'honneur. Toutefois, si les lourdes tours hissées au-dessus des toits ne manquent pas de cachet, la visite du sanctuaire ne s'impose pas en raison de la pauvreté de la décoration.

Museu do Diamante : *rua Direita, 14, derrière la cathédrale. ☎ 35-31-13-82. Mar-sam 12h-17h30, dim 9h-12h. Petit droit d'entrée.* Une ville née de la ruée vers le diamant sans musée sur le sujet, cela ferait désordre... Et pourtant, celui-ci se définit plutôt comme un musée d'art et de traditions populaires. Situé dans une jolie bâtisse de 1749, il égrène au gré de ses belles salles des collections d'art sacré, des armes, du mobilier ancien du Minas Gerais, des entraves pour rappeler l'esclavage et, l'honneur est sauf, quelques pierres dans un antique coffre-fort... Un peu fourre-tout mais plein de petits trésors.

Casa da Glória : *rua da Glória, 298. ☎ 35-31-13-94. Mar-dim 13h-18h. Petit droit d'entrée.* C'est la carte postale la plus vendue de la ville ! Difficile d'échapper à ces deux bâtiments blanc et bleu (le premier du XVIIe s, le second du XIXe s) réunis par un passage couvert en bois à l'italienne. Après avoir longtemps appartenu à l'évêché, cet ensemble original abrite désormais l'institut de géologie. On y verra quelques vitrines de minéraux et une petite collection de photographies anciennes.

Igreja Sr. do Bonfim dos Militares : *rua do Bonfim. Lun-sam 8h-12h, 14h-18h. Petit droit d'entrée.* Cette petite église, construite par les militaires d'Arrail do Tejuco vers 1771, est sans doute la plus attachante de Diamantina. De proportions harmonieuses, elle renferme un bel autel baroque richement décoré et d'admirables peintures polychromes sur bois. Mais ce qui rend la visite inoubliable, c'est la possibilité de grimper dans le vénérable clocher pour admirer la superbe vue sur la ville. Gare aux marches de guingois et à la cloche suspendue à hauteur des têtes !

Igreja N.S. do Carmo : *rua do Carmo. Tlj sf dim ap-m et lun, 8h-12h, 14h-18h. Petit droit d'entrée.* Les observateurs ont-ils remarqué ce qui cloche ? Eh bien, c'est justement l'emplacement de la cloche qui intrigue, repoussée curieusement à l'arrière de l'église. Le commanditaire aurait cédé aux caprices de la belle Chica da Silva (voir ci-dessous), sans doute inquiète pour ses siestes ! Toutefois, cette belle église érigée entre 1760 et 1784 est également réputée pour ses remarquables peintures et son orgue baroque.

Igreja N.S. do Rosário dos Pretos : *largo do Rosário. Tlj sf dim ap-m et lun, 8h-12h, 14h-18h. Petit droit d'entrée.* Considérée comme le plus vieux sanctuaire de la ville, cette petite église inaugurée en 1728 a surtout l'avantage d'être située sur une place très pittoresque. Sa décoration intérieure se révèle d'une élégante simplicité.
En revenant sur vos pas, petit détour obligatoire par la ***capela imperial do Amparo.*** On y observe parfaitement l'influence du rococo sur le style baroque développé dans la région.

Mercado municipal : *praça de Guaicuí.* Une balade à Diamantina serait incomplète sans une halte au vieux marché. Le samedi, lorsque les paysans et les artisans disposent leurs étals colorés sous les arches en bois, c'est toute l'âme de cet arrière-pays qui s'offre sans retenue, un patrimoine commun de traditions rurales.

Ceux qui ont encore un peu de temps et d'énergie iront jeter un coup d'œil à la ***casa de Chica da Silva*** *(praça Lobo de Mesquita, 26 ; mar-sam 12h-17h30, dim 9h-12h ; gratuit),* une maison coloniale typique où vécurent un riche entrepreneur et son esclave affranchie, la célèbre Chica da Silva. Les expositions qu'elle abrite sont toutefois nettement moins fascinantes que la maison elle-même.

Enfin, les admirateurs s'en voudront de ne pas visiter la ***casa de Juscelino Kubitschek,*** maison natale du grand homme *(rua São Francisco, 241 ; mar-sam 9h-17h, dim 9h-12h ; petit droit d'entrée).* Objets personnels et photos anciennes : la panoplie classique de ce genre de musée.

LE CENTRE-OUEST

Cette région est longtemps restée la plus lointaine limite du pays, son « bout du monde ». Son essor date de la construction de Brasília (1960), qui draina des millions d'habitants et développa un vaste réseau de transports. Équipée aujourd'hui de routes goudronnées qui la relient au reste du pays, elle voit ses villes croître rapidement par le biais de l'exploitation de ses ressources minières (surtout aurifères), de l'agriculture et de l'élevage.
Pourtant, ses grands espaces, sa faune et sa flore d'une richesse inouïe exhalent encore un extraordinaire parfum de terre sauvage.
Si Brasília est une étape possible pour comprendre l'utopie du Brésil moderne, le Mato Grosso et surtout le Pantanal sont sans aucun doute – avec l'Amazonie – la plus merveilleuse rencontre avec la nature que vous offrira le Brésil. Sans oublier les immensités arides du Cerrado, les hauts plateaux de l'État de Goiás, avec ses montagnes dorées et sa végétation étrange.

BRASÍLIA

2 400 000 hab. IND. TÉL. : 061

La voilà donc cette capitale, cette aventure architecturale et économique, cette cité créée au milieu de nulle part... Il semblerait que les Brésiliens continuent de la payer... Est-elle un ex-chef-d'œuvre architectural ouvert sur le futur ou un scandale moral et financier, une victime de la folie utopique des hommes ? À l'époque, toute cette école inspirée par Le Corbusier pouvait apparaître novatrice. On a l'impression que tout ça a bien mal vieilli. L'idée même, d'ailleurs : les habitants sont confinés dans des ensembles d'immeubles dignes d'une triste banlieue. Les avenues sont d'une largeur inhumaine : elles sont naturellement inadaptées aux piétons. D'ailleurs, on ne marche pas dans Brasília, on se déplace en voiture ou en bus. L'animation se concentre dans d'immenses *shopping centers* modernes qui étalent leurs galeries marchandes et bruyantes sur plusieurs étages. Et cette forme d'avion donnée à la ville... Peut-on vivre dans le symbolisme au point que tout conditionne, compartimente votre vie ? À l'époque, il fallut payer double les fonctionnaires pour qu'ils acceptent, contraints et forcés, de quitter « la plus belle ville du monde », Rio ! On les comprend... Les ambassades étrangères mirent plusieurs années à s'installer et manifestèrent une évidente mauvaise volonté à s'expatrier dans ce Sertão perdu. Le gouvernement brésilien dut en menacer certaines de rupture diplomatique pour les décider.
Cela dit, à Brasília, on parle d'un autre mode de vie, plus calme, plus proche de l'environnement, bref, plus naturel. Il est vrai que la nature omniprésente est des plus attrayante et que le béton et les distances en ville inciteraient à la sagesse intérieure... Mais la ville se cherche un avenir : du coup, elle est à la pointe de tout ce qui est sectes et New Age... Annonce-t-elle le futur ou est-elle déjà du passé ? La question se pose toujours. Et est-ce bien séduisant aujourd'hui pour le routard de passage ? Lisez, regardez des photos, faites-vous une idée de ce que vous voulez voir... et de ce que vous allez voir ! Si la curiosité vous démange, ou si vous êtes fou d'architecture, alors cette ville-musée bien spéciale qu'est Brasília est peut-être pour vous.

UN PEU D'HISTOIRE

L'idée de décongestionner la côte, surpeuplée et trustant toute l'activité économique, fut de tout temps la préoccupation des empereurs et des présidents du Brésil. Ce fut Juscelino Kubitschek qui décida, en 1956, de la construction de Brasília. Le Sertão, région très pauvre et peu peuplée, fut choisi symboliquement pour démontrer la volonté du gouvernement de développer toutes les régions du Brésil et d'intégrer les plus défavorisées à l'économie nationale.
La conception et la réalisation en furent confiées à l'architecte Oscar Niemeyer et à l'urbaniste Lucio Costa. Au début des travaux, les premiers bulldozers et sacs de ciment furent parachutés. On défricha des milliers de kilomètres carrés et un immense lac artificiel de 42 km de long fut créé. La ville se construisit en quatre ans, le président Kubitschek ayant souhaité la voir achevée avant la fin de son mandat. Une urgence, une course contre la montre... L'inauguration se déroula le 21 avril 1960, jour anniversaire de la mort de Tiradentes.

L'URBANISME DE BRASÍLIA

Le plan de Brasília rappelle la forme d'un avion. Cela apparaît clairement quand on arrive par les airs. Les ailes en seraient l'axe routier courbe nord-sud *(eixo rodoviária)*, et le fuselage serait l'axe dit « des monuments publics », en est-ouest. La tête et la queue de l'« avion » partent en s'effilant, tandis qu'à l'intersection des ailes et du fuselage on trouve la gare routière.
De part et d'autre de l'axe routier (conçu pour de grandes vitesses avec voies pour autos, camions et autobus) s'alignent les *superquadras* ou blocs d'habitations, puis, au bord du lac, les ambassades. À l'intersection de quatre *superquadras*, une école et une église. Les centres commerciaux, hôtels et restaurants sont regroupés par quartiers. Si les habitations ne font guère qu'un étage de hauteur, les hôtels ou les administrations atteignent souvent les trente étages.
Sur l'axe des monuments s'élèvent tous les ministères et toutes les institutions : Assemblée nationale, Sénat, Cour suprême, banques et grandes firmes.
Du haut de la tour de TV, le panorama sur l'ensemble est intéressant. Ce qui frappe, ce sont les distances énormes et puis la dispersion des édifices, des monuments, des blocs d'immeubles... De loin en loin, les nombreux chantiers témoignent du dynamisme de cette cité en constante évolution. Pour preuve, le pont dessiné par Alexandre Chan, élu plus bel ouvrage civil de l'année en 2003, ou encore la bibliothèque et le musée d'Histoire inaugurés en avril 2006 par l'infatigable... Niemeyer. Respect !

Le mode de vie des Brasíliens

Dans le projet des architectes et urbanistes, Brasília devait symboliser le mode de vie idéal du futur. Les axes routiers qui traversent la ville ont été tracés suffisamment larges et sans croisements à niveau pour éviter embouteillages et feux de signalisation. Chaque bloc résidentiel, prévu pour 3 000 personnes, fut construit à l'écart du flux des voitures avec un maximum de pelouses, son école, son église, son marché, sa poste, tous les commerces et artisans nécessaires à la vie du bloc. Bref, tout avait été conçu pour assurer le bien-être de ses habitants. Cependant, beaucoup de clubs, cinémas et équipements socioculturels, pourtant prévus, ne furent pas réalisés.
La vie sociale de quartier ne s'est pas greffée sur ces conditions matérielles « idéales ». Un pesant ennui reste l'impression principale. Les gens vivent chez eux, dans l'anonymat de grands ensembles sans âme. Aujourd'hui, les fonctionnaires qui travaillent ici doivent assurer quatre ans de présence avant d'être en droit de retrouver les flots bleus de Rio. Ce qui devait être le melting-pot des classes sociales s'est, à l'évidence, vidé de son contenu. Les loyers devenus trop chers et le coût de la vie élevé ont chassé les plus démunis à la périphérie. Ils ont rejoint ceux qui survivent

dans les cités provisoires réalisées pour les ouvriers du chantier de Brasília. Des bidonvilles se sont même édifiés, habités par ceux qui, malgré tout, espèrent un travail. Ainsi, prévue pour 400 000 habitants, Brasília en compte aujourd'hui plus de deux millions avec ses villes satellites (29 au total).
Il est évidemment tentant de juger vite cette expérience unique en matière de conception d'urbanisme. Pour les initiés, l'audace architecturale des bâtiments publics et des monuments sera sans doute stupéfiante. Les gamins nés ici, à la différence de leurs parents, s'acclimatent facilement à leur ville, n'ayant pas connu d'autre mode de vie. Déjà, les adolescents jugent la cité bien moins sévèrement qu'il y a dix ans. Pour eux, impossible de vivre dans l'enfer de São Paulo. Les notions de silence, d'espace et d'absence de pollution sont devenues des éléments indispensables dans leur cadre de vie. Cette cité fascinera les uns et hérissera les autres ou, pire, elle les ennuiera...

Le véritable fondateur de Brasília : Niemeyer

C'est lui qui assura véritablement l'originalité de la ville... pour les visiteurs. L'urbanisme de Lucio Costa, sans cette architecture prodigieuse, eût été désincarné, invivable. Le principe fondamental qui guida Niemeyer se résume à ceci : « L'architecture n'est pas un simple problème technique d'ingénieur, mais une manifestation de l'esprit, de l'imagination, de la poésie. » En clair, on va au-delà du principe d'adaptation de la forme à la fonction et aux techniques existantes, pour une utilisation maximale des possibilités de tous les matériaux. Ses recherches allèrent donc dans le sens de l'expression de l'originalité des constructions, mais en tenant compte de leur équilibre personnel et de leur intégration dans l'ensemble... sans jamais pour autant engendrer la monotonie !
Les techniques employées furent d'abord la matérialisation de symboles, par exemple « la garde géante de l'épée » devant le ministère de l'Armée de terre, la couronne d'épines-cathédrale, le thème du portique utilisé dans de nombreux édifices et qui évoque les colonnades grecques, etc. Puis l'utilisation massive des ruptures de rythmes, de volumes et de niveaux. Niemeyer disait : « J'ai éloigné les colonnes des palais, je les ai faites avec des courbes et des droites, en permettant au public de se promener entre elles, surpris par des points de vue si différents. » Niemeyer réussit ainsi à combiner ses sources classiques et ses inspirations personnelles, le tout lié par le lyrisme débridé et la force démesurée que lui donnaient l'ampleur du projet et l'enjeu du pari. Résultat : Brasília est une ville de contrastes. Aux lignes droites et « fonctionnelles » conçues par Costa s'opposent les courbes surprenantes et souvent audacieuses des monuments de Niemeyer.

Arriver – Quitter

En avion

✈ ***L'aéroport international de Brasília*** *est situé à env 10 km à l'ouest du centre-ville. ☎ 33-64-90-00. • aeroportodebrasilia.gov.br •* Liaisons directes et quotidiennes avec toutes les grandes villes du pays.

ℹ ***Office du tourisme :*** *à l'arrivée des vols nationaux. ☎ 33-64-94-88. Tlj 7h-23h.* Accueil en anglais. Peut aider à trouver un hôtel.
■ S'y trouvent également les principales agences de ***location de voitures*** *(Avis, Hertz, Interlocadora, Localiza...)*, différentes ***banques*** (dont la *Banco do Brasil*), plusieurs ***distributeurs*** pour cartes internationales et tous les ***services*** habituels (poste, téléphone, compagnies aériennes...).

– ***Pour gagner le centre-ville :*** le bus n° 102 (ttes les 30 mn env, tlj 6h-23h) et le minibus n° 30, plus rapide (ttes les 30 mn, lun-ven 6h-20h) desservent la *rodoviária*, dans le secteur des hôtels. Billet : env 3 Rls. En taxi, env 50 Rls pour le centre.

BRASÍLIA

■ Adresses utiles

- Office du tourisme Setur
- Gare routière (rodoferroviária)
- Poste
- At Work
- 1 Banco do Brasil
- 2 Air France, Tam et change de l'hôtel Nacional
- 3 Varig
- 4 Rodoviária central
- 5 Alliance française

Où dormir ?

- 10 Pousada JK
- 11 Albergue da juventude et camping de Brasília
- 12 Pousada Brasília
- 13 Mirage Hotel
- 15 Hôtel das Nações et Hôtel Bristol
- 16 Naoum Plaza Hotel

Où manger ? Où boire un verre ?

- 21 Beirute
- 22 Xique Xique
- 23 Bier Fass
- 24 Churrascaria do Lago
- 25 Libanus
- 26 Spettus

À voir

- 30 Santuário Dom Bosco
- 31 Torre de Televisão
- 32 Catedral metropolitana Nossa Senhora Aparecida
- 33 Memorial Juscelino Kubitschek
- 34 Memorial dos Povos Indígenas

En bus

Gare routière *(rodoferroviária ; hors plan par A1) : à l'extrémité de l'Eixo Monumental, av. W3 Sul (tout à fait en queue d'avion). ☎ 33-63-22-81 ou 40-44.* Dessert toutes les grandes villes du pays. En période de vacances, nombreux bus supplémentaires. Mieux vaut toutefois prendre son billet dès son arrivée à Brasília, sans quoi il peut y avoir plusieurs jours de délai.

➢ ***Pour Rio :*** env 2-3 bus/j., de confort et de classes différents, avec *Viação Itapemirim (☎ 33-61-45-05).* Prévoir 18h de trajet et 120-180 Rls (48-72 €).

➢ ***Pour Belo Horizonte :*** 5 bus/j., de classes différentes, ts en soirée, avec *Viação Itapemirim*. Compter 10h de trajet et de 80 Rls (32 €) en basique à 150 Rls (60 €) en couchette.

➢ ***Pour São Paulo :*** 6-10 bus/j., avec *Real Expresso (☎ 33-61-60-90).* Trajet : env 15h.

➢ ***Pour Belém :*** env 3 bus/j., de classes différentes. *Transbrasiliana (☎ 32-33-75-63 ou 72).* À 2 140 km et 36h de trajet ! Env 220 Rls (88 €).

Comment se déplacer ?

➢ ***En bus :*** à la *rodoferroviária,* prendre le bus *Circular n° 131,* « Ponte Norte », pour rejoindre la *rodoviária central (plan A1, **4**). ☎ 33-27-46-31 ou 37.* On y trouve tous les bus urbains indiqués dans « À voir ». Assez faciles à utiliser.

➢ ***En taxi :*** cher, mais c'est le meilleur moyen pour voir le maximum de choses, si vous êtes pressé par le temps. *Brasília Rádio Táxi (☎ 32-23-00-60)* ou *Rádio Táxi Turismo (☎ 33-25-30-30).* Disponibles 24h/24.

➢ ***En tour organisé :*** selon ses désirs et ses moyens, on pourra opter pour une visite en groupe (environ 15 personnes) ou individuelle. L'office du tourisme dispose d'une liste de guides officiels. Sinon, *Aerovan (☎ 33-40-92-51 ; pas de bureau, ils viennent vous chercher directement à votre hôtel),* ou *Delpho's Turismo (SHCN/CL, Quadra 104, bloco D ; ☎ 33-28-99-68)* sont deux agences sérieuses qui organisent tous les jours des circuits d'une demi-journée (en anglais ou espagnol). Environ 70 Rls par personne (28 €).

Adresses utiles

Informations touristiques

Office du tourisme Setur *(plan A1) : Edifício Varig, SCN, quadra 4, bloco B, salle 502. ☎ 34-29-76-00. • setur.df.gov.br • Lun-ven 9h-17h.* Cartes et brochures sur la ville.

*Autres **points d'informations** : à la tour de la TV et au* Brasília Shopping Center *(mar-dim 9h-17h), ainsi qu'à l'aéroport (beaucoup plus efficace !).*

– Nombreuses infos mises à jour très régulièrement sur les sites : • guiabsb.com.br • candango.com.br •

Poste et télécommunications

Poste *(plan A1) : dans le secteur sud des hôtels (setor hoteleiro sul). ☎ 33-17-15-04. Lun-ven 9h-17h.* Fait poste restante.

Téléphone international : *à l'aéroport et à la gare des bus.*

At Work *(plan A1-2) : dans le* Pátio Brasil Shopping Center, *couramment appelé* Pátio Brasil.

Argent, change

Banco do Brasil *(plan A2, **1**) :* ***agência Venâncio 2000,*** *dans le* Pátio Brasil *(setor comercial sul, quadra 07). ☎ 32-24-89-26. Lun-ven 11h-16h.*

■ ***Change de l'hôtel Nacional*** *(plan A1,* ***2****) : tlj 15h-23h.* Dollars et chèques de voyage. De manière générale, dans les hôtels, taux et commissions plus intéressants que dans les banques.

■ ***Distributeurs :*** un peu partout, capitale brésilienne oblige, et plus particulièrement dans les *shopping centers.*

■ ***American Express :*** *à l'ambassade des États-Unis, av. das Nações, Qd 801, lote 03. ☎ 33-21-22-09.*

Représentations diplomatiques

Prendre les bus qui passent sur L2 Sul.

■ ***Ambassade de France :*** *SES, av. das Nações, Qd 801, lote 04. ☎ 33-12-91-00 ou 06. • ambafrance.org.br • À côté de l'ambassade des États-Unis. Lun-ven 8h30-11h30 ; slt sur rdv l'ap-m.*

■ ***Ambassade de Belgique :*** *SES, av. das Nações, Qd 809, lote 32. ☎ 34-43-10-56, 11-33 ou 14-36. • brasilia@diplobel.org • Lun-jeu 8h30-13h, 14h-17h ; ven 8h-13h.*

■ ***Ambassade de Suisse :*** *SES, av. das Nações, Qd 811, lote 41. ☎ 34-43-55-00. • eda.admin.ch/brasilia • Lun-jeu 9h-11h30, ven 9h-12h.*

■ ***Ambassade du Canada :*** *SES, av. das Nações, Qd 803, lote 16. ☎ 33-21-21-71. • canada.org.br • Lun-jeu 8h30-13h, 14h-17h30 ; ven 8h30-14h.*

Urgences

■ ***Hôpital de base do DF :*** *setor hospitalar sul, Qd 01, bloco A. ☎ 33-25-50-50.*

■ ***Ambulances :*** *☎ 192.*

■ ***Pharmacies ouvertes 24h/24 : Drogaria Rosário,*** *setor Comercial, Local Norte 116, bloco C, lojas 12, 16 et 20 (☎ 33-49-83-26) ; également dans le même secteur, Local Norte 312, bloco B, lojas 12 et 23. ☎ 34-47-52-03. Pharmacie de garde : ☎ 132.*

■ ***Police :*** *☎ 190.*

Transports aériens

■ ***Air France*** *(plan A1,* ***2****) : SHS, galerie de l'hôtel* Nacional *(quadra 01, bloco A), lojas 39-40. ☎ 32-23-41-52. Lun-ven 9h-12h, 14h-18h.*

■ ***Tam*** *(plan A1,* ***2****) : même adresse qu'*Air France, *lojas 19-20-50-51. ☎ 33-21-10-01. À l'aéroport : ☎ 33-64-97-29. Lun-ven 8h-18h30, sam 8h-12h.*

■ ***Varig*** *(plan A1,* ***3****) : même adresse que l'office du tourisme, SCN, quadra 4, bloco B, salle 502. ☎ 33-92-12-12. À l'aéroport : ☎ 33-64-92-19. Tlj 9h-21h (19h sam).*

■ ***Gol :*** *à l'aéroport, ☎ 33-64-92-73.*

Divers

– Se procurer *Sete,* l'agenda culturel hebdomadaire de Brasília, que l'on trouve dans la plupart des hôtels, ou le magazine *Tablado,* à l'Alliance française.

■ ***Alliance française*** *(hors plan par A2,* ***5****) : SEP-Sul E.Q. 708/907, lote A, près de l'école française François-Mitterrand. ☎ 32-42-75-00. • afbrasilia.org.br • Lun-ven 8h-21h30, sam 8h-12h.* Dynamique. Propose bien sûr une bonne sélection de livres et de journaux français, organise également des expos temporaires (photos, gravures), des ateliers théâtre, des dégustations de vins et quelques concerts (gratuit). Cafétéria dans un agréable patio fleuri.

■ ***Centres commerciaux :*** *au centre-ville.* Ils offrent tout ce que peut imaginer la société de consommation. Le plus grand est le *Conjunto Nacional,* près de la *rodoviária.* Vous pouvez aussi aller voir *Park Shopping, Venâncio 2000* ou encore *Pátio Brasil.* Petits restos sympas et quelques bonnes affaires à réaliser.

Où dormir ?

ATTENTION : il arrive que de pseudo-guides cherchent à vous conduire à un hôtel plutôt qu'à un autre, prétextant que les autres sont complets à cause des congrès. Brasília n'est pas une ville faite pour les touristes, mais pour les congressistes et les businessmen. Résultat : beaucoup d'hôtels 3 étoiles assez chers, mais pas grand-chose pour les routards. Cela dit, la plupart de ces établissements cassent les prix le week-end (de 50 à 60 % de remise !), lorsque toute leur clientèle habituelle rentre à la maison. Par ailleurs, depuis quelque temps se développe une hôtellerie parallèle, directement chez l'habitant, beaucoup moins chère et bien plus agréable.

Camping – auberge de jeunesse

Albergue da juventude et camping de Brasília *(hors plan par A1, **11**) : SRP/Norte, quadra 02, lote 02. ☎ 33-43-05-31. • hibsb@opendf.com.br • À env 10 km du centre. Prendre le bus n° 143 depuis la rodoviária. Env 30-40 Rls/pers avec ou sans carte. Camping à partir de 10 Rls/pers, douche et petit déj compris.* Une bonne AJ moderne, propre et bien tenue. Chambres familiales ou dortoirs de 6 lits, avec ventilos, salle de bains et w-c. Possibilité de faire la cuisine, de laver son linge et de se connecter à Internet. Derrière le bâtiment s'étend un grand carré de gazon qui fait office de terrain de camping, où une petite poignée d'arbres procurent un peu d'ombre. Pas mal tout ça, même si l'ensemble manque franchement d'atmosphère et de caractère.

Prix moyens (60-90 Rls / 24-36 €)

Pousada Brasília *(plan A2, **12**) : av. W3 Sul, quadra 703, bloco A, casa 73. ☎ 33-21-13-14 ou 98-89. Doubles env 60 Rls, petit déj compris.* Cette gentille *pousada* a tout de la maison de poupée : tout est minuscule, du salon aux chambrettes basiques, mais bien tenu et agrémenté de bibelots d'un kitsch très sûr. Douches et w-c communs corrects. Accueil familial sympathique.

Pousada JK *(plan A2, **10**) : av. W3 Sul, quadra 704, bloco G, casa 55. ☎ 33-23-99-08 ou 98. • pousadajk.com.br • Doubles env 60-70 Rls, petit déj compris.* Cette *pousada* de quartier se distingue par ses chambres de taille convenable, souvent rehaussées de parquet. Douches et w-c communs acceptables. Beaucoup de voyageurs apprécient la maison pour son atmosphère conviviale, notamment en fin de journée lorsque les résidents se réunissent dans le salon pour commenter l'actualité. Sans prétention.

Chic (90-250 Rls / 36-100 €)

Mirage Hotel *(plan A1, **13**) : setor hoteleiro norte (SHN), quadra 02, bloco N, non loin de la tour de TV. ☎ et fax : 33-28-71-50. • miragehotel.com.br • Doubles env 110 Rls ; tarifs négociables. CB refusées.* Ce petit hôtel bien situé s'est payé le luxe d'un vaste hall... en rognant sur la taille des chambres. Dommage. Celles-ci se révèlent toutefois correctes pour le prix, un tantinet austères mais bien tenues (TV, ventilo...). Quant aux mirages, l'absence de clim' en plein été devrait faire son petit effet ! Penser à réserver, car il est souvent complet. Mais préciser que l'on veut une chambre avec fenêtre et pas en dessous de la cuisine ou de la salle à manger, très bruyantes à partir de 5h30.

Hôtel das Nações *(plan A1, **15**) : SHS, quadra 4, bloco I. ☎ 33-22-80-50 et 32-17-80-00. • hoteldasnacoes.com.br • Près de l'Executive Tower et en face du centre commercial* Pátio Brasil. *Doubles 100 Rls le w-e, jusqu'à 190 Rls lun-ven pour les plus spacieuses.*

CB acceptées. Grand building de béton, le matériau local ! Mais çà et là, quelques signes de fatigue apparaissent... ce qui permet de négocier sans trop de difficulté le tarif des chambres, certes convenables, mais vraiment vieillottes. Bon accueil.

Hôtel Bristol *(plan A1,* ***15****) : SHS, quadra 4, bloco F. ☎ 39-62-61-62. • bristolhotel.com.br • Doubles env 200 Rls (officiellement).* L'un des meilleurs rapports qualité-prix dans cette catégorie intermédiaire : des chambres *seventies* de taille raisonnable (décorées de granit et de marbre un tantinet tape-à-l'œil), un petit resto agréable et, cerise sur le gâteau, une piscine toute ronde qui coiffe le toit de l'immeuble. Toit ouvrant pour satisfaire les amateurs de bronzette !

Très chic (plus de 300 Rls / 120 €)

Naoum Plaza Hotel *(plan A1,* ***16****) : SHS, quadra 5, bloco H. ☎ 33-22-45-45. • naoumplaza.com.br • Double standard à partir de 350 Rls ; réduc intéressantes le w-e.* Dans le genre super-chic et super-classe, c'est le meilleur du centre-ville. Il a un petit cachet que les autres ne cherchent même pas à avoir... Les chambres crème sont rehaussées de bois sombre et de meubles cossus et flanquées de balcons. Prestations à la hauteur de l'établissement : piscine, sauna, librairie, deux restos, dont un japonais (signe extérieur de richesse). En prime, une délicate fragrance embaume l'atmosphère.

Où manger ? Où boire un verre ?

Le midi, un peu partout dans le centre, stands ambulants pour acheter une *marmitex* (plat en alu contenant le plat du jour, toujours à base de riz et de haricots).

De bon marché à prix moyens (5-30 Rls / 1,90-12 €)

Beirute *(hors plan par A2,* ***21****) : SCLS 109, bloco A. ☎ 32-44-17-17. Tlj.* Bon pied bon œil, ce resto syro-libanais n'a pas pris une ride après plus de 40 ans de bons et loyaux services. Les fidèles de la première heure se font plus rares, forcément, mais les nouvelles générations plébiscitent à leur tour ses *kibeirutes* et ses plats brésiliens. Son cadre aéré en fait d'ailleurs un lieu de rendez-vous idéal ! Ça boit, ça cause, ça drague un peu aussi, surtout en soirée lorsqu'il fait moins chaud pour apprécier pleinement la terrasse sous les arbres...

Xique Xique *(hors plan par A2,* ***22****) : CLS 107, bloco E, loja 2. ☎ 32-44-57-97. Tlj.* Quel habitant de Brasília n'a jamais entendu parler de ce vaste kiosque vitré, posé stratégiquement en bordure d'un petit parc ombragé ? Les amateurs de *carne de sol* ne ratent pas une occasion pour goûter à la fameuse *completa,* LA spécialité de la maison ; à croire qu'il n'y a que ça ! Mais la carte propose bien d'autres plats fort sympathiques, par exemple le *queijo do sertão* (fromage cuit). La cuisine est bonne, la réputation est solide, l'affluence est là ! Chic *Xique* alors !

Churrascaria do Lago *(hors plan par B2,* ***24****) : SHTN conjunto 1, lote A. ☎ 33-06-22-65. À env 4 km du centre. Ouv slt le midi. Formule à volonté env 30 Rls.* JK (pour les intimes) avait offert cet emplacement de choix à un ami... qui eut tôt fait d'y installer l'un des tout premiers restaurants de Brasília. Pas folle la guêpe ! Car cette vaste salle est rapidement devenue un incontournable, d'autant plus que le *rodizio* de viandes n'a rien à envier aux meilleures tables. Mais rassurez-vous, ses petites paillotes en bordure du lac Paranoá offrent beaucoup plus de quiétude.

Libanus *(plan A2,* ***25****) : SCLS 206, bloco C, loja 36. ☎ 32-44-97-95. Tlj.* Un endroit très sympa pour prendre un verre, avec sa grande véranda prolongée par une terrasse en bordure d'un parc. Le lieu ne s'anime toutefois qu'en fin d'après-midi et en soirée. On peut aussi y déguster une bonne cuisine... libanaise (tiens donc ?). Pas mal de choix et qualité régulière.

Plus chic (30-50 Rls / 12-20 €)

Bier Fass (hors plan par A2, 23) : Pontão do Lago Sul. ☎ 32-48-15-19. Tlj. Situé dans le secteur sud du lac, le Pontão (Lago Sul) est un charmant parc dont les allées ombragées épousent la forme du rivage... Certains soirs, des concerts en plein air ajoutent à l'atmosphère conviviale du site. C'est dire si ce resto a bien choisi son emplacement ! En terrasse ou dans la salle ourlée de baies vitrées, on profite à la fois de la vue et d'une cuisine internationale correcte mêlant les pâtes, les pizzas et les plats locaux à quelques spécialités germaniques.

Spettus (plan A1, 26) : setor hoteleiro sul, quadra 05, bloco E. ☎ 32-25-15-96. Tlj. Formule à volonté 45 Rls. Ven et sam soir, buffet à prix moyens. Pour beaucoup d'hommes d'affaires et de touristes, un séjour à Brasília serait incomplet sans une visite au *Spettus*. Son *rodizio* est probablement l'un des meilleurs de la ville, mais son buffet est certainement le plus complet : salades sur commande, poissons, spécialités japonaises... Il faut faire plusieurs fois le tour avant de se décider ! Son cadre de vaste brasserie chic est nettement plus neutre, malgré un coin salon agréable pour le café.

À voir

BRASÍLIA

Bien sûr, vous pouvez vous débrouiller tout seul pour visiter la ville mais, si vous ne restez qu'un jour ou deux, il est plus aisé de négocier avec un taxi ou de prendre un tour organisé par une agence (voir « Comment se déplacer ? »). Évitez le week-end, certains édifices publics sont fermés. Enfin, sachez que tous les monuments et les musées de la ville sont gratuits, à l'exception du mémorial de Kubitschek.
Vous l'avez compris, pas moyen de déambuler au gré de son humeur comme dans Rio ou même São Paulo. L'approche de la ville consiste à passer en revue les nombreux édifices publics, chacun d'eux étant construit avec une audace architecturale sans cesse renouvelée.

Santuário Dom Bosco *(plan A2, **30**) : W-3 Sul, quadra 702. ☎ 33-23-65-42. • santuariodombosco.com.br • Bus nos 107 et 105. Visite obligatoire ! Tlj 8h-18h.*
La plus belle architecture intérieure du Brasília monumental. Pas nécessaire d'être baptisé pour l'apprécier. Les « murs » de l'église sont composés de haut en bas de milliers de morceaux de verre bleu et mauve dans toutes les nuances. L'effet de luminosité est fantastique. Un sentiment de paix extraordinaire se dégage de l'ensemble. Ce fut la première œuvre et le coup de maître d'un jeune architecte, Carlos Alberto Neves.

LE POIDS DU MONDE...

Un lustre énorme (2,6 t) en verre de Murano servirait de contrepoids à la structure du sanctuaire Dom Bosco. S'il n'existait pas, le plafond éclaterait vers l'extérieur. C'est en tout cas ce que disent certains. D'autres affirment que le lustre ne fut installé que trois ans après la construction de l'église.

Torre de Televisão *(plan A1, **31**) : sur l'Eixo Monumental. ☎ 33-21-79-44. Bus no 131. Tlj 8h (14h lun)-20h.*
Avec 224 m de hauteur, son seul intérêt est le point de vue qu'elle livre de son 2e étage, à 75 m. Ça permet d'avoir un début d'approche de l'urbanisme de Brasília. Ascenseur gratuit pour la plateforme. En face de vous, les deux *tours du Congrès* avec, sur la gauche, le Sénat (bol renversé) et la Chambre des députés (bol droit).

Juste devant, au premier plan, au centre, la *gare des bus* et, de chaque côté, deux centres commerciaux, les plus grands d'Amérique du Sud. C'est le lieu le plus vivant de la ville. Les immeubles identiques qui courent en parallèle sont les différents ministères. Devant eux, la cathédrale (en couronne) à droite et le *Teatro Nacional* à gauche. De l'autre côté du lac, au loin, une forêt de maisons basses aux toits rouges forme le quartier résidentiel (sénateurs, députés, ministres...).
De chaque côté partent les ailes de l'avion, les quartiers d'habitation. Plus on est pauvre, plus on est logé au bout des ailes. Beaucoup plus loin, on aperçoit quelques cités satellites, longues séries d'habitations sommaires construites à la hâte pour les immigrants venus du Nordeste.
De l'autre côté (dos aux ministères), le *Convention Center,* au toit incurvé, abrite l'office du tourisme. Juste à côté, en forme de faucille, le *mémorial Kubitschek.* Enfin, au pied de la tour, la section des hôtels et des banques. Noter les nombreux espaces verts encore vacants qui devraient recevoir, petit à petit, de nouvelles installations hôtelières. Marché artisanal *(feira da Torre)* en fin de semaine, au pied de la tour et tout petit *musée de Pierres précieuses* à l'intérieur.

*** ***Catedral metropolitana Nossa Senhora Aparecida** (plan B2, **32**) : bus n° 108. ☎ 32-24-40-73. Tlj 8h-18h (17h lun).* Avec son dôme en forme de couronne d'épines, c'est le plus bel exemple d'union libre heureuse entre le verre et le béton. À l'extérieur, l'accueil est assuré par les évangélistes, quatre belles sculptures signées par le fameux Alfredo Ceschiatti. La galette posée un peu plus loin sur la gauche abrite (qui l'eût cru ?) les fonts baptismaux. L'intérieur se présente sous la forme d'un faisceau d'arches de béton où s'intercalent des vitres laissant entrer le ciel. Des anges suspendus à des filins semblent flotter dans l'espace. Noter la disproportion de leur taille, qui accentue la perspective et la notion d'espace. Au-dessus de l'autel, un œuf (ou embryon) symbolise la vie, tandis que la vieille croix exposée sur le côté est celle qui servit le jour de la première messe dite à Brasília, le 3 mai 1957. Pour la petite histoire, la ville de Tolède envoya, en 1968, quatre cloches destinées au clocher de la cathédrale. Elles n'arrivèrent jamais. Des rumeurs attribuent leur détournement à la femme de Franco dont l'avarice était légendaire. Effet acoustique garanti si l'on converse à distance le long des parois.

** ***Palácio d'Itamaraty** (plan B2) : esplanade des Ministères. ☎ 34-11-61-59. Bus nos 108 et 104. Visites guidées : lun-ven 15h-17h, w-e et j. fériés 10h-15h30.*
Après la succession monotone des quinze ministères, parallélépipèdes identiques (pas de jalousie entre eux), le ministère des Affaires étrangères, appelé encore *Itamaraty* (du nom de l'ancien ministère à Rio), apparaît. C'est l'un des plus « élégants » édifices de Brasília et une des œuvres les plus célèbres de Niemeyer. Des colonnes en arches fines et élancées surgissent de l'eau et paraissent se prolonger dans son reflet, donnant à l'ouvrage une harmonieuse légèreté. Dans le bassin, une sculpture moderne figurant un météore et symbolisant les cinq continents. La visite, assez peu palpitante en définitive, présente les différents salons meublés de façon très hétéroclite. Quelques œuvres remarquables toutefois de peintres brésiliens, comme Portinari.
À côté de l'Itamaraty, un long bâtiment de 1962 dont la façade se compose de centaines de carrés jaunes, orange et bruns. Il est l'œuvre de Sergio Bernades, l'architecte favori du président Quadros, qui ne voulait pas que Niemeyer fût totalement le maître d'œuvre de Brasília.

** ***Praça dos Três Poderes** (plan B2) : bus nos 108 et 104.* On y trouve les trois pouvoirs du pays (judiciaire, législatif et exécutif). Nombreux édifices à l'architecture intéressante. Tout d'abord, celui qui abrite le *Sénat* et la *Chambre des députés,* formé de deux bâtiments curieusement collés l'un à l'autre et de deux immenses « bols », l'un tourné vers le ciel, représentant la Chambre des députés, l'autre retourné, symbolisant le Sénat. Certains habitants de Brasília racontent avec malice que celui de gauche « bouillonne d'idées » et que l'autre « étouffe les propositions ». D'autres prétendent que le bol renversé symbolise les sénateurs rassasiés, et le bol droit les députés qui réclament à manger. C'est là que les députés préparèrent, en 1988, la nouvelle Constitution. La visite prend tout son intérêt lors d'une session.

Supremo Tribunal Federal (Cour suprême) *: bus nos 108 et 104. Visites le w-e 10h-17h30 ; visites possibles lun-ven sur rdv, à condition d'être en costard-cravate (☎ 32-17-36-01 ou 02).* Une architecture élégante aux proportions parfaites. Exposition permanente de projets architecturaux de tout le pays. Devant, une statue de la Justice aux yeux bandés.

Palácio do Planalto *(plan B2) : visites guidées dim 9h30-13h30. ☎ 34-11-12-21.* Le palais présidentiel, juste en face. Il est gardé par les *dragons de l'indépendance,* des soldats d'apparat en grand uniforme blanc.

La statue des Candangos : *à l'extrême pointe de l'Eixo Monumental.* Célèbre la mémoire des pionniers, ces milliers d'ouvriers venus défricher le terrain et élever les premières tours.
À côté, le *museu da Cidade* (rien à voir) et l'*Espaço Costa* (sous la place : immense maquette de la ville).

Panteão da Pátria *(monument de la Liberté) : derrière, fermant l'ensemble. ☎ 33-25-62-44. Visite tlj 9h-18h.* Réalisé par Niemeyer et inauguré en 1986 en l'honneur de Tancredo Neves à qui les militaires donnèrent le pouvoir en 1984. Il mourut juste avant son investiture. Le monument rappelle l'envol d'une colombe, ainsi que la forme du Brésil. À l'intérieur, belle fresque représentant le martyre de Tiradentes. À côté du bâtiment, la curieuse sculpture en forme de pince à linge n'est pas un monument... mais un pigeonnier ! Les mauvaises langues prétendent que le président Quadros aurait commandé ce colombier à Niemeyer en hommage à sa femme, d'origine très modeste et qui avait été lavandière...

Ministério da Justiça (plan B1-2) *: en remontant vers le centre, à droite. ☎ 34-29-34-01. Bus n° 108. Visites guidées lun-ven 9h-11h, 15h-17h.* Façade animée par de monumentales gargouilles placées à des hauteurs différentes et déversant l'eau dans un bassin.

Palácio da Alvorada (hors plan par B2) *: situé au bord du lac Paranoá. Visite slt pour les groupes (à partir de 25 pers). Rens : ☎ 34-11-40-00.* L'une des premières constructions, édifiée avant que le plan de Brasília ne fût définitivement établi, ce qui explique sa situation excentrée. Œuvre de Niemeyer. Ses colonnades blanches sont célèbres. C'est la résidence officielle du président (deux drapeaux sont hissés lorsqu'il est présent, un seul s'il est en déplacement).

Teatro nacional Cláudio Santoro (plan A-B1) *: entre la rodoviária et le ministère de la Culture et de l'Éducation. ☎ 33-25-61-05. Tlj 9h-20h.* Le plus grand d'Amérique du Sud. Sa forme est inspirée d'une pyramide aztèque.

Quartel General do Exército *(ministère de l'Armée de terre) :* célèbre pour son énorme garde d'épée, monument symbolisant l'épée de Caxias, l'un des plus grands militaires que connut le pays. L'acoustique à l'intérieur est diabolique. Les généraux qui y font leur discours n'utilisent pas de micro, comme Tino.

Le quartier des ambassades : *sur l'av. das Nações.* Intéressant à visiter. Chaque ambassade a été construite par des architectes différents, plus ou moins dans le style de chaque pays. Ainsi, celle d'Espagne ressemble à un Alhambra de béton et celle de Suède se répartit en quelques chalets de forêt tout simples.

Memorial Juscelino Kubitschek *(hors plan par A1,* ***33****) : Eixo Monumental Oeste, pl. de Cruzeiro. ☎ 33-26-78-60 et 32-25-94-51. • memorialjk.com.br • Bus n° 131. Mar-dim 9h-18h. Entrée : 4 Rls.*
J. Kubitschek salue le visiteur de la main du haut d'une faucille. On pense alors à l'anecdote du général qui présida à son inauguration, celui-là même qui... l'arrêta au début de la dictature.

À l'intérieur, expos sur l'histoire de Brasília, et, bien entendu, sur la vie de l'ancien président. Au rez-de-chaussée, exposition d'objets personnels et reconstitution fidèle de sa bibliothèque, qui contient près de 3 000 bouquins. Remarquez l'importante collection de livres de médecine en français et les neuf ouvrages de Shakespeare, datant de 1820, offerts par la reine d'Angleterre. Accroché au mur, l'ordre national de la Légion d'honneur française décerné à Kubitschek, le 12 janvier 1956. Mais c'est à l'étage que le mémorial prend toute sa dimension ! On a l'impression de pénétrer dans une véritable crypte. La lumière est discrète et se diffuse avec parcimonie. L'atmosphère est envoûtante, un brin pesante. Notez le tombeau, au centre du mémorial, à la limite du kitsch (toutes les lettres du mot « kitsch » sont d'ailleurs contenues dans le nom de l'ancien président). On comprend alors un peu mieux la vie et l'œuvre gigantesque de cet homme. Le sentiment que Brasília est le résultat d'un rêve fou, teinté de mégalomanie, s'empare inexorablement des esprits...

Memorial dos Povos Indígenas *(mémorial des Peuples indigènes ; hors plan par A1,* ***34****) : Eixo Monumental Oeste, pl. de Buriti. ☎ 32-23-37-60 et 32-66-52-06. Face au mémorial Juscelino Kubitschek. Mar-ven 9h-18h, w-e et j. fériés 9h-17h.* Ce musée très intéressant présente la collection d'une anthropologue anglaise qui vécut plusieurs années parmi les Indiens. Superbes masques, poteries, sculptures, parures aux plumes multicolores, etc. Accueille aussi des objets provenant d'autres musées indigènes du monde entier. Se renseigner : le musée organise parfois différents spectacles de danse indienne dans le patio.

Loisirs

– ***Parque da Cidade – Sarah Kubitschek :*** très grand parc de 40 ha situé en pleine ville. Piscine à vagues, terrains de jeux, aires de pique-nique, etc.
– ***Parque nacional de Brasília Água mineral :*** *à 8 km du centre en roulant vers l'ouest sur l'Eixo Monumental. ☎ 34-65-20-16. Tlj 8h-16h. Entrée : 3 Rls.* Les habitants de Brasília y passent leurs week-ends. Petites chutes d'eau minérale et deux larges piscines naturelles. Parfois, des petits singes viennent timidement jusqu'à l'orée de la forêt mendier de la nourriture.

Fêtes et manifestations

– ***Foire d'artisanat :*** *le w-e et pdt les vac, 8h-17h, au pied de la tour de TV.* On y trouve des produits provenant de différentes régions. Très touristique.
– ***21 avril :*** anniversaire de la ville.
– ***Juin :*** durant tout le mois, c'est la *festa Junina* ; ensemble de manifestations populaires et culturelles qui se déroulent dans des lieux et des quartiers différents selon les jours. Se renseigner à l'office du tourisme sur le programme.
– ***12 octobre :*** fête de *Nossa Senhora Aparecida,* sainte patronne de Brasília.

GOIÁS VELHA ET L'ÉTAT DE GOIÁS

Le district fédéral de Brasília est enclavé dans l'État de Goiás, haut plateau aride, socle du Brésil continental, situé entre les États de Bahia à l'est, du Minas Gerais au sud-est et du Mato Grosso à l'ouest. Le grand fleuve Araguaia, ancienne mer intérieure, forme cette dernière frontière avant de se jeter, avec le rio Tocantins, dans le delta de l'Amazone, quelque 2 600 km plus au nord. Si la capitale actuelle de Goiás, *Goiânia,* ne présente aucun intérêt (sauf

pour changer de bus, depuis Brasília ou Cuiabá, par exemple), la région, avec son ancienne capitale historique, *Goiás Velha,* la *serra Dourada* et le *rio Araguaia,* offre certains des plus beaux sites du Brésil central, sur la route du Mato Grosso.

LA NATURE ET LES HOMMES : LE CERRADO

Tout ce haut plateau aride barré de chaînes montagneuses est un maquis d'une sécheresse extrême, dont la végétation est unique au monde. C'est le Cerrado, pays où les arbres sont si durs qu'ils ne brûlent pas. L'eau semble absente et pourtant les arbres pullulent, petits, secs, serrés et obstinés... car l'eau est bien là, mais à des dizaines de mètres sous terre. Aussi les arbres développent-ils sous la roche des racines tenaces, parfois dix fois plus grandes que leur partie aérienne. En hiver, les éleveurs mettent le feu au Cerrado, qui brûle sur des milliers d'hectares : herbes, broussailles, branches et écorces s'enflamment, mais le cœur des arbres, dur comme le fer et gorgé d'eau, indifférent aux flammes, reste intact et ils redeviennent vivaces à l'arrivée du printemps. C'est ici la terre de l'*ipé,* l'ébène verte, arbre emblématique brésilien dont les fleurs violettes, rouges ou jaunes, selon l'espèce, éclosent fin août, début septembre dans le paysage brûlé. Des centaines d'espèces d'arbres donnent des fruits spécifiques au Cerrado, fruits âpres, à la chair parfois remplie d'échardes, comme le *pequi* à la couleur orangée qui agrémente la cuisine goiánia. Dans ce paysage assoiffé, l'eau jaillit du centre de la terre, dans les failles du plateau et de la montagne, en multiples torrents et *cachoeiras* miraculeuses, dans des trouées soudaines et éparses de verdure luxuriante. De ces gaves descendent des rivières rapides, comme si elles fuyaient cette terre aride, pour se jeter, tel le beau *rio Vermelho* qui traverse Goiás Velha, dans le puissant fleuve *Araguaia.*

C'est essentiellement une terre d'élevage, sur des propriétés de milliers d'hectares, et il n'est pas rare de rencontrer sur les routes des troupeaux de 5 000 ou 6 000 buffles en transhumance, accompagnés de leurs *vaqueiros* (cow-boys) aux airs de cavaliers farouches. L'homme du Cerrado est celui de ces grands espaces brûlés de soleil, où, à la moindre pluie, en quelques minutes, la nature verdit et fleurit comme par enchantement.

Ici, il fait chaud quelle que soit la saison. Les températures d'août atteignent souvent 30 à 35 °C en plein hiver, et l'été se différencie surtout par ses fabuleux orages, dont les déluges sont absorbés, aspirés, asséchés en quelques minutes par la terre et les plantes.

GOIÁS VELHA (VILA BOA)

27 000 hab. IND. TÉL. : 062

Classée au Patrimoine historique de l'humanité par l'Unesco, la ville de Goiás – aussi appelée Vila Boa, et ses habitants, les Vilaboenses – est parmi les plus jolies et les mieux préservées des villes historiques du Brésil. C'est aujourd'hui une petite cité prospère, dont l'ensemble de l'architecture et de l'urbanisme colonial, jusqu'aux rues pavées de grosses pierres, est non seulement intact, mais remarquablement entretenu, non pour le tourisme, ce qui en ferait une « ville-musée », mais pour les besoins de la vie citadine elle-même, qui a peu évolué depuis l'époque coloniale.

Il se dégage d'un séjour à Goiás Velha le sentiment d'avoir changé d'époque. Ici, tout est paisible, rural, sensuel et simple dans un décor authentique.

L'architecture coloniale et impériale, partout présente, y semble nue, épurée, ouverte au soleil, sans luxe tapageur. Goiás, ville d'or et de pierres précieuses, est à l'opposé des fastes du Minas Gerais. C'est qu'ici l'or était pesé, compté et contrôlé pour les coffres du Trésor royal. Cette esthétique d'épure

qui semble tirer sa force et sa lumière de la nature environnante est bien représentée par le *palácio Conde dos Arcos* (1750) et l'*igreja Nossa Senhora da Boa Morte* (1770).

UN PEU D'HISTOIRE

C'est ici, en 1562, qu'un conquérant astucieux, le nommé Bartolomeu Bueno da Silva, impressionna les Indiens du cru en faisant brûler de l'alcool sur de l'eau, les menaçant de mettre le feu à tous les torrents et rivières du coin s'ils ne disaient pas où étaient les mines d'or. Terrifiés, les Indiens de la tribu goiyaz révélèrent tout, évidemment. La serra Dourada était truffée de filons et le rio Vermelho charriait la poudre étincelante... Goiás Vila Boa était née. Capitale d'État de 1749 à 1937, Goiás était aussi l'avant-poste de la culture, des arts, de la civilisation intellectuelle dans une région de rude colonisation. L'année 1792 vit la fondation de la faculté de philosophie rationnelle, et, en 1846, c'est à Goiás que s'ouvrit le deuxième lycée d'enseignement secondaire du Brésil ; cercles littéraires, journaux... pullulèrent à l'époque.
Aujourd'hui, si Goiás n'est plus qu'une petite ville perdue dans l'intérieur du Cerrado, le Vilaboense n'a rien d'un provincial. La ville a maintenu ses facultés de philosophie et d'histoire et son lycée, bien sûr. Le Vilaboense vit sa ville en symbiose avec la nature extraordinaire environnante et, le samedi, il va se rafraîchir dans les cascades et les torrents. La ville offrant peu d'attractions commerciales, les fêtes sont nombreuses : de janvier à juin, pas moins de sept semaines de festivités officielles dans la ville... et, chaque soir tout au long de l'année, la jeunesse se retrouve sur la place centrale pour siroter, grignoter, faire de la musique... Vila Boa signifie « ville bonne »... et bonne vie !

Arriver – Quitter

En bus

➢ ***Goiânia :*** env 15 bus/j., 6h-20h. Compter 2h de trajet pour les bus directs, 3h pour les autres.

En voiture

Plusieurs loueurs de voitures à l'aéroport de Goiânia et au centre.

■ ***Hertz :*** *☎ 32-65-16-26 (aéroport) ou 32-65-48-48 (Centro).*

■ ***Localiza :*** *☎ 32-07-13-42 (aéroport) ou 32-55-76-66 (Centro).*

Adresses utiles

■ Il n'y a pas d'office du tourisme, faute de touristes (pardi !), mais on trouve tous les services habituels : la ***poste*** *(praça Brasil)* ; les ***banques Itau*** *(rua Moreto Foggia, 4 ; lun-ven 11h-16h ou distributeur automatique)* et ***Banco do Brasil*** *(av. Sebastião Fleury Curado, 250)* ; un cybercafé, ***PC Computer*** *(à côté de la fac)* ; et un hôpital, l'***hospital Caridade São Pedro Alcântara*** *(rua do Dr Couto Magalhães. ☎ 33-71-13-73 ou 10-26).*

Où dormir ?

Bon marché (moins de 60 Rls / 24 €)

🏠 ***Pousada do Sol :*** *rua Americano do Brasil, 17. ☎ 33-71-17-17. Fax : 33-72-13-44. Doubles env 50 Rls.* La pousada cache bien son jeu. De l'extérieur, on ne

GOIÁS VELHA ET L'ÉTAT DE GOIÁS

devine pas ses bâtiments qui s'étirent le long d'une cour intérieure paisible où il fait bon lézarder. Du coup, ses chambres propres et bien équipées (TV, ventilo, douche et w-c) se révèlent fort calmes... et d'un bon rapport qualité-prix.

Pousada Carioca : *rua da Carioca, 7. ☎ 33-72-17-04. À 5 mn du centre : de la rivière, gagner l'église do Rosario, prendre à droite la rua Bartolomeu Bueno et passer le pont ; la maison est plus loin à gauche. Doubles env 50 Rls.* Nichée au creux de la vallée, cette *pousada* offre à ses hôtes un environnement champêtre très paisible. Les chambres, simples mais convenables, occupent des petits chalets orientés face aux champs. Très boy-scout !

De prix moyens à plus chic

Pousada do Ipê : *rua Boa Vista, 32. ☎ 33-71-20-65. Fax : 33-71-15-67. De l'autre côté du pont Cora Coralina ; remonter la rue et longer l'église par la gauche. Doubles 75-125 Rls selon période et confort.* La *pousada* se compose d'un enchevêtrement de belles maisons coloniales : magnifiques bois d'ipé, ombres et lumières, poteries, filtres à eau en étain et broderies. Les chambres « de base » encadrent un charmant jardin ombragé, tandis que les plus chères donnent sur le petit parc où l'on devine la piscine et le « bar de plage ». Quant à la vraie différence de confort, elle se résume au choix d'un ventilo ou de la clim'. Pour le reste, la déco soignée et colorée est la même. Excellent accueil de Reginaldo, un professeur à l'académie de musique de Goiânia qui parle couramment le français. Il représente à lui tout seul l'art de vivre vilaboense.

Où manger ?

Flor do Ipê : *praça de Boa Vista. ☎ 33-72-11-33. Plats 15-35 Rls.* Excellente cuisine traditionnelle, servie avec art, largesse et belle manière dans un cadre séduisant propice aux déclarations complices... On en ferait bien sa cantine.

Dali : *rua 13 de Maio, 26. ☎ 33-72-16-40. Plats 10-20 Rls.* Sympathique affaire familiale, appréciée des Vilaboenses pour ses petits plats sans esbroufe mais très honnêtes et son cadre agréable de vieille maison typique. Cour pavée irrésistible en soirée.

Également, le midi, des plats bon marché au ***marché municipal,*** un ensemble pittoresque de boutiques nichées sous des arcades.

À voir

Casa da Cora Coralina : *mar-sam 9h-17h, dim 9h-16h. Entrée à prix modique.* Belle maison coloniale du XVIIIe s, une des premières constructions de la ville, située en bordure du rio Vermelho. Y vécut Cora Coralina, écrivain populaire brésilien, qui mourut centenaire en 1985 et publia son premier livre à 75 ans. Musée classique sur l'écrivain, prétexte à une visite très intéressante d'une grande maison traditionnelle.

Igreja Nossa Senhora da Boa Morte : *mar-ven 8h-11h30, 13h-17h ; sam 9h-17h ; dim 9h-13h. Entrée à prix modique.* Construite en 1770, elle a longtemps servi de cathédrale provisoire. Sa cloche a été fondue à Goiás en 1785. Transformée en *musée d'Art sacré* en 1967, elle rassemble différents objets liturgiques et les œuvres d'un sculpteur local.

Igreja São Francisco *(1761) : mar-sam 8h-17h, dim 8h-12h.* Très belle église, à côté du vieux marché, en surplomb de la rivière. Pour les amateurs, voir également la ***igreja Nossa Senhora d'Abadia,*** construite grâce à la charité populaire en 1790 et restaurée en 1968 : l'une des plus baroques de Goiás, elle mesure à peine 17 m de long, c'est presque une chapelle (belles polychromies dorées). Ou la ***igreja Nossa Senhora do Carmo*** (1786 ; rua do Carmo) : coquette église octogonale, enclavée parmi les habitations.

Museu das Bandeiras *(1766) : praça Brasil Caiado.* Au fond d'une belle place, bordée aussi par les historiques quartiers militaires (Quartel do 20, de 1747). L'ancienne assemblée municipale et maison de détention de Goiás abrite aujourd'hui un petit musée. Collection hétéroclite d'objets hérités de l'époque de l'exploitation de l'or. Sur la place, le *Chafariz de Cauda* (1778), en pierre à savon.

Palácio Conde dos Arcos *(1750) : praça Castelo Branco. Mar-sam 8h-17h, dim 8h-12h. Entrée à prix modique.* Splendide et dénudé palais des gouverneurs. Mobilier colonial, galerie de portraits et beau patio fleuri.

Praça Castelo Branco : le soir, la charmante place devant le palais et l'église da Boa Morte, avec son ravissant kiosque à musique du début du XXe s et sa si jolie fontaine, se remplit de toute la jeunesse de Goiás. Très festif !

Casa Dodo : *praça Tiradentes, 10.* Cette boutique familiale reflète bien l'âme de la région. La propriétaire, une mamie gentille comme tout, trône au milieu d'un bric-à-brac invraisemblable de potions à base de *cachaça.* Les recettes se transmettent de génération en génération ! Très photogénique... et délicieux !

DANS LES ENVIRONS DE GOIÁS VELHA

➢ **Ribeirão do Bacalhau :** *à 3 km du centre ; possibilité d'y aller à moto-taxi.* Jolie rivière avec un pont de bois invraisemblable. Plage, buvette, *lanchonete,* en pleine nature. Idéal pour camping et baignades. Petit hameau voisin. Très fréquenté le week-end.

➢ **Cachoeira Grande :** *à 8 km de la ville.* Prendre la route pour Jussara et, à 3 km, le sentier à droite (c'est indiqué). Aire de camping-restaurant-bar. Plage, cascade et piscines naturelles.

➢ **Balnéaire Santo Antônio :** *à 9 km du centre.* Suivre la route vers Goiânia puis, à 6 km, prendre un chemin à droite (c'est indiqué). On fait 3 km dans le Cerrado. Puissant torrent d'eau pure. Piscines naturelles, bar, camping libre possible dans la brousse.

➢ **Serra Dourada :** *chaîne montagneuse à 16 km.* Connue pour ses 551 couleurs de sable. *Cachoeiras* et cascades, baignades, camping possible.

LE MATO GROSSO ET LE MATO GROSSO DO SUL

Les deux États sont limités par la Bolivie et le Paraguay à l'ouest, le monde amazonien au nord, et butent contre les contreforts des plateaux du centre. En portugais, *Mato Grosso* signifie « grande broussaille ». On y trouve d'interminables plaines à la végétation de savane *(cerrado).* La forêt se développe autour des vallées et s'épaissit vers le nord pour se fondre dans la forêt vierge. Partout ailleurs, le territoire est recouvert de grandes plaines cultivées (soja, maïs) parfois ponctuées de plateaux rocheux, les *chapadas.* La plus spectaculaire est la *chapada dos Guimarães,* avec ses nombreuses chutes d'eau et des canyons envahis par la végétation tropicale.

UN PEU D'HISTOIRE

La découverte du rio Paraguay remonte au XVIe s. Il faudra cependant attendre 1748 pour que la région soit intégrée à la Couronne portugaise. Son accès reste difficile, l'unique moyen de transport étant le fleuve. Au début du XVIIIe s, les *bandeirantes* s'aventurent dans cette nature inhospitalière, à la recherche d'or, et fondent quelques villes, dont Cuiabá. Puis c'est le boom du caoutchouc et l'afflux de *seringueiros* qui se heurtent à la résistance des Indiens. Les premiers explorateurs arrivent au XIXe s, mais ce n'est qu'en 1950 qu'est créée la première ligne de chemin de fer. Claude Levi-Strauss a rendu ces terres célèbres en décrivant, dans *Tristes Tropiques,* la vie des Indiens bororos à cette époque. En 1977, la région est divisée en deux États : le Mato Grosso (capitale : Cuiabá), au nord, et le Mato Grosso do Sul (capitale : Campo Grande).

UN ESSOR FRAGILE

Si la région connaît aujourd'hui un essor croissant, elle ne compte que 4,5 millions d'habitants pour une surface de plus de un million de kilomètres carrés (deux fois la superficie de la France). La rareté des voies de communication, le climat continental et la végétation prédominante expliquent cette faible densité de population. La principale activité est l'élevage extensif. Dans les immenses *fazendas* (fermes) de plusieurs milliers d'hectares parfois, les troupeaux de bovins paissent librement toute l'année et sont regroupés et recensés par les *vaqueiros,* une fois par an. Grands propriétaires terriens et paysans pauvres du Sud ou du Nord-Est, installés sur de petits bouts de parcelles à défricher, continuent à se disputer la terre.
Cette région offre de multiples attraits, et l'écotourisme dans les fermes du Pantanal se développe progressivement. L'État du Mato Grosso do Sul et les parcs naturels régionaux de France ont par ailleurs fondé le parc naturel régional du Pantanal sud. La création de ce parc a permis l'institution d'un label de qualité pour le *vitelo* (veau) du Pantanal, et tend à développer un tourisme respectueux de l'environnement. C'est donc l'occasion rêvée d'une rencontre avec une nature sauvage et préservée, où la faune et la flore s'offrent avec exubérance au regard. L'aventure y est toujours possible, et les découvertes sont riches et variées.

LE PANTANAL

C'est sans aucun doute la plus belle réserve naturelle d'animaux du Brésil. À cheval sur les États du Mato Grosso et du Mato Grosso do Sul, proche de la frontière bolivienne, c'est une grande plaine traversée par de nombreuses rivières (le rio Paraguay et ses affluents).
Entre novembre et avril, les pluies abondantes des hauts plateaux gonflent ces cours d'eau qui inondent plus de la moitié des terres (jusqu'à 2 ou 3 m d'eau au-dessus du niveau du sol). Le Pantanal devient alors un immense territoire d'étangs et de marécages où les poissons viennent pondre à l'abri. C'est aussi la période où se regroupent, autour des îlots inondés, une grande variété d'oiseaux migrateurs et autres habitants des marais : oies sauvages, hérons, aigrettes, etc. Le plus célèbre et le plus insolite est le *tuiuiu,* oiseau symbole du Pantanal, grand échassier muni d'un large bec pour écumer le fond des marais.
Au moment de la saison sèche, seuls quelques points d'eau subsistent, et la concentration de poissons y est singulièrement élevée. Une spectaculaire chaîne alimentaire se développe alors tout autour, et l'on peut y découvrir des centaines d'espèces d'oiseaux, de reptiles et de mammifères. De superbes envols d'aras, de martins-pêcheurs ou de toucans n'attirent même plus l'œil

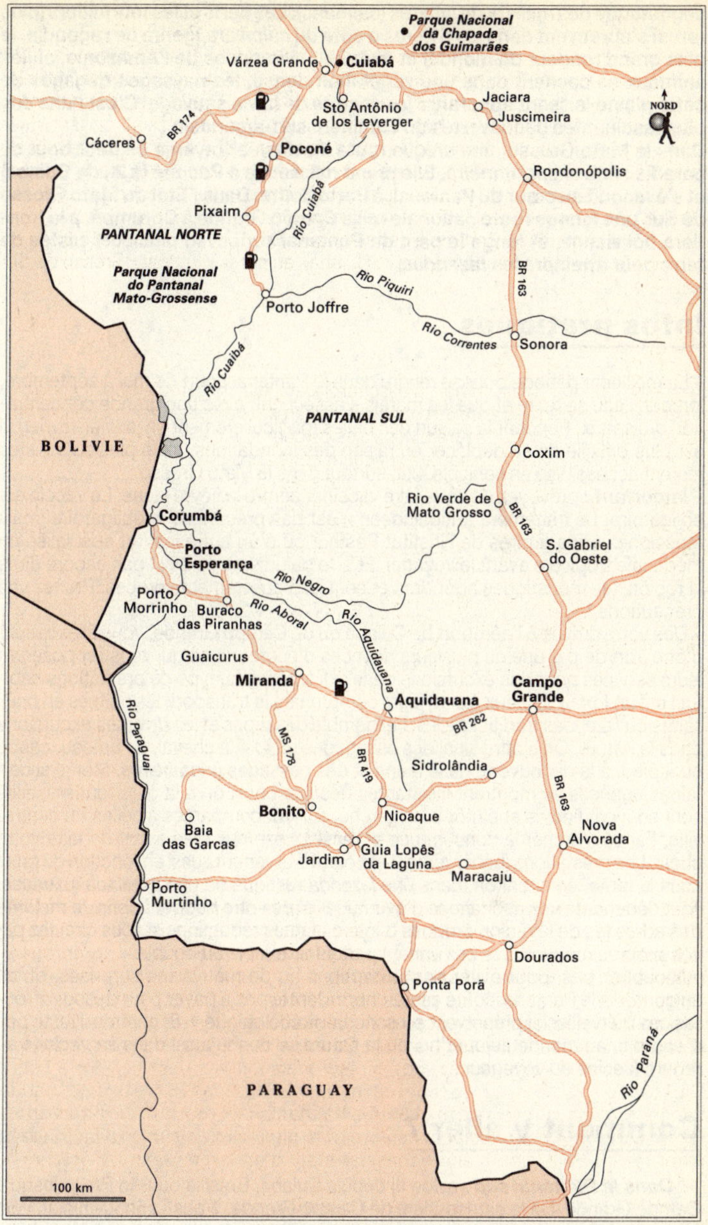
Parque Nacional
da Chapada
dos Guimarães
Várzea Grande
Cuiabá
Sto Antônio
de los Leverger
Jaciara
Juscimeira
NORD
Cáceres
BR 174
Poconé
Rondonópolis
Pixaim
Rio Cuiabá
PANTANAL NORTE
Parque Nacional
do Pantanal
Mato-Grossense
BR 163
Rio Piquiri
Porto Joffre
Rio Correntes
Sonora
Rio Cuaibá
PANTANAL SUL
BOLIVIE
Coxim
Rio Verde de
Mato Grosso
BR 163
Corumbá
Porto
Esperança
S. Gabriel
do Oeste
Rio Negro
Porto
Morrinho
Buraco
das Piranhas
Rio Aboral
Rio Aquidauana
Guaicurus
Miranda
Campo
Grande
Aquidauana
BR 262
Rio Paraguai
MS 178
BR 419
Sidrolândia
BR 163
Bonito
Nioaque
Baia
das Garcas
Nova
Alvorada
Jardim
Guia Lopês
da Laguna
Maracaju
Porto
Murtinho
Dourados
Ponta Porã
Rio Paraná
PARAGUAY
100 km

LE PANTANAL

flegmatique des milliers de *jacarés* (caïmans). Les cerfs et les fourmiliers (plus rares) s'abreuvent dans les rivières à côté du *caipivara* (genre de ragondin, le plus grand rongeur du monde) et du *tuiuiu.* À l'opposé de l'Amazonie, où les animaux se cachent dans une végétation dense, les paysages dégagés de cette plaine laissent apparaître les secrets de la vie sauvage. C'est l'une des plus fascinantes découvertes du continent sud-américain !
Dans le Mato Grosso, une unique route inachevée traverse ce petit bout de paradis : la *Transpantaneira.* Elle prend naissance à Poconé (à 2h de Cuiabá) et s'évanouit au cœur du Pantanal, à Porto Joffre. Dans l'État du Mato Grosso do Sul, une longue route nationale rallie Campo Grande à Corumbá, à la frontière bolivienne, et longe le parc du Pantanal sud, avec plusieurs pistes de terre pour atteindre les *fazendas.*

Infos pratiques

– La meilleure période pour se rendre dans le Pantanal court de mai à septembre, lorsque l'eau se retire et que les marais s'assèchent, avec une grande concentration d'oiseaux. Pendant la saison des pluies (particulièrement en janvier-février), il est plus difficile de se déplacer en raison des inondations, mais plusieurs pistes restent accessibles en véhicule 4x4, surtout dans le Mato Grosso.
– ***Important :*** prévoyez de vous faire vacciner contre la fièvre jaune. Le vaccin est obligatoire. Le traitement antipaludéen n'est pas préconisé, ni obligatoire (mais renseignez-vous auprès de l'institut Pasteur ou d'un autre institut spécialisé en médecine tropicale avant le voyage). Et si le paludisme ne sévit pas encore dans la région, les moustiques abondent et sont particulièrement voraces. Prenez vos précautions !
– Dès votre arrivée à l'aéroport de Cuiabá ou de Campo Grande, vous êtes assuré d'être abordé par une ou plusieurs agences d'écotourisme qui vous proposeront leurs services pour des excursions dans le Pantanal. Le type de prestations habituel est un forfait de deux à cinq jours comprenant le transport, les nuitées en *pousadas* ou *fazendas* traditionnelles, l'ensemble des repas et les diverses excursions dans la nature. On s'offre ainsi des escapades en 4x4, à cheval, en bateau, canoë ou à pied, à la découverte de la faune et des paysages *pantaneiros*. Même si certaines agences se montrent insistantes dès l'aéroport ou à la gare routière, elles sont souvent fiables et plutôt bon marché, surtout comparées à celles du centre-ville. Faites marcher la concurrence et renseignez-vous bien avant de faire votre choix. Les prestations (hébergement et nourriture) varient aussi en fonction du prix : sous la tente, en cabanon, dans une *fazenda* rustique ou une *pousada* luxueuse. Tout dépend de vos aspirations d'aventurier et de votre budget ! Enfin, la majorité des adresses de la région propose d'intéressantes réductions si vous circulez par vos propres moyens. Les prix varient parfois du simple au double.
– N'oubliez pas, pour éviter des déceptions ou de mauvaises surprises, qu'un séjour dans le Pantanal coûte assez cher : c'est le prix à payer pour découvrir toutes ces merveilles et préserver ce « sanctuaire écologique ». Et comme il reste peu d'endroits au monde aujourd'hui où la nature se donne ainsi dans sa virginité au regard fasciné du voyageur...

Comment y aller ?

➢ ***Dans le Pantanal sud :*** avion tlj depuis Cuiabá, Brasília ou São Paulo jusqu'à Campo Grande. De la gare routière de Campo Grande, 6 bus/j., 6h30-minuit, vers Miranda et Corumbá (3h et 6h de trajet env) ; Cie *Andorinha*.
➢ ***Dans le Pantanal nord :*** avion tlj depuis Campo Grande, Brasília ou São Paulo jusqu'à Cuiabá. De la gare routière de Cuiabá, 6 bus/j., 6h-19h, pour Poconé et le début de la Transpantaneira (2h de trajet) ; Cie *TUT*.

– Pour les deux régions, nombreuses possibilités de location de voitures aux aéroports et dans le centre-ville.

LE PANTANAL SUD

Le Mato Grosso do Sul offre un paysage de grandes plaines à perte de vue, avec de nombreux fleuves, rivières et points d'eau permettant la pêche et la baignade dans des eaux cristallines.
Au départ d'Aquidauana et de Miranda, on rejoint les *fazendas* ou *pousadas* « écologiques ». Pour la plupart, elles font partie de l'APPAN, une association de protection du Pantanal, et adhèrent à une charte d'exploitation touristique respectant l'environnement et la culture locale.
– Vous pouvez obtenir quelques renseignements sur le site du parc naturel régional du Pantanal Sud : • parqueregionaldopantanal.org.br •

CAMPO GRANDE

705 975 hab. IND. TÉL. : 067

Capitale du Mato Grosso do Sul, c'est une grande ville moderne qui a su conserver une ambiance brésilienne authentique. Entre les grands buildings et les avenues tracées au carré, on apprécie les larges places arborées et le centre commerçant très animé.

Arriver – Quitter

En bus

Rodoviária : *rua Joaquim Nabuco, 2000.* ☎ *33-83-16-78. Un peu à l'écart du centre, sur la route de Miranda.* Pour les bus locaux comme pour les longues distances.
➢ Liaisons avec tout le Pantanal en général, et les villes de ***Miranda*** et ***Corumbá*** (env 3h et 6h de trajet) : *Cie Andorinha,* 6 bus/j., 6h30-minuit.
➢ Plusieurs compagnies assurent de nombreuses liaisons avec ***Cuiabá.***
➢ Longues distances vers la ***Bolivie, Rio de Janeiro, Iguaçu...***

En avion

✈ ***Aéroport :*** *av. Dq. de Caxias, km 7.* ☎ *33-68-60-00. À env 12 km du centre-ville.* Bureau d'infos touristiques, agence *Banco do Brasil,* location de voitures, distributeurs *Visa* et *MasterCard...* Bus et taxis pour rallier le centre.

Adresses utiles

Informations touristiques et services

Centro de informações turísticas e culturais : *Morada do Baís, av. Noroeste, 5140.* ☎ *33-24-58-30.* • *turismo.ms.gov.br* • *Mar-sam 8h-18h, dim 9h-12h.* Quelques brochures et plan de la ville.
Virtual Café : *Galeria Millenium, rua 14 de Julho, 1647 (Centro).* ☎ *33-84-00-92. Tlj 8h (10h dim)-23h.* Bon marché.

■ ***Banco do Brasil :*** *av. Afonso Pena, 2202 (à l'angle de la praça da República). Guichet automatique ouv 6h-22h (Visa et MasterCard). Change de chèques de voyage et euros 10h-16h.*
■ ***Drogaria São Bento (pharmacie) :*** *rua 14 de Julho, 1910 (Centro).* ☎ *33-21-30-10. Tlj, 24h/24.*

■ ***Location de voitures :*** *à l'aéroport, plusieurs agences de location* (Unidas, Hertz, Localiza). *Ttes CB acceptées.*

■ ***Taxis : Coopertaxi,*** *☎ 33-61-11-11.* ***Modelo,*** *☎ 33-65-10-10.*

Agences de voyages

■ ***Ecological Expeditions :*** *rua Joaquim Nabuco, 185 (Centro). ☎ 33-82-35-04. • pantanaltrekking.com • Juste à côté de l'AJ, en face de la rodoviária. Forfait tt compris de 3 à 5 j. : 270-340 Rls/pers (108-136 €).* Formules économiques proposant toutes les excursions habituelles. Logement de confort modeste, en camping. Ambiance conviviale assurée. Demander Gustavo, un sympathique guide qui parle un peu le français.

■ ***Pantanal Adventure Tour :*** *rodoviária, s/n (Centro). ☎ 33-21-31-43. Forfait tt compris de 3 à 5 j. : 200-300 Rls/pers (80-120 €) ; réduc pour les* backpackers. Équipe jeune et accueillante, logement dans une authentique *fazenda* à l'atmosphère familiale. Sorties en bateau, à cheval, pêche...

Où dormir ?

Bon marché (moins de 50 Rls / 20 €)

■ ***Albergue da juventude :*** *rua Joaquim Nabuco, 185 (Centro). ☎ 33-82-35-04. • ajcampogrande@hotmail.com • Juste en face de la gare routière. Doubles 25 Rls.* Une chouette AJ avec des chambres simples et propres, certaines avec salle de bains. Accès Internet. Pas de petit déj, mais nombreuses *lanchonetes* tout autour. Fait aussi agence de voyages, avec de nombreuses possibilités d'excursions dans le Pantanal.

Prix moyens (50-90 Rls / 20-36 €)

■ ***Hôtel Colonial :*** *rua Allan Kardec, 211. ☎ 33-82-60-61. Proche de la gare routière. Doubles 55-60 Rls avec petit déj.* Un hôtel agréable dans une rue calme, proposant des chambres simples et impeccables, avec ventilo ou AC. Préférer celles à l'étage, donnant sur une courette.

■ ***Hôtel Alquimia :*** *av. Afonso Pena, 1413 (Vl Amambai). Pas loin du terminal des bus. Doubles 50 Rls, petit déj compris.* Petit hôtel modeste offrant des chambres simplissimes, mais à la propreté acceptable.

■ ***Pousada Mato Grosso :*** *av. Mato Grosso, 1451. ☎ 33-25-42-25. • pousadamatogrosso.com.br • Un peu éloignée du centre, en direction du parc écologique. Doubles env 70 Rls, petit déj copieux compris.* Une belle maison toute jaune et des chambres confortables, distribuées autour d'un joli patio. L'ensemble a du charme et l'atmosphère fraîche est très appréciable après un séjour dans le Pantanal. Accès Internet (wi-fi) et accueil sympa.

De plus chic à chic (plus de 90 Rls / 36 €)

■ ***Hôtel Brumado :*** *av. Afonso Pena, 743 (Vl Amambai). ☎ 33-82-22-00. • brumadohotel.com.br • À quelques blocs du terminal des bus. Doubles 110 Rls.* Chambres de bon confort (AC, Internet, TV, frigo). Piscine.

■ ***Bristol Exceler Plaza Hotel :*** *av. Afonso Pena, 444. ☎ 33-12-28-00. • bristolhoteis.com.br • Doubles 170-230 Rls, petit déj compris.* Gros hôtel pour hommes d'affaires et pilotes de ligne... Moderne, fonctionnel, chambres tout confort. Piscine, tennis.

LE MATO GROSSO

Où manger ?

De bon marché à prix moyens (moins de 30 Rls / 12 €)

|●| ***Fogo Caipira :*** *rua José Antônio, 145 (Centro).* ☎ *33-24-16-41. Mar-sam 11h-14h, 19h-23h (minuit sam et j. fériés) ; dim 11h-16h.* Excellente cuisine traditionnelle du Pantanal qu'on déguste, au choix, dans la salle climatisée ou sur la terrasse couverte façon paillote et donnant sur un agréable jardin. Clientèle *middle class*. Longue carte, mais les trois spécialités sont le *carne del sol na moranga* (viande séchée), le *picanha fatiada na pedra* et le *jacaré* (caïman) – *grelhado* ou en *moqueca*.

|●| ***Cantina Romana :*** *rua da Paz, 237 (Jardim dos Estados).* ☎ *33-24-97-77. Tlj 11h-14h (buffet), 18h-minuit (à la carte). Compter 20 Rls.* Excellente cuisine italienne dans un cadre plaisant.

|●| ***Vermelho Grill :*** *av. Afonso Pena, 6078 (Chácara Cachoeira).* ☎ *33-26-78-13. Tlj sf dim soir et lun 12h-23h30. Compter 30 Rls.* Belle vue sur le *Parque dos Índios* pour déguster une des meilleures viandes de bœuf de la ville (entre autres, excellents steaks et *ribs*).

|●| ***Churrascaria Khalil Karnes :*** *rua Rubens Gil de Camilo, 142 (Cachoeira).* ☎ *33-26-37-15. Tlj sf dim et lun soir. Env 22 Rls pour un repas complet.* Considérée comme la meilleure *churrascaria* de la ville. Décor plutôt agréable, dans une grande maison soutenue par de véritables troncs d'arbres. Valse des serveurs proposant toute la gamme des viandes brésiliennes. À déguster avec une variété de crudités et autres victuailles en abondance.

|●| ♪ ***Agua Doce Cachaçaria :*** *rua José Antônio Pereira, 194 (Vl Rosa Pires).* ☎ *33-21-69-78. Ts les soirs sf lun.* Le plus grand choix de *cachaça* de la ville et une bonne sélection de plats brésiliens (*escondidinho* extra !). Musique *live* presque tous les soirs.

Plus chic (plus de 30 Rls / 12 €)

|●| ***Café Mostarda :*** *av. Afonso Pena, 3952 (Jardim Dos Estados).* ☎ *30-26-84-69. Ouv jusqu'à tard, tlj sf mar. Central.* Voilà peut-être le lieu le plus branché de la ville. Terrasse prise d'assaut, et bondée même en semaine. Clientèle 25-35 ans. Le week-end, curieusement, le terrain est quasi abandonné aux *teenagers*. Musique live en semaine à un degré sonore redoutable. Heureusement, salle plus calme au fond. Fort bonne cuisine pour toutes les faims et à prix acceptables : sandwichs, *medalhao mostarda* (300 g de viande juteuse), hamburger, *caldo de peixe,* carpaccio, pâtes, salades... Super coutume : on vous laisse près de la table un seau à glace plein de bières (à descendre avec des *bolachas de provolone*).

À voir

Museu Dom Bosco : *dans le parque das Nações Indígenas.* ☎ *33-12-64-91. Proche du centre, en face de la praça da República. Mar-sam 8h-18h ; dim 8h-12h, 14h-18h. Entrée modique.* Une étonnante collection d'objets traditionnels indiens, d'animaux empaillés (près de 2 200 pièces !), oiseaux, reptiles et autres bestioles du Pantanal. Ne pas manquer une incroyable salle consacrée aux papillons du monde entier, épinglés dans de grandes vitrines et tapissant les murs. L'ensemble est poussiéreux, la présentation vieillotte, mais cet amoncellement d'objets et d'animaux possède un charme désuet.

Centro do Artesão : *av. Calógeras, 2050. ☎ 33-83-26-33. À l'angle de l'av. Afonso Pena. Lun-ven 8h-18h, sam 8h-12h.* Une grande maison de style colonial où acheter divers objets culinaires, décoratifs, en bois, céramiques... fabriqués par les artisans de la région.

À découvrir aussi, le ***parque Florestal Antônio de Albuquerque,*** dans le centre, ou le ***parque das Nações indígenas,*** à l'est de la ville *(tlj 6h-22h),* qui abrite des espèces du Pantanal (*caipivaras*, aigrettes, serpents, etc.). On y trouve également le *musée d'Art contemporain*.

BONITO

15 000 hab. ind. tél : 067

À environ 300 km au sud-ouest de Campo Grande, tranquille petite ville située en lisière sud du Pantanal, au pied de la serra da Bodoquena. Intéressante pour sa faune et sa flore très variées, ses superbes paysages de cascades, ses grottes, ses lacs cristallins... La pureté des eaux régionales provient de sa grande teneur en calcaire qui fait fonction de filtre naturel et fixe les impuretés au sol. D'ailleurs, la ville ne s'appelle-t-elle pas « Bonito » (« joli » en portugais) ? Elle offre, du coup, de nombreuses activités sportives comme le rafting, canyoning, kayak, spéléo, etc. Bonito est même en train de monter sacrément au firmament de l'écotourisme et devient de plus en plus populaire comme destination de repos et de détente auprès des habitants des grandes métropoles urbaines...

Arriver – Quitter

Rodoviária *(plan B) : rua Vicente Jacques. À quelques blocs du centre-ville.*

➢ ***Pour Campo Grande et Corumbá :*** pour Campo Grande, 6 bus/j. avec *Viação Cruzeiro do Sul* (● cruzeirodosulms.com.br ●) ; env 4h de trajet. Pour Corumbá (352 km), 1-2 bus/j. Également des minibus privés, plus rapides, plus chers et moins surchargés bien sûr.

Adresses et infos utiles

Poste *(plan B) : rua Cel. Pilad Rebua, 1759.*

■ ***Ygarapé Tour*** *(plan B, **1**) : rua Cel. Pilad Rebuá, 1853. ☎ et fax : 32-55-17-33 ou 11-59. ● ygarape.com.br ●* Bon programme d'excursions.

■ ***Transports locaux :*** nombreux taxis. Intéressant à plusieurs pour les sites les plus proches de la ville. Pour les individuels, encore mieux, les motos-taxis. Négocier un forfait à la journée ou à la demi-journée.

Où dormir ?

Bon marché (moins de 50 Rls / 20 €)

Bonito Hostel *(plan A, **10**) : rua Lúcio Borralho, 716. ☎ et fax : 32-55-10-22. ● ajbonito.com.br ● En dortoir compter 30-38 Rls/pers suivant saison, env 60-70 Rls en double ; petit déj inclus. Dortoirs à 6 lits ou doubles.* Plaisante AJ « officielle » super bien gérée. Réception qui parle l'anglais, accueil pro, philosophie écolo. Chambres simples (avec ventilo ou AC), très propres, avec salle de bains. Cuisine commune bien équipée. Laverie, placard avec cadenas. Belle piscine. Surtout, propose un très intéressant programme d'excur-

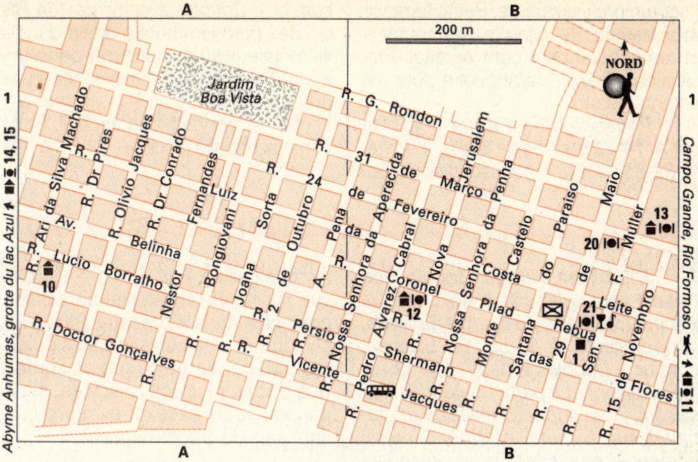

BONITO

Adresses utiles

- Poste
- Rodoviária
- 1 Ygarapé Tour

Où dormir ?

- 10 Bonito Hostel
- 11 Hôtel La Paloma
- 12 Pousada Muito Bonito
- 13 Hôtel-Pousada Bonsai
- 14 Pousada Olho d'Agua
- 15 Blue Tree Village (Zagaïa Eco Resort)

Où manger ? Où boire un verre ? Où sortir ?

- 20 Cantinho de Peixe
- 21 Taboa

sions à prix raisonnables (balades à cheval et en bateau, pêche au piranha, observation des oiseaux, marche à l'aube, *snorkelling* dans les lacs de grottes, excursions nocturnes, etc.). Une de nos AJ préférées !

De prix moyens à plus chic (50-150 Rls / 20-60 €)

Hôtel La Paloma *(hors plan par B, **11**) : rua das Camélias, 135. ☎ 32-55-19-73. À l'entrée de la ville, venant de Campo Grande. Tourner à droite à la statue du soldat. Doubles 130 Rls, triples 180 Rls.* Petit complexe hôtelier où les chambres se répartissent dans de gentilles unités disséminées dans un jardin. Ce sont souvent d'agréables duplex avec petite cuisine, frigo et salon TV au rez-de-chaussée. Resto et petite piscine.

Pousada Muito Bonito *(plan B, **12**) : rua Cel. Pilad Rebuá, 1448. ☎ et fax : 32-55-16-45. • muitobonito.com.br • Dans la rue principale. Doubles à partir de 80 Rls.* Très agréable hôtel familial sur cour avec une grande terrasse-salle commune qui donne le ton. Décorée de dizaines de chapeaux et éventails en paille, longue table conviviale, ameublement, tissus et décor chaleureux. Accueil au diapason. Chambres de bon confort présentant un excellent rapport qualité-prix.

Hôtel-Pousada Bonsai *(plan B, **13**) : rua 15 de Novembro, 564. ☎ 32-55-20-00. 92-07-40-00. • hotelbonsai.com.br • Doubles env 130 Rls, petit déj inclus.* Agréable complexe hôtelier horizontal aux toits rouges, au milieu d'une végétation exubérante. En tout, 26 chambres confortables (TV, frigo, AC) devant lesquelles on peut garer (façon motel) sa voiture. Petite terrasse avec hamac. Beau jardin avec fontaine et romantique petit pont oriental. Piscine chauffée et pataugeoire pour les enfants. Resto.

Pousada Olho d'Agua *(hors plan par A,* ***14****) : à la sortie de la ville, à droite. ☎ 32-55-14-30. • pousadaolhodagua.com.br • Doubles à partir de 134 Rls.* Un des premiers hôtels créés dans la ville, valeur sûre, possède donc une bonne expérience. Petites unités en brique dans un parc aéré et arboré. Bon confort et sympathique accueil. Buffet copieux et belle piscine.

Très chic et hors catégorie ! (plus de 250 Rls / 100 €)

Blue Tree Village **(*Zagaïa Eco Resort*** *; hors plan par A,* ***15****) : rodovia Bonito-Très Morros, à la sortie de la ville, sur la droite. ☎ 32-55-55-00. • bluetree.com.br • Doubles à partir de 250 Rls (hors saison) et à partir de 450 Rls (hte saison). Attention, pdt réveillon et carnaval min 5 nuits, et Noël 3 nuits.* Immense complexe hôtelier s'étendant sur une colline. Pas de vis-à-vis, belle vue sur l'horizon. Architecture s'intégrant bien dans le paysage. Plus d'une centaine de chambres et suites de toutes catégories et de grand confort. Resto, bar, plusieurs piscines, sauna panoramique, salle de gym. Pour les amateurs de grands espaces.

Où manger ? Où boire un verre ? Où sortir ?

Cantinho de Peixe *(plan B,* ***20****) : rua 31 de Março, 1918. ☎ 34-22-49-92. Tlj midi et soir jusqu'à 23h.* Probablement le meilleur resto de poisson de la ville. Cadre plaisant, salle aérée. Une douzaine de façons d'accommoder les *pintado, pacu* et autres *piraputanga* (aux champignons, à l'escabèche, etc.). En profiter, bien sûr, pour goûter au caïman !

Taboa *(plan B,* ***21****) : rua Cel. Pilad Rebuá, 1837. ☎ 32-55-18-62. Ouv jusque tard la nuit.* Le rendez-vous des jeunes de la ville, un lieu chaleureux en diable, tout en bois et bambou, avec des éclairages mesurés et intimistes. Tous les murs sont couverts de signatures et graffitis de clients. Le bar vend sa propre production de *cachaça*. Concerts live le week-end, et on y danse, ça va de soi. Possibilité de grignoter snacks et petits plats rapides.

À voir

Beaucoup de sites se trouvent sur des propriétés privées qui limitent le nombre d'entrées quotidiennes. La plupart d'entre eux ne peuvent donc se visiter qu'à travers une agence locale ou l'hôtel où vous séjournerez (qui possède très souvent sa propre petite agence). Le grand must, c'est le *snorkelling* : on se laisse flotter avec masque et tuba au fil de l'eau. Les poissons se voient déjà à 20 ou 30 m. Quelques contraintes, comme l'interdiction d'utiliser les crèmes solaires pour ne pas polluer les eaux. Penser, surtout au moment des vacances brésiliennes, à réserver à l'avance.

La grotte du lac Azul *(hors plan par A) : 20 km à l'ouest de Bonito. Tlj 8h-13h (7h-15h j. fériés). Entrée : 25 Rls. Possibilité d'acheter son billet dans une agence en ville et de se rendre à la grotte par ses propres moyens. On peut aussi réserver l'excursion auprès d'une agence et effectuer la visite en petit groupe.* Cette *Gruta de Lago Azul* est l'une des grottes inondées les plus grandes du Brésil. Beaux stalactites et -mites et incroyable variété de bleus. Lac profond de plus de 85 m. On découvre la grotte au milieu d'une nature magnifique. Elle n'a pas encore été totalement explorée, et des expéditions s'y attèlent régulièrement. Si vous avez la

LE MATO GROSSO

chance de vous y rendre entre le 20 décembre et le 15 janvier, y être impérativement entre 8h30 et 9h : le soleil parvient alors jusqu'au fond de la grotte. Moment sublime.

Nossa Senhora Aparecida : pour les amateurs, à environ 10 km du lac Azur, une autre grotte intéressante à découvrir en passant obligatoirement par une agence.

Baia Bonito : *estrada para Jardim. Tlj 9h-17h. Entrée payante. Résa obligatoire en agence.* À moins de 10 km de la ville (piste en terre sur la moitié du chemin), l'une des attractions majeures de Bonito. Une source naturelle, une plongée dans les eaux les plus cristallines qui soient. Le rêve, l'impression de nager dans un immense aquarium, avec près d'une trentaine de variétés de poissons (avec une dominante de *dourados*). Le prix de l'excursion comprend transport, guide et location du matériel de *snorkelling* (palmes, tuba, combinaison).

Pour les accros de baignades en eaux pures, beaucoup d'autres possibilités, comme la balade, à une cinquantaine de kilomètres (dont 36 km de piste en terre), au ***rio da Prata*** (la journée entière, environ 100 Rls, soit 40 €) ou bien au ***rio Sucuri,*** plus proche (environ 20 km ; une bonne demi-journée pour bien en profiter). Un des musts aussi, c'est la balade à l'***estància Mimosa.*** Toutes ces excursions doivent se réserver dans les agences *(bis repetita)*. Sinon, bien sûr, nombreuses autres possibilités sportives, comme le *rafting* ou le *tubing* (avec chambre à air) sur le rio Formoso.

Enfin, occasions de baignade libre à la ***Ilha do Padre,*** à moins de 15 km de Bonito, sur la rivière Formoso (petit droit d'entrée, mais pas d'autorisation spéciale). C'est sur le ***rio Formoso*** que s'effectuent d'ailleurs nombre de balades en *rafting* ou *tubing,* mais la rivière sait aussi offrir moult occasions de baignades dans ses diverses anses et coudes. Pas mal d'agréables cascades bien sûr. Possibilité de camper ou de louer de petites cabanes toutes simples. Attention, beaucoup de monde au moment des vacances brésiliennes.

MIRANDA – PANTANAL SUD

23 000 hab. IND. TÉL. : 067

Petite ville assoupie et halte obligatoire sur la route vers Corumbá et la frontière bolivienne. Peu d'intérêt touristique, mais un certain charme avec un petit canal arboré et quelques jolies maisons aux couleurs vives. C'est surtout le point de départ de plusieurs pistes vers le Pantanal sud. Le voyage depuis Campo Grande s'effectue en 3h30 par une route asphaltée (BR 262) qui traverse en ligne droite les grandes plaines du Mato Grosso do Sul et les paysages de *cerrado*. Le territoire est d'ailleurs peuplé de toute la faune du Pantanal, et de nombreux panneaux nous rappellent la présence d'animaux sauvages susceptibles de croiser la route.

Adresses utiles

Rodoviária : *rotatoria de Miranda. À côté du resto* Zero Hora. Bus pour Corumbá et Campo Grande.

■ ***Águas do Pantanal Tour :*** *av. Afonso Pena, 367 (Centro). ☎ 32-42-14-97 ou 12-42. • aguasdopantanal.com.br • Nombreuses excursions au choix à partir de 80 Rls/pers, repas inclus.* Une bonne agence pour obtenir toutes les infos sur le Pantanal sud. Équipe compétente, parlant l'anglais, le français et l'espagnol. Infos sur les possibilités d'hébergement, les activités et les meilleures conditions pour observer la faune.

Où dormir ? Où manger à Miranda ?

Pousada Águas do Pantanal : *av. Afonso Pena, 367 (Centro). ☎ et fax : 32-42-12-42. 99-88-21-81. • aguasdopantanal.com.br • Selon saison et confort, doubles standard 95-120 Rls (30 Rls de plus pour les deluxe), petit déj inclus. Également des chambres familiales et un mini-dortoir de 5 pers.* Une belle maison traditionnelle décorée avec goût. Tout est cosy et tenu à la perfection. Agréable salon et petite piscine dans un patio intérieur. Jolies chambres tout confort, certaines avec baignoire à remous... Nombreuses possibilités d'excursions à la journée dans les différentes *fazendas* de la région. Le tout mené par la dynamique et adorable Fátima Cordella, qui s'occupe aussi du bureau de l'agence Águas do Pantanal Tour (voir « Adresses utiles »).

Pantanal Hotel e Restaurante : *av. Barão do Rio Branco, 609. ☎ et fax : 32-42-10-68. • pantanalhotel.com.br • À l'entrée de la ville. Doubles 80-120 Rls, petit déj compris.* Une grande maison plus impersonnelle, avec des chambres bien tenues. Deux piscines pour se rafraîchir, billard et table de ping-pong sous la tonnelle. Resto adjacent avec un self bon marché le midi et de bonnes spécialités de poisson le soir.

Restaurante Zero Hora : *av. Barão do Rio Branco, s/n (BR 262). ☎ 32-42-12-49. Juste à l'entrée de la ville. Comme son nom l'indique, ouv jusque tard. Le midi, buffet à volonté pour 15 Rls et rodizio de viandes au feu de bois.* Cadre agréable avec une vaste salle sur deux niveaux, cascade artificielle (!) et grande cheminée. La première salle est un genre d'emporium, avec un snack. La seconde abrite un véritable resto. Bonnes formules le midi et *churrascaria* le soir, avec nombreux hors-d'œuvre et légumes.

Où dormir ? Où manger dans le Pantanal sud ?

On vous indique ici les établissements que l'on peut joindre par la route et des pistes de terre praticables. Il existe d'autres adresses, perdues en plein Pantanal, offrant des paysages et une faune particulièrement sauvages, mais accessibles uniquement par les airs ou en bateau. Vous obtiendrez toutes les infos sur le site officiel du parc naturel (• parqueregionaldopantanal.org.br •) et auprès des agences de voyages (voir notamment nos adresses : Campo Grande et Bonito).

Cacimba de Pedra : *sur la BR 262, à 200 km de Campo Grande et 27 km avt Miranda. ☎ (67) 99-85-55-99 ou 99-99. • cacimbadepedra.com.br • Compter 180 Rls/pers en pension complète ; gratuit jusqu'à 8 ans. On peut se contenter de visiter la ferme dans la journée (résa obligatoire ; compter 80 Rls, déjeuner compris). Pousada* originale, puisque c'est également une des rares fermes de caïmans du Brésil. Depuis la BR 262, accès par une piste assez roulante. Dans un superbe environnement, une douzaine de chambres en bungalow avec terrasse, bien séparées de la réception. Cadre simple, hyper-propre, spacieux, salle de bains carrelée, TV, frigo, AC... Très belle salle à manger-salon dont on notera l'ingénieux (et naturel) système de clim'. Chaleureuse atmosphère créée par les beaux objets familiers. Excellente cuisine et les meilleures recettes de *jacaré*, vous vous en doutez. Beaucoup d'activités, visite de la ferme, équitation, randonnée, safari nocturne, pêche, etc. Piscine en forme de... devinez !

Pousada Pequi : *en direction de Miranda en venant de Campo Grande, 5 km après le village d'Anastácio, accès par une piste de 42 km depuis la BR 262. ☎ 36-86-10-42 ou ☎ et fax : 32-45-09-49. • pousadapequi.com.br • Formule tt compris avec excursions, logement et repas à partir de 150 Rls/pers.* Authentique *fazenda* au milieu de grandes plaines, le long du rio Aquidauana. Atmosphère familiale avec seulement

7 chambres fraîches et agréables. Piscine, activités autour de la ferme, balades à cheval, en bateau...

Fazenda San Francisco : *en direction de Corumbá, 30 km après Miranda, accès par une piste de 6 km depuis la BR 262. ☎ 32-42-10-88 ou 33-25-66-06. 99-82-99-93. • fazendasanfrancisco.tur.br • Forfait tt compris 170-250 Rls/j. par pers.* Lunch tour *70 Rls. Ou visite à la journée (90 Rls/pers). Résa obligatoire.* Située dans une des régions les plus peuplées d'oiseaux du Pantanal. Environnement privilégié et accueil authentique. L'équipe soutient aussi plusieurs actions pour la défense de la faune locale. Une de nos bonnes adresses pour découvrir le Pantanal.

Refúgio da Ilha : *en direction de Corumbá, 17 km après Miranda, accès par une piste de 11 km depuis la BR 262. ☎ et fax : 33-84-32-70 (à Campo Grande). • refugiodailha.com.br • Forfait tt compris 170-230 Rls/j. pour 2 pers ; 3 j. min juin-oct (2 j. min déc-mai).* Proche du rio Salobra, une belle *pousada* traditionnelle à la déco soignée. Seulement 6 chambres confortables et bien tenues. Espace détente très convivial, atmosphère chaleureuse. Encore de superbes paysages et de nombreuses activités autour du rio (canoë, pêche, baignade).

Refúgio Ecológico Caiman : *à 36 km de la route principale (piste en terre). ☎ 32-42-14-50. Résa au siège à São Paulo, av. Brigadeiro Faria Lima, cj 161, Itaim. ☎ (011) 37-06-18-00. • caiman.com.br • Pas moins de 800 Rls/pers... tt compris, bien sûr !* Pour les moins aventureux, un vaste complexe éco-touristico-chic situé au cœur d'une des plus vastes *fazendas* du Mato Grosso do Sul. Environnement privilégié et cadre soigné, avec trois options de logement : au « siège » de la *pousada,* à 1 km de là (avec accès par un superbe pont en bois), ou en pleine nature, au cœur des marais. On retrouve les activités habituelles : sorties à cheval, en canoë, safaris-photos...

Hôtel-pousada Pioneiro : *sur la BR 262, 28 km avt Miranda. ☎ 32-42-13-92 ou 32-58-10-61. • pioneirotour.com.br •* Petit complexe touristique en bord de route (genre motel) pour ceux ne souhaitant pas dormir en Pantanal profond. Chambres de bon confort et à prix abordables. Resto correct, boutique de souvenirs, artisanat local. Piscine. Parking. Station d'essence. Organise aussi diverses excursions.

PORTO ESPERANÇA

Quelque 70 km avant Corumbá, une intéressante étape pour découvrir le Pantanal hors des sentiers battus. Là, sur la rivière Paraguay, s'élève un pont de chemin de fer « historique ». Construit de 1937 à 1945, sur la ligne Campo Grande-Santa Cruz (Bolivie), il surprend par l'originalité et la hardiesse de son architecture. Plus de 500 ouvriers participèrent d'ailleurs à sa construction, et on déplora à la fin 50 morts par accidents de travail. Il ne fonctionne plus que pour quelques rares transports de matériaux ou d'entretien. Un escalier sur le côté permet de monter sur le tablier du pont. Pas mal d'oiseaux et de caïmans sur les rives.

Où dormir ?

Pantanal Park Hotel : *au bord de la rivière Paraguay. Pas de route, on y parvient par bateau (env 25 mn d'une balade sympa au long de la rivière) depuis le pont de Porto Morrinho sur la route Campo Grande-Corumba (et pas depuis celui de Porto Esperança !). ☎ (67) 32-75-15-00 ou (18) 39-08-53-32. (67) 99-87-32-67. • pantanalpark.com.br • Résa obligatoire. À partir de 155 $/pers en pension complète, ttes activités comprises.* Dans un environnement ouvert, au milieu d'une superbe nature, chambres confortables avec eau purifiée, TV, AC, piscine, etc. Accueil très pro de Gustavo Ribeiro. Belle salle à manger et délicieuse cuisine. Spécialités régionales servies généreusement, produits frais venant de la ferme. Pour les enfants (et les « grands »), visite de la ferme et traite des bufflesses. Le proprio propose également un riche programme de découverte du Pantanal qu'il connaît fort bien : balades en bateau, à cheval, randonnées, observation nocturne des animaux, pêche aux piranhas... On vit au rythme dolent de la rivière, repos et dépaysement garantis.

CORUMBÁ

95 000 hab. IND. TÉL. : 67

À 410 km de Campo Grande, ville frontière avec la Bolivie, Corumbá fut fondée en 1778 par Luis Albuquerque pour contrer l'avance espagnole et fut, durant la première moitié du XIXe s, l'un des plus importants ports fluviaux du monde. Les marchandises remontaient le rio Parana depuis l'Argentine, puis le rio Paraguay. On y comptait pas moins de douze consulats et 25 banques internationales. Place forte brésilienne lors de la *guerre du Paraguay* (1865-1870). Puis l'avènement du chemin de fer tua le commerce fluvial et Corumbá périclita inéluctablement. Aujourd'hui, la ville doit avant tout sa richesse à l'exploitation du minerai de fer local (troisième mine de fer et manganèse du pays), au commerce, à la contrebande et, d'après les mauvaises langues... au trafic de drogue avec la Bolivie. C'est vrai que la frontière se révèle une vraie passoire. Pas de tourisme de masse, mais un écotourisme qui se développe doucement. La ville attire aussi les gros pêcheurs brésiliens qui viennent investir les bâteaux-hôtels pour taquiner le *pintado* et le *piraputanga*. Ville-étape pas désagréable également sur la route de Santa-Cruz (Bolivie), d'autant que l'on y mange fort bien...

Arriver – Quitter

En bus

Rodoviária *(plan B2)* ***:*** *rua Porto Carreiro. ☎ 32-31-20-33.*
➢ ***Pour Campo Grande :*** env 7 bus/j. (7h-minuit) et 6h de trajet. *Cie Empresa de Transportes Andorinha* : *☎ 32-31-20-33.*
➢ ***Pour Bonito :*** 1 bus/j. sf dim, en principe en milieu de journée. Compter 7-8h de trajet.
➢ ***Pour la Bolivie :*** vérifier qu'on a bien son visa et son certificat pour la fièvre jaune. Bus pour la frontière sur la rua Dom Aquino (praça Independência). En principe, ttes les 30 mn. Mais le plus rapide, c'est la moto-taxi ou le taxi.
➢ ***Pour Rio et São Paulo :*** 1 bus/j. à 11h30, avec la *Cie Empresa de Transportes Andorinha*.

En train

➢ ***Train pour Santa-Cruz*** *(Bolivie)* ***:*** les billets s'achètent à la nouvelle gare de la ville frontière de Quijarro (on peut aussi les acheter dans les agences de Corumbá). Prix moyen : 230 bolivianos (env 20 €). En principe, lun-sam, un départ à 12h45 et un autre, les mar, jeu et dim à 16h30. Compter min 15h de trajet. Voyage dans la grande tradition des trains du « Sud » : lent, mais superbes paysages, folklo, rarement à l'heure, transpiration garantie et occasions de rencontres et d'affûter son espagnol inépuisables... Ne pas oublier ses provisions et beaucoup d'eau.

CORUMBÁ

■ **Adresses utiles**

- Informations touristiques – Setur
- Rodoviária
- Poste
- **1** Consulat de Bolivie
- **2** Location de voitures

Où dormir ?

- **10** Auberge de jeunesse
- **12** Hôtel Eldorado
- **13** Santa Monica Hotel
- **14** National Palace Hotel

Où manger ?

- **20** Rodeio
- **21** Peixaria do Lulu
- **22** Viva Bella
- **23** Antonello's
- **24** Ceara

À voir

- **30** Forte Junqueira
- **31** Musée du Pantanal

Adresses utiles

Informations touristiques – Sematur : *rua Manoel Cavassa, 275. ☎ 32-31-28-86. Ou* ***Setur*** *(plan A1) : ☎ 32-32-52-21.* Pas mal d'infos pratiques sur la ville et la région en consultant le site (en portugais) : • corumba.com.br •

Poste *(plan A1) : rua Delamare, 708.*

■ ***Consulat de Bolivie*** *(plan B1,* ***1****) : rua António M. Coelho, 852. ☎ 32-31-56-05.*

■ ***Location de voitures*** *(plan A2,* ***2****) :* ***Localiza,*** *rua Edu Rocha, 692. ☎ 32-31-60-00.*

Où dormir ?

Bon marché (moins de 60 Rls / 24 €)

Auberge de jeunesse *(plan A2,* ***10****) : rua Colombo, 1419. ☎ 32-31-10-05. 99-87-18-00. • corumbahostel.com.br • Réception 7h-22h. Nuitée*

28 Rls/pers. Spacieuse et moderne. Chambres de 2 à 4 personnes, petits dortoirs de 8 lits, tous avec salle de bains privée. Cuisine équipée, snack-bar, salon-TV, laverie, accès Internet. Belle piscine.

Plus chic (90-150 Rls / 36-60 €)

Hôtel Eldorado *(plan B2, **12**) : rua Porto Carreiro, 544. ☎ et fax : 32-31-66-77. • hotel-eldorado.net • En face de la station de bus. Doubles à partir de 100 Rls.* Petit hôtel moderne sur 2 étages aux fraîches couleurs. Chambres plaisantes et bien tenues. Salle de bains carrelée, TV, frigo, AC... Parking.

Santa Monica Hotel *(plan A1, **13**) : rua Antonio Coelho, 345. ☎ 32-31-30-00 ou 01. • hsantamonica.com.br • Doubles à partir de 100 Rls, copieux petit déj inclus.* Chambres donnant la plupart sur un atrium. Pas très grandes mais propres et fonctionnelles. Petite terrasse et piscine. Parking intérieur.

National Palace Hotel *(plan A1, **14**) : rua América, 936. ☎ et fax : 32-34-60-00 ou 02. • hnacional.com.br • Doubles 140 Rls.* Le petit hôtel de standing de la ville, à prix encore raisonnables. Une centaine de chambres et suites. Excellent confort (TV câblée, AC, frigo, coffre). Tout est carrelé. Piscine, sauna, hydromassage, etc. *Churrasqueira*, parking...

Enfin, pour ceux qui veulent dormir en pleine nature, ne pas oublier le ***Pantanal Park Hotel*** (voir plus haut à *Porto Esperança*).

Où manger ?

De bon marché à prix moyens (moins de 30 Rls / 12 €)

Rodeio *(plan A1, **20**) : rua 13 de Junho, 760. ☎ 32-31-64-77. Tlj (sf lun soir), midi et soir jusqu'à 22h30. Env 20 Rls.* Le midi, excellent buffet *ao kilo* et le soir à la carte. Grande salle climatisée, joyeusement animée, clientèle populaire d'habitués. Décor de vénérables photos en noir et blanc. Mercredi et samedi, *feijoada*.

Peixaria do Lulu *(plan B1, **21**) : rua dom Aquino Corrêa. ☎ 32-32-21-42. Tlj midi et soir jusqu'à 23h. Plats 20-30 Rls.* Le temple du poisson à Corumbá. Pas de décor, quelques photos de clients réjouis et c'est tout. Du poisson, rien que du poisson et du bon, du frais. Goûter donc au *filé de pintado* ou au *pacu ensopado*...

LE MATO GROSSO

Plus chic (30-50 Rls / 12-20 €)

Viva Bella *(plan A1, **22**) : rua Arthur Mangabeira, 1. Tlj jusque tard le soir.* Style entre le bar et le resto. Belle vue sur la rivière. Bon poisson et une succulente spécialité : le *picalo macho,* plat bolivien (patates, viande, saucisse, fromage).

Antonello's *(plan A1, **23**) : rua Frei Mariano, 837. ☎ 32-31-00-10. Ouv le soir slt.* Cadre élégant, climatisé. À égalité, poissons et viandes. Considéré comme un des meilleurs restos de la ville. Quelques fleurons de la carte : sauce à l'orange, le *pintado com molho tangerina* (sauce à l'orange), toujours accompagné de *pirao,* mélange de farine de manioc et de bouillon de cuisson.

Chic (plus de 50 Rls / 20 €)

Ceara *(plan B1, **24**) : rua Albuquerque, 516. ☎ 32-31-19-30. Ouv slt le soir (sf lun) jusqu'à 22h30.* Le resto chicos de la ville. Intérieur cossu à souhait. Spécialités de poissons et *churrascos*. S'intitule « *O Rei da Peixada* »... c'est presque vrai !

À voir. À faire

Se balader dans la partie basse de la ville, le ***quartier du port*** *(plan A1)*, récemment rénové. Le long de Manoel Cavassa, les façades des bâtiments coloniaux, anciens entrepôts et immeubles commerciaux ont retrouvé de belles couleurs.

Le musée du Pantanal *(plan A-B1, **31**) : rua Delamare, 939. Tlj sf w-e 12h-17h. Entrée à prix modique.* D'un intérêt limité : quelques animaux naturalisés, un peu d'archéologie, objets et témoignages sur les tribus indiennes de la région.

Balades en bateau sur le rio Paraguay. De quelques heures à la journée entière. Se renseigner aux petites agences du port sur la rua Manoel Cavassa, à l'office du tourisme ou dans les grandes agences de voyages. La balade la plus populaire (environ 3h) permet de voir le *fort Junqueira* et la *base navale de Ladario* qui fut le premier arsenal fluvial du Brésil (1872). Certains bateaux font également resto flottant et partent au fil de l'eau pour 3-4h de balade. D'autres se consacrent exclusivement à la pêche (de mars à octobre).

Forte Junqueira *(plan B1, **30**) : rua Cáceres, 425. ☎ 32-31-58-28. Au nord de la ville. Tlj 9h-11h, 13h30-16h.* Construit en 1871 avec des blocs de pierre calcaire de 50 cm d'épaisseur, il offre un beau panorama du fleuve.

➤ DANS LES ENVIRONS DE CORUMBÁ

Forte Coimbra : pour ceux qui disposent de beaucoup de temps. *Compter 6-7h de navigation depuis Corumbá. Plus court depuis Porto Morrinho (situé à 72 km de Corumbá), sur la route de Campo : env 3h de bateau.* Bien que ce soit une base militaire encore en activité, les civils peuvent parfois y louer une chambre et passer la nuit sur place. *Vérifier les disponibilités et résa obligatoire au ☎ 32-82-10-10 (le mieux est encore de passer par une agence).* Au bord de la rivière Paraguay, dans un site encaissé, fort impressionnant et datant de 1775. Position stratégique évidemment convoitée pendant la guerre de 1865 (les Paraguayens s'en emparèrent d'ailleurs).

Pour nos lecteurs étudiants en géologie (et les autres), possibilité de visiter les ***mines de fer et manganèse d'Urucum***. *À env 25 km au sud-est de Corumbá ; rens dans les agences de voyages.*

Petite excursion à ***la ville frontière bolivienne de Quijaro,*** à 10 km environ, bourgade horizontale, poussiéreuse et assoupie. Contraste évident avec Corumbá qui, du coup, vous apparaîtra comme une grande ville moderne. Si vous y allez en taxi local, peu de chance qu'il se fasse contrôler. C'est une belle pagaille à la frontière. De ce fait, vraiment pas besoin du visa bolivien si vous vous contentez de passer quelques heures à Quijaro.

Estrada-Parque do Pantanal : voilà un superbe périple pour ceux qui disposent d'un 4x4 et d'un peu de temps. Meilleure période : de mai à octobre. C'est un morceau de l'ancienne route pour Campo Grande, longue de 120 km, entièrement en terre et qui se prend à gauche, environ 12 km après Corumbá, au lieu-dit *Lampião Aceso*. Elle rejoint à nouveau la route de Campo (la BR 262) à *Buraco das Piranhas*. Elle fut ouverte par le maréchal Rondon lui-même à la fin du XIXe s. Rappel : à faire si possible en dehors de la saison des pluies (de novembre à avril), car elle se transforme alors en abominable bourbier, et éviter de rouler de nuit (c'est le bon sens même). Outre les passages boueux, fondrières et traversées de caïmans et autres animaux débonnaires, on franchit 87 ponts en bois plus ou moins en bon état. À mi-parcours (km 68), traversée du *rio Paraguay* à *Porto da Manga* en *balsa* (bac, 6h-18h). Très riche vie animale tout du long, surtout le matin de bonne heure. Outre les *jacarés* (caïmans) et *caïpivaras,* on peut observer nombre d'oiseaux, *araras, tuiuius, cararas, sucuris,* etc. Ne pas se baigner sans vérifier qu'il n'y a pas de piranhas (!). Quelques hôtels-*fazendas* le long du parcours, se renseigner dans les agences de voyages. Rappel : pour ceux qui arrivent de Campo Grande, début de l'itinéraire à Buraco de Piranhas...

LE PANTANAL NORD

Le Mato Grosso et le Pantanal nord présentent une végétation assez variée, alternant des paysages de *cerrado*, de marais, de forêts de palmiers ou d'eucalyptus...

Au départ de Cuiabá et de Poconé, l'idéal est de loger dans les *fazendas* ou *pousadas* établies le long de la Transpantaneira. Si vous comptez parcourir cette piste par vos propres moyens, la location d'un véhicule 4x4 est recommandée, voire indispensable pendant la saison des pluies. Sinon, les différentes agences de voyages sont parfaitement équipées et habituées aux conditions de route.

CUIABÁ

482 500 hab. IND. TÉL. : 065

Fondée en 1719 par les *bandeirantes* à la recherche d'or, Cuiabá s'est rapidement développée ; elle est devenue la première colonie portugaise de l'ouest du Brésil au XIXe s et la troisième ville du Brésil. Les « envahisseurs » ont lutté contre les Bororos et Caiapos, et n'ont pas hésité à les décimer puis à réduire les survivants à l'esclavage. Lorsque l'abondance des mines d'or se tarit, le mode de développement européen se répandit parmi les anciens explorateurs assagis, qui avaient décidé de s'établir dans cette région sauvage. Aujourd'hui, Cuiabá est une ville tranquille, capitale du Mato Grosso, grand État minier, agricole et sylvicole, et, pour les touristes, le point de départ de nombreuses excursions dans le Pantanal nord et la Chapada dos Guimarães. Il y fait très chaud toute l'année, en particulier pendant la saison sèche, et on y mange de délicieux poissons d'eau douce, notamment le *pacú* et le *pintado*.

Arriver – Quitter

En bus

***Rodoviária :** sur la route vers Chapada dos Guimarães. ☎ 36-21-36-29.* Pour la région comme pour les longues distances. « Ticket-taxi » pour la ville.

➢ ***Pantanal et Poconé :*** avec la *Cie TUT*, 6 bus/j. dans les 2 sens, 6h-19h. Trajet : 2h.

➢ ***Chapada dos Guimarães :*** avec la *Cie Expresso Rubi*, 11 bus/j., 6h30-19h30. Trajet : env 2h.

➢ Nombreuses liaisons avec ***Campo Grande*** auprès de plusieurs compagnies et longues distances vers ***Rio*** (32h de trajet et 175 Rls), ***Florianópolis...***

En avion

✈ ***Aéroport :** ☎ 36-14-25-00. À 10 km du centre-ville de Cuiabá.* Bureau d'infos touristiques (plans de Cuiaba et du Pantanal), agences de voyages, location de voitures, distributeurs *Visa* et *MasterCard*... Bus pour et depuis le centre.

Adresses utiles

Informations touristiques et services

***Secretário do turismo (Sedtur ; plan B1) :** rua Voluntarios da Patria, 118. ☎ 36-13-93-33 ou 36-24-90-60. • sedtur.mt.gov.br • Lun-ven 8h-12h,*

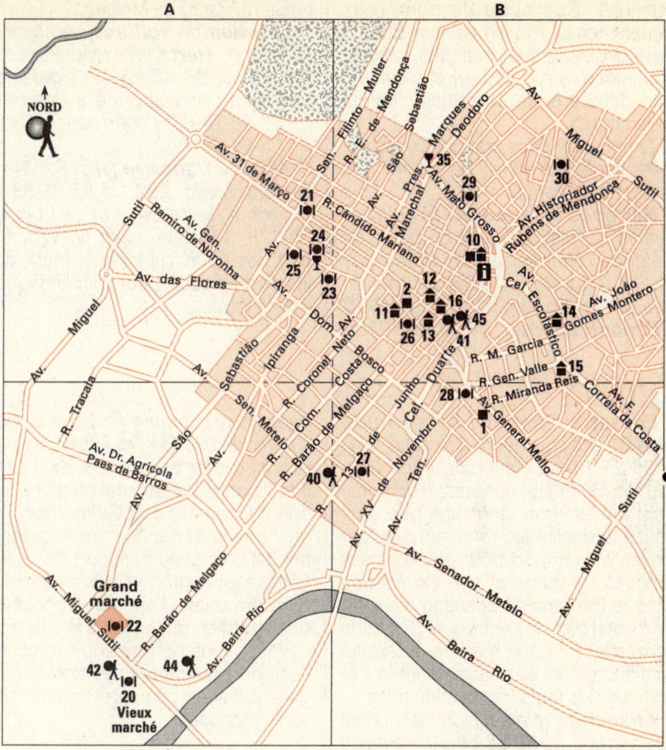

CUIABÁ

Adresses utiles

- **i** Secretário do turismo, Sedtur
- **1** Alliance française
- **2** Anaconda
- **10** Ecoverde Pantanal Safari Tours

Où dormir ?

- **10** Pousada Ecoverde
- **11** Pantanal Hostel
- **12** Hotel Mato Grosso
- **13** Hotel Samara
- **14** Abudi Palace Hotel
- **15** Alvorada Palace Hotel
- **16** Hotel Mato Grosso Palace

Où manger ?

- **20** Regionalissimo
- **21** Choppao
- **22** San Antonio
- **23** Peixaria Popular
- **24** Café Popular
- **25** Vienna
- **26** Guaraná Maués
- **27** SESC Arsenal
- **28** Dom Agostinho
- **29** Meats
- **30** Biba's Peixaria

Où boire un verre ?

- **24** Praça Popular
- **35** Haus Bier

À voir

- **40** Casa do Artesão
- **41** Museu histórico
- **42** Aquário municipal et museu do Rio
- **43** Museu Rondon
- **44** Museu de Préhistoria de Mato Grosso
- **45** Praça da República

14h-18h. Regroupe de nombreux organismes de tourisme dans l'État du Mato Grosso (infos pratiques, guides, excursions, etc.). Accueil chaleureux, mais difficile de trouver quelqu'un qui parle anglais.

– Nombreuses infos pratiques et actualisées sur le site officiel de la ville : • turismocuiaba.com.br •

■ ***Banques : Banco do Brasil,*** *av. Getúlio Vargas ; à l'angle de Barão de Melgaço. Guichet automatique ouv 6h-22h* (Visa et MasterCard). *Juste en face, av. Getúlio Vargas, banques* **HSBC** *et* **Banco Real** (Visa) *; à côté,* **Itaú** (MasterCard), *Barão de Melgaço.*

■ ***Location de voitures :*** *en face de l'aéroport,* ***Hertz,*** *av. João Ponce de Arruda.* ☎ *36-82-26-57. Également* ***Localiza*** *: une agence à l'aéroport (☎ 36-82-79-00), l'autre dans le Centro (☎ 36-24-79-79).*

■ ***Alliance française*** *(plan B2,* ***1*****) : av. General Mello, 262.* ☎ *33-21-08-72.* • *afcba@terra.com.br* • *Lun-ven 8h-12h, 14h-18h ; sam 8h-12h.* Surtout des cours de langue, mais, pour les nostalgiques, petite bibliothèque et vidéothèque.

Agences de voyages

■ ***Ecoverde Pantanal Safari Tours*** *(plan B1,* ***10*****) : rua Pedro Celestino, 391.* ☎ *36-24-13-86.* • *ecotribal.com* • *Env 200 Rls (80 €)/j. et par pers, tt compris.* Cela fait environ vingt ans que Joel Souza accueille les touristes dès leur arrivée à l'aéroport pour proposer ses services de guide et son expérience dans le Pantanal. Il possède aussi un petit hôtel dans le centre-ville *(Pousada Ecoverde)* très bon marché. Faites-lui confiance, il est sympa, expérimenté et pratique des tarifs très raisonnables.

■ ***Anaconda*** *(plan B1,* ***2*****) : av. Isaac Póvoas, 606.* ☎ *30-28-59-90.* • *anacondapantanal.com.br* • *Forfait tt compris à partir de 220 Rls (88 €)/j. et par pers.* Propose des excursions de 1, 2 ou 3 nuits dans le Pantanal ou d'une journée à Chapada dos Guimarães. Plus cher que la moyenne mais excellentes prestations, avec transport de qualité, hôtels tout confort et cuisine traditionnelle. En prime, l'agence propose des descentes en rafting dans la *chapada.*

– Sinon, vous pouvez vous adresser à l'aéroport ou auprès des agences à la gare routière et comparer les prix et services proposés.

Où dormir ?

Peu de logements agréables et bon marché dans cette ville urbanisée. Plusieurs établissements luxueux, avec des prix en conséquence, ou, à l'inverse, des petits hôtels au confort très simple.

Bon marché (moins de 60 Rls / 24 €)

Pousada Ecoverde *(plan B1,* ***10*****) : rua Pedro Celestino, 391.* ☎ *36-24-13-86.* • *joelsouza@terra.com.br* • *Central et en même temps au cœur d'un sympathique quartier populaire.* Dans une demeure particulière distillant une bienheureuse atmosphère familiale, 6 chambres d'une grande simplicité, sanitaires communs, mais l'ensemble est propre et bien tenu. Agréable petite cour intérieure et, surtout, un grand jardin sauvage derrière où prendre son petit déj qui se révèle être un véritable délice. Fait également agence de tourisme (voir « Adresses utiles. Agences de voyages »). Internet, petite bibliothèque.

Pantanal Hostel *(plan B1,* ***11*****) : av. Isaac Póvoas, 655.* ☎ *36-24-89-99.* • *portaldopantanal.com.br* • *Assez central. Ouv tte l'année. Dortoirs (25 Rls/pers), doubles avec ou sans sdb (50 et 60 Rls) et quelques familiales (60-70 Rls), petit déj compris.* Petite AJ bien tenue. Affiliée à *Hostelling International.* Cuisine commune. Salon TV et Internet. Possibilité de laver son linge. Transfert terminal de bus et aéroport. Propose les quelques excursions traditionnelles.

Hotel Samara *(plan B1, **13**) : rua Joaquim Murtinho, 270 (Centro). ☎ 33-22-60-01. Doubles env 50 Rls.* Un des hôtels les moins chers. Bien situé, globalement bien tenu. Confort plutôt spartiate. Chambres s'étirant le long d'un couloir. Le ventilo est indispensable en saison, car il y règne une chaleur étouffante. Pas de petit déj, mais la proprio vous conseille le buffet du *Mato Grosso Palace*, juste à côté, accessible aux non-résidents. Atmosphère familiale.

De plus chic à chic (de 90 à plus de 150 Rls / 36-60 €)

Hotel Mato Grosso *(plan B1, **12**) : rua Commandante Costa, 2522. ☎ 36-14-77-77. • hotelmatogrosso.com.br • Doubles 90 Rls.* Entre le quartier animé la nuit et le centre administratif, un petit hôtel propre, dont les chambres sont desservies par des coursives en mezzanine autour d'un hall central. Sans grand charme mais tout est carrelé. En plus, téléphone, AC, frigo, TV, etc. Vraiment correct. Un bon rapport qualité-prix.

Abudi Palace Hotel *(plan B1, **14**) : av. Cel. Escolástico, 259 (Bandeirantes). ☎ et fax : 30-23-73-99. • abudipalacehotel.com.br • Un peu à l'écart du centre, derrière l'église São Benedito. AC, sdb privée et petit déj compris.* Sans charme particulier mais un rapport qualité-prix correct.

Alvorada Palace Hotel *(plan B1, **15**) : rua General Valle, 636 (Bairro Bandeirantes). ☎ 33-17-40-00. • hotelalvorada.com.br • Doubles env 90 Rls.* Classique, fonctionnel, confort correct (frigo, TV, AC...), rien à redire. Petit jardin intérieur.

Hotel Mato Grosso Palace *(plan B1, **16**) : rua Joaquim Murtinho, 170. ☎ 36-14-70-00. • hotelmatogrosso.com.br •* C'est bien un palace, pour le confort et les prix. AC, TV, petit déj copieux, parking privé... Hyper-central. Sans commentaires.

Où manger ?

De bon marché à prix moyens (moins de 30 Rls / 12 €)

Regionalissimo *(plan A2, **20**) : av. Beira Rio, dans le quartier du port. ☎ 36-23-68-81. Installé dans l'ancien marché, juste à côté de l'aquarium. Ts les midis sf lun, dès 11h. Buffet à volonté 15 Rls.* C'est LE restaurant de spécialités régionales, connu et apprécié de toute la ville ! Cadre frais et agréable. On goûte aux fameux poissons de rivière (*pacú* et *pintadu*), accompagnés de riz, *pirão, pacoça, farofa,* salades... Pas léger, léger, mais bien représentatif de la gastronomie du Pantanal. En prime, quelques desserts et « confitures », le café et la liqueur de fruits maison. Ouf ! Après ça, une bonne sieste s'impose...

Choppao *(plan A1, **21**) : praça 8 de Abril. ☎ 36-23-91-01. Tlj 11h-14h (16h le w-e), 18h-minuit.* L'un des restos les plus populaires de la ville depuis 1974. Sur deux niveaux, avec une grande terrasse protégée et un cadre intérieur sur arcades ouvertes. Toujours plein comme un œuf et joyeusement animé. Clientèle jeune et familiale tout à la fois. Carte longue comme le bras, au moins 30 sortes de pizzas (on en trouve même une à la banane), *bacalhau* à l'espagnole ou à la portugaise, *pintado* à « belle munier » (dans le texte), *camaraos* aux 4 fromages pour ne citer qu'eux. Belles viandes, service efficace. Une de nos cantines préférées !

San Antonio *(plan A2, **22**) : dans le quartier du port, aux grandes halles de Cuiabá.* Quatre restos mélangent leurs chaises et leurs effluves. Tous se ravitaillent bien sûr aux halles. Le ***San Antonio*** est le plus populaire, toujours beaucoup de monde. Salle à manger en terrasse pour un buffet de légumes avec viande (à 6 Rls) ou poisson (à 10 Rls) qu'on déguste sur de grosses tables en bois. Vraiment, prix imbattables, la providence des petits budgets et une atmosphère unique. Tout à côté, le

Miriam (tout en jaune) possède ses fans également.

|●| ***Peixaria Popular*** *(plan A-B1, **23**) : av. São Sebastião, 2324 (Goia Beiras).* ☎ *33-22-54-71. Lun-ven 11h-1h, w-e 11h-16h.* Un peu excentré, mais un des restos les plus appréciés pour déguster de bons poissons régionaux (notamment le *mojica de pintado*), mais aussi le fameux *rodizio de peixe* et le *jacaré* (caïman). Cadre plutôt banal, mais on vient surtout ici pour la cuisine parfumée. C'est goûteux, copieux et servi avec efficacité. Un excellent rapport qualité-prix.

|●| ***Café Popular*** *(plan A1, **24**) : praça Presidente Eurica G. Dutra, 27 (praça Popular).* ☎ *30-52-99-90. Tlj sf dim jusqu'à 21h30 ; sam buffet 8h-12h.* Pour de bons sandwichs, salades et gâteaux dans un cadre frais, coloré et une atmosphère cosy. Quelques tables dehors face à cette plaisante place arborée.

|●| ***Vienna*** *(plan A1, **25**) : av. Brigadeiro Eduardo Gomes (et Estevão de Mendonça).* ☎ *33-21-58-35. Tlj 6h-21h50.* Grande cafétéria populaire qui régale tout le quartier depuis 1942. Spécialisée dans les gâteaux et, surtout, dans de succulents snacks et sandwichs particulièrement élaborés. Également, boutique de charcuterie et fromages. Large terrasse protégée sur rue.

|●| ***Guaraná Maués*** *(plan B1, **26**) : av. Isaac Póvoas, 611 (Centro).* ☎ *33-21-66-21. Juste à côté de l'AJ. Tlj sf dim 7h-19h.* Petit snack où savourer une variété de délicieux *sucos* et *vitaminas* aux fruits frais. Pour les petits creux, *salgados* à base de viande et légumes et quelques gâteaux. Et, pour faire le plein d'énergie, la spécialité maison : le milk-shake aux *guaraná*, céréales et banane. Sur place, vente de *guaraná* naturel sous toutes ses formes. Prix imbattables.

|●| ***SESC Arsenal*** *(plan B2, **27**) : rua 13 de Junho (et Cel. Benedito Leite). Tlj 12h (16h dim)-23h.* Dans le cadre élégant de cet ancien arsenal joliment rénové, agréable cafétéria s'ouvrant sur une grande cour arborée et fleurie. Délivre une petite et fraîche restauration : excellents *petiscos*, sandwichs, salades, pâtes...

Plus chic (30-50 Rls / 12-20 €)

|●| ***Dom Agostinho*** *(plan B2, **28**) : av. Dom Aquino, 314.* ☎ *36-23-84-50. Ouv slt le soir. Fermé dim.* Dans une rue un peu marginale, une vieille maison de famille depuis 1889. Découvrez ici peut-être la meilleure cuisine italienne de la ville. Salle haute de plafond, vénérable carrelage, cadre un peu austère. Le chef vient lui-même conseiller aux clients ses petits plats minutieusement préparés à partir de bons produits : gnocchis et pâtes maison, délicieux risotto, parfumé à souhait sur son lit de parmesan, etc. En outre, portions généreuses.

|●| ***Meats*** *(plan B1, **29**) : av. Mato Grosso, 422 (Bairro Araès).* ☎ *36-24-60-60. Tlj sf lun 11h-15h, 17h-minuit.* Là aussi, considéré comme l'un des meilleurs restos de viande de Cuiabá. Cadre contemporain frais et aéré. On déguste sur de grosses tables en bois des *T-bones* de 700-800 g, des entrecôtes d'un demi-kilo, de goûteux *mini-frangos* et autre *maminha*... Mon tout servi avec moult légumes, salades, riz, manioc et de bonnes petites sauces. Très copieux donc, l'idéal pour les lecteurs affamés. En prime, des prix encore fort raisonnables. Aux beaux jours, terrasse et parasols.

|●| ***Biba's Peixaria*** *(plan B1, **30**) : rua Gal. João Severiano Fonseca, 508.* ☎ *33-22-31-74. Tlj midi et soir jusqu'à 22h (sf soir des w-e et j. fériés).* Une adresse hors des sentiers battus pour fanatiques de poisson. Ici, que du poisson, le top de la ville, servi dans une grande salle au cadre très clean et d'une sobriété quasi monacale. Service stylé et pourtant prix encore très abordables pour un brillant festival de *pintado, piraputanga, matrinxa*, etc.

Très, très chic (plus de 100 Rls / 40 €)

|●| ***Al Manzul*** *(hors plan, B2) : rua Cachoeira das Garças, 1. Très excentré, dans le quartier de Coxipo.* ☎ *36-63-22-37. Repas min 100 Rls (40 €).*

LE MATO GROSSO

Une curiosité : a été élu en 2005 l'une des meilleures cuisines arabes du monde (à dominante libanaise). Choix de plus de 30 plats, viandes mitonnant de longues heures, ingrédients d'une fraîcheur absolue... Nul ne sera étonné que la réservation se révèle quasiment obligatoire (surtout les week-ends et jours fériés). Décor coloré, façon *Mille et Une Nuits,* danse du ventre... mais ça on s'en doutait !

Où boire un verre ?

Haus Bier *(plan B1,* ***35****) : av. Mato Grosso, 1000.* ☎ *30-27-20-00. Tlj de 17h (11h le w-e) au dernier client.* Une micro-brasserie à l'allemande très populaire chez les jeunes. Immense terrasse quasiment toujours remplie et dominée par les cuves en alu. Une dizaine de bières maison proposées, où n'entrent que des produits naturels sans conservateurs. Musique live en principe tous les jours, atmosphère vibrionnante. Possibilité de se restaurer. Le samedi, *feijoada* à partir de 12h et, le dimanche, déjeuner « spécial ». Le reste du temps, les classiques à la carte.

Praça Popular *(plan A1,* ***24****)* **:** une très agréable place arborée et quelques cafés et bars autour suffisamment différents pour correspondre à l'humeur ou votre goût du moment... comme le *Botequim,* le *bar do Azeitama* ou le *café Popular* (voir « Où manger ? »).

À voir

Casa do Artesão *(plan A-B2,* ***40****) : praça João Bueno, s/n (Porto).* ☎ *33-21-06-03. Tlj 8h-18h.* Une belle demeure coloniale entièrement rénovée, avec parquet en acajou et patio arboré. Plusieurs salles consacrées à la vente d'artisanat régional et indien : bijoux, céramiques, paniers, tissages, superbes hamacs... pour toutes les bourses. De bonnes liqueurs artisanales et quelques produits typiques. Et l'argent est reversé directement aux artisans locaux.

Museu histórico *(plan B1,* ***41****) : praça da República (Centro).* ☎ *36-24-87-10. Juste en face du Palacio do Instruccao. Mar-ven 12h30-18h, sam 13h-18h. Gratuit.* Petit musée d'histoire installé dans un bel édifice colonial et présentant quelques objets sacrés, des photos et documents historiques sur Cuiabá et sa région.
– *Salles I et II :* fondation, développement de la ville et travail des missionnaires expliqués sous forme de peintures, cartes, documents divers.
– *Salle III :* consacrée au XIXe s, avec un temps fort : la célèbre bataille d'Alègre.
– *Salle IV :* consacrée au *coronel* Rondon, le dernier des *bandeirantes.* Documents et gravures sur l'esclavage, le commerce, les industries de la canne à sucre, plus le bureau historique utilisé par les présidents et gouverneurs de l'État pendant 150 ans.
– *Salle V :* la politique contemporaine. Intéressantes photos en noir et blanc, nombreux objets et médailles de la première moitié du XXe s.
– *Salles VI et VII :* la culture (beau bureau d'écrivain), l'école, la vie militaire et l'implication du Brésil dans la Seconde Guerre mondiale.
– *Salle VIII :* superbe mobilier colonial, glaces gravées venant de l'ancienne résidence des gouverneurs.

Aquário municipal e museu do Rio *(plan A2,* ***42****) : av. Beira Rio, s/n (Porto).* ☎ *36-23-14-40. Tlj sf lun 9h-18h. Entrée à prix modique.* Petite visite ludique dans cet aquarium circulaire qui permet d'observer les différentes espèces de poissons peuplant le rio Cuiabá et les marais du Pantanal. Piranhas à la mâchoire vorace, *pintadu* (sorte de dorade), *pacú* et le goûteux *piraputanga* qu'on adore dans notre assiette... Curieuse *arraia,* une petite raie de forme ronde. Dommage, édifié en matériaux *cheap,* l'aquarium se dégrade lentement. Quant au ***museo do Rio,*** installé à côté dans l'ancien *mercado* de 1899, il n'a de musée que le nom. Quelques salles abritent bien quelques maquettes poussiéreuses, plans, objets et autels religieux, artisanat et produits régionaux, mais sans concept et ponctué de photos délavées. En revanche, toujours dans le *mercado*, ne pas manquer le resto *Regionalissimo* (voir « Où manger ? »).

***Museu Rondon** (hors plan par B2, **43**) : av. Fernando Corréa de Costa. ☎ 36-15-80-12 ou 84-89. Abrité au sein de l'université : 300 m après le poste d'entrée, tourner au 1er rond-point à droite, c'est juste à côté de la piscine. Lun 13h30-17h30 ; mar-ven 7h30-11h30, 13h30-17h30 ; sam 7h30-11h30 ; dim 9h-17h30. Entrée à prix modique.* Grande salle offrant un panorama assez complet de l'art des Indiens du Mato Grosso (40 000 environ dans l'État, répartis en 39 ethnies et occupant 11 % du territoire). Le musée tient son nom du maréchal Candido M. da Silva Rondon qui défendit les indigènes de la région. Terres cuites, urnes funéraires, statuettes peintes, vannerie. Arcs et flèches, bâtons ornementés de sorcier, armes pour la guerre et la chasse... Objets domestiques, râpes à manioc, etc. Instruments de musique traditionnels, beaux masques et parures de fête en plumes, barque taillée, poupées de terre cuite... Présentation rythmée par de vieilles photos sépia.

***Museu de Préhistoria de Mato Grosso** (plan A2, **44**) : av. A. Beira Rio. Près des KIA Automoveis.* Installé dans la *Casa dom Aquino*, une superbe demeure coloniale datant de 1842. Intéressantes collections archéologiques et paléontologiques.

La praça da República** (plan B1, **45**)* et ses alentours concentrent l'activité commerçante de la ville. Dominée par la ***cathédrale, totalement reconstruite en style moderne dans les années 1930. Quelle drôle d'idée d'ailleurs ! Cette belle église coloniale (qu'on peut admirer sur d'anciennes photos de la ville) ressemble aujourd'hui, avec son médiocre habillage de béton et ses immenses pendules, plutôt à une... gare ! Parcourir à côté les *ruas* ***Galdino Pimentel, Cândido Mariano*** et ***Eng. Ricardo Franco*** à la frénétique animation commerciale. Ça tombe bien, c'est aussi la partie la plus ancienne de la ville. Quartier piéton à l'architecture plutôt horizontale, vénérables demeures coloniales aux façades élaborées et se déclinant dans tous les tons pastel. Relayé par d'autres quartiers populaires, livrant de temps à autre d'exquises petites églises baroques. Au passage, si on a le temps, possibilité de visiter le tout petit ***museu de Pedras Ramis Bucair*** : *Calçadão da Galdino Pimentel, 195. Tlj en sem, en principe, aux « horaires de commerce ».* Intéressante collection de belles pierres, minerais, cristaux, fossiles, etc.

POCONÉ – TRANSPANTANEIRA

30 000 hab. IND. TÉL. : 065

Petite ville paisible perdue en plein *cerrado,* Poconé marque l'entrée de la Transpantaneira, unique route de terre de 149 km, qui traverse les plaines et les marais du Pantanal et relie la ville de Porto Joffre avec pas moins de 126 ponts en bois ! C'est la dernière étape pour faire le plein du réservoir et emprunter cette fameuse piste à la découverte de la faune locale et de superbes paysages. Un zeste d'aventure avec les iguanes et les caïmans qui ne manqueront pas de croiser votre route, un soupçon de poésie en observant le vol gracieux des aigrettes, ibis et autres oies sauvages ; et quelques visions insolites avec l'immense *tuiuiu* et les *caipivaras* au cri aigu caractéristique.

■ ***Banco do Brazil** : rua Campo Sales.* Possibilité de retirer de l'argent avec sa *Visa* après vérification téléphonique.

Où dormir ? Où manger à Poconé ?

Bon marché (moins de 60 Rls / 24 €)

Hotel Tuiuiu : *av. Aníbal de Toledo, côté nord de la ville. ☎ 33-45-14-38. Doubles 40 Rls.* Genre motel, simple, bien tenu et confort correct. TV, clim' ou ventilo, salle de bains carrelée.

Hotel Pantaneira : *juste à la sortie sud. ☎ 33-45-16-30. Doubles 40 Rls. Buffet 14 Rls.* Récent, genre motel. Chambres de bon confort (TV, AC, eau chaude). Salle de bains carrelée. Bon resto à l'entrée ; au buffet, hors-d'œuvre frais, bon *churrasco*...

Restaurante Shalom : *rua Padre Manoel Francisco, 65. ☎ 33-45-10-06. C'est la 2e place, après l'église. Le midi slt, tlj sf dim.* Un petit resto qui ne paie pas de mine, mais qui propose une bonne cuisine copieuse. Le midi, plats de viande (*file* ou *bife*) servis avec moult accompagnements : riz, frites, *farofa, feijão,* crudités. Le soir, plats régionaux plus élaborés et pizzas pour les amateurs. Goûter aussi au *filé ao molho madeira*. C'est bon, pas cher et l'accueil est sympa.

Prix moyens (60-90 Rls / 24-36 €)

Skala Hotel e Restaurante : *praça Bem Rondon, 64. ☎ 33-45-14-07. • skalahotel.com.br • En plein centre, proche de l'église et de quelques commerces. Doubles 70 Rls, petit déj compris.* Le seul hôtel vraiment agréable de cette petite ville endormie. Jolie maison avec des chambres fraîches et bien tenues. Préférer celles du 1er étage, calmes et claires. Accueil très gentil et bonne cuisine régionale au ***Peixaria,*** le resto à côté.

Où dormir ? Où manger dans le Pantanal nord ?

En sillonnant la Transpantaneira, vous pourrez vous arrêter dans des *pousadas* très agréables, offrant un accueil familial et de nombreuses possibilités d'excursions. Rappel : c'est là, véritablement, l'intérêt de cette route... se poser quelque part et partir quelques jours dans la nature profonde. Si on se contente du paysage depuis la route (parfois un peu monotone !), malgré quelques vols élégants d'aigrettes ou d'ibis, la balade risque de se révéler un peu frustrante... Quelques adresses au fil de la route :

Pousada Piuval : *rodovia Transpantaneira, km 10. ☎ 33-45-13-38. • pousadapiuval.com.br • À 3 km de la route, par une bonne piste en terre. Compter env 260 Rls/pers en pension complète. Excursions et cheval inclus dans le prix.* Bien insérée dans la ferme, l'une des *pousadas* les plus confortables. Chambres plaisantes avec véranda, AC, ventilo, salle de bains carrelée, frigo. Elles donnent bien sûr directement sur la nature. Tout autour, des paysages ouverts piqués de bosquets. Excellente cuisine régionale. En période de montée des eaux, balades en bateau et baignade dans la rivière (de décembre à avril). Observation des oiseaux et balades pédestres pour saisir la riche vie animale.

Portal Paraiso : *rodovia Transpantaneira, km 17. ☎ et fax : 33-45-22-71. 📱 99-52-25-44. • portalparaisocom.br • Possibilité de transfert gratuit depuis Poconé (par tél). À 200 m de la route. Compter 260 Rls/pers. Aire de camping bon marché et possibilité de déjeuner pour les non-pensionnaires (20 Rls/pers).* Authentique *fazenda* entourée de vastes prairies et d'arbres centenaires qui abritent les fameux aras jacinthes. Environnement superbe et peuplé d'animaux. Des passerelles au-dessus de deux mares permettent l'observation des caïmans (très nombreux !). Chambres à la déco basique, mais avec clim' ou ventilo, eau chaude.

Atmosphère familiale très agréable et des activités de qualité (balade à cheval, safaris nocturnes, canoë, treks et balades à vélo). Petite piscine nickel.

Pousada Araras Eco Lodge : *rodovia Transpantaneira, km 32 (assez facile d'accès).* ☎ *36-82-28-00.* *96-03-05-29.* • *ararasIodge.com.br* • *À partir de 280 Rls/j. et par pers.* Une des plus agréables *pousadas* situées sur le trajet, mais aussi une des plus chères. Cadre soigné, de style traditionnel, avec hamac devant chaque chambre et tonnelle près de la piscine. Balades en canoë et à cheval, pêche, tour d'observation des oiseaux, safari de nuit. En période des hautes eaux, balade de près de 2 km sur un chemin en passerelle. Excursions comprises dans le prix et encadrées par une équipe accueillante et expérimentée.

Pousada Rio Clarinho : *rodovia Transpantaneira, km 40.* *99-77-89-66 ou 99-59-29-85. Piste de 10 km assez défoncée (4x4 recommandé) pour atteindre cette sympathique* pousada. *Compter 240 Rls/j. et par pers.* Environnement naturel superbe, calme absolu. Chaleureux accueil personnalisé. La proprio a d'ailleurs écrit une histoire de Poconé. Chambres simples, propres, spacieuses. Salle à manger-réception de caractère avec ses meubles anciens de famille, sculptés. On aime bien aussi l'antique fourneau à bois dans la cuisine. Paillote pour manger dehors, hamacs accrochés sous une autre. Un sympathique côté rustique qui plaira à ceux, celles n'aimant pas trop les lieux aseptisés. Bonnes excursions (comprises bien sûr dans le prix).

Pantanal Mato Grosso Hotel : *rodovia Transpantaneira, km 65.* ☎ *36-28-15-00 ou 99-81-35-25.* • *hotelmatogrosso.com.br* • *Env 250 Rls/j. et par pers, excursions en sus.* Au moins 3h de route pour atteindre cette *pousada* d'un bon confort, située le long du rio Pixaim, en plein cœur du Pantanal. Chambres correctes, confortables et petite piscine au milieu. Cependant, c'est une grosse structure moderne située en bord de route et qui fait trop « hôtel ». L'environnement ne fait pas rêver outre mesure. Accueil pas très chaleureux, mais étape intéressante pour déjeuner (c'est bon et copieux). Quelques caïmans dans la rivière à côté.

Pousada O Pantaneiro : *rodovia Transpantaneira, km 112.* *99-68-61-54. Compter une journée de route.* Adresse authentique perdue en pleine nature, parfois inaccessible pendant la saison des pluies. Confort modeste mais cadre très agréable et ambiance conviviale. La meilleure adresse pour observer les différents aras et peut-être croiser le chemin d'une *onca* (guépard), l'animal le plus rare du Pantanal.

CHAPADA DOS GUIMARÃES

15 700 hab. IND. TÉL. : 065

Petite ville située à environ 70 km au nord de Cuiabá, sur un plateau qui domine le parc naturel du même nom. La région vaut d'y passer au moins deux jours si vous avez le temps. Les paysages y sont étonnants. De cascades en grottes, ce plateau rocheux vous permet d'apprécier de superbes vues sur la région, à une altitude d'environ 800 m. L'air y est vivifiant après la chaleur étouffante de Cuiabá, et l'atmosphère de Chapada est tranquille. D'ailleurs, c'est le lieu préféré des Cuiabanos pour passer le week-end.

Une fois sur place, adressez-vous à la petite agence de tourisme sur la place principale, *Ecoturismo,* qui vous fera découvrir toutes les merveilles de ce site fabuleux, depuis la célèbre *porte de l'Enfer,* à-pic impressionnant, en passant par le *Veu de Noiva* (« voile de la mariée »), cascade de 60 m, ou le *Morro dos Ventos* (très beau panorama sur toute la plaine cuiabaná), jusqu'au *belvédère de Mirante,* centre géodésique de l'Amérique du Sud. À la *Cachoeirinha,* à 1 km environ du « voile de la mariée », possibilité de se baigner dans une belle eau fraîche et limpide. En tout, sept cascades dans un cadre luxuriant. Autre balade populaire : la « Cité de pierres », un ensemble de roches sculptées par vents et pluies et qui évoquent une ville. On l'atteint au bout d'une vingtaine de kilomètres de piste en terre. Les amou-

reux de grottes ne manqueront pas la *caverna Aroe Jari*, la plus grande, dit-on, du Brésil, à 46 km de Chapada. Longue de 1 550 m, avec plusieurs cascades à l'intérieur.
On peut aussi se déplacer facilement par ses propres moyens et s'offrir une belle randonnée de 3h à la découverte du site. Se renseigner à l'entrée du parc, signalée sur la route entre Cuiabá et Chapada (« Cataratas »).

Arriver – Quitter

➢ N'hésitez pas à louer une ***voiture*** si vous en avez la possibilité (voir, par exemple, « Adresses utiles » à Cuiabá).
➢ ***Pour la rodoviária de Cuiabá :*** bus ttes les heures 6h30-19h30. Env 2h de trajet pour 10 Rls.

Adresses utiles

Centro de Apoio do Turismo : *rua 7 Perimetral (et Dr Penn Gomes). À l'entrée du village, au carrefour, tourner à droite direct dans Perimetral. Tlj sf dim 12h-17h.*
Ecoturismo Cultural : *praça Dom Wunibaldo, 464. ☎ 33-01-13-93. 99-52-19-89. • ecotur@terra.com.br • chapadadosguimaraes.com.br • Lun-sam 8h-12h, 13h-17h ; dim 8h-13h30.* Toutes les infos sur la ville. Le patron parle l'anglais. Excursions dans le parc (en général pour la journée) : *cachoeras*, grottes, *cidade de Pedra*... Accueil sympa.
@ Juste à côté, ***Interativa,*** avec accès Internet bon marché.
Distributeur (*Visa* et *MasterCard*) à la ***Banco do Brasil.***

Où dormir ?

Camping

Camping Oasis : *rua Fernando Corrêa da Costa, 394. ☎ 33-01-24-44. • oasis@chapadadosguimaraes.com.br • Une rue à gauche de la praça Dom Wunibaldo. Compter 10 Rls/pers.* Pour les routards en mal de simplicité, un chouette camping chez l'habitant, dans un joli jardin entouré de palmiers et tapissé de pelouse. Confort assez rudimentaire mais ambiance conviviale.

Prix moyens (60-90 Rls / 24-36 €)

Pousada Bom Jardim : *praça Dom Wunibaldo, 641. ☎ 33-01-26-68. 84-05-45-87. • pousadabomjardim.com.br • Doubles de 60 Rls (avec ventilo) à 80 Rls (petit déj compris). Quelques triples et quadruples aussi. Parking gratuit.* Idéalement situé, sur la belle place principale très arborée. Des chambres simples et sans grand charme, mais bien tenues. Atmosphère fraîche bien appréciable.
Pousada Rios : *Tiradentes, 333. ☎ 33-01-11-26. Doubles 40-70 Rls.* Quartier tranquille. Parmi les chambres les moins chères de la ville et toujours très convenables. Bon accueil.

De chic à très chic (de 150 à plus de 250 Rls / 60-100 €)

Hotel Turismo : *rua Fernando Corrêa da Costa, 1065. ☎ 33-01-11-76. • hotelturismo.com.br • À deux pas de la gare routière. Doubles env 180 Rls,* *petit déj copieux compris.* Joli jardin devant la maison et petite piscine pour se rafraîchir après une journée de balade. Chambres impeccables, avec salle de bains et AC. Possibilité d'excursions dans la *chapada*. Une adresse très agréable. Atmosphère familiale.

🏠 🍽 ***Solar do Ingles :** rua Cipriano Curvo, 142. ☎ 33-01-13-89. • solardoingles.com.br • Dans le centre. Doubles 220 Rls, petit déj compris.* Une grande demeure personnalisée au milieu d'un superbe jardin. Véranda-salon chaleureuse avec fauteuils en osier. Atmosphère intime, décor élégant, beaux tissus et mobilier de caractère... le cadre idéal pour une escapade en amoureux. Piscine et sauna. Service impeccable. Une des grandes adresses de charme du Pantanal.

🏠 🍽 ***Pousada Penhasco :** av. Penhasco. ☎ 33-01-15-55. 📱 99-72-44-49. • penhasco.com.br • À moins de 2 km du centre. Doubles 350 Rls, petit déj compris ; importante réduc hors saison.* Très grand complexe hôtelier situé en bord de falaise, panorama unique et grands espaces gazonnés. « Chalé » de 6 chambres de très bon confort, spacieuses avec TV satellite, frigo, AC, terrasse. Belle piscine extérieure et piscine intérieure chauffée, sauna, salle de gym, tennis, terrain de jeux pour les enfants... Bar et resto panoramique et beau buffet.

Où manger ?

🍽 ***Felipe Restaurante :** rua Cipriano Curvo, 598 (Centro). ☎ 33-01-17-93. Tlj.* Buffet *ao kilo le midi, plats régionaux et quelques pizzas à la carte le soir.* Resto local très fréquenté le soir pour les repas en famille ou entre amis. Prix assez élevés mais cuisine régionale de qualité, bons plats de viande (*filé* et *frango*) et poisson frais servis copieusement, comme le *pintado ao molho de camarao*, la *pacú assado* ou le *mujica de pintado*. Service cordial et efficace. Terrasse protégée donnant sur la place.

🍽 ***Morros de Ventos :** estrada do Mirante, à 3 km env, direction Campo Verde ; sur la droite, bien indiqué. ☎ 33-01-10-30. Tlj 7h-18h.* Situé dans un mini-parc privé où il faut acquitter un droit d'entrée (10 Rls, remboursé si l'on mange au resto). La plus belle terrasse de la région pour son panorama sur la falaise et sa chute d'eau de l'Amour. Fort bonne cuisine à prix raisonnables. Spécialités de *mojica de pintado* et *feijoada amanhecida* (le dimanche).

QUITTER LE MATO GROSSO ET LE MATO GROSSO DO SUL

En avion

➢ Liaisons quotidiennes vers São Paulo depuis Cuiabá et Campo Grande. Liaisons vers Rio, Iguaçu, Florianópolis... toutes via São Paulo. Fréquences régulières avec la *TAM* : • tam.com.br •

En bus

➢ Pour toutes les destinations du nord au sud du Brésil, mais aussi vers la Bolivie (via Corumbá) depuis Campo Grande et vers l'Amazonie depuis Cuiabá. À Cuiabá comme à Campo Grande, grandes gares routières avec de nombreuses compagnies brésiliennes.

LE SUD

La région sud comprend trois États : le Paraná, avec pour capitale Curitiba, le Santa Catarina, dont la capitale est Florianópolis, et le Rio Grande do Sul, avec pour capitale Porto Alegre. C'est toute la partie, notamment côtière, du pays qui s'étend de l'État de São Paulo jusqu'aux frontières argentine et uruguayenne. Moins connue des touristes européens, la région sud recèle pourtant plusieurs sites remarquables : *Foz do Iguaçu,* avec ses grandioses chutes d'eau aux confins du Paraguay et que le Brésil partage avec l'Argentine, l'*île de Florianópolis,* à la fois touristique et relativement préservée, sans parler des *serras da Graciosa* et de *Morretes,* connues pour leurs randonnées dans la forêt tropicale, ni même de *Paranaguá* et l'*ilha do Mel,* aux dizaines de plages paradisiaques. Pas encore défigurée par le tourisme de masse, la côte du Paraná et du Santa Catarina est l'une des plus belles et des plus exubérantes du Brésil. La *serra do Mar,* cette chaîne montagneuse qui longe le littoral depuis l'Espírito Santo jusqu'au Santa Catarina, atteint ici des sommets de 2 000 m avec une végétation (la *Mata Atlântica,* ou forêt atlantique) qui mêle les espèces tropicales et subtropicales, pour se couvrir dans le Santa Catarina d'essences de type méditerranéen.

Le Sud est la région la plus riche et la plus développée du Brésil, grâce à une agriculture prospère et à une industrie de transformation très équilibrée. La misère y est donc moins flagrante que dans le reste du pays. Terre d'élection des immigrants d'Europe centrale au Paraná, d'Allemagne dans le Santa Catarina et d'Italie au Rio Grande do Sul, c'est un pays d'agriculture fruitière d'espèces tempérées (abricots, pommes, pêches, raisins), de légumes, de soja, de maïs, de tabac... C'est notamment au Paraná que vous trouverez ce tabac extraordinaire, le *fumo de rolo* ou *fumo de corda,* composé de feuilles de tabac tressées en cordes épaisses que l'on achète comme de la saucisse, au poids. On défait le tabac avec les doigts dans le creux de la main, pour le rouler ensuite dans des feuilles de maïs préparées à cet effet... Ici naquit aussi l'utilisation du *maté,* cette herbe empruntée par les jésuites aux Indiens guaranis pour en faire l'infusion nationale.

Dans la région, on boit le très particulier *maté de chimarão* (voir la rubrique « Boissons » du chapitre « Hommes, culture et environnement »). C'est aussi traditionnellement une région de grands élevages, de bœufs et de chevaux. Les gauchos des grandes plaines du Rio Grande do Sul ont d'ailleurs fait la réputation de la région, dignes des meilleurs cow-boys et maîtres du lasso. Dans les villages du sud du Brésil (Santa Catarina compris), il n'est pas rare d'assister à de grands rodéos ou fêtes de la bière (la deuxième du monde en importance après celle de Munich). Une autre facette du Brésil ! Et dans ce pays d'éleveurs, la viande rôtie ou grillée à la broche, le fameux *churrasco,* est une véritable institution.

POUR MATER LE CHOLESTÉROL !

Une étude menée en 2007 par la très sérieuse université de l'Illinois observe une augmentation du taux de l'enzyme paraoxonase -1 (un antioxydant cardio-protecteur, pour les non-biologistes !) chez les buveurs de maté. Or cette enzyme accroît le taux du bon cholestérol, et lutte contre le mauvais ! Préparer cette boisson de manière traditionnelle, c'est-à-dire en versant de l'eau chaude à plusieurs reprises sur 50 à 70 g de feuilles de maté, permet d'extraire les anti-oxydants – dont l'enzyme en question – lentement, en préservant leurs propriétés. Si vous avez abusé de churrasco, vous savez ce qu'il vous reste à faire : sus à la calebasse !

– *À savoir :* dans toute cette région sud, la haute saison, en ce qui concerne l'affluence et les prix des hébergements, court de décembre à avril soit, en gros, de Noël à Pâques.

LES CHUTES D'IGUAÇU (FOZ DO IGUAÇU) ET PUERTO IGUAZÚ (ARGENTINE)

258 400 hab. IND. TÉL. : 45 et 03757

Un des ensembles de chutes parmi les plus connues au monde et certainement aussi parmi les plus impressionnantes. Elles doivent leur nom, *Iguaçu,* au guarani : « eau grande » en langue indienne. Plus de 200 chutes se pressent sur un front de 2,5 km dans un site exubérant de végétation tropicale, classé au Patrimoine mondial de l'Unesco depuis 1986. Les cascades étagées se jettent les unes dans les autres, tantôt en de minces filets perçant au travers d'une végétation touffue, tantôt en de larges et hautes chutes (jusqu'à 72 m de hauteur) qui déversent à la seconde des milliers de litres d'eau dans un grondement assourdissant. Pour vous faire une idée, elles servirent de décor naturel pour le célèbre film *Mission* (voir « Cinéma » dans « Hommes, culture et environnement »).
On peut aller admirer les chutes tout au long de l'année, mais en septembre, le bon équilibre des eaux permet de voir les chutes non comme un bloc, mais bien découpées. Et c'est le début du printemps !
Quant à Foz do Iguaçu, cette ville moderne sans grand intérêt et ses 270 000 habitants vivent de l'intense passage frontalier commercial avec Ciudad del Este au Paraguay. C'est là que les camelots viennent se fournir en produits populaires hors taxes (sacs, cuirs, quincaillerie, cigarettes, électronique, etc.) qu'ils revendent sur les marchés du Brésil entier.
Mais, depuis longtemps, la deuxième activité provient du tourisme international en visite sur les cascades.
– On n'y reste généralement pas plus de deux nuits. Évitez les week-ends pendant lesquels le site est vraiment surchargé.

UN PEU DE LÉGENDE

Selon les Indiens caingangues, le roi des dieux Tupá aurait envoyé son fils, M'Boi, le dieu-serpent, pour veiller sur leur tribu. M'Boi vivait sur le fleuve Paraná. Le chef de la tribu, Igobi, avait une fille, Naipi, très belle et promise au dieu M'Boi, qui en était éperdument amoureux. Mais un guerrier de la tribu, nommé Tarobá, était l'amant de Naipi. Le jour des noces de M'Boi et Naipi, les amants s'enfuirent en canoë sur le fleuve. Le bruit des rames alerta le dieu M'Boi, lequel, furieux, donna un grand coup de queue, qui provoqua une énorme crevasse dans laquelle tombèrent les amants. Naipi fut transformée en un grand rocher au pied des chutes et est perpétuellement soumise à la force du fleuve. Tarobá est devenu un palmier qui surplombe les chutes, contemplant pour l'éternité son amour, sans pouvoir jamais l'approcher. Sous ce palmier se trouve une grotte, dans laquelle se cache le dieu M'Boi qui rit du malheur des amants. Mais son rire est étouffé par le fracas des chutes. On peut voir très distinctement le palmier et on devine le rocher.

Arriver – Quitter

En bus

Rodoviária *(hors plan par B1) : av. Costa e Silva, km 7.* ☎ *35-22-25-90.* Petit bureau d'infos touristiques. Juste à côté, bureau des AJ. Également 3 points de vente des billets en centre-ville (voir plus loin « Adresses utiles »). Internet, pharmacie et consigne à bagages *(tlj 6h-22h)*.

➢ ***Rio :*** 1 500 km ; 23h de trajet. Env 7 bus/j. dans les 2 sens, avec *Kaiowa* (☎ *35-22-10-80,* • *kaiowa.com.br* •) ou avec *Pluma* (☎ *35-22-25-15,* • *pluma.com.br* •).

➢ ***São Paulo :*** 1 100 km ; 16h de trajet ; env 6 bus/j. dans les 2 sens, avec *Kaiowa* et *Pluma*.

➢ ***Buenos Aires :*** 1 bus/j. direct, vers 12h, avec *Pluma* (siège ordinaire et pas de repas). Et pour le même prix, 1 bus/j. avec *Crucero del Norte* (☎ *35-73-10-32,* • *crucerodelnorte.com.ar* • ; siège inclinable, dîner et petit déj). Trajet : env 12h.

➢ ***Curitiba :*** 8-10 bus/j., 7h-21h30, avec *Catarinense* (☎ *32-22-20-50,* • *catarinense.net* •). Trajet : 4h30.

➢ ***Florianópolis :*** env 8 bus/j. avec *Catarinense, Pluma, Reunidas* (☎ *35-22-28-08,* • *reunidaspaulista.com.br* •) et *Helios* (☎ *35-73-18-77*). Trajet : 14h.

➢ ***Campo Grande (Pantanal do Sul) :*** 6 bus/j. avec *Helios, Nova Integração* (☎ *35-22-29-97,* • *novaintegracao.com.br* •) ou *Medianera* (☎ *35-22-79-34*). Trajet : 15h.

Terminal de bus urbains *(TTU ; plan A1,* ***1****)* ***:*** *à l'angle de l'av. Tancredo Neves et de l'av. República Argentina. Plusieurs arrêts dans le centre, sur l'av. J. Kubitschek.*

➢ Le bus n° 400 relie les chutes au terminal TTU en passant par l'aéroport (ttes les 20 mn, 5h30-minuit).

– Départ de tous les bus pour la visite des chutes côtés brésilien et argentin. Pour se rendre à Puerto Iguazú, bus urbain gris à prendre rua Mem de Sá, au niveau du n° 94. Départ ttes les 30 mn, 7h30-19h30 env (30 mn de trajet, plus 20 mn de passage en douane). Descendre au terminus urbain de Puerto Iguazú, où l'on trouvera les bus desservant les chutes côté argentin.

– Bus pour le Paraguay également, de l'autre côté de la rue.

En avion

✈ ***Aéroport international*** *(hors plan par B3)* ***:*** *rod. das Cataratas, km 16,5.* ☎ *35-21-42-00. À 15 km du centre.* On y trouve un petit office du tourisme *(tlj de 9h jusqu'au dernier vol)*, des distributeurs *Banco do Brasil, Bradesco* et *Santander* (*Visa* et *MasterCard*) et des comptoirs de toutes les grandes compagnies de location de voitures.

➢ Vols tlj depuis et vers ***Rio, Curitiba*** et ***São Paulo,*** et vers les grandes villes du Nord via São Paulo.

➢ ***Pour gagner le centre-ville :*** pour le centre et le terminal des bus urbains TTU, bus n° 120 direction *Centro-TTU* (ttes les 20 mn, 5h25-0h40). Pour la gare routière, bus n° 120 jusqu'au terminal TTU, puis bus *Rodoviária*. Pour l'accès des chutes, bus n° 120 mais direction *Parque Nacional*. Également le bus n° 400, qui relie les chutes au terminal TTU en passant par l'aéroport (ttes les 20 mn, 5h30-minuit). Les taxis sont chers (comptoir de prépaiement dans l'aéroport, env 37 Rls), car le centre est assez loin. Une solution, si vous avez réservé un hôtel : leur demander de vous envoyer un taxi, c'est en général moins cher.

Organiser sa visite

Le tracé frontalier au milieu du rio Iguaçu attribue la plus grande partie des chutes à l'Argentine. Quant au côté le plus spectaculaire et le plus propice à la visite, les avis divergent. On a une vision plus globale depuis la rive brésilienne, avec quelques passerelles impressionnantes au milieu des chutes d'eau (douche garantie) et de superbes vues panoramiques. La rive argentine permet de s'enfoncer d'un peu plus près dans la nature environnante et de dominer tout le site, avec le spectacle hallucinant de la gorge du Diable et de ses 90 m de haut. Compter environ 2h de visite du côté brésilien et au moins 5h en Argentine. Essayez donc les deux ! De toute façon, on ne s'en lasse pas.

Ceux qui voyagent en voiture peuvent passer d'un pays à l'autre sans aucun problème d'intendance. Il faudra demander simplement à l'agence de location une autorisation spéciale (gratuite) pour traverser la frontière (vous aurez ainsi droit d'aller jusqu'à une vingtaine de kilomètres de la frontière argentine). Par contre, pas de possibilité de passer au Paraguay avec une voiture de location. Parfois (selon les alertes d'épidémies), on vous demandera au passage de la frontière de descendre de la voiture afin de désinfecter vos semelles sur une sorte de mousse pour lutter contre la fièvre aphteuse. N'oubliez pas votre passeport, il sera tamponné à l'aller et au retour. Les chutes, côté argentin, se trouvent à 19 km de la frontière après la ville de Puerto Iguazú.
Pour les autres, passer par une agence de voyages peut s'avérer un gain de temps précieux. Bien sûr, c'est plus cher qu'en bus, mais vous éviterez les problèmes de connexion démentiels et les longues files d'attente entre les côtés brésilien et argentin. Si vous souhaitez faire la visite par vos propres moyens, il vous faudra au minimum une journée et demie pour découvrir les trois points d'intérêt (côté brésilien, côté argentin et le barrage d'Itaipu). Nous vous conseillons alors de combiner les deux côtés des chutes le premier jour et le barrage le lendemain matin. Si vous n'avez qu'une journée, cela va de soi : laissez tomber le barrage !

Où séjourner ?

Les avis sont partagés entre Puerto Iguazú et Foz do Iguaçu. Séjourner du côté brésilien (Foz, donc) était bien moins cher avant la crise argentine, mais ce n'est plus le cas. De plus, outre les nombreuses liaisons vers le barrage d'Itaipu, les possibilités d'excursions côté brésilien sont moins nombreuses. Reste la solution de passer la première journée et la nuit côté brésilien, et la matinée ou la journée du lendemain côté argentin. La petite ville de Puerto Iguazú (30 000 habitants) est charmante et plus calme, et la latérite qui imprègne tout, y compris vos affaires, lui donne une étrange couleur rouge. Cependant, pour la plupart, les avions pour Foz do Iguaçu arrivent en fin d'après-midi ou tard le soir et vous contraignent à passer deux nuits sur place pour effectuer la visite complète...

Adresses utiles

À Foz do Iguaçu *(ind. tél. : 45)*

Informations, poste et télécommunications

Offices du tourisme : • *fozdoiguacu.pr.gov.br* • *Dans le centre, praça Getúlio Vargas (plan A2 ; ☎ 35-21-14-55), tlj 7h-23h, accueil très efficace. À la rodoviária (hors plan par B1), tlj 6h30-18h30 ; À l'aéroport, tlj de 9h jusqu'au dernier vol. À la station des bus TTU (plan A1, **1** ; ☎ 35-23-79-01), tlj 7h-19h.* Plan de la ville et du parc national d'Iguaçu.

Téléphone d'infos en anglais et espagnol : *☎ 0800-45-15-16 (gratuit). Tlj 7h-23h.*

Poste *(plan A2) : praça Getúlio Vargas, s/n ; à l'angle de l'av. J. Kubitschek et de la rua Rio Branco. Lun-ven 8h-17h, sam 8h-12h.*

Jinius *(plan A1, **2**) : av. Brasil, 34. ☎ 35-72-00-78. Lun-ven 9h-21h, dim 9h-20h30.* Le plus proche du terminal de bus TTU.

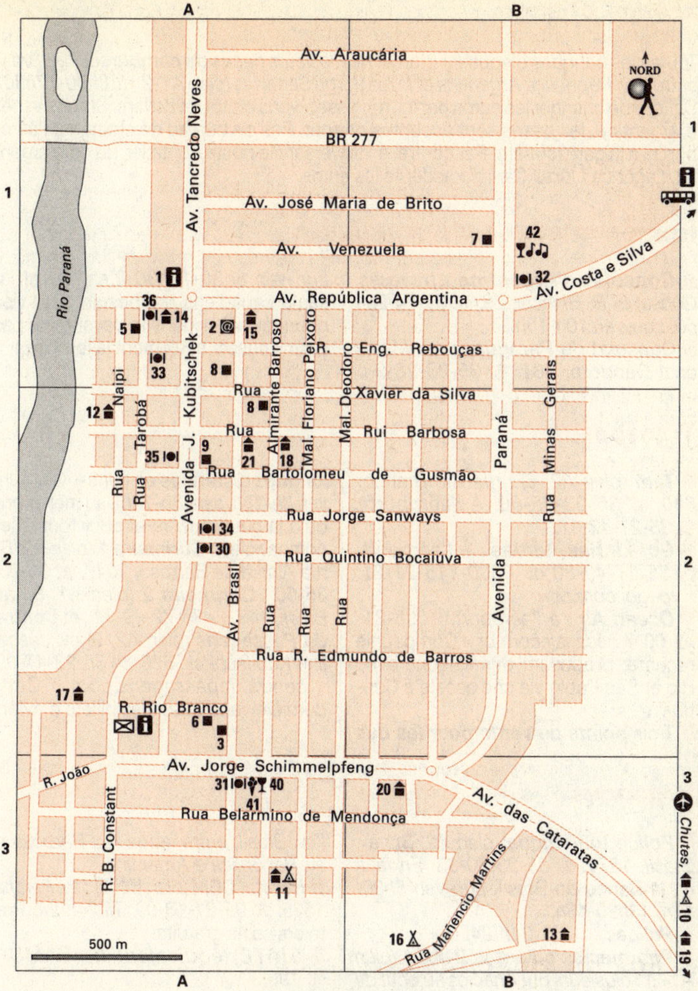

FOZ DO IGUAÇU

Adresses utiles

- Offices du tourisme
- Poste
- Rodoviária
- 1 Terminal de bus urbains (TTU)
- 2 Jinius
- 3 Police touristique
- 5 Jaha Iguassu Explorer
- 6 Tam
- 7 Hôpital CEM
- 8 Corimeira 1 et 2
- 9 Central de Passagens

Où dormir ?

- 10 Albergue Paudimar Campestre (AJ)
- 11 Albergue Paudimar Centro (AJ)
- 12 Pousada de Laura
- 13 Pousada Evelina Navarrete
- 14 Hotel Tarobá Express
- 15 Villa Canoas
- 16 Camping internacional Piscina do Bosque
- 17 Hotel Ilha de Capri
- 18 Hotel San Diego
- 19 Tropical das Cataratas Eco Resort
- 20 Hotel Rouver
- 21 Danni Hotel

Où manger ?

- 30 Tropicana
- 31 Emporio da Gula
- 32 Cataratas JL
- 33 Buffalo Branco
- 34 Nissei
- 35 Boi na Brasa
- 36 Chef Lopes

Où manger une glace ? Où boire un verre ? Où sortir ?

- 40 Capitão
- 41 Oficina do Sorvete
- 42 Ono Teatro Bar

Argent, change

Toutes les banques disposent d'un ATM. *Plusieurs* **casas de cambio** *sur l'av. Brasil entre l'av. República Argentina et la rua Jorge Sanways (plan A1-2 ; tlj 8h30-17h30).* Difficile de changer les euros par ici, munissez-vous plutôt de dollars. Si vous venez d'Argentine, les pesos sont acceptés partout. Pas de bureau de change à l'aéroport ni à la gare routière. Par contre, en traversant le poste frontalier, du côté argentin, l'agence *Libres Cambio* accepte les euros.

Représentations diplomatiques

■ ***Consulat d'Argentine :*** *travessa Consul E. R. Bianchi, 26. ☎ 35-74-29-69. Lun-ven 10h-15h.*
■ ***Consulat du Paraguay :*** *rua Marechal Deodoro, 901. ☎ 35-23-28-98. Lun-ven 8h30-17h30.* Les ressortissants canadiens ont besoin d'un visa pour séjourner dans le pays, mais pas pour y passer seulement la journée.

Transports

■ ***Tam*** *(plan A2,* ***6****)* ***:*** *rua Rio Branco, 640. ☎ 35-23-85-00. À l'aéroport : ☎ 35-21-42-41.*
■ ***Gol Linhas Aereas :*** *à l'aéroport. ☎ 35-21-42-30 ou 0300-115-21-21. • voegol.com.br •*
■ ***Ocean Air :*** *à l'aéroport. ☎ 35-21-42-00. • oceanair.com.br •* Compagnie récente, proposant des liaisons avec Rio et São Paulo via une escale à Curitiba.
■ Trois ***points de vente pour les bus longues distances*** en centre-ville *(lun-ven 8h-18h, sam 8h-12h)*, au même prix qu'à la gare routière et pour toutes les compagnies : **Corimeira 1** *(plan A2,* ***8****), rua Almirante Barroso, 2047, ☎ 35-23-35-50 ;* **Corimeira 2** *(plan A1,* ***8****), av. Brasil, 148, ☎ 35-72-49-72 ;* et **Central de Passagens** *(plan A2,* ***9****) av. Juscelino Kubitscheck, 526, ☎ 35-23-47-00. • centraldepassagens.com •* Cette dernière vend aussi des billets d'avion.

Urgences

■ ***Police touristique*** *(plan A2,* ***3****)* ***:*** *av. Brasil, 1374. ☎ 35-23-30-36. En face* de la Banco do Brasil. *Lun-ven 8h30-12h, 13h30-18h.*
■ ***Police :*** *☎ 153 (24h/24).*
■ ***Pharmacies ouvertes 24h/24*** *(plan A1-2)* ***:*** *plusieurs pharmacies au bout de l'av. Brasil, entre la rua Rui Barbosa et av. República d'Argentina.*
■ ***Hôpital CEM*** *(plan B1,* ***7****)* ***:*** *av. Paraná, 1525. ☎ 35-21-18-09. Tlj 24h/24.* Premiers soins gratuits.
■ ***SIATE*** *(équivalent du SAMU)* ***:*** *☎ 193.*

Divers

■ ***Hélisul :*** *rodovia das Cataratas, km 16,5. ☎ 35-29-74-74. • helisul.com • Survol des chutes en hélicoptère 9h-18h. Env 65 €/pers pour 10 mn de vol.* Mieux vaut avoir la chance d'être côté hublot. Cher, nuisible pour la faune et bruyant.
■ ***Jaha Iguassu Explorer*** *(plan A1,* ***5****)* ***:*** *rua Tarobá, 956. ☎ 35-23-14-84. • jahaiguassu.bio.br • En face de l'hôtel* Tarobá Express. Une agence de voyages qui propose des excursions aussi bien vers les chutes que des balades dans la forêt du Paraguay. Également des parties de pêche, ou le tour de la ville et des villages alentour. Très bien si vous n'avez pas envie de vous casser la tête pour organiser des excursions. Tarifs raisonnables.

À Puerto Iguazú *(Argentine ; ind. tél. : 03757)*

Adresses utiles

■ ***Bureau d'informations :*** *Victoria Aguirre, 311.* ☎ *42-08-00 ou 0800-55-50-297 (gratuit).* • *turismo.misiones.gov.ar* • *Tlj 7h-21h ; w-e, horaires plus restreints.* Demander le plan de la ville avec la liste des hébergements et leurs tarifs. Efficacité en fonction de l'employé de permanence. Vous avez intérêt à potasser votre espagnol.

✉ ***Poste :*** *av. San Martin, 780.*

■ ***Téléphone :*** *bureau des télécommunications, av. Victoria Aguirre, 146. Après* Los Cedros *(côté entrée de la ville).*

@ ***Internet :*** *à l'angle de Eppenset de Aguirre. Tlj 7h-minuit. Nombreux ordis. Un autre point internet à l'angle de Aguirre et de Ushuaia.*

■ ***Bureau de change Argecam Cambio :*** *av. Victoria Aguirre (angle Los Pinos). Tlj 8h-12h, 15h-19h. Un autre bureau* **Argecam** *sur l'av. Victoria Aguirre, en face du bureau d'infos touristiques.* Taux à peine plus défavorable que dans le reste de l'Argentine.

■ ***Banca de la Nacion :*** *av. Victoria Aguirre ; entre Schwart et Boseti.* Deux distributeurs extérieurs acceptent les cartes de paiement.

■ ***Hôpital :*** *av. Victoria Aguirre. Entre Ushuaia et Dra. Marta Schwart.* ☎ *42-02-88.*

■ ***Supermarché :*** *av. Victoria Aguirre (angle Balbino Brañas). Tlj 11h-22h.*

■ ***Terminal de bus principal :*** *à l'angle de Córdoba et Misiones.* ☎ *42-30-06.* C'est de là que partent ttes les heures les bus pour les chutes *(cataratas)* avec la Cie *El Practico.* Pour aller du côté argentin, départs 7h30-19h30. Au retour, 8h45-20h15. Pour le côté brésilien, 1er départ à 7h20. Compter 35 mn. Il faut changer de bus à Foz do Iguaçu (demander au chauffeur, il vous déposera au terminal de bus pour les *cataratas*). Même bus pour se rendre à La Aripuca ou à Guira Oga.

✈ ***Aéroport de Puerto Iguazú :*** *prendre la route des chutes.* Un bus par vol avec *Caracol.*

■ ***Bureau Austral :*** *av. Aguirre, à côté de l'office du tourisme.* ☎ *42-01-44.*

■ ***Aerolineas Argentinas :*** *à l'angle de Aguirre et Balbino Brañas.* ☎ *42-01-68 ou 94.* De 2 à 4 vols/j. pour Buenos Aires. Également quelques vols/sem pour Rio.

■ ***Consulat du Brésil :*** *El Mens.* ☎ *42-13-48.*

Agences de voyages

■ ***Aguas Grandes – Iguazú Forest :*** *entre Rios, 66.* ☎ *42-55-00 ou 42-11-40.* • *aguasgrandes.com* • *iguazuforest.com* • La meilleure agence de la région, qui propose treks en forêt tropicale, rappel dans des chutes, parcours aérien dans la canopée, canyoning, virées en 4x4, visites de villages guaranis, location de voitures, etc.

■ ***Agence Cuenca del Plata :*** *P. Amarante, 76.* ☎ *42-10-62 ou 42-33-00.* • *cuencadelplata.com* • Attenant à l'hôtel *Los Helechos.* Propose toute une palette d'excursions dans la région dont une vers le barrage d'Itaipu. Accueil chaleureux et prix corrects.

LE SUD

Où dormir ?

À Foz do Iguaçu

En basse saison et dans le centre, les prix peuvent être négociés, les touristes étrangers aisés ayant tendance à loger dans les complexes hôteliers près des chutes.

Campings

⛺ ***Camping internacional Piscina do Bosque*** *(plan B3,* ***16****) : rua Manêncio Martins, 21.* ☎ *et fax : 35-29-81-83. Après l'hôtel* Torrance. *Emplacement*

2 pers 25 Rls en hte saison. Bungalows env 50 Rls avec ventilo, 60 Rls avec AC. Très bon confort. Piscines, barbecue, snack, épicerie...

Voir aussi les deux AJ ci-dessous.

Bon marché (25-50 Rls / 10-20 €)

Albergue Paudimar Centro *(AJ ; plan A3, **11**) : rua Antônio Raposo, 820. ☎ 30-28-55-03. • paudimarfalls.com.br • Réception 24h/24 et bureau de résa à la gare routière, tlj 6h-18h. Nuitée 24 Rls/pers, doubles avec ou sans AC 55-65 Rls (petit déj inclus), et possibilité de planter sa tente (12 Rls/pers). Réduc avec la carte FUAJ.* Une petite AJ dans le centre avec des dortoirs de 6 lits. Internet gratuit. Petite piscine pour faire trempette, billard, salle de TV et jardin. Une super adresse pour faire connaissance.

Albergue Paudimar Campestre *(AJ ; hors plan par B3, **10**) : rodovia das Cataratas, km 12,5 (Remanso Grande). ☎ 35-29-60-61. • paudimar.com.br • De l'aéroport, bus « TTU Centro » jusqu'à l'hôtel* San Juan, *puis bus gratuit (Alimentador) ttes les 20 mn, 6h-19h20, sinon, marcher 15-20 mn. De la* rodoviária, *bus Integrado ; arrivé au terminus, prendre le bus gratuit « Aeroporto-Parque Nacional » jusqu'à l'hôtel* San Juan. *Nuitée 23 Rls/pers, doubles avec AC et sdb privée env 76 Rls, petit déj inclus (réduc avec la carte FUAJ). Buffet le soir 10 Rls.* En pleine nature. Dortoirs pour six, filles ou garçons ; 153 lits en tout. Piscine non chlorée, casiers sécurisés, Internet gratuit, salle TV, salle de jeux, activités sportives... Propose l'excursion aux chutes côté argentin en voiture, pour 25 Rls par personne (départ à 8h30, retour à 18h30). Une excellente auberge, à l'atmosphère vraiment conviviale. En plus, possibilité de camper dans le jardin d'un hectare.

Pousada de Laura *(plan A2, **12**) : rua Naipi, 671. ☎ 35-72-33-74. • pousadalaura@hotmail.com • Doubles avec sdb et ventilo env 30 Rls.* Chambres basiques, en cours de restructuration car l'agence *Jaha Iguassu Explorer* a repris l'affaire début 2008. Le quartier, à proximité de la rivière, pose toutefois quelques problèmes de sécurité.

Prix moyens (50-85 Rls / 20-34 €)

Pousada Evelina Navarrete *(plan B3, **13**) : rua Irlan Kalichewski, 171 (Vila Yolanda). ☎ 35-74-38-17. • pousadaevelina.com.br • Pas d'enseigne. Le bus n° 120 « Centro » a un arrêt devant le supermarché* Chemin, *à 500 m de la* pousada. *En venant du centre par l'av. Jorge Schimmelpfeng, 4e rue à droite ; maison jaune clair à 50 m sur la droite. Doubles 80 Rls, petit déj copieux inclus.* Evelina est adorable et très appréciée des routards. D'origine polonaise, elle parle le français, entre autres langues, et vous donnera de bons conseils. La maison n'a rien d'extraordinaire, mais elle est confortable avec AC et piscine. Transferts depuis l'aéroport, excursions... Beaucoup de touristes étrangers.

Hotel Rouver *(plan B3, **20**) : av. Jorge Schimmelpfeng, 872. ☎ 35-74-29-16. • hotelrouver.com.br • Presque à l'angle de l'av. das Cataratas. Doubles avec sdb 50-70 Rls, avec petit déj.* Une vingtaine de chambres avec TV, ventilo ou AC, prolongées d'un balcon pour certaines. Elles sont plus lumineuses et peintes dans les tons pastel dans la partie nouvelle, et moins chères, le charme du parquet en prime, dans la partie ancienne. Belle piscine au calme avec cascade. Internet, coffre-fort à la réception. Très bon accueil.

Villa Canoas *(plan A1, **15**) : av. República Argentina, 926. ☎ 30-28-66-52. • hotelvillacanoas.com.br • Doubles 85 Rls, avec AC et petit déj.* Déco dans les tons chauds avec des rideaux rouges et des tableaux abstraits jaune et orange. Internet. Chambres un peu petites, mais le tout est bien tenu.

Hotel Ilha de Capri *(plan A2, **17**) : rua Barão do Rio Branco, 409 (Centro). ☎ et fax : 35-23-16-85. À côté de la praça*

LE SUD

Getúlio Vargas. Doubles min 70 Rls (100 Rls en hte saison), petit déj-buffet compris (vraiment copieux) ; négociable à partir de 2 nuits. Hôtel élégant, assez moderne et joliment fleuri. Chambres confortables et belle piscine avec chaises longues. Accueil très serviable.

Plus chic (120-150 Rls / 48-60 €)

■ ***Hotel Tarobá Express*** *(plan A1, **14**) : rua Tarobá, 1048 (Centro).* ☎ *21-02-77-00.* • *hoteltaroba.com.br* • *Doubles min 140 Rls, petit déj-buffet inclus.* Établissement bien tenu. Accueil très sympa, chambres impeccables, petite piscine, Internet, resto 24h/24, salle de fitness et sauna. Une bonne adresse. Éviter toutefois de se balader le soir dans les rues qui descendent vers la rivière.

■ ***Danni Hotel*** *(plan A2, **21**) : av. Brasil, 509j.* ☎ *35-23-15-30.* • *dannihotel.com.br* • *Doubles 120 Rls, petit déj compris.* Hôtel moderne et central, d'une trentaine de chambres fraîches sans charme particulier. Confort correct : AC, TV câble, minibar. Bon accueil.

■ ***Hotel San Diego*** *(plan A2, **18**) : rua Almirante Barroso, 1864 (Centro).* ☎ *35-23-21-61.* • *sandiegohotel.com.br* • *Doubles env 150 Rls, petit déj-buffet inclus.* Bien situé, ce petit hôtel propose des chambres simples, avec des salles de bains très propres, un brin kitsch, dotées de grande douche. AC vieillotte, TV câblée et minibar. Petite piscine octogonale. Clientèle essentiellement brésilienne.

Très chic, aux premières loges...

■ ***Tropical das Cataratas Eco Resort*** *(hors plan par B3, **19**, et plan des Chutes) : rodovia das Cataratas, km 28.* ☎ *21-02-70-00.* • *tropicalhotel.com.br* • *Doubles 215-270 € selon la catégorie (standard, supérieur et deluxe) et la saison.* Dans le *parque nacional do Iguaçu*, pile en face des chutes ! Si vous y allez en bus (dernier départ à 17h !), prendre le « Parque Nacional ». Taxi très cher, même de l'aéroport. Prix d'entrée du parc, valable tout le séjour : 20,15 Rls. L'hôtel est une grande bâtisse de style néocolonial, à la façade rose bonbon... C'est vrai qu'il est bien situé, ce palace : aux premières loges ! Tous les avantages d'un grand hôtel : piscine, tennis, resto, bar chic... et accueil professionnel. Chambres standard en revanche un peu quelconques pour le prix. Mais ne boudons pas notre plaisir ! Le matin, vous êtes à 50 m de l'accès aux chutes, en pleine forêt atlantique. Tour d'observation panoramique pour profiter du spectacle à toute heure. Les équipements sont aux normes environnementales ISO 14.001 en vigueur en Amérique latine.

À Puerto Iguazú *(Argentine)*

Les pensions et hôtels sont vite pleins en saison. Ne pas arriver trop tard. Si les adresses qui suivent sont complètes, se rabattre sur la liste des bureaux du tourisme. Dans l'ensemble, les prix sont moins élevés que du côté brésilien, depuis la chute du peso argentin. Plein de bonnes adresses dans le centre-ville.

Bon marché (moins de 70 $Ar / 17 €)

■ ***Hostel Inn :*** *RN 12, km 5. Juste à l'extérieur de la ville direction chutes et aéroport.* ☎ *0800-444-0483 (gratuit) ou 42-18-23.* • *hostel-inn.com* • *Nuitée en dortoir (bungalows de 12 pers avec cuisine, draps inclus) dès 40 $Ar, doubles 180 $Ar, certaines avec AC ; variations de prix saisonnières.* Grande AJ (affiliée à *Hostelling International*) de 36 chambres dans un parc de 3 ha. Piscine, resto, Internet, laverie, terrains de sport, vélos, barbecue, soirées thématiques. Pas de couvre-feu. Bref, l'endroit idéal pour faire des rencontres internationales.

Hostel y Posada Peter Pan : *Córdoba, 267. ☎ 42-36-16. • peterpanhostel.com • À un bloc de la station de bus. Nuitée 25-35 $Ar/pers sans petit déj.* Sympathique petite AJ. Autour d'une petite piscine à bulles avec chaises longues et hamacs, des chambrettes à lits superposés pas très grandes, mais bien tenues. Les meilleures ont TV et AC. Un gentil désordre dans les parties communes. Cuisine et barbecue. Ambiance plaisante pour nos jeunes lecteurs.

Hostel Corre Caminos : *Paulino Amarante, 48. ☎ 42-09-67. • cchostel.com.ar • En dortoirs de 8 lits, 22-25 $Ar/pers ; doubles avec sdb 80 $Ar sans petit déj.* Une petite AJ à l'ambiance internationale. Cuisine à dispo, hamacs, mini-piscine, laverie. Internet gratuit. Au bar, deux *caïpirinhas* pour le prix d'une de 18h à 21h. Barbecue tous les soirs.

Hostel Park Iguazú : *Paulino Amarante, 111. ☎ 42-43-42. • hostelparkiguazu.com.ar • À 2 blocs du terminal des bus. Nuitée env 25 $Ar/pers, avec AC et petit déj.* Chambres de 2 à 4 personnes avec salles de bains toutes neuves, dans des petits blocs en brique bien propres, avec lits superposés. Cuisine, laverie, TV, piscinette et pelouse pour faire bronzette... Internet et transferts aéroport.

Hostel Sweet Hostel : *El Mensú, 38. ☎ 42-43-36. • hostelsweethostel.com.ar • Nuitée env 20 $Ar/pers, doubles avec sdb et petit déj 70 $Ar.* Cuisine, laverie, TV et mini-piscine. Une autre petite AJ privée à un bloc du terminal des bus. Le moins attractif dans sa catégorie, mais bonne ambiance. Environnement calme.

Hostería San Fernando : *Córdoba, à l'angle de Guarani. ☎ 42-14-29. • hosteriasanfernando@hotmail.com • Face au terminal des bus. Doubles 60 $Ar, avec sdb privée et ventilo, petit déj compris.* Petits bungalows autour d'un jardinet fleuri. Un peu bruyant, peut-être, à cause de la proximité du terminal des bus et de la rue. Bon accueil.

Residencial Noelia : *Fray Luis Beltran, 119. ☎ 42-07-29. • residencialfamiliarnoelia@yahoo.com • Doubles 60 $Ar, petit déj compris.* Dans le plus charmant quartier de la ville. Quelques chambres sans éclat mais propres, avec salle de bains, situées derrière la maison des propriétaires. AC mais pas de TV. Accueil souriant et chaleureux. Petit jardin ombragé très agréable.

Prix moyens (70-110 $Ar / 17-27 €)

Hotel Lilian : *Fray Luis Beltran, 183. ☎ 42-09-68. À 250 m du terminal des bus. Doubles 95-115 $Ar avec petit déj.* Toutes les chambres sont équipées d'AC et de TV. Les plus chères sont plus grandes et disposent d'un petit balcon. Excellente petite adresse familiale, claire et d'une grande propreté, recommandée par de nombreux lecteurs, et ils ont raison. Super accueil et prix raisonnables. Vraiment bien.

Residencial Rioselva : *San Lorenzo, 140. ☎ 42-15-55. Du terminal des bus, prendre Córdoba, puis 3e à droite. Doubles 70 $Ar.* Une des meilleures adresses de la ville. Chambres confortables et grande pelouse généreuse. Dans un coin, une adorable petite piscine, et, dans un autre, un barbecue pour vos grillades. Un lieu paisible et calme. On s'y sent vite chez soi. Un excellent rapport qualité-prix.

Hostería Los Helechos : *Paulino Amarante, 76. ☎ et fax : 42-03-38. • hosterialoshelechos.com.ar • Derrière l'*Hotel Saint-George, *à un bloc du terminal des bus. Doubles 75-100 $Ar, petit déj inclus.* Dans une enceinte calme et agrémentée de belles plantes, des chambres correctes autour d'un patio. Un peu sombre pour celles du rez-de-chaussée. Piscine entourée de murs. Accueillant, sans plus. Restaurant à prix compétitifs.

Residencial Paquita : *Córdoba, 158. ☎ 42-04-34. • residentialpaquita@hotmail.com • En face du terminal des bus. Doubles 80 $Ar, avec ventilo ou AC.*

Fonctionnelles, sans charme, mais propres quoique un peu humides. Jardin fleuri à l'avant. Tenu par une petite dame prévenante.

Chic (110-180 $Ar / 17-44 €)

Hostel & Posada Los Troncos : *San Lorenzo, 132. ☎ 42-43-37. • hotellostroncosiguazu.com • Apparts 5 pers 150 $Ar avec petit déj.* Une bonne adresse au calme pour les familles et les petits groupes. Petits apparts simples mais joliment décorés avec cuisine équipée, micro-ondes, frigo, AC et TV. Internet. Piscine de belle dimension, le tout dans un cadre de verdure au calme. Un bon rapport qualité-prix, comme son voisin *Rioselva*.

Beaucoup plus chic (plus de 180 $Ar / 44 €)

Hotel Saint-George : *Córdoba, 148. ☎ 42-06-33. • hotelsaintgeorge.com • Doubles 348-405 $Ar avec petit déj-buffet copieux. Promo sur les séjours de plusieurs nuits en ½ pens.* Bien bel hôtel qui disperse ses chambres rénovées autour d'une piscine à l'eau propre. Verdure, transats... Deux types de chambres, les *standard* et les *especiales*, situées pour certaines à l'étage surplombant la piscine. Accueil pro. Le resto, *La Esquina*, propose souvent un buffet le soir, avec de bonnes salades mais des plats chauds plutôt médiocres.

Hotel Cataratas : *ruta 12, km 4. ☎ 42-11-00. • hotelcataratas.com • À 4 km du centre d'Iguazú, sur la route des chutes. Doubles 544-786 $Ar selon saison, tt inclus.* Bâtiment moderne assez bétonné du dehors, mais intérieur chaleureux : pièces spacieuses et confortables. Magnifique piscine, tables de ping-pong, billard, tennis, sauna, spa, etc. Un des hôtels chic de la ville mais dont la 5e étoile est un peu usurpée.

Hotel & Lodge Esturión : *av. Tres Fronteras, 650. ☎ 42-01-00. • hotelesturion.com • Doubles 350-510 $Ar selon confort, vue et saison, avec petit déj somptueux.* Luxe, calme et volupté à prix (relativement) abordables à proximité du confluent des rios Paraná et Iguazù. Décoration harmonieuse. Multitude de services, tennis, vaste piscine, sauna et massages. Restaurant de bonne réputation.

Où manger ?

À Foz do Iguaçu

Vous trouverez surtout des *churrascarias* plutôt chères accueillant des groupes et des restos proposant des buffets bon marché et reconstituants à midi. Entre les deux, peu de choix. Si vous disposez d'un peu de temps et êtes à la recherche d'un peu d'originalité, la nouvelle galerie marchande *Cataratas JL (plan B1, **32**)*, située à l'angle des avenues Costa e Silva et Paraná dispose d'une *praça de alimentação* au dernier étage (tout un étage de resto, donc) avec des spécialités du Moyen-Orient, un fast-food végétarien avec de bons jus de fruits frais, ou encore des hamburgers. Prix intéressants.

Bon marché (moins de 15 Rls / 6 €)

Tropicana *(plan A2, **30**) : av. JK, 228. Prix défiant toute concurrence : 7 Rls le buffet (salades, légumes, 2 plats de viande en sauce, dessert), 12 Rls avec viandes grillées à volonté.* Qui dit mieux ? Une vraie bonne affaire, et les Brésiliens ne s'y trompent pas. Ça débite ! Le soir, l'éclairage blafard laisse à désirer, mais, le midi, la salle ouverte sur l'extérieur est plutôt agréable. L'un des meilleurs rapports qualité-prix de la ville, tout simplement !

Nissei *(plan A2, **34**) : travessa Julio Pasa, 94, angle av. JK. ☎ 35-23-31-21. En face de* Tropicana. *Tlj, à midi slt. Buffet 6 Rls.* Salle climatisée agréable avec baies vitrées, appréciable et appréciée par temps chaud. Le nom japonais de ce self se traduit dans l'assiette par des plats de *sukiyaki, yakisoba* et autres *sushi*, qui complètent le buffet plus brésilien déjà assez varié (légumes, viandes et poissons).

Prix moyens (15-30 Rls / 6-12 €)

Boi na Brasa *(plan A2, **35**) : av. JK, 439. ☎ 35-23-58-58. Tlj midi et soir. Buffet* rodizio *12 Rls, sinon à la carte, plus cher.* Encore un petit resto central proposant la formule de viandes grillées à volonté. Si la salle ne paie pas de mine, les viandes sont de bonne qualité et le service aimable.

Emporio da Gula *(plan A3, **31**) : av. Brasil, 1441. ☎ 35-74-61-91. À l'angle de l'av. Jorge Schimmelpfeng. Mar-sam 18h-minuit, dim 12h-18h.* Ce resto branché est connu pour ses barbecues à partager à plusieurs. On choisit une viande qui arrive sur une énorme pique *(espetos)* accompagnée de salades, riz, légumes et sauces. Très convivial. Vaste terrasse en bois bien plaisante.

Un peu plus chic (autour de 40 Rls / 16 €)

Chef Lopes *(plan A1, **36**) : av. República Argentina, 632. ☎ 30-28-35-31. À l'angle avec la rua Tarobá, proche du terminal TTU. Tlj midi et soir. Carte slt.* La salle intérieure est vaste, tout en bois et dans les tons vert anis. La terrasse reste une option pour le soir quand le trafic automobile se fait plus calme. Menu composé de pâtes, soupes, risottos, viandes et poissons. L'un des rares restos servant du canard ou encore la *moqueca de surubi* (poisson). Pas mal de viandes rouges : la *picanha* est un bon choix, tout comme le *carré de javali* (sanglier). Portions vraiment copieuses et bonne cave, ça change ! Service pro.

Buffalo Branco *(plan A1, **33**) : rua Eng. Rebouças, 530 (à l'angle de la rua Tarobá). ☎ 35-23-97-44. Lun-sam 12h-22h30. Prix unique : 45 Rls/pers.* Le buffet est remarquable de variétés de légumes tropicaux, de *farofas*, de *pirão*, de salades, de jardinières... C'est le principe du *rodizio* (tout à volonté). Les viandes de bœuf – 5 variétés –, de porc, les volailles, l'agneau et même les rognons ou les cœurs, tous rôtis à la broche, sont excellents. Très touristique cependant.

Dans le parc

Chutes côtés brésilien et argentin : quelques ***kiosques à sandwichs*** et boissons, au départ des sentiers, au pied des passerelles ou aux stations de train. Pour dépanner.

Porto Canoas *(plan Chutes d'Iguaçu) : ☎ 35-21-44-00. Mar-dim 12h-16h. Le midi, buffet à volonté 50 Rls.* Après avoir remonté la gorge du Diable, on atteint ce self-service, varié et cher sans être génial, mais qui a le mérite d'être le seul vrai resto du parc. Gardez une place pour les desserts, pas mal du tout. Le mieux est de s'installer en terrasse.

Côté argentin, on peut se restaurer à divers kiosques qui proposent de la restauration rapide ou au ***fast food Dos Hermanas*** près du *Viejo Hotel* et de la tour d'observation en forme de phare. La meilleure formule pour bien déjeuner sans trop se ruiner est juste à côté, par le buffet à 32 $Ar du resto-rotonde ***Fortin,*** à l'articulation des circuits inférieur et supérieur. On peut aussi y déguster d'excellentes viandes à la *parrilla.*
Pour être complet, il y a aussi le très chic et très laid ***hôtel Sheraton Iguazú*** où on conseille la formule buffet, à 80 $Ar (moins de 20 €), complète et de qualité. Mais ne pas prendre le buffet plus le plat chaud, qui fait monter l'addition.

Dans tous les cas, si on veut faire des économies, mieux vaut prévoir un petit casse-croûte acheté à Puerto Iguazú et de quoi boire avant les visites.

À Puerto Iguazú (Argentine)

Bon marché (moins de 20 $Ar / 5 €)

El Charro : *av. Córdoba, 106. ☎ 42-15-29. Tlj midi et soir.* Pour dîner, on choisit entre la salle et la terrasse. Au menu, brochettes géantes et viandes succulentes. Salades généreuses pour les accompagner. Également un menu touristique. Petit concert bien agréable le soir, vers 21h. Bon rapport qualité-prix.

Panificadora Real : *face au terminal des bus, sur Córdoba, à l'angle de Guarani. Tlj 7h30-21h30 (un peu plus tôt le w-e).* On vous conseille de faire vos courses dans cette supérette pour pique-niquer au bord des chutes : pain, fromage, charcuterie, etc. Très pratique.

Prix moyens (20-30 $Ar / 5-7,30 €)

Parrilla El Patio : *av. Aguirre, 211. Tlj midi et soir.* Parrilla *à volonté 25 $Ar, buffet de crudités et* empanadas *inclus.* Grand hangar de tôle, sol en ciment, chaises en plastique. Adresse populaire où les touristes viennent profiter de l'aubaine et se gaver de belles tranches de viande, de saucisses et de tripaille. Vins tout à fait convenables et bon marché. Musicos certains soirs.

El Quincho del tío Querido : *Bonpland, 110. ☎ 42-01-51. Juste à gauche de l'hôtel* Libertador. Ambiance relax et cuisine honnête à prix raisonnables. Propose un menu touristique tout compris. Voici quelques spécialités de la maison : *bife de chorizo a la pimienta, surubi* (poisson du fleuve) au roquefort (si, si !). Show musical le soir à partir de 21h et, dans le jardin, toboggans et autres jeux pour les bambins.

La Rueda : *Córdoba, 28. ☎ 42-09-55. Tlj midi et soir.* Le resto du coin (en dehors des hôtels) avec sa terrasse de poche, sa déco de bambou et son ventilo. Il nous a semblé victime de son succès. Cuisine pas très relevée et service approximatif. Bons vins tout de même : l'*Uxmal* nous a ravis.

Pizza Color : *av. Córdoba, 135. ☎ 42-02-06. Repas complet env 50 $Ar, boisson comprise.* Cadre agréable : salle intérieure climatisée et grande terrasse installée sur une placette devant le resto. Au menu, pizzas et grillades. Hélas, les prix ont une tendance à grimper et le service devient vite arrogant. Musique folklorique certains soirs.

LE SUD

Où manger une glace ? Où boire un verre ? Où sortir ?

À Foz do Iguaçu

Oficina do Sorvete *(plan A3, **41**) : av. Jorge Schimmelpfeng, 244. Tlj 13h-minuit.* Plus d'une quarantaine de parfums de glaces, classiques ou plus originaux (coco brûlé, ananas au vin rouge, papaye-cassis...), avec tous les *toppings* possibles à rajouter. Grande terrasse très populaire.

Le soir, le centre reste animé très tard, surtout en fin de semaine. Bars et vastes *choperias* sont assiégés par une jeunesse festive qui conflue à l'heure de l'apéritif jusqu'à tard au **Capitão** *(plan A3, **40**) : au coin de l'av. Jorge Schimmelpfeng et de la rua Almirante Barroso.* Bières et verres de vin se boivent sur la grande terrasse surplombant la rue. L'animation bat ici son plein.

Ono Teatro Bar *(plan B1, **42**) : av. Paraná, à l'angle de l'av. Venezuela.*

☎ 30-27-57-00. • *onoteatrobar.com.br* • *Entrée : 15-20 Rls et selon les divers shows et spectacles.* L'endroit le plus en vue de Foz pour aller prendre un verre en compagnie de la jeunesse locale, assister à un concert ou se déhancher au rythme des variétés internationales.

À Puerto Iguazú (Argentine)

Café-resto-bar Angelo : *av. Brasil, 7.* Situation stratégique avec terrasse abritée dans ce bout de rue commerçante pour humer l'atmosphère nocturne (et diurne) de la ville. Bons jus de fruits frais mais aussi pizzas, salades et sandwichs.

La Reserva : *av. Tres Fronteras y Costanera.* ☎ *42-21-02. Bar et resto ouv tte la sem, disco jeu-sam minuit-6h.* Face au « point de vue des 3 frontières », un grand chalet avec une superbe terrasse. Agréable au coucher du soleil, mais aussi vers minuit-1h, lorsqu'on pousse les tables pour dégager la piste de danse. Alternance de DJs (musique latina, samba, dance, etc.) et de concerts. Ambiance parfois déchaînée : Argentins, Brésiliens et Paraguayens s'y retrouvent pour faire la fête.

La Barranka : *av. Costanera.* Tout près de *La Reserva* et dans le même style. Ambiance plus « pub » dans la salle mais, là aussi, terrasse pour admirer le long fleuve tranquille et la rive brésilienne et le Paraguay. Musique plus calme qu'à côté, mais même clientèle mélangée.

À voir

LES CHUTES DU CÔTÉ BRÉSILIEN

Parque nacional do Iguaçu : *BR 469, km 18.* ☎ *35-21-44-00.* • *cataratasdoiguacu.com.br* • *Tlj : oct-mars 9h-18h, avr-sept 9h-17h ; billetterie fermée 1h avt. Entrée : 20,50 Rls, transport compris (moins cher pour les Brésiliens).*
Pour ceux qui arrivent par avion à Foz et possèdent un petit bagage, possibilité d'aller tout de suite aux chutes : bus « Parque Nacional », en principe ttes les 20 mn. On peut aussi prendre ce bus du centre-ville, sur l'avenida Juscelino Kubitschek, ou au terminal de bus urbains (*plan A1,* ***1*** ; ttes les 30 mn env). Sinon, des taxis peuvent vous y conduire, mais c'est plutôt cher et il faut négocier. Si vous venez en voiture personnelle, parking 11 Rls.
Tous les visiteurs passent donc par l'entrée du parc pour se procurer un ticket. Petite expo géologique pour comprendre le fonctionnement des chutes. Ensuite, des bus *double-deck* conduisent les visiteurs jusqu'aux chutes, 5 km plus loin. Premier arrêt devant. Là, des sentiers s'enfoncent dans la végétation et longent la colline pour atteindre le clou du site : des passerelles qui s'avancent au-dessus de l'eau jusque sous les chutes, dirait-on, au milieu de la *gorge du Diable.* Un nuage permanent de vapeur d'eau vous enveloppe dans un grondement tout aussi permanent. Observez le ballet des oiseaux traversant les chutes. Tout autour de vous se déversent les eaux du rio Iguazú. Formées il y a 150 millions d'années, le nombre de chutes peut atteindre, en fonction du volume d'eau de la rivière, un total d'environ 300, mais elles se réduisent à moins de 20 dans les périodes d'étiage. Les « grands sauts » *(saltos)* sont au nombre de 19, dont 3 côté brésilien (*Floriano, Deodoro* et *Benjamin Constant*), les autres étant du côté argentin. La disposition des « sauts » (plus nombreux du côté argentin et donc tournés vers le Brésil) permet une meilleure observation depuis le Brésil. Après un grand virage et un cours rapide, le lit principal de la rivière, où se trouve la frontière des deux pays, se jette dans une profonde fente d'érosion et forme ce qu'on appelle la gorge du Diable, puis se rétrécit jusqu'à 65 m dans le canyon formé après les chutes. Leur hauteur varie entre 40 et 82 m. Le débit moyen de la rivière est d'environ 1 500 m^3/s et varie entre 500 m^3/s pendant les périodes de sécheresse et 6 500 m^3/s pendant les crues.

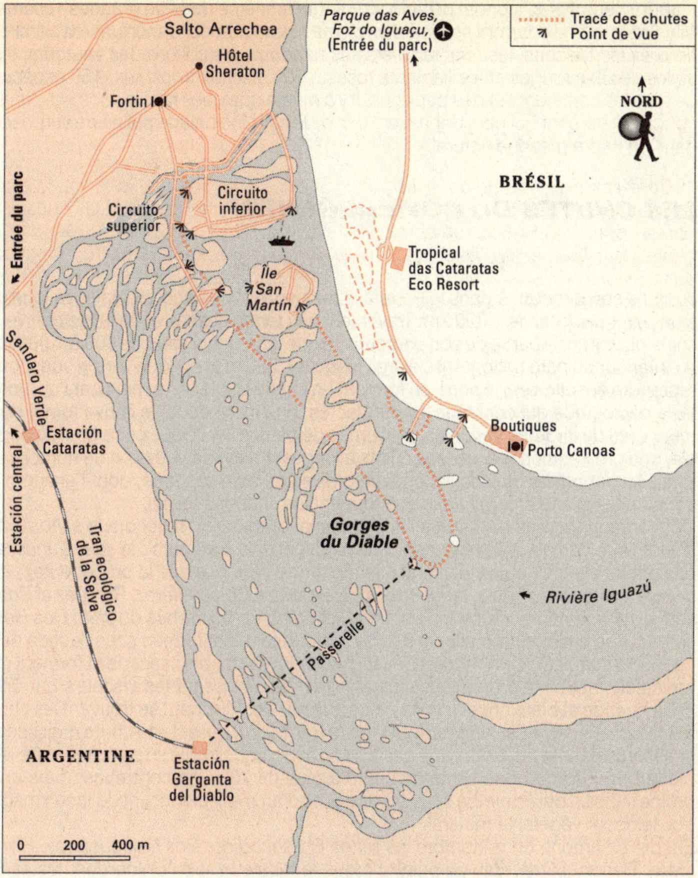

LES CHUTES D'IGUAÇU

La vue d'ensemble est saisissante et vertigineuse et le meilleur moment pour capter la lumière est le matin. C'est donc incontestablement du côté brésilien qu'on a le meilleur panorama d'ensemble sur les chutes argentines, mais la visite est plus rapide. Il faut savoir cependant qu'avec le ticket d'entrée, seule une petite partie des sentiers est accessible au public. Le reste est payant avec des activités et des balades gérées par la société *Macuco Safari* (voir ci-dessous).

■ ***Macuco Safari de Barco :*** *dans le parc national, rodovia das Cataratas, km 25, 3 km avt les chutes.* ☎ *35-29-62-62.* • *macucosafari.com.br* • *Env 158 Rls/pers.* Cette agence organise une visite guidée en jeep dans la forêt tropicale, puis trajet à pied et excursion en zodiac pour approcher les chutes au plus près. Vraiment impressionnant, même si l'attraction est très touristique. Également d'autres formules, de 30 mn à 4h de marche.

Parque das Aves : *avt l'entrée du parc sur la droite. Tlj 8h30-17h30 (18h en été). Entrée : 24 Rls.* Parc de forêt tropicale de 17 ha, peuplé d'oiseaux. Les écolos n'apprécieront pas, à priori, de les voir enfermés, même dans de grandes volières. Mais ceux qui ne pourront se rendre en pleine nature auront l'opportunité d'admirer de près les toucans, les aras familiers, les nandous, les colibris, les vautours, les aigles, les ibis rouges et les flamants roses... 900 oiseaux tropicaux, 150 espèces de tous les continents et des papillons. Il y a même quelques reptiles comme l'anaconda, un serpent qui peut dépasser 10 m de long ! Une balade pleine de surprises dans un cadre presque naturel.

LES CHUTES DU CÔTÉ ARGENTIN

Les chutes d'Iguazú, description du site

Jusqu'à son débouché dans le Paraná, 23 km en aval des chutes, le fleuve Iguazú a un parcours total de 1 320 km. Traversant des terres basses et de faible dénivelé sur la plus grande partie de son parcours il a une largeur qui varie de 500 à 1 000 m. À l'intérieur du parc national, il s'élargit jusqu'à 1 500 m et oblique vers le sud, pour reprendre ensuite vers le nord, en formant un ample U, qui se termine par l'abrupte faille géologique qui constitue les cataractes. En amont donc, le fleuve forme des méandres de largeurs variables, parsemés de petites îles. Dans cette grande boucle, une prolifération d'écueils et d'îlots allongés divisent le fleuve en de nombreux bras. Au débouché de la faille, chaque bras se mue en cascade, dont l'ensemble constitue le grand arc de cercle que forment les chutes d'Iguazú.
Côté argentin, parmi les chutes les plus remarquables, on retiendra le *salto Alvar Núñez,* que l'on peut admirer depuis le circuit inférieur du parc ; le *salto Lanusse,* également visible depuis le circuit inférieur (mais plus bas que la précédente) ; et, depuis le circuit supérieur, les *saltos Dos Hermanas, Chico Alférez, Ramírez* et *Bossetti* avec une hauteur moyenne entre 40 et 60 m. En contrebas du *salto Dos Hermanas,* une cuvette naturelle de 8 m de profondeur s'est formée sous l'action des eaux. Les *saltos Chico Alférez* et *Bossetti* éclatent en double cascade et forment un spectacle inoubliable depuis les passerelles, rafraîchissant les visiteurs par une brise humide et bienvenue dans la moiteur tropicale. Plus haut se trouvent les chutes *Mbigua, Adán y Eva* puis surtout le *salto San Martín* qui est une chute rugissante et assourdissante qui émerveille par la force avec laquelle elle se précipite entre les pierres pour former une seconde chute à plus de 70 m en contrebas, dans une bruine sans fin qui se nimbe souvent de séries d'arcs-en-ciel irisant de façon magique le décor végétal et minéral.
Encore en amont, on dénombre les *saltos El Escondido, Dos Mosqueteros, Rivadavia, Peñón, Mitre,* puis en point d'orgue le fabuleux *salto Unión* dont les eaux s'engouffrent dans l'impressionnante gorge du Diable d'une hauteur d'environ 80 m en faisant jaillir des fumerolles de rosée et de vapeur d'eau, visibles de certains points distants de quelque 7 m et aussi depuis l'avion qui atterrit à l'aéroport tout proche.

Le parc : *tlj, sept-fin mars 8h-19h, avr-fin août 8h-18h. Attention ! décalage horaire possible de 1h avec le Brésil (selon saison, mais l'Argentine s'aligne depuis fin 2007 sur l'heure d'été du Brésil). Entrée : 40 $Ar (8,60 €), parking compris. À Puerto Iguazú, prendre un bus de la Cie* El Práctico *(ttes les 45 mn, 6h40-19h25, dernier retour à 20h), qui conduit en 20 mn à l'entrée du parc national. Là, accueil des visiteurs avec bureau d'infos (tlj 8h-19h, ☎ 42-01-80 ; guides : ☎ 49-10-37).*
Y prendre le petit feuillet d'information qui décrit toutes les possibilités de balades, les différents points de vue et un plan des installations (gares, sentiers, passerelles, etc.). Si vous voulez revenir le lendemain, le prix d'entrée sera de 15 $Ar (faites tamponner votre billet du 1er jour avant la sortie du parc).
Prévoir au moins une journée de 8h pour expérimenter tous les points de vue, faire si possible une balade en bateau et profiter du parc (superbes oiseaux, dont le toucan, un des symboles d'Iguazú !). Aujourd'hui, l'infrastructure du parc est telle que (presque) rien n'est laissé au hasard. Entre le petit train, les sentiers tout tracés

et la foule de touristes, on se croirait un peu dans un parc d'attractions... Mais la végétation reste plus sauvage, plus tropicale que du côté brésilien.
Les guides du bureau d'infos du parc proposent leurs services pour vous faire découvrir la faune et la flore de la jungle. Balades à la carte et prix à négocier directement avec les guides. Certains parlent le français. Apprenez à reconnaître le chant du toucan, les traces du jaguar, etc. Départ tous les matins. Compter 4h de marche. Remarquez, on peut partir soi-même en forêt, mais être le plus discret possible pour ne pas faire fuir les bestioles. À Iguazú vivent notamment les varans, les caïmans, les coatis (adorables fourmiliers au poil doux... mais attention aux morsures), les oiseaux-mouches (à grande trompe), les cerfs et ? avec un peu de chance ? des tapirs et peut-être la queue d'un puma ! Le jaguar, lui, est particulièrement difficile à débusquer. Beaucoup de papillons (énormes) également. Pour la promenade, prévoir gourde et chapeau, un répulsif anti-insectes et une bonne crème solaire : ça tape ! C'est fou le nombre de touristes brûlés par le soleil qu'on y croise. N'oubliez pas de vous munir de batteries de réserve chargées pour vos appareils de prise de vue, c'est incroyable ce que l'on mitraille au cours de la journée.
Les meilleurs moments pour visiter le parc sont le lever et le coucher du soleil, instants où l'on peut le mieux observer les animaux, et surtout les oiseaux. Il paraît aussi que, les soirs de pleine lune, le parc prend un aspect magique. Alors, si vous êtes dans le coin à cette période-là, en fait cinq nuits par mois, prévoyez une balade nocturne ; renseignements à l'office du tourisme, au bureau d'informations du parc ou sur • iguazuargentina.com •

La visite

Après l'entrée, sur la droite, un petit centre d'interprétation de l'écosystème du parc (ainsi qu'une maquette des chutes) permet de mieux comprendre la configuration du site. Quelques infos aussi sur les Guaranis et les missions jésuites.
➢ Pour les fans de balade, un sentier *(sendero Macuco)* de 6 km aller-retour (jusqu'à 16h l'hiver, 17h l'été) part de la station centrale pour aller jusqu'au *salto Arrechea*. Ce sentier comprend des escaliers. Un sentier vert *(sendero verde)* de 600 m au cœur de la forêt permet de se rendre *ad pedibus* à la *Estación Cataratas* avec quelques chances de croiser peut-être quelques oiseaux et observer à coup sûr des myriades de papillons.
➢ Sinon, pour les paresseux, on monte à bord du *tren ecológico de la selva* (il fonctionne au gaz !), qui passe toutes les 20 mn. Il marque d'abord un arrêt à la *Estación Cataratas,* d'où partent deux circuits différents, le supérieur et l'inférieur :
- sur la droite de la gare part un chemin *(circuito superior),* qui se transforme en passerelle et court sur 500 m ; il mène vers les chutes de San Martín. Beaux points de vue, très différents des précédents puisque, cette fois-ci, on surplombe les chutes. Tous les sentiers précédents sont accessibles aux visiteurs en chaise roulante ;
- sur la gauche, le sentier du *circuito inferior* mène, après plusieurs escaliers, au bord des chutes en traversant une végétation tropicale resplendissante. Plusieurs points de vue permettent d'observer les chutes, côté brésilien et côté argentin. Des passerelles franchissent quelques petites chutes. En 20 mn, on parvient au belvédère de la chute Bossetti, l'une des plus somptueuses, qui vous rafraîchira autant qu'une douche puisqu'on peut s'en approcher à presque la toucher ! Grondement des eaux impressionnant ! Puis le sentier se transforme en escalier. Tout en bas, un petit bateau *(gratuit, ttes les 30 mn, 9h-16h)* fait la navette avec l'îlot de *San Martín,* au pied des chutes. Sur l'île, un réseau de chemins tracés dans la forêt permet d'embrasser de superbes panoramas, notamment sur les *saltos Dos Mosqueteros, Tres Mosqueteros* et *Bossetti*. Spectacle fascinant de millions de mètres cubes d'eau se déversant dans un bouillonnement d'apocalypse. Lorsqu'on arrive en bateau sur l'îlot, à l'extrémité du sentier, on continue sur environ 100 m par la gauche et là, baignades dans de superbes vasques naturelles au pied des chutes et vue panoramique sur le côté brésilien. La balade sur l'île San Martín est un peu sportive et nécessite d'être bien chaussé et de pas souffrir de problème de locomotion. Elle permet de retrouver au pied des *saltos Escondido* et *Rivadavia.*

➢ De la *Estación Cataratas*, on peut aussi prendre le train jusqu'à la *Estación Garganta del Diablo* : une longue passerelle (accessible aux chaises roulantes) de 1 130 m mène alors par-dessus le cours apparemment tranquille du fleuve jusqu'à la toute-puissante gorge du Diable, en forme de fer à cheval. Si quelques nuages de vapeur d'eau annoncent le site du *salto Unión*, on tombe sans crier gare sur l'échancrure infernale en plein milieu du fleuve, comme si le sol s'était brusquement dérobé sous la pression phénoménale des flots. Spectacle époustouflant, à ne pas manquer et à tenter de goûter pleinement en début ou en fin de journée, au moment où il n'y a pas trop de monde.
Admirer aussi le vol en piqué des *vencejos* (arbalétriers), des oiseaux de petite taille au plumage foncé qui sont caractéristiques d'Iguazú, et choisis comme symbole par l'Administration des parcs nationaux. En route, on peut contempler le résultat de la puissance des eaux en constatant les dégâts faits à une ancienne passerelle emportée par une crue en 1992.
➢ Pour revenir à Puerto Iguazú, bus depuis le parking, à l'entrée du parc.

À faire dans le parc

– Côté brésilien, ***survol en hélicoptère*** : grandiose, mais très cher et payable uniquement en cash ou par chèques de voyage, et en dollars. S'adresser à *Helisul* (voir « Adresses utiles » à Foz do Iguaçu) ou à l'agence *Aguas Grandes* (voir « Adresses utiles » à Puerto Iguazú). Côté argentin, on n'apprécie pas du tout ces hélicos qui volent bien trop bas et font fuir les oiseaux. Une pétition circule même pour les faire interdire. Choisissez votre camp !
– Côté argentin, plein d'***activités « nature » et « aventure »*** pour ceux qui ont un peu de temps. Sur le site, la compagnie *Jungle Explorer* propose plusieurs activités découvertes : safari nautique à la gorge du Diable, aventure nautique ; et, le must, le *Gran Aventura* : découverte de la jungle en 4x4 et rafting dans les rapides de la rivière Iguazú jusqu'à la gorge du Diable. Pour plus de détails, consulter • iguazu junglexplorer.com •

➢ DANS LES ENVIRONS D'IGUAÇU

LE BARRAGE D'ITAIPU

➢ ***Pour s'y rendre :*** prendre le bus « Vila C » sur l'av. Juscelino Kubitschek ou au terminal TTU (respectivement 30 et 50 mn de trajet).

La visite : *résa obligatoire au ☎ 0800-645-46-45 ou sur • reservas@complexoitaipu.tur.br • Visite guidée, en anglais, parfois en français, avec audioguide, tlj à 8h, 9h, 10h, 14h, 15h et 15h30. Entrée : 13 Rls. Durée : 1h30 env. La 1re visite est la moins fréquentée. Pour les curieux, visite de l'intérieur du barrage, plus technique : c'est le « Circuito especial » : tlj, 8 visites, 8h-16h, 30 Rls (résa obligatoire, même coordonnées que ci-dessus). Spectacle son et lumière autour du barrage*

LE BARRAGE DE LA DISCORDE

L'immense muraille de béton du barrage d'Itaipu (« la pierre qui chante » en indien) retient des masses d'eau gigantesques. Ce projet, commencé en 1975 à l'époque des folles années de l'industrialisation, voit s'élever contre lui de nombreux détracteurs qui dénoncent l'impact de la future construction sur l'éco-système ambiant. Ses concepteurs sont même accusés de folie des grandeurs ! Ce barrage produira trop d'électricité, dit-on… Jusqu'à ce que le pays se retrouve en déficit de production électrique dans les années 2000… Aujourd'hui, il produit près de 20 % de la consommation électrique du Brésil, et plus de 90 % de celle du Paraguay. Pas si inutile que ça, finalement !

ven et sam à 21h30 (été) et 20h30 (hiver). Coût : 6 Rls. Ne pas manquer le film explicatif qui précède la visite, sans quoi l'intérêt du tour en bas est limité. Avant de s'y rendre, se renseigner sur le niveau de l'eau. En été, il est en effet souvent trop bas pour permettre les lâchers d'eau et donc les vagues, tout l'intérêt du spectacle son et lumière.

Possibilité de visiter l'*écomusée d'Itaipu,* 200 m avant le hall où l'on reçoit les visiteurs pour le barrage. *Mar-sam 8h30-11h30, 14h-17h30 ; dim 14h-17h30.* Collections de fossiles, poteries, objets des anciennes civilisations indiennes de la région.

CIUDAD DEL ESTE *(Paraguay)*

➢ ***Pour s'y rendre :*** prendre un bus à la rodoviária ou au terminal TTU indiqué « Ciudad del Este » (trajet : 30 mn).
Port franc paraguayen, situé en face de Foz do Iguaçu, de l'autre côté du Paraná. Ville moderne, regorgeant de tous les commerces possibles et imaginables, véritable cataracte... de marchandises. Pendant très longtemps, une foule ininterrompue de camelots brésiliens (les *sacoleiros*) parcouraient à pied et en voiture le pont frontière, munis d'immenses sacs de voyage, vides à l'aller, chargés au retour de marchandises revendues dans toutes les capitales du pays. Aujourd'hui, la police fédérale et la douane ont renforcé les contrôles. On autorise uniquement 300 $ d'achats. Les échanges entre le Paraguay et le Brésil sont donc restreints, et les villes de Ciudad del Este et Foz do Iguaçu en ont beaucoup pâti, car de nombreux hôtels et commerces du centre profitaient de ce flux de *sacoleiros* brésiliens. Toutefois, Ciudad del Este reste un énorme marché de camelotes en tout genre, surtout l'électronique, puisque les prix sont environ deux fois moins élevés qu'au Brésil. Attention, l'ambiance n'y est pas toujours agréable : vigiles armés jusqu'aux dents, vendeurs à la sauvette qui vous sollicitent tous les deux pas...

CURITIBA, LA SERRA DA GRACIOSA, PARANAGUÁ ET ILHA DO MEL

CURITIBA

1 590 000 hab. IND. TÉL. : 041

Capitale moderne, située dans l'intérieur des terres, à environ 900 m d'altitude, Curitiba est la plus européenne, la plus propre et la mieux organisée des grandes villes brésiliennes. Elle est renommée pour son architecture transparente (y compris ses arrêts de bus !) et ses nombreux parcs. Outre la superbe verrière du *jardim botânico* et « l'université écologique » (inaugurée par Cousteau en 1991), Curitiba a créé une série d'espaces verts qui honorent les pays des principales vagues d'immigration de la région : *Bosque Alemão* (Allemagne), *Bosque Papa João Paulo II* (Pologne), béni par le pape éponyme au début des années 1990, etc. Le petit quartier historique autour du *largo da Ordem* et les différents sites peuvent être visités en prenant le bus touristique *Linha Turismo* depuis la place Tiradentes.
Mais Curitiba est avant tout le point de départ de très belles excursions de plusieurs jours vers la côte paranaense. On rallie Morretes et Paranaguá avec la ligne ferroviaire *Serra Verde,* qui traverse la *serra da Graciosa,* aux paysages vertigineux. On peut s'offrir de grandes randonnées en s'arrêtant à

Morretes ou à Antonina (accessibles en bus), ou s'échapper sur l'ilha do Mel depuis Paranaguá, à la découverte de plages sauvages.

Arriver – Quitter

En avion

✈ ***Aeroporto Afonso Pena :** av. Rocha Pombo, km 17. ☎ 33-81-11-53. À 18 km de Curitiba.* Aéroport archi-moderne. Tous les services : distributeurs *Visa* et *MasterCard* (banque *HSBC*), change, infos touristiques, location de voitures (voir « Adresses utiles »).

➢ ***Pour gagner le centre :*** bus « Executivo » (8 Rls) ttes les 20 mn, 6h-23h30. Arrêts devant les gares routière et ferroviaire *(Rodoferroviária)*, puis dans le centre et le Teatro Guaíra. Pour rallier l'aéroport depuis le centre-ville, mêmes horaires, même fréquence et mêmes arrêts. En taxi, env 60 Rls pour rejoindre le centre.

En train

***Rodoferroviária** (gares ferroviaire et routière) : av. Pres. Afonso Camargo, 330, à l'angle de 7 de Setembre. ☎ 33-23-40-07. Départs de la ligne Serra Verde (• serraverdeexpress.com.br •). Bureau lun-sam 7h-18h30, dim 7h-12h.* Le mode de transport à privilégier pour découvrir la serra da Graciosa et rejoindre la baie de Paranaguá. Vues extraordinaires sur les pics Paraná (1 952 m) et Marumbi (1 576 m). Premier arrêt à Morretes, après 3h de trajet. Poursuit certains jours jusqu'à Paranaguá (4h et 75 km dans la montagne), à travers la serra do Mar, dans sa partie la mieux conservée et sans doute la plus spectaculaire. Beaucoup de touristes font l'aller-retour dans la journée.

➢ ***Morretes :*** départ de Curitiba tlj à 8h15 (slt jeu-dim hors saison), de Morretes lun-ven à 15h, w-e à 16h. Trajet : 3h. Aller simple 28-78 Rls, selon confort (en 1re classe, explications « touristiques »).

➢ ***Paranaguá :*** départ de Curitiba slt dim à 8h15, de Paranaguá slt dim à 14h. Trajet : 4h.

Si vous loupez le train, bus Morretes-Curitiba (ttes les 45 mn, 5h30-21h) avec la *Cie Graciosa* (env 12 Rls l'aller simple).

En bus

***Rodoferroviária :** juste à côté de la gare ferroviaire. ☎ 33-20-30-00.* Consigne à bagages 24h/24. Petit point d'info commun avec la *ferroviária*. Énorme gare des bus. Desservie entre autres par les compagnies *Catarinense, Itapemirim, Graciosa (☎ 32-23-08-73, • viacaograciosa.com.br •)* et *Pluma*.

– Avec la Cie Graciosa :

➢ ***Morretes :*** env 12 bus/j. dans chaque sens, 5h30-21h. Trajet : env 1h20.

➢ ***Antonina :*** env 10 bus/j. dans les 2 sens. Trajet : 1h35-1h50.

➢ ***Paranaguá :*** env 15 départs/j. dans les 2 sens. Trajet : 1h30-2h selon les arrêts.

***– Avec la Cie Catarinense** (☎ 0300-1-470-470, • catarinense.net •) :*

➢ ***Florianópolis :*** env 20 liaisons/j. aller-retour. Trajet : 4h.

➢ ***Foz do Iguaçu :*** env 10 bus/j. dans les 2 sens. Trajet : 10h.

***– Avec la Cie Itapemirim** (☎ 0800-723-21-21, • itapemirim.com.br •) :*

➢ ***São Paulo :*** env 30 départs /j. dans les 2 sens. Trajet : 6h.

➢ ***Rio de Janeiro :*** également desservi par la *Cie Penha (• nspenha.com.br •)* ; en tout, env 10 départs dans les 2 sens. Trajet : 13h.

***– Avec la Cie Pluma** (☎ 32-12-26-89, • pluma.com.br •) :*

➢ ***Porto Alegre :*** 3 départs/j., 1 le mat et 2 en soirée. Trajet : env 11h-12h.

➢ ***Santiago do Chile** (Chili) :* 1 bus/sem, le lun soir au départ de Curitiba. Env 24h de trajet.

Adresses utiles

Informations touristiques et services

Informations touristiques : *à l'aéroport, petit kiosque d'information sur la ville et l'État du Paraná. ☎ 33-38-11-53. Un autre commun à la gare routière et à la gare ferroviaire. • viaje.curitiba.pr.gov.br • Tlj 8h-23h (22h à la Rodoferroviária). Et infos par téléphone tlj 7h-23h, en anglais et espagnol : ☎ 33-81-14-50.* On y parle un peu l'anglais et l'espagnol.

Quelques services **Internet** dans le centre, en particulier *rua 24 Horas.*

■ **Banco do Brasil :** *praça Tiradentes, 410.* Guichets automatiques *Visa* et *MasterCard* accessibles 6h-22h. Change de chèques de voyage en euros et dollars (10h-16h). Sinon, change dans les centres commerciaux (les *shopping centres) Crystal* et *Curitiba, tlj 10h-22h.*

■ **Tam :** *☎ 33-81-14-90.* Vols pour Foz de Iguaçu, São Paulo, Florianópolis... et correspondances vers les autres villes du pays.

■ **Gol :** *☎ 33-81-17-35.* Mêmes destinations que *Tam.*

■ **Trip :** *☎ 33-81-15-69.* Vols pour Florianópolis.

Location de voitures

Toutes les agences de location possèdent un kiosque à l'aéroport.

■ **Unidas :** *☎ 33-81-13-23.*

■ **Hertz :** *☎ 33-82-80-01.* Pas de kiosque dans l'aéroport même, mais une navette gratuite, juste à la sortie, vous emmène jusqu'au parc de voitures.

■ **Localiza :** *☎ 33-81-13-48.*

■ **Avis :** *☎ 33-81-13-70 ou 0800-19-84-86 (gratuit).*

Où dormir ?

De bon marché à prix moyens (18-80 Rls / 7,20-32 €)

Albergue Roma Hostel *(AJ) : rua Barão do Rio Branco, 805. ☎ 32-24-21-17. • hostelroma.com.br • De l'aéroport, bus* Executivo, *arrêt Rodoferroviária. Vous êtes à 300 m de l'hôtel. Nuitée 18 Rls/pers, petit déj et draps compris. Doubles 60 Rls.* Une centaine de lits répartis dans des petits dortoirs avec salles de bains et coffres individuels. Salle TV, cuisine et plein d'infos touristiques sur la région. L'immeuble n'est pas folichon, mais l'auberge est bien tenue.

Cervantes Hotel : *rua Alfredo Bufren, 66 (Centro). ☎ 32-22-95-93. • cervanteshotel.cjb.net • En plein cœur du centre historique. De l'aéroport, bus* Executivo, *arrêt « Teatro Guaíra ». Doubles min 50 Rls.* Chambres mignonnettes et très bien tenues avec ventilo et frigo, salle de bains avec douche. Pas le grand luxe, mais une adresse tout à fait convenable.

Où manger ? Où boire un verre ? Où sortir ?

Saccy Restaurante : *rua Mateus Leme, 12 (Centro). ☎ 32-22-99-22. Tlj midi et soir. Repas 15-20 Rls (supplément le soir pour le « couvert artistique »).* Une bonne adresse en plein quartier historique. Bar-resto très convivial, au cadre réussi : murs en brique, parquet, et mezzanine où officie tous les soirs un(e) chanteur(se). Cuisine plus que correcte, bonnes viandes de bœuf, plats de poisson et frites maison, grandes pizzas... Tables en terrasse sur le largo da Ordem, la plus ancienne place de la ville, très animée en fin de semaine, avec des concerts de *pagode*. Service efficace et sympa.

Churrascaria Curitibana : *av. Iguaçu, 1315. ☎ 32-33-52-87. Tlj midi et soir. Buffet en sem 21,90 Rls, sam et dim midi 25,90 Rls.* Une vaste salle aux murs blancs, un peu impersonnelle mais qui abrite la meilleure *churrascaria* de la ville. En plus du buffet, 26 sortes de viandes (!) sont servies par une nuée de serveurs. Bœuf tendre, agneau croustillant, porc goûteux, une adresse pour carnivores affamés.

Beto Batata : *rua Prof. Brandão, 678 (Alto da XV). ☎ 32-62-08-40. Éloigné du centre, s'y rendre en taxi. Tlj 11h-1h. Env 25 Rls/pers.* Une excellente adresse pour prendre la température de la vie culturelle dans le sud du Brésil. Cadre très soigné, terrasse avec petite scène dans le jardin, bois coloré et plusieurs salles conviviales ou intimes. On peut y manger des galettes de pomme de terre à la morue, à la viande séchée, au fromage... On y vient surtout pour boire un verre, se retrouver entre amis, admirer les expos de peinture et photo contemporaine et écouter de très bons concerts de jazz, bossa, etc. Beto, le maître des lieux, a trouvé la bonne recette ! Bonne carte des vins. Atmosphère relax et chaleureuse.

MORRETES

15 300 hab. IND. TÉL. : 041

Une petite ville au pied des montagnes, en pleine nature, traversée par le rio Nhundiaquara, belle rivière qui descend tout droit des sommets environnants. Cette charmante cité historique du XVIIIe s a conservé sa vie et son cachet de ville d'or. Constructions coloniales en bordure de rivière, entourées de flamboyants et de palmiers géants, *engenho* (forme d'organisation économique et sociale) d'herbe *maté* et anciennes mines d'or du rio Nhundiaquara. Entourée de vergers tropicaux, de rivières qui furent aurifères, Morretes n'est qu'à 15 km de la mer. Baignades de rivière ou descente en *boia cross* (pneus gonflés) sur les plages du Nhundiaquara ou du rio Marumbi, dans des eaux claires et revigorantes. Un petit paradis en pleine serra da Graciosa !

Arriver – Quitter

En train

Gare ferroviaire : *praça Rocha Pombo. ☎ 34-62-12-65.* Accueille la ligne *Serra Verde* (● serraverdeexpress.com.br ●).

➢ ***Curitiba :*** 1 train/j. ; départ tlj à 8h15 dans le sens Curitiba-Morretes, et de Morretes vers Curitiba départ lun-ven à 15h et w-e à 16h.

➢ ***Paranaguá :*** 1 aller-retour le dim slt (voir détails dans « Arriver – Quitter » à Curitiba).

En bus

Gare routière : *rua 15 de Novembro. ☎ 34-62-11-15.*

➢ Avec la Cie *Viação Graciosa*, env 12 allers-retours/j. pour ***Curitiba*** et env 6 pour ***Paranaguá.***

Adresses utiles

Informations touristiques : *rua Visconde do Rio Branco, 45. ☎ 34-62-10-24. Lun-ven 9h-15h, w-e et j. fériés 10h-16h.*

■ @ ***Calango Home Guide :*** *praça Rocha Pombo.* ☎ *34-62-26-00.* • *calan goexpedicoes.com.br* • *Dans la gare ferroviaire. Tlj 9h-16h.* Minuscule agence de voyages qui propose des services de guide à des prix assez élevés, monopole aidant.

■ Sinon, Nicolas de la *Pousada Cabanas do Curupirá* (voir « Où dormir ? ») assure des treks bien ficelés en français.

■ ***Urgences :*** *rua Santos-Dumont, 91.* ☎ *34-62-11-14.*

■ ***Police :*** ☎ *190.*

Où dormir ?

Campings

⛺ ***Camping Shiro :*** *recanto da Prainhas (indication sur le panneau à l'entrée du camping).* ☎ *34-62-37-25. Compter 7 Rls/pers, avec sanitaires et douche.* Shiro et Francisca, d'origine japonaise, ont ouvert ce camping bien aménagé et très « nature » à la fois. Départ de belles randonnées.

⛺ ***Cascatinha :*** *à 6 km de Morretes par la route America de Baixo, en direction de la mer. Voiture indispensable. Suivre les panneaux du resto* Engenho da Serra. *Petite tente 5 Rls, grande tente 10 Rls, douches 3 Rls.* Route de terre au milieu d'une végétation luxuriante. Cascades du rio Marumbi. Supermarché et bar à proximité. Baignades et terrain de foot.

Prix moyens (60-95 Rls / 24-38 €)

🏠 ***Pousada Cabanas do Curupirá :*** *à mi-chemin entre Morretes et Antonina (7 km de l'une et de l'autre).* 📱 *41-99-98-92-55 et 41-99-59-25-76.* • *cabanasdo curupira.50megs.com* • *Les bus Paranaguà-Curitiba via Morretes (dans les 2 sens) s'arrêtent à 500 m. Sinon, Nicolas, le proprio, peut venir vous chercher à la gare ferroviaire ou routière. Résa obligatoire. Doubles 60 Rls, petit déj inclus servi dans les chambres.* Trois cabanes (deux en dur et une en bois) avec ventilo, TV, eau chaude, toutes décorées avec goût. Petites terrasses avec hamac donnant sur un jardin luxuriant (la propriété fait 16 ha... de quoi se régaler !). Dîner possible. Nicolas parle très bien le français et accompagne les visiteurs pour des treks dans la jungle ou parties de pêche. Location de vélos.

🏠 ***Hotel Nhundiaquara :*** *rua General Carneiro, 13.* ☎ *34-62-12-28 ou 67. Dans le vieux quartier historique. Doubles 80-90 Rls.* Une bâtisse blanc et bleu au bord de l'eau. Bon accueil qui compense les chambres un peu vieillottes. En prendre une avec vue vous fera vite oublier le manque de confort ! Resto à éviter.

🏠 ***Porto Real Palace :*** *rua Visconde do Rio Branco, 85.* ☎ *34-62-13-44.* • *mor retes.com.br/portoreal* • *Dans le centre historique. Doubles avec ventilo ou AC 80-95 Rls.* La façade n'a rien d'un palace, mais le confort y est. À dominante rouge et blanc, des chambres aux moquettes moelleuses impeccablement tenues et équipées de frigo.

Un peu plus chic (plus de 120 Rls / 48 €)

🏠 ***Pousada Graciosa :*** *estrada da Graciosa, km 8.* ☎ *34-62-18-07. Les bus de la ligne São João-Morretes s'arrêtent à 20 m de la* pousada. *Sinon, taxis depuis la gare ferroviaire. Doubles 120-130 Rls selon taille.* Six chalets en bois et verre dans un parc tropical. Calme garanti. Vraiment confortable et très plaisant. Accueil (en anglais et espagnol) très chaleureux de Mirian. Le petit déj, déposé le matin sur votre terrasse privative, est un régal. Piscine et vélos en prime.

Où manger ?

Les trois adresses que nous vous recommandons sont dans le centre.

Serra e Mar : *rua Visconde do Rio Branco, 145. ☎ 34-62-22-94. Tlj midi et soir en saison. Repas env 20 Rls.* Cadre sans prétention avec télé en fond sonore et peintures aux motifs floraux pour oublier la lumière blafarde. Carte simple : sandwichs, salades, plats de poulet, de viande et de poisson. Portions ultra-copieuses et bonne *caipirinha,* servie, là aussi, généreusement. Propre et rapide, service aimable.

Terra Nossa : *rua 15 de Novembre, 109. ☎ 34-62-21-74. Tlj midi et soir. Repas env 30 Rls.* Deux salles intérieures et terrasse sous les palmiers. Un petit air de *trattoria* italienne sous les tropiques, jusque dans l'assiette : pas mal de pâtes, des *calzone* et une trentaine de pizzas. Préparent aussi le *barreado de linguado* ou de fruits de mer. Le *prato executivo* (plat du jour) est une bonne option, plus goûteux que les pizzas en tout cas. Longue carte de boissons, bon choix de bières et de *cachaças* locales. Prix très corrects compte tenu du cadre et de la qualité du service.

Armazém Romanus : *rua Visconde do Rio Branco, 141, tout à côté du* Porto Real Palace. *☎ 34-62-15-00. Repas min 50 Rls.* Un peu cher, mais haute gastronomie à dominante européenne, unique en ville.

➤ DANS LES ENVIRONS DE MORRETES

Randonnées

➢ Nombreux chemins de randonnées dans le ***parque estadual Pico do Marumbi*** et alpinisme sur le ***monte Olimpo*** (1 539 m). Sentier d'accès à 8 km de Morretes ; prendre l'estrada das Prainhas, après Porto de Cima. Accès possible en train depuis Curitiba jusqu'à l'entrée du parc (camping). Vous trouverez quelques cartes peu précises à l'office du tourisme, ou auprès de *Calango Home Guide* (voir plus haut « Adresses utiles ») en insistant un peu, car ils préfèrent bien sûr vendre des balades !

LE SUD

➢ Grande randonnée dans la montagne tropicale par le ***caminho da Graciosa,*** dans le ***parc national de la serra da Graciosa.*** Après São João da Graciosa, la route pavée, construite en 1873, gravit la montagne à travers la jungle tropicale sur 20 km pour environ 900 m de dénivelé. C'est possible à vélo ! Sinon, pour les courageux, un sentier de randonnée part de São João et permet de faire l'ascension à pied à travers la forêt.

Le ***parc national de la serra da Graciosa*** réunit la plus complète variété des fleurs et essences végétales originelles de la *Mata Atlântica,* forêt atlantique à la végétation exubérante qui recouvre la serra do Mar. Une partie est d'ailleurs classée au Patrimoine mondial de l'UNESCO, comme « Forêt Atlantique – Réserves du Sud-Est ». Cascades et torrents permettent de se rafraîchir en chemin. Les animaux sauvages y sont nombreux : tatous, singes et macaques, lézards et oiseaux extraordinaires. Il est strictement interdit de cueillir la moindre plante ou fleur et de tuer les animaux, quels qu'ils soient (les moustiques, oui, quand même !). À ce propos, prévoyez un pantalon et un bon répulsif, car les féroces moustiques *borracheiros* sont voraces.

– *Distances :* Morretes-Porto de Cima, 5 km. Porto de Cima-São João da Graciosa, 9 km. São João-BR 116 (embranchement de la route nationale, en haut de la montagne), 20 km de grimpée ou 16 km par le sentier de forêt. On peut faire la randonnée par la descente, en venant de Curitiba, c'est moins fatigant, et dormir à São João ou à Morretes. À Curitiba, prendre le train ou un bus qui va vers Campina Grande do Sul et descendre à la route da Graciosa, après Quatro Barras.

➢ Randonnée possible aussi à partir de Morretes vers ***Antonina,*** jolie petite ville coloniale en bord de mer, à 15 km. À faire en marchant ou à vélo au pied des montagnes (le point culminant est le *pic Paraná,* à 1 952 m), à travers les forêts de bananiers et le long de rivières rapides où l'on peut faire du rafting. Belle vue sur la baie de Paranaguá. On peut bien sûr revenir d'Antonina vers Curitiba ou Morretes en bus.
Camping possible à l'arrivée : ***Camping Clube do Brasil,*** *av. Conde Matarazzo, 1001.* ☎ *34-32-12-96.*

➢ Autre randonnée (à vélo ou à pied) à partir d'Antonina vers ***Cachoeira de Cima,*** à 29 km. La piste longe la baie, puis s'élève dans la montagne vers un village qui surplombe le pays. Sur place, petit camping et, en haut, baignade dans la *cachoeira,* comme son nom l'indique aussi (*Cachoeira de Cima* : « cascade d'en haut ») !

PARANAGUÁ

127 200 hab. IND. TÉL. : 041

À l'abri de la belle baie de Paranaguá, stratégiquement protégée par l'ilha do Mel, cette jolie ville coloniale connut la prospérité grâce à l'or qui descendait des rivières et torrents de la montagne. Dans le quartier historique, le long du rio Itiberê, constructions coloniales et impériales du XVIIe au XIXe s. Excursions en bateau dans la baie aux eaux limpides et sur l'ilha do Mel (île du Miel), tout un programme ! Aujourd'hui, la ville est un peu le débouché principal de Curitiba pour les week-ends et les vacances d'été régionales. Mais elle abrite aussi, à l'écart du centre, le plus grand port de l'État et le 4e du Brésil, grâce à l'exportation de soja.

Arriver – Quitter

En train

Gare ferroviaire : *rua Mal Alberto de Abreu, 124.* ☎ *34-22-88-17.* Toujours la petite ligne de la *Serra Verde.*
➢ ***Liaisons avec Curitiba :*** env 4h de trajet ; avec ***Morretes,*** 1h30-2h. Depuis Curitiba comme depuis Morretes, train vers ***Paranaguá*** slt dim (1 départ/j., vers 14h, de Paranaguá).

En bus

Rodoviária : *rua João Estevão.* ☎ *34-24-07-66. Au bout de la rua Gal Carneiro, proche du centre historique. Consigne 7h-23h.*
➢ ***Curitiba :*** liaisons dans les 2 sens, env ttes les heures, 5h-20h30, avec la *Cie Viação Graciosa* (☎ *34-24-07-66*). Attention, les places sont numérotées et les bus se remplissent vite, mieux vaut réserver.
➢ ***Morretes :*** tlj, ttes les heures, 6h40-23h15, avec la *Cie Viação Graciosa.*
➢ Longues distances vers ***Foz do Iguaçu*** et ***Ciudad del Este*** avec la *Cie Pluma* (☎ *0800-646-03-00 (24h/24) ;* • *pluma.com.br* •).
➢ Avec la *Cie Penha* (☎ *(19) 32-78-30-67 ;* • *nspenha.com.br* •), dans les 2 sens : 1-2 bus/j. avec ***Porto Alegre,*** 1-2 bus/j. avec ***Florianópolis*** et 1-2 bus/j. avec ***São Paulo.***

Adresses utiles

- ***Informations touristiques :*** *angle ruas General Carneiro et Mal Alberto de Abreu.* ☎ *34-25-45-42.* • *paranagua.pr.gov.br* • *En face de l'embarcadère, sur le vieux port. Tlj 8h-19h.* Horaires des bateaux pour l'ilha do Mel et possibilités d'excursions dans la baie de Paranaguá. Également consigne à bagages.
- ***Banco do Brasil :*** *largo Conego Alcidino, s/n (Centro). À 200 m de l'office du tourisme en remontant la rua Mal Alberto de Abreu.* Distributeur automatique (un seul, à droite en rentrant, pour *Visa* et *MasterCard*) accessible 6h-22h.
- ***Urgences médicales :*** ☎ *192.*
- ***Police :*** ☎ *147.*
- Quelques ***cybercafés*** dans la rue derrière l'office du tourisme.

Où dormir ?

Bon marché (20-40 Rls / 8-16 €)

- ***Hostel Continente (AJ) :*** *rua General Carneiro, 300.* ☎ *34-23-32-24.* • *hostelcontinente.com.br* • *Très bien situé, sur le port. Réception 24h/24. Dortoirs 3-6 lits 20-25 Rls/pers (avec ou sans la carte FUAJ), doubles avec sdb, ventilo et frigo 50-60 Rls ; petit déj compris.* Une AJ de 71 lits. Pas une ambiance de folie mais des chambres bien tenues, certaines avec vue sur la mer. Internet et salle TV.
- ***Hotel Ponderosa :*** *rua Presciliano Corrêa, 68.* ☎ *34-23-24-64. Tout près du petit port, à l'angle de la rua 15 de Novembro. Doubles env 45 Rls, petit déj très correct inclus.* Une charmante maison coloniale à la façade rose, avec des chambres propres et confortables. Certaines possèdent un charme désuet, avec vieux meubles, parquet en acajou et persiennes. Une bonne adresse pour goûter à l'ambiance du petit port et du centre historique. Accueil charmant.
- ***Pousada Itiberê :*** *rua Princesa Isabel, 24.* ☎ *34-23-24-85. Au bout des quais de la rua Gal Carneiro, dans une grande bâtisse verte. Doubles 35-40 Rls, petit déj compris.* Une adresse toute simple, à la déco et au confort assez rudimentaires, mais propre et qui a le mérite d'être juste en face du rio. Préférer évidemment les chambres avec vue...

Très chic (plus de 150 Rls / 60 €)

- ***Hotel San Rafael :*** *rua Júlia Da Costa, 185.* ☎ *34-23-21-23.* • *sanrafaelhotel.com.br* • *Doubles 156 Rls, petit déj-buffet inclus.* Derrière la façade de verre teinté se cache un établissement joliment décoré dans les tons bleu et blanc. Ambiance calme et reposante. Chambres spacieuses et claires avec clim', minibar, TV et salle de bains fort agréable. Internet gratuit, salon avec canapés et grande TV. Une adresse de standing.

Où manger ? Où boire un verre ?

La ville est animée dans la journée, et quelques *lanchonetes* proposent de bons plats régionaux *(prato feito)* et repas complets *(comercial)* bon marché. Le soir, peu de restos sympas ouverts. On se contente des divers kiosques à la nourriture tout juste passable installés sous deux grandes rotondes à chaque bout des quais : chanteurs live tous les soirs et concerts de *pagode* en fin de semaine.

- ***Mercado do Café :*** *praça Leoncio Correa, 458.* Dans une des halles de l'ancien marché, plusieurs restos répartis autour du patio. Ambiance populaire agréable. Poissons et fruits de mer frits, crevettes et moules, accompagnés de *pirão*, bananes frites et riz. Pas de la grande cuisine, mais cadre sympa et service souriant. Un bon rapport qualité-prix.

***Vitoria Grill** : à l'angle des rues Getúlio Vargas et José Gomes, près de l'hôtel* Camboa Resort. *☎ 34-23-07-93. Mar-dim à midi slt. Buffet au poids : env 15 Rls pour une assiette bien remplie.* Buffet très complet, avec légumes et viandes, varié et reconstituant. Style cantine, mais propre et lumineux.

***Restaurante Danubio Azul** : rua 15 de Novembro, 95. ☎ 34-23-32-55. Fermé dim soir. Repas env 30 Rls le midi, env 50 Rls le soir.* Vaste resto avec une belle vue panoramique sur les quais et le rio. Intéressante et copieuse formule buffet le midi. Cuisine correcte le soir, mais prix plus élevés que la moyenne. Le seul « vrai » resto de la ville.

À voir

***Museu de Arqueologia e Etnologico do Paraná** : rua 15 de Novembro, 575 (centro histórico). ☎ 34-22-88-44. Mar-ven 9h-12h, 13h-18h ; slt l'ap-m w-e et j. fériés. Entrée modique.* C'est un ancien collège de jésuites avec patio, cour pavée et poutres d'époque. Scénographie très soignée, qui permet une visite ludique et instructive sur trois niveaux, avec présentation des activités de pêche et d'agriculture de la région en plus d'objets archéologiques.

DANS LES ENVIRONS DE PARANAGUÁ

ILHA DO MEL *(ind. tél. : 041)*

Petite île paradisiaque de forme insolite, classée au Patrimoine mondial de l'Unesco comme partie de la « Forêt Atlantique – Réserves du Sud-Est ». L'érosion de la mer sépare peu à peu l'île en deux parties, aujourd'hui uniquement reliées par un banc de sable, la *praia das Conchas*. Au nord, une réserve écologique couverte de végétation et abritant d'immenses plages de sable fin, face à l'océan. Au sud, la plus petite partie de l'île concentre l'activité touristique et la majorité des insulaires autour des villages de *Brasília* et *Encantadas*. En saison, la jeunesse paranaense et les surfeurs affluent à Nova Brasília pour profiter des belles vagues et festoyer dans les bars. Encantadas est plus familial et surtout fréquenté le week-end. On rejoint les plages les plus éloignées en bateau-taxi, *Ponta do Bicho* et *Fortaleza* au nord, *praias de Fora* et *do Miguel* à la pointe nord de l'île. Tout au bout, on atteint un petit fort portugais, construit à la fin du XVIIIe s pour protéger la baie, et qui se découpe joliment sur l'horizon.

Arriver – Quitter

➢ ***En bateau :*** de l'embarcadère de Paranaguá, dans le vieux port (rua General Carneiro – ou rua da Praia), plusieurs bateaux et une vedette assurent la liaison avec l'ilha do Mel. Deux arrêts sur l'île, aux villages d'Encantadas et Nova Brasília. Déc-fév, 7 départs/j. 8h30-18h (se renseigner pour les départs hors saison). De Nova Brasília, 6 retours 8h30-18h30 (et autant depuis Encantadas, départs 30 mn plus tôt). Env 24 Rls/pers aller-retour, 1h30-2h de voyage. Plus rapide et plus cher en bateau privé : env 150 Rls pour 4 pers. À l'arrivée, possibilité de faire porter ses bagages dans la *pousada* de son choix ; certaines étant assez éloignées, c'est un service (payant) plutôt pratique.

➢ Pour rallier les plages isolées, on loue les services de ***petits bateaux à moteur*** qui transportent jusqu'à 4 personnes, pour 30-40 Rls le bateau.

Où dormir ? Où manger ? Où boire un verre ?

Dans les villages de Nova Brasília et Encantadas, pléthore de ***pousadas*** alignées côte à côte le long de petits sentiers sablonneux. Certaines plus engageantes que d'autres, avec terrasse en bois, jardin fleuri et façade colorée. Confort et prestations plus ou moins équivalents : rudimentaire mais à prix correct (environ 30 Rls par personne). Pour les adresses situées sur la plage de Fortaleza, descendre à Nova Brasília puis accès à pied en 1h ou bateau-taxi de la praia das Conchas.

***Hostel Zorro (AJ) :** praia das Encantadas. ☎ 34-26-90-52. • hostel zorro.com.br • Directement sur la plage. Petits dortoirs 5-6 lits 30 Rls/pers (25 Rls avec la carte FUAJ), draps inclus. Doubles, équipées de frigo, TV satellite et ventilo mais sans sdb 75-95 Rls.* On ne peut rêver meilleur emplacement pour une AJ. Le tout nickel et agréablement coloré. Et prendre ses repas sous un parasol, les doigts de pied dans le sable blanc, est un vrai bonheur ! Salle de TV et DVD, Internet, coffres individuels et tout et tout. Une vraie ambiance de vacances.

***Ilha do Mel Café :** praia do Farol. ☎ 34-26-80-65 ou 80. Doubles 100-150 Rls selon saison avec petit déj.* Une bien belle adresse, pleine de charme, dans une maison en bois bleu entourée d'un jardin où gazouillent de nombreux oiseaux. Hamacs, tables avec jeux d'échecs en pierre à savon, échange de livres, salle commune très cosy. Deux chambres seulement ici, mais le couple tient aussi la *Pousada de Gêmeas*, plus proche de la plage, et disposant de 6 chambres au même tarif. Accueil formidable de Charles (dont la mère anglaise lui a légué un accent très british), photographe à ses heures. Une mappemonde avec des épingles vous montrera que des voyageurs de la terre entière viennent se relaxer ici. Même depuis les îles Kerguelen ! Fait également café (très bon espresso). C'est d'ailleurs le seul café internet de l'île (6 Rls/h) !

***Pousada Dona Quinota :** praia da Fortaleza. ☎ 34-23-61-76 ou 34-26-81-71. • donaquinota.com.br • Doubles 120 Rls avec petit déj. Transferts (30 Rls) en bateau à moteur depuis l'embarcadère.* Jolis bungalows de style case créole, en bois bleu et blanc et parquet d'acajou. Certains donnent sur la forêt, d'autres sur l'océan... Confort simple, mais un vrai charme authentique. Salle commune où déguster une cuisine locale parfumée, préparée avec de bons produits frais. Quelques tables sur le sable et des hamacs pour se prélasser. Atmosphère conviviale et détente garanties !

***Pousada Caraguatà :** praia das Encantadas. ☎ 34-26-90-97. • cara guata-ilhadomel.com.br • Doubles 90-160 Rls selon saison avec petit déj. Résa de déc à mi-avr.* Dix chambres doubles réparties dans de petites cabanes en bois et brique autour d'un jardin. Celles du bas sont plus vastes, mais d'en haut vous bénéficiez de la vue et de plus de calme. Très bien équipées, avec AC, TV, et même lecteur DVD, minibar, coffre-fort pour certaines... Parasols et chaises de plage à disposition. Les proprios veillent à la propreté de l'endroit et ça se voit ! Le meilleur petit déj de l'île avec jus de fruits frais, pain maison et gâteaux.

***Mar e Sol :** praia do Farol, non loin du* Ilha do Mel Café. *Repas 15-25 Rls.* Dans une salle en bois ouverte sur la nature environnante. Poissons frais, fritures de crevettes légères, moules en salade vinaigrées, frites maison, c'est bien simple : tout est bon. Pour goûter aux différents poissons et fruits de mer, nous vous conseillons la *moqueca com tudo dentro* (une portion suffit largement pour deux). Service très prévenant.

***Estrela do Mar :** praça da alimentação, praia de Mar de Fora, à Encantadas. Repas env 15 Rls. En hte saison, tlj jusqu'à 16h.* Sous cette grande paillote où se côtoient plusieurs restos, l'*Estrela do Mar* doit sa bonne réputation à la fraîcheur de ses produits et à ses bons prix. Demander le *prato comercial* pour deux avec crevettes, poissons, frites et riz. Les amateurs de crabe le dégusteront ici en *casquinha « metido a besta »* avec salade, ou encore en risotto. Service agréable et superbe vue sur l'océan.

Plusieurs ***bars*** et ***lanchonetes*** fréquentés par la jeunesse brésilienne et les surfeurs amateurs de *cerveja*.

LE SANTA CATARINA

FLORIANÓPOLIS

332 000 hab. IND. TÉL. : 048

Capitale de l'État de Santa Catarina, la ville de Florianópolis – « Floripa » pour les intimes – est située sur une île qui fait tout entière partie de la municipalité, l'île de Santa Catarina.
Région de douces montagnes aux forêts subtropicales, de ravissants villages de pêcheurs, avec une magnifique lagune où l'on pêche des crevettes grandes comme la main et des moules tout aussi géantes et, évidemment, des plages, des plages, des plages. On en compte 42. Toutes différentes selon leur exposition à l'océan. Partout sur l'île, des constructions colorées, des forts, des églises...
Sur cette île de 56 km de long et 18 km de large, la capitale *(Centro)* n'occupe qu'un tout petit espace de 4 km, à la pointe la plus proche du continent. Fondée en 1726, à la grande époque de la pêche à la baleine pratiquée par des immigrants venus des Açores, c'est aujourd'hui une ville prospère et moderne, qui vit de la richesse agricole du Santa Catarina, de son industrie et d'un tourisme régional dynamique.
Magnifiques ponts reliant Florianópolis au continent. Le *largo da Alfândega,* à droite des ponts, offre un panorama de la façade ancienne de la ville, avec son très beau marché municipal (1898) où vous trouverez toutes les variétés de *maté,* de *fumo de rolo* et, bien sûr, de nombreux restaurants populaires, très animés et accueillants où, le soir, on écluse les bières au son de la musique *ao vivo.* La cathédrale métropolitaine (1773), la praça 15 de Novembro, à côté du *palácio Cruz e Souza,* furent construites à la même époque. Les buildings ont poussé dans le centre, comme dans toutes les capitales brésiliennes, mais Florianópolis traite assez bien son passé et conserve quelques vestiges de l'architecture coloniale.
Quant à l'île en elle-même, vous y trouverez de très agréables et accueillantes *pousadas,* en pleine nature ou en bord de mer, d'où vous pourrez partir en excursion le long des 260 km de routes tranquilles qui la sillonnent. Bref, un endroit idéal pour des vacances en famille. La location d'une voiture permet de découvrir tous ses recoins. Et si certaines plages commencent malheureusement à subir les affres du béton, il reste une culture populaire intacte et bien vivante, avec notamment plusieurs blocs de *samba* qui défilent chaque année pour l'un des carnavals les plus célèbres du Sud.

Arriver – Quitter

En avion

✈ ***Aéroport Hercílio Luz*** *(hors plan par B3 et plan de l'île de Santa Catarina)* ***:*** *av. Deomício Freitas, km 12 (Carianas).* ☎ *33-31-40-00.* Petit bureau touristique *Santur (☎ 33-31-41-01, tlj 8h-20h).* On y parle parfois l'anglais. En hiver, renseignez-vous ici, car le kiosque en centre-ville est fermé. La plupart des loueurs de voitures possèdent un bureau à l'aéroport (voir leurs coordonnées dans « Adresses utiles »).

➢ ***Pour rejoindre le centre de Floripa :*** bus *Corredor Sudoeste,* de couleur bordeaux, à droite en sortant, ttes les 20-40 mn, selon le trafic (2,40 Rls). Depuis le centre vers l'aéroport, les bus se prennent au *Terminal Urbano (plan A3,* ***1****).* Également des taxis : env 40 Rls pour le *Centro.*

En bus

Rodoviária Rita Maria *(Gare routière ; plan A3,* **1***) : av. Paulo Fontes.* ☎ *32-12-31-00.* Bus longues distances seulement. Billetteries de toutes les compagnies, bureau d'infos touristiques *Setur,* Internet, consigne à bagages automatique et manuelle.

➢ Pour les liaisons dans le reste du ***Santa Catarina,*** *Cie Catarinense* (☎ *32-22-22-60 ; • catarinense.net •*), qui dessert également **São Paulo** avec env 30 bus/j.

➢ ***Pour le Parana :*** 1-2 bus/j. de et vers ***Paranaguá*** avec la *Cie Penha* (☎ *(19) 32-78-30-67 ; • nspenha.com.br •*), 5h de trajet ; et env 20 liaisons/j. dans les 2 sens avec ***Curitiba*** avec la *Cie Catarinense,* env 4h de trajet.

➢ Pour le ***Mato Grosso,*** le mieux est de passer par *Eucatur* (☎ *39-01-16-30).*

➢ La *Cie Pluma* (☎ *32-23-65-76 ou 0800-64-60-300 ; • pluma.com.br •*) propose des liaisons avec ***Foz do Iguaçu*** (env 5 bus/j., 14h de trajet), ***Buenos Aires*** (1 bus/j., 18h de trajet) et ***Santiago*** (Chili ; 2-3 liaisons/sem, env 19h de trajet).

➢ Pour ***Brasília*** et la région du ***Minais Gerais,*** *Cie Real Expresso* (☎ *32-23-09-91).* Brasília est aussi desservie par *Itapemirim* (☎ *32-23-30-44 ; • itapemirim.com.br •*) qui assure également les liaisons avec ***Rio de Janeiro.***

Se déplacer sur l'île

Bus pour l'île *(plan A3,* **2***) : au nouveau* Terminal Urbano, *à 5 mn à pied de* Rodoviária Rita Maria.

Plateformes avec destinations bien indiquées (les quais A et B desservent le centre et le sud de l'île, et le quai C le nord et l'aéroport), mais horaires très variables. De très nombreux bus desservent les villages de l'île. Par contre, pour accéder aux plages, il vous faudra souvent changer de monture. Et qui dit correspondance, dit fréquences souvent hasardeuses et temps d'attente longs. S'armer de patience et d'un bon plan de l'île. Aux changements, ne pas payer à nouveau mais monter par l'arrière du bus. Pour info, le Nord est mieux desservi que le Sud, mais bien moins intéressant côté séjours. Possibilité d'acheter un pass *(passe rapido)* valable pour plusieurs voyages.

Adresses utiles

Informations, poste et télécommunications

Santur *(informations touristiques de l'État de Santa Catarina ; plan B2,* **3***) : rua Felipe Schmidt, 249, 8e étage.* ☎ *32-12-63-00. • sol.sc.gov.br.san-*

LE SUD

Adresses utiles

- Poste
- Aéroport Hercílio Luz
- **1** Rodoviária *Rita Maria* (Gare routière longue distance)
- **2** Terminal Urbano (Bus pour l'île)
- **3** Santur (infos touristiques)
- **4** Banco do Brasil
- **5** HSBC
- **8** Laverie
- **9** Pharmacie 24h/24

Où dormir ?

- **20** Albergue da juventude
- **22** Hotel Cruzeiro
- **23** Hotel Valerim Center
- **24** Hotel Faial

Où manger ? Où boire un verre ?

- **31** Box 32
- **32** Botequim
- **33** Velho Lamas
- **34** Central do Café
- **35** Armazém Vieira
- **36** Sanduicheria da Ilha

À voir

- **40** Museu histórico de Santa Catarina
- **41** Casa-museu Victor Meirelles

FLORIANÓPOLIS

LE SUD

tur • *Lun-ven 8h-19h. Et un numéro valable dans tout le Santa Catarina :* ☎ *0800-64-60-300. Autre bureau à l'aéroport : tlj 24h/24 en hte saison.*

Setur *(infos touristiques de la ville de Florianópolis)* **:** *à la* **rodoviária Rita Maria** *(plan A3,* **1***).* ☎ *32-28-10-95.* • *vi sitefloripa.com.br* • *Tlj 8h-19h.*

Poste *(plan B2-3)* **:** *praça 15 de Novembro, la place principale. Lun-ven 9h-17h, sam 8h-12h.*

Argent, change

Banco do Brasil *(plan B2,* **4***)* **:** *praça 15 de Novembro, 321.* Change 10h-16h : euros, dollars et chèques de voyage. Distributeurs *Visa* et *MasterCard* 6h-22h.

HSBC *(plan A2,* **5***)* **:** *rua Felipe Schmidt, 376 ; angle Alvaro de Carvalho.* Distributeurs *Visa* et *MasterCard* et change de chèques de voyage.

Urgences

Pharmacie 24h/24 *(plan B3,* **9***)* **:** *Catarinense, sur la praça 15 de Novembro, à l'angle de Conseilheiro Mafra.*

Urgences médicales : *Hospital Florianópolis, rua Santa Rita de Cassiá, 279, Estreito (sur le continent).* ☎ *32-71-15-00.*

Pronto socorro *(premiers secours)* **:** ☎ *192.*

Transports

Hertz *(plan B1)* **:** *rua Bocaiúva, 2125.* ☎ *32-24-99-55 ou 0800-48-08-09. À l'aéroport :* ☎ *32-36-16-54.*

Avis : *à l'aéroport.* ☎ *32-36-14-26.*

Localiza : *av. Hercílio Luz. À l'aéroport :* ☎ *32-36-12-44 ou 32-25-55-58.* Location de voitures. Prix intéressants en basse saison.

Unidas : *à l'aéroport.* ☎ *32-36-06-07.*

Varig : *à l'aéroport.* ☎ *33-36-17-79 ou 0800-99-70-00.*

Tam : *à l'aéroport.* ☎ *32-36-18-12 ou 0800-12-31-00.*

Gol : *à l'aéroport.* ☎ *33-31-41-29 ou 33-31-40-00.*

Divers

Laverie : *lavandaria Ilha Norte (plan A2,* **8***), rua Felipe Schmidt, 706, un peu avt la rua Padre Roma. Lun-ven 8h-20h, sam 8h-18h.* Compter 8 Rls le lavage et 5 Rls le séchage.

Où dormir ?

Le *Centro* est très agréable pour passer quelques jours et sillonner les plages de l'île.

Bon marché (30-50 Rls / 12-20 €)

Albergue da juventude *(plan A2,* **20***)* **:** *rua Duarte Schutell, 227.* ☎ *32-25-37-81.* • *floripahostel.com.br* • *Un poil excentré. Nuitée 30-32 Rls/pers ; réduc avec la carte FUAJ et pour les étudiants.* Dortoirs filles ou garçons très corrects, de 4 à 8 lits ; 90 lits en tout. Casiers pour les valeurs (apporter son cadenas). Cuisine à disposition, Internet, et linge fourni. *Autre* **AJ,** *au nord de l'île : praia Canasvieiras (rua Dr João de Oliveira, juste à côté de l'énorme fast-food américain...).* ☎ *32-66-20-36. Ouv Noël-Pâques.*

Hotel Cruzeiro *(plan A-B2,* **22***)* **:** *rua Conselheiro Mafra, 324.* ☎ *32-22-06-*

75. Doubles env 50 Rls sans sdb, 70 Rls avec. Quartos rudimentaires, mais propres et sûrs. Accueil très sec et pas de résa possible.

De prix moyens à plus chic (80-160 Rls / 32-64 €)

Hotel Valerim Center *(plan A2,* ***23****) : rua Felipe Schmidt, 554. ☎ 32-25-11-00. • hotelvalerim.com.br • Doubles 100 Rls en hte saison, bon petit déj compris.* Bloc de béton à la façade sans charme. Mais les chambres sont bien, propres et confortables. Accueil pro.

Hotel Faial *(plan A2,* ***24****) : rua Felipe Schmidt, 603. ☎ 0800-48-00-99. • hotelfaial.com.br • Doubles 160 Rls, copieux petit déj-buffet compris.* Bien, car central et très confortable, avec coin living convivial. Déco agréable, chambres spacieuses et vue imprenable des derniers étages.

Où manger ? Où boire un verre ?

Bon marché (environ 15 Rls / 6 €)

Botequim *(plan B2,* ***32****) : av. Rio Branco, 632. ☎ 33-33-12-34. Moins de 15 Rls.* En salle ou en terrasse, ça débite toute la soirée. On cause, on commande une *chopp da Brahma* en grignotant des *bolinhos da seca* ou des mini-*pasteis*, on rit... ambiance et volume sonore garantis. L'adresse qui bouge en ville.

Central do Café *(plan B2,* ***34****) : rua Vidal Ramos, 174 (Centro). ☎ 33-24-12-79. Lun-ven jusqu'à 20h, et sam mat.* Une chouette petite *lanchonete* à la façade colorée. Une dizaine de tables couvertes de mosaïque où sont servis *petiscos, pasteis* et tartes salées confectionnés maison. Également de bons sandwichs, des jus de fruits frais et un véritable *espresso*. Accueil souriant. Sympa et bon marché.

Sanduicheria da Ilha *(plan B1,* ***36****) : rua Altamiro Guimarães, 18. ☎ 30-28-86-86. À côté du shopping* Beira Mar Norte. *Tlj 17h-1h. Sandwichs 7-10 Rls.* Bien remplis et goûteux, ces sandwichs vous permettront d'essayer les spécialités locales comme la *picanha* (viande tendre), le *pernil* (rôti de porc) ou bien les charcuteries italiennes. Tous excellents ! Idéal pour accompagner un *chopinho* de bière.

Velho Lamas *(plan A2,* ***33****) : av. Rio Branco, 288. ☎ 30-28-24-48. Lun-ven midi slt. Buffet 11,50 Rls/kg.* Dans un cadre assez charmant (pour une fois !), une maison coloniale avec une grande terrasse, voici un buffet *ao kilo* vraiment pas cher. Une bonne affaire pour le déjeuner. Du coup, il y a souvent la queue.

Prix moyens (15-30 Rls / 6-12 €)

Box 32 *(plan B3,* ***31****) : dans le mercado municipal, près du largo da Alfândega. ☎ 32-24-55-99. Au rez-de-chaussée, dans la partie couverte. Env 20 Rls pour grignoter.* Véritable institution de la ville, voici un authentique bar à tapas brésilien ! On y vient boire un verre et déguster quelques *camarões com queijo, bolinho de bacalhau* ou huîtres. Joyeuse ambiance en fin de journée. Seule ombre au tableau, l'addition grimpe vite... Vente au bar de bouteilles de *cachaça* de la marque Box 32, ainsi que bières, sauces diverses et même champagne !

Armazém Vieira *(hors plan par B3,* ***35****) : rua Aldo Alves, 2. ☎ 33-33-86-87. Bus* Pantanal *depuis la praça 15 de Novembro, ou taxi. Lun-jeu 18h-1h, ven 18h-3h, sam 21h30-3h. Cocktails 12-15 Rls (supplément pour la musique).* Superbe maison coloniale de 1840, ancienne distillerie de *cachaça.* On y sert plus de 100 *pingas,* moult cocktails à base de rhum, vodka, tequila et autres mélanges détonants.

LE SUD

Cadre sublime avec alambics et grandes cuves, vieux meubles en acajou et une belle mezzanine prise d'assaut en fin de semaine. Quelques tapas de qualité mais un peu chères. On vient surtout pour boire un verre et écouter de la bonne musique *ao vivo*.

À voir

Museu histórico de Santa Catarina *(plan B2,* ***40****) : palácio Cruz e Souza, praça 15 de Novembro, 227. ☎ 33-21-35-04. Mar-ven 10h-18h, w-e et j. fériés 10h-16h. Entrée : 2 Rls.* Une jolie balade dans le temps. Derrière sa façade baroque rose et blanc, ce palais Cruz e Souza, du nom d'un célèbre poète catarinense, date de 1770 et fut la résidence du gouverneur. Dans un style éclectique, c'est un curieux mélange d'objets et tissus venus d'Europe, plein de couleurs.

Casa-museu Victor Meirelles *(plan B2-3,* ***41****) : rua Victor Meirelles, 59. ☎ 32-22-06-92. Lun-ven 13h-18h, w-e 13h-15h. Entrée modique.* Pour ceux qui veulent en (sa)voir plus sur le peintre catarinense (1832-1903). Le musée est installé dans sa maison natale.

➤ AUTOUR DE FLORIANÓPOLIS : L'ÎLE DE SANTA CATARINA

Les dizaines de plages de l'île de Santa Catarina s'explorent aisément depuis Florianópolis (voir plus haut « Se déplacer sur l'île »). Les distances sont courtes et permettent de partir en excursion à la journée. Hélas, les connexions ne sont pas toujours aisées et les temps d'attente longs. L'idéal est de choisir l'un ou l'autre des villages établis le long de ces plages de rêve et de passer quelques nuits dans un environnement sauvage. Autre option : louer un véhicule et sillonner l'ensemble de l'île en quelques jours. Avis aux amateurs de surf, les vagues de la côte est sont réputées.

LE CENTRE DE L'ÎLE

Lagoa da Conceição : une grande lagune occupe le centre de l'île. D'un côté, le village de *Lagoa*, de l'autre, celui de *Barra de Lagoa*. L'église Nossa Senhora da Conceição (1750) surplombe le site d'un petit promontoire pour y faire entendre le timbre cristallin de sa cloche en argent massif. Splendide point de vue au-dessus de la *Lagoa du Morro das 7 Voltas*.

Où dormir ?

- **50** Camping Malibu Panorâmica
- **51** Camping Fortaleza da Barra
- **52** The Backpackers
- **53** Restaurante e Residencial Beira Mar
- **54** Pedras Vivas
- **55** Pousada Sítio dos Tucanos
- **56** Camping Escoteiro
- **57** Albergue Estrelas no Mar
- **58** Pousada Alemdomar

Où manger ? Où boire un verre ?

- **60** Esquinão da Barra
- **61** Nigiri
- **62** Restaurante e bar Ponta das Caranhas
- **63** A Comida do Francês – Bar e restaurante das Antigas
- **64** Porto do Contrato
- **65** Beira d'Água
- **66** Santo Antônio Caffè
- **67** Bar do Vadinho

LE SUD

L'ÎLE DE SANTA CATARINA

Où dormir ?

Campings

Camping Malibu Panorâmica *(plan de l'île,* ***50****) : av. das Rendeiras, 408, à Lagoa.* *99-97-01-46 ou 84-08-69-47.* • *pousadapanoramica.com* • *Sur la route principale qui longe le lagon. Pour 2 pers, 25 Rls.* Perché sur un petit monticule, planté de palmiers et d'hibiscus, le camping surplombe la mer. À la fois calme et à deux pas des restos et bars. Dommage qu'il n'y ait pas de vraie plage. Prêt de kayaks inclus dans le prix.

Camping Fortaleza da Barra *(plan de l'île,* ***51****) : rodovia João Gualberto Soares, à Barra da Lagoa.* ☎ *32-32-42-35.* • *campingfortalezadabarra@yahoo.com.br* • *Emplacements pour tentes env 12 Rls/pers ; bungalows au confort sommaire 35 Rls/pers, certains avec cuisine équipée.* Snack-bar, barbecue à disposition... Peuplé de surfeurs et de jeunes babas cool. Ambiance relax. Petit mais bien tenu. Pas vraiment proche de la plage, voilà l'inconvénient !

De bon marché à prix moyens (30-80 Rls / 12-32 €)

The Backpackers *(plan de l'île,* ***52****) : Barra da Lagoa.* ☎ *32-32-76-06.* • *backpackersfloripa.com* • *De l'autre côté du pont suspendu, dans une maison blanche accrochée à la colline, où l'on va à pied. Petits dortoirs ou chambres doubles (sdb séparées) : 28-40 Rls/pers avec petit déj.* L'ambiance est ici à la détente. Vraiment très, très relax. En prime et inclus dans le prix : petit déj, surf, *bodyboard,* masque et tuba ! Possibilité d'y dîner pour pas cher 5 soirs par semaine. Vue splendide sur les eaux bleues de l'océan. Les vacances, quoi !

Restaurante e Residencial Beira Mar *(plan de l'île,* ***53****) : rua Amaro Coelho, 276, sur la plage de Barra da Lagoa.* ☎ *32-32-33-90.* • *abeiramar.com.br* • *Doubles 50-80 Rls, sans petit déj. Prix négociables.* Petits *apartamentos* propres et clairs, pour certains installés directement sur le front de mer. Confort assez modeste, mais vue imprenable sur la plage. La cuisine y étant assez médiocre, optez pour un bon jus de fruit.

LE SUD

Où manger ? Où boire un verre ?

Le soir, c'est à Lagoa qu'il faut sortir. Ici, pas de cuisine locale, on se la joue international et branché. ***Basilico*** est réputé être la meilleure pizzeria, tandis que ***Mexicano*** et ***Patagonia*** font salle et terrasse combles. Le midi, en revanche, c'est simple : tout est fermé.
À essayer à Barra da Lagoa : la *sequência de camarões* autour de 42 Rls. C'est une des spécialités de Floripa, une succession de plats de crevettes de saveurs, de tailles et de préparations différentes. De quoi en faire le plein pour l'année ! Et il y a largement de quoi nourrir deux affamés. Autre spécialité locale, les *camarões a moranga,* délicieux plat de crevettes cuites servies dans une citrouille.

Esquinão da Barra *(plan de l'île,* ***60****) : rua Prof. Abelardo de Souza, 53, Barra da Lagoa. Non loin de la plage. Ouv slt le midi, et sam soir. Buffet* ao kilo *à moins de 16 Rls...* Prix correct et qualité acceptable. Pour les fauchés et les grosses faims. Tables en terrasse.

Nigiri *(plan de l'île,* ***61****) : av. Afonso Delambert Neto, 413, à Lagoa.* ☎ *32-32-57-61. Repas 40-50 Rls.* Pour déguster autrement les produits de la mer puisque ce resto propose des spécialités japonaises. Moderne, branché et sympa, dans une salle boisée avec une mezzanine. Formule à volonté très intéressante pour se délecter de sushis, sashimis, makis et compagnie. Plein à craquer en fin de semaine. Les serveurs s'agitent à un rythme effréné... avec le sourire.

Restaurante e bar Ponta das Caranhas *(plan de l'île,* ***62****) : rodovia Jornalista Manoel de Menezes, 2377, Barra da Lagoa.* ☎ *32-32-30-76. Juste avt l'entrée du village, en venant du sud. Mar-dim 11h-minuit. Plats copieux pour 2 pers env 40 Rls.* Face à la lagune, un superbe resto dans un chalet au cadre idyllique. Cuisine locale préparée avec de bons produits frais, poissons et crustacés. Apprécié des habitants pour son atmosphère chic et romantique le soir. On profite aussi de la grande pelouse et du ponton pour prendre un verre dans la journée, au bord de la lagune.

À faire

➢ ***Promenades en bateau et plongée sous-marine :*** *balades 4-8h incluant repas et boissons, env 50 Rls/pers.* Très nombreuses possibilités depuis Barra da Lagoa et Lagoa. Mieux vaut se renseigner sur place, aux débarcadères, et comparer les prix. À Lagoa, renseignements à la *pousada Ilha da Magia (*☎ *32-32-50-38),* qui propose des activités à des prix très raisonnables (canoë-kayak). On y parle un peu l'anglais. Sinon, voir aussi *Ondança (*☎ *32-32-19-65 ;* • *ondanca.com* •*).*

Plages : *praia Mole,* face à l'océan, sable très fin et eaux révoltées. Connue pour ses *beach parties* car fréquentée par un public gay. Dernière étape du championnat brésilien de *bodyboarding* ! Elle se continue par la *praia Joaquina,* avec de superbes dunes et une eau turquoise, puis la *praia do Campeche,* vers le sud, longue de 17 km et plus sauvage (peu de constructions). Au nord de *Mole,* la *praia de Galheta* est nudiste.

LE SUD DE L'ÎLE

Ribeirão da Ilha : c'est un petit village de pêcheurs typique des populations açoriennes qui ont émigré à Santa Catarina. On y a introduit il y a quelques années l'élevage des huîtres qui, associé à la pêche aux crevettes, assure une vie paisible aux habitants du village. Superbes eaux turquoise, mais pas de réelle plage. Du coup, le tourisme s'est peu développé et une atmosphère calme et authentique se maintient. Le plus joli village de l'île, avec ses maisons colorées et son atmosphère hors du temps.

Forte Nossa Senhora da Conceição : à la pointe sud de l'île, sur l'îlot Araçatuba (face à la *praia dos Naufragados*). Forteresse perchée, d'où l'on découvre un point de vue imprenable.

Où dormir ?

De plus chic à chic (80-180 Rls / 32-72 €)

Albergue Estrelas no Mar *(plan de l'île,* ***57****) : praia do Pântano do Sul, 240.* ☎ *32-38-48-24.* *48-99-51-27-72.* • *albergueestrelasnomar.com.br* • *Lits en dortoir 30 Rls/pers, doubles 60-80 Rls avec petit déj et sdb commune.* Dortoirs garçons et filles de 15 et 16 lits respectivement, divisés en plusieurs chambres. Casiers avec clé et Internet. Puis 2 chambres doubles avec lit *matrimonial,* qui se partagent une salle de bains. Salle commune très agréable avec vue sur la plage, et pelouse pour se relaxer. Olga, la sympathique maîtresse de maison, loue également une maison totalement équipée pour 11 personnes sur la plage d'Armação. Une bonne adresse.

Pousada Alemdomar *(plan de l'île,* ***58****) : rua Lagoa do Peri, 403.* ☎ *32-37-56-00.* • *alemdomar.com.br* • *Sur praia Armação. Doubles 130-180 Rls.* Superbe *pousada* tout en bois et briques apparentes. Vous êtes ici les pieds dans l'eau et la tête dans les étoiles. Ambiance reposante... la propriété est entourée d'un magnifique jardin. Les chambres confortables, aux couleurs chaudes, sont prolongées d'un balcon pour certaines. Accueil pro.

Pedras Vivas (plan de l'île, **54**) : *rodovia Baldicero Filomeno, 17583.* ☎ *32-37-81-71. Entre praia de Fora et Caieira. Résa impérative. Bungalows 2-5 pers 100-130 Rls.* Trois beaux bungalows, dans la forêt, décorés avec beaucoup de goût, entièrement aménagés, avec cuisine équipée. Tania et son mari, Luis, un ancien luthier reconverti dans les barques en bois, accueillent leurs hôtes avec beaucoup de gentillesse. Piscine avec vue imprenable sur la mer. La plage *Naufragados,* la plus belle de l'île, se trouve dans les environs. Kayaks et petits bateaux à disposition. Une de nos adresses préférées.

Pousada Sítio dos Tucanos (plan de l'île, **55**) : *estrada Rosália P. Ferreira, 2776.* ☎ *32-37-50-84.* • *pousadasitiodostucanos.com* • *À 5 km du village de Pântano do Sul. Téléphonez pour qu'on vienne vous chercher. Du Terminal Urbano de Florianópolis, prendre le bus n° 410 pour Rio Tavares, puis changer pour le n° 563 vers Costa de Dentro : il vous laisse à env 600 m de la* pousada. *Selon saison, doubles min 120 Rls, petit déj inclus, jusqu'à 200 Rls en hte saison.* Petit paradis en pleine nature, avec plusieurs hectares de maquis et de bosquets à flanc de montagne. Gerta, la maîtresse des lieux, parle l'allemand et l'anglais et vous accueille dans deux bâtiments en brique et pierre bien intégrés dans le paysage. Dans certaines chambres, un petit balcon donne sur une cascade. Appartements aux hautes charpentes en bois de cèdre, meublés et décorés simplement mais avec goût. Possibilité, pour des groupes de 4 personnes, de louer un chalet confortable, équipé d'une cuisine complète. Petit déj copieux, avec de bons produits frais, servi dans l'adorable salle commune. Pour déjeuner ou dîner sur place, on peut s'arranger. Les repas sont de bonne qualité. Vue splendide sur le village en contrebas et la mer au loin. Beaucoup de charme.

Où manger ?

Bar do Vadinho *(plan de l'île,* **67**) : *sur la plage de Pântano do Sul.* ☎ *32-37-73-05. En saison, tlj midi et soir ; hors saison slt le w-e. Repas env 17 Rls.* Belle salle vert et saumon, aux fenêtres grandes ouvertes sur la superbe baie entourée de *morros.* Délicieux ! Vadinho est pêcheur et propose des produits frais tous les jours. Il est aussi artiste et expose ses tableaux de bateaux faits de coquillages. Service souriant.

LE SUD

A Comida do Francês – Bar e restaurante das Antigas (plan de l'île, **63**) : *rodovia Baldicero Filomeno, 7487, Ribeirão da Ilha.* ☎ *33-37-57-70. Tlj sf mar. Près de 100 Rls pour 2 pers.* Voici la façade pimpante de l'ancienne épicerie du village reconvertie en restaurant de spécialités franco-brésiliennes. Le chef, Sylvain, et son épouse brésilienne, Nuna, concoctent de savoureux plats de viande, poisson et crustacés (huîtres récoltées juste devant le resto) mêlant habilement produits locaux (goyave, manioc...) et recettes françaises. On goûte à la cuisine et au charme des lieux dans une salle aux murs tapissés de bouteilles, ou sur une petite terrasse de l'autre côté de la rue, face à la mer. Un peu cher tout de même.

Porto do Contrato (plan de l'île, **64**) : *rua Baldicero Filomeno, 5544, Ribeirão da Ilha.* ☎ *33-37-10-26. Hors saison, fermé mar. Env 50 Rls pour 2 pers.* Un p'tit bout d'paradis surplombant l'océan. Une belle maison en brique et bois dont les tables sont ornées de mini-aquariums avec des mini-poissons. Cuisine de la mer, plus élaborée qu'ailleurs, ponctuée de touches açoriennes et africaines. Idéal pour une soirée en amoureux.

À faire

Les plages : la *praia Armação,* face à l'océan, est appréciée pour ses grosses vagues. Départs des bateaux pour *ilha do Campeche.* Une autre plage magnifique, et celle-ci presque déserte, la *praia Saquinho,* accessible à pied depuis la plage de Solidão. À l'extrême pointe sud de l'île, la *praia dos Naufragados,* propice à la plongée sous-marine, est la plus difficile d'accès mais vraiment la plus belle et la plus calme. Une superbe balade le long d'un sentier envahi par la végétation permet de s'y rendre. Les plages *Lagoinha de Leste* et *Matadeiro* valent aussi le détour.

LE NORD DE L'ÎLE

À partir de Barra da Lagoa, sur la partie océane de l'île (à l'est), la ***praia Moçambique,*** immense et fabuleuse, remonte sur 28 km de sable vers le nord, battue par les déferlantes atlantiques, en bordure du parc de Rio Vermelho. Idéale pour le surf. Sur la bordure occidentale de l'île, les plages de la Baia Norte, face au continent, égrènent de petits villages de pêcheurs, à la traditionnelle architecture açorienne. Maisons peintes, criques bordées d'embarcations. Culture d'huîtres et de coquillages, eaux calmes et claires, superbes couchers de soleil.

Santo Antônio de Lisboa : *pour s'y rendre en voiture, depuis la route principale en venant du Centro (c'est-à-dire, de Florianópolis), prendre à droite au panneau et passer sous le pont. En bus, gare routière à 1 km env de l'église.* Village construit par les immigrants açoriens au XVIIIe s, avec la *igreja Nossa Senhora das Necessidades* (*Notre-Dame-des-Nécessités,* 1756) de style colonial avec dominantes de bleu ciel dans l'autel et les chapelles annexes. Maisons roses et bleues, restaurants de pêcheurs (spécialités d'huîtres et de moules) ouverts le soir en longeant la mer vers le nord.

Où dormir ? Où manger ? Où boire un verre ?

Camping Escoteiro *(plan de l'île,* ***56****)* ***:*** *rodovia João Gualberto Soares, 10623.* ☎ *32-69-99-84. Du côté de São João de Rio Vermelho. En venant de Barra da Lagoa, à 50 m après la* Polícia Ambiental. *Petite pancarte peu visible depuis la route. Ouv tte l'année. Env 8 Rls/pers.* Camping « scouts » en traduction littérale, mais cela ne change rien pour le routard de passage ! Au bout d'un petit chemin, un camping bien ombragé, au calme. Barbecue, terrains de foot et de volley. Sanitaires nickel et très bon accueil. Pour du camping très nature, avec un sentier direct jusqu'à la plage. Si celui-ci est complet et que vous cherchez plus de confort : *le* ***Camping Rio Vermelho****, 4 km plus loin en direction de Barra da Lagoa.* Mieux équipé mais plus bruyant aussi car en bordure de route.

Beira d'Água *(plan de l'île,* ***65****)* ***:*** *sur la plage de Sambaqui, après Santo Antônio de Lisboa ; le dernier resto en continuant la route. Terminus des bus à 300 m.* ☎ *33-35-01-94. Ouv tard le soir.* La gargote de pêcheurs la plus authentique. Antônio élève lui-même les huîtres et les moules qu'il sert pour un prix raisonnable. Frites fraîches vraiment délicieuses.

Santo Antônio Caffè *(plan de l'île,* ***66****)* ***:*** *à Santo Antônio de Lisboa, juste à côté de l'église. Ouv jusqu'à 23h.* Dans une grande cour ombragée avec une fontaine. Architecture typiquement açorienne. Café-gâteau, spaghettis ou *caïpirinha,* au choix.

LE LITTORAL NORD : SÃO FRANCISCO DO SUL

IND. TÉL. : 047

Au nord de Florianópolis, le littoral catarinense offre de nombreuses haltes balnéaires possibles. Tout au nord de l'État, à environ 200 km de Florianópolis, escale sur la route de Curitiba (et de Paranaguá) dans la ville historique de São Francisco do Sul, sur l'*île de São Francisco.* Très belles constructions

coloniales, citadines et portuaires. L'île elle-même fut découverte en 1504 par le Français Binot Paulmier de Gonneville, mais il fallut attendre un siècle avant que les Portugais n'y fondent le village. L'île est aujourd'hui une réserve naturelle avec une côte propice à la pêche, à la détente et au surf.

Arriver – Quitter

***Rodoviária :** rua Barão do Rio Branco. ☎ 34-44-22-80.*

➢ Bus pour ***Curitiba*** (2 bus/j., 3h de trajet) avec la *Cie Catarinense* (*☎ 0300-1-470-470, • catarinense.net •*) ; et pour ***Joinville*** (3-5 bus/j., un peu moins le w-e, 2-3h de trajet), d'où l'on peut rejoindre São Paulo par avion, avec la *Cie Verdes Mares* (*☎ 34-44-25-35, • vmares.com.br •*).

Adresses utiles

***Informations touristiques :** rua Babitonga, 62. ☎ 34-44-52-57. Tlj 8h-17h.* Plans et brochures. Accueil en portugais.

@ Dans la galerie marchande de la rua Babitonga, une agence de voyages fait le ***change*** et dispose d'un accès ***Internet.***

Où dormir ?

Bon marché (moins de 30 Rls / 12 €)

***Hotel Central :** rua Rafael Pardinho, 207. ☎ 34-44-02-64.* Grand hôtel de travailleurs et de marins. Confort minimal... mais prix aussi. Pour les amateurs d'ambiances portuaires.

Prix moyens (45-100 Rls / 18-40 €)

***Kontiki Hotel :** rua Babitonga, 211. ☎ 34-44-22-32. • hotelkontiki.com.br • Doubles 45-100 Rls selon saison. Apartamentos* avec frigo-bar, TV, douche, moquette et miroirs aux murs. Central et bien tenu.

À voir. À faire

***Igreja Matriz Nossa Senhora da Graça** (1665) : praça Getúlio Vargas.*

***Museu histórico :** rua Col. Carvalho. ☎ 34-44-22-22. Mar-ven 9h-18h, w-e et j. fériés 11h-18h. Entrée : 2 Rls.* Installé en fait dans l'ancienne assemblée municipale et l'ancienne prison (XVIIIe s).

***Museu nacional do Mar :** rua Manoel Lourenço de Andrade. ☎ 34-44-18-68. Mar-ven 10h-18h, w-e et j. fériés 10h-20h. Entrée : 5 Rls.* Il retrace, entre autres, l'histoire des baleiniers açoriens. On replonge dans l'atmosphère du XIXe s.

➢ ***Excursions en saveiro autour de l'île,*** avec baignades. *Env 15 Rls/pers. Durée : 2h. Départs du port de plaisance, au bout de la rua Babitonga.*

➢ ***Visite des sambaquis,*** monuments tumulaires de 5 à 8 m de haut, faits de coquillages, uniques traces des antiques civilisations indiennes de l'île.

➢ À ***Vila da Glória,*** visite des ruines d'un phalanstère fondé à la fin du XIXe s par des adeptes de Fourier ; l'expérience fut un échec, mais certaines familles françaises restèrent sur place. Les vestiges sont assez maigres, mais la balade est chouette ; accès en bateau en 30 mn ; se renseigner au port (4 Rls par personne).

Belles ***plages*** aux alentours de la ville : les plus belles sont Enseada et Ubatuba, à l'ambiance familiale. Bus au départ de Igreja Matriz.

LE RIO GRANDE DO SUL

PORTO ALEGRE

1 800 000 hab. IND. TÉL. : 051

Capitale de l'État le plus méridional du pays, Porto Alegre affiche les traits d'une ville d'immigration européenne bercée par sa tradition agricole et d'élevage, auxquels sont venus s'ajouter des touches d'architecture moderne et même un métro ! Située au bord du lac naturel Guaíba et entourée de pampas, c'est aussi la 4e ville la plus peuplée du Brésil. Et la plus verte, avec plus d'un million d'arbres (issus de plus de 190 espèces) plantés le long de ses rues. Le tracé du centre abrite encore le marché municipal de style colonial portugais, la très belle *praça da Matriz* – siège de la cathédrale métropolitaine –, ou encore des rues piétonnes bordées d'immeubles de la fin du XIXe s.

Un fait curieux : on est ici bien loin de Salvador de Bahia et de ses *candomblés*... pourtant les boutiques de *floras,* vendant des statuettes de Yemanjà et autres divinités afro-brésiliennes, sont légion. Ce qui n'empêche pas ses habitants de se revendiquer de la tradition *gaúcha* de l'hospitalité, le *maté* à la main et de succulents morceaux de viande grillée toujours prêts à être partagés... Un bel exemple de ce syncrétisme culturel propre au Brésil.

La ville est également renommée en Amérique du Sud pour son dynamisme : elle accueille la Biennale du Mercosur, ainsi que la plus grande foire aux livres d'Amérique latine (chaque année en octobre et novembre), et, bien sûr elle hébergea à quatre reprises (2001, 2002, 2003 et 2005) le Forum Social Mondial. Les amateurs de foot noteront aussi qu'elle vit naître Ronaldinho.

Deux musées à signaler : le *MARGS* (ou musée d'Art moderne) abrite des œuvres de Portinari et de Di Cavalcanti ; le *Gasômetro,* une ancienne usine thermo-électrique reconvertie en centre culturel, propose quant à lui des expos temporaires.

Enfin, afin échapper aux chaleurs humides de l'été, les charmantes cités de Gramado et Canela, nichées dans la *serra,* méritent le détour.

ALTER-ÉGAUX

Le nom de Porto Alegre résonne comme un synonyme d'altermondialisme... En 1988, le Parti des Travailleurs (de gauche), élu aux municipales, met en place un sytème de démocratie participative. Les citoyens décident directement de la gestion des finances publiques et des priorités budgétaires : assainissement, éducation, etc. Un vrai laboratoire de démocratie directe, scruté bien au-delà des frontières. C'est presque tout naturellement que le Forum social Altermondialiste (FSM, ou anti-Davos) y pose ses valises dès 2001... jusqu'en 2005, lorsque la mairie change de couleur. Plus question alors d'accueillir tous ces idéalistes refusant le modèle néo-libéral.

Arriver – Quitter

En avion

✈ ***Aeroporto Salgado Filho :*** *à env 5 km du centre.* ☎ *33-58-20-00.* Le plus moderne du Sud. Liaisons avec le reste du Brésil, l'Argentine et l'Uruguay, avec les compagnies ***Tam*** et ***Gol.*** Distributeurs *Visa* et *MasterCard,* change, infos touristiques, location de voitures.

➢ ***Pour gagner le centre :*** le métro est le choix le plus simple. Descendre à la station *Mercado Público* (env 10 mn de trajet), ou *Rodoviária* pour la gare routière (5 mn). Billet : 1,50 Rls ; fonctionne 5h30-23h. Sinon, le bus T5, terminus en bas de l'avenida Borges de Medeiros : ttes les 10 mn env, 7h-22h ; trajet 40 mn. En taxi, env 25 Rls.

En bus

🚌 ***Rodoviária :*** *à 10 mn à pied du centre-ville.* Ⓜ *Rodoviária.* ☎ *32-10-01-01.*

➢ ***Curitiba :*** 3-4 bus/j. dans les 2 sens avec la *Cie Penha* (☎ *0300-78-92-002 ou 0800-646-21-22 ;* • *nspenha.com.br* •). Et 3-4 bus/j. avec la *Cie Pluma* (☎ *32-28-51-12 ;* • *pluma.com.br* •). Trajet : 11h.

➢ ***Paranagua :*** 1-2 bus/j. aller-retour avec la *Cie Penha*. Trajet : 12h.

➢ ***São Paulo :*** env 6 bus/j. dans les 2 sens avec les *Cies Penha* ou *Itapemirim* (☎ *0800-723-21-21 ;* • *itapemirim.com.br* •). Trajet : 18h.

➢ ***Buenos Aires :*** 2-3 bus/j. dans les 2 sens avec les *Cies Pluma* ou *Flechabus* (☎ *32-24-06-72 ;* • *flechabus.com.ar* •). Trajet : 19h.

Adresses utiles

ℹ ***Informations touristiques :*** on distingue les offices du tourisme municipaux *(SAT)* et ceux de l'État de Rio Grande *(SETUR).*

– ***Bureaux SAT :*** ☎ *0800-51-76-86.* • *portoalegre.rs.gov.br/turismo* • *Au Mercado Público (lun-ven 9h-19h, sam 9h-18h) et à l'aéroport (tlj 7h30-23h45).*

– ***Bureaux SETUR :*** ☎ *32-88-54-40 ou* • *turismo.rs.gov.br* • *À l'aéroport (tlj 7h30-23h) et à la gare routière (tlj 7h30-20h).* On y parle l'anglais et l'espagnol. Proposent un bus touristique découvert *(Linha Turismo)* pour faire un tour de ville.

■ ***Change :*** *à l'aéroport, à la gare routière et dans le centre commercial* Praia de Belas *(tlj 10h-22h). Au centre, en diagonale du bureau SAT du Mercado Público, la* ***Banco do Brasil*** *(☎ 32-28-81-44 ; lun-ven 10h-15h).* Change dollars, euros et pesos argentins. Guichets automatiques *Visa* et *MasterCard* accessibles 6h-22h.

■ ***Poste centrale et téléphone :*** *rua Siqueira Campos, 1100.* ☎ *32-20-88-66. Lun-ven 8h-17h.* Vendent aussi des cartes téléphoniques.

■ ***Tam :*** ☎ *33-23-32-00. À l'aéroport :* ☎ *33-58-20-50.*

■ ***Gol :*** ☎ *0300-115-21-21.* • *voegol.com.br* •

■ ***Consulat de France :*** *rua Ramiro Barcelos, 1172 sala 217.* ☎ *32-22-64-67.* • *chfrpoa@terra.com.br* • *Lun et mer 8h30-11h30, jeu 14h-17h30.*

■ ***Police :*** ☎ *190.*

■ ***SAMU :*** ☎ *192.*

■ ***Urgences (Hospital Municipal de Pronto Socorro) :*** *largo Teodoro Herzi, s/n.* ☎ *32-89-79-99.* Hôpital public, 24h/24.

Où dormir ?

Le métro de Porto Alegre dessert en fait essentiellement sa banlieue. S'il est donc très pratique pour rallier l'aéroport ou la gare routière, et la station Mercado Publico (la plus centrale), il vous restera toujours un peu de trajet entre cette dernière et les adresses ci-dessous.

De bon marché à prix moyens (15-80 Rls / 6-32 €)

Hotel e Pensão São Jerônimo : *praça Dom Feliciano, 116 (Centro).* ☎ *32-24-89-44. Central, dans le prolongement de la rua Andradas (piétonne). Lits en dortoir 15 Rls.* Très basique, mais on ne trouve pas moins cher en ville. Pas mal d'étudiants.

Hotel Praça da Matriz : *largo Joaquim Amorim Albuquerque, 72 (Centro).* ☎ *32-24-04-34. En face du palais de Justice. Doubles 60 Rls avec petit déj.* En pleins travaux courant 2008, pour rendre son lustre à cette belle demeure fin XIXe s. Une vingtaine de chambres avec ventilo au plafond, douche, mobilier en pin, aucun luxe mais somme toute confortable. Les chambres avec minibar sont les plus chères (!). Très bel emplacement sur la praça da Matriz. Bon accueil.

Hotel Conceição Residence : *rua Duque de Caxias, 1454 (Centro).* ☎ *32-25-98-07.* • *conceicaocenter.com.br* • *Doubles 80 Rls avec petit déj.* Réception en marbre. Une trentaine de chambres vastes quoique sombres, toutes avec AC, minibar, TV et téléphone. Certaines disposent d'un coin cuisine pour le même prix. Salles de bains très correctes. Déco terne mais ensemble propre. Très bon accueil.

Où manger ? Où boire un verre ?

Nutri Vida : *rua Siqueira Campos, 627 (Centro).* ☎ *32-86-22-31. Lun-ven 11h-15h. Buffet à volonté avec boissons env 10 Rls.* Dans cette capitale régionale des éleveurs, la vague végétarienne prend le pas sur les carnivores ! Cantoche colorée et proprette fréquentée par les employés du quartier. Excellent choix de légumes bien savoureux, mais aussi du poulet et un gratin de poisson. Fruits frais, desserts et jus de fruits pressés devant vous. *Cafezinho* pour digérer le tout.

Châlé da Praça XV : *sur la place éponyme, en face du* Mercado Público *(Centro). Tlj midi et soir. Plats du jour 8-12 Rls (supplément le soir pour le « couvert artistique »).* Niché entre des buildings modernes sans charme et le marché colonial, ce « chalet » octogonal de style bavarois (qui fait penser en réalité à un kiosque à musique) s'avère bien agréable le soir en terrasse. Jadis, un lieu de réunion pour les intellectuels et les bohèmes, il accueille désormais des chanteurs certains soirs.

Atelier das Massas : *rua Riachuelo, 1482 (Centro).* ☎ *32-25-11-25. Tlj midi et soir, sf dim. Repas env 30 Rls.* Petit local tout en longueur, agréablement décoré de peintures contemporaines. Large choix de pâtes à toutes sauces. Quelques plats de viandes et salades. Portions copieuses. Les antipasti sont moins convaincants. Très bonne cave et plein de *cervejas* (bières) bien frappées. Excellent *espresso*. Menu en français. L'un des rares restos du centre ouvert le soir.

LE NORD, L'AMAZONIE

Depuis sa découverte par les Espagnols au XVIe s, et malgré les avancées de la civilisation, l'Amazonie reste l'une des dernières parties sauvages de notre planète, « la face cachée de notre monde », selon la belle expression de l'écrivain Michel Braudeau, « l'ultime relique de Mère Nature, le dernier vestige de ce que fut le monde avant l'arrivée des Occidentaux. Plus qu'un espace sur la carte, une histoire dans la mémoire humaine. Un rêve ».

L'AMAZONIE EN QUELQUES CHIFFRES

Le bassin amazonien couvre 7 à 8 millions de km^2 (13 à 14 fois la superficie de la France) sur 9 pays : Brésil, Pérou, Équateur, Colombie, Venezuela, Surinam, Guyana (ex-colonie anglaise), Guyane française et Bolivie. À peu près 80 % de cette surface (près de 6 000 000 km^2) sont couverts de forêt tropicale, dont 60 % (3 500 000 km^2) rien qu'au Brésil. Côté démographie, environ 20 millions de personnes (les estimations varient) vivraient en Amazonie brésilienne, la plupart dans des villes et des villages reliés au reste du pays par voies fluviales et des routes... de plus en plus nombreuses. À elle seule, l'Amazonie renouvelle au moins 20 % (le double selon certaines sources) de l'oxygène de la Terre.

LE FLEUVE AMAZONE

Qu'il soit le premier ou le deuxième plus long fleuve du monde (en concurrence avec le Nil), l'Amazone est de toute façon, et de loin, celui qui charrie le plus d'eau : jusqu'à 300 000 m^3 à la seconde au niveau de l'embouchure, ce qui représente un cinquième du total de l'eau douce déversée dans les mers et les océans du monde. Ce n'est pas tout : aucun pont ne l'enjambe, à aucun endroit. Il faut dire que si sa largeur ne dépasse pas 6 km par endroits, elle peut atteindre 45 km à d'autres, durant la saison des pluies. L'Amazone possède aussi... 1 100 affluents, dont 17 sont plus longs que le Rhin. Enfin, il est emprunté par de nombreux navires et cargos qui sillonnent les océans, jusqu'à Manaus, voire Iquitos, au Pérou.

ET LA LONGUEUR DANS TOUT ÇA ?

Avec ses 6 700 km de long, le Nil a longtemps été unanimement considéré comme le plus long fleuve du monde. Mais v'là t'y pas qu'en 2001, une équipe de scientifiques (brésiliens) a identifié une nouvelle source à l'Amazone : le Nevado Mismi, dans le sud du Pérou, à 6 800 km de l'embouchure. L'Amazone, détrônant le Nil, détiendrait ainsi tous les records de grandeur... même si l'info a du mal à s'imposer car, officiellement, le Nil est toujours en pole position. Ah, tous ces débats sur la longueur !

Un peu d'histoire

Le nom du fleuve vient des rêves des hommes de la Renaissance, et notamment de Francisco de Orellana (né en 1511 à Trujillo en Estrémadure espagnole, mort quelque part en Amazonie en 1546). Il partit en 1542 à la découverte du fleuve. Au nom du roi d'Espagne, Orellana quitta le Pérou avec Gonzalo Pizarro, dont il se sépara ensuite pour aller en éclaireur sur des terres inconnues, escorté de seulement 57 hommes. Son but : trouver le royaume légendaire de l'Eldorado et le royaume de

la cannelle. Les conquistadors espagnols avaient ressassé le mythe des Amazones, transmis par Hérodote depuis l'Antiquité grecque. Et voilà qu'au cours de leur expédition, ils durent affronter des Indiens commandés par de « redoutables femmes »... qu'ils prirent donc pour des Amazones. Le moine Gaspar de Carvajal, membre de l'expédition, relata l'événement en ces termes : « Nous les vîmes qui se battaient en tête de tous les Indiens, comme des capitaines. Et elles se battaient avec tant de courage que les Indiens n'osaient tourner le dos. Et ceux qui fuyaient devant nous, elles les tuaient à coups de bâton... Ces femmes sont très blanches et grandes, et elles ont une très longue chevelure, tressée et enroulée sur la tête. Elles sont très membrues et vont toutes nues, leurs seules parties honteuses voilées, leurs arcs et leurs flèches en main, chacune guerroyant comme dix Indiens. Et en vérité, une de ces femmes tira une volée de flèches sur l'un des brigantins (bateaux de l'expédition), lesquels à la fin semblaient des porcs-épics. »
Au départ, cela dit, le fleuve fut baptisé Orellana, du nom de son découvreur. Puis les Espagnols le nommèrent Amazone en souvenir de cette tribu de femmes redoutables qu'ils affrontèrent, comme, à en croire Hérodote, les Scythes avaient affronté les Amazones dans l'Antiquité.

LA FORÊT AMAZONIENNE

Ce n'est pas un scoop, les forêts tropicales du monde entier sont en danger. Sans avoir connu, à ce jour, une destruction de même ampleur que les forêts d'Afrique centrale et d'Asie du Sud-Est, la forêt amazonienne a perdu plus de 700 000 km^2 (la superficie de la France métropolitaine plus 2 fois celle du Portugal) depuis le début des années 1970. Et même si on assiste à un léger ralentissement depuis 2005 (après un record de déboisement en 2004 : 27 400 km^2 en moins), la déforestation se poursuit... presque inexorablement, malgré les mesures prises par le gouvernement et les efforts des protecteurs de la nature et des militants en faveur du développement durable.
Les raisons de cette déforestation sont multiples : l'extension de l'élevage bovin en est la première (elle serait responsable de 60 % du défrichage !), mais il y a aussi, dans une large mesure, la simple colonisation de la zone par les petits paysans qui déboisent pour mener une agriculture de subsistance. Quelques cultures à plus grande échelle aussi, comme celle du soja, qui empiète de plus en plus sur l'espace forestier. Viendraient ensuite, assez loin derrière, l'urbanisation, la construction de routes, la coupe d'arbres (légale ou non) à des fins commerciales, les activités minières, la prospection pétrolière et les incendies (surtout pendant la saison sèche). En outre, le contrôle n'est pas toujours assez rigoureux : l'organisme brésilien chargé de surveiller l'environnement (IBAMA) manque d'effectifs et de moyens pour exercer son pouvoir de surveillance.
Pour veiller à la protection des réserves, contrôler l'occupation des terres et neutraliser les activités illégales ou clandestines, le gouvernement s'est toutefois doté, en 2002, d'un outil efficace : un système de surveillance de haute technologie, utilisant les satellites, des radars, et une flottille de petits avions à même de détecter le moindre mouvement dans la forêt : un feu, un camion clandestin, une entreprise qui tronçonne illégalement un morceau de jungle, un avion de narcotrafiquant qui rase la cime des arbres... Mais ce système n'a pas pour vocation d'éliminer les causes premières du déboisement (extension de l'élevage bovin et colonisation de la forêt par les petits paysans) ; or, tant que celles-ci subsisteront, l'Amazonie régressera... Voir aussi la rubrique « Environnement » du chapitre « Hommes, culture et environnement » de ce guide.

LES INDIENS D'AMAZONIE

Selon les chiffres, il resterait entre 150 000 et 500 000 Indiens au Brésil (ils étaient 3 à 5 millions avant l'arrivée des Européens), et 60 % d'entre eux vivraient en Amazonie, dans des réserves. Bien peu vivent encore exactement comme avant, c'est-à-dire surtout de la chasse, de la pêche et de la cueillette, et vraisemblablement aucune ethnie n'est restée sans contact avec le monde moderne. Bien sûr, ils ont pour la plupart gardé un mode de vie traditionnel, mais ils revêtent des shorts et des T-shirts, utilisent des stylos et du papier, des casseroles en fer, cultivent la terre... et parlent le portugais, en plus de leur langue d'origine. Les Indiens sont maintenant « protégés » par la FUNAI *(Fundação Nacional do Indio),* qui dépend du gouvernement brésilien. Il faut donc être *au moins* ethnologue ou journaliste accrédité pour les rencontrer.

La majorité du peuple amazonien est surtout le produit du métissage qui s'effectua au cours des siècles entre les colonisateurs et les Indiens. Ces premiers contacts eurent lieu sur les rives des fleuves, ligne de frottement de l'Europe conquérante et de l'indianité. On estime à cinq millions le nombre de Brésiliens ayant un ancêtre indien direct. Le type physique le plus proche des tribus indiennes est le *caboclo,* métis indigène qui vit au bord des *igarapés,* ces bras du fleuve qui relient entre eux les affluents de l'Amazone.

Dès le début de la colonisation portugaise, les Indiens furent pourchassés par les colons, qui n'avaient pas tous les moyens de se payer des esclaves noirs. Outre les massacres, la colonisation apporta aussi la mort dans ses bagages, sous la forme de maladies impitoyables pour des organismes qui n'y étaient pas préparés : grippe, tuberculose, maladies vénériennes ravagèrent les tribus. Les missionnaires, en imposant leur religion et leur morale parfaitement inadaptées aux Indiens, achevèrent l'œuvre d'asservissement des indigènes à l'idéologie et au mode de vie des occupants.

Malgré la création de la FUNAI, organisme d'État chargé de leur protection, ils ne sont toujours pas à l'abri d'une disparition progressive. C'est ainsi que, après la découverte de gisements de minerais très riches sur leur territoire, des compagnies minières ont pu mettre en place, jusque dans les années 1990, une politique d'expulsion, voire d'extermination, en propageant des maladies mortelles parmi certaines tribus. Un coup sévère leur fut également porté avec l'ouverture, dans les années 1970, de voies de communication telles que la route *Transamazonienne* et la *BR 163* (qui relie Cuiabá à Santarém, près de 2 000 km plus au nord), ou encore avec l'implantation de chantiers agricoles et d'élevages gigantesques. Longtemps, la FUNAI, instrument du pouvoir, fut impuissante, ou rétive, à inverser cette tendance, mais les choses évoluent, et cet organisme est devenu, malgré tout, un partenaire incontournable pour faire avancer la question indienne.

– Un exemple intéressant est celui des ***Yanomamis,*** appartenant à la famille des Arawaks. Vivant de part et d'autre de la frontière entre le Brésil et le Venezuela, ils ont vu, dans les années 1970, leur territoire pris d'assaut par les chercheurs d'or. Ceux-ci, à l'instar de leurs ancêtres, leur ont amené des maladies fatales, sans parler de la contamination des rivières au mercure, de la violence générée par les armes à feu et de la régression de la faune (nécessaire à leur survie) due au survol des avions. Ainsi, de 20 000 individus à la fin des années 1970, ils n'étaient plus que 9 000 en 1997. Des mouvements d'opposition se sont constitués un peu partout pour assurer leur subsistance : des associations de défense locales et des organisations mondiales comme *Survival International,* soutenues par l'opinion publique, essaient depuis d'intervenir pour que le gouvernement brésilien prenne enfin les dispositions qui s'imposent et fasse respecter les accords déjà signés.

– Les ***Jumas*** d'Amazonie sont en voie d'extinction. Après le massacre de 1964, il ne restait plus que cinq survivants intégrés par mariage à la nation des Uru-Eu-Vau-Vau.

– Les ***Waiapis*** vivent dans la Serra do Navio (province de l'Amapá), entre l'Amazone et la Guyane française. Cette nation semble être sortie du processus de déclin démographique. Elle était au bord de l'extinction, mais sa population s'accroît peu à peu. Une preuve que les courants peuvent s'inverser. Ayant très peu de contact avec les Occidentaux, ce peuple amérindien a su préserver tant bien que mal ses traditions, ce qui lui a valu d'ailleurs de recevoir un prix de l'Unesco.

LA FLORE ET LA FAUNE AMAZONIENNES

En Amazonie, il est d'usage de distinguer trois grands types de milieux. D'abord, la *forêt vierge* proprement dite, ou *forêt primaire,* avec des arbres de 30 à 50 m de haut, forêt tropicale et humide, très dense et touffue (bref, impénétrable). Puis la *forêt secondaire,* qui remplace les zones déboisées de la forêt primaire (c'est là, par exemple, qu'on plante le fameux *hevea brasiliensis,* l'arbre à caoutchouc). Enfin, on rencontre les *terres inondées en permanence,* dont les arbres sont en partie immergés.

Qu'elle soit enchantée ou énigmatique, un « paradis » ou un « enfer vert », cette forêt amazonienne est un lieu absolument unique au monde pour la richesse de sa flore et de sa faune. En clair, elle abriterait un tiers, voire la moitié de toutes les espèces vivantes sur Terre ! Les spécialistes avancent qu'un hectare d'Amazonie peut contenir de 500 à 700 espèces différentes d'arbres et le double de variétés de plantes. Côté faune, on dénombre au moins 300 espèces de mammifères, 1 300 espèces d'oiseaux, 3 000 espèces de poissons, des centaines d'amphibiens et de reptiles et deux à plusieurs millions de variétés d'insectes.

Voici ci-dessous les noms brésiliens, et une petite description, des animaux les plus connus.

– *Anta :* tapir. Mammifère herbivore des forêts, jadis commun, aujourd'hui de plus en plus rare (chasse intensive).
– *Arara :* ara, bien sûr. Ces superbes grands perroquets égaient les arbres en bordure de fleuves. On dénombre quatre espèces distinctes : *arara piranga (macao)*, rouge et bleu ; *arara canindé (ararauna)*, bleu et jaune ; *vermelha (chloroptera)*, jaune-rouge-vert ; *azul (hyacinthinus)*, bleu-violet à bande jaune sous le bec.
– *Arraia :* raie. Fréquente dans les cours d'eau. Pour la plupart, elles sont venimeuses. Attention où vous mettez les pieds !
– *Barbeiro :* punaise noir et rouge (d'environ 4 cm) qui transmet la maladie de Chagas.
– *Boto :* les dauphins en général. On distingue principalement le dauphin gris et le dauphin rose, au corps biscornu. Ce dernier est à l'origine d'histoires d'enchantements et de légendes partagées par les Indiens et les *caboclos*.
– *Candiru :* tout petit poisson couvert d'épines qui s'infiltre dans les orifices du corps humain... pour ne plus en sortir !
– *Capivara* (ou *cabiai*) *:* le plus gros rongeur du Brésil ; un hamster géant, en quelque sorte ! Très présent également dans le Pantanal.
– *Coata-da-cara :* atèle, ou singe-araignée. C'est un singe à queue préhensile.
– *Cobra :* attention, ce terme désigne les serpents en général et non le cobra indien.
– *Ema :* autruche. Eh oui, il n'y en a pas que dans la savane !
– *Jacaré :* crocodile ou caïman.
– *Jiboia :* boa constrictor.
– *Macacos :* singes en général (et non le macaque).
– *Ora :* sorte de moustique qui arrache des bouts de peau. On ne le trouve en principe qu'en forêt profonde, si ça peut vous rassurer...
– *Onça pintada :* jaguar (tacheté). Le terme *jaguar,* également utilisé, désigne plus généralement les panthères.
– *Peixe-boi :* c'est une espèce de lamantin d'Amazonie (un mammifère, comme les dauphins).
– *Pica-pau :* pic-vert (à tête rouge).
– *Pira :* désigne le poisson en langue tupinamba. À ne pas confondre avec le piranha (prononcer « piragna »).
– *Pirarucu :* c'est le plus grand poisson de l'Amazone. Il peut dépasser 2 m de long et peser 100 kg. Sa langue est tellement dure que c'est dessus que l'on râpe les baies de *guaraná* pour en extraire la poudre, et ses écailles servaient de lime à ongles aux Indiens. Dans les années 1970, on en trouvait dans les environs de Manaus. Aujourd'hui, il faut s'en éloigner de 200 km (au moins) pour en apercevoir (et en pêcher).

– *Poraquê :* anguille électrique, dont les décharges émettent 600 volts ! Elle vit en basse Amazonie, dans les Guyanes et dans le bassin de l'Orénoque. Longue de 1 m et plus, elle est noire à museau plat, avec des petites nageoires, comme des oreilles. Si vous la croisez, fuyez !
– *Preguiça :* paresseux. On en trouve beaucoup dans les environs de Manaus, et ils ne sont pas trop difficiles à apercevoir. Ils bougent peu et se confondent souvent avec les troncs noueux... Un paresseux dort, paraît-il, 20h par jour !
– *Sapo :* crapaud.
– *Sucuri :* anaconda.
– *Suçuarana :* puma.
– *Urubu :* vautour.

LA NOUVELLE VOCATION ÉCONOMIQUE DE L'AMAZONIE

Au début des années 1970, le gouvernement en place décida de favoriser le développement de l'Amazonie (pour des raisons à la fois économiques, démographiques et militaires) en construisant la Transamazonienne, qui court d'est en ouest, et la route qui relie Cuiabá et Santarém (la BR 163, qui va du sud vers le nord). L'idée était d'installer le long de ces axes des paysans pauvres du Sud et du Nordeste, en leur offrant des terres à cultiver de part et d'autre des nouvelles routes. Mais l'expérience se révéla un échec en raison des difficultés de cultiver le sol peu fertile de la forêt et des promesses non tenues en termes d'investissements et de soutien. Bref, en 1975, changement de stratégie. Au lieu de tenter d'occuper « démographiquement » le terrain, on allait l'occuper « économiquement » en définissant des pôles de développement et en les remettant entre les mains des multinationales, avec moult avantages fiscaux... Des milliers d'hectares furent donc distribués aux grands propriétaires pour une bouchée de pain.
D'abord ***pôles agropastoraux :*** on mit en place l'élevage extensif sur prairie artificielle de bovins spécialement acclimatés (zébus ou autres). Ensuite, ***pôles agrominiers,*** lorsqu'il s'agit d'exploiter les gisements de fer du plateau des Carajas, de bauxite du rio Trombetas ou de manganèse de l'Amapá (à la frontière de la Guyane française).
Puis du ***gaz*** et du ***pétrole*** ont été découverts au début des années 2000, notamment dans le sous-sol de la région de Coari, une ville de 40 000 habitants, située à plus de 400 km à l'ouest de Manaus, sur le rio Solimões (Amazone). La compagnie d'État *Petrobras* a commencé l'exploitation en 2005. Les écologistes inquiets ont fait pression pour contraindre *Petrobras* à respecter l'environnement. Une des règles de celle-ci était : tout arbre coupé suppose un arbre replanté.
Les grandes ***plantations de soja,*** concentrées surtout jusque récemment dans l'État du Mato Grosso, sont en train de s'étendre à l'Amazonie, les prix de la denrée sur le marché mondial n'ayant cessé d'augmenter ces dernières années. Pour info, le soja est surtout utilisé pour nourrir les animaux d'élevage.
Enfin, la ***bio-industrie*** et la ***recherche pharmaceutique*** ; il est fréquent d'entendre que l'Amazonie est le plus grand laboratoire pharmaceutique du monde. C'est en effet un immense labo naturel qui attire les plus grandes entreprises pharmaceutiques (mais aussi les « biopirates » peu scrupuleux). Ils y cherchent des extraits naturels et des plantes médicinales à même de faire progresser la médecine. Vaccins possibles contre le sida, remèdes à certaines maladies comme l'hypertension ou le cancer.
Quelques exemples : le venin du *serpent Jaracara* sert à fabriquer le *Captopril,* l'antihypertenseur le plus utilisé dans le monde. Le *venin de mygale* se vend extrêmement cher sur le marché noir, car ses vertus analgésiques sont, paraît-il, extraordinaires ! Il y a également l'*ayahuasca,* breuvage hallucinogène des Indiens d'Amazonie, obtenu à partir de plantes et de lianes de la forêt, qui captive les scientifiques car il pourrait avoir des effets curatifs et psychothérapeutiques remarqua-

bles. Le *curare* qu'utilisaient les mêmes Indiens pour enduire leurs flèches est aussi utilisé comme extrait naturel dans des myorelaxants. Et que dire de la peau du *crapaud Epipedobates Tricolor,* qui sert à élaborer un puissant anesthésique ? Les possibilités sont énormes. Pour éviter que ce « nouvel or vert » ne lui échappe, le Brésil a donc mis en place des structures pour lutter contre la biopiraterie, tout en commercialisant à son avantage ces trésors de la nature auprès des grands labos du monde. Le *Centro de Biotecnologia da Amazonia (CBA),* basé à Manaus, est un centre de production d'extraits naturels qui répond à ce projet.

Encore quelques infos pratiques

– Le ***niveau d'eau*** de l'Amazone et de ses affluents n'est pas le même toute l'année, loin s'en faut. C'est bien sûr durant la saison sèche qu'il y a le moins d'eau. Celle-ci débute en juillet, mais c'est à la fin novembre que la ligne des eaux atteint son niveau le plus bas. Entre décembre et juin, c'est la saison des pluies, le niveau des eaux remonte progressivement pour atteindre son maximum vers fin juin. Pour résumer, sachez que l'amplitude entre les basses et les hautes eaux peut aller de 10 à 25 m à Manaus, raison pour laquelle les quais sont flottants.
La meilleure période pour faire un tour en forêt ? Chaque époque a ses avantages et ses inconvénients : pendant la saison sèche, il ne pleut pas (ce qui est bien appréciable lors d'une excursion en forêt !) mais le bas niveau d'eau peut empêcher de circuler dans les *igarapés* (les bras d'eau bordés de végétation). Pendant la saison des pluies, c'est l'inverse : pas de problèmes pour les *igarapés,* mais la pluie peut rendre l'excursion un peu difficile, voire franchement pénible (les mois de mars et avril sont les pires). En définitive, les meilleurs mois sont sans doute juillet et août, car il pleut beaucoup moins mais le niveau d'eau est encore élevé.
– ***Conseils vestimentaires :*** prévoyez une cape de pluie et des sacs en plastique pour vos affaires, surtout évidemment, si vous partez pendant la saison des pluies. Il est possible de se baigner dans certains cours d'eau : n'oubliez pas votre maillot de bain et une serviette. Attention aussi au soleil pendant les promenades en pirogue : chapeau, lunettes et crème solaire sont recommandés.
– ***Le traitement antipaludéen :*** comme le vaccin contre la fièvre jaune, il est indispensable pour ceux qui projettent des balades dans la forêt. Cela dit, sur le rio Negro (réputé pour l'acidité de ses eaux) et ses affluents (en clair, là où les cours d'eau ont une couleur sombre), il n'y a pas (ou très, très peu) de moustiques. En revanche, dans les zones irriguées par les eaux brunes, chargées de sédiments, couvrez-vous les bras et les jambes, utilisez un bon répulsif, en particulier le soir, dès que la nuit tombe et dormez sous une moustiquaire imprégnée de répulsif. À Manaus, Santarém et Belém, bref, dans les grandes villes, il n'y a pas vraiment de risque de paludisme. On vous conseille toutefois de lire attentivement la rubrique « Santé » dans « Brésil utile ».

MANAUS

env 1 500 000 hab. IND. TÉL. : 092

Manaus, un nom qui véhicule encore bien des légendes et images exotiques. Il provient des Indiens « manaos ». Dans les années 1930, il fallait encore une dizaine de jours pour l'atteindre par bateau, en remontant l'Amazone. Aujourd'hui, l'avion la met à la portée de n'importe quel routard. On s'attend à trouver une ville un peu magique, exubérante de végétation et, dans la moiteur équatoriale, on tombe sur une grande ville moderne et active. À vrai dire, son charme ne s'impose pas d'emblée au visiteur, mais comme on vient généralement ici pour voir la forêt alentour, plutôt que la ville elle-même, ce n'est pas très grave.

Riche et vénérée du temps de « l'or mou », le latex, Manaus connut une dure décadence après la fin de son monopole et, en 1915, redevint une petite ville de province assoupie. À partir des années 1950, grâce à l'institution d'une zone franche sur son territoire, elle se mua en pôle industriel (c'est désormais le premier centre de production d'appareils électroménagers et électroniques du Brésil). Elle connaît aussi, depuis peu, un petit renouveau culturel, grâce au projet « Belle Époque » (en français s'il vous plaît !), qui vise à restaurer certaines de ses anciennes demeures et à les convertir en centres culturels. Une heureuse initiative !

UN PEU D'HISTOIRE

Le grand boom du caoutchouc

Manaus est synonyme de la grande aventure du caoutchouc, toute son histoire est liée à une toute petite saignée effectuée sur un arbre bizarrement appelé *hevea brasiliensis*... La petite gomme blanche et élastique était connue depuis longtemps des Indiens, mais lorsque M. Goodyear découvrit la vulcanisation en 1839, le *seringueira* (que les Indiens appelaient l'hévéa) devint tout à coup un arbre très prisé. À partir de 1857, des milliers de paysans du Nordeste vinrent travailler à la récolte du latex pour le compte des nouveaux barons du caoutchouc. L'invention du pneu par Dunlop, en 1887, décupla la demande. Des fortunes colossales s'édifièrent pendant que ceux qui travaillaient dans la jungle (les *seringueiros*) tombaient comme des mouches, victimes de la malaria, des parasitoses et des éprouvantes conditions climatiques. On raconte que les milliardaires du caoutchouc envoyaient faire blanchir leur linge à Paris, l'eau du rio Negro étant trop noire...
Manaus se développa alors prodigieusement, se dota de villas superbes, de tramways, d'une vie culturelle brillante dont le plus clinquant témoin reste aujourd'hui le théâtre *(teatro Amazonas)*. C'était le *Rubber Boom*. Un tel monopole exaspéra évidemment les grandes puissances, dont l'impériale Grande-Bretagne, qui possédait, elle aussi, des colonies aux conditions climatiques idéales pour la culture de l'hévéa. Ainsi, l'aventurier anglais Alexandre Wickham réussit (avec des méthodes de pirates) à se procurer clandestinement plusieurs dizaines de milliers de graines et à les rapporter en Angleterre dans les peaux de deux crocodiles empaillés. À peine 2 000 survécurent au voyage ; mais, cultivées en serre, elles suffirent à constituer les premiers rangs d'hévéas en Malaisie, laquelle devint en quelques années le concurrent du Brésil (elle est d'ailleurs aujourd'hui le premier producteur mondial de caoutchouc). En effet, lorsque le niveau de production de la Malaisie atteignit celui de l'Amazonie en 1910, les cours mondiaux chutèrent et Manaus amorça un déclin rapide.
L'écrivain américain John dos Passos (d'origine portugaise) séjourna à Manaus en 1962. Il évoque cette ville, comme habitée par d'étranges fantômes, dans *Le Brésil en marche* : « À Manaus, les récits d'échecs devant la forêt tropicale hantent tous les coins de rue. L'histoire de la ville elle-même est faite de plans superbes ayant tourné court. »

Arriver – Quitter

En avion

✈ ***Aéroport international Eduardo Gomes*** *(hors plan par A1)* **:** *à 14 km au nord de Manaus.* ☎ *36-52-12-12.* Comptoir d'informations touristiques *Amazonastur (☎ 36-52-11-20 ; en principe ouv tt le temps),* au milieu du hall d'arrivée. Pas très utile, bien qu'on y parle un peu l'anglais. Également un bureau de change *Turismo Câmbio (ouv 8h30-5h30 du mat)*, proposant un bon taux mais, attention, ils prennent une commission. Enfin, poste, agences de location de voitures et distributeurs de billets.

– Attention, si vous rencontrez des « rabatteurs » d'agences à l'aéroport, on vous déconseille vivement de les suivre.

➢ ***De/pour Belém :*** min 9 vols/j. avec *Tam, Gol* et *Rico.* La plupart font escale à ***Santarém.***
➢ ***De/pour São Luis, Fortaleza et Recife :*** min 4 vols/j. (via Belém), avec *Tam, Gol, Taf.* Certains vont jusqu'à ***Salvador da Bahia.***
➢ ***De/pour Brasília :*** min 5 vols/j. avec *Tam* et *Gol.*
➢ ***De/pour São Paulo :*** min 5 vols/j. avec *Tam* et *Gol.*
➢ ***De/pour Rio :*** min 7 vols/j. avec *Tam* et *Gol.*
➢ ***De/pour Porto Velho et Rio Branco :*** env 2 vols/j. avec *Gol* et *Rico.*
➢ ***De/pour Tefé et Tabatinga :*** env 3 vols/sem, avec *Rico* et *Trip.*
➢ ***De/pour Caracas :*** 1 vol/j. avec *Tam.*
➢ ***De/pour Miami (États-Unis) :*** 1 vol/j. avec *Tam.*

Liaison aéroport – centre-ville

➢ ***Le bus nº 306*** relie l'aéroport au centre-ville. Arrêt à droite en sortant du terminal. Dans le centre de Manaus, il part de la *praça da Matriz (plan A2)* et passe par l'avenida Floriano Peixoto puis l'avenida Getulio Vargas (arrêt à hauteur de l'hôtel *Taj Mahal*). Départ ttes les 30 mn env, 5h-23h. Trajet env 30 mn (en fonction du trafic). Billet : 2 Rls.
➢ Pour le ***taxi,*** compter 50 Rls (soit 20 €, glups !) si vous prépayez votre course dans le hall d'arrivée... mais 35 Rls (14 €) seulement si vous vous arrangez directement avec les taxis qui attendent à la sortie. Même prix du centre-ville à l'aéroport, bien sûr.

En bateau

Le ***port de Manaus*** *(estação hidroviária do Amazonas)* se trouve dans le centre, au niveau de la *praça da Matriz (plan A2-3).* ☎ *36-21-43-59.* On y accède par une rampe depuis la place. Sur place, plein de petits snacks et comptoirs où prendre un verre (pour la qualité de la bouffe, en revanche, on repassera !) en attendant son bateau. Les billets s'achètent aux guichets *(ouv tlj 6h-19h)* situés au fond, sur la gauche (en venant par la rampe).
➢ ***Pour Santarém et Belém :*** comme dans les chapitres de ces deux villes, on vous conseille la compagnie *Marquês Pinto (☎ 35-23-28-28),* en particulier le bateau *N.M. Santarém.* Départ de Manaus un mercredi sur deux, vers 12h (l'autre mercredi, c'est le *Nelio Correa,* moins bien). Prix du billet pour Belém : 220 Rls/pers (88 €) en hamac et 600 Rls (240 €) pour 2 pers en cabine double avec AC et sanitaires privés. Un peu moins cher pour Santarém. Compter respectivement 2 et 5 j. de voyage.
Sinon, possibilité de partir d'autres jours que le mercredi avec d'autres compagnies, comme *AR Transporte* et *Enarte.* Se renseigner aux guichets du port (ou auprès des agents regroupés devant l'entrée de la rampe, sur la *praça da Matriz*), ou encore dans certaines agences de voyages.
Enfin, pour *Santarém seulement,* il y a une 3e option : celle du bateau rapide, le *Puma,* qui fait le voyage en 12h ! Départ les sam et mer à 7h. Prix du billet : 180 Rls/pers (72 €).
➢ ***Pour Tabatinga (frontière avec le Pérou et la Colombie) :*** départs des bateaux les mar, mer et sam, toujours en fin de journée. Nombreux autres bateaux pour les petites villes du parcours. Escales à ***Coari*** et ***Tefé.*** Compter 5 j. (voire 7 !) pour atteindre Tabatinga, la ville à la frontière du Pérou et de la Colombie. Sinon, il y a aussi un bateau rapide pour Tabatinga, qui fait le voyage en 33h (avec un arrêt à Tefé) : l'*Ajato 2000.* Mais il est cher : 380 Rls (152 €).

En bus

🚌 ***Rodoviária*** *(gare routière) : tt au bout de la rua Recife, à env 8 km au nord du centre, sur la route de l'aéroport.* ☎ *36-42-58-05.* Guichets des compagnies à l'extérieur.

➢ La Cie *Eucatur* (☎ *36-48-14-93*) dessert ***Itacoatiara*** (5 bus/j., 8h30-minuit), ***Boa Vista*** (6 bus/j., 10h-minuit) et ***Puerto la Cruz,*** au Venezuela (1 bus à 18h ; compter 32h de route).
➢ La Cie *Aruaña* (☎ *642-57-57*) dessert ***Itacoatiara*** (4 fois/j., 6h-19h), ***Silves*** (1 bus, à 7h) et ***Presidente Figueiredo*** (5 fois/j., 6h-21h).
➢ Enfin, les Cies *Transgil* et *Emtram* relient Manaus à ***Manacapuru*** (4 fois/j., 7h-17h).

Comment se déplacer ?

➢ ***À pied :*** Manaus est une ville assez étendue mais le centre historique, qui converge vers le marché au bord du rio Negro, s'explore sans problème à pied. Ça tombe bien, c'est là que se concentrent les endroits où loger. En revanche, les bons restos et les lieux de sortie nocturne sont pour la plupart excentrés. Pas vraiment d'autre solution que le taxi pour s'y rendre, ce qui revient vite cher car les distances sont assez importantes.
➢ ***En bus :*** ils sont nombreux mais, comme toujours quand on ne connaît pas une ville, pas vraiment faciles à utiliser. On vous en indique toutefois quelques-uns pour les lieux les plus éloignés.
➢ ***En taxi :*** assez chers, on l'a dit. Vous pouvez cependant vous fier au compteur.

Adresses utiles

Informations touristiques

ℹ ***Office du tourisme Amazonastur*** *(CAT ; plan A1) : av. Eduardo Ribeiro, 666 (à l'angle avec la rua José Clemente).* ☎ *36-22-07-67.* • *amazonastur.*

Adresses utiles

- ℹ Office du tourisme Amazonastur (CAT)
- ✈ Aéroport
- Rodoviária
- ✉ Poste
- 1 Telemar (appels internationaux)
- @ 2 Cybernet
- @ 3 Cybercafe Felipão
- 4 Amazônia Cambio e Turismo
- 5 Bradesco
- 6 Alliance française et Heliconia Amazônia Turismo
- 7 Laverie Paradise
- 17 HSBC

Où dormir ?

- 10 Hostel Manaus
- 11 Hôtel Rio Branco
- 12 Pensão Sulista
- 13 Hôtel Ideal
- 14 Hostel 10 de Julho
- 15 Hôtel Panair
- 16 Hôtel Kyoto
- 17 Central Hotel Manaus
- 18 Lord Manaus Hotel
- 19 Hôtel Lider
- 20 Hôtel Manâos

Où manger ?

- 30 African House
- 31 Petit resto péruvien sans nom
- 32 Galo Carijó
- 33 Disk-Pizza Scarola
- 34 Churrascaria Búfalo
- 35 Canto da Peixada
- 36 Choupana
- 37 Fiorentina

Où boire un verre ?

- 40 Bar do Armando
- 41 Ponto dos Sucos
- 42 Skina dos Sucos

Où danser ?

- 45 Crocodilo's Club

À voir

- 50 Centro cultural Palácio da Justiça
- 51 Complexo cultural Palácio Rio Negro
- 52 Museu do Índio

MANAUS

am.gov.br • *À deux pas du théâtre* Amazonas. *Lun-ven 9h-17h.* C'est l'office du tourisme de l'État d'Amazonas. On y parle un peu l'anglais. Petit plan de la ville et quelques brochures. Ils disposent aussi d'une liste d'hôtels et peuvent vous dire quelles agences sont certifiées par *Embratur.*

Poste et télécommunications

✉ **Poste** *(plan A2)* **:** *rua M. Dias, 160. Lun-ven 8h-16h ; sam 8h-12h.* Également un bureau à l'aéroport.

■ ***Appels internationaux*** *(plan B1,* ***1****)* **:** ***Telamar,*** *av. Getúlio Vargas, 950. Ouv lun-ven 8h-18h ; sam 8h-12h.* On y

trouve des cabines, idéal pour ceux qui veulent téléphoner au calme. Elles fonctionnent à cartes (en vente au comptoir). Pour l'international, on vous conseille la carte *Fale Brasil*, à 10, 30 ou 50 Rls, qui permet de téléphoner en Europe pour moins de 1 Rl/mn.
@ ***Internet :*** il y a des cybercafés un peu partout dans le centre, notamment autour du théâtre *Amazonas*. Également : ***Cybernet*** *(plan B2, **2**), av. Getulio Vargas, 370. Fermé sam soir et dim.* Cadre très agréable. ***Cybercafe Felipão*** *(plan B2, **3**), av. Joaquim Nabuco, presque à l'angle de 7 de Setembro. Tlj 8h30-23h.* Pas cher du tout. Également un centre dans l'espace couvert du port de Manaus.

Argent, change

■ ***Amazônia Cambio e Turismo*** *(plan B2, **4**) : av. 7 de Setembro, 1251. ☎ 36-22-72-06. Lun-ven 9h-17h ; sam 9h-12h.* Bonne adresse pour changer les devises. Ils acceptent aussi les chèques de voyage en dollars.
■ ***Distributeurs Bradesco*** *(plan A2, **5**) : av. 7 de Setembro, à l'angle de Barroso. ☎ 32-34-37-38. Accessibles 24h/24.*
■ ***Distributeurs HSBC :*** *rua Dr Moreira, à côté du* Central Hotel Manaus *(plan A-B2, **17**). Ouv 6h-22h.*

Représentations diplomatiques

■ ***Consulat (honoraire) de France :*** *av. Visconde de Sepetiba, 17. ☎ 36-48-59-59. • consulat.manaus@yahoo.fr • Lun-ven 9h-13h.*
■ ***Consulat de Belgique :*** *rua Recife, quadra D, casa 13, conj. Murici. ☎ 32-36-14-52. Lun-ven 9h-12h, 15h-18h.*
■ ***Consulat de Colombie :*** *rua 24 de Maio, 220, Rio Negro Centro, sala 1017. ☎ 32-34-67-77.*
■ ***Consulat du Pérou :*** *M. Grosso, 10. ☎ 36-54-21-34.*
■ ***Consulat du Venezuela :*** *rua Rio Jutaí, 839. ☎ 35-84-40-23.*

Urgences

■ ***Police :*** *☎ 190.*
■ ***SAMU*** (urgences) *: ☎ 192.*
■ ***Hôpital 28 de Agosto :*** *rua Recife, Adrianópolis. ☎ 36-43-48-00.*
■ ***Pharmacies :*** nombreuses dans le centre. Une bonne adresse : *la* ***Drogaria Farma Bem*** *(plan B2), à l'angle de l'av. 7 de Setembro et Joaquim Nabuco. Lun-sam 7h-22h, dim 8h-18h.*

Transports

MANAUS

■ ***Tam :*** *rua João Valério, 123. ☎ 32-32-88-33.*
■ ***Gol :*** *à l'aéroport : ☎ 36-52-16-32.*
■ ***Rico :*** *Edifício Cidade de Manaus, rua 24 de Maio, 60 B (plan A2). ☎ 40-09-83-00 ou 33. • voerico.com.br • À l'aéroport : ☎ 36-52-13-07 ou 16-09.*
■ ***Compagnies maritimes : Marquês Pinto,*** *☎ 35-23-28-28 ;* ***Enarte,*** *☎ 522-79-47.*

Divers

■ ***Alliance française*** *(plan B2, **6**) : rua Lauro Cavalcante, 250. ☎ 32-32-13-73. • aliancafrancesa-manaus.com.br • Lun-ven 8h-20h ; sam 8h-17h.* Petite bibliothèque, accès à TV5 et magazines en français. Propose aussi des activités culturelles (conférences, expos et projection de films français).
■ ***Laverie Paradise*** *(plan B2, **7**) : rua Quintino Bocaiùva, 549. ☎ 36-33-60-92. Lun-ven 7h-19h ; sam 7h-15h.* Cher : 8 Rls/kg.

Où dormir ?

À part deux ou trois adresses, les prestations hôtelières de Manaus ne nous ont pas laissé un grand souvenir. De plus, la plupart des hôtels louent leurs chambres à l'heure (ou pour 2h), ce qui les rend le plus souvent fonctionnels et anonymes... Côté sécurité, pas grand-chose à signaler, évitez juste de traîner seul le soir du côté du port.

Bon marché (30-50 Rls / 12-20 €)

Hostel Manaus *(plan B2,* **10***) : rua Lauro Cavalcante, 231.* ☎ *32-33-45-45.* • *hostelmanaus.com* • *En face de l'Alliance française. Dortoirs 21-25 Rls, doubles 55-65 Rls, petit déj compris. Moins cher avec la carte* Hostelling International. La seule AJ de Manaus. Grande maison agréable avec une cour intérieure et deux terrasses, dont une sur le toit avec vue partielle sur la ville, là même où se prend le petit déj. Les chambres et dortoirs (non mixtes), avec ou sans AC et/ou sanitaires privés, sont bien tenus. Salon avec TV, cuisine et Internet. Impeccable pour rencontrer des routards de tous les continents, d'autant que le proprio est australien.

Hôtel Rio Branco *(plan B3,* **11***) : rua dos Andradas, 474.* ☎ *32-33-40-19.* • *brasilcomercial.com/hotelriobranco* • *Doubles 35-45 Rls selon confort (avec ou sans AC et TV).* Non loin du port, l'un des rares hôtels familiaux du centre, avec des chambres qui se répartissent sur 4 niveaux. Rien à redire pour le prix, c'est propre et confortable. Certaines chambres peuvent accueillir 4 personnes. En demander une au dernier étage, sur la terrasse, qui offre une belle vue sur le rio Negro. Coffres et distributeur de boissons. Excellent accueil.

Pensão Sulista *(plan B2,* **12***) : av. Joaquim Nabuco, 347.* ☎ *32-34-58-14. Doubles 30-40 Rls.* À une enjambée de l'hôtel *Rio Branco*, dans une ancienne demeure avec hauts plafonds et vieux parquets. Bonne tenue générale. Propose une trentaine de petites chambres donnant sur des couloirs, avec juste un ventilo ou, pour à peine 10 Rls de plus (n'hésitez pas !), une salle de bains, la TV, un frigo et même la clim'. Préférer tout de même celles du rez-de-chaussée, plus agréables. Atmosphère familiale. Ils possèdent un autre hôtel pas loin, l'hôtel ***Sulista** : rua Quintino Bocaíuva, 621 (plan B2).* ☎ *32-34-67-32.* Chambres un peu étouffantes mais pas chères non plus et confortables.

Hôtel Ideal *(plan B3,* **13***) : rua dos Andradas, 491.* ☎ *36-22-00-38.* • *geocities.com/hotelidealmanaus* • *En face de l'hôtel* Rio Branco. *Doubles avec bains 35-53 Rls selon confort (AC, TV, frigo).* Plus banal qu'idéal, mais pas mal tenu. Pour la plupart, les chambres n'ont pas de vraie fenêtre, elles sont donc un peu sombres. Trois d'entre elles ont une terrasse avec vue sur le fleuve. Voyez si elles sont libres ! Téléphone, distributeur de boissons et coffre à la réception. Accueil un peu routinier.

Prix moyens (50-80 Rls / 20-32 €)

Hostel 10 de Julho *(plan B1,* **14***) : rua 10 de Julho, 679.* ☎ *32-32-62-80.* • *hoteldezdejulho.com.br* • *À deux pas du théâtre* Amazonas, *en plein centre donc et dans un quartier sûr. Dortoirs 25 Rls, doubles 65-80 Rls.* Dans un immeuble de 5 étages. Passé la réception, on découvre des petites cours garnies de bancs et de fresques un peu kitsch – mais amusantes – représentant la forêt amazonienne. Chambres très correctes, aux murs blancs, avec AC et TV. Les plus chères sont plus grandes et ont un frigo-bar. Également des petits dortoirs pour les voyageurs en solo fauchés. Bon accueil, en anglais. Une sympathique adresse !

Hôtel Panair *(plan B1,* **15***) : av. Getúlio Vargas, 678.* ☎ *32-33-60-69.* • *hotelpanair.com.br* • *Doubles env 60 Rls.* Hôtel fonctionnel, sans prétention, en plein centre. Chambres exiguës et un peu étouffantes (pas de fenêtre) mais peu chères et équipées de salle de bains, AC, TV et frigo. Coin canapé et accès Internet. Bon accueil. Malheureusement souvent complet.

Hôtel Kyoto *(plan A-B2,* ***16****) : rua Dr Moreira, 232.* ☎ *32-32-65-52. Doubles 60 Rls.* À côté du *Central Hotel Manaus,* un petit hôtel aux chambres assez étouffantes là encore mais bien tenues, pourvues de tout le confort de base. Réception à la déco minimaliste. Petit déj pris au 4e étage.

Plus chic (130-180 Rls / 50-70 € environ)

Central Hotel Manaus *(plan A-B2,* ***17****) : rua Dr Moreira, 202.* ☎ *36-22-26-00. • hotelcentralmanaus.com.br • Doubles env 130 Rls.* Installé dans une rue piétonne du centre. Chambres claires et nettes, dotées d'un équipement neuf et d'une petite salle de douche nickel. Certaines sont même jolies, avec leur mobilier en bois et petit cadre au mur. On y parle un peu l'anglais.

Lord Manaus Hotel *(plan A2,* ***18****) : rua Marcílio Dias, 217.* ☎ *36-22-28-44. • lordmanaus.com.br • À deux pas du précédent. Doubles 200 Rls en sem, moins de 150 Rls le w-e.* L'un des hôtels « de luxe » de Manaus, qui devient recommandable en fin de semaine, lorsque ses tarifs baissent. La semaine, c'est tout de même un peu cher. Chambres cossues et très confortables.

Hôtel Lider *(plan A2,* ***19****) : av. 7 de Setembro, 827.* ☎ *36-21-97-00. • hotellidermanaus.com.br • Compter 150 Rls pour 2 pers.* Ici encore, établissement fonctionnel avant tout mais bien dans sa catégorie. Les chambres, sans charme particulier, sont tout confort.

Hôtel Manâos *(plan A1,* ***20****) : av. Eduardo Ribeiro, 881.* ☎ *36-33-57-44. • hotelmanaos.com.br • En plein centre, à côté du théâtre* Amazonas. *Doubles env 180 Rls.* Dans un immeuble des années 1950, des chambres de tailles variables, bien tenues et bien équipées. Celles côté rue sont un peu bruyantes mais plus claires. Internet à disposition des clients. Accueil professionnel. Le propriétaire passe une grande partie de sa journée à la réception.

Très chic (plus de 300 Rls / 120 €)

Business Tropical Hotel : *av. Coronel Teixeira, 1320 A, à Cidade Nova. À 15 km au nord-ouest du centre.* ☎ *36-22-26-00. • tropicalhotel.com.br • Doubles à partir de 370 Rls.* Pour ceux qui en auraient les moyens, une tour de 15 étages flambant neuve, installée au bout des plages de *Ponta Negra,* en bordure du rio Negro. Superbe vue depuis les chambres, évidemment impeccables et tout confort. Piscine, atrium avec boutiques de luxe. La totale, quoi !

Où manger ?

Le centre de Manaus est assez désert le soir. Du coup, on n'y trouve pas énormément d'endroits où manger après 20h. C'est dommage car c'est dans le centre que tout le monde loge. Certes, la ville compte quelques bons (et même excellents) restos, mais ils sont excentrés, accessibles uniquement en taxi, au prix d'une course coûteuse. Bref, on vous indique ce qu'il y a de mieux dans le centre, ainsi que deux adresses un peu en dehors.

Bon marché (moins de 15 Rls / 6 €)

African House *(plan A1,* ***30****) : praça São Sebastião. Fermé dim midi.* Un snack installé dans une ancienne maison de l'époque du boom du caoutchouc, qui donne sur la place du théâtre. Sandwichs frais et bons jus de fruits.

Petit resto péruvien sans nom *(plan B2, **31**) : rua Walter Rayol, 137. Lun-sam 11h-15h.* À deux pas de l'Alliance française. Attention, pas d'enseigne. Pour les fatigués du riz et de la *farofa*, voici une petite cantine tenue par d'authentiques Péruviens. Plat du jour (souvent du poulet) précédé d'une soupe à 5 Rls. Sinon, au tableau noir, *ceviche, lomo saltado* et *sudado de pescado*. À part la télé qui beugle parfois (mais on peut leur demander de baisser le son), rien à redire, c'est pas cher et excellent !

Galo Carijó *(plan B3, **32**) : rua dos Andradas, 536. ☎ 32-33-00-44. Lun-ven 10h30-21h, sam jusqu'à 16h.* Presque à côté de l'hôtel *Rio Branco*. Salle ouverte sur la rue, fréquentée par les amateurs de poisson : *jaraqui, pacu, sardinha, tucunaré, acara, baião...* ils sont tous à la carte. Les plats les plus chers sont pour deux.

Disk-Pizza Scarola *(plan B1, **33**) : rua 10 de Julho (à l'angle de l'av. Getúlio Vargas). ☎ 32-32-65-03. Tlj 11h-2h30.* En plein centre, un resto correct, ouvert sur la rue, avec une formule *ao kilo* pas chère au déjeuner et des plats à la carte le soir. Propose aussi des pizzas simples et bonnes.

Ne pas oublier non plus les ***bars-restos*** de la *plage de Ponta Negra*. Voir « Où écouter de la musique ? Où danser ? ». En soirée de préférence.

De prix moyens à plus chic (15-40 Rls / 6-16 €)

Churrascaria Búfalo *(plan B2, **34**) : av. Joaquim Nabuco, 628 A. ☎ 36-33-37-73. Ouv jusqu'à 23h (23h30 sam). Fermé dim soir. Buffet à volonté 38 Rls le midi et 30 Rls le soir.* L'une des meilleures *churrascarias* de la ville ! Sorte de cantine version chic avec tables métalliques couvertes de nappes. On a le choix entre une trentaine de viandes, la plupart succulentes, que l'on accompagne de toutes sortes de légumes et crudités. Une nourriture de qualité et de quoi se remplir la panse !

Canto da Peixada *(hors plan par B1, **35**) : rua Emilio Moreira, 1677, à l'angle de la rua Ayrao. ☎ 32-34-30-21. À env 20 mn à pied au nord du centre.* « Vivez mais mangez du poisson », telle est la devise de ce resto qui mérite un détour, pour son poisson justement. La terrasse, un peu bruyante, déborde sur le trottoir. Cuisine bien préparée et carte variée avec les grands classiques du fleuve. Si les plats individuels vous semblent un peu chers, n'hésitez pas à partager un plat pour deux.

Choupana *(hors plan par B1, **36**) : rua Recife, 790. ☎ 36-35-38-78. En dehors du centre historique, prendre un taxi pour s'y rendre. Fermé dim soir et lun.* Une excellente adresse pour goûter à toutes les subtilités de la cuisine du coin, dans un cadre à la fois simple et très soigné, évoquant celui de l'habitat indien. La plupart des plats *(env 50 Rls)* sont pour deux. Service irréprochable et musique dès 20h (petit *couvert*). On a aimé.

Fiorentina *(plan A2, **37**) : praça da Polícia. ☎ 32-15-22-33. Tlj jusqu'à 22h.* Resto italien... aussi bon que peuvent l'être ceux du nord du Brésil. En fait, on vous le recommande surtout parce que c'est l'un des rares restos de cette partie du centre à être ouverts le soir. Fait aussi buffet *ao kilo* le midi.

Où boire un verre ?

Bar do Armando *(plan A1, **40**) : sur la place du théâtre* Amazonas, *rua 10 de Julho. Tlj 10h-3h.* Bar très populaire. Bons sandwichs au porc (probablement les meilleurs de la ville). En fin d'après-midi, beaucoup d'employés s'y retrouvent pour prendre une bonne bière fraîche autour d'une assiette d'amuse-gueules. Ambiance chaleureuse dans une grande salle aux murs décrépis. Décor nul, mais on aime. Fin janvier ou début février, pendant une journée, le vénérable *Armando* organise son propre carnaval : une institution !

Ponto dos Sucos *(plan B2,* ***41****) : av. 7 de Setembro, 1188. Lun-sam 8h-18h.* Bar en U qui propose d'excellents jus de fruits aux goûts inconnus des palais européens. Pas l'endroit où on s'attarde, cela dit.

Skina dos Sucos *(plan A2,* ***42****) : av. Eduardo Ribeiro, 629. Tlj sf dim 6h-20h.* Encore un endroit, l'un des meilleurs de la ville en fait, où siroter les jus de fruits les plus divers. Plus d'une trentaine de combinaisons possibles.

Où écouter de la musique ? Où danser ?

Les lieux nocturnes intéressants sont souvent loin du centre et difficiles à trouver. Il faut prendre des taxis. Comme souvent au Brésil, on change de boîte chaque soir : l'une est bondée le mardi, l'autre le mercredi, etc. Alors, ne vous trompez pas de jour !
Avec un peu de chance, vous verrez les habitants danser le *forró,* cette danse populaire typique du Nord. Son nom vient du temps où les Anglais conviaient tout le monde à de grandes fêtes *(for all)* où l'on dansait.

La *plage de* **Ponta Negra** (à 12-15 km au nord-ouest du centre-ville, voir « Où se baigner ? ») est bordée de petits *bars-restos* qui s'animent le soir, en principe tous les jours. On vient y flâner ou siroter une *cerveja* entre potes ou en amoureux, tandis que d'autres jouent au volley, au foot ou tentent de savoir ce que leur réserve l'avenir... Un doux mélange des genres. La musique, parfois fluette mais le plus souvent bien rythmée, imprègne l'atmosphère et fait chalouper bien des corps. Quelques groupes locaux. Surtout, ne manquez pas les danses de *Boi Bumba* au bar-resto ***O Laranjinha*** (tout au bout de la plage), tous les jours à partir de 20h (petit droit d'entrée).

Forró do Bagaça *: av. do Turismo, s/n. Ouv ven slt, à partir de 22h. Entrée : 10 Rls.* Sur la route qui relie la plage de *Ponta Negra* et l'aéroport (donc loin du centre), un vaste espace ouvert avec une scène et plusieurs bars, comme savent en créer les Brésiliens, où écouter et danser le *forró.* C'est toujours noir de monde ! D'autres lieux du même type, très populaires, le long de la même avenue. C'est le coin à fréquenter le week-end si vous êtes amateur de ce genre de fêtes !

Parão do Alemão *: estrada da Ponta Negra, 1936. 81-27-04-39. Mer-sam à partir de 22h. Entre le centre et la plage de Ponta Negra. Entrée : 10 Rls.* Grande taverne en contrebas de la route (un *bierkelder,* comme il se nomme lui-même) à l'atmosphère un peu trash. Concerts de rock à partir de minuit. Une institution !

Crocodilo's Club *(plan A2,* ***45****) : rua Marcílio Dias, 365. Ouv dim slt, à partir de 20h.* En plein centre, pratique. C'est la plus ancienne boîte de Manaus. On y passe surtout de la *house* et de la techno.

À voir

MANAUS

Le port (plan A3)

C'est le coin le plus animé et le plus coloré de la ville. Ses docks, construits en 1906 par des ingénieurs anglais, sont flottants. Ils accompagnent le fleuve dans ses crues (jusqu'à 15 m). Vous noterez le curieux bâtiment de l'*Alfândega,* de style Renaissance. Il fut amené pierre par pierre de Grande-Bretagne. On ne peut malheureusement plus accéder sans billet de transport au ponton principal, celui de l'*estação hidroviária (praça da Matriz),* mais il y a d'autres pontons un peu plus à l'est, derrière le marché municipal et la *Feira da Banana.*
C'est de tous ces quais que partent les bateaux qui remontent et descendent l'Amazone, pour des destinations qui sentent encore bon l'aventure. Toute la journée, ils se bousculent pour accéder aux pontons et embarquer les passagers. Des dockers chargent et déchargent les bateaux en portant sur les épaules des poids insensés.

De juillet à décembre, les eaux du rio Negro baissent de 10 à 15 m, et les petites barques collées aux pontons laissent la place à une étendue de sable (et de déchets !) où de nombreuses familles improvisent des petits restos-bars-gargotes. Les poissons cuisent dans de grandes marmites, à même le feu, tandis qu'une activité des plus fébrile se poursuit tout autour, sous le regard patient des vautours attendant leur heure pour nettoyer le site.

Mercado Adolpho Lisboa *(plan A3)* **:** situé entre le ponton principal et la *Feira da Banana,* dans une structure métallique très Art nouveau, de style Baltard, inspirée des vieilles halles de Paris. Il était en rénovation en 2008. Dans les petites rues tout autour, les étals de petits marchands d'artisanat et de légumes ou fruits exotiques dont les noms chantent comme des notes de musique.

Après le marché Adolpho Lisboa, en longeant le quai de São Domingo vers l'aval du rio, se tiennent deux autres grands hangars abritant le ***marché Feira Moderna*** et le ***marché Feira da Banana*** *(plan A-B3).* Dans le premier, le matin, il faut voir la halle aux poissons, bourdonnante et agitée, où retentissent les coups secs des hachoirs et machettes découpant les nombreux poissons de l'Amazone.

Le centre historique

« Une ville habitée par la nostalgie », disait John Dos Passos, qui y passa dans les années 1960. Et pourtant, les immeubles sans grâce des époques plus récentes laissent peu de place au rêve. Pour sauver son patrimoine si longtemps sacrifié aux intérêts des promoteurs, la municipalité restaure peu à peu ce qui peut encore l'être. Plusieurs vieilles maisons de l'époque du boom du caoutchouc (autour du théâtre notamment) ont ainsi été rénovées. Vous noterez, sur certaines demeures couvertes d'azulejos, les initiales de leurs orgueilleux propriétaires, évoquant la splendeur d'une époque opulente mais révolue.
Devant la cathédrale *(plan A2),* jolie *fontaine* baroque sculptée et une curieuse *tour* à horloge.
En plein centre, dans la *rua Barroso (plan A2),* si les portes de la *biblioteca pública* sont ouvertes, jetez un œil au bel escalier de fer en demi-spirale, ainsi qu'au superbe toit gaufré datant des années de faste.
Le soir, la *praça Heliodoro Balbi* (connue sous le nom *de praça da Policia*) est le rendez-vous des amoureux : jets d'eau, kiosque à musique du début du XXe s, petits bancs... ambiance relax de fin de journée. Quelques étals proposent des plats préparés.
Enfin, les rues piétonnes entre le port et l'avenida 7 de Setembro (M. Deodoro, G. Moreira, M. Dias, Dr Moreira...) ne sont plus ce qu'elles étaient : si elles connaissent une animation sympathique en journée (jusqu'à 18-19h, après quoi il n'y a plus personne), on n'y trouve plus, hormis l'une ou l'autre élégante façade, que des camelots. Pratique néanmoins si vous cherchez un parapluie, une lampe de poche ou une paire de sandales.

Teatro Amazonas *(théâtre Amazonas ; plan A1)* ***:*** *praça São Sebastião. ☎ 36-22-24-20. Tlj sf dim 9h-17h. Entrée : 10 Rls. Visite guidée ttes les 30 mn, en portugais ou en anglais. Durée : env 40 mn.*
Symbole de l'opulence de la ville à la fin du XIXe s. On a de la peine à imaginer que tous les matériaux de construction vinrent d'Europe par bateau : marbre de Carrare, marqueterie de France, coupole avec des tuiles venues d'Alsace (remarquez le drapeau brésilien), miroirs de Venise, acier d'Angleterre, etc. Même le superbe rideau de scène, représentant la déesse du fleuve Lara, a été peint à Paris, par un Brésilien il est vrai. Seul le bois est amazonien, mais il fut sculpté... au Portugal. Une décoration magnifique ! Tous ces produits venaient d'Europe, afin que les bateaux qui exportaient le caoutchouc ne revinssent pas à vide. Le plafond fut peint en France avant d'être apporté en entier. Il a pour thème les arts, la danse, la musique,

la tragédie et l'opéra. Notez sa partie centrale représentant la tour Eiffel vue du dessous. Pour imaginer la hauteur du théâtre, de l'intérieur, sachez que le rideau ne se déroule pas, mais monte droit jusqu'à la coupole. Sur les colonnes, on remarque les noms des grands dramaturges et compositeurs : Molière, Goethe, Racine, Mozart, Beethoven, Verdi...
À l'étage, une salle de bal au somptueux parquet de bois précieux et aux murs peints de scènes amazoniennes. On la visite avec des patins. Les miroirs qui se font face donnent une étonnante profondeur à la pièce. Dans les petites salles attenantes, beau mobilier en jacaranda, un bois noir dur comme du métal. On embrasse du regard le centre-ville depuis le grand balcon.
Le théâtre fut construit en douze ans et inauguré en 1896. Le film *Fitzcarraldo*, de Werner Herzog, rappelle cet événement. Sarah Bernhardt fut pressentie pour y jouer (mais elle n'est jamais venue !), et de grandes troupes européennes s'y produisirent, snobant Rio, la capitale. Pas pour très longtemps cependant, car ce caprice de nouveau riche ferma en 1925 avec la chute économique et fut laissé à l'abandon. Rénové une quatrième fois entre 1987 et 1990, il a retrouvé son faste et sa magnificence d'antan. Aujourd'hui, son orchestre philharmonique, composé de musiciens venus d'Europe de l'Est, est considéré comme l'un des meilleurs du Brésil. Des concerts y ont lieu presque tous les soirs et, souvent, c'est gratuit. À bon entendeur...

À PAS DE LOUP...

Comble du raffinement, les pavés extérieurs du théâtre sont faits d'un amalgame de pierre et de caoutchouc pour qu'à l'époque les calèches des retardataires ne fassent pas de bruit pendant le spectacle.

Praça de São Sebastião : c'est la place du théâtre, avec ses quatre proues de navire représentant les quatre continents.

Centro cultural Palácio da Justiça *(plan A1,* ***50****)* **:** *situé juste derrière le théâtre Amazonas.* ☎ *32-48-18-44. Mar-ven 9h-16h, sam 9h-21h, dim 16h-21h. Entrée gratuite.* Ceux qui aiment l'architecture pourront aller y jeter un œil. Cette imposante bâtisse néoclassique, inaugurée en 1900, possède un magnifique hall et de belles colonnades. Elle accueille des expos d'art temporaires. Dans la *rua José Clemente*, voisine du théâtre, trois belles façades de maisons au n° 290.

Complexo cultural Palácio Rio Negro *(plan B2,* ***51****)* **:** *av. 7 de Setembro, 1546.* ☎ *32-32-44-50. Mar-jeu 9h-17h, ven 9h-19h. Entrée gratuite. De part et d'autre du bâtiment se trouvent aussi le* ***Musée numismatique*** *et le* ***musée de l'Image et du Son****. Mêmes horaires que le Palácio.*
Le Palácio Rio Negro est une bâtisse de la fin du XIXe s ayant appartenu à l'Allemand Waldemar Scholz, l'un des riches barons du caoutchouc. Il devint ensuite la résidence des gouverneurs de l'État (et accueille encore aujourd'hui certaines visites officielles). À l'intérieur, petite expo permanente sur l'État d'Amazonas (pas vraiment palpitante), et expo temporaire. Au milieu du hall d'entrée, bel escalier en forme de ciseaux, au pied duquel trônent deux statues françaises, l'une figurant la musique, l'autre la poésie (les goûts du couple Scholz). À l'étage, belle collection de mobilier réalisé en Europe (quoique avec du bois brésilien). On vous conseille de faire la visite un vendredi en fin d'après-midi car, vers 18h, il y a un spectacle gratuit de musique populaire.
– *Le Musée numismatique :* ☎ *36-33-28-50.* Il rassemble près de 12 000 pièces de monnaies du monde entier et de toutes les époques, léguées par Bernardo D'Azevedo da Silva Ramos (1858-1931). Un véritable trésor de guerre... l'œuvre colossale d'un collectionneur passionné ! Essayez donc de trouver la plus vieille pièce... allez, on vous aide... elle date de 745 av. J.-C. ; ou encore la plus petite du monde, de 1646. À moins que vous ne préfériez vous arrêter sur le *cauri* du Sénégal... deux suffisaient pour acheter une jeune fille (mais il en fallait dix pour une vache !). Au fait, les dons sont les bienvenus.

– *Le musée de l'Image et du Son :* un petit musée un peu fourre-tout avec projections de films (dont certains en français) selon une programmation thématique mensuelle. Bon à savoir pour ceux qui passent un peu de temps à Manaus : on peut aussi consulter la liste des œuvres disponibles et visionner celles qu'on souhaite. Expos temporaires aussi, en relation avec l'audiovisuel.

***Museu do Índio** (musée de l'Indien ; hors plan par B2, **52**) : av. Duque de Caxias, 356. ☎ 36-35-19-22. Tlj sf dim et sam ap-m 8h30-11h30, 14h-16h30. Entrée : 5 Rls.* Quelques salles présentent des objets de la vie quotidienne des Indiens tukanos, aruaks, makus et yanomamis. Dans la *première,* on remarquera le *trocano* qui, creusé dans un seul tronc, servait de moyen de communication. *Salle II,* toutes sortes de poteries. Dans la *salle III,* outils agraires et différentes armes pour la pêche et la chasse. *Salle IV,* parures de chef avec plumes colorées, hamacs et objets divers. *Salle V,* costumes funéraires, pirogues, instruments de musique. Présentation assez vieillotte (le musée date de 1952). À voir si vous avez du temps.

En dehors du centre

***Le zoo de l'Armée** (zoológico do CIGS) : estrada da Ponta Negra, 750, à São Jorge. ☎ 21-25-64-01. À 6-7 km au nord-ouest du centre. Bus n° 117, 120 ou 129 depuis la praça da Matriz. Mar-ven 9h-16h30, w-e 9h-17h. Entrée : 3,50 Rls.* On ne raffole pas des zoos, mais on en a vu de pires que celui-ci. De plus, ici, vous êtes sûr de voir les gros mammifères de la forêt, souvent impossibles à observer dans leur milieu naturel. En bref donc, tapirs, jaguars, singes-araignées (le plus grand singe d'Amérique du Sud), coati, mais aussi anaconda, boa, tortues, aras (grands perroquets), toucans et cochons sauvages.

***Bosque da Ciência** : rua Otávio Cabral, s/n. ☎ 36-43-31-92. Bus n° 519 depuis la praça da Matriz. À env 6 km au nord-est du centre. Mar-dim 9h-17h. Entrée : 2 Rls.* Un parc botanique de 13 ha, où l'on voit aussi quelques animaux : bassin des lamantins, petite rivière où s'ébattent des tortues, mare aux crocodiles et étang à *pirarucus* (le plus grand poisson de l'Amazone). On y croise de temps en temps aussi un petit mammifère amazonien. Pour ceux qui ont du temps.

***Museu das Ciências Naturais da Amazônia** : rua Cachoeira de São Gabriel, lote 34, Colónia Cachoeira Grande. ☎ 36-44-27-99. À env 9 km au nord-est du centre, après le* Bosque da Ciência. *Bus n° 519, arrêt à Conjunto Petros. Lun-sam 9h-12h, 14h-17h. Entrée : 12 Rls.* Dans le quartier de la « colonie japonaise », ce musée, comprenant surtout des poissons en résine et des insectes naturalisés, complète un peu la série d'attractions sur la faune et la flore d'Amazonie. Malheureusement, il ne vaut ni le prix d'entrée ni l'effort à faire pour y arriver. Donc pour les passionnés, ou les acharnés !

Achats

Ce n'est pas à Manaus que vous ferez les meilleures affaires. On trouve toutefois quelques boutiques d'artisanat autour du *teatro Amazonas,* notamment le magasin ***Amazônas Ecoshop,*** assez cher mais recommandable pour sa belle marchandise (statuettes, colliers, bijoux, boîtes, sets de tables...) réalisée par des artisans locaux. De plus, c'est un salon de thé fort plaisant, où l'on peut boire un vrai café. Sinon, il y a les petites boutiques du ***marché Adolpho Lisboa*** (voir plus haut), nettement moins chères mais proposant pas mal de camelote.

Où se baigner ?

***La plage de Ponta Negra** : à 12-15 km au nord-ouest du centre. Prendre le bus n° 120 sur la praça da Matriz (plan A2).* C'est une belle langue de sable blanc, uniquement accessible de septembre à décembre, à cause de la montée des eaux le reste de l'année. Très agréable aussi pour y passer la soirée (voir « Où écouter de la musique ? Où danser ? »).

Fêtes et manifestations

– ***Festival d'opéra :*** *en avr-mai, pdt 1 mois.* Représentation environ un jour sur deux, assurée par l'orchestre philharmonique du théâtre *Amazonas*. Un superbe festival !
– ***Festival universitaire de Musique :*** *ts les ans pdt un w-e, fin sept-début oct, à l'université située en dehors de la ville.* Groupes de Manaus.
– ***Anniversaire de la ville :*** *le 24 oct.* Grande fête populaire à Ponta Negra.
– ***Festival du film d'aventure :*** *fin nov-début déc.* Une idée du cinéaste Jean-Pierre Duthilleux en association avec le gouvernement d'Amazonas.
– ***Fête de la sainte patronne de l'Amazonas :*** *le 8 déc.*

LA VACHE, QUELLE FIESTA !

À la fin du mois de juin, sur l'île de Parintins, entre Manaus et Santarém, se déroule pendant trois jours la très populaire fête du Bœuf, connue sous le nom de « Boi-Bamba » (« Frappe, bœuf ! »). Ce festival était célébré à l'origine dans le Pernambuco, mais s'est répandu tout le long du littoral, du Maranhão à Santa Catarina. Ici, deux équipes vont s'affronter dans le « bumbodromo » : celle du bœuf capricieux et celle du bœuf garanti. Orgie de couleurs, débauche de paillettes et de costumes somptueux, profusion d'effets spéciaux, délire de chants et de danses, c'est un événement unique qui réunit chaque année 100 000 spectateurs venus de tout le Brésil !

➤ DANS LES ENVIRONS DE MANAUS

Il y a en gros trois types d'activités à faire au départ de Manaus : les excursions fluviales d'une journée, les séjours et balades en forêt de plusieurs jours, et la descente ou la remontée de l'Amazone (vers Belém ou le Pérou). Bien sûr, on peut aussi faire une excursion fluviale de plusieurs jours... assortie de balades en forêt. En bref, tout est possible si on en a les moyens !

Excursions fluviales d'une journée

➤ La balade la plus populaire et la plus intéressante consiste à aller à la ***rencontre des eaux*** *(o encontro das águas)*. Petit rappel : Manaus ne se trouve pas sur l'Amazone mais sur le rio Negro (un fleuve de 2 300 km qui prend sa source en Colombie). Ce dernier rejoint l'Amazone (qui, en amont, s'appelle en fait le *Solimões*), 8 km en aval du port de la ville. C'est un spectacle unique : le rio Negro, aux eaux noires, et le Solimões, brun-jaune et limoneux, refusent de fusionner et continuent à couler côte à côte, sur environ 15 km, en s'ignorant superbement ! Ce phénomène s'explique par la différence de flux, de température et de densité des deux fleuves. L'Amazone coule à 4-6 km/h et le rio Negro à 2 km/h : les flots rapides et lents ne se mêlent pas tout de suite, les eaux de l'un paraissant « glisser » contre celles de l'autre. En outre, les eaux de l'Amazone sont à environ 22 °C alors que celles du rio Negro avoisinent les 28 °C.
– Pour faire l'excursion, on conseille simplement de passer par une des nombreuses agences (par exemple ***Amazon Explorers,*** voir plus loin). Le principe est largement touristique : on se retrouve en groupe sur un bateau à deux ponts, dans une ambiance bon enfant. Départ vers 9h, retour vers 15h30. Prix : de 40 à 50 $,

déjeuner compris. En général, la balade inclut un tour en pirogue dans les *igarapés* ou le parc écologique *Janauary,* à la découverte de la flore (nénuphars géants) et de la faune (domestiquée pour le touriste, dommage !) locales. Vous aurez toutes les chances aussi d'apercevoir des dauphins d'eau douce (en liberté, eux !).
– Autre possibilité pour aller à la rencontre des eaux : l'***Associação dos Canoeiros,*** qui propose aussi, pour un prix un peu similaire à celui des agences, des balades d'une demi-journée en canoë de 7 à 9 places. Ses représentants sont postés dès le matin devant la rampe qui donne accès au port, sur la praça da Matriz.
– Enfin, vous pouvez éventuellement y aller tout seul. Prendre alors les bus « Villa Buruti », « Villa da Felicidade » ou « Ceasa » sur la praça da Matriz, et descendre à *porto da Ceasa.* Là, des bateaux vous emmènent à la rencontre des eaux. Balade d'environ 1h. Compter 20 Rls (8 €) par personne si vous êtes quatre, 50 Rls (20 €) si vous êtes seul. Sinon, on peut le faire pour encore moins cher : arrivé au terminus, demander où se trouvent les ferries qui font la liaison entre Manaus et Careiro da Várzea (d'où part la BR 319). Le bac traverse la rencontre des eaux, débarque camions et voitures et rebrousse chemin. Départs toutefois pas si fréquents (toutes les 2 ou 3h), et prévoir 1h de trajet dans chaque sens. En revanche, ce n'est pas cher et, ici au moins, vous êtes sûr de sortir des sentiers battus.
– Ah, il existe encore une manière de s'y rendre : en prenant, le matin, un des bateaux qui effectuent la liaison Manaus-Careiro depuis le ponton situé derrière le marché aux poissons *(Feira Moderna).* Ces bateaux passent par la rencontre des eaux. Bien se renseigner toutefois sur les heures de retour.

➢ En dehors de la rencontre des eaux, il est bien sûr possible aussi de faire une ***excursion d'un jour le long des igarapés*** (ces bras d'eau qui longent les terres non boisées des îles du fleuve ou qui, à l'inverse, s'enfoncent dans la forêt) ***ou dans les igapôs*** (forêt inondée) des environs de Manaus. On y découvre, selon le milieu, une végétation plus ou moins luxuriante aux nombreuses variétés de palmiers, des communautés *caboclos* (métis d'Amazonie), aux maisons en bois flottantes ou sur pilotis, des vieux pêcheurs secs et ridés qui transportent dans leurs pirogues quelques-unes des 3 000 espèces de poissons qu'héberge le Bassin amazonien. Là encore, ces excursions sont possibles avec les agences, ou bien l'*Associação dos Canoeiros* (voir un peu plus haut).

Balades et séjours en forêt

Si on vient jusqu'à Manaus, c'est, à notre avis, surtout pour voir l'Amazonie. Petit rappel : la forêt tropicale humide est un milieu qui grouille, littéralement, de vie, mais ceux qui s'attendent à y voir des mammifères en grand nombre risquent d'être déçus. Certes, il y en a, mais ils sont discrets et craintifs. De plus, la visibilité est faible en forêt, en raison de la densité de sa végétation. Bref, l'Amazonie, c'est avant tout une ambiance, une atmosphère.
Les excursions les plus courantes durent entre 3 et 5 jours, mais on peut partir plus longtemps bien sûr, tout dépend de ses envies d'aventurier et des moyens dont on dispose. En règle générale, sachez que plus longtemps vous partirez, plus vous vous enfoncerez dans la forêt et aurez de chances de voir la véritable « jungle », avec tout ce qu'elle a à offrir... comme sensations.
Les agences proposent en gros trois types de tours : les séjours en *lodge* dans les environs plus ou moins proches de Manaus (encore une fois, plus le *lodge* est éloigné et plus vous vous sentirez « immergé ») ; les excursions itinérantes, où l'on dort chaque nuit dans la forêt à des endroits différents, le plus souvent dans des hamacs sous des abris de feuilles ; et les excursions fluviales, où l'on dort sur le bateau, dans des hamacs aussi ou, si on en a les moyens, en cabine. Nous, on a un faible pour le deuxième type de tours, ceux où l'on dort principalement au cœur de la forêt, car non seulement c'est la formule la moins chère mais en plus, c'est la meilleure façon de découvrir le milieu amazonien. Pour ce type d'excursion, compter minimum 150 Rls (60 €) par personne et par jour, tout compris (transport, repas,

guides, etc.). Côté activités, vous pouvez vous attendre à la même chose quelle que soit la formule : marche en forêt à la découverte de ses arbres, plantes et animaux, exploration des *igarapés* en pirogue (souvent pas mal d'oiseaux), pêche au piranha, observation nocturne des alligators, etc. En revanche, il vous sera quasi impossible d'aller rencontrer des Indiens : comme on l'a dit en début de chapitre, ils vivent dans des réserves et la FUNAI, fondation chargée de leur protection, ne délivre de permis que très, très rarement.
Concernant les agences, on vous en recommande quelques-unes plus loin, mais bien sûr ce ne sont pas les seules à faire du bon travail. D'une manière générale, tâchez de voir si elles possèdent le certificat d'enregistrement délivré par *Embratur* (le ministère du Tourisme), intitulé « certificado de cadastro ». Certes, ce n'est pas un gage de professionnalisme, mais cela montre que l'agence en question a fait l'effort de l'obtenir, ce qui, au moins, est un gage de sérieux. En tout cas, on vous déconseille de partir avec les guides qui peuvent vous aborder à l'aéroport ou dans la rue, ils proposent souvent des prix moins élevés que les agences, mais on peut très facilement avoir affaire à des charlots, qui vous emmèneront faire trois petits tours dans des coins reculés des environs de Manaus où vous n'apercevrez que quelques aigrettes, et encore, avec de la chance !

Descente ou remontée de l'Amazone (et de ses affluents)

De nombreux voyageurs arrivent à Manaus en bateau depuis Belém, voire du Pérou. Mais on peut parfaitement parvenir à Manaus en avion (ou par la route, du Venezuela) et décider de continuer son voyage en descendant ou remontant l'Amazone. C'est en soi une excursion intéressante et une excellente manière de « sentir » le Bassin amazonien. Les voyages se font le plus souvent sur des bateaux à deux étages, qui peuvent être en bois ou en fer, mais on vous conseille ceux en fer, plus chers mais tout de même plus confortables. On dort dans des hamacs sur le pont (ou, pour le *N.M. Santarém* de la compagnie *Marquês Pinto,* dans un salon climatisé), ou dans des cabines pour 2 personnes, avec AC et salle de bains privée. Repas à bord (assez monotones, souvent du riz et des haricots avec quelques morceaux de viande) compris dans le prix du billet.
Si ce type de croisières vous tente, voici ***quelques conseils pour le voyage*** : emportez de l'eau minérale, des biscuits, du pain, du fromage, une petite laine pour les soirées fraîches, des bouquins (pas grand-chose à faire à bord) et, pour les non-lusophones qui souhaitent tailler un brin de conversation avec les autres passagers, un lexique franco-portugais.
Si les heures de départ sont à peu près respectées, c'est une autre histoire pour les heures d'arrivée, pour de multiples raisons : pannes d'essence, ennuis de moteur, difficultés de navigation, etc. Bref, cela fait partie de l'expédition, il faut l'accepter ou... prendre l'avion.
– Et puis, ***encore un conseil*** : sur le bateau, gardez vos papiers et affaires de valeur sur vous, et ne laissez pas votre sac sans surveillance. Pour cela, la cabine privée, quoique plus chère, a un avantage.

➢ ***Manaus-Santarém-Belém :*** on recommande la compagnie *Marquês Pinto,* qui part tous les mercredis de Manaus, mais il y en a d'autres *(AR Transporte, Enarte),* qui ont des départs les lundi et vendredi. Voir « Arriver – Quitter » en début de chapitre pour les détails.

➢ ***Manaus-Téfé-Tabatinga (frontière avec le Pérou et la Colombie) :*** même type de voyage que pour Belém mais ici, les départs se font les mardi, mercredi et samedi, toujours en fin de journée. Voir plus haut « Arriver – Quitter » pour les détails. Ne pas oublier de faire tamponner son passeport par la police fédérale en arrivant à Tabatinga (sortie du Brésil).

– Pour ***entrer au Pérou,*** possibilité d'aller en bateau de Tabatinga au village péruvien de Santa Rosa, puis d'embarquer sur un autre bateau jusqu'à Iquitos. Très folklo et, surtout, ça prend un peu de temps : 3 jours. Pour les plus pressés, il y a désormais 2 bateaux rapides (*Transtur* et *Dolfin*) qui relient directement Tabatinga à Iquitos en 8h, les mercredi, vendredi et dimanche à... 4h du mat' !
– Pour ***passer en Colombie,*** c'est simple : Tabatinga et Leticia (en Colombie) forment quasiment une seule et même ville. De Leticia, le seul moyen de transport vers Bogotá est l'avion.

➢ ***La remontée du Madeira :*** c'est la route pour Porto Velho. Bateau les mardi et vendredi. Voyage intéressant, car on descend l'Amazone une journée avant de remonter le rio Madeira. Après l'île de Careiro, l'Amazone peut atteindre 15 à 20 km de large. Environ 7 ou 8 jours de voyage, avec de nombreuses escales pour débarquer les marchandises. De Porto Velho, bus pour les villes du Sud : Cuiabá, Brasília, São Paulo... Mais tant que la route n'est pas asphaltée, mieux vaut ne prévoir ce trajet que de juillet à décembre, en saison sèche. De Porto Velho, possibilité aussi de gagner la Bolivie par Guajará Mirim pour Santa Cruz et Cochabamba. Là encore, la route non asphaltée n'est bonne que de juillet à décembre.

➢ ***La remontée du rio Negro :*** depuis le débarcadère de Morro do São Raimundo, à l'ouest de la ville, de l'autre côté de l'*igarapé* de São Raimundo. On peut naviguer sur le rio Negro toute l'année. Destination principale : Barcelos, mais on peut continuer sur São Gabriel da Cachoeira (sur l'équateur) en changeant de bateau. Belles chutes. Possibilité d'y voir des Indiens. Pour dormir, demandez aux religieux. Vous êtes dans la région du Pico da Neblina (3 014 m), la montagne la plus haute du Brésil.

➢ ***La remontée du rio Branco :*** pour Caracaraí. Paysages changeants à cause de l'altitude. Forêt plus ouverte. On traverse quelques réserves d'Indiens.

Agences

■ ***Amazon Explorers :*** *au port de Manaus, praça da Matriz, dans le bâtiment auquel on accède par la rampe.* ☎ *32-32-30-52.* • *amazonexplorers.com.br* • *Compter 45 $.* C'est l'agence qu'on conseille pour aller voir la *rencontre des eaux*. Départ à 9h, retour à 15h30. Iralcy, le proprio, se débrouille en français. Possibilité de venir vous chercher à votre hôtel. Propose aussi des tours de 2 nuits et 3 jours sur le rio Negro (vers l'archipel des Anavilhanas), ou tout simplement à la carte.

■ ***Heliconia Amazônia Tourismo*** *(plan B2,* ***6****) : rua Lauro Cavalcante, 250.* ☎ *32-34-59-15.* • *heliconia-amazon.com* • *Dans les mêmes locaux que l'Alliance française. Compter 80 $/pers pour l'excursion à la journée.* Agence sérieuse, tenue par Thérèse Aubreton, une Française très sympa installée à Manaus depuis un bon bout de temps. Excursions à la journée (notamment au nouveau *musée du Caoutchouc*, en dehors de la ville), mais l'agence est surtout spécialisée dans les excursions de plusieurs jours. Là, tout est possible : tours en bateau, séjours en *lodge* voire chez l'habitant, vous n'avez qu'à dire à Thérèse ce que vous voulez faire... L'agence travaille aussi avec de bons guides francophones.

■ ***Amazon Antonio Jungle Tours :*** *installé à l'*hostel Manaus *et à l'hôtel* Ideal *(voir « Où dormir ? »).* • *antonio-jungletours.com* • 📱 *99-61-83-14. Compter env 150 Rls/j. (60 €) et par pers (pour un groupe de 4 pers), tt compris.* Antonio Gomes organise d'excellentes excursions de plusieurs jours le long de la rivière *Urubu*, à environ 200 km à l'est de Manaus. La région est superbe et sauvage et, en plus, exempte de moustiques, car les rivières qui l'irriguent sont acides. La première nuit se passe dans un très chouette *lodge* donnant sur la forêt, puis, les jours suivants, on dort à différents endroits de la forêt, dans des hamacs. Une super expérience, d'autant que les guides, tous indiens (mais parlant l'anglais), sont vraiment sympas et compétents.

■ ***Swallows and Amazons :*** *rua Ramos Ferreira, 922.* ☎ *36-22-12-46.* • *swallowsandamazonstours.com* • *Compter 125-200 $/j. et par pers, selon nombre de participants.* Agence compétente là encore, tenue par un Américain et sa femme brésilienne. Ils organisent des excursions de un à plusieurs jours à bord d'un bateau avec cabines (départ généralement le lundi). Possibilité aussi de camper dans la forêt.

SANTARÉM

env 300 000 hab. IND. TÉL. : 093

Sur la rive droite de l'Amazone, à 766 km à l'est de Manaus par voie fluviale et 836 km à l'ouest de Belém, une ville assez étendue et isolée au cœur de l'Amazonie. Hormis un curieux petit musée et le spectacle, comme à Manaus, de la rencontre des eaux, elle ne présente pas beaucoup d'intérêt en soi. On vient en fait à Santarém pour découvrir ses environs : les kilomètres de plages de sable blanc (si, si !) d'Alter do Chão, un réseau dense d'*iguarapés* où nichent et s'ébattent un tas d'espèces d'oiseaux, la forêt primaire de Tapajós, les belles cascades d'Alenquer et les très vieilles peintures rupestres de Monte Alegre.

Arriver – Quitter

En bateau

Port (Docas do Pará) : *à env 3 km à l'est du centre.* ☎ *30-67-55-00. Fermé dim ap-m.* C'est d'ici que partent la plupart des bateaux pour Manaus et Belém. On y vend aussi les billets des différentes compagnies. À noter que les bateaux de la compagnie *Marquês Pinto,* celle qu'on vous recommande pour Belém et Manaus, partent d'un autre petit port, situé à 1 km à l'est du centre, dans le prolongement de l'avenida Tapajós.

➢ ***De/pour Manaus :*** on a le choix entre les bateaux en bois ou en fer. Les premiers (départs tlj) sont meilleur marché (compter 70-80 Rls le hamac et 300 Rls la cabine double – soit 28-32 € et 120 €), mais on conseille les seconds, plus rapides et plus confortables, en particulier le *N.M. Santarém* de la compagnie *Marquês Pinto,* qui part un vendredi sur deux (l'autre vendredi, c'est le *Nelio Correa,* un peu moins bien), entre 12h et 16h. Attention, le départ se fait d'un autre petit port (voir plus haut), à environ 1 km à l'est du centre-ville. Sinon, les autres compagnies de bateaux (en fer) proposent des départs d'autres jours de la semaine, se renseigner au port. Compter 3 nuits et 2 jours dans le sens Santarém-Manaus (moins de temps dans l'autre sens car le bateau suit le courant). Billet : 150 Rls en hamac ou 500 Rls pour 2 personnes en cabine climatisée (60 et 200 €). Enfin, il existe une 3e option : celle du bateau rapide, le *Puma,* qui fait le voyage en 14h ! Départ de Santarém à 6h les ven et dim, de Manaus les sam et mer à 7h. Prix du billet : 180 Rls/pers (72 €).

➢ ***De/pour Belém :*** là encore, on vous conseille *Marquês Pinto* (voir ci-dessus). Mêmes prix et mêmes horaires (départ aussi le ven ap-m) que pour Manaus. En revanche, le voyage vers Belém est plus court que vers Manaus car le bateau descend le fleuve.

➢ ***De/pour Macapá :*** liaisons tlj vers 18h, en bateaux en bois, mais on vous conseille plutôt le bateau en fer *Loan,* qui part ts les lun de Santarém et ts les jeu de Macapá, à 18h. Durée : 33h. Prix : 125 Rls en hamac et 350 Rls pour 2 personnes en cabine privée (50 et 140 €).

En avion

✈ ***L'aéroport*** *se trouve à env 13 km à l'ouest de la ville.* Pour rejoindre le centre, bus ttes les heures, 6h-18h30. Du centre vers l'aéroport, les bus se prennent *rua Rui Barbosa,* à trois blocs du fleuve. Prévoir 1,30 Rl. Sinon, il y a le taxi, mais c'est cher : un peu plus de 40 Rls.

➢ Plusieurs liaisons tlj avec ***Belém*** et ***Manaus*** (seules destinations directes de Santarém), avec les compagnies *Tam* et *Gol.* Env 1h de vol pour l'une et l'autre.

En bus

La gare routière (rodoviária) *est à 2-3 km au sud du port, sur la BR163.*

➢ Bus pour les villes du coin, mais aussi ***Ruropólis,*** à la jonction de la BR163 et de la transamazonienne (compter 5h de trajet et 5-6 départs/j.). Également une liaison tlj avec ***Cuiabá,*** ville du Mato Grosso, à 48h de route.

Orientation

Santarém est assez étendue, mais le centre-ville, lui, est petit. Délimité au nord par le fleuve, que longe l'avenida Tapajós, il s'étend grosso modo sur 5 blocs du nord au sud et 10 blocs d'ouest en est. Toutes nos adresses s'y concentrent, vous n'aurez donc pas de mal à les rallier à pied.

Adresses utiles

Centre d'informations touristiques : *praça do Pescador ; sur la gauche de la jetée en bois, au bord du fleuve. Lun-ven 8h-13h, 14h-19h ; sam 17h-21h.* Pas grand-chose à en tirer...

Poste : *rua Siqueira Campos ; à 100 m de l'église. Lun-ven 8h-16h.*

Téléphone international : Telemar, *rua Siquiera Campos, 511 ; à côté de la poste. Lun-ven 8h-18h ; sam 8h-12h.* Centre muni de cabines mais attention, c'est ruineux si vous appelez de celles-ci ! Achetez-y plutôt une carte *Embratel Longa* (à 10, 20 ou 30 Rls), et utilisez-la avec les téléphones publics *(DDI)*, le coût d'appel pour la France (Suisse, Belgique...) vous reviendra alors à 1 Rl/mn.

Internet : Global Cyber, *rua Siquiera Campos, 175. Ouv 9h-minuit, dim à partir de 14h.*

Change : Ourominas, *travessa dos Mártires, 198. ☎ 35-22-76-55. Lun-ven 7h30-17h30, sam 8h-12h.* L'unique bureau de change de la ville. Taux acceptable.

Distributeurs HSBC : *av. Rui Barbosa, à l'angle de la travessa F. Correa.* Accepte toutes les cartes.

Distributeurs Bradesco : *rua Barbosa, 756.*

Tam : *à l'aéroport. ☎ 35-23-97-44.*

Gol : *à l'aéroport. ☎ 35-22-14-34.*

Santarém Viagens e Turismo : *☎ 35-23-20-37. 91-23-90-26.* • *pepastm@hotmail.com* • Une agence de voyages fiable, tenue par Pépa, une Brésilienne qui se débrouille bien en français. Elle travaille avec Yves et Jean-Pierre, deux Suisses installés dans la région depuis des lustres. Organise tous types de tours et excursions (fluviales notamment) dans les environs de Santarém : sur les *iguarapés,* dans la forêt de Tapajós, à Monte Alegre, à Alenquer, tout est possible.

Santarém Tur : *rua Andriano Pimentel, 44. ☎ 35-22-48-47.* • *santaremtur.com.br* • *En face du fleuve, à deux pas de la jetée en bois*. Propose des excursions à la journée, pratique pour ceux qui ont peu de temps pour découvrir la région. On peut aussi y acheter des billets d'avion.

Hôpital : Hôpital Sagrada Familia, *av. P. Vargas, 1606. ☎ 35-22-51-57.*

Laverie : Lavanderia Storil, *Turiano Meira, 167. Lun-sam 8h-18h.* C'est la seule qu'on ait trouvée dans le centre. Dommage, car elle est très chère : 8 Rls/kg !

Où dormir ?

L'hébergement n'est pas folichon à Santarém, autant le savoir. On vous conseille même, carrément, de loger plutôt à Alter do Chão (voir plus loin), où les petites *pousadas* sympas ne manquent pas et où, en plus, vous serez entouré de superbes plages de sable blanc.

De bon marché à prix moyens (20-60 Rls / 8-24 €)

Brisa Hotel : *rua Senador Lameira Bittencourt, 5. ☎ 35-22-10-18. Face au fleuve. Doubles 25-60 Rls selon confort.* Hôtel familial dans une grande maison haute de plafond, très bien tenue. Chambres avec ventilo côté rue ou côté couloir (un peu sombres), ou, pour le double du prix, avec AC. Douche et w-c à l'étage. Le petit déj se prend à une grande table dans la salle commune.

Hôtel Beira Rio : *rua Adriano Pimentel, 90 A. ☎ 35-22-25-19. Doubles 60 Rls.* Maison située dans la rue qui longe le fleuve, en face du resto *Mascontinho.* On y trouve des chambres petites, un peu étouffantes pour certaines, mais propres et confortables, avec salle de douche, AC et TV. Petit déjeuner servi au rez-de-chaussée, à une grande table commune.

De plus chic à chic (100-200 Rls / 40-80 €)

Mirante Hotel : *travessa Francisco Corrêa, 115. ☎ 30-67-71-00. • mirantehotel.com • À deux pas du fleuve. Doubles 100-120 Rls.* Dans un petit immeuble, réception au 1er étage. Pas de charme particulier mais des chambres bien nettes, claires et tout confort. Accès Internet. Petit déj-buffet. Un hôtel qui remplit bien sa mission.

Barão Center Hotel : *av. Barão do Rio Branco, 344. ☎ 30-64-99-50. • baraocenterhotel.com • À 4 blocs au sud du fleuve. Doubles 162-188 Rls.* Le meilleur hôtel de Santarém. Chambres standard impeccables, avec équipement tout neuf et sanitaires étincelants. Et pour encore un peu plus de confort, il y a les *luxo,* pourvues de coffre et d'un écritoire en verre ! Accès Internet. On prend le petit déj dans une salle avec vue sur le rio Tapajós et, au loin, l'Amazone.

Où manger ?

De bon marché à un peu plus chic (de moins de 15 Rls à 50 Rls / 6-12 €)

Delicias Caseiras : *travessa 15 de Agosto, 121. ☎ 35-23-55-25. En plein centre. Tlj sf dim, jusqu'à 15h. Buffet à partir de 5 Rls.* Sympathique self-service à la brésilienne, populaire et économique.

Sabor Caseiro : *rua Floriano Peixoto, 521. ☎ 35-22-51-11. Tlj 11h-15h. Buffet au poids 22 Rls/kg.* Bon buffet, l'un des plus recommandables de la ville. On le prend dans une salle climatisée, avec nappes sur les tables. Une quarantaine de plats en tout, sans compter le buffet de légumes et crudités. Bien sûr, pas mal de passage.

Peixeria Piracatu : *rua Mendonça Furtado, 174. ☎ 35-23-51-10. À 10-15 mn à pied du centre, en allant vers l'est par l'av. Tapajós. Tlj midi et soir.* Petite salle ouverte sur la rue. L'adresse ne paie pas de mine, mais on y mange de succulents poissons ! Essayez la *caldeirada de tucunaré,* ce poisson avec un œil sur la queue. Sinon, *pirarucu a l'escabeche, moqueca de tambaqui...* Les plats sont pour deux mais peuvent être servis pour une personne. Service très aimable.

O Mascote : *praça do Pescador, 10. ☎ 35-23-28-44. Tlj jusqu'à 1h. Plats à ts les prix, du sandwich à 3 Rls au plat de fruits de mer à 60 Rls. Le midi, buffet*

22 Rls/kg. En plein centre, face au fleuve, l'une des terrasses les plus appréciées le soir. Bien bon (et copieux !) *peixe grelhado a belle munier* (sic), la spécialité de la maison (avec le *filé a Mascote*). On peut aussi y boire un verre.

🍽 ***Mascontinho :*** *av. Tapajós, au niveau du 114, en face de l'hôtel* Beira Rio. *Ouv le soir slt, dès 17h.* Tenu par la même famille que *O Mascote*. Ici encore, la terrasse face au rio Tapajós draine pas mal de monde. Grand choix de pizzas pas mauvaises. Musique du jeudi au samedi.

Où boire un verre ?

Dans le centre de Santarém, c'est surtout le long du fleuve que les habitants se rassemblent le soir venu. L'avenida Tapajós est prise d'assaut par les jeunes le week-end, qui viennent avec leur auto-sono et quelques bouteilles... qui ne contiennent pas que du lait. Pour s'asseoir et boire un verre, on conseille les restos *O Mascote* et *Mascontinho* (voir « Où manger ?), ou encore le bar installé sur le nouveau ponton en bois *(Massabor Trapiche),* bien agréable.

À voir

➢ On apprécie la balade sur l'avenida Tapajós, le long du fleuve. La plupart du temps, on devine parfaitement la différence de couleurs entre les eaux du rio Tapajós et celles du rio Amazonas, qui s'ignorent superbement sur plusieurs kilomètres. C'est moins spectaculaire qu'à Manaus, mais ça vaut néanmoins le coup d'œil. À environ 2 km vers l'ouest, petit ***marché sur pilotis,*** avec ses étals de poissons et légumes. En face, jeter un œil au ***Mercadão Ano 2000*** : à l'intérieur, c'est une succession de compartiments carrelés où s'amoncellent les poissons fraîchement pêchés avant d'être découpés en tranches dans un joyeux brouhaha. Juste derrière, vaste section de fruits et légumes, ainsi qu'un petit marché où l'on vend des huiles, du lait, du miel et des vêtements. Un peu moins d'animation le dimanche.

Museu Dica Frazão : *rua Floriano Peixoto, 281.* ☎ *35-22-10-26. Ouv en principe tlj 6h-21h (!). Gratuit.* « Le seul musée du monde où tout le monde est content d'être passé ! », nous a dit la proprio, une dame d'un âge très respectable. Cela fait maintenant presque soixante ans que Dica Frazão (c'est son nom) fait des sacs et des vêtements en fibre de bois, d'écorce ou de liane, en racines de patchouli, en feuilles de palmier (fournies directement par les Indiens *munduruku*), etc. Sa devise : transformer la nature en luxe dans le respect de celle-ci. Elle a d'ailleurs été félicitée plusieurs fois par l'Institut brésilien de l'environnement. On peut voir dans ce petit musée, qui est en fait son atelier, une partie de sa production et quelques pièces uniques. Parmi ses clients, elle compte l'avant-dernière reine de Belgique et Jean-Paul II.

Le centre culturel João Fona : *rua do Imperador ; face au fleuve. Tlj 8h-17h. Gratuit.* João Fona est un peintre brésilien. Ses toiles ornent les murs de ce bâtiment construit dans les années 1860, qui servit de mairie puis de prison. Petite expo sur les esclaves noirs, de même qu'une section archéologique. Visite pas vraiment indispensable.

Achats

Muiraquitá : *rua Senador Lameira Bittencourt, 131 (sur la praça do Pescador).* Bel artisanat local pour ceux qui souhaitent ramener un p'tit cadeau au cousin ou à la petite nièce : chapeaux, sacs, bijoux, paniers, masques, statuettes, fringues, animaux en bois, bref, un beau choix ! Possibilité de discuter les prix.

Fête

– ***Fête de Nossa Senhora da Conceição :*** *pdt un w-e fin nov ou début déc.* Grande fête populaire sur la place José Gregório. On mange, on danse, on chante, on boit... Les portes de l'église restent ouvertes et la sainte patronne de la ville, sous les feux des projecteurs, veille ainsi sur ses fidèles, qui ne manquent pas de lui rendre une petite visite entre deux danses.

➤ DANS LES ENVIRONS DE SANTARÉM

ALTER DO CHÃO

C'est l'endroit où tout le monde va le week-end. Et ça se comprend ! Alter do Chão est un village (qui commence à prendre l'allure d'une petite station) au bord d'un renfoncement creusé par le rio Tapajós, à 35 km à l'ouest de Santarém. Tout autour, de superbes plages de sable blanc bordent un lagon d'eau turquoise, dénommé *lago Verde*. À noter que ce dernier ne prend cette teinte que de juin à décembre, lorsque les eaux sont basses. De même, en dehors de cette saison, les plages sont en partie immergées. Mais on peut y venir toute l'année, on vous conseille même de loger ici plutôt qu'à Santarém, l'hébergement et l'environnement y étant bien plus attrayants.

➤ ***Pour s'y rendre de Santarém :*** des **bus** passent ttes les 30 mn env (5h-21h) sur l'avenida São Sebastião, dans le centre, avant de se diriger vers la *praça Tiradentes* puis de prendre la BR 163 et de bifurquer, un peu avant la gare routière, vers Alter do Chão. Compter 45 mn à 1h de trajet, et 2 Rls le billet.

Où dormir ? Où manger ?

Bon marché (10-30 Rls / 6-12 €)

Albergue da Floresta : *99-04-08-88. • alberguedafloresta.com • Un peu à l'écart du village, prendre la rue à droite (lorsqu'on regarde la plage) sur la place de l'église, puis, au bout de 400 m, un chemin sur la gauche (c'est indiqué). Hamac 15 Rls, doubles 30-40 Rls.* Ensemble de quelques maisons perdu dans la végétation. Propose un coin hamacs, 2 chalets (pour 2-3 personnes) et 2 chambres. Sanitaires privés ou non. Bien tenu et atmosphère vraiment relax, très bien pour le routard fauché. Cuisine à disposition. Possibilité aussi de petit déj, en supplément.

Pousada Pôr do Sol : *rua Lauro Sodre, 100. ☎ 35-27-12-35. De la place, en regardant la plage, prendre la rue à gauche ; c'est à env 200 m. Hamacs 15 Rls, doubles avec ou sans AC, 45-55 Rls.* Belle situation, en face de la plage. Chambres à la déco minimaliste mais propres (avec salle de bains) ou hamacs sous toit de feuilles. Petite cuisine. L'auberge est tenue par un Français.

Pousada Tia Marilda : *rua Agostinho A. Lobato, 559. ☎ 35-27-11-31. Dans la rue qui monte depuis l'église. Compter 60 Rls pour 2 pers.* Une dizaine de chambres charmantes, la plupart avec salle de bains, TV, frigo et AC. Joli patio vert tendre garni de végétation. Bon accueil. Une adresse qu'on aime bien.

Restaurante Tribal : *rua Agostinho A. Lobato, s/n. ☎ 35-27-12-26. Entre les pousadas* Tupaiulândia *et* Tia Marilda. *Tlj midi et soir.* Le resto le plus recommandable d'Alter do Chão, surtout pour le prix. On y sert, dans un jardin intérieur, de bons plats pas chers et roboratifs : *tucunaré*, *pirarucu* sauce crevette, *caldeirada*, épées de viande... N'hésitez pas !

Prix moyens (60-90 Rls / 24-36 €)

Pousada Mingote : *rua Agostinho A. Lobato, s/n. ☎ 35-27-11-58. Dans la même rue que la pousada* Tia Marilda, *à une enjambée de l'église. Doubles 75 Rls.* Encore une bonne adresse, agencée sur deux étages autour d'une petite cour. On prend le petit déj sous une paillote.

Pousada Tupaiulândia : *rua Pedro Teixeira, 300. ☎ 35-27-11-57. À 5 mn à pied de l'église : prendre la rue qui monte et, 200 m plus loin, tourner à droite (c'est indiqué). Doubles 80 Rls. Moins cher de mars à juin.* Calme et agréable, dans un espace fleuri. Ici, deux bungalows abritent 7 chambres au carrelage verni, chacune pouvant accueillir jusqu'à 4 personnes. Rien à redire, c'est bien tenu et très confortable.

À faire

Pas grand-chose en fait, on vient surtout ici pour se détendre et profiter du site. Pas mal de paillotes sur la plage principale, où l'on peut louer des kayaks et des embarcations à pédales pour 5 Rls de l'heure. Mais on vous conseille plutôt de louer un canoë à la journée pour aller explorer le lagon et ses affluents, qui sont de véritables *igarapés* par endroits, bordés d'une dense végétation. Compter 30 Rls sans batelier et 50 Rls avec. Pour une barque à moteur, c'est nettement plus cher : 60 Rls de l'heure. Enfin, il est possible, toujours de la plage principale, de s'éloigner à pied vers d'autres plages moins fréquentées et même de grimper (de préférence avec un guide) sur la colline qui domine Alter do Chão, pour une vue somptueuse sur la région.

Achats

Araribá : *rua Agostinho A. Lobato, la rue qui monte depuis l'église. Tlj 9h-12h, 15h-20h.* Si vous cherchez un objet de facture indienne, c'est ici et pas ailleurs qu'il faut venir ! Une vraie petite caverne d'Ali Baba qui recèle des objets authentiques et vraiment très divers, issus d'une centaine d'ethnies : céramique de Marajó, masques *xingu,* peigne *kayago,* haches *irantxe,* instruments de musique, parures, hamacs, etc. Tous les articles portent une étiquette avec le prix et le nom de l'ethnie qui les a réalisés. Également des CD de musique indienne et des DVD. Le patron possède deux autres boutiques dans la même rue, dont l'***Araribá Tropical,*** qui, elle, propose un vaste choix d'objets d'artisanat local, plus *caboclo* qu'indiens mais beaux aussi.

LA FORÊT NATIONALE DE TAPAJÓS

À env 60 km au sud de Santarém. Belle forêt primaire de 6 000 km^2, intégrée à la réserve du même nom. Vue sur une carte (ou sur *Google Earth*), on dirait une poire allongée. La zone est certes vierge (car protégée) mais, peut-être à cause du défrichement auquel on s'est livré tout autour (nombreuses plantations d'hévéas), ce n'est pas l'endroit où vous vous sentirez le plus « dans la jungle ». Passez-y une journée, ne serait-ce que pour voir les fromagers géants *(sumaúná),* dont l'un, situé à 3h de marche de *Maguary,* fait 24 m de circonférence !

➢ On peut visiter la forêt en passant par une agence de Santarém (ou d'Alter do Chão) ou, meilleur marché, en y allant par ses propres moyens. Si c'est cette dernière solution qui vous tente, prendre le bus de Santarém jusqu'à Maguary, une communauté en bordure de la forêt. Départ à 11h (tous les jours sauf dimanche, sur l'avenida São Sebastião), arrivée vers 14h. Compter 7 Rls pour le bus, 3 Rls pour l'entrée au parc et 7 Rls pour la taxe communautaire. À Maguary, possibilité de loger chez *Ney* (pour 25 Rls, juste un toit et des sanitaires de base), ainsi que de cuisiner chez lui (apporter toute sa nourriture). Vous pourrez aussi y trouver un guide (obligatoire, compter 30 Rls pour 1 à 6 personnes) pour la balade en forêt du lendemain. Enfin, pour le retour, sachez qu'il n'y a qu'un bus par jour, qui quitte Maguary à... 3h du mat'.

ALENQUER

Petite ville sur l'autre rive du complexe entrelacs de voies fluviales qui s'étendent au nord de Santarém. Il faut 3h en bateau rapide (départ dans l'après-midi, à l'embarcadère situé à l'est du centre de Santarém) ou 7h en bateau de nuit (départ vers 20h, arrivée à 3h du matin) pour y arriver.
On y va pour les belles cascades situées dans les environs, celles de la *Vale do Paraíso* notamment ou, à 6h de marche de cette dernière, pour les *Chuvas de Prata*, d'impressionnantes chutes d'eau de 84 m de haut ! Là encore, il est possible d'y aller par ses propres moyens, du moins jusqu'à la *Vale do Paraíso*, accessible en taxi depuis Alenquer, et où se trouve une *pousada*. Pour les *Chuvas de Prata*, c'est plus compliqué, il faut trouver un guide et partir avec du matériel de camping. Sinon, on peut confier toute la logistique à une agence, mais ça revient évidemment plus cher.

MONTE ALEGRE

Autre ville située de l'autre côté du fleuve Amazone, à environ 120 km à l'est de Santarém. On vient ici pour admirer les peintures rupestres, parmi les plus vieilles du continent (12 000 ans !), et de magnifiques points de vue sur la forêt. On peut y aller en bateau de nuit depuis le port de Santarém et, arrivé à Monte Alegre, louer un véhicule 4x4 pour se rendre au site. S'adresser à *Nelsi Sadeck* (📱 91-22-85-80) ou, là encore, s'en remettre à une agence.

MACAPÁ

345 000 hab. IND. TÉL. : 096

Une ville récente faite par et pour les pionniers, mais qui se montre soucieuse du « développement durable ». Son nom viendrait du tupi-guarani « macaba », désignant le fruit pulpeux d'un palmier dont est extraite une boisson locale. Capitale de l'Amapá, Macapá est une grosse cité plate et surchauffée, traversée par la ligne de l'équateur. Seules cinq villes au monde ont ce privilège (dont Entebbe en Ouganda et Pontianak à Bornéo). Étendue sur la rive gauche de l'Amazone, isolée du reste de l'Amazonie et du Pará, elle ne possède pas le charme des anciennes villes coloniales, mais c'est une ville-étape inévitable sur le chemin de la Guyane française. C'est aussi un bon point de départ pour rayonner dans l'Amapá où la forêt immense et sauvage semble mieux préservée qu'ailleurs en Amazonie.
– ***Conseils :*** attention, les cartes de paiement sont peu acceptées, munissez-vous de liquide ou de chèques de voyage. N'hésitez pas à vous déplacer à moto-taxi, c'est facile et bon marché (3 Rls la course).

UN PEU D'HISTOIRE

Planifiée au début du XXe s pour attirer les pionniers, ses rues et ses avenues sont larges, bordées de manguiers et s'organisent de manière très géométrique avec des avenues perpendiculaires à l'Amazone et des rues parallèles au fleuve.

Macapá se développe très vite depuis les années 1970. Aujourd'hui, le taux d'immigration des pionniers reste élevé (5,5 % par an), preuve de son expansion.

PRIS EN SANDWICH !

Devant l'avancée de l'urbanisation, l'ancienne piste de l'aérodrome s'est retrouvée un jour entourée d'immeubles. Les avions ne pouvaient plus atterrir. Le gouvernement décida alors de la construction d'un nouvel aéroport à l'extérieur de l'agglomération. L'ancienne piste devint la rue principale de la ville et fut ouverte à la circulation automobile.

Arriver – Quitter

En avion

✈ ***L'aéroport*** *est situé à env 10 km de Macapá.* ☎ *32-23-23-23. Kiosque d'infos touristiques ouv 24h/24.*

■ ***Compagnies aériennes à l'aéroport : Tam,*** ☎ *32-23-26-88 ou 81-01,* • *tam.com.br* • *;* ***Gol,*** ☎ *32-23-74-81 ou 32-22-48-57,* • *gol.com.br* • *; et* ***Taf,*** ☎ *32-23-19-70,* • *voetaf.com.br* •

➢ ***Belém :*** 3 liaisons/j. avec la Cie *Tam.* Durée : 55 mn. Depuis Belém, 1 vol en début d'ap-m et 2 vols de nuit, et depuis Macapá, 1 vol le mat, 1 l'ap-m et 1 de nuit. La compagnie *Gol* assure elle aussi 2 allers-retours/j. entre Belém et Macapá (1 vol l'ap-m, 1 vol de nuit). Avec la compagnie *Taf,* 3 vols/sem Macapá-Belém et 1 vol/j. (sf dim) Belém-Macapá.

➢ ***Cayenne (Guyane française) :*** plus de liaisons directes depuis décembre 2007. Connexion obligatoire via Belém.

➢ Toutes ces compagnies assurent aussi des liaisons, avec une ou plusieurs escales, vers Manaus et toutes les grandes villes du pays (outre Rio et São Paulo, vers Fortaleza, Recife, Salvador et São Luis).

En bateau

Deux compagnies : Navio Bom Jesus *(av. Mendonça Júnior, 12 ;* ☎ *32-23-23-42 ou 00-21) et* ***São Francisco de Paula*** *(rua Hildemar Maia, 2730 ;* ☎ *32-42-20-70 ou 23-78).*

➢ Trois bateaux/sem (départ vers 10h) ***pour Belém*** pendant la saison touristique. Départs au port Santana, à 21 km de Macapá (30 mn de trajet). Prendre le bus « Santana » devant l'église São José. Près de 24h de voyage en bateau et 48h en barge (balsa). On est entassé, mais c'est « local ». On dort en cabine ou dans son hamac.

➢ Bateaux également ***pour Santarém*** et ***Manaus.***

En bus

Gare routière *(rodoviária)* ***:*** *BR 156, São Lázaro, à 6 km du centre.* ☎ *32-51-20-08 ou 09.*

➢ ***Pour la Guyane française :*** 1 bus tlj pour la ville d'*Oiapoque,* ville frontière avec la Guyane, située à 640 km au nord de Macapá. De Macapá, la route est bitumée pendant environ 400 km, puis elle se transforme en piste (en cours d'asphaltage). À Oiapoque, on traverse la rivière Oiapoque et on arrive en territoire français à Saint-Georges de l'Oyapock. De cette localité jusqu'à Cayenne, compter encore 180 km de route bitumée, avec passage d'un pont sur la rivière Approuague à Regina. Trajet possible avec les compagnies *Estrela de Ouro* et *L'Amazontour.* Compter 12h de voyage en saison sèche ; en saison des pluies (janv-juin), le voyage est parfois un peu plus long (15-18h), mais l'amélioration progressive de la piste devrait réduire la durée du trajet. Pour obtenir des infos récentes sur l'état de la route entre Macapá et Oiapoque, consulter le site : • brasilyane.com •

– *Attention :* certains bus ont été victimes de braquage... Certes, ce n'est pas très fréquent, mais c'est un danger qu'il ne faut pas ignorer. L'implantation de postes de police routière devrait diminuer le risque. En attendant, il est préférable de voyager de jour sur le tronçon nord (Oiapoque-Calçoene).

Adresses utiles

Informations touristiques

Office du tourisme Detur : *rua Independência, 29. ☎ 32-12-53-35. Dans le centre. Lun-ven 8h-12h, 14h-18h.* Accueillant, mais peu d'infos (demander le plan de la ville). Kiosque ouvert 24h/24 à l'aéroport.

Poste et télécommunications

✉ **Poste :** *av. Coriolano Jucá ; face à la praça Veiga Cabral. Lun-ven 9h-17h.*
■ **Téléphone international : Teleamapá,** *à l'angle de la rua São José et de l'av. Professora Cora de Cravalho. Lun-ven 8h-16h, sam 8h-12h.*

Argent, change

■ **Banco do Brasil :** *rua Independência, 250. ☎ 32-23-21-55.* Change dollars et chèques de voyage. Distributeur acceptant les cartes *Visa* et *MasterCard* ouvert 6h-22h.
■ *Autre distributeur acceptant la carte* Visa *à la banque* **Bradesco,** *à l'angle de la rua Cândido Mendes et de l'av. Padre Júlio Maria Lombaerd.*
■ **Change** (devises seulement) également possible à la **Casa Francesa** : *rua Independência, 232. ☎ 32-24-14-18.*

Représentation diplomatique

■ **Consulat de France :** *rua Jovino Dinoá, 1693. ☎ 32-23-75-54. • consulat.macapa@yahoo.fr • Ouv en sem (sf mer et j. fériés) 9h-12h.*

Agence de voyages

■ **L'Amazonetour :** *av. Candido Mendes, 985 B. ☎ 32-25-41-06. • lamazone.com.br •* Jeune agence, sérieuse et dynamique. Demandez Inácio Flávio, qui parle bien le français (il fut étudiant à Marseille). Excursions guidées sur terre ou par mer vers les sites les plus intéressants : embouchure de zone, chutes de Santo Antônio, Serra do Navio (ville minière), Curiau (villages de marrons), Mazagao. Organise aussi des marches en forêt et des journées d'observation du mascaret Pororoca (se reporter plus bas à la rubrique « À voir »).

Où dormir ?

Bon marché

Hôtel Merco Sul : *av. Coaracy Nunes, 195. ☎ 32-24-22-14. À 3 blocs du fleuve. Doubles 30 Rls.* Les chambres sont très simples, avec AC, douche et w-c, mais assez spacieuses). Elles ont toutes des fenêtres. Un hôtel d'un rapport qualité-prix correct.

Plus chic

Pousada Ekinox : *rua Jovino Dinoá, 1693. ☎ 32-23-00-86 (même adresse que le consulat de France). • ekinox.com.br • Résa obligatoire. Doubles*

155-170 Rls ; réduc hors saison. Cette *pousada* propose une quinzaine de chambres, avec AC, frigo, TV et magnétoscope... très agréables et joliment décorées. Le sol est recouvert de brique. On prend le petit déj sous une paillote blottie au sein d'un jardinet verdoyant et fleuri où quelques hamacs invitent à la sieste. Bibliothèque et vidéothèque. Internet pour les résidents (dont wi-fi).

***Mara Hotel :** rua São José, 2390. ☎ 21-01-37-00. • marahotel.com.br • Doubles 125-170 Rls selon confort.* Un hôtel à 5 mn à pied du fort, qui se donne des airs un peu chic et un tantinet kitsch. Les chambres, propres, disposent de tout le confort (AC, frigo...). Si les unes sont agréables avec leur balcon, d'autres, sans fenêtre, sentent le renfermé ! Alors, pas d'hésitation, demander à voir avant ! Accueil sympa et parfois même en français.

Où manger ?

De bon marché à prix moyens (5-30 Rls / 2-12 €)

*Petits **restos populaires** à l'angle de l'av. Professora Cora de Carvalho et de la rua São José.* Self-service *ao kilo*. Bon marché.

***Paladar :** av. Presidente Vargas, 456. ☎ 32-23-05-55. En venant du fleuve, remonter l'avenue sur 400 m env, c'est sur la droite. Ouv tlj midi slt, 11h30-15h.* Resto *ao kilo* clair et fonctionnel, pour les employés du quartier. Très bon rapport qualité-prix.

***Trapiche restaurante :** au bout de la jetée Trapiche Eliezer Levy. Fermé lun midi. Situé au bout d'une jetée qui s'avance dans les eaux de l'Amazone, on y accède à pied, ou à bord d'un drôle de petit train.* Cadre très aéré et vivifiant pour manger du poisson (bien sûr !) sous l'œil vigilant de l'aimable Pedra do Guindaste. Ce n'est pas de la grande cuisine, mais c'est très correct. On peut aussi simplement y prendre un verre.

***Peixaria Amazonas :** rua Beira Rio, 410 (Santa Inês). ☎ 32-25-20-08. Tlj sf dim 11h-minuit.* C'est une vaste terrasse à l'étage, avec une vue dégagée sur le fleuve et les bateaux. Carte avec un grand choix : *piracuru, tucunaré, dourada,* poissons amazoniens qui se mijotent à toutes les sauces ! Bonne cuisine. Un simple rappel utile : les plats sont pour deux.

Plus chic (plus de 30 Rls / 12 €)

***Chalé Restaurante :** av. Presidente Vargas, 499. ☎ 32-22-19-70. Fermé dim soir et lun.* Petite maison avec terrasse. L'intérieur est aussi charmant. On y déguste surtout du poisson et des fruits de mer. Bonne réputation.

À voir

***Forte São José :** rua Cândido Mendes. Situé au bord de l'Amazone, non loin du centre. Mar-ven 9h-18h, w-e 10h-19h. Entrée gratuite. Visites guidées (certains guides parlent le français).* Ce fort en forme d'étoile à quatre branches a été construit par les Portugais entre 1764 et 1782 pour asseoir leur présence dans la région. Dans l'enceinte subsistent huit édifices parfaitement conservés. Après les deux maisons d'officiers en entrant, ancienne chapelle sur la droite avec, de part et d'autre, l'habitation du médecin (à gauche) et celle du prêtre (à droite). L'ancienne maison du commandant accueille aujourd'hui le *musée J. Caetano da Silva,* dont les restes reposent dans le coffre en bois à droite de l'entrée. Ce diplomate et historien (1810-1873) francophone mena notamment des négociations avec la France pour délimiter la frontière entre le Brésil et la Guyane. Pour les Brésiliens, c'est grâce à lui si l'Amapá est resté au Brésil.

Expositions temporaires et petit Musée archéologique également. Il y a même un bar pour se rafraîchir après la visite.

Le monument Marco Zero do Equador : *situé à plus de 4 km du centre. ☎ 32-41-19-51. Tlj 7h30-22h. Prendre une moto-taxi. Certains guides parlent le français.* Grand bâtiment tout en béton qui marque précisément la ligne de l'équateur. Lors des deux équinoxes (20 ou 21 mars et 22 ou 23 septembre), le soleil concentre ses rayons sur le disque (horloge solaire) à 17h30. Le disque solaire se projette alors en deux parties égales sur la ligne de l'équateur. En été, le soleil passe dans l'hémisphère nord, en hiver, il est dans le sud. Expositions temporaires au rez-de-chaussée. Jeter aussi un coup d'œil au stade de foot du Zerao, juste à côté ; c'est l'équateur qui sépare le terrain en deux !

Museu Sacaca do Desenvolvimento sustentável : *av. Feliciano Coelho, 1509. ☎ 32-12-53-49. Tlj sf lun 8h-18h. À l'écart du centre, y aller à moto-taxi.* Un musée du développement durable ! Voilà une initiative originale qui répond au vaste programme pilote engagé par l'État de l'Amapá. Ce musée vise à montrer que la biodiversité de l'Amazonie est une véritable richesse et que les ressources naturelles peuvent être à l'origine d'une économie dont profitent directement les populations locales ; une alternative à des schémas de développement souvent plus radicaux ! La visite se fait sous forme de promenade pédestre à travers un grand jardin à la végétation luxuriante, où plusieurs maisonnettes et pavillons ont été reliés par des passerelles en bois. Reconstitution notamment d'une maison *caboclo* et d'une case d'Indiens waiapis, une nation récompensée par l'Unesco pour avoir le mieux préservé ses traditions. Le musée rend hommage à Raimundo Sacaca, médecin guérisseur et autodidacte mort en 1999, qui fut un spécialiste des plantes tropicales. Il abrite aussi une pharmacie, un petit centre culturel, un bar et un restaurant.

Centro de Cultura negra : *rua General Randon, Laguinho. ☎ 32-22-49-57. Manifestations culturelles souvent organisées le w-e (concerts, danses traditionnelles...). Gratuit, en général.* On peut aussi assister à des fêtes de *candomblé* sous une paillote. Juste à côté, une succession de portes colorées derrière lesquelles se dissimulent des *orixás*. Se renseigner pour le programme.

Un phénomène naturel, la Pororoca : c'est un mascaret, autrement dit une grande et longue vague d'eau, mi-salée, mi-douce, qui remonte le fleuve Araguari, un affluent de l'Amazone, à son embouchure, à 200 km environ au nord-est de Macapá. Provoqué par la rencontre des eaux montantes de l'Amazone avec celles plus lentes de l'Araguari, ce phénomène exceptionnel se produit toutes les 12h, suivant le rythme des marées océaniques. La vague est impressionnante (de 3 à 6 m de haut sur 5 km de large) mais ce n'est tout de même pas un tsunami ! Elle ne provoque aucun dommage, se déplaçant dans le couloir du fleuve à environ 30 km/h pendant une bonne heure avant de faiblir et s'éteindre. C'est en tout cas un point d'attraction pour de nombreux surfeurs. On ne peut l'observer qu'à certaines périodes de l'année, de mai à septembre, en la suivant ou en la précédant à bord d'un bateau. Mais il est possible de la voir aussi depuis les rives de l'Araguari, dans la commune de Cutias. Mieux vaut toutefois passer par une agence comme *L'Amazonetour* (voir « Adresses utiles »).

Achats

Marché des produits de la forêt : *rua São José, 1500. ☎ 32-25-34-33. Face à la praça Barão do rio Branco. Lun-ven 8h-18h, sam 8h-12h.* Toutes sortes de biscuits à base de noix du Brésil, de confitures, de miels, ainsi que des produits artisanaux... réalisés par des associations ou coopératives locales.

Maison des artisans *(casa do artesão) : rua Franscisco Azarias C. Neto.* Quelques objets artisanaux, mais décevant dans l'ensemble. Juste à côté, l'*Apitu* vend des colliers à base de graines...

Fêtes et événements culturels

– ***4 février :*** jour anniversaire de Macapá. Spectacles et expositions.
– ***Février-mars :*** carnaval. Très populaire. Les écoles de samba envahissent le sambodrome.
– ***19 mars :*** jour de São José, le saint patron de la ville.
– ***Equinocio :*** *les 21 et 22 mars.* Les habitants de Macapá célèbrent l'équinoxe de printemps en organisant des défilés et des spectacles de danse folklorique. Même fête après l'été, pour l'équinoxe d'automne : *les 21 et 22 sept.*
– ***Août :*** festival *Macapá Folia. Infos sur :* • *macapafolia.com* • Durant 3 jours, plusieurs concerts avec des grands noms de la chanson et de la musique brésilienne.

BELÉM

env 1 500 000 hab. IND. TÉL. : 091

Une erreur consiste à croire que Belém est au bord de l'Amazone. En réalité, elle s'étale sur un immense bras d'eau issu de la rencontre du Pará (qui communique en amont avec l'Amazone) et du large Tocantins. Elle est installée sur un cap plat qui s'avance en rondeur, d'est en ouest, dans la baie de Guajará. Voilà une « capitale oubliée » du nord lointain, qui illustre par sa seule histoire (haute en couleur) l'incroyable destin de l'Amazonie, alternance de périodes d'expansion et de repli. Belém a connu une prospérité fulgurante au début du XXe s grâce au commerce du caoutchouc, comme en témoignent encore les monuments du vieux centre. Puis elle a décliné. Aujourd'hui, elle retrouve un peu d'éclat grâce aux efforts de revalorisation de son patrimoine architectural. Ainsi, les anciens entrepôts au bord du fleuve ont été reconvertis en un vaste espace de loisirs regorgeant de cafés, boutiques et restos. Peu à peu, on rénove les vieux palais aux façades décrépies, on restaure les maisons patinées des barons du caoutchouc comme les rues commerçantes bordées d'immeubles 1900, on ouvre de nouveaux musées... Pas de doutes, ça bouge bien que le rythme de ce changement soit saccadé et même, parfois, interrompu. Mais, preuve que cela continue à évoluer, on a remis en circulation, en 2007, un tramway Belle Époque, et on prévoit d'aménager une longue promenade sur toute la rive sud de la ville. Bref, cette cité historique à la splendeur fanée se refait une beauté, qui finira peut-être par avoir raison de l'image de « riche ville ruinée » qui lui colle à la peau depuis longtemps.
Par ailleurs, Belém possède une atmosphère bien particulière, à la fois cool et dynamique, un étonnant marché, un beau jardin zoologique et l'une des meilleures cuisines du Brésil. Sans oublier sa vie nocturne, particulièrement animée.
Enfin, c'est aussi une excellente base pour rayonner dans la grande embouchure de l'Amazone : Macapá, l'île de Marajó et l'île d'Algodoal.

UNE « CAPITALE OUBLIÉE » ET RETROUVÉE

Nous sommes loin de la frénésie de verre et d'acier de Rio ou de São Paulo. Ici règne une nonchalante douceur unique, liée peut-être au métissage indien et portugais et à la force du fleuve. Dans ce grand port fluvial, les immeubles et buildings modernes ont jailli de terre en période de prospérité, mais ils n'étouffent pas l'âme de la ville coloniale, ni la beauté et la forte organisation de ce qui fut la capitale du caoutchouc au début du XXe s (plus encore que Manaus). Larges avenues et boulevards bordés de manguiers géants, places abritant des parcs tranquilles, vieux quartiers du port aux ruelles animées, et atmosphère languissante et souriante d'une ville où le hasard étrange fait que 60 % des Belémois sont des Belémoises !

Et puis, nous sommes presque sur l'équateur, un degré (et des poussières) en dessous, pour songer aux vers du poète : « En dessous de l'équateur, il n'y a plus de péché mon amour. »

UN PEU D'HISTOIRE

Lorsque les premiers Portugais débarquèrent, en 1616, ils connurent un sentiment proche du coup de foudre. Du XVIe au XVIIIe s, Belém fut appelée Pará. C'était le cœur administratif et politique du royaume du Portugal au Brésil, le grand avant-poste de l'activité des jésuites en Amazonie, le poumon économique commerçant en direct avec Lisbonne et l'Europe sans passer par Rio ou Salvador. Puis il y eut la révolte de *Cabanagem* suivie, quelques décennies plus tard, du boom du caoutchouc, qui fit la fortune de la ville. Aujourd'hui comme hier, Belém fascine ou déconcerte. Les aviateurs Mermoz et Saint-Exupéry y faisaient naguère des escales entre l'Europe et la cordillère des Andes. L'écrivain Stefan Zweig adora Belém et son jardin zoologique, tandis qu'Henri Michaux, jeune poète aventurier, se lassa de Pará. Il y séjourna en décembre 1928, après avoir descendu l'Amazone du Pérou jusqu'à l'embouchure.

UNE RÉVOLUTION MANQUÉE

En 1835 éclata la révolte de Cabanagem, ainsi nommée parce qu'elle fut conduite par les « cabanos », ces habitants du Pará qui vivaient dans les taudis en bois bordant les rivières. Après avoir massacré une partie des dirigeants blancs de Belém, les cabanos, en fait des Indiens, métis et noirs, prirent la ville et décrétèrent l'indépendance de la région. Mais le mouvement était désorganisé et, 16 mois plus tard, fut réprimé dans le sang par le pouvoir impérial. En tout, 30 000 habitants du Pará, soit environ un quart de la population de l'État, périrent.

CLIMAT

Il n'y a ici pratiquement pas de saisons au sens où on l'entend en Europe. Seule la période de la *chuva* (les pluies), de janvier à juin, permet de ressentir une légère différence. À Belém, d'ailleurs, on ne donne pas d'heure pour se rencontrer. Les rendez-vous sont fixés avant ou après la pluie !

GASTRONOMIE BELÉMOISE

Riche synthèse des recettes indiennes, pleines de saveurs de la forêt, et de l'apport portugais, voilà une cuisine sensuelle, née de la fusion de la terre et des eaux. Un produit essentiel : le manioc *(mandioca)* dont on extrait le *tucupi,* ou jus de manioc, base de tous les mets régionaux. Sur le marché, on en voit la préparation. *Tucupi* et *jambú,* une herbe qui laisse une drôle d'impression sur la langue, s'unissent alors pour enfanter le *pato tucupi,* canard au *tucupi,* l'un des plats les plus connus de la région.

Le *tucupi* sert aussi à l'élaboration du *tacaca,* une petite merveille gastronomique locale. Celle-ci se compose de gomme de tapioca d'aspect très gélatineux, d'un peu de *pimento do cheiro,* de crevettes, de sel, de quelques feuilles de *jambú* et... de *tucupi* bien sûr. Le tout étant servi bouillant dans une calebasse noire. Crevettes et feuilles de *jambú* doivent être mangées avec les doigts. On dit ici qu'un bon *tacaca* doit faire « trembler la langue ». Vous en trouverez un peu partout.

Au marché Ver-o-Peso, goûtez aussi au *vin d'açaï,* une boisson épaisse et forte qui a la densité du sang ainsi que sa couleur (un peu comme ces bolées de sang de porc à l'ail de nos terroirs)... mais ce n'est pas ça du tout ! C'est le jus d'un fruit, une baie dure, d'un violet noir, grosse comme une cerise, l'*açaï,* que l'on presse devant

vous. Ce n'est ni fermenté ni alcoolisé ; certains y mêlent du tapioca pour l'épaissir. Nous, on vous conseille d'y ajouter un peu de sucre, faute de quoi c'est assez amer. Il y a aussi le *maniçoba,* bien pour les affamés sans le sou. C'est un mélange de pied de cochon, de saucisses et de *carne do sol,* avec des couennes grillées, le tout cuit au four dans des feuilles de *mani* et servi avec de la *farofa.*
Enfin, ne ratez pas les plats de crabe, variés et délicieux, ni les *toks-toks,* qui sont des crabes entiers, cuits au court-bouillon, et qu'on casse sur une planchette avec une palette. Certains restos, appelés aussi *tok-tok,* s'en sont fait une spécialité.

Arriver – Quitter

En avion

✈ ***L'aéroport** (hors plan par B1) est à env 12 km au nord de Belém, soit 20 mn en taxi et 30-45 mn en bus.* ☎ *32-10-60-00.* On trouve un petit bureau d'info de *Belémtur* (mais pas grand-chose à en tirer), une poste, des agences de location de voiture *(Avis, Localiza...),* des distributeurs de billets *(Bradesco, HSBC)* et, au milieu du hall d'arrivée, un bureau de change *(ouv lun-ven 7h-21h, sam 7h-18h).*
➢ ***De/pour Macapá :*** 4 vols/j. Durée : 45 mn.
➢ ***De/pour Cayenne :*** avec *Taf,* 3 vols/sem via Macapá. Prix élevés mais légère baisse (et quelques vols supplémentaires) en période de vacances scolaires guyanaises.
➢ Enfin, liaisons directes tlj avec **Santarém, Manaus, Brasília, Rio, São Luis et Fortaleza,** avec les Cies *Tam* et *Gol*.

Liaisons aéroport – centre-ville

➢ ***En bus :*** sortir de l'aéroport et marcher 100 m vers la gauche, jusqu'à un abribus bleu. Là, prendre le bus affichant « Pratinha-P.T. Vargas » (env ttes les 15 mn, 6h-22h). Coût du billet : 1,50 Rls. Du centre vers l'aéroport, prendre les bus « Marex » (le quartier de l'aéroport) ou tout simplement « Aeroport », sur l'av. P. Vargas, praça da República *(plan B2).*
➢ ***En taxi :*** en prépayant votre course au comptoir de la *cooperativa* (dans le hall d'arrivée, côté droit), vous paierez 30 Rls pour le centre-ville. Sachez toutefois qu'en prenant un des taxis qui attendent à la sortie de l'aéroport, ça vous reviendra un peu moins cher.

En bus

🚌 ***Terminal rodoviário** (hors plan par D2) : av. Almirante Barrioso.* ☎ *32-66-26-25. À 3 km à l'est du centre.* Pour rejoindre le terminal, prendre, de l'autre côté du carrefour situé à droite de la gare en sortant, n'importe quel bus affichant « P. Vargas ». Pour aller à la gare du centre, prendre un bus marqué « São Brás » (le quartier de la gare) sur l'av. P. Vargas *(plan B2).*
Dans la gare, bureau d'infos, w-c (avec douches) et consigne à bagages *(Guarda Volumes).* Les compagnies se valent en qualité et en prix.
➢ ***De/pour São Luís :*** 3 bus/j. dont 2 en soirée, avec la Cie *Transbrasiliana (☎ 32-26-19-42)* et la Cie *Boa Esperança (☎ 32-28-31-07).* Trajet : 14h. Fauteuils inclinables dans le bus.
➢ ***De/pour Fortaleza :*** 4 bus/j. (le mat et vers midi de Belém), avec la Cie *Itapemirim (☎ 32-26-33-82)* et la Cie *Guanabara (☎ 32-28-20-00).* Env 24h de trajet.
➢ ***De/pour Natal :*** 1 bus/j. à 8h15, avec la Cie *Guanabara.*
➢ ***De/pour Recife :*** 1 bus/j. à 10h, avec la Cie *Guanabara.* Compter 36h de route.
➢ ***De/pour Salvador :*** 1 bus/j. à 15h, avec la Cie *Itapemirim.* Même durée que pour Recife.

Adresses utiles

1 Paratur
2 Belémtur
Aéroport
Terminal rodoviário
Terminal hidroviário
Poste centrale
3 Orbita Cybercafe
4 Business Center
5 Ourominas
6 Turvica
7 Police touristique
8 Hôpital Beneficiente Portuguesa
9 Amazon Star
10 Valverde Turismo
11 Macamazon
12 Alliance française
13 Laverie Lav Lev

Où dormir ?

20 Hôtel Fortaleza
21 Hôtel Vitória Régia
22 Hostel Amazônia
23 Panorama Hotel
24 Icamiaba Hotel
25 Hôtel Unidos
26 Hôtel Grão Pará
27 Machado's Plaza
28 Hôtel Massilia

Où manger ?

28 Massilia
30 Mixtura Paulixta

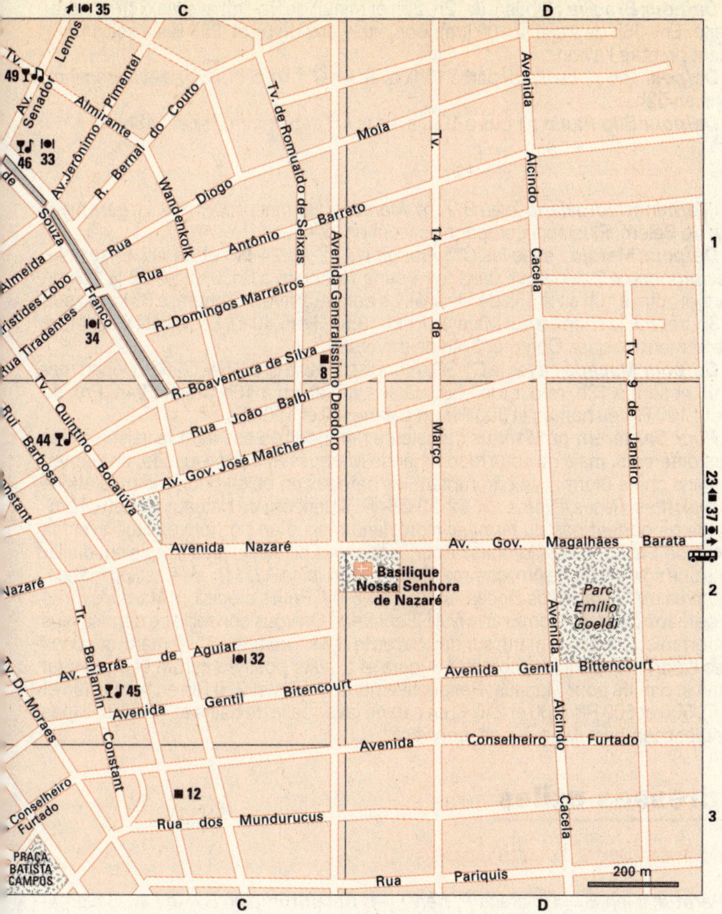

BELÉM

31 Cozinha de Bistrô
32 Spazzio Verde
33 Tok-Tok Doca
34 Xicara da Silva
35 Lá Em Casa
36 Manjar das Garças
37 Remanso do Peixe

Où manger une bonne glace ?

38 Cairu

Où boire un verre ? Où écouter de la musique ? Où sortir ?

40 Bar do Parque
41 Microbrasserie Amazon Beer
42 Boteco das Onze
43 Casa do Gilson
44 Cafe Imaginario
45 Pub Cosa Nostra
46 Bohemio
47 Taberna São Jorge
48 Mormaço
49 Barcelona, Roxy, Transito

À voir

60 Museu de Arte de Belém
61 Museu de Arte sacra
62 Museu do Cirio
63 Museu do Estado
64 Mangal das Garças
65 Museu de Gemas do Pará

➢ ***De/pour Brasília :*** 3 bus/j. (à 12h, 20h et minuit de Belém) avec la *Cie Transbrasiliana.* Env 36h de trajet (2 100 km). Bon, vu le prix du billet (257 Rls – soit 110 €), autant prendre l'avion...
➢ ***De/pour Rio :*** 2 bus/j. (départ à 15h), avec les *Cies Transbrasiliana* et *Itapemirim.* Trajet en 52h...
➢ ***De/pour São Paulo :*** 1 bus à 10h, avec la *Cie Itapemirim.* Trajet : 48h.

En bateau

Terminal hidroviário *(plan B1) : av. Marechal Hermes, quai n° 10.* La gare maritime de Belém. Plusieurs compagnies y ont un kiosque.
➢ ***De/pour Marajó :*** avec les *Cies Arapari (☎ 32-12-24-92)* et *Banav.* Ensemble, elles proposent 2 départs/j. dans les 2 sens : lun-sam à 6h30 et 14h30 (à 15h de Marajó) ; dim à 10h slt (à 15h de Marajó). Le bateau arrive à Camará, à 32 km au sud de Souré (voir le chapitre sur Marajó). Prix : 13,50 Rls (5,40 €). Les billets s'achètent directement au quai. Compter 3-4h de traversée.
➢ ***De/pour Macapá :*** avec la *Cie São Francisco Paula (📱 81-51-77-62).* Départ mer à 10h et sam à 12h, retour (de Macapá) les ven et lun à 10h. Trajet : 24h. Prix du billet : 100 Rls en hamac et 300 Rls en cabine (40 et 120 €).
➢ ***Pour Santarém et Manaus :*** plusieurs compagnies assurent la liaison à des jours différents, mais on vous recommande *Marquês Pinto Navigação,* finalement la moins chère (hormis en empruntant les bateaux en bois), pour des prestations équivalentes. *Résas et infos : ☎ 32-72-38-47.* Attention, les bateaux de cette compagnie ne partent pas du *terminal hidroviário* mais d'un port privé, situé avenida Bernardo Sayão, 3012 (Jurunas). Pour l'achat des billets, le plus simple est d'aller dans une agence de Belém, comme ***Macamazon*** *(plan A2,* ***11****) : av. Castilho França, 744, près de l'Estação de Docas. ☎ 32-22-56-04.* Petite précision, *Marquês Pinto* a 2 bateaux : le *Nelio Correa* et le *N.M. Santarém.* On vous conseille ce dernier, plus confortable. Départ un mardi sur deux avec le *N.M. Santarém* et un mardi sur deux avec l'autre. En principe, compter 3 jours et 2 nuits pour Santarém et 5 jours (et demi) et 5 nuits pour Manaus. Respectivement 140 Rls et 220 Rls en hamac (56 et 88 €), 500 et 600 Rls (200 et 240 €) en cabine (avec salle de bains et AC), repas (pas terribles) compris. Allez, sur ce, bon vent !

Adresses utiles

Informations touristiques

Paratur *(plan B1,* ***1****) : praça P. Kennedy. ☎ 32-12-06-69. • paraturismo.pa.gov.br • Lun-ven 8h-18h.* Très peu d'infos ; on pourrait dire : adresse inutile. Circulez, y'a rien à voir !

Belémtur *(plan B2,* ***2****) : av. Governador José Malcher, 295, dans le palácio de Bolonha. ☎ 32-83-48-50. Lun-ven 8h-18h.* Ici encore, peut mieux faire !

– Le journal local *O Liberal* contient l'agenda culturel de la ville pour la journée.

Poste et télécommunications

Poste centrale *(plan B2) : av. P. Vargas, 498. Lun-ven 9h-17h.*

Téléphone international : pas de centre *Telemar,* comme on peut en trouver dans d'autres villes. Si vous voulez téléphoner à l'étranger, vous risquez de devoir le faire d'une cabine (DDI). Vente de cartes *OI* dans les kiosques ou à la poste.

Internet : Orbita Cybercafe, *av. Serzedelo Corrêa, 15 (plan B2,* ***3****). Tlj 10h-22h.* Sinon, le **Business Center** de l'hôtel *Hilton (praça da República ; plan B2,* ***4****),* permet aussi de se connecter, mais c'est plus cher.

Argent, change

■ ***Ourominas*** *(plan A2,* ***5****) : travessa Padre Prudêncio, 61. Lun-ven 8h30-17h30 ; sam 8h-13h.* C'est ici qu'on a trouvé le meilleur taux de change.
■ ***Casa Francesa*** *: travessa Padre Prudêncio, 40. Lun-ven 8h-18h ; sam 8h-12h.* En face du précédent. Même service.
■ ***Turvica*** *(plan B2,* ***6****) : av. P. Vargas, 640. Lun-ven 8h-19h ; sam 8h-17h.* Encore un bureau de change.
■ ***Distributeurs Bradesco*** *(plan B2) : praça da República, à côté du* Hilton. Accessible 24h/24.
■ ***Distributeurs HSBC*** *(plan B2) : av. P. Vargas, 676.* Accessible 24h/24. On en trouve aussi dans l'*Estação das Docas*.
■ ***Banco Amazonia*** *: av. P. Vargas, praça da República, à l'angle de Carlos Gomes (plan B2). Lun-ven 10h-13h, 14h-16h.* Si vous avez des *travellers checks*, c'est ici qu'il faut venir : ils ne prennent que 0,38 % de com' ! Ne change pas les euros cash.

Représentations diplomatiques

■ ***Agence consulaire de France*** *: rua Aristídes Lobo, 651 (près de la praça da República). ☎ 32-24-68-18. • consulat.belem@yahoo.fr • Lun-ven 9h-12h.*
■ ***Consulat du Venezuela*** *: av. P. Pernambuco, 270. ☎ 32-22-63-96. Lun-ven 9h-16h.*

Urgences

■ ***Police touristique*** *(plan B2,* ***7****) : rua 28 de Setembro, 452. ☎ 32-22-26-02 ou 01-66. Permanence 24h/24. Un autre bureau dans l'Estação das Docas, av. Castilho França, ouv 24h/24 lui aussi.*
■ ***Hôpital Beneficiente Portuguesa*** *(plan C1,* ***8****) : à l'angle de la rua Boaventura de Silva et de l'av. Generalíssimo Deodoro. ☎ 32-41-41-44.* Hôpital privé, donc mieux vaut avoir une assurance.

Compagnies aériennes

■ ***Tam*** *: av. Assis de Vasconcelos, 265 (plan B1-2). ☎ 32-12-21-66. Lun-ven 8h-18h ; sam 9h-13h. À l'aéroport : ☎ 32-10-64-00.*
■ ***Taf*** *: ☎ 32-10-65-10. • voetaf.com.br •* ***Gol*** *: ☎ 32-10-63-12 ou 0300-115-21-21. • voegol.com.br • Bureaux à l'aéroport.*

Agences de voyages

■ ***Amazon Star*** *(plan B2,* ***9****) : rua Henrique Gurjão, 210. ☎ 32-41-86-24. • amazonstar.com.br •* Dirigé par Patrick Barbier, un Français sérieux installé à Belém depuis un bail. Correspondant, entre autres, de *Nouvelles Frontières, Équinoxiales* et *Condor.* Il organise des excursions à Macapá, Marajó (visites de fermes, balades à dos de buffle, etc.) et dans les environs de Belém : traversée de la baie à bord de l'*Amazon Queen,* découverte des *igarapés* en pirogue, plages, île aux Perroquets, etc. Peut aussi vous recommander un guide sérieux et compétent, notamment Oswaldo.
■ ***Valverde Turismo*** *(plan A2,* ***10****) : Estação das Docas. ☎ 32-12-33-83. • valverdeturismo.com.br • Dans le bâtiment n° 1.* Une autre agence sérieuse. Outre des excursions à Marajó et vers l'île aux Perroquets, elle propose – en exclusivité – des balades en bateau dans la baie de *Guajará,* au crépuscule notamment, ce qui permet de voir Belém depuis le fleuve sous de jolies lumières. Assez touristique (animations à bord et tout !) mais bon, certains apprécieront.

BELÉM

Culture

■ ***Alliance française*** *(plan C3,* ***12****) : travessa Rui Barbosa, 1851.* ☎ *32-24-39-98.* ● *afbelem@amazon.com.br* ● *Lun-ven 8h-12h, 14h-18h ; sam 8h-12h.* On peut consulter les livres de la bibliothèque. Organise aussi l'un ou l'autre événement culturel. N'hésitez pas à leur rendre visite, ils sont très sympas et connaissent bien la région.

■ ***Revistaria Newstime*** *(plan A2) : dans l'Estação das Docas.* ☎ *32-12-32-98. Tlj midi-minuit.* Librairie et maison de la presse très bien fournie... pour ceux qui lisent le portugais.

Divers

■ ***Laverie*** *(plan B1-2,* ***13****) :* ***Lav Lev,*** *à l'angle de Rui Barbosa et Tiradentes.* ☎ *32-23-72-47.*

Où dormir ?

Bon marché (20-50 Rls / 8-20 €)

■ ***Hostel Amazônia*** *(plan B2,* ***22****) : rua Ó de Almeida, 548.* ☎ *32-22-84-56.* ● *amazoniahostel.com* ● *Compter 13 Rls/pers en dortoir et 30-40 Rls la double. Pas de petit déj.* Dans une maison datant de 1880, qui a conservé ses murs et planchers. Les chambres sont un peu étouffantes mais bien tenues, avec ventilo. Certaines ont une petite salle de douche. Également un dortoir de 8 lits. Coin lecture avec canapé, salon TV, agréable cuisine équipée (en sous-sol). Accès Internet, laverie, distributeur de boissons, local de sécurité. Notre adresse préférée dans cette catégorie !

■ ***Hôtel Fortaleza*** *(plan A2,* ***20****) : travessa Frutuoso Guimarães, 276.* ☎ *32-12-10-55.* ● *gilda_tur@hotmail.com* ● *Au 1er étage. Dortoir 10 Rls/pers, 15 Rls/pers en chambre, ou doubles 27 Rls.* Petit hôtel familial dans une maison de plus de deux siècles, au cœur du vieux centre. Un des moins chers de Belém. Petites chambres toutes simples mais propres. La patronne, sympa, parle un peu le français. Petite cuisine basique et local de sécurité à disposition. Accès Internet au rez-de-chaussée. Possibilité de petit déj. En projet lors de notre dernier passage : quatre nouvelles chambres, avec salle de bains et clim'.

■ ***Hôtel Vitória Régia*** *(plan A2,* ***21****) : travessa Frutuoso Guimarães, 260.* ☎ *32-12-33-01 ou 36-28.* ● *porto@ig.com.br* ● *Juste à côté de l'hôtel* Fortaleza. *Pour 2 pers 35-50 Rls, petit déj compris.* Chambres avec TV, frigo et salle de bains riquiqui. Les plus chères ont aussi l'AC. Pas la joie mais pas cher.

Prix moyens (50-90 Rls / 20-36 €)

Dans cette catégorie, le petit déjeuner est inclus partout.

■ ***Panorama Hotel*** *(hors plan par D2,* ***23****) : travessa 1ero de Queluz, 81.* ☎ *32-26-97-24 ou 53-10.* ● *panoramahotelpa.com.br* ● *Derrière la gare routière, dans le quartier de São Brás. Doubles 50-65 Rls avec ou sans AC.* Pratique si vous arrivez en bus tard le soir. Chambres impeccables aux murs clairs, avec équipement neuf et petits rideaux aux fenêtres. Le proprio possède un autre établissement, l'hôtel *Danúbio,* dans la même rue, encore un peu plus confortable mais plus cher *(env 75 Rls pour 2 pers).*

■ ***Hôtel Unidos*** *(plan B2,* ***25****) : rua Ó. de Almeida, 545.* ☎ *32-52-18-91 ou 14-11.* ● *hotelunidos.com.br* ● *Doubles 77 Rls.* Un des meilleurs hôtels du centre dans cette catégorie. Propose une quarantaine de chambres soignées et confortables, avec AC, frigo, TV et salle de bains. Accueil avenant, parfois en français (ça dépend sur qui on tombe). Et bon buffet au petit déj,

ce qui ne gâche rien.
🏠 ***Icamiaba Hotel*** *(plan B2, **24**) : rua Ó. de Almeida, 476.* ☎ *32-30-11-50.* • *icamiabahotel@hotmail.com* • *Env 80 Rls pour 2 pers, moins si on paie en liquide.* Dans la même rue que l'hôtel *Unidos*, une cinquantaine de chambres à l'atmosphère un peu confinée mais encore assez coquettes (tons verts ou bleus) et bien équipées. Patron sympa.

Plus chic (90-150 Rls / 36-60 €)

🏠 ***Hôtel Grão Pará*** *(plan B2, **26**) : av. P. Vargas, 718.* ☎ *33-21-21-21.* • *hotel graopara.com.br* • *Doubles env 90 Rls.* Un hôtel de 15 étages, rénové il y a peu, pile sur la praça da República. Il abrite 150 chambres tout confort et de belle taille, qui dit mieux ? Évitez toutefois celles côté place, surtout aux étages inférieurs. Un excellent rapport qualité-prix.
🏠 ***Hôtel Massilia*** *(plan B2, **28**) : rua Henrique Gurjão, 236.* ☎ *32-22-28-34.* • *massilia.com.br* • *Doubles 105 Rls, moins si on paie cash.* Petit hôtel très central dans une rue très calme. Tenu par Frank, un Marseillais jovial à l'accent bien provençal. Une quinzaine de chambres sympathiques et très bien tenues, aux murs en briques vernies, disposées autour d'un jardin intérieur avec piscine. Bon confort. Certaines chambres ont une mezzanine et peuvent accueillir 4 personnes. Fait aussi resto (voir « Où manger ? »). Demi-pension d'ailleurs possible. Si vous avez des questions sur la ville, Frank est aussi une excellente source d'infos !
🏠 ***Machado's Plaza*** *(plan B2, **27**) : rua Henrique Gurjão, 200.* ☎ *40-08-98-00.* • *machadosplazahotel.com.br* • *Env 135 Rls pour 2 pers.* Juste à côté du *Massilia*. Un hôtel ciblant surtout une clientèle d'affaires. Chambres sans défaut avec tout l'équipement standard, bonne literie et même une touche de déco sur les murs. Certaines ont un petit balcon. Petit déj varié pris au 3e étage, d'où l'on a une vue sur les tours d'habitation de Belém. Petite piscine aussi, sur le toit, et parking gratuit.

Où manger ?

Bon marché (moins de 15 Rls / 6 €)

|●| ***Le marché Ver-o-Peso*** *(plan A2) : ouv 24h/24. Compter 5 Rls pour être calé.* Dans un vaste espace sous un toit tendu de grosses bâches blanches, des dizaines de petits débits de nourriture avec comptoir en pierre et hauts tabourets... Pas un choix énorme en fait, la plupart des plats proposés se résument à de la viande ou du poisson servis avec des pâtes, du riz, des haricots et de la *farofa*, mais c'est bien préparé et vraiment pas cher. En outre, depuis la rénovation du marché, l'hygiène y est plus garantie qu'autrefois, de même que la sécurité. Ambiance conviviale et très populaire.
|●| ***Mixtura Paulixta*** *(plan B2, **30**) : av. Serzedelo Corrêa, 15.* ☎ *32-22-43-09. Dans le prolongement de l'av. Vargas, juste après la praça da República. Tlj 11h30-15h30.* Nourriture ao kilo *bon marché (env 20 Rls/kg).* Oh, pas de la grande cuisine, mais ça se laisse manger. La viande rôtie n'est pas mauvaise du tout ! Grande salle genre cantine avec ventilos.

Prix moyens (15-35 Rls / 6-14 €)

|●| ***Cozinha de Bistrô*** *(plan B2, **31**) : rua Ferreira Cantão, 278.* ☎ *32-42-66-28. Entre Silva Santos et Caetano Rufino. Lun-sam 11h-16h. Plat du jour env 10 Rls ; carte, compter 12-21 Rls.* Voilà un petit resto qu'on a bien aimé ! Est-ce à cause de la charmante Rita ? Petite salle joliment décorée, musique jazzy ou *MPB* en fond sonore. Cuisine familiale mijotée et servie avec le sourire. On vous conseille l'un des plats du jour, très avantageux. Quelques plats

français aussi, comme le coq au vin. Sympa, on vous dit !

Spazzio Verde *(plan C2,* ***32****) : av. Brás de Aguiar, 834.* ☎ *32-23-47-39. Tlj 11h-1h. Compter env 30 Rls/kg.* Le meilleur resto *ao kilo* de Belém. Le buffet impressionne par la variété et la qualité des mets proposés : *torta de bacalhau, feijão tropeiro, brocoli gratinado, lingua, caruru, isca de peixe, rosbif,* délicieux *pirarucu, sushis* (y'a vraiment de tout !). On paie donc au poids, et on va s'installer dans l'immense patio couvert, décoré de plantes vertes (ou dans la salle climatisée), où l'on mange au son d'un musicien ou d'un orchestre, en oubliant le brouhaha de la rue.

Tok-Tok Doca *(plan C1,* ***33****) : av. Doca de Souza Franco, 561.* ☎ *32-24-99-18. Au nord du vieux centre, dans un quartier en plein développement. Le resto est dans une petite cour en retrait de la grande avenue (accès par une allée qui part sur la droite de la* C^ia^ Paulista de Pizza*). Mar-ven 18h-23h30 ; w-e 11h30-17h30.* Vaste salle ouverte sous un toit de tuiles soutenu par des piliers. L'endroit idéal pour une orgie de crabes à petits prix : excellent *caranguejo refogado* (une pleine assiette de chair de crabe aux herbes), fameux *tok-tok* (crabe entier – pour à peine 4 Rls – servi avec de quoi casser la carapace), omelette et soupe de crabe... De plus l'ambiance est animée, notamment autour des longues tables, souvent occupées par de joyeuses bandes. On a aimé !

Xicara da Silva *(plan C1,* ***34****) : av. Doca de Souza Franco, 978 A.* ☎ *32-41-01-67. Dans le même coin que le* Tok-Tok Doca. *Ouv slt le soir.* Pour les amateurs de pizzas ou de spécialités du coin, une bien bonne adresse là encore. Cadre sobre et agréable, grâce notamment à la terrasse ombragée à l'avant du restaurant. Goûtez par exemple au *peixe Maria de Belém,* vous nous en direz des nouvelles. Sinon, on peut choisir un poisson ou une viande et l'accompagner de ce qu'on souhaite, une chouette formule aussi. Service prévenant malgré l'affluence.

Massilia *(plan B2,* ***28****) : dans l'hôtel* Massilia *(voir « Où dormir ? »). Lun-sam, le soir slt.* Massilia, bien sûr, c'est Marseille, ville d'où Frank est originaire, comme en témoignent les images sur les murs. Cet amateur de cuisine prépare des plats français qu'il allie aux ingrédients et aux saveurs du pays, comme le succulent magret de canard au *tucupi.* Parfait pour ceux qui veulent changer de la *feijoada* et du *churrasco.* Petit bar pour boire le pastis.

Plus chic (35-50 Rls / 14-20 €)

Lá Em Casa *(hors plan par C1,* ***35****) : travessa D. Pedro I, 546.* ☎ *32-12-55-88. Légèrement excentré, ne pas hésiter à prendre un taxi. Tlj midi et soir.* Autant vous mettre tout de suite au parfum, c'est l'un des meilleurs restos de la région, spécialisé dans la cuisine typique du Pará. Il reçoit régulièrement des éloges de magazines et autres « associations ». Cadre soigné, un poil cossu mais décontracté à la fois. À la carte, beaucoup de poissons bien sûr, préparés avec les ingrédients de la région, comme le *gravatinha à paraense com camarão regional, jambú e castanha* ou le risotto de crabe, deux spécialités maison. Excellent accueil. Ils ont une autre adresse dans l'*Estação das Docas,* mais nous, on préfère celle-ci.

Manjar das Garças *(hors plan par A3,* ***36****) : dans le* Mangal das Garças *(voir la rubrique « À voir »), au sud du vieux centre. Tlj sf lun. Buffet à volonté le midi 33 Rls.* D'abord, l'endroit est superbe, puisqu'il s'agit d'une maison surélevée à l'intérieur du *Mangal,* dominant la vaste étendue de végétation qui borde le fleuve. On a le choix entre la salle climatisée, où joue un petit orchestre, ou le balcon tout autour. Un resto qu'on vous recommande vivement pour son splendide buffet à volonté le midi, composé de viandes fondantes et de poissons goûteux et délicats. Le soir, on mange à la carte, c'est plus cher et on profite moins du cadre.

Remanso do Peixe *(hors plan par D2,* ***37****) : travessa Barão do Triunfo, 2590, casa 64.* ☎ *32-28-24-77. À 5-6 km à l'est du centre, près du* Bosque Rodrigues Alves. *Prendre un taxi. Mar-sam 11h30-15h, 19h-22h ; dim 11h-*

15h30. CB refusées. Un drôle de resto dont il faut avoir entendu parler pour le trouver, car niché au fond d'une impasse, à l'étage de la dernière maison sur la droite (pas d'enseigne). Salle à la déco assez banale. Mais la bouffe est tout bonnement formidable ! Des poissons et fruits de mer accommodés de toutes sortes de manières. Essayez la *moqueca paraense,* un pot-au-feu de la mer avec, à côté, un épais bouillon de poisson, une pure merveille ! Service sans chichis, ici, tout est dans l'assiette, le reste, c'est du détail !

Où manger une bonne glace ?

***Cairu** (plan A2, **38**) : dans l'Estação das Docas, bâtiment n° 2. Tlj 12h-minuit.* Une cinquantaine de parfums dont certains inhabituels (Ovomaltine, *chiclete...*). Pas donné, mais ils font de grosses boules. Demandez à goûter avant de choisir.

Où boire un verre ? Où écouter de la musique ? Où sortir ?

***Bar do Parque** (plan B2, **40**) : praça da República, face au* Hilton. *Ouv tout le temps !* Petit pavillon jaune (le bar) flanqué d'une terrasse ombragée par de vieux manguiers. La nuit venue, on y retrouve la faune composite de Belém, jeunes, étudiants, marginaux et *piranhas* (« femmes légères », en argot brésilien). Il a une excellente mauvaise réputation !

***Microbrasserie Amazon Beer** (plan A2, **41**) : dans l'Estação das Docas, bâtiment n° 1, le plus à gauche quand on regarde les anciens docks depuis la rue. ☎ 32-12-54-00. Tlj 17h-2h (au moins).* Toujours du monde à cette immense terrasse, dont une moitié est à l'intérieur et l'autre sur les quais, face au fleuve. On y sert la délicieuse bière *Amazon,* légère et subtilement mousseuse, bref, très rafraîchissante. Attention, dès 20h, il y a un *couvert* de 2 Rls pour le musicien qui joue sur une plateforme mobile, au-dessus des tables.

***Boteco das Onze** (plan A2, **42**) : Casa das Onze Janelas, praça da Sé. ☎ 32-24-85-99. À côté du* Forte do Castelo. *Tlj 12h-2h (4h le w-e).* Bar-resto intégré au palais restauré des Onze Fenêtres, qui donne, depuis la terrasse arrière, sur le fleuve. Bien reposant en journée car il y fait sombre et frais. L'ambiance monte vite à partir de 21h, lorsque des groupes locaux viennent se produire sur la petite scène (petit droit d'entrée à payer). Un des hauts lieux de Belém où prendre un verre.

***Casa do Gilson** (hors plan par B3, **43**) : rua Padre Eutiquio, 3172. ☎ 32-72-73-06. Un peu loin du centre, il faut prendre un taxi. Ven 21h30-3h, sam 16h30-3h, dim 16h30-minuit.* Façade jaune plutôt discrète, mais ne vous y fiez pas : elle cache un hangar à l'ambiance chaleureuse. Peut-être le plus typique et le plus populaire des bars musicaux de Belém. Le contraire de *Boteco das Onze.* Le patron musicien invite des groupes variés (samba, *MPB*) et tous les grands y sont passés.

***Cafe Imaginario** (plan C2, **44**) : travessa Quintino Bocaiúva, 1086. ☎ 32-30-52-35. Mer-sam 19h-5h.* Grande maison aux vieux planchers, murs défraîchis, longues tables en bois et chaises en plastique... L'atmosphère y est « bohème » et, dès 23h, une petite formation musicale se produit. Sinon, *world music,* jazz, rythmes brésiliens. Une étape dans la nuit belémoise.

***Pub Cosa Nostra** (plan C2, **45**) : rua Benjamin Constant, 1499. ☎ 32-41-10-68. Tlj 12h-4h.* Plus de vingt ans déjà que ce pub existe. *Happy hours* avec guitariste de 18h à 20h et concerts dès minuit. Ceux-ci proposent une musique différente tous les soirs mais c'est le mardi, jour du rock, qu'il y a le plus de monde. On danse alors où on trouve de la place, en haut comme en bas.

***Bohemio** (plan C1, **46**) : av. Doca*

de Souza Franca, 555. Ouv à partir de 18h (12h le w-e). L'un des bars animés de ce coin qui monte, côté vie nocturne. Musique dès 21h30, dans une salle couverte de bouteilles de bière. On peut aussi rester en terrasse. Où que vous alliez cela dit, c'est blindé, il faut parler fort pour se faire entendre, mais ce peut être l'occasion de faire connaissance avec de beaux (belles) Belémoi-s(es).

Taberna São Jorge *(plan A3,* ***47****) : travessa Joaquim Távora, 438. ☎ 32-24-34-76. Dans le vieux centre. Mar-sam 18h-minuit.* Salle sympa aux murs rouges, ornée de trucs kitsch. Au plafond, fresques de Saint-Georges terrassant le dragon (la patronne lui voue un culte !). Un endroit cool où boire un verre en soirée (on peut aussi y grignoter un plat), par exemple avant de sortir au *Mormaço* (voir ci-après).

Mormaço *(hors plan par A3,* ***48****) : allée Carneiro da Rocha, par la rua do Arsenal. ☎ 32-23-98-92. Ven et sam 14h-4h, dim jusqu'à 1h. Entrée (sf ven) : 7 Rls.* À côté du Mangal das Garças, par une allée qui part sur la droite. On longe alors un canal avec de vieux bateaux... avant d'arriver dans une immense salle en bois, sur pilotis. Alternance de musique live et DJ (rock, reggae et musique régionale), le tout dans une ambiance de folie !

– Enfin, pour ceux qui en voudraient encore, il y a également le carrefour formé par l'avenida Senador Lemos et la travessa Almirante Wandenkolk *(plan C1,* ***49****)*. Là, trois établissements : le ***Barcelona*** (resto-bar-disco), le ***Roxy*** (bar-resto) et le ***Transito*** (grand bar à tapas). Clientèle chicos, bien sur son trente et un. On aime ou on n'aime pas ce genre d'ambiance, mais c'est bondé quasi tout le temps !

À voir

Praça da República *(plan B2) :* le centre de la ville, avec un grand parc où trône le ***teatro da Paz,*** petite folie de la période du boom du caoutchouc, du genre de celle de Manaus. *☎ 40-09-87-50. • teatrodapaz.pa.gov.br • Visite (en portugais) ttes les heures, mar-ven 9h-17h, sam 9h-13h. Entrée : 4 Rls (gratuit mer).* Construit entre 1868 et 1874 pour accueillir 1 300 personnes (alors que la ville comptait moins de 50 000 habitants), cet opéra présente une riche décoration intérieure.

Le marché Ver-o-Peso *(plan A2) : le long du port.* Son nom, « voir le poids », provient de la période coloniale, lorsque les contrôleurs du roi venaient vérifier le poids des marchandises et prélever les taxes. Le flux naturel de la ville et l'animation (voire les effluves) vous ramèneront toujours au Ver-o-Peso, l'un des plus beaux marchés du Brésil. Les lève-tôt seront récompensés car le moment le plus animé se situe vers 7h, lorsque les bateaux multicolores, arrivés avec la marée, déchargent le poisson. À 10h, le marché a déjà changé de visage ; des métiers, des corporations ont disparu pour laisser la place à d'autres et à la foule des acheteurs.
Le marché représente à lui seul tout l'esprit commerçant et actif de la ville : mélange de constructions baroques et Art nouveau, fourmillement humain qui exhale tous les parfums et couleurs de l'Amazone dans la lumière dorée du matin. On y trouve bien sûr une grande variété de produits : fruits aux noms magiques, plantes médicinales et thérapeutiques, gris-gris afro-brésiliens, philtres d'amour, etc. Essayez donc les os d'épervier contre la malchance, les yeux du *boto* (poisson local) pour retrouver un amour perdu, le *guaraná* râpé qui vous redonnera toute votre vigueur sexuelle, sans oublier les multitudes d'herbes, écorces, racines, dents de crocodile, amulettes, etc.
Un grand bâtiment de style néo-Empire abrite le ***marché à la viande.*** Spectacle fellinien ! À l'intérieur, structures métalliques de style Art nouveau, avec un petit escalier en fer forgé tout rouillé qui s'élance en une harmonieuse volute vers le ciel.

Estação das Docas *(plan A2) : rua Castilho França. Mar-ven 10h-1h ; w-e 9h-3h.* Il s'agit d'anciens docks du début du XXe s, rénovés dans un esprit très contemporain et de manière plutôt réussie ; vitres fumées et structure métallique ocre.

Même les anciennes grues jaunes ont été conservées. Tout en longueur, ce vaste complexe se compose de trois bâtiments : le n° 1, le plus proche du marché Ver-o-Peso, abritant des bars dont la microbrasserie citée plus haut dans la rubrique « Où boire un verre ? Où écouter de la musique ? Où sortir ? » ; le n° 2, qui comprend plusieurs restos un peu chic et un bon glacier (voir « Où manger une bonne glace ? ») ; et enfin le n° 3, parfois fermé car consacré aux expositions et aux foires. En bref, voici le rendez-vous préféré de la classe moyenne belémoise, et un bel exemple de revalorisation du patrimoine architectural de la ville.

À deux pas de là se trouve l'***igreja das Mercês*** *(plan A2)*, une belle église du XVIIIe s qui abrite de magnifiques ex-voto dans la sacristie. Elle fut restaurée par Landi, célèbre architecte baroque qui exprima tout son génie créatif à Belém. Dehors, les pavés de la petite place proviennent du Portugal. Ils servaient à lester les bateaux qui revenaient à vide au Brésil, chercher de nouvelles marchandises.

Forte do Castelo *(plan A2) : au sud du vieux port et du marché. Mar-dim 10h-18h. Entrée : 2 Rls ; gratuit mar.* C'est là que naquit la ville en 1616. Le fortin en bois d'origine fut remplacé en 1721 par la construction actuelle. De vieux canons sont toujours tournés vers le large, tandis qu'une petite exposition (en portugais) relate l'histoire du lieu. Y venir de préférence au soleil couchant, pour le panorama sur la baie de Guajará. On trouve aussi dans l'enceinte le ***museu do encontro,*** bien fait, sur les premiers habitants de la région et leur rencontre avec les colons Blancs.

Casa das Onze Janelas *(plan A2) : praça Frei Caetano Brandão, à coté du Forte do Castelo.* Ce beau « palais des onze fenêtres » fut le palais du gouverneur vers 1720, avant d'être transformé en hôpital. Il abrite aujourd'hui un petit ***musée d'Art moderne et contemporain*** *(mar-dim 10h-18h ; entrée : 2 Rls ; gratuit mar),* de même qu'un bar-resto avec agréable terrasse (voir « Où boire un verre ? Où écouter de la musique ? Où sortir ? »). À l'étage, une maquette du palais, réalisée par des malvoyants. Et au pied du palais, amarré à un quai, la ***corvette Solimões,*** bateau de la marine nationale brésilienne.

La vieille ville *(plan A2) : tout autour du vieux port et du marché Ver-o-Peso.* Un renouveau souffle sur la vieille ville : on « stabilise » de vieux bâtiments, on restaure certaines façades, bref, on réhabilite l'architecture du centre historique. Tout cela prend du temps, et comme il reste beaucoup à faire, il ne faut tout de même pas s'attendre à voir une vieille ville toute belle et pimpante avant quelque temps... Cela dit, les travaux avancent malgré tout. On peut même voir désormais, le dimanche, un tram 1900 (de Rio) circuler dans les ruelles... En vous promenant, vous verrez de nombreux témoignages architecturaux du passé : petites maisons portugaises à azulejos, hôtels particuliers style français de la Belle Époque, églises et bâtiments coloniaux, etc., le tout quand même encore fort décrépi. Sur la praça Dom Pedro II, notez le ***palais du Gouverneur,*** bâtiment blanc néoclassique (1762, c'est le premier édifice de ce style au Brésil) et le ***palais de la Préfecture,*** bâtiment bleu de style « Empire brésilien » (tous deux en rénovation en 2008). Le soir, pas mal d'amoureux se disputent les bancs du jardin.

Praça do Relógio *(plan A2) : entre le marché Ver-o-Peso et la praça Don Pedro II.* Cette petite place est baignée, sur un de ses côtés, par les eaux du port de pêche. Au centre se dresse une horloge lumineuse de 12 m de haut (la Big Ben locale), construite en 1931. À l'époque, on installa aussi des lampadaires publics, les premiers du Brésil à fonctionner à l'électricité.

Catedral da Sé *(plan A2) : praça Frei Caetano Brandão.* Construite en 1617, achevée plus d'un siècle plus tard. C'est la seule église du Brésil où les chaires sont en fer. Mais elle est fermée pour travaux depuis 2006 et ne rouvrira sans doute pas avant 2010. À côté se trouve l'***igreja Saint-Alexandre,*** ancien collège de l'ordre d'Ignace de Loyola. Sur cette place encore, de belles maisons avec balcons en fer forgé. Un poète de passage a pu dire : « Tu seras la cause de nostalgies nouvelles... je ne pourrai plus t'oublier, Largo da Sé ! »

Museu de Arte de Belém *(plan A2,* ***60****) : praça Dom Pedro II, dans le palais de la Préfecture (palácio Antônio Lemos), en rénovation en 2008. ☎ 32-83-46-87. Mar-ven 9h-18h, w-e 9h-13h. Gratuit.* Installé dans un bâtiment du XIXe s, également appelé palais Azul, qui sert aujourd'hui d'hôtel de ville. On peut y voir l'entrée en marbre de Carrare, des meubles anciens, des statues en bronze, des tableaux, le tout datant de la Belle Époque (lorsque Belém voulait ressembler à Paris !).

Museu de Arte sacra *(plan A2,* ***61****) : praça Frei Caetano Brandão, s/n. ☎ 40-09-88-45. Mar-dim 10h-18h. Entrée : 4 Rls ; gratuit mar.*
Dans l'ancien palais épiscopal. Aujourd'hui rénové, il héberge une très belle collection d'art religieux, qui plus est superbement mise en valeur par un subtil éclairage. La visite commence par l'église Saint-Alexandre, accolée au palais épiscopal, et se poursuit dans ce dernier.
– *L'église Saint-Alexandre :* construite par les jésuites, dans un beau style baroque. Elle a été fermée pendant cinquante ans avant de devenir un musée. À l'entrée, plusieurs tableaux extraordinaires représentent le chemin de croix. Réalisés en fer fondu, ils puisent leur éclat dans les fibres optiques qui les « illuminent ». Vraiment superbe ! Puis, restées en l'état, deux chaires très ouvragées en cèdre rouge valent aussi le coup d'œil. Très beaux retables également. À l'étage, on remarque des petites loges. Autrefois, pendant les offices, les nobles s'y tenaient, tandis que les Indiens restaient en bas, et que les Noirs n'avaient pas le droit d'entrer !
– *Le palais épiscopal :* regroupe donc la collection d'art religieux. Dans la partie droite du couloir, au fond, Jésus et Nossa Senhora présentés en deux beaux « médaillons » de marbre polychrome (XVIIIe s). Nombreuses et belles salles. La dernière met en valeur, dans une forte pénombre, le travail du métal, or et argent notamment. On peut y admirer des bougeoirs, calices, couronnes, vaisselle et lanternes de procession en bronze.

Museu do Cirio *(plan A2,* ***62****) : praça do Relogio. ☎ 32-19-11-52. Mar-dim 10h-18h. Entrée : 2 Rls ; gratuit mar.* Relate l'histoire de la fête du Cirio (voir « Fête », plus loin). Amusant : les objets réalisés par les dévots pour le « char à miracles », par exemple un maillot de foot pour triompher en sport, une maison pour être bien logé, un pénis pour... on vous laisse deviner.

Museu do Estado *(musée d'État du Pará ; plan A2,* ***63****) : praça Dom Pedro II, à côté du musée d'Art de Belém, dans le palais du gouverneur (palácio Lauro Sodré). ☎ 32-19-11-38 ou 39. Mar-ven 9h-17h45, w-e 9h-13h. Gratuit mar. Fermé pour restauration lors de notre dernière visite mais devrait rouvrir en 2009.*
Surtout intéressant pour le palais lui-même, bâti au XVIIIe s par les Portugais. Il fut la résidence du gouverneur jusqu'au début du XXe s et son bureau jusqu'en 1994. À l'étage, luxueux mobilier (dont on ne connaît ni la date de fabrication ni l'origine du bois), lustres en cristal, souvenirs de l'époque du caoutchouc, etc. Intérieur de style très éclectique, car le gouverneur A. Montenegro fit appel à des artistes français au début du XXe s pour modifier toute la déco.
Petite *chapelle* redécouverte en 1970 ; c'est de là que débutait le *Cirio de Nazaré* (voir plus loin « Fête ») à la fin du XVIIIe s, avant qu'elle ne soit fermée sur ordre du gouverneur. On oublia alors son existence pendant près d'un siècle. Ne pas rater la table du 16 novembre 1889 (date officielle de l'adhésion de l'État du Pará à la république), sur laquelle monta Paes de Carvalho (il était tout petit...) pour annoncer l'avènement de la république dans la plus grande effervescence ! Enfin, dans la *salle d'honneur,* beau plafond en zinc pressé, avec les dates les plus importantes du Brésil et du Pará et remarquable tableau de Parreiras (1907) illustrant l'arrivée de Portugais.

Mangal das Garças *(hors plan par A3,* ***64****) : passagem Carneiro da Rocha (à côté de l'arsenal de la marine). ☎ 32-42-50-52. À env 1 km au sud de la vieille ville, par la rua Doutor Assis. Mar-dim 9h-17h. Entrée : 2 Rls par attraction ou* pass *6 Rls ; gratuit mar.* Un nouveau parc, dédié à la faune et la flore de la mangrove du Pará. Visite pas indispensable mais sympa tout de même. On y trouve une volière avec de jolis oiseaux colorés, une serre à papillons, une tour d'observation (belle vue sur les tours de Belém d'un côté et le fleuve de l'autre) et un petit musée sur l'histoire de la navigation amazonienne (pirogue indienne, embarcation *cabocla,* maquettes de bateaux de la marine brésilienne, etc.). Au-dessus de celui-ci, le resto *Manjar das Garças,* qu'on vous recommande chaudement (voir « Où manger ? ») pour son superbe buffet à midi. Boutique et petite cafétéria aussi, près de l'entrée.

Museu de Gemas do Pará *(musée des Pierres précieuses du Pará ; hors plan par B3,* ***65****) : São José Liberto, praça Amazonas. ☎ 32-30-44-51. Mar-sam 10h-20h, dim 15h-20h. Entrée : 4 Rls ; gratuit mar.* Ce vieux bâtiment (1749) restauré avec soin, s'organise autour d'un patio intérieur mêlant la pierre et le verre. Son histoire est singulière puisqu'il fut d'abord un couvent, avant de devenir un arsenal, une caserne, un hôpital puis, enfin, une prison, de 1843 à 2000. C'est désormais un musée qui abrite une très belle expo de pierres brutes ou polies : émeraudes, topazes, opales, améthystes, tourmalines, diamants et gemmes des États du Pará, d'Amazonie, du Tocantins. Certaines sont étonnantes, comme ce bloc de quartz de 2,5 t ou encore ce superbe tronc d'arbre fossilisé de 260 millions d'années, serti de minéraux tout scintillants. En cours de visite, possibilité d'observer de près le travail méticuleux des joailliers. Petite section archéologique aussi, avec des objets des régions de Marajó et de Tapajós. Boutiques de vente de bijoux et de pierres et, pour finir, une petite cafétéria, dans un vaste espace de vente d'artisanat (voir plus loin la rubrique « Achats »).

Le parc Emílio Goeldi *(jardin zoologique ; plan D2) : av. Magalhães Barata, 376. ☎ 32-19-33-69. Bus Pedreira Condor, av. Nazaré, tout près de la praça da República. Mar-dim et j. fériés 9h-17h. Entrée : 3 Rls.* Curieuse irruption de la forêt amazonienne dans l'univers citadin : une petite mer d'arbres surgit au milieu du fouillis des immeubles. On y a reconstitué une mini-forêt composée de 500 espèces de plantes et de fleurs dans une exubérance fascinante. Ceux qui n'auront pas l'occasion de voir la vraie forêt amazonienne seront heureux de découvrir ce jardin « zoobotanique », qui fascina naguère Stefan Zweig, Henri Michaux et, plus près de nous, le journaliste Gilles Lapouge. On peut y admirer des *victorias regias* (nénuphars géants) armés de centaines d'épines hyper pointues qui les protègent des poissons. Également des dizaines d'animaux de toutes sortes : jaguar, panthère, tapir, *macaco coata, cachoto de mato, tartaruga* (tortue) *da Amazonia, poraquê,* cette anguille qui donne des décharges aux racines des arbres pour en faire tomber les fruits, oiseaux exotiques. Un aquarium présente les différentes espèces des fleuves amazoniens, dont le piranha, et bien sûr les deux poissons-totems des amazones : le *pirarucu* et le *peixe-boi.* Il y a encore peu, le parc hébergeait aussi un remarquable musée archéologique, le musée Goeldi, mais le gros des collections, en balade à Rio... est toujours à Rio, et il semble de moins en moins probable qu'il revienne un jour... Dommage !

La basilique Nossa Senhora de Nazaré *(plan D2) : praça Justo Chermont, non loin du parc Goeldi. Bus Pedreira Condor, av. Nazaré, tout près de la praça da República. Lun-sam 6h30-22h30 ; dim 6h-12h, 15h-22h.* Sur les lieux mêmes où un certain Placido trouva une image de la Vierge de Nazareth. En 1774, on y établit une petite chapelle, remplacée au début du XXe s par la basilique actuelle. Celle-ci fut construite en 1908 sur le modèle de la basilique Saint-Pierre de Rome. Belles mosaïques à l'intérieur. Superbe balcon en bois sculpté et beaux marbres de Carrare. En octobre, elle accueille des centaines de milliers de personnes pendant la procession du *Cirio* de Nossa Senhora de Nazaré, une des plus grandes manifestations du monde catholique (voir la rubrique « Fête »).

Les amateurs de nature pourront encore se rendre au ***bosque Rodrigues Alves*** : *av. Almirante Barroso, 2453, à 5-6 km au nord-est du centre (hors plan par D2). Mar-dim 8h-17h. Entrée : 1,50 Rls.* Parc créé en 1883, présentant de splendides essences d'arbres et d'orchidées. Il fait à peu près quatre fois la taille du parc Emílio Goeldi (voir plus haut). Un beau parc tropical qui présente l'environnement de Belém avant la construction de la ville. On y croise de temps en temps un petit mammifère, on peut y voir des tortues, des lamantins et des alligators. Petit aquarium aussi, volières où s'ébattent de beaux oiseaux colorés et étang avec barques pour la promenade du dimanche.

Achats

On trouve à Belém quelques endroits proposant un bel artisanat d'Amazonie. Celui des Indiens de la forêt bien sûr, mais surtout la céramique dans le style des Indiens marajóaras. Elle est travaillée en bas relief ou peinte en rouge et noir ou brun et beige. Dessins toujours géométriques mais très variés. Puis des animaux joliment façonnés en latex, des objets sculptés en bois, de beaux articles de cuir, des hamacs, etc.
On trouve également d'énormes bonbons à base de confiture *(cupuaçu, açaí, bacuri...)* et enrobés de chocolat.
Enfin, n'oubliez pas que la *cachaça* de Belém (alcool de canne brut), qui sert à faire la *caïpirinha,* est considérée par les vrais amateurs comme la meilleure du Brésil.

Il reste quelques ***boutiques de souvenirs et d'artisanat*** sur l'avenida Presidente Vargas *(plan B2)*, mais il faut les trouver parmi le grand nombre de camelots qui occupent désormais l'avenue. Mieux vaut aller directement au ***marché Ver-O-Peso*** *(plan A2),* où une section propose un beau choix d'objets artisanaux à prix raisonnables. Elle se trouve entre le vaste espace couvert dévolu à la restauration et le fleuve. Sinon, il y a aussi le centre artisanal du ***museu de gemas do Pará*** (voir rubrique « À voir »), plus cher mais c'est là, à notre avis, que vous trouverez les plus beaux objets (animaux en bois, poterie, bracelets, colliers, huiles, vêtements...). Enfin, ne pas négliger non plus le marché du dimanche matin de la ***praça da República*** *(plan B2),* qui rassemble plein de petits stands dans une bonne ambiance.

Orion *(plan A2) : travessa Frutuoso Guimarães, juste à côté de l'hôtel* Fortaleza. *Lun-ven 8h-12h, 14h-18h ; sam 8h-12h.* Boutique où l'on fabrique et vend des parfums artisanaux (bois de rose, jasmin, patchouli...) que l'on retrouve dans tous les marchés de la ville.

Fête

– ***Cirio de Nazaré :*** *pdt 15 j. à partir du 2e dim d'oct.* C'est l'une des plus grandes fêtes catholiques du monde, rien que ça ! Le premier jour est le jour le plus important. La Vierge, aux traits indigènes, est transférée en grande procession de la cathédrale *(sé)* à la basilique Nossa Senhora de Nazaré. Puis, presque chaque jour, les Belémois et habitants de la région (voire du pays tout entier) viennent honorer la Vierge et, le soir, se recueillir à l'occasion de messes spéciales. Sur le parvis et les places alentour, bals et fêtes foraines battent leur plein. On y mange les meilleurs *maniçoba, tacaca* et *pato no tucupi* de la ville. L'édition 2007 a accueilli deux millions de personnes !

➤ EXCURSIONS DANS LES ENVIRONS DE BELÉM

➤ ***L'île aux Perroquets :*** *en face de Belém, de l'autre côté du fleuve.* Une belle excursion d'une demi-journée proposée par les agences, dont *Amazon Star* (voir « Adresses utiles »). On vient vous chercher à votre hôtel à 4h30, on traverse le fleuve, puis on attend le lever du soleil... Apparaît alors une petite île recouverte d'arbres et, dans le ciel, des nuées... de perroquets ! Leurs cris sont assourdissants et le spectacle de ces milliers d'oiseaux, sur fond de fleuve et de lever du soleil, ne vous fait pas, en général, regretter de vous être levé si tôt ! Au retour, possibilité de faire une promenade en pirogue dans des *igarapés,* à la recherche de la faune locale... Attention, de septembre à décembre, ces délicats volatiles couvent, l'ambiance est donc beaucoup plus calme.

Icoaracy : *à 23 km de Belém. Bus « Icoaracy » ttes les 30 mn env, sur la praça da República.* Dans la grande banlieue nord de Belém, un joli quartier très populaire, au bord du fleuve, avec plage, bars et petits restos servant *toks-toks* et poissons grillés. Ambiance sympa donc, mais on ne viendra pas à Icoaracy pour se baigner. Également quelques ateliers d'artisans, car c'est ici que sont fabriquées les poteries *marajóaras* et *tapajónicos* (de l'ethnie *tapajós*).

Mosqueiro : *à 85 km au nord de Belém. Pour y aller, bus de la compagnie* Beiradão *à la gare routière (env 1 bus/h, 6h-21h).* Il s'agit en fait d'une île, séparée du continent par un bras du fleuve. Lieu de villégiature favori des habitants de Belém. Tous les week-ends, surtout en juillet, ils se partagent sans se bousculer les longues plages.

L'île d'Outeiro : *à 30 km au nord de Belém, entre Icoaracy et l'île de Mosqueiro. Bus de Belém devant le* teatro da Paz *(praça da República) jusqu'à Icoaracy puis autre bus pour Outeiro. Ou bien bus directs pour Outeiro mais un peu moins fréquents que ceux pour Icoaracy.* Destination très populaire là encore.

➢ ***Balade sur la rivière Guamá :*** c'est le bras d'eau qui borde la partie sud de Belém. Excursion proposée par la plupart des agences, donc assez touristique. Elle inclut la visite d'un village *caboclo* sur l'***île de Combu.*** On y voit le mode de vie des habitants et un peu de faune locale (perroquets, mygales – c'est l'occasion ou jamais d'en prendre une en main !). Durée : 4h.

L'ÎLE DE MARAJÓ

env 200 000 hab. IND. TÉL. : 091

« Le bouclier de l'océan » en langue marajóara. Selon la légende, Marajó fut placée à l'embouchure de l'Amazone pour protéger le fleuve des coups de la mer. Voilà une île aussi grande que... la Suisse et qui compte 200 000 habitants, au cœur de l'embouchure de l'Amazone. C'est bien simple, c'est la plus grande île fluviale du monde. S'y étendent des forêts, de la savane, des plages bordées de mangrove et un riche écosystème quasi vierge. Les vastes étendues de cette île sont terres d'élevage pour un énorme cheptel de buffles en partie regroupés dans des *fazendas,* fermes gigantesques pouvant atteindre plusieurs dizaines de milliers d'hectares. Marajó est par endroits inondée entre les mois de janvier et juin, époque de pluies intenses. Le reste de l'année, de fin juillet à janvier, c'est la saison sèche et donc le meilleur moment pour découvrir l'île.

UN PEU D'HISTOIRE

Les premiers habitants de l'île furent les Indiens marajóaras, aux origines mystérieuses. Ils laissèrent de nombreux vestiges, dont certains remontent à l'an 1000 av. J.-C. On a notamment retrouvé les fondations de villages en terrasses et des tertres funéraires. Certaines maisons, collectives, pouvaient héberger jusqu'à vingt familles et certains murs de greniers avaient 1 m d'épaisseur.
En 1499, cinq ans après la découverte de l'Amérique, le Florentin Americo Vespucci longe la côte et découvre l'embouchure d'un grand fleuve qui n'est pas encore nommé l'Amazone. Il évoque une grande île sur l'équateur. Le 26 février 1500, le marin espagnol Vicente Yanez Pinzón atteint à son tour l'embouchure. On pense

qu'il a débarqué sur Marajó et qu'il repartit en Espagne avec des Indiens captifs. Progressivement, entre le XVIe et le XIXe s, les Indiens disparaissent. Un des derniers Aruás en vie fut noté à Chaves (sur la côte nord de l'île) en 1877.

UNE « CAMARGUE ÉQUATORIALE »

On découvre à Marajó une nature sauvage et très variée : des centaines d'espèces d'oiseaux, dont les superbes et inimitables ibis rouges, des buffles à foison (ils dépassent en nombre les habitants de l'île !), de vastes pâturages, des forêts de manguiers, de nombreux *igarapés* où vivent singes, paresseux, toucans, ainsi que des plages désolées, envahies de palétuviers. Quelques centaines de *fazendeiros* exploitent l'île, pratiquant l'élevage surtout, souvent sur des milliers d'hectares. Une super Camargue équatoriale, en somme !

PETIT TOPO DE L'ÎLE

L'île est longue d'environ 250 km et large de 150 km en moyenne, mais seul un petit bout, dans la partie est, est véritablement habité et quelque peu urbanisé. C'est donc là que se trouvent les quatre villes principales qui sont, du sud vers le nord : Porto Camará (où arrive le bateau en provenance de Belém), Joanes, Salvaterra et, en face, de l'autre côté d'un gros bras de rivière, Souré, la plus importante des quatre, à 32 km de Porto Camará. Difficile, en fait, de s'écarter de cet axe car il n'y a, au-delà, que quelques pistes. La seule possibilité de le faire est de remonter certaines rivières, par exemple pour aller à certaines *fazendas* (voir ci-après). Les deux tiers ouest de l'île sont, eux, en grande partie inhabités, couverts de forêts et globalement inaccessibles.

LES *FAZENDAS*

Une des particularités de Marajó, ce sont ses fermes immenses, les *fazendas,* souvent consacrées à l'élevage, et dont quelques-unes couvrent plusieurs dizaines de milliers d'hectares. On peut loger dans certaines et profiter alors des activités qu'elles proposent : balades à cheval ou à dos de buffle (si !), en canoë ou en pirogue (le long d'*igarapés*), pêche, observation de la faune et de la flore, etc. Si vous en avez les moyens (en général ce n'est pas donné), on vous conseille d'y passer au moins une nuit car c'est un bon moyen de découvrir l'île et son mode de vie.

Arriver – Quitter

En bateau

➢ ***De/pour Belém :*** 2 liaisons/j. avec les Cies *Banav* et *Arapari* (chacune assure une liaison aller-retour). Départ de Belém *(terminal hidroviário)* à 6h30 et 14h30, sauf le dim où il n'y a qu'un départ, à 10h. Arrivée env 3h plus tard au petit port de Camará. Billet : 13,50 Rls (5,40 €). Dans l'autre sens, départ à 6h30 et 15h (un seul départ le dim à 15h), et traversée un peu plus longue car le bateau va à contre-courant. À noter que la Cie *Banav* assure aussi une liaison directe Belém-Souré, le ven vers 19h, avec un retour le dim à 15h.

➢ ***Pour rejoindre Joanes, Salvaterra et Souré depuis Camará,*** des minibus attendent les passagers à chaque arrivée de bateau. Certains sont privés (avec AC) et peuvent vous déposer devant votre hôtel, mais ils coûtent 8 Rls (contre 2 Rls pour les minibus municipaux). Après Salvaterra, pour atteindre Souré, le bus monte sur un bac pour traverser le rio Paracauari (départ ttes les heures, 5h-19h). De Camará à Souré, compter env 1h de trajet (bac inclus).

Adresses et infos utiles

Petite remarque : à Marajó, pour contacter par téléphone un correspondant qui se trouve dans une autre ville que celle d'où on appelle (par exemple si on téléphone de Souré à Salvaterra), il faut composer l'indicatif 091.

À Souré

Petit centre d'infos : *à l'angle de la 1re rue et de la travessa 14 (au bord du Rio Paracauri, dans le centre). Ouv 7h-18h. Fermé sam ap-m et dim.* Accueil gentil, en portugais uniquement. On peut s'y procurer la liste des *fazendas* de l'île.

Poste : *2e rue et travessa 13. Lun-ven 8h-12h, 14h-17h.*

CyberGigabyte : *2e rue et travessa 15. Tlj 8h-minuit.*

Banco do Brasil : *3e rue, face au marché municipal, entre les travessas 17 et 18.* Pas de change, mais un distributeur pour *Visa* et *MasterCard*, accessible 8h-20h.

Motos-taxis : *face à la* Banco do Brasil. Compter 2 Rls pour une course en ville, plus pour aller aux plages.

Location de vélos : Marajó, *4e rue, entre les travessas 18 et 19. Compter 6 Rls/j.* Une bonne solution pour se rendre aux plages.

À Salvaterra

Marajoara : *av. Victor Engelhard, 495. Lun-sam 8h-22h ; dim 8h-11h30, 18h-22h.*

Location de vélos : à la *pousada Bosque dos Aruãs* (voir « Où dormir ? Où manger ? Où boire un verre ? »). Meilleure qualité que chez *Marajó*, à Souré.

Où dormir ? Où manger ? Où boire un verre ?

À Souré

Asa Branca : *4e rue, à l'angle de la travessa 12. ☎ 37-41-14-14. Doubles 45-60 Rls selon confort.* Une *pousada* sympa qui offre des chambres simples, calmes et propres, avec douche et w-c, le long d'un couloir peint en vert. Les plus chères ont en plus l'AC et la TV. Fait aussi resto, avec des plats (filet de cheval, *caldeirada*) à moins de 20 Rls. Accueil agréable. Un bon rapport qualité-prix.

O Canto do Francês : *6e rue et travessa 8. ☎ 37-41-12-98. 81-63-35-46. • thcarliez@ig.com.br • Doubles 80 Rls.* Tenu par un ex-photographe de pub. La maison principale, grande et bien décorée, abrite 9 chambres bien nettes et climatisées (avec sanitaires nickel) donnant sur le jardin ou sur le chemin. On aime particulièrement cette *pousada*, où l'on s'attarde volontiers autour d'un vrai café, à papoter avec Thierry, qui en plus connaît bien l'île. Si vous avez une petite faim, il peut aussi vous faire de bons petits plats, genre omelette au crabe. Enfin, il propose des excursions dans l'île (notamment à la *fazenda Bom Jesus*, riche en faune), en voiture d'abord puis en barque, à vélo ou à pied.

Fazenda Araruna : *14e rue et travessa 17. ☎ 37-41-14-74. À env 2 km du centre. Compter 80 Rls pour 2 pers, avec le petit déj.* Une petite *fazenda* en bordure de Souré. Certes, on n'est pas dans le même environnement sauvage qu'à la *fazenda do Carmo* (voir plus loin), mais pour ceux qui veulent expérimenter ce type d'hébergement sans trop s'éloigner, c'est une solution honorable. Cinq chambres bien tenues. On prend le petit déj sur une longue table dans un couloir donnant sur un grand jardin où s'ébattent quelques buffles.

LE NORD, L'AMAZONIE

Possibilité d'activités diverses, en supplément. Accueil sympathique.

Restaurante Paraíso Verde : *10e rue et travessa 17. ☎ 37-41-15-81.* Un peu excentré. On prend place dans une cour intérieure bordée de végétation (d'où le nom du resto). L'endroit idéal pour goûter à quelques spécialités locales, comme la soupe de *turu*, un mollusque en forme de ver, très allongé, qui vit dans la mangrove. Sinon, le filet de bufflon est d'une tendreté exemplaire ! Accueil charmant d'Antonio, qui met vraiment un point d'honneur à satisfaire ses clients.

Tambo do Jutaï : *au niveau de la 6e rue et travessa 3, à une enjambée de l'hôtel* Ilha de Marajó, *face à la baie de Marajó.* Bien pour contempler le fleuve au soleil couchant, une caïpirinha à la main. Billard, musique rythmée. Et parfois un petit concert.

À Salvaterra

Bosque dos Aruãs : *2e rue, un peu à l'écart du centre. ☎ 37-65-11-15. • jurandir@supridados.com.br • Doubles env 60 Rls.* Une dizaine de chambres dans des pavillons en bois, avec w-c et douche, dans un jardin ombragé par des manguiers, au bord du fleuve. Le cadre est agréable et l'accueil se fait en anglais (le patron parle un peu le français). Bon rapport qualité-prix. Location de vélos. Fait aussi resto.

Pousada dos Guarás : *praia Grande da Salvaterra. ☎ 40-05-56-56. • pousadadosguaras.com.br • Doubles env 115 Rls.* Situé au bord de la praia Grande, en face de la baie de Marajó. Les chambres, confortables et spacieuses, sont installées dans des bungalows jaunes à tuiles rouges. Hamacs pour se prélasser. Agréable. Bar-resto et piscine. Organise des visites d'une journée dans l'île.

Où dormir ? Où manger ailleurs sur l'île ?

Pousada Ventania do Rio-Mar : *4e rue, 3, dans le village de Joanes, à 21 km de Camará. ☎ et fax : 36-46-20-67. 99-92-57-16. • pousadaventania.com • Doubles 80 Rls.* Une *pousada* surplombant la baie de Marajó, tenue par un couple suédois. Chambres colorées et à la déco soignée, avec ventilo et moustiquaire. Le matin, on prend le petit déj dans un espace ouvert, au son des vagues. Petite restauration possible (soupes, sandwichs). Sinon, il y a des restos sur la plage, en contrebas.

Fazenda Nossa Senhora do Carmo : *☎ 32-41-22-02 ou 10-19. 91-66-15-92. Compter 400 Rls pour 2 pers en pension complète. Assez isolé, s'arranger avec les proprios au moment de la résa pour qu'ils viennent vous chercher en barque à moteur à Beiradão. Pour aller à Beiradão, prendre, de Camará, le bus affichant « Cachoeira do Anari » (départ à chaque arrivée du bateau en provenance de Belém), pour 10 Rls. Sinon, la* fazenda *peut organiser le transfert de Camará à Beiradão en voiture, mais c'est plus cher.* Au cœur d'un domaine de 6 600 ha (comptant 2 700 zébus, 250 buffles et 150 chevaux), la *fazenda* de la famille Dias mérite un séjour d'au moins 2 nuits. Claudio et Circe, très accueillants, parlent un peu le français. On loge dans la maison principale datant de 1906, restée en l'état avec son mobilier d'origine et ses bibelots. Chambres pas d'un immense confort, avec ou sans salle de bains privée, mais qu'importe, on vient avant tout ici pour se ressourcer au contact d'une nature sauvage, à l'écart de toute civilisation. De plus, on y mange très bien ; tout, ou presque, est fait maison ou vient de la *fazenda*. Promenades à cheval ou à dos de buffle dans le domaine, balades en forêt à la rencontre de la faune locale (singes hurleurs, toucans, *caipivara*, alligators...), des plantes médicinales et, même, de vestiges archéologiques. Tours en pirogue aussi, pêche. Certes, ce n'est pas donné, mais tous les repas et activités sont compris dans le prix.

À voir. À faire

Salvaterra : *petite ville située à 28 km au nord de Camará. De Camará, compter 45 mn de bus.* Elle offre une belle plage animée le week-end, avec une kyrielle de bars et de restos en bordure de la baie de Marajó.

Souré : *à 4 km au nord de Salvaterra.* C'est la ville principale de l'île, avec des rues et *travessas* goudronnées ou en terre battue, qui se coupent à angle droit, formant un damier... comme Manhattan (la comparaison, cependant, s'arrête là !). Jolies couleurs, on y croise parfois un buffle ou un cheval sans licou... À l'angle de la 1re rue et de la travessa 16, belle vue sur le large bras d'eau qui sépare Souré de Salvaterra, parsemé de petits bateaux de pêche. C'est à Souré que la route s'arrête. Au-delà, elle devient une piste qui continue un peu vers le nord, jusqu'aux plages sauvages bordées par endroits de mangroves aux racines noueuses.

Les plages : plusieurs plages bordent la baie de Marajó qui, à hauteur de Souré, a encore une quarantaine de kilomètres à faire pour se fondre dans l'océan. La marée basse découvre de longues étendues de sable fin. ***Praia do Pesqueiro,*** à environ 13 km de Souré, est l'une des plus fréquentées le week-end. Quelques petites paillotes. Négocier avec une moto-taxi pour y aller, ou alors louer un vélo. On peut se rendre aussi à ***praia Barra Velha,*** tout aussi sympa et située à 3 km de Souré. Celle-là est fréquentée toute l'année. Quelques paillotes également dans un paysage de mangrove. À Salvaterra, enfin, il y a la ***praia Grande,*** plus urbanisée, qui attire pas mal de jeunes le week-end.

➢ Et puis, bien sûr, comme on l'a dit, l'île offre de superbes ***balades*** au cœur d'une nature sauvage, riche en faune et surtout en oiseaux, dont le plus emblématique de Marajó est l'ibis rouge *(guará)*. Leur envol groupé est un spectacle franchement magique et inoubliable !

L'ÎLE D'ALGODOAL

env 2 000 hab. IND. TÉL. : 091

Son vrai nom est en fait *Maiandeua,* qui signifie en langue tupi guarani « Mère de la Terre ». Mais on l'appelle Algodoal, le nom que lui donnèrent les premiers habitants d'origine portugaise, en raison de la présence sur l'île d'une plante semblable au coton. Qu'importe : amoureux de simplicité et de nature vierge, voici un endroit pour vous !

Située à 170 km au nord-est de Belém, cette île a grosso modo la forme d'un triangle de 12 à 15 km de côté. Elle n'est séparée du continent que par un chenal, côté sud, mais on y accède par l'ouest en bateau depuis la petite ville de Marudá, au terme d'une traversée de 10-12 km. L'attrait d'Algodoal réside notamment dans ses immenses plages de sable blanc, bordées de dunes recouvertes d'arbres à cajous et d'*agiru.* Quant à l'intérieur de l'île, il abrite une brousse maritime où évolue une faune variée : perroquets, ibis rouges, iguanes (appelés *camaleon* en portugais), singes...

Environ 2 000 personnes vivent sur ce beau et paisible bout de terre, essentiellement dans le village principal, qui semble aller à un autre rythme que le continent. Ici, pas de voitures, tout est lent et paisible (sauf à certaines périodes de l'année où l'île est prise d'assaut par les visiteurs), les déplacements se faisant à pied ou sur de petites charrettes tirées par un cheval. La fée Électricité est tout de même là depuis quelques années.

– *Meilleure saison :* la saison sèche (moins d'insectes... et de pluie), entre juin et décembre. Février et mars sont les mois les plus arrosés, pas idéaux évidemment pour se dorer la pilule, sans parler des moustiques.

Arriver – Quitter

En bus et en bateau

➢ ***De Belém :*** prendre un bus pour Marudá depuis le *Terminal rodoviário,* avec la *Cie Rapido Excelsior (☎ 32-49-63-65).* 4 départs/j., lun-sam à 6h, 9h, 12h30 et 16h30 ; 1 départ slt le dim ap-m. Dans le sens Marudá-Belém, départs lun-sam à 7h, 12h et 15h ; dim à 17h slt. Trajet : 4h. Billet : 15 Rls (6 €). Il existe aussi des minibus privés, au même prix mais un peu plus rapides. Horaires toutefois plus aléatoires (certains ne partent que quand ils sont pleins), aller à la gare routière le matin pour en trouver.

Arrivé à Marudá, il faut prendre le bateau pour Algodoal. L'embarcadère se trouve à 1 km au sud de la ville (le bus en principe vous y dépose, après un arrêt à la gare routière de Marudá, située à 400 m du front de mer). Horaires du bateau : tlj à 6h, 7h30, 9h, 10h30, 13h30 (plus 15h le ven, 15h et 17h le w-e). Dans l'autre sens, lun-jeu à 8h, 10h30, 13h30, 17h ; ven-dim à 8h30, 9h30, 10h30, 12h30, 14h30, 17h. Infos : ☎ 81-27-05-89. Prix du billet : 5 Rls. Traversée en 40 mn, sur une mer parfois un peu agitée (regardez s'il y a des dauphins !). Sur l'autre rive, à Algodoal, des carrioles à cheval attendent les passagers sur la plage, située à env 15 mn du village. Vous n'irez en réalité pas moins vite à pied, mais si vous êtes chargé, c'est pratique (compter 5 Rls par charrette).

Adresse utile

ℹ ***Kanotur :*** *à l'entrée du village, sur la droite en venant du débarcadère. ☎ 38-54-11-01.* « Resto-bar-*pousada*-camping » tenu par deux Français sympas, Thierry et Marc, qui donnent de bonnes infos sur l'île et proposent un tas d'activités permettant de la découvrir. L'endroit idéal où poser son sac en débarquant sur Algodoal.

Où dormir ? Où manger ? Où boire un verre ?

Les prix des *pousadas* sont plus élevés pendant les moments de grande affluence sur l'île : Nouvel An, semaine Sainte, les week-ends de juillet et le 7 septembre (fête nationale). À ces périodes, sachez qu'il faut prendre un *pacote,* c'est-à-dire des séjours de minimum 2 ou 3 nuits.

⛺ Il y a quelques aires aménagées pour le ***camping*** sur l'île, mais elles ne sont ouvertes qu'aux périodes où il y a beaucoup de monde. En revanche, on peut facilement, contre un maigre forfait, planter sa tente dans le jardin des *pousadas* (notamment *Kanotur,* voir « Adresse utile »), et en utiliser les sanitaires.

🏠 ***Pousada Paraiso do Norte :*** *dans le village, face à la mer. ☎ 32-41-61-22. 📱 81-99-07-85. Compter 30-35 Rls pour 2 pers.* Douze chambres dont onze assez rudimentaires, avec juste une moustiquaire et un ventilo. Pas le luxe donc, mais l'endroit est cool, face à la plage. On entend d'ailleurs le clapotis des vagues depuis le grand balcon. Possibilité aussi de dormir en hamac, pratique pour les voyageurs en solo sans le sou. Attention, peut être assez bruyant en fin de semaine car il y a un bar à côté.

🏠 🍽 ***Hôtel Bela Mar :*** *rua P. Vargas, à 400 m du débarcadère. ☎ 38-54-11-28. Doubles 60-80 Rls selon confort.* Murs extérieurs peints en vert. Ce fut la première *pousada* d'Algodoal. Petites chambres fraîches et sympathiques, avec douche, w-c et ventilo, autour d'un charmant jardin verdoyant. Les plus chères sont plus confortables (TV, AC et frigo), mais peuvent sentir un peu le renfermé. Fait aussi resto à prix doux.

🏠 🍽 ***Pousada Ponta do Boiador :*** *rua Diogo Móia, en face du* Chalés do Atlântico. ☎ *32-79-00-60.* 📱 *81-11-60-40. Pour 2 pers compter 55-80 Rls.* Structure en bois proposant des chambres tout à fait convenables, avec ou sans TV, frigo et clim', toutes avec salle de bains et balcon face à la mer. Resto en saison.

🏠 🍽 ***Pousada chalés do Atlântico :*** *rua Diogo Móia, 422.* ☎ *32-24-43-54.* 📱 *81-46-79-34. Compter 80 Rls pour 2 pers et 95 Rls pour 4 pers.* On aime bien ce complexe chatoyant avec un resto à l'avant prolongé d'un jardin parsemé de chalets de différentes couleurs. Ceux-ci, pour 2 ou 4 personnes, sont bien arrangés et lumineux, avec tout le confort. Piscine en projet.

🏠 🍽 ***Pousada Marhesias :*** *rua Bertoldo Costa, 47.* ☎ *38-54-11-29.* 📱 *91-59-90-25. Doubles 100 Rls.* Notre adresse la plus chère à Algodoal, mais aussi notre préférée. Une poignée de chambres coquettes et bien équipées à l'arrière d'une maison en bois et en dur. Les proprios, un couple charmant, se débrouillent en anglais et en espagnol. Internet (gratuit) et massages (payants). Excellent petit déj. Enfin, n'hésitez pas non plus à manger au resto, la cuisine est soignée, copieuse et pas très chère !

🍽 🍸 ***Kanotur :*** *voir plus haut « Adresse utile ».* Espace ouvert face à la plage, avec banquettes et tables en bois, jeux, fléchettes, musique jazzy et même de la chanson française à texte, genre *Les Ogres de Barback* ! On y mange très bien et à bon compte. On peut aussi se contenter d'y boire un verre.

🍽 🍸 ***La Dune :*** *praia da Princesa, à 2-3 km du village. Ouv slt en journée.* Il y a d'autres bars-restos sur la plage, mais celui-ci a le mérite d'être ouvert tous les jours. Commandez-y des *unhas de carangueijo* (sorte de beignets de crabe) ou les *camarão ao alho e óleo* (crevettes à l'ail et à l'huile), vous vous en lècherez les pinces !

Où dormir à Marudá ?

Au cas où vous prendriez le dernier bus de Belém et seriez obligé de loger à Marudá, voici une adresse sympa :

🏠 ***Pousada Santa Barbara :*** *av. Euvaldo da Gama Alves (rua Principal), 3.* ☎ *34-66-14-01. Près de la gare routière. Doubles 70 Rls.* Maison entourée d'un jardin planté d'arbres et de plantes, abritant 8 chambres bien propres, avec AC, TV et salle de bains. Deux d'entre elles ont un petit balcon. Petite piscine aussi, espace massage. Petit déj varié, avec pain maison.

Balades et activités sur l'île

➢ En allant vers le nord depuis le village, on parvient à un petit *igarapé.* Traversez-le en barque (1 Rl) et poursuivez jusqu'à la ***praia da Princesa.*** Cette plage fait 14 km de long : quelques cabanes et restos mais surtout des dunes ondulées, et du sable blanc à perte de vue.

➢ De l'*igarapé* qui sépare le village de la *praia da Princesa,* on peut rejoindre, en découvrant les cinq types de végétation de l'île, le ***lago de la Princesa.*** On raconte qu'une sirène qui attire les hommes y vit. Gare à vous !

➢ D'autres circuits et activités sont possibles, comme l'***initiation à la pêche*** ou des ***excursions ornithologiques*** dans le sud de l'île, au cours desquels, avec de la chance, vous verrez peut-être aussi l'un ou l'autre mammifère (*sapajou,* capucin, ocelot, tatou...), des ***balades à cheval*** le long des plages, des ***excursions en bateau et à vélo*** vers les villages de Camboinha et Fortalezinha, et même des ***sorties en kayak de mer,*** avec campement sur la plage. S'adresser à *Kanotur* (cf. « Adresse utile »), qui peut vous organiser tout ça.

LE NORDESTE

Le Nordeste est formé de neuf États alignés sur 3 500 km de côtes. D'ouest en est se suivent les États de Maranhão, Piauí, Ceará, Rio Grande do Norte, Paraíba, Pernambuco, Alagoas, Sergipe et Bahia. Tous ces États possèdent un climat et des caractéristiques géographiques et socio-économiques communs.
Sur tout le littoral, on trouve une zone fertile de 100 km de large, abondamment arrosée, où poussent canne à sucre, coton et cacao. Puis, avant d'aborder le Sertão, s'étendent des régions d'élevage et de cultures moins nobles : manioc, tabac, haricots.
Vaste dépression aride, le Sertão s'étend donc au sud et à l'ouest des États côtiers et au nord du Goiás. Les rivières et fleuves sont à sec la moitié de l'année. La végétation se réduit à des épineux rabougris (la *caatinga*), quelques cactus et aux *juazeiros,* petits arbres qui donnent la seule tonalité verdoyante dans cet environnement gris et brûlé.
Cette région se caractérise surtout par de grosses poches de pauvreté aggravée par les sécheresses périodiques. Les cultures sont en grande partie liées aux caprices du temps. Pire que la sécheresse cependant, ici sévit le système latifundiaire, cette féodalité de la terre qui maintient en esclavage plus de vingt millions de paysans. Le contrôle de la terre et de l'eau par une minorité de propriétaires terriens et de grands industriels est la cause principale de la pauvreté nordestine. Ce n'est pourtant pas la surface qui fait défaut, mais 70 % de la terre appartiennent à 4 % de gros propriétaires. Dans la région coexistent côte à côte des structures traditionnelles et des industries et agro-industries modernes qui doivent devenir des pôles de dynamisme économique. La concentration des revenus aggrave le cadre d'isolement et de pauvreté de la majorité de la population.
Au moment de la création, en 1960, de la Superintendance du développement du Nordeste *(SUDENE),* la population du Nordeste comprenait environ 22 millions d'habitants ; aujourd'hui, elle est de 47 millions, dont la majorité (deux tiers) vit dans les zones urbaines. La croissance incontrôlée des villes, dès le début de la dictature militaire en 1964, est une conséquence de la déstructuration agraire et de l'aggravation de la concentration des richesses. Malgré les changements survenus dans le Nordeste au cours des quarante dernières années, la situation sociale de la région est encore très mauvaise. Selon l'Indice de développement humain (IDH) de l'ONU, les neuf États nordestins présentent des résultats inférieurs à la moyenne brésilienne. Parmi les dix plus petits IDH du Brésil, huit se situent dans le Nordeste. Les plus hauts taux de mortalité infantile et la plus courte espérance de vie, eux aussi, se rencontrent dans le Nordeste. Quant à la pauvreté au Nordeste, elle touche 46 % de la population totale pour 23 % dans le Sudeste.

LE CYCLE DU SUCRE

Historiquement et économiquement, le Brésil est né au Nordeste. La culture de la canne à sucre, exploitée de façon extensive dans les États du Pernambuco et de Bahia pendant près de deux siècles, a généré une forme d'organisation économique et sociale particulière : l'*engenho,* ou « moulin à sucre », dont il subsiste aujourd'hui encore de nombreuses caractéristiques dans les *latifundias,* et qui a marqué les rapports sociaux de façon définitive. La main-d'œuvre principale était formée d'esclaves noirs, les Indiens ne présentant pas suffisamment de résistance. Ils vivaient dans des conditions très dures et misérables. Mieux traités étaient les métis, les *mulatos,* à qui l'on confiait des tâches plus techniques, moins pénibles. On disait à l'époque : « Le Brésil est l'enfer des Noirs, le purgatoire des Blancs et le paradis des *mulatos.* » Au XIXe s, le sud du Brésil se mit à la canne à sucre, les cours chutèrent et beaucoup d'*engenhos* furent ruinés, faute de solution de rechange à la monoculture de la canne. Cela ne fit qu'accélérer la concentration de la propriété et le pouvoir de quelques familles de latifundistes et propriétaires d'usines de raffinage. Les *coroneis* devinrent industriels, et leur puissance sur les institutions s'accrut jusqu'à aujourd'hui.

LES *QUILOMBOS*

Mal nourris, épuisés, les esclaves noirs des *engenhos* devaient aussi subir des châtiments corporels inhumains comme la *novena.* Cette punition, infligée pour le vol d'un quignon de pain, consistait à être fouetté pendant neuf nuits d'affilée. Beaucoup mouraient avant la fin du supplice, aussi les évasions étaient-elles nombreuses. Les esclaves se réfugiaient à l'intérieur des terres et formaient des *quilombos,* communautés indépendantes capables de se défendre et d'organiser l'évasion d'autres esclaves. L'État d'Alagoas possédait la plus grosse concentration de *quilombos.* L'un d'entre eux comptait jusqu'à 10 000 maisons. La résistance de leurs habitants fut longue et héroïque. Les colons portugais durent lever de véritables armées, composées principalement de *bandeirantes* déjà rompus aux dures conditions du Sertão, pour éliminer les *quilombos.* Les derniers chefs se suicidèrent plutôt que de se rendre. Les exploits de ces communautés donnèrent lieu à toute une culture populaire, dont la *littérature de Cordel,* des chansons, des pièces de théâtre, etc.

LE *CORONEL*

Héritier du « seigneur de l'*engenho* », le *coronel* régna – de la moitié du XIXe s jusqu'aux années 1930 environ – sur les terres arides de l'intérieur. L'esclave noir fut ici remplacé par le *caboclo* (métis de Blanc et d'Indien), mieux accoutumé aux dures conditions d'existence du Sertão. À la tête d'une immense exploitation régie par un système patriarcal très hiérarchisé, le *coronel* est un chef de bande lorsqu'il s'agit de piller un voisin plus faible ou de s'emparer de terres convoitées, mais aussi... juge et parfois chef spirituel ou religieux de la région. L'activité principale de ces grandes fermes était l'élevage. En cas de sécheresse catastrophique, le petit éleveur voyait mourir ses bêtes, et son endettement et sa dépendance vis-à-vis du *coronel* augmentaient au point de le rendre à son tour esclave à vie ou d'être obligé de fuir avec sa famille vers d'autres régions pour survivre.

LE *CANGACEIRO*

Dans ce contexte de misère et de lutte contre la faim est apparu son corollaire inévitable : le bandit de grand chemin, le *cangaceiro,* immortalisé par les films de Glauber Rocha, *Le Dieu noir et le Diable blond,* ou *Antônio das Mortes,* du nom d'un des *cangaceiros* des années 1910-1920. Au bandit pilleur et sanguinaire se juxtaposa souvent l'image du redresseur de torts au grand cœur, un Robin des Bois du Sertão, en quelque sorte. En l'absence de justice légale, n'importe qui pouvait être amené à se défendre contre un *coronel* tyrannique et ainsi devenir hors-la-loi.

Une mystique religieuse ou une foi fiévreuse animait souvent les *cangaceiros,* donnant là encore des héros pittoresques dont la littérature de Cordel raconte les exploits.
Un des plus célèbres fut Lampião, devenu *cangaceiro* pour se venger du meurtre de ses parents par la police. Pendant quinze ans, il tint tête avec sa troupe aux forces de l'« ordre » et terrorisa les gros propriétaires. Il était adoré du peuple, ainsi que sa compagne Maria Bonita. En 1930, ils flirtèrent tour à tour avec l'insurrection communiste et avec des bandes répressives, avant de poursuivre leur aventure. Tout le *cangaço* de Lampião finit décapité par la police, et leurs têtes furent exposées publiquement en 1936.

UNE FIGURE TRAGIQUE D'AUJOURD'HUI : LE *POSSEIRO*

Ruiné par la sécheresse, le plus souvent dépossédé de sa terre, le *flagelado,* le petit paysan du Nordeste, n'a plus aujourd'hui qu'à rejoindre les favelas des grandes villes ou à aller toujours plus loin chercher une terre plus favorable. Il en colonise de nouvelles, sans papiers légaux, et obtient au bout d'un an et un jour le droit d'y rester : un droit de propriété symbolique par l'usage. Il devient *posseiro.* Mais la boulimie des grands propriétaires et des multinationales (comme en Amazonie) ne connaît plus de limites. Ils avancent dans le Sertão comme un rouleau compresseur, marquant les territoires conquis de nouveaux désastres écologiques. Les cultures vivrières sont abandonnées au profit des élevages ou des cultures extensives. Tout est rationalisé, mécanisé, les arbres abattus au risque de provoquer un dangereux déséquilibre de la nature. Il arrive aussi que le *fazendeiro* ne produise rien et qu'il n'acquière de nouvelles terres que dans un but spéculatif.
Le petit paysan qui a défriché la forêt, mis en valeur une terre ingrate pendant cinq, dix ou vingt ans, le *posseiro,* donc, devient l'ennemi... On lui propose d'abord une indemnisation à l'amiable, souvent ridicule. S'il refuse, c'est l'escalade des moyens de pression. Avec la complicité de juges, d'avocats et de *cartórios* (notaires) corrompus, les *fazendeiros* mettent en avant de faux titres de propriété. Si cela ne suffit pas, les *pistoleiros,* des tueurs embauchés pour la circonstance, passent à l'action. Les arrestations par la police et l'armée, à la solde des *fazendeiros,* se multiplient. Les *posseiros* arrêtés se voient contraints de signer l'acte de vente de leurs terres, parfois même des feuilles en blanc. Le dernier acte de ces spoliations est plus terrible encore : lorsque le besoin en main-d'œuvre se fait sentir, les *pistoleiros* partent à la recherche de journaliers, et le *posseiro* dépossédé revient travailler sur sa propre terre sous la menace des fusils. On a vu tous les hommes d'un village emmenés de force dans des camions.
Face à cette situation, l'Église catholique s'est rangée du côté des *posseiros.* Un début de résistance s'est manifesté, avec l'aide d'avocats progressistes, et certains journaux importants ont décidé d'informer sur la situation du Nordeste et en particulier du Pará. Ricardo Kotscho, journaliste à la *Folha de São Paulo,* a d'ailleurs obtenu le prix Wladimir Herzog (du nom d'un confrère mort sous la torture policière) pour son livre *Le Massacre des posseiros* (Syros, 1983).
L'action de l'Église progressiste, sous-tendue par des hommes comme l'archevêque de Recife, dom Helder Câmara, ou celui de Fortaleza, dom Aloyso Lorscheider, a permis de faire naître un vaste mouvement de solidarité des paysans, le *mouvement des Sans-Terre,* né dans le Rio Grande do Sul dans les années 1980, qui lutte pour une réforme agraire qui résoudrait enfin le drame du Nordeste et de ses misérables émigrés entassés dans les capitales. En 1988, se crée la *CUT* rurale, premier syndicat libre de travailleurs ruraux, qui rassemble aujourd'hui près de dix millions d'adhérents. Depuis 1990, les élections montrent que l'autorité absolue des *coroneis* et des puissances financières sur les institutions du Nordeste n'est pas inéluc-

table. La question de la réforme agraire est plus que jamais au cœur de tous les enjeux brésiliens, et fait d'ailleurs partie des priorités du nouveau gouvernement.

UNE CULTURE, DES TRADITIONS VIVANTES

C'est dans cette région du Nordeste que vous sentirez le cœur du Brésil caraïbe et *caboclo* battre au travers de nombreuses fêtes populaires et manifestations religieuses et culturelles. Un phénomène de retour aux sources de leur civilisation amène les habitants du Nordeste à redécouvrir leur identité grâce aux rites afro-brésiliens du *candomblé* et à l'héritage indien de l'*umbanda,* au vrai carnaval, aux légendes et à la mémoire populaire mises en scène dans les fêtes. São Luís, Recife et Salvador da Bahia, trois étapes inoubliables, et même obligatoires, de votre périple brésilien, pour appréhender cette chaleureuse et extraordinaire réalité qu'est le Nordeste.

LE MARANHÃO

SÃO LUÍS DO MARANHÃO

870 000 hab. IND. TÉL. : 098

Une très belle ville coloniale, qui vécut longtemps de façon discrète du fait de sa situation géographique reculée. Son faible développement industriel et son isolement lui ont épargné le massacre de son centre historique, aujourd'hui toujours intact : une avalanche de toits de tuiles patinées, rongées par l'air salin, chapeautant les splendides façades à azulejos des *sobradões* (maisons bourgeoises). Au fil des rues pentues qui réservent des points de vue plongeants, dans l'été permanent de cette ville qui somnole et rêve au passé, vous effectuerez une des plus belles balades à pied de votre séjour.

Le centre colonial de la ville, aujourd'hui en grande partie restauré mais presque inhabité, fait de São Luís l'une des capitales historiques les plus fascinantes du Brésil, comme un théâtre peuplé d'ombres et de vivants. Le *Projeto Reviver,* ce grand programme de rénovation du centre historique entamé dans les années 1980, se poursuit toujours et a valu à São Luís d'être classée au Patrimoine mondial de l'humanité par l'Unesco.

Sous ses aspects endormis, São Luís est une ville peuplée d'habitants qui vivent pour la plupart dans les *povoados* et cités de la Cohab (programme social d'accès à la propriété) ou dans la partie moderne de la ville, de l'autre côté du fleuve Anil, tout en travaillant au centre.

Africaine et équatoriale autant que Belém est indienne, c'est une ville qui semble ne pas connaître le stress des grandes métropoles brésiliennes. São Luís, un rythme indolent, doublé d'une gentillesse qui vous charmera. Vous découvrirez à travers les fêtes populaires, uniques au Brésil, l'âme authentique de ce peuple. Et puis il y a Alcântara, un lieu indéfinissable, une atmosphère magique, étrange...

UN PEU D'HISTOIRE

« Saint-Louis » fut fondée en 1612 par les Français et nommée ainsi en l'honneur du roi Louis XIII. Ceux-ci n'y restèrent toutefois que trois ans en laissant le souvenir d'une colonisation sans esclavage. Même si, par la suite, les Hollandais occupèrent également la ville, les habitants de São Luís se souviennent surtout de la pré-

sence française et vous signalent fièrement que le sieur Daniel de La Touche, seigneur de La Ravardière, fondateur de la ville, possède sa statue près de la mairie. D'ailleurs, jetez un coup d'œil à l'annuaire téléphonique, vous serez surpris par le nombre de « França ». Longtemps une des villes les plus importantes (au XIXe s, 3e ville du pays, bien avant São Paulo), São Luís connut une vie artistique et littéraire riche et vivante. On la surnommait « l'Athènes brésilienne ». Elle a produit de grands noms de la littérature et de la poésie : *Gonçalves Dias, Aluiso Azevedo,* et l'un des leaders du courant moderniste dans les années 1920 : *Graça Aranha.*
Aujourd'hui, la ville vit principalement du tourisme et de son port minéralier, lié au gisement de fer d'Itaqui, exploité par la puissante *Companhia Vale do Rio Doce.* Longtemps fief de l'ex-président Sarney, qui en fut gouverneur et sénateur, c'est aujourd'hui celui de sa fille, Roseane Sarney (sénateur mais plus gouverneur), histoire de montrer qu'ici, modernité ou pas, le pouvoir reste une affaire de famille. Ce côté monarchique explique certaines fantaisies, comme le changement du nom des rues... peu pratique quand les plans de ville et les habitudes ne suivent pas. En fait, c'est un vrai casse-tête : tous les plans sont différents et les échelles sont franchement fantaisistes. Si un certain nombre de rues ont changé d'appellation officielle, la signalisation n'a pas toujours été modifiée. Bon courage !
À noter que São Luís se divise en deux parties reliées par un pont : la vieille ville coloniale *(centro histórico),* où se trouvent la majorité de nos adresses, et la ville nouvelle *(São Francisco),* tirée au cordeau, plantée d'immeubles hétéroclites, et dont l'intérêt unique réside dans les plages.

Arriver – Quitter

En avion

✈ ***Aéroport Marechal Cunha Machado*** *(hors plan par D3) : av. Santos Dumont ; à 18 km du centre, au sud-est de la ville. ☎ 32-17-61-02, 39 ou 21.* On y trouve un kiosque d'infos touristiques *(en principe, tlj 24h/24).* Dispose d'un plan de São Luís. Distributeurs de billets acceptant les cartes *Visa* et *MasterCard,* poste et agences de location de voitures.
➢ Liaisons régulières notamment avec les Cies *Tam* et *Gol*. Vols pour ***Belém, Santarém, Manaus, Natal, Fortaleza, Salvador, Imperatriz, Rio, Brasília, São Paulo*** et ***Recife.***

Pour gagner le centre

➢ ***En taxi :*** avec la coopérative de taxis *Coopertáxi (☎ 32-45-44-04).* Prix fixes, et on paie à l'avance. Compter env 30 Rls (12 €) pour rejoindre le centre historique.
➢ ***En bus :*** pour le centre-ville, prendre le bus *São Cristovão* (sur la gauche en sortant de l'aéroport). Circule tlj, 6h-21h ; départ ttes les 30 mn env. Passe par la praça Deodoro *(plan C2)* et rejoint le *terminal urbano da integração (terminal des bus de la ville ; plan A2,* ***1****).*

En bus

🚌 ***Rodoviária*** *(hors plan par D3,* ***2****) : av. dos Franceses (à 10 km env du centre historique). ☎ 32-49-24-88 ou 07-78.* Sur place, petit kiosque d'infos touristiques. Pour vous y rendre, prendre le bus « Rodoviária » au *terminal urbano da integração (terminal des bus de la ville ; plan A2,* ***1****)* ou sur la *praça Deodoro*. En taxi, env 15 Rls (6 €). On peut réserver son billet dans certaines agences de voyages du centre.
➢ ***Pour Belém :*** à 840 km et 12h de route ; 2 bus/j. dont 1 de nuit. Cie *Transbrasiliana.*
➢ ***Pour Fortaleza :*** à 1 080 km et 18h de route ; 2 bus/j. (l'un en fin de mat, l'autre en fin d'ap-m). Cie *Guanabara.*
➢ ***Pour Tianguá :*** 12h de route ; 2 bus/j. Cie *Guanabara.*

➢ ***Pour Barreirinhas :*** à 270 km et 5h-6h de route ; 3 bus/j. *Cie Cisne Branco.*
➢ ***Pour Natal :*** 1 bus/j. *Cie Progresso.*
➢ ***Pour Recife :*** à 1 650 km et 24h de route ; 2 bus/j. avec la *Cie Progresso.*
➢ ***Pour Salvador :*** 1 bus/j., mais changer à Feira de Santana. *Cie Itapemirim.*
➢ ***Pour Rio :*** à 3 200 km... dur ! 1 bus/j. *Cie Itapemirim.*
➢ ***Pour Brasília :*** à 2 250 km et 40h de route ; 1 bus/j. *Cie Transbrasiliana.*

En bateau

Terminal hidroviário *(plan A2) : av. Beira Mar. ☎ 32-32-06-92.* Bateaux pour ***Alcântara.*** Voir le chapitre qui lui est consacré, plus loin.

Adresses utiles

Informations touristiques

Office du tourisme *(plan A2) : praça Benedito Leite (Centro). ☎ 32-12-62-11. • saoluis.ma.gov.br • Lun-ven 8h-19h, w-e 9h-14h.* Accueil aimable, en portugais seulement, mais peu d'infos disponibles. Carte du centre historique (en vente). Un autre à la *rodoviária (hors plan par D3)* pendant le carnaval.
– Infos également sur le site : *• guiasao luis.com.br •*

Poste et télécommunications

✉ ***Poste centrale*** *(plan B2) : praça João Lisboa, 302. Lun-ven 8h-17h, sam 8h-12h.*
■ ***Téléphone international*** *(plan B2, 3) :* Banco do Service, *rua da Nazaré, 227 (Centro). Lun-ven 8h-18h, sam 8h-12h.*
@ ***Internet*** *(plan A2, 4) :* ***Poeme-Se,*** *rua*

■ Adresses utiles

- ✈ Aéroport
- Office du tourisme
- ✉ Poste centrale
- 1 Terminal urbano da integração
- 2 Rodoviária
- Terminal hidroviário
- 3 Téléphone international
- @ 4 Internet
- 5 Banco do Brasil
- 6 Consulat honoraire de France et Casa França-Maranhão
- 7 Agence Terra Nordeste
- @ 10 Auberge de jeunesse Solar das Pedras
- @ 14 Pousada Portas da Amazônia

Où dormir ?

- 10 Auberge de jeunesse Solar das Pedras
- 12 Lord Hotel
- 13 Hôtel Sol Nascente
- 14 Pousada Portas da Amazônia
- 15 Pousada do Francês
- 16 Pousada Colonial

Où manger ?

- 21 Naturista Alimentos
- 22 Padaria de Valery
- 23 Antigamente et Papagaio Amarelo
- 24 Dom Francisco
- 25 Senac
- 26 O Armazém da Estrela
- 27 Le Bistrot *(plan nord)*

Où boire un verre ? Où sortir ?

- 23 Antigamente
- 26 Café do Armazém
- 30 Café-bar O31
- 31 Bar do Porto

À voir

- 40 Centro de Criatividade Odylo Costa Filho
- 42 Museu de Artes visuais

Achats

- 50 Antigo Casa das Tulhas
- 51 Mercado Central

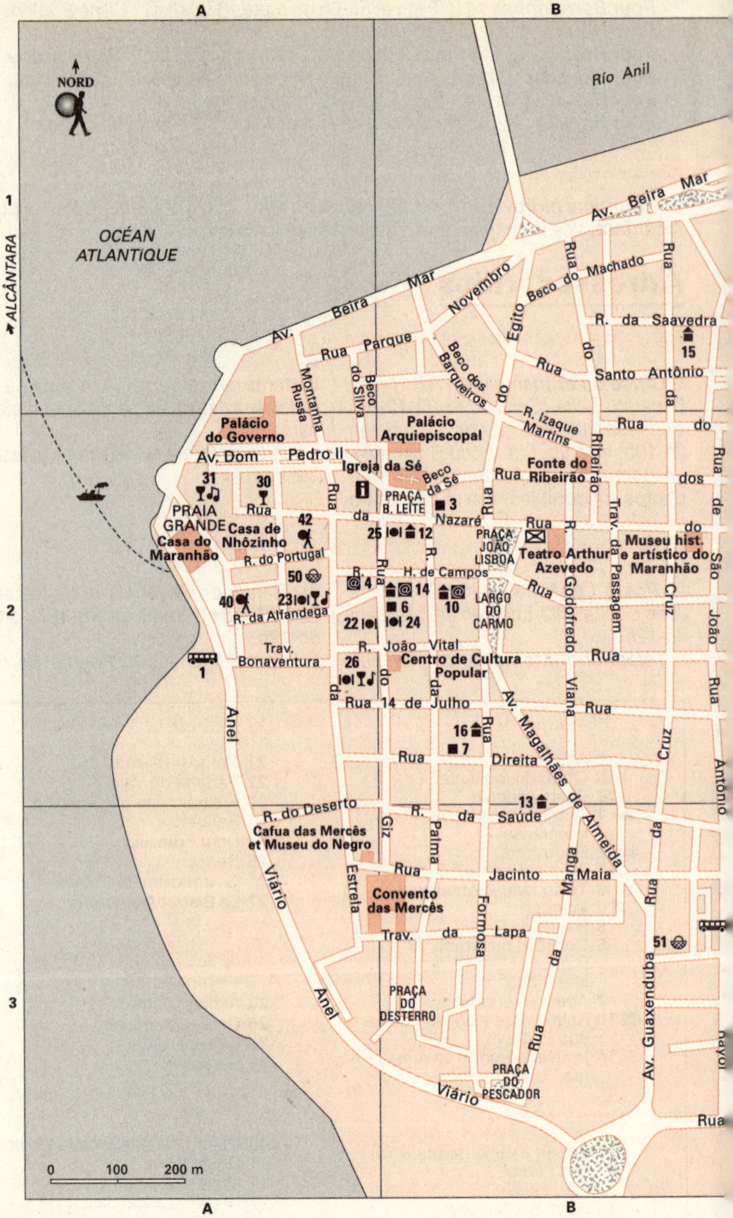
A
B
1
2
3
NORD
OCÉAN ATLANTIQUE
ALCÂNTARA
Río Anil
Av. Beira Mar
Rua Parque
Novembro
Beco do Machado
Rua Montanha Russa
Beco do Silva
Beco dos Barqueiros
Rua do Egito
R. da Saavedra
Rua Santo Antônio
Rua do Ribeirão
Rua da Cruz
R. Izaque Martins
Palácio do Governo
Palácio Arquiepiscopal
Av. Dom Pedro II
Igreja da Sé
Beco da Sé
PRAÇA B. LEITE
Rua da Nazaré
Fonte do Ribeirão
Rua dos
Rua de São João
PRAIA GRANDE
Casa de Nhôzinho
Casa do Maranhão
R. do Portugal
PRAÇA JOÃO LISBOA
Teatro Arthur Azevedo
Museu hist. e artístico do Maranhão
R. H. de Campos
Trav. da Passagem
R. Godofredo Viana
R. da Alfandega
LARGO DO CARMO
R. João Vital
Trav. Bonaventura
Centro de Cultura Popular
Rua 14 de Julho
Rua do Giz
Rua da Palma
Av. Magalhães de Almeida
Rua Direita
Rua Formosa
Anel Viário
R. do Deserto
R. da Saúde
Cafua das Mercês et Museu do Negro
Rua Jacinto Maia
Rua da Estrela
Convento das Mercês
Trav. da Lapa
Rua da Manga
PRAÇA DO DESTERRO
PRAÇA DO PESCADOR
Av. Guaxenduba
Rua Antônio
Rua
31
30
42
25
12
3
50
4
14
10
40
23
6
22
24
26
1
16
7
13
15
51
0
100
200 m

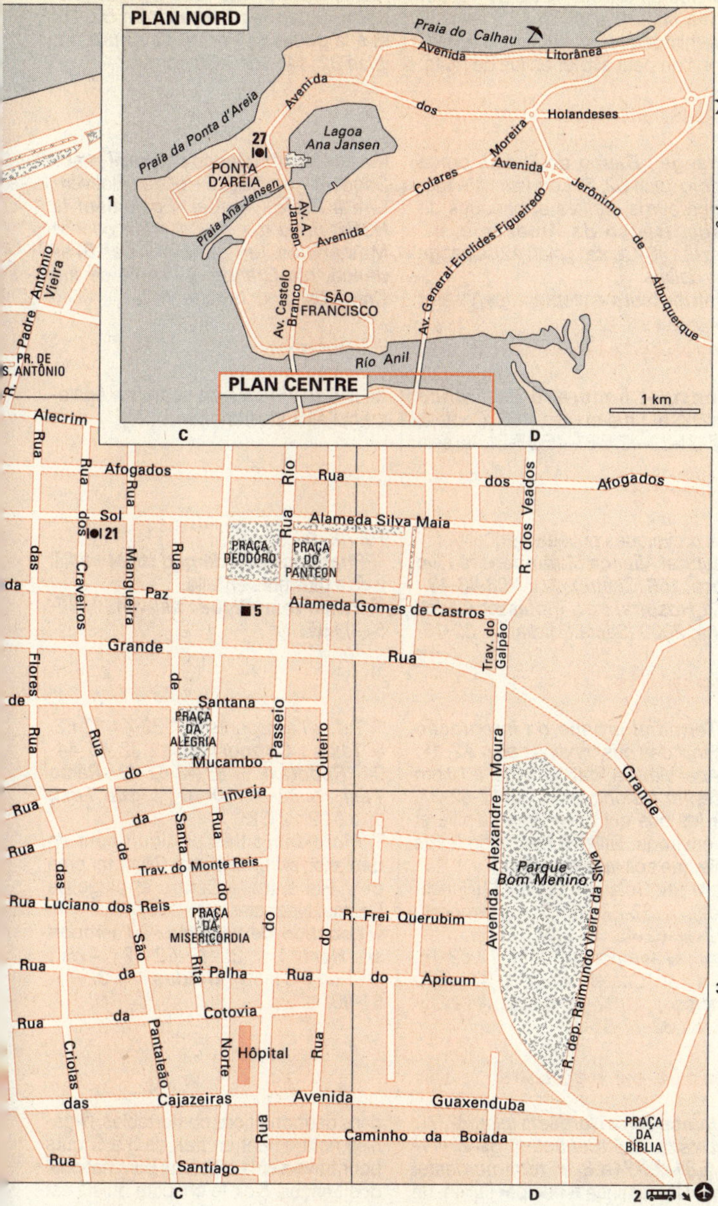

SÃO LUÍS DO MARANHÃO

João Gualberto, 52. ☎ 32-21-18-69. Lun-ven 8h-18h, sam 8h-12h. Dans le centre historique, un cybercafé agréable, où l'on peut siroter un jus de fruits.

Accès également à l'***auberge de jeunesse Solar das Pedras*** *(plan B2,* ***10****)* et à la ***pousada Portas da Amazônia*** *(plan B2,* ***14****)*, voir « Où dormir ? ».

Argent, change

■ ***Change : Banco do Brasil,*** *praça Deodoro (plan C2,* ***5****). Lun-ven 10h-15h. Change euros, dollars et chèques de voyage.* ***Banco da Amazônia,*** *av. Pedro II, 140 (Centro ; plan A2). Change slt les dollars.*

■ ***Distributeurs*** *acceptant les* Visa et MasterCard à la ***Banco do Brasil*** *(praça Deodoro – plan C2,* ***5*** *– et trav. Boaventura à Praia Grande). Également la* ***HSBC*** *de la rua do Sol, 105, pour la* MasterCard *(en général...) et* ***Bradesco,*** *rua Grande (à l'angle de rua Craveiros), pour la carte* Visa.

Représentation diplomatique

■ ***Consulat honoraire de France*** *(plan B2,* ***6****)* ***:*** *rua do Giz, 139 (Centro). ☎ 32-21-39-42. 📱 81-45-97-21.* Au sein de la Casa França où se trouve également l'Alliance française.

Urgences

■ Deux cliniques privées de qualité :
– ***Hospital Alianca Maranhão :*** *rua Rio Branco, 156 (Centro). ☎ 21-06-43-13.*
– ***UDI Hospital :*** *av. Professor Carlos Cunha, 2000 (Santa Eulalia). ☎ 32-16-79-79.*

■ ***Pharmacies Redemed :*** *tlj 24h/24.* Il y en a plusieurs en ville.

■ ***Police touristique :*** *lun-ven. ☎ 32-54-03-17.*

Transports

🚌 ***Terminal urbano da integração*** *(terminal des bus urbains ; plan A2,* ***1****)* ***:*** *rua Anel Viário à Praia Grande, à 10 mn du centre historique. ☎ 32-12-62-31.* Pour les bus qui desservent la ville et ses environs. Billet à moins de 2 Rls quelle que soit la destination.

■ ***Tam :*** *av. Colares Moreira, 23 (Renascença). ☎ 32-27-08-16. À l'aéroport : ☎ 32-17-62-45.*

■ ***Gol :*** *à l'aéroport slt. ☎ 32-17-62-16.*

■ ***Bra :*** *av. Castelo Branco, 333 (São Francisco). ☎ 32-35-01-12. À l'aéroport : ☎ 32-17-61-75.*

■ ***Taf :*** *à l'aéroport slt. ☎ 32-44-12-62.*

■ ***Taxis : Coopertáxi,*** *☎ 32-45-44-04 ;* ***Rodotáxi,*** *☎ 32-43-42-42 ;* ***Rádio Táxi,*** *☎ 32-31-10-10 ;* ***Ligue Táxi,*** *☎ 32-22-22-22.*

■ ***Moto-taxi :*** très pratique pour se déplacer, si l'on est seul. Compter près de 7 Rls entre le Centro et plage de Calhau. Négocier.

■ ***Location de voitures :*** *à l'aéroport slt.* ***Hertz :*** *☎ 32-17-62-22 ;* ***Avis :*** *☎ 32-17-61-80 ;* ***Unidas :*** *☎ 32-17-61-90.*

Agence de voyages

■ ***Agence Terra Nordeste*** *(plan B2,* ***7****)* ***:*** *rua Direita, 295 (Centro). ☎ 32-21-11-88. 📱 81-25-74-08. • terra-nordeste.com •* Une agence tenue par Julien, un Français et son épouse brésilienne Carmen, très sympas. Circuits itinérants à la carte dans le Nordeste, de 3 à 8 jours, très axés sur l'écotourisme. Logement dans des conditions confortables. Organise notamment un trek de 3 à 5 jours pour traverser le fabuleux parc national dos Lençóis (voir le chapitre qui lui est consacré, plus loin). Peut vous proposer plusieurs guides accompagnateurs qui parlent le français, l'anglais ou l'espagnol. Propose également des itinéraires à la carte dans tout le Brésil. Très bonnes prestations, mais prévoir un budget confortable, la qualité a un prix...

Divers

■ ***Casa França-Maranhão*** *(Alliance française ; plan B2,* ***6****)* ***:*** *rua do Giz, 139 (Centro). ☎ 32-31-61-16 ou 32-21-39-42. • afsaoluis.com.br • Lun-jeu 8h-20h, ven 9h-18h, sam 8h30-12h30.* Différentes activités culturelles.

Où dormir ?

Inutile de dormir dans la ville nouvelle, qui ne présente pas d'intérêt et où vous vous sentirez vite éloigné de tout. Toutes nos adresses sont donc localisées dans le centre historique. Mais pas de souci, la plupart d'entre elles sont suffisamment éloignées du cœur de l'animation nocturne pour garantir le calme.

De bon marché à prix moyens (20-90 Rls / 8-36 €)

Auberge de jeunesse Solar das Pedras *(plan B2,* ***10****)* ***:*** *rua da Palma, 127. ☎ 32-32-66-94. • ajsolardaspedras.com.br • Avec ou sans la carte, doubles 40-50 Rls et 15-18 Rls/pers en dortoir de 4-6 lits, petit déj compris.* Une agréable AJ dans un ancien bâtiment restauré de manière sympathique (murs de pierre) et très bien tenue. Salle de bains commune (dortoirs) ou privée (chambres doubles). Ventilo et parfois moustiquaire. Éviter celles situées à côté du salon, où la TV peut veiller jusqu'à des heures tardives. Laverie, cuisine en commun. Accès Internet même pour les non-résidents.

Lord Hotel *(plan B2,* ***12****)* ***:*** *rua de Nazaré (ex-Joaquim Távora), 258. ☎ 32-21-46-55. • lord@elo.com.br • En plein centre. Doubles 65-80 Rls, petit déj inclus.* Toutes avec salle de bains commune, w-c et ventilo. AC pour les plus chères. Un hôtel au lustre quelque peu flétri, où l'atmosphère est un peu tristounette et l'accueil parfois nonchalant. Malgré tout, les chambres sont correctement tenues, cependant mieux vaut en voir plusieurs. Fera l'affaire pour un bref séjour.

Hôtel Sol Nascente *(plan B2-3,* ***13****)* ***:*** *rua da Saúde, 211. ☎ 32-22-43-29. • hotelsolnascente@hotmail.com • À deux pas du centre et calme. Doubles env 70 Rls, petit déj inclus.* Toutes avec sanitaires privés. Préférez celles du haut avec ventilo ; au rez-de-chaussée, elles ont l'AC mais pas de véritable fenêtre et s'avèrent un peu chères pour le confort. Petite piscine.

De plus chic à chic (100-190 Rls / 38-72,20 €)

Pousada Portas da Amazônia *(plan B2,* ***14****)* ***:*** *rua do Giz, 129. ☎ 32-22-99-37. • portasdaamazonia.com.br • Doubles 120-190 Rls selon taille et saison ; réduc de 10 % au-delà de 3 nuits.* Une demeure du XIXe s superbement restaurée qui propose une trentaine de chambres joliment décorées. Hauts plafonds, beaux parquets cirés, murs de pierre, déco sobre qui allie avec succès la patine de l'ancien et quelques touches contemporaines. Petit déj servi dans une courette verdoyante. Bien entendu, le confort est au rendez-vous. Une adresse de charme au cœur du centre historique qui séduira les amoureux d'authenticité. En revanche, le week-end, éviter absolument les chambres qui donnent sur la cour à l'arrière à cause de la présence d'une boîte de nuit... Nuit blanche garantie !

Pousada do Francês *(plan B1,* ***15****)* ***:*** *2 entrées, rua 7 de Setembro, 121 (ex-rua da Cruz) ou rua Saavedra, 160. ☎ 32-31-48-44. • pousada@elo.com.br • Résa conseillée. Doubles env*

135 Rls. Bel édifice du XVIIIe s à la façade rose, dans un quartier calme et agréable. Chambres confortables, très clean et sans coup de barre. Excellent petit déj. Accueil pro. Un petit bémol toutefois pour la salle du resto, qui donne un peu le bourdon avec ses grosses pierres sombres... pas franchement idéal au réveil !

🏠 ***Pousada Colonial*** *(plan B2, **16**) : rua Formosa (ex-Alfonso Pena), 112. ☎ 32-32-28-34. • clickcolonial.com.br • Doubles 110 Rls ; 10 % de réduc en payant cash.* Chambres avec salle de bains, téléphone, TV, AC et frigo-bar. Belle maison coloniale rénovée, à la façade couverte d'azulejos jaunes et bleus. Agréable patio autour duquel on prend un copieux petit déj. Si les parties communes ne manquent pas de charme (briques, parquets cirés), les chambres, en revanche, ont une atmosphère plus classique. Certaines sont même un peu petites. Du coup, les prix nous ont paru un chouia surestimés. Accès Internet.

Où manger ?

Dans le centro histórico

Bon marché (moins de 15 Rls / 6 €)

|●| ***Naturista Alimentos*** *(plan C2, **21**) : rua do Sol, 517. ☎ 32-21-03-18. À deux pas du Musée historique. Lun-ven, midi slt.* Bon resto populaire et végétarien *ao kilo*, où de simples ventilos s'efforcent énergiquement de rendre l'atmosphère plus légère. Bon accueil.

|●| ***Padaria de Valery*** *(plan A2, **22**) : rua do Giz, 164. Lun-sam 7h-21h.* Boulangerie-pâtisserie tenue par un Français. Pour les nostalgiques du croissant au petit déj.

Prix moyens (15-30 Rls / 6-12 €)

|●| ***Antigamente*** *(plan A2, **23**) : rua da Estrela, 220 (Praia Grande). ☎ 32-32-39-64. Lun-sam 10h-2h.* Le soir, on est au cœur de l'animation du centre historique ! Les tables envahissent l'agréable petite rue pavée et ne tardent pas à se remplir. C'est alors un joyeux brouhaha plein de vie. Les poètes s'y donnent rendez-vous, les meilleurs musiciens s'y produisent certains soirs *(couvert artístico)* et les touristes de passage sont ravis. On peut débuter par une *caïpirinha* plutôt généreuse. Puis on a le choix : soupes, salades, pizzas, poissons grillés ou plus cuisinés, ou encore *feijoada* (le samedi midi seulement). Et c'est très bon !

|●| ***Papagaio Amarelo*** *(plan A2, **23**) : rua da Estrela, 210 (Praia Grande). ☎ 32-21-38-55. Tlj midi et soir sf lun.* Resto-pizzeria connu surtout pour sa terrasse donnant sur une rue piétonne, toujours animée le soir. Bonne cuisine bien ficelée *ao kilo* le midi, à la carte le soir. Généreuses salades pour deux, pizzas au feu de bois. Musique *ao vivo* le soir, en terrasse.

|●| ***Dom Francisco*** *(plan B2, **24**) : rua do Giz, 155. Tlj midi et soir sf dim.* Un resto aux vénérables murs de pierre et aux tables recouvertes de nappes blanches. L'ensemble est propret. Intéressant le midi pour sa formule *ao kilo*. Le soir (à la carte seulement), c'est un peu plus cher.

Plus chic (30-50 Rls / 12-20 €)

|●| ***Senac*** *(plan B2, **25**) : rua da Nazaré, 242. ☎ 32-32-20-44.* Resto de l'école hôtelière du Maranhão, dans une très belle maison du XVIIIe s et un cadre chic. Cuisine parfois excellente, parfois moins, mais prix raisonnables pour le niveau. Service un peu emprunté des élèves qui sont pleins de bonne volonté.

O Armazém da Estrela *(plan A2,* **26***)* **:** *rua da Estrela, 401.* ☎ *32-54-12-74. Fermé sam midi et dim. Menu unique env 25 Rls le midi ; le soir, carte à près de 60 Rls.* Dans cette belle salle élégante au 1er étage d'un bâtiment du XVIIIe s, on savoure l'une des meilleures cuisines de São Luís. La formule du midi, avec entrée, plat et dessert, est avantageuse, mais on vous conseille d'y venir le soir. La carte s'étoffe et offre un large éventail de la diversité de la cuisine brésilienne. C'est raffiné, le service est discret et attentionné, sans être guindé. Pour une pause gastronomique en amoureux.

Dans la ville nouvelle *(Ponta d'Areia)*

Le Bistrot *(plan nord,* **27***)* **:** *rua Miosotis, 3, Qd 13, Ponta d'Areia.* ☎ *32-35-06-65. Juste à côté de l'hôtel* Praia Ponta d'Areia, *à 100 m en retrait de l'av. qui mène de São Francisco à Praia de Calhau. Tlj midi et soir sf lun. Env 30 Rls le repas.* Resto français assez excentré, certes, mais que ne ferait-on pas pour retrouver la saveur d'un filet mignon ou d'une côtelette de veau au poivre ? Pizzas au feu de bois également.

Où boire un verre ? Où sortir ?

São Luís est une ville qui cultive intensément une réputation de centre de la musique reggae dans le Nordeste. Ne vous étonnez pas de croiser, le soir, des petits groupes de fans aux dreadlocks rasta dans certains bars, vénérant la mémoire du grand Bob Marley.

Dans le centro histórico

Rua da Estrela *(plan A2)*, dans ce quartier piéton, plusieurs ***cafés*** font terrasse commune avec musique *ao vivo*. Avec les deux ou trois rues adjacentes, c'est là essentiellement que, le soir, touristes de passage et ceux qui n'ont pas su repartir, étudiants, noctambules et poètes, faux ou vrais, se retrouvent. On peut se poser notamment à la terrasse du bar-resto ***Antigamente*** *(plan A2,* **23** ; voir « Où manger ? », plus haut).

Café do Armazém *(plan A2,* **26***)* **:** *rua da Estrela, 401.* ☎ *32-31-74-31. Mar-sam de 16h jusqu'aux derniers clients.* Un genre de café-concert très sympa, installé dans une ancienne demeure aux murs de pierre. Concerts de samba principalement le week-end à partir de 22h *(couvert artístico)*.

Café-bar O31 *(plan A2,* **30***)* **:** *rua de Nazaré, 31.* Petit café situé dans une chamante petite rue du centre historique, légèrement à l'écart de l'animation. Ricardo, espagnol, et son épouse brésilienne, ont su créer une atmosphère calme et décontractée. La carte présente entre autres quelques tapas et du vin. Agréable et sans prétention. Également quelques chambres à louer.

Bar do Porto *(plan A2,* **31***)* **:** *rua do Portugal, 61.* Très agréable, proche de la Rampa, point de départ des bateaux notamment pour Alcântara. Pionniers parmi les pionniers, Raí et Isanete ont créé le bar de reggae le plus connu et le plus ancien de la place. Meilleurs *pasteis* du centre historique, bar dès l'après-midi et boîte de reggae la nuit. Ambiance très conviviale.

Dans la ville nouvelle

Sur la ***praia da Ponta d'Areia*** *(plan nord)*, au début de la plage, quelques ***paillotes*** pour boire une noix de coco en journée. Ambiance très populaire. Juste de l'autre côté de la route qui longe le bord de mer, plusieurs bars ouvrent leurs portes en soirée, le week-end. L'ambiance est très (trop ?)

chaude. Soyons clairs, évitez d'aller y traîner vos guêtres. Il y a régulièrement de sérieux problèmes...

Mieux vaut aller à ***praia do Calhau*** *(plan nord),* une belle plage qui s'étend sur plusieurs kilomètres. Là encore, une bonne dizaine de jolies paillotes sur pilotis *(ouv tlj)* où l'on peut prendre un verre et grignoter quelques plats. Le soir, musique à gogo (*forró,* reggae, samba, etc.). Il y en a pour toutes les sensibilités et l'ambiance est bon enfant. Pas de problème de sécurité, la police veille discrètement.

À voir

Préservée, du fait de la décadence commerciale de São Luís après la crise du sucre et de son isolement, la vieille ville fait l'objet d'une importante opération de rénovation, pour son unité architecturale unique au Brésil. Les maisons conservent un style cohérent, des hôtels particuliers en ruine sont rénovés peu à peu et retrouvent leur éclat d'antan. Le programme a restauré plus de 200 maisons, mais vous verrez qu'il reste encore pas mal de boulot à accomplir. Certaines maisons ont leur façade couverte d'azulejos. Autrefois, on les utilisait pour les vérandas et les cuisines. Puis on a trouvé judicieux de les coller sur les façades afin de les protéger de l'humidité des pluies tropicales. Les plaques de rues sont également composées d'azulejos. Essayez d'obtenir à l'office du tourisme un plan avec les anciens noms de rues, car le plan du *Quadro Rodas* ne possède que les nouveaux, et peu de monde ici les connaît.

Quelques rues de caractère : *beco Catarina* et *rua da Estrela (plan A2-3)* ; au n° 562, voir le *Solar dos Vasconcelos,* bel immeuble rénové en face du sindicato dos Vigias Portuários. C'est aujourd'hui le mémorial du centre historique (expo de maquettes très bien faites du centre historique et de bateaux). Belle perspective du bas de la *rua Pintor Zaque Pedro. Rua Magalhães de Almeida* et *rua do Giz,* harmonieux alignement de maisons coloniales. La *rua Direita* (rue « Droite », en fait assez sinueuse) et la *rua da Palma* englobent encore une population très pauvre. La nuit, quand il ne reste que les habitants du quartier, le centre prend des allures étranges de décor de théâtre avant la représentation. Dans les rues piétonnes résonnent les pas des petits groupes qui déambulent. Sur quelques places, dans la partie rénovée, retentissent les rires et les bruissements des terrasses où l'on boit et joue de la musique. Dans les rues *Marcelino d'Almeida* ou *João Vital,* aux alentours du *beco da Sé,* des réverbères hésitants dévoilent l'entrée de maisons aux murs patinés par les vents marins... Tout en bas du quartier, au bord des quais, au *beco da Lapa,* éclatent les *forrós* populaires au rythme d'accordéons dans la joie fiévreuse de terrasses où la bière coule à flots.

Avenida Dom Pedro II *(plan A2) : on y trouve le* ***palácio do Governo*** *(ou palácio dos Leões), qui abrite un musée (mobilier, assiettes...). Lun, mer et ven 14h-18h. Gratuit.* Fine architecture coloniale et splendides boiseries intérieures. Il fut construit en 1776 par les Français, qui se sont inspirés du Grand Trianon de Versailles. À côté s'élève le *palácio La Ravadière,* qui abrite la préfecture municipale et qui date de 1689 (ne se visite pas).
Au bout de l'avenida, côte à côte, le ***palácio arquiepiscopal*** (*lun-ven 8h-12h ; entrée gratuite* ; vous y trouverez les faux azulejos, peints en trompe l'œil) et l'***igreja da Sé*** (bâtie en 1676 en l'honneur de Notre-Dame-de-la-Victoire, sainte patronne de São Luís ; *tlj 8h-11h30, 14h-18h*), qui présente un retable considéré comme une pièce essentielle de la sculpture coloniale brésilienne de style baroque. C'est aujourd'hui la cathédrale. Remarquez, dans la chapelle de gauche, l'œil dans un triangle, symbole franc-maçon.

Casa do Maranhão *(plan A2) : rua do Portugal. ☎ 32-18-99-55. Mar-dim 9h-19h. Gratuit.* Dans un ancien bâtiment du XIXe s, un très joli musée qui nous plonge dans l'ambiance festive et colorée du *Bumba-meu-Boi* (voir plus loin « Fêtes et manifestations »). Notez les quatre vitrines qui retracent les quatre étapes de la fête (de la préparation du bœuf jusqu'au simulacre de mise à mort). Superbes costumes, différents instruments de musique. Au rez-de-chaussée, expos temporaires et audiovisuelles évoquant la culture locale. À ne pas manquer.

Casa de Nhôzinho *(plan A2) : rua do Portugal, 185.* ☎ *32-18-99-51. Mar-dim 9h-19h. Gratuit.* Un musée modeste mais intéressant qui évoque les activités traditionnelles de la région (pêche, travail des champs, artisanat) et rend hommage à Nhôzinho, un célèbre artisan originaire du nord du Maranhão (c'est lui que l'on voit en vitrine au 1er étage !). Ne pas manquer les personnages de théâtre réalisés par Beto Bittencourt et utilisés pour le carnaval. Également un petit clin d'œil à l'artisanat indien. Expos temporaires au 2e étage.

Centro de Criatividade Odylo Costa Filho *(plan A2,* **40***) : rua da Alfândega, à 50 m de l'Antigo Mercado das Tulhas.* ☎ *32-31-40-58.* Centre culturel avec théâtre (nombreux spectacles), cinéma et quelques ateliers d'artistes (peinture, sculpture).

Centro de Cultura Popular *(plan B2) : rua do Giz, 221.* ☎ *32-18-99-24. Mar-dim 9h-19h. Gratuit.* Dans une ancienne demeure bourgeoise, un musée aménagé sur trois étages, qui évoque plusieurs volets de la culture populaire. Au rez-de-chaussée, intéressante collection de costumes et de bœufs servant au *Bumba-meu-Boi,* la fête la plus typique de la région (voir « Fêtes et manifestations »). Les couleurs claquent et enchantent le regard. Au 1er étage, clin d'œil à la fête religieuse d'*Alcântara* et expo d'objets indigènes. Au 2e étage, superbes costumes du carnaval de São Luís, expo de marionnettes réalisées par Beto Bittencourt. Au passage, n'oubliez pas de jeter un coup d'œil à la baie depuis le minuscule balcon. Enfin, sous le toit (salle de droite), hommage à *Andor do São Raimundo,* un saint que la ville célèbre le 31 août mais qui n'est pas homologué par le Vatican. Nombreux ex-voto. La salle de gauche rassemble les saints patrons de la ville.

Cafua das Mercês et museu do Negro *(plan A3) : rua Jacinto Maia, 34. Face au* convento das Mercês. *Mar-ven l'ap-m slt. Gratuit.* Cette petite demeure de style colonial servait autrefois de marché aux esclaves. À leur arrivée, on y enfermait les Africains jusqu'à leur vente aux propriétaires de plantations de canne à sucre et de coton. Au rez-de-chaussée, expo de pièces utilisées dans les rituels afro-brésiliens (les tambours de Mina). Dans le patio, remarquer la réplique du *pelourinho* (pilori) qui se dressait à l'origine devant l'*igreja do Carmo*. À l'étage, collection d'objets africains.

Convento das Mercês *(plan A-B3) : rua da Palma, 502.* ☎ *32-22-51-82. Lun-ven 8h-12h, 14h-18h ; sam 10h-18h. Gratuit.* Un couvent du XVIIe s restauré. Il abrite la *fundação da Memória republicana* qui s'efforce de monter des projets avec des jeunes en difficulté autour de la musique. Il est agréable de déambuler dans les galeries lorsque les notes de musique s'échappent des fenêtres. Quelques expos temporaires et concerts.

Praça do Desterro *(plan B3) :* c'est là que se trouve la plus ancienne église de São Luís, la *igreja do Desterro*. Sa construction, débutée en 1641, fut achevée en 1863 grâce à un mécène. En fait, elle fut profanée par les envahisseurs hollandais et reconstruite par les habitants du quartier. La seule église du Brésil à la fois néoclassique et byzantine.

Teatro Arthur Azevedo *(plan B2) : rua do Sol, 180.* ☎ *32-32-81-63. Visite : lun-ven 15h-17h précises ! Entrée modique.* Théâtre du XIXe s présentant une belle façade de style néoclassique.

Fonte do Ribeirão *(plan B2) :* largo do Ribeirão. Magnifique fontaine coloniale aux teintes bleues, sculptée et entourée de hauts murs, construite en 1796 pour approvisionner la ville. Jolies gargouilles. Derrière les fenêtres aux barreaux de fer, un des accès aux galeries souterraines du centre historique, découvertes dans les années 1990 (en principe, ne se visitent pas).

Le port : pour ses bateaux avec leurs magnifiques voiles triangulaires de couleur ocre. Ne manquez pas leur retour le soir. On y pêche surtout la crevette.

Museu histórico e artístico do Maranhão *(plan B2) : rua do Sol, 302.* ☎ *32-21-45-37. Mar-ven 9h-19h, w-e 14h-18h. Entrée modique.*
Installé dans une splendide maison coloniale de 1836, avec patio et balustrades extérieures. Le musée est divisé en trois parties (billet commun), dans deux endroits différents :
– *La casa Maranhense : à l'adresse ci-dessus.* Maison typique de l'époque coloniale où sont reconstitués les intérieurs des maisons maranhenses du XIXe et du début du XXe s. Intéressantes collections de mobilier. Dans une vitrine, vous verrez que le proprio de l'époque avait reçu la Légion d'honneur.
– *Museu de Arte sacra : même adresse.* Collection d'art sacré des XVIIIe et XIXe s, provenant principalement de la cathédrale. Remarquez la statue en bois de saint Jean-Baptiste avec le haut du corps creux et amovible destiné à cacher des pierres précieuses de contrebande.
– *Museu de Artes visuais (musée des Arts visuels ; plan A2,* ***42****) : rua Portugal, 273.* Dans une jolie maison coloniale, collection d'azulejos, de dessins et gravures.
À deux pas de là, jetez un coup d'œil à la galerie d'art *Nagy Lajos Endre, rua da Estrela, 124. Entrée gratuite.*

Achats

Plusieurs ***boutiques d'artisanat*** entre la rua Portugal et le beco dos Catraeiros. Pas mal de babioles, de pièces de dentelles, de corsages brodés, mais aussi de beaux hamacs, couvertures et objets en vannerie.

Antigo Casa das Tulhas *(plan A2,* ***50****) : entre la rua da Estrela et le beco Catarina Mina, dans le centre historique.* Plus connu sous le nom de *Feira da Praia Grande,* un marché populaire où vous trouverez notamment de la bonne *cachaça*. Prenez la meilleure, tant qu'à faire, celle de São Bento (ville de la Baixa da Maranhense), servie au bidon. Les gosiers entraînés peuvent essayer la *cachaça de mandioca* ou *tiquira* (alcool de manioc), mais c'est plutôt fort. Petits cigares informes mais délicieux et bon marché. Pas mal de musique et de danses improvisées le soir dans ce dédale concentrique de petites allées.

Mercado Central *(plan B3,* ***51****) : à la fin de l'av. Magalhães de Almeida, des bâtiments de béton abritent le marché principal.* Y aller le matin (l'après-midi, l'activité est moindre). Sur le pourtour, échoppes de vannerie de cuir, de matériel de cuisine et, à l'intérieur, poissonniers, bouchers et maraîchers se partageant les étals. Beaucoup de couleurs et... d'odeurs. Quelques tables et comptoirs où l'on peut grignoter des plats très bon marché ou se faire presser un excellent jus de fruit.

Les plages de São Luís

Le climat de la région étant l'un des plus séduisants du Brésil, pas trop chaud, frais alizés, les grandes plages de São Luís sont aussi une invitation à prolonger le séjour. São Luís a la particularité de connaître la plus forte amplitude de marée du Brésil (7 m). Du coup, à marée basse, plages infinies ! Mais à marée haute, c'est l'invasion des sonos poussées à saturation, sans compter les pétarades de tous les engins à moteur qui sillonnent la plage. Et la mer est loin d'être bleue : sans doute les alluvions charriées par les embouchures du rio Pará et de l'Amazone plus au nord sont-elles pour quelque chose dans sa coloration ocre laiteuse... mais il semblerait que les égouts de la ville n'y soient pas étrangers non plus !
Les bus pour s'y rendre se prennent au *terminal urbano da integração (terminal des bus urbains ; plan A2,* ***1****).*

Praia da Ponta d'Areia *(plan nord) : à 4 km env au nord de São Luís. Bus « Calhau-Litorânea ».* Longue plage de sable, la plus proche de la ville. Nombreuses paillotes installées sur le sable : noix de coco ou jus de fruits pour se rafraîchir le gosier. Ambiance très populaire. Malheureusement, la construction d'immeubles va bon train, et l'endroit a pas mal perdu de son charme. En outre, mieux vaut ne pas trop s'y attarder à partir de la tombée de la nuit.

Praia do Calhau *(plan nord) : à env 12 km du centre historique. Bus « Calhau-Litorânea ».* La plus vaste (près de 9 km de long !). Sable blanc à perte de vue. Dans toute sa première partie, elle est beaucoup moins urbanisée que praia da Ponta d'Areia. Si vous souhaitez passer une soirée en bord de mer, c'est là qu'il faut aller ; tous les soirs, grosse animation tout au long de la Litorânea : paillotes et restos (de bon marché à prix moyens), bars (voir « Où boire un verre ? Où sortir ? » plus haut)...

Praia do Araçagi *(hors plan nord) : à 20 km. Bus derrière le mercado central ; mais le plus simple est d'y aller en taxi (35-40 Rls).* Très faiblement urbanisée et peu de monde (surtout en semaine). Quelques paillotes ouvertes en journée.

Fêtes et manifestations

– ***Tambours de Mina :*** rites afro-brésiliens propres à l'État de Maranhão. Ils suivent chaque année un calendrier précis, et les dates sont annoncées dans les journaux et dans une brochure de l'office du tourisme. Les principales fêtes tombent le 20 janvier (en l'honneur de saint Sébastien), le 13 juin (saint Antoine), le 24 juin (saint Jean), les 29 et 30 juin (saint Pierre et saint Marçal), le 19 août (saint Georges-Ogum) et le 26 juillet (Sant'Ana).
– ***Festa do Divino Espírito Santo :*** *de l'Ascension à la Pentecôte.* Événement mi-religieux mi-profane, marqué comme beaucoup de fêtes du Nordeste par les apports africain et portugais. Elle célèbre la prodigalité de la nature et la bonté de Dieu pour avoir favorisé de bonnes moissons. Elle s'accompagne bien sûr de messes, de processions et de grands repas. Les thèmes principaux, qui s'interpénètrent, sont la célébration du Saint-Esprit et de l'Enfant Jésus et le couronnement d'un « empereur » parmi les notables de la région. Une des cérémonies les plus colorées réside dans la transmission de la couronne entre l'empereur de l'année précédente et celui nouvellement désigné par tirage au sort.
– ***Tambor de Crioula :*** danses d'origine africaine (dialogue entre les percussions et les chants des hommes et les danseuses aux jupes colorées, les *coreiras*) qui accompagnent toutes les fêtes populaires. Contrairement aux autres danses, celle-ci est pratiquée toute l'année sur des places, dans les rues, de manière informelle. Elle témoigne de la force de la culture noire africaine dans le Maranhão.
– ***Bumba-meu-Boi :*** *de la seconde quinzaine de juin à la fin août, toute la semaine, dans les villages et les quartiers (se renseigner à l'office du tourisme pour les lieux et dates). Mais les jours les plus animés sont les 24, 29 et 30 juin, qui rappellent le carnaval par leur folie festive.* La plus belle fête du Maranhão et la plus appréciée de ses habitants. Atmosphère colorée, familiale et bon enfant. L'histoire, d'origine paysanne, tourne toujours autour du même sujet : une femme enceinte qui manifeste brutalement une envie folle de manger la langue du plus beau bœuf *(boi),* du troupeau. Son mari va donc tuer ce bœuf, mais ne fait que le blesser. Le mari passe en jugement. Il se repent et le pardon lui est accordé tandis que le bœuf guérit. La représentation dure toute la nuit et le bœuf en est le héros principal. Fait d'une armature légère en bois recouverte de toile noire richement brodée et de fanfreluches multicolores, le bœuf est animé par un des participants, le *miolo*. La résurrection ou la guérison de l'animal est bien entendu prétexte à de grandes réjouissances. Chants et danses s'expriment à l'aide d'instruments de musique typiques du Maranhão : le *sanfona,* le membraphone, les tambours, etc.
– ***Festival de folklore :*** vers mi-août, à São Luís (le 22 août étant le jour clé).

– ***28 juillet :*** commémoration de l'adhésion de l'État du Maranhão à celui du Brésil en 1823.
– ***8 septembre :*** anniversaire de São Luís. Nombreuses manifestations culturelles.
– ***8 décembre :*** jour de *Nossa Senhora da Conceição,* célébré dans le quartier Monte Castelo.
– ***Début décembre :*** *Feira cultural da Praia Grande.* Nombreuses manifestations culturelles organisées pendant une semaine.

➤ DANS LES ENVIRONS DE SÃO LUÍS DO MARANHÃO

ALCÂNTARA (5 700 hab.)

Au nord-ouest de São Luís, sur la terre ferme. Fondée en 1634, elle était au XVIIIe s plus importante que São Luís et servait de résidence aux grands aristocrates et propriétaires portugais. La ville s'était enrichie grâce à la canne à sucre et au coton. La suppression de l'esclavage en 1888, la crise du sucre, le développement de São Luís et de son commerce au détriment d'Alcântara provoquèrent une hémorragie de ses habitants, qui abandonnèrent les belles *sobradões*. Peu à peu, la végétation tropicale reprit le dessus, maisons et églises se dégradèrent. Quelques-unes sont encore aujourd'hui en ruine.
Alcântara présente le visage d'une ville fantôme mais conserve une fascinante noblesse, une orgueilleuse fierté dans sa relative déchéance. Le silence y a quelque chose d'émouvant. Le temps semble s'y être figé. La balade vaut vraiment le coup et la petite animation du village et du port a quelque chose de rafraîchissant. N'hésitez pas à passer une nuit dans cette ville de moins de 6 000 habitants aujourd'hui, discrets et accueillants. Alcântara servit même un temps de pénitencier, d'anciens prisonniers y ont élu domicile depuis. Quarante jours après le carême a lieu la ***festa do Divino Espírito Santo*** (voir « Fêtes et manifestations » à São Luís do Maranhão).
On peut se procurer un plan du village sur le port, au guichet de vente des billets de bateau.

Arriver – Quitter

➢ ***Liaisons en bateau avec São Luís :*** *achat des billets au terminal hidroviário (plan A2), av. Beira Mar, dans le centro histórico.* ☎ *32-32-06-92.* En principe, allers vers 7h et 9h30, retours vers 8h30 et 16h. Se renseigner sur les horaires qui peuvent varier. Selon la marée, les bateaux partent du *terminal hidroviário* ou de la plage de Ponta d'Areia (dans ce cas, pas de problème, un bus vous conduit au lieu d'embarquement). Près de 24 Rls l'aller-retour, moins cher si l'on prend le bateau en bois « Barraquerio ou Mensageiro da Fê ». Compter maximum 1h30 de traversée. Souvent, la houle est assez forte. Au retour, se faire préciser très exactement l'heure du bateau dans l'après-midi, sous peine de passer la nuit à Alcântara de façon imprévue. De façon moins organisée, des traversées (plus chahutées encore) se font aussi en catamaran. Prix à négocier.

Où dormir ? Où manger ?

🏠 |●| ***Pousada dos Guarás :*** *praia da Baronesa, à 1,5 km de la praça Matriz.* ☎ *33-37-13-39. Doubles env 75 Rls avec sdb privée ou non, petit déj compris. Au resto, tlj jusqu'à 20h, env 25 Rls pour 2 pers.* Sur la plage de sable blanc, sous les palmiers. Petits bungalows plutôt modestes, très bien tenus, au toit en feuilles de palmier tressées. La nourriture est excellente, le service souriant et les proprios très sympas. Fabuleux jus de fruits avec les produits du jardin comme l'*acerola* et le cajou. Un vrai petit coin de paradis... à condition d'aimer la solitude. Jolie plage mais baignade impossible, les fonds sont vaseux.

Pousada do Mordomo Régio : *rua Grande, 134. ☎ 33-37-11-97. Dans la rue qui part à gauche au bout de la praça da Matriz. Doubles env 35-55 Rls selon confort (AC ou non, sdb privée ou non, TV, frigo-bar).* L'endroit est plutôt plaisant, dans une vieille maison (évidemment, il n'y a que ça ici !) avec de beaux parquets. L'équipement est basique mais propre. Depuis le balcon, vue sur la mer. En plus, accueil souriant.

Bar-restaurant Cantaria : *proche de l'église do Desterro. Tlj. Plats pour 2 pers de bon marché à prix moyens ; mais si l'on est seul, le sympathique patron accepte de diviser la note (c'est suffisamment rare pour être signalé !).* Terrasse couverte donnant sur la plus vieille chapelle, avec vue sur le large. Cadre agréable et reposant, déco de paille tressée. La carte, limitée, propose surtout du poisson et des tartes aux crevettes.

À voir

Praça da Matriz : c'est la place principale. Y subsiste le *pelourinho*, le pilori où l'on fouettait les esclaves, le dernier existant encore de nos jours. À côté, quelques pans de mur de l'*église São Matias*. En face, l'ancienne prison, qui abrite aujourd'hui la municipalité. Tout autour, les plus imposantes *sobradões* de la ville.

Le Musée historique : *praça da Matriz. Tlj 8h-14h (13h dim). Entrée à prix symbolique : 1 Rl !* Musée aménagé dans l'ancienne maison du baron de São Bento. Exposition de photos qui prouvent (pour les sceptiques) qu'Alcântara fut bien une ville pleine de vie, il y a longtemps... et qui rappellent également que non loin de là se trouve une base de lancement de fusées qui procèdent à la mise en orbite de satellites. À l'étage, mobilier d'époque avec un fauteuil de cuir de dom Pedro II, empereur du Brésil au XIXe s, placé sous un portrait de Marie de Médicis. Petite expo d'art sacré ; on remarquera le Christ de 1703. Remarquable candélabre du XVIIe s taillé dans le jacaranda, bois précieux devenu très rare au Brésil. À gauche du musée, on peut visiter une maison historique de marchand.

L'ARBRE QUI CACHE LA FORÊT...

Au XVIIIe s, beaucoup de statues de saints étaient élaborées avec des troncs creux dans lesquels la bourgeoisie cachait des objets précieux pour échapper aux lourdes taxes. Les Brésiliens ont depuis gardé l'expression « saint de bois vide » pour désigner quelqu'un qui a une apparence très morale mais ne l'est pas.

Casa do Imperador : *rua Grande.* Elle nous raconte une drôle d'histoire : l'empereur Pedro II ayant exprimé le désir de venir à Alcântara, deux seigneurs de la ville décidèrent de construire une maison digne de lui. Mais comme ils se disputaient le droit de recevoir en priorité l'empereur, celui-ci mit tout le monde d'accord en renonçant au voyage, et la maison ne fut jamais achevée.

Rua Grande également, la **igreja da Nossa Senhora do Carmo** et, en annexe, son couvent (en ruine), érigés en 1665 (certains contestent la date). Tlj 8h-12h, 13h-17h. Admirer l'autel. Beau style baroque.

D'autres églises pittoresques encore, dont la **capela das Mercês** et sa Vierge en bois. Au bout de la ville, *rua Miritiva,* une jolie fontaine de 1747. Voir aussi le cimetière envahi par les herbes.

RAPOSA

➢ ***Pour s'y rendre :*** prendre un bus derrière le marché central *(plan B3, **51**)*, au bout de l'av. Magalhães d'Almeida. En principe, départ ttes les 15 mn env à partir de 7h. Trajet : 1h15 env. Dernier retour vers 23h (mais mieux vaut se renseigner sur place).

Ce village de pêcheurs se trouve à 30 km au nord-est de São Luís. Ses habitants, poussés par la famine, émigrèrent du Ceará à la fin du XIXe s et possèdent la particularité de ne s'être jamais intégrés à la population du Maranhão.

Le village qui s'est développé ces derniers temps est plutôt délabré, mais conserve néanmoins son attrait pittoresque. Bâti sur pilotis au-dessus de la mangrove, il présente une unité architecturale insolite. Quelques maisons sont en bois ou boue séchée, avec toits de palme. On a l'impression d'une séquence du Brésil colonial projetée brutalement devant soi, et le sentiment désagréable d'être un peu voyeur. Les femmes fabriquent des *rendas* (dentelles) d'une grande finesse, à l'aide d'un procédé pluriséculaire : une espèce de pouf de toile planté de clous. Les doigts de la dentellière font passer les navettes de fil entre les clous à une vitesse diabolique. On peut se baigner au pied des dunes en face du village que l'on atteint en bateau (près de 35 Rls pour 2 personnes).

|●| ***Seja Bem Vindo :*** *au bout de la jetée. Tlj midi et soir. Bon marché.* Des poissons frits à déguster sur fond de musique brésilienne. En prime, une vue imprenable sur le petit port.

LE PARC NATIONAL DOS LENÇÓIS MARANHENSES

Sur une superficie de 155 000 ha s'étendent des paysages fantastiques, d'une beauté envoûtante, presque angoissante... Imaginez des dunes de sable d'un blanc aveuglant, dont certaines atteignent 20 à 25 m de haut et qui ondulent comme des draps (*lençois* en portugais), sur des dizaines de kilomètres, entrecoupées de milliers de petits lacs d'eau douce, tantôt bleue, tantôt verte. Des plages désertes, refuges d'espèces de tortues marines en voie de disparition et d'oiseaux migrateurs. Effleurant les dunes, le rio Preguiças, qui serpente paisiblement au sein de mangroves avant de rejoindre l'océan. C'est bôôô !

Longtemps resté oublié et presque confidentiel, ce coin de paradis attire aujourd'hui de plus en plus de monde depuis qu'une série TV a été tournée dans le coin il y a quelques années. En 2006, le film brésilien *La Maison de sable* (*Casa de Areia* en version originale), d'Andrucha Waddington, a une nouvelle fois immortalisé la beauté de ces paysages.

Infos pratiques

– Mieux vaut s'y rendre à la fin de la saison des pluies et au début de la saison sèche (de mai à octobre) : les lagons sont moins asséchés, les paysages plus saisissants.

– Il existe deux portes d'entrée du parc : les villages de Santo Amaro do Maranhão et de Barreirinhas. Ce dernier est le plus pratique d'accès et le plus développé (plusieurs *pousadas*).

– Pour des incursions dans les dunes, un véhicule 4x4 est indispensable. Un guide est également conseillé, voire indispensable, dès que l'on s'éloigne des endroits les plus fréquentés (sachez que l'on peut se perdre dans cet océan de dunes !). De plus, un bon guide pourra vous amener dans des coins plus reculés.

– N'oubliez pas d'emporter suffisamment d'eau.
– Au départ de São Luís, l'excursion peut se faire en deux ou trois jours en achetant les services d'une agence, généralement des forfaits autour de 500 Rls par personne. Dans le cas du forfait complet, on vient vous chercher à l'hôtel vers 5h30 et l'arrivée à Barreirinhas se fait vers 9h. L'après-midi, balade dans les dunes, baignade dans la rivière, etc.
Mais depuis São Luís, il est très facile de se rendre par ses propres moyens à Barreirinhas et de tout organiser sur place. Ça revient moins cher.

BARREIRINHAS (ind. tél. : 098)

À 270 km de São Luís. Petit village sympathique au bord du rio Prequiças.

Arriver – Quitter

En voiture

➢ De ***São Luís,*** prendre la BR 135 en direction de Fortaleza, puis suivre Terezina. Après env 70 km, fléché sur la gauche. Bonne route bitumée.
➢ Pour rejoindre ***Jericoacoara*** : compter une journée ; 4x4 indispensable (avec chauffeur) entre Barreirinhas et Barro Durao en attendant une route prévue, puis route asphaltée jusqu'à Camocim passant par Parnaíba. De Camocim, deux possibilités : par la plage (le plus sympa, mais à Camocim il faut traverser un bras de mer avec un bac fonctionnant de 6h à 19h30 environ). Sinon, par la route (très mauvaise).

En bus

➢ ***São Luís :*** 3 bus/j. dans les 2 sens. Trajet : 3-4h. *Cie Cisne Branco* à la *rodoviária* de São Luís *(☎ 32-45-12-33 ou 32-43-28-47).*
➢ ***De/vers Fortaleza :*** pas de bus direct. Passer par São Luís.

Adresses utiles

■ ***Banque : Banco do Brasil,*** *dans la rue principale.* Distributeur acceptant la carte *Visa* seulement (le dernier distributeur au fond, sur la file de droite).
@ ***Internet : Net Point,*** *dans la rue principale, à côté de la pousada d'Areira. Un autre av. Beira Rio.*
■ ***Agences de voyages :***
– ***Guará :*** *rua Inácio Lins, 200.* ☎ *33-49-13-13.* L'une des premières agences créées à Barreirinhas. Excursions dans le parc. Travaille avec un guide parlant le français. Agence sérieuse.
– ***Ecodunas :*** *rua Inácio Lins, 164.* ☎ *33-49-05-45.* • *ecodunas.com.br* • Mêmes types de prestations. Là encore, une agence sérieuse.
– ***Agence Terra Nordeste :*** voir « Adresses utiles » à São Luís.

Où dormir ?

De bon marché à prix moyens (40-80 Rls / 15,20-30,40 €)

🏠 ***Pousada do Porto :*** *rua Anacleto de Carvalho (rue qui longe l'église sur la droite).* ☎ *33-49-19-10. Doubles 40-60 Rls, avec AC ou ventilo, petit déj compris.* Petite *pousada* avec des chambres simples mais très bien tenues. Accueil aimable.

Pousada Brasilia : *rua Anacleto de Carvalho, 484 (rue qui longe l'église sur la droite).* ☎ *33-49-05-53. Doubles 40-50 Rls, petit déj compris.* AC pour les plus chères. Une dizaine de chambres dans cette *pousada* à l'atmosphère familiale. Cuisine à disposition. Simple mais correct.

Juste à côté, la **pousada Brisa do Mar :** *doubles 50-70 Rls pour un confort identique (ventilo ou AC).* ☎ *33-49-05-95.* Possibilité de faire des tours en barque sur le fleuve (gratuit).

De chic à très chic (100-210 Rls / 38 à 79,80 €)

Porto Preguiças Resort : *estrada do Carnaubal, à 2,5 km env du village.* ☎ *33-49-12-20 ou 19-12.* • *portopreguicas.com.br* • *Doubles 180-210 Rls selon saison, petit déj compris.* Au bord du rio Prequiças, une quarantaine de jolis bungalows en brique, évoquant un petit village. Tout autour, des palmiers. Très bon confort. Piscine avec un fond de sable, petite plage privée au bord du rio, paillotes façon Robinson pour se relaxer, sauna, kayak de mer, bateau, petit resto flottant, accès Internet gratuit. Et la cuisine n'est pas en reste : le patron a la fibre écolo et a aménagé un verger, une basse-cour, un vivier pour que les produits soient de première fraîcheur ! Il y a même un atelier de poterie que se partagent les hôtes et les enfants du village !

Pousada Murici : *rua Domingos Carvalho, 590.* ☎ *33-49-11-92.* • *pousadamurici.com.br* • *À 300 m de la place principale. Doubles 120-168 Rls selon confort et saison.* Attention, bien se faire confirmer la résa ! Une *pousada* coquette avec un jardin verdoyant colonisé par des nains de jardin, des chambres standard (malheureusement très petites) ou plus spacieuses *(master)*, avec AC, frigo-bar, salle de bains. Petit déj (un peu chiche) sous une paillote au bord du fleuve.

Où manger ?

Marina Tropical : *av. Beira Rio, à 20 m de la place principale.* ☎ *33-49-11-43. Tlj midi et soir. De bon marché (le midi) à prix moyens (le soir).* Un resto sous un toit de palme tenu par Thierry et Gilbert, deux Français très sympas installés au Brésil depuis des années. Le midi, très bonne cuisine brésilienne *ao kilo* qui ne vous ruinera pas. Le soir (à la carte), les tables posées sur un ponton au bord du fleuve distillent une atmosphère intime. Concert de *forró* à partir de 20h.

Restaurante Barlavento : *av. Beira Rio.* ☎ *33-49-06-27. Tlj midi et soir. Bon marché.* Un resto populaire avec sa terrasse qui regarde le fleuve et ses tables recouvertes de toile cirée. Du poisson principalement, aux sauces exotiques (ananas, mangue, *açaí*, etc.). Des mélanges de saveurs parfois osés, réussis ou plus discutables... Plats pour deux. Service un peu longuet...

À faire

➢ **Excursions dans les dunes :** s'adresser à une agence (il y en a une quinzaine dans le village ; voir nos adresses préférées plus haut). Sinon, les *pousadas* peuvent se charger de réserver pour vous. Dans la majorité des cas, on se retrouve avec une dizaine de personnes et un guide *(env 30-35 Rls/pers).* Le circuit classique : la *lagoa Azul* et la *lagoa Peixe* (mais c'est parfois un peu l'usine !). Une variante : la *lagoa Bonita,* un peu moins fréquentée. Excursion d'une demi-journée avec un plouf prévu (n'oubliez pas votre maillot de bain !). Départ le matin ou en milieu d'après-midi, les couleurs sont alors plus belles. Sinon, on peut louer un 4x4 avec chauffeur (de 2 à 4 personnes) et partir dans des coins moins fréquentés *(250 Rls env la ½ journée, plus 40 Rls pour le guide).*

➢ Si vous avez la condition physique, possibilité de faire un ***trek*** de trois jours dans le parc ! Journées de 3h à 7h de marche, avec des pauses « baignade ». Nuit chez l'habitant dans un hamac au sein de petites oasis. Une expérience inoubliable hors des sentiers battus ! S'adresser à *Terra Nordeste,* une agence tenue par un Français et l'une des rares à proposer ce trek (voir « Adresses utiles » à São Luís).

➢ ***Balade sur le rio Prequiças :*** *départ le mat vers 8h30 ; retour vers 16h. Compter 40-45 Rls/pers.* On descend le fleuve jusqu'à son estuaire dans un paysage de mangroves et de dunes (le Petit Lençóis). La balade prévoit un arrêt à Vassouras (belle vue du haut de sa dune ; corde pour grimper), un autre à Mandacaru (village de pêcheurs avec un phare en activité). Du haut du phare, superbe vue panoramique sur le parc et l'embouchure du fleuve. Peu après, on atteint le village reculé de Caburé posé sur une langue de sable où l'on peut se baigner. Les amoureux de tranquillité pourront même y passer la nuit. Deux *pousadas* : *pousada do Paulo (☎ 33-49-90-10, env 50 Rls pour 2 pers) et pousada do Paturi (📱 96-08-30-32 ou 96-18-83-63, env 95 Rls pour 2 pers).*

➢ ***Survol du parc en avion*** avec plusieurs compagnies au départ de Barreirinhas ou de São Luís : *Cie Operatur, ☎ 30-83-28-24, • operatur@terra.com.br • ; Cie Cururupu, ☎ 32-44-15-11, • cururupu@cururupu.tur.br • ; ou Cie Fenix. De Barreirinhas, compter env 180 Rls/pers pour 30 mn env.*

➢ Possibilité d'excursions également vers le ***delta de Parnaíba.***

LE CEARÁ

FORTALEZA

2 300 000 hab. IND. TÉL. : 085

Capitale du Ceará, petit État de 146 348 km² et de 7,4 millions d'habitants, Fortaleza est une ville moderne, tracée à l'américaine, au carré, avec un centre animé d'un trafic cacophonique dans la journée. Immeubles et palmiers bordent d'immenses fronts de mer sur de belles plages. Mais aussi, à proximité immédiate des hôtels de luxe, des bidonvilles où les habitants ne gagnent pas en trois mois ce que d'autres, pile en face, dépensent en une journée. Fortaleza n'a gardé pratiquement aucun vestige de son passé. On en retiendra seulement qu'elle fut fondée par les Hollandais, prise et reprise aux Indiens par les Portugais, qui assurèrent son développement autour du fort hollandais rebaptisé *Fortaleza de Nossa Señhora da Ascunção.* Sa fierté la plus récente est d'avoir donné naissance aux plus grands humanistes brésiliens comme Chico da Matilde, figure de proue du combat antiesclavagiste et dont le surnom, *Dragão do Mar,* a été donné au centre culturel de la ville.

Les avis sont partagés sur la ville. Certains ne l'aiment pas à cause du manque d'histoire et de monuments. D'autres déplorent le développement d'un tourisme très friqué. En revanche, les noctambules y trouvent leur bonheur, car les nuits sont « chaudes », surtout le lundi, quand a lieu la « plus grande fête du monde » au *Pirata,* boîte célèbre dans tout le Brésil. On y danse sur une musique très par-

MUSIC FOR ALL

Le nom forró *daterait des années 1940, lorsque les Américains, profitant de l'entrée du Brésil dans la Seconde Guerre mondiale, avaient installé une base aérienne à Fortaleza pour profiter de sa proximité avec les côtes d'Afrique. Ils avaient déployé devant le bâtiment qui leur servait de* clubhouse *une banderole avec l'inscription* « Music for all », *devenue* forró !

ticulière qui doit avoir des origines bretonne ou cajun, assez syncopée et très loin du samba, le *forró*.
Alors, si vous n'avez pas l'âme d'un noctambule, inutile d'y prévoir un long séjour... Servez-vous de Fortaleza comme d'une porte d'entrée pour visiter l'intérieur du Ceará ou rejoindre les fabuleuses plages au nord et au sud qui bénéficient d'un taux d'ensoleillement exceptionnel, probablement le meilleur climat de la côte.

UN PEU DE SOCIOLOGIE

La population de Fortaleza a explosé en vingt ans. Cette croissance est principalement due à l'exode rural, lié à la sécheresse du début des années 1980, suivi de l'endettement général des petits paysans, puis de leur expulsion massive par les banques et la grande propriété foncière. Cela s'appelle « l'économie de la sécheresse ». Aujourd'hui, Fortaleza concentre, ou entasse, un tiers de la population de l'État, majoritairement des jeunes de moins de 25 ans. Les bidonvilles de sa périphérie rassembleraient une population estimée à 700 000 personnes au moins, dont 25 % vivant sous le seuil de pauvreté. D'ailleurs, elle englobe, contrairement à ce qu'on croit à Rio, la plus grande favela d'Amérique du Sud. Toute la partie de la côte ouest, jusqu'au fleuve Ceará, forme le quartier-favela du *Pirambu* : 300 000 habitants à lui tout seul.
Il faut savoir cela pour s'attendre à la présence insistante de la pauvreté, surtout de l'enfance et de la jeunesse, autour des touristes qui affluent dans une ville devenue l'une des plus importantes stations balnéaires du pays, réputée pour ses plages, son luxe, ses fêtes, son artisanat...
Cela dit, moins de problèmes de sécurité à signaler par rapport à la plupart des grandes villes brésiliennes. Là encore, la police veille dans les principaux endroits « stratégiques » et donc touristiques. Mais ce n'est pas une raison pour courir des risques : évitez la provocation et tout se passera bien.

Arriver – Quitter

En avion

✈ ***Aéroport*** *(hors plan par A3)* **:** *à 10 km au sud du centre.* ☎ *34-77-10-30.* On y trouve un ***kiosque d'infos touristiques Setur*** *(☎ 34-77-16-67, tlj 6h-23h).* Dispose parfois d'un plan de la ville. ***Banco do Brasil*** *à l'étage (ouv 5h-21h45)* : change de dollars, euros et chèques de voyage et distributeur acceptant la carte *Visa.*
➢ Pratiquement toutes les destinations nationales.

Pour gagner le centre

➢ Un ***bus*** « Aeroporto-Benfica », n° 404, fait le trajet aéroport-rua Pedro Pereira (à l'angle de la rua de General Sampaio, près de la praça José de Alencar – *plan A2*) dans les 2 sens. Départ ttes les 20 mn env (30 mn le w-e), 5h-22h, max 2 Rls.
➢ Sinon, 2 types de ***taxis,*** 24h/24 : *Táxi aeroporto (☎ 34-77-15-00),* prix fixes, sans possibilité de négociation, et *Táxi comum (☎ 34-77-55-49),* au compteur. Comparer les tarifs car, selon la destination, les uns sont plus intéressants que les autres et vice versa. Env 35 Rls pour rejoindre praia de Iracema. Attention, si un chauffeur de taxi vous déconseille l'hôtel que vous aviez initialement choisi, ne le croyez pas forcément sur parole ! et s'il vous en recommande un autre, ou vous y conduit carrément, c'est probablement qu'il y trouve un intérêt...

En bus

🚌 ***Rodoviária Engenheiro João Thome*** *(Gare routière ; hors plan par A3)* **:** *av. Borges de Melo, 1630 (Alto da Banlança).* ☎ *186 ou 32-56-21-00.* • *socicam.com.*

br ● *À 5 km au sud du centre-ville.* Les bus « Aguanambi » ou « 13 de Maio » relient la *rodoviária* au centre-ville pour env 1,70 Rls. La nuit, prendre un taxi, c'est plus sûr.

➢ ***Belém :*** 1-2 bus/j., avec 1 départ régulier vers 12h, de Fortaleza comme de Belém. Trajet : 24h. *Cie Itapemirim* (☎ *32-56-45-11,* ● *itapemirim.com.br* ●).

➢ ***São Luís :*** 2-3 bus/j., dans l'ap-m depuis Fortaleza, et 8h30-17h-30 depuis São Luis. Trajet : 16h. Cie *Guanabara* (☎ *40-05-19-82,* ● *expressoguanabara.com.br* ●).

➢ ***Teresina :*** env 8 bus/j., 1 vers 8h, puis entre 12h30 et 22h. Trajet : 10h. Cie *Guanabara*. N'oubliez pas de vous arrêter à Piripiri pour le *parque nacional das Sete Cidades*, qui vaut la visite.

➢ ***Recife*** *(via Guanabara)* ***:*** 4-5 bus/j. Trajet : 12h-13h, avec la Cie *Guanabara.*

➢ ***Natal :*** 4-5 bus/j. Trajet : 8h. Cie *Nordeste* (☎ *32-56-23-42).*

➢ ***Salvador da Bahia :*** 1-2 bus/j., avec 1 départ régulier vers 19h. Trajet : 21h. Cie *Itapemirim*.

➢ Pour ***Cumbuco, Paracuru, Praia da lagoinha, Maudaú, Jericoacoara, praia d'Iguapé, Morro Branco, Prainha do Canto Verde*** et ***Canoa Quebrada*** : se reporter aux parties qui leur sont consacrées, plus loin.

Adresses utiles

Informations touristiques

ℹ ***Office du tourisme Setur*** *(plan A2,* ***1****)* ***:*** *rua Senador Pompeu, 350 (Centro).* ☎ *31-01-55-08.* ● *turismo.ce.gov.br* ● *Lun-sam 8h-18h, dim et j. fériés 8h-12h.* Dans une ancienne prison restaurée. Infos de base. Accueil volubile à défaut d'être toujours très efficace. Également un bureau à l'aéroport et un autre à la *rodoviária*. Lire aussi « À voir ».

ℹ ***Office du tourisme Funcet*** *(plan A2 et C2,* ***2****)* ***:*** *Un kiosque sur l'av. Beira Mar (praia do Meireles), ouv tlj. Un autre sur praça do Ferreira, dans le centre historique : ouv de mi-oct à janv et de juin à août slt, lun-ven.* ● *funcet.fortaleza.ce.gov.br* ● Infos culturelles sur la ville principalement.

Poste et télécommunications

✉ ***Poste principale*** *(plan A2)* ***:*** *rua Floriano Peixoto (Centro). Lun-ven 8h-17h, sam 8h-12h.*

■ ***Téléphones internationaux :*** pas mal de cabines à praia de Iracema, praia do Meireles, à l'aéroport et à la *rodoviária*. Également un *Telemar* en centre-ville et un autre à deux pas de l'*albergue Praia de Iracema (plan B2,* ***10****).*

@ ***Internet :*** à l'***Alliance française*** *(plan B3,* ***3****), rua Catão Mamede, 900 (Aldéota).* ☎ *32-44-78-87. Accès gratuit lun-ven 17h-19h. Plusieurs centres dans le secteur de praia de Iracema, notamment à coté du restaurant* ***A'Tasca do Marquês*** *(plan B1-2,* ***37*** *; voir « Où manger ? »). Également à l'****albergue da juventude Atalaia*** *(plan B2,* ***11*** *; voir « Où dormir ? »).*

@ ***Cyberoom*** *(plan B2,* ***4****)* ***:*** *av. Monsenhor Tabosa, 937. Face à la station* Shell. *Lun-ven 9h-22h, sam 9h-20h.*

Argent, change

■ ***Distributeurs :*** *plusieurs distributeurs acceptant cartes* Visa *ou* MasterCard *face à praia do Meireles, entre les rues Joaquim Nabuco et Visconte de Mauá (plan C2), notamment à la* ***Banco do Brasil*** *(plan C2,* ***5****).* Autres *Banco do Brasil : dans la rue Floriana Peixoto, à deux pas de la poste, et av. Abolição, à l'angle de la rue J. Nabuco.* ***Banco Bradesco*** *(plan A2,* ***6****), rua Senhor Alencar, 144.* Carte Visa *slt. Distributeur* MasterCard et Visa *(24h/24) à la*

■ **Adresses utiles**

- ✉ Poste principale
- ✈ Aéroport
- 🚌 Rodoviária Engenheiro João Thome
- 1 Office du tourisme Setur
- 2 Office du tourisme Funcet (kiosques)
- @ 3 Alliance française
- @ 4 Cyberoom
- 5 Banco do Brasil
- 6 Banco Bradesco
- @ 11 Albergue da juventude Atalaia
- @ 37 A'Tasca do Marquês

Où dormir ?

- 10 Albergue Praia de Iracema
- 11 Albergue da juventude Atalaia
- 12 Pousada do Turista
- 13 Pousada Luar da Praia
- 14 Monte Sinaï Pousada
- 15 Pousada Feitiço do Ceará
- 16 Mundo Latino
- 17 Hôtel Pousada Arara
- 18 Hôtel Pousada La Maison
- 19 Hôtel Casa de Praia
- 20 Hôtel Villa Mayor
- 21 Pousada Colonial de Gramado
- 22 Pousada Jardim

Où manger ?

- 30 L'Escale
- 31 L'Escale
- 32 Self-service Bomd+
- 33 Picanha Iracema
- 34 Barraca Terra do Sol
- 35 Coco Bambu
- 36 Café Pagliuca

FORTALEZA

37 A'Tasca do Marquês
38 Restos du centre culturel Dragão do Mar
39 Tia Nair
40 Colher de Pau

Où déguster une bonne glace, une pâtisserie ? Où boire un café, un bon jus de fruits ?

38 Santa Clara Café
60 Sorvetão
61 Frutas e da Fruta
62 Leão do Sol

Où boire un verre ? Où sortir ? Où danser ?

36 Café Pagliuca
38 Bars du centre culturel Dragão do Mar
70 O Pirata
71 L'Órbita, L'Armazem, Over Point et Donna Santa
72 Bars de praia do Futuro

À voir

80 Centro do turismo
81 Museu do Ceará
82 Fortaleza da Nossa Senhora da Assunção
83 Centre culturel Dragão do Mar
84 Museu Artur Ramos – casa de José de Alencar

Achats

61 Mercado central
80 Centro do turismo
90 Marché de praia do Meireles

HSBC, *rua Facundo, 302-306.*

■ *Plusieurs* **bureaux de change** *face à praia do Meireles, entre les rues Joaquim Nabuco et Visconte de Mauá (plan C2). Également* **Libratur,** *av. Abolição, 2194.* ☎ *32-48-33-55. Ou* **Sadoc,** *av. Monsenhor Tabosa, 1071.* ☎ *32-19-79-93.*

Représentations diplomatiques

■ ***Consulat honoraire de France :*** *rua João Cordeiro, 831 (praia de Iracema).* ☎ *32-26-34-70.* 📱 *99-97-99-01.* • *fc_jensen@yahoo.com.br* • *Lun-jeu 14h-16h30.*

■ ***Agence consulaire de Suisse :*** *rua Dona Leopoldina, 697 (Centro).* ☎ *32-53-13-23. Lun-ven 8h-11h, 13h-17h.*

Urgences

■ ***Pronto socorro de acidentados :*** *av. Desembargador Moreira, 2283 (Aldéota).* ☎ *32-44-21-44.*

■ ***Hospital General de Fortaleza*** *(HGF ; plan D3)* **:** *rua Barão do Rio Branco, 1816 (Papicu).* ☎ *32-55-50-00.* Hôpital public de qualité.

■ ***Instituto Dr. José Frota*** *(IJF ; plan A3)* **:** *rua Barão do Rio Branco, 1816 (Centro).* ☎ *32-55-50-00.* Autre hôpital public de qualité.

■ ***SAT :*** *av. Sen Virgílio Távora, 2225 (Dioniso Torres).* ☎ *32-61-22-20 ou 31-01.* Consultation médicale à domicile ou à l'hôtel 24h/24. Le docteur Marco parle le français.

■ ***Pharmacies ouvertes 24h/24 :*** plusieurs en ville. Demander ***Pague Menos*** (☎ *34-33-83-00* ; possibilité de se faire livrer les médicaments) ou ***Drogajafre*** (les mieux fournies). Autres pharmacies avec livraison possible de médicaments : ***Droga Master*** (☎ *32-42-60-09)* et ***Dose Cert*** (☎ *34-33-93-63).*

■ ***Police touristique*** *(delegação turística)* **:** *av. Almirante Barroso (praia de Iracema).* ☎ *32-19-15-38.*

Location de voitures, taxis

Le buggy est très à la mode, puisqu'il permet de se balader sur les plages. Bon, pourquoi pas, si vous avez l'âme sportive. Au préalable, quelques précisions importantes : il est formellement interdit de s'amuser dans les dunes ; pour cela, il faut un chauffeur ayant un permis spécial. Un buggy revient cher (compter près du double d'une voiture de location), et ces engins ne sont pas assurés en cas de dommage sur les personnes. Enfin, attention aux gamins qui vous proposeront de vous le garder sur les plages : s'ils s'en servent, vous serez responsable en cas d'accident...

■ ***Avis :*** *à l'aéroport slt.* ☎ *34-77-13-69.*

■ ***Localiza :*** *av. Abolição, 2236 (Mucuripe).* ☎ *33-08-83-50. À l'aéroport (24h/24),* ☎ *34-77-50-50. Également le* ☎ *0800-99-20-00 (n° national).*

■ ***Unidas :*** *av. Abolição, 3303 (Mucuripe).* ☎ *32-42-40-55. À l'aéroport :* ☎ *34-77-53-73.*

■ ***Hertz :*** *rua Osvaldo Cruz, 175 (Meireles).* ☎ *32-42-54-25. À l'aéroport :* ☎ *34-77-50-55 (24h/24).*

■ ***Europcar :*** *à l'aéroport slt.* ☎ *34-77-15-35.*

■ ***Taxis : Rodotaxi,*** ☎ *32-52-18-66. Rádio Taxi,* ☎ *32-61-41-81.*

Compagnies aériennes

■ ***Tam :*** *av. Desembargador Moreira, 1940 (Aldéota).* ☎ *34-86-52-00. À l'aéroport :* ☎ *34-77-11-92.*

■ ***Gol :*** *à l'aéroport slt.* ☎ *34-77-19-40 ou 19-43, ou 0300-115-21-21.*

■ ***Taf :*** *à l'aéroport.* ☎ *32-77-80-13 ou 19-90. Ou n° national : 0300-313-2000.*

Agences de voyages

Plusieurs agences de voyages. Elles organisent des excursions à la journée (ou sur plusieurs jours) dans les environs. Fermées le dimanche.

■ ***Bhiattur Turismo :*** *av. J. 330 (José Walter).* ☎ *32-91-56-49.* 📱 *99-86-12-19.* • *bhiattur@bol.com.br* • Tenue par Gerliane, une jeune femme dynamique et très sympa qui parle parfaitement le français. Organise des séjours personnalisés dans le Ceará (plages, randos à l'intérieur des terres, etc.). Une agence sérieuse.
■ ***In Out de Intercâmbio e Turismo :*** *av. Abolição, 2687 (Mireiles).* ☎ *32-42-43-47.* • *inoutturismo.com.br* • Agence dynamique généraliste qui reçoit en français et propose des forfaits intéressants pour Jericocoara, Canoe Quebrada et Fernando de Noronha.
■ ***Lisatur :*** *av. Monsenhor Tabosa, 1067 (praia de Iracema).* ☎ *32-19-54-00.* • *lisatur.com.br* •
■ ***Net Tur :*** *av. Ruis Barbosa, 780.* ☎ *32-68-30-99.*

Divers

■ ***Alliance française*** *(plan B3, **3**) : rua Catão Mamede, 900 (Aldéota).* ☎ *32-44-78-87.* • *aliancafrancesa-fortaleza.com.br* • *Lun-jeu 8h-19h30, ven 8h30-14h, sam 8h-17h15.* Quelques journaux français et manifestations culturelles. Il y a même un petit café.

Où dormir ?

Les hôtels du centre-ville sont moins chers mais souvent bruyants. De plus, la nuit, mieux vaut éviter le *Centro*. On vous conseille donc de séjourner dans les quartiers de *praia de Iracema* ou d'*Aldéota,* avec la plage toute proche... Malheureusement, on ne s'y baigne pas à cause de la pollution ! La *praia de Iracema* est également un haut lieu de l'animation nocturne. Une autre solution, mais un peu plus éloignée, c'est *praia do Futuro (hors plan par D2)* : avenida Zézé Diogo ou plutôt avenida Dioguinho (la même route mais à double sens). Pour s'y rendre, éviter la marche, car la route passe le long de favelas ; depuis la gare routière : prendre l'omnibus Papicu jusqu'à la station Papicu ; là, avec le même billet, prendre l'omnibus n° 31 de Março ou Caça e Pesca ou Grande Circular jusqu'à praia do Futuro. Sinon, depuis le front de mer, prendre le « Top bus » qui longe la *praia de Iracema,* la *praia do Meireles* et la *praia do Mucuripe.* Le soir, y aller impérativement en taxi.
Enfin, sachez que de nombreux établissements pratiquent des tarifs haute saison, des fêtes de fin d'année jusqu'à fin février (fin du carnaval) ainsi qu'en juillet et août.

Bon marché (25-50 Rls / 10-20 €)

Albergue Praia de Iracema *(plan B2, **10**) : av. Almirante Barroso, 998 (praia de Iracema).* ☎ *32-19-32-67.* • *hostelbrazil.net* • *Nuitée 25 Rls/pers en dortoir de 6 lits ; doubles 70 Rls, petit déj compris (supplément draps env 2 Rls).* Fait partie du réseau des AJ internationales (mais la carte FUAJ n'est pas obligatoire). Une maisonnette restaurée et bien située, à deux pas de la plage d'Iracema et de l'animation nocturne. Belle vue de la terrasse du toit. Possibilité de cuisiner et de laver ses affaires. Dortoirs bien tenus, avec simples ventilos et douche froide. Les chambres sont plus confortables (AC et douche chaude). Téléphone international dans le hall. Accueil correct sans plus, et environnement qui peut être bruyant (pas mal de circulation sur l'avenue).
Albergue da juventude Atalaia *(plan B2, **11**) : av. Beira Mar, 814 (praia de Iracema).* ☎ *32-19-07-55.* • *atalaiahostel.com.br* • *Une petite villa rose saumon, face à la mer. Nuitée 37 Rls en dortoir ; 60 Rls en solo, petit déj inclus, donc un peu cher. Une double slt, 85 Rls.* AJ officielle de 72 lits, bien tenue. Petit patio à l'entrée avec fauteuils d'osier. Cuisine à dispo. Internet et téléphone international. Accueil très sympathique.
Pousada do Turista *(plan B2, **12**) :*

FORTALEZA

rua Dom Joaquim, 351. ☎ *32-53-75-42. Résa en hte saison. Doubles 40-60 Rls selon confort et saison, petit déj compris.* Une douzaine de chambres simples (eau froide) et sans charme particulier, mais ce n'est pas cher et le petit déj est copieux. AC dans certaines chambres, sinon, ventilo. Accueil aimable de la propriétaire franco-brésilienne.

Prix moyens (50-80 Rls / 20-32 €)

Pousada Luar da Praia *(plan B2,* ***13****) : rua Tomas Lopes, 99 (praia de Iracema).* ☎ *32-19-81-80.* • *luardapraiafortaleza@hotmail.com* • *À 5 mn de la plage. Doubles 60-70 Rls (30 Rls de moins hors saison), petit déj compris.* Pas d'AC pour les moins chères. Cette pension de famille a l'avantage d'être située dans une rue tranquille en étant assez proche de l'animation nocturne. Salle de bains, TV, frigo. Les chambres restent très basiques et la lumière rend le teint un peu blafard (préférer celles à l'étage, plus claires). Mais c'est calme, très propre et l'accueil est plein de bonhomie. Petit patio-salon. Accès Internet.

Monte Sinaï Pousada *(plan C2,* ***14****) : rua Frei Mansueto, 531 (Meireles).* ☎ *32-67-30-66. Dortoirs 30 Rls/pers ; doubles 50-70 Rls selon saison, petit déj compris.* Petite auberge tendance AJ. Pour ceux qui voyagent seuls, surtout intéressant pour ses dortoirs de 4 à 8 lits (séparés par sexe, avec douche et w-c communs). Les chambres très simples sont équipées d'AC, frigo et TV. Mais l'ambiance est un peu tristounette. De plus, quelques règles sont imposées après 22h pour le bien de tous...

Pousada Feitiço do Ceará *(hors plan par D2,* ***15****) : av. Hildebrando Pompeu, 255 (praia do Futuro).* ☎ *32-34-69-29.* • *pousadafeiticodoceara.com.br* • *Prendre le bus Caça e Pesca sur l'av. Aboliçao. Doubles 60-65 Rls selon confort.* Une ravissante *pousada* très bien tenue par Marilene, prof de français. Chambres doubles ou véritables petits appartements pour quatre avec cuisine, TV, frigo, salle de bains, mais pas d'AC. Déco très soignée, couleurs chatoyantes, belles couvertures artisanales, draps brodés, sols en brique... à deux pas de la plage. Dans la cour, plein de hamacs pour faire une bonne sieste. Bref, une adresse au charme certain, mais c'est loin du centre.

Mundo Latino *(plan C2,* ***16****) : rua Ana Bilhar, 507 (Meireles).* ☎ *32-42-87-78.* • *mundolatino.com.br* • *Doubles 70-90 Rls selon saison, petit déj compris. CB acceptées.* Chambres pour la plupart assez spacieuses (c'est là leur principal avantage), avec salle de bains, AC, TV. Mais, dans l'ensemble, l'adresse nous a paru un poil vieillissante. Préférer les chambres situées en fond de cour, plus agréables.

Hôtel Pousada Arara *(plan C2,* ***17****) : av. Abolição, 3806 (Meireles).* ☎ *32-63-22-77.* • *hotelarara.com.br* • *Doubles 70-80 Rls selon saison, petit déj compris.* Tenu par un Français, Jacques. Chambres très propres avec AC, frigo-bar, téléphone et TV. Certaines peuvent accueillir jusqu'à 5 personnes. Les claustrophobes essaieront de dégoter l'une des deux seules chambres qui disposent d'une véritable fenêtre. Petit déj et petite piscine dans une cour où s'organise souvent un barbecue agrémenté de musique.

Plus chic (80-150 Rls / 32-60 €)

Hôtel Pousada La Maison *(plan C2,* ***18****) : av. Desembargador Moreira, 201 (Aldéota).* ☎ *32-42-68-36.* • *hotellamaison.com.br* • *Doubles env 100 Rls ; réduc de 25 % sur présentation de ce guide, sf de Noël à fin janv.* Grande bâtisse rouge (en brique), à 200 m de la plage. Chambres très propres avec tout le confort nécessaire (TV, frigo, AC, téléphone), de différentes tailles. Francis, originaire de Blois, et son fils qui prend la relève, chaleureux comme tout, rendent de nombreux services à leurs clients (on peut même régler en euros !) et vous donnent de bons conseils. Ils paient aussi le taxi pour venir de l'aéro-

FORTALEZA

port ou de la *rodoviária* (pour un séjour de 3 nuits minimum). Accès Internet gratuit pour les hôtes.

Hôtel Casa de Praia *(plan B2, **19**) : rua Joaquim Alves, 169 (praia de Iracema). ☎ 32-19-10-22. • hotelcasadepraia.com.br • Doubles 90-120 Rls selon saison (140 Rls pour 3 pers), petit déj compris.* À quelques enjambées du front de mer, un hôtel qui nous a bien plu. Certainement à cause de l'accueil, des plus charmant, et du salon-réception entouré d'une végétation qui rend l'atmosphère apaisante. Et puis, avec sa quarantaine de chambres, l'établissement reste à taille humaine et le confort est au rendez-vous (AC, TV, coffre, lecteur CD et wi-fi dans chaque chambre ; certaines avec balcon et vue sur la mer). Solarium avec piscine de poche sur la terrasse où l'on peut aussi se poser tranquillement pour bouquiner. Internet à la réception (payant) et garage gratuit. Un très bon rapport qualité-prix.

Pousada Colonial de Gramado *(plan C2, **21**) : rua Nunes Valente, 180 (Meireles). ☎ 32-48-20-38. • pousadagramado.com.br • À 200 m de la mer. Doubles 90-110 Rls selon saison, petit déj compris.* Chambres pouvant accueillir jusqu'à 5 personnes. Belle maison d'extérieur. À l'intérieur, c'est plus banal et presque dépouillé mais bien tenu. Chambres avec ventilo ou AC, au même prix. Certaines se répartissent autour de la piscine et sont bardées de bois... un petit côté cabane au Canada, quoi !

Beaucoup plus chic (plus de 150 Rls / 60 €)

Pousada Jardim *(plan B2, **22**) : rua Ildefonso Albano, 950 (Aldéota). ☎ 32-26-97-11. • hoteljardim.com.br • Doubles avec sdb 155 Rls (200 Rls pour 3 pers) ; réduc de 20 % sur les chambres sur présentation de ce guide.* Attention, pas d'indication extérieure, il faut passer par un portail bien gardé. Grand jardin nickel, avec végétation tropicale et statuettes bien blanches. Chambres tout confort, le tout très bien tenu. Laverie et cuisine à disposition. Le patron, très affable, parle un français châtié. Cela dit, le règlement intérieur pose clairement et partout les conditions du séjour : la devise de la maison, « ordre, moralité et propreté », implique une adhésion à des règles de sécurité et de comportement qui ne conviendront pas aux fêtards. Les « conquêtes » d'un soir n'y seront pas admises. À vous de voir si cette ambiance vous conviendra. Parking à dispo.

Hôtel Villa Mayor *(plan C2, **20**) : rua Visconde de Mauá, 151 (Meireles). ☎ 34-66-19-00. • villamayor.com.br • À 100 m de la plage. Doubles 225 Rls hte saison, petit déj inclus.* Un hôtel d'un certain charme au milieu des immeubles. Aménagé sur 3 étages en galerie autour d'un patio, dans un style colonial aux tons pastel. Dans le patio, une piscine entourée de quelques palmiers. Une centaine de chambres de taille moyenne, avec salle de bains, AC, déco coquette, les plus chères avec balcon sur le patio. Petit déj-buffet au large choix. Accueil pro.

Où manger ?

Avenida Beira Mar (ou Presidente Kennedy), sur le front de mer, se succèdent toutes sortes de restos de poisson et fruits de mer. Embarras du choix mais bien « pour touristes » et, globalement, c'est plutôt difficile de trouver des petits prix.

Bon marché (5-15 Rls / 2-6 €)

L'Escale *(plan A2, **30**) : rua Guilherme Rocha, 48 (Centro). ☎ 32-54-23-23. En face de la praça do Ferreira. Attention, ne pas confondre avec le petit snack du même nom, à deux pas de là. Lun-sam, midi slt.* Self-service ao kilo.

Au 1er étage d'une belle et spacieuse demeure bourgeoise. Vieux parquets, fenêtres grandes ouvertes sur la rue et ventilos accrochés aux hauts plafonds qui brassent l'air imperturbablement. La cuisine est fraîche, excellente et le choix important ; nombreuses salades composées. Idem pour les viandes et les poissons. On est franchement repu pour pas cher. Beaucoup de monde : normal ! Une institution à Fortaleza !
– Une autre adresse à Aldéota : *av. Barão de Studart, 855 (plan B2, **31**).* ☎ *32-24-85-75. Tlj midi et soir.* Cadre moderne et quelque peu aseptisé. Terrasse en bord de rue. Intéressant le midi pour sa très bonne cuisine *ao kilo*. Le soir, des soupes ou plats variés à la carte, mais c'est plus cher (prix moyens).

Self-service Bomd+ *(plan C2, **32**) : av. Desembargador Moreira, 469 (à l'angle de Canuto de Aguiar).* ☎ *32-42-41-90. À côté de la* pousada La Maison. *Lun-sam, midi slt.* Self-service *ao kilo* avec une petite terrasse aérée. Bon. Également des sandwichs et des jus de fruits. Accueil souriant.

Prix moyens (15-25 Rls / 6-10 €)

Picanha Iracema *(plan B2, **33**) : rua Joaquim Alves, 89.* ☎ *32-19-45-93. Tlj midi et soir. Non loin de praia de Iracema mais à l'écart de l'affluence touristique.* On s'installe sur une terrasse ombragée en bordure de rue pour déguster de bonnes viandes braisées. Mais les poissons ne sont pas en reste. C'est copieux et les prix sont très raisonnables (ne l'oubliez pas, les plats sont pour deux !). Une adresse à l'atmosphère populaire et tranquille.

Barraca Terra do Sol *(hors plan par D2, **34**) : av. Zézé Diogo, 5295 (praia do Futuro).* ☎ *32-65-42-23. Tlj le midi et jeu soir pour la soirée crabe.* Un bar-restaurant comme il en existe beaucoup d'autres, en bordure de plage. Les orteils en éventail sur le sable, on mange sous de toutes petites paillotes des fruits de mer et principalement les traditionnels *toks-toks.* Certains plats, comme le *pargo grande,* sont pour quatre. On peut aussi tout simplement y prendre un verre accompagné d'un *tira gostos* ou de crevettes séchées au soleil en profitant de la douceur bienfaisante d'un après-midi ensoleillé. Très fréquenté le week-end.

Coco Bambu *(plan C2, **35**) : rua Canuto de Aguiar, 1317 (Meireles).* ☎ *32-42-75-57. Tlj midi et soir.* Un cadre amazonien pour le moins original, pieds dans le sable, tables en bois, perroquets aux couleurs chatoyantes agrippés aux lianes et des serveurs qui crapahutent sans relâche. Ça débite ! Selon l'humeur, on trouvera l'endroit rigolo ou bruyant... Principalement des pizzas, crêpes, salades, sans oublier de bonnes tapiocas salées ou sucrées. Pour les moins aventureux, une salle climatisée juste à côté.

Café Pagliuca *(plan C2, **36**) : rua Barbosa de Freitas, 1035 (Aldéota).* ☎ *32-24-19-03. Lun-sam midi et soir.* Au-dessus de la *Casa d'Arte,* petite galerie d'art intéressante. C'est un café-restaurant au cadre contemporain et quelque peu design, qui allie avec succès classe et décontraction. On peut y manger, mais la jolie terrasse est aussi un endroit sympa pour passer la soirée autour d'un verre, tout en écoutant un concert de jazz ou de blues *(mar-ven à partir de 20h ; couvert artístico).*

A'Tasca do Marquês *(plan B1-2, **37**) : rua dos Tabajaras, 429 (praia de Iracema).* ☎ *32-19-27-86. Tlj midi et soir.* Au cœur de ce quartier très animé où déambulent de nombreux touristes, un resto qui tire plutôt bien son épingle du jeu. On vient pour ses poissons et fruits de mer dont la fraîcheur n'a jamais été démentie. Terrasse en bord de rue.

Plusieurs **restos** *(plan A2, **38**)* alignent leurs tables en terrasse *au pied du **centre culturel Dragão do Mar.** Ts les soirs sf lun.* C'est un endroit en vogue et très animé en fin de semaine. Chacun rivalise de ses spécialités : plats brésiliens, cuisine italienne... Le week-end, chacun rivalise aussi de ses concerts. Ne manquez pas de monter quelques instants sur la passerelle qui surplombe les terrasses... De belles tranches de vie.

Plus chic (25-50 Rls / 10-20 €)

Tia Nair *(plan B2, **39**) : rua Ildefonso Albano, 68 (à l'angle de l'av. Beira Mar).* ☎ *32-19-14-61. Tlj midi et soir.* Au début de la plage d'Iracema, grande terrasse couverte en bordure de plage. Plats de poisson suffisamment copieux pour contenter deux appétits. Brochettes de langoustes, *camarão* tropical.

Colher de Pau *(plan C2, **40**) : rua Frederico Borges, 206.* ☎ *32-67-37-73. Tlj midi et soir.* Selon les plats, on peut aussi s'en sortir à prix moyens. Grandes terrasses en vis-à-vis de chaque côté de la rue. Poissons, crevettes, excellentes langoustes, viandes juteuses et *carne do sol* bien préparé. Bon accueil.

Où déguster une bonne glace, une pâtisserie ? Où boire un café, un bon jus de fruits ?

Sorvetão *(plan C2, **60**) : sur le côté gauche de l'hôtel* Praiana Palace, *av. Beira mar, 2800 (Meireles) ; tlj 11h-23h. Un autre à deux pas.* Bistrots où l'on sert les glaces et sorbets les plus délicieux qui soient.

Santa Clara Café *(plan A2, **38**) : perché au milieu de la passerelle du centre culturel* Dragão do Mar. *Mar-ven 16h-23h, w-e 15h-22h.* Une cafétéria qui semble sortie d'un décor amazonien épuré au mobilier d'un beau design. Excellents cafés comme il se doit (essayez le *frappucino,* un velouté de café au lait), mais aussi confondantes pâtisseries au tapioca. W-C originaux.

Frutas e da Fruta *(plan A2, **61**) : au rez-de-chaussée du* mercado central, *à gauche du parking.* Une petite échoppe colorée débordant de fruits frais que l'on presse sous vos yeux en combinaisons variées. Quarante variétés complétées d'eau minérale ou de lait. Cure de vitamine C garantie. N'hésitez pas à essayer les fruits que vous ne connaissez pas : sapotier, jacquier, *acerola,* cajou, ou *graviola.*

Leão do Sol *(plan A2, **62**) : sur la praça do Ferreira, au rez-de-chaussée d'un bâtiment vert Art déco de 1926. Tlj sf dim.* Petite salle en longueur décorée de photos du Fortaleza d'antan. Y venir en journée pour siroter debout ou assis (en jouant du coude à coude sur l'unique banc !), un jus de canne pressé sous vos yeux, à savourer avec un *pasteis* (chausson fourré à la viande). Excellents petits en-cas.

Où boire un verre ? Où sortir ? Où danser ?

Tout au long du front de mer, de la praia de Mucuripe jusqu'à Iracema, mais surtout en bordure de la praia do Meireles et dans le quartier d'Iracema, l'après-midi et le soir. Des centaines de terrasses sur la plage ou sur le trottoir. La nuit, le quartier le plus animé est celui d'Iracema, de Dragão do Mar et du ponte dos Ingleses (idéal aussi pour admirer le coucher du soleil). Sinon, la praia do Futuro est le dernier endroit à la mode ; c'est aussi là qu'on se baigne ! Le week-end, tout le monde danse le *forró* dans des lieux spécialisés pouvant contenir plusieurs milliers de personnes ! Bref, vous ne vous ennuierez pas le soir à Fortaleza !

À praia de Iracema

Le spot nocturne de Fortaleza : la jeunesse brésilienne en beauté déambule de bar en bar. Ça drague, ça rit, ça boit, ça vit quoi !

O Pirata *(plan B1, **70**) : rua dos Tabajaras, 325.* ☎ *32-19-80-30.* • *pirata.com.br* • *Lun et jeu slt (soirées à thème), à partir de 20h. Entrée : 30 Rls.*

FORTALEZA

Cher, mais en haute saison à ne rater sous aucun prétexte pour voir à quoi ressemble une vraie fiesta brésilienne. O Pirata s'est autoproclamé « la plus grande fête du monde », et on ne le contredira pas : de mémoire de routards, on n'a pas souvent connu des ambiances aussi extraordinaires. L'endroit est d'ailleurs cité dans le *New York Times* comme étant l'un des plus animés d'Amérique... en attendant de rentrer au Patrimoine mondial de l'humanité de l'Unesco, pourquoi pas ? Mais attention à ne pas se tromper de jour (lundi ou jeudi soir, on vous le rappelle). Arriver dès 20h, la soirée démarre par un quadrille en costumes à 22h. Sur une gigantesque piste de danse à ciel ouvert, complètement « surchauffée », nuit *forró* et lambada, la vraie. Un monde fou fou fou s'y bouscule, dans une ambiance populaire bon enfant mais néanmoins délirante. Bière et *cachaça* coulent à flots, ça danse sans discontinuer dans tous les coins, y compris aux terrasses, et ça dure jusqu'à l'aube. Les meilleurs groupes y passent, et personne n'échappe à la frénésie de la danse, y compris les plus vieux ! Soupe gratos à 3-4h.

🍷 Dans la même rue que *O Pirata* se trouvent plusieurs **bars,** tous très animés en fin de semaine.

🍷 ♫ ***L'Órbita*** *(plan A-B2,* ***71****)* ***:*** *à l'angle des ruas Alm. Jaceguai et Dragão do Mar, à proximité du centre culturel. Jeu-dim. Petit droit d'entrée.* Un bar aménagé dans d'anciens entrepôts portuaires et qui se transforme, au fur et à mesure que l'heure avance, en boîte de nuit plutôt branchée. Lumière fluo sur structure métallique d'origine, déco interplanétaire... assez « orbital » comme cadre ! Ambiance souvent house, mais pas mal de concerts le week-end, aux teintes musicales variées... On y a déjà entendu du rock... tendance *trash* ! De toute façon, la musique diffuse généreusement à l'extérieur. Pratique pour se décider. Juste à côté, ***L'Armazem*** *(ouv mer et w-e, droit d'entrée)* lui fait une belle concurrence. Le mercredi, c'est soirée *forró* endiablé. Le week-end, l'endroit se transforme en bar-boîte, avec une salle à dominante électro, une autre aux sonorités plus éclectiques (samba, *forró,* pop-rock, etc.). À deux pas de là, dans la rua Dragão do Mar, les amateurs de reggae se retrouvent à l'***Over Point*** *(ouv jeu-dim).* Ceux qui recherchent une ambiance *gay friendly* ne manqueront pas le ***Donna Santa*** *(ouv le w-e ; petit droit d'entrée).* Musique électro.

🍷 ♪ ***Café Pagliuca*** *(plan C2,* ***36****)* ***:*** *rua Barbosa de Freitas, 1035 (Aldéota).* Voir « Où manger ? ». Concerts de jazz ou de blues du mardi au vendredi à partir de 20h.

🍷 ♪ On ne manquera pas d'aller faire un tour au **centre culturel Dragão do Mar** *(plan A2,* ***38*** *; voir « Où manger ? »).* Plusieurs **bars** avec concerts en fin de semaine.

À praia do Futuro

Sur les 5 km de cette plage, pas mal de **bars** et **restos** *(hors plan par D2,* ***72****),* de la simple baraque à l'établissement plus classique. *Ouv tlj jusqu'à 18h (19h le w-e) ainsi que jeu soir pour la soirée crabe, très prisée.* Certains bars-restos (*Barraca Terra do Sol* – voir « Où manger ? » – et *Chico do Caranguejo* notamment) restent alors ouverts et tout le monde s'attablent pour déguster les *toks-toks* du delta de Parnaiba, dans un joyeux brouhaha.
En journée, point commun entre tous : une sono bien puissante qui fait chalouper de nombreux plagistes. Pour y aller, voir l'introduction de la rubrique « Où dormir ? ». Le jeudi soir, le plus sûr est de prendre un taxi. Évitez de vous balader tout seul en dehors des bars.

🍷 ♪ ***Chico do Caranguejo :*** *av. Zézé Diogo, 4930.* ☎ *32-34-68-08.* Un des plus grands et des plus « établis ». Musique *ao vivo* le jeudi à l'occasion de la soirée crabe (entrée payante – assez chère – à partir de 21h ; arriver donc juste avant !). Ambiance folle sur la plage, beaucoup plus sage sous l'auvent en feuilles de palme.

Deux adresses qui marchent fort : ***Croco Beach*** et ***Cocó Beach.*** Soirée crabe là aussi.

Où s'essayer au *forró* ?

Les vendredi et samedi, les habitants dansent le *forró* dans les nombreuses (et gigantesques) *casas do forró. Entrée : 10-15 Rls.* Problème : la plupart d'entre elles sont très éloignées de Fortaleza (entre 15 et 30 km !). Pas le choix, demandez à un taxi de vous y conduire. La plus proche : ***Kukukaya,*** *av. Ponte Viera, 55 (São João do Tauape) ; à 15 mn env de praia de Iracema.* ☎ *32-27-56-61.* • *kukukaya.com.br* • *Entrée : 15 Rls.* Beaucoup de monde, aucun touriste et chaude ambiance. Sinon, dans le même esprit, le ***Vila Forró*** *(à 15 km env ;* ☎ *32-92-21-00 ; le sam),* le ***Clube de Vaqueiro*** *(à 20 km env ;* ☎ *32-29-19-06)* et le ***Palácio do Forró*** *(à 20 km env ;* ☎ *34-84-52-13)...*

FORTALEZA

À voir

Centro do turismo *(plan A2,* ***80****) : rua Senador Pompeu, 350 (Centro).* ☎ *31-01-55-08. Lun-sam 8h-18h, dim 8h-12h.* « Amis lecteurs, tous en prison ! » En effet, le centre d'artisanat et l'office du tourisme occupent l'ancienne maison d'arrêt. *Au 1er étage, un petit* ***musée d'Art et de Culture populaires.*** *Entrée modique.* Vous y verrez de la céramique, divers objets domestiques, ex-voto, une expo minéralogique, ainsi qu'une *jangada* avec explications sur le mode de vie des pêcheurs du Ceará. Les anciennes cellules abritent désormais des petits magasins (voir « Achats » plus loin).

Museu do Ceará *(plan A2,* ***81****) : rua São Paulo, à l'angle de la rua Floriano Peixoto (Centro).* ☎ *32-51-15-02. Mar-ven 8h30-17h, sam 8h30-12h30. Entrée modique ; réduc. Visite guidée.* Musée historique et anthropologique axé sur l'histoire de la ville et de la région. On y voit une réplique fidèle de la *jangada* avec laquelle trois courageux pêcheurs rejoignirent Rio pour revendiquer de meilleurs droits du travail auprès de Getúlio Vargas, en 1941. Le voyage dura soixante jours ; un véritable exploit ! Collections d'armes et souvenirs des hommes qui marquèrent la vie politique du Ceará, notamment les abolitionnistes de l'esclavage. C'est d'ailleurs dans cette même salle que se tint, le 24 mai 1883, l'assemblée proclamant l'émancipation des esclaves à Fortaleza ; une peinture le rappelle. Petit hommage aux femmes qui ont marqué l'histoire et la culture du Ceará (Rachel de Queiroz, Jovita Alves Feitosa...) ainsi qu'au Padre Cicero. Ce saint homme, auquel on attribue plusieurs miracles, est une figure de la culture populaire locale. Ne ratez pas non plus l'attendrissant *Yôyô,* la mascotte de la ville, qui, figurez-vous, prenait le bus tout seul pour aller faire la tournée des bars ! Véridique... paraît-il ! Expos temporaires également.

À quelques mètres de là, la ***praça do Ferreira*** *(plan A2),* la place la plus vivante de cette partie de la ville. Quelques immeubles rescapés de la période Art déco la bordent : à l'angle de la rua Guilhermo Rocha, deux très beaux édifices éclectiques restaurés et peints de bleu et vert.

Iglesa Nossa Senhora do Rosário *(plan A2) : praça dos Leões (Centro). Depuis la praça do Ferreira, prendre la rua Guilherme Rocha sur la droite du restaurant* L'Escale, *puis 1re à gauche.* Construite par les esclaves au XVIIIe s, elle servait de lieu de prière et de lamentation. Aujourd'hui bien restaurée, c'est un témoin des moments difficiles de l'histoire du Ceará, État qui se considère comme pionnier dans la libération des esclaves au Brésil.

Teatro José de Alencar *(plan A2) : praça José de Alencar (Centro).* ☎ *31-01-25-83. Lun-ven 8h-17h. Entrée : 4 Rls, avec petite visite guidée en portugais ou* *espagnol.* Construit au début du XXe s dans un style français Belle Époque. Architecture métallique Art nouveau originale.

Fortaleza da Nossa Senhora da Assunção *(plan A2,* ***82****) : av. Alberto Nepomuceno (Centro). ☎ 32-55-16-00. Tlj 10h-17h. Gratuit.* Ce fort, construit en 1816 par les Hollandais et alors baptisé fort Schoonenborch, fut le premier édifice de la ville. Intérêt limité.

Le centre culturel Dragão do Mar *(plan A2,* ***83****) : rua Dragão do Mar, 81 (praia de Iracema). ☎ 34-88-86-00. • dragaodomar.org.br • Mar-dim 14h-22h (fermeture des portes à 21h30). Entrée modique ; réduc étudiants.*
Centre culturel du surnom d'un pêcheur célèbre qui lutta en faveur de l'abolition de l'esclavage ; à l'époque, on ne pouvait pas être esclave et pêcheur. Or, la ville vivait en partie des revenus de la pêche. Il s'organise autour d'un petit pâté de maisons du début du XXe s joliment restaurées et que l'on enjambe par des passerelles. Théâtre, planétarium, cinéma, gigantesque mosaïque murale d'Aldemir Martins évoquant les paysages du Ceará, et surtout deux musées.
– *Le mémorial de la culture du Ceará :* dans le premier espace, plusieurs vitrines sur la culture populaire, la littérature de Cordel, les fêtes campagnardes, l'artisanat, l'art religieux, le folklore du Cariri (une région au sud de Ceará où les traditions sont encore bien vivantes), etc. Le second espace est consacré aux *vaqueiros,* ces « cow-boys » brésiliens qui ont joué un rôle important dans l'occupation des terres à l'intérieur du pays. Reconstitutions d'ambiances de *fazendas,* au milieu de la grande sécheresse du Sertão, de maison de *vaqueiros...* Vêtements de cuir pour se protéger des épineux à cheval, sellerie, fers à marquer le bétail... Bien fait. Textes en anglais.
– *Le musée d'Art contemporain :* abrite des expos temporaires.

Museu Artur Ramos – casa de José de Alencar *(hors plan par D3,* ***84****) : av. Perimetral, s/n (Messejana). ☎ 32-29-18-98 ou 32-76-16-77. Lun-sam 8h-17h. Entrée à prix modique.* Plus de 200 pièces d'origine africaine et de culture indienne du Ceará qui appartenaient à l'anthropologue Arthur Ramos. Abrite également toiles et documents provenant de l'écrivain José de Alencar.

Parenthèse nécessaire

Pirambu : favela de Fortaleza. Le plus gros problème pour des touristes moyennement argentés et normalement humanistes en voyage dans le Nordeste, c'est la pression omniprésente de la pauvreté autour de tout ce qui consomme. Plutôt que de ressasser un complexe de culpabilité, autant entrer dans le vif du sujet.
Dans le quartier de Pirambu, qui s'étend sur 10 km le long de la mer, vers l'ouest après la marina blindée construite par les Français à la limite du centre-ville, vous pouvez faire connaissance avec un remarquable travail d'organisation de la vie collective, en pleine favela, dans la communauté 4 Varas : le *Mouvement intégré de santé mentale communautaire (rua Profeta Isaïas, 126, quartier du Pirambu).* Sur 2 ha en bord de plage, les associations d'habitants, appuyées par des psychiatres, des avocats, des psychologues, des travailleurs sociaux volontaires, mais aussi des prêtres de l'*umbanda,* des *caboclos,* des médecins traditionnels des plantes, ont aménagé un espace ouvert pour traiter le stress et aborder les questions des Droits de l'homme, qui, ici, sont une denrée rare. Une « pharmacie vivante » fabrique des remèdes avec l'aide des étudiants en pharmacie, à partir de plantes sélectionnées par les *caboclos* et cultivées sur le terrain. Une « maison des cures » dispense, gratuitement, des massages relaxants, et tous les jeudis après-midi, une séance de thérapie publique aborde, en présence de psychiatres et de psychanalystes, tous les problèmes de la vie quotidienne collective. Dans une maison à part, le *pai de santo* de l'*umbanda* aide, avec ses méthodes à lui, le travail des psychologues. Les lundi et vendredi, les étudiants en médecine viennent en TP.

On peut y aller en toute sécurité (mais uniquement de jour !), et les visiteurs étrangers sont les bienvenus. Il est toutefois conseillé d'être accompagné par des amis brésiliens.

➢ ***Pour s'y rendre :*** prendre le bus « Grande Circular » ou « Colónia », de l'av. Abolição ou du centre. Demander à descendre à l'angle de la rua 6 Companheiros, sur l'av. Leste Oeste, après les jardins. S'informer au siège de la communauté Emmaüs, devant l'arrêt du bus.

➢ ***Les Indiens tremembés :*** la communauté des 4 Varas du Pirambu s'est « jumelée » avec la tribu des Indiens tremembés qui vivent à 250 km de Fortaleza, dans le Ceará, en butte à de sérieux problèmes de terre. Il est possible de se rendre dans leurs communautés villageoises, car ils sont ouverts aux visites d'étrangers qui peuvent leur permettre de faire connaître leur lutte. S'adresser au *Mouvement intégré de santé mentale communautaire du Pirambu* (voir ci-dessus).

Achats

Si, à Recife, c'est l'overdose d'églises, ici, on fait plutôt ses achats. Vous trouverez à Fortaleza la meilleure qualité et les meilleurs prix pour la dentelle et les hamacs.

Centro do turismo *(plan A2, **80**) : rua Senador Pompeu, 350 (Centro). Se reporter à la rubrique « À voir ».* Il nous a semblé que les boutiques qui couraient le long du mur d'enceinte au rez-de-chaussée présentaient une qualité de dentelle et des prix plus intéressants que celles du bâtiment principal. Le travail sur les blouses brodées de dentelle est admirable. Les vendeuses sont tellement fières de la qualité de leurs produits qu'on ne va jamais très loin dans le marchandage. Acheter plutôt son hamac au *mercado central*.

Mercado central *(plan A2, **61**) : av. Alberto Nepomuceno, 199. • mercadocentraldefortaleza.com.br • Tlj, sf dim, 8h-18h.* Le plus facile consiste à prendre l'ascenseur jusqu'au 3e étage, puis à redescendre à pied. Le marché a des allures de caverne d'Ali Baba. Il s'agit d'une grande promenade circulaire, sur plusieurs étages. Follement animé. Alimentation, herbes médicinales, articles en cuir, alcools, et des centaines de boutiques de vêtements. La qualité des dentelles est plus ordinaire qu'à la « prison » du *centro do turismo* ; en revanche, plus de choix pour les robes beiges à fanfreluches. Grande variété de hamacs et prix intéressants. Marchandez dur ; vu la concurrence, ça marche (compter autour de 50 Rls pour un hamac). Pour ceux qui veulent casser la croûte, au 1er étage, un bon petit resto *ao kilo*, le *Gulodices*.

Le marché de praia do Meireles *(plan C2, **90**) :* en bord de plage, plusieurs centaines d'exposants se rassemblent tous les soirs 17h30-22h30. En y allant vers 22h, juste avant que les stands ne plient boutique, la négociation sera facilitée.

Avenida Monsenhor Tabosa *(plan B2) :* une rue commerçante animée bien achalandée en boutiques de vêtements, de décoration, de mobilier et d'artisanat. La plupart des fabricants de l'État du Ceará y ont un magasin. Autres rues très commerçantes : la ***rua de General Sampaio*** et la ***rua Guilherme Rocha*** *(plan A2)*, dans le Centro.

Les plages de Fortaleza

Elles sont belles : sable blanc très fin, cocotiers, etc. Vive animation le soir autour des restos et bars de plage. On y danse parfois toute la nuit... Des dizaines de vendeurs ambulants de *caïpirinha* et vente d'artisanat et de vêtements (plus cher qu'en ville).

Celle de ***Meireles*** *(plan C2),* bordée d'immeubles résidentiels et de restaurants, est très fréquentée mais impropre à la baignade. Son intérêt principal réside dans son marché artisanal (voir « Achats »).

Sur la plage de ***Mucuripe*** *(plan D2)*, un spectacle à ne pas manquer : le retour des *jangadas*. Mais difficile de préciser une heure : tout dépend de la marée. Littéralement « radeaux », ces bateaux traditionnels des pêcheurs de Fortaleza, mais aussi de toute la côte jusqu'au Pernambuco, sont composés d'une demi-douzaine de troncs courbes assemblés par des chevilles de bois, d'un mât et d'une grande voile. Leur équipement se limite au strict nécessaire : un filet lesté de pierres, une réserve d'eau et de nourriture, le panier pour rapporter les poissons. L'impression de fragilité ne doit pas tromper ; ces embarcations séculaires, entre les mains de courageux pêcheurs, sont d'une efficacité remarquable. Elles servirent dans le passé à assurer le transport des esclaves en fuite vers le Ceará, premier État à abolir l'esclavage. Trois *jangadeiros* réussirent même à parcourir 3 000 km, en 1941, de Fortaleza à Rio (voir le *museu do Ceará*). Enfin, au-delà du folklore, la vie des pêcheurs est probablement l'une des plus rudes du Nordeste. Un certain nombre d'entre eux ne sont même pas assez riches pour être propriétaires de leur bateau et doivent laisser une grosse partie de leur pêche contre l'utilisation de leur *jangada*.
– Ne pas rater le *marché de marée des jangadeiros*, au bout de la plage de Mucuripe. Tous les jours, mais là encore, tout dépend de la marée ; se renseigner.

Praia do Futuro *(hors plan par D2)* ***:*** *à 10 km env du centre, mais sans sortir des faubourgs de Fortaleza. Pour y aller, voir l'introduction de la rubrique « Où dormir ? ».* On se répète, mais le jeudi soir, pour la soirée crabe, y aller en taxi. Une superbe plage longue de 5 km avec un océan déchaîné et magnifique. L'eau y est enfin propre et le sable fin. Beaucoup de petites *barracas*, plage quasi déserte en semaine et bondée le week-end (voir aussi « Où boire un verre ? Où sortir ? Où danser ? »).
– Tout au bout de la praia do Futuro, après quelques bâtiments plutôt moches, on atteint l'***embouchure du rio Côco.*** Bel endroit assez calme, avec des dunes de sable fin. Quelques baraques de pêcheurs (notamment *Caça* et *Pesca*) qui proposent des plats typiques. En attendant le pont prévu, un petit bac franchit la rivière pour accéder à l'autre côté de la plage. Possibilité de louer un kayak pour remonter vers la mangrove. ATTENTION : éviter d'y aller le soir, c'est dangereux.

Barra do Ceará : c'est la plage à l'extrémité du Pirambu, à l'embouchure du fleuve Ceará, à la sortie nord de la ville. Ici débarquèrent les premiers bateaux portugais. L'endroit n'a pas l'allure luxueuse et touristique des plages du centre-ville. La plage est envahie par une foule populaire durant tout le week-end. C'est LE rendez-vous de la jeunesse pas dorée. On vous la signale, mais autant éviter d'y aller : vous ne vous y sentirez pas forcément à l'aise. Et surtout, oubliez la *lumineuse* idée d'y aller en buggy : des touristes ont eu des problèmes. À proscrire ABSOLUMENT le soir, c'est dangereux.

Plongée sous-marine

Un des plus beaux sites de plongée de la côte se situe à 30 km environ au large de la ***plage de Pecem*** (65 km au nord de Fortaleza), par 30 m de fond. Il s'agit d'un navire coulé en 1943, pendant la Seconde Guerre mondiale.

Le canal de Arabaianas, à 30 km de Fortaleza, garde lui aussi quelques belles épaves.

– Contacter ***Projeto Netuno*** *(☎ 32-24-41-14, • pnetuno.com.br •)*, on vous fera découvrir ces beautés. Le samedi en principe.

Fêtes et manifestations

– ***Maracatu :*** *fin février-début mars*. Carnaval folklorique et culturel de Fortaleza. Moins spectaculaire que le *Fortal*.

– ***19 mars :*** fête de São José, patron du Ceará. Nombreuses processions dans tout l'État pour demander la pluie. S'il pleut ce jour-là, c'est gagné : la saison sera bonne !
– ***13 avril :*** anniversaire de Fortaleza. Un grand gâteau (dont la taille dépend des récoltes) est réalisé sur la praça do Ferreira et généreusement offert. En soirée.
– ***13 mai :*** fête de Nossa Senhora de Fatima. On s'habille en blanc pour parcourir les 10 km de procession qui chemine dans la ville.
– ***13, 24 et 29 juin :*** aux fêtes de São Antônio, de São João et de São Pedro, on danse le quadrille.
– ***Juillet :*** pendant la dernière semaine se déroule le *Fortal*, l'un des carnavals « hors saison » les plus animés du pays. Le long de l'avenida Beira Mar, des milliers de gens sont pris de folie au son des *trios elétricos* de renommée nationale.
– ***15 août :*** fête de *Iemanjá*, la reine de la mer. Manifestation de *candomblé* sur la plage.

➤ DANS LES ENVIRONS DE FORTALEZA

Museu da Cachaça : *à 30 km au sud-est de Fortaleza. ☎ 33-41-04-07. • ypioca.com.br • Sur l'av. Imperador, au niveau de la praça da Lagoinha, prendre le bus pour le village de Maranguapé, puis continuer en taxi. Mar-dim 8h30-17h. Entrée : 9-10 Rls ; réduc.* Un musée intéressant qui retrace avec force machines, équipements et ustensiles, documents et photos, l'histoire de l'exploitation de la canne à sucre et évoque l'importance de son économie pour la région. À la fin de la visite, petite dégustation ! Petit parc de jeux pour enfants.

LE LITTORAL DU CEARÁ

Au nord comme au sud de Fortaleza, la route est bonne et on peut accéder à chacune des plages sans problème avec une voiture, sauf pour rejoindre Jericoacoara (4x4 indispensable à partir de Jijoca).

AU NORD DE FORTALEZA

CUMBUCO

À 30 km environ au nord de Fortaleza. Prendre le bus « Cumbuco » (toutes les heures) sur l'avenida Beira Mar (devant le *Praiana Palace Hotel*). Très fréquenté le week-end par les habitants de Fortaleza. Inutile d'y séjourner. En revanche, pour se mettre au vert l'instant d'une journée, pourquoi pas. Restos en bord de mer spécialisés dans le poisson. Le *Velas do Cumbuco,* avec ses nombreuses paillotes, remporte un vif succès.

À faire

– Le sport local dans les dunes, en dehors du ***kitesurf*** et des ***buggys*** décidément bien envahissants (compter 100 Rls pour 4 personnes pour 1h de montagnes russes, avec chauffeur obligatoire), c'est l'***eskibunda,*** la « luge de sable », une planche de bois graissée sur laquelle vous posez vos fesses pour glisser du haut d'une dune à pente bien raide. La première fois, la gamelle est assurée, on se retrouve avec du sable jusqu'au fond des molaires et puis, avec un peu d'expérience, on parvient à diriger cette infernale savonnette jusqu'à la lagune qui se trouve en contrebas, et même à y prendre goût ! Le plus dur est de se retaper à chaque coup la pente dans l'autre sens. Possibilité aussi de faire un tour en ***jangada*** (ces embarcations traditionnelles qui vont sur l'eau), ou des ***balades à cheval*** pour quelques *reais*.

PARACURU *(ind. tél. : 085)*

À 80 km environ de Fortaleza, une petite ville de quelque 30 000 âmes, tranquille et préservée du tourisme mais qui attire de plus en plus les fondus de kitesurf. Paracuru s'est d'ailleurs imposé ces dernières années comme l'un des meilleurs spots mondiaux ! L'activité se pratique principalement d'août à décembre. Le soir, aucun endroit pour faire la fiesta, sauf le samedi où l'ambiance monte un peu. Pour la petite histoire, Paracuru est connu aussi des fondus d'ufologie pour avoir servi de terrain d'atterrissage à un OVNI en 1960. Mais personne ne sait plus qui l'a vu !

Adresse et infos utiles

Rodoviária : liaisons avec ***Fortaleza,*** env 1 bus/j. Trajet : 2h.

École de kitesurf : *99-03-27-61.* • *kiteboardbrazil.com* • *Ouv août-janv.* Tenue par un Suisse.

– Attention, ***aucune banque.***

Où dormir ? Où manger ?

Prix moyens (moins de 90 Rls / 36 €)

Pousada Villa Verde : *rua Maria Luiza Sabóia (à 200 m de l'église). ☎ 33-44-11-81.* • *villaverdepousada@hotmail.com* • *Doubles 50-70 Rls selon confort (ventilo ou AC, douche froide ou chaude), petit déj compris.* Petites chambres simples mais agréables, avec terrasse et hamac. Toutes font face à un magnifique jardin arboré, où s'étire un immense caoutchouc africain. Calme absolu, à peine perturbé par le gazouillis des oiseaux.

Chez Michel : *s'adresser au resto* Formula 1. *☎ 33-44-20-48. Doubles 70-90 Rls, petit déj compris, avec ventilo ou AC.* Michel, un Français très sympa et installé au Brésil depuis plus de 20 ans, propose une petite dizaine de chambres récentes, parfaitement tenues. Ambiance familiale, tranquillité garantie, beaucoup de fleurs et piscine dans le jardin. Une curiosité en prime : son élevage d'escargots (si, si !). Peut venir vous chercher à l'aéroport de Fortaleza.

Formula 1 : *face à la mer. ☎ 33-44-20-48. Tlj midi et soir. Prix moyens.* Tenu par Michel, un Français. Poissons et fruits de mer dans un mariage réussi des cuisines brésilienne et française. Et même des escargots tout chauds avec du pain aillé !

PRAIA DA LAGOINHA *(ind. tél. : 085)*

À quelques encablures de Paracuru et à 90 km environ de Fortaleza, une station balnéaire très populaire, blottie entre une dune, sa plage, ses cocotiers et un promontoire orangé. Beaucoup de monde le week-end ainsi que de décembre à mars. Jolie lagune dans les dunes.

➢ ***De/vers Fortaleza*** *(rodoviária)* ***:*** 3 bus/j. Trajet : 2h30 env.

– Attention, ***aucune banque.***

Où dormir ? Où manger ?

Pousada Pontal da Duna : *av. Sizinha de Azevedo (à deux pas de la place principale et de l'église). ☎ 33-63-51-82. 99-83-34-54. Doubles*

80-100 Rls selon saison, petit déj compris. Une très belle demeure récente qui arbore fièrement une allure de maison coloniale, perchée au sommet d'une falaise surplombant la mer. Le site et la vue sur les 18 km de plages sont superbes ! Chambres avec douche chaude, frigo-bar, ventilo (les alizés se chargent de rafraîchir l'atmosphère !). Accueil charmant du couple portugais qui parle bien le français. Une adresse anti-stress assurée et le meilleur rapport qualité-prix de Lagoinha.

Fullxico : *à l'entrée du village en venant de Fortaleza, sur la gauche, juste avt l'église. 99-54-27-54. Tlj sf dim soir et lun. De bon marché à prix moyens.* Un resto sous une paillote tenu par des amateurs de bonne musique. L'ensemble est joliment décoré, coloré et sympathique comme tout. Très bonne et copieuse cuisine à base de poissons et fruits de mer.

Sinon, plusieurs restos sur la plage, mais bondés...

MAUDAÚ *(ind. tél. : 085)*

À 120 km environ de Fortaleza. Un petit village de pêcheurs cerné de cocotiers et bordé de plages et de dunes magnifiques. Tout est calme, paisible, et le tourisme reste encore bien discret. Quelques excursions à faire dans le coin. Bref, un endroit idéal pour faire le vide...

➢ ***De/vers Fortaleza*** *(rodoviária)* **:** 4 bus/j. Trajet : 3h30 env.

Où dormir ? Où manger ?

Pousada Cabôco Sonhadô : *face à la plage. ☎ 33-51-90-47. 99-75-62-70. • caboco.com.br • Doubles 60-80 Rls selon confort (ventilo ou AC, mais douche froide) et saison, petit déj compris.* Une petite adresse de moins de 10 chambres très agréables. Celles avec ventilo, à l'étage, ont des ouvertures pour que l'air circule. Toutes avec terrasse ou balcon, hamacs et vue sur le large ! Propose des excursions dans le coin. Un endroit qui respire le calme.

À faire

S'adresser à la *pousada Cabôco Sonhadô*.

➢ ***Balade en bateau sur le fleuve Mundaú :*** *compter env 1h30 et une poignée de reais par pers.* Paysages de mangroves entourées de dunes, observation d'oiseaux. La balade s'achève en général par la contemplation du coucher de soleil sur l'une des plus hautes dunes du coin. Superbe !

➢ ***Balades à pied dans le parque ecologico de Mundaú :*** *près de 3h et quelques reais par pers.* Pour découvrir la forêt originelle (la *Mata*). De juin à septembre, on peut rejoindre une lagune. Possibilité d'excursions à cheval également.

JERICOACOARA *(ind. tél. : 088)*

Ce curieux nom signifie en langue indienne « le lieu où les crocos dorment au soleil », mais tout le monde abrège et dit « Jeri ».

À 280 km au nord de Fortaleza, cocotiers, dunes, falaises, lacs et plage de sable blanc, douceur de vivre constituent les ingrédients naturels de ce petit paradis, devenu patrimoine national. L'endroit est donc totalement préservé, et tant mieux, car il offre des paysages uniques au Brésil : dunes dignes du Sahara, rochers sculptés par l'érosion, lagons d'eau salée et d'eau douce, pierre percée, etc. Coucher de soleil sublime sur la dune face à l'océan.

Mais ce n'est plus le village de pêcheurs d'antan, sans électricité, même si les routes ne sont toujours pas goudronnées ! C'est aujourd'hui une petite station balnéaire, très prisée des jeunes tourtereaux des États du sud du Brésil, idéale pour les voyages de noces. Le village reste tout de même de taille modeste, on s'enfonce encore dans le sable en marchant dans les quelques rues et le coin offre les avantages du dépaysement avec les bienfaits du confort. L'été, on y danse le *forró* jusqu'au petit matin et des écoles de capoeira animent la plage tous les soirs. Si l'affluence a ses inconvénients, n'oublions pas que cette prospérité a permis la construction d'une école, d'un dispensaire et l'installation d'un médecin en permanence.
Les fondus de sport (50 % des arrivants) s'adonneront au kitesurf, à la planche à voile (le vent est optimal l'après-midi), au *sandboard* et à l'équitation sur les immenses plages. Les autres cultiveront avec assiduité l'art de la glandouille le jour et de la fiesta le soir. Bref, Jericoacoara vaut largement le déplacement.

Arriver – Quitter

➢ ***Liaisons avec Jijoca :*** camion-bus *(jardineira)* qui cahote à travers les dunes. Départ ttes les heures, 7h-16h env, dans la rua São Francisco. Trajet : 45 mn env.
➢ ***Liaisons avec Fortaleza :*** 2-3 bus/j. selon saison. Rens et achat des billets à la *Casa do Turismo,* voir « Où dormir ? ». En venant de Fortaleza *(rodoviária),* les bus s'arrêtent à Jijoca (le dernier village accessible par la route) ; puis *jardineira* jusqu'à Jeri. Trajet : de 5h30 en version express à 7h en version omnibus. Max 40 Rls le tout. N.B. : en hte saison, un bus part de Jijoca en début de matinée et passe par l'aéroport de Fortaleza vers 13h.
➢ On peut aussi louer un 4x4 avec chauffeur depuis ***Fortaleza*** (en partageant le prix à plusieurs) et prendre une bonne demi-journée à faire le trajet, en partie par les plages. Paysages déserts sublimes, griserie du vent et de la mer et passage des lagunes sur un petit bac. Parfum d'aventure en compagnie de troupeaux d'ânes sauvages.
➢ Toujours en 4x4 (avec chauffeur !), on peut rejoindre le ***parc dos Lençóis*** en longeant le littoral à l'ouest de Jeri jusqu'à Camocim. Attention, juste avant Camocim, il faut traverser un bras de mer à l'aide d'un bac qui fonctionne de 6h à 19h30 environ. Prévoir une bonne demi-journée de trajet.
➢ Et également des liaisons en 4x4 depuis ***Camocin.***

Comment s'orienter ?

Très facile. Vous avez la plage, et puis d'est en ouest, trois perpendiculaires à celle-ci et parallèles entre elles : la rua do Forro, la rua Principal au centre et la rua das Dunas qui, comme son nom l'indique, fait face aux dunes.

Infos utiles

■ ***Banque :*** aller au village de Jijoca où la *Banco do Brasil* dispose d'un distributeur acceptant les cartes *Visa* et *MasterCard Maestro* uniquement (lorsqu'il n'est pas en panne !). En revanche, pas de change.
@ Plusieurs ***centres Internet*** à Jeri. *Ouv, grosso modo, 9h-minuit.*

Où dormir ?

Les logements chez l'habitant sont de plus en plus rares. Si vous trouvez où poser votre hamac, cela vous coûtera près de 5 Rls la nuit. Sinon, le village compte environ 150 *pousadas* ! Les tarifs sont un peu plus élevés que sur le reste de la côte.

De bon marché à prix moyens (moins de 80 Rls / 32 €)

Pousada Tirol (Jericoacoara Hostel) : *rua São Francisco, 202. ☎ 36-69-20-06. • jericoacoarahostel.com.br • En face de l'arrêt du bus. Ouv tte l'année. L'AJ officielle de la station. Selon saison, 27-30 Rls/pers en dortoirs de 3 à 6 lits ; doubles 65-70 Rls, petit déj compris ; 16-20 Rls/pers sous tente (tt l'équipement est fourni). Si vous n'avez pas la carte des AJ (on peut l'acheter sur place), prévoir 15-20 % de plus.* Douches chaudes, draps fournis, hamacs sur la terrasse, agréable jardin, quelques efforts à souligner en matière de déco et accueil sans reproche. Bref, un établissement très bien tenu. Internet.

Pousada Pôr do Sol : *rua das Dunas. ☎ 36-69-20-99. En hte saison, doubles 60-70 Rls, avec ventilo ou AC (20 Rls de moins hors saison), petit déj compris.* En bordure du village et à deux enjambées des dunes... une *pousada* au calme et en première ligne pour observer, depuis la terrasse, les remarquables couchers de soleil ! Chambres simples mais au rapport qualité-prix indiscutable. Hamacs pour une petite sieste. Ambiance jeune et à la bonne franquette.

Pousada Juventude : *rua do Forró, à 200 m de la plage. ☎ 36-60-01-04, (85) 99-48-32-26. • pousadajuventude.com.br • En hte saison, doubles 60-100 Rls avec ventilo ou AC (20 Rls de moins hors saison). Possibilité de dormir sous tente (fournie) : 10 Rls/pers.* Petits bâtiments peints de couleurs vives, disposés autour d'une cour sablonneuse. Chambres très simples (celles avec clim' nous paraissent un peu chères) mais correctes. Sanitaires privés et eau chaude. Une adresse sans chichis, à l'atmosphère familiale.

De prix moyens à un peu plus chic (60-120 Rls / 24-48 €)

Pousada Azul : *rua das Dunas. ☎ 36-69-21-82. • jericoacoaraazulpousada.com.br • Doubles 60-90 Rls selon saison ; duplex 4 pers env 130 Rls.* Un joli petit hôtel bleu et blanc à 100 m de la plage. Chambres très propres, à la déco soignée, réparties dans des petits bâtiments cubiques d'un étage. Certaines avec AC, d'autres avec ventilo (même prix). Le soir, on grimpera sur la terrasse pour, ici aussi, admirer paisiblement le superbe coucher de soleil sur les dunes... Accueil en anglais. Rapport qualité-prix très honorable.

Pousada Maria Bonita : *rua do Forró, 315. ☎ 36-69-23-29. • mariabonitajeri.com.br • À 300 m env de la plage. Doubles avec sdb et eau chaude 80-110 Rls selon saison.* Une dizaine de chambres avec une déco évoquant les haciendas et l'histoire de Lampião et de sa compagne Maria Bonita, les deux bandits légendaires du Ceará. Chambres très propres, un tantinet coquettes et dotées de tout le confort nécessaire (AC, frigo-bar ; certaines disposent d'un coffre).

Casa do Turismo : *rua das Dunas. ☎ 36-69-20-00. • casadoturismo.com • Doubles 100-120 Rls.* Ce petit complexe touristique très bien situé propose une vingtaine de chambres très confortables et bien équipées (AC, coffre, frigo-bar, terrasse et hamac). Salle de petit déj sous un toit conique. Nombreux services sur place : bureau d'infos, tickets et horaires de bus, etc.

Chic (plus de 120 Rls / 48 €)

Vila Bela Vista : *à 600 m env du village (côté rua das Dunas). ☎ 36-69-23-59. 99-62-98-10. • vilabelavista.com • Doubles 130-170 Rls selon confort (ventilo ou AC) et saison ; deluxe 200 Rls. Petit déj compris.* Une adresse de charme et un véritable havre de paix aménagé par Jodí (mais ici, tout le monde l'appelle Patricia !), une Américaine très chaleureuse. Ancienne routarde mariée à un Brésilien, Jodí chouchoute ses hôtes du mieux possible. Chambres superbement décorées ; les *deluxe* bénéficient d'une baie vitrée avec vue sur la mer et la dune ! Piscine, jacuzzi, soirées barbecue. Internet dans les chambres (wi-fi). Petite charrette tirée par un cheval à disposition des hôtes pour rejoindre le centre du village. Si votre budget vous le permet, pas d'hésitation !

Pousada Vila dos Ipês : *rua São Francisco, 50 (au bout de la rue, côté plage).* ☎ *36-69-22-41.* • *viladosipespousada.com.br* • *Doubles 120-180 Rls selon saison.* Un petit hôtel où tout a été conçu pour préserver l'intimité et le bien-être des hôtes. Ravissant jardinet ombragé par des cocotiers et recouvert de sa pelouse toujours verte, petits espaces avec coussins pour se relaxer. Une petite dizaine de chambres à peine, de très bon confort (certaines avec vue sur le large). Un petit déj qui change tous les jours, servi sur une terrasse face à la mer. Sans oublier un accueil discret et charmant : encore une belle adresse.

Où manger ?

Bon marché (moins de 15 Rls / 6 €)

Restaurant do Sapão : *rua São Francisco.* ☎ *36-69-21-07. Tlj midi et soir.* Pour se sustenter d'une bonne cuisine locale sans se ruiner, tranquillement installé sur une terrasse ombragée.

Naturalmente : *en bordure de la plage (au bout de la rue principale, longer la plage par la droite ; c'est à 30 m). Tlj midi et soir.* Au calme et dans un décor étoilé, une crêperie qui soigne autant la forme que le fond : très bonnes crêpes originales présentées en cornet. Pâtes et salades également. Excellents jus de fruits.

De prix moyens à un peu plus chic (15-40 Rls / 6-16 €)

Sabor da Terra : *rua do Forró.* ☎ *36-69-20-65. Tlj midi et soir.* Un resto au cadre sans réelle importance, mais dont la cuisine bénéficie d'une solide réputation depuis belle lurette. Très bonnes viandes d'origine argentine, mais il serait dommage de se priver d'un poisson ou de fruits de mer. Dilemme ! Petit rappel : les plats sont pour deux... Le moins cher de la catégorie.

Carcará : *rua do Forró, 530 (au bout de la rue, à l'opposé de la plage).* ☎ *36-69-20-13. Tlj midi et soir, sf dim. Résa le w-e.* Une bonne adresse plutôt gastronomique dans un cadre fort agréable (jardin ou intérieur chaleureux et coloré). Spécialités locales comme la *carne do sol* au riz au lait, ou la *moqueca de camarõa* et de *capixoba* (poissons et crevettes). Plats pour deux. Vins chiliens et argentins.

Chocolate : *rua do Forró, 214.* ☎ *36-69-21-90. Tlj le soir slt. Repas 35-40 Rls.* Quelques tables perchées sur une terrasse surélevée, telle une scène en bord de rue. Un décor coloré, quelque peu théâtral et excentrique, tout comme l'accueil de Patricia, la truculente patronne qui, si le cœur lui en dit, pourra bredouiller quelques mots en français. La cuisine, où l'on sent de petites influences françaises, est excellente et assez raffinée. Un peu cher, quand même...

Où boire un verre ? Où sortir ?

La fête est presque une occupation à plein temps, ici ! *Fête locale* les mercredi et samedi *(forró)*, et presque tous les soirs en saison. La vie nocturne se concentre sur la plage, notamment au ***Sky*** (au bout de la rue principale). Mais ça change tout le temps ! Et puis il y a souvent des concerts organisés en différents endroits selon les jours. Ne pas hésiter, donc, à demander sur place !

À voir. À faire

Plein de curiosités à voir dans le coin.

La lagoa Azul et la lagoa de Jijoca (lagoa de Paradiso), *que l'on atteint en buggy (respectivement 30 mn et 45 mn). Tarif : 160 Rls env pour 4h et 4 pers max (négociable hors saison).* Toutes les agences proposent ces excursions. Plages avec petits bars et restos ; celle de Jijoca est mieux aménagée et plus animée (kayak, embarcations à pédales). D'août à octobre, lorsque le niveau de l'eau est élevé, les deux lagunes n'en forment plus qu'une. Mais c'est vrai qu'il y a aussi la plage, la vraie, à Jeri !

Pedra furada : *une roche percée un peu comme à Étretat. Accès à pied slt, à env 45 mn.* Deux possibilités : par la plage, à marée basse (mais il faut escalader quelques rochers) ; ou, au bout de la *rua do Forró* (avant le cimetière), prendre le chemin qui grimpe à gauche sur la colline. Impossible de se perdre (vous ne devriez pas être tout seul sur le chemin).

Également les ***ruines d'une cité engloutie*** dans les dunes.

N'oubliez pas d'aller faire un tour à la ***lagoa da Tatajuba,*** à quelques kilomètres à l'ouest (buggy à louer à plusieurs : *près de 200 Rls pour 4-5h*). C'est une plage avec des lagons, des lacs, de grandes dunes et quelques maisons de pêcheurs perdues. Superbe coucher du soleil puisque depuis la dune l'astre disparaît sur la mer à l'ouest. C'est le seul endroit sur la côte Atlantique...

– ***École de windsurf :*** *club Ventos. ☎ 36-69-22-88. • clubventos.com •* Kitesurf, planche à voile, kayak, etc.

AU SUD DE FORTALEZA

MORRO BRANCO *(ind. tél. : 085)*

À 90 km environ au sud de Fortaleza. Belle plage, falaises superbes, sources d'eau fraîche qui jaillissent du sable... spectaculaire ! Un phénomène naturel local fait que les dunes se composent de douze couleurs différentes ! Les enfants du coin emmènent les touristes dans des canyons creusés dans les dunes par les sources et grattent le sable pour montrer les différentes teintes. L'endroit est très populaire au Brésil (surtout le week-end !) depuis qu'une émission TV très célèbre a utilisé ses fantastiques paysages en générique. Mais le soir, rien à voir avec l'ambiance de Canoa Quebrada, c'est bien calme...

Infos utiles

➢ ***De/vers Fortaleza*** *(rodoviária)* ***ou Canoa Quebrada :*** 4-5 bus/j. passant à Beberibe. Trajet : 2h15. Entre Beberibe et Morro Branco (4,5 km), prendre un taxi.
– ***Centres Internet*** et plein de buggys pour vadrouiller aux alentours !

Où dormir ? Où manger ?

Pousada Recanto Praiano : *av. Beira Mar, 145. ☎ 33-38-72-29 ou 33. • recantopraianopousada.com.br • À deux pas de la plage. Doubles 70-80 Rls selon saison, petit déj compris. Pousada* récente d'une vingtaine de chambres (eau froide). Celles à l'étage sont plus agréables car l'air passe sous le toit. Quelques chambres de 4-6 personnes, avec deux pièces séparées. Déco de bon goût : on sent le souci de bien faire. Disponibilité et grande gentillesse des propriétaires. Également un resto (de bon marché à prix moyens) et Internet.

Pousada Ibitu : *à 400 m de la plage, sur les hauteurs du village.* ☎ *33-38-60-80.* • *ibitu.com.br* • *Doubles 75-110 Rls selon confort ; réduc à partir de la 2e nuit.* Architecture de brique particulièrement réussie, patio tapissé de pierres colorées, vue panoramique. Aussi des duplex (avec mezzanine) qui peuvent accueillir 4 personnes. Petite piscine avec pataugeoire pour les enfants. Cadre enchanteur pour le petit déj. Tenu par un Suisse féru de culture brésilienne.

Sur la plage, plusieurs ***barracas*** où l'on peut manger les pieds dans le sable. Fermé le soir.

PRAINHA DO CANTO VERDE *(ind. tél. : 085)*

À 110 km environ au sud de Fortaleza. Un petit village de pêcheurs enfoui sous les cocotiers et épargné par l'agitation touristique. Les maisons semblent posées sur un sable à la blancheur éclatante. Là encore, superbes plages. Rien à faire, si ce n'est contempler le spectacle saisissant des *jangadas* chahutées par les vagues, écouter les alizés effleurant les palmes des cocotiers, saisir en fin d'après-midi l'atmosphère gorgée d'embruns à la blancheur laiteuse et prendre le temps, tout simplement, de discuter avec les quelques habitants. On a été séduits.

Arriver – Quitter

➢ ***De/vers Fortaleza (rodoviária) :*** pas de bus direct. Prendre un bus en direction d'Aracati (5 départs/j.) ; descendre au village de Sucatinga (3h de route de Fortaleza, à 12 km env de Canto Verde) ; de là, prendre un taxi.

➢ ***De/vers Canoa Quebrada :*** même principe. À Aracati, bus en direction de Fortaleza ; descendre à Sucatinga (1h30 de trajet depuis Canoa Quebrada).

Où dormir ? Où manger ?

Pousada Recanto da Mãezinha : *dans le village.* ☎ *32-74-01-41.* • *pousadarecantodamaezinha.com* • *Doubles 40-65 Rls selon saison, petit déj compris.* Agréable *pousada* avec des chambres colorées et joliment aménagées dans de petits bungalows ombragés par quelques cocotiers. Au réveil, la plage en ligne de mire... Calme parfait. Excellent accueil. On peut aussi y manger, le soir. Idéal pour faire le vide !

Sinon, petit ***resto*** sur la plage.

CANOA QUEBRADA *(ind. tél. : 088)*

La plus célèbre des plages du Ceará, à 170 km au sud de Fortaleza.
Superbe paysage de roche rouge et de chutes d'eau tombant au bord de la plage (du moins lorsqu'il a plu)... Endroit réputé pour ses gravures rupestres : on distingue nettement un soleil (certains considèrent que c'est une étoile) et une lune gravés dans la roche d'une falaise ; symboles repris par certains restos et sur le pavement des trottoirs.
Autrefois petit village de pêcheurs complètement isolé, Canoa Quebrada est devenu un véritable mythe de paradis sur terre. On a rasé des anciennes cahutes de pêcheurs, arasé une dune entière pour construire des *pousadas* (assez chicos) et pavé la rue principale – rebaptisée Broadway Street (!) – autour de laquelle se concentre l'activité touristique. De l'ancien village, subsistent encore une poignée

de maisons de pêcheurs aux murs de palmes qui font corps, bien sagement, à l'écart de l'agitation et des buggys qui déboulent musique tonitruante. Aujourd'hui, Canoa Quebrada tend vers le chic branché. Complètement saturé lors des week-ends et des périodes de vacances ; prix à la hausse à cette époque.
Une précision : évitez de vous promener sur la passerelle qui surplombe la plage lorsque le jour décline. Il y a déjà eu quelques problèmes de sécurité.

Arriver – Quitter

➢ ***De/vers Fortaleza :*** 4-7 bus directs/j. selon saison, 9h-17h. Trajet : 2h-2h30.
➢ ***De/vers Natal :*** 3 bus directs/j. Trajet : 5h30-6h.
➢ Sinon, d'autres bus pour Natal et Fortaleza au départ d'*Aracati.* Entre Canoa Quberada et Aracati : bus ttes les 30 mn, 7h30-22h. Trajet : 20 mn.

Adresses utiles

■ Un seul ***distributeur*** *(Banco do Brasil)* dans la rue principale, acceptant la carte *Visa* uniquement, et parfois vide en fin de semaine.

@ Quelques ***centres Internet*** autour de la rue principale. Notamment dans la galerie *Espaço Livre* (téléphone international également).

Où dormir ?

De prix moyens à un peu plus chic (60-120 Rls / 24-48 €)

Pousada Lua Estrela : *rua Nascer do Sol, 106. ☎ 34-21-70-40. • luaestrela.com • Dans la rue parallèle à la rue principale, côté mer. Doubles 60-90 Rls selon saison, petit déj compris.* Une adresse au charme certain et à l'atmosphère apaisante : déco colorée et très nature (beaucoup de bois, murs de brique, coquillages, etc.). Chambres avec AC ou ventilo (même tarif), hamacs sur les balcons. Les plus chanceux bénéficient d'une vue sur la mer. Piscine. Accueil en anglais.

Pousada Oasis do Rei : *rua Nascer do Sol, 112. ☎ 34-21-70-81. • oasisdorei.com.br • Dans la rue parallèle à la rue principale, côté mer. Doubles 65-80 Rls selon saison, petit déj compris (avec vue panoramique sur l'océan) ; quelques suites plus chères.* Agréables chambres confortables avec ventilo, salle de bains et coffre. Au calme et au milieu d'une végétation luxuriante. Piscine et laverie. Accueil parfois en français.

Pousada 7 Mares : *rua 4 Ventos, 400. ☎ 34-21-71-09. • pousada7mares.com • Selon saison, doubles 70-100 Rls ; chalets 80-120 Rls ; petit déj compris.* À 400 m à l'écart du village, et donc, situation idéale pour ceux qui recherchent le calme. Bon confort, très bien tenue, propreté impeccable. Jardin avec piscine. Très bon accueil. Pas de souci !

Où manger ? Où boire un verre ? Où sortir ?

Les terrasses de restos et des bars s'égrènent le long de la rue principale et font le plein de touristes, le soir venu. Ici, on mange cubain, là italien, plus loin français ou espagnol, et brésilien... quand même. Très cosmopolite tout ça ! Le midi, préférer les *barracas* sur la plage (fermées le soir).

Barraca Chega Mais : *sur la plage. ☎ 34-21-71-01. Grande paillote pile en contrebas du parking (au bout de la rue principale). Réputée pour ses langous-*

tines grillées (près de 70 Rls pour 2 pers). On déguste tout cela sur un balcon sur pilotis en jetant un œil distrait sur les épidermes de toutes teintes qui eux aussi grillent allègrement sur le sable. Service virevoltant.

Barraca Ghetto : *sur la plage, à l'extrême droite, face à la mer.* Adriana propose un succulent poisson à peine sorti des filets, de la *moqueca* de crevettes et des langoustes. On passe une paire d'heures à se régaler tout en regardant les surfeurs et en guettant le retour des quelques *jangadas.*

En saison (de mi-déc à fév), les mer, ven et sam, les barracas *sur la plage rouvrent leurs portes à partir de 23h.* Et c'est parti pour une nuit de folie... jusqu'à l'aube.

REDONDA *(ind. tél. : 088)*

À 50 km au sud de Canoa Quebrada et à 210 km environ au sud de Fortaleza. Un gros village au sommet d'une falaise avec, en contrebas, une plage populaire mais peu touristique, blottie au sein d'une anse. Au loin, des dunes. Une poignée de *pousadas* et quelques *barracas* en bord de mer. Du haut de la falaise, la vue sur les dizaines de *jangadas,* aux voiles repliées qui évoquent des plumes posées dans leurs encriers, est impressionnante. Une halte agréable pour ceux qui sont véhiculés.

Où dormir ? Où manger ?

Pousada Beija Flor : *sur la route qui longe le sommet de la falaise.* ☎ *34-32-30-74.* • *beijaflor-redonda.com.br* • *Doubles 75-100 Rls selon saison, petit déj compris.* Jolies chambres ou chalets repartis au sein de petits bâtiments de brique. Coquet jardin ombragé avec piscine. Beaucoup d'espace mais pas de vue sur la mer. Calme garanti. Tenue par un jeune couple fort sympathique. Restauration possible le soir. Parking. Accueil en anglais.

L'INTÉRIEUR DU CEARÁ

L'intérieur du Ceará offre des régions d'une beauté saisissante où, dans une chaleur d'enfer, l'eau jaillit de partout, dans des paysages de plaines recouvertes par une végétation arbustive mêlée de quelques cactus filiformes ; les kilomètres s'avalent en ligne droite. C'est le domaine des *fazendas.* Subitement, et de manière presque inattendue, se dresse la *serra da Ibiapaba.* À 900 m d'altitude, c'est alors un paysage tantôt aride, tantôt de luxuriantes forêts de palmiers.

Au cœur du massif rocheux, le *parc national d'Ubajara* est l'un de ces endroits extraordinaires. On peut y faire une excursion de 2 jours en dormant à Ubajara ou à Tianguá (à 350 km environ de Fortaleza). On y découvrira aussi les gens du Ceará, Caboclos et Sertanejos au caractère fier et libre, et qui aiment tant parler.

Arriver – Quitter

➢ ***En bus :*** liaisons avec la *rodoviária* de Fortaleza ; 2-3 bus/j. dans les 2 sens. Env 5h de trajet pour Tianguá, 6h pour Ubajara. Également une liaison de nuit Tianguá-São Luís. Et quelques omnibus Ubajara-Tianguá (mais peu fréquents)

➢ ***En voiture :*** les routes sont excellentes et très belles. La meilleure solution, si votre porte-monnaie vous le permet. Sortir de Fortaleza par la BR 222 en direction de Sobra ; continuer après Sobra jusqu'à Tianguá, à l'entrée du *parque nacional* (280 km).

TIANGUÁ *(ind. tél. : 088)*

« Là où l'eau apparaît toujours », en langue indienne. Ancienne ville indienne, donc. C'est à 20 km de Tianguá que débute l'ascension de la *serra da Ibiapaba.* Très beaux paysages. Prévoir une petite laine, car les nuits sont un peu fraîches. Un point de départ intéressant pour les excursions dans la région.

Adresses utiles

Un petit ***office du tourisme*** est normalement ouvert à côté de la *pousada Serra Grande.*

Banco do Brasil : *sur la place principale.* Pas de distributeur, mais CB *Visa* acceptées au guichet.

On peut aller faire un tour au ***centre d'artisanat*** *(ouv tlj),* à côté de la gare routière : principalement des produits alimentaires (dont toutes sortes de rhums).

Où dormir ? Où manger ?

De bon marché à prix moyens

Pousada Serra Grande : *juste à côté du* Serra Grande Hotel *(même proprio). Doubles 20 Rls, petit déj compris.* Une trentaine de chambres aménagées dans les boutiques de l'ancien centre artisanal. Aucun toit en tuile n'est à la même hauteur, et c'est plutôt mignon. Chambres très simples avec des murs blancs, salles de bains bien tenues. Un rapport qualité-prix imbattable !

Serra Grande Hotel : *BR 222, à l'entrée de la ville.* ☎ *36-71-18-18. Fax : 36-71-14-77. Doubles 60-80 Rls. CB refusées.* Chambres très confortables avec le charme des beaux parquets, assez spacieuses. Piscine en bordure d'un jardinet fleuri. Propose également (et de manière parfois insistante !) des excursions dans une réserve privée. Demander à visiter la plantation de l'hôtel, en face ; un bon moyen de découvrir les différents fruits que l'on ne cesse de déguster quotidiennement au Brésil...

Churrascaria Brasão : *av. Pref. Jaques Numes, 978.* ☎ *36-71-46-07. Tlj 9h-minuit. Plats bon marché, en plus, ils sont pour 3 pers !* Un restaurant tout jaune, bien propret, avec de belles petites tables recouvertes de nappes en tissu. Afonso, le proprio, s'occupe lui-même de préparer la viande et de la faire cuire. C'est excellent ! La viande est servie sur un brasero, avec du fromage, du manioc... et continue à cuire tout doucement. Miam ! Tout cela est très convivial. On ressort repu et content !

UBAJARA *(ind. tél. : 088)*

« Seigneur des pirogues » en langue indienne. À 850 m d'altitude et à 18 km de Tianguá.

Où dormir ? Où manger ?

De bon marché à prix moyens

Pousada Sítio do Alemão : *à env 3,5 km du village et à 1,5 km de la grotte (prendre un taxi).* 📱 *99-61-46-45.* • *sitio-do-alemao.20fr.com* • *Doubles 25-*

LE NORDESTE

40 Rls. Au cœur d'une plantation de caféiers et d'une végétation luxuriante de bananiers, manguiers, etc., quatre petits chalets (dommage, ils ne sont pas en bois), dont deux avec salle de bains, bien tenus par Herbert, un sympathique Allemand qui parle le français. Super petites balades à faire au sein d'une forêt dense. Un véritable coin de charme. Herbert propose des excursions pour admirer de très chouettes cascades.

Pousada da Neblina : *à 2 km d'Ubajara. ☎ 36-34-12-70. • neblina parkhotel.com.br • Doubles min 70 Rls selon confort.* Disposent toutes de salle de bains, mais la déco est des plus sobre. Ne pas se laisser impressionner par l'entrée aux allures chicos... l'établissement est un peu défraîchi. Les chambres les moins chères offrent le meilleur rapport qualité-prix. Piscine. Resto très moyen.

Nevoar : *av. Monsenhor Gonçalo Eufrásio, 167. ☎ 36-34-13-12. Dans le centre d'Ubajara. Tlj midi et soir.* Considéré comme le meilleur resto de la ville... et pourtant, il nous a paru juste correct. Peut dépanner.

À voir. À faire

Le parc national et la grotte d'Ubajara : *à 3 km d'Ubajara, au cœur du parc forestier de 563 ha. ☎ 36-34-13-88. Centre d'information IBAMA, tlj 8h-17h. Participation symbolique à l'entrée du parc (pour les guides).* Sentiers pédestres. Accès à la grotte par téléphérique (10h-16h ; 4 Rls). Si vous avez la frousse (on peut comprendre, la descente se fait à pic et parfois le vent souffle !), possibilité d'emprunter un sentier de 4 km (guide obligatoire). La grotte s'étend sur près de 1 km, mais on n'en visite que 350 m. La première salle servit longtemps de lieu de culte ; on pouvait même s'y marier ! On ne s'étonnera pas alors de la présence de Notre-Dame-de-Lourdes... Quelques beaux jeux de lumière mettent en valeur d'étonnantes formes. Dans la salle des portraits se dissimulent un cheval, un crocodile, un cobra, un lion... et, dans la dernière, un véritable essaim de chauves-souris (bien vivantes, celles-là !). La grotte est également connue pour son lac souterrain, mais il ne se visite pas, hélas !

IPÚ

À 75 km d'Ubajara, sur la CE 075. *Cascata de Ipú* (chute d'eau de 120 m) et baignade dans les eaux pures. La cascade est impressionnante de janvier à avril ; le reste de l'année, le filet d'eau s'évapore en milliers de gouttelettes emportées par le vent. Quelques restos à proximité. Sympa pour une petite halte, mais pas la peine d'y passer une nuit.
Au retour, à 7 km après Ipú, prendre sur la gauche la CE 157 en direction de Canindé, puis, à Santa Quiteria (65 km), continuer par la CE 032 jusqu'à Canindé (encore 111 km). Très beau voyage à l'intérieur du Ceará entre eaux et aridité extrêmes.

CANINDÉ

À 105 km de Fortaleza par la route BR 020. Haut lieu de pèlerinages populaires dédiés à saint François, guérisseur des maux du corps et de l'âme. Plongée impressionnante dans la foi fervente du peuple du Nordeste. Rues envahies d'images pieuses, de chapelets, etc. Grande *fête de São Francisco de Assis* au début du mois d'octobre, pendant 9 jours.

LE RIO GRANDE DO NORTE

NATAL

800 000 hab. IND. TÉL. : 084

Capitale de l'État du Rio Grande do Norte (qui compte 2,7 millions d'habitants), son nom provient de la fondation de la ville, le jour de Noël 1599. Elle fut aussi le premier point de chute de l'Aéropostale du temps de Mermoz.
Les voiliers qui traversent l'Atlantique viennent souvent accoster ici. Logique, Natal est le point le plus proche des côtes africaines. Cette ville ne présente pas d'intérêt particulier, sauf pour rejoindre les plages que l'on trouve à proximité ; elles sont splendides et le soleil y brille près de 300 jours par an ! C'est à Natal qu'atterrissent la plupart des charters venus d'Europe.
Le centre de la ville est hérissé d'immeubles de quinze à vingt étages qui ont poussé de manière anarchique, et a connu récemment une augmentation de l'insécurité due aux bandes organisées qui gravitent autour du trafic de crack. La plupart des voyageurs restent donc plutôt confinés dans le quartier agréable mais un peu excentré de Ponta Negra, en bord de mer. Les recommandations des autorités locales sont d'éviter *Morro de Careca* au sud de Ponta Negra, la plage de Ponta Negra elle-même durant la nuit, et les plages de *do Meio, Artistas* et *Forte* de jour comme de nuit. Ce n'est pas que vous risquez votre vie à chaque instant, ne tombons pas dans le travers sécuritaire absolu, c'est que, statistiquement, c'est là que vous risquez le plus de vous faire dépouiller si vous affichez trop nettement votre condition de touriste.

Arriver – Quitter

✈ ***Aéroport Augusto Severo*** *(hors plan par A3)* **:** *à 15 km env de Natal, au sud-ouest de la ville.* ☎ *36-44-10-00 ou 70.*
– Le bus Trampolim A rejoint le centre-ville pour moins de 5 Rls. Départ tlj ttes les 20 mn, 5h-1h. Attention, pour rejoindre *Ponta Negra* (où se trouvent nos adresses),

Adresses utiles

- ✈ Aéroport Augusto Severo
- Office du tourisme *(zoom II)*
- ✉ Poste *(zoom I)*
- **1** Rodoviária nova
- **2** Rodoviária velha *(zoom I)*
- **3** Phone Calls (téléphone international et Internet) *(zoom II)*

Où dormir ?

- **10** Albergue da juventude Lua Cheia *(zoom II)*
- **11** Pousada Oásis *(zoom I)*
- **12** Hôtel Enseada de Ponta Negra *(zoom II)*
- **13** Pousada La Luna *(zoom II)*
- **14** Hôtel Ponta do Mar *(zoom II)*
- **15** Manary Praia Hotel *(zoom II)*

Où manger ?

- **20** Mangai
- **21** Paillotes *(zoom II)*
- **22** Casa de Taipa *(zoom II)*
- **23** Cipó Brasil *(zoom II)*
- **24** Peixada da Comadre *(zoom II)*
- **25** Tábua de Carne
- **26** Abade *(zoom II)*

Où boire un verre ? Où sortir ?

- **10** La Taberna *(zoom II)*
- **30** Casa da Ribeira *(zoom I)*
- **31** Forró com Turista *(zoom I)*

À voir

- **40** Théâtre Alberto Maranhão *(zoom I)*
- **41** Musée d'Art sacré *(zoom I)*

Achats

- **31** Centro do Turismo *(zoom I)*

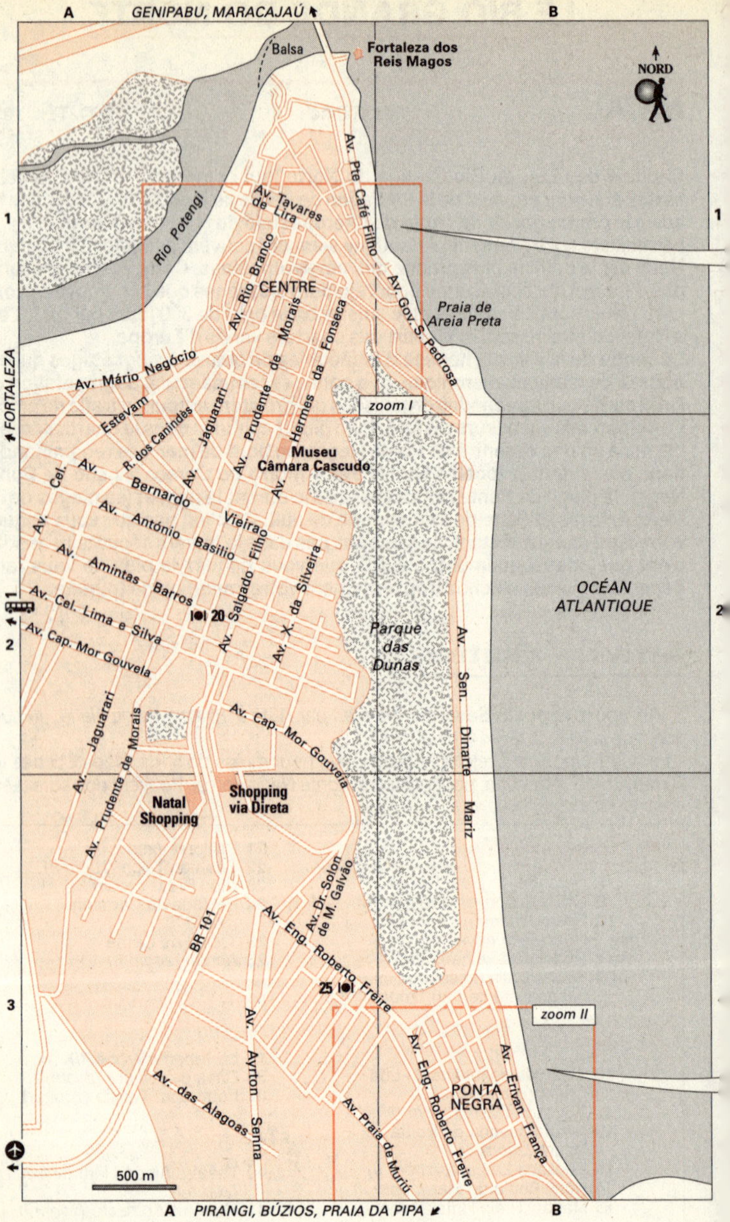
A
GENIPABU, MARACAJAÚ
B
Balsa
Fortaleza dos Reis Magos
NORD
1
Rio Potengi
Av. Tavares de Lira
Av. Pte Café Filho
Av. Rio Branco
CENTRE
Av. Gov. S. Pedrosa
Praia de Areia Preta
Av. Prudente de Morais
Av. Hermes da Fonseca
Av. Mário Negócio
FORTALEZA
Estevam
R. dos Canindés
Av. Jaguarari
zoom I
Museu Câmara Cascudo
Cel.
Av. Bernardo Vieira
Av. Salgado Filho
Av. António Basilio
Av. Amintas Barros
Av. X. da Silveira
OCÉAN ATLANTIQUE
Av. Cel. Lima e Silva
20
Av. Cap. Mor Gouvela
Parque das Dunas
Av. Sen. Dinarte Mariz
Av. Cap. Mor Gouveia
Av. Jaguarari
Av. Prudente de Morais
Natal Shopping
Shopping via Direta
Av. Dr. Solon de M. Galvão
BR 101
Av. Eng. Roberto Freire
25
3
zoom II
Av. Ayrton Senna
Av. Eng. Roberto Freire
Av. Erivan França
PONTA NEGRA
Av. das Alagoas
Av. Praia de Muriú
500 m
A
PIRANGI, BÚZIOS, PRAIA DA PIPA
B

LE NORDESTE

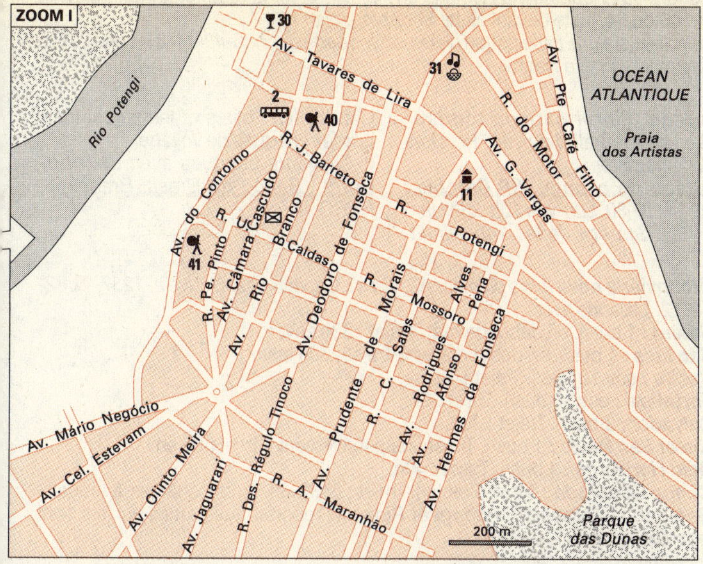

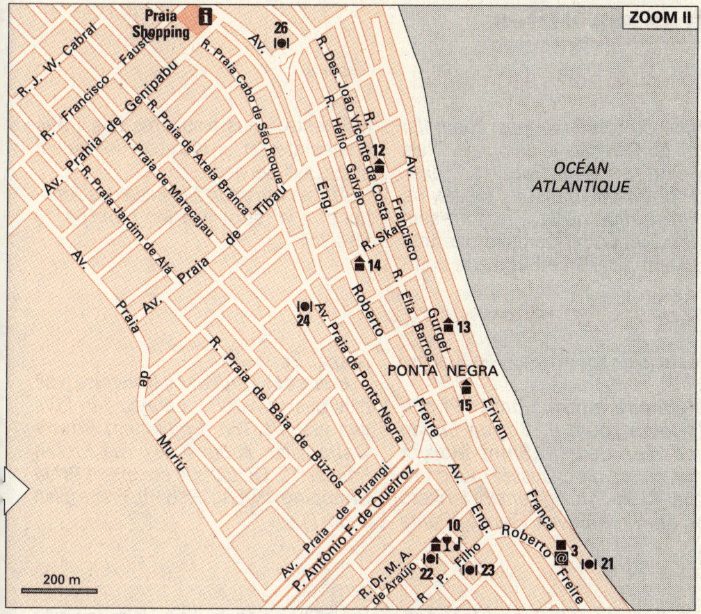

NATAL

LE NORDESTE

descendre au *Shopping Via Direta (plan A3)*, traverser la route et grimper dans le bus n° 46 ou 54, juste devant *Natal Shopping (plan A3)*.
– Sinon, il existe une association de taxis *(Coopertáxi, ☎ 36-43-11-83)* ; env 35 Rls pour rejoindre Ponta Negra.

Bureau d'informations touristiques : *dans le hall d'arrivée. Horaires assez fantaisistes.*
Bureau de change VIP Câmbio : *☎ 36-44-80-80. Lun-ven 10h-23h, sam 12h-23h, dim et j. fériés 14h-minuit.* Change les dollars et les euros, mais pas les chèques de voyage.
Plusieurs banques avec **distributeurs** : *Banco do Brasil, Bradesco, HSBC, Itaú.*

Rodoviária nova *(hors plan par A2, **1**) : av. Capitão Mor. Gouveia, 1237. ☎ 32-32-73-12.* Liaisons avec :
➢ **Belém :** 1 bus/j. en début de mat. Trajet : 33h env.
➢ **São Luís :** 1 bus/j. en début d'ap-m. Trajet : 30h env.
➢ **Recife :** env 10 bus/j. Trajet : 4h.
➢ **Fortaleza :** env 10 bus/j. Trajet : 9h.
➢ **Salvador :** 2 bus/j. Trajet : 20h.
➢ **Rio et São Paulo :** 1 bus/j. Trajet : respectivement 44h et 50h env.
➢ **Belo Horizonte :** 1 bus/j. Trajet : 40h.
➢ **Canoa Quebrada :** 3 bus directs/j. Trajet : 5h30-6h. Sinon, changer à Aracati.
➢ **Genipabu, Maracajaú, Pirangi et Pipa :** se reporter aux parties qui leur sont consacrées, plus loin.

Adresses utiles

Informations touristiques

Office du tourisme *(plan zoom II) : Central do Cidadão, le complexe* Praia Shopping, *av. Eng. Roberto Freire. ☎ 32-32-74-04. Dans les locaux de l'administration de la ville. Lun-sam 8h-18h.* Sympathique mais pas très documenté. Dans cette galerie commerçante, vous trouverez aussi des postes Internet, un distributeur d'argent et des self-services.
Autres bureaux *à la praia dos Artistas et à la rodoviária (en principe, tlj 8h-22h).*

Poste et télécommunications

Poste *(plan zoom I) : av. Rio Branco, 538.*
Téléphone international : Phone Calls *(plan zoom II, **3**), rua Erivan França, 12 ; dans le* **Saint-Morytz Center,** *au rez-de-chaussée, au fond à gauche. Tlj 9h-21h. Également au resto* **Tropicana,** *rua Erivan França (Ponta Negra). Tlj 9h-20h.*
Internet : *à l'***Alliance française** *(voir plus bas « Divers »). Lun-jeu 14h-20h, ven jusqu'à 18h. Également* **Phone Calls** *(plan zoom II, **3**), rua Erivan França, 12. Ou dans le complexe* **Praia Shopping,** *av. Eng. Roberto Freire (plan zoom II).*

Argent, change

Distributeurs : *à la* **Banco do Brasil,** *av. Rio Branco, 510 ; à droite de la poste (plan zoom I). ☎ 32-21-19-15. Presque en face, la* **Bradesco.** *Une autre agence* **Banco do Brasil** *dans le complexe* Praia Shopping, *av. Eng. Roberto Freire (plan zoom II).* Distributeur acceptant les cartes *Visa* et *MasterCard. Également à Ponta Negra, rua Erivan França.*
Bureaux de change : Confidence

Câmbio, *dans le complexe* Praia Shopping, *av. Eng. Roberto Freire (plan zoom II).* ☎ *32-19-42-60. Lun-ven 8h-22h, w-e 9h-21h.* Change les chèques de voyage et devises étrangères. *Sinon, plusieurs bureaux de change rua Erivan França (plan zoom II) :* **Sunset Hall** *(lun-ven 9h-22h, sam 10h-21h, dim 9h-20h)* et **Boa Viagem** *(tlj 8h30-21h30).*

Urgences

■ ***Pharmacies ouvertes 24h/24 :*** une dizaine en tout. ***Drogaria Guararapés :*** ☎ *32-15-80-00.*

■ ***Police*** *(assistance aux touristes) : Central do Cidadão, dans le complexe* Praia Shopping, *av. Eng. Roberto Freire (plan zoom II).* ☎ *32-32-72-34 (24h/24).* Agents parlant l'anglais.

Transports

■ ***Taxis : Natal Táxi,*** ☎ *32-13-68-00.* ***Rádio Cooptax,*** ☎ *32-05-44-55.*

■ ***Tam :*** *av. Alfonso Pena, 844.* ☎ *32-01-20-20. À l'aéroport :* ☎ *36-43-22-44 et 30-87-13-03.*

■ ***Trip :*** *à l'aéroport slt.* ☎ *36-43-10-38 et 30-87-13-78.* • *voetrip.com.br* • 1 vol/j. pour Fernando de Noronha.

Location de voitures

■ ***Avis :*** *rua Dr Hernani Hugo Gomes.* ☎ *32-15-57-00. À l'aéroport :* ☎ *30-87-14-03.*

■ ***Hertz :*** *à l'aéroport slt.* ☎ *30-87-14-28 ou 0800-701-73-00 (central de résa).*

■ ***Unidas :*** *à l'aéroport slt.* ☎ *36-43-20-72 ou 12-22.*

Divers

■ ***Alliance française :*** *rua Potengi, 459.* ☎ *32-22-15-58.* • *direcao@aliancafrnatal.com.br* • *Lun-ven 8h30-11h30, 13h30-21h (18h ven).* Journaux français. Expos temporaires et quelques soirées poétiques *(sarau)*... Petit bar pour se désaltérer ou grignoter.

Où dormir ?

Inutile de traîner le soir dans le centre, il n'y a rien à faire et l'endroit n'est pas des plus sûr. Tous nos établissements (sauf un) se trouvent donc dans le secteur de Ponta Negra. Attention, les prix de certains établissements subissent des variations saisonnières. Un site où sont répertoriés les hébergements de Natal et de ses environs : • *abihrn.com.br* •

De bon marché à prix moyens (30-100 Rls / 12-40 €)

⌂ ***Albergue da juventude Lua Cheia*** *(plan zoom II,* ***10****) : rua Manoel A. B. de Araújo, 500.* ☎ *32-36-36-96.* • *luacheia.com.br* • *Réception 24h/24. Env 33 Rls/pers pour les membres du réseau* Hostelling International, *43 Rls pour les autres (réduc sur présentation de la carte* ISIC*), petit déj compris. CB acceptées.* Dans un pseudo-château médiéval avec pont-levis, décoré de reproductions des maîtres de la peinture européenne. L'intérieur évoque plutôt l'atmosphère d'un couvent (mais très agréable !) avec des dortoirs de 4 à 6 lits et sanitaires corrects qui se répartissent autour d'un patio-cloître. Pas d'AC, mais les dortoirs sont bien aérés. Au sous-sol, un bar branché, *La Taberna* (voir « Où boire un verre ? Où sortir ? ») où l'on ne sert pas d'eau bénite ! Accueil excellent (en anglais) d'un staff qui s'avère très dynamique.

Pousada Oásis *(plan zoom I, **11**) : rua Joaquim Fabrício, 291 (Petrópolis). ☎ et fax : 32-02-27-66. Entre le centre et praia dos Artistas, au sein d'un quartier de tours d'habitation mais plutôt calme. Doubles 50-80 Rls selon saison, petit déj compris.* Les chambres sont distribuées autour d'un jardin intérieur avec piscine. Chambres propres, climatisées, certaines avec une terrasse. Quelques-unes peuvent accueillir 5 personnes. Fait aussi bar. Billard. Très bon accueil, ambiance jeune et décontractée.

Hôtel Enseada de Ponta Negra *(plan zoom II, **12**) : rua João Vincente da Costa, 8969. ☎ 32-19-38-03. • enseadadepontanegra.com.br • Doubles 75-100 Rls selon saison, petit déj compris.* Un bâtiment ordinaire à deux pas de la plage. Mais chambres bien tenues et correctes avec AC ou ventilo (même prix) ; la plupart d'entre elles sont équipées de cuisine. Pas de vue sur la mer. Petite piscine qui n'a rien de transcendant.

De chic à très, très chic (plus de 100 Rls / 40 €)

Pousada La Luna *(plan zoom II, **13**) : rua Francisco Gurgel, 9045. ☎ 36-42-13-49. • pousadalaluna.com.br • Face à la mer. Doubles 100-200 Rls selon saison et vue ; réduc hors saison sur présentation de ce guide.* Chambres standard très mignonnes, bleu et blanc, avec du parquet et un ameublement rétro de bon goût. Balcon donnant sur la mer pour les plus chères. TV, AC, téléphone et frigo-bar. Petite piscine sur la terrasse qui dispose d'un accès à la mer. L'ensemble est impeccablement tenu et ne manque pas de charme. Excellent accueil (en anglais) et ambiance conviviale.

Hôtel Ponta do Mar *(plan zoom II, **14**) : rua Skal, 2056. ☎ 32-36-25-09. • hotelpontadomar.com.br • Petits* apartamentos *2 pers 120-150 Rls selon confort et vue ; prix intéressants hors saison (80-110 Rls).* Les chambres ont tout ce qu'il faut, sauf une réelle déco, dommage... La blancheur immaculée des murs et l'abondance des carrelages font un peu penser à un hôpital. Très propre. Super petit déj. Piscine dans une cour. Vue sur mer. Accueil gentil.

Manary Praia Hotel *(plan zoom II, **15**) : rua Francisco Gurgel, 9067. ☎ 32-04-29-00. • manary.com.br • En bordure de la plage de Ponta Negra. Prix selon confort, vue et saison 490-615 Rls.* Un hôtel de charme à taille humaine, de très bon confort et décoré avec goût, d'antiquités retrouvées dans les plantations du Nord-Est et de touches africaines. Piscine entourée de cocotiers. Petit déj-buffet généreux et resto à la carte franco-brésilienne de très bon niveau et à prix raisonnables pour la qualité. Pour ceux qui peuvent se payer une petite tranche de luxe, par exemple pour une lune de miel...

Où manger ?

À Natal

Prix moyens (15-25 Rls / 6-10 €)

Mangai *(plan A2, **20**) : av. Amintas Barros, 3300 (Lagoa Nova). ☎ 32-06-33-44. Mar-dim midi et soir.* Self-service *ao kilo*. Un vaste resto avec des lampions, des couleurs, des régimes de bananes qui pendent aux murs (servez-vous, c'est gratuit !) et Lampião, l'un des plus célèbres bandits de la région qui vous attend aux w-c ! Très bonne cuisine régionale : *carne do sol, cuscuz, buchada...* N'oubliez pas la petite cloche sous la table pour appeler les serveurs... mais un peu de discrétion, s'il vous plaît !

À Ponta Negra

De bon marché à prix moyens (10-30 Rls / 4-12 €)

Plusieurs ***paillotes*** sur la plage de Ponta Negra *(plan zoom II, **21**)*, au niveau de la rua Erivan França où l'on peut grignoter des *bolinhos de camarão,* les pieds dans le sable.

Casa de Taipa *(plan zoom II, **22**) : rua Manoel A. B. de Araújo, 130. ☎ 32-19-57-98. En face de l'AJ (voir « Où dormir ? »). Tlj dès 17h.* Une cahute en plein air entourée de végétation, en fait une *tapiocaria-café* avec des petites chaises bancales et colorées pour déguster une bonne crêpe de tapioca à prix modérés. Salades, *batidas* et cafés. Très sympa.

Cipó Brasil *(plan zoom II, **23**) : rua Aristides P. Filho, 3111. ☎ 32-19-52-27. Tlj dès 17h.* Une déco à la Robinson avec des paillotes qui paraissent bringuebalantes, des lianes, des tables en bois... Pizzas et crêpes principalement, quelques salades. Beaucoup de monde. Il faudra vous inscrire sur une liste et attendre qu'une table se libère... À éviter si vous recherchez une soirée intime.

Peixada da Comadre *(plan zoom II, **24**) : av. Praia da Ponta Negra, 9048. ☎ 32-19-30-16. Tlj sf lun.* On ne vient pas ici pour la grande salle assez impersonnelle. En revanche, la réputation de l'endroit est intacte depuis plus de quarante ans, c'est dire si on connaît le métier ! Poissons et fruits de mer d'une fraîcheur incontestable et incontestée. Les plats combleront largement deux appétits !

Tábua de Carne *(plan A3, **25**) : av. Eng. Roberto Freire, 3241. ☎ 36-42-12-36. Tlj midi et soir.* Prix très raisonnables puisque les plats sont pour trois ! Nombreuses tables sous une grande paillote dans un cadre à la fois chic et décontracté. Ravissant jardinet verdoyant avec jeux pour enfants. La *carne do sol* est la spécialité de la maison. Ambiance familiale.

Chic (environ 60 Rls / 24 €)

Abade *(plan zoom II, **26**) : via Costeira. ☎ 32-19-44-69. Lun-sam midi et soir.* Cadre élégant et ambiance compassée, belles tables avec argenterie, cuivres aux murs... Largement réputé pour ses fruits de mer : *bacalhau Vasco da Gama, bacalhau a Gomes de Sá...* Quelques plats aux accents français également. Présentation raffinée. Carte des vins du monde entier. La classe, quoi !

Où boire un verre ? Où sortir ?

Le soir, l'essentiel de l'animation se concentre le long de Ponta Negra face à la plage, dans la *rue Erivan França.* Quelques restos et bars fréquentables tout près de l'*albergue da juventude Lua Cheia* (voir « Où dormir ? »).

La Taberna *(plan zoom II, **10**) : voir l'*albergue da juventude Lua Cheia *dans la rubrique « Où dormir ? ». Au sous-sol, dans les caves du « château ». Lun-sam dès 23h. Entrée : 12 Rls (20 Rls après minuit).* L'un des bars les plus branchés de Natal avec sa déco médiévale délirante : armures, blasons, écus et collection de canettes de bière. Concerts de musique brésilienne, de blues, de reggae ou de rock tous les soirs.

Non loin du centre, vous trouverez quelques ***bars*** sur la pointe entre la praia dos Artistas et la praia da Areia Preta *(plan zoom I)*. Parmi eux, le ***Chaplin*** *(☎ 32-02-11-88),* grand bar à la mode, un peu chic. Beaucoup de monde, surtout le week-end, mais cette adresse ne nous a pas passionnés. Si vous vous trouvez dans ce quartier le soir, sans y loger, mieux vaut prendre un taxi pour rentrer.

Casa da Ribeira (plan zoom I, **30**) : *rua F. Miguelinho, 52, quartier Ribeira. ☎ 32-11-77-10. Mer-dim, le soir slt.* Centre culturel avec café-théâtre et spectacles de musique, danse, pièces de théâtre. Quelques expos temporaires également.

Forró com Turista (plan zoom I, **31**) : *Centro de Turismo de Natal, rua Aderbal Figueiredo, 980. ☎ 32-11-62-18. Jeu slt, à partir de 22h.* Pour s'initier au *forró*, si ce n'est pas déjà fait. Le centre n'est pas un bureau d'informations, comme on pourrait le croire, mais un centre culturel (concerts, expos, etc.) aménagé dans une ancienne prison de style néoclassique. Fréquenté par de nombreux touristes.

À voir

Fortaleza dos Reis magos (*plan A1*) : *av. Café Filho (Praia do Forte). ☎ 32-02-90-06. Tlj 8h-16h45. Entrée modique. Les billets se prennent au petit kiosque avt la jetée qui mène à la forteresse.* La silhouette blanche et discrète se révèle peu à peu derrière un rideau d'arbustes. Construite en 1598 en forme d'étoile à cinq branches, située à la rencontre de l'océan et du rio Potengi, la *fortaleza* servit de prison. On y voit la première pierre gravée par les Portugais au Brésil (1501). Une originalité : la poudrière dissimulée au-dessus de la chapelle ! Remarquer aussi l'entrée du fort, qui, une fois n'est pas coutume, est située sur le côté ; difficile à localiser depuis le large, difficile à défoncer...

Museu Câmara Cascudo (*plan A2*) : *av. Hermes da Fonseca, 1398 (Tirol). ☎ 32-15-44-21. Mar-ven 8h-10h30, 14h-16h30 ; w-e 13h-17h. Entrée à prix modique.* Petit musée des sciences naturelles et d'anthropologie. Quelques animaux empaillés, squelettes de baleines, coquillages... pas très convaincant. Expositions consacrées aux activités économiques de la région. Petite collection de céramiques indigènes, d'urnes funéraires et d'art sacré également.

Le théâtre Alberto Maranhão (*plan zoom I*, **40**) : *praça Augusto Severo. ☎ 32-22-36-69. Lun-ven 8h-16h. Gratuit.* Il fut inauguré en 1904 et agrandi par la suite avec la réalisation d'une cour intérieure. Mérite un coup d'œil.
À quelques centaines de mètres, avenida Câmara Cascudo (*plan zoom I*), la **Capitania das Artes,** un centre culturel abritant des expositions temporaires. *☎ 32-32-49-51. Lun-sam 8h-17h. Gratuit.*

Le musée d'Art sacré (*plan zoom I*, **41**) : *rua Santo Antônio, 698. ☎ 32-11-42-36. À droite de l'église du même nom. Mar-dim 8h-17h. Entrée symbolique.* Pour les passionnés d'art sacré, logique !

Parque das Dunas (*plan A-B2-3*) : *av. Alexandrino de Alencar (Tirol). ☎ 32-21-23-35. Mar-dim 8h-18h. Entrée modique. Min 5 pers et départs à heures fixes, en général le mat, à cause de la chaleur.* Cet espace naturel est une « réserve de la biosphère » de l'Unesco ; sur près de 1 150 ha s'étendent des dunes et quelques zones boisées correspondant aux « reliques » de l'ancienne forêt atlantique. Petit centre d'exposition sur les milieux naturels, mais l'intérêt du parc réside dans les visites guidées (payantes) par des étudiants naturalistes le long de sentiers.

Les plages

Ponta Negra (*plan zoom II*) : belle plage, à 12 km au sud du centre, fortement urbanisée. Ponta Negra est d'ailleurs devenue un faubourg de Natal dévolu au tourisme. Nombreux hôtels et *pousadas* (voir « Où dormir ? »). Grande dune qui dévale vers la mer. Dans la partie proche de la dune (*Morro do Careca*), plein de petits bars-restos avec musique le long de la plage et pas mal de vendeurs de cocos et de bricoles.

Les plages proches du centre depuis le fort des Rois-Mages jusqu'au phare sont à éviter.

Achats

Centro do Turismo *(plan zoom I, **31**) : rua Aderbal Figueiredo, 980 (Petrópolis).* ☎ *32-11-61-49. Tlj 8h-19h.* C'est à Natal que sont réalisés les dessins dans les bouteilles à l'aide de sable de couleur. Nombreuses petites boutiques d'artisanat : hamacs, nappes... À l'étage, galerie d'art.

Fêtes et manifestations

– ***6 janvier :*** jour des Rois mages.
– ***Juin :*** les *festas juninas* durent tout le mois, avec des danses et des groupes de musique dans différents lieux de la ville, mais les 12, 24 et 29 juin, la fête est plus belle !
– ***21 novembre :*** fête de Nossa Senhora da Apresentação, la sainte patronne de Natal. Grande procession autour de la cathédrale.
– ***Début décembre :*** pendant 4 jours, c'est le *Carnatal,* le carnaval hors saison de la ville. Très réputé et très populaire. ● carnatal.com.br ●
– ***25 décembre :*** c'est Noël, certes ! Mais n'oublions pas l'anniversaire de Natal !

➤ DANS LES ENVIRONS DE NATAL

GENIPABU *(ind. tél. : 084)*

À 20 km au nord de Natal. Plage très agréable en dehors des week-ends, où l'affluence est bruyante. Un des grands trucs ici : le buggy dans les dunes. Ne vous inquiétez pas, on échappe facilement au bruit du moteur de ces engins. Si toutefois cela vous tente, vérifiez que le chauffeur dispose bien d'un permis spécial et n'embarquez jamais à plus de quatre, c'est interdit (même si on vous soutient le contraire). Les établissements sont ici plus chers. Hors saison, le coin est tout de même plus abordable. Plein de petites paillotes et de bars sur la plage.
➢ ***Pour s'y rendre :*** par la route ou par un bac que l'on prend à l'*Estação da Balsa (plan A1),* à la pointe nord de Natal, pour traverser le rio Potengi (départs tlj, ttes les 20 mn env, 6h-21h). De Natal, bus ttes les 45 mn de l'ancienne *rodoviária (velha) (praça Augusto Severo ; plan zoom I, **2**),* dans le centre.

Où dormir ? Où manger ?

De prix moyens à chic

Hotel Aldeia : *à 500 m de la plage, sur la route principale qui mène à la plage.* ☎ *32-25-20-11. En hte saison, doubles env 80 Rls ; 100 Rls pour 4 pers.* Charmants chalets en bambou ou en brique, simples et élégants, autour d'une belle piscine dans un grand jardin très verdoyant avec les traditionnels hamacs. Superbes moustiquaires brodées, qui donnent des airs de lits à baldaquin. AC ou ventilo. Cadre très sympathique. Excellent accueil.

Pousada Palm Beach : *rua da Igreja, 3.* ☎ *32-25-20-96. Doubles env 100 Rls en hte saison (ce qui est un peu chérot) ; beaucoup plus intéressant hors saison. Parking.* Au bout du village, tout près de la plage. Tenue par Éric, un Suisse. Quelques chambres seulement, avec tout le confort (AC, frigo-bar, douche et w-c). Barbecue. Tranquille quand le voisin ne met pas sa sono à fond. Petite piscine, mais qu'importe : la plage, masquée par les bâtiments qui bordent le littoral, est à 3 mn à pied ! Atmosphère familiale.

Villa do Sol : *à 1 km au nord du village, sur la rive du fleuve Ceará Mirim.* ☎ *32-25-21-32.* • *villadosol.com.br* • *Doubles standard 120-180 Rls selon saison, petit déj compris ; jusqu'à 220 Rls pour une* superior. Toutes équipées de TV, frigo, douche, sanitaires et AC. Les standard s'organisent en arc de cercle autour d'une piscine ; les *superiors,* plus récentes, sont un peu en retrait. Cet hôtel ne manque pas de charme. Les pieds dans l'eau, avec une vue reposante. Possibilité de passer le fleuve pour se retrouver sur une plage beaucoup plus déserte, avec des baraques de pêcheurs... Le silence, enfin, dans ce pays bruyant. La beauté des alentours, les dunes à quelques centaines de mètres. Peuvent venir vous chercher au centre de Genipabu.

MARACAJAÚ

Village situé à environ 60 km au nord de Natal et à 35 km de Genipabu. De Natal, bus de l'ancienne *rodoviária (praça Augusto Severo ; plan zoom I,* **2**), dans le centre. Connu pour ses *parrachos,* des formations de coraux à 7 km de la plage que l'on atteint en bateau (départs du village en fonction de la marée). Possibilité de plonger ou de barboter avec masque et tuba.

PIRANGI *(ind. tél. : 084)*

À 20 km au sud de Natal. Plage bordée de cocotiers et traversée par une petite rivière. Piscines naturelles formées par des affleurements rocheux. On peut y pratiquer le *snorkelling* en toute quiétude. Des petits bateaux organisent des promenades (☎ *32-38-20-66.* • *marinabadaue.com.br* •).

➢ **Pour s'y rendre depuis Natal :** bus ttes les 30 mn de la *rodoviária nova* (compagnie *Campos* ; direction Tabatinga). On peut le prendre aussi av. Eng. Roberto Freire, non loin de *Natal Shopping*. Trajet : 45 mn.

Où dormir ? Où manger ?

Pousada Gitana : *rua José Inácio, 128.* ☎ *32-38-33-13.* • *pousadagitana.com.br* • *Sur les hauteurs de Pirangi do Norte. Doubles 80-140 Rls selon saison, petit déj compris.* Une petite dizaine de chambres coquettes et harmonieuses, avec ventilo et balcon qui lorgne la piscine. Adresse familiale. Piscine et bar, petite restauration et *feijoada* le samedi. Accueil absolument délicieux de Miriam, la propriétaire des lieux.

Paçoca de Pilão : *rua Dep. Márcio Marinho, 5708 (Pirangi do Norte).* ☎ *32-38-20-88. Dans le centre. Tlj midi et soir. Prix moyens. Musique* ao vivo *les ven et sam soir*. Un resto de cuisine régionale avec une grande terrasse couverte d'une toiture de tuile. Réputé pour ses spécialités comme la *paçoca de carne,* en fait la sempiternelle *carne do sol* servie avec des bananes frites et des haricots verts, des tiges de manioc et du riz au lait (entre nous, un peu étouffe-chrétien, comme plat). On vous conseille de n'en prendre qu'une pour deux et de la faire passer avec des rasades généreuses de *caïpirinha.* Fait aussi la morue à la portugaise. Nappes blanches et service attentif.

À voir

Le plus grand cajueiro du monde (l'arbre à noix de cajou, l'anacardier pour les botanistes pointus), une vraie anomalie végétale. *Ouv tlj. Entrée presque gratuite.* Âgé d'environ 120 ans, cet arbre ressemble, à lui seul, à une forêt avec ses branches qui pénètrent dans la terre pour ressortir plus loin ! Il couvre près de 7 000 m² et continue de grandir à raison de 2 m par an ! Pas moins de 70 000 noix de cajou chaque saison, quelle belle santé !

PRAIA DA PIPA *(ind. tél. : 084)*

À 85 km au sud de Natal. L'une des plus belles plages de sable blanc de la région ; et un village de pêcheurs perché sur des falaises ocre, noyé dans la végétation. Une longue rue principale bordée de bougainvillées et de boutiques à la mode. C'est la plage de la jeunesse branchée et des routards de tous les pays ainsi qu'un bon spot de surf. Le week-end et durant toute la saison touristique, la vie nocturne y est beaucoup plus active qu'à Natal. On aime beaucoup cet endroit.
– Pour en savoir plus : • pipa.com.br • ou • pipaonline.com •, en anglais et espagnol. Deux sites très complets.
➢ ***Pour s'y rendre :*** 10 bus/j., lun-ven ; 4 départs dim de la *rodoviária nova* de Natal. Dans le sens Praia da Pipa-Natal, même fréquence. Une info très pratique : dans ce sens (l'inverse n'est pas vrai), certains bus passent par l'aéroport, se renseigner. *Cie Oceano : ☎ 32-05-36-56.* Trajet : 1h30-2h.

Infos utiles

– Quelques **distributeurs** acceptant les cartes *Visa* et *MasterCard.*
@ *Plusieurs **centres Internet** dans la rue principale.*

Où dormir ?

Nombreux logements (une soixantaine de *pousadas* !), dont certains très abordables, souvent à l'écart de l'animation de la rue principale.

De prix moyens à plus chic (60-100 Rls / 24-40 €)

***Pousada Pomar da Pipa :** rua da Mata, 222. ☎ 32-46-22-56. • pipaonline.com/pomardapipa • Résa obligatoire. Doubles env 65 Rls.* Mention spéciale pour cette petite adresse qui offre un très bon rapport qualité-prix. Seulement 4 chambres dissimulées presque secrètement au fond d'un jardin fleuri et luxuriant. Accueil attentif, discret, en un mot, charmant, du jeune couple. Les chambres avec ventilo et salle de bains peuvent accueillir 4 personnes. Barbecue. Très calme. Petit déj digne d'un 5-étoiles ! Accueil en anglais. Une adresse impeccable !

***Pousada Aconchego :** rua do Céu, 100. ☎ 32-46-24-39. • aconchego@bluemail.ch • Au centre de la station, au bout d'une rue perpendiculaire à la rue principale. Doubles 60-100 Rls selon saison.* Une *pousada* tenue par Marilia, très sympa et parlant très bien le français. Une poignée de chalets confortables avec terrasse dans un jardin au calme. Jolies petites touches de déco, atmosphère tranquille. Parking. Bon petit déj. Cuisine à disposition.

***Riva's Pousada :** rua das Araras, 89. ☎ 32-46-21-11. • rivasdream.com • Doubles 80-100 Rls selon saison.* Une agréable *pousada* à l'écart de la rue principale, donc calme. Entretien nickel et bon confort (AC). Quelques chambres pour 4-5 personnes particulièrement spacieuses. Petit déj au bord du jardin verdoyant et de la piscine. Une affaire familiale sans mauvaise surprise.

Très chic (plus de 250 Rls / 100 €)

***Pousada Toca da Coruja :** av. Baia dos Golfinhos. ☎ 32-46-22-25 ou 26. • tocadacoruja.com.br • À l'entrée de Pipa, sur la droite en venant de Natal ; à*

100 m de la plage. Une dizaine de doubles autour de 410 Rls ; chalets d'une superficie de 50 m² min à partir de 500 Rls. L'ensemble est enfoui dans un superbe jardin luxuriant. Dans le registre chic, un établissement bourré de charme, équipé d'une belle piscine et d'un sauna. Déco raffinée.

Où manger ? Où boire un verre ?

Altas Horas : *av. Baia dos Golfinhos, 907 (la rue principale). Tlj midi et soir. Bon marché.* Petite gargote avec ses quelques tables de jardin. Genre de snack où l'on paie à l'assiette. Simple et bon.

Taverna : *rua dos Bem-te-Vis. Ouv midi slt sf mar. Bon marché.* Petit resto à l'écart de la rue principale qui ne fait pas de bruit et pourtant, très recommandable. Cadre simple et agréable à la fois. Moins de 10 tables. Quelques plats du jour.

Tapas Restaurant : *rua dos Bem-te-Vis. Prix moyens.* Un resto qui bouscule les habitudes culinaires de Pipa en proposant une cuisine nouvelle, toujours généreuse, mélangeant saveurs brésiliennes et asiatiques. L'une des spécialités : le steak de thon juste saisi en croûte de sésame. Le riz au jasmin est excellent ! Service jeune et cadre décontracté.

Et bien sûr, plein de petits restos sur la plage (le ***Garagem*** et le ***Babylon*** emportent nos préférences ; ce sont aussi les seuls à rester ouverts le soir).

Pas mal de bars dans la rue principale pour assouvir la douce insouciance festive de toute une jeunesse dorée. Il suffit de flâner pour faire son choix !

À faire

– Pas mal d'activités et de balades sympas pour passer un agréable séjour : balades à cheval dans les dunes, en bateau (en journée, au coucher de soleil ou lors de la pleine lune), observation de dauphins, kayak de mer, école de *kitesurf* (à Tibau do Sol, 8 km avant Pipa en venant de Natal), école de voile, etc.

La plage de Pipa est agréable. Mais on vous conseille celle de ***Madeiro,*** *à 3-4 km env de Pipa en direction de Natal. Accès par la route ou par la plage à marée basse.* Blottie dans une belle anse bordée de falaises recouvertes de végétation. Quelques paillotes et du beau sable blanc. En poursuivant sur 3 km environ vers le nord, toujours par la plage, on peut rejoindre la ***lagoa Guaraíras.***

FERNANDO DE NORONHA

1 300 hab. IND. TÉL. : 081

Pas vraiment la porte à côté, à 400 km au large, dans l'Atlantique, cet archipel de 21 îles (26 km²) appartient en fait à l'État du Pernambuco. Après en avoir fait un poste militaire avancé vers les Açores au cas où les Portugais auraient eu l'idée saugrenue de récupérer leur empire colonial, les Brésiliens, conscients de la fragilité de l'écosystème marin, ont souhaité préserver la virginité de ce site naturel, en restreignant sévèrement son accès. C'est aujourd'hui un parc naturel national, l'île est même classée au Patrimoine mondial de l'humanité par l'Unesco. Il faut dire que l'archipel est formé des sommets de la dorsale sous-marine de l'Atlantique sud et ses eaux fécondes constituent l'un des lieux de reproduction et de subsistance essentiels pour les thons, requins, tortues et autres mammifères marins. La baie de *Golfinhos,* par exemple, accueille une population exceptionnelle de dauphins résidents et, à marée basse, l'atoll das Rocas offre un paysage spectaculaire de lagons et de bassins de marée grouillants de poissons. En mer, qui dit poissons dit

oiseaux, rien d'étonnant donc à ce que les îles abritent aussi la plus grande concentration d'oiseaux marins tropicaux de l'Atlantique ouest.

Comment y aller ?

➢ ***En avion depuis Natal ou Recife :*** env 2h de vol, 1 fois/j. avec *la Cie Trip* (● voe trip.com.br ●). En théorie, on peut y aller sans passer par une agence. Mais dans la réalité, ceci n'est possible qu'en basse saison. En hte saison, il est nécessaire de s'adresser à un des voyagistes accrédités qui vous aura vendu un forfait *(pacote)* en bonne et due forme, comprenant vol, hébergement et l'une ou l'autre excursion pour découvrir les coins les plus reculés. Sinon, bonjour la galère ! Même si vous avez une place dans l'avion (ce qui n'est pas gagné !), c'est à coup sûr mission impossible pour trouver un logement sur place. De plus, sachez que même si ça revient un peu plus cher, c'est beaucoup d'enquiquinements évités. La plupart des agences de voyages de Natal et de Recife proposent Fernando de Noronha dans leur catalogue.

Infos pratiques

– Il faut savoir que le nombre maximal de touristes autorisés est de 420 personnes à la fois. Hébergements et vols sont donc vite complets ! Évitez de vous y rendre pendant la haute saison, en particulier de mi-décembre à fin février, réellement le pic de la saison touristique... Les résas doivent se faire longtemps à l'avance, surtout pour les mois de décembre, janvier, février et juillet, ainsi que lors des week-ends prolongés. Pas question donc, à Natal ou à Recife, de se pointer dans une agence en disant « Tiens, demain j'irais bien à Fernando ! » : plantage assuré.
– La durée idéale d'un séjour est de 7 jours pour diluer le coût du billet d'avion dans un séjour plus long. Il n'y a pas de durée maximale de séjour sur l'île, à condition de s'acquitter de la *taxe de préservation environnementale,* progressive, dont la valeur augmente selon la durée du séjour (en moyenne 33 Rls/j.). Pour un forfait 4 jours + 3 nuits avec vol, hébergement en ½ pension et l'une ou l'autre excursion, compter 400-500 € par personne selon la saison. Pas donné, donc, mais il faut savoir que tout ce que vous consommez là-bas doit être importé.
– ***Transport sur l'île :*** bien que l'accès à certaines plages puisse se faire à pied, la location d'un buggy est parfois nécessaire. Les agences louent des buggys avec ou sans chauffeur. Pour les déplacements courts, on peut utiliser les taxis ; ce service est assuré par la *Nortax,* une coopérative de propriétaires et de conducteurs de buggys. Le vélo est déconseillé vu l'état du petit réseau routier. Le stop fonctionne pas mal, mais on vous demandera à chaque fois de contribuer. Et le bus qui fait l'aller-retour sur l'île coûte 2 Rls quelle que soit la destination.
– ***Plaisanciers, attention :*** tout bateau de plaisance arrivant sur l'île doit se mettre en contact immédiatement avec le contrôle du port, et cela à travers la chaîne VHF 12 pour des instructions. L'accostage n'est pas permis, et toutes les embarcations doivent mouiller au large. Outre la taxe d'ancrage, équipage et passagers doivent régler la *taxe de préservation.* On vous raconte cela parce qu'on a rencontré à Recife des plaisanciers qui avaient dû s'acquitter d'une amende très salée pour avoir ignoré cette obligation.

Où dormir ?

Plusieurs options d'hébergement, mais qui ont toutes comme caractéristiques principales la simplicité et des ambiances plutôt familiales. Vous aurez le choix entre la pension complète ou le *bed & breakfast (B & B).* L'île possède aujourd'hui quelque 70 auberges, qualifiées selon leurs installations et structure d'accueil, et un petit hôtel. Les moins chères démarrent entre 100 et 150 Rls la nuit pour une chambre double, mais la plupart se situent autour des 250-300 Rls. Pas d'illusion : ce petit joyau naturel se paie bien cher pour des prestations qui sont rarement à la hauteur ! Et comme les agences ne vous laissent de toute façon guère de choix dans les hébergements... C'est ce qu'on appelle une clientèle captive, en bon langage libéral. N'empêche que les propriétaires pourraient faire un effort, tout de même ! Vous trouverez une liste d'hébergements sur • noronha.com.br •

Quant à la vie nocturne, sachez qu'elle est inexistante. À part la conversation avec vos compagnons d'hébergement, il n'y a strictement rien à faire le soir ; prévoyez donc de la lecture !

À voir. À faire

On se répète, mais l'archipel est un environnement exceptionnel, et il offre plusieurs options de découverte : randonnées, tours en bateau et aussi activités sous-marines. Les plages sont nombreuses. Certaines sont mieux adaptées à la plongée, d'autres à la baignade, au surf, voire à la contemplation. De manière générale, la mer étant extrêmement calme entre avril et novembre, toutes les plages situées sur la côte abritée de l'île principale sont idéales pour la plongée et la baignade. Le reste de l'année, les vents favorisent la pratique du surf, surtout en janvier et février. Attention, certaines plages sont d'un accès limité.

– ***Activités sous-marines :*** la plongée autonome avec bouteille et le *snorkelling* sont largement pratiqués. Pour la plongée, trois entreprises locales proposent baptêmes et plongées pour les niveaux plus élevés. La pêche sous-marine est évidemment formellement interdite.

– ***Promenades en bateau :*** des embarcations proposent des sorties quotidiennes au départ de port Saint-Antoine. Départ à 9h, à destination des îles secondaires, Ponta da Sapata, en passant par la baie des Dauphins et avec un arrêt à la baie du Sancho pour la plongée et la baignade. Quelques embarcations offrent, à bord, des repas à base de poisson. Le retour se fait normalement à 13h30.

LA CÔTE NORDESTE DU PERNAMBUCO AU SERGIPE

LE PERNAMBUCO

– ***Surface :*** 98 311,6 km^2.
– ***Population :*** 8 413 593 hab.
– ***Capitale :*** Recife.

Fondé le 12 mars 1537, l'État du Pernambuco est l'un des premiers États fondateurs du Brésil. Il a participé activement à l'histoire du pays par la défense d'idéaux politiques humanistes (tolérance, liberté, justice sociale).

AU ROYAUME DE LA CANNE À SUCRE

Bien que les Portugais l'aient introduite d'abord sur le littoral *paulista* au sud du Brésil, c'est au Pernambuco dans le Nordeste que la culture de la canne à sucre s'est développée au fil de l'histoire, au point de devenir la principale source de richesse économique de cet état. De 1570 à 1670, le sucre du Brésil a connu un

LA CÔTE DE RECIFE À SALVADOR

véritable âge d'or, qui a enrichi les propriétaires et accéléré la traite des esclaves noirs. Premier importateur du sucre brésilien aux XVIe et XVIIe s, l'Europe découvre avec ravissement les douceurs du Nouveau Monde. Les paysages que nous traversons aujourd'hui au Pernambuco ont pris forme à cette époque. Des forêts entières ont été détruites pour y établir de grandes plantations de canne à sucre. Les conditions de travail des ouvriers de la canne n'ont guère évolué depuis la colonisation.

Le sucre du Pernambuco se maintient à présent à un bon niveau, mais il n'a plus la place prépondérante qu'il occupait dans le passé. La concurrence de la betterave à sucre, la chute des cours mondiaux du sucre et la hausse des prix du pétrole ont conduit en 1974 le gouvernement – alors militaire – du Brésil à lancer une alternative : le plan Pro-Alcool. Des subventions importantes ont ainsi permis aux industriels brésiliens de produire de l'éthanol, un agrocarburant à base de canne à sucre, et cela a favorisé la relance de la culture du sucre au Pernambuco. Le résultat au niveau national est stupéfiant : en 2007, la quasi-totalité du parc automobile brésilien devait pouvoir rouler à l'éthanol (moins cher que le pétrole).

LES FÊTES ET TRADITIONS DU PERNAMBUCO

Fêtes et traditions du Pernambuco constituent l'un des patrimoines les plus riches au Brésil.

– ***Le maracatu :*** tradition de Recife. Cette procession profane, aux profondes réminiscences africaines, met en scène le couronnement du roi du Congo et de sa femme, la *rainha da Maracatu,* accompagnés de leur suite (les vassaux, les courtisanes – *damas-do-poco* –, etc.). Magnifiques costumes des participants, qui dansent sur une musique à base de cuivres. Le *museu do Homem do Nordeste* à Recife en présente les plus beaux atours.

– ***Le frevo :*** la musique typique de Recife, un genre de polka très rythmée, beaucoup plus populaire que le samba. Se joue avec des cuivres : saxo, trombone, trompette, tuba et clarinette. Les danseurs exécutent certaines figures traditionnelles : *dobradiça, parafuso* et *saca-rolha,* mais une grande liberté d'initiative caractérise les *passistas* (danseurs de *frevo*).

– ***Les caboclinhos :*** les enfants des *caboclos* (métis d'Indiens) forment un des plus anciens groupes de danse dont rites et costumes se réclament de la tradition culturelle indienne. Plumes d'oiseau multicolores, pagnes, arcs et flèches servent aussi à rythmer la musique, le plus souvent improvisée. Les figures dansées reprennent des thèmes de la vie quotidienne de l'Indien : chasse, pêche, cueillette, les batailles et les victoires.

– ***Les blocos :*** clubs de quartier qui, au moment du carnaval, jouent dans la rue leurs propres compositions.

– ***Le Bumba-meu-Boi :*** cette tradition issue de la culture du Maranhão est également perpétuée à Recife au moment des fêtes religieuses (voir au chapitre « São Luís do Maranhão »).

– ***Le fandango :*** spectacle populaire très animé qui met en scène danseurs, musiciens, conteurs...

– ***Le mamulengo :*** nom donné aux petits théâtres fantoches introduits au Pernambuco dès le XVIe s, inspirés du catholicisme du Moyen Âge. L'*urso de Carnaval* (l'ours du Carnaval) est l'une des figures traditionnelles de la fête.

Le mythe du Robin des Bois brésilien

– ***Lampião*** est considéré comme le « Robin des Bois » du Pernambuco. Né à Serra Talhada en 1898, Virgulino Ferreira da Silva, surnommé Lampião « *O Rei do Cangaço* », devient *cangaceiro* (bandit d'honneur) à la suite du meurtre de son père par un propriétaire terrien, selon la légende. Il sait lire, écrit des poésies, joue de la musique classique et aime les parfums de France. En bon bandit, Lampião voyage avec son inséparable épouse Maria Bonita, escorté d'un groupe de 35 hommes armés, écumant les *fazendas* du *sertão* du Minas Gerais et de Bahia, et semant la terreur : vols, viols, meurtres, destructions, toujours avec une audace folle et au mépris des forces de police. Devenu le bandit le plus recherché du Brésil dans les années 1920-1930, il fut trahi par l'un de ses proches. Le 28 juin 1938, il tomba dans un traquenard au cours duquel il fut abattu, avec sa femme, par la police. Son histoire, ainsi que celle de sa fidèle compagne, Maria Bonita, a donné naissance à une légende (voir le resto *Parraxaxá* à Recife) dont la renommée s'est étendue sur l'ensemble du Nordeste. On le représente fréquemment borgne (en chevauchant dans le Sertão il se planta une épine dans l'œil droit) et comme un justicier pillant les riches au profit des pauvres.

Calendrier des fêtes

– Le calendrier des fêtes religieuses et profanes du Pernambuco est particulièrement chargé. En plus des fêtes communes à tout le pays, voici les dates qui comptent pour les Pernambucais :

– ***6 janvier : festa dos Reis.*** Représentation de *pastoril* et de *Bumba-meu-Boi.*

– ***En mars-avril :*** au moment de la Semaine sainte se déroule la spectaculaire ***Passion du Christ*** à Fazenda Nova (Nouvelle-Jérusalem), avec plus de 500 acteurs.
– ***En juin : fêtes de Santo Antônio, São João*** et ***São Pedro.*** Le 24 juin, la plupart des commerces ferment leurs portes.
– ***11-16 juillet :*** grande ***fête avec processions de N.S. do Carmo,*** la sainte patronne officielle de Recife.
– ***8 décembre : fête de N.S. da Conceição,*** la patronne de la ville choisie par la population. Férié.

LA CUISINE DU PERNAMBUCO

Cette riche cuisine trouve ses origines dans les racines populaires maritimes et rurales. Ainsi, l'un des plats typiques est la ***galinha de cabidela*** (importée par les Portugais), une poule fraîche cuite dans son sang et servie avec une purée ou du riz. On la sert dans les *lanchonetes* populaires pour une somme dérisoire.
– La ***carne do sol*** est le deuxième plat de base de la population, préparée avec les parties les plus tendres du bœuf (contre-filet...), recouvertes de sel, puis séchées au soleil plusieurs jours. Dans ces régions pauvres, le sel est en effet un des seuls moyens de conservation des denrées périssables.
– Le ***mão de vaca*** est réalisé à base de pied de bœuf coupé, cuit avec des oignons, de l'ail et différentes herbes ; la sauce de la viande est ensuite retirée puis mélangée à de la farine de *mandioca* (manioc) tout doucement. Il en résulte une sorte de purée *(pirão)* assez gluante qui accompagne la viande.
– Le ***pirão*** est également servi avec le ***cozido pernambucano*** (sorte de pot-au-feu) préparé avec les muscles et les côtes de bœuf.
– N'oublions pas la place importante du ***sarapatel,*** boyaux de porc ou de tout autre animal, accompagné de farine de manioc.
– Le ***buchada*** utilise dans sa préparation l'estomac du bouc ou encore ses viscères (non, non, ce n'est pas si répugnant !). Et puis les multiples ***tiragostos*** (amuse-gueules), qui proviennent de la mer.
– Pour finir, ajoutons à cela les ***poissons,*** servis dans les restos des petits villages du littoral, fraîchement pêchés, bons et pas chers.

RECIFE

1 515 052 hab. IND. TÉL. : 081

« Dans quelques années ou décades, Recife sera une ville modèle », notait déjà Stefan Zweig qui y passa en 1940. Le grand écrivain enthousiaste n'aurait sans doute pas le même avis aujourd'hui. Avec une interminable et massive barrière d'immeubles modernes qui borde l'immense plage sur près de 7 km de long, c'est apparemment le modèle urbain de l'Amérique du Nord (la Floride) qui prévaut désormais à Boa Viagem. Contrairement à Salvador, il n'est pas facile de trouver ses repères dans cette démesure. Capitale du Pernambuco, premier port de commerce du Nordeste, Recife connaît depuis les années 1970 un développement accéléré, pour le meilleur et pour le pire.
Mais entre les deux rivières et les multiples canaux qui la traversent et l'ont fait surnommer « la Venise brésilienne », la vieille ville de Recife (*Recife antigo,* noyau historique) montre un tout autre visage, plus pauvre, plus délabré, plus délaissé. C'est là pourtant que tout a commencé. Engagé dans un processus (très lent faute de moyens) de restauration et de réhabilitation, ce vieux quartier – naguère splendide avec ses palais, ses maisons de commerce et ses riches demeures – cherche à retrouver sa splendeur et sa beauté presque intactes malgré l'appauvrissement social du secteur.
Recife c'est aussi le carnaval qui a conservé une spontanéité populaire, à nulle autre pareille. À 6 km au nord, l'ancienne capitale du Pernambuco, Olinda,

petite ville mignonne (mais très touristique), a choisi de rester à l'écart des démons du progrès. Depuis sa colline verte, elle regarde la ville moderne de Recife avec un mélange d'attirance et de méfiance...

UN PEU D'HISTOIRE

Recife ne fut au commencement qu'un tout petit port à l'ombre d'Olinda, la capitale. Son nom lui vient tout naturellement du nom de la barre de récifs qui borde la côte de la ville. En 1630, les Hollandais attaquent le Pernambuco et s'emparent d'Olinda, siège du pouvoir portugais de la région. Ils la nomment Mauritsstaad en hommage à Maurice de Nassau qui voulait en faire une nouvelle Amsterdam avec des rues bien propres, organisée autour de canaux. Des juifs hollandais d'origine portugaise (chassés par l'Inquisition et réfugiés en Hollande) fondent la première synagogue du Nouveau Monde, avant même New York et Boston (lire plus loin « À voir »).
Les Hollandais restent les maîtres du Pernambuco de 1630 à 1654, soit 24 ans, avant de se faire expulser par les Portugais. L'âge d'or du sucre, aux XVIIe et XVIIIe s, contribua ensuite à la richesse d'Olinda et à l'extension de Recife, qui devint rapidement la véritable capitale économique. Le transfert de souveraineté se fit officiellement en 1825.

CREUSET D'IDÉES NOUVELLES

Recife se distingua aussi par une activité intellectuelle et culturelle intense. Divers mouvements pour l'indépendance du pays, puis contre l'empereur, y virent le jour, notamment la révolte républicaine de 1817. Avant le coup d'État militaire de 1964, Recife et l'État de Pernambuco ont été le creuset d'idées et d'expériences nouvelles. Le gouverneur ***Miguel Arraes*** et le député ***Francisco Julião*** favorisèrent la mise en place des *ligas camponesas* (ligues paysannes) pour obtenir une réforme agraire. Ils garantirent également un salaire minimum aux travailleurs de l'État, obligeant les « usiniers » du sucre à reconnaître les syndicats de travailleurs et à concéder des droits sociaux. Pendant les vingt ans de dictature militaire, Miguel Arraes, qualifié de « communiste », fut jeté en prison puis forcé à l'exil.
C'est alors une autre voix, puissante et généreuse, qui fit entendre au monde entier le cri des pauvres du Nordeste contre l'injustice, la misère et l'exode : celle de ***dom Helder Câmara,*** archevêque de Recife et Olinda, « le prophète de l'espérance »... Le saint homme fut mis à la retraite en 1985 (il est mort en 1999), et son remplaçant, désigné par le Vatican, ne confond pas théologie et libération sociale.

RECIFE MYSTIQUE

Vous trouverez ici les rites afro-brésiliens les plus purs et les plus naturels. C'est à Recife que les cérémonies sont les plus intéressantes par leur richesse et leur spontanéité. Dans les *terreiros* (paroisses) se pratique le ***xangô,*** équivalent du *candomblé* de Salvador da Bahia. C'est un culte d'une grande beauté, mêlant le drame et le mystère. Il existe plusieurs centaines de *terreiros,* plus toutes les nuances de rites, comme les *tendas de umbanda.* Nombreuses manifestations en avril, août et septembre. Si vous êtes là mi-juillet, réservez une soirée à Oxum, déesse de l'eau douce (associée à N.S. do Carmo), et allez assister à un *toque* (cérémonie publique).
Les cérémonies se déroulent habituellement en lointaine banlieue dans des quartiers éloignés du centre de Recife. Leurs dates et heures sont parfois indiquées dans les journaux et les brochures de l'office du tourisme. Arrivé au *terreiro,* se faire présenter au *pai de santo* (père de saint). Il y a des chances qu'il vous fasse visiter les petites chapelles aux offrandes.
Pour la ***fête d'Oxum,*** la grande salle ainsi que les fleurs et les offrandes sont dans les tons jaunes, couleur de la déesse. La cérémonie commence à 20h et se termine

vers 2h. Un petit orchestre composé de trois tambours aux sonorités différentes rythme les diverses phases. Musique et chants en langue africaine. Après les danses et les figures visant à chasser les mauvais esprits, ponctuées de chants et de dialogues entre le *pai de santo* et l'assistance, les phénomènes de possession interviennent progressivement avec une tension, une dramatisation entretenue par les tambours.
Ne partez pas à la fin de la « possession », car toute l'assemblée se rend en pleine campagne à plusieurs dizaines de kilomètres du lieu de la cérémonie. Les participants y vont en bus, en voiture ou en camion, pour porter les offrandes à la rivière. Les possédés pénètrent dans l'eau tandis que les corbeilles de fruits et de fleurs sont abandonnées au courant, dans le bruit des pétards, fusées et cris de joie. Un moment d'émotion et d'authenticité. En principe, il n'est pas permis de photographier.

Dates des fêtes

Les fêtes les plus importantes du *calendrier xangô* sont :
– ***Obaluayê*** *(São Sebastião)* **:** 20 janvier.
– ***Ogum*** *(São Jorge)* **:** 23 avril.
– ***Xangô*** *(São João)* **:** 24 juin.
– ***Oxum*** *(N.S. do Carmo)* **:** 16 juillet.
– ***Nanâ Burukú*** *(Santa Ana)* **:** 26 juillet.
– ***Exú*** *(São Bartolomeu)* **:** 24 août.
– ***Ibeijís*** *(Cosme et Damião)* **:** 27 septembre.
– ***Iansâ*** *(Santa Bárbara)* **:** 4 décembre.
– ***Ossãe*** *(Santa Luzia)* **:** 13 décembre.
– ***Festa de Aiê*** *(Senhor do Bonfim)* **:** 31 décembre.

Arriver – Quitter

En avion

✈ ***Aéroport dos Guararapes*** *(plan d'ensemble)* **:** *à l'ouest de Boa Viagem.* ☎ *34-64-41-88.* Une aérogare ultramoderne, qui accueille aussi de nombreux vols réguliers et charters venus directement d'Europe. Tous les services habituels y sont présents.

■ ***Informations touristiques :*** *bureau dans le hall d'arrivée.* ☎ *34-62-49-60. Ouv 24h/24.* On y parle l'anglais. Plan de la ville intéressant. Réservation d'hébergements.
■ ***Bureau de change :*** *tlj 6h-minuit.* Change chèques de voyage et devises étrangères. Distributeur automatique.
■ ***Banco do Brasil :*** *à l'étage, au niveau du hall des arrivées.* Avec distributeur (24h/24) acceptant les cartes *Visa* et *MasterCard.*
■ ***Agences de location de voitures*** *(Avis, Hertz, Unidas, LocAlpha, Localiza...)* **:** *au niveau du hall d'arrivée.*

Comment gagner le centre ?

➢ ***En bus :*** fréquents vers le centre-ville. Le bus « Aeroporto » (nº 33) se prend à gauche en sortant de l'aéroport ; il passe par Boa Viagem et va jusqu'au centre à São José. Départ ttes les 20 mn, 5h-20h, sinon ttes les heures.
– Pour se rendre en bus à l'aéroport, comme en taxi, il vaut mieux prévoir large... les embouteillages sont présents ici aussi. De São José, prendre le bus « Aeroporto » sur l'av. N.S. do Carmo. De Boa Viagem, prendre le bus « Aeroporto » sur l'av. Domingos Ferreira, ou le bus « Curado IV-Boa Viagem » qui s'arrête aussi à l'aéroport. Le quartier de Boa Viagem est situé à 10 mn de l'aéroport (lorsque tout va bien...).

➢ ***En taxi :*** il faut acheter préalablement un billet au guichet des taxis (coopérative), dans le hall d'arrivée. Prix fixe : 20 Rls. Les fauchés sortiront de l'aérogare pour attraper, sur l'av. Mascarenhas de Morais, à droite, un taxi collectif.
➢ ***En métro :*** ouv 5h-23h. Prendre, en face de l'aéroport (sans traverser la rue), l'omnibus « Barro-Prazeres », de couleur rouge. Descendre au terminal de Barro, continuer avec le métro, sans payer à nouveau, car on se trouve dans un terminal qui fait correspondre bus et métro. Prendre le bon métro (il n'y a que 2 lignes – et une 3e en construction), vers Santo Antônio. Une nouvelle station devrait ouvrir ses portes en 2008-2009, à proximité même de l'aérogare.

En bus

Rodoviária TIP *(gare routière, hors plan d'ensemble) : sur la route BR 232, km 15, lieu-dit Curado.* ☎ *34-52-16-20.* Pour rejoindre le centre, prendre le métro (1,20 Rls) linha Centro jusqu'à la gare ferroviaire *(estação ferroviária ; plan I, B3,* ***71****)*, rua Floriano Peixoto (30 mn de trajet) ; puis prendre le bus circulaire n° 2 vers São José ou Boa Vista, le centre-ville ; ou continuer en métro jusqu'à Santo Antônio (env 30 mn).
Pour rejoindre la *rodoviária* depuis le centre, métro depuis la gare ferroviaire (derrière la *Casa da cultura*). Attention, tous les métros ne vont pas à la *rodoviária.* Depuis la station Recife, compter 25 mn. Sinon, depuis le centre, prendre le bus « Curado IV » devant la poste *(plan I, C2).* De Boa Viagem, bus « Curado IV-Boa Viagem » qui s'arrête aussi à l'aéroport. Compter 1h30 de trajet. Bus ttes les 30 mn env.
Pour connaître les horaires et les tarifs des liaisons vers l'extérieur : ☎ *34-52-19-99.*
➢ ***Caruaru*** *(Pernambuco) :* 2h de trajet avec la *Cie Caruaruense.* ☎ 34-52-25-00. Les horaires sont identiques au départ de Recife ou de Caruaru : 1 bus ttes les 30 mn 6h-9h, et ttes les heures 9h-20h.
➢ ***De/pour Tamandaré*** *(Pernambuco) :* 2 bus/j. (slt 1 le dim) avec la *Cie Cruzeiro-Vera Cruz.* ☎ *21-01-90-00 ou 0800-81-26-62.* Billet : moins de 10 Rls. Trajet : 2h-2h30. Le bus s'arrête et part du centre de Tamandaré. Depuis Recife, le départ se fait sur l'avenida Dantas Barreto, d'où partent aussi les bus pour Porto de Galinhas.
➢ ***De/pour Aracaju*** *(Sergipe) :* 1 bus/j., avec la *Cie Real Alagoas.* ☎ *34-52-15-11.* De Recife : départ vers 12h. Au départ d'Aracaju : bus vers 23h. Billet : env 60 Rls. Trajet : 8h pour les 500 km.
➢ ***De/pour Maceio*** *(Alagoas) :* 4 bus/j. avec la *Cie Real Alagoas* (bus climatisés). ☎ *34-52-15-11.* Horaires identiques au départ de Recife ou de Maceió : à 7h, 11h30, 16h, 0h15. Bus non climatisés, 3 départs/j. Billet : 33 Rls. Trajet : 4h.
➢ ***De/pour Salvador*** *(Bahia) :* 1 bus/j. en général. Au départ de Recife ou de Salvador, bus en fin d'ap-m. Billet : 90-100 Rls. Min 13h de voyage (850 km). *Cie Itapemirim.* ☎ *34-52-20-64.* • *itapemirim.com.br* •
➢ ***De/pour Natal*** *(Rio Grande do Norte) :* avec la *Cie Progresso,* 9 bus/j., 6h45-23h50. ☎ 21-21-90-00. Trajet : 4h. Billet : env 50 Rls.
➢ ***De/pour Fortaleza*** *(Ceará) :* à 800 km et 12h de trajet ; 3 bus/j. avec la *Cie Guanabara.* ☎ *34-52-21-00.* Au départ de Recife : billets 70-95 Rls selon confort. Bus à 9h, 19h45 et 20h (bus de nuit plus luxueux et plus confortable). Au départ de Fortaleza : billet 70-95 Rls selon confort ; 3 bus/j. vers 8h, 19h30, 20h.

Les différents quartiers

Avec son long bord de mer et ses rivières qui quadrillent la ville, Recife semble s'être bizarrement constituée.
– ***Recife Antigo*** *(Vieux Récife) :* le centre historique se trouve sur la presqu'île formée par les *quartiers de São José* et *Santo Antônio.* Très vivant le jour, blues et

RECIFE – ENSEMBLE

errances la nuit. De l'autre côté du rio Capibaribe, le *quartier de Boa Vista* aligne ses immeubles modernes. En allant vers les plages, *Pina* est le premier quartier que l'on rencontre, avec ses restaurants de poisson en bord de plage.
– ***Boa Viagem :*** quartier balnéaire riche et souvent luxueux, remarquable par sa taille (7 km de long environ), sa situation face à la plage (requins), donc en front de mer, et son urbanisme (une barre interminable d'immeubles de béton et de verre). *Edificios Cezanne, Antibes, Place vendôme, Virginia Woolf...* tels sont les noms de quelques-uns de ces grands immeubles, qui ne laissent aucun doute sur le niveau de vie de leurs habitants (aussi élevé que celui des familles fortunées d'Amérique du Nord).
Boa Viagem est le lieu « où tout se passe ». La journée, c'est la plage de Recife, et le soir, les bars et les clubs y font le plein. C'est ici aussi que se déroule le « carnaval hors saison » du mois d'octobre.

Adresses utiles

Informations touristiques

Kiosque d'informations touristiques *(plan I, D2) : praça Artur Oscar ou Arsenal da Marinha.* ☎ *32-32-29-42. Tlj 9h-22h.* Accueil charmant en anglais. S'y procurer l'agenda culturel de la ville.
Office du tourisme *(Empetur) : au* Complexo rodoviário de Salgadinho. ☎ *34-27-80-00. Sur la route d'Olinda.* Préférer le kiosque en ville ou, mieux, celui de l'aéroport, plus dynamique.
Internet : quelques sites intéressants, • *cidadedorecife.com.br* • *empetur.com.br* •
Police touristique *(delegácia de turistas) : à l'étage, au niveau du hall des arrivées de l'aéroport de Recife.* ☎ *34-64-48-67 ou 41-88. Ouv 24h/24.* Le jovial commissaire Jose Germano Dos Santos parle le français (il a étudié le droit à Nantes). En cas d'incident, c'est ici qu'il faut venir. Service très sérieux et efficace. *Autre bureau rua Fernando Barbosa, à proximité du* Shopping Center Recife. ☎ *34-64-40-88. Ouv 24h/24 ; anglophone, préférer celui de l'aéroport. Également une camionnette qui fait sa ronde sur l'av. Boa Viagem.*

Poste et télécommunications

✉ **Poste centrale** *(plan I, C2) : av. Guararapes, 250. Dans le centre de Recife. Lun-ven 9h-16h. À Boa Viagem, 2 bureaux de poste sur l'av. Conselheiro Aguiar (plan II, zoom), face au 3231.*
Internet : *à l'**Alliance française** (hors plan I par A1, **3**), rua Amaro Bezerra, 466.* ☎ *et fax : 32-22-09-18.* • *af.rec.br* • *Lun-jeu 8h30-19h, ven 8h-18h, sam 8h-12h.* Usage réservé aux étudiants. Quelques journaux français également. On peut leur téléphoner pour être mis en contact avec un guide francophone, mais l'Alliance n'est pas une agence de tourisme.

Argent, change

Comme dans beaucoup de villes, commission moins importante à la banque *BBV (Banco Bilbao Vizcaya).*

Banco do Brasil *(plan I, D2, **4**) : av. Rio Branco, 240.* ☎ *32-24-09-47.* Change, évidemment, mais évitez d'y changer vos chèques de voyage, car la commission est très forte. Mieux vaut y retirer de l'argent avec les cartes *Visa* ou *MasterCard* (un distributeur à l'agence de la *rua Barão Souza Leão, à Boa Viagem).*
Citibank : *av. Conselheiro Aguiar, 2034 (Boa Viagem).* Distributeurs 24h/24 pour les cartes *Visa* et *MasterCard. Autre agence rua Marquês de Olinda, 126.*

■ **Bradesco :** *plusieurs distributeurs à Boa Viagem (plan II, zoom,* **5***) et au centre-ville (plan I, D2,* **6***) acceptant la carte Visa.*
■ **Change** *(chèques de voyage et devises) :* ***Mônaco Câmbio e Turismo****, praça J. Nabuco. ☎ 34-24-92-77. Lun-ven 9h-16h30. Près du resto* Leite, *dans la vieille ville.* Taux intéressants.

Représentations diplomatiques

■ **Consulat général de France** *(plan II, F5,* **7***) : av. Conseilheiro Aguiar, 2333, au dernier étage de l'edifício* João Roma *(Boa Viagem). ☎ 31-17-32-90. • consulfr@hotlink.com.br • Ouv le mat slt, 8h30-12h. Permanence le w-e pour les urgences.*
■ ***Consulat honoraire de Belgique :*** *Sossego, 203 (quartier de Boa Vista). ☎ 32-23-10-01. Lun-ven 15h-19h.*

Urgences

■ ***Pharmacies ouvertes 24h/24 : Farmácia Pague Menos,*** *av. Conselheiro Aguiar, 4635 (Boa Viagem). ☎ 33-01-42-09.* ***Farmacia dos Pobres :*** *numéro central de la chaîne de la pharmacie des Pauvres, ☎ 34-64-84-00.*
■ ***Hôpital Esperança :*** *F. Alves, 887. ☎ 33-02-20-20.*
■ ***Hôpital Santa Joana :*** *rua Joaquin Nabuco, 200, Graças. ☎ 32-16-66-66.*

Transports

■ ***Tam*** *(plan II, F5,* **10***) : av. Conselheiro de Aguiar, 1360 (Boa Viagem). ☎ 33-27-83-13. Lun-sam 8h-18h (12h le sam). À l'aéroport : ☎ 34-64-42-57.*

Agences de voyages et guide

■ ***Márcio Cabral :*** *☎ 34-47-08-62. 📱 99-68-31-72. • marciobcnet@hotmail.com •* Un guide professionnel qui parle parfaitement le français (mais aussi

■ Adresses utiles

- 🛈 Kiosque d'informations touristiques
- ✉ Poste centrale
- @ **3** Alliance française
- **4** Banco do Brasil
- **6** Bradesco

Où dormir ?

- **20** Hôtel Nassau

Où manger ?

- **42** Banguê Restaurante
- **43** Leite

Où boire un verre ? Où sortir ?

- **50** Terrasses du patio São Pedro
- **51** Bars du quartier Antigo et As Galerias
- **53** Casa do Suco Tropical
- **56** London Pub

À voir

- **60** Igreja da Ordem Terceira de São Francisco e convento de Santo Antônio
- **61** Praça da República
- **62** Praça da Independência
- **63** Igreja Nossa Senhora Conceição dos Militares
- **64** Igreja Senhora Rosário dos homenes Pretos
- **65** Convento e basilica Nossa Senhora do Carmo
- **66** Pátio de São Pedro
- **67** Mercado São José
- **68** Igreja Nossa Senhora do Livramento
- **69** Basilica Nossa Senhora da Penha
- **70** Casa da Cultura
- **71** Gare de chemin de fer
- **72** Institut Ricardo Brennand
- **73** Museu do Homem do Nordeste
- **74** Synagogue Kahal Zur Israel
- **75** Torre de Malakoff
- **77** Coluna de Cristal
- **78** Musée d'Art moderne Aluisio Magalhaes

A
OLINDA
B
Rua da Hora
Av. Gov. Agamenon Magalhães
Av. Montevidéu
Av. João de Barros
SANTO AMARO
Cemitério de Santo Amaro
Rua
Av. Rui Barbosa
PRAÇA DO ENTRONCAMENTO
Rua Tabira
Rua dos Palmares
Marquês
Av.
PRAÇA PARQUE AMORIM
Rua João Fernandes Vieira
Rua Nunes Machado
Avenida Afonso Pena
Rua Visconde
R. J. Nabuco
R. Rua Almeida Cunha
Bispo Cardoso Ayres
Rua Pe. Inglês
R. Osvaldo Cruz
Rua do Príncipe
Pires
Rua Dom Bosco
Avenida Conde de Boa Vista
Av. Oliveira Lima
Rua Gervásio
PRAÇA OLAVO BILAC
Rua da Soledade
Rua das Ninfas
Rua do Progresso
R. Henrique Dias
Rua Manoel Borba
Rua Cruz
BOA VISTA
Av. Gov. Agamenon Magalhães
PRAÇA CHORA MENINO
R. Br. de São Borja
PAISSANDÚ
R. Joaquim de Brito
Rua da Santa
PRAÇA MACIEL PINHEIRO
Rua da Imperatriz
Amorim
Rua José de Alencar
Rua Joaquim Inácio
R. Sport Clube de Recife
R. Est. de Israel
Rua Velha
Rua da Gloria
Rua Marquês
COELHOS
PONTE VEHLA
PRAÇA MIGUEL DE CERVANTES
Rua Dr José Mariano
Viaduto Joana Bezerra
Rue Francisco Alves
Rua dos Coelhos
R. Rego Melo
Estacão Recife
71
Rio Capibaribe
R. Peixoto
R. de São
Rua Floriano
Rua do Peixoto
Rua do Muniz
Central
R. Jaraguari
Av. M. Luther King
R. C. de Macabu
Estacão Joana Bezerra
Avenida
PRAÇA SERGIO LORETO
A
BOA VIAGEM
B
73
3
72
1
2
3

RECIFE

RECIFE – CENTRE (PLAN I)

l'anglais, l'espagnol, l'allemand et l'italien). Il peut vous guider dans Recife et dans l'État de Pernambuco. Mine d'informations, Márcio est très sympathique mais souvent occupé, mieux vaut réserver ses services à l'avance.

■ **Moturismo :** *rua Rosário de Boa Vista, 159 (Boa Vista).* ☎ *21-02-69-99.* Une agence proposant un large programme d'excursions. Vente de billets d'avion.

■ **Viver Viajes & Turismo :** *rua Ernesto de Paula Santos, 550, salle 4 (Boa Viagem).* ☎ *34-66-95-85.* Une autre agence dynamique.

■ **Martur :** *rua Dr Nilo Donelas Câmara, 90, loja 02 (Boa Viagem).* ☎ *34-63-36-36 ou 34-66-95-85.* Visite guidée de Recife, de jour et de nuit, excursions dans la région pour découvrir le reste du Pernambuco et séjours à Fernando de Noronha.

Où dormir ?

Dans le centre historique, quelques petits hôtels vraiment pas chers, mais plutôt miteux (et le coin n'est pas toujours agréable la nuit).
Pour les adeptes de la plage (il y a des requins), le quartier Boa Viagem est le plus indiqué, même s'il ressemble avant tout à une cité balnéaire atteinte de gigantisme, style Miami. Là se trouvent les grands hôtels, mais les petites *pousadas* disparaissent les unes après les autres, victimes de la promotion immobilière.
La meilleure solution consiste à loger à Olinda et à passer la journée à Recife.

RECIFE

À São José et Santo Antônio

Prix moyens (40-80 Rls / 16-32 €)

Hôtel Nassau *(plan I, C3, **20**) : largo do Rosário, 253.* ☎ *32-24-35-17. Doubles avec douche et AC env 80 Rls.* Dans le quartier historique, à côté de l'église Rosário. Sans prétention mais suffisant.

À Boa Viagem

Curieusement, c'est dans cet endroit pourtant chic que la majorité des routards choisissent de résider, pour la plage bien sûr et pour le grand choix d'hébergements proposé, mais peut-être aussi pour fuir l'atmosphère désolée la nuit du centre historique...

■ **Adresses utiles**

- ✉ Poste *(zoom)*
- **5** Bradesco *(zoom)*
- **7** Consulat général de France
- **10** Tam

Où dormir ?

- **24** Pousada da Praia
- **25** Boa Viagem Hostel
- **26** Hotel-pousada Julieta
- **27** Hôtel Aconchego
- **28** Bianca Praia Hotel
- **29** Hotel Nuovo Coqueiral *(zoom)*
- **30** Albergue Maracatus

Où manger ?

- **44** Entre Amigos
- **45** Chica Pitanga *(zoom)*
- **46** Ilha do Guaiamum
- **47** Pra Vocês
- **48** Parraxaxá

Où boire un verre ? Où sortir ?

- **52** Boteco Bar
- **54** Socal Dinho
- **55** Biruta Bar

À voir

- **79** Praça Boa Viagem *(zoom)*

RECIFE – BOA VIAGEM (PLAN II)

Auberges de jeunesse

Boa Viagem Hostel *(plan II, E5,* ***25****) : rua Aviador Severiano Lins, 455. ☎ et fax : 33-26-95-72. • hostelboaviagem.com.br • Nuitée 30 Rls (pour les membres) en dortoir de 8 lits avec le petit déj ; 37 Rls sans la carte ; doubles 70-85 Rls ; moins cher hors saison.* Une AJ officielle dans un petit îlot de tranquillité au milieu des immeubles d'un quartier résidentiel. Laverie, cuisine, connexion Internet, petite piscine et terrain de basket. Jardin agréable, mais chambres pas toujours propres.

Albergue Maracatus *(plan II, E5,* ***30****) : rua Maria Carolina, 185. ☎ 33-26-12-21. • alberguemaracatus@yahoo.com.br • Nuitée 20-30 Rls avec le petit déj.* Une AJ privée bien située, dans une rue calme, non loin de la mer. Location de draps et de serviettes. Dortoirs avec ventilos de 14 lits, garçons et filles séparés ; ni alcool ni tabac. Il ne faut pas être trop regardant sur l'entretien. Cuisine à dispo. C'est aussi un club de capoeira et d'arts martiaux, pour ceux qui seraient intéressés.

Prix moyens (40-80 Rls / 16-32 €)

RECIFE

Hotel-pousada Julieta *(plan II, E5,* ***26****) : rua Prof. Jose Brandao, 135. ☎ 33-26-78-60. Doubles 65-75 Rls. CB* Visa *acceptées.* Modeste, discrète, sans prétention, voilà une des dernières *pousadas* de Boa Viagem, quartier gagné par la promotion immobilière et le luxe. Chambres au confort simple mais suffisant, avec AC, TV et frigo. Bon accueil.

Pousada da Praia *(plan II, F4,* ***24****) : rua Alcides Carneiro Leal, 66 (Pina). ☎ 33-26-70-85 ou 34-65-07-38. • hpraia.com.br • Doubles env 65 Rls.* Petit immeuble tout rose situé à 30 m de la mer. Chambres minuscules, certaines sans fenêtre et au confort sommaire mais propres, avec AC et TV. Petit déj en terrasse sur le toit. L'un des moins chers du coin, surtout hors saison et bien placé.

Plus chic (80-120 Rls / 32-48 €)

Hotel Nuovo Coqueiral *(plan II, zoom,* ***29****) : rua Petrolina, 43. ☎ 33-26-58-81. • nuovohotelcoqueiral.com.br • Doubles avec sdb et AC env 95 Rls,* cafe da manhã *inclus.* Petit hôtel, bien situé, pour ceux qui aiment ce quartier animé le soir. Les chambres donnent sur la rue ou sur le côté de l'édifice (c'est plus calme).

Hôtel Aconchego *(plan II, E5,* ***27****) : rua Felix de Brito e Melo, 382. ☎ 34-64-29-89. • hotelaconchego.com.br •* Petit hôtel de 2 étages, avec des chambres organisées autour d'une cour intérieure et d'une piscine. Bon accueil. Chambres de taille variable, les meilleures étant situées dans un bâtiment donnant sur la piscine. Confort standard : AC, douche et w-c.

Bianca Praia Hotel *(plan II, E5,* ***28****) : rua Mamanguape, 142. ☎ et fax : 33-27-97-25 ou 09-58. • biancapraiahotel.com.br • À 5 mn à pied de la plage. Près de 100 Rls la double, tte l'année. CB acceptées.* Petit hôtel moderne, très bien tenu. Accueil charmant et agréable déco dans les chambres. Quelques couleurs sympathiques. AC, TV et frigo. Propreté impeccable. Un peu bruyant quand même, car situé entre deux avenues. Une bonne adresse.

Où manger ?

Dans le quartier Antigo, nombreux restos pour tous les goûts (rua Bom Jesus, rua Madre Deus, rua da Moeda).

Dans le vieux Récife (Recife Antigo)

Banguê Restaurante *(plan I, C3, **42**) : patio de São Pedro, 20. En plein centre historique. Pas de panneau. Lun-sam.* Sur une magnifique place pavée. Tables en bois et murs de brique blanche. Un chaleureux endroit pour finir une soirée et manger un morceau. Prenez un plat pour deux.

Leite *(plan I, C3, **43**) : praça Joaquim Nabuco, 147 (à l'angle de la rua de la Concórdia). ☎ 32-24-79-77. Ouv slt le midi, sf sam.* Grand resto fondé en 1882 et encore réputé auprès de la bourgeoisie locale. À la carte, viande (agneau), crustacés et poisson (morue). Cuisine correcte, sans surprise. Pianiste. Pour les routards (plutôt en pantalon qu'en short) aimant les lieux d'un autre âge et néanmoins de qualité (cuisine savoureuse et service aimable).

À Boa Viagem

Le mètre carré est ici devenu tellement cher que les restos hésitent à s'installer. Les spéculateurs immobiliers préfèrent investir dans les immeubles à appartements. Résultat : les endroits où se sustenter ne courent pas les rues... et ceux qui subsistent risquent, à terme, de disparaître.

Marchands ambulants *(plan II, zoom) : dans les petites rues autour de la praça da Boa Viagem.* Vendeurs de poulet grillé très bon marché. Sans oublier les traditionnels ***vendeurs de brochettes*** le long de la plage.

RECIFE

Prix moyens (15-25 Rls / 6-10 €)

Chica Pitanga *(plan II, zoom, **45**) : rua Petrolina, 19. ☎ 34-65-22-24. À deux pas de la praça da Boa Viagem. Tlj jusqu'à 22h.* Une des meilleures adresses de Boa Viagem, tant pour le cadre que pour la nourriture. Maison d'angle peinte dans les tons ocre, déco chaleureuse et service en costume traditionnel. Au choix, buffet *ao kilo* proposant d'excellents plats : *feijoada,* paella, poulet, pâtes, etc. Le soir, le buffet prend des teintes plus régionales. Resto de crustacés (assez cher) dans une autre salle et bar à sushis dans une troisième. Accueil avenant et pro. Arriver assez tôt pour éviter l'interminable file d'attente !

Ilha do Guaiamum *(plan II, E5, **46**) : rua Maria Carolina, 80. ☎ 34-66-21-22. Tlj 11h-2h.* Côté cadre, la maison fait dans la simplicité : une terrasse avec quelques ventilos et parasols. Les rares tables qui se vident sont généralement prises d'assaut par la jeunesse de la ville. Poissons, crevettes et crabes à toutes les sauces se disputent la carte ! Fraîcheur garantie.

Entre Amigos *(plan II, E6, **44**) : rua Visconde de Jequitinhonha, 30 et 50. ☎ 34-66-82-82. Tlj 11h-2h (3h ven-sam).* Un resto aux prix moyens de bon rapport qualité-prix. Carte de poissons et de viandes. La spécialité est le mouton brésilien *(bode),* tendre et délicieux, préparé de 12 manières différentes.

Chic (25-50 Rls / 10-20 €)

Parraxaxá *(plan II, F4, **48**) : rua Baltazar Pereira, 32. ☎ 34-63-78-74. Juste à l'arrière du 1er Jardin. Lun-ven, midi et soir jusqu'à 22h, et slt le soir le w-e.* La cuisine traditionnelle du Pernambuco dans un décor rustique qui restitue l'ambiance du *sertão* des *cangaceiros.* Ils sont d'ailleurs tous présents, statufiés sous leurs grands chapeaux. Cuisine solide et revigorante avec, en vedette, des plats présentés en buffet, en formule *ao kilo* : la *paçoca,* la *macaxeira,* le *charque* et les desserts au tapioca ou la banane *zarhola.*

Pra Vocês *(plan II, F4, **47**) : av. Herculano Bandeira, 115 (Pina). ☎ 33-25-31-68. Tlj 11h-1h.* Excellent resto de poisson, très populaire. Grande salle carrée un peu trop éclairée par de longs néons blancs. Murs décorés de plaques de rues. Goûtez, par exemple, le *camarão de molho de coco* (crevettes à la sauce coco).

Où boire un verre ? Où sortir ?

Les nuits à Recife peuvent être *bluesy* ou frénétiquement festives selon l'humeur et le quartier.

Dans la vieille ville (Recife Antigo)

– Beaucoup de ***restos, bars, discothèques, animations, orchestres*** dans le ***quartier Antigo*** *(plan I, D2, **51**)*, pôle Bom Jesus. Les rues les plus animées sont les ruas Moeda et Madre Deus, et surtout la rua Bom Jesus. Mais attention, les boîtes y sont chères.

La mairie continue de faire des efforts pour réhabiliter ce quartier et y attirer la population bourgeoise de la ville et les touristes. Sur la *praça Artur Oscar* (arsenal da Marinha), de très nombreuses manifestations culturelles sont organisées à partir de 20h30. C'est alors très sympa de prendre place sur une des nombreuses terrasses du coin pour siroter *uma cerveja, uma caïpirinha* ou un simple *suco.*

RECIFE

– ***Le patio São Pedro*** (vieille ville) offre chaque soir une atmosphère magique où, sans tralala, se manifeste la culture populaire, pour le seul plaisir. Il est saisissant d'assister aux répétitions de carnaval sur cette place. Les *blocos-bandos* n'ont pas les costumes et l'organisation professionnels de ceux qui défilent à Boa Viagem ou à Bom Jesus, mais ils y mettent tout leur cœur.

Tout autour de la place, ***terrasses*** *(plan I, C3, **50**)* pleines de monde, amis, amoureux, étudiants, vieux couples... Chaque soir, un groupe de musique différent se produit, depuis les vieux artistes à la voix déchirante de nostalgie pour le *seresta,* jusqu'à l'hallucinante *ciranda cabocla.*

As Galerias *(plan I, D2, **51**) : rua Bom Jesus, en face de la synagogue de Recife. Mar-dim jusqu'à 23h.* Bar ouvert en 1928 avec de vieilles photos aux murs. Il est réputé pour son *Leite Maltado,* mélange de lait, de glace, de vanille et de malt (servi frais) : délicieux. Le bar préféré du musicien Lenine, originaire de Recife (voir sa photo).

London Pub *(plan I, D2, **56**) : rua do Bom Jesus, 207. ☎ 34-24-92-55. Lun-sam.* Certes, le nom ne brille pas par son originalité, mais on s'en moque car c'est une bonne adresse pour boire un verre ou grignoter dans un quartier où les bons plans sont rares.

Downtown *: rua Vigario Tenorio, 105. ☎ 34-24-63-17. Jeu-dim 22h30-5h.* La discothèques la plus en vogue de Recife.

À Boa Viagem

– ***Le quartier au nord de Boa Viagem,*** entre les avenidas Herculano Bandeira et Engenheiro Antônio Gois, est très animé, avec souvent des groupes de musique dans les ***bars*** et aux ***terrasses.***

– ***La plage de Boa Viagem*** *(plan II, zoom),* bien sûr, et le quartier environnant sont le lieu de rencontre de la jeunesse, et, en période de vacances, tout le quartier est traversé de bandes joyeuses jusque tard dans la nuit. Attention, une fois la nuit tombée, à ne pas vous retrouver isolé. La boîte la plus fréquentée est le ***Barcanoë*** *(av. Beira de Mar, à 150 m du club de l'Aéronautique ; ouv sam slt, jusqu'à 4h).* On peut y aller dès 17h, il y a déjà de l'ambiance. Musique brésilienne et *forró.*

– Dans le prolongement de l'***avenida Antônio Gois*** sur Boa Viagem (l'axe principal reliant Recife-centre à Boa Viagem), c'est déjà une ambiance plus trouble. ***Boîtes*** et ***bars*** (et trottoirs) où les *piranhas* (prostituées) et les travestis au sourire irrésistible attendent l'aventure...
– ***Le quartier Pina,*** à la pointe nord de Boa Viagem, est devenu un des derniers points de rencontre des noctambules.

Casa do Suco Tropical *(plan I, C2,* ***53****) : av. Dantas Barreto, 768 et 900, à Santo Antônio. ☎ 32-24-22-26. Deux adresses proches l'une de l'autre. Lun-ven 7h-19h30, sam 7h-14h.* Fabuleux jus de fruits frais pressés sous vos yeux avec un choix de 57 compositions différentes pour seulement 1,50 Rls. Un régal !

Boteco Bar *(plan II, F5,* ***52****) : av. Boa Viagem, 1660, 2e Jardin. ☎ 33-25-14-28. Ouv à partir de 17h lun-ven, et 12h w-e.* Un bar à mi-chemin entre le petit bistrot et la taverne. Deux choix possibles : la terrasse avec vue sur la mer ou la salle ambiance rétro. On peut y grignoter.

Biruta Bar *(plan II, F4,* ***55****) : rua Bem-te-vi, 15. ☎ 33-26-51-51. Ouv de 11h (ven et w-e), 12h (mar-jeu), ou 17h (lun) jusqu'au dernier client.* Au bord de la plage, un bar tout en bois. L'endroit rêvé pour un apéritif sur la terrasse face à l'Atlantique. Goûtez à la *caïpifruta pernambuca,* un cocktail léger. On peut aussi y manger fruits de mer et paella.

Socal Dinho *(plan II, F4,* ***54****) : av. Cons. De Aguiar, 112, près du Polo Dina, à Pina (derrière le resto* Pra Vocês*). ☎ 33-26-37-66. En sem 17h-3h, w-e 12h-3h.* Bar très couru pour ses 50 variétés de *cachaças* et ses concerts le soir. On y écoute de la musique mais on ne danse pas.

RECIFE

À voir

Le centre historique de São José et Santo Antônio se parcourt aisément à pied. Importante concentration d'églises, de couvents, d'édifices coloniaux, il est aussi le centre d'une capitale qui connut un grand essor au XIXe s et jusque dans les années 1950. Aussi les chapelles et les palais voisinent-ils avec un univers urbain moderne, de bus, de gares, de tramways, de gratte-ciel, d'immeubles d'affaires. Parfois les immeubles des années 1930 paraissent plus éreintés par l'âge que les façades du XVIIe s. La rivière qui entoure l'île, avec ses ponts Belle Époque et ses quais, accentue la fascination qu'exerce l'ensemble de ce joyau historique.

Dans le quartier du vieux Recife (Recife Antigo)

Igreja da Ordem Terceira de São Francisco e convento de Santo Antônio *(plan I, C2,* ***60****) : rua do Imperador.* Cet ensemble imposant se trouve presque en face des jardins du palais du Gouverneur, à la pointe nord de l'île de Santo Antônio, praça da República. Construits en 1606, restaurés en 1859. Coupole peinte. La *capela dourada* (chapelle dorée), une des plus riches églises du Brésil, date de 1697. Structures et plafonds en bois de *jacaranda* et de cèdre, recouverts à la feuille d'or. Le Christ est affublé de vrais cheveux. À gauche de l'autel, portrait de saint Louis. Beau jardin.
– Museu Franciscano de Arte Sacra (Musée franciscain d'Art sacré ; dans l'église) : rua do Imperador, 206. ☎ 32-24-05-30. Lun-sam 8h-11h30, 14h-17h (horaires réduits l'été). Entrée : 2 Rls. Aménagé autour d'un cloître dont les colonnes sont taillées dans du récif, le musée rassemble des œuvres provenant de différentes églises de la ville qui ont été rasées pour construire des avenues.

Praça da Independência *(plan I, C2,* ***62****) :* ici s'élève le célèbre *édifice du Diario de Pernambuco,* le plus ancien journal d'Amérique latine, fondé en 1825. On y voit aussi la *Matriz Santo Antônio* (datant de 1753), à la jolie façade baroque. Le soir, quelques femmes préparent des beignets sur la place.

Igreja Nossa Senhora Conceição dos Militares *(plan I, C2-3,* ***63****)* **:** *rua Nova, 304, que l'on prend de la praça da Independência. Lun-ven 7h30-11h30, 13h30-16h ; sam 7h-12h.* Elle existait déjà en 1710. Riche plafond de boiseries sculptées : spirales, conques, volutes dorées et grises enserrant de somptueuses peintures. Tout autour, une galerie court avec des fenêtres et balustrades ouvragées. Autel et chœur en style rococo assez dément aussi. Au plafond, le tableau retraçant la célèbre bataille de Guararapes qui opposa Portugais et Hollandais, en 1648. Une des églises où le délire baroque est le plus présent.

Igreja Senhora Rosário dos homenes Pretos *(plan I, C3,* ***64****)* **:** *rua do Rosário. Lun-ven 7h-12h, 14h-19h.* Édifiée de 1725 à 1777 par des esclaves noirs (d'où son nom « dos Pretos »). Remarquable maître-autel et plafond peint. Et dans la salle du consistoire, une remarquable statue de saint Benoît (São Benito), du milieu du XVIIIe s.

Convento e basilica Nossa Senhora do Carmo *(plan I, C3,* ***65****)* **:** *av. Dantas Barreto, 646 et praça do Carmo. Lun-ven 6h30-11h30, 14h-17h. Messes le w-e.* Vaste esplanade agrémentée de quelques bars populaires. Le couvent s'est installé en 1687 dans l'ancien palais du gouverneur hollandais Maurice de Nassau, que celui-ci avait donné à l'ordre des carmélites. La façade de l'église semble avoir une de ses tours curieusement amputée. En retrait sur la gauche, la basilique, dotée d'une riche façade, l'une des plus travaillées du Brésil, représente une synthèse parfaite des techniques du baroque du XVIIIe s.

Pátio de São Pedro *(plan I, C3,* ***66****)* **:** cette place pittoresque, entourée de jolies petites maisons coloniales colorées, est un de nos coins préférés à Recife. Les vendredi et samedi soir, les cafés se remplissent, les musiciens jouent des airs de samba, de *MPB* et de *frevo*.
– Au fond de la place, la ***igreja São Pedro dos Clérigos*** prend toute sa valeur dans son cadre charmant *(lun-ven 8h-12h, 14h-16h)*. L'une des plus riches de Recife. Intérieur superbement décoré. Commencée en 1798, elle fut rénovée au milieu du XIXe s. Elle tire son originalité de sa nef de forme dodécagonale et de son harmonieux plafond peint en trompe l'œil. De la restauration du XIXe s, l'église a conservé quelques belles boiseries anciennes.
– On peut aussi voir la *Casa do carnaval*, en face de l'église. ☎ *32-24-63-68 ou 11-03. Lun-ven 9h-20h, w-e 14h-20h. Gratuit.* Expos temporaires.

Mercado São José *(plan I, C3,* ***67****)* **:** *praça Dom Vital. À quelques pas du patio São Pedro. Lun-sam 6h-18h, dim 6h-12h.* Le marché le plus populaire et le plus animé de la ville, abrité dans des structures métalliques type Baltard. Vaut vraiment le détour. Sous ses grandes halles, on trouve les gros poissons de l'océan et les étals de viande. Activité fébrile dès le petit matin. Une partie est réservée à la vannerie et aux étoffes. On y trouve de tout : hamacs, dentelles, figurines religieuses, petits personnages de terre cuite, amulettes et petits cercueils ; le matériel indispensable pour jeter un mauvais sort ! À côté de la grande halle, un chapelet de petites *lanchonetes* populaires nourrissent de plats reconstituants les travailleurs du marché.

Non loin du marché, sur le ***pátio de São Pedro,*** une placette très commerçante toujours animée, on trouve l'***igreja Nossa Senhora do Livramento*** *(plan I, C3,* ***68*** *; pas d'horaires de visite fixes)*. Assez sobre, elle possède quelques jolies boiseries dorées. Bel exemple d'architecture coloniale classique. Elle fut construite de 1694 à 1772.

Basilica Nossa Senhora da Penha *(plan I, C3,* ***69****)* **:** *praça Dom Vital. Mar-ven 7h-11h, 15h-17h ; sam 15h-17h.* Église construite en 1656, ornée de chapiteaux corinthiens, qui se démarque nettement des autres édifices religieux. Structure classique, empreinte d'humilité. Le vendredi, cérémonie de bénédiction de saint Félix. Au fond, à gauche de l'église, le petit *musée Dom Vital.*

Casa da Cultura *(maison de la Culture et de l'Artisanat ; plan I, B3,* ***70****) : rua Floriano Peixoto. ☎ 32-24-28-50. Lun-ven 9h-19h, sam 9h-17h, dim 9h-14h.* Installée, comme celle de Fortaleza, dans l'ancienne prison *(casa de detenção)* composée de trois ailes en étoile, elle fut construite en 1855 puis fermée en 1973. La structure a été conservée, et les cellules, du rez-de-chaussée au 2e étage, ont été converties en boutiques. Beaux escaliers (particulièrement raides !) et balcons de fer forgé.

En face de la *casa de detenção* s'élève la **gare de chemin de fer** *(plan I, B3,* ***71****),* aujourd'hui terminus du métro de surface. L'édifice mérite qu'on y jette un œil et rappelle ce que fut le début du XXe s pour une bourgeoisie pernambucaine alors conquérante. Elle abrite un petit *museu do Trem (musée du Train) : ☎ 32-24-46-20. Lun-jeu 13h-18h, ven 8h-12h. Gratuit.* Un peu d'imagination et voilà que les lanternes s'allument, les sifflets retentissent, les guichetiers tracent de leur plume les noms des voyageurs sur les registres aux pages jaunies dans une bruyante et joyeuse cohue...

La synagogue Kahal Zur Israel *(plan I, D2,* ***74****) : rua do Bom Jesus (ancienne rue aux Juifs), 197-203. ☎ 32-24-21-28. • arquivojudaicope.org.br • Mar-ven 9h-17h, w-e 15h-19h. Entrée : 2 Rls.*
Construite en 1636 par les juifs hollandais, c'est la première synagogue du continent américain. L'édifice a été superbement restauré et rouvert en 2001, après des recherches archéologiques ayant mis au jour ses fondations. Elle est la preuve historique de la tolérance religieuse instaurée par Maurice de Nassau au Pernambuco pendant l'occupation hollandaise. Après l'expulsion des Hollandais du Pernambuco en 1654, de nombreuses familles juives émigrèrent à New York ou au Curaçao, par crainte des Portugais (le Portugal les avait déjà chassées du temps de l'Inquisition). Les juifs brésiliens étaient donc rattrapés par l'histoire et il leur fallait à nouveau fuir. Mais certains sont restés à Recife et y ont fait souche.
Au rez-de-chaussée, vestiges d'un puits, du *mikvê* (servant à la purification), des murs qui canalisaient l'ancien lit de la rivière. À l'étage, reconstitution fidèle de la salle de prière. On identifie parfaitement les parties anciennes et les récentes ; c'est un choix délibéré et très réussi !
La rue Bom Jesus est bordée de maisons du XVIIe s aux jolies façades colorées qui ont été modifiées tout en conservant leur structure d'origine.

Le musée d'Art moderne Aluisio Magalhaes *(plan I, C2,* ***78****) : rua da Aurora, 265. ☎ 34-23-30-07. Mar-dim 12h-18h. Entrée : 1 Rl.* Le *MAMAM,* installé dans une maison du XIXe s, abrite des expositions temporaires.

Praça da República *(plan I, C2,* ***61****) :* ici se dresse le *palais du gouvernement,* datant de 1841. En face, le *palais de justice* (1930), de style néoclassique monumental (style introduit par les Français), et le *théâtre Santa Isabel,* construit en 1850 par Louis Léger-Vauthier. Remarquez également le baobab, qui fait partie de la vingtaine de spécimens recensés au Brésil.

Coluna de Cristal *(Fleur de Cristal ; plan I, D3,* ***77****) : en face de la praça Rio Branco. Prendre une barque pour traverser le fleuve.* Sur la jetée qui sépare encore sur quelques mètres le fleuve de la mer, cette colonne réalisée par Francisco Brennand célèbre le 500e anniversaire du Brésil. À sa base, cinq sirènes symbolisent les cinq siècles écoulés. La sixième n'est donc pas achevée.

Forte das Cinco Pontas *(plan I, C3) : praça das Cinco Pontas (São José). ☎ 32-24-84-92. Mar-ven 9h-18h, w-e 13h-17h. Entrée : 1 Rl.* Ce fort, édifié par les Hollandais en 1630, fut reconstruit par les Portugais en 1677. Il abrite le **musée de la Ville de Recife.** Quelques gravures de l'époque hollandaise, azulejos et *pinhas* portugais... On y voit même un pot de chambre du XVIIIe s à peine rouillé (à croire qu'il n'a jamais servi !). Jeter un coup d'œil aux photos de l'avenida Boa Viagem dans les années 1950 : impressionnant !

***Torre de Malakoff** (plan I, D2, **75**) : praça Artur Oscar. Mar-dim 10h-20h. Gratuit.* Ancien observatoire construit en 1855 pour rendre hommage à la défense de Sébastopol par les Russes lors de la guerre de Crimée (1853-1855). Retranchés dans la tour de Malakoff, les soldats russes résistèrent héroïquement à Mac Mahon. Cet événement a ému la société brésilienne de l'époque au point que la municipalité décida de construire une vague réplique de la tour originale, dans un style d'inspiration tunisienne. Aujourd'hui, elle abrite un centre d'expositions temporaires. Sur la terrasse, on peut toujours observer les étoiles, et parfois Dame Lune, de 18h à 20h !

Dans le quartier de Boa Viagem

***Praça Boa Viagem** (plan II, zoom, **79**) :* possède une très jolie *église (tlj à partir de 16h)* où l'on trouve un christ couché. Tous les soirs, *marché nocturne* qui vaut le détour. On y fait de très bonnes affaires.

***La plage de Boa Viagem** (plan II) :* elle étale sa langue de sable sur environ 7 km bordés d'immeubles luxueux qui témoignent du désir de la bourgeoisie locale de posséder son Copacabana (on la comprend). Agréable.
Le meilleur endroit pour vous baigner, si vous n'aimez pas les vagues, ce sont les piscines naturelles créées par la barre de récifs bordant la plage sur une bonne partie de sa longueur.
– Attention : c'est une ***plage à requins.***

RECIFE

Un peu plus loin, à l'extérieur de la ville

***L'institut Ricardo Brennand** (hors plan I par A1, **72**) : alameda Antônio Brennand s/n, Várzea. ☎ 21-21-03-52. • institutoricardobrennand.org.br • Près du campus de l'UPFE. Mar-dim 13h-17h. Entrée : 4 Rls. Les courageux pourront l'atteindre, de Boa Viagem, en bus : la ligne CDU-Caxanga-Boa Viagem jusqu'à la fac (CDU), puis accessible à pied.*
Inauguré en 2002, ce complexe culturel installé dans une sorte de castel médiéval à l'architecture gothique est un lieu insolite dans le paysage tropical du Brésil. Il abrite les collections rassemblées pendant cinquante ans par son fondateur, Ricardo Brennand, autour du thème de la présence hollandaise au Brésil. On y trouvera aussi des objets d'art décoratifs, des peintures de maîtres hollandais, des œuvres historicistes et pompier (Bouguereau) du XIXe s. Également de nombreuses armes et armures (européennes, mais aussi indiennes et japonaises) reconstituant des scènes historiques, des tapisseries des Gobelins et d'Aubusson, du mobilier de toutes les époques et des sculptures, essentiellement d'origine italienne. Expos temporaires de qualité et bibliothèque de 20 000 volumes consacrée à la période hollandaise de la colonisation. Très agréable parc avec pièces d'eau et sculptures.

***Museu-oficina Francisco Brennand** : propriedade Santo Cosme e Damiao, Engenho São João, Várzea, à 16 km au nord-ouest de Recife. ☎ 32-71-24-66. • brennand.com.br • Y aller en taxi à plusieurs, la course atteint facilement les 100 Rls. Lun-ven 8h-17h. Entrée : 4 Rls.*
La *Catédral da Arte* vaut le coup d'œil : 2 000 œuvres de Francisco Brennand y sont présentées.
Dans d'énormes hangars en plein air, entre monuments et jardins, sont exposées des œuvres en céramique de Francisco de Paula Coimbra de Almeida Brennand, plus connu sous le nom Francisco Brennand (né à Recife en 1927), l'un des plus importants noms de la sculpture contemporaine du Brésil. On le croise parfois avec

sa barbe blanche, son chapeau, ses bretelles et sa canne. Ses statues et ses compositions, alliant mondes animal et végétal dans un univers évoquant Jérôme Bosch, troublent, heurtent et attirent en même temps ; comme des appels à la lascivité et à un écorchement voluptueux. Il a installé son propre musée dans sa propriété, à côté de ses ateliers, en pleine nature donc, dans une portion de la forêt tropicale atlantique d'origine. Faire le détour, ce lieu est peut-être l'un des plus étranges du nord-est du Brésil.

Museu do Homem do Nordeste *(Fondação Joaquim Nabuco ; hors plan I par A1, **73**) : av. 17 de Agosto, 2187, dans le quartier de Casa Forte. ☎ 30-73-63-40. • fundaj.gov.br •*
À une vingtaine de minutes du centre ; pour vous y rendre, prenez le bus « Dois Irmãos », via Rui Barbosa, au centre-ville. Si vous êtes plusieurs et que vous n'avez pas beaucoup de temps, prenez un taxi. Pour en revenir, utilisez le bus « Alto Santa Isabel ».
C'est le lieu le plus documenté, le plus vivant et le plus enrichissant du pays sur la civilisation brésilienne, qui se divise en deux parties distinctes : le Musée anthropologique et le musée du Sucre.

Achats

L'artisanat du Pernambuco est l'un des plus riches et variés du Brésil, reflet des traditions populaires. *Conseil :* achetez tous vos souvenirs à Recife plutôt qu'à Salvador, où ils coûtent de 50 à 100 % plus cher.
– ***Les sacs en paille*** tressée avec motifs géométriques colorés des Indiens fulniôs et les paniers en osier.
– ***Le travail du cuir :*** chaussures, selles de chevaux des *vaqueiros* et sacs.
– ***Les dessins stylisés et naïfs de la littérature de Cordel,*** peints ou imprimés sur différents supports. Ceux de J. Broges sont très célèbres.
– ***Les sculptures sur bois,*** parfois teintées ou peintes.
– ***La foire d'artisanat local :*** *le dim soir, praça de Boa Viagem, 18h-23h env, le long de la plage.* Cuir, dentelle, poterie, mais produits de série plutôt décevants.
– ***Le marché artisanal dans le Barro Antigo*** *(plan I, D1-2) : le dim.* Magnifique marché artisanal avec groupes musicaux. Articles authentiques et ambiance colorée.

Fêtes et manifestations

– ***Carnaval :*** l'un des plus vrais et des plus populaires du Brésil. Il ne se contente pas des 3 jours traditionnels, mais s'étend sur au moins 10 jours. Nulle part ailleurs le carnaval n'offre une aussi riche combinaison de traditions et rites africains, européens et indiens. Le *frevo* éclate à tous les coins de rue dans le tourbillon des ombrelles des danseurs, et les écoles de *maracatu* et de *frevo* occupent la place des écoles de samba à Rio.
– Les vendredi et samedi soir, on danse la ***ciranda*** (notamment patio de São Pedro), sorte de ronde où vous êtes chaleureusement invité. Le *cirandeiro* qui dirige la danse l'accompagne de vers et de chansons de son cru.

➤ DANS LES ENVIRONS DE RECIFE

– **ATTENTION, REQUINS :** depuis 1990, l'institut médico-légal de l'État du Pernambuco a dénombré 63 personnes victimes fatales d'attaques de requins sur les seules plages de la ville de Recife. Baigneurs et surfeurs doivent donc bien s'informer avant de choisir une plage.

Au sud de Recife

La plage de Gaibu : *bus « Cabo/Aeroporto » depuis l'aéroport, direction « Gaibu Centro », d'où l'on trouve de nombreux départs vers Gaibu, une plage superbe.* De là, en grimpant la petite colline sur la droite, on enchaîne avec la ***plage de Calhetas*** et son petit village de pêcheurs. Eaux superbes. Les vrais fans de sable toujours plus blanc pousseront encore plus au sud.

Ipojuca : *bus « Cais de Santa Rita » depuis la rodoviária.* Charmant petit village très vivant à env 50 km au sud de Recife. Maisons aux couleurs pastel et un petit hôtel pas cher.

Au nord de Recife

Igarassu : *à 35 km au nord de Recife, sur la route menant à Itamaracá.* Une petite ville historique agréable, qui possède un patrimoine d'églises et de couvents intéressants, notamment l'***igreja São Cosme e Damião.*** C'est la plus ancienne église du pays (1535). Voir aussi le ***convento Santo Antônio,*** qui date de 1588, et ses plafonds peints en très bon état. Au 1er étage, dans le musée qu'il abrite, belles collections de fresques de la période coloniale brésilienne, très bien conservées. Baladez-vous dans les ruelles aux pierres rondes et admirez les belles façades coloniales avec leurs prétentieux balcons de fer forgé. Juste en dehors de la ville, à 3 km, allez voir le *vieux moulin à sucre Monjape,* où séjourna dom Pedro II. Bel édifice du XVIIIe s et parc agréable tout autour.

Itamaracá : *belle île située à env 50 km au nord de Recife et reliée au continent par un pont.* L'intérêt principal d'Itamaracá est la longueur de ses superbes plages bordées de cocotiers. Les fêtes populaires y sont toujours très animées. Juste après le pont, un grand pénitencier. Pour favoriser leur réinsertion (et aussi fournir une main-d'œuvre à très bas prix), les prisonniers travaillent aux champs dans la journée et retournent en prison le soir. D'ailleurs, il y a souvent des gardes qui surveillent la sortie du pont.

➢ *Pour s'y rendre :* depuis Recife, bus « Itamaracá » tlj, de l'av. Martina de Barros, en face du *Grande Hotel.* Pour les plages, prendre les combis collectifs. On peut faire cette excursion dans la journée.

➢ On peut aussi se rendre au village de ***Maria Farinha,*** au nord de Recife (45 mn de bus), et prendre un bateau pour *Itamaracá*. Au passage, vous pourrez observer les luxueuses villas de Maria Farinha, parfois équipées de leur hydravion privé !

Encore plus au nord, la petite ville de ***Goiana*** possède un intéressant *museu d'Arte sacra,* ainsi que de belles églises. Artisanat local très riche.

OLINDA

367 000 hab. IND. TÉL. : 081

À 6 km au nord de Recife, ancienne capitale du Pernambuco, Olinda est avec Ouro Preto un des bijoux du Brésil, préservée du temps par son écrin de verdure et surtout par l'Unesco qui l'a déclarée « héritage de la nature et de la culture de l'humanité ». Son nom viendrait du cri que poussa le capitaine Duarte Coelho quand il la découvrit au début du XVIe s : « *O linda !* » (« Oh ! la belle ! »). Lacis de ruelles escarpées et pentues bordées de maisons coloniales aux joyeuses façades colorées, exubérance d'églises baroques aux richesses infinies, charme des fontaines mauresques ; la ville aux sept collines d'Olinda est langoureuse, chaleureuse et authentique comme une bossa-nova.

LE NORDESTE

Hélas, les budgets de l'Unesco, tout comme ceux du ministère brésilien de la Culture, ont rétréci à vue d'œil. Olinda tombe aujourd'hui en décadence, revêtant un air quelque peu artificiel de ville-musée et de réserve « margino-bohème », tandis que la « vraie » ville moderne d'Olinda, avec ses immeubles, grandit et commerce à côté.

LE CARNAVAL D'OLINDA

Visiteur au long cours, Olinda est un peu comme la déesse Iémanja : si elle vous prend, elle ne vous lâchera pas. Si vous craignez la frénésie débridée du carnaval de Rio ou les excès des défilés de Salvador, venez à Olinda où se déroule une belle fête populaire, plus simple, plus rustique. N'oubliez pas cependant que le thermomètre peut dépasser les 40 °C et qu'il y a plusieurs centaines de milliers de personnes dans les rues. Les hôtels sont évidemment très chers à cette période. Mieux vaut alors loger à Recife.

UN PEU D'HISTOIRE

L'histoire des deux villes – Olinda et Recife – est étroitement liée. Fondée en 1537 par le portugais *Duarte Coelho,* Olinda devient la première base portugaise au Pernambuco. Le climat y est plus sain qu'à Recife, ravagée par les miasmes des marécages. En plus, le site d'Olinda est plus facile à défendre (une colline avec de la visibilité) : c'est donc un point stratégique et économique primordial pour le Pernambuco. Les pionniers portugais, les *fidalgos,* les nobles et les riches marchands y installent leur résidence. Au pouvoir économique se greffe le pouvoir religieux, et la petite cité se couvre de couvents et d'églises érigés par les différents ordres à la fin du XVIe s. Quelques dizaines d'années plus tard, Olinda devient capitale de la capitainerie.
Cette suprématie est balayée par les Hollandais qui occupent le Pernambuco de 1630 à 1654. Ils incendient Olinda, faisant disparaître bon nombre de ses richesses. Redevenus maîtres chez eux, les Portugais reconstruisent les couvents et les églises qui sont ignifugées. Les seigneurs du sucre s'installent sur les douces collines surplombant la mer et commencent à développer le port de Recife.
En 1825, Olinda perd son titre de capitale du Pernambuco au profit de Recife.

Arriver – Quitter

➢ ***Depuis le centre historique de Recife :*** le bus « Jardim atlântico » rua do Sol (près de la poste), dessert les quartiers récents d'Olinda. Descendre alors à *praça do Carmo,* devant la poste, pour rejoindre le quartier historique. On peut prendre aussi les bus « Casa Caiada » sur l'avenida Dantas Barreto (descendre devant la poste) et « Rio Doce Conde da Boa Vista » sur l'avenida Conde da Boa Vista. En gros, 20-30 mn de trajet. En taxi, 10 mn env pour une trentaine de reais.
➢ ***Depuis Boa Viagem :*** bus « Bara de Janganda » à Casa Caiada ou « Rio Doce » à Piedade. Descendre praça do Carmo, devant la poste d'Olinda. Compter 30 mn de trajet pour 1,60 ou 2,50 Rls. La nuit, les minibus sont plus fréquents et plus rapides.

Adresses utiles

ℹ ***Casa do Turistas*** *(plan A1,* ***1****) : rua Prudente Morais, angle avec Ladeira da Misericordia.* ☎ *33-05-10-60.* • *olinda.pe.gov.br* • *Lun-ven 8h-20h, w-e 8h-18h.* Infos, documentation.

■ ***Police touristique :*** ☎ *34-39-90-22.*

■ ***AGTIO :*** *rua da Boa, 248.* ☎ *34-93-10-82.* 📱*91-25-73-56.* Association de

LE NORDESTE

jeunes guides qui propose ses services pour visiter la ville. Cette association a aussi pour but d'aider les enfants défavorisés, de les scolariser et de les intégrer. On les reconnaît à leurs polos jaunes. Attention, à ne pas confondre avec les jeunes gens qui s'autoproclament « guide », et dont les connaissances sont pour le moins farfelues !

✉ ***Poste principale*** *(plan B2)* ***:*** *praça do Carmo. Ouv 9h-17h.*

■ ***Téléphone international*** *(Telemar ; plan B1,* ***3****)* ***:*** *juste à côté de la poste. Lun-ven 8h-18h, sam 8h-13h.*

@ ***Internet*** *(plan B1,* ***5****)* ***:*** *praça do Carmo, 5 B. ☎ 34-29-55-28. Lun-sam 9h-20h.* Le patron parle un peu le français.

■ ***Argent, change :*** *distributeur* ***BBV,*** *av. Beira Mar, après le restaurant* Marisqueiro. *Distributeur acceptant la* MasterCard *à la banque* ***HSBC,*** *av. G. Vargas, 105.*

■ ***Location de véhicules*** *(avec ou sans chauffeur)* ***: Viagens Sob O Sol*** *(plan A1,* ***6****), rua Prudente de Morais, 424, Quatro Cantos. ☎ 33-27-47-48. 📱 99-71-81-02. • megon.com.br/viagem •* Prix intéressants *(min 65 Rls/j.)* et patron sympa (Mauro Araújo). Loue aussi des appartements pendant le carnaval. Éventuellement, possibilité de faire avec lui des balades dans Olinda.

Où dormir ?

Pas d'adresses bon marché dans le centre historique ; les prix suivent la pente ascensionnelle des rues ! Les petits budgets iront plutôt voir le bord de mer.

Dans le centre historique

De prix moyens à chic (40-180 Rls / 16-72 €)

🏠 ***Pousada d'Olinda*** *(plan A1,* ***10****)* ***:*** *praça João Alfredo, 178. ☎ 34-94-25-59. • pousadadolinda.com.br • À 200 m de la plage et au cœur de la vieille ville, sur une jolie place face à l'église São Pedro. Doubles 60-95 Rls en hte saison selon confort (sdb privées ou communes, AC ou ventilo). Dortoir 20 Rls/nuit et par pers.* Charmante *pousada* avec une petite piscine, un bar extérieur et un beau jardin. Grande salle commune au décor rustique. Les chambres sont un peu aléatoires, certaines claires, spacieuses et correctes, d'autres plus sombres et rudimentaires, limite vétustes. Buffet *ao kilo* très frais le midi et resto à la carte le soir. Parking. Excellent accueil.

🏠 ***Pousada Peter*** *(plan A1,* ***11****)* ***:*** *rua do Amparo, 215. ☎ et fax : 34-39-21-71. • pousadapeter.com.br • Doubles avec AC 85-130 Rls selon saison et confort.* Non loin de la *pousada do Amparo,* donc dans un quartier agréable. Peter est artiste plasticien, et ses œuvres décorent la belle et vaste entrée. La plupart des chambres sont sombres et sans fenêtre (les moins chères ressembleraient presque à des cellules... de luxe), quelques-unes ont une jolie vue. Terrasse et piscine.

🏠 ***Pousada dos Quatro Cantos*** *(plan A1,* ***12****)* ***:*** *rua Prudente de Morais, 441. ☎ 34-29-02-20. • pousada4cantos.com.br • Doubles avec sdb, AC et frigo 120-190 Rls, suite 250 Rls.* Grande maison coloniale du XVIIIe s, avec son escalier à colonnes et son patio fleuri. Le charme ne manque pas : belle réception très aérée, beau parquet, chambres joliment décorées et confortables. Certaines chambres ont leur propre terrasse. Les moins chères ont un mur devant la fenêtre. Petite piscine. Bon accueil en anglais. Jolie boutique d'artisanat donnant sur la rue de l'autre côté du pâté de maisons.

Très chic (plus de 200 Rls / 80 €)

🏠 ***Hôtel 7 Colinas*** *(plan B1,* ***14****)* ***:*** *ladeira de São Francisco, 307 (Carmo). ☎ 34-93-77-66. • hotel7colinas.com.br • À deux pas du centre historique.*

OLINDA

Adresses utiles

- 1 Casa do Turistas
- Poste principale
- 3 Téléphone international
- 5 Internet
- 6 Viagens Sob O Sol

Où dormir ?

- 10 Pousada d'Olinda
- 11 Pousada Peter
- 12 Pousada dos Quatro Cantos
- 13 Pousada do Amparo
- 14 Hôtel 7 Colinas
- 15 Olinda Hostel
- 16 Pousada do Fortim

Où manger ?

- 21 Creperia
- 22 Goya - Marim
- 23 Maison Bonfim
- 24 Oficina do Sabor
- 25 Marola
- 26 Kwetu

Où déguster une glace ?

- 31 Olinda Sorvetes e Sucos

Où boire un verre ? Où sortir ?

- 33 Blue's Bar

À voir

- 40 Igreja da Misericórdia
- 41 Palacio episcopal e museu do Arte sacra
- 42 Igreja Nossa Senhora do Amparo
- 43 Mosteiro e basilica de São Bento
- 44 São João Batista dos Militares
- 45 Igreja da Sé
- 46 Convento de São Francisco e igreja Nossa Senhora das Neves
- 47 Museu do Mamulengo – Espaço Tirida

Achats

- 36 Mercado da Ribeira
- 37 Alto da Sé

Doubles 220-275 Rls selon saison, petit déj compris, suites jusqu'à 560 Rls (224 €). Bâtiment d'un étage, au pied du couvent São Francisco, dans un superbe parc à flanc de colline, planté de cocotiers et de plantes exotiques et décoré de sculptures. Près de 40 chambres avec AC, frigo, TV et terrasse, mais standardisées. Belle piscine, sauna, Internet. Bar et resto. Au fond du parc, une maison d'époque coloniale appartenant au propriétaire, avec son mobilier d'origine (on peut visiter). Très calme et situation vraiment agréable.

Pousada do Amparo *(plan A1,* ***13****) : rua do Amparo, 199. ☎ 34-39-17-49. 📱 92-42-96-98. • pousadadoamparo.com.br • Doubles 240-460 Rls selon confort et saison. CB* Visa *acceptées.* Une maison de charme du XVIIIe s patinée par le temps et rénovée avec goût, dans une des plus jolies rues de la ville. Puits de lumière autour duquel sont distribuées les chambres, élégantes et toutes différentes (AC, TV et frigo-bar). Belle déco, terrasse en bordure d'un jardin verdoyant, avec la piscine et le sauna en contrebas ; la vue sur Olinda la nouvelle est remarquable. Accueil excellent. Fait également bar et resto, le *Flores de Coco,* avec pour spécialité les crevettes servies dans une noix de coco.

Dans la partie basse

De bon marché à prix moyens (20-75 Rls / 8-30 €)

Pousada do Fortim *(plan B1,* ***16****) : rua do Sol, 151. ☎ 34-29-19-39. • pousadadofortim.com.br • Doubles 40-75 Rls et triples 75-90 Rls selon confort. Pousada* modeste et bien tenue, dont les chambres tournent le dos à la route toute proche car elles sont dans un bâtiment à l'arrière. Confort suffisant (w-c dans la chambre ou non, ventilo ou AC) pour des prix économiques. Bon accueil. Internet, cuisine à dispo, possibilité de laver son linge. Cour intérieure où boire un verre et manger.

Olinda Hostel *(plan B1,* ***15****) : rua do Sol, 233. ☎ 34-29-15-92. • alberguedeolinda.com.br • Env 30 Rls/pers en dortoir, 23 Rls avec la carte FUAJ. Doubles 65-70 Rls.* Petite *pousada*, affiliée aux AJ. Agréable et colorée mais parfois un peu bruyante (en bordure d'une route passante). Chambres doubles (sans AC) avec ou sans douche, dans un bâtiment calme au fond de la cour. Dortoirs de 4-6 lits, bien tenus, avec ventilo. Jolie terrasse avec hamacs et musique en bordure d'un jardin. Il y a même une piscine ! Internet. Laverie.

Où manger ?

Le centre historique offre curieusement peu de restos. La majorité se trouve en bord de mer. Vous trouverez néanmoins d'exquises galettes de tapioca et brochettes de fromage, de poulet et autres, vendues dans les charrettes qui envahissent la *praça da Sé.*

Dans la vieille ville

Pour ceux qui désirent manger en plein air, sur le pouce et bon marché, nombreux petits stands le soir avenida Liberdade, devant l'université, à côté de la *Casa de Bonfim.* C'est là que les étudiants viennent casser la croûte (évidemment, hors vacances scolaires). Attention : le lundi, beaucoup de restos sont fermés.

Prix moyens (9-25 Rls / 3,60-10 €)

Creperia *(plan A-B1,* ***21****) : rua Prudente de Morais, 168. ☎ 34-29-29-35. Juste à côté de la* pousada d'Olinda. *Mar-dim 11h-23h.* Un cadre agréable avec des tables en bois. La terrasse et son palmier offrent un peu plus d'exotisme. Salades et crêpes exclusivement.

Plus chic (25-50 Rls / 10-20 €)

Goya – Marim *(plan A1,* ***22****) : rua do Amparo, 157. ☎ 34-29-87-62. En plein centre historique. Tlj sf mar, jusqu'à 23h. Résa conseillée. Plats env 30 Rls.* Petit resto avec mezzanine, cuisine savoureuse et particulièrement inventive. Plats régionaux réinterprétés d'une façon moderne et originale (d'où la dénomination de restaurant-atelier).

Oficina do Sabor *(plan A1,* ***24****) : rua do Amparo, 335. ☎ 34-29-33-31. Fermé dim soir et lun. Résa impérative.* C'est un petit restaurant chaleureux, à la déco colorée et aménagé sur une terrasse avec vue sur la ville nouvelle. On vient ici pour manger des citrouilles délicieuses. Quelques plats également de cuisine régionale. Ambiance assez chic.

Maison Bonfim *(plan B1,* ***23****) : rua do Bonfim, 115. ☎ 34-29-16-74. Mar-dim 16h-23h. Repas 30-40 Rls.* Le cadre est élégant, voire chic. Une petite cour réserve un peu plus d'intimité. Jeff a renoué avec ses racines et prépare d'excellentes spécialités : steak au poivre, saumon, crevettes à la provençale. Également de délicieuses pizzas. Sa femme, brésilienne, s'occupe de la partie artistique (expos) et de la cafétéria : croissants (bien sûr !), tarte aux pommes, tapas et desserts brésiliens.

En bord de mer

Prix moyens (9-25 Rls / 3,60-10 €)

Marola *(hors plan par B1,* ***25****) : travessa do Dantas Barretto, 66 B. ☎ 34-29-70-79. Depuis la praça do Carmo, prendre la rua do Farol qui longe la mer (face à la côte, sur la gauche) ; à 3 mn de marche, tourner à droite dans travessa do Dantas Barretto. Ouv mar-dim.* Petit bar-resto devant la mer, avec chaises et tables sur le sable. Cuisine locale et bien mijotée. On peut aussi se contenter d'y boire un verre. Musique *ao vivo* après 20h.

Plus chic (25-50 Rls / 10-20 €)

Kwetu *(plan B2,* ***26****) : av. Manoel Borba, 338 (praça do Jacaré). ☎ 34-39-88-67. Ouv lun soir, mer-dim midi et soir jusqu'à minuit (22h dim).* Kwetu au Congo signifie « notre maison ». Tenu par une Belge charmante, ancienne hôtesse de l'air, qui mitonne une cuisine mâtinée d'inspirations diverses : Maroc, Brésil, Thaïlande et... Belgique. On peut manger dans l'ancienne demeure ou sur une terrasse en bord de mer, ombragée de petits cocotiers.

Où déguster une glace ?

Olinda Sorvetes e Sucos *(plan A1,* ***31****) : rua de São Bento, 358. Tlj 12h-22h.* Un glacier tout blanc, tout propre, qui presse pour vous d'excellents jus de fruits et propose un assortiment irrésistible de sorbets et glaces. Essayez les saveurs de fruits que vous connaissez moins, comme le *tamarindo* ou le *tangerine*.

Où boire un verre ? Où sortir ? Où danser ?

Club Atlântico *: près de la praça do Carmo. Ven-dim, jusqu'à 5h.* Boîte de nuit très *middle class*. Bonne ambiance.

LE NORDESTE

Plusieurs **bars** dans le Olinda historique, en haut de la rua Prudente de Morais.

Blue's Bar *(plan B1, **33**) : rua do Bofim, 66. Tlj sf lun.* Une adresse tranquille, dans une maison coloniale, avec une salle tout en longueur pour siroter un cocktail ou grignoter un petit plat simple et peu onéreux, dans la salle ou dehors.

Le soir en fin de semaine, il faut aller sur la plage de *Bairro Novo,* le long de l'av. Beira Mar et de l'av. Marcos Freire. Pas mal de **bars** avec de la musique *ao vivo.*

– En période festive, les *blocos* et autres manifestations musicales démarrent de la *praça João Alfredo.*

À voir

Nous n'allons pas énumérer, décrire la totalité des églises (il y en a plus de vingt !). Elles sont souvent fermées, et il faut payer un guide pour les visiter (ceux qui parlent le français sont rares). Voici cependant les plus remarquables...

Igreja da Misericórdia *(plan A1, **40**) : au bout de la rua Bispo Coutinho. Pas d'horaires d'ouverture fixes.* Une des plus anciennes églises du Brésil (1540). Bâtie sur une colline qui offre un point de vue superbe sur la ville, la mer et, au loin, Recife. À l'intérieur, des carmélites charmantes vous accueillent avec le sourire. Maître-autel de bois doré très chargé, plafond peint et jolis azulejos. Chaire de 1740.

Palacio episcopal e museu do Arte sacra *(plan A1, **41**) : rua Bispo Coutinho, 726. À 50 m de l'igreja da Misericórdia. Mar-ven 9h-14h45. Entrée modique.* Petit musée présentant de nombreuses sculptures religieuses en bois polychrome ou en pierre et des œuvres contemporaines. Gravures de l'époque hollandaise.

Igreja Nossa Senhora do Amparo *(plan A1, **42**) : largo do Amparo. Pas de visites en sem, slt dim.* Édifiée à l'époque des Hollandais. Allure massive et façade peu ouvragée. En face, la petite *église* toute simple *de São João.*

Mosteiro e basilica de São Bento *(plan A2, **43**) : au bout de la rua São Bento, dans un cul-de-sac. Église ouv 8h30-11h30, 14h-17h. Messes à 6h30, 18h et dim à 10h (chants grégoriens).* Datent de 1582, mais incendiés par les Bataves et reconstruits à la fin du XVIIe s. Beaux pupitres de bois sculpté et remarquable autel baroque.

São João Batista dos Militares *(hors plan par A1, **44**) : à l'entrée de la ville, côté Amparo.* Ici débute le carnaval.

Igreja da Sé *(plan B1, **45**) : sur l'Alto da Sé, d'où l'on embrasse l'un des plus beaux panoramas de la ville (bis repetita). Lun-ven 8h-12h, 14h-17h.* Actuelle cathédrale.

Convento de São Francisco e igreja Nossa Senhora das Neves *(plan B1, **46**) : lun-ven 8h30-12h, 14h-17h. Entrée : 1 Rl.* Un de nos édifices favoris. Ce fut le premier couvent franciscain du pays, en 1577. L'église date de 1588. Splendide autel de bois doré. Dans la chapelle tertiaire, noter les fresques du plafond, finement réalisées et de style très épuré. Dans la sacristie, considérée comme l'une des plus belles du Brésil, ne pas manquer les panneaux d'azulejos. Les chapelles et les salles attenantes méritent aussi un coup d'œil. Superbe, à ne pas rater !

Museu do Mamulengo – Espaço Tirida *(plan A1, **47**) : rua de São Bento, 344. Tlj sf lun, 10h-17h. Entrée : 1 Rl.* Abrite une belle collection de poupées et de figurines (dont certaines pouvaient être utilisées comme marionnettes) provenant de diverses régions du Brésil. Naguère elles étaient exposées dans les églises par les religieux portugais, afin d'attirer l'attention des fidèles. Chaque personnage porte un nom et possède une histoire propre. Des scènes historiques ou burlesques ont été reconstituées : une femme avec ses amants, Lampião et sa bande attaquant une ferme...

Achats

Galeries d'art et ***ateliers d'artisanat*** partout dans la ville.
Mercado da Ribeira *(plan A1, **36**) : rua Bernardo Vieira de Melo.* L'ancien marché de la ville (où furent vendus des esclaves) abrite une foire artisanale permanente (ouvrages de dentelles, masques du carnaval...). Au fond de la cour, salle d'expositions temporaires et groupes de musique *(certains sam ap-m).* En face, remarquez le pan de mur, vestige de l'ancienne Chambre des conseillers de la ville créée en 1548 (la première au Brésil). Plus tard, ce fut le siège du Sénat, où fut proclamée la république pour la première fois au Brésil.
Alto da Sé *(plan A1, **37**) :* plusieurs éventaires occupent la place. On trouve aussi de petites sculptures dans l'écorce de *caja,* représentant les maisons colorées d'Olinda.

Fêtes et manifestations

– ***Sérénade*** *dans les rues les soirs de w-e.*
– ***Carnaval d'Olinda :*** *pdt 4 j. en fév.* Il commence le dimanche qui précède la semaine des festivités. En fin de matinée, un défilé d'hommes de la ville déguisés en femmes ouvre la parade. Et tout l'après-midi, rua do Sol, les *trios eléctricos* sont rois. Cette journée d'ouverture du carnaval est haute en couleur et en extravagances ! Des habitants compréhensifs arrosent d'ailleurs la population à la demande. Le carnaval de rue, fait de *blocos,* démarre 2 jours plus tard dans le centre historique. Là, pas de *trios eléctricos,* mais on peut les retrouver à Recife, tout comme les défilés de Maracatu. Ces deux villes voisines offrent des carnavals très différents.
– ***12 mars :*** anniversaire de la ville.
– ***6 août :*** fête de Senhor Salvador do Mundo, saint patron d'Olinda.
– ***10 novembre :*** jour de commémoration de la 1re proclamation d'une république au Brésil (10 novembre 1710).

Les plages

Les deux premières, ***Carmo*** et ***Milagres,*** trop proches de Recife et des égouts de la ville, sont à éviter. Montez jusqu'à la hauteur du *Quatro Rodas* (l'hôtel de luxe du coin) ; c'est là, à l'ombre de ce luxe surréaliste, que vont se baigner les gens du coin.

CARUARU

253 000 hab. IND. TÉL : 081

Principal centre artisanal du Pernambuco, à 140 km à l'ouest de Recife (2h de bus ou 4h de train). Lavilliers en parle dans sa chanson sur le Sertão. Côté architecture, la ville ne présente aucun intérêt ; aussi, n'y aller que pour la plus grande foire artisanale du Nordeste. C'est aussi là que naquit et vécut Mestre Vitalino, père des miniatures peintes, genre santons de Provence, reflet typique de la vie sociale et du folklore du Nordeste.
Sur le plan culinaire, notez tous les types de viande séchée et une spécialité de la région : les *tanajuras fritas* (fourmis frites). Elles mesurent environ 2 cm

et se consomment juste avant l'hiver *com manteiga e sal* (avec du beurre et du sel). Ces fourmis sont, paraît-il, souveraines contre le mal de gorge...

À voir

Les artisans travaillent dans le *quartier Alto do Mourra* (où se tient le *museu Vitalino,* et, dans le même bâtiment, le *museu do Forró,* tous deux à voir), situé loin du centre, et dans le *quartier do Cedro.* Pour s'y rendre, utiliser le bus « Alto do Mourra ».

Le marché : grande animation colorée et bruyante. Y aller de préférence le mercredi et le samedi. Tous les petits métiers de la rue, des poètes du Sertão récitant les meilleurs morceaux de la littérature de Cordel, quelques groupes de musiciens...

Manifestation

– ***Vaqueijada :*** *fin sept.* Les cavaliers dressent les taureaux dans la grande tradition des cow-boys américains. Pendant une semaine, c'est la fête populaire.

Achats

– ***La sculpture en terre cuite de Caruaru :*** principale activité artistique de cette ville. Le voyage vaut le coup. On traverse de superbes villages à l'intérieur des terres. Vous verrez de petites figures en terre cuite représentant des personnages de la vie quotidienne, les petits métiers ou les différents rites religieux *(maracatu, Bumba-meu-Boi).* Elles sont réalisées de façon réaliste ou en accentuant les aspects les plus saisissants, à la limite du grotesque. Certains ensembles aux couleurs vernissées sont magnifiques, mais la production en terre cuite toute simple ne manque pas de charme. Les statuettes ou figurines signées de Vitalino, le grand maître du genre, ou de l'un de ses disciples, sont évidemment plus belles et plus chères. Il existe bien sûr d'autres tendances artistiques en terre cuite, résolument modernes ou abstraites.
– ***Les hamacs*** de Caruaru sont moins chers qu'à Recife.

FAZENDA NOVA (NOUVELLE-JÉRUSALEM)

À une cinquantaine de kilomètres au nord-ouest de Caruaru, une incroyable ville-théâtre de 70 000 m^2, qui se veut une copie conforme de la Jérusalem de Palestine au temps du Christ. La ville est ceinturée par une haute muraille de granit. C'est *uniquement pendant la Semaine sainte* qu'il faut y aller (le reste de l'année, détour inutile). C'est alors qu'est mis en scène le formidable spectacle de la Passion du Christ. Quelque 500 figurants, tous habitants de Fazenda Nova, jouent la fabuleuse histoire du Christ sur douze scènes de la ville (palais, grande cour, la Cène, le mont des Oliviers, etc.). Incroyable témoignage de foi populaire. L'organisation et les effets spéciaux sont de grande qualité, et les spectateurs ont vraiment l'impression de revivre la Passion dans toute sa réalité, tellement la ferveur dramatique est intense. Représentation tous les soirs. Renseignements à l'office du tourisme de Recife.

Aller voir aussi, à quelques kilomètres, le ***parc des Sculptures monumentales*** (65 ha), dont les géantes statues de granit présentent des métiers et des personnages historiques ou mythiques de la région.

TAMANDARÉ

18 550 hab. IND. TÉL. : 81

À 92 km au sud de Recife, à Tamandaré on se sent loin des grands immeubles en béton de la capitale. Son nom, d'origine indienne, signifie « le refondateur », « le repeupleur » (légende indienne similaire à l'arche de Noé). C'est un gros village (un peu plus petit que Maragogi) qui s'étale le long de la mer, dans un environnement naturel bien préservé, de forêts, de cocotiers et de plages de sable fin. À une dizaine de kilomètres au nord, le *rio Formoso* (*formoso* veut dire « très beau ») se glisse entre des cocotiers et une péninsule ourlée de plages de sable blanc, avant de se jeter dans l'océan. Cet estuaire où se mêlent paysages tropical et marin dévoile une nature intacte et magnifique.

– Pour plus d'informations : ● guiatamandare.com.br ●

Arriver – Quitter

➢ ***De/pour Recife*** *(Pernambuco)* **:** 2 bus/j. avec la Cie *Cruzeiro*. Billet : 8-10 Rls. Trajet : 2h-2h30. Départ et arrivée au centre de Tamandaré. Depuis Recife, le départ se fait sur l'avenida Dantas Barreto, d'où partent aussi les bus pour Porto de Galinhas.

Où dormir ? Où manger ?

Deux hôtels et huit *pousadas* à Tamandaré.

Pousada Beira Mar : *rua João Salgado Pimentel, 114. ☎ 36-76-28-29. ● kellytinaide@hotmail.com ● Près de la praça do Hippies (artisanat local), à 200 m à gauche après celle-ci, au bord d'un chemin de terre. Tte l'année. Doubles 90-100 Rls, petit déj inclus.* Petite *pousada* familiale tenue par la charmante Kelly. Excellent accueil. Les chambres (avec douche et w-c, AC, ventilo), modestes et propres, donnent sur le jardin (hamacs pour se détendre), qui se prolonge directement par la plage. Calme et très bon rapport qualité-prix-accueil.

Restaurante O Pescador : *rua Raul de Pompeia, Loteam. Brigit. ☎ 36-76-13-45.* Bon petit resto qui se cache non loin de la rue principale. On y sert une cuisine locale bien préparée à des prix abordables. Accueil jovial.

Restaurante Rei dos Crustaceos : *av. Jose Bezerra Sobrinho. ☎ 36-76-18-00. Env 25-30 Rls le repas.* Modeste salle décorée avec des objets de l'artisanat local. Sert de bons petits plats du Pernambuco : *peixe, camarão, risoto, frango.*

Plusieurs restos dans la rua São Jose, parallèle à la plage.

À voir

Forte Santo Inácio : *à la hauteur de la plage Pontal do Lira, à gauche de la route en terre (rua Leopoldo Lins) venant du centre-ville, après l'hôpital et la police.* Il fut construit au XVIIe s par les Portugais pour surveiller la côte du Pernambuco et la défendre des incursions hollandaises.

Praia dos Carneiros : *à 5 km au nord de la ville, par l'av. Jose Bezerra Sobrinho. Y aller en moto-taxi.* La route asphaltée devient une piste qui s'enfonce dans la cocoteraie et conduit à cette plage, longue de 5 km au moins, considérée comme la plus belle de Tamandaré. Le petit ***club Bora Bora*** *(tlj sf mar ; 30 Rls l'entrée)* est situé sous les cocotiers. Il est bien indiqué. On peut y passer la journée en profitant de quelques commodités (petit resto de plage servant une bonne cuisine et un bar animés par des serveurs aimables). Avec le reçu d'entrée, on a le droit de consommer jusqu'à 30 Rls, ensuite on paie. De ce lieu, la vue sur l'estuaire du rio Formoso est superbe, avec, au fond, la péninsule de Guadalupe. Possibilité de se baigner et de faire des balades à cheval ou en bateau (remontée du fleuve environ 20 Rls par personne).

L'ÉTAT D'ALAGOAS

– ***Superficie :*** 27 767 km^2.
– ***Population :*** 3 015 910 hab.
– ***Capitale :*** Maceió.
– ***Villes et plages citées dans le Guide du routard*** **: Maragogi, Japaratinga, Maceió, Praia do Francês, Penedo.**

Le drapeau de cet État porte trois couleurs (rouge, blanc, bleu, le drapeau français à l'envers), avec un emblème central rappelant, entre autres, les activités agraires de la région. L'Alagoas produit de la canne à sucre (2e producteur national), du pétrole, du gaz naturel. Mais vous y viendrez surtout pour ses très beaux paysages côtiers, parmi les plus sauvages et les mieux sauvegardés du littoral du Nordeste. Pour la culture, il convient de s'arrêter à Penedo, pour la vie urbaine à Maceió, et à Japaratinga et à Maragogi pour leurs grandes plages sauvages bordées de cocotiers.

ZUMBI, HÉROS NOIR

Zumbi a vécu au XVIIe s, mais sa légende est restée vivace. Il fut le dernier chef, et le plus charismatique, d'une communauté d'esclaves. On appelle celle-ci un *quilombo,* groupe formé par les esclaves en fuite avant l'abolition de l'esclavage au Brésil en 1887. Ces hommes résistèrent pendant près de cent ans aux assauts des troupes portugaises, dans la région des Palmares (État d'Alagoas). Assassiné en 1695, Zumbi est adoré des Noirs brésiliens. Le 20 novembre, jour anniversaire de sa mort, a été décrété officiellement « Journée de la conscience noire » au Brésil. Aujourd'hui les *quilombolas,* descendants des *quilombos,* représentent plus de 3 000 communautés, soit plus de 2,5 millions de personnes. Indiens, *Sans Terra* et *quilombolas* cherchent à s'unir pour obliger le gouvernement à améliorer leurs conditions d'existence.

MARAGOGI

24 617 hab. IND. TÉL. : 082

Sur le littoral nord de l'État d'Alagoas, à 134 km au sud de Recife. Cette petite ville (plus développée que Japaratinga) compte 23 km de plages bordées de cocoteraies et de beaux récifs coraliens (les *galés*) au large. Au centre de Maragogi, la place principale et les rues adjacentes sont urbanisées, avec des maisons basses et sans constructions offensantes. Pour trouver des endroits plus solitaires encore, aller à São Bento, un petit village de pêcheurs où les femmes préparent des *sequillos* (petits gâteaux secs).

Arriver – Quitter

➢ ***Recife :*** bus avec la *Cie Real Alagoas*. 3 départs/j. Trajet : 2h45. Billet : 15-16 Rls.
➢ ***Maceió :*** bus avec la *Cie Real Alagoas*. 3 départs/j. Trajet : 2h30.

Adresse et info utiles

■ ***Banco do Brazil :*** ☎ *32-96-12-11.* Dans le centre, avec distributeur automatique.
– ***Sites internet :*** • *maragogionline.com.br* • *maragogi.tur.br* • Sur ce dernier, très bien fait, plan de la ville, photos aériennes de Maragogi et des plages, infos sur les *pousadas.*

Où dormir ? Où manger ?

De bon marché à prix moyens

Aire de camping-restaurante Da Zeza : *plage de Peroba, au nord de Maragogi, par la route côtière.* ☎ *32-96-81-34. Réception 9h-17h.* Sous les cocotiers, face à la plage. Sanitaires à disposition.

Solar da Praia : *av. Senador Rui Palmeira, 781.* ☎ *32-96-20-25.* • *maragogi.tur.br* • *Face au pavillon de la* Policia Militar *(vous voilà bien gardé !). Doubles 60 Rls avec AC, frigo et* cafe da manhã. Hôtel sans grand caractère, mais propre et fonctionnel, avec des chambres qui ont une vue sur la mer (la plupart) ou sur la rue. Avantages : son emplacement et ses prix.

Restaurant Cantinho do Tago : *av. Senador Rui Palmeira, 789.* En face de *Paparazzi Lanchas,* un bon petit resto qui concocte des plats locaux à prix modestes.

Plus chic

Pousada Olho d'Agua : *rua Jose M. de Raposo, 156.* ☎ *32-96-12-63.* • *olhodagua.maragogi.com* • *Doubles 90-120 Rls selon confort et saison. CB acceptées.* Une maison simple et jolie, bien située, avec son petit jardin devant. Chambres disposant de balcon, avec vue sur la cocoteraie et la mer.

Restaurant Gaivotas : *av. Senador Rui Palmeira, 800.* ☎ *32-96-11-95. Tlj jusqu'à 23h30 (17h lun). Repas 25-50 Rls pour 2 pers.* Très bon rapport qualité-prix-emplacement. Terrasse ombragée par un gros arbre appelé le *Castanhola* et vue sur la plage. On y déguste une vraie bonne cuisine maritime : *casquinha do siri,* crème de langouste.

À voir

Les plages : Maragogi compte 23 km de plages de sable, toutes aussi belles (parfois désertes) et bordées de cocotiers, vers le nord et le sud. Vers le nord et le rio Persinunga, accessibles par la route : plages de Burgalhau, Barra Grande, Antunes, Xaréu, Ponta de Mangue, Dourado, Peroba (camping-restaurant *Da Zeza).* Vers le sud : Camacho et São Bento (restaurant *do Mano).*

Les « galés » : situés à 6 km de la côte, étendus sur une surface maritime d'un demi-hectare, ce sont des récifs coraliens qui possèdent une faune et une flore très riches. La marée basse dévoile des piscines naturelles aux eaux émeraude. Pour y accéder, emprunter un petit bateau depuis Ponto do Embarque, embarcadère situé à l'entrée de Maragogi. Excursions de 2h en bateau traditionnel ou en catamaran. Prix variables selon le type de bateau.

JAPARATINGA

6 868 hab. IND. TÉL. : 082

À 110 km au nord de Maceió. Un de nos endroits préférés. Là encore un climat tropical, chaud certes, mais tempéré par la douceur de la brise du nord-est. Japaratinga : un petit village de pêcheurs à taille humaine (des maisons basses, pas d'immeubles) dans un site ombragé par des rangées de palmiers et de cocotiers, le long d'une grande plage de sable fin. Nous voici sur la côte des Coraux *(costa de Corais)* qui porte bien son nom en raison de l'importance de la barrière de corail (qui se termine à Tamandaré plus au nord). On s'y déplace à pied, car c'est petit. C'est ce qui nous plaît. À marée basse, on peut se rendre à pied jusqu'aux piscines naturelles de la barrière de corail.

– Jetez donc un œil sur : • japaratinga.com •

Où dormir ? Où manger ?

Pousada Sol Mar : *praça de Cicero.* *88-25-32-44 ou 99-24-68-89. Doubles 70 Rls.* Petit hôtel dans la rue principale, abritant des chambres bien équipées (douche-w-c, AC, frigo) qui donnent soit sur le jardin (piscine), lui-même en prise directe sur la plage, soit sur le côté (petites fenêtres). Terrasse avec hamacs pour la sieste (un délice).

Restaurante Mama Pereira : ☎ *32-97-12-22.* Situé sur une petite place avec une terrasse ombragée qui donne sur le sable de la plage. Excellente cuisine fraîche et mijotée : poisson, *camarão,* salades. Une des meilleures adresses du secteur.

DE JAPARATINGA À MACEIÓ

La « route écologique » du bord de mer : *env 2h de route.* D'abord la route longe le littoral et ses paysages idylliques, puis elle traverse un environnement vallonné, monte sur des collines couvertes de plantations de canne à sucre et de fermes agricoles, elle redescend, elle remonte ainsi de suite, avant de retrouver des paysages magnifiques jusqu'à l'arrivée sur Maceió : océan Atlantique aux eaux émeraude, plages de sable fin, arrière-pays couvert de cocotiers.

MACEIÓ

922 458 hab. IND. TÉL. : 082

À mi-chemin entre Recife (285 km au nord) et Aracaju (295 km au sud), voilà une bonne étape sur la route du littoral du Nordeste. Grande ville moderne, capitale de l'État d'Alagoas, Maceió est située sur une étroite bande côtière entre l'Atlantique et la lagune Mundau. Elle a les pieds dans l'eau, peut-on dire, et ses habitants apprécient cette qualité de vie unique. Les plages baignent les immeubles de la ville comme à Aracaju. Plus développée (plus riche) qu'Aracaju, cette grande agglomération n'a pas fini sa croissance et ne connaît pas encore les maux des grandes métropoles.

Arriver – Quitter

Terminal Rodoviário João-Paulo II *(gare routière)* ***:*** *av. Gov Afranio Lages, quartier de Jacintinho, à 3 km du centre.* ☎ *32-21-46-15.* Guichet d'infos touristiques.

LE NORDESTE

➢ ***Salvador :*** avec la Cie *Bomfim* (la meilleure), • *bomfim.com.br* •, 4 bus/j. de Salvador à Maceió, 6h30-22h. Le bus passe par Arapiraca. Dans le sens Maceió-Salvador, 3-5 bus/j., 0h45-18h. Trajet : 10-11h.
➢ ***Recife*** *(Pernambuco)* **:** 4 bus/j. avec la Cie *Real Alagoas* (bus AC). Les horaires sont identiques, au départ de Recife ou de Maceió : 2 le mat, 1 vers 16h, 1 vers minuit. Bus non climatisés : 3 départs/j. Trajet : 4h.

Adresse et info utiles

Bureau du tourisme : *av. Antonio Gouveia, Praia de Pajuçara.* ☎ *33-15-16-03. En face du* MacDo *et de la station* Texaco. *Tlj 8h-20h. Autre bureau en ville et un guichet à la gare routière.*
– Voir aussi : • maceiotour.com.br •

Où dormir ?

Pousada do Conde : *rua Nova Brasilia, 111.* ☎ *33-25-19-47. Doubles 120 Rls.* En venant du centre de Maceió (5 km), juste entre l'*Holiday Inn* et l'hôtel *Matsubara,* sur la gauche, à 100 m de l'av. Eduardo Gomes longeant la plage de Cruz das Almas. Dans un quartier tranquille, un peu excentré, un petit hôtel avec une cour intérieure (pour se garer) et des chambres calmes et propres donnant sur un patio avec une galerie à l'étage. Internet.

Hôtel-pousada des Basques : *av. Julio Marques Luiz, 694 (quartier de Jatiuca).* ☎ *33-25-80-00.* • *hoteldesbasques.com.br* • *Doubles min 80 Rls.* À 500 m de la plage de Jatiuca, un hôtel de taille modeste installé dans une vieille maison blanche en pierre et au toit de tuile. Bon accueil d'un couple de Français d'origine basque. Chambres confortables (avec AC, TV) donnant sur un patio intérieur agrémenté d'une petite piscine. Internet.

Où sortir ?

Lampião : *av. Alvaro Otacilio, praia de Jatiuca.* ☎ *33-25-43-76. Entre la plage et la route côtière, au niveau du* MacDo *et de la station* Texaco. Une très bonne adresse, animée le soir et la nuit, pour écouter de la musique et boire un verre (on y danse aussi). Rendez-vous de la jeunesse locale.

À voir

Le quartier du Jaragua : c'est le cœur animé (vie nocturne) de la ville, son centre historique ancien aux rues bordées de demeures coloniales en grande partie restaurées. Au XVIe s, les marins et les marchands y déchargaient leurs marchandises venues d'Europe et embarquaient du sucre, du tabac, des noix de coco, du bois brésil *(pau brazil)* et du cuir.

La piscine naturelle : au large de la baie principale, en bordure de la barrière de corail. On y accède en *jangada* (les petits bateaux à voile traditionnels de la côte nordestine).

PRAIA DO FRANCÊS

À 24 km au sud de Maceió. La route traverse une forêt de cocotiers. Ce qui n'était qu'un hameau de pêcheurs dans les années 1970 est devenu une station balnéaire. À l'origine, un précurseur français y a ouvert un resto, et les paillotes ont poussé les unes après les autres, d'où le nom de « plage du Français ». Lieu de villégiature où, tous les week-ends, des groupes de Brésiliens assoiffés de soleil viennent se reposer. Le climat est très agréable. En semaine, le village s'endort à nouveau et vit au ralenti. Une vingtaine de *pousadas* et d'hôtels.

LA ROUTE DE MACEIÓ À PENEDO

Très belle route (bitumée) qui longe la mer, entre les forêts de cocotiers et les plantations de canne à sucre, en passant par ***Corupipe*** et ***Piaçabuçu.*** Pas de signalisation efficace, donc ne pas hésiter à demander son chemin. Des paysages superbes (on pense à l'émerveillement d'Amerigo Vespucci), un trajet hors des sentiers battus, dans des régions ignorées du grand tourisme. Compter 2h30 en roulant normalement pour rejoindre Penedo.

PENEDO

59 000 hab. IND. TÉL. : 82

Grand fleuve bleu clair (le deuxième plus long fleuve brésilien après l'Amazone), le rio São Francisco (menacé par divers projets gouvernementaux de barrages et de détournements) dessine à Penedo un ultime et somptueux méandre au pied d'une falaise rocheuse. C'est dans ce recoin abrité des vents du littoral que des Portugais aventureux décidèrent naguère de jeter l'ancre et fondèrent un poste de pionniers. Le nom de la petite ville – Penedo – vient d'ailleurs de ce rocher contre lequel elle a été bâtie.
À voir son architecture, on dirait que l'horloge du temps s'est arrêtée au XVIIIe s. Églises modestes mais élégantes, maisons simples mais de caractère, demeures bourgeoises mais sans luxe ostentatoire : voilà un cadre urbain aimable et intact, fier et patiné par le temps, tellement vrai, tellement humain. Les tourments du monde et les diables du modernisme semblent avoir oublié Penedo, à mi-chemin entre Aracaju et Maceió (168 km au sud). Voilà, ami routard, une belle raison de faire un détour.
– Et pour vous donner un aperçu : • *penedo.al.gov.br* •

Arriver – Quitter

➢ ***Neopolis*** *(rive sud du rio São Francisco)* **:** navette de ferries pour les piétons et les voitures (10 Rls). Départ depuis le quai de Penedo, près de la station *Esso,* ttes les 30 mn, 6h-17h20. Traversée du fleuve : 10 mn.
➢ ***Aracaju :*** bus tlj. Trajet : 1h30-2h. Les bus s'arrêtent sur la place centrale de Penedo près de la station *Esso* et de l'embarcadère pour les bateaux en direction de Neopolis.
➢ ***Salvador :*** 1 bus/j. avec la *Cie Bomfim.* • *bomfim.com.br* • Départ le mat de la gare routière de Salvador, arrivée fin d'ap-m à Penedo, en passant par Entre-Rios. Dans le sens Penedo-Salvador, départ tôt le mat (vers 6h). Même trajet mais à l'envers.
➢ ***Par la route :*** on y accède par les routes AL 101 et AL 225.

Où dormir ? Où manger ?

Prix moyens

Pousada Colonial : *praça 12 de Abril, 21.* ☎ *35-51-23-55. Doubles 80 Rls, petit déj inclus. Resto tlj, sf lun, 12h-22h.* Dans le centre historique, sur la place centrale près du rio São Francisco, une maison bourgeoise d'époque coloniale (1734), située à droite de l'église N.S. da Corrente. Son emplacement idéal, ses prix et son charme désuet en font une bonne adresse. Accueil jovial. Chambres propres à la déco ancienne (vieux planchers) et au confort suffisant. Notre préférée ? la n° 11, avec ses trois fenêtres sur le fleuve. Fait aussi restaurant.

Restaurante Oratorio : *av. Beira Rio, 301. 99-06-47-77. Bien situé, près de la place centrale et de l'embarcadère des bateaux pour Neapolis. Ferme à 1h ou 2h. Repas 20-25 Rls.* Sa terrasse couverte donne sur le rio São Francisco. Cuisine locale goûteuse à prix sages.

Restaurante Forte da Rocheira : *rua da Rocheira, 2. ☎ 35-51-32-73. Plats env 20-30 Rls.* Sur le versant abrupt de la falaise, aménagé dans un vieux fort, prolongé par une terrasse surplombant le fleuve, voilà l'adresse de Penedo à ne pas louper. Dans ce perchoir, on déguste une savoureuse cuisine locale, avec des spécialités comme le *tilapia* (poisson de rivière), le *sururu* et le *jacaré* (alligator d'élevage).

À voir

Le rio São Francisco prend sa source à 1 428 m d'altitude dans les monts du Minas Gerais, puis il voyage pendant 2 600 km avant de se jeter dans l'océan Atlantique. Des bateaux au départ de Piaçabuçu, à 30 km de Penedo, descendent les 13 derniers kilomètres jusqu'à l'embouchure *(env 2h30 aller-retour)*.

COURS D'EAU ET D'HISTOIRE

Les Indiens nommaient Opara *(fleuve-mer) le rio São Francisco, jusqu'à sa découverte par l'explorateur florentin Amerigo Vespucci, le 4 octobre 1501, jour de saint François d'Assise : il n'est pas allé chercher son nom bien loin... À l'époque de la conquête du Brésil, ce fleuve était emprunté par les expéditions portugaises en partance pour l'intérieur des terres, à la recherche d'or... qu'ils trouvèrent donc au Minas Gerais : quel instinct ! Aujourd'hui, il marque la frontière entre les États de Sergipe et d'Alagoas.*

Memorial Raimundo Marinho – museu do Paço Imperial : *sur la place centrale, au bord du rio. Mar-dim 11h-17h. Entrée : 3 Rls.* Belle demeure ancienne où séjourna l'empereur du Brésil, qui abrite un musée : photos et documents sur l'histoire de Penedo.

Igreja Nossa Senhora da Corrente : *dans la partie basse de la ville, juste à côté du* museu do Paço Imperial. *Ouv mar-dim.* Date de 1756. Remarquer la façade extérieure percée de fenêtres, c'est rare. À l'intérieur, autel baroque, sol en mosaïque anglaise et portugaise, azulejos du Portugal.

Igreja de Nossa Senhora dos Anjos : *à flanc de colline, à l'intérieur du village, à 400 m env du fleuve en remontant la rue Damaso do Monte. Mar-dim.* Construite en 1786.

Praia de Pirambu *(plage de Pirambu)* **:** les tortues de mer viennent y pondre. Le site est protégé et surveillé par le projet Tamar, comme à Praia do Forte (voir plus loin).

LA ROUTE DE PENEDO À ARACAJU

Depuis Penedo, récupérer la grande route nationale à deux voies seulement (la BR 1 est en cour d'élargissement), très fréquentée (beaucoup de circulation), en tournant le dos à Maceió, plein sud, sur votre gauche. Faire attention aux camions. On passe la frontière entre les États d'Alagoas et de Sergipe, puis on continue vers Aracaju.

L'ÉTAT DE SERGIPE

- *Superficie :* 21 910 km^2.
- *Population :* 1 874 613 hab. (2003).
- *Capitale :* Aracaju.

Le plus petit État du Brésil, peu étendu et sous-peuplé. Grande qualité de vie, vastes espaces vierges, une impression étrange et agréable : c'est la côte brésilienne telle qu'on l'imaginait il y a 70 ans ! Le tourisme y est au stade des balbutiements, et donc les prix des logements et des restaurants y sont bien plus abordables qu'ailleurs. Une raison de plus pour passer du temps sur ce merveilleux littoral encore préservé, et de faire une escale à Aracaju chantée par Caetano Veloso. La découverte de pétrole au large de ses côtes pourrait lui apporter un essor économique.

ARACAJU

480 000 hab. IND. TÉL. : 79

Une chanson de Caetano Veloso vante les charmes d'Aracaju. « Aracaju, *terra cajueiro papagaio.* Aracaju, revenir au Brésil par un raccourci, et être heureux. Le meilleur lieu, c'est le bonheur. » Aracaju, c'est un nom qui rappelle celui d'un fruit tropical savoureux : le caju. C'est Recife, avant que celle-ci ne devienne une cité moderne gagnée par le gigantisme. Moderne mais de taille humaine, sans problèmes de sécurité, Aracaju, capitale du Sergipe, n'est pas une ville-musée mais une agglomération étendue en bord de mer, avec quelques maisons anciennes dans un urbanisme moderne et fonctionnel entouré de plages. Il y fait bon vivre, aux dires de ses habitants, qui apprécient son rythme facile et son climat délicieux.

– Quelques infos sur • visitearacaju.com.br • aracajuconvention.com.br •

Arriver – Quitter

Terminal Rodoviário Gov. José Rollemberg *(gare routière) : à l'extérieur de la ville, sur la route de São Cristovão.* Y aller en taxi. Sur place, distributeur d'argent. Très nombreux bus pour les villages coloniaux proches d'Aracaju comme São Cristovão ou Laranjeiras.

➢ ***Maceió :*** avec la *Cie Real Alagoas.* ☎ *32-59-28-32.* Env 2-4 départs/j. Trajet : 4h30. Billet : 30-40 Rls, *express* et *ejecutivo* avec AC.

➢ ***Recife :*** 1 bus/j. avec la *Cie Real Alagoas.* Au départ de Recife : départ vers 12h. Au départ d'Aracaju : vers 23h. Billet : env 60 Rls. Trajet : 8h (500 km).

➢ ***Salvador :*** de Salvador à Aracaju, env 10 bus/j., 6h30-23h. Trajet : 4h30-5h (356 km). Les bus passent soit par Estancia soit par Entre Rios. Dans le sens Aracaju-Salvador, 7-10 bus/j. avec la *Cie Bomfim.* Départs 5h30-minuit. Trois catégories de confort *(Convencional, Top Class, Top Class Gold).*

Où dormir ?

Hotel Brasilia : *rua Laranjeiras, 580.* ☎ *32-14-29-64. Dans le centre. Doubles env 55 Rls.* Pas cher, central (dans une rue piétonne), chambres sommaires et propres.

Pousada do Sol : *rua Atalaia, 43.* ☎ *32-55-10-74.* • *psol.com.br* • *Plage d'Atalaia, à 6 km du centre. Doubles 135 Rls, bungalows 190 Rls.* À 50 m de la plage, un peu en retrait de la route, donc calme tout en étant proche de tout. Petit hôtel qu'on verrait bien dans le sud de la France (par son style), bien tenu et accueillant, avec des bungalows et de petits appartements confortables (douche-w-c, TV, AC) donnant sur un patio intérieur (piscine).

Où manger ?

À Aracaju, les plats sont plus copieux qu'ailleurs. Une portion pour deux personnes est souvent suffisante pour trois.

***Restaurante Vale do Rio :** av. General Calazans, 277. Orla do Bairro Industrial. ☎ 32-05-19-47. Ouv midi et soir.* Depuis la terrasse, vue sur le nouveau pont João Alves qui relie l'île de Santa Luzia. Un peu excentré (au nord), mais une bonne adresse à des prix doux. C'est même un incroyable rapport qualité-prix. On y sert une fraîche et goûteuse cuisine de la mer.

***Restaurant João do Alho :** av. Beira Mar, 478 (Praia 13 de Julho). ☎ 32-14-46-84. Lun-sam 10h-1h (20h dim).* Les tables et les murs sont ornés d'une kyrielle de noms de célébrités qui y sont venues. Caetano Veloso l'évoque dans une de ses chansons à la gloire d'Aracaju. C'est une institution qui sert de la bonne cuisine locale à des prix raisonnables, dans un décor somme toute assez simple, en bordure du grand boulevard.

***Restaurant Pitu Pirao da Eliane :** av. Santos Dumont, 957. ☎ 32-43-47-47. Tlj jusqu'à 23h (20h dim). Pour 2 pers, env 50 Rls.* Quartier de la plage de Atalaia. Près de l'hôtel *Celia* et en face du *Mundo Maravilhoso* (parc de jeux pour enfants). Murs orange et toit de tuiles. Très bon accueil d'Eliane, une dame adorable. Cuisine populaire mijotée. La patronne nous a affirmé : « Si on n'aime pas ma cuisine, on ne la paie pas. »

À voir à Aracaju et dans les environs

Praça Fausto Cardoso : centre historique de la ville, avec l'ancien palais du gouvernement du Sergipe. De là, on peut explorer les rues piétonnes : calçadão da rua João Pessoa et calçadao da rua de Laranjeiras.

***Le marché couvert :** près de la rua João Pessoa.*

La plage d'Atalaia : y aller en bus urbain ou en taxi, car elle est à 6 km du centre. Un très long boulevard (Santos Dumont) la longe, bordé d'immeubles et de commerces.

***São Cristovão :** à 23 km au sud d'Aracaju.* Ancienne capitale du Sergipe fondée en 1590, cette ville conserve plusieurs monuments et maisons de style portugais d'époque coloniale. Pas d'hébergement sur place. Navette de bus de/pour Aracaju.

***Laranjeiras :** à 19 km d'Aracaju, soit 1h de bus.* Une petite ville coloniale fondée en 1569, considérée comme le berceau de la culture noire du Sergipe. Dominée par une colline d'où l'on a une belle vue. Vous y trouverez même la *pousada Laranjeiras* : sommaire, mais elle a le mérite d'exister.

LA ROUTE D'ARACAJU À MANGUE SECO

Une seule route possible, la grande nationale BR 101 qui, jusqu'à Estancia, connaît une circulation intense.

L'ÉTAT DE BAHIA

LA CÔTE NORD DE L'ÉTAT DE BAHIA

« *J'étais émerveillé… à tel point que je pensais à part moi que j'étais près du Paradis terrestre, car tous les éléments me poussaient à croire que je n'en étais pas loin.* »

Amerigo Vespucci
Le Nouveau Monde (voyages 1497-1504).

LA LIGNE VERTE *(LINHA VERDE)*

Il ne s'agit pas d'une appelation politique (comme à Chypre par exemple), mais bel et bien d'un nom de baptême écologique, désignant un vaste secteur boisé et préservé qui borde la côte bahianaise sur environ 144 km du nord au sud, entre Cachoeira do Itanhim, municipalité de Jandaira (limite entre les États de Bahia et de Sergipe, au niveau de Mangue Seco) et Salvador. Fruit d'un programme ambitieux de l'État de Bahia, la ligne verte forme une barrière naturelle destinée (théoriquement) à éviter les excès du développement et de l'urbanisation (déboisement, commercialisation, exploitation immobilière et touristique du littoral), à maintenir le « paysage des origines » dans sa splendeur naturelle et à favoriser un tourisme écologique et respectueux de l'environnement.

Linha Verde, c'est aussi le nom de la ***première route écologique*** qui traverse cette contrée. Inaugurée en 1993 mais commencée dès la fin des années 1960 sous le nom de « route des Cocotiers », elle livre de belles échappées au voyageur, qu'il soit en bus ou en voiture. Du côté de l'océan Atlantique (sur la gauche de la route en allant vers le sud), le littoral est couvert de grandes cocoteraies (arbres naturels ou replantés sur des dunes de sable). Mais difficile de résister au développement des nombreux programmes immobiliers de luxe (villas et hôtels) qui ne cessent de gagner du terrain.

Dans l'arrière-pays, du côté droit de la route, s'étend une autre forêt : la *mata atlântica,* lambeaux de la forêt atlantique primitive, celle qui émerveilla en 1500 le premier découvreur de ces rivages, le Florentin Amerigo Vespucci : « Cette terre est très agréable et couverte d'une infinité d'arbres verts et très grands, qui ne perdent jamais leurs feuilles et qui tous ont une odeur très douce et très aromatique. »

LA ROUTE DES COCOTIERS

La route Salvador-Praia do Forte (BA 099) n'est pas trop fréquentée et même facile (sauf les fins de semaine). Elle traverse des paysages de petites collines verdoyantes, enjambe des rios aux noms enchanteurs (rio Jacuipe, rio Capibara, rio Sonrisal) et dessert par des chemins secondaires plusieurs petits villages de pêcheurs devenus des bourgs balnéaires à taille humaine : Sauipe (grands complexes hoteliers haut de gamme avec centre de congrès), Subauma, Sitio do Conde, Costa Azul. Très au nord, la route se termine par une piste qui aboutit à la plus belle plage de la côte des Cocotiers : Mangue Seco (notre coup de cœur, voir plus bas).

Quelques distances (jusqu'à la frontière avec l'État de Sergipe)

– ***Salvador (aéroport)-Praia do Forte :*** 53 km.
– ***Salvador-Imbassai :*** 63 km.
– ***Salvador-Diogo y Santo Antonio :*** 67 km.

- *Salvador-Indiaroba :* 208 km.
- *Salvador-Pontal (embarcadère pour Mangue Seco) :* 225 km.
- *Salvador-Estancia :* 235 km.

MANGUE SECO

300 hab.

« ...la plage de Mangue Seco, la plus belle du monde - pour une fois je suis péremptoire. »

« Navigation de cabotage », *Jorge Amado.*

Mangue Seco ressemble à une île : c'est une presqu'île en fait, très longue, bordée à l'est par l'océan Atlantique et à l'ouest par le rio Real (on dirait une petite mer). Voilà un site naturel exceptionnel, préservé grâce à la volonté de ses habitants, adeptes du développement durable, qui refusent d'être envahis par les diables du modernisme et de l'exploitation commerciale. Ils ont dit non à la construction d'une grande route destinée à désenclaver la pointe de leur péninsule. Afin de protéger l'environnement (dunes et plages), un secteur sauvegardé a été instauré, qui empêche que le paysage soit défiguré par des industries ou des complexes immobiliers.

Mangue Seco signifie « mangrove sèche », ou « bois sec », et non « mangue sèche », comme on pourrait l'imaginer sans bien maîtriser le portugais. On ramassait autrefois ce bois sec dans la petite zone verte marécageuse au bas des dunes. À l'origine, l'endroit s'appelait Santa Cruz da Bellavista.

Voilà une immense plage de sable déserte, longue de 45 km, un paysage de cocotiers plantés par bouquets ou par forêts entières, de hautes dunes de sable blanc éblouissant qui se déplacent sous l'effet du vent du nord-est, un climat tropical adouci par la brise atlantique, des arbres à caju, des rues de sable, des chemins de terre, des maisons modestes léchées par les eaux du rio, pas de feux rouge, des infrastructures minimales (le commissariat de police le plus proche est sur la terre ferme), bref : un mode de vie que pour rien au monde les habitants de la « mangrove sèche » ne veulent voir disparaître, surtout pas au nom du profit.

UN PEU D'HISTOIRE

Pourchassé dès 1940 par la dictature militaire, l'écrivain (et membre du parti communiste), ***Jorge Amado*** se réfugia pendant quelques mois à Mangue Seco. C'est là qu'il écrivit son roman (publié en 1977) *Tieta do Agreste*. Devenu un best-seller, le livre a inspiré un téléfilm brésilien (1989), puis un film pour le cinéma, réalisé en 1996 par Carlos Diegues. Dans ce film, le rôle principal de Tieta est tenu par l'actrice brésilienne Sonia Braga, et la musique est du Bahianais Caetano Veloso.

UN NOM FANTÔME

Après le succès du livre qu'écrivit à Mangue Seco Jorge Amado, puis du téléfilm et du film qui en furent tirés, la ville devint célèbre, mais les Brésiliens ne parvenaient pas à la localiser sur la carte du Brésil. Le maire de Jandaira décida alors de renommer le village de Coqueiros (où fut tourné le film) en Santana do Agreste, *en hommage bien mérité au tragi-comique roman d'Amado. Ironie de l'histoire, cela fit des mécontents et, en réalité, personne n'utilise cette appelation littéraire et cinématographique.*

Arriver – Quitter

➢ ***Salvador :*** *Cies Linha Verde* ou *Bomfim*. ☎ *34-60-00-00.* • *bomfim.com.br* • Avec *Bomfim*, 2 départs/j., le mat et le soir. Trajet : 5h (235 km). Billet : env 30 Rls.

En semi-*leito* (plus de confort), 2 autres départs : durée 3h, billet env 45 Rls. Le bus *Bomfim* passe par la ville d'Estancia, où il faut descendre et prendre un autre bus pour Pontal, situé à 12 km. Bus Estancia-Pontal tlj à 15h. *Combi* d'Estancia à Pontal : 6 Rls.

➢ ***De/pour Aracaju :*** bus *Bomfim* pour Salvador de la gare routière d'Aracaju. Arrêt et changement à Estancia. Prendre un minibus pour Indiaroba (rive sud du rio Real), et de là un taxi pour Pontal, où se trouve l'embarcadère des *lanchas* à moteur pour Mangue Seco. Sur la rive nord du rio Real, il existe un embarcadère (avec *lanchas*) au lieu-dit Porto do Mato (mêmes prix, même durée qu'à Pontal).

➢ ***De Pontal à Mangue Seco :*** en venant de Salvador par la route, on traverse la ville d'Indiaroba (station-service *Texaco*). Continuer encore 6 km, puis sur la droite, une intersection indique la route de Pontal-Mangue Seco. Faire encore 12 km sur cette route bitumée d'abord puis en terre dans son dernier tronçon. À Pontal, il y a des bateaux réguliers (*lancha comun,* on paie par personne) mais pas toute l'année. Reste un service de *lanchas* rapides (sorte de petit hors-bord). Compter 30 Rls/pers. La traversée du rio Real dure env 10 mn. On débarque au village de Mangue Seco, situé sur la côte ouest de la péninsule de Mangue Seco.

Comment se déplacer ?

➢ Sur la péninsule de Mangue Seco, les déplacements se font à pied pour les plages les plus proches. Sinon, service de taxi en buggy 4 places : 40 Rls la course de 30-40 mn. *Demander Paulinho : (031-79) 99-55-57-84.*

Où dormir ? Où manger ?

Bon marché

Une dizaine de *pousadas* et quelques restos dans le village de Mangue Seco (débarcadère).

Pousada e restaurante Suruby : *à 100 m à gauche du débarcadère, surplombant la mer. ☎ (075) 34-45-90-61. • praiademangueseco.com.br • Doubles 50-70 Rls selon confort.* Une petite pension comme on les aime, humble et bien située. On dort dans une annexe en dur située au calme dans le jardin tropical, et les repas se prennent sur la véranda près de la maison principale en bois. Toujours face à la mer (côté ouest). Chambres convenables et propres, avec douche-w-c, ventilo ou AC, fenêtre (vue sur mer), moustiquaire, carrelage, et bien sûr un hamac à l'extérieur pour la sieste. Fait aussi resto : poissons fraîchement pêchés par le propriétaire.

Pousada Grao de Areia : *dans un coin calme, tout proche de la petite place centrale de Mangue Seco (débarcadère). ☎ (079) 32-24-74-01. • praiademangueseco.com.br • Doubles avec ventilo ou AC 60-80 Rls,* café da manhã *inclus.* Petit bâtiment bas en béton donnant sur un chemin de sable. La réception se trouve à côté de la cabine téléphonique et du bar *Dom Bosco* : demandez Julio, un homme jovial. L'annexe la plus proche de la mer est la plus intéressante pour loger, en raison de la vue. Chambres avec douche-w-c, frigo, hamac sous véranda. Nos préférées : n°s 6, 7 et 8.

Restaurante Frutos do Mar : *(079) 99-85-10-21. Juste à gauche du débarcadère en arrivant d'Indiaroba. Compter env 20 Rls le repas.* Impossible de le rater. Sa terrasse couverte donne sur la mer. Cuisine familiale, simple et saine, à base de produits... de la mer, évidemment.

Prix moyens

🏠 |●| ***Pousada O Forte :** à l'écart du village, sur le chemin de la plage. ☎ (075) 34-45-90-39, 📱 (079) 99-56-87-36. • pousadaoforte.com • Également accessible directement en bateau depuis Pontal. Doubles avec sdb, TV et ventilo ou AC 80-180 Rls selon confort,* café da manhã *inclus.* Coup de cœur pour cette *pousada* au bord de l'eau tenue par un couple franco-bahianais. Douze chambres pour 1 à 4 personnes dans des bungalows avec terrasse, hamac et tables à disposition. Petit déj délicieux et copieux. Piscine et resto sur place. Diverses activités (buggy, canoë, balade à cheval). Accueil très chaleureux.

🏠 ***Pousada Asa Branca :** rua da Frente, 4. 📱 (079) 99-85-25-80. • praiademangueseco.com.br • À 250 m à droite après le débarcadère, face à la mer. Bien indiqué. Doubles 110-130 Rls.* Petit hôtel, un peu chic, très bien tenu et très calme (mais tout est calme dans ce village). Chambres impeccables avec douche et w-c, AC, TV, réparties autour d'un patio intérieur ouvert sur la mer. Demandez les n°s 10 ou 16, nos préférées, car elles ont 3 fenêtres et une vue superbe. On y sert le petit déj.

À voir. À faire à Mangue Seco et dans les environs

★★★ ***La plage côté Atlantique :*** située à 2 km de Mangue Seco. Immense et sauvage derrière un gros cordon dunaire qui la sépare de Mangue Seco. Y aller à pied par les chemins et les dunes de sable, superbe promenade. Sinon, buggy. Sur place, quelques paillotes et hamacs, de quoi boire un verre et déjeuner.

★ ***Le village de Coqueiros :*** à 14 km au sud de Mangue Seco, ce village (500-600 habitants) porte aussi un nom littéraire, ***Santana do Agreste,*** qui lui a été donné après la sortie du téléfilm tiré du roman *Tieta do Agreste* de Jorge Amado.

LA ROUTE DE MANGUE SECO À PRAIA DO FORTE

– *Route bitumée à deux voies :* au cœur de la Linha Verde. On aperçoit ici ou là des groupes de huttes et de paillotes faites de branches et de palmes, établis sur les bas-côtés de la route. Ce sont les campements du ***Mouvement des Sans-Terre*** (• mst.org.br/mst •), ces paysans brésiliens chassés de leurs terres. Ils vivent comme des citoyens de seconde zone dans des camps de fortune mais, regroupés dans un mouvement politique, ils essaient de faire valoir leurs droits bafoués auprès du gouvernement brésilien.

PRAIA DO FORTE

IND. TÉL. : 071

Situé à 133 km au sud de Mangue Seco et à environ 70 km au nord de Salvador (53 km seulement de l'aéroport), cet ancien village de pêcheurs s'est transformé en une petite station balnéaire de style écofamiliale à taille humaine. Le long de la rue principale où l'on circule à pied, les anciennes maisons de pêcheurs sont devenues des *pousadas,* des restos, des boutiques. Même si le commerce et le tourisme ont transformé ce gros bourg du littoral, l'âme de Praia do Forte ne s'est pas envolée pour autant. L'environnement n'a pas été saccagé, mais préservé. La réserve naturelle de Sapiranga, vaste forêt de cocotiers bordée par de longues plages de sable, sert d'écrin de verdure à la commune. Et la tortue marine défendue activement par les bénévoles du *Projeto Tamar* (voir plus loin) mériterait d'être l'emblème des habitants.

Arriver – Quitter

➢ ***Salvador :*** liaisons fréquentes avec la *Cie Expresso Linha Verde (☎ 34-50-03-21, • expressolinhaverde.com.br •).* De Salvador : 14 départs/j., 5h-18h. De Praia do Forte pour Salvador, avec la même compagnie : 23 bus/j., 5h40-18h30. Trajet : 1h40. À Salvador, départ à l'arrêt Calçada (Cidade Baixa), puis autre arrêt à Rotula do Abacaxi, au *Supermercado G. Barbosa* (en face de *Detran*), puis arrêt à Ed. Suarez Trade *(Shopping Iguatemi)*. À signaler que ces bus s'arrêtent aussi à l'aéroport de Salvador avant de prendre la route de Praia do Forte.

➢ ***En minibus :*** nombreux trajets tlj.

➢ ***En voiture :*** l'autoroute entre Salvador et Praia do Forte est payante (moins de 10 Rls par voiture).

Adresse et info utiles

ℹ ***Informations touristiques*** *(Portomar Passeios Turisticos) : dans un pavillon à droite en entrant dans le village, en venant de la route Salvador-Aracaju. ☎ 36-76-01-01. • portomar.com.br •* Plan du village. Infos sur les activités de découverte et les sports : promenade à cheval, balades en quads et en buggys, parachute ascensionnel, observation des baleines de juillet à octobre, plongée, pêche, canoë.

– ***Site officiel de l'office du tourisme :* • praiadoforte.org.br •** Liste des hôtels et des *pousadas*, avec photos.

Où dormir ?

Camping

⛺ ***Camping Reserva da Sapiranga :*** *☎ 32-72-00-20 ou 34-94-62-49. • campingreservadasapiranga.cjn.net • En venant de Salvador, tourner à droite (panneau) juste avt de prendre la route qui mène à Praia do Forte.* Sanitaires corrects, cuisine collective, laverie, électricité, emplacements ombragés.

Prix moyens (50-100 Rls / 20-40 €)

🏠 ***Albergue Praia do Forte*** *(AJ) : rua da Aurora, 3. ☎ 36-76-10-94. • albergue.com.br • Nuitée en dortoir 31-35 Rls selon saison, doubles 65-75 Rls, petit déj et visite du* Projeto Tamar *inclus.* Une des adresses les moins chères et les mieux tenues de Praia do Forte. Env 20 chambres (2 à 6 personnes) avec douche et w-c, ventilo ou AC. Elles donnent sur un patio verdoyant où est servi le petit déj. De nombreux services à disposition : Internet, laverie, cuisine. Accueil cordial. Distributeur automatique d'argent à la réception.

🏠 ***Pousada Bellas Artes :*** *rua da Aurora. ☎ 36-76-03-04. • pbellasartes.tur.br • Près de l'AJ et à 100 m de la plage, dans une rue verdoyante et calme.* Chambres avec w-c, ventilo, hamac sur le balcon, décorées sobrement mais avec soin. Petit déj inclus. Demander une chambre à l'étage (plus clair). Bon accueil.

Plus chic (100-140 Rls / 40-56 €)

🏠 ***Pousada dos Artistas :*** *dans une ruelle à gauche de l'avenue principale qui mène à la place de l'église. ☎ 36-76-11-47. • pousadadosartistas.tur.br • Doubles min 97 Rls, petit déj inclus.* Un charmant petit hôtel bien préservé et un accueil courtois (propriétaire chilien). Belles chambres claires, toutes impeccables, certaines avec petit balcon et hamac, dans une maison décorée dans le style mexicain : meubles en acajou, agréable jardin et chouette salle de petit déj sous la véranda aérée.

Où manger ?

Bar-café Bariloche : *Alameda do Sol, sur la praça da Musica.* ☎ *36-76-12-79. Ouv 9h-22h. En-cas 6-11 Rls.* Un Argentin et ses collègues préparent de bons sandwichs et des hamburgers. Petite baraque en bois, avec 4 portes donnant sur la rue piétonne du village. Accueil sympathique. Voir aussi « Où boire un verre ? ».

Casa da Nati : *av. ACM.* ☎ *36-76-12-39. Appelé aussi* Alameda do Sol, *situé au milieu de la rue principale (piétonne).* Bon accueil. Cuisine *ao kilo*, simple et goûteuse.

Restaurante Taverna Paradiso : *av. Farol Garcia d'Avita, s/n, dans l'enceinte du* Projeto Tamar, *à 50 m de l'accueil. Ouv 9h-17h30.* Sur le sable, sous les cocotiers, juste après l'entrée du *Projeto Tamar,* petit resto face à la mer. Cuisine italienne modeste et correcte (pizzas, *pastas*). Reverse une partie de ses bénéfices pour la sauvegarde des tortues et la formation des jeunes guides. Si on vient manger dans ce resto, il faut le dire à l'accueil de l'écomusée *Projeto Tamar,* et dans ce cas on paie seulement 1 Rl l'entrée (voir « À voir »).

Où dormir dans les environs ?

À Imbassaí (10 km nord)

Pousada Caminho do Mar : *praia de Imbassaí, Linha Verde, km 10.* ☎ *et fax : 36-77-11-77.* • *pousadacaminhodomar.com.br* • *Doubles min 140 Rls, petit déj compris.* Douze bungalows répartis sur une petite butte verdoyante, plantée de palmiers. Tout confort : ventilo, AC, kitchenette, TV et salle de bains impeccable. Idéal pour une famille : une double et 2 lits simples. Petite terrasse privée avec hamacs et grande piscine.

À Diogo-Vila de Santo Antônio (25 km nord)

Pousada Too Cool : *Linha Verde, km 15.* 📱 *99-52-21-90.* • *toocoolnabahia.com.br* • *Quitter la route principale par la 1re entrée pour Diogo. Doubles 80-120 Rls selon saison, petit déj compris.* Une superbe adresse dans un environnement exceptionnel, où l'on est accueilli par Sophie, une Belge qui a construit ce havre de paix : 8 chalets tout confort au sommet d'une colline dont la pente plonge vers une petite rivière. Vos seules compagnes : vagues et tortues. Un peu excentré, certes, mais tellement agréable.

Où boire un verre ?

Bar-café Bariloche : *Alqmeda do Sol, sur la praça da Musica.* ☎ *36-76-12-79. Ouv 9h-22h.* Petite baraque en bois, colorée et avenante, tenue par un jovial Argentin tombé amoureux du Brésil. On y sert des sandwichs (voir « Où manger »), un bon et vrai café espresso et surtout un excellent jus d'*açaï* (fait à partir d'un fruit amazonien réputé pour ses vitamines). On prononce : « assahi » !

Barraca da Reserva da Sapiranga : *sur la plage.* À l'ombre des cocotiers, près d'une petite église blanc et bleu. Tout de suite à droite en arrivant par la rue principale, piétonne. L'endroit pour boire un verre en soirée. On peut aussi y manger.

À voir

L'écomusée Projeto Tamar : *av. Farol Garcia d'Ávila, s/n. ☎ 36-76-10-45. • projetotamar.org.br • Tlj 9h-18h (19h en été). Entrée : 7 Rls.*
Une visite instructive et utile. Fondé en 1980, le Projeto Tamar est une importante association brésilienne qui lutte pour la protection des tortues marines qui viennent se reproduire sur le littoral brésilien après un long parcours à travers l'océan Atlantique. Elles quittent les côtes africaines (les eaux du Gabon), traversent l'Atlantique au péril de leur vie pour pondre sur les plages des côtes brésiliennes. Pourquoi cet interminable voyage ? Mystère de la création ! Leurs œufs sont alors recueillis par les bénévoles du Projeto Tamar et enterrés dans le sable jusqu'à éclosion. Plus tard, on les remet à l'eau. Les tortues repartent vers l'Afrique jusqu'à la prochaine migration !
Aujourd'hui, le Projeto Tamar s'enorgueillit d'avoir sauvegardé plus de quatre millions de tortues. Le territoire protégé est évalué à 1 100 km de côtes, avec plus de 21 centres Tamar répartis sur le littoral. Celui de Praia do Forte est l'un des premiers, et on peut y observer cinq variétés de tortues, dont la tortue Oliva, la tortue Cabeçuda, ou la tortue de Couro qui peut peser 700 kg.
Ces « dinosaures marins » évoluent gracieusement dans de grands bassins et aquariums en plein air, situés au pied d'un petit phare. On peut parfois assister à la mise en liberté de centaines de bébés tortues !
– Sur la route depuis Salvador, un autre petit centre à *Arembepe* : ce n'est qu'une petite base de reproduction et on en voit et on en apprend beaucoup moins qu'au centre de Praia do Forte. Donc, routard distrait, ne pas confondre !

APA de Praia do Forte, reserva de Sapiranga : *sur la gauche de la BA 99, au km 52, 2 km avt Praia do Forte. Tlj 9h-18h. Entrée : 5 Rls.* Une réserve forestière de 600 ha qui rassemble des spécimens typiques de la faune et de la flore de la *Mata Atlântica*. Divers sentiers fléchés vous mèneront jusqu'aux berges et aux rapides du rio Pojuca.

Castelo da Torre de Garcia d'Avila : *situé à l'écart du village, entre celui-ci et le bord de mer, dans une cocoteraie. Accessible à pied. Plus d'infos en portugais sur • casadatorre.org.br •*
Ces ruines, posées sur une petite butte, sont les vestiges d'un vieux château fortifié construit à l'époque coloniale sur une terre appartenant à Garcia d'Avila (1528-1609).
Appelé communément casa da Torre, ce château fortifié date de 1551 (pour sa tour) et de 1600 pour le reste des bâtiments. Il a donc été pendant plus de trois siècles la demeure de la plus puissante famille de conquistadors portugais au Brésil. Dix générations de Torre d'Avila s'y sont succédé jusqu'à l'abolition des seigneuries *(morgados)* et du régime féodal en 1835. Le château fut alors abandonné. Au milieu du XIXe s, il était déjà en ruine. Aujourd'hui, c'est un monument historique, géré par une fondation.

LA VACHE, QUEL SUCCÈS !

Garcia d'Avila arrive au Nouveau Monde en 1551, au service de Tome de Souza, son père, le premier gouverneur du Brésil. Avec une simple paire de vaches, ce pionnier portugais fonde, sur les terres du Nordeste, à partir du Sergipe et de la région du São Francisco, rien moins que le plus grand empire foncier de l'histoire du pays. Et même une dynastie, la maison de La Torre. Selon certains, les seigneurs de La Torre auraient possédé 129 immenses fazendas, soit un territoire grand comme le dixième du Brésil (800 000 km²), incluant une grande partie des États actuels du Pernambuco, du Piaui, du Ceará et du Maranhão.

L'ÉTAT DE BAHIA

À faire

– ***Observation des baleines :*** *slt juil-oct.*

– ***Plongée sous-marine :*** plongée en surface seulement dans les bassins naturels formés par la barre de corail.

➢ ***Promenades en canoë, à cheval :*** pour le canoë, compter 30 Rls par personne pour une balade de 1h30 sur le lac Timeantube. À cheval, belle randonnée équestre en bord de mer et dans la réserve naturelle de Sapiranga. Durée : 1h-3h. Tarif : environ 120 Rls pour 1h30.

➢ ***Promenades en bateau et sorties de pêche :*** horaires et prix variables selon la durée.

➢ ***Balades en quad ou en buggy :*** infos au bureau du tourisme.

➤ DANS LES ENVIRONS DE PRAIA DO FORTE

Imbassaí : *à env 10 km au nord de Praia do Forte.* Un village sans vrai centre, aux maisons éparpillées dans les dunes, mais une immense plage de sable fin. Le site est superbe, avec le rio Imbassaí (en tupi, « eaux vives ») qui longe les dunes de sable blanc pour se jeter dans l'océan.

Diogo – Vila de Santo Antônio : *à env 25 km au nord de Praia do Forte.* Touristiquement moins développé qu'Imbassaí, Diogo est un village étendu entre les plantations de cocotiers. Il est situé à 20 mn de marche de la plage. Pour s'y rendre, on emprunte un superbe chemin traversant des dunes d'une blancheur aveuglante, tempérée par le vert de la végétation qui s'y accroche. Plus proche de la plage, le bourg de Santo Antônio est formé par quelques maisonnettes colorées.

SALVADOR DA BAHIA ET LA BAIE DE TODOS OS SANTOS

SALVADOR DA BAHIA

env 3 millions d'hab. IND. TÉL. : 071

Il y a d'abord ce site étonnant : une vaste baie enfoncée dans les terres sur des dizaines de kilomètres, comme une immense rade maritime aux côtes ponctuées d'îlots et d'îles, découpée de pointes et de criques aux formes sableuses ou rocheuses. Sur la carte, elle ressemble à une petite mer intérieure d'un bleu éclatant sous le ciel lumineux du Nordeste. Quel havre de repos protégé des vents et des tempêtes ! Quel magnifique abri naturel pour les marins et les hommes usés par la périlleuse traversée de l'Atlantique ! Salvador da Bahia ! Quel nom mythique, légendaire ! Où l'on imagine les caravelles d'antan laissant leurs lourdes ancres s'accrocher pour les siècles aux côtes du Brésil. Où l'on songe aux sombres cales des navires négriers chargées d'esclaves, qui débarquaient enchaînés en terre inconnue, peuple du silence arraché aux dieux de l'Afrique sans qui le Brésil n'existerait pas.

L'histoire du Brésil a commencé à Salvador au XVIe s, et toute l'évolution du pays plonge ses racines culturelles dans les rivages de cette vaste baie. Il n'est donc pas farfelu de commencer votre voyage au Brésil par Salvador et le Nordeste. Troisième ville du pays par sa population, elle est en fait la première par son cœur. Car si Rio fait rêver pour son site naturel et sa beauté, Salvador,

ville la plus africaine du continent, est une vieille dame respectable qui fascine le voyageur par son caractère tropical, afro-brésilien et festif.
D'ailleurs on l'a surnommée « la Rome noire » du Brésil... Rome pour le nombre impressionnant d'églises que compte la ville (365, une pour chaque jour de l'année, dit-on). Noire, parce que Salvador est aujourd'hui une métropole peuplée surtout de descendants des anciens esclaves africains.
Salvador da Bahia ? Une ville profondément humaine, qui a su, toujours, montrer un visage accueillant et allègre, malgré les ravages du temps et les aléas de l'histoire.
Bienvenue dans cette ville unique au Brésil, que l'on peut aimer sans trop connaître, mais qu'il vaut mieux, comme toujours, approcher de près (et à pied) pour vraiment la sentir et l'apprécier.

UN PEU D'HISTOIRE

Le site de Salvador fut découvert en 1501 (9 ans après le premier voyage de Colomb) par le Florentin Amerigo Vespucci. Son récit et ses lettres de voyage ont été publiés par l'éditeur Michel Chandeigne : *Le Nouveau Monde, les voyages d'Amerigo Vespucci, 1497-1504*. À l'époque, on nommait chaque point d'implantation d'après un saint. La baie de Salvador était tellement grande qu'on la nomma ***Bahia de Todos os Santos*** (baie de Tous-les-Saints). La deuxième explication du nom pourrait être que le site fut découvert le 1er novembre, jour de la Toussaint.

« Catherine du Brésil » : le premier métissage

En 1509, huit ans après le passage d'Amerigo Vespucci, ***Diogo Alvares,*** un marin portugais, fait naufrage sur le rivage de rio Vermelho. Il survit à cette épreuve, se fait adopter par les Indiens, et parvient finalement à fonder un embryon de colonie portugaise dans la baie de Bahia. Coup du destin, il tombe amoureux d'une princesse indigène, ***Catarina Caramuru (Paraguaçu),*** fille d'un puissant cacique tupinamba. Le marin rescapé et sa dulcinée tupi partent alors en Europe. On imagine bien la surprise et la curiosité des notables de Lisbonne devant cette belle « sauvagesse » ! Le 30 juillet 1528, notre « sauvagesse » est baptisée sous le nom de Catherine du Brésil en l'église catholique de Saint-Malo après un séjour de quatre ans en France (l'acte de baptême est toujours conservé aux archives de cette ville). En 1530, Diogo Alvares et sa compagne Catherine (ils ne sont pas encore mariés !) sont de retour à Bahia. Très religieuse, elle fait construire l'ermitage Nossa Senhora da Graça (dans le quartier de Graça) où le couple se marie finalement en 1549 (une plaque commémorative le rappelle), inaugurant ainsi le premier métissage (officiel) de l'histoire du Brésil. Par leur lignée, Diogo et Catarina sont les ancêtres fondateurs de la plus vieille dynastie du Brésil colonial, les *Torre d'Avila* (voir à Praia do Forte), dont l'un des descendants, Christovão de Avila, ingénieur et historien, anime un site internet qui raconte en détail cette belle histoire : • casadatorre.org.br •

SALVADOR DA BAHIA

Bahia : première capitale et berceau du Brésil

Le 29 mars 1549, Diogo Alvares et Catarina Caramuru accueillent ***Tome de Souza,*** le premier gouverneur du Brésil, et la ville devient la première capitale du pays : *São Salvador da Bahia de Todos os Santos.* Pendant deux siècles, Salvador va s'enrichir grâce à la canne à sucre et se couvrir de splendides *sobradões* et d'églises. Un intense trafic d'esclaves fournissait la main-d'œuvre aux champs de canne. La ville brillait par sa vie intellectuelle et culturelle.
Puis le centre d'activités se déplaça de Salvador vers Rio, après la découverte de l'or du Minas Gerais. Cette dernière fut même nommée capitale, en 1763, par la Couronne portugaise. Salvador sombra alors dans une longue léthargie, accentuée au XIXe s par l'abolition de l'esclavage et la crise de la canne à sucre. C'est probablement ce qui sauva son patrimoine architectural. Depuis les années 1980

LA BAIE DE TODOS OS SANTOS

cependant, avec la création d'une zone industrielle à Aratu, au nord de la ville, Salvador a retrouvé un vrai souffle économique. Une forêt de hauts immeubles, issue de ce renouveau, a vu le jour, mais à côté de la vieille ville, qui, elle, conserve de superbes vestiges.

LA VILLE DU *CANDOMBLÉ*

La « Rome noire du Brésil » doit son caractère et sa personnalité (le *candomblé*, le carnaval, la capoeira...) au doux mélange de la culture africaine et des traditions portugaises. Contraints d'adopter la religion des colons portugais, les Noirs n'en continuèrent pas moins à pratiquer leur foi en donnant à leurs dieux les noms de la religion catholique, réalisant une véritable fusion entre animisme africain et catholicisme romain. C'est ainsi que naquit le *candomblé,* base de la vie spirituelle et culturelle de Salvador. L'Église catholique, devant le rapport de force spirituel, a été contrainte d'admettre ces pratiques, notamment lors des fêtes des navigateurs et de Senhor do Bonfim. Pourtant longtemps interdit, voire persécuté (il était considéré comme de la sorcellerie, ce qu'il n'est pas), le *candomblé* a aujourd'hui droit de cité, pratiqué par quelque 3 millions de Brésiliens. Il existerait environ 2 000 sites religieux à Salvador (on les appelle des *terreiros de candomblé*). Voir aussi la rubrique « Religions et croyances » dans « Hommes, culture et environnement » en début de guide.

– Les *candomblés* de Bahia regroupent en gros quatre familles : les ***candomblés gêge-nagô,*** considérés comme les plus purs et dont l'influence est la plus grande au Brésil. Puis les ***candomblés du Congo,*** les ***candomblés de l'Angola*** et les ***candomblés du caboclo.*** Ces derniers sont les plus syncrétiques, intégrant des éléments amérindiens, et aussi les plus nombreux dans la région. Cependant, les nuances entre ces familles sont mineures : les différentes phases des cérémonies sont quasi identiques et varient en fait sur des nuances de pratiques, de chants et de musique.

– Les ***cérémonies*** de *candomblé* sont spectaculaires. Elles ne laissent personne indifférent. L'atmosphère enfumée de vapeurs d'encens, la musique obsédante des *atabaques,* les ruptures de rythme des danses, la prise de possession des corps par les saints, les transes, les tensions, tous ces temps forts sont de grandes expériences qui permettent de mieux comprendre la permanence des rites afro-brésiliens.

– ***Assister à une cérémonie*** de *candomblé* : de nombreuses agences et hôtels le proposent. Compter 50 Rls par personne, transport et guide inclus. Longtemps fermées, les cérémonies de *candomblé* s'ouvrent maintenant doucement aux touristes, étant partie intégrante de la vie sociale de Salvador. Vous trouverez aussi les dates d'un certain nombre d'entre elles dans l'*agenda cultural,* disponible à l'office du tourisme. Sachez toutefois que vous ne serez pas seul. Et dans les *terreiros* les plus visités, hommes et femmes sont séparés.

– ***Remarque :*** il est interdit de photographier et nous conseillons de ne pas enfreindre cette règle. Prévoir de la monnaie, car les « appels au peuple » sont fréquents pendant les différentes phases de la cérémonie.

– Si vous en avez la possibilité, essayez d'assister à un *candomblé* qui ne soit pas programmé et de vous y rendre avec un ami bahianais. Là encore, l'office du tourisme peut vous renseigner sur les dates et horaires.

LE CARNAVAL DE SALVADOR

Le carnaval de Salvador reste celui du peuple de la rue, même s'il existe des dérives de commercialisation et d'institutionnalisation. L'ambiance à Salvador est à la participation, pas au spectacle. L'important ici est de *pular* (sauter-danser). Depuis l'époque où les esclaves affranchis manifestaient bruyamment leur joie lors du carnaval, le pli a été pris par les classes populaires d'envahir la ville. La liesse est totale, les interdits tombent. C'est le défoulement populaire. Un proverbe ne dit-il pas : *Salvador de todos os santos e de todos os pecados* (« Salvador de tous les saints et de tous les péchés ») ?

Quelques différences distinguent le carnaval de Salvador des autres. Ici, on danse le ***samba de Roda,*** une variante où les danseurs avancent et reculent ensemble avec des mouvements du corps très cadencés.

Le ***frevo,*** la musique de Recife, n'est pas non plus absent. Les ***afoxés,*** cortèges de *candomblé,* participent au carnaval après avoir fait une offrande à *Exú* (le diable) pour qu'il ne trouble pas les festivités. Enfin, le ***trio elétrico*** est une institution bien bahianaise, qui a fêté ses cinquante ans en 2000 : orchestres jouant la ***musique axé,*** une musique assourdissante et amplifiée par des haut-parleurs, debout sur la plate-forme d'un gros camion décoré et illuminé.

Derrière, les ***foliões*** (littéralement : « ceux qui s'amusent ») dansent des sambas endiablés. Le carnaval se déroule aussi dans les multiples fêtes de quartier, où éclate la beauté des costumes et se manifeste la virtuosité des musicien(ne)s. N'oublions pas de mentionner que le Brésil doit à la ville un nombre considérable d'artistes et de groupes parmi lesquels ***Olodum, Timbalada, Carlinhos Brown, Caetano Veloso, Daniela Mercury,*** sans oublier ***Giberto Gil*** (ministre de la Culture du gouvernement Lula). Grâce à l'apport africain, les rythmes pratiqués à Bahia sont d'une extraordinaire diversité.

– ***Conseils :*** la zone autour du *trio elétrico* est réputée dangereuse ; bagarres et vols fréquents. Il est recommandé de mettre son argent ailleurs que dans ses poches, souvent visitées par des mains malveillantes. Ou, mieux, de n'avoir sur soi que le strict minimum (de quoi boire et grignoter).

– Pensez aussi à mettre des chaussures confortables, que vous n'aurez pas peur de « déglinguer » en quelques heures, et des vêtements ultralégers, car, au milieu de la foule sous un soleil de plomb, la température grimpe très vite et très haut. Le soir, l'air est un peu plus frais mais l'ambiance toujours aussi chaude. On vous prévient, le rythme est dur à tenir pour les non-initiés...

– ***Carnaval de Bahia pratique :*** le carnaval commence six jours avant Mardi gras. Les trois grands circuits sont le centre historique (Pelourinho), de Campo Grande à la place Castro Alves, et du phare de Barra à la plage d'Ondina. Dans le Pelourinho, c'est un carnaval de rues.

Pour les deux autres circuits, les *blocos* défilent le long des avenues parfois encadrées de tribunes payantes *(camarotes).* À partir de la praça da Sé, c'est de la folie furieuse. À pied, il faut presque toute la nuit pour aller du Pelourinho à Barra. Nuit et jour, plusieurs défilés de trios sont en marche et suivent différents tracés. Deux millions de personnes en délire, c'est impressionnant !

Un site incontournable à consulter pour réserver ses places et obtenir toutes les infos et la programmation des différents blocs : • home.centraldocarnaval.com.br •

BERCEAU DE LA CAPOEIRA

Longtemps interdite car assimilée aux coutumes issues de l'esclavagisme, la capoeira est aujourd'hui pratiquée dans tout le Brésil, mais les meilleures académies sont à Bahia. C'est ici que ***Mestre Bimba*** et ***Mestre Pastinha*** ouvrirent les premières écoles annonçant le renouveau et la réhabilitation de cet art sportif (voir aussi la rubrique « Sports et loisirs » dans « Hommes, culture et environnement » en début de guide).

Des démonstrations sont fréquemment réalisées devant le *mercado Modelo* (seulement le matin) et sur le *Terreiro de Jesus,* mais elles relèvent plutôt du mercantilisme et il est fréquent qu'on vous demande quelques reais pour pouvoir prendre des photos.

Il vaut mieux aller assister aux entraînements dans l'une des académies bahianaises. Le cadre est plus authentique et l'on saisit mieux toute la richesse de cet art martial, véritable langue des corps dans laquelle capoeiristes, musiciens et public communient. Certaines académies proposent des cours ouverts à tous (environ 30 Rls par mois) et ouvrent leurs portes pour des démonstrations gratuites, même s'il est d'usage à la fin de la séance qu'une petite collecte soit effectuée auprès de l'assistance.

– ***Le maculêlê*** est le sport de combat lié à la capoeira et se pratique avec des bâtons. L'initiation à l'un comme à l'autre dépend des mêmes académies. Ces deux sports, au-delà de leurs qualités esthétiques mettant en jeu la poésie des chants, la rythmique, la beauté des musiques, la qualité acrobatique de la danse, sont parmi les plus redoutables arts martiaux.

LA CUISINE BAHIANAISE

La cuisine de Bahia possède une réputation internationale tout à fait méritée. Elle est à l'image de la ville, sensuelle et colorée. On dit qu'elle ne devait pas seulement

plaire aux hommes, mais aussi aux dieux. L'huile de palme *(dendê)* intervient dans la composition de presque tous les plats : allez-y tout doucement, faute de quoi la digestion sera rude. Les crevettes séchées sont également très présentes.
Aujourd'hui encore, les femmes bahianaises, que vous croiserez au coin des rues et qui tirent leur magie culinaire de générations passées au service des nantis, portent le costume traditionnel, composé d'une jupe et de plusieurs jupons superposés, ainsi que d'une petite blouse à volants et manches courtes, autrefois assez fermée près du cou. Aujourd'hui, le costume découvre la gorge et même parfois les épaules. Sur la tête est noué d'une certaine façon un morceau d'étoffe *(torço).* L'origine de ce costume ? Certains disent qu'il vient directement d'Angola, d'autres qu'il serait né de la volonté des femmes noires d'imiter les riches robes de leurs maîtresses. Ces Bahianaises ont le droit, par arrêté municipal, de s'installer où bon leur semble pour préparer leurs beignets et les fameux *acarajés.* Autrefois, seules les *mães dos santos,* initiées aux rites du *candomblé,* disposaient de ce droit.

Dans les restos

Voici les principaux plats que vous rencontrerez (le piment est toujours servi à part) :
– ***Vatapá :*** purée faite avec de la mie de pain ou à base de farine de blé, comprenant crevettes, lait de coco, gingembre, noix de cajou, épices, etc. *Vatapá* et *acarajés* (voir plus loin) sont les deux plus grandes spécialités de Bahia.
– ***Moqueca :*** genre de pot-au-feu à base d'huile de *dendê* dans lequel on fait cuire tomates, oignons, coriandre, citron et lait de coco. Le tout bien salé. Les principaux composants de ce mets convivial peuvent être indifféremment poissons, crabes, poulpes, langoustes, crevettes, etc. Généralement accompagné de riz, de *feijão de leite* (purée de haricots à la noix de coco) et de *farofa* (farine de manioc sautée à l'huile), utilisée pour absorber la sauce. Un régal lorsqu'elle est bien préparée ! L'***ensopado*** est une version « allégée », sans *dendê* et sans lait de coco (plus digeste pour les novices !).
– ***Caruru :*** petite purée gluante à base de *quiabos* (gombos), crevettes séchées, oignons et l'inévitable huile de *dendê.*
– ***Sarapatel :*** tripes de porc cuites au sang avec du foie et des rognons, assaisonnées de menthe et de piment.
– ***Xinxim de galinha :*** fricassée de poulet à l'huile de *dendê* avec de l'ail, des crevettes, de la menthe et du poivre noir.

SALVADOR DA BAHIA

Dans la rue

– ***Acarajés :*** beignets de farine de haricots assaisonnés d'oignons et de sel puis plongés dans l'huile de palme, garnis de crevettes (en option et plus cher), de *vatapá,* d'une petite salade et parfois de *caruru.* Le piment en option est du genre très costaud. Une version plus légère des *acarajés* sont les *abarás* : constitués des mêmes ingrédients mais cuits à l'étouffée, emmaillotés dans une feuille de bananier.
– ***Churrasquinhos de gato*** (littéralement « brochettes de chat ») *:* pour une somme modique, on trouve partout des petites brochettes de bœuf grillées au charbon de bois. Estomacs fragiles, faites gaffe !
– ***Queijinho :*** délicieuses brochettes de fromage vendues sur la plage et un peu partout dans la ville. Les vendeurs transportent une gamelle remplie de braise et font griller la brochette sous vos yeux pour 0,50 à 1 Rl.
– ***Efo :*** légume étrange, à mi-chemin entre la salade et le chou, appelé ***língua de vaca,*** coupé en lanières très fines et bouilli, avec crevettes séchées, sel, oignon, noix de cajou, *dendê,* etc.
– Autres curiosités et spécialités locales : les ***lambretas,*** sortes de praires au court-bouillon, parfumées de coriandre et de piment. Un plat, comme l'incontournable ***caldo de sururu*** (petite soupe épaisse de coquillages réputés aphrodisiaques), servi dans les petites baraques de plage ou les restaurants de fruits de mer comme dans le quartier de Ribeira.

– Enfin, n'oubliez pas tous les gâteaux et sucreries, notamment la ***cocada,*** noix de coco finement râpée, cuite dans du caramel ou du jus de canne. La ***goiabada cascão,*** délicieuse pâte de fruits à la goyave ; la meilleure s'achète en bloc sur les marchés. Et puis le ***quindim,*** dont la consistance se rapproche du pudding. D'autres sucreries composées de pâte de cacahuètes ou de fruits confits.

Arriver – Quitter

En bus

Rodoviária *(gare routière ; plan d'ensemble)* ***:*** *av. Tancredo Neves, à 6-7 km à l'est du centre.* ☎ *34-60-83-00. Pour y aller, plusieurs bus : ceux qui vont au shopping* Iguatemi *(situé en face de la gare routière, départ de la rua Voussaras dans le centre ; plan I, A2), les bus « Rodoviária » depuis l'Estação da Lapa (au sud du Pelourinho), ou encore le « Circular R-1 » depuis Campo Grande (entre le Pelourinho et Barra). Trajet : env 20 mn.*

On trouve dans la gare un bureau d'infos touristiques *(☎ 34-50-38-71 ; ouv tlj 8h-21h),* des consignes à bagages, un centre Internet (près du bureau d'infos touristiques) et des distributeurs de billets.

– Trois catégories de bus : bus *commun* (le plus économique), bus *leito,* bus *executivo* (le plus confortable).

➢ ***De/pour Arembepe :*** *Cie Expresso Linha Verde (☎ 34-50-03-21).* Au moins 10 bus/j., 5h-18h. Trajet : 1h30.

➢ ***De/pour Cachoeira :*** *Cie Empresa Santana (☎ 34-50-49-51).* Un départ ttes les heures, 5h30-21h30. Trajet : 2h.

➢ ***De/pour Mangue Seco :*** bus de la *Cie Bomfim (☎ 34-60-00-00 ; ● bomfim.com.br ●)* direction Aracaju (env 10 bus/j.), descendre à Estancia (3h30 de trajet depuis Salvador), puis minibus pour Indiaroba (rive nord du rio) ou Pontal (rive sud) et, de là, bateau pour Mangue Seco. En tout, 4h-4h30 de trajet.

➢ ***De/pour Ilheus :*** avec la *Cie Aguia Branca. ☎ 40-04-10-10.* 3 bus/j., à 9h, 12h45 et 22h45 de Salvador. Trajet : 7h.

➢ ***De/pour Porto Seguro :*** avec la *Cie Aguia Branca. ☎ 40-04-10-10.* Un bus/j., vers 20h. Trajet : 12h. Billet : 110 Rls.

➢ ***De/pour Aracaju :*** bus de la *Cie Bomfim (● bomfim.com.br ●).* 9 départs/j., 7h-22h. Trajet : 4h30-6h. Billet : 43-68 Rls.

➢ ***De/pour Recife :*** à 850 km. Deux bus/j., vers 12h et en début de soirée, avec la *Cie Itapemirim (☎ 34-50-56-44).* Trajet : 14h ou 16h30. Billet : 90 à 110 Rls env.

➢ ***De/pour Rio :*** 2 bus/j. (à 9h30 et 13h) avec la *Cie Itapemirim* et 1 bus (vers 7h) avec la *Cie Aguia Branca (☎ 40-04-10-10).* Trajet : 27-30h.

En bateau

➢ ***De/pour Morro de São Paulo :*** deux possibilités. La première, c'est le *catamarã* depuis le terminal Marítimo, dans la ville basse (derrière le *mercado Modelo ; plan A1*), pratique car direct, mais cher : 50 Rls. 4 départs/j. dans les 2 sens, 8h-15h. Compter 2h de trajet. La seconde solution est plus longue mais moins chère : il faut prendre un ferry pour Itaparica (au moins 1 ferry/h 6h-23h ; env 25 Rls par voiture et 2,50 Rls par piéton) depuis la gare maritime des ferries de São Joaquim, au nord du Pelourinho (pour y aller, bus depuis l'avenida França, dans la ville basse, ou taxi). Une fois arrivé au débarcadère de Bom Despacho (sur l'île d'Itaparica), prendre un bus jusqu'à Valença, puis, de ce village, un bateau à moteur pour Morro de São Paulo. Ouf ! En tout, compter 4h30 de trajet et env 30 Rls (12 €). Si vous optez pour cette dernière solution, le mieux est de passer au moins une nuit à Morro (ou plusieurs) et de revenir le lendemain par les mêmes moyens.

En avion

✈ ***Aéroport international*** *(hors plan d'ensemble) : à env 30 km à l'est de la ville.* ☎ *32-04-10-10.* On y trouve un bureau de poste, deux comptoirs de change *(tlj 7h-minuit),* des distributeurs de billets (tout au fond à droite dans le hall d'arrivée), des agences de location de voitures *(Localiza, Avis, Hertz...)* et un office du tourisme *(☎ 32-04-12-44 ; ouv tlj 8h-23h),* situé un peu avant les distributeurs de billets. N'hésitez pas à faire un petit détour par ce dernier, on y parle un peu l'anglais et on peut vous aider à trouver une chambre d'hôtel si vous n'avez rien réservé.

➢ De Salvador, vols directs tlj pour ***São Paulo, Rio de Janeiro, Brasília, Belo Horizonte, Recife, Natal*** et ***Fortaleza.*** Pour les autres villes comme São Luís, Belém, Manaus ou Foz do Iguaçu, les vols se font généralement avec escale à Brasília, São Paulo ou Rio.

Pour rejoindre le centre (Pelourinho ou quartier de Barra)

➢ ***En bus :*** à la sortie de l'aéroport, à l'arrêt *Ônibus Seletivo,* des bus de 25-30 places (affichant « praça da Sé ») se rendent au Pelourinho (centre historique de Salvador) via les plages du sud et le quartier de Barra. Fonctionnent lun-ven 5h-22h, w-e 5h30-20h... officiellement ttes les 20 mn mais, en réalité, c'est plutôt ttes les 40 mn, voire plus ! Dans l'autre sens, départs de la rua Voussaras *(plan I, A2),* 6h30-22h40 (20h45 le w-e). Compter env 1h-1h15 de trajet, cela dépend du trafic. Avantage, le billet ne coûte que 4 Rls.

➢ ***En taxi :*** vous pouvez vous adresser au comptoir *Comtas-Coometas* (dans le hall d'arrivée) et payer d'avance le trajet en taxi avec cette compagnie, mais, pour le Pelourinho, ça revient à près de 90 Rls (36 € !). Bref, on vous conseille plutôt de sortir de l'aéroport et de prendre un taxi ordinaire. Ce ne sera pas bon marché non plus mais, si le trafic est fluide, il y a moyen de rallier le Pelo pour environ 60 Rls (24 €).

Les différents quartiers

Salvador est situé sur une vaste pointe qui délimite, à l'est, la baie de Tous-les-Saints. Plusieurs quartiers assez distincts composent la ville. Si vous comptez l'explorer au-delà des limites du centre historique, on vous conseille vivement de vous procurer (dans les kiosques, pour 6 Rls) la carte *« Mapa Turistico de Salvador »,* qui reprend toute l'agglomération de Salvador, les plages et même, dans un encadré, l'ensemble de la baie. À noter que depuis les énergiques mesures prises il y a quelque temps (renforcement considérable des effectifs de police), le climat d'insécurité qui régnait auparavant dans le centre a très nettement diminué. Cela dit, tous les quartiers ne bénéficient pas de la même présence policière et, le soir, évitez de vous promener dans les rues peu fréquentées.

Le centre historique

Divisé en deux parties : la ville haute et la ville basse. C'est là que vous ferez vos plus belles balades à pied, car ici se nichent tout le charme et la sensualité de Salvador.

– ***La ville haute*** *(plan I, A-B2-3) :* cinq vieux quartiers ; ***Sé, Pelourinho, Santo Antônio, Nazaré*** et ***Barroquinha.*** Un certain nombre d'hôtels pour routards et beaucoup, beaucoup de restos et de boutiques touristiques. Petit à petit, le quartier se rénove (c'est déjà le cas de la partie la plus fréquentée par les touristes) et les maisons aux façades colorées retrouvent leur éclat. De même, le largo do Pelourinho, et les quelques rues avoisinantes, sont désormais piétons. Il faut s'éloigner du centre par la rua do Carmo, qui monte du bas du largo do Pelourinho, pour découvrir le *couvent* et l'*église Nossa Senhora do Carmo,* marquant l'entrée des quartiers ***Cruz do Pascoal*** et ***Santo Antônio,*** eux aussi en cours de rénovation.

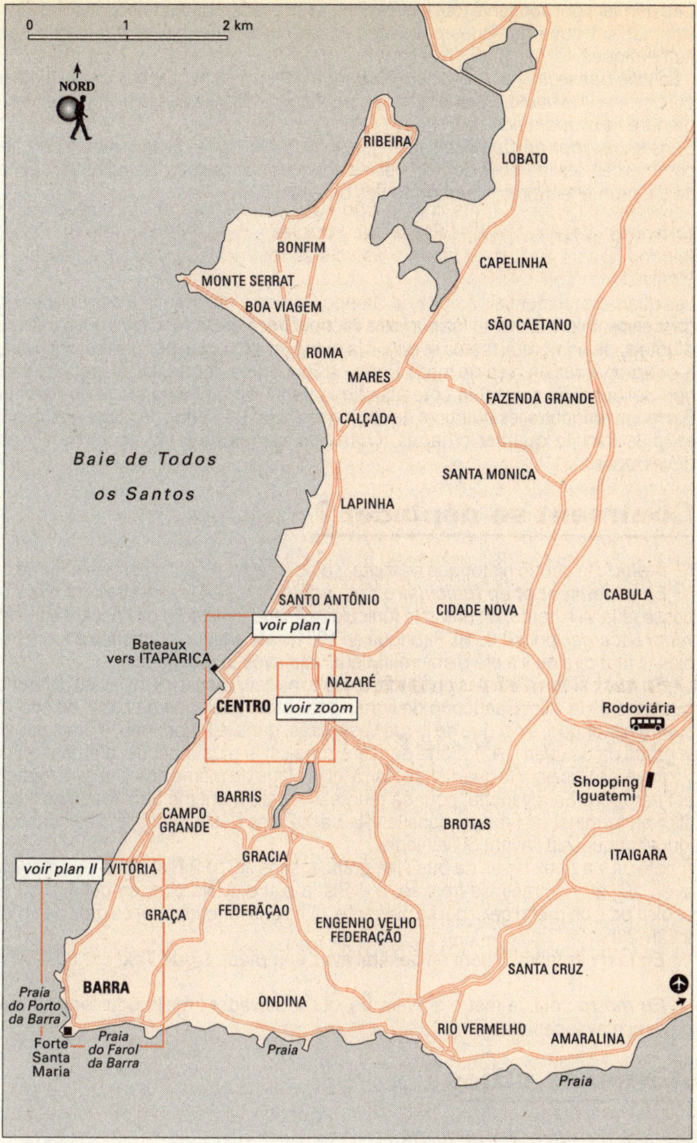

SALVADOR DA BAHIA – ENSEMBLE

Ces derniers ont conservé tout leur cachet, avec une atmosphère populaire et familiale. On y trouve quelques *pousadas* et restos de charme, et des petits bars authentiques.
– ***La ville basse*** *(plan I, A-B1)* **:** étroite bande de terre 75 m plus bas que le plateau qui porte la ville haute. De la ville haute, pour gagner la ville basse (et inversement), prendre l'*elevador Lacerda.*
Dans le ***quartier de Comércio*** *(plan I, A1)* de la ville basse se trouvent le port, les commerces, les marchés couverts et les agences de voyages. Pas d'hôtels. Éviter de s'y promener après la fermeture des bureaux.

Les quartiers résidentiels Vitória, Graça, Ondina, Barra et les plages

Les quartiers résidentiels à partir de Campo Grande s'étendent sur des collines qui descendent vers la mer et les plages : Vitória, Graça et Barra. On y trouve pas mal d'hôtels, de nombreux restos et bars à la mode, et des coins populaires, agréables à explorer après un bain de mer à Porto da Barra, une des seules plages urbaines non polluées. En suivant la côte atlantique vers l'est, après la plage do Farol de Barra, on rencontre les quartiers de Rio Vermelho et de Pituba, la plage de Pituacu et, plus loin, le quartier d'Itapuã. Outre les plages, une vie nocturne s'y est développée.

Comment se déplacer ?

➢ ***À pied :*** le centre historique se visite à pied, d'autant qu'il n'est pas énorme.
➢ ***En ascenseur et en funiculaire :*** pour des allers-retours rapides entre la ville basse et la ville haute, on prend le funiculaire *(Plano inclinado)* ou l'ascenseur *(elevador Lacerda),* pour 0,05 Rl. Fabriqué en 1931, l'ascenseur fonctionne encore très bien (il faut dire qu'il a été restauré). Mieux vaut avoir la monnaie.
➢ ***En bus :*** si l'on n'est pas en fonds, c'est le meilleur moyen de relier les différents quartiers de la ville. Beaucoup de lignes partent de l'*Estação da Lapa,* au sud du centre historique, ainsi que de la rua Vassouras, dans le Pelourinho, à deux pas de la praça da Sé *(plan I, A2).* Cette dernière zone est la plus pratique, d'autant qu'on y trouve les bus pour le quartier de Barra (et la plage du même nom), la gare routière et l'aéroport. En revanche, pour se rendre à la gare maritime San Joaquim, il faut aller au terminal da França, dans la ville basse. Les destinations finales sont toujours indiquées à l'avant du véhicule.
À noter, il y a deux types de bus : les grands, sans AC, à 2 Rls, et les bus moyens avec AC, surnommés les *frescão,* à 4 Rls la place. Mais bon, en général on ne choisit pas, on prend celui qui se présente... Les bus fonctionnent en gros de 5h-6h à 22h-23h.
➢ ***En taxi :*** ils fonctionnent en général avec compteur. ***Ligue Táxi :*** ☎ *33-57-77-77.*
➢ ***En métro :*** oui, le métro arrivera un jour à Salvador ! mais, pour l'instant, les travaux n'avancent pas.

Adresses utiles

Offices du tourisme

ℹ ***Office du tourisme Bahiatursa*** *(zoom A2,* ***1****)* **:** *rua das Laranjeiras, 2, dans le Pelourinho.* ☎ *33-21-27-38 ou 24-63.* • *bahia.com.br* • *Tlj 8h30-21h.* Donne quelques brochures (dont un plan photocopié du centre) et de bonnes infos de base sur la ville et l'État de Bahia. On y trouve aussi un petit agenda culturel (en portugais seulement). Accueil souriant, en anglais et même, chez certains préposés, en français.

Office du tourisme Emtursa *(plan I, A2, **2**) : à côté de l'elevador Lacerda, dans la ville haute.* ☎ *33-21-26-97.* ● *salvadordabahia.ba.gov.br* ● *Lun-ven 8h30-19h30, jusqu'à 17h le w-e.* Infos sur la ville uniquement. L'aimable Jose Ricardo parle le français.

À l'aéroport international : *dans le hall d'arrivée.* ☎ *32-04-12-44 ou 14-44. Tlj 8h-23h.* Bureau *Bahiatursa,* donne des infos sur la ville et l'État.

À la gare routière *(rodoviária ; plan d'ensemble) : dans le terminal.* ☎ *34-50-38-71. Tlj 7h30-21h30.* Bureau de *Bahiatursa.*

Au Mercado Modelo *(plan I, A2) : praça Cayru.* ☎ *32-41-02-42. Lun-ven 8h30-17h30, sam 9h-13h30.* Là encore, antenne de *Bahiatursa.*

Poste et télécommunications

Poste centrale *(plan I, A1) : praça da Inglaterra, dans la ville basse. Lun-ven 8h-17h, sam 8h-12h.* Fait poste restante. *On trouve aussi un bureau dans la ville haute (plus pratique), rua da Ordem Terceira, presque à l'angle du largo do Cruzeiro de São francisco (zoom B2). Ouv lun-ven 9h-17h, sam 8h-12h.*

Téléphone international : Easy Call *(plan I, A2, **3**), rua Misericordia, à côté de la galerie Pierre Verger. Lun-sam 9h-21h, dim 11h-17h.* Centre téléphonique avec cabines, où l'on peut passer des appels locaux ou vers l'étranger (compter moins de 1 Rl/mn pour la France). *Également à l'**Internet Café.com,** rua João de Deus, 2 (voir ci-après).* Sinon, il y a des cabines publiques *(telefone público DDI)* de la compagnie *Oi* un peu partout, reconnaissables à leurs coupoles mauves, bleues ou vertes. Elles fonctionnent avec une carte téléphonique *(cartão telefônico).* Pour l'étranger, on conseille les cartes de 90 unités *(90 créditos),* mais elles sont assez rares et on trouve plus facilement des cartes de 60, 50 ou 30 unités. On peut se procurer ces cartes à la poste (c'est là qu'elles sont le moins cher), mais aussi dans les kiosques et même auprès de revendeurs de rue postés çà et là.

Internet : aucun problème pour trouver des endroits où se connecter, ils sont légion dans le centre. Voici toutefois quelques adresses particulièrement sympas :

– ***Internet Café.com*** *(zoom A2, **4**) : rua João de Deus, 2, Terreiro de Jesus (Pelourinho).* ☎ *33-21-21-47. Tlj 9h-21h.* Au 1er étage. Une crêperie-cybercafé, où l'on peut également passer des appels internationaux (compter 1 Rl/mn pour la France).

– ***Bahiacafé.com*** *(plan I, A-B2, **5**) : praça da Sé, 20 (Pelourinho).* ☎ *33-22-12-66. Tlj 9h-23h.* Pour surfer dans un café-resto à la déco coloniale très agréable.

– ***Café Conosco*** *(zoom B2, **6**) : rua da Ordem Terceira, 4 (Pelourinho).* ☎ *33-21-83-72. Lun-sam 10h-20h.* Adorable salon de thé au rez-de-chaussée d'une vieille demeure. On peut y faire une pause-café et grignoter un bout de tarte. À fréquenter même si vous n'avez rien à faire sur le Web !

– ***Maria Cybernet*** *(plan II, D6, **7**) : travessa Marquês de Leão. Tlj 9h-22h. Rue oblique entre av. Almirante Marquês de Leão et rua Afonso Celso.*

Argent, change

Comme partout au Brésil, il vaut mieux changer ses euros dans les bureaux de change qu'à la *Banco do Brasil,* qui prend toujours une forte commission. Pour les *travellers checks* cela dit, la *Banco do Brasil* est l'unique solution.

One Exchange *(zoom A2, **8**) : largo do Cruzeiro de São Francisco, 15. Lun-sam 9h-18h.* Taux raisonnable et pas de commission.

Banco Paulista *(plan I, A2, **9**) : av. Estados Unidos, 4, dans la ville basse. Lun-ven 9h30-17h.* Nécessite un petit détour si vous êtes dans la ville haute mais propose le meilleur taux qu'on ait vu à Salvador. Aucune commission non plus.

Banco do Brasil *(zoom A2, **10**) : largo do Cruzeiro de São Francisco.* ☎ *33-21-68-41. Lun-ven 10h-14h.* Pour les *travellers* uniquement, sinon, ça ne vaut pas le coup. Possède aussi des distributeurs *(Visa)*.

■ ***Distributeurs Bradesco :*** *nombreux dans la ville, notamment sur le largo Teresa Batista (zoom B2), au shopping center* Barra *(plan II, B5), au shopping center* Iguatemi, *à l'aéroport et à la* rodoviária. Ils acceptent toutes les cartes sauf *Amex*.

■ En cas de **perte de la carte Visa** : ☎ *0800-99-00-01.*

Représentations diplomatiques

■ ***Agence consulaire de France :*** *travessa Francisco Gonçalves, 1, 8e étage (dans la ville basse, dans le quartier Comércio).* ☎ *32-41-01-68. Lun-mer et ven 10h-13h.*

■ ***Consulat de Suisse :*** *av. Tancredo Neves, 3343 (5e étage, salle 5063, dans le bureau d'Alitalia), Centro Empresarial Previnor.* ☎ *33-41-58-27. Lun-jeu 9h-12h.*

■ ***Consulat de Belgique :*** *sítio Lagoa Branca, estrada do Côco, km 11, Vila de Abrantes.* ☎ *36-23-24-54. Lun-ven 9h-12h.*

Urgences

■ ***Pronto socorro*** *(premiers secours) :* ☎ *192.*

■ ***Pharmacies de garde :*** ☎ *136.*

■ ***Hospital Aliança :*** *av. Juracy Magalhães Júnior, 2096 (Rio Vermelho).* ☎ *21-08-56-00.* Excellent hôpital privé, mais cher : mieux vaut avoir une bonne assurance pour se faire rembourser au retour. Pratique aussi des vaccinations, sauf le samedi.

■ ***Hospital Português :*** *av. Princesa Isabel, 2 (Barra Avenida).* ☎ *32-03-35-31.*

■ ***Police touristique*** *(zoom A2,* ***11****) : Gregorio de Matos, presque à l'angle du largo Cruzeiro de São Francisco.* ☎ *31-16-68-17. Ouv 24h/24.* On y parle en principe plusieurs langues, dont le français. En cas de problème cela dit, de nombreux agents sillonnent la vieille ville.

– Pour toute plainte à communiquer (mauvaise prestation, arnaque), vous pouvez aussi composer le : ☎ *0800-71-66-22 (Disque Turismo)*, mais là, mieux vaut parler le portugais.

SALVADOR DA BAHIA

■ Adresses utiles

- **2** Office du tourisme Emtursa
- Poste centrale
- **3** Easy Call
- **5** Bahiacafé.com
- **9** Banco Paulista
- **14** A Primavera
- **15** Wash & Dry
- **16** Wash Well

Où dormir ?

- **21** Pousada da Praça
- **22** Hôtel Ilhéus
- **23** Pousada Hilmar
- **24** Pousada da Mangueira
- **25** Albergue do Pelô
- **26** Pousada Villa Carmo et Casa Vila Bela
- **27** Pousada Beija-Flor
- **28** Studio do Carmo
- **29** Pousada O Pagador de Promessas

Où manger ?

- **50** Hispano Bahia
- **54** Casa da Roça
- **56** Bar Cruz do Pascoal
- **57** Restaurante Al Carmo
- **58** Trapiche Adelaide

Où boire un verre ? Où danser ?

- **95** Restaurant Olivier

Où écouter de la musique ?

- **97** Les escaliers de l'église Sacramento do Passo

À voir

- **113** Convento e igreja do Carmo
- **114** Galeria-fundação Pierre Verger
- **120** Museu da Misericórdia
- **121** Museu de Arte sacra

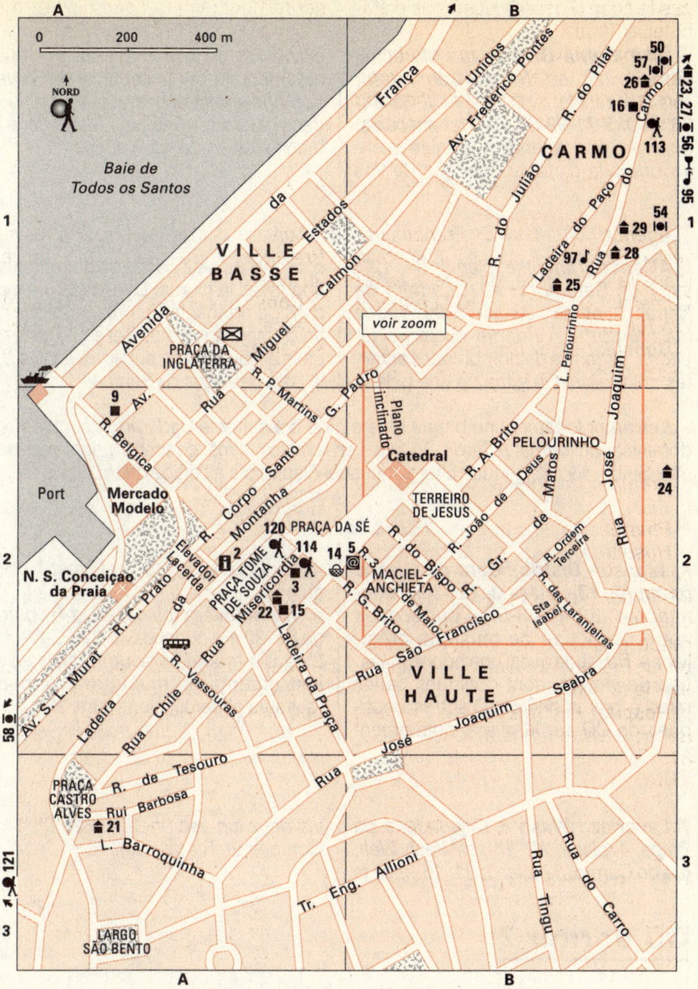

SALVADOR DA BAHIA – CENTRE (PLAN I)

Compagnies aériennes

■ ***Tam :*** *av. Tancredo Neves, 3343.* ☎ *32-73-67-00. Confirmations et résas :* ☎ *0300-123-10-00 (0,30 Rls/mn).* • *tam.com.br* •

■ ***Tap :*** *av. Tancredo Neves, 1632.* ☎ *31-13-26-00 ou 0800-707-77-87 (confirmations et résas).*

■ ***Gol :*** ☎ *0300-789-21-21 (0,30 Rls/mn).* • *voegol.com.br* • La compagnie *low-cost* la plus importante du pays. Cela dit, il peut être intéressant de comparer les tarifs proposés avec ceux des autres compagnies à bas coût, comme *Ocean Air* et *Web Jet.*

■ ***Ocean Air :*** ☎ *32-04-15-02.* • *oceanair.com.br* •

■ ***Web Jet :*** ☎ *0300-210-12-34.* • *webjet.com.br* •

Agence de voyages

■ ***AAA-Bahia-Brasil :*** *rua Marechal Floriano, 28, ed. Norma Camozzato, sala 302 canela.* ☎ *0055-71-32-35-55-08.* 📱 *0055-71-99-38-76-11.* • *aaabahia.com* • Cette agence organise votre voyage à la carte, en fonction de vos envies et de vos moyens. Formule notamment pour le carnaval de Salvador. Également des voyages organisés dans plusieurs villes pour participer à la manifestation de votre choix.

Loisirs, culture

■ ***Alliance française*** *(plan II, D4, **12**) : av. 7 de Setembro, 401 (Ladeira da Barra).* ☎ *et fax : 33-36-75-99.* • *afbahia.com.br* • *À l'angle du largo da Vitória.* Organise de nombreuses activités culturelles. On y trouve une galerie d'expos, un petit centre de documentation (avec le journal *Le Monde,* un peu daté...), un théâtre (représentations en fin de semaine), etc. Belle crêperie en plein air, ouverte au public, avec vue sur la baie de Todos os Santos.

– ***Journaux locaux :*** une bonne idée est de consulter le *Caderno 2,* supplément dominical du journal *A Tarde*. Tous les spectacles, films, concerts y sont répertoriés. Sinon, il y a l'agenda culturel mensuel disponible à l'office du tourisme.

Achats

Minison Distribuidora de Discos *(zoom A2, **13**) : praça da Sé, 16 (Pelourinho).* ☎ *32-41-03-57.* Pour enrichir votre collection de musique brésilienne. Possède aussi une bonne sélection de vinyles, dont quelques perles rares à prix honnêtes. D'autres boutiques de CD sur la place, notamment *A Vox Pop,* au n° 28, ou *Planet Music,* au n° 3.

A Primavera *(plan I, A2, **14**) : praça da Sé, 32 (Pelourinho).* ☎ *33-22-69-48.* Magasin renommé pour la qualité des instruments de musique proposés (guitares et percussions surtout).

Divers

■ ***Laveries : Wash & Dry,*** *ladeira da Praça, 4 (plan I, A2, **15**), et **Wash Well,** rua do Carmo, 32 (plan I, B1, **16**). Ouv ts les deux lun-ven 9h-18h, sam 9h-14h. Compter 20 Rls les 5 kg.*

SALVADOR DA BAHIA

Où dormir ?

LOCATION D'APPARTEMENTS

Claude Steiner : ☎ *et fax au 32-48-47-04.* 📱 *91-12-40-12. On peut voir ses apparts sur* • *http://planeta.terra.com.br/turismo/bahiatrip/* • *Pour le duplex (à Rio Vermelho), compter 45 €/j. ou à partir de 1 000 € le mois complet selon saison. Pour les studios, compter env 35 €/j. ou 750-1 000 € le mois, toujours selon saison. Sur résa slt, avec un acompte de 50 % après accord. Réduc de 10 % sur présentation de ce guide.* Un Franco-Israélien marié à une Brésilienne loue des appartements, l'un situé à Rio Vermelho, à 20 mn du centre en bus, les autres à Barra. Tout confort et très bien équipés, proches de la mer ou avec accès à une piscine privée. Transfert de l'aéroport. La meilleure adresse qu'on ait trouvée pour ceux qui veulent profiter de Bahia sans flamber leur argent à l'hôtel et dans les restos. Claude vous conseillera aussi sur les balades en ville ou des excursions. Il possède aussi une *pousada* sur l'île

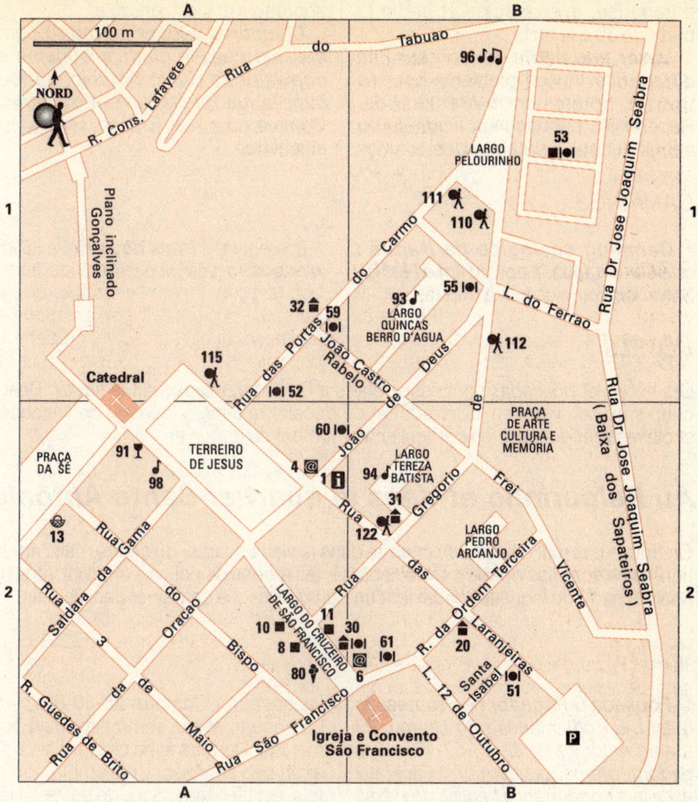

SALVADOR DA BAHIA – ZOOM

Adresses utiles

- **1** Office du tourisme Bahiatursa
- **4** Internet Café.com
- **6** Café Conosco
- **8** One Exchange
- **10** Banco do Brasil
- **11** Police touristique
- **13** Minison Distribuidora de Discos

Où dormir ?

- **20** Albergue das Laranjeiras
- **30** Villa Bahia
- **31** Hostel Albergue dos Anjos
- **32** Casa do Amarelindo

Où manger ?

- **51** La Figa
- **52** Quilombo do Pelô
- **53** Senac
- **55** Uauá
- **59** Mama Bahia
- **60** Jardim das Delicias
- **61** Maria Mata Mouro

Où manger une super glace ?

- **80** Le Glacier Laporte

Où boire un verre ? Où danser ?

- **91** O Cravinho
- **96** Praça do Reggae

Où écouter de la musique ?

- **93** Largo Quincas Berro d'Água
- **94** Largo Teresa Batista
- **98** Fundo de Cravinho

Où assister à un spectacle folklorique ?

- **53** Senac

À voir

- **110** Museu da Cidade
- **111** Fondation Jorge Amado
- **112** Museu Abelardo Rodrigues
- **115** Museu afro-brasileiro et museu de Arqueologia e Ethnologia
- **122** Museu do Objeto Imaginario

d'Itaparica, avec piscine et jardin (à partir de 30 € la nuit).

Louer une petite maison sur l'île d'Itaparica. Aucun problème pour en trouver, notamment à *Mar Grande*. Repérer les panonceaux *aluga-se* ou demander aux habitants. Une solution abordable et bien agréable.

Chambres à louer au mois : *nombreuses dans le quartier bohème et populaire de Santo Antônio, surtout dans la rua Direita de Santo Antônio.* Comme pour Mar Grande, repérer les affichettes.

CAMPINGS

Camping ecologico de Itapuã : *quartier d'Itapuã, à env 20 km à l'est de Salvador.* Voir plus loin à Itapuã.

Également à ***Praia do Forte,*** *à 86 km vers le nord (voir plus loin).*

HÔTELS

Les hôtels et *pousadas* sont assez chers à Salvador, mieux vaut le savoir. Beaucoup sont complets en juillet-août et de décembre à mars (période de vacances scolaires brésiliennes), en particulier au moment du carnaval.

Au Pelourinho et dans le quartier Santo Antônio

On trouve pas mal d'hôtels de charme dans le vieux quartier du centre mais, attention, ils ne sont pas donnés. Côté sécurité, les rondes de police s'arrêtent vers 1h, heure à partir de laquelle il redevient un peu plus risqué de traîner dans le coin.

De bon marché à prix moyens (25-80 Rls / 10-32 €)

Pousada O Pagador de Promessas *(plan I, B1,* ***29****) : ladeira do Carmo, 19 (Santo Antônio). ☎ 32-43-57-16. • opagadordepromessas.com.br • Face aux escaliers conduisant à l'église de Passo (concerts ts les mar). Dortoirs 30 Rls, plus 3 doubles 50 Rls ; tarifs négociables au-delà de 3 j.* Une *pousada* simple et bien tenue, aux murs clairs et au parquet fraîchement ciré. Cuisine à dispo. Nombreux concerts aux alentours, donc assez bruyant.

Albergue do Pelô *(plan I, B1,* ***25****) : rua Ribeiro dos Santos, 5. ☎ 32-42-80-61. • alberguedopelo.com.br • Ouv 24h/24. Dortoir 28 Rls/pers.* AJ très bien située. Dortoirs uniquement, non mixtes, de 4 à 10 lits. Sanitaires un peu spartiates mais nettoyés tous les jours. Petite cuisine équipée, quelques tables en bois pour le petit déj. Bon accueil. On y parle un peu l'anglais. Même remarque que pour le précédent concernant le bruit.

Hostel Albergue dos Anjos *(zoom B2,* ***31****) : rua Gregorio de Matos, 15. ☎ 33-22-74-86. • alberguedosanjos.com.br • Compter 25-30 Rls/pers.* Là encore, assez sommaire mais bon marché. Dortoirs avec cloisons en bois et un peu confinés. L'ensemble, toutefois, est bien tenu. Salle de bains privée ou à l'étage. Laverie, Internet, casier à bagages. Bon accueil. Bruyant certains soirs côté rue.

Pousada da Praça *(plan I, A3,* ***21****) : rua Barbosa, 5. ☎ 33-21-06-42. • pousadadapracahotel.com.br • Lit en dortoir à moins de 30 Rls ou doubles 65-80 Rls.* Maison ancienne patinée mais propre et bien tenue. Accueil jovial d'un hôtelier sérieux. Doubles modestes, avec ou sans salle de bains et vue, équipées de ventilo ou AC. Certaines peuvent être un peu bruyantes, demandez, si possible, à en voir plusieurs. Propose aussi deux dortoirs de 8 lits (avec casiers et sanitaires). Salle à manger aux vieux planchers et jardin intérieur pour boire un verre au calme. Internet à dispo.

Hôtel Ilhéus *(plan I, A2,* ***22****) : ladeira da Praça, 4 (Pelourinho). ☎ 33-22-72-40. • hotelilheus.com.br • Proche de*

SALVADOR DA BAHIA – BARRA (PLAN II)

Adresses utiles

- 7 Maria Cybernet
- 12 Alliance française
- 17 Araketu

Où dormir ?

- 34 Pousada Phoenix
- 35 Pousada La Villa Française
- 36 Villa Romana Hotel
- 37 Pousada O Gato Comeu
- 38 Pousada Âmbar
- 39 Pousada Estrela do Mar
- 40 Pousada Azul
- 41 Pousada Malú et hôtel Porto da Barra
- 42 Albergue do Porto
- 43 Hostel Jardim Brasil
- 44 Pousada Mar a Vista
- 45 Pousada Papaya Verde

Où manger ?

- 65 Chico II
- 66 Restaurant Brazil Legal
- 67 Caranguejo do Sergipe
- 68 Pereira
- 69 Caranguejo do Farol
- 70 Buffet Livre Mangiare

Où boire un verre ?

- 68 Pereira
- 101 Barravento

Où écouter de la musique ?

- 102 Habeas Copos

À voir

- 116 Morro do Cristo
- 117 Farol da Barra et Museu nautico
- 118 Fort de Santa Maria
- 119 Fort de São Diogo

l'ascenseur Lacerda. *Doubles env 55 Rls, singles 40 Rls.* Dans un vieux bâtiment patiné par le temps et bien situé, tenu par Gerson, un chaleureux grand-père. Chambres au confort rudimentaire, on vous prévient, mais pas sales, toutes avec salle de bains. Préférer le 2e étage, un peu moins bruyant.

Pousada Hilmar *(hors plan I par B1,* ***23****) : rua Direita de Santo Antônio, 136 (Santo Antônio). Bien située, dans le quartier baroque et populaire de Santo Antônio. ☎ 32-43-49-59. • pousada hilmar.com.br • Doubles 65 Rls avec ventilo, 75 Rls avec AC, petit déj inclus.* Bon accueil du jeune Jackson. *Pousada* à l'intérieur simple mais propre. Quelques chambres ont vue sur la baie. Au dernier étage, une chambre avec une terrasse surplombe la ville basse et la baie.

Albergue das Laranjeiras *(zoom B2,* ***20****) : rua da Ordem Terceira, 13 (Pelourinho). ☎ 33-21-13-66. • laranjeirasho stel.com.br • Dortoir 35 Rls/pers, doubles avec ou sans sdb et AC 95-130 Rls. Moins cher hors saison ; réduc avec la carte FUAJ.* Une sympathique AJ membre de *Hostelling International*. Un peu cher pour une AJ, c'est vrai, mais idéalement située et bien tenue. De plus, chouette architecture aérée, tout en bois. Accès internet, cuisine, laverie et consigne à disposition. Un coin hamac sur la mezzanine pour buller. Excellent accueil.

Chic (150-250 Rls / 60-100 €)

Pousada da Mangueira *(plan I, B2,* ***24****) : ladeira da Saúde, 9. ☎ et fax : 32-42-39-26. • pousadadamangueira. com.br • Doubles 165 Rls.* Un peu à l'écart des rues du centre, et donc plus calme que d'autres hôtels, surtout certains soirs. Les chambres sont un peu petites mais ont toutes été rénovées. Déco à la fois sobre et moderne, bon confort (TV, salle de bains, frigo...). De plus, elles jouissent d'une vue originale sur le Pelourinho et les maisons colorées du centre historique. On prend son petit déj dans un jardin autour d'une piscine, bien à l'écart de l'agitation. Accueil discret et gentil.

Studio do Carmo *(plan I, B1,* ***28****) : ladeira do Carmo, 17 (Santo Antônio). ☎ 33-26-24-26. • studiodocarmo.com. br • Doubles 160-180 Rls. Moins cher hors saison.* Dans un vieux *sobrado* du XVIIIe s, rénové et tenu par un couple d'Italiens (le mari parle le français), 4 chambres spacieuses, claires et bien décorées. Les unes donnent sur les escaliers montant vers l'église Sacramento do Passo (bruyant le mardi !), les autres sur une cour intérieure. Petit déjeuner servi dans les chambres. Propose aussi 3 appartements juste en face, bien arrangés et confortables (avec cuisine équipée), pour le même prix, mais évitez celui qui est tout contre les escaliers de l'église Sacramento do Passo, moins bien que les deux autres. Une bonne adresse.

Pousada Villa Carmo *(plan I, B1,* ***26****) : rua do Carmo, 58 (Santo Antônio). ☎ 32-41-39-24. • pousadavillacarmo. com.br • À 5 mn à pied du Pelourinho, près du largo do Carmo. Doubles 140-240 Rls selon confort. Moins cher hors saison.* Dans une vieille maison retapée et fraîche (gros murs et hauts plafonds), une bien jolie *pousada* tenue par un couple italo-brésilien. Le patron est aimable et se débrouille en français. Chambres agréables et spacieuses, avec ou sans AC (toutes avec TV, salle de bains et coffre). Les plus chères ont un balcon avec vue imprenable sur le port, le large et l'île d'Itaparica. Profitez-en ! Sinon, on retrouve cette même vue depuis la terrasse, où se prend le petit déj ou un verre au coucher du soleil. Laverie et possibilité de transfert depuis l'aéroport.

Casa Vila Bela *(plan I, B1,* ***26****) : rua do Carmo, 64 (Santo Antônio). ☎ 91-52-51-51. • pousadacasavilabela.com. br • Compter 140-290 Rls pour 2 pers. Moins cher hors saison.* Encore une *pousada* nichée dans une belle maison d'époque. Entièrement retapée par Stéphane, un Français bon vivant de Montpellier. Elle abrite 8 chambres vraiment charmantes, de style un peu colonial, réalisées avec des matériaux nobles. Le prix varie en fonction de la taille et de l'orientation, mais, de toute façon, ici encore, il y a une terrasse avec vue sur la baie de Tous-les-Saints.

PLANS ET CARTES EN COULEURS

VENEZUELA
Boa Vista
RORAIMA
GUYANA
SURINAM
GUYANE FR.
COLOMBIE
3 014
Pico de Neblina
BR 174
Negro
Óbidos
Amazone
Santarém
Manaus
Alter do Chão
Amazone
Leticia
Tefé
Amazone
P. N. da Amazónia
Tabatinga
São Luis do Tapajós
Route Transamazonienne
BR 319
Tapajós
AMAZONAS
Humaitá
Xingu
Cruzeiro do Sul
ACRE
Porto Velho
Rio Branco
BR 364
BR 163
RONDÔNIA
MATO GROSSO
PÉROU
Chapada dos Guimarães
Cuiabá
Cáceres
BOLIVIE
Corumbá
Pantanal
Campo Grande
Bonito
MATO GROSSO DO SUL
Porto Murtinho
PARAGUAY
Paraguay
Paraná
Tropique du Capricorne
CHILI
Chutes d'Iguaçu
Parc national d'Iguaçu
OCÉAN PACIFIQUE
ARGENTINE
RIO GRANDE DO SUL
Paraná
Uruguaiana
0
200
400 km
URUGUAY

OCÉAN ATLANTIQUE
NORD
Oiápoque
AMAPÁ
Macapá
Équateur
Île de Marajó
Souré
Algodoal
Salvaterra
Belém
PARÁ
Tocantins
BR 010
BR 316
Alcântara
São Luís do Maranhão
Parque Nacional dos Lençóis Maranhenses
Barreirinhas
Jericoacoara
Maudaú
Praia da Lagoinha
Paracuru
Parnaiba
Tianguá
Fortaleza
BR 343
BR 222
Ubajara
Morro Branco
Canoa Quebrada
Aracati
Ipú
Canindé
Teresina
Île Fernando de Noronha
RIO GRANDE DO NORTE
Mossoró
BR 304
Natal
Praia da Pipa
MARANHÃO
CEARÁ
PARAÏBA
João Pessoa
Itamaraca
Olinda
Recife
Caruaru
PERNAMBUCO
Fazenda Nova
Parnaiba
PIAUÍ
Araguaia
Tocantins
TOCANTINS
Palmas dos Tocantins
Juazeiro do Norte
ALAGOAS
Maceió
SERGIPE
BR 407
Aracaju
BAHIA
São Francisco
BR 324
BR 101
Feira de Santana
Praia do Forte
Lençóis
Cachoeira
Salvador da Bahia
P. N. de la Chapada Diamantina
Ilha de Itaparica
Morro de São Paulo
Itacaré
Ilhéus
BR 153
BR 116
BRASILIA
Goiás Velha
Goiânia
GOIÁS
MINAS GERAIS
BR 050
BR 040
Diamantina
BR 101
Porto Seguro
Trancoso
Caravelas
Grande
Belo Horizonte
Sabará
Caeté
ESPÍRITO SANTO
Ouro Preto
Vitória
Congonhas
Pico da Bandeira
2880
Anchieta
BR 153
SÃO PAULO
Sanctuaire de Bom Jesus
Teresópolis
BR 101
Petrópolis
Paraty
São Paulo
Rio de Janeiro
Búzios
RIO DE JANEIRO
PARANÁ
BR 116
Santos
Tropique du Capricorne
Curitiba
Morretes
Ilha do Mel
Forêt atlantique réserve du sud-est
Paranaguá
São Francisco do Sul
SANTA CATARINA
Florianópolis
116
BR 101
Laguna
OCÉAN ATLANTIQUE
Porto Alegre
sites inscrits au Patrimoine mondial de l'Unesco
Capitale d'État

LE BRÉSIL

RIO DE JANEIRO – ENSEMBLE (PLAN I)

Adresses utiles

✉ Poste centrale
2 Consulat de France, Air France et Alliance française
3 Banco do Brasil
5 Varig

Où dormir ?

20 Hôtel Belas Artes

Où manger ?

58 Cais do Oriente
59 Restaurante Brasil
60 Coliseu das Massas
61 Bistro do Paço
62 Adega Flor de Coimbra
63 Bar Luiz
64 Undergrill
65 Confeitaria Colombo
66 Restaurante Albamar
67 Mr Ôpi
68 Pizzeria Encontros
69 Galeto Castelo
104 Nova Capela
137 Ernesto
138 Cosmopolita

Où boire un verre ?

65 Confeitaria Colombo
128 Casa Cavé
134 Amarelinho
135 Adega do Timão
137 Ernesto
138 Cosmopolita

Où danser... la *gafieira* ?

129 Estudantina
130 Asa Branca
133 Casa da Mãe Joana

Où écouter de la musique brésilienne ?

127 Comuna do Semente
131 Rio Scenarium
132 Carioca da Gema et Sacrilegio

À voir

140 Gare du Bonde
141 Centro cultural Banco do Brasil

RIO DE JANEIRO – REPORTS DU PLAN II

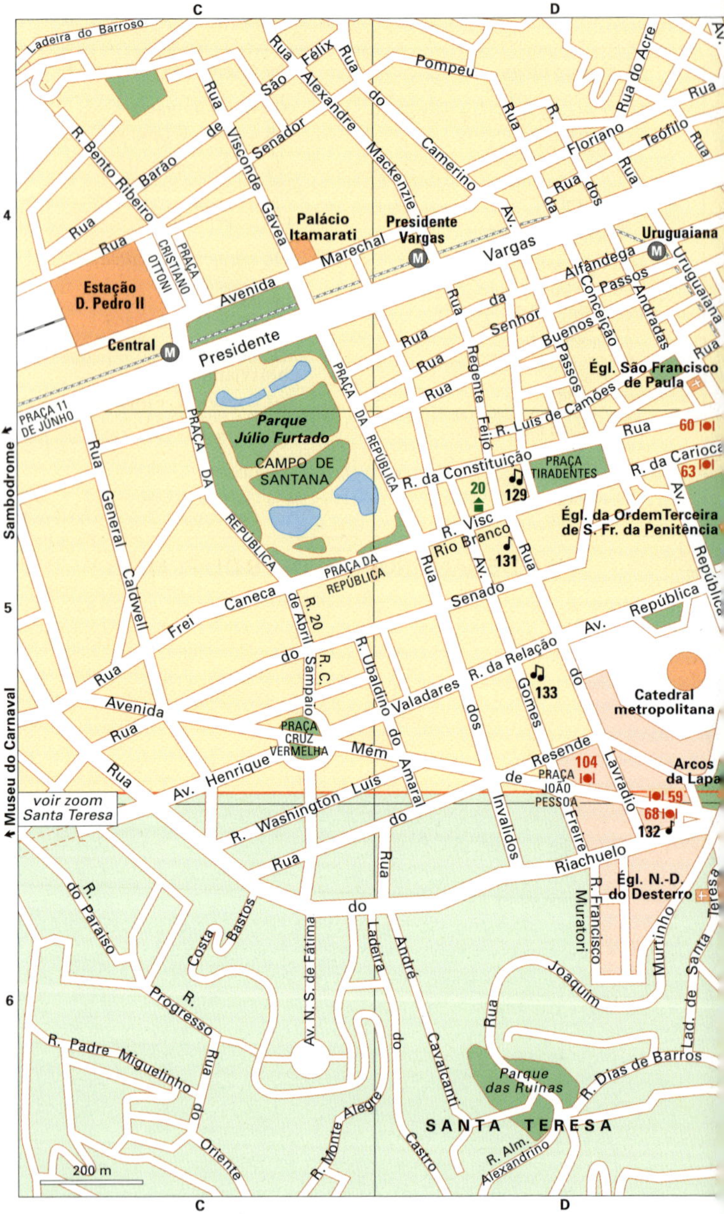

C
D
4
5
6
Ladeira do Barroso
Rua Félix
São
Rua Alexandre Mackenzie
Rua do Camerino
Pompeu
Rua
R. Floriano
Rua do Acre
Rua Teófilo
Rua
R. Bento Ribeiro
Rua Barão de São Félix
Rua de Visconde de Gávea
Senador
Rua da Rua dos
Av.
Rua
Rua
PRAÇA CRISTIANO OTTONI
Palácio Itamarati
Presidente Vargas
Uruguaiana
Marechal
Vargas
Alfândega
Estação D. Pedro II
Avenida
Rua da Conceição
Passos
Andradas
Uruguaiana
Senhor
Buenos
Passos
Central
Presidente
Rua
Rua
Rua
Regente Feijó
Rua
Égl. São Francisco de Paula
PRAÇA 11 DE JÚNHO
Sambodrome
PRAÇA DA REPÚBLICA
PRAÇA DA REPÚBLICA
Parque Júlio Furtado
CAMPO DE SANTANA
R. Luís de Camões
Rua
60
R. da Constituição
PRAÇA TIRADENTES
R. da Carioca
63
20
129
Égl. da OrdemTerceira de S. Fr. da Penitência
Rua General Caldwell
R. Visc Rio Branco
131
Av.
Rua
Rua
PRAÇA DA REPÚBLICA
República
Frei Caneca
R. 20 de Abril
Senado
Av. República
Rua
do
R. C. Sampaio
R. Ubaldino do Amaral
Valadares
R. da Relação
133
Gomes
do
Catedral metropolitana
Avenida
Rua
PRAÇA CRUZ VERMELHA
Mém
dos
Resende
104
Lavradio
Arcos da Lapa
Rua
Av. Henrique
de
PRAÇA JOÃO PESSOA
59
Museu do Carnaval
voir zoom Santa Teresa
R. Washington Luís
Invalidos
Freire
68
132
Rua
Riachuelo
Rua
R. do Paraíso
Costa Bastos
do
R. Francisco Muratori
Égl. N.-D. do Desterro
Av. N. S. de Fátima
Ladeira
André Cavalcanti
Joaquim Murtinho
Lad. de Santa Teresa
R. Progresso
Rua
R. Padre Miguelinho
Rua do Oriente
do
Rua
Parque das Ruinas
R. Dias de Barros
SANTA TERESA
R. Monte Alegre
Castro
R. Alm. Alexandrino
200 m

RIO DE JANEIRO – CENTRE (PLAN II)

C
6
NORD
R. Washington Luis
Rua do Resende
Rua Riachuelo
Rua Paula Matos
R. Pintora Janira
64
Rua do Paraiso
R. J. de Alencar
R. Eduardo Santos
Bastos
Costa
Rua
Rua Cardeal
Av. N. Sra de Fatima
Monte Alegre
LARGO DAS NEVES
Rua Progresso
62
R. E. de Almeida
Rua Padre Miguelino
Rua do Oriente
Rua Dom Sebastião Leme
R. dos Conqueiros
SANTA TERESA
Monte
Rua Miguel de Paiva
Rua Gonçalves
8
R. Paschoal Carlo
Rua
R. Teresina
79
Rua Miguel Catarina
136
R. Constante
Reis
Alegre
Rua
Rua
Monte
Rua Laurinda Santos
Rua Aarao
Rua
Aurea
63
Rua Jorge Navarro
Tramway
0
100
200 m
C

■ **Adresse utile**

8 Cama e Café

Où dormir ?

60 Rio Hostel
61 Trip Hostel
62 Chambres d'hôtes Wanderley Figueiredo
63 Casa da Renata
64 Casa da Ana Maria

Où manger ?

57 Espirito Santa
79 Taverna Diferente
108 Sobrenatural
109 Bar do Arnaudo

Où boire un verre ?

108 Sobrenatural
136 Armazen São Thiago
139 Jasmin Manga
140 Bar do Mineiro

RIO DE JANEIRO – SANTA TERESA (ZOOM)

↙ Jardim Botânico

RIO DE JANEIRO – SUD (PLAN III)

Où dormir ?

18 Rio Hostel
19 Mengo Palace Hotel
22 Turístico Hotel
23 Hotel Ferreira Viana
24 Hotel Caxambu
25 Hotel Rio Claro
26 Regina Hotel
27 Hotel Inglês
28 Hotel Paysandú
29 Hotel Imperial
30 Hotel Hispano Brasileiro
31 Hotel Beija-Flor
32 Hotel Florida
33 Hotel Novo Mundo

Où manger ?

70 Café Lamas
71 Aurora
72 Botequim
73 Garota da Urca
74 Garota do Flamengo
75 Majórica
76 Churrascaria Porcão Rio
77 Praia Vermelha
78 Catete Grill

Où boire un verre ?

109 Rua Farani
113 Mercado São José das Artes

Où écouter de la musique brésilienne ?

110 Canecão

RIO DE JANEIRO – REPORTS DU PLAN III

Adresses utiles

- Riotur et kiosque d'infos touristiques
- Accès Internet
- Poste
- 1 Localiza
- 6 Avis
- 7 Delegacia especial de atendimento ao turista
- 9 Hospital Miguel Couto
- 10 Apartur Imóveis
- 11 VGNI rent-a-car

Où dormir ?

- 34 Edifício Jucati
- 35 Hotel Vermont
- 36 Hotel San Marco
- 37 Copa Hostel
- 38 Hotel Arpoador Inn
- 39 Acapulco Copacabana
- 40 Hotel Ipanema Inn
- 41 Harmonia, Karisma et Casa6ipanema
- 42 Augusto's Copacabana
- 43 Premier Copacabana Hotel
- 44 Rio Backpackers
- 45 Pousada da Margarida Carneiro
- 46 Che Lagarto Hostel
- 47 Copacabana Praia Hotel
- 48 Hotel Martinique
- 49 Hotel Santa Clara
- 50 Pousada Girassol
- 51 Mellow Yellow Backpackers
- 52 Adventure Hostel
- 53 Stone of a Beach
- 54 Atlantis Copacabana Hotel
- 55 Chambres d'hôtes de Tanya Doyle
- 56 Brazuca's Hostel
- 57 Mango Tree
- 58 Hotel Praia Ipanema

Où manger ?

- 80 Papo de Anjo
- 81 Cervantes
- 82 Mala e Cuia
- 83 Marius Degustare
- 84 Restaurante New Natural
- 85 Bar Lagoa
- 86 Gula-Gula
- 87 Big Nectar
- 88 Zaza Bistro Tropical
- 89 Manoel & Juaquim
- 90 Casa da Feijoada
- 91 Stands de la Lagoa
- 92 Cantinha do Leblon
- 93 Jobi
- 94 Churrascaria Carretão Lido
- 95 Churrascaria Carretão
- 96 Da Silva
- 97 Cafeína
- 98 Alessandro & Frederico
- 99 Fellini
- 100 Vegetariano Social Club
- 101 Celeiro
- 102 Sindicato do Chopp
- 103 Fazendola et Nanquim
- 104 Forneria
- 105 Buteskina
- 106 Colombo do Forte
- 107 Churrascaria Porcão
- 108 Olivier Cozan

Où boire un verre ?

- 85 Bar Lagoa
- 115 Empório
- 111 Bofetada
- 112 Garota de Ipanema
- 113 Da Graça
- 114 Caroline Café
- 115 Empório
- 116 Academia da Cachaça
- 118 Copa Café
- 119 Botequim Informal
- 120 Bip-Bip
- 122 Bracarense
- 124 Guapo Loco

Où assister à un spectacle ?

- 117 Plataforma 1

Où écouter du bon jazz ?

- 125 Vinícius
- 126 Mistura Fina

RIO DE JANEIRO – REPORTS DU PLAN IV

RIO DE JANEIRO – LES PLAGES (PLAN IV)

RIO DE JANEIRO – LES PLAGES (PLAN IV)

LE MÉTRO DE RIO DE JANEIRO

Pousada Beija-Flor *(hors plan I par B1, **27**) : rua Direita de Santo Antônio, 259 (Santo Antônio).* ☎ *32-41-70-85.* • *beijaflorpousada.com.br* • *Après les 2 précédents en venant du Pelourinho, en continuant dans la rue. Doubles env 200 Rls.* Dans une maison coloniale restaurée avec goût (c'est une habitude ici !) par Riccardo, un Brésilien francophone. La plupart des sept chambres (avec salle de bains, frigobar et coffre) donnent sur la baie de Tous-les-Saints et sont bien protégées du soleil par d'épaisses persiennes. Au rez-de-chaussée, la superbe terrasse et le salon garni de nombreux livres et instruments de musique invitent au délassement. Un havre de tranquillité.

Encore plus chic (300-550 Rls / 120-220 €)

Casa do Amarelindo *(zoom A1, **32**) : rua das Portas do Carmo, 6 (Pelourinho).* ☎ *32-66-85-50.* • *casadoamarelindo.com* • *Compter 330-550 Rls pour 2 pers. Moins cher hors saison.* Un nouvel établissement, très élégant, tenu par des Français (les Français aiment bien le Pelourinho !). Pour ceux qui ont les moyens donc, une dizaine de chambres superbes et hyper confortables, avec salle de bains en marbre, TV à écran plat, meubles en bois sombre et excellente literie. Petite piscine et bar (ouvert à tous, de 17h à 23h) avec vue plongeante sur la baie de Tous-les-Saints. Petite particularité : ici, le petit déj est servi toute la journée !

Hors catégorie (plus de 600 Rls / 240 €)

Villa Bahia *(zoom A-B2, **30**) : largo do Cruzeiro de São Francisco, 16-18 (Pelourinho).* ☎ *33-22-42-71.* • *lavillabahia.com* • *En France :* ☎ *0892-23-65-65. Doubles avec petit déj 650-800 Rls selon saison. Au resto, lunch 40 Rls et menus 70-100 Rls (à la carte, compter 30 Rls le plat).* Un véritable hôtel de charme au cœur du Pelourinho. Le groupe *Voyageurs du Monde* a réaménagé deux maisons coloniales réunies par un petit jardin et les a décorées sur le thème des découvreurs portugais. Aux murs, des cartes anciennes (dont une authentique *Coronelli*) répondent aux azulejos des salles de bains et aux planchers de bois tropicaux. L'hôtel propose aussi, depuis peu, un resto gastronomique. Superbes parties communes, notamment la petite piscine avec mur végétal dans un adorable patio, ou le bain japonais installé sur une terrasse au 4e étage, avec très belle vue sur les toits roses du centre ancien. Excellent petit déj, plein de surprises, service hors pair, bref, une demeure pour voyageurs certes très à l'aise dans leur budget, mais où tout a été pensé pour donner envie de rester !

À Vitória

De très bon marché à prix moyens (20-80 Rls / 8-32 €)

Pousada Phoenix *(hors plan II par D4, **34**) : rua Gabriel Soares, 53 (ladeira dos Aflitos).* ☎ *33-29-02-00 ou 19-32. Quelques chambres en dortoir avec une splendide vue et sdb dans les étages pour 10 Rls/pers. Possibilité de pension complète pour 17 Rls.* Proche de la place des Aflitos, qui offre un superbe point de vue sur toute la baie, une petite *pousada* très simple, rudimentaire et familiale.

Pousada O Gato Comeu *(hors plan II par D4, **37**) : av. 7 de Setembro, 2367 (Corredor da Vitória).* ☎ *33-37-17-62. Près du* Museu Artes da Bahia. *Bien desservi par les bus. Doubles 40-70 Rls, avec petit déj. Pousada* toute blanche dans une des rares maisons de l'avenue, sans aucune déco mais aux chambres propres et tournant le dos à la bruyante rue. Dans ce qui fut jadis l'avenue huppée de Salvador, qui fait le lien entre le Campo Grande et la ladeira da Barra. C'est aujourd'hui une grande avenue ombragée, entre le quartier de Barra et sa plage, Porto da Barra et le centre historique, où il est agréable de se promener à pied.

À Barra

Nombreux hôtels dans ce quartier assez éloigné du centre historique mais proche des plages.

De bon marché à prix moyens (jusqu'à 80 Rls / 32 €)

Hostel Jardim Brasil *(plan II, D5, **43**) : rua Recife, 4. ☎ 32-64-96-37. • hostelbrasil.com.br • Nuitée 25-27 Rls/pers en dortoir, 56-62 Rls pour l'une des 2 doubles ; réduc étudiants et carte FUAJ.* Une bonne adresse au cœur d'un des endroits animés de Barra. Déco simple et ensemble bien tenu. Cuisine et coffres à disposition. Internet et transferts vers l'aéroport et la *rodoviária*.

Albergue do Porto *(plan II, C5, **42**) : rua Barrao de Sergy, 197. ☎ 32-64-66-00. • alberguedoporto.com.br • À l'angle de la rue Barrao de Itapuã. Lit en dortoir 22-30 Rls, doubles 60-90 Rls selon confort et saison.* À 150 m de la plage de Porto da Barra, une AJ affiliée à *Hostelling International*, dans une grande maison aux murs jaunes. Dortoirs de 4 à 10 lits (casiers pour sacs à dos) ou doubles avec douche et w-c (ventilo ou AC). Nombreux services. Internet. Cuisine collective servant de bons plats. Transferts vers l'aéroport.

Pousada La Villa Française *(plan II, D5, **35**) : rua Recife, 222. ☎ 32-45-60-08. • lavilafrancaise.com • Non loin de* l'Albergue Jardim Brasil. *Dortoir 35 Rls/pers, doubles 90 Rls (ventilo ou AC). Moins cher hors saison.* Tenu par deux Françaises, Stéphanie et Nathalie. Il s'agit en fait de l'ancienne Alliance française, qui abrite désormais 8 chambres claires et à la déco sympa, avec petite salle de bains. Un dortoir mixte de 8 lits aussi. Cuisine équipée, machine à laver. Clientèle internationale. Organise également des excursions d'une journée aux plages et sur l'île d'Itaparica, ou de 2 jours vers Cachoeira et São Felix, avec descente en pirogue et pêche au crabe !

Prix moyens (50-100 Rls / 19-38 €)

Pousada Âmbar *(plan II, D6, **38**) : rua Afonso Celso, 485. ☎ 32-64-69-56. • ambarpousada.com.br • À 2 mn à pied de la plage, dans une agréable rue ombragée. Selon saison, 27-36 Rls/pers en dortoir de 4 à 8 lits, doubles 80-105 Rls, copieux petit déj compris. CB acceptées.* Bon accueil d'une sympathique Française. Jolis petits bâtiments bien entretenus, qui forment une cour intérieure. Chambres (avec ventilo) et dortoirs simples et propres. Ambiance conviviale très appréciée par nos lecteurs. Accès Internet et téléphone. Bon rapport qualité-prix.

Pousada Malú *(plan II, C5, **41**) : av. 7 de Setembro, 3801. ☎ 32-64-44-61 ou 40-06. Idéalement situé, en face du fort de Santa Maria. Doubles 60-80 Rls, petit déj compris.* Chambres au confort sommaire, mais propres, avec salle de bains. Aucune ne donne sur la mer, mais elles sont calmes (car tournant le dos au boulevard) et l'endroit est agréable, avec une déco en brique et bois et beaucoup de plantes. Accueil souriant.

Hôtel Porto da Barra *(plan II, C5, **41**) : av. 7 de Setembro, 3783. ☎ 32-64-77-11. • hotelportodabarra.com.br • Juste à côté de la* pousada Malú, *mais tarifs plus élevés. Doubles 59 Rls avec ventilo, env 90 Rls avec AC, petit déj inclus.* Sans charme particulier mais bien situé, face au petit port et à la plage de Porto da Barra. Chambres propres, au confort correct, avec douche-w-c.

Plus chic (100-150 Rls / 38-57 €)

Villa Romana Hotel *(plan II, C-D6, **36**) : rua Professor Lemos de Brito, 14. ☎ 32-64-65-22. • villaromana.com.br •* Notre coup de cœur dans cette

SALVADOR DA BAHIA

catégorie. Incroyable rapport qualité-prix. À 500 m de la plage environ, dans une rue à flanc de colline, un hôtel de charme étonnant par sa discrétion et sa décoration intérieure recherchée. Azulejos, vieux meubles, planchers en bois, sculptures, tableaux, très bon accueil, c'est idéal pour un couple amoureux souhaitant un peu de calme, sans être trop loin de la plage et de l'animation. Piscine dans le jardin. Fait aussi resto. Stationnement facile.

Pousada Estrela do Mar *(plan II, C6, **39**) : rua Afonso Celso, 119. ☎ et fax : 32-64-48-82. • estreladomarsalvador.com • Doubles 120-160 Rls selon confort et saison, petit déj compris.* À 200 m de la plage et du phare de Barra, une jolie maison soigneusement décorée, fraîche et propre. Les 9 chambres sont agréables, spacieuses et très claires, blanches du sol au plafond, en passant par la literie et la déco. En prime, l'accueil est jovial et le petit déj fameux, à base de bons produits fermiers.

Pousada Mar a Vista *(Pousadas Jovelina ; plan II, C-D5, **44**) : rua Professor Lemos de Brito, 184. ☎ 32-67-12-72. • pousadasjovelina.com.br • À droite en montant cette rue tranquille à flanc de colline.* Un petit hôtel discret, à l'écart du bruit, qui abrite de belles chambres bien équipées, d'une très bonne tenue. Vue sur la rue ou sur l'arrière. Petite piscine intérieure et terrasse côté rue. Le propriétaire possède trois autres *pousadas* sous la même enseigne *Jovelina* (sorte de petite entreprise familiale).

Pousada Papaya Verde *(plan II, C5, **45**) : rua Eng. Milton Oliveira, 177. ☎ 32-67-10-08. 📱 88-69-96-91. • pousadapapayaverde.com • Doubles env 100 Rls, petit déj inclus, avec AC et douche-w-c.* Au bord d'une petite rue tranquille et semi-circulaire, une coquette villa dans la verdure d'un jardin tropical. Non loin de la plage, mais en retrait du bruit et de l'agitation. Bon accueil. Chambres de couleur rose ou vert papaye. Sert le *cafe da manha*.

Pousada Azul *(plan II, C5, **40**) : rua Dra. Praguer Fróes, 102. ☎ 32-64-97-98. • pousadaazul.com.br • À 3 mn à pied de la plage* Porto da Barra. *Doubles 108-140 Rls avec ou sans AC, petit déj inclus.* Dans une jolie maison coloniale bleu et blanc, bien tenue, chambres claires et confortables, certaines avec mezzanine. Accueil aimable. La patronne, Béatriz, vous sera d'excellent conseil. Accès internet, laverie et possibilité de transfert vers l'aéroport.

Où manger ?

À l'instar des hôtels, les restos sont assez chers à Salvador, en particulier dans le centre historique. Vous voilà prévenu !

Dans le centre historique

Bon marché (moins de 15 Rls / 6 €)

Hispano Bahia *(plan I, B1, **50**) : rua do Carmo, 68 (Santo Antônio). ☎ 32-41-09-25. Tlj 8h-minuit. Compter 10 Rls pour une assiette bien remplie.* Petite restauration à la carte et bon buffet *ao kilo* (attention, jusqu'à 20h) dans une salle genre cantine doublée d'une terrasse avec vue sur le port. Toujours un ou deux plats espagnols (et paella le dimanche !), car le patron est barcelonais. Surtout, ne manquez pas les jus de fruits frais, servis dans des pots d'un demi-litre ! Pas mal de formules de petit déj aussi.

Bar Cruz do Pascoal *(hors plan I par B1, **56**) : rua Joaquim Tovora, 2 (Santo Antônio). ☎ 32-43-22-85. Tlj sf dim.* Petit bar-resto où les gens du quartier se retrouvent dans un bel esprit populaire. Pour manger, passer derrière le comptoir en bois pour accéder à l'arrière-salle et à la petite terrasse qui offre une jolie vue. Nourriture simple et économique. Délicieuse *carne do sol* (viande de bœuf salée, puis séchée au soleil), accompagnée de purée d'*aipim*. On peut aussi se contenter d'y boire un verre.

De prix moyens à plus chic (20-45 Rls / 8-18 €)

Senac *(zoom B1,* ***53****) : largo do Pelourinho, 13-19 (au 1er étage).* ☎ *33-24-45-53. Tlj sf dim 11h30-15h30, 18h30-22h. Buffet à volonté à 28 Rls/pers, bien plus intéressant que certains restos touristiques de la vieille ville.* Resto installé dans l'un des beaux *sobradões* de la vieille ville. Salle à manger vaste et claire, de style colonial, avec ventilos. Ce sont les élèves de l'école hôtelière qui font la cuisine et assurent le service. Ambiance un poil guindée, mais le buffet proposé (midi et soir) vaut vraiment le déplacement car il permet de faire un apprentissage complet de la gastronomie bahianaise. Dans la cour au rez-de-chaussée (en fait une petite arène), un spectacle folklo (entrée : 10 Rls), mélange de traditions africaines et de danse moderne, est présenté chaque jeudi, vendredi et samedi à 19h.

La Figa *(zoom B2,* ***51****) : rua das Laranjeiras, 17.* ☎ *33-22-00-66. Tlj 12h-minuit. Plats 20-40 Rls.* Si vous aimez les pâtes, une bien bonne adresse. Il y en a pour tous les goûts : au fromage et légumes, aux champignons, *alla puttanesca...* mais, nous, on vous conseille les *spaghetti alla scogliera romantica* (aux fruits de mer, avec une demi-langouste), vraiment sublimes ! Pas mal de monde cela dit, prévoir un peu d'attente avant d'être servi.

Casa da Roça *(plan I, B1,* ***54****) : ladeira do Carmo, 27 (Pelourinho).* ☎ *32-41-85-80. Ouv ts les soirs sf dim.* Dans une maison décorée dans le style des intérieurs du Sertão (bois, argile, paille...), avec une belle mezzanine. On y mange bien, un peu de tout (viandes, *moquecas,* pizzas), et on y vient aussi pour boire un verre en écoutant de la musique *ao vivo,* car le proprio, argentin, organise des petits concerts du mercredi au samedi, à partir de 19h. Bien aussi d'y venir le mardi puis de se joindre à l'énorme foule qui se presse juste en face pour écouter le groupe de Jeronimo (voir plus loin « Où écouter de la musique ? »).

Quilombo do Pelô *(zoom A1,* ***52****) : rua das Portas do Carmo, 13.* ☎ *33-22-43-71. Ouv slt le soir, jusqu'à minuit.* Au 2e étage d'une maison ancienne. Tenu par de sympathiques rastas qui servent une cuisine de Jamaïque. Peu de choix (plats de poulet, de crevettes et de langoustes) mais c'est bien préparé. La maison fait aussi hôtel, avec des chambres confortables *(100-130 Rls en hte saison).*

Jardim das Delicias *(zoom A2,* ***60****) : rua João de Deus, 12.* ☎ *33-21-14-49.* On passe d'abord devant une salle à manger meublée dans le style colonie portugaise, avant d'accéder à un jardin planté de banyan et d'hibiscus. Spécialités locales et bahianaises (comme la *roupa velha* – « vieux linge » –, de la viande déchiquetée aux olives, crevettes séchées et œufs pochés). Service de qualité et musique tous les soirs.

Restaurante Al Carmo *(plan I, B1,* ***57****) : rua do Carmo, 66 (Santo Antônio).* ☎ *32-42-02-83. Mar-sam à partir de 11h30. Lun, slt le soir. Le midi, menu spécial 21 Rls.* Maison ancienne rénovée, à la déco chaleureuse et soignée, pour goûter aux plats italiens pas trop chers. Installez-vous sur la petite terrasse au 2e étage qui donne sur le port, vraiment très agréable, surtout lorsqu'un guitariste y pousse la chansonnette. Sinon, il y a le bar au rez-de-chaussée, bien pour prendre un verre après le dîner ou attendre qu'une table de la terrasse se libère. Côté cuisine, pâtes maison et café servi dans des petites cafetières italiennes.

Mama Bahia *(zoom A1,* ***59****) : rua das Portas do Carmo, 21.* ☎ *33-22-43-97. Tlj midi et soir. Plats 10-50 Rls.* Dans l'une des rues les plus touristiques du Pelourinho, un resto un peu chic et très fréquenté, avec tables couvertes de nappes rouges et murs garnis de bouteilles de vin. Spécialités de viandes et poissons grillés. Pas le meilleur rapport qualité-prix de Salvador mais une cuisine honnête et copieuse.

Chic (autour de 50 Rls / 20 €)

Maria Mata Mouro *(zoom B2, **61**) : rua da Ordem Terceira, 8. ☎ 40-02-62-60. Ouv tlj midi et soir.* Excellent resto au cœur du quartier historique. Cuisine de Bahia authentique, que l'on déguste dans un superbe patio noyé dans la végétation. Ne manquez pas la *moqueca*. Personnel charmant.

Uauá *(zoom B1, **55**) : rua Gregório de Matos, 36 (Pelourinho). ☎ 33-22-17-78. Mar-dim midi et soir.* La salle est au 1er étage. On vient au *Uauá* (prononcer « wawa ») pour ses bons plats typiques du Nordeste, servis dans un décor très réussi, inspiré des villages paysans du Sertão. Balcons donnant sur la rue. À la carte, poisson et crevettes, notamment le *bobo de camarão*. Excellent service.

Dans la ville basse

Chic (autour de 50 Rls / 19 €)

Trapiche Adelaide *(hors plan I par A2, **58**) : praça dos Tupinambás, 2, av. Contorno. ☎ 33-26-22-11. En descendant de l'ascenseur, prendre à gauche, puis à droite juste après la station-service* BR *(c'est indiqué par une grande pancarte) ; traverser un « hangar » aménagé en galerie de luxe, c'est là ! Tlj sf dim soir.* Dans un bâtiment qui servit autrefois de port de débarquement puis de marché aux poissons, ce restaurant est devenu l'un des endroits les plus chic de Salvador. Pour sa cuisine internationale très correcte, mais aussi pour la vue qu'il offre sur la baie et l'île d'Itaparica. Déco très claire, épurée et classe. On peut aussi se contenter de boire un verre au bout du ponton à côté du restaurant (voir, dans « Où boire un verre ? Où danser ? », le *Bar da Ponta Comércio*). Carte des vins prestigieuse. Ambiance Croisette assurée.

À Barra

Bon marché (moins de 15 Rls / 5,70 €)

Buffet Livre Mangiare *(plan II, D6, **70**) : av. Almirante Marquês de Leão, 485. ☎ 34-91-40-69. Tlj 11h15-15h30. Env 8 Rls le repas.* Un des moins chers du quartier pour des portions suffisantes. Fréquenté par les gens du secteur. Tout simple mais bon et frais.

Restaurant Brazil Legal *(plan II, C6, **66**) : rua Afonso Celso, angle avec rua Dias Davila. ☎ 32-40-88-25. Très bien situé, près des plages. Prix très sages : moins de 10 Rls.* Resto populaire et sympathique (*legal* est un synonyme de « sympathique »), très apprécié des Brésiliens. On y sert une nourriture bahianaise, fraîche, copieuse et goûteuse, sous forme de grand buffet libre.

Chico II *(plan II, D5, **65**) : rua Recife, 86 (Jardim Brasil, Barra), à l'angle de la rua Recife. ☎ 32-67-43-86. Fermé dim soir.* On déguste, sous la tonnelle, une variété de *petiscos* de bonne qualité *(de 1 à 4 Rls)* et d'excellents plats copieux de poisson et de viande *(à partir de 10 Rls)*. Situé dans un quartier animé à 10 mn du Porto da Barra, ce petit bar-restaurant est très populaire.

Prix moyens (15-25 Rls / 5,70-9,50 €)

Caranguejo do Farol *(plan II, C6, **69**) : av. Oceânica, 235. ☎ 32-64-70-61.* La *caïpirinha* est à moins de 3 Rls, c'est déjà un bon signe. Rien n'est très cher et tout est bon, frais surtout, car ce resto est très fréquenté donc ça tourne dans les cuisines. On y sert des poissons, des coquillages et des produits de la mer. La déco n'est pas très élaborée, mais on s'en moque. Une grande terrasse surplombant la plage, des serveurs rapides et souriants, et un bon rapport qualité-prix, c'est l'essentiel, le reste est superflu : vive le Brésil !

Caranguejo do Sergipe *(plan II, D6, **67**) : av. Oceânica, 674 (proche du Christ de Barra). ☎ 32-45-98-26. Tlj sf lun midi jusqu'à 3h.* Une des adresses sûres du quartier pour manger de bons fruits de mer. Crabe à l'unité, douzaine de *lambretas* (coques), ou encore *camarão pistola,* crevettes géantes à l'ail et à l'huile d'olive. Autre spécialité en dehors des crabes, la *mariscada,* une savoureuse *moqueca* de fruits de mer. Le plat est suffisant pour 3 personnes. Fréquenté à la fois par des touristes et des Bahianais.

Pereira *(plan II, C5, **68**) : av. Sete de Setembro, 3959 (Porto da Barra). ☎ 32-64-64-64. Proche de l'hôpital Espanhol. Tlj.* Le bar-restaurant *lounge* de Salvador, prolongé par une superbe terrasse ombragée face à la mer. La carte originale propose des plats individuels autour de 30 Rls aux influences croisées (France, Brésil, Italie). Pour dîner ou prendre un verre dans un cadre agréable. Fréquenté par la jeunesse aisée de la ville.

À Rio Vermelho

Bon marché (moins de 15 Rls / 5,70 €)

Boteco do França *: rua Borges Reis, 24. ☎ 33-34-27-34. Niché dans une ruelle à 500 m du largo de Santana. Tlj sf lun, jusqu'au dernier client.* On se serre autour des tables installées dans la rue pour boire une bière ou une *caïpirinha* maison, préparée avec divers fruits. Pour se rassasier, quelques plats bahianais et surtout de savoureux *petiscos,* comme les fameux *bolinhos de bacalhau.*

Dinha do Acarajé *: largo de Santana. Au centre de la place centrale de rio Vermelho, facile à trouver.* Un petit stand pris d'assaut. Vous aussi, allez déguster les *acarajés* de Dinha, parmi les meilleurs de Salvador. Tous les jours après le travail et en soirée, les habitants du quartier viennent siroter quelques bières sur les terrasses de la place, rebaptisée *praça da Dinha do acarajé* par les Bahianais. Dinha a aussi un « vrai » restaurant, *Casa da Dinha* (voir « Prix moyens »).

Mercado do Peixe *: largo da Mariquita. En contrebas de l'hôtel* Transamerica. *Ouv 24h/24.* Quand tout est fermé à Salvador, c'est le lieu où il est possible de manger à 4h en compagnie d'une clientèle des plus hétéroclite. Les Bahianais y dansent en fin de semaine jusqu'au lever du soleil.

Prix moyens (15-25 Rls / 5,70-9,50 €)

Casa da Dinha *: rua João Gomes, 25. ☎ 33-34-05-25. En face du largo de Santana. Tlj sf dim soir et lun. Plats pour 2 pers env 25 Rls.* Forte du succès légendaire de ses *acarajés,* Dinha a ouvert ce resto à 30 m de son stand et nous fait découvrir l'autre facette de ses talents culinaires. On goûte une cuisine régionale parfumée, comme les délicieuses *moquecas* et *ensopados* aux poissons et fruits de mer, qui raviront les gros appétits comme les fins gourmets.

À Pituba

Villa's Churrascaria *: av. Otavio Mangabeira, 2236 (Jardim dos Namorados, Praia Pituba). ☎ 32-40-17-62. De Barra : 15 mn en taxi. Situé sur la droite de la route, face à la plage de Pituba, un grand bâtiment bas et moderne avec un parking devant. Compter 50 Rls pour un buffet succulent, avec toutes sortes de viande à volonté.* Voilà un des meilleurs restos de viande de Salvador. Service impeccable, belle cave à vin réfrigérée et grandes baies vitrées avec vue sur la mer.

SALVADOR DA BAHIA

Où manger une super glace ?

***Le Glacier Laporte** (zoom A2, **80**) : largo do Cruzeiro de São Francisco, 21 (Pelourinho). ☎ 32-66-36-49. Tlj 9h30-20h.* Sur la plus belle place de Salvador. Selon Georges, français et maître glacier des lieux, les fruits du Brésil délivrent les parfums les plus fins et les plus originaux. Et c'est vrai que là, on a été conquis ! Essayez la glace au *jenipapo*, au *jaca* ou au *cupuacú*... ou encore celles au chocolat au piment ou à la *cocana*, de la noix de coco additionnée de *cachaça*, un pur régal ! De toute façon, ici, on peut tout goûter avant de choisir. Assurément l'un des meilleurs glaciers de la ville.

Où boire un verre ? Où danser ?

Au Pelourinho

***Les bars musicaux du Pelourinho** (zoom B1) :* presque chaque soir, les bars et restos sur les placettes et dans les ruelles du vieux centre proposent des petits concerts... pas tout à fait gratuits (petit *couvert artístico* ajouté à ce qu'on consomme) mais pas chers du tout. Bref, pas difficile de trouver un lieu avec un peu d'ambiance, laissez-vous simplement guider par les rythmes brésiliens qui, çà et là, ne manqueront pas de vous chatouiller les oreilles !

***O Cravinho** (zoom A2, **91**) : praça 15 de Novembro, 3, Terreiro de Jesus. Tlj 11h-23h30.* Bar chaleureux au décor tout en bois et orné de petits tonneaux. Patron sympa. Les habitants et les travailleurs du quartier ont pris l'habitude de venir y boire un verre en début de soirée. Tapas et bières pas chères. Parmi les plus de 30 *cachaças* natures ou aromatisées à déguster, goûtez donc au *cravinho*, une *cachaça* parfumée au clou de girofle.

***Restaurant Olivier** (hors plan I par B1, **95**) : rua Direita de Santo Antônio, 61. ☎ 32-41-38-29. Tlj sf lun à partir de 18h.* Bar franco-brésilien situé dans un vieux *casarão* du quartier de Santo Antônio. La maison abrite une cour intérieure arborée, théâtre de concerts de salsa, jazz et *MPB*. On peut aussi y dîner.

***Praça do Reggae** (zoom B1, **96**) : largo do Pelourinho.* Pour ceux qui veulent guincher un peu, boîte reggae en plein air fonctionnant le mardi et du jeudi au samedi à partir de 20h. C'est généralement gratuit. Méfiez-vous toutefois des pickpockets qui sévissent ici...

Dans la ville basse

Mercado Modelo** (plan I, A2) :* au rez-de-chaussée du « marché Modèle », proche de l'entrée faisant face au port, un alignement de ***cantinas où se rejoignent les amis pour déguster debout des assiettes de *lambretas* (coquillages) et d'*agulinhas* (petits poissons grillés). Au 1er étage, deux cafés-restos dans une même et vaste salle pour boire un verre sur la terrasse surplombant le port. Des groupes de musiciens s'y produisent de temps à autre.

***Bar da Ponta Comércio** (hors plan I par A2) : praça dos Tupinambás, 2. ☎ 33-26-22-11. Au bout du ponton, après le* Trapiche Adelaide *(hors plan I par A2, **58** ; voir « Où manger ? » pour l'accès). Tlj 7h-1h.* Un des endroits les plus romantiques de Salvador. Un bar à cocktails savoureux, d'où l'on ne se lasse pas de contempler le coucher de soleil. Un DJ anime les soirées du vendredi.

À Barra

***Barravento** (plan II, D6, **101**) : av. Oceânica, s/n. En bord de la praia do Farol da Barra. Bus « Barra » de Campo Grande. Ouv 11h-2h.* Terrasse au-dessus des flots bleus, avec une immense toile blanche pour s'abriter du soleil, repérable du bout de la praia do Farol da Barra. Cadre agréable mais cuisine banale, assez chère. Mieux vaut juste y boire un verre ou un bon jus de fruits pour profiter de la vue.

***Pereira** (plan II, C5, **68**) : av. Sete de Setembro, 3959. ☎ 32-64-56-82. Proche de l'hôpital Espanhol. Tlj.* LE bar *lounge* de Salvador. Cocktails et tapas inventifs (voir aussi « Où manger ? »).

À Rio Vermelho

Après Barra et le Pelourinho, c'est un des quartiers qui bouge le plus pendant l'été brésilien, mais aussi hors saison, avec des concerts organisés chaque fin de semaine. On se retrouve dans l'un des vingt petits bars du *largo da Mariquita* et du *largo de Santana* pour grignoter et boire un verre. Certains soirs, une école de capoeira s'entraîne face à la mer, sur la petite place du marché aux poissons.

***Salvador Pub** : rua do Meio, 154. ☎ 33-34-12-88. La rua do Meio commence sur la place centrale, près du marché de Rio Vermelho, à gauche du très moche* Blue Tree Towers Hotel. *Mar-sam 18h-2h, dim 12h-17h.* Un pub style anglo-saxon dans un pays du Sud, de la fraîcheur intérieure quand il fait très chaud dehors : voilà une raison de s'y arrêter, de boire un verre, de grignoter et d'écouter un peu de musique *ao vivo* (jazz, bossa-nova, *choro*).

À Pituba

***Ponte Aérea Pituba** : rua São Paulo, 404. ☎ 33-46-35-83. Ouv 17h-2h. Fermé dim. Plats 15-20 Rls, cocktails à partir de 3 Rls.* Un endroit très animé de Salvador, apprécié des 25-30 ans, tendance cool, assis en plein air. La bière glacée et la *picanha* aux oignons en font un sérieux motif de fréquentation, les différentes *caïpiroskas* aussi.

SALVADOR DA BAHIA

Où écouter de la musique ?

Salvador bénéficie de l'une des scènes musicales et culturelles les plus riches du pays. Il n'y a pas une semaine sans qu'un concert, un festival ou une fête populaire ne s'organise. Quant au carnaval... l'ambiance est à la frénésie générale ! Le seul moment où l'ambiance est un peu moins animée, c'est justement après le carnaval, comme si la ville se remettait doucement d'une immense gueule de bois !
Sachez également que de très nombreux chanteurs de renommée internationale se produisent ici. Des groupes musicaux répètent aussi parfois le soir, comme ça, dans les rues. Profitez-en. Bien souvent, ces manifestations sont annoncées par banderoles dans les rues et dans les journaux. Mais n'hésitez pas à demander aux amis de rencontre les bons plans du moment.

Au Pelourinho

Le mieux à faire dans le centre historique est de déambuler à la rencontre des petits concerts qui se tiennent un peu partout : aux terrasses des bars, des restos, sur les placettes et même dans les ruelles. Le mardi et la fin de la semaine sont les moments les plus animés, mais on trouve facilement des musiciens çà et là les autres jours, en particulier aux terrasses des restos.

***Largo Teresa Batista** (zoom B2, **94**) : une petite place en plein Pelourinho, à laquelle on accède depuis la rua Gregório de Matos.* On peut y assister, le mardi, aux répétitions d'*Olodum* (groupe de musique brésilienne connu dans le monde entier), mais c'est cher *(env 60 Rls l'entrée).* En revanche, les autres jours, concerts gratuits (ou bon marché) de différents groupes de musique bahianais. À noter, la place est particulièrement active de décembre à la fin du carnaval, au moment des répétitions.

♩ ***Largo Quincas Berro d'Água*** *(zoom B1, **93**)* **:** une autre place vouée à la musique live, à un jet de pierre de la précédente. Nombreux concerts au style varié, tous les soirs de décembre à février, plutôt le week-end le reste de l'année. On danse ou, si on préfère, on reste à l'un des bars autour de la scène.

♩ ***Les escaliers de l'église Sacramento do Passo*** *(plan I, B1, **97**)* **:** l'un des rendez-vous musicaux du Pelourinho. Tous les mardis dès 19h, Jeronimo et son groupe Montserrat se produisent au bas des escaliers de l'église do Passo, drainant au passage une foule compacte et endiablée. Le concert est gratuit et l'ambiance assez folle ; ça vaut vraiment la peine de faire le détour !

♩ ***Fundo de Cravinho*** *(zoom A2, **98**)* **:** *Terreiro de Jesus, entrée à 20 m du bar* O Cravinho *(voir plus haut), sur la gauche (pas d'enseigne).* En s'enfonçant dans un couloir, on accède à une cour couverte avec tables et chaises en plastique où, tous les soirs à partir de 19h, un groupe fait se trémousser une foule bon enfant. Là encore, n'hésitez pas à passer !

À Barra

♩ ***Habeas Copos*** *(plan II, C6, **102**)* **:** *av. Almirante Marquês de Leão, 172.* ☎ *32-67-49-96. Ts les soirs mar-sam et tte la journée dim.* Lieu de retrouvailles des habitués du quartier. Une clientèle de tous âges se réunit autour des *caïpirinhas* parfumées aux fruits de la saison, pour écouter, le vendredi, un groupe de *pagode* et, le samedi, le répertoire plus romantique d'un groupe de *seresta.*

À Rio Vermelho

♩ ***Casa da Bossa*** **:** *largo de Santana, 117.* ☎ *33-34-89-22.* • *casadabossa.com* • *Sur la place, près de la chapelle de Rio Vermelho. Entrée : 20-25 Rls env.* Une des adresses musicales réputées pour la qualité de sa programmation. Dans une vieille maison entièrement rénovée : bar et librairie au rez-de-chaussée, salle de concerts au 1er étage. La formule la plus fréquente est le dîner-concert, mais on peut se contenter d'une boisson. Tarifs un peu au-dessus de la moyenne, mais la qualité vaut la dépense.

À Boca do Rio

♩ ***Bambara*** **:** *av. Otávio Mangabeira, 3185.* ☎ *33-42-04-81. Tlj. Entrée à partir de 7 Rls.* Allez y écouter *pagode*, samba, *seresta* et, pourquoi pas, rock. La carte des boissons est bien garnie.

Et aussi

♩ ***Teatro Castro Alves*** **:** *praça Dois de Julho, sur le Campo Grande.* ☎ *33-39-80-00.* Salle immense. Les grands noms de la musique brésilienne s'y produisent. Pièces de théâtre et concerts classiques.

Où assister aux répétitions *(ensaios)* des « blocs de carnaval » ?

L'annuaire téléphonique de Bahia recense 27 adresses de blocs de carnaval. En voici une sélection critique et qualitative :

■ ***Olodum :*** *largo Teresa Batista (Pelourinho).* ☎ *33-21-50-10.* ● *olodum.uol.com.br* ● *Répétition mar à partir de 19h. Entrée : 60 Rls (dur !).* Heureusement, ils répètent aussi le dimanche pour 20 Rls (car ce jour-là, ce n'est pas le groupe principal), au largo do Pelourinho, à partir de 17h. Un groupe légendaire à Salvador, qui a notamment tourné dans un clip de Michael Jackson et participé à un album de Paul Simon. Ils arborent les couleurs rastas, rouge, jaune et vert. *Siège et boutique rua Gregório de Matos, 22 (Pelourinho) :* s'y adresser pour participer au défilé du carnaval.

■ ***Ilê Aiyé :*** *rua do Curuzu, 228 (Curuzu-Liberdade).* ☎ *32-56-88-00.* ● *ileaiye.com.br* ● C'est LE groupe mythique de Salvador, un des plus anciens, créé par des Noirs et exclusivement réservé aux Noirs. Les Blancs sont bien sûr les bienvenus pour assister aux concerts et aux défilés, mais ils ne peuvent toujours pas y participer directement. Leur musique est plus traditionnelle, avec la prédominance de percussions africaines et de chants revendicateurs. Le samedi, à partir de 22h, répétitions dans le quartier des anciens esclaves, Liberdade.

■ ***Didá :*** *largo Teresa Batista (Pelourinho).* ☎ *33-21-20-41 ou 42.* ● *dida-salvador.com* ● *Ven à partir de 21h30. Entrée : 10 Rls.* Soutenu par Caetano Veloso, ce bloc est exclusivement composé de femmes musiciennes et chanteuses, avec une section de percussionnistes diablement efficaces ! Samba bien sûr, mais aussi salsa. Par ailleurs, c'est une école de musique.

■ ***Timbalada :*** *av. Alameda Benevento, 113.* ☎ *33-54-27-47.* ● *timbalada.com* ● Certainement un des blocs les plus prisés de Salvador, rendu célèbre notamment par Carlinhos Brown. Ambiance très chaude et déferlement de percussions vous laisseront un souvenir mémorable de la musique bahianaise.

■ ***Araketu*** *(plan II, C6,* ***17****) :* *rua Afonso Celso, 161.* ☎ *32-64-88-00.* Pour participer au carnaval avec ce célèbre bloc de musique *axé* et assister aux répétitions.

SALVADOR DA BAHIA

Où assister à un spectacle folklorique ?

■ ***Senac*** *(zoom B1,* ***53****) : largo do Pelourinho, 13-19.* ☎ *33-24-45-53. Jeu-sam à 19h. Compter 10 Rls.* Au rez-de-chaussée du resto du même nom. Dans une arène, donc seulement quand le temps le permet. Présentation de séquences de capoeira, *maculêlê*, samba, etc. Donne une bonne idée de toutes les tendances du folklore. Voir aussi « Où manger ? ».

■ ***Teatro Miguel Santana :*** *rua Gregório de Matos, 49 (à 50 m du largo do Pelourinho).* ☎ *33-22-19-62. Ts les soirs à 20h, sf dim et mar. Entrée : 25 Rls.* Beaux spectacles de capoeira, *candomblé, maculêlê,* danse bahianaise et ballet folklorique vraiment typiques (et moins touristiques qu'ailleurs).

Où participer à une cérémonie de *candomblé* ?

■ ***Rosário dos Pretos :*** *largo do Pelourinho.* ☎ *33-26-97-01.* Il est intéressant d'assister aux messes syncrétiques qui ont lieu dans cette église, construite au XVIIIe s par les esclaves et les affranchis. Un prêtre catholique et un *pai de santo* du *candomblé* se partagent l'office mené à grand renfort de chants et de percussions.

■ ***Menininha do Gantois :*** *alto do Gantois, 23, Federação.* ☎ *33-31-92-31.* Près de la *TV Bandeirante.* Très connu.

■ ***Casa Branca :*** *av. Vasco de Gama, 463, Rio Vermelho.* ☎ *33-35-31-00. À 10 mn en bus de Lapa.*

■ ***Ilê Axé Opô Afonjá :*** *rua direita de São Gonçalo do Retiro, 557, Cabula.* ☎ *33-84-68-00.* ● *geocities.com/athens/acropolis/1322* ● *À 25 mn en bus de Lapa.*

Où prendre des cours de capoeira ?

Les amateurs de capoeira qui restent un certain temps à Salvador pourront prendre des cours. On vous indique ici les principales écoles, toutes situées dans le centre historique.

■ ***Fundação e Escola de Capoeira Mestre Bimba :*** *rua Gregório de Matos, 51.* ☎ *33-22-50-82. Au sous-sol. Mar-ven, mat et ap-m pour les cours. Cinq démonstrations/j. les mar, mer et jeu, entre 10h-11h et 18h ; sam slt à 11h.*

■ ***Escola e Associação de Capoeira Angola Mestre Curió :*** *rua Gregório de Matos, 9 (Pelourinho).* ☎ *33-21-03-96. Entraînements lun, mer, ven 19h-21h.* Roda *(démonstration) ven 19h30-22h.*

■ ***Escola Mestre Pastinha :*** *rua J. Castro Rabelo, 7 (Pelourinho).* ☎ *33-21-65-51. Entraînements lun, mer, ven 19h-21h ; w-e 15h-17h.*

À voir

Pour ceux que cela peut tenter, on signale qu'il existe depuis peu un bus touristique : le *Salvador Bus*. À des heures différentes de la journée, il propose 4 tours distincts dans la ville (les plages, le centre historique...), que l'on peut tous faire, si l'on veut, avec un seul et même ticket. *Coût : 30 Rls (12 €). Rens :* ☎ *33-56-64-25 ou* • *salvadorbus.com.br* • Également un tour nocturne, à 19h (billet différent).

DANS LA VILLE HAUTE *(plan I)*

C'est là que se concentre toute la ferveur populaire de Salvador. Le grand écrivain Jorge Amado écrivait : « Toute la richesse de l'homme de Bahia, en grâce et en civilisation, et toute sa pauvreté infinie, tout son drame et toute sa magie naissent et se retrouvent dans la vieille ville. »
Ce fut vrai tout un temps, mais l'ensemble du quartier a été considérablement rénové il y a une dizaine d'années, et nombre de familles défavorisées renvoyées dans des favelas éloignées. Conséquence (heureuse) : les problèmes de sécurité ont presque disparu. Restos touristiques et échoppes de souvenirs remplacent aussi petit à petit les habitations rongées par l'humidité. Le prix de l'immobilier grimpe, sous l'effet des investissements réalisés par de riches Brésiliens ou des étrangers qui achètent des immeubles décrépis pour les rénover. Mais, pour autant, ce quartier n'a pas perdu son âme : chaque week-end, les Bahianais continuent à faire la fête sur ses pavés, à tel point que les rues sont souvent bloquées !
À noter : pour la plupart, les musées du Pelourinho et de la vieille ville sont gratuits le jeudi.

Largo do Pelourinho *(zoom B1)*

Le cœur de la vieille ville. Magnifique et harmonieux ensemble de maisons coloniales aux tons pastel, où vivaient les riches seigneurs du sucre. Ils pouvaient assister de leurs fenêtres aux balcons en fer forgé aux supplices des esclaves, fouettés parfois à mort. On pense que le pilori (d'où le nom « Pelourinho ») se tenait en haut du *largo*, à droite du museu da Cidade, à l'emplacement d'une pierre plate et ronde. En fin d'après-midi, au soleil couchant, la place s'embrase et la ***igreja N.S. do Rosário dos Pretos*** habille d'or sa façade bleutée. Une église étonnante puisqu'elle fut construite par les esclaves eux-mêmes, le soir après leur travail, et que tous les saints y sont... noirs.

Museu da Cidade *(zoom B1,* ***110****) : rua Gregório de Matos, 40. ☎ 33-21-19-67. Lun-ven 12h-18h. Entrée : 1 Rl ; gratuit jeu.* Consacré aux rites afro-brésiliens et à l'art populaire. Nombreux vêtements de *candomblé* et objets de culte. Une très jolie bannière en patchwork, magnifiquement brodée et enluminée de perles, de nacre et de fil d'or, retrace l'histoire de Salvador. Coutumes, danses, métiers, personnages historiques, types ethniques et dieux de *candomblé.* Un petit condensé de l'histoire et de la société bahianaise.

La fondation Jorge Amado *(zoom B1,* ***111****) : largo do Pelourinho, à côté du museu da Cidade. ☎ 33-21-00-70. • jorgeamado.org.br • Lun-ven 10h-19h, sam 10h-16h. Gratuit.* Collections de photos, de médailles et de titres honorifiques de l'auteur. Une véritable star : vous le verrez en compagnie de Fidel Castro, de Sartre et Simone, de Montand, de Pablo Neruda, de Gabriel García Márquez... Également, à l'étage, des panneaux présentant ses plus grands succès littéraires, ainsi qu'un centre de documentation. Café sympa au rez-de-chaussée, aux murs tapissés des couvertures de ses romans traduits dans d'autres langues.

À LA RECHERCHE DE DONA FLOR !

À l'est du largo do Pelourinho se trouve le quartier de Nazaré, qui servit de cadre au film Dona Flor et ses Deux Maris *(tiré d'un roman célèbre de Jorge Amado). La belle maison de dona Flor se situe au nº 12 de la jolie praça D. Anna Nery. C'est là qu'elle se mettait en quatre pour exécuter des plats d'une saveur exquise et sensuelle pour son mari, avant de rouler sous la table pour... d'autres figures.*

Museu Abelardo Rodrigues *(zoom B1,* ***112****) : rua Gregório de Matos, 45. ☎ 31-17-63-81. Lun-ven 10h-18h, sam et dim 13h-17h. Entrée : 1 Rl.* La plus grande collection privée d'art sacré du Brésil, constituée en 40 ans par Abelardo Rodrigues. Les œuvres datent du XVIIe au XXe s. Quelques pièces rares : les statues de Marie et Isabelle (la cousine de Marie) du XVIIIe s, au drapé tout en volume, un émouvant alignement de têtes de Christ, ou encore une inhabituelle « Notre-Dame des âmes du purgatoire », en bois. Bien d'autres statues, sculptures et images pieuses, savamment mises en valeur dans des salles à la douce pénombre, baignant dans une musique baroque très appropriée. Un musée à voir pour les amateurs du genre.

Museu do Objeto Imaginario *(zoom B2,* ***122****) : rua Gregório de Matos, 13. Tlj sf dim 10h-20h. Entrée : 7 Rls.* Étonnant petit musée exposant des collections d'objets insolites de la vie quotidienne que João Augusto de Moraes (artiste né à Salvador en 1933) a transformé en objets imaginaires, alliant le bizarre à l'esthétique. Chaises, boîtes, colliers, ceintures, ampoules, jouets, CD-rom, machine à écrire... Éducateur, artiste, auteur de livres pour les enfants et les ados, il est aussi le théoricien d'une danse originale qui veut mettre l'individu en relation avec les forces cachées de l'univers.

Abrite aussi un petit resto végétarien.

SALVADOR DA BAHIA

Santo Antônio (plan I, B1)

Au bas du largo do Pelourinho, la rue remonte assez fortement et devient la rua do Carmo, qui, à elle seule, vaut le détour pour ses maisons anciennes progressivement retapées par des particuliers qui y installent des restaurants et des *pousadas.* C'est le début du quartier de Santo Antônio.

Convento e igreja do Carmo *(plan I, B1,* ***113****) : rua do Carmo, 1. ☎ 32-42-01-82.* Le couvent abrite aujourd'hui un hôtel 5 étoiles ainsi qu'un musée, mais ce dernier est fermé pour restauration. On pourra toujours visiter l'église à côté, qui date de la fin du XVe s. Autel remarquable en effet, chargé d'or et d'argent. Mais le plus époustouflant est la richesse démesurée de la sacristie, la plus décorée du Brésil. Le délire étouffant du baroque y prend toute son ampleur. Plafond orné de caissons peints et dorés, représentant la vie du prophète Élie. Admirable poésie des angelots de bois qui soutiennent les portraits des saints. Beaux meubles à tiroirs également.

Igreja Nossa Senhora do Monte do Carmo : *à côté des précédents. ☎ 32-42-01-82. Lun-ven 8h-12h, 13h30-17h ; le w-e, slt pdt les messes.* Construite originellement en 1636, puis détruite en 1788. Beau plafond peint en perspective. Dans le patio bordé de petites chapelles, on voit notamment un superbe christ en bois sculpté. Noter les 200 rubis de toutes tailles qui représentent les gouttes de sang.

Rua direita de Santo Antônio : dans le prolongement de la rua do Carmo, cette rue présente de jolies façades bien préservées. C'est un vieux quartier populaire, encore à l'abri de l'agitation touristique. On passe devant le ***largo da Cruz da Pascoal*** et son oratoire du XVIIIe s, couvert d'azulejos, pour atteindre la ***praça de Santo Antônio Além do Carmo,*** d'où l'on bénéficie d'un superbe panorama sur la baie. On découvre aussi l'***igreja de Santo Antônio,*** qui perdit un clocher lors d'une tempête, mais pas le saint qu'elle renfermait (!). Le vieux ***fort portugais*** (1703) est l'ancien lieu de répétition du bloc de carnaval *Ilê Aiyé* et toujours le terrain d'entraînement d'écoles de capoeira.

➢ Retour sur le largo do Pelourinho par la rua Ribeiro dos Santos (ex-ladeira do Passo), que l'on prend sur la droite au niveau du couvent do Carmo.

Igreja e convento São Francisco *(zoom B2)* ***:*** *largo do Cruzeiro de São Francisco. ☎ 33-22-64-30. Lun-sam 8h30-17h30, dim 7h-17h. Entrée : 3 Rls ; pdt les offices, entrée gratuite, mais photos interdites. Son et lumière à 11h30 et 16h (sf mar et dim).*
Luxe époustouflant. L'intérieur est entièrement recouvert d'or. Le couvent fut construit entre 1686 et 1748 à l'emplacement d'une chapelle donnée en 1587 aux franciscains lors de leur arrivée à Salvador. L'église, elle, fut élevée entre 1708 et 1712. L'intérieur témoigne de l'idéal baroque de la fin du XVIIIe s. Sculptures tarabiscotées et profusion de motifs floraux, feuilles d'acanthe, angelots et autres *putti,* colonnes torses, bras sortant des murs en guise de torchères, etc.
À l'entrée, magnifiques panneaux d'azulejos ; celui de gauche représente saint François renonçant aux biens matériels.
Dans la chapelle du milieu, dans la nef de droite, superbe statue de São Pedro de Alcântara en jacaranda, œuvre de l'artiste bahianais Manoel Inácio da Costa, un véritable chef-d'œuvre de l'art baroque. Laissez encore glisser votre regard sur les rampes de jacaranda qui séparent les nefs latérales de la nef centrale. Le *plafond,* peint et doré, fut réalisé entre 1736 et 1738. Au centre de l'arche du transept, on peut voir l'écusson franciscain et les armes du Portugal.
– *Le chœur :* tapissé de dalles à motifs, et ses côtés sont ornés de beaux azulejos de Bartolomeu Antunes. Au-dessus de l'entrée de la tribune, notez le lutrin monumental, typique de l'art baroque. Également un christ en descente de croix (c'est rare !).
– *Le vestibule :* couvert d'azulejos. La peinture du plafond est en perspective, typique de l'art baroque, et dédiée à la Vierge. L'œuvre est de José Joaquim da Rocha (1774), fondateur de l'école bahianaise.
– *Le cloître :* composé d'une série d'azulejos exceptionnels, allégories traitant les thèmes de la chasse et de la pêche. Belle galerie à arcades d'ordre toscan. La cour intérieure se visite, pour le plus grand plaisir des yeux.

Tout à côté, dans la rua Ordem Terceira, s'élève la petite ***igreja Ordem Terceira de São Francisco,*** construite en 1703. *☎ 33-21-69-68. Tlj 8h-17h. Entrée : 3 Rls.* La façade abondamment sculptée contraste vivement avec celles des autres églises de la ville, en général plus sobres. Curieusement, cette splendide façade resta

SALVADOR DA BAHIA

longtemps couverte de plusieurs couches de plâtre et d'enduit, elle ne fut redécouverte qu'en 1932 par un ouvrier qui creusait dans le mur pour placer un câble.

Terreiro de Jesus (zoom A1-2)

L'une des places les plus animées de la ville. Au centre, une fontaine symbolise les quatre grands fleuves de Bahia. Petite foire artisanale sur le terre-plein central.

Sur le *terreiro,* encore deux ***églises, S. Domingos et S. Pedro dos Clérigos*** (ouv slt pdt les offices), pour vous faire saliver avant d'aborder la basilique. Les agnostiques iront plutôt boire un verre à la *Cantina da Lua.*

Basilica da Sé *(ou Catedral Basilica) : ☎ 33-21-45-73. Tlj 8h-11h30, 13h30-17h30. Entrée : 2 Rls. Concert du chœur baroque de Salvador ts les dim à 11h.* Ancienne église du collège des jésuites du Brésil, elle devint cathédrale après l'expulsion du pays de la congrégation (1759), dont la plupart des monuments furent détruits ou dénaturés. La *basilica da Sé* fut construite entre 1657 et 1672 ; la façade et l'intérieur sont recouverts de marbre du Portugal (qui lestait aussi les bateaux revenant à vide). La cathédrale est caractéristique de l'art maniériste, dernière expression de la Renaissance.
À l'intérieur, contrairement aux autres églises de la ville, la nef centrale et les bas-côtés communiquent entre eux. Les deux premières chapelles latérales (à droite et à gauche) abritent les plus anciens retables en bois du Brésil.
– *Le plafond de la nef* présente un travail de menuiserie exceptionnel aux dessins géométriques, peints et dorés datant de 1700. En son centre, le symbole de l'ordre.
– *Les chapelles du transept* sont caractéristiques de la période du second baroque portugais. Le *maître-autel* est orné de 18 tableaux du XVIIe s, de style maniériste. Superbe plafond encadré de colonnettes, belles stalles en jacaranda incrusté de bois et d'ivoire. La *sacristie,* sans doute le clou de la visite, est couverte d'azulejos remarquables. Une galerie de portraits des membres de la Compagnie de Jésus orne le plafond dans les tons marron. On remarque encore l'autel central en marbre d'Italie ainsi que les deux grands meubles en jacaranda, beau travail de marqueterie d'ivoire et d'écaille de tortue (1683).

Museu afro-brasileiro *(zoom A1,* ***115****) : terreiro de Jesus, à droite de la cathédrale quand on lui fait face. ☎ 32-83-55-40. Lun-ven 9h-18h, w-e 10h-17h. Entrée : 5 Rls, valable aussi pour le musée d'archéologie et d'ethnologie.* Un musée consacré à l'histoire et à l'expansion des traditions afro-brésiliennes, à partir de son berceau, la ville de Salvador. Intéressante collection d'objets de culte venus du Bénin, du Ghana, du Nigeria et du Congo. Une petite trentaine de panneaux sculptés de l'Argentin *Carybe* sur les *orixas* (dieux du *candomblé*) aussi, et des photos de l'anthropologue français Pierre Verger.

Museu de Arqueologia e Ethnologia *(zoom A1,* ***115****) : terreiro de Jesus, dans les mêmes bâtiments que le musée afro-brésilien. ☎ 33-21-39-71. Lun-ven 9h-18h. Entrée : 5 Rls, valable aussi pour le musée afro-brésilien.* Dans les soubassements de la plus ancienne cathédrale du Brésil. Abrite des peintures, objets, photos, urnes funéraires des peuples indiens du littoral avant l'arrivée des Portugais au XVIe s.

Praça da Sé (plan I, A-B2)

Elle succède au Terreiro de Jesus. Encore une église, la *igreja da Misericórdia,* accolée au *museu da Misericórdia* (voir ci-après), avant d'aborder la *praça Tome de Souza,* où l'on trouve l'*elevador Lacerda* qui mène à la ville basse.

Museu da Misericórdia *(plan I, A2,* ***120****) : rua da Misericórdia, 6. ☎ 33-22-73-55. Lun-sam 10h-17h, dim 13h-17h. Entrée : 5 Rls.* Il s'agit d'un ancien hôpital fondé

SALVADOR DA BAHIA

en 1549 par la reine Dona Leonor du Portugal. Tout autour d'une cour intérieure, sur deux étages, on visite diverses salles dont la sacristie (fontaine en marbre et mobilier en bois ouvragé), une loggia italienne à trois arches (la seule du genre en Amérique du Sud), puis la grande salle de réunion, assez spectaculaire, avec un plafond couvert de peintures bibliques et un fauteuil fabriqué pour la visite du dernier empereur du Brésil, en 1859. Çà et là, portraits des donateurs de l'hôpital (certains étaient trafiquants d'esclaves). Pour finir, visite de l'église de la Miséricorde, juste à côté, dotée d'un autel de style rococo.

Galeria-fundação Pierre Verger *(plan I, A2,* ***114****)* ***:*** *rua da Misericórdia, 9. ☎ 33-21-23-41. • pierreverger.org.br • Lun-sam 8h-20h, dim 10h-17h. Gratuit.* Sur deux niveaux, une expo tournante des photos de feu Pierre Verger (1902-1996), célèbre photographe et anthropologue français. Beaucoup des clichés présentés sont des inédits.

Praça Tome de Souza *(plan I, A2)*

C'est la place de la ville haute d'où part l'ascenseur *(elevador)* de Lacerda, pour descendre à la ville basse. Un bureau de l'office de tourisme est ouvert au public à côté du couloir qui mène à cet ascenseur. La place est entièrement piétonne, et le coucher de soleil, vu de la terrasse, exceptionnel, attire chaque soir une foule de flâneurs. Pas bête, un glacier *(El Cubana)* s'y est installé, mais, franchement, il n'arrive pas à la cheville du glacier *Laporte,* sur le largo Cruzeiro de São Francisco (voir plus haut « Où manger une super glace ? »). Sur la place toujours, la statue de Tome de Souza, pionnier portugais qui fonda la ville de Salvador au début du XVIe s. Et juste derrière celle-ci, un bâtiment de 1549, bordé par des arcades, abrite le ***memorial da Camara Municipal*** *(lun-ven 8h-18h ; accès gratuit)* : ce n'est pas un musée mais une sorte de petite salle d'expo de la mairie, qui présente quelques belles peintures, notamment l'empereur Pedro Ier et son fils. Ce dernier semble plus vieux que son papa. Un autre tableau très intéressant : *O sonho de Catarina Paraguaçu* ; il représente une femme qui prie.

Museu de Arte sacra *(hors plan I par A3,* ***121****)* ***:*** *rua do Sodré, 276. ☎ 32-83-56-00. Lun-ven 11h30-17h30. Entrée : 5 Rls.* Dans l'ancien *couvent Santa Teresa,* un des plus remarquables témoins de l'architecture coloniale brésilienne. Collections d'art sacré tout à fait exceptionnelles. Le cadre bien approprié et la disposition intelligente des objets rendent la visite attrayante. Nombreuses statues en bois polychrome, en ivoire, en pierre à savon, petits oratoires miniatures du XVIIIe s, tableaux et objets de culte en argent... Superbes meubles coloniaux du XVIe au XIXe s. Dans la sacristie, fontaine en marbre et magnifiques azulejos. Imaginez le labeur de l'ébéniste qui exécuta la commode en jacaranda de 10,72 m de long.
Tout autour, beau jardin offrant de somptueux couchers de soleil sur la baie. Très romantique.

DANS LA VILLE BASSE *(plan I)*

Emprunter le très populaire *elevador Lacerda* qui, bien qu'assez inesthétique, fait depuis longtemps partie du paysage de la ville. Un quartier d'affaires, de commerces et d'agences de voyages.

Mercado Modelo *(plan I, A2)* ***:*** *situé dans les anciens bâtiments de l'Alfândega (les douanes). ☎ 32-41-28-93. Lun-sam 8h-19h, dim 8h-12h.* Le marché brûla presque entièrement en 1984. Mais le mercado Modelo fut rebâti et la vie reprit ses droits autour du port. Il a été transformé en un grand hall de deux niveaux abritant

des boutiques artisanales et des échoppes de souvenirs. On y trouve des colliers, des vêtements, des objets divers et des *berimbaus* de pacotille... Aussi quelques éventaires de dentelle bahianaise à des prix intéressants et deux restos avec une grande terrasse (voir « Où boire un verre ? Où danser ? ») donnant sur l'agréable animation du port.
Devant le marché, des capoeiristes font des démonstrations plutôt artificielles...
Quitter le son du *berimbau* et retourner dans le marché pour en visiter les soubassements. Deux escaliers en colimaçon au bout de chacun des derniers couloirs avant les *cantinas* descendent vers les entrepôts souterrains, envahis par les eaux de la marée. Moite, silencieuse et impressionnante.

Le port : tout à fait charmant et de taille humaine. Spectacle chaleureux quand les vieilles pinasses de toutes les couleurs déchargent le poisson. D'abord réservé à la pêche et aux bateaux reliant Itaparica et les îles alentour, le port a subi des transformations – réussies – pour accueillir les immenses catamarans des navigateurs de la *Transat Jacques Vabre,* qui a relié en 2005 la ville du Havre à Salvador da Bahia (course tous les deux ans, arrivée courant novembre).
Au large, on aperçoit un petit îlot au milieu duquel se dresse le ***fort São Marcelo*** (1603). *Visite mar-dim 9h-18h. Billet : 10 Rls.* • *fortesaomarcelo.com.br* •

Igreja Conceição da Praia *(plan I, A2) : largo da Conceição da Praia.* ☎ *32-42-05-45. Lun 7h-12h, 15h-17h ; mar-ven 7h-17h ; sam et dim 7h-11h30.* Construite de 1735 à 1851. Elle fut nommée ainsi (« da Praia »), car l'eau venait auparavant lui lécher les pieds. Avec l'église N.S. do Bonfim, elle est chère au cœur des Bahianais. Le marbre provient entièrement du Portugal. Décoration intérieure assez sobre, mais beau plafond peint. Notez la forme de la façade, assez unique, avec des clochers octogonaux à angle vif de part et d'autre du porche. Grande fête religieuse le 8 décembre et grande procession de Nosso Senhor dos Navegantes le 1er janvier (voir « Les fêtes populaires »).

Solar do Unhão et museu de Arte moderna : *av. Contorno.* ☎ *31-17-61-44.* • *solardounhao.com.br* • *En bord de mer, en allant vers le quartier de Barra.*
Ce site historique, situé en contrebas de la falaise rocheuse, au bord de l'eau, présente un exemple d'architecture coloniale très intéressant. Construit au XVIIe s, il comprend la maison de maître, l'église du domaine, la maison des esclaves et une petite usine sucrière (remaniée au XIXe s en entreprise de tabac à priser). L'ensemble est harmonieux et bien conservé. Notez encore sur le sol les rails sur lesquels on transportait les marchandises.
Le *solar* héberge aujourd'hui un restaurant plutôt cher, avec un spectacle traditionnel bahianais *(80 Rls/pers ; ouv 14h-23h).*
L'édifice abrite aussi le ***musée d'Art moderne*** *(mar-dim 13h-19h ; gratuit).* Intéressantes expos de photo, peinture et dessin d'artistes brésiliens. Une salle présentant les œuvres de peintres majeurs du XXe s, Portinari, Lasar Segall... Concerts de jazz gratuits pendant l'été bahianais *(ts les sam à 18h),* sur une petite tribune en plein air.

Feira São Joaquim : vers le nord, au bord de la baie de Tous-les-Saints, c'est le marché le plus populaire de Salvador. Immense et très animé. Pour s'y rendre, bus depuis l'avenida da França, dans la ville basse. Principalement un marché alimentaire avec toutes les spécialités de la région : herbes, huile de *dendê,* épices, miel, des montagnes de fruits et de légumes vendus dans un dédale de ruelles. Sous la halle couverte, marché de la viande et, plus loin, des épices, des serpentins de tabac et des cigares vraiment pas chers. Et puis, tout autour, des petites *lanchonetes* pour grignoter et des vendeurs de rues qui proposent gâteaux, boissons... Une petite rue est spécialisée dans la poterie et la vannerie de paille et d'osier. C'est aussi de là que part le ferry pour Itaparica. L'un de nos marchés favoris...

DANS LE QUARTIER DE BONFIM *(plus au nord ; plan d'ensemble)*

Quelques plages, des quartiers populaires et surtout une église célèbre. Pour s'y rendre depuis Lapa, prendre le bus « Ribeira-Lapa » et descendre à la hauteur de l'église.

Basilica Nosso Senhor do Bonfim : *☎ 33-16-21-96. Mar-dim 7h-11h30, 14h-17h. Compter 20 Rls pour un taxi depuis le mercado Modelo.*
L'église la plus populaire de Bahia reçoit chaque année la grande procession de N.S. do Bonfim (voir « Les fêtes populaires »). Elle fut spécialement construite pour accueillir la statue du Christ en croix (en ivoire et argent) apportée de Setúbal (Portugal) en 1745.
Les petits bracelets de tissu coloré que vous proposeront la ribambelle d'enfants et de vieilles dames à l'entrée de l'église correspondent à un rite bien précis. La longueur de ces morceaux d'étoffe (les *fitas*) est égale à l'écartement des bras de la statue du Christ en croix. N'hésitez pas à en acheter quelques-uns, ils sont vendus autour de 0,10 Rls. Selon la tradition, il faut en passer un à son poignet en faisant trois nœuds, et faire un vœu à chaque nœud. Quand le bracelet, usé, cédera, ces vœux seront exaucés. Plus exactement, il faut ajouter une contrainte supplémentaire pour garantir la réalisation de vos vœux : jeter le bracelet dans un cours d'eau...
– *La façade,* décorée d'azulejos blancs et de guirlandes lumineuses, permet à tous les habitants de Salvador de suivre les cérémonies, même de très loin.
– À l'intérieur, les *autels* des bas-côtés sont joliment sculptés et dorés. Nombreux tableaux de Franco Velasco, grand artiste bahianais. Remarquer, dans le troisième autel sur la droite, la statue de Notre-Dame-de-la-Bonne-Mort, dans son cercueil d'argent. Dans le *chœur,* en haut d'un trône soutenu par des colonnes corinthiennes, se trouve la fameuse *statue de Setúbal.* Au *plafond,* belle perspective peinte du début du XIXe s. Beaux meubles à tiroirs dans la *sacristie* et remarquables azulejos dans le couloir y menant, assez bien conservés. À droite du chœur, la *sala dos Milagres* est couverte d'offrandes votives. Elle témoigne de la dévotion populaire au Senhor do Bonfim. Au 1er étage, petit *musée d'ex-voto* : sculptures, bijoux naïfs, etc.

Igreja de Boa Viagem : *largo de Boa Viagem. ☎ 33-14-18-00. Lun-ven 8h30-11h30, 13h-17h ; le w-e aux heures de messes.* Une petite église datant de 1712, sans grande particularité, hormis de beaux azulejos. Il s'y déroule le 1er janvier une grande cérémonie : l'arrivée de Nosso Senhor dos Navigantes depuis l'église Conceição da Praia.

Le quartier de Ribeira : après la visite de l'église Nosso Senhor do Bonfim, longer la plage qui se trouve derrière, au nord. Le week-end, les gens du quartier se baignent, lézardent et boivent des coups en terrasse face à l'océan. Lumière superbe en fin d'après-midi et beau coucher de soleil.

LES QUARTIERS RÉSIDENTIELS : VITÓRIA, GRAÇA ET BARRA *(plan II)*

Vitória et **Graça** se situent entre le centre historique et le quartier de Barra. Succession d'immeubles anciens ou modernes, le long d'avenues et de rues ombragées.

Museu Carlos Costa Pinto : *av. 7 de Setembro, 2490. ☎ 33-36-60-81. Lun et mer-ven 14h30-19h. Entrée : 5 Rls ; gratuit jeu.* Dans une maison superbe (on prend des patins pour glisser sur un sol en marbre). Collection privée de Carlos Costa Pinto. Beau mobilier, tableaux, quelques bijoux en or et argent, porcelaine chinoise et européenne, objets en ivoire. Beaucoup de charme.

Museu de Arte de Bahia : *av. 7 de Setembro, 2340. ☎ 31-17-69-02. Mar-ven 14h-19h, w-e 14h30-18h30. Entrée : 5 Rls.* Tout près du *museu Costa Pinto*. Y sont exposés des œuvres et des objets relatifs aux arts anciens qui ont marqué Salvador depuis sa fondation jusqu'au XIXe s.

Barra : très résidentiel, le quartier n'est pas dénué de charme, avec quelques monuments intéressants, à visiter au cours d'une agréable balade le long du front de mer.
On longe d'abord l'avenida Oceânica entre le ***morro do Cristo*** *(plan II, D6,* ***116****)*, statue du Christ élevée face à l'océan, et l'imposant ***farol da Barra*** *(plan II, C6,* ***117****)*, élevé dans l'enceinte du fort de Santo Antônio da Barra, considéré comme le plus ancien de l'Amérique des colons portugais (1534).
Il abrite un ***Musée nautique*** (voir ci-dessous) et un bar en terrasse, le *Café do Farol*, bien agréable en fin de journée. On longe la première plage de l'Atlantique, *praia do Farol*, vaste et très fréquentée le week-end. La baignade y est assez dangereuse. On poursuit la balade sur l'avenida 7 de Setembro, jusqu'au ***fort de São Diogo*** *(plan II, C4-5,* ***119****)*, en passant par le ***fort de Santa Maria*** *(plan II, C5,* ***118****)* et l'agréable plage de *Porto da Barra*.
En fait, Barra fut le premier lieu de peuplement de la ville, ce que rappelle un petit monument au bout de la praia do Porto, en dessous du fort São Diogo. Plus tard, en 1549, le fondateur de la ville, Tome de Souza (premier *governador general*) préféra l'actuel centre historique pour établir le siège de la première capitale du Brésil. Les deux forteresses ont été construites au port de Barra pour repousser les invasions, après celle des Hollandais. Évitez d'imiter les gamins du cru qui plongent d'un ponton du fort de Santa Maria, il y a beaucoup de rochers, à marée basse et même à marée haute ; on vous aura prévenu !

Museu nautico da Bahia *(plan II, C6,* ***117****)* **:** *praça Almirante Tamandaré, forte Santo Antonio da Barra, dans le Farol da Barra. ☎ 32-64-32-96. Lun 8h-12h, mar-dim 8h30-19h. Entrée : 6 Rls. Explications en anglais et portugais.* Modeste (6 salles) mais bien présenté, avec des pièces intéressantes. Maquettes de bateaux, collection de bouteilles, objets en céramique chinoise du XVIIe s venus par mer de Macao (Chine) et trouvés lors de fouilles archéologiques sous-marines dans les épaves du *Nossa Senhora do Rosario* (découvert en 1975 près du port Mont-Serrat) et du *Sacramento* (coulé dans la baie en 1668). Sont exposées aussi des jarres en terre cuite et de vieilles cartes géographiques portugaises de Salvador et de la baie, la plus ancienne datant de 1582.

Plus bas s'étend le ***quartier résidentiel d'Ondina,*** en plein développement, avec de belles plages, hôtels et restos de luxe. À côté, ***Rio Vermelho*** est un peu le quartier bohème de Salvador. Nombreux sont les artistes et intellos venus s'installer par ici. Chic par endroits, l'ambiance est surtout sympa et populaire. Quartier à découvrir, qui change des incontournables lieux touristiques.

Parcs et promenades

À ne pas manquer, le ***Parque zoobotânico*** : *derrière la plage d'Ondina, env 3 km à l'est du quartier de Barra (entrée par la ladeira do Jardim). ☎ 32-47-00-52. Mar-dim 9h30-17h. Gratuit.* Il appartient à l'État et est directement lié à l'école vétérinaire de la ville. Dans un espace immense, deux secteurs distincts : un zoo classique et une partie où les animaux sont en semi-liberté (plus « semi » que « liberté », quand même). Vous pourrez admirer certains spécimens de la faune amazonienne que vous n'aurez pu voir in situ. Également spécialisé dans la reproduction des animaux en voie de disparition.

Dique do Tororó : *av. Vasco de Gama (à côté du stade de foot Fonte Nova). Pour y aller, le plus simple est de descendre à pied les ruelles du Pelourinho à partir de l'église São Francisco en direction du stade de foot Fonte Nova (compter 20 mn) ; le*

Dique se trouve juste derrière le stade. Ce lac a été dépollué en 1998. Des allées pour les cyclistes et les promeneurs ont été aménagées autour. Depuis l'un des bars, vous pourrez admirer les huit statues représentant les *orixás* de l'eau (divinités du *candomblé*), qui semblent flotter sur le lac. Sur une des rives, on découvre les statues des quatre *orixás* de la terre. La nuit, l'illumination prête un air magique à l'endroit, qui est ainsi devenu une carte postale de Salvador. Mais les quartiers pauvres, eux aussi, entourent le plan d'eau.

***Parque de Pituaçú :** av. Otávio Mangabeira. ☎ 33-63-58-59. À env 15 km à l'est du quartier de Barra, à hauteur de la plage Corsário. Prendre un bus en direction d'Itapuã. Tlj 8h-17h.* Une véritable réserve écologique aux abords de la ville. Une bonne façon d'admirer les beautés du parc, c'est de louer une bicyclette et de parcourir les 16 km du circuit bordé de cocotiers, de palmiers impériaux et de manguiers. Au passage, visitez le musée en plein air des sculptures Mario Cravo, avec les 200 œuvres de l'artiste, disposées autour d'un premier petit lac.

Les plages

Si elles ne sont pas en pleine ville comme à Rio, elles s'étirent cependant dans des sites agréables, tout le long de la côte sud de la ville qui, à partir d'Amaralina, va vers le nord-est. Leur caractère populaire en fait toujours des lieux familiers et séduisants, malgré la forte urbanisation.

➢ *Pour s'y rendre :* prendre le bus « Aeroporto-Campo Grande » en face de l'*Hôtel da Bahia* (ttes les 15 mn env) ou, plus simple mais moins fréquent, le bus climatisé pour l'aéroport qui part de la rua Vassouras *(plan I, A2)*, dans le Pelourinho.

Depuis le centre jusqu'aux plus éloignées :

***Porto da Barra :** la plus proche du centre de Salvador.* C'est quasiment une plage dans la ville, adossée à des flancs rocheux et urbanisés. Petite et bondée le week-end, mais bonne ambiance et propreté tout à fait acceptable. De plus, c'est celle où on peut nager le plus tranquillement car elle est très abritée de la houle.

Amaralina :** à env 7 km à l'est de Barra.* Elle reçoit des vagues assez fortes et il y a beaucoup de vent. On peut y surfer, mais baignade dangereuse. Environ 4 km plus à l'est, la plage ***Jardim de Alá est plantée de parasols et bordée de petits restos. Puis, encore plus à l'est, on trouve les plages ***Boca do Rio*** et ***Corsário.***

***Jaguaribe, Piatã et Itapuã :** situées à la suite les unes des autres, à une vingtaine de km de Barra.* Ce sont parmi les plus populaires (ceux qui cherchent le calme iront voir ailleurs), avec leurs centaines de cocotiers et petits restos simples et bon marché, qui proposent de savoureux crabes farcis et du poisson frais.

***Barraca do Lôro :** praia Aleluia, av. Otávio Mangabeira. ☎ 33-74-75-09.* Fréquenté par les jeunes qui aiment voir et être vus. Belle variété de fruits de mer et cocktails de fruits tropicaux.

***Barraca de Jajá :** praia de Jaguaribe, av. Otávio Mangabeira. ☎ 32-49-79-43.* La spécialité est le poulpe servi avec une sauce vinaigrette. À déguster au son d'un bon vieux *rhythm' & blues.*

Et puis, au nord-est d'Itapuã toujours, les plages ***Stella Maris, Do Flamengo, Ipitanga,*** etc. Toujours assez fréquentées et bordées de petits restos, mais moins que les précédentes, et dans un environnement un poil plus sauvage (on est déjà à une trentaine de kilomètres de Barra). Ce sont nos préférées. Enfin, carrément plus loin (à 60 km de Salvador), la plage d'***Arembepe*** *(bus depuis la rodoviária ; compter 2h de trajet).* Mick Jagger et Janis Joplin l'ont foulée à la belle époque des *sixties.*

Les fêtes populaires

– ***Fête du Bom Jesus dos Navegantes :*** c'est sûrement l'une des plus belles. Cette fête symbolise parfaitement le syncrétisme de Bahia, associant *Jesus* (patron des marins) à *Yemanjá* (déesse de la Mer). Le 31 décembre, la statue de N.S. dos Navegantes est emmenée à l'église Conceição da Praia (dans la ville basse). Le lendemain, elle est chargée sur un bateau et part en procession sur la mer jusqu'à Barra, puis elle est ramenée à l'église de Boa Viagem, accompagnée de dizaines de bateaux fleuris. Les *filles de saints* revêtent leurs belles robes blanches et jettent fleurs et cadeaux à *Iemanjá.* Une messe solennelle est célébrée à l'arrivée, en présence d'une foule nombreuse.
– ***Fête de Nosso Senhor do Bonfim :*** *du 1er au 2e dim après l'Épiphanie.* La plus grande fête religieuse de Salvador. Le *Senhor do Bonfim,* c'est *Jesus Oxalá.* Encore un bel exemple de syncrétisme entre le catholicisme et le *candomblé.* Temps fort le jeudi, lorsque les *filles de saints* traversent la ville, portant sur la tête des récipients pleins d'eau et de fleurs, suivies d'une foule énorme, entièrement vêtue de blanc, pour se rendre à l'église N.S. do Bonfim. Arrivées sur place, elles lavent à grande eau le parvis pour purifier l'entrée de l'église et permettre l'arrivée de Jesus Oxalá. Tout autour de l'église, c'est une fête joyeuse. Des baraques illuminées et colorées servent les meilleurs plats de la cuisine bahianaise, des gens dansent... L'atmosphère est indescriptible. Le 2e dimanche, la statue de N.S. do Bonfim est transportée de l'église N.S. do Conceição à celle de Bonfim. Puis la fête se déplace dans le quartier tranquille de Ribeira pour sa propre fête du lendemain : *Segunda Feira Gorda* (Lundi gras). Ça n'arrête pas !
– ***Fête de Yemanjá :*** *se déroule le 2 fév à Rio Vermelho où se tient la maison de Yemanjá* (casa de Yemanjá). Longue procession de bateaux chargés de présents pour la déesse de la Mer. Essayez de suivre en bateau jusqu'au lieu des offrandes.
– ***Fête de Santa Bárbara :*** *4-6 déc.* Très populaire.

L'ÉTAT DE BAHIA

ITAPUÃ

IND. TÉL. : 071

***A tarde a Itapuã* est le titre d'une chanson de Dorival Caymmi, un des pères vénérés de la musique brésilienne, qui a fait connaître Itapuã, « la pierre qui ronfle » en langue tupi. À environ 18 km à l'est de Barra (Salvador), Itapuã est un petit village de pêcheurs, avec des maisons basses et peu d'immeubles. On ne le dirait pas mais c'est un lointain faubourg tranquille de Salvador, sur un bout de côte ombragé par les cocotiers. Pourtant tout est rustique, simple, peu touristique. Le village ancien tient dans un mouchoir de poche, la place Dorival Caymmi (il vivait ici), l'église N.S. de Conceição, le marché animé et l'arrêt des bus à côté.**
Plus loin, le quartier du Farol (phare), près duquel la flânerie est bien agréable à l'ombre des cocotiers de la rua J. Itapuã. Les plages d'Itapuã sont naturelles (sable) et non surveillées. Au bout de la plage, petits rochers et un peu moins de monde ; mais après le phare, les courants deviennent plus dangereux.
La spécialité d'Itapuã est la *cocada,* une galette sucrée à base de noix de coco.

Arriver – Quitter

➢ ***De/pour Salvador :*** bus « Itapuã ». Nombreux départs tlj. Durée : 30 mn. Billet : 1,80 Rl (sans AC).
➢ Navettes en *combi* pour les plages de ***Stella Maris*** et de ***Flamengo.***

Où dormir ? Où manger ?

De bon marché à prix moyens

Camping ecologico de Itapuã : à 1 km env. au nord du phare, sur la droite, près de l'hôtel Catussaba. ☎ *33-74-73-41. Ouv tte l'année. Env 10 Rls/pers.* Ombragé par des cocotiers, à 100 m de la plage, on y trouve des points d'eau, d'électricité et d'alimentation.

***Stand Acaraje da Cira** : rua Aristides Milton, 33. Devant le resto* Posto 12, *sur une placette ombragée, près du* San Felipe Center. *Salades à partir de 7 Rls.* Également des poissons et des viandes. Terrasse couverte avec vue sur la mer.

***Restaurante Ki-Mukeka** : rua do Vento Sul.* ☎ *33-74-21-47. À 1 km du centre, près du Farol, un peu en retrait de la plage. Dim et lun 11h30-18h, mar-sam 11h30-23h30 ; ven et sam : musique* ao vivo *à partir de 20h.* Grande salle propre et bien tenue. Accueil jovial. Cuisine traditionnelle bahianaise et spécialités de *moqueca, camarão* et *ensopada.*

***Restaurante Mistura** : rua Prof. Souza Brito, 41, Farol de Itapuã.* ☎ *33-75-26-23. Dans le quartier du Farol, près du* Posto Ipiranga. *Tlj, lun-jeu jusqu'à minuit, ven et sam jusqu'à 1h, dim 23h. Plats 20-33 Rls, poissons plus chers.* Cuisine raffinée. Belle terrasse extérieure ombragée, parking.

Chic (plus de 150 Rls / 60 €)

***Mar Brasil Hotel** : rua Flamengo, 44, Farol de Itapuã.* ☎ *32-85-73-39.* • *marbrasilhotel.com.br* • *Doubles avec sdb à partir de 145 Rls.* Une partie de l'hôtel était la maison où habitait naguère le musicien Vinicius de Moraes. Plaira donc aux mélomanes à la recherche de lieux inspirés. C'est un bâtiment moderne, fonctionnel, mais agréable et à taille humaine, situé près de la plage. Chambres avec ou sans cuisine, AC et balcon. Petite piscine.

L'ÎLE D'ITAPARICA

IND. TÉL. : 071

Grande île plate dans son ensemble, de 36 km de longueur sur 20 km de large. Située en face de Salvador, protégeant une partie de la vaste baie, elle est peu exploitée commercialement et a gardé son caractère encore naturel. C'est aussi là que se déroule l'histoire du roman *Vive le peuple brésilien,* de l'écrivain brésilien *Juan Ubaldo Ribeiro.*
Les plus belles plages de l'île se trouvent à l'est. Une enfilade de croissants au sable blanc qui s'appellent *Ponta de Areia, Barra do Gil, Barra do Pote*, ou *Coroa,* superbe.
À la descente du bateau à Bom Despacho (pour les gros ferries), prendre les combis blancs officiels pour vous déplacer. Beaucoup moins chers que les taxis et plus rapides que les bus, ils desservent toute l'île.
L'île d'Itaparica est un excellent endroit pour se reposer quelques jours ou plus. Beaucoup de monde le week-end, bien sûr. Choisissez donc un autre jour. Pour les amateurs de plongée, elle vaut aussi le détour !

Arriver – Quitter

➢ ***En ferry-boat :*** départ ttes les heures (ou ttes les 30 mn selon l'affluence) du terminal São Joaquim ; normalement 15 départs/j., 5h-23h30. Traversée : 45 mn ; 3,10 Rls pour les piétons (env 4 Rls le w-e). Le problème, outre l'éloignement du port São Joaquim, est qu'on débarque au terminal Bom Despacho, un peu éloigné des plages. Au débarcadère, de nombreux combis vous conduisent soit vers la ville d'Itaparica (nord), soit vers les plages (sud). Pour revenir vers Salvador, dernier bateau de Bom Despacho à 23h45 (minuit ven et w-e).

➢ ***En lancha :*** pour le même prix que le ferry-boat, ces petits bateaux vous conduisent directement à Mar Grande, dans le secteur des plages qui s'étendent de l'autre côté de la baie, face à Salvador. Idéal pour y passer une journée. Départ du port du terminal da França, devant le *mercado Modelo,* lun-sam 6h30-18h30, dim 7h-17h45. Env 1 départ ttes les 60 ou 90 mn. Pour revenir, dernier bateau à 17h30 (18h30 dim). Traversée : env 40 mn. Billet : en sem 3 Rls, le w-e 4 Rls. Attention aux heures de marée pour éviter de se faire bloquer.

CACHA PREGOS

À l'extrême sud de l'île, Cacha Pregos est un village de pêcheurs entouré d'îlots et de plages de sable vierge, baigné par des rios remontant dans les terres : un Brésil naturel, où le temps semble suspendu. Le village, protégé des assauts de l'océan par une barrière de sable, vit à l'heure des tropiques, dans une délicieuse nonchalance. C'est le point de départ idéal pour découvrir les îles verdoyantes de la baie et les méandres de la mangrove en louant les services des pêcheurs du coin.

➢ *Pour y aller :* compter 1h de bus (et 3 Rls) depuis le débarcadère de Bom Despacho. La fin de la route est praticable, mais en mauvais état.

– Pas de banque, pas d'office du tourisme, seulement des petits commerces de base. Le distributeur le plus proche est à Bom Despacho.

Où dormir ? Où manger ?

De bon marché à prix moyens

L'ÉTAT DE BAHIA

☗ ***Pousada Norage :*** *☎ 36-37-11-22.* • *pnorage@hotmail.com* • *Env 70 Rls la double avec AC, petit déj inclus ; 1 appart 150 Rls avec cuisine, balcon (bien pour un couple avec enfants). CB* Visa *acceptées.* Petit hôtel familial aux murs couverts de plantes vertes. Intérieur refait et repeint par des propriétaires soigneux. Demander une chambre au 2e étage. Vue très agréable sur le jardin ou sur la mer. Notre adresse préférée à Cacha Pregos.

☗ ***Pousada Graucá :*** *rua Santa Barbara. ☎ 36-37-10-22.* • *gaivotaturismo.com.br* • *Dans une ruelle ensablée menant à la plage, sur la gauche juste après l'arrivée dans le village. Doubles avec sdb, TV, AC et frigo 80 Rls.* Une dizaine de chambres agencées autour d'un jardin tropical, toutes très propres (carrelage, brique et bois). Certaines chambres avec mezzanine (pour 4 personnes). Pas de vue sur la mer, mais sur le jardin tropical. Accueil jovial.

☗ |●| ***Appart'hotel Privilège :*** *rua Santo Antonio, 2, Vera Cruz. ☎ 36-37-17-09.* • *privilegeapparthotel.com* • *Compter 215,70-383,60 Rls selon taille et saison. Resto midi et soir. Possibilité de ½ pens pour les hôtes.* Petit bâtiment au bord de la plage, abritant plusieurs appartements de taille variée (pour 2 à 7 personnes) et de confort différent (TV, clim', frigo-bar), tous très bien équipés, avec balcons donnant sur la mer. Le patron, Marc Catel, est un Français à l'accent jovial du Sud qui a longtemps vendu des bateaux au Brésil. Les pieds dans le sable, plus coquette que ses voisines, la paillote du *Privilège* propose des fruits de mer à des prix très raisonnables.

|●| ***Restaurant Lua Nova :*** *sur la place du village* ; *bon marché.* Petite salle et quelques tables dehors sous un vieil arbre. Cuisine bahianaise mijotée tranquillement. Poissons, *casquinha de siri, camarão.*

|●| ***Restaurant Venha Ver :*** *rua das Flores, 232. ☎ 36-37-18-27. À gauche de la route qui sort du village vers le nord, à 50 m de la* pousada Babalú, *près d'une pharmacie. Plats 20-30 Rls.* Petit endroit populaire qui ne paie pas de mine, mais

qui sert une des meilleures cuisines du village pour un prix plus que raisonnable.

Quelques ***paillotes*** sur la plage autour de la place principale.

ITAPARICA

Capitale de l'île, sur la pointe nord, à l'opposé de Cacha Pregos, Itaparica s'est assoupie depuis longtemps mais reste une belle étape. Les rues sont plutôt désertes. Le village garde une atmosphère paisible et un charme désuet d'ancienne cité coloniale. Les vieilles maisons portugaises accentuent le côté décadent. Pas grand-chose à faire, si ce n'est se balader dans le quartier historique, au pied du vieux fort, le long du beau front de mer pavé ou des plages de l'autre côté.
Le soir, allez prendre un verre au bar situé au pied de la *fortaleza* (le fort), face à la mer. Au loin, Salvador et ses gratte-ciel.

Où dormir ? Où manger ?

Passageiro do Vento : *praia do Brasileiro, derrière le collège* Jutahy Magalhães. ☎ *36-31-16-25.* • *http://passageiro.vento.free.fr* • *Doubles 60 Rls, petit déj compris. Repas env 30 Rls, slt le soir.* Demandez la *pousada do Francês*, c'est plus connu ainsi que sous son nom officiel. Après des années de navigation sur son voilier à sillonner l'Atlantique, Serge Ungaro a choisi de jeter l'ancre à Itaparica. Ce marin marseillais haut en couleur est aussi un artiste sculpteur qui a retapé une belle maison en bord de plage, où il a fait pousser un petit jardin tropical. Jolies chambres à la décoration élégante et simple dans la maison principale et d'autres dans une petite annexe, le *Jardin des Orixas.* L'ensemble reste rustique et campagnard. Fait aussi resto le soir : une bonne cuisine française rehaussée des couleurs et saveurs locales. Internet.

PONTA DE AREIA

L'une des plus belles plages de sable, à quelques kilomètres de la ville d'Itaparica. Très calme, attention toutefois à l'arrivée des goélettes de promenade, le visage de la plage change alors en quelques instants ! Quelques petits restos face aux flots bleus et des maisonnettes modestes en bord de mer. Pour y aller depuis Mar Grande : combi ou taxi.

Où dormir ? Où manger ?

De prix moyens à plus chic

Pousada Claro de Luar : *av. Beira Mar, 200.* ☎ *36-31-11-63.* • *clarodeluar.com* • *Doubles 70 Rls, petit déj inclus.* Dans une maisonnette au jardin tropical, Susana, qui parle le français, et Charly vous accueillent dans 5 petites chambres simples et récemment rénovées. Face à la plage, idéal pour les baignades au saut du lit.

Restaurante e Pousada Canto da Praia : *rua do Corredor, travessa do Coqueiral, 20.* ☎ *36-31-42-37.* • *pousadacantodapraia.com.br* • *Accès par un chemin serpentant à travers la forêt côtière inondée. Doubles 130 Rls avec vue sur la mer et 120 Rls avec vue sur la mangrove.* Le petit déj, généreux, est servi sous des kiosques éparpillés autour d'un jardin tropical. Ambiance bucolique et repos assurés.

Jardim da Ilha : *av. Beira Mar.* ☎ *36-31-45-04. Sur la plage.* Le resto le plus réputé de Ponta de Areia. Tables sous une grande hutte de palmes ou bien sur le sable, à l'ombre des palmiers. Tenu par un sympathique Italien, professionnel sérieux et exigeant, qui parle couramment le français et propose une cuisine locale de qualité à des prix très sages. Spécialité de fruits de mer.

À voir. À faire sur l'île d'Itaparica

L'église sans toit : sur la piste qui conduit à Baiacu, un chemin sur la gauche (aucune indication) aboutit à cette église tout à fait surprenante. Abandonnée depuis des dizaines d'années, la forêt a repris ses droits. Des arbres ont poussé le long des murs et les soutiennent. Curieuse union du végétal et de la pierre.

La cascade d'Itororo : *au sud de Baiacu.* L'eau se jette directement dans la mer. Pas d'accès direct par la terre. Pour la découvrir, il faut prendre une embarcation à Baiacu ou à Itaparica.

Les sources thermales : leurs eaux ont, paraît-il, la propriété de communiquer à leurs consommateurs amour, santé et prospérité. Plus ou moins d'eau selon la saison.

➢ Possibilité de promenades en bateau, de parties de pêche et de balades en pirogue dans la mangrove.

À L'INTÉRIEUR DE L'ÉTAT DE BAHIA

LE RECÔNCAVO : CACHOEIRA ET SÃO FÉLIX

IND. TÉL. : 075

Deux petites villes coloniales situées à 120 km de Salvador, face à face, séparées par le rio Paraguaçu, à la dernière extrémité de la baie de Tous-les-Saints. Si Cachoeira et São Félix sont aujourd'hui un peu endormies le long du fleuve Paraguaçu, elles témoignent du riche passé colonial de la région qui construisit son rayonnement économique sur l'exploitation de la canne à sucre puis du tabac. L'entreprise allemande *Dannemann* fit du commerce des cigares l'activité prépondérante de cette région durant tout le XIXe s.
Classée Monument national depuis 1971, Cachoeira est aussi célèbre pour être la première à avoir reconnu l'empereur Dom Pedro I. L'architecture coloniale y est donc très riche, malgré un état de décrépitude qui évoque l'image de cités oubliées, figées sur leur passé de commerce glorieux. On se laisse facilement prendre au charme des ruelles bordées de maisons aux couleurs pastel et d'églises aux façades décrépies ; on se laisse pénétrer par l'atmosphère indolente de São Félix et Cachoeira, qui s'assoupissent l'après-midi et reprennent vie à la tombée du jour. Passez donc une nuit dans l'une de ces deux cités reliées par un antique pont en métal aux planches de bois bringuebalantes (parfois manquantes)... la traversée garantit certaines émotions !

Arriver – Quitter

➢ ***Salvador :*** 4 bus/j. dans les 2 sens (*Cie Santana,* ☎ *34-50-49-51,* à la *rodoviária* de Salvador). Compter 2h de route agréable, à la découverte des paysages du Recôncavo. Possibilité de s'arrêter en cours de route à *Santo Amaro,* autre ville coloniale, lieu de naissance de Caetano Veloso et Maria Betânia.

Où dormir ?

De bon marché à plus chic (moins de 110 Rls / 44 €)

Pousada do Paraguaçu : *av. Salvador Pinto, 1 (São Félix).* ☎ *34-38-33-69. À l'extrémité de l'avenue qui longe le fleuve. Doubles avec ventilo ou AC, 45-65 Rls, petit déj inclus.* Des chambres simples, propres et confortables, avec douche, w-c et TV. Les murs du patio très fleuri sont recouverts de mosaïque jaune et blanc. Petit déj copieux (fruits, gâteau de tapioca...) avec vue sur le Paraguaçu. Un très bon rapport qualité-prix.

Pousada do Convento : *praça da Aclamação (Cachoeira).* ☎ *34-25-17-16.* • *pousadadoconvento@hotmail.com* • *Dans le prolongement de la praça Teixeira de Freitas. Doubles 50-110 Rls, celles du rez-de-chaussée étant les moins chères.* Vous voici dans l'ancien couvent carmélite de l'église de l'Ordem Terceira, ensemble architectural datant du début du XVIIIe s, rénové en 1981 et restructuré en musée et *pousada.* Un petit luxe à s'offrir pour le confort et le cadre magnifique : un grand patio rempli de plantes tropicales distribue les vastes chambres parquetées et meublées d'acajou. Un vrai saut dans le temps, à l'ère des riches colons portugais ! En bonus, grande piscine ombragée.

Pousada Labarca : *rua Inocêncio Boaventura, 37 (Cachoeira).* ☎ *34-25-10-70.* • *labarca.zip.net* • *Dans la rue de la* pousada do Convento. *Doubles env 50 Rls, petit déj inclus.* Quelques chambres, simples et propres, tenues par l'accueillante Cristina, artiste ayant vécu en France quelques années. Au rez-de-chaussée, une galerie d'art présente des œuvres inspirées du *candomblé.* Cristina propose d'ailleurs d'assister à des cérémonies du *candomblé* dans les *terreiros* les plus traditionnels de Cachoeira.

Où manger ?

Beira Rio Restaurante : *rua Manuel Paulo Filho, 19 (Cachoeira).* ☎ *34-25-50-50.* Petit resto au coin d'une place donnant sur le fleuve. De l'autre côté, les collines de São Félix surmontées çà et là des frontispices des églises. L'endroit offre une excellente cuisine régionale et rustique *(maniçoba, sarapatel, feijoada),* et propose également une bonne carte de poissons et de viandes grillées. Service attentionné et prix modestes.

Cabana do Pai Thomaz : *rua 25 de Junho, 12 (Cachoeira).* Même genre de cuisine, mais en moins savoureux. On y va surtout pour le cadre extra, sur une petite place animée. Notez les portes et le mobilier en bois sculpté.

À voir

À Cachoeira

Igreja Matriz Nossa Senhora do Rosário : *rua Ana Neri, s/n.* Construite de 1693 à 1754. Possède une très intéressante décoration intérieure. Belles peintures, et surtout les plus grandes fresques d'azulejos du Brésil (3 à 5 m de haut), représentant des scènes de l'Évangile. Les blancs, les bleus clairs, les ors des autels et des fenêtres intérieures donnent à l'ensemble un aspect très gâteau anglais. Tabernacle en argent dont les rayons d'or ont été volés. Voir les superbes commodes en bois de la sacristie. Les tableaux portent la marque de l'inondation de 1964 : comme ils étaient scellés au mur, le curé n'a pas eu le temps de les enlever. Au 1er étage, petit *musée* présentant quelques meubles coloniaux et de l'orfèvrerie religieuse.

Fundação Hansen Bahia : *rua 13 de Maio, 13.* ☎ *34-25-14-53. Mar-ven 9h-17h, w-e 9h-14h.* Petit musée présentant les œuvres de l'artiste allemand Karl Hansen, qui vécut à Bahia à partir de 1955. Technique de gravure étonnante : gravures sur plaque de métal, transposées ensuite au fusain, avec parfois des touches de peinture. L'artiste vécut très proche du peuple bahianais, particulièrement des prostituées qu'il a souvent représentées dans ses œuvres. On remarque aussi les tableaux consacrés à la Seconde Guerre mondiale (le *Drama do Calvário*), ainsi que l'illustration du poème de Castro Alves *(Navio Negreiro)* sur la traite des esclaves.

Le musée du Patrimoine historique : *horaires variables. Fermé lun.* Il possède de belles collections d'ameublement colonial. En face du musée, la ***préfecture*** (XVIIIe s) et la *rua Benjamin Constant,* l'une des plus typiques de la ville.

Notez, à l'entrée du vieux pont en fer Dom Pedro II, la ***vieille gare*** de style impérial. Joli panorama depuis le pont.

À São Félix

Centro cultural Dannemann : *av. Salvador Pinto, 25. ☎ 34-25-22-08. • centroculturaldannemann.com.br • Mar-sam 8h-16h30, dim 13h-17h. Gratuit.* Une partie de la fabrique (de cigares) est toujours en activité, mais le bâtiment abrite essentiellement un centre culturel qui reçut de grands artistes de la scène musicale brésilienne, comme Gilberto Gil ou Carlinhos Brown. Il ne faut pas hésiter à franchir la lourde porte pour observer les ouvrières à l'œuvre ou acheter quelques cigares. Expositions ponctuelles d'artistes locaux.

Fêtes

– Cachoeira et São Félix sont connues dans l'État de Bahia pour leurs *terreiros de candomblé.* Quelques événements majeurs, notamment la ***São João*** et surtout la ***fête de N.S. da Boa Morte,*** qui se déroule le vendredi précédant le 15 août. L'une des manifestations afro-brésiliennes les plus intéressantes : la ***procession de l'Irmandade da Boa Morte,*** une fête majeure pour tous les pratiquants du *candomblé,* qui se rassemblent ici avec ferveur.

FEIRA DE SANTANA

IND. TÉL. : 075

À environ 120 km au nord de Salvador. La ville est d'abord réputée pour son immense marché local et artisanal. On y trouve absolument de tout : fruits et légumes, ustensiles, cuir *(feira de gado)*... L'activité quotidienne se concentre dans l'immense *centro de Abastecimento,* dans le *mercado de Arte popular* (un peu plus touristique) et à la périphérie de la ville. De plus, sa situation géographique, à la jonction entre plusieurs régions du Nordeste, en a fait un pôle commercial et un passage obligé entre les grands axes routiers du pays. Conséquence fâcheuse cependant pour les habitants de la ville, qui voient leur cité envahie chaque jour par des centaines de camions. Mieux vaut partir vers 6h de Salvador pour y être de bonne heure et éviter d'y passer la nuit. On vous indique quand même quelques adresses, pour dépanner.

Arriver – Quitter

Rodoviária : *av. Presidente Dutra. ☎ 36-23-32-05.* Immense ! Distributeurs d'argent.

➢ ***Liaisons avec Salvador*** assurées par plusieurs compagnies, ttes les 30 mn en moyenne. Depuis Salvador, env 10 bus/j., en 1h30 env. Départs de la *rodoviária* avec la *Cie Santana (☎ 34-50-49-51).* À l'arrivée, prendre un taxi ou marcher jusqu'au centre.

Où dormir ? Où manger ? Où boire un verre ?

Pousada Kalilândia : *praça Kalilândia, s/n. ☎ 32-21-73-66. • pousadakalilandia.com.br • Doubles 60 Rls, bon petit déj compris.* Hôtel sans charme, mais bien tenu et au calme, donnant sur une place où s'élèvent 5 palmiers impériaux.

O Pote de Barro : *rua Leonida Rocha, 36. ☎ 36-23-32-61. Dans le centre, près de la mairie de Feira. Lun-sam, le midi slt, env 7 Rls pour 2 pers.* Licia, la très accueillante patronne de ce petit resto populaire, propose une variété de plats régionaux très bon marché : *bife, ensopado, galinha ao molho...*

Bistro 731 : *rua Sabino Silva, 731. ☎ 32-34-10-35. Mer-sam, le soir.* Petit bar-resto bien caché. Welber, artiste peintre ayant vécu quelques années en France, vous reçoit chez lui à bras ouverts. Un des lieux festifs de la ville où les initiés se retrouvent jusqu'au petit matin. Cuisine expérimentale à base de produits locaux et excellentes *caïpirinhas,* le tout dans une bonne ambiance et à des prix modiques.

À voir

Centro de Abastecimento : le marché populaire le plus important de Bahia après celui de São Joaquim. Pavillons des viandes, poissons, céréales, fromages, tabac tressé en cordes grasses... Artisanat régional : vannerie, poteries, cotonnades, métal... Des stands remplis de produits de première nécessité, des ustensiles de cuisine aux plats à *moquecas,* en passant par les hamacs et les machettes, le tout à moins de 5 Rls ! Authentique et très fréquenté les jours d'arrivage (lundi, mercredi et samedi).

Fête

– ***Carnaval de Micareta :*** *pdt 4 j. fin avr ou début mai, selon le calendrier.* Fête populaire qui tient son nom du français « mi-carême ». Depuis sa création, en 1937, c'est LA grande fête annuelle de la ville et le 2e carnaval de l'État après celui de Salvador. Décalé à cette période à cause des fortes pluies qui inondent la région en février, on y retrouve, en effectifs réduits, les grands blocs du carnaval de Salvador. Grand défilé le 1er jour, avenida Presidente Dutra.

LE PARC NATIONAL DE LA CHAPADA DIAMANTINA ET LENÇÓIS

IND. TÉL. : 075

Le parc national est une splendide région de basse montagne, de canyons et de plateaux dignes des parcs nationaux américains, de cascades et d'eau pure... C'est l'endroit idéal pour faire des randonnées extraordinaires et pour s'éloigner un peu de la côte. Quant à Lençóis, c'est un superbe village colonial classé, situé entre la rivière éponyme et les contreforts de la serra do Sincorá. Sa richesse architecturale est liée à l'histoire de l'exploitation des diamants

contenus dans les sables des nombreuses rivières environnantes. On peut encore aujourd'hui trouver des cristaux de roche lors des randonnées qui empruntent les berges sablonneuses des cours d'eau.

Arriver – Quitter

➢ ***En bus :*** 2 bus/j. au départ de Salvador, vers 7h et 23h30, vers Lençóis. L'été, slt 3 fois/sem. *Cie Real Expresso : ☎ (71) 34-50-93-10 à Salvador, ☎ (75) 33-34-11-12 à Lençóis.* Env 7h de trajet (410 km de route). Pour le retour, mêmes horaires de Lençóis vers Salvador.

➢ ***En avion :*** aux dernières nouvelles, les vols étaient suspendus entre Salvador et Lençóis. Se renseigner à Salvador lors de votre séjour.

Adresses utiles

Office du tourisme : *praça dos Nagôs, s/n. Sous le marché couvert, à l'entrée de la ville. Tlj, le mat puis 16h-22h.*

Café.com : *praça dos Nagôs, s/n. Tlj.*

Banco do Brasil : *praça Col Horacio Matos, s/n. ☎ 33-34-11-03. Tlj 9h-13h.* Change et distributeur automatique.

Hospital municipal Sebastião Alves : *rua Vai Quem Quer, 33. ☎ 33-34-15-87.*

Lavanderia *(laverie) : rua 10 de Novembro, 8, près de la* Banco do Brasil. Rapide et efficace.

Où dormir ?

Camping

Lumiar : *praça do Rosário, 70. ☎ 33-34-12-41. Env 10 Rls/pers.* De beaux emplacements dans le parc arboré de la *pousada Lumiar.*

De bon marché à prix moyens (30-60 Rls / 12-24 €)

Pousada da Rita : *rua Silva Jardim, 4. ☎ 33-34-19-16. Doubles 30 Rls, avec petit déj ; moitié prix pour 1 pers.* Excellent accueil de Rita dans cette petite maison blanche aux boiseries vertes et au parquet fraîchement ciré située entre les deux places principales de la ville. Les 5 chambres sont simples (salle de bains et ventilo), propres et le petit déj spectaculaire (tous les gâteaux et les pains sont faits maison). Dîner sur demande.

Hostel Chapada *(AJ) : rua Boa Vista, 121. ☎ 33-34-14-97. • hostelchapada.com.br • Selon saison, doubles 50-70 Rls avec petit déj ; nuitée en dortoir 30-30 Rls ; réduc pour les membres du réseau FUAJ.* Doubles ou collectives, toutes situées autour d'un petit jardin botanique (les noms des arbres sont indiqués) et chacune identifiée par un nom de sentier de randonnée. Au fond du jardin, une petite pergola abritant des hamacs vous invite à la sieste. Possibilité de louer la cuisine. Organise des séjours incluant le bus aller-retour depuis Salvador, les nuitées, promenades et randonnées. Détails sur le site.

Pousada Grisante : *rua José Florêncio, s/n. ☎ 33-34-15-27. • pousadagrisante@yahoo.com.br • À 10 mn à pied de la gare routière. Doubles 40 Rls au rez-de-chaussée, 60 Rls à l'étage, avec petit déj.* Cinq chambres assez impersonnelles, mais certaines ont une vue exceptionnelle sur les rapides de la rivière Lençóis. Le glouglou des eaux bercera assurément vos nuits !

Pousada Corona de Pedra : *rua Samuel Sales, 28. ☎ 33-34-16-24. • pousadacoronadepedra.com • Doubles*

50-65 Rls, avec petit déj. Plusieurs chambres boisées, mansardées, chacune équipée de malles au charme désuet recueillant les affaires des voyageurs, pendant que des moustiquaires protectrices flottent au-dessus des lits. Petit déj servi autour d'une grande table de ferme.

De chic à très chic (70-250 Rls / 28-100 €)

Pousada Solar dos Moraes : *rua São Benedito, s/n. ☎ 33-34-18-49. Doubles 70-80 Rls.* Une ancienne *fazenda* rénovée et transformée en hôtel. Si les chambres du bâtiment principal sont communes, les 4 bungalows faisant face à un jaquier aux fruits énormes, planté au milieu d'un immense parc, jouissent d'un certain charme rustique.

Hôtel Canto das Águas : *av. Senhor dos Passos, 1. ☎ 33-34-11-54. • lencois.com.br • Compter env 216-460 Rls.* Les chambres font face au cours de la rivière Lençóis, ainsi que la terrasse suspendue où est servi un petit déj pantagruélique. Décoration tropicale chic, employant des matériaux rustiques mis en valeur par une touche de modernité. Des tarifs élevés mais un hébergement somptueux. Une adresse de charme.

Où manger ?

Bar e Restaurante Águas do Ribeirão : *rua das Pedras, 76. ☎ 33-34-13-94.* Petit resto familial qui vend aussi sa production de liqueurs artisanales. Plus de 30 saveurs de fruits macérés dans la *cachaça* : les étagères croulent sous le poids des bouteilles ! Quelques tables sur les pavés de la rue pour savourer une cuisine locale généreuse et aux prix très modestes.

A Picanha na Praça : *praça do Coreto, 62. ☎ 33-34-10-80.* Resto spécialisé dans les viandes grillées, situé autour d'une charmante place sur les hauteurs de la ville. Des plats aux accompagnements copieux pour se remettre des fatigues de la randonnée.

À voir. À faire

Plusieurs agences peuvent vous accompagner : elles proposent toutes les mêmes circuits et les mêmes tarifs. À titre d'information, l'agence *Cirtur (rua da Baderna, 41 ; ☎ 33-34-11-33),* propose aussi des chambres autour de 40 Rls et organise des treks de un à sept jours, des balades à cheval, des visites de grottes et de cascades, et, pour les moins sportifs, des excursions en voiture. Ou bien encore l'agence *Zen Turismo (praça da Nagôs ; ☎ 33-34-13-97 : • zentur.tur.br •).*

➢ ***Ribeirão do Meio :*** *à 45 mn de marche du village.* Un bassin avec une série de toboggans naturels sur la roche lisse. Idéal si l'on veut nager après la longue nuit de bus. La couleur rouge de l'eau est due au fer de la roche. Plusieurs autres cascades sont accessibles à pied de Lençóis : la *cachoeira* da Primavera (3 km), la *cachoeira* do Sossego (8 km à travers le lit du rio Ribeiro), la *cachoeira* do Serrano (à moins de 2 km). Face à cette dernière se trouve le *Salão das Areias Coloridas,* d'où sont extraits ces sables colorés qui composent les paysages naïfs retenus dans de petites bouteilles.

➢ ***Cachoeira da Fumaça*** est, paraît-il, la 2e cascade la plus haute du Brésil : 380 m de haut. Vraiment impressionnant. Si vous avez du temps, faites un trek de 3 jours avec un guide au départ de Lençóis. La première journée, vous marcherez et dormirez au pied d'une cascade dans une grotte. N'oubliez pas maillot de bain et duvet.

Le deuxième jour, vous découvrirez la beauté de la *cachoeira da Fumaça.* Frissons garantis depuis le canyon. Enfin, le troisième jour, vous atteindrez le sommet de la cascade, puis repartirez vers le petit village de Capão.

➢ Au ***morro do Pai Inácio,*** vous découvrirez un des hauts sommets de la région (1 150 m). Coucher de soleil superbe. Pour s'y rendre, le bus depuis Lençóis en direction de Palmeiras, à 6h ou à 13h, s'arrête devant l'accès. De là, monter à pied au Morro do Pai Inácio en fin de journée. Entrée gratuite. Vue circulaire stupéfiante.

Fêtes

*– **Fêtes de la Saint-Jean** en juin et **Festival de musique do Inverno** en août.*

LA CÔTE SUD DE L'ÉTAT DE BAHIA

MORRO DE SÃO PAULO

IND. TÉL. : 075

Il s'agit d'un archipel de quatre îles principales lovées dans la baie de Valença. Le village de Morro de São Paulo se trouve au nord de la plus vaste, l'île de Tinharé. Autrefois modeste village de pêcheurs, Morro est devenu le Saint Trop' de Bahia. L'archipel, très fréquenté pendant les vacances brésiliennes, retrouve son calme hors saison. En revanche, le reste de l'île réserve une nature encore intacte.
L'île est habitée depuis le début de la conquête portugaise (1505). Un mur d'enceinte et un fort témoignent de la lutte entre les Portugais et les Hollandais pour le contrôle de la baie de Salvador au milieu du XVIIe s.
Du village en descendant vers le sud s'enchaînent quatre plages : animées et festives pour les premières, plus désertes pour les dernières. Belles promenades dans les collines recouvertes de *Mata Atlântica* ou le long des plages jusqu'à l'île semi-déserte de Boipeba, où quelques *pousadas* ont poussé ces dernières années.

Arriver – Quitter

Depuis Salvador, par la route, il faut compter 250 km. En revanche, en passant par l'île d'Itaparica, Morro de São Paulo n'est plus qu'à 100 km de Salvador. C'est une bonne option pour y aller (mieux vaut éviter le catamaran). Les visiteurs de 6 à 65 ans doivent s'acquitter d'une taxe de 6,50 Rls/pers lors de leur entrée sur l'île.

En bus puis bateau

➢ À partir de ***Bom Despacho*** (sur Itaparica), prendre le bus pour Valença par la *Cie Aguia Branca* (☎ *36-82-27-77* ; 5 bus/j.) ou la *Cie Cidade Sol.* Billet : 2,50 Rls. Du port de Valença, prendre un bateau de ligne ou de pêche pour Gamboa do Morro : env 1h30 de navigation avec un bateau normal (5 Rls) ou 40 mn avec une vedette (10 Rls). Même circuit au retour.
➢ À partir de ***Salvador,*** même trajet que le précédent, mais plus long. Le bus doit faire le tour de l'immense baie de Tous-les-Saints pour retrouver la route du Sud. *Cie Camarujipe* (4 bus/j.).

En bateau

➢ ***Liaisons Morro de São Paulo-Salvador :*** à Salvador, prendre le *catamarã* au terminal da França dans la ville basse (proche de la marina, derrière le *mercado Modelo*). Trois compagnies proposent les mêmes prix mais circulent à des horaires différents. De Salvador, départs tlj 8h30-14h ; de Morro de São Paulo, 9h-14h. Compter 2h de trajet et 100 Rls. Mais on déconseille ce mode de transport, car la sécurité n'est pas assurée en cas de mauvais temps (un catamaran a coulé en décembre 2006 et un passager est mort).

En avion

➢ La Cie *Addey* propose des vols (20 mn à peine) entre Salvador, Valença et Morro de São Paulo. Trois vols/j. en avion-taxi de 6 places, selon le temps. Aller simple env 170 Rls. *Rens à Salvador :* ☎ *(71) 33-77-19-93.* • *addey.com.br* •

Adresses utiles

■ ***Agence Rota Tropical :*** *rua da Prainha, 75.* ☎ *36-52-12-84.* • *morrodesaopaulo.com.br* • Visites de l'île et activités sportives : équitation, voile *(laser, hobby cat, kitesurf)*, plongée sous-marine.

■ ***Bonjour Bahia :*** ☎ *36-52-11-65.* • *bonjourbahia.com.br* • Agence francophone. Visites de l'île et diverses excursions : balades en bateau ou à cheval, découverte de l'archipel de Tinharé, remontée du rio Una, etc. Possibilité d'hébergement et transfert.

Où dormir ? Où manger ?

⌂ ***Pousada Morena :*** *rua da Primeira Praia.* ☎ *36-52-11-96. Dans la rue centrale de Morro. Doubles min 70 Rls avec ventilo.* Des chambres propres et bien tenues, certaines donnant sur la plage. Petit déj servi dans la véranda donnant sur la mer.

|●| ***Restaurant O Casarão :*** *sur la place du village de Morro.* ☎ *36-52-10-49. Plats 20-30 Rls.* Une belle maison ancienne dominant la place du village. Bonne cuisine bahianaise et internationale. On mange sur la terrasse, avec vue sur la place où des artisans exposent leurs réalisations le soir.

Plus chic

⌂ ***Hôtel Anima :*** *praia do Encanto (4e plage).* ☎ *(75) 36-52-20-77.* • *animahotel.com* • *Bungalows 2 pers min 240 Rls, petit déj compris.* Pousada écologique construite en bois d'eucalyptus par Philippe Watel, Parisien venu du monde de l'Internet, et Silvana, sa femme brésilienne. Le patio central en forme de V comprend un bar, un salon et un restaurant, et s'organise autour d'une piscine donnant sur une longue plage de sable blanc bordée de cocotiers. Neuf grands bungalows aménagés avec goût dans un bout de forêt atlantique : large salle de bains, clim' (silencieuse !), véranda avec hamacs. Un camion picaresque sorti tout droit d'un film de Werner Herzog assure une navette gratuite de 10h à 23h et payante de 23h à 3h (10 Rls) pour parcourir les 8 km qui séparent l'hôtel du village.

|●| ***Restaurant de l'hôtel Anima :*** *dans l'hôtel du même nom (voir ci-dessus). Plats env 20-25 Rls.* Excellente cuisine bahianaise et française avec une touche thaïlandaise : filet de bœuf *rendang* sauce tamarin, bar grillé sauce thaïe, cuisine servie avec attention dans le patio intérieur.

À voir. À faire

Le village de Morro : intéressant le soir, pour la musique, l'animation des bars et, en été, pour les fêtes sur les plages. Voir aussi l'église du XVIIIe s, les ruines du fort et la vue depuis le phare sur l'île et les environs.

Garapua : charmant village de pêcheurs, accessible par un chemin dans la forêt atlantique et la mangrove. Un guide peut vous accompagner pour 10 Rls par personne. On peut aussi y aller à cheval, en bateau de pêche ou en 4x4.

Les bains d'argile de Gamboa : sur l'autre côté de l'île (côté rivière) se dresse une falaise dont l'argile rose se mélange à l'eau des sources suintant des parois. Faites comme les locaux : enduisez-vous d'argile et laissez le tout sécher avant de prendre un bain dans la rivière. Bien moins cher que dans votre salon de beauté habituel.

ILHÉUS

221 000 hab. IND. TÉL. : 073

Capitale du cacao située à 475 km au sud de Salvador. C'est une ville moderne, mais pas désagréable pour autant. Petit centre-ville sympa et animé, composé de quelques édifices dignes d'intérêt. C'est surtout LA ville où naquit l'immense Jorge Amado. Il y situe l'action de son plus grand succès mondial, *Gabriela, Cravo e Canalo* (Gabriela, girofle et cannelle). Ilhéus fut fondée en 1532.

Arriver – Quitter

Aéroport Jorge Amado : *rua Brigadeiro Eduardo Gomes, s/n. ☎ 32-31-76-29. À peine à 5 km de la ville.* Vols depuis São Paulo et Salvador.

Rodoviária Ilhéus-Itabuna : *praça Cairu. ☎ 36-34-65-82 ou 32-51-34-61.* Un peu excentré, mais bus assurant la liaison avec le centre-ville. Bus pour Salvador (6h de trajet) et Itacaré.

Adresses utiles

Délégation au tourisme : *☎ 32-31-16-31.*

Office du tourisme Ilhéustur : *☎ 32-31-86-79. Un bon site à consulter : • ilheus.com.br •*

Banco do Brasil : *rua Marquês de Paranaguá, 112. Ouv 10h-15h.*

Où dormir ? Où manger ? Où boire un verre ?

Hotel Britania : *rua Jorge Amado, 16. ☎ 36-34-17-22 ou 17-72. • hotelbritania@maxlinux.com.br • Très central, juste en face de la maison de la culture. Doubles 60 Rls.* Confort correct (AC, sol carrelé, TV, frigo). Chambres avec ouverture vers l'atrium certes un peu sombres, mais bien tenues.

Ilhéus Praia Hotel : *praça D. Eduardo (et praia da Avenida). ☎ 36-34-25-33. • ilheuspraia.com.br • En face de la cathédrale. Doubles 150 Rls.* Hôtel de standing classique, moderne, fonctionnel. Une soixantaine de chambres tout confort. Piscine.

Gabriela, Cravo e Canela : *en face de la cathédrale. ☎ 32-31-32-10. 91-98-37-49.* Self *ao kilo* offrant une belle sélection de hors-d'œuvre, mets et grillades. Salle climatisée.

Bar Vesuvio : *praça D. Eduardo. ☎ 36-34-21-64. Sur le côté de la cathédrale. Tlj 11h-1h.* De toute façon, immanquable avec son Jorge Amado qui sirote son pastis en terrasse. Le mythique café de l'écrivain, malheureusement « relooké » moderne. Quelques souvenirs aux murs cependant, coupures de journaux, photos, témoignages... Cuisine correcte : *peixe a Jorge Amado* (bien sûr), langouste à la provençale, *sururu de moqueca,* viandes diverses, vins brésiliens.

Où acheter du bon chocolat ?

Chocolate Caseiro Ilheus : *rodovia Ilhéus-Uruçuca. ☎ 36-39-53-00. • chocolatecaseiro.com.br • À 8 km du centre, à l'entrée de la ville (en direction d'Itacaré).* Bâtiment dans le style suisse. Vaste choix de chocolats, ça va de soi.

À voir. À faire à Ilhéus et dans les environs

À Ilhéus même, tout est concentré dans le centre-ville. Visite des églises et édifices coloniaux pliée en 2h.

Catedral São Sebastião : édifiée à partir de 1931, de style bizarre, disons éclectique. Façade originale avec son porche en rotonde sur colonnes, surmonté d'un petit dôme. À l'intérieur, festival de tonalités blanches et beiges et de vitraux roses, ça donne un côté pâtisserie.
À partir de la cathédrale, on découvre le ***Vésuvio,*** un monument littéraire, présent dans l'œuvre d'Amado bien sûr, puis la rue éponyme célébrant l'écrivain. On y trouve le ***Teatro municipal*** (1932), suivi, côté droit, au n° 21, de la ***Casa de la cultura Amado*** *(☎ 36-34-89-86 ; sem 9h-12h, 14h-18h, sam 9h-13h ; visite guidée).* Elle fut créée par le père de l'écrivain en 1920 et connut l'écriture de son premier roman *(Le Pays du carnaval).* Nombreux souvenirs.
Au bout de la rue Amado s'élèvent trois bâtiments emblématiques de la grande période du cacao (1900-1930). D'abord, même trottoir, la ***casa dos Artistas*** (style colonial, fin du XIXe s), puis l'***Associação Commercial*** (1932), enfin, dominant la place J. J. Seabra, la masse lourdement ornementée du ***palácio Marquês de Paranaguá*** (1907). L'autre axe de la ville est la ***rua Antônio Lavigne,*** bordée de demeures de caractère. Tout au bout, un bouquet d'intéressants édifices : le ***palácio Misael Tavares*** (1914) à la riche ornementation. À côté, l'***église-musée São Jorge,*** fondée en 1556, mais la construction actuelle date de 1723 : style baroque simplissime. Elle présente une collection d'art sacré. Enfin, avenida Dois de Julho, le « cabaré » ***Bataclan,*** décrit dans les ouvrages d'Amado. *Visite tlj 10h-22h (dim 17h-22h).* Expos temporaires d'artistes régionaux.

Possibilité de visiter des ***fazendas de cacao.*** Renseignements dans les agences touristiques, ou téléphoner aux *fazendas* directement.
– ***Fazenda Yrerê :*** *sur la route de Itabuna, à 12 km. ☎ 36-56-50-54. Visite payante.*
– ***Fazenda Primavera :*** *à env 20 km, route de Itabuna. ☎ 36-13-78-17. Visite payante (env 15 Rls).* Découverte de tout le processus de production, de la cueillette au séchage, en passant par le cassage des cabosses...

Ecoparque de Una : *à 45 km, route de Canavieiras. ☎ 36-33-11-21. En hte saison, mar-sam 9h-14h, visite guidée ttes les heures. De mars à juin et en août, slt ven et sam à 9h.* Un bel exemple de la forêt atlantique avec près de 200 espèces d'oiseaux. Sentiers de randonnée de différents niveaux qui vous permettront peut-être de voir le fameux (et rare) singe *mico leão de cara dourada* (ouf)...

ITACARÉ

15 160 hab. IND. TÉL. : 073

À 400 km environ au sud de Salvador et à 70 km au nord d'Ilhéus, au beau milieu de la côte du Cacao, Itacaré reste un village à l'architecture marquée par son passé industrieux. Mais comme le cacao n'est plus ce qu'il était, le village se tourne vers un tourisme vert, tendance balades dans la mangrove, surf, plongée sous-marine, etc. La route de la plage est l'artère principale et elle regorge de *pousadas* et de restos. Un petit paradis du farniente et de la plage.

– Et le village a même un site internet très actualisé : • itacare.com.br •

Comment y aller ?

➢ ***En bus :*** bus ***Ilhéus-Itacaré*** tlj, env ttes les heures 7h-19h, max 2h de trajet. Sinon, 3 bus/j. depuis ***Salvador*** (départ mat, midi et soir ; 7h de trajet). *Cie Viação Rota* à Itacaré : *☎ 32-51-21-80 ou 22-00.* Également des liaisons avec les *Cies Vitória* et *Itabuna.*

Adresses utiles

■ ***Banco do Brasil*** *(plan A1, **1**) : rua João de Souza, s/n. ☎ 32-51-20-75. Ouv 9h-12h.* Change d'espèces et de chèques de voyage, en euros et en dollars américains. Distributeur.

■ ***Fundação Hospitalar de Itacaré*** *(plan A1, **2**) : rua 31 de Março, s/n. ☎ 32-51-34-89.*

Où dormir ?

Dans le centre-ville

Bon marché (10-30 Rls / 4-12 €)

🏠 ***Maisons à louer*** *(plan B1, **10**) : rua São Miguel, derrière le poste à essence. ☎ 32-51-35-96. Compter 30 Rls la nuit pour 2 pers.* Deux petites bicoques récemment refaites, l'une jaune, l'autre orange, totalement équipées. Cependant, à deux pas de la station d'essence, ce n'est pas l'endroit le plus calme ni le plus romantique. Voir sur place avec Ana Paula ou Alfredo.

De prix moyens à plus chic (50-150 Rls / 20-60 €)

🏠 ***Itacaré Hostel*** *(AJ ; plan A1, **11**) : rua Lodônio Almeida, 120. 📱 91-41-43-72 ou 91-98-25-68. • itacarehostel.com.br • Selon saison, doubles 90-140 Rls avec petit déj, nuit en dortoir 35-45 Rls ; réduc carte FUAJ.* Sur deux étages, une douzaine de chambres qui donnent toutes sur un jardin soigné. Livres, cuisine, hamacs et piscine à disposition, accès Internet. Bon accueil.

🏠 ***Albergue O Farol Hostel*** *(plan A-B1, **12**) : praça Santos Dumont, 7. ☎ 32-51-25-27. Nuitée 17 Rls en dortoir (30 Rls en hte saison), doubles 45-60 Rls.* Nouvelle AJ privée répartie sur 2 bâtiments. Offre toutes les formules : des mini-dortoirs de 4 à 6 personnes, des chambres doubles avec balcon ou belle terrasse. Dans le 2e bâtiment, plus moderne, les chambres n'en sont pas moins plaisantes et de bon confort (belles salles de bains carrelées). Cuisine à disposition. On y parle anglais ; excellent accueil.

🏠 ***Pousada dos Anjos*** *(plan A1, **14**) : rua João Coutinho, 185. ☎ 32-51-24-*

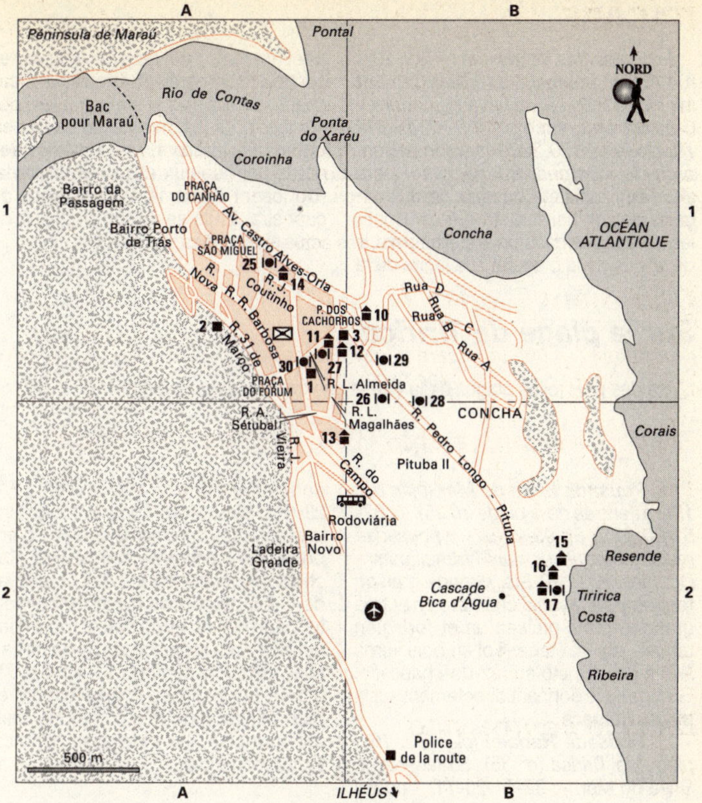

ITACARÉ

■ Adresses utiles

- ✉ Poste
- 🚌 Terminal de bus
- **1** Banco do Brasil
- **2** Fundação Hospitalar de Itacaré
- **3** Agence Marahu Natural

Où dormir ?

- **10** Maisons à louer
- **11** Itacaré Hostel
- **12** Albergue O Farol Hostel
- **13** Pousada Ilha Verde
- **14** Pousada dos Anjos
- **15** Pousada Brisa do Mar
- **16** Pousada Hanalei
- **17** Pousada Sage Point

Où manger ?

- **25** Senzala Restaurante
- **26** O Restaurante
- **27** Boca de Forno
- **28** Mistura Fina
- **29** Almazen
- **30** Restaurante Casa Sapucaia

82. ☎ *81-17-58-46.* ● *btdanjos@yahoo.com.br* ● *Doubles min 90 Rls selon saison.* Six chambres. On préfère celles qui donnent sur le port : sans AC, elles sont moins chères et bénéficient d'une superbe vue. Dans une belle bâtisse du XIXe s complètement rénovée, qui donne d'un côté sur la rue, de l'autre sur le quai et l'océan, des chambres confortables qui ont conservé leur style colonial. Grande terrasse avec vue sur la mer pour le petit déj, et jardin tropical.

Chic (plus de 150 Rls / 60 €)

☗ **Pousada Ilha Verde** *(plan A-B2, **13**) : rua Ataíde Setúbal, 234 (Centro). ☎ et fax : 32-51-20-56. • ilhaverde.com.br • Contact en France : ☎ 05-65-48-01-79. Doubles 170-220 Rls selon saison, petit déj compris. Bungalows 4 pers 240 Rls.* Nicole et Christian, deux Français, ont choisi finalement de poser leurs bagages dans un superbe parc, à deux pas de la plage et à la limite de la forêt tropicale pour recevoir leurs hôtes comme ils aimeraient être reçus : des chambres simples et confortables, des hamacs pour le farniente, un salon perché dans un arbre, une piscine, des petits déj copieux et pleins de fruits. Proposent également des stages de capoeira. Et ils se feront un plaisir de vous aider à découvrir le coin...

Sur la plage de Tiririca

L'une des plus jolies plages de la ville et pas trop éloignée du centre.

De prix moyens à chic (100-250 Rls / 40-100 €)

☗ |●| ***Pousada Brisa do Mar*** *(plan B2, **15**) : à l'entrée de la plage (n° 25). ☎ 32-51-30-21. 📱 91-99-20-97. • pousadaerestaurantebrisadomar@hotmail.com • Doubles 100-120 Rls.* Grande maison tout en bois, avec 5 chambres pas très grandes mais plaisantes et fort bien tenues, au 1er étage. Sol en bois verni, AC, frigo... Resto au rez-de-chaussée. Grande salle donnant directement sur la plage. Hamacs.

☗ |●| ***Pousada Hanalei*** *(plan B2, **16**) : plage de Tiririca (n° 35). En face de la* Brisa do Mar. *☎ 32-51-23-11. • pousadahanalei.com.br • Doubles 170-230 Rls, petit déj compris.* Enfouie dans la végétation, charmante auberge composée de plusieurs chalets. Les plus chers proposent en fait des chambres de 4 à 6 personnes (avec mezzanine) fort agréables et parfaites pour des familles. Très propre, salle de bains carrelée et tout le confort (AC, ventilo, TV, frigo). Pour les moins chères, chambres plus petites, sanitaires communs, mais toujours bien. Terrasse avec hamacs. Excellent accueil.

De plus chic à très chic (jusqu'à 190 €)

☗ |●| ***Pousada Sage Point*** *(plan B2, **17**) : plage de Tiririca (n° 65). ☎ 32-51-20-30. • pousadasagepoint.com.br • Doubles 140-500 Rls.* Mini-complexe hôtelier de petit luxe, façon chalet également. Beaucoup de charme, exquise déco intérieure. L'un des points de chute du show-biz européen (pour les suites les plus chères). Sinon, propose des chambres à prix fort abordables. Celles à 220 Rls se révèlent parfaites. Beau petit déj. Service impeccable.

Aux alentours, hors catégorie !

☗ |●| ***Txai Itacaré :*** *à 17 km au sud d'Itacaré. ☎ 21-01-50-00. • txai.com.br • Résa obligatoire. En hte saison, doubles min 335 € (env 840 Rls), bungalows min 475 € (env 1 190 Rls) en pension complète.* Le nec plus ultra de l'hébergement dans un parc immense (à l'entrée, faut montrer « patte blanche »). De superbes bungalows disséminés dans la végétation, à deux pas d'une immense plage déserte. Construction écolo et design tout à la fois, l'argile des parois faisant office d'isolant thermique, et le décor sachant remarquablement allier les matériaux bruts, bois et pierre... Immense salle de bains, beau mobilier... Bref, un confort hors pair, un charme énorme. En prime, une cuisine tout en finesse dans l'une des plus belles salles à manger qui soit, festival d'espaces et de jeux de lumière, de bassins intérieurs et de fontaines qui glougloutent. Trois mètres entre les tables, bar sophistiqué. Et à l'extérieur, une des plus longues piscines qu'on ait jamais vues ! Bon, tout cela possède bien sûr un prix, il faut le savoir.

Où manger ?

De bon marché à prix moyens (moins de 30 Rls / 12 €)

|●| ***Senzala Restaurante*** *(plan A1,* ***25****) : av. Castro Alves, 360 (sur le front de mer).* ☎ *32-51-24-19. Compter max 15 Rls avec une boisson.* Self *ao kilo* avec nombreux choix de crudités et de plats reconstituants. Tous les vendredis, spécialités bahianaises, et tous les samedis, *feijoada.* On conseille d'y venir plutôt pour le déjeuner : les plats sortent tout frais de la cuisine. Grande terrasse couverte sur le front de mer. Bon accueil.

|●| ***O Restaurante*** *(plan B1-2,* ***26****) : rua Pedro Longo, 170.* ☎ *32-51-20-12. Dans la rue principale. Tlj 11h-minuit.* Bonne réputation. Deux salles propres et plaisantes, avec ventilos. Ne pas se fier à certains prix, ils sont pour deux. D'autres affichent d'étranges décimales, comme cette langouste sauce blanche ! Sinon, goûter à la pieuvre *strogonoff* ou en *moqueca,* aux crevettes en escabèche ou au poisson à la galicienne.

|●| ***Boca de Forno*** *(plan A1,* ***27****) : rua Lodônio Almeida, 108. Juste à côté de* Itacaré Hostel. ☎ *32-51-31-21. Tlj 17h-minuit.* Grand espace aéré agréable et coloré. Cadre bois et brique, grands tableaux pour d'excellentes pizzas au feu de bois. Accueil cordial.

|●| ***Mistura Fina*** *(plan B1-2,* ***28****) : rua Pedro Longo, 265.* ☎ *32-51-22-89. Dans la rue principale, celle qui mène aux plages. Env 30 Rls pour 2 pers.* Beaux plats de poissons et de viandes grillées, accompagnés de fraîches salades de crudités. Quelques tables dehors.

|●| ***Almazen*** *(plan B1,* ***29****) : rua Pedro Longo, 67.* Grande salle aérée pour se restaurer léger, déguster jus de fruits frais, yaourts, salades, sandwichs...

De prix moyens à plus chic (plus de 30 Rls / 12 €)

|●| ***Restaurante Casa Sapucaia*** *(plan A1,* ***30****) : rua Lodônio Almeida, 84.* ☎ *32-51-30-91. Ouv slt le soir jusqu'à 23h.* Ce resto propose une cuisine recherchée et inventive, qui marie des influences françaises aux épices et aux produits locaux. Le tout dans une vaste maison coloniale aux tons pastel et au sol carrelé d'une belle céramique. Petite terrasse. À l'intérieur, cadre plutôt intime.

À faire

➚ ***Les plages :*** cinq anses sablonneuses enserrées par la *serra* littorale se succèdent. La plus grande et la plus proche du centre, la *Concha,* puis *Resende, Tiririca, Costa* et *Ribeira,* ces quatre dernières étant au bout de la rua Pedro Longo. Certaines sont plus fréquentées que d'autres. Coup de cœur pour les plages de *Resende* et *Tiririca.*

➚ Sinon, balades pédestres sympas pour rejoindre d'autres plages encore peu fréquentées, comme celles de *Siriaco* et de *Prainha*. Au passage, une jolie cascade.

➤ DANS LES ENVIRONS D'ITACARÉ

La péninsule de Maraú *(plan A1)* **:** *au nord d'Itacaré.* Une étendue déserte qui semble sans fin, une plage bordée de cocotiers, quelques lagons pour la plongée et de nombreuses rivières pour se dessaler. Accès par le bac situé au bout du port, près de la colonie des pêcheurs *(tlj 7h-20h).* Puis, c'est une piste assez défoncée (en saison sèche, on ne dépasse guère les 20 km/h avec un véhicule normal) qui mène d'abord à la ville de Maraú (à environ 25 km). Attention, en saison des pluies, 4x4 obligatoire. Pas d'intérêt en soi. Petit port tranquille, mini *mercado* central et vénérable église paroissiale (retables tout blancs et plafond en bois orné d'une fresque du martyre de saint Sébastien). Première plage viable à 5 km.

Pour y dormir et manger : ***pousada do Samuca*** *(☎ 32-58-23-65 ; doubles 30 Rls).* Cinq chambres simples mais propres, avec salle de bains et ventilo. Resto correct.

➢ Puis, nouvelle piste (rappel : 4x4 quasi obligatoire, même en saison sèche) pour Barra Grande (42 km), le haut de la péninsule, en longeant les plages de *Algodoes, Arandi, Saquaira* et *Taipu de Fora*. Pour ceux qui arrivent de Salvador, nous conseillons définitivement l'accès de la péninsule en bateau depuis ***Camamú.*** Plusieurs liaisons quotidiennes relient de 7h à 17h ***Camamú*** à ***Barra Grande,*** la ville la plus importante, au nord de la péninsule (5 Rls). Compter 1h30 de traversée (mais plus rapide avec les barques à moteur) : ça évite de faire les 160 km en boucle par Itacaré. Le coin commence à se développer, mais ça reste encore sauvage dans l'ensemble. Magnifiques plages désertes, notamment ***Taipú de Fora,*** la plus belle de la région. D'agréables piscines naturelles à découvrir. Un peu plus au sud, la *lagoa Azul,* une séduisante lagune. *Pousadas* horizontales à peine visibles, noyées dans la végétation.
Le *Morro do Farol,* colline entourée de dunes, offre un remarquable panorama sur le coin.
Près de Barra, belles plages de *Très Coqueiros* et de *Bombaça*. Pas loin, la *pointe de Ponta do Mutá* et son phare.
Une des excursions les plus populaires est la balade dans les îles de la baie, dont celle d'***Ilha de Pedra Furada*** (à 30 mn de Barra Grande) : 30 Rls par personne avec les agences.

■ Parmi les agences qui proposent des excursions dans la péninsule de Maraú, on recommande le sympathique Felipe Lima qui offre un éventail d'activités et de randonnées très large : ***Marahu Natural*** *(plan A-B1,* ***3****), praça dos Cacharros, 1. 99-63-38-69. • marahunatural@hotmail.com •* Notamment le kayak, les balades à vélo, les treks et, bien sûr, découverte de la péninsule de Maraú.

PORTO SEGURO

96 000 hab. IND. TÉL. : 073

Grand site historique à 724 km au sud de Salvador. Essor fulgurant du tourisme qui en a fait l'une des stations balnéaires les plus prisées des Cariocas et Paulistas. Il faut dire que c'est là que le Brésil fut découvert, le 22 avril 1500, par Cabral. Les Portugais y ont célébré leur première messe, en présence des Indiens. Celle-ci est d'ailleurs toujours célébrée chaque année.
Le centre-ville se situe à l'embouchure d'un fleuve et conserve une ambiance paisible, avec de jolies *pousadas* et maisons de style colonial, qui longent la mangrove. La ville possède quelques monuments historiques intéressants, mais on vient surtout à Porto Seguro pour profiter des belles plages entre Arraial d'Ajuda et Trancoso.

PORTO SEGURO

Adresses utiles

- Poste
- Terminal des bus
- Bus pour les plages
- 1 Banco do Brasil

Où dormir ?

- 10 Hostel Porto Seguro
- 11 Pousada Sonho Meu
- 12 Pousada Casa Amarela
- 13 Hôtel Estalagem Porto Seguro
- 14 Casa Azul Pousada
- 15 Hotel Ancora d'Ouro
- 16 Terra Mater Hotel
- 17 Pousada da Bica
- 18 Hôtel Recanto do Sol
- 19 Quinta do Sol

Où manger ?

- 30 Tia Nenzinha
- 31 Portinha
- 32 Bistrot da Helô

À voir

- 40 Ville historique

Le front de mer de Porto Seguro s'est transformé aujourd'hui en un immense emporium. Que des boutiques et stands de vêtements, de gadgets et snacks plutôt du genre *cheap* et peu originaux. En fait, les Paulistas et Cariocas viennent désormais plus pour l'animation de la ville que pour son charme.

Arriver – Quitter

➢ ***En bus :*** nombreuses agences à la *rodoviária. São Geraldo* mène à *Belo Horizonte, Rio, São Paulo, Curitiba, Brasília,* avec connexion pour *Cuiabá, Campo Grande, Foz do Iguaçu,* etc. Pour Rio compter 19h de route et près de 150 Rls et pour São Paulo 26h et 190 Rls. *Rota* va à *Ilhéus, Itacaré* et *Serra Grande. Aguia Branca* dessert surtout *Salvador.* En moyenne, 3 liaisons. Avec couchette, départ à 19h, arrivée à 6h. Assez cher : env 175 Rls.
➢ ***En avion :*** liaisons pour *São Paulo, Salvador* et *Rio.*

Adresses utiles

✉ ***Poste*** *(plan B2)* ***:*** *rua Itajibá, s/n. Dans le centre de Porto Seguro. Lun-ven 8h-17h.*
■ ***Banco do Brasil*** *(plan B1,* ***1****)* ***:*** *av. Navegantes, 22. Ouv 9h-15h. Visa, MasterCard* et change de dollars.
■ ***Guichet automatique Bradesco*** *(24h/24)* ***:*** *praça do Relógio.*

➢ Un système de ***bus*** et de ***navettes*** permet, le soir, de regagner les hôtels répartis tout au long des plages.

Où dormir ?

Dans le centre de Porto Seguro

De bon marché à prix moyens (20-80 Rls / 8-32 €)

Hostel Porto Seguro *(AJ ; plan B1,* ***10****)* ***:*** *rua Cova da Moça, 720.* ☎ *32-88-17-42 ou 32-58-03-88. • portoseguro hostel.com.br • À 500 m du terminal de bus. Ouv 24h/24. Nuitée 25 Rls/pers, doubles 60 Rls.* C'est l'AJ officielle. Bâtisse sans charme, mais à deux pas du front de mer et guère loin du centre et de l'animation. Pas mal de chambres, dortoirs et familiales (une centaine de lits). Piscine, snack-bar et parking.

Pousada Sonho Meu *(plan A1,* ***11****)* ***:*** *rua 15 de Novembro, 86.* ☎ *32-88-28-07. Doubles 30 Rls avec ventilo, 50 Rls avec AC.* Dans un sympathique quartier populaire en marge du tumulte touristique. Au fond d'une courette, quelques chambres simples, proprettes. Accueil familial.

Pousada Casa Amarela *(plan A1,* ***12****)* ***:*** *rua Marechal Deodoro, 286.* ☎ *32-88-22-21.* 📱 *99-85-55-88. Doubles min 30 Rls, petit déj compris.* Impossible d'échapper à sa façade d'un jaune éclatant. La plupart des chambres sur cour sont au calme. Simple, propre avec AC, ventilo, frigo. Accueil affable. Piscine.

Pousada da Bica *(hors plan par B1,* ***17****)* ***:*** *av. Beira Mar, praia de Curuipe.* ☎ *32-88-24-53. • pousadadabica.com • À 2 km du centre. Doubles min 60 Rls (110 Rls en janv).* L'un des moins chers du front de mer et probablement notre meilleur rapport qualité-prix dans cette catégorie. Noyé dans la verdure, petit hôtel à l'architecture plaisante et ménageant une tranquille intimité. Toutes les chambres avec terrasse et hamac, AC et frigo. Piscine, bar, *coffee shop*, etc.

Hôtel Estalagem Porto Seguro *(plan A2,* ***13****)* ***:*** *rua Mal Deodoro, 66.* ☎ *et fax : 32-88-20-95. • hotelestala gem.com.br • Doubles 70 Rls, petit déj inclus.* Une jolie maison toute fraîche, avec une déco agréable, des fresques aux murs et une jolie piscine. Chambres spacieuses, confortables et propres. Sympathiques balcons avec hamacs. Préférer celles du fond et à l'étage : quelques moustiques pendant la saison des pluies.

Casa Azul Pousada *(plan A1-2,* ***14****)* ***:*** *rua 15 de Novembro, 11.* ☎ *32-68-10-32. Doubles env 70 Rls, avec petit déj*

L'ÉTAT DE BAHIA

copieux. Une belle maison coloniale avec beaucoup de cachet : vieux parquets, meubles anciens, vaste jardin tropical avec piscine, ficus centenaires... ainsi qu'une agréable rotonde pour siroter une bonne *caïpirinha.* Chambres doubles au fond du jardin ou appartements pour 3-4 personnes (avec AC et frigo). Une adresse de charme.

Hotel Ancora d'Ouro *(plan B1, **15**) : av. dos Navegantes, 200. ☎ 32-88-42-11 ou 29-53. • ancoradourohotel@uol.com.br • En plein centre. Doubles min 50 Rls.* Tout beau, tout orange. Chambres pas trop grandes mais impeccables et confortables (AC, TV, frigo). Plusieurs piscines intérieures et sauna.

Terra Mater Hotel *(plan B2, **16**) : av. Gétulio Vargas, 170. ☎ 32-88-21-68 ou 20-94. • hotelterramater.com.br • Doubles min 50 Rls.* À 500 m de la mer. Même genre que le *Ancora d'Ouro* : central, plaisant et confortable (TV câblée, frigo, AC et petite terrasse).

De prix moyens à plus chic (plus de 100 Rls / 40 €)

Hôtel Recanto do Sol *(plan A2, **18**) : rua Marechal Deodoro, 82. ☎ 32-88-28-54. • portalrecantodosol.com.br • Doubles min 100 Rls (presque le double en hte saison).* Agréable et d'excellent confort. Piscine et pataugeoire pour les mômes.

Quinta do Sol *(hors plan par B1, **19**) : av. Beira Mar, praia de Curuipe. ☎ 32-68-85-00. • hotelquintadosol.com.br • À 1,5 km du centre. Doubles min 130 Rls.* L'un des moins chers dans cette catégorie d'hôtel de petit luxe classique. Sur un étage, face à la plage (mais comme tous les autres hôtels du coin, il y a la route à traverser). Tout le confort : lit *king size,* AC, frigo, coffre, téléphone direct, petite terrasse, etc. Belle piscine dans les palmiers, avec bassin pour enfants et toboggan, salle de gym, sauna, hydromassage, salle de jeux...

Où manger ?

De bon marché à prix moyens (10-30 Rls / 4-12 €)

Tia Nenzinha *(plan B2, **30**) : av. Portugal, 170 (Passarela do Alcool). ☎ 32-88-18-46. 📱 91-41-98-12. Repas complet env 30 Rls. CB acceptées.* Un chouette resto, un des rares acceptables sur cette rue extrêmement touristique. Grand choix de spécialités bahianaises, poissons et crustacés essentiellement. Goûter à la *lagosta especial* (mais pas donnée), aux *bobo de camarão, vatapa, casquinha de siri,* etc. Tranquille mezzanine.

Portinha *(plan B2, **31**) : rua Saldanha Marinho, 33. ☎ 32-88-27-43. Tlj 12h-21h30. Prix très modérés.* Presque à la pointe extrême de la ville, coin tranquille, on y entend à peine les rumeurs de la *Passarela do Alcool.* Populaire self-service « au poids ». Grande salle bien aérée. Si les hors-d'œuvre ne se distinguent guère par leur originalité (que des crudités), en revanche, bon choix de viandes et poissons. Bons desserts (dans des vitrines réfrigérées). Plats réchauffés au feu de bois (la meilleure chaleur, c'est connu). Terrasse et mezzanine. Ne pas arriver trop tard le soir, certains plats peuvent être épuisés.

De prix moyens à chic (30-60 Rls / 12-24 €)

Bistrot da Helô *(plan B2, **32**) : travessa Assis Chateaubriand, 26. ☎ 32-88-39-40. 📱 91-41-49-99. Situé en fait au bout du beco (le passage) menant au front de mer. Ouv slt le soir 18h30-23h. Fermé dim.* Resto intime dans une maison particulière. Peu de tables (arriver de bonne heure ou réserver). Découvrez de délicieux plats régionaux exécutés avec une touche vraiment personnelle. Poissons remarquablement préparés. Certes, on attend un poil, mais garantie que tout est vraiment fait au fur à mesure, à la demande ! Quelques extraits de la carte : la *bacalhau à la brasileira*, la *moqueca de camarão*, le filet mignon, le *vermelho à moda da Helô...* Intéressante sélection de vins brésiliens, chiliens et argentins. Quelques tables dehors.

Où boire un verre ? Où sortir ?

Vaste choix pour s'éclater avec les Paulistas en java. *Un bon site : • portonight.com.br • Également rens au ☎ 32-68-28-28.* Voici quelques propositions, mais nul doute que vous trouverez la « boate » correspondant à vos fantasmes du moment.

***Axe Moi :** plage de Taperapuan.* Foule énorme, notamment le lundi soir. Quatre restos.

***Transilvânia :** av. Beira del Mar.* Comme son nom l'indique, on y aime bien les vampires (on y aurait d'ailleurs rencontré Dracula lui-même en goguette). Soirées thématiques qui rassemblent parfois plus de 5 000 personnes. Mardi bien animé, et surtout le samedi. Quatre bars et pizzeria.

***Barramares :** plage de Itaperapuã.* Une des « boates » les plus éloignées, mais la reine des lasers et autres éclairages. Meilleur soir : le mercredi, dit-on...

***Toâ Toâ :** plage de Taperapuan.* Summum de la fièvre, le jeudi soir.

Ilhas dos Aquarios : superbe lieu, décor d'aquarium géants. Jour favori, le vendredi.

Alcatraz : entrée surmontée de miradors avec gardes en armes. Coins intimes pour écluser en cellules (certes confortables). Le dimanche semble être le jour préféré pour se constituer prisonnier. En revanche, atmosphère pas du tout confinée !

À voir. À faire

***La ville historique** (plan B1, **40**) : sur la colline dominant le centre. Accès par un escalier depuis l'av. Beira Mar.* Romantiques vestiges de la première ville du Brésil, la *cidade Alta,* classée Monument national.

– On l'aborde par une rue bordée de demeures allant du XVIe au XVIIIe s. À l'époque, pas de numéros de rue, c'est la couleur des façades qui déterminait les familles. La maison qui ressemble à une église fut le logement du premier docteur de la ville (la rue porte d'ailleurs son nom). Celle avec la rouge façade livre une fenêtre faite de pierres venant du Portugal et utilisées comme ballast dans les navires au voyage aller. La maison à façade bleue, à côté, est la plus ancienne. Beau panorama sur le large. On distingue bien la barrière de corail qui protégeait efficacement les bateaux (d'où « Porto Seguro »). Subsistent encore trois églises, mais elles sont rarement ouvertes.

– ***Igreja São Benedito :*** construite par les jésuites en 1549.

– ***Igreja de Nossa Senhora da Pena :*** date de 1535. Possède un saint François d'Assise, première représentation d'un saint au Brésil.

– ***Le musée :** en face de l'igreja N.S. da Pena. ☎ 32-88-51-82. Ouv 9h-17h.* Bel exemple d'architecture du XVIIIe s. Servit de *casa da Câmara* (conseil municipal) et de prison. Témoignages sur l'histoire de la ville dans une muséographie récente.

– ***Marco da Posse :*** longue stèle de marbre portant une croix d'un côté et le symbole royal de l'autre. Elle fut apportée en 1503 pour marquer la prise de possession du Brésil.

– Enfin, proches du musée, la *igreja da Misericórdia,* qui date de 1526, et les ruines du collège des jésuites, fondé en 1551.

***Memorial da Epopéia do Descobrimento do Brasil :** av. Beira Mar (praia do Cruzeiro). À 1,5 km du centre. ☎ 32-68-25-86. Ouv 8h30-12h30, 13h30-17h.* On y trouve une réplique du navire de Pedro Álvarez Cabral, le découvreur du Brésil, ainsi que des reproductions de cartes de l'époque.

Le site est surtout prisé pour ses innombrables ***plages*** (sable fin et eau turquoise), telles, vers le nord, ***Curuípe, Itacimirim, Mundai, Itaperapuã, Ponta Grande, Muta*** et, vers le sud, ***Lagoa Azul, Pitinga, Itaquena...*** et quelques îlots quasi déserts. Sauf celle de ***Cruzeiro,*** la plus proche de la ville, car dangereuse et polluée.

➢ La ville de Porto Seguro est aussi le point de départ de belles balades dans le ***parque nacional de Monte Pascoal*** et la ***réserve marine de Recife de Fora.*** *Rens : ☎ 32-94-11-10 et dans les agences touristiques.*

ARRAIAL D'AJUDA

IND. TÉL. : 73

Le village d'Arraial d'Ajuda est peuplé d'une foule très relax : rastas qui flânent à l'ombre des palmiers sur la praça São Braz et touristes néobabas se prélassant sur les plages de Mucugê, Parracho, Pitinga... Mais à partir de Noël, l'ambiance s'échauffe, le monde afflue, et le village se transforme en royaume des fêtards et dragueurs de tout poil... Chaque soir, on se fait beau, on flirte ardemment, la *cachaça* coule à flots, et on finit la soirée dans une des boîtes en vogue, dans une atmosphère déchaînée. On vous aura prévenu !

Comment y aller depuis Porto Seguro ?

➢ On accède à Arraial en traversant le *rio Buranhém,* sur des bacs qui circulent 24h/24, ttes les 30 mn (1h après minuit). À Porto Seguro, départ praça dos Pataxós. Env 10 mn de traversée. Puis encore 25 km de route, si l'on veut aller jusqu'à Trancoso.

Adresse utile

■ ***Banco do Brasil :*** *Shopping d'Ajuda, loja 64, Caminho do Mar (Arraial d'Ajuda). Ouv 9h-15h.* Guichet automatique accessible 24h/24 *(Visa).* Bureau de change (dollars) juste à côté.

Où dormir ?

Bon marché (moins de 50 Rls / 20 €)

Arraial d'Ajuda Hostel *(AJ)* ***:*** *rua do Campo, 94. ☎ 35-75-11-92. • arraialdajudahostel.com.br • En dortoir 22-25 Rls avec la carte FUAJ, jusqu'à 30 Rls sans la carte, selon saison ; doubles min 60 Rls (le double à Noël et en janv), petit déj compris.* Pas loin de la praça São Braz (la poste, les taxis). AJ officielle installée dans une ancienne *pousada,* ce qui explique cette charmante architecture et ce cadre particulièrement agréable. Une soixantaine de lits. Cuisine équipée, *lavanderia,* piscine de poche, coffre et vente de tickets de transport. Atmosphère extra.

Pousada Alto Mar : *rua Bela Vista, 114. ☎ 35-75-19-35. • pousada@jungleimmersion.pro.br • jungleimmersion.pro.br • Au bout de la rue derrière l'église* Nossa Senhora d'Ajuda. *On longe le belvédère qui offre un superbe panorama. Selon saison, nuitée en dortoir 25-40 Rls, doubles 50-70 Rls.* Bien cachée, dans un agréable jardin, en dehors du centre ultra-touristique, cette

L'ÉTAT DE BAHIA

pousada propose 10 chambres simplissimes mais bien tenues, avec douche. Populaire point de chute des routards. Accueil chaleureux et ambiance tout à la fois très *roots* et familiale. Internet gratuit.

Prix moyens (50-80 Rls / 20-32 €)

***Pousada Bemvira :** alameda Dos Flamboyant's, 54. ☎ 35-75-11-84 ou 17-14. • bemvira.com.br • À côté du resto* Rosas dos Ventos, *à 500 m de la plage. Doubles env 86 Rls, petit déj compris.* Structure de charme et intime dans un agréable jardin. Chambres spacieuses et de bon confort (AC, TV, frigo, terrasse avec hamac). Bon rapport qualité-prix. Mini-piscine.

***Pousada Oca dos Indios :** estrada do Mucugê, 305, Caminho da Praia. ☎ 35-75-11-56 ou 17-33. • ocadosindios.com.br • À 300 m de la plage. Doubles 60-85 Rls, petit déj compris.* Huit chalets impeccables, répartis dans un grand jardin qui descend vers la mer. Tout confort, avec petite terrasse pour buller dans le hamac et piscine surplombant la plage de Mucugê : vue imprenable assurée.

***Tubarao Pousada :** Bella Vista, 210. ☎ 35-75-10-86. • tubarao.arraialdajuda.com • À côté de la* pousada Alto Mar. *Doubles 80 Rls.* Coin particulièrement calme. Chambres classiques très correctes. Piscine sur jardin.

De plus chic à chic (100-200 Rls / 40-80 €)

***Atmosphera Pousada :** estrada do Mucugê, 735. ☎ 35-75-19-54. • atmospherapousada.com.br • À 50 m de la plage de Mucugê. Doubles env 145 Rls.* Gentil petit complexe hôtelier noyé dans une végétation exubérante. Plaisante architecture colorée s'intégrant fort bien à l'environnement. Quatorze chambres confortables et agréables, avec balcon en bois. Belle piscine. Bar et coin barbecue.

Très chic (plus de 250 Rls / 100 €)

***Hôtel Paraiso do Morro :** estrada do Mucugê, 471. ☎ 35-75-24-23 ou 33-30. • paraisodomorro.com • Doubles env 260 Rls.* Hôtel de petit luxe accroché à la colline et dominant le grand large. Du charme avec ses tuiles à la romaine. Chambres d'excellent confort : AC, TV, téléphone direct, frigo, coffre... Large terrasse. Piscine se confondant avec l'horizon.

***Mar Paraiso Resort :** à 100 m de la plage de Mucugê. ☎ 35-75-38-88 ou 28-76. • hotelmarparaiso.com.br • Mini-apparts 300 Rls (plus taxes), petit déj compris.* Un *resort* à taille humaine, avec des petites unités disséminées dans un grand jardin. Chambres spacieuses, avec salon-salle à manger et cuisine équipée. Possibilité de loger jusqu'à 4 personnes (sofa qui se déplie). Grande terrasse. Piscine. L'idéal pour les familles.

Où manger ?

De bon marché à prix moyens (moins de 30 Rls / 12 €)

***Restaurante Paulinho Pescador :** praça O Braz, 116 (la place principale du village). ☎ 35-75-12-42. Lun-sam 12h-22h. Plats max 15 Rls.* Un petit resto bien tenu, qui propose une douzaine de plats de poissons, crustacés et viandes, servis avec pommes de terre, riz et *farofa.* Une bonne adresse pour se restaurer bon marché.

De prix moyens à plus chic (30-60 Rls / 12-24 €)

🍴 ***Delicias Baianas :*** *estrada do Mucugê, 205.* ☎ *35-75-39-08. Dans la grande rue descendant à la plage.* Décor coloré enrichi de vieilles photos. Bien que dans un quartier éminemment touristique, propose une cuisine sérieuse et goûteuse. Cadre aéré et terrasse pour déguster les délicieux *camarão na moranga* (onctueux à souhait) et autres spécialités servies généreusement. Grand choix de viandes et bonne sélection de vins argentins, chiliens et brésiliens.

🍴 ***Piramide :*** *dans le centre commercial de la estrada Mucugê.* 📱 *88-01-64-54.* Parmi les meilleures pizzas du village, de copieuses salades et accueil sympa. Au-dessus, un bar animé.

🍴 ***Rosa dos Ventos :*** *alameda dos Flamboyants.* ☎ *35-75-12-71. Tlj 16h-minuit (dim 14h-22h).* Une des adresses les plus populaires. Spécialités de poisson et de langouste grillée (sur commande).

Où boire un verre ?

Deux lieux emblématiques sur la estrada do Mucugê : le ***Girassol,*** atmosphère jeune et branchée. Au 1er étage, profonds fauteuils et divans. Possibilité de grignoter pizzas et salades pas chères. Le ***beco dos Cores,*** quant à lui, aligne bars et restos animés jusqu'à tard.

TRANCOSO

IND. TÉL. : 73

Situé à 24 km d'Arraial et 47 km de Porto Seguro, on y trouve les plus belles plages, comme *Nativos, Coqueiros* et *Pedra Grande.* Depuis que des *people* l'ont investi et l'arrivée d'un *Club Med,* l'endroit est devenu très *fashion,* mais dans la catégorie un peu chic. Urbanisation en bon chemin, hôtels et *guest-houses* prolifèrent... Mais on a su garder le charme de la place principale et du *Quadrado Historico,* avec sa pelouse centrale où les mômes tapent dans le ballon... Routes menant aux plages encore en terre pour la plupart.

➢ ***Pour s'y rendre :*** un bus ttes les heures en moyenne depuis la praça centrale d'Arraial. Compter 1h de trajet.

Où dormir ?

De bon marché à prix moyens (jusqu'à 100 Rls / 40 €)

🏠 ***Pousada Le Refuge :*** *praia dos Coqueiros.* ☎ *36-68-11-50.* • *pousadalerefuge.com.br* • *À 100 m de la plage. Doubles 60 Rls (un poil de plus pour les pers supplémentaires).* Coin fort peu urbanisé, à deux pas de la mangrove et de ses crabes... Calme et atmosphère routarde assurés. Huit chalets dans la verdure offrant de plaisantes chambres avec mezzanine, salle de bains impeccable, frigo, etc. Accueil fort sympathique d'un couple franco-brésilien. Enfants bienvenus et bonne cuisine familiale en prime, servie dans un cadre chaleureux.

De plus chic à très chic (100-300 Rls / 40-120 €)

🏠 ***Pousada Capim Santo :*** *rua do Beco, 55.* ☎ *36-68-11-22.* • *capimsanto.com.br* • *À deux pas de la praça São João. Doubles 175-300 Rls selon sai-*

son. Une jolie bâtisse noyée dans un jardin luxuriant. Tout le confort : AC, TV, frigo-bar, des hamacs pour buller, une piscine, des *hot tubs,* un resto... et la plage pas trop loin...

Pousada Aldeia das Cores : *rua do Cajueiro, praia dos Nativos.* ☎ *36-68-10-47 ou 14-49.* • *pousadaaldeiadascores.com.br* • *Doubles 110 Rls, chalets 300 Rls.* Ensemble de 12 chalets colorés et bien séparés, dans un agréable environnement. Très bien équipés avec 2 chambres, cuisine, petit salon, TV... Resto, piscine et sauna.

Où manger ? Où boire un verre ?

À l'évidence, choisir de se restaurer ou boire un verre sur la **praça São João.** Installé sous les grands arbres, noyé dans la pelouse, on n'en apprécie que mieux tout le charme et le romantisme du *Quadrado Histórico*. Pour quelques authentiques instants d'éternité.

Silvana & Cia Restaurante : *praça São João, 150.* ☎ *36-68-10-49. Ouv 13h-22h.* Agréable terrasse sous l'amandier, pour une excellente *moqueca do peixe*.

O Para Raio : *à proximité de la praça.* ☎ *36-68-10-25.* L'un des rendez-vous les plus populaires. Bonne musique *ao vivo* de temps à autre...

Sur la **praia dos Nativos.** Les restos de plage avec leurs toits de bardeaux se succèdent, offrant à peu près la même cuisine et les mêmes prix.

À voir. À faire à Trancoso et dans les environs

Quadrado Histórico *(le quartier historique)* **:** miraculeusement préservé. Il a conservé le plan colonial, avec ses deux alignements de maisons basses et colorées. Anciennes demeures de pêcheurs, largement investies aujourd'hui par les restos, cafés et quelques boutiques, mais dont l'installation sait rester discrète, sans enseignes intempestives. Une large pelouse verte pour se détendre et flâner séparent les deux rangs de maisons. Tout au bout du « terrain de foot », l'adorable petite *église São João Batista* et un beau panorama sur le paysage en contrebas et l'horizon.

Les plages : celle dos **Nativos** est la plus proche. Puis on parvient à celle de **Coqueiros.** Depuis le parking, accès par une passerelle en bois de 100 m de long perçant la mangrove. Quasi déserte. Petit bar sympa, le *Cavim,* édifié à partir d'un bateau de pêcheur. **Praia di Rio Verde** demande déjà 30 mn de marche. **Praia de Itapororoca** livre de belles piscines à marée basse. Sinon, grosses vagues. Accès en voiture interdit. Environ 45 mn de marche. **Praia de Itaquena** s'atteint en 1h30. Enfin, la reine des plages, **Barra do Rio dos Frades,** est à 2h30 de marche.

Caraiva : *à env 30 km au sud de Trancoso.* C'est l'un des derniers villages de pêcheurs à ne pas avoir été encore annexé par les *people* et le tourisme. Mais l'avant-garde routarde y est déjà. Sur place donc, pas de voitures, et le calme des soirées n'est guère troublé que par le ronronnement des générateurs. Accès uniquement par bateau. Pour s'y rendre, bateau également depuis Porto Seguro et Trancoso (se renseigner sur les jours). Sinon, un ou deux bus quotidiens sur une route cahoteuse depuis Trancoso, puis bateau. Quelques logements au confort allant du sommaire au correct, bons p'tits restos, plages désertes...

LES BONNES ADRESSES DU ROUTARD

Nos meilleurs campings en France

+ de 1 700 adresses pour découvrir les joies du camping.

Les plus :
- les balades à faire
- les monuments à ne pas manquer.

11,90 €

HACHETTE

LES BONNES ADRESSES DU ROUTARD

À la découverte des produits du terroir

11,90 €

Plus de 660 adresses pour déguster des produits gourmands fabriqués sur place.

- index des tables à la ferme et des produits du terroir
- index des produits "bio"

HACHETTE

LES BONNES ADRESSES DU ROUTARD

Nos meilleures chambres d'hôtes en France

+ de 1500 adresses à la campagne, à découvrir en amoureux ou avec des enfants.

INDEX THÉMATIQUE :

- adresses avec piscines
- trésors d'œnologie
- activités sportives
- adresses insolites

12,90 €

HACHETTE

FAITES-VOUS COMPRENDRE PARTOUT DANS LE MONDE !

Le guide de conversation routard

- 7000 mots et expressions
- Une transcription phonétique simplifiée de chaque mot et phrase
- Des encadrés culturels et des conseils pratiques et linguistiques
- Titres disponibles : anglais, espagnol, allemand, italien, portugais, grec, chinois, russe, arabe du Maghreb, arabe du Proche-Orient, croate

- A paraître : japonais - mars 2008

- **l'indispensable** compagnon de voyage pour se faire comprendre partout dans le monde, rien qu'en montrant l'objet ou le lieu recherché à votre interlocuteur
- **Utilisable aussi par les enfants !** Dans n'importe quelle langue, dans n'importe quel pays ...
- 200 illustrations universelles

LES BONNES ADRESSES DU ROUTARD

Nos meilleurs hôtels et restos en France

17,90 €

4 000 établissements de qualité sélectionnés pour leur originalité et leur convivialité.

- des cartes régionales en couleurs
- index thématique : catégorie de prix, piscine, parking et terrasse.

HACHETTE

routard ASSISTANCE

L'ASSURANCE VOYAGE MONDE ENTIER

VOTRE ASSISTANCE « MONDE ENTIER » LA PLUS ETENDUE

RAPATRIEMENT MEDICAL **ILLIMITÉ**
(au besoin par avion sanitaire)
VOS DEPENSES : MEDECINE, CHIRURGIE, (env. 1.960.000 FF) **300.000 €**
HOPITAL, GARANTIES A 100% SANS FRANCHISE
HOSPITALISE : RIEN A PAYER ! ... (ou entièrement remboursé)
BILLET GRATUIT DE RETOUR DANS VOTRE PAYS : **BILLET GRATUIT**
En cas de décès (ou état de santé alarmant) **(de retour)**
d'un proche parent, père, mère, conjoint, enfant(s)
*BILLET DE VISITE POUR UNE PERSONNE DE VOTRE CHOIX **BILLET GRATUIT**
si vous êtes hospitalisé plus de 5 jours **(aller - retour)**
Rapatriement du corps – Frais réels **Sans limitation**

RESPONSABILITE CIVILE «VIE PRIVEE» A L'ETRANGER

Dommages CORPORELS (garantie à 100%) ....(env. 4.900.000 FF) **750.000 €**
Y compris Assistance Juridique (accidents)
Dommages MATERIELS (garantie à 100%) ....(env. 2.900.000 FF) **450.000 €**
(dommages causés aux tiers) (AUCUNE FRANCHISE)
Y compris Assistance Juridique (accidents)
EXCLUSION RESPONSABILITE CIVILE AUTO : ne sont pas assurés les dommages causés ou subis par votre véhicule à moteur : ils doivent être couverts par un contrat spécial : ASSURANCE AUTO OU MOTO.
CAUTION PENALE .... (env. 49.000 FF) **7.500 €**
AVANCE DE FONDS en cas de perte ou de vol d'argent ..(env. 6.500 FF) **1.000 €**

VOTRE ASSURANCE PERSONNELLE «ACCIDENTS» A L'ETRANGER

Infirmité totale et définitive (env. 490.000 FF) **75.000 €**
Infirmité partielle – (SANS FRANCHISE) **de 150 € à 74.000 €**
(env. 900 FF à 485.000 FF)
Préjudice moral : dommage esthétique (env. 98.000 FF) **15.000 €**
Capital DECES (env. 98.000 FF) **15.000 €**

VOS BAGAGES ET BIENS PERSONNELS A L'ETRANGER

Vêtements, objets personnels pendant toute la durée de votre voyage à l'étranger :
vols, perte, accidents, incendie, (env. 13.000 FF) **2.000 €**
Dont APPAREILS PHOTO et objets de valeurs (env. 1.900 FF) **300 €**

NOUVEAUTÉ
CONTRAT
"ROUTARD SÉNIOR"
Nous consulter Tél. : 01 44 63 51 00
Souscription en ligne : www.avi-international.com

À PARTIR DE 4 PERSONNES
TARIFS
"Spécial Famille"
Nous consulter Tél. : 01 44 63 51 00
Souscription en ligne : www.avi-international.com

routard ASSISTANCE

L'ASSURANCE VOYAGE MONDE ENTIER

BULLETIN D'INSCRIPTION

NOM : M. Mme Melle

PRENOM :

DATE DE NAISSANCE :

ADRESSE PERSONNELLE :

CODE POSTAL : TEL.

VILLE :

E-MAIL : ....

DESTINATION PRINCIPALE..

Calculer exactement votre tarif en SEMAINES selon la durée de votre voyage :

7 JOURS DU CALENDRIER = 1 SEMAINE

Pour un Long Voyage (2 mois…), demandez le ***PLAN MARCO POLO***
Nouveauté contrat Spécial Famille - Nous contacter

COTISATION FORFAITAIRE 2008-2009

VOYAGE DU AU = SEMAINES

Prix spécial (3 à 50 ans) :	**22 € x**	= €
De 51 à 60 ans (et – de 3 ans) :	**33 € x**	= €
De 61 à 65 ans :	**44 € x**	= €

Tarif "**SPECIAL FAMILLES**" 4 personnes et plus : **Nous consulter au 01 44 63 51 00**
Souscription en ligne : www.avi-international.com

Chèque à l'ordre de ROUTARD ASSISTANCE – ***A.V.I. International***
28, rue de Mogador – 75009 PARIS – FRANCE - Tél. 01 44 63 51 00
Métro : Trinité – Chaussée d'Antin / RER : Auber – Fax : 01 42 80 41 57

ou Carte bancaire : Visa ☐ Mastercard ☐ Amex ☐

N° de carte :

Date d'expiration : Signature

Cryptogramme : Notez les 3 derniers chiffres du numéro à 7 chiffres au verso de votre carte

Je déclare être en bonne santé, et savoir que les maladies ou accidents antérieurs à mon inscription ne sont pas assurés.

Signature :

Information : www.routard.com / Tél : 01 44 63 51 00
Souscription en ligne : www.avi-international.com

✂ Faites des copies de cette page pour assurer vos compagnons de voyage.

INDEX GÉNÉRAL

A

B

C

D-E-F

G

I-J

L

M

N

O

P

Q-R

S

T-U

V

- Trio - Suite - Dan... 7'
- Pavane Damase 3'
- En Bateau 4'3 quintette
- Entr'acte 3'3.0
Thaïs - 4" quintette
~~Mozart~~
- Mia 5'
Boccherini 4'7
Arabesque 3
Outinier 3
St Saëns 3
Pus 3

OÙ TROUVER LES CARTES ET LES PLANS ?

Les **Routards** *parlent aux* **Routards**

Faites-nous part de vos expériences, de vos découvertes, de vos tuyaux. Indiquez-nous les renseignements périmés. Aidez-nous à remettre l'ouvrage à jour. Faites profiter les autres de vos adresses nouvelles, combines géniales... On adresse un exemplaire gratuit de la prochaine édition à ceux qui nous envoient les lettres les meilleures, pour la qualité et la pertinence des informations. Quelques conseils cependant :

– Envoyez-nous votre courrier le plus tôt possible afin que l'on puisse insérer vos tuyaux sur la prochaine édition.
– N'oubliez pas de préciser l'ouvrage que vous désirez recevoir.
– Vérifiez que vos remarques concernent l'édition en cours et notez les pages du guide concernées par vos observations.
– Quand vous indiquez des hôtels ou des restaurants, pensez à signaler leur adresse précise et, pour les grandes villes, les moyens de transport pour y aller. Si vous le pouvez, joignez la carte de visite de l'hôtel ou du resto décrit.
– N'écrivez si possible que d'un côté de la lettre (et non recto verso).
– Bien sûr, on s'arrache moins les yeux sur les lettres dactylographiées ou correctement écrites !

En tout état de cause, merci pour vos nombreuses lettres.

Les Routards parlent aux Routards :
122, rue du Moulin-des-Prés, 75013 Paris

e-mail : guide@routard.com
Internet : routard.com

Le Trophée du voyage humanitaire ROUTARD.COM s'associe à VOYAGES-SNCF.COM

Parce que le *Guide du routard* défend certaines valeurs : Droits de l'homme, solidarité, respect des autres, des cultures et de l'environnement, il s'associe, pour la prochaine édition du Trophée du voyage humanitaire routard.com, aux Trophées du tourisme responsable, initiés par Voyages-sncf.com.

Le Trophée du voyage humanitaire routard.com doit manifester une réelle ambition d'aide aux populations défavorisées, en France ou à l'étranger. Ce projet peut concerner les domaines culturel, artisanal, agricole, écologique et pédagogique, en favorisant la solidarité entre les hommes.

Renseignements et inscriptions sur ● routard.com ● et ● voyages-sncf.com ●

Routard Assistance *2009*

Routard Assistance et Routard Assistance Famille, c'est l'Assurance Voyage Intégrale sans franchise que nous avons négociée avec les meilleures compagnies, Assistance complète avec rapatriement médical illimité. Dépenses de santé et frais d'hôpital pris en charge directement sans franchise jusqu'à 300 000 € + caution + défense pénale + responsabilité civile + tous risques bagages et photos. Assurance personnelle accidents : 75 000 €. Très complet ! Le tarif à la semaine vous donne une grande souplesse. Tableau des garanties et bulletin d'inscription à la fin de chaque *Guide du routard* étranger. Pour les départs en famille (4 à 7 personnes), demandez-nous le bulletin d'inscription famille. Pour les longs séjours, un nouveau contrat *Plan Marco Polo « spécial famille »* à partir de 4 personnes. Enfin pour ceux qui partent en voyage « éclair » de 3 à 8 jours visiter une ville d'Europe, vous trouverez dans les Guides Villes un bulletin d'inscription avec des garanties allégées et un tarif « light ». Pour les villes hors Europe, nous vous recommandons Routard Assistance ou Routard Assistance Famille, mieux adaptés. Si votre départ est très proche, vous pouvez vous assurer par fax : 01-42-80-41-57, en indiquant le numéro de votre carte de paiement. Pour en savoir plus : ☎ 01-44-63-51-00 ; ou, encore mieux, sur notre site : ● routard.com ●

Photocomposé par MCP - Groupe Jouve
Imprimé en Italie par L.E.G.O. S.p.A. - Lavis (Tn)
Dépôt légal : septembre 2008
Collection n° 13 - Édition n° 01
24/4417/2
I.S.B.N. 978.2.01.244417-1